浙江文叢

皕宋樓藏書志

〔第四册〕

〔清〕陸心源 編　許静波 點校

浙江古籍出版社

皕宋樓藏書志卷五十五

子部

雜家類一

鬻子一卷明嘉靖刊本

周鬻熊撰，唐華州鄭縣尉逢行珪註

逢行珪序

逢行珪上表永徽四年

鬻子一卷明崇德書院刊本

周鬻熊撰

墨子十五卷畢刻顧千里校《道藏》本

周墨翟撰

乙卯二月七日校畢。澗薲記。

嘉慶己未再讀一過，又正錯簡數條。澗薲又記。

子華子三卷明刊本

周程本撰

劉向序

尹文子一卷明刊本

漢山陽仲長氏定

尹文子者，蓋出於周之尹氏。齊宣主時居稷下，與宋鈃、彭蒙、田駢同學於公孫龍。公孫龍稱之，著書一篇，多所彌綸。莊子曰：『不累於物，不苟於人，不忮於衆，願天下之安寧，以活於民命，人我之養，畢足而止之。以此白心，見侮不辱，此其道也。』而劉向亦以其學本於黄老，大較刑名家也，近爲誣矣。余黄初末始到京師，繆伯熙以此書見示，意其玩之而多脱誤，聊試條次，撰定爲上、下篇，亦未能究其詳也。山陽仲長氏撰。

公孫龍子一卷 明嘉靖刊本

周齊人公孫龍撰

公孫龍子一卷 明崇德書院刊本

周公孫龍撰

公孫龍子，姓公孫，名龍，字子秉，趙人也，以堅白之辯鳴於時。初爲平原君門客，平原君信其説，而厚待之。後齊使鄒衍過趙，平原君以問鄒子，鄒子曰：『不可。彼天下之辯有五勝三至，而辭至爲下。辯者別殊類，使不相害，序異端，使不相亂，抒意通指，明其所謂，使人與知焉，不務相迷也，故勝者不失其所守，不勝者得其所求。若是，故辯可爲也。及至煩文以相假，飾辭以相惇，巧譬以相移，引人聲，使不得及其意，如此害大道。』平原君悟而絀之。又與魏國公子牟相善，樂正予輿笑曰：『公孫龍之爲人也，行無師，學無友，佞給而不中，漫衍而無家，好怪而妄言，欲惑人之心，屈人之口，與韓檀等肆之。』而公子牟不以爲尤也，其説迺大行矣。今閲所著書六篇，多虚誕不可解，繆以盧識註釋，私心尚在疑信間，未能頓，恰然無異也。昔莊子云公孫龍能勝人之口，不能服人之心辯者之囿也。厥有旨哉！宋謝希深序。

鬼谷子三卷明刊本

不著撰人名氏

鬼谷子三卷明抄本　謝在杭舊藏

不著撰人名氏，梁陶弘景註

吕氏春秋二十六卷元刊本

秦吕不韋撰，漢高誘註

高誘序

江南内附初，北方賢士大夫宦轍南邁者往往嗜古績學，考索研稽，惟恐弗逮。元祐恨生晚，無以參侍諸大老。若徐公子方父、暢公純父、劉公居敬父號節軒先生，尚及以諸生拜之於諸老先生坐席間。久之，金華胡汲仲先生講道虎林山之僧舍，疎簷古屋之下，中設一木榻，賓友終日相過從，其獲延致中坐，與先生劇談古今，北南士大夫不數人，而節軒先生則其一也。公踈秀而明潤，玉立而長身，時時與先生論先秦古書。以爲秦自用商鞅驅其民，不戰則畊，禁絶先王之學，固不待李斯建言之時也。然吕不韋迺能招延四方辨博之士，成《吕覽》一書，其書雖醇疵相參，至於奇聞異見，有禆世教。若《月令》爲書，《小戴》取之以記禮，先儒不謂其爲不可也。顧其書版本不復刊，而讀者亦甚寡。元祐聞先生此言也，時二十餘。今忽四十餘年矣。已而元祐鑱軀東西漂，頗聞節軒先生不樂仕，僅以監察御史終，位不究德，而始發於其子嘉興公。嘉興公以文儒起家，敭歷朝箸，出爲嘉興路總管。念其家所藏書皆節軒先生所手校，於是出其一二以刊于嘉禾之學宫，與學者共，而《吕氏春秋》其一也。公念元祐嘗受學於胡先生之門，固以諸生拜御史公者矣。《吕覽》既刊版，乃俾元祐爲之序。御史公，海岱人，諱克誠，字居敬，累贈至禮部尚書。嘉興公名貞，字庭幹，由嘉興擢授海道都漕運萬户云。遂昌鄭元祐序。

案，此元刊本，每葉二十行，每行二十字，小字雙行，板心有字數，小黑口。

人物志三卷明正德刊本

魏散騎常侍劉邵撰，涼儒林祭酒劉昞注

阮逸序曰：人，性爲之原，而情者性之流也。性發於内，情導於外，而形色隨之，故邪正態度變露莫狀，溷而莫睹其真也。惟至哲爲能以材觀情索性，尋流照原，而善惡之迹判矣。聖人没，諸子之言性者各膠一見，以倡惑於後，是俾馳辨鬭異者得肆其説，蔓衍天下，故學者莫要其歸，而天理幾乎熄矣。予好閲古書，於史部中得劉邵《人物志》十二篇，極數萬言，其述性品之上下，材質之兼偏，研幽摘微，一貫於道，若度之長短，權之輕重，無銖髮蔽也。大抵考諸行事，而約人於中庸之域，誠一家之善志也。由魏至宋，歷數百載，其用尚晦，而鮮有知者。吁！可惜哉！刓蟲篆淺技無益於教者，猶刊鏤以行於世。是書也，博而暢，辨而不肆，非衆説之流也。王者得之爲知人之龜鑑，士君子得之爲治性脩身之檃栝，其効不爲小矣。予安得不序而傳之？媿美夫良金美玉，籯櫝一啟，而觀者必知其寶也。

余嘗三復《人物志》，而竊有感焉。夫人德性資之繼成，初未始有異也，而終之相去懸絶者，醇駮較於材，隆污判諸習，曰三品，曰五儀，胥是焉，而賢不肖殊途矣。是以知人之哲，古人難之，言貌而取人者，聖人弗是也。兹劉邵氏之有以志人物也乎？修己者得之以自觀，用人者持之以照物，烏可廢諸？然用舍之際，人材之趨向由之，可弗慎乎？精於擇而庸適其能，篤於任而弗貳以私，則真材獲用，大猷允升矣。其或偏聽炫志，而用不以道，動曰才難，吾恐蕭艾弗擇，魚目混珍也。左馮翊王三省識。

右《人物志》三卷十二篇，魏劉邵撰。按，《隋》、《唐經籍志》篇第皆與今同，列于名家。十六國時，燉煌劉昞重其書，始作注解。然世所傳本多謬誤，今合官私校之，去其複重附益之文爲定本，内或疑字，無書可證者，今据衆本皆相承傳疑，難輒意改云。愚謂明砆都無意義，自東晉諸公草書啟字爲然，疑爲簡暢而明啟耳。文寛夫題。

劉邵，字孔才，廣平邯鄲人也。建安中，爲計吏詣許。太史上言正旦當日蝕，邵時在尚書令荀彧所，坐者數十人，或云當廢朝，或云宜卻會，邵曰：『梓慎、裨竈，古之良史，猶占水火，錯失天時。《禮記》曰：「諸侯旅見天子，及門不得終禮者四。」日蝕在一。然則聖人垂訓，不爲變豫廢朝禮者，或災消異伏，或推衍謬誤也。』或善其言，勑朝會如舊，日亦不蝕。魏黄初中，爲尚書郎散騎侍郎，受詔集五更羣書，以類相從，作《皇覽》。後與議郎庾嶷、荀詵等定科令，作《新律》十八篇，著《律略論》，遷散騎常侍。嘗作《趙都賦》，明帝美之，詔邵作《許都》、《洛都賦》。時外興軍旅，内營宫室，邵作二賦，皆諷諫焉。景初中，受詔爲都官考課，邵作七十二條及《略説》一篇。又以謂宜制禮作樂，以移風俗，著《洛論》十四篇。正始中，執經講學，賜爵關内侯。凡所撰述《法論》、《人物志》之類百餘篇，卒追贈光禄勳。詔書博求衆賢，散騎侍郎夏侯惠上疏盛稱邵才。史臣陳壽亦曰邵『該覽學籍，文質周洽』云。劉昞，字延明，燉煌人也。年十四，就博士郭瑀。瑀弟子五百餘人，通經業者八十餘人，瑀有女始笄，妙選良偶，有心於昞，遂别設一席，謂弟子曰：『吾有一女，欲覓快壻。誰坐此席者，吾當婚焉。』昞遂奮坐，神志湛然，曰：『昞其人也。』瑀遂以女妻之。昞後隱居酒泉，不應州郡命，弟子受業者五百餘人。李暠據涼州，徵爲儒林祭酒從事郎。暠好尚文典書史，穿落者親自補葺。昞時侍側，請代其事。暠曰：『躬自執者，欲人重此典籍。吾與卿相遇，何異孔明之會玄德？』遷撫夷護軍，雖有政務，手不釋卷。暠曰：『卿注記篇籍，以燭繼晝，白日且然，夜可休息。』昞曰：『朝聞道，夕死可矣。不知老之將至。孔聖稱言，昞何人斯？敢不如此？』昞以三史文繁，著《略記》百三十篇八十四卷、《燉煌實録》二十卷、《方言》三卷、《靖恭堂銘》一卷，注《周易》、《韓子》、《人物志》、《黄石公三略》，行於世。沮渠蒙遜平酒泉，拜秘書郎，專管注記，築陸沈觀於西苑，躬往禮焉，號玄處云。廣平宋庠記。

州，士庶東遷，夙聞其名，拜樂平王從事中郎。後思歸，道病卒。以上並按邵、昞本傳删取其要

先生。學徒數百，月致羊酒，牧犍尊爲國師，親自致拜，命官屬以下皆北面爲業。魏太武平涼

人物志三卷明嘉靖刊本

魏散騎常侍劉邵撰，涼儒林祭酒劉昞注

顧廷芳序嘉靖己丑

劉子五卷明刊本

周劉晝撰

顔氏家訓七卷附考證舊抄本

北齊黄門侍郎顔氏之推撰　《考證》後有結銜九行。

無名氏序

沈揆跋淳熙七年

顔氏家訓七卷明刊本

隋顔之推撰

張壁序

儒門經濟長短經九卷舊抄本

唐梓州郪縣長平山安昌岩草莽臣趙蕤撰

趙子曰：匠成輿者憂人不貴，作箭者恐人不傷，彼豈有愛憎哉！寔伎業驅之然耳。是知當代之士，馳騖之曹，書讀縱横，則思諸侯之變；藝長奇正，則念風塵之會。此亦向時之論，必然之理矣。故先師孔子深探其本，憂其末，遂作《春秋》，大乎王道。制《孝經》，美乎德行，防萌杜漸，預有所抑，斯聖人制作之本意也。然作法於理，其弊必亂，若至於亂，將焉救之？是以御世理人，罕聞沿襲，三代不同禮，五霸不同法，非其相反，蓋以救弊也。是故國容一致，而忠文之道必殊，聖哲同風，而皇王之名或異，豈非隨時設教沿乎此，因物成務孛乎彼？沿乎此者，醇薄繼於所遭；孛乎彼者，王霸存於所遇。故古之理者其政有三，王者之政化之，霸者之政威之，强國之政脅之，各有所施，不可易也。《管子》曰：『聖人能輔時，不能違時。智者善謀，不如當時。』鄒子曰：『政教文質，所以匡救也。當時則用之，過則捨之。』由此觀之，當霸者之朝而行王者之化，則悖矣；當强國之世而行霸者之威，則乖矣。若時逢狙詐，正道陵夷，欲憲章先王，廣成德化，是猶待越客以拯溺，白大人以救火。善則善矣，豈所謂通於時變歟？夫霸者，駮道也。蓋白黑雜合，不純用德焉。期於有成，不問所以，論於大體，不守小節，雖稱仁引義，不及三王，而扶顛定傾，其歸一揆。恐儒者溺於所聞，不知王霸殊略，故敘以長短術，以經綸通變者剏立題目，總六十有四篇，合爲九卷，名曰《長短經》。大旨在乎寧固根蒂，革易時弊，興亡治亂，具載諸篇，爲沿襲之遠圖，作經濟之至道，非欲矯世誇俗，希聲慕名，輒露見聞，逗機來哲。凡厥有位，幸望詳焉。

兩同書二卷宋刊本

唐羅隱撰

化書六卷舊抄本　曹倦圃舊藏

南唐真人譚景昇撰

予讀《化書》，至老楓化爲羽人，朽麥化爲蝴蝶，自無情而之有情也；賢女化爲堅石，山蚯化爲百合，自有情而之無情也，乃知作之者明乎莊列之旨，達乎程生馬而馬生人也。予問日問乎鴻濛君曰：『《化書》百有十篇，宋齊丘所撰，非乎？』鴻濛君曰：『吾聞希夷先生誦此篇，至《稚子篇》，掩册而語我曰：「我師友譚景昇，始于終南山著《化書》，因游三茅，經歷建康，見齊丘有仙風道骨，雖溺于機智，而異乎黄埃稠人，遂引此篇云：『稚子弄影，不知爲影所弄。狂夫侮像，不知爲像所侮。化家者，不知爲家所化。化國者，不知爲國所化。醉者負醉，疥者療疥，其勢彌顛，其病彌篤，而無□□也。』齊丘終不悟，景昇乃出《化書》授齊丘，曰：『是書之化，其化無窮。願子序之，流于後世。』于是杖靸而去，齊丘奪爲己有而序之耳。」噫！昔向秀述《南華解義》，未傳而死。郭象偷解成註，誠罪人也。今譚君名刻於白簡，身不老於人間，齊丘敢縱其盜心，蔽其仙跡，其罪尤者也。果不得其死，宜乎哉！嘉祐五年夏四月二十一日，碧虛子題化書後。

昭德新編三卷 明刊本

宋澶淵晁迥撰

予嘗歷覽古賢風烈，子劉子唐劉禹錫有云：『讀書三十年，百慮而無一得，然後知世所謂無非畏途，唯出世間法可盡心耳。』繇是置几案者，皆旁行四句之書。備將迎者，多赤髭白足之侶。深入知地，浄通還源，客塵觀盡，妙氣來宅。』予服勤斯言，景行先哲，而能和長者之論，蹈高世之行者，則見之於故太子太傅文元晁公。一日，具手疏談向來道義，繼以所著《昭德新編》三策相示，且曰：『非尚辭華，多存勸戒。止述大意，勿用虛飾。』自爲冠引，中明篇旨，俾之别敍芳獲，用施華槧。嘉故人之雅意，遘仍歲之多疾。文芳嗟於將落，公倏悲於先露。追維疇昔，泫然流涕。今里中多暇，一發珍蘊，復雪塵慮，䌷繹辭理，有如子劉子焉。近之者則薰服乎椒蘭之媚，法之者則性静乎龍鯢之淵。將廣布傳，諒資探擷，思其人不可得而見矣。今翰林公以懿文華國登鸞鳳之署，榮於世官；以淡水論交挺金玉其相，表於風俗。懷先正緒餘之感，形尺牘款密之情。勉從踐言，無爽修許云爾。時皇宋景祐三年七月一日序，鎮國軍節度使檢校太尉駙馬都尉上柱國李遵勗撰。

愚嘗汎覽前史，見有老而好學者，知其性之所樂也。今記憶其一二焉，因直書之。蜀向朗少時涉獵文學，潛心典籍，孜孜不倦，年踰八十，猶手自校書。南齊沈驎士少好學，及長隱居，年過八十，耳目猶聰明，手自抄寫細書，時人以爲養身静默之所致也。後魏高允少孤，夙成有奇度，好文學，年九十餘，誨人不倦，手常執書吟咏尋覽。愚竊不揆，因而省己。自筮仕，及致仕，越四紀。自未冠，及大耋，越五紀。而閒居已久，年踰八旬，從昔至今，苟未有故，未始一日廢觀書。弄翰之學，絶無餘好，性自然也。第寒迹孤進，稟賦愚直，猥以薄藝，幸會清世，策名委質，自結明主，綿歷兩制，逮事三朝，進退以禮，榮願滿足，揣循愧惕，久於尸素，無功以利國，無德以惠人，深思立言，庶幾補過。今故旁求内外經典中事，并耳目思慮所及之事，非爲屬辭，充筆苑會友，資談柄。直以積學歲深，晚節感悞，諸緣悉備，難得易失，浸加衰朽，不可虚過，切欲於古聖教法中，力行萬分之一，覺利及他亦如之。竊詳東魯之書文而雅，垂爲格言，簡淡隱微，不可以洞曉；西域之書質而備，充於大藏，重復浩博，不可以周知。故此五説，酌中而作。

夫信士屬意，而有福、慧二業。慧業可以登妙道，此則别論。若欲勤修福業，結人天之勝緣，即此五説最爲精當，事貴洞曉是也。釋氏經典，其説甚明，惟許作正觀，不許行邪道，敏識之士固當知之也。老馬之識，猶可使導人以歸路；老人之語，豈不能曉人以知方？敢告英妙，慎勿輕蔑。噫！棟宇宏壯，居之者當知經構之勞；品味豐潔，食之者當知烹造之勞。區區采述，其勞亦爾。流布心術，以代面談，不在乎文而在乎意。意之所至，斯可見也。光禄大夫太子少傅上柱國澶淵晁迥撰。

習學紀言序目五十卷舊抄本

宋葉適撰

《習學記言序目》者，龍泉葉先生所述也。初，先生輯録經史百氏條目，名《習學記言》，未有論述。自金陵歸，間研玩羣書，更十六寒暑，迺成《序目》五十卷。子宲既以先志編次，諗今越帥新安汪公鋈木郡齋，又囑之弘揭其大指於書首。竊聞學必待習而成，因所習而記焉，稽合乎孔氏之本統者也。夫去聖緜邈，百家競起，孰不曰道術有在於此，獨先生之書能稽合乎孔氏之本統者，何也？蓋學失其統久矣。漢唐諸儒皆推宗孟軻氏，謂其能嗣孔子。至本朝關洛驟興，始稱子思得之曾子，孟軻本之子思，是爲孔門之要傳。近世張、吕、朱氏二三鉅公益加探討，名人秀士鮮不從風而靡。先生後出，異識超曠，不假梯級，謂洙泗所講，前世帝王之典籍賴以存,開物成務之倫紀賴以著。《易》彖、象,仲尼親筆也,《十翼》則訛矣。《詩》、《書》,義理所聚也,《中庸》、《大學》則後矣。曾子不在四科之目,曰參也魯,以孟軻能嗣孔子,未爲過也。捨孔子而宗孟軻,則於本統離矣。故根柢六經,折衷諸子,剖析秦漢,訖於五季,以吕氏《文鑑》終焉。其致道成德之要,如渴飲飢食之切於日用也。指治摘亂之幾,如刺腧中肓之速於起疾也。推迹世道之升降,品目人材之短長,皆若繩準而銖稱之,前聖之緒業可續,後儒之浮論盡廢。其切理會心,氷消日朗,無異親造孔室之閎深,繼有宗廟百官之美富,故曰稽合乎孔氏之本統者也。至於憂時慮國,不捨食息,思爲康濟。常追恨唐初務廣地,而兆夷狄内侵之禍;中世廢府兵,而縣□□養兵之患。本朝承平,未遑悛定。矧以强敵垂亡,邊方數儆,筆墨將絶,遂爲後總,時祕而未傳。嗚呼!誰能知先生苦心哉!然賈誼分封之策,至武帝卒能寬同姓之憂;烏重嗣欲殺節鎮之權,我宋實用以弭五代之禍。舉天下之勢,變而通之,存乎其人而已。先生之書所望於後人者,豈易量哉之!弘之序是書,固不容無所表見於斯也。嘉定十六年十月日,門人山陰孫之弘序。

余曩得林德叟所傳《水心習學記言》前後兩帙,一自《書》、《詩》、《春秋》三經、歷代史記、《五代史》,大抵備史法之醇疵,集時政之得失,所關于世道者甚大;一自《易》、《禮》、《論》、《孟》、五經、諸子,訖吕氏《文鑑》,大抵究物理之顯漸,著文理之盛衰,所關于世教者尤切。今孫偉夫攜至一本,乃用諸經史子前後排比,第聚爲一書,總五十一卷,發以序文,諗余鋟板郡齋。工未竟，趙振文來具道水心著述前後，所得于德叟者同。余嘗反覆抽繹其故，此分彼合，要皆不爲無意，讀者庶有考焉。德叟名居安，瑞安人；偉夫名之弘，餘姚人；振文名汝繹，今居樂清，皆水心高弟云。癸未良月望日，新安汪綱仲舉父書。

余好嗜與人殊，所讀之書，意見不欲從風而靡，每有所思，必推古人立言之旨，與其時世之汙隆相會，即孟子所云論世也。癸卯之冬，檢水心先生《習學記言序目》爲之一再觀，其得失參半，於宋人中頗爲不入頹波者矣。然自孟子以下，咸有疵責，不細推其所以然之故而發明之，而務以我爲是，而古人肯受裁焉？此宋人之大病也。余非故好爲異，特欲推崇古人，以不負乎好學深思之旨，則有獲矣。後之學者，能以我爲然乎？因有所感，故誌於此。南陽道穀題識。

右雜學之屬。

白虎通德論十卷元刊大字本　毛子晉舊藏

漢臣班固纂集

漢、唐書籍，以『通』名者五，惟《白虎通》與《風俗通》行，乃諸儒之所討論，實爲鉅典，而所至缺此板。余嘗持節七閩，如建安書市，號爲羣籍所稡，訪求無有也。今錫學得守平父家藏

《白虎通》善本，繡梓以廣其傳，是亦明經之一助，豈小補哉！大德乙巳四月望日，中奉大夫雲南諸路行中書省參知政事東平嚴度恪齋題。

《白虎通》之爲書，其來尚矣。羣書中多見其引用，然不知出於何代誰氏之手。考之載籍，始於漢建初中。淳于恭作《白虎奏議》，又《班固傳》作《白虎通德論》，《唐·藝文志》亦載班固等《白虎通義》六卷，此其所自歟？平生欲見其完書，未之得也。余分水監歷常之無錫，有郡之耆儒李顯翁晦，識余於官舍。翌日，攜是帙來，且云州守劉公家藏舊本。公名世常，字平父，迺大元開國之初行省公之子，魯齋許左轄之高弟。收書不啻萬卷，其經史子籍，士夫之家亦或互有，惟此帙世所罕見。郡之博士與二三子請歸之于學，將鏤板以廣其傳，守慨然許之。今募匠矣，求余識於卷首。余謂是書韜晦於世，何止數百歲而已，一旦顯於是邦，殆亦有數而然耶？以郡守之博古廣文，曁諸生之好學，俱可嘉尚，於是乎書。大德九年四月旦日，東平克齋張楷序。

或謂是書中間多有魚魯之嫌，如首篇援《尚書》言迎子劉一事，即《尚書·顧命》。考之『迎』本作『逆』，『劉』本作『釗』，其當時傳寫之誤耶？借曰初得舊本如斯，今既重刊，改而正諸，不亦宜乎？殊不思《大學》以《尚書》、《堯典》『俊德』作『峻德』，《孟子》以《毛詩·烝民》『秉彝』作『秉夷』，誰不知其然？千古至今讀誦，豈無宗工鉅儒者出？蔑有一人敢爲改正。由是觀之，《白虎通》亦猶是也。間有不安，盡從其舊。蓋纂之者班固，漢時人，去古未遠，必有所祖，假借通用，未可盡知。後人未得班固之心，安可輕議班固之述作？儻能知《禮記·緇衣》以『君牙』爲『君雅』、『説命』爲『兑命』之意，則能釋魚魯之疑矣。昔人有云：『讀書未到康成處，安敢高談議漢儒？』觀書者試思之。劉世常序曰：謹按《後漢·章帝紀》曰：『建初四年十一月壬戌，詔諸儒會白虎觀，講議五經同異，使五官中郎將魏應承制問，侍中淳于恭奏，帝親稱制臨決，如孝宣甘露、石渠故事，作《白虎奏議》。』注云：『今《白虎通》。』又按，《班固傳》曰：『天子會諸儒講論五經，作《白虎通德論》，令固撰集其事。』此書所作之因也。書肆舊嘗鋟木，歲久摩滅，竟亡此集，學者欲見而不可得。邇者朝廷崇尚實學，敬以家藏監本刊行，與衆共之。

案，此元大德大字刊本，每葉十八行，每行十七字，小黑口。卷中有『甲』字朱文方印、『毛扆之印』朱文方印、『斧季』朱文方印、『宋筠』朱文方印、『蘭揮』白文方印、『葉氏家藏』白文方印、『毛氏子晉』、『毛晉之印』朱文兩方印、『毛晉』二字連珠朱文印、『汲古主人』朱文方印。是書見《汲古閣秘本書目》，凡三册，今猶毛氏舊裝也。

白虎通德論十卷元刊大字本　天籟閣舊藏

漢臣班固撰集

嚴度序

張楷序
無名氏跋
無名氏跋

白虎通議四卷明傳鑰刊本
漢班固撰
冷宗元序嘉靖元年

獨斷二卷宋刊本
漢左中郎將陳留蔡邕撰
右蔡氏《獨斷》一編。古之制度，文爲類於此乎？考録本多舛，今稍是正而刻之舒頖。淳熙庚子六月初吉，江都李宗孟書。

古今註三卷明覆宋本
晉崔豹正熊撰

中華古今注三卷宋刊本

唐國子監太學博士馬縞集

晉崔豹《古今注》博識雖廣，迨有闕文。洎乎廣初，莫之聞見。今添其注，以釋其義，目之爲《中華古今注》，勒成三卷。稍資後學，請益前言云爾。

資暇集三卷舊抄本　勞季言校

唐隴西李濟翁編

勞氏手跋曰：此書刊本頗多，類非善本。文瀾閣本係從錢遵王藏本傳録，末題『埭川顧氏家塾梓行』八字，疑即顧氏文房本也。此本字畫雖老草，然宋諱多缺筆，尚從舊本録出。道光癸卯十二月廿七日，用昭文張海鵬墨海金壺刊本比校，張刻源出閣本，與此無大異同，即謬處亦互有得失，俟再得顧本覆勘。丹鉛主人志。

資暇集三卷明覆宋本

唐隴西李濟翁撰

自序

自序

刊誤二卷宋刊本

唐國子祭酒李涪撰

東觀餘論十卷項氏覆宋本

宋左朝奉郎行祕書省祕書郎黄伯思撰

訒紹興初寓居福唐，以先人祕書學士校定《杜子美集》二十二卷槧本流傳。暨任帥司屬官已後，開刻《校定楚詞》十卷、《翼騷九詠》、《小楷黄庭内景經》、《搴勒索靖急就章》各一卷。今任，復以先人所著《法帖刊誤》、《祕閣古器説》、《論辯題跋》共十卷，總目之曰《東觀餘論》，及《校定汲冢師春》，刻版於建安漕司。先世遺書遂行於右文之旦，爲時而出，豈特爲家世之幸？紹興丁卯春正月初三日，右宣教郎充福建路轉運司主管文字黄訒書。

無名氏跋曰：川本去三十一篇，皆在可删之域。若《跋師春書後》一篇，後已有校定。《師春書序》又跋于《禄碑》後，及跋《鍾》、《虞》二帖後，皆是重出，當删。其餘二十八篇，不若存之，以全其書。

雲林子妙於考古，是書久行於世，余尤所篤好，惜其訛舛尚多，每欲手寫以傳好事者，未暇也。著作莊子禮欲得善本傳後，再爲詳校而寄之。王順伯厚之嘗言：『本朝始自歐陽公《集古録》千卷，趙德父《金石録》至二千卷，考訂甚工，然猶未免差誤，惟雲林之書爲盡善。』順伯蓄古刻最富，論議不苟。余觀此書，辯析隱奧，上下千古，皆前賢所未發，後人所難及。修撰劉公燾、紫微董公逌皆鴻博之士，與之言，自以爲不及也。以雲林之美才，又仕於洛，多見故家名帖，及居館閣，盡見太清樓所藏異書。時方承平，鼎彝古器具見制作款識之舊，嘗自言曰：『考校往古事迹，先須熟讀强記。遇事加之精審，決無疎略。』又謂歐公考校非所長，則此書宜無毫髮之恨。及細讀之，尚有疑焉。如米襄陽疑李斯書，謂不知何人書，雲林則曰乃李陽冰篆《明州刺史裴公紀德碣》中字，可謂精確矣。然謂《史籀》書揚州邦易德，系能辨其字，殊無三代□與其辭，皆唐人筆，顧不知正。以《紀德碣》縮而小之，既全取『歙州邦』三字，又移『明』爲『易』，系皆取其半，乃《碧碑》中唐字。陽冰素好《碧落碑》，故用其字。雲林誤以爲揚，殆未之考也。王大令《静息帖》磬石事，《異苑》謂曹公同王粲見此，而雲林謂劉表在荊州時，未知何據。題河南王氏所藏《子敬帖》云大極璇題猶重書，自注云：『謂不書太極殿榜。』然《選》詩所謂『璇題納行月』者，乃謂以玉飾椽頭，如孟子之言『榱題』，非『題扁』之題也。《王世將表》云頃乏匆匆，雲林引《顏氏家訓》云世中書翰多稱匆匆，又引杜收之詩『浮生長匆匆』，謂古人詩中用之，不特稱於書翰。顏之推在牧之數十百年之前□□□此詩爲證。跋《右軍甘蔗帖》云□□□□於文從焉，此帖以之俗從草□是。按《説文解字》，『蔗』從『草』，在艸部，不得爲非是。以是益知考古著書之不易云。雲林壽止四十，而精博如此。余年七十有四，聞見寡陋，心顧好之，不自知其可笑也。鍾王以來，多以意行筆。雲林耽玩古帖，與之俱化，如『隱』之爲『隱』、『最』之爲『㝡』之類尚衆。此既爲小學而作，亦各爲正其點畫。不敢自謂詳盡，更俟博雅君子相與正之。嘉定□年，四明樓鑰書于攻媿齋。

東觀餘論四卷明李春熙刊本

宋閩昭武黄伯思著

黄訒跋紹興丁卯

余友仁序

能改齋漫録十八卷明抄本　陳眉公舊藏

宋臨川吴曾虎臣纂

皕宋樓藏書志卷五十六

子　部

雜家類二

西溪叢語二卷嗚鶇館刊本　勞巽卿校補

宋剡川姚寬撰

嘗讀《新論》云：『若小説家，合叢淺小語，以作短書，有可觀之辭。』予以生平父兄師友相與談説，履歷見聞，疑誤考證，積而漸富，有足採者，因綴緝成綱，目爲《叢語》。不敢誇於多聞，聊以自怡而已。紹興昭陽作噩仲春望日，西溪姚寬令威識。

趙氏手跋曰：此書上下二卷，明時刻本，乾隆壬午，父執堇浦先生乞余手録，云假於揚州馬秋玉家。越五年，余得明刻本，後又得澹生堂抄本，與明刻迥異，因用朱筆注也。素門識，嘉慶改元七月二日。

勞氏手跋曰：道光癸卯季秋，向高叔荃借得此書嘉靖刻本，經鮑渌飲、趙素門兩先生以澹生堂抄本校勘。時未蓄此本，用汲古閣刻本傳校一過。尋購得此帙，有淥飲先生手補脱文兩則，似亦据澹生堂本而校未竟也。因以舊校本覆勘終卷，隨以汲古并校之。祁抄次序不盡合，又多出四則，而少五則，此本脱謬亦未得盡正。汲古本亦此本相同，頗多校正，第脱去令威自序耳。咸豐丁巳八月二十六日，仁和勞權巽卿記于秋井草堂。

又曰：《直齋書録解題》載《姚氏殘語》一卷、《西溪居士集》五卷、《西溪樂府》一卷。《殘語》解題云：『又名《西溪叢話》，已版行。』《通考》節去此語，遂不知即爲一書。俞氏并不及《殘語》，則又疏矣。唯《解題》《叢語》作《叢話》，恐係傳訛耳。九月朔後一日燈下記。

又曰：西溪樂府，唯花菴《中興絶妙詞》選録其五闋，《陽春白雪》、《絶妙好詞》所選，無出花菴之外者。蟫隱書。

又曰：咸豐丁巳八月，以傳校山陰祁氏澹生堂抄本，并汲古閣刻本勘過。丹鉛精舍主人記。

西溪叢語二卷明鶇鳴館刊本　黄蕘圃舊藏

宋剡川姚寬撰

黄氏手跋曰：此鶇鳴館刻《西溪叢語》，余亦有之，但貯諸家塾中，不以爲難得之書。迨後見蔣壽松收顧氏書中有錢遵王家抄本并手校者，始知即從是刻抄出，遂重之。錢本缺失多同，因視鵪鳴館刻爲難得，而登諸舊刻之列。後余得嘉魚館抄本，取刻本相校，抄固勝刻，而刻亦有勝抄之處，抄因與刻並藏。惜刻有缺失并糊塗處，復借張訒菴藏本補抄寫全，可云盡美矣。頃湖估來，説新開環經閣有舊刻《西溪叢語》，甚完全清爽。余曰：『是必鵪鳴館刻本也。』屬爲取閲，果然。寔勝向來所有之本，柰遭俗子評點，瑜不掩瑕。余以難得故，卒收之，易以家刻書三種。今而後抄、刻皆爲善本，可無遺憾。癸未四月十有三日，蕘夫記。

容齋隨筆十六卷續筆十六卷三筆十六卷四筆十六卷五筆十卷會通館活字本　吴方山舊藏

宋洪邁撰

知贛州寺簿洪公伋以書來曰：『從祖文敏公由右史出守是邦，今四十餘年矣。伋何幸遠繼其後，官閑無事，取文敏《隨筆》紀録，自一至四，各十六卷，五則絶筆之書，僅有十卷，悉鋟木于郡齋，用以示邦人也。想像抵掌風流，宛然如在。公其爲我識之。』僕頃備數憲幕，留贛二年，至之日，文敏去才旬月，不及識也。而經行之地，筆墨飛動，人誦其書，家有其像，平易近民之政，悉能言之，有訴不平者，如訴之於其父，而謁其所欲者，如謁之於其母。後十五年，文敏爲翰苑，出鎮淛東。僕適後至，濫吹朝列，相隔又旬月，竟不及識，而與其子太社梓、其孫參軍偃相從甚久，得其文愈多，而所謂《隨筆》者，僅見一二。今所有大半出於淛東歸休之後，宜其不盡見也。可以稽典故，可以廣聞見，可以證訛謬，可以膏筆端，實爲儒生進學之地，何止慰贛人去後之思？僕又嘗風陳日華，盡得《夷堅》十志，與《支志》、《三志》及《四志》之二，共三百二十卷，就摘其閒詩詞、雜著、藥餌、符咒之屬，以類相從，編刻于湖陰之計臺，疏爲十卷，覽者便之。僕因此搜索志中，欲取其不涉神怪，近於人事，資鑒戒而佐辯博，非《夷堅》所宜收者，别爲一書，亦可得十卷。俟其成也，規以附刻于章貢可乎？寺簿方以課最，就持憲節威行谿洞，折其萌芽，民實陰受其賜。願少留於此，它日有餘力，則經紀文敏之家，子孫未振，家集大全恐馴致散失，再爲收拾實難。今《盤洲小隱》二集，士夫珍藏墨本已久，獨野處未焉。寺簿推廣《隨筆》之用心，顧有以亟圖之可也。嘉定壬申仲冬初吉，寶謨閣直學士大中大夫提舉隆興府玉隆萬壽宫臨川何異謹序。

自序曰：予老去習懶，讀書不多，意之所之，隨即紀録。因其後先，無復詮次，故目之曰《隨筆》。淳熙庚子，鄱陽洪邁景盧。

是書先已成十六卷，淳熙十四年八月，在禁林日，入侍至尊壽皇聖帝清閒之燕，聖語忽云：『近見《甚齋隨筆》。』邁竦而對曰：『是臣所著《容齋隨筆》，無足采者。』上曰：『煞有好議論。』邁起謝。退而詢之，乃婺女所刻，賈人販鬻于書坊中，貴人買以入，遂塵乙覽。書生遭遇，可謂至榮。因復衰臆説綴于後，懼與前書相亂，故别以一二數，而目曰《續》，亦十六卷云。紹熙三年三月十日，邁序。

王右將軍逸少，晉、宋閒第一流人也，遺情軒冕，擺落世故。蓋其生平雅懷，自去會稽内史，遂不肯復出。自誓于父母墓下，詞致確苦。予味其言，而深悲之。又讀所與《謝萬石書》云：『坐而獲逸，遂其宿心。比嘗與安石東游山海，頤養閒暇之餘，欲與親故時共懽宴，銜杯引滿，語田里所行，故以爲撫掌之資。其爲得意，可勝言邪？常依依陸、賈、班、嗣之處世，老夫志願盡於此也。』案，是時逸少春秋財五十餘耳。史氏不能賞取其高，乃屑屑以坐王懷祖之故，待之淺矣。予亦從會稽解組還里，于今六年。仰瞻昔賢，猶駑蹇之視天驥，本非倫擬，而年齡之運，踰七望八，法當挂神虎之衣冠，無假於誓墓也。幸方寸未渠昏，於寬閒寂寞之濱，窮勝樂時之暇，時時捉筆据几，隨所趣而志之。雖無甚奇論，然意到即就，亦殊自喜。於是，《容齋三筆》成累月矣，稚子云：『不可無序引。』因攄寫所懷，并發逸少之孤標，破《晉史》之妄，以詔兒姪。冀爲《四筆》，它日嘉話。慶元二年六月晦日序。

始予作《容齋隨筆》，首尾十八年，《續筆》十三年，《三筆》五年，而《四筆》之成，不費一歲，身益老而著書益速，蓋有其説。曩自越府歸，謝絶外事，獨弄筆紀述之習不可掃除，故搜采異聞，但緒《夷堅》諸志，於議論雌黄不復關抱，而稚子懷每見《夷堅》滿紙，輒曰：『《隨筆》、《夷堅》皆大人素所游戲，今《隨筆》不加益，不應厚於彼而薄於此也。』日日立案旁，必俟草一則乃退。重逆其意，則裒所憶而書之。懷嗜讀書，雖就寢，猶置一編枕畔，旦則與之俱興，而天嗇其付，年且弱冠，聰明殊未開，以彼其勤，殆必有日。丈夫愛憐少子，此乎見之。於是占抒爲序，并奬其志云。慶元三年九月二十四日序。

自《隨筆》權輿而續之，次三至五，合七十四卷，容齋先生文敏洪公之所紀述也。筆爲卷各十六，咸冠以敘。五獨十卷，而無題辭，蓋未及成而絶筆也。先生父子伯仲以文籙相禪，屹爲一代詩書禮樂宗主。論中興人物巨擘，當首屈也。蒙知四朝，眂儀兩地，大而裁成國史，作宋一經，次而代言坡掖，雷風鼓動，其它高文大册，臚分兩稾。而是書所載，又翰墨之餘力也。其爲書也，陰陽象緯，是鈎是索，經籍傳註，是糾是砭，古事於我乎發覈，古人於我乎品藻，正譌考異，核僞剖微，若典故沿革，若姓族譜牒，文有町畦，詩有胎源，而委葉而根，下逮仙梵醫數，亦時罔羅，爲之量齊，千彙萬狀，而道以貫之，卒歸乎一也。今江右祥刑使者寺簿公視先生爲從祖，磬彝鬲，又錯其中，麗其側也。今江右祥刑使者寺簿公視先生爲從祖，贛昔作屏，依然遺愛，聞孫紹最，因任乘軺。亦既出潢池，赤子勞徠，而枕席之臺府，文書益省，乃哀五筆而刻諸梓，校讐嫠舊刊，玆爲全書，將使章貢父老指爲棠陰之芨也。以𣗳閭閻晚生，首況摹本，俾克紬繹。念昔侍先生丈席，嘗竊窺緒餘，或與客語，悠然反隅，或閱近書，躍然觸機，輒引筆行墨，頃刻數則，殆如鑿地而井，隨鑿湧泉，橋衡百罌，衮衮不竭，巨盎萬繭，信手得緒，繅之杼之，可丈而可匹也。漢王充有書釋物類同異，正時俗，嫌疑名，曰《論衡》，而唐李肇紀事，實探物理，辨疑惑，示勸戒，采風俗，助談笑，號其書《國史補》，論議有識，以權衡史籍，有功於裨補，沿名取義，於先生宜兩得也。《論衡》八十五篇，二十餘萬言，而《史補》堇堇三卷，彼善於此，猶足稱雄。然史載充著書時，閉門潛思，絶慶弔之禮，户牖墻壁，各置刀筆，或者爲先生哂之，彼一何勞而我佚也。蔡邕入吴，始得其書，歸藏帳中，或搜得抱數卷去，邕屬勿廣，曰：『惟我與爾共之。』噫嘻！邕獲它人書，閟惜如寶，寺簿公乃出其家書，與衆共之。自是人可讀，户可傳，又將無翼而蜚，且至雞林矣。此其量之廣狹，見之公私，又何啻山淵敻而霄壤隔也。嘉定壬申子月初吉，里學生從事郎充江南西路提舉茶鹽司幹辦公事丘槱謹書。

叔祖文敏公居閒日久，著述爲多。《隨筆》五書，凡七十四卷，考覈經史，捃摭典故，參訂品藻，精審該洽，學士大夫争欲傳襲。伋頃守章貢，後公四十年，以其書鋟於郡齋。揭來守建，又後公四十三年，於是復鋟此書于建。方欲彙公之文，刻寘祠下，適以移官未暇也。當嗣圖之，以成山莊先生之志云。嘉定十六年秋八月既望，姪孫朝議大夫直華文閣知建寧軍府事新除直敷文閣知隆興府江西安撫伋謹識。

《容齋隨筆》初刊于婺女，自續至五，繼刊于章貢，然歲久字漫，不可復辨。紹定改元，偶得建溪刊本，詳加參校，命工鋟梓。始於是年之仲春，訖於次年之季秋，刊成全書，庶幾流傳益廣云。重九日，臨川周謹書。

容齋隨筆十六卷二筆十六卷三筆十六卷四筆十六卷五筆十卷明弘治刊本

宋洪邁撰

自序

程氏演蕃露十六卷續五卷明抄本　顧千里校宋本

宋程大昌撰

大學致知，必始格物。聖人之教初學，亦期其多識鳥獸草木之名也。麟、雎、騶、鵲、荇、蘋、棠、樸，豈遽是道？若未明八者之爲何物，八物之爲何似，而曰吾能得《周南》、《召南》之所以言，蓋望而知其爲罔也。是學也，先秦則《爾雅》，入漢則《蕃露》，其後轉而爲《釋名》、《廣雅》，正謬刊誤，皆小學也，而論事談理者必稽焉，如辨方正位之不容不伏土圭也。五三而上，制器備物，人以爲道，故《爾雅》得與經比，《蕃露》以下，既雜載後世之制，則其書往往晦伏不揚，此貴耳賤目之失也。對道而言，則有迹者爲器，本事而論，則有質者爲物，何可限古今而論深淺也？以仲舒之識，精通天人性命，而《蕃露》之書，事物名義，悉所研極，苟其未及仲舒，顧可忽而不竟歟？予嘗有意於是，而聞見不博，且日力窮於應物，未能極致，閒因閱古有見，不問經史、稗説、諧戲，苟從疑得釋，則遂隨所遇縑簡，亟疏録以備忽忘。雖不皆關涉治道，而會心賢己，棄之可惜，因加凡最而并輯之，題其帙曰《演蕃露》，以便尋繹。非敢自列於董氏，以其董出而董名之，自識其意焉耳。韓退之曰：『《爾雅》注蟲魚，定非磊落人。』誠可恧矣。然有退之之學則可，無退之之學，而遺迹談虛，恐援據所及，金根金銀，或相貨易，益可赧矣。淳熙庚子正月，新安程大昌泰之寓吴興書。

顧氏手跋曰：此書新有刻本，極其紕繆，舊鈔又苦多魯魚。長洲汪閬原告我云家藏宋槧，並許借勘，唯惜衹存前十卷，尚少其半耳。道光甲申立夏後三日，顧千里記。

又曰：馮鈍吟於此書多所掊擊，其言雖或過當，然程氏泛博而不精確，其可議亦自有以致之也。一雲散人記。

續考古編十卷舊抄本

宋程大昌撰

緯略十卷明抄本　柳大中舊藏

宋高似孫續古集

似孫既輯《經略》、《史略》、《子略》、《集略》，又輯《詩略》，事有逸者瑣者爲《緯略》，蓋與諸略相爲經緯，不以彙分者，可續也。

高似孫續古集諸略，今惟《子略》刻入《百川學海》中，餘不多見。《緯略》但見抄本，然亦希有。向曾見明人唐詩手抄本，在甪直嚴二酉家。又見一抄本，出柱國坊王氏，後爲郡人吴有堂所收。聞禾中一殘抄本，亦歸吴處。去春有京師謝姓托友購此書，余轉商諸吴，吴索八金，并欲抄還所缺者，未諧而止。今兹余欲購之，屬坊友之與吴稔者詢之，必如數而始付閲，屢議不果。頃忽有高姓書賈持此示余，其居奇之心遜于吴多矣，索直十二番，無可減者。余嘉其留心代購，并見書付銀，意差雅，猶市道之近情理者，遂如數與之。此書舊藏不知誰氏，鈔手半爲柳大中筆，校勘評閲硃筆，審是何義門，此又賈人所不及知而余所知者。此余雖善價，而猶以爲可喜者也。甲戌秋白露後一日，復翁。

芥隱筆記一卷 明仿宋刊本

宋龔頤正撰

士非博學之難，能審思明辨之爲難。古人固有耽玩典籍，涉獵書記，窮年皓首，貪多務得者矣。然履常蹈故，誦書綴文，趣了目前，不求甚解，疑誤相傳，莫通倫類，漫無所考按也。檢討龔公以學問文章知名當世，諸公要人争欲令出我門下。自六藝、百家、諸史之籍，無所不讀，河圖洛書、山鑱冢刻、方言地志、浮屠老子、騷人墨客之文，無所不記。至於討論典故，訂正事實，辨明音訓，評論文體，雖片言隻字，必欲推原是正，俾學者知所依據。此其閒居暇日，有得於一時之誦覽者，隨而録之，故號曰《筆記》。若夫他日當大典册，涣大號令，則武夫感泣，非勸善懲惡，凜然有遺直之風。回視筆記，特翰墨之游戲耳。嘉泰改元孟冬既望，汶人劉董敬用鋟木于東寧郡庠，庶侈其傳。

民獻揭來分教玉融，荒陋絶少書籍，閒有闕疑，無復訂正。一日，使君袖出此書，相與誦詠，片言隻字，音辨義明。迺知公之該博，尤深於探討，宜闡之以淑艾後學。公之學問殆不止是，俾來者窺一斑云。苕溪雍民獻敬書。

芥隱筆記宋刊本

宋龔頤正撰

蘆浦筆記十卷舊抄本　馬寒中舊藏

宋劉昌詩撰

予服役海陬，自買鹽外，無他職事。官居獨員，無同寮往來，僻在村曈，無媢學子相扣擊。遥睇家山，貧不能挈累，兀坐篝燈，惟繙書以自娱。凡先儒之訓傳，歷代之故實，文字之訛舛，地里之遷變，皆得遡其源而循其流，苟未愜于心，則紆軫而弗敢釋，旁稽力探，偶究竟其彯鬃，則忻幸亦足以樂。久懼遺忘，因併取疇昔所聞見者而筆之册，凡百餘事，萃爲十卷。有未檢證者，留俟續編。顧獨學寡識，安敢以爲是。將求印可於先覺之士，倘改而正之，是予之願也。蘆浦，乃廨宇之攸寓云。嘉定癸酉中和節，清江劉昌詩興伯敘於通山閣。

是書藏丹陽賀進士烺家，予借得，命桂父是録，以備稗官一種。萬曆三十有九年辛亥十二月，綏安大弋山樵謝兆申寓清涼寺之唯心庵校，朔後三日書。

周氏手跋曰：近于帶經堂陳氏見穴硯齋抄本，《趙清獻日記》中比鮑刻多九行，其他足正鮑刻之誤亦甚多。惜匆匆携去,未得校補,坿記于此。季貺。

穴硯抄本後亦歸季貺,遂以此本贈余,因借穴硯本校一過。中間批註數條,未知何人之筆,亦並録之。同治十二年冬月,陸心源識。

野客叢書三十卷附野老記聞一卷明嘉靖刊本

宋長洲王楙撰

僕間以管見,隨意而書,積數年間,卷袠俱滿。旅寓高沙,始命筆吏,不暇詮次,總而録之,爲三十卷,目之曰《野客叢書》。井鼃拘墟,稽考不無疏鹵,議論不無狂僭,君子謂其野客則然,不以爲辠也。皇宋慶元改元三月戊申日,下稷長洲王楙書於不欺堂之西偏。

此書自慶元改元以來,凡三筆矣。繼觀他書,間有暗合,不免爲之竄易。轉『烏』爲『舄』,吏筆舛譌,以竢訂正。續有數卷,見《别録》云。嘉泰二年十月初五日,楙再書於儀真郡齋之平易堂。

吾友王勉夫《經傳記著辨析》,凡三十卷,其議論之純正,稽考之精確,鉤摭之博洽,信可以不朽,盥讀再過還之。若手鈔家藏,姑俟他日。嘉泰壬戌四月十八日,高郵陳造唐卿書。

經外雜抄一卷明刊本

宋魏了翁撰

古今考三十八卷明正德刊本

宋鶴山魏了翁華父撰，元紫陽方回萬里續

鶴山先生自序曰：渠陽山中暇日，編校經傳。自兩漢諸儒，去古未遠，已不能盡識三代遺制，凡冕服車旗，類以叔孫通所作漢禮器制度爲據，其所億度者，無以名之，則曰猶今之某物。然孔賈諸儒爲之疏義，則又謂去漢久遠，雖漢法亦不可考。因嘆三代遺制，始變於周末，大壞於秦、漢，而盡亡於魏、晉以後。雖名物稱謂、字義、音釋，亦鮮有存者。故使經生學士白首窮經，而疲弊於訓詁佔畢之末，有終其身而不能盡知者。嗚呼！是誰之咎歟？《解》之繇曰：『無所往，其來復吉。有攸往，夙吉。』漢承秦弊，大難既解，是無所往也，而昧於來復夙往之戒，徒能隨世就事，爲秦、漢以後規模。賈誼所謂建久安之勢，成長治之策，蓋欲及時定制，盡復三代之舊，爲萬世太平計，而一時君臣不足以知此，至董仲舒、王吉則寖遠寖疏。蓋自是人情習於簡陋，古制蓋不可考矣，姑即《漢紀》，隨文辨證，作《古今考》。

右鶴山先生初藁所撰，先生次子故大府卿浙西安撫使知臨安府静齋先生家藏。回客門下，自淳祐十二年壬子於知吾州時，入書塾，咸淳丁卯國子正遭論，寄家於先生之鶴山書院。

秋九月，借親筆釋觀，遂録諸此所謂《古今考》者，僅成二十則而未竟，所以今大全集不載。謹録二十則者於後，以見夫前輩讀書用功有如此者，而亦以見夫此書之不成，遂使後學無繇考知古今異同之變爲可惜也。静齋謂鶴山之意，以漢最近古，用班固書《帝紀》隨句解釋，則知古制之所以變者，在於周末及秦，而古制之所以不復者，在乎漢之因秦之陋，善學者從是而推之，亦可髣髴其遺意云。紫陽方回書。

泰定甲子，先君文英任鹽官州幙職，時知州方公存心，乃虚谷先生冢子也，間嘗論《易》，蓋以先君深嗜《易》學者也。每以魏文靖公《十七家易集義》爲言，謂辭變象占，乃易綱領，而繇象爻象之辭，畫爻位虚之别，至反飛伏之説，乘承比應之例，一有不知，則義理缺焉。文靖公仲子静齋先生知徽州時，嘗以《集義》與《九經要義》同刊于紫陽書院，墨本則藏于虚谷家。南於侍旁，猶及見之，今亦已矣。又以漢高之時去古未遠，可復三代之舊，惜乎一時君臣不足以知此，遂使古制益不可考。故即遷史《本紀》所載論其得失，考禮樂、制度、名數，作《古今考》，及著《皇極經世書考》。書成，而皆未脱藁，其未備者，則虚谷先生續之。知州悉出三藁以示先君，嘆曰：『當宋之季，真、魏之學大鳴於南北。《讀書記》乃義理之本根，《九經要義》乃典故之淵藪，誠學者所由入之門也。今又得觀此二書，則知文靖公之學，實真切之學也，豈習於簡陋者可窺測哉！』遂親校讎其故藁，俾能書者謄寫二本，擇楷正者歸於知州，圖壽諸梓，以次本藏于家。後十年，知州來吴，則知其所藏者皆燬于火。又十年，先君亦奄棄，二書卒未能板行。

丙申兵興，南家所留《經世書考》亦失之，僅有存者，《古今考》耳。竊嘗考之，西山先生真文忠公，建寧浦城人，鶴山先生魏文靖公，邛州蒲江人，天下謂之真、魏同生。淳熙五年戊戌，同登慶元五年己未進士第，同顯於朝。文靖公以權工部侍郎坐言事忤時相，謫靖州，因繁閒僻，日從經史，精研極討，臥五溪窮處，踰七年，類聚成編，遂傳於時。然不如是，則後世焉得是書而讀之耶？噫！聖如孔子，天不使之居周公位，大儒如濂洛諸賢，天亦不使之得行道於一時，而使之立言於萬世，其有以哉！南晚生，學疎材下，而力有所不逮，未能卒成先君之志。姑以《古今考》與世同志者抄寫數十本，以廣其傳云。至正二十年庚子十一月甲寅，後學周南拜手謹書於卷末。

賓退録十卷影宋抄本　顧千里臨　何義門校

宋大梁趙與旹撰

陳宗禮序寶祐五年

何氏手跋曰：康熙庚寅之春，桐城方扶南見贈此書，從竹垞先生家傳録，其中闕一葉云。焯記。三月，借汲古閣所藏研北孫翁傳本，屬學徒金生儼深補鈔。又記。癸丑秋日甜閑主人。後序一篇，見金貝，亦其所藏，有此佳事。焯記。

顧氏手跋曰：右影宋本《賓退録》，其行間疎密，殊不失舊觀，何校亦頗有發明，所惜原本後二頁有損字處耳，然較近刻自勝。顧廣圻記。

案，卷末有『臨安府睦親坊陳宅經籍鋪』印。

賓退録十卷 盧抱經校寫本

宋大梁趙與旹著

何代無文人？何世無佳公子？兼之爲難。以爲善稱，以好禮樂著，固漢宗室之瑞也。然求其大篇短章，見知四明狂客，納交東京才子，直至唐然後盛。至于行藏出處之際，或得或失，則盛之中，又有可憾者焉。惟吾宋德麟生華屋而身寒士，心明氣肅，文藝亦稱，金枝玉葉中一人而已。余生晚，不可得而見之矣。及得大梁趙君《賓退録》，見其包羅今古，抉隱發微，有書儒碩生所未及，然後知公族未嘗無人，特惜不得升堂叩擊以聞所未聞爾。既而又見《甲午存稾》，亦君所吟賦。王以義理之精微，而鑄辭以發之古律，清潤閑遠，不作時世妝，長短句亦不效《花間》靡麗之光，如『花似于人曾識面，鳥如對客自呼名』、『寒鴈挾風過古木，春□帶雨集荒園』，隨物寫形，若留情於外者，然『達人澄此心，肯爲萬法起』、『眼看聲色塵，不直一杯水』，則反求諸内，有爲之主者矣。蓋公之學，每以爲己先之，故發爲文詞，舍喧而就寂，脱華而就實。昔東坡先生爲德麟賦秋陽曰：『公子何自知秋陽哉！恐其固于富貴，不知田野之勤約也。』今觀公之詩曰：『粲粲香秔雪不如，新菘况復滿盂盂。侯門肉食紛紛是，有此清奇風味無。』使坡仙見之，當曰：『公子真知秋陽矣。』余分符章貢，君之子孟藹來爲宰，余嘗薦之于朝曰：『有儒生廉謹之風，無公子貴驕之習。』蓋紀實也。一日出示二書，又以《甲午存稾》請爲之序。繙閲久之，又知宰之所以爲宰者，有所自傳也。因不復辭，遂書所見以與之。君諱與旹，字德行，嘗從慈湖先生問學。寶祐五年臘月朔，千峯陳宗禮書于崆峒小院。

自序曰：余里居待次，賓客日相過，平生聞見所及，喜爲客誦之。意之所至，賓退或筆於牘。閲日滋久，不覺盈軸，欲棄不忍，因稍稍傳益，析爲十卷，而題以《賓退録》云。

又曰：與旹讀書不廣，何敢有所紀述？嘉定屠維單閼之夏，得疾瀕死，既小痛，無以自娱，而心力弗彊，未覃思於窮理之學，因以平日聞見稍筆之策，初才十餘則。病起，賓客狎至，語有所及，或因而書之。日積月累，成此編袠。閼逢涒灘之秋，束偺赴戍，因命小史書而藏之笈。年日以老，大學未明，顧爲此戲劇之事，良以自悔，特未能勇決焚棄之耳。録中及近世諸公，或書謚，或書字，或書自號，不得已者旁注其名。惟事涉君上，則直名之，蓋君前臣名之義云。與旹續記。

賓退録十卷朱竹垞手抄本

宋大梁趙與時撰

陳宗禮序

自序

張氏手跋曰：右大梁趙與旹《賓退録》十卷，竹垞先生早年依宋刊本手録，卷中間有謁筆，而無俗體，書卷之氣盎然。先生中年後益留心《説文》之學，便下筆不苟，點畫繁簡，皆有來歷，此可想見先輩學問與年偕老矣。癸亥春日，燕昌書於娱老書巢。

案，末有『臨安府睦親坊陳宅經籍鋪』印。

賓退録十卷鮑以文手校本

宋大梁趙與旹著

陳宗禮序

自序

學齋佔畢四卷宋刊本

宋史繩祖撰

昔人有言：『讀書百遍，其義自見。』又有云：『舊書不厭百回讀，熟讀深思子自知。』此則《禮經·學記》之『呻其佔畢而多其訊』也。君子之學，思則得之。故《中庸》謂博學而謹思明辨，《語》亦云：『學而不思則罔，思而不學則殆。』余少之時將求多能，蚤夜以孜孜，凡讀書有疑，隨即疏而思之。遇有所得，質之於師友而不謬也，則隨而録之，積久成編。弗敢自是，而亦弗欲自棄，蓋欲告諸同志而共定之也。故裒爲一編，命之曰《學齋佔畢》。覽者亦可見其願學之勤，讀書之詳，不爲苟且以自慊也。其或矜其僞舛而忠誨之，尚毋金玉其音。淳祐庚戌吉月，陽朔後學眘山史繩祖慶長書于梓潼極堂。

學齋先生無書不讀，讀而有所疑則思，思而有所得則録，名之曰《佔畢》。所以惠後學者至矣，然豈先生自爲之説哉！曰《上王於季夏》，曰《無極而太極》，曰《逸詩句》，曰《孟荀楊言性》，曰《飲食衣服變古》，曰《屈原橘頌》，曰《日隨天左旋》，曰《三數乘四》，曰《中庸心性》，曰《不撤薑食》，曰《守令愛民》，一以紫陽夫子之書爲證。先生學紫陽者也。紫陽之誨人曰：『學、問、思、辨，四者皆所以窮理。』先生此書，其學問思辨而窮理者歟？學者其即是書而求先生之心，因先生而求紫陽之心。景定壬戌冬至，門生鄱陽郭囦拜手謹跋。

鼠璞一卷宋刊本

宋桃源載埴仲培父撰

困學紀聞二十卷元刊本

宋浚儀王應麟伯厚撰

牟應龍序至治二年

袁桷敘泰定二年

右厚齋王先生《困學紀聞》二十卷。先生諱應麟，字伯厚，自號深寧叟。曰厚齋云者，鄉人門弟子尊敬之者爲之也。先生平日多著述，是編於經傳子史各有考據評證，於後學足益見聞。得鋟諸梓，則其益博，其傳遠。工費浩，事未得遂。泰定二年冬十月，浙東道憲司官行部涖止，肅訪之暇，詢及是書，謂未有刊本爲學校欠事。翰林學士袁先生亦專舉明，謂宜傳遠惠後學，於是具詞申請之于總府，轉達于憲司、宣慰司、都元帥府，咸是所請。乃鳩工度費，於學儲給焉，工食之粟，則翰林學士袁先生倡助之，本學官及岱山長共助以足其用。凡書者、刊者、董者、觀者，莫不以是編得傳爲大喜幸，翕然集事。嗟夫！王先生所爲書，久不有所遇，一旦得鋟諸梓，王先生之志卒以遂，此蓋遇鑒識之明、主張之力、作成之功而然也。刊書成，謹識卷末，俾觀是書而有得者知所自云。泰定二年十二月癸卯，慶元路儒學教授吳郡陸晉之敘。

案，此元泰定刊本，每葉二十行，每行十八字，大黑口，卷末有『孫厚孫、寧孫校正，慶元路儒學正胡禾監刊』。

識遺十卷舊抄本

元古羅羅璧撰

余舊爲册記，凡經傳所得，家庭所講，師友所聞，莫不筆置以備遺忘，歲久成帙。追憶舊讀，間於是編有考，暇日因剔繁纂要，粹爲一書，曰《識遺》，庶幾往者之筆力不徒爾。嘿畊羅壁子蒼甫。

考據確而精，論斷審而正，記載書絶高品，故宋、元著述家多援引之。然傳寫日久，間有亥豕脱亡，欲借一善本訂之，遍索鄰侯於海内，無有應也。故岫藏於篋中六十年餘，亦不輕以借人。隆慶改元三祀，姑蘇方山吴岫識。

名義考十二卷明刊本

明西楚周祈著

袁昌祚序萬曆十一年

黄中色序萬曆己丑

右雜考之屬。

皕宋樓藏書志卷五十七

子部

雜家類三

論衡三十卷明通津草堂刊本

漢王充撰

王氏族姓行狀，於《自紀篇》述之詳矣。范曄《東漢》列傳云充字仲任，嘗受業太學，師事班彪，博覽而不守章句。家貧無書，嘗遊雒陽市肆，閱所賣書，一見輒能誦憶，遂博通衆流百家之言。充好論説，始若詭異，終有理實。以爲俗儒守文，多失其真，乃閉門潛思，禮絶慶弔，户牖牆壁各置刀筆，著《論衡》八十五篇，二十餘萬言，釋物類同異，正時俗嫌疑，訂百氏之增虛，詰九流之拘誕，天人之際，悉所會通，性命之理，靡不窮盡，析理折衷，此書爲多。既作之後，中土未有傳者，蔡邕入吴會始得之，常祕玩以爲談助。故時人嫌伯喈得異書，或搜求其帳中隱處，果得《論衡》，抱數卷持去。邕丁寧之曰：『惟我與爾共之，勿廣也。』其後王郎來守會稽，又得其書。及還許下，時人稱其才進，或曰：『不見異人，當得異書。』問之，果以《論衡》之益，繇是遂見傳焉。流行四方，今殆千載，撰《六帖》者但摘而爲備用，作《意林》者止鈔而同諸子。吾鄉好事者，往往自守書櫝爲家寶，然其篇卷脱漏，文字踳駮，魯魚甚衆，亥豕益訛，或首尾顛躓而不聯，或句讀轉易而不能通其讀焉。余幼好聚書，於《論衡》尤多購獲，自一紀中得俗本七，率二十七卷。其一程氏西齋所貯，蓋今起居舍人彭公乘曾所對正者也。又得史館本二，各三十卷，乃庫部郎中李公秉前所校者也。余嘗廢寢食，討尋衆本，雖略經修改，尚互有闕遺，意其謄録者誤有推移，校勘者妄加删削，致條綱紊亂，旨趣乖違，儻遂傳行，必差理實。今研覈數本之内，率以少錯者爲主，然後互質疑謬，沿造本源，譌者譯之，散者聚之，亡者追之，俾斷者仍續，闕者復補，惟古今字有通用稍存之，又爲改正塗注，凡一萬一千二百五十九字，有如日星之麗天，順經躔而軌道，河海之紀地，自源委以安流。其文取譬連類，雄辯宏博，豈止爲談助才進而已哉！信乃士君子之先覺者也，秉筆之士能無祕玩乎？即募工刊印，庶傳不泯，有益學者。非矜己功，不敢同王蔡之徒，待搜之然後得而共問之，然後言其益也。時聖宋慶曆五年二月二十六日，前進士楊文昌題序。

風俗通義十卷附録一卷明嘉靖刊本

漢太山太守應劭撰

上行下俲謂之風，衆心安定謂之俗，移風易俗，在則人，亡則書，此應劭《風俗通》所由作也。然漢世有其書，後人著述多引以爲證，今罕見全本。錫學比刊《白虎通》矣，《風俗通》，弍體書也，尚缺焉。三衢毛希聖挈來横經，錫守劉平父一見，以此勉之，遂綉梓于學。客有自錫山來者，道廣文此意，徵予跋語。余深嘉文教之浹洽，異書迭出，可爲斯道賀。敬因其請，而題於篇首云。大德丁未中和節，太中大夫行都水監李果題。

余在餘杭，借本於會稽陳正卿，正卿蓋得于中書徐淵子，訛舛已甚，殆不可讀。愛其近古，抄録藏之。攜至中都，得館中本及孔復君寺丞本互加參考，始可句讀。今刻之夔學，好古者或得善本，從而增改，是所望云。嘉定十三年秋七月庚子，東徐丁黼書。

封氏聞見記十卷舊抄本　馬笏齋舊藏

唐朝散大夫檢校尚書吏部郎中兼御史中丞封演撰

案，此本較雅雨堂刊本多數條，詳《儀顧堂二集》。

春明退朝録三卷宋刊本

宋宋敏求撰

熙寧三年，予以諫議大夫奉朝請，每退食，觀唐人洎本朝名輩撰著以補史遺者，因纂所聞見繼之。先廬在春明里，題爲《春明退朝録》云。十一月晦，常山宋敏求述。

宋景文公筆記三卷宋刊本

宋宋祁撰

右《筆記》三□，以數本參訂，粗少舛。景文公議論考據精切如此，然前輩猶一二可疑，如骨『䯧』字，蓋『撾』字，古作『䯧』，嘗飾以骨，故曰『骨䯧』。後世吏文略去『廿』，又『䯧』、『朶』二音相近，故謁爲『朶』耳。鮑照因武曌而改爲『昭』，非誤用也。冉耕字伯牛，而古犂字亦從牛，則牛耕不始於漢矣。栘者，今郁李也，非開而反合者也。酈道元《水經注》云薛瓚注《漢書》，則謂臣瓚爲于瓚者非也。《集韻》一書，乃景文公與諸公撰定者。《去聲》既出『朴』字，蒲候切，《入聲》又出『朴』字，匹角切，與『樸』同，今謂『朴』无『樸』音，何耶？『卯』乃古『卿』字，又音『壟』，今謂『卯』本『柳』字，又何耶？衎既加點勘，又以所聞於前輩者識其後。寶慶二年四月初吉，上虞李衎謹書。

筆記三卷舊抄本　吾竹房校本

宋宋祁撰

東原録一卷舊鈔本

宋龔鼎臣撰

麈史一卷舊鈔本

宋鳳臺子王得臣彦輔撰

予年甫成童，親命從學於京師，凡十閲寒暑，始竊一第。已而宦牒奔走，轍環南北，而逮歷三紀，故自師友之餘論，賓僚之燕談，與耳目之所及，苟有所得，輒皆記之。晚踰耳順，自大農致爲臣而歸，闔扉養痾，日益無事，發取所記，積稿猥多，於是重加刊定，得二百八十四事。其間自朝廷至州里，有可訓可法，可鑒可誡者，無不載。又病其艱於討究，遂類以相從，別爲四十四門，總成三卷，名曰《麈史》。蓋取出夫寔録，以其無溢美、無隱惡而已。雖小道，必有可觀者焉。覽之者幸毋我誚。時行年八十，皇宋政和歲在乙未元日追爲之序，鳳臺子王得臣字彦輔。

麈史三卷宋刊本

宋鳳臺子王得臣彦輔撰

張太史明道雜志一卷明嘉靖覆宋木

宋宛丘張耒文潛撰

右史張公凡三至黄，詩文載諸郡志多矣。及觀《明道雜志》，其間紀黄事尤詳，因刻板道院，亦以補郡志之闕。慶元庚申三月既望，郡守東嘉陳升識。

夢溪筆談二十六卷宋刊本

宋沈括存中述

自序

廣陵曩丁雲擾，幸存黌宫兩廡，析爲官舍儲粟之所，士皆暴露，時有子衿之歎。大帥周侯開藩之二年，慨然謂成俗之方本乎禮義，學宫又禮義之本。一日，盡屏官舍儲廩於外，因其舊，扶顛易圮而新之，繼廣田租，稍增生員。尋又斥其餘刊沈公《筆談》，爲養士亡窮之利。今方領侈袂，彬彬然禮義之風，皆昔之在城闕者也。夫教養相須，既教而養之蔑如，雖唐、虞不能以化民，此稷、契二官所以相爲表裏也。今既闢弦歌之地，又開資給之源，可謂教養兼得矣。此書六庫舊有之，往往貿易，以充郡帑，不及學校。今兹及是，益見薄於己而厚於士，賢前人遠矣。修年代匱泮宫，備校書之職，謹識其本末，且證辨訛舛凡五十餘字，疑者無他本，不敢以意驟易，姑存其舊，以俟好古博雅君子。《筆談》所紀，皆祖宗盛時典故，卿相太平事業，及前世制作之美，雖目見耳聞者，皆有補於世，非他雜誌之比云。乾道二年六月日，左迪功郎充揚州州學教授湯修年跋。

案，此書相傳爲宋刊本，語涉宋帝皆空格，惟不避宋諱爲可疑。每葉二十四行，每行十八字，小黑口。

東坡志林集一卷宋刊本

宋蘇軾撰

仇池筆記二卷明刊本

宋蘇軾撰

珩璜新論一卷舊抄本　秀野草堂舊藏

宋臨江孔平仲毅父撰

黄氏手跋曰：去冬於坊間見插架有寄賣之書，偶檢三四種與易家刻書，歲莫議成。雨窗無事，因取舊藏七檜山房鈔本經立齋相國手校者，手校此册。原本載毛汲古《珍藏祕本書目》，此册出顧秀野藏，故與毛本相近云。毛目並未載明七檜山房抄，莫雲卿跋但云中有夾籤，係徐立齋中堂筆。甲申春正月十有八日，老蕘記。

七檜山房者，海虞楊夢羽家書齋名也。其藏書所曰萬卷樓，人所共知，七檜山房則人罕知矣。是書後有墨筆題識，出莫廷韓雲卿手，始猶謂是雲卿偶得耳。頃常熟友人陳子準來觀書于百宋一廛，欲訪海虞故家藏本，述及是書，云五川身後，因事被累，舉所藏書歸諸莫氏，蓋雲卿爲五川之甥故也。此一段故實，惟海虞人知之，予不之知也。子準意欲搜羅其邑人舊藏諸書，仍歸故土，并欲葺諸家藏書原委爲邑中文獻，因丐予以原值歸之。予老矣，向有《所見古書録》之輯，將所藏者爲正編，所見而未藏者爲附編，悉載諸家藏書源流，而稿屬草創，卒以家累，故逐漸散逸，即使有簿録可稽，第存其名，其詳不可得而考也。兹子準矢願如是，不可欽邪？是書偶並收之，而復手校之，若隱隱伏此番以原本贈人之機緘矣。二月二十有七日，晨起尚未梳洗，臨窗忍寒書。老蕘。

又曰：珩璜新論豈奇書，汲古珍藏至寶如。識是立齋相公筆，五錢估直待沽諸。予取時用番銀七餅，貴賤懸殊，一至于此。七檜山房萬卷樓，楊家書籍莫家收。而今合浦珠還日，識寶端須象罔求。謂子準。老蕘戲題。案，雲卿與董文敏相傳是甥舅，今又云爲五川之甥，未知其的，尚當細詢諸子準，恐予記憶不清也。

珩璜新語一卷舊鈔本

宋臨江孔平仲毅父撰

晁氏客語一卷宋刊本

宋晁説之撰

晁氏客語一卷明刊本

宋晁説之撰

師友談記一卷宋刊本

宋太華逸民謚超曠文子李廌方叔撰

吕氏雜記二卷舊抄本

宋吕希哲撰

冷齋夜話十卷元刊本　鄭杰舊藏

宋僧惠洪撰

是書僧惠洪所編也。洪本筠州彭氏子，祝髮爲僧，以詩名聞海内，與蘇、黄爲方外交。是書古今傳記與夫騷人墨客多所取用，惜舊本訛謬，且兵火散失之餘，幾不傳於今。本堂家藏善本，與舊本編次大有不同，再加訂正，以綉諸梓，與同志者共之。幸鑒。至正癸未春新刊，三衢石林葉敦印。

案，此元刊本，每葉十八行，每行十七字，卷有『鄭杰之印』、『昌英珍藏』朱文兩方印、『鄭氏注韓居珍藏記』朱文長印。

元城先生語録三卷附行録一卷元刊本

宋左朝散郎主管江州太平觀賜緋魚袋馬永卿編

余觀馬永卿所著《元城先生語録》。嗚呼！前輩不復見矣。使余讀之，至於三歎息也。余考先生所學所論，皆自不妄語中來。其論時事，論經史，皆考訂是非，别白長短，不詭隨，不雷同，不欺於心，而終之以慎重，此皆不妄語之功也。司馬温公心法，先生其得之矣。紹興丙子八月，范陽張九成序。

僕家高郵，少從外家張氏諸舅學問。五舅氏諱樅，字聖作。七舅氏諱桐，字茂寔。九舅氏諱楫，字濟川。大觀三年冬，僕將赴亳州永城縣主簿。七舅氏戒僕曰：『永城有寄居劉待制者，汝知之乎？』僕謝不知，舅氏因爲言先生出處起居之詳，且曰：『汝到任，可以書求教。』僕到任之次日，因上謁。三日，以書求教，先生曰：『若果不鄙，幸時見過。』僕因三兩日一造門。後數月，先生以僕爲可教，意亦自喜，嘗曰：『某在謫籍，少人過從。賢者少年初仕宦，肯來相從，願它日無負此言。』是時先生寓于縣之回車院，年六十三，而容貌堂堂，精神言語，雄偉閎爽，每見客，無寒暑，無早晏，必冠帶而出，雖談論踰時，體無欹側，肩背聳直，身不少動，至手足亦不移。噫！可畏人也。僕從之學，凡一年有餘。後先生居南京，僕往來數見之，退必疏其語，今已二十六年矣。僕既不能卓然自立，行其所學，以追前輩，已負先生之託矣。若又不能追録先生之言，使之泯絶，則僕之罪大。僕懷此志久矣，獨以奔走因循，欲作復止。比因竊禄祠廪，晨昏之暇，輒追録之，以傳子孫。蓋以僕聲名之微，不能使它人之必傳也。先生元城人，諱安世，字器之，事在國史。紹興五年正月望日，維揚馬永卿大年序。

元城先生語録解三卷明嘉靖刊本

宋左朝散郎主管江州太平觀賜緋魚袋臣馬永卿編，後學開州端溪子王崇慶解

張九成序

馬永卿序

高金序嘉靖丁酉
顧鐸跋嘉靖八年
吕柟序嘉靖七年

嬾真子録五卷舊鈔本　胡心耘舊藏

宋廣陵馬永卿大年撰

胡氏手跋曰：己未冬，借恬裕齋瞿氏所藏明緑絲闌鈔本録副，行款悉同，復用《稗海》本校勘，凡十日而畢。十一月二十二日，誌於琳琅祕室之北窗下。胡珽。

又曰：庚申正月，勞季言先生寄來手校本一册，因竭半月之功，用藍筆渡校。三月十一日覆校畢。心耘。

又曰：閏三月初七日，借得《説郛》第四十弓内所載《嬾真子》録校一過。

春渚紀聞十卷明抄本　述古堂舊藏

宋韓青老農何薳撰

嘉靖丙戌菊月望日謄録。

無名氏手跋曰：崇禎庚寅從宋本校一過。潛在。

宋眉山蘇籀記

欒城先生遺言一卷宋刊本

石林燕語十卷明刊本　汲古閣舊藏

宋葉夢得撰，子棟、桯、模編

宣和五年，余既卜別館於卞山之石林谷，稍遠城市，不復更交世事，故人親戚，時一相過。周旋嵁岩之下，無與爲娱，縱談所及，多故寔舊聞，或古今嘉言善行，皆少日所傳於長老名流，及出入中朝，身所踐更者。下至田夫野老之言，與夫滑稽諧謔之辭，時以抵掌一笑。窮谷無事，偶遇筆札，隨輒書之。建炎二年，避亂縉雲歸，兵火蕩析之餘，井閭湮廢，前日之客死亡轉徙略相半，而余亦老矣。荐罹變故，志意銷墮，平日所見聞，日以廢忘，因令棟更裒集爲十卷，以《石林燕語》名之。其言先後，本無倫次，不復更整齊。孔子論虞仲、夷逸曰：『隱居放言。』而公明賈論公叔文子曰：『夫子時然後言，人不厭其言。』子曰：『然。』夫言不言，吾何敢議？抑謂初無意於言而言，則雖未免有言，以余爲未嘗言可也。八月望日，石林山人序。

楊武跋正德元年

石林燕語考異十卷舊抄本

宋葉夢得撰，子棟、桯、模編，宇文紹節考異

自序

岩下放言三卷抄本

宋石林翁葉夢得撰

虞仲、夷逸隱居放言，古今學者皆以『放』爲『置』，謂若默而不言者。余謂不然，古語『放』皆訓『肆』，如『放心』、『放於利』之類，本無置義。逆命雖音不同，亦直而犯上之義。蓋前論柳下惠少連言中倫、行中慮，皆有所擇也。放言進於中倫，身中清、廢中權進於中慮，言之自有次第。予掛冠以來，口固未嘗及世務，然交親往來，兒輩環繞，耳目所及，何能自苦至于不言，亦任之耳。時時或自紀録，因目之爲《岩下放言》云。

巖下放言三卷舊抄本

宋石林翁葉夢得撰

季氏題跋曰：虞山瞿氏藏有魚元傅鈔本《巖下放言》三卷，以之校覈，改譌二字，填注一字，補脱一葉，餘悉相同，蓋均出袁氏本也。大抵此書以漢陽葉氏本爲最善，依之校定，可無遺

憾矣。心耘詞兄囑爲襄校，爰書數語以質之。丁巳小春上旬，婁東季錫疇記。

乙卯避暑録話二卷影寫宋刊本

宋葉夢得少藴著

紫薇雜説一卷師友雜誌一卷舊鈔本

宋吕本中撰

常談一卷文瀾閣傳鈔本

宋吴箕撰

寓簡十卷舊鈔本

宋寓山沈作喆明遠纂

板心有『小草齋鈔本』五字，卷首有『晉陵謝氏家藏』圖記，蓋明謝肇淛藏本也。

自序

雲麓漫鈔十五卷影寫宋刊本

宋雲麓趙彦衛景安撰

《擁鑪閒記》十卷近刊于漢東學宫，頗有索觀者，無以應其求。承乏來此，適有閒版，併後五卷刻諸郡齋，近有《避暑録》，似與之爲對，易曰《雲麓漫鈔》云。開禧二年重陽日，新安郡守趙彦衛景安書于黄山堂。

釋常談三卷鈔本

不著撰人名氏

世有輕裘公子，長鋏少年，策玉轡于春朝，風流可愛；酌金壺于月夜，逸樂無偕。洎乎陪佳客之談諧，與儒士之言論，理涉隱諭，不究津涯，幾至面牆，真可痛惜。遂乃採古經之祕義，掇前史之奥詞，僅以成編，隨目注解，總得二百事，名曰《釋常談》。庶有飾于蕪詞，固不愧于博學。其或繼玉麈尾者，無倦習之云爾。

新刊履齋示兒編二十三卷顧千里校宋本

宋廬陵鄉先生孫奕季昭撰

杜子美示宗武有詩，韓退之示兒有詩，學者至今誦之，而東坡先生一以爲聖賢，一以爲禄事，殆若有所區别。然君子苟不能忘其子，則隨其資而示以意，使之知學，則一而已。余之少也，猶不如人，今老矣，所望者惟子與孫，然嬾惰無匹，聞學褊隘，上不能進之於聖賢之域，下不能引之於利禄之塗，則以平生之末學者示之，是亦使之知學之意也。苟籯無金，教無經，一再世不爲君子之歸，可不懼哉！於是考評經傳，漁獵訓詁，以立總説、經説、文説、詩説、正誤、雜記、字説凡七條，大抵論焉而不盡，盡焉而不确，非敢以污當代英明之眼，姑以示之子孫耳，故名曰《示兒編》，使後世賢廣吾意，不賢毋謂不汝誨也。吾子其懋戒之哉！開禧元祀九月上浣，盧陵孫奕書。

《示兒》一編，孫先生之與後學者渥矣。辯經傳之同異，核文辭之是非，詩之評，字之正，人物之綺談，奇聞奥旨，靡所不載。歲月彌深，散亂磨滅，學者病之。本堂重加訂正，以壽諸梓。篤意義方者，毋惜家置一通。癸未月正元日，晚學盧陵胡楷子式誌。

履齋示兒編二十三卷明刊本

宋盧陵孫奕季昭父撰

李維撰序

潘膺社序

卧游録一卷明嘉靖刊本

宋吕祖謙撰

太史東萊先生晚歲卧家，深居一室，若與世相忘，而其周覽山川、收拾人物之意，未能已也。因有感於宗少文卧游之語，每遇昔人記載人境之勝，輒命門人隨手筆之，而目之曰《卧游録》，非直以爲怡神玩志之具而已。嘗遺益國周公書曰：『近書新銜，時初授亳州明道宫。譙沛真源，恍然在目。若更十年不死，則嵩之崇福，兖之大極，華之雲臺，皆可卧游也。』觀此，則先生故國之念，未嘗一日去心，卧游之意，抑又深遠矣。此書未及成編，而已迫夢奠。後二十餘年，先生之從子喬年既取『卧游』二字扁先生燕寢之堂，復以是編屬東陽郭君淇書之，且屬深源識其顛末。深源曩侍大愚先生，見先生之愛玩是書也，因請刻之祠中，以惠同志。觀者儻自得之，庶幾遺意之尚可追乎？嘉定九年二月望日，學子王深源謹書。

宜齋野乘五卷續一卷明仿宋刊本

宋江陰吴枋方才撰

枋自四十歲以來，榮念已絶，獨於嗜書一事，如饑之於食，渴之於飲，未嘗一日忘情也。嘗記周益公《二老雜誌》，載陸務觀言司馬温公聞新事即録于册，且記所言之人。近時鄱陽董草庭檢閲亦然，枋不免傚顰。凡耳之所聞，目之所見，口之所誦，心之所得，隨手鈔記，目曰《野乘》，已積成十餘卷。壬午歲夏五月，錢塘金波橋遭畢方之禍，延燎數萬家，儲書寄留癸辛街楊和王府，盡爲刦灰。七月巧夕，於里仁坊舊地作小樓二間，以庇風雨。至八月落成，始能追記一二鈔録之。白樂天《與元微之書》云除讀書屬文外，其他懵然無知，乃至書畫棊博可以接萃居之歡者，一無通曉，即其愚拙可知矣。枋之才，固萬萬不及樂天。嘗疑此語似爲予發，以此嗜書之心牢不可破矣。雖然，不知後之人能爲傳一二耶？抑用之覆醬瓿也。甲申八月，芙蓉城人吴枋書。

游宦記聞十卷 宋刊本

宋張世南撰

游宦記聞十卷 舊鈔本

宋張世南撰

密齋筆記六卷 文瀾閣傳抄本

宋謝采伯撰

寶祐乙卯，天台謝公鼓院來守臨川，宗旦實爲贅貳。一日，以《密齋筆記》授宗旦，曰：『此吾先君子晚年之所著也。』宗旦受而讀之，驚喜歎賞，如遊寶山，如閱海市，瑰奇詭異之物，雜然前陳，駭目洞心，應接不暇，是豈淺鮮者所能到哉！其殆貫穿百家，馳騖千載者歟？夫士非窮愁，莫能著書，一行作吏，此事便廢，常情之通患也。矧耆耋高蹈，燕居引恬，未有肯措意於筆硯者。密齋以宰相子勷歷中外，薦更麾節，晚境倦游，乃能逍遥里第，耽玩墳索，抽毫漬墨，述所得以自見於世。所謂富貴不能淫，年彌高而德彌劭者，密齋有焉。陸賈當功成名遂之餘，乞身歸田，擁車騎，負寶劍，遨遊諸子閒，釃酒擊鮮以自娱樂，追思向來新語，殆如夢事。向子平隱居讀《易》，自男婚女嫁之後，斷絶家事，勿使相關，迺肆意於名山大川之觀。曩時韋編，不得過眼矣。王逸少《蘭亭》一序，似能言者，及其守早退之節，又不過企慕子平所爲盡山水之遊，求藥石，植桑果，抱子弄孫以卒歲，於著書乎何有？以密齋視三子富貴年齒，度越遠甚，謂宜屏卻簡編，燕酣登眺，可也。而密齋之所樂，爲有三子之所不克爲者。由是言之，士大夫晚節嗜好有不迷其初者，鮮矣。觀密齋自序，謂以此書傳示子孫，使知其老不廢學。噫！此其詒謀微意，又可與俗人言哉！越明年，鋟梓郡齋，輒爲題其後。鼓院名奕楙，密齋先生次子也。寶祐丙辰夏五中澣，通直郎添差通判撫州軍州兼管内勸農營田事王宗旦謹書。

予好漁獵書傳，時年六十有三，易班東歸，天賜一閒，無以解目，書生結習未除，亦自惋有聞見，豈應以鶡并泯没？遂著於篇，以示兒輩。曰或問者，兒輩所質問也。經史、本朝文藝、雜説幾五萬餘言，固未足追媲古作，要之無抵牾於聖人，不猶愈於稗官小説、傳奇志怪之流乎？庶後之子孫知余老不廢學云爾。淳祐元年辛丑長至，謝采伯元若甫引。

右《密齋筆記》，别經史、本朝文藝、雜書釐爲五卷，《續記》一卷。先公易班東歸，晚年著此。比録梓家塾，而字小不便老眼，舛誤未暇考訂。奕楙挈來臨汝，欲刻置郡齋。迺是正魚魯，其間至有脱簡者，亦復增補使備，始得爲善本。一夕，夢先公若有喜色，謂奕楙曰：『汝日所爲，吾從旁覘之，行又往婺女矣。』蓋大卿兄守婺故也。嗚呼！先公殁六年，而精爽炯然託諸夢，以詔諸孤，一舉措頃在其左右，顧不肖何以稱塞？惟戰戰兢兢，是戒是懼而已。既刊此書，屬兩倅題卷末，輒復記此。時寶祐丙辰孟秋中澣，男奉議郎權知撫州軍州兼管内勸農營田事節制軍馬奕楙百拜書。

昔歐陽公著《歸田録》，范蜀公作《東齋記事》，皆在辭蟬捨冕後。蓋前輩於文章翰墨，若飢食渴飲，未嘗一日廢，非有老壯之分、仕止之間也。密齋先生年六十有三，即弭節杜門，淡然無營，惟耽玩書史，遠紹旁搜。今觀《筆記》一書，如武庫乍開，戈矛劍□，犀利森列，使人毛髮竦豎，非胷次千古，筆力萬鈞，疇克爾歟？其視歐范二公，風流藴藉相似也。臨川使君一日出示家集，且病舊板漫漶，字有脱誤，將屬太史王公是正之，别鋟之梓。方動念間，忽夢密齋如平生。是知公於斯文，雖神遊八極，未能忘情。嗚呼！其精爽豈不可敬畏哉！漢韋賢父子以明經爲宰相，時爲之語曰：『遺子黄金滿籯，不如教子一經。』今密齋獨以文印傳子孫，而使君又克成先志，是亦韋氏一經之教。由此觀之，君家之福未艾也。寶祐丙辰季夏朔日，通直郎通判撫州軍州兼管内勸農營田事成公策識。

皕宋樓藏書志卷五十八

子部

雜家類四

梁谿漫志十卷明刊本　豐對樓舊藏

宋費袞補之撰

前輩之學，不徒爲空言也。施之於用，然後爲言。故掌制作命則言，抗疏論諫則言，知人安民矢謨則言，舍是而有言焉，所謂垂世立教者，則亦不得已云爾。予生無益於時，其學迂濶，無所可用，暇日時以所欲言者記之於紙，歲月寖久，積而成編，因目以《漫志》。嗟夫！竟何謂哉！顧非有用之言，且非有所不得已。譬之候蟲逢秋，自唫自止，識者當亦爲之歎笑邪？紹熙三年十二月二十日，梁谿費袞補之序。

右費君補之所著《梁谿漫志》十卷。予頃在戊申之歲，見其副於都城，則知愛慕之。今年春，補之以書來曰：『吾成此書，勤亦至矣，欲廣其傳而力不逮。子爲邑之暇，盍爲我圖之？』予曰：『是吾心也。』乃命工刻之縣齋，而誌其後曰：夫鳳凰芝草，賢愚皆知其美瑞。補之之書，不待予贊而傳也。若自時厥後，近自京邑，遠及遐徼，家藏此書，人挾此策，則當自丹楊始。嘉泰改元中秋，晉陵施濟書。

近見費補之衮《梁谿漫志》，紹興間，韓蘄王自樞密使就第，放浪湖山，匹馬數童，飄然意行。一日至湖上，遥望蘇仲虎尚書宴客，蘄王徑造其席，喜甚，醉歸。翌日折簡謝，餉以羊羔，且作二詞，手書以贈，蘇公緘藏之，親題其上云：『二闋三紙，勿亂動。』淳熙丁未，蘇公之子壽父山丞太府攜以示蘄王長子莊敏公。莊敏以示予，字畫殊傾欹，然其詞乃林下道人語。莊敏云：『先人生長兵間，不解書，晚年乃稍能之耳。』嘉定改元，莊敏公次子樞密承旨帶御器械以二詞石本見示，益信梁谿之説，但詞中一二字不同耳。昔人有竟病之詩，及塞北烟塵之句，雖皆可稱，殆未有超然物外，如蘄王之曠達者也。中元日，四明樓鑰書。

國史實録院牒：國子免解費進士勘會本院，恭奉聖旨指揮：編修高宗皇帝、孝宗皇帝、光宗皇帝三朝正史，今有合申請事，開具下項内。一項，一今來編修三朝正史，合要文臣、卿監、武臣、刺史以上宗室大將軍，應生前事迹、墓誌、行狀、碑誌、奏議、文集及前後所得聖語，并御筆文字等參修纂，及官雖卑，或事有可紀者，亦合立傳。併乞朝廷劄下諸路轉運司行下所管州軍監縣鎮，嚴限子細搜訪抄録，申發赴院，以憑參修施行，伏候指揮。六月十七日，三省同奉聖旨，依劄付院當院。今訪問得國子免解費進士衮有所著《梁谿漫志》十卷，須至公文牒請，遵從已降聖旨指揮，抄録前項所要文字，點對無差漏，申發赴院，以備參修使用，不許違滯，故牒。

開禧二年二月日牒。

承事郎守祕書省校書郎兼國史院編修官兼實録院檢討官蘇、朝散郎充樞密院編修官兼國史院編修官兼實録院檢討官周、朝散郎尚書都官員外郎兼國史院編修官兼實録院檢討官譙、朝請大夫起居郎兼國史院編修官兼實録院檢討官史、中奉大夫行軍器監兼國史院編修官兼實録院檢討官廖、朝奉大夫守祕書少監兼國史編修官兼實録院檢討官兼翰林權直徐、朝議大夫試尚書刑部侍郎兼同修國史兼實録院同修撰兼侍講兼工部侍郎兼吏部侍郎陸、朝議大夫試尚書禮部侍郎兼同修國史兼實録院同修撰兼直學士院兼樞密都承旨兼侍讀李、大中大夫試尚書吏部尚書兼同修國史兼實録院同修撰兼國用司參計官兼侍讀差充究湖北京西路宣諭使薛、奉使朝議大夫試尚書吏部侍郎兼同修國史兼實録院同修撰兼侍讀兼權吏部尚書楊。

梁谿漫志十卷舊抄本

宋費衮補之撰

自序

施濟跋

醉翁談録四卷抄本

宋從政郎新衡州録事參軍金盈之撰

《孯經室外集》：《醉翁談録》五卷，宋金盈之撰。案，盈之家世汴京，南渡後官從政郎衡州録事參軍。此書載黄虞稷《千頃堂書目》。第一卷《名公佳製》，載宋以來名卿大夫詩文各體；第二卷《榮貴要覽》，畧述唐、宋中恩榮遺制；第三、四卷則爲《京城風俗記》，備載宋室全盛時汴京風物繁華之盛，凡所見聞；案，《月搜記》如四時風俗好尚，無不畢載。第五卷《瑣闥記聞》載唐時遺事爲多。書中所載詩文雜事，雖屬瑣碎，然博聞洽見，足資談助，可與《夢華》、《夢粱》等録並傳也。

愧郯録十五卷宋刊本　朱卧菴舊藏

宋相臺岳珂撰

自序

後序

案，每葉十八行，每行十七字，版心有字數及刻工姓名，《百宋一廛賦》所有抄補四卷，此本完善，尤爲難得。卷中有『朱卧菴考藏印』朱文長印、『朱之赤鑒賞』朱文長印、『華荄廎藏』朱文長印、『白舫』朱文方印。

祛疑説一卷宋刊本

宋雲間儲泳撰

經鉏堂雜志八卷明刊本　鮑渌飲校

宋霅川倪思正父撰

朱大復序萬曆庚子

金有華跋萬曆庚子

鶴林玉露十六卷明刊本

宋廬陵羅大經景綸撰

玉峯先生脚氣集二卷舊抄本　吴尺鳧舊藏

宋天台車若水清臣著

咸淳甲戌冬，伯父脚氣病作，時以書自娱，隨所見而録，寖復成編，因目曰《脚氣集》。嗣歲春仲，不幸傾忘，亦絶麟之筆也。凡平昔有書之别帙者，可勝紀哉！兵火禍滋，咸爲煨燼，惟賴此編之獨存，亦云幸矣。從子惟一百拜謹識。

此書迺管而敏家藏本，借録於城南寓舍映雪竹齋。時吴元年歲在丁未臘月廿八日庚午，華亭孫道明叔父，年七十有一。

吴焯手跋曰：案，《文獻通考續》只載浙人車若水《玉峯冗槀》及《道統録》二種，獨無此目。觀是編從子惟一後跋，蓋若水晚年所著，故有絶麟之語。想當時未刻，故别書目都不載。余考《台郡志》，若水，黄巖人，祖似慶，潛心理學，號隘軒，著有《五經論》、《閒居録》、《隘軒文集》，杜清獻範、陳篔窗耆卿爲之序。若水學古文於篔窗，後從清獻游，尋往來王魯齋之門，深得晦翁緒論，著《大學沿革論》。魯齋謂其洞照千古錯簡，使朱子聞之，當爲莞爾。所著有《道統録》、《宇宙紀畧》、《世運録》、《玉峯冗槀》，亦不題此目，洵爲當時所未刻。是編之傳，真幸也。康熙乙未清和二十又一日。

又曰：此編刻于《陳眉公祕笈》中，又得乘暇檢校，互有錯字。今成完書。又記。

玉峯先生脚氣集二卷抄本　璜川吴氏舊藏

宋天台車若水清臣撰

吹劍録一卷舊抄本　鮑以文舊藏

宋俞文豹撰

余以文字之緣，漫浪江湖者四十年。乃今倦游，索居京國，應酬簡省，心跡稍寧。東坡詩『惟有王城最堪隱，萬人如海一身藏』，因名所居爲『堪隱』，掩關守泊，條理故書，以昔見聞與今所得，信筆録之。《莊子》云：『吹劍首者，吷而已。』吷，許劣反，謂無韻也。淳祐三年人日，括蒼俞文豹文蔚序。

此編已刊行板留書肆，不可復得，因删舊添新，再與續集並刊。

鮑氏手跋曰：嘉慶丁卯三月，通介叟録于莱市橋舟次。

藏一話腴内編二卷外編二卷舊抄本

宋陳郁撰

陳藏一以詩文名世，真西山、劉漫塘、陳習庵交稱之。余始過其語，今觀所述《話腴》，博聞强記，出入經史，研考本末，則則可法度，而風月、夢怪、嘲謔、訛誕、淫麗氣習，浄洗無遺，豈非自『思無邪』三字中踐履純熟致是耶？乃知三君子可謂具眼矣。嘗謂近時江湖詩人多，然不誇而誕，則空而迂，流干謁者皆是。惟藏一閉户終日，窮討編籍，足不蹈毁譽之域，身不登權勢之門，及叩其中，則詞源學海，浩乎莫之涯涘。若藏一，豈多得哉！詩史曰：『讀書破萬卷，下筆如有神。』因爲藏一誦，而俾書之編首云。棠湖翁岳珂肅之。

厚德録三卷宋刊本

宋百鍊真隱李元綱編

佩韋齋輯聞四卷舊抄本

宋俞德鄰撰

書齋夜話四卷舊抄本

宋林屋山人俞琰玉吾撰

玉吾，余友也。讀《易》彈琴，晚學内外丹訣，自謂得道。余嘗從其借手抄丹經，服其收拾浩瀚。復以所著《易會要集説》示予，方欲刻梓而告逝焉。有子不能繼其業，則其書皆泯没矣。今觀此集，蓋欲發其平生所聞、所讀、所得、所行者也。嘗聞東坡亦留意于方外學，具載于本集中，有所得必報子由，見于《尺牘》中。所謂經爐上一點雪者，直土苴耳。故余嘗曰：『此坡老學道鼻孔，于此敗缺。』今又于玉吾此書見其敗缺，與東坡同一鼻孔。夜半讀至此，不覺大笑，婦輩睡皆驚起怪問，于是吹燈就枕。明日，欲作一書曰《枕邊孚語》，與之作對。未暇，姑識之，俟予書成併序焉。商丘老人宋無志。

石澗先生註《易》外，别有《席上腐談》、《書齋夜話》。其諸《易説》，既自有刻，此編特手筆存於家。黄巖林公守郡時持之而去，其家别無副本，至今吴中失其傳矣。庚戌秋，與海寧董子壬會於吴門，談及家有是書，又恐其名之偶同，故致詰其所自，云是黄巖人傳録耳，遂爲之信。既與子壬别，欲走一介詣子壬，而相去三百里之遠，奈何？今年五月，冒暑訪子壬，值潢潦之際，孤航渺然，水天相接，又復滯雨窮途，坐篷窗之下，兀然無聊者。累日雨霽，得抵子壬所，首以《腐談》爲懇，而子壬之藏已失去，遂同過祝秋官處，轉爲假之歸。幸此書又復來，吴中斯文不絶，僅如一綫耳。備書所自者，示我同志，念予歷涉之艱，好書不易得耳。六月一日艤舟金粟寺，午炊後書。

齊東埜語二十卷明正德刊本

宋齊人周密公謹父撰

余世爲齊人，居歷山下，或居華不注之陽。五世祖同州府君而上，種學績文，代有聞人。大父扈蹕南來，受高皇帝特知，遍歷三院，徑躋中司。泰禧之間，大父從屬車，外大父掌帝制，朝野之故□□□接歲編日紀，可信不誣。我先君博□□□□習聞臺閣舊事，對客語音吐洪□□□不得休，坐人傾聳敬嘆，知爲故家文□□余齠侍膝下，竊剽緒餘，已有敘次。嘗疑某事與世俗之言殊，某事與國史之論異。他日過庭，質之先子，出曾大父、大父手澤數十大帙示之，曰：『某事然也。』又出外大父目録及諸老襍書示之曰：『某事與若祖所紀同然也。其世俗之言殊，傳譌也。國史之論異，私意也。小子識之。』又曰：『定、哀多微辭，有所辟也。牛、李有異議，有所黨也。愛憎一衰，議論乃公。國史凡幾修，是非凡幾易，而吾家乘不可删也。小子識之。』洊遭多故，遺編鉅帙，悉皆散亡。老病日至，忽忽漫不省憶，爲大恨，閒居追念一二於十百，懼復墜逸，爲先人羞。迺參之史傳諸書，博以□□□□□□說，務事之實，不計言之野也。異時□□□者嘘曰：『野哉言乎！子真齊人也。』余□□□知言哉！余故齊，欲不齊不可。雖然，□□言哉！何言亦言也，無所言也，無所不言。烏乎！言客大笑，吾因以名其書。歷山周密公謹父書。

戴表元序至元辛卯

胡文璧跋正德十年

盛杲跋正德乙亥

潮溪先生捫虱新話十五卷明刊本　黄蕘圃舊藏

宋陳善撰

無名氏序曰：陳善，字子兼，福州羅源縣人。王温天資穎悟，九齡能暗誦五經，甫弱冠，遊郡庠，泮教得其所爲文，大驚異之，曰：『崔、蔡不足多也。』時閩文學甲他郡，歲大比試者至十萬人。子兼獨步稱雄塲屋中，名震一時，老師鉅儒皆爲之傾動。紹興間爲太學生，所與游者天下名士。時秦檜當國，子兼慷慨言論，慕何蕃、陳東之爲人，嘗力詆和議爲非是，不徇俗俯仰浮湛。有司心雅惜子兼，畏權臣，卒不敢取，以故不屑効一官。子兼亦不以得喪喜戚動其心，拂衣竟歸，杜門讀書，自孔孟氏至子史百家、佛老陰陽、卜筮農圃之説，無不精詣，或焚香默坐，日不出户，無幾微見於顔面，宦情世故淡如也。所居有小溪，與潮合流，因自號曰潮溪。所著書詩文甚多，經殘燬散逸，惟《捫虱新話》行于世。子兼嘗墮圍城中，有談《新話》者，子兼因與謂言，而不知其爲子兼也，遂得脱。然此特其小小者耳。若子兼之所□，彼惡知之？彼惡知之？

黄氏手跋曰：此《捫虱新話》三本，余得諸書友處。取其尚是明代舊刻，因收之。隨取《津逮》中本畧爲對勘，亦覺此刻居前，稍勝毛本，而《潮溪先生小傳》，惟此猶存，洵善本也。余考《敏求記》所載云有二本，其一是影宋本，標題云《朝溪先生捫虱新話》，釐爲十五卷。今檢此標題，獨多『朝溪先生』四字，而毛刻猶無，殆自宋本翻雕者乎？嘉慶二年歲在丁巳秋日，書於讀未見書齋，黄丕烈。

又跋曰：述古所藏，向有二本，一是宋鈔本，不分卷帙，末有羅源陳善子兼跋云：『丙寅歲，余由海道，將抵行在所云。』戊辰秋，余觀書濂溪坊蔣氏，見所謂宋鈔者，果與述古所藏合，而子兼之跋較《敏求記》所載爲詳。此書余友秋塘張君爲余借出，因得見之，遂屬其校于此册上。陳跋及所多二則，用别紙録之附考焉。本書甚古雅，宋鈔之説，兹所校者皆秋塘筆，余未及親較也。秋塘近始檢還，因記。庚午夏五月十九坐雨書，復翁。

又曰：此宋鈔本，蔣韵濤故後，已經散失，然巧爲余友蔣懷堂所收。一蔣失，而一蔣得，倘容借閱，仍可手自讐校一過。秋塘已于昨歲化去，後韵濤殁焉，而余年較兩君尚小，幸而獨留，藏書之家，識古之友，亦漸少矣。丁丑夏張訒菴借校，因其還書而書此。復翁。

又曰：後從訒菴借其手校宋鈔本覆勘一過，其書一百則，通作一卷，不分類，無子目。訒菴一一跋出，因照臨于此。丁丑秋白露前四日記，復翁。

敬齋先生古今黈十二卷舊抄本

元敬齋李治撰

案，《四庫全書》著録本，從《永樂大典》録出，此則原本也。後有『萬曆庚子春三月之吉，武林書室蔣德盛梓行』兩行，凡四百七十餘條，首尾完具，似無缺佚。所謂舊本四十卷者，恐傳寫之悮。

庶齋老學叢談三卷舊抄本　知不足齋舊藏

元從仕郎崇明州判官致仕盛如梓撰

閒居録一卷明抄本　丁秋水舊藏

元吾丘衍撰

右《閒中録》一編，一名《閒中編》，魯郡吾衍子行所著也，其間皆子行手書。子行工篆隸書，通聲音律吕之説，及《太玄經》，自號貞白居士。性放曠，有高尚不事之節，每以郭忠恕自比，倨傲一世，視人巧圖富貴，不啻蟲蛆臭腐之將噬染於己。尤厭棄詣門請謁，有來者，從樓上遥與語，其人出少間，顧吹洞簫，撫弄如意不輟。又好刺譏時人，輕侮文學士，獨盛推杭之仇近父、婺之胡穆仲、汲仲，至稱之爲百年士。蓄書凡數千卷。至大四年冬，以事逸去，莫知所終，此得之其從父云。至正五年正月甲辰，養痾東閣捉筆記，吴郡陸友仁書。

研北雜志二卷明項氏宛委堂刊本

元陸友仁撰

徐獻忠跋

錢叔寶跋

林應楨跋

陳繼儒跋

右雜説之屬。

雲煙過眼録二卷舊抄本

宋齊人周密公謹撰

某氏手跋曰：弁陽老人所著《雲煙過眼録》，中附葉森、文璧二氏所見與湯允謨《續録》數頁，非盡周公之書也。世所傳抄與刻本，皆僞舛不可讀。此爲張青甫所校，猶有未盡。余復重加考正，然其中錯亂無序者尚多，聊且録出，以備遺忘。戊午三月廿二日京師横街，時余病口糜，食粥一月矣，林村題。

右雜品之屬。

羣書治要五十卷東洋刊本

唐秘書監鉅鹿男魏徵等撰

《孯經室外集》：徵字玄成，魏州曲城人，官至太子太師，謚文貞，事蹟具《唐書》本傳。案，宋王溥《唐會要》云：『貞觀五年九月二十七日，祕書監魏徵撰《羣書治要》上之。』又云：『太宗欲覽前王得失，爰自六經，訖于諸子，上始五帝，下盡晋年。書成，諸王各賜一本。』又《唐書·蕭德言傳》云：『太宗詔魏徵、虞世南、褚亮及德言裒次經史百氏帝王所以興衰者上之。帝愛其書博而要，曰：「使我稽古臨事不惑者，卿等力也。」德言賚賜尤渥。』然則書實成于德言之手，故《唐書》于魏徵、虞世南、褚亮傳皆不及也。是編卷帙與《唐志》合，《宋史·藝文志》即不著録，知其佚久矣。此本乃日本人擺印，前有魏徵序，惟闕第四、第十三、第二十三卷。今觀所載，專主治要，不事修辭，凡有關乎政術、存乎勸戒者，莫不彙而輯之。即所采各書，并屬初唐善策，與近刊多有不同，如《晉書》二卷，尚爲未修《晉書》以前十八家中之舊本，桓譚《新論》、崔實《政要論》、仲長統《昌言》、袁準《正書》、蔣濟《萬機論》、桓範《政要論》，近多不傳，亦藉此以存其梗概，洵初唐古籍也。

意林五卷嚴可均校本

唐扶風馬總元會編

戴叔倫序貞元二年

柳伯存序貞元丁卯

嚴氏手跋曰：《意林》二卷，從《道藏》『瑟』字號録出，竟二日之力，依藏本校對訖。嘉慶乙酉歲短至後一日，烏程嚴可均記。

續談助五卷舊抄本

宋晁載之編

《續談助》五卷，宋刻本，爲故友秀水令江陰徐君子寅家藏。子寅没後，其家人售于秦汝立氏。汝立迺余門人汝操之弟，青年癖古，儲蓄甚富，亦友于余，假而手録，閲三踰月始訖事，惜乎斷簡缺文，未敢謬補，藏之茶夢閣，以俟善本云。嘉靖壬戌之秋八月二日，皇山人姚咨識，時年六十有八。

案，晁載之，字伯宇，補之從弟兄也。官封丘丞，著有《封丘集》二十卷，學問精確，嘗作《昭靈夫人祠詩》曰：『殺翁分我一杯羹，龍種由來事杳冥。安用生兒作劉季，暮年無骨葬昭靈。』見《郡齋讀書志》、《吕紫微詩話》。是書《四庫》未收，張月霄《藏書志》著于録，而不知其名。蓋載之先有《談助》一卷，見《宋史·藝文志》，故此名《續談助》也。

紺珠集十三卷舊抄本

宋朱勝非撰

《紺珠》之集，不知起自何代。試嘗仰觀乎天文，俯察乎地理，凡可以備致用者，雜出於諸子百家之説，枝分派别，原始要終，粲然靡所不載，誠有益於後學。然珠之爲物，生於淵而崖不枯，固寶之矣。是珠也，其色紺然，異乎夜光之類，特取其文焜燿而已。凡人之思慮有爲物所蔽而昏昧者，取其珠而玩之，則了然心悟，涣然冰釋，固足以開聰明，備記遺忘，豈小補哉！學者於此，能勤而熟攬之，亦若提珠在手，歷歷無忘其所能。雖相去千百歲之久，可以坐見其創述之末，則囊括倫類，蓋無餘藴矣。以是而名其帙，不亦宜乎？建陽詹公寺丞出鎮臨汀，僕幸登其門。一日出示兹集，俾之校勘訛舛，將命工鏤板，以廣其傳。僕因得以詳究焉，增益其所未能，所得多矣。楊子不云乎：『侍君子，晦斯光，室斯通。』其是之謂歟？紹興丁巳中元日，左承直郎全州灌陽縣令王宗哲謹序。

賀榮重刊序天順庚辰

《直齋書録解題》曰：《紺珠集》十二卷，朱勝非鈔諸家小説傳記，視曾慥《類説》爲畧。

尤氏手跋曰：《紺珠》十三卷，乃宋朱勝非編百家小説成此書。又有自序云：『張燕公有紺珠之見，則能記事不忘。』書之名以此。王宗哲乃紹興時人，而曰不知起自何代，豈詹寺丞所得本不著姓氏邪？康熙甲午春仲花朝，鹽官尤貞起記。

案，《書録解題》《秦中歲時記》下又云朱藏一《紺珠集》，則是書爲朱勝非撰無疑。其書隨手摘録，以備遺忘。勝非亦紹興時人，想詹寺丞所得傳抄之本不著姓名，故曰不知起于何代也。

類説六十卷明抄本　秦西巖舊藏

宋曾慥撰

小道可觀，聖人之訓也。余僑寓銀峯，居多暇日，因集百家之説，採摭事實，編纂成書，分五十卷，名曰《類説》，可以資治體，助名教，供談笑，廣見聞，如嗜常珍，不廢異饌，下筯之處，水陸具陳矣。覽者其詳擇焉。紹興六年四月望日，温陵曾慥引。

前言往行，君子貴於多識。稗官小説，良史列之九流。曾公所編《類説》，蓋此意也。余舊藏麻沙書，乃紹興庚申所刊本，字小而刻劃不精，且多舛誤，舊必有續刊大字善本。分符來此，徧令搜訪，咸無焉，併板亦不存矣。因取所藏舊本稍加是正，鋟板於郡齋，庶可壽此書傳。士或有志於聖門友多聞之訓，當謂不爲無補。寶慶丙戌八月初吉，古杭葉旹書於建安堂。

重校類説五十卷舊抄本　秦西巖舊藏

宋曾慥撰

卷首有『西巖山人』印記。

自引

葉時序

皇朝類苑六十三卷舊抄本

宋江少虞撰

自序曰：古之史者，載籍極博，其所表見，皆不虚書。其軼乃時時見於他説，不可不知也。太史公網羅天下放失舊聞，至於分散數家之事，則甚多疎略，後世猶或非之。然則自漢以來千有餘歲，君臣善惡治亂之外，紛紛藉藉，日有日繁，使論著之人隨世裒掇，有所未盡，況軼入他説者歷年浸久，疏殘之餘，不少概見，則史失其傳矣。史册所無有，學者不道也。錯亂磨滅，不可復知者，可勝計耶？我宋肇興，聖神克繼，二百年太平，憲物容典，踵古治而增華朱，有緝熙炳焕，可考如今者也。不刊信史，誠足以表覈萬代。然而秘省邃嚴，非外學所得見。若其遺文逸説，事美一時，語流千載者，搢紳先生尚能言之，往往皆前日今世巨公名卿、老師宿儒以其所接於耳目可以警憲于世者筆之載録傳紀，無慮數十家。嘗惜其畔散不屬，難以稽考，曩因餘暇，備極討論，自一話一言，皆比附倫類而整齊之，去其文不雅馴，或有抵牾者，自餘據實條次，不敢以一字增損，總凡會目，今爲一書，名曰《皇宋事寔類苑》。聖謨神訓，朝事典物，與夫勳名賢達前言往行，藝術仙釋神怪之事，夷狄風俗之殊，纖悉備有，釐爲二十八門，選義按部，考詞就班，如出一家語，不待旁搜遠覽，而太平遺逸之美麗具在，足以觀見當時風議，庶幾乎尚有典刑哉！此學士大夫之所欲聞，亦喜傳而樂道也。深媿識見淺陋，擇焉不精，取焉不詳，故於每門之末，不敢斷意訖詞，篇篇存之，將以有望于後之君子云。紹興十五年五月十七日謹序。

少虞自幼喜雜覽，家居摘諸史、雜史關於風化者，纂成此篇，題曰《皇宋事實類苑》，始於本朝祖宗聖訓，終於風土雜志，總六十三卷。少虞不敏，何敢爲著述？但傳舊而已。考之歲月，越十四寒暑，更俟博洽君子訂焉。紹興戊寅九月日，江少虞志。

案，江少虞，《四庫全書提要》云里貫未詳。愚案，少虞字虞中，常山人。政和八年進士，調天台學宮。寇至，守倅皆遁去，少虞獨率弱卒堅守兩旬，慷慨感激，人有死志。首射殺渠魁，賊遂潰。歷廷、饒、吉三州，守治皆第一。見弘治《衢州府志》。

皇朝仕學規範四十卷舊抄本

宋張鎡撰

士大夫多識天資，至錯諸行事，往往鮮合中道，才非不逮，微法度也。前言往行，可儆可師，佩服弗替，如循三尺，則幼學壯行焉。往而不中節，藐前修爲易，與肆吾意之所嚮，跌宕乖盭，漫亡據依，幸而齪齪亡聞，人猶以不能恕，其如得聲名處，貴顯有識，將起賢者過之之歎，斥規矩以覬全材，屏範模而良器圖，是世固無若事也。其大者，功烈在天，銘在鼎彝，誠未易闚測。仰惟熙朝累聖纘承，一以姬孔道學造天下士，名公碩儒聞風作興，步武相屬。至如問學之囦深，操行之端方，政事之精醇，與夫陰功隱德，奇辭奥論，流播簡册者，皆足以擅稱一時，詒憲百世。鎡天資庸樸，粗知讀書，日思拔滌膏粱之習，以從賢士大夫後。是以寤寐前哲，採摭舊聞，凡言動舉措粹然中道，可按爲法程者，悉派分鱗次，萃爲鉅編，以便省閲。夫致知必繇學，故先之以爲學。學，行之上也，故次之行。已行己有餘，斯可推以及人，故次之以涖官。爲政莫如德，故次之以陰德。有德者，必有言，故以詩文終焉。謂其皆可爲終身法，遂目之曰《皇朝仕學規範》，且析爲四十卷，庶幾口詠心惟，趣向弗謬，昭然《中庸》、《大學》之可歟，儼乎正人端士之在左右也。傳不云乎：『過者俯而就，不至者跂而及。』僕方用是自警，亦願與同志共之。淳熙歲丙申四月，秦川張鎡時可序。

自警編不分卷 宋刊本　朱卧菴舊藏

宋趙善璙撰

嘗讀《詩》之《抑》，衛武公所以自警者，凡十二章，紬繹辭旨，反覆切至，猗歟休哉！予辛巳去國，屏跡龜溪，省愆餘暇，集我朝諸公言行。越三年而成編，名以《自警》，蓋警飭予之所不能，而庶幾古人萬一云耳。書甫成，市書徐生售《典刑録》，嘉言善行，臚分品列，間類予所編，因廣教育、攝養、好生、使命數門置之座右，期無負初意云。嘉定甲申正月望，漢國趙善璙序。

噫！是編也，藥石予疢多矣。却掃八年，安之義命；宦馳六載，粗不愧見吏民，皆是編助之也。客有好事者從予抄録，予曰：『單見謏聞，藉是强而進耳，何敢以示人？』客曰：『蘧伯玉恥獨爲君子，豈用心之未廣耶？』予嘉其説，遂鋟木于九江郡齋。端平改元三月旦，善璙再書。

《儀顧堂集》有跋。

自警編九卷明弘治刊本

宋趙善璙撰

自警編九卷明嘉靖刊本

宋趙善璙撰

自序

林庭棉序嘉靖庚子

陳善序嘉靖四年

百川學海明華珵覆宋刊本

宋左圭編

『言可聞而不可殫，書可觀而不可盡。』先儒嘗有斯語矣。夫人以區區聞見，將欲周天下之書言，雖没世窮年，曾未及太倉之稊米。然則記録之書，其可缺乎？古今紀載至多，往往好古者類於迂，務奇者隣於誕，詳則贅，簡則略。無他，各局於一體也。余舊裒雜説數十種，日積月累，殆逾百家，雖編纂各殊，醇疵相半，大要足以識言行，裨見聞，其不悖於聖賢之指歸則一。楊子雲有言：『百川學海，而至於海。』又曰：『川雖曲，而通諸海則由諸。』夫川惟其流而不息，故能合衆水而朝宗。使其或止或停，或有所限而不通，則潢潦溝澮而已矣。人能由衆説之流派，遡學海之淵源，則是書之成，夫豈小補？因壽諸梓，以溥其傳，而名之曰《百川學海》云。時昭陽作噩歲柔兆執徐月，古鄮山人左圭禹錫叙。

錢福序。

右雜纂之屬。

皕宋樓藏書志卷五十九

子部

類書類一

北堂書鈔一百六十卷明抄本　馬笏齋舊藏

隋祕書郎虞世南撰

張氏金吾曰：案，此本係永興原本，未經陳氏增删竄亂者，分甲、乙、丙、丁、戊、己、庚、辛、壬、癸十册，卷一百三十九《車總載篇》，卷一百五十八至一百六十《穴》、《泥》、《沙》、《石》四篇，俱係大字，無注，與全書異。陳氏改從一例，立題分注，遂使原本面目不復可識，且所增補，或羼入五代十國事，更失限斷，藏書家每以不得一覩原書爲恨。今細核陳氏之書，大約原書所引之句與題不甚協者則删，絶無文義可通者則删，其書人人習讀無所用注者則删，其書世無傳本不復可校者則删。或改引他書，如謝承、袁山松等《後漢書》則改引范蔚宗書，十八家《晉書》則改引房玄齡書是也。有原本正文而改作小注者，有原本小注而改作正文者，有陳氏所增而未注補字者，有元書所有陳氏稍加增改而注補字者，攙亂删改，不可枚舉。《讀書敏求記》云：『今行《北堂書鈔》，爲吾鄉陳抱中所刻，攙亂增改，惜無從訂正。聞嘉禾收藏家有原書，蒐訪十餘年而始得。朱氏竹垞《大唐類要跋》云：「書賈有以《大唐類要》求售者，反覆觀之，即《北堂書鈔》也。」今世所行，出常熟陳禹謨，删補盡失其舊，儲書者多藏之，而原書罕覯矣。』《欽定四庫全書總目》云：《北堂書鈔》，明陳禹謨校刻。明人好增删古書，逞臆私改，其庸妄無識，誠有如錢、朱二氏所譏。然今嘉禾舊本及《大唐類要》均已不可得見，獨禹謨此本猶存，其增加各條幸皆注明補字，猶有蹤跡可尋，惟其所改所删，遂竟不可考。是則刊刻之功，不贖其竄亂之過矣。蓋是書自國初已極貴重，今又更百七十年，日久日微，幾成斷種，合浦之珠，豐城之劍，不足比其珍貴也。

藝文類聚一百卷 元宗文堂刊本　徐興公舊藏

唐太子率更令弘文館學士歐陽詢撰

自序

無名氏跋曰：夫《藝文類聚》一書，出自唐統，大學士歐陽詢所著，編成百卷，巨載天文、歲時、地理、山川、社稷、州郡、帝王、后妃、儲宫、人品、禮樂、職爵、冠婚、喪祭、詩書、金寶、器械、祥瑞、災異、華夷、草木、禽獸、藥品，天下勝跡諸事，巨細畢具，節節有條，并名儒古體，文論策表，靡所不全。高明君子觀之，亦得以一助云耳。今書坊宗文堂購得是書，即便命工栞行，溥傳海宇，售播四方賢哲士夫，以廣斯文，幸鑑。

案，元刊《劉静修集》卷一後有墨記云『至順庚午宗文堂刊木記』，則宗文堂爲元時書坊無疑。每葉二十八行，每行二十八字，明小字本即从此出。每卷中有『在李鹿川處』朱文長印、『鄭杰之印』白文方印、『注韓居士』白文方印、『侯官劉筠川藭文金石記』朱文長印、『徐氏興公』白文方印、『侯官鄭氏藏書印』朱文方印。

藝文類聚一百卷明刊小字本

唐太子率吏令弘文館學士渤海男歐陽詢撰

自序

胡纘宗序

陸采跋嘉靖戊子

初學記三十卷明安國刊本

唐光禄大夫右散騎常侍集賢院學士副知院事東海郡開國公徐堅等撰

聖人在上，而經制明；聖人在下，而述作備。經制之明，述作之備，皆本於天地之道。聖人體天地之道，成天地之文，出道以爲文，因文以駕道。達而在上，舉而措之，其見於刑名度數之間者，禮學之文，所以明經制也；窮而在下，卷而懷之，其藏於編籍簡册之間者，詩書之文，所以備述作也。禮樂之文，炳若丹青，詩書之文，潤於金石，非吾聖人直爲是炳炳琅琅者以誇耀於千萬世之人也，由是以載其道而濟千萬世之人者也。傳曰：『經天緯地之謂文。』聖人措斯文於禮樂，以化成於天下者，莫若乎文王。故曰：『周鑒於二代，郁郁乎文哉！』乃若文王，則可謂之文也已矣。聖人藏斯文於《詩》、《書》，以化成於後世者，宜莫若乎孔子。故曰：『天之未喪斯文也。』乃若孔子，則可謂之文也已矣。禮樂之文，隨世而存亡，不見其大全，惟是《詩》、《書》垂世，焕乎其可觀者，皆貫道之器，非特雕章繢句，以治聾俗之耳目者也。學者不問古人之文爲貫道之器，誦其詩，讀其書，往往獵取其新奇壯麗，以駕其道聽塗説，入乎耳，出乎口者，發爲一切之文，自許高風逸氣，可以跨越乎古今，峻峰激流，可以眺駭乎觀聽，謂天地造化之工皆在其筆端，而聖人之用心處爲盡在此矣。所謂郁郁之文，可以明經制，未喪斯文，可以備述作，當年天下、異時來世所賴以濟者，未嘗過而問焉，可勝惜哉！嘗謂人生而不學，與無生同；學而不能文，與不學同；能文而不載乎道，與無文同。文之不可以已也如此。是以近世有摘六經諸子百家之言而記之，凡三十卷，開卷而上下千數百年之事皆在其目前可用，以騈四偶六，協律諧吕，爲今人之文，以載古人之道，真學者之初基也。愚願學者摭此以成文，因文以貫道，蘄至於文王、孔子之用心處而後止，毋爲獵取其新奇壯麗之語，雕章繢句以治聾俗之耳目焉，乃善學者也。時紹興四年歲次甲寅正月上元日，右修職郎建陽縣丞福唐劉本序。

初學記三十卷明陳大科刊本

唐光禄大夫右散騎常侍集賢院學士副知院事東海郡開國公徐堅等撰

劉本序紹興四年

陳大科序

初學記三十卷校宋本　丁月河舊藏

唐光禄大夫右散騎常侍集賢院學士副知院事東海郡開國公徐堅等撰

元和姓纂十卷文瀾閣傳抄本

唐林寶撰

自序

白氏六帖類聚三十卷北宋刊本　明文淵閣舊藏

唐白居易撰

案，此北宋刊本，每葉二十六行，每行二十六七字不等，小字雙行，歐書極精，每卷有目，連屬正文，『匡』、『敬』、『恒』皆缺筆，『貞』字不缺，蓋宋仁宗時刊本也。版心分十二册，有『文淵閣印』朱文方印、『臣筠三晉提刑』朱文方印。徐氏《傳是樓書目》、《季滄葦書目》皆著録。蘇州汪氏有南宋刊本，題曰《新雕白氏六帖事類添注出經》。

白孔六帖殘本三十八卷宋刊本　傳是樓舊藏

唐白居易、宋孔傳撰

案，此南宋白孔合刊，每葉二十行，每行十九字，小字雙行，有『宋本』二字朱文橢圓印『東海』二字朱文長印，蓋傳是樓舊物也。

唐宋白孔六帖一百六卷明刊本

唐白居易、宋孔傳撰

唐白居易攟摭諸書，事提其要，區分彙聚，有益於世。或謂白公文采道德，自足以託不朽，顧爲此何歟？古之君子學則與人共之，未有獨善其身者也。且其大者，尚將發明以示後世，况其細乎？使學者不執業，不佔畢，而有博聞之益，此仁人之心也。由唐至吾宋，幾四百年，故事畔散不屬。東魯孔侯，宣聖之裔，中丞公之孫也。數試藝于有司，輒不售，退爲新書，以倣白公之意。方侯著書時，士皆挾一經，不治他技，而侯獨奮不顧，自詩頌銘贊，奇編祕録，窮探歷代，纖芥不遺，斯亦勤矣。書成，而當建炎、紹興之際，主上復古救弊，士知博學。孔侯之書如當家之儲材，楝椽枅栱，雲委山積，匠者得之，應手不窮，功用豈小哉！若夫貪多務得，晦而不出，幸人之不知以成己之名者，此矦之所恥也。余見侯臨川，閲其書而善之。侯之言曰：『古之學者，必世其家。吾惟宣聖之後而《子思》、《中庸》雜於《大戴氏禮》，及子高、子國始立訓傳，缺然至今，吾甚懼焉。於是綴緝，使無墜厥緒。』則侯之意，又非獨倣白公而已也，故余樂爲之序。陵陽韓駒子蒼。

蒙求三卷東洋刊本

唐安平李瀚撰註

李良上表天寶五年

李華序

事類賦三十卷元刊本

宋博士渤海吴淑撰註，元學士王磐校勘

進表

邊惇德序紹興丙寅

華雲序嘉靖壬辰

事類賦三十卷明寧壽堂刊本

宋博士渤海吴淑撰註

進表

邊惇德序

范應期序萬曆乙丑

太平御覽一千卷明刊本　趙清常校

宋翰林學士承旨正奉大夫守工部尚書知制誥上柱國隴西縣開國伯食邑七百户賜紫金魚袋臣李昉等奉勅纂

蒲叔獻重刊跋慶元五年

李廷允跋

太平御覽殘本三百六十六卷北宋刊本　明文淵閣舊藏

宋翰林學士承旨正奉大夫守工部尚書知制誥上柱國隴西縣開國伯食邑七百户賜紫金魚袋臣李昉等奉勅纂

案，此北宋官刊祖本，存卷一至卷一百三十三，卷一百七十二至卷二百，卷二百十二至卷三百六十八，卷四百二十四至卷四百五十五，卷五百三十一至卷五百三十五，卷五百四十一至卷五百四十五，卷七百二十六至卷七百三十，餘詳《儀顧堂集》。

黄氏手跋曰：《太平御覽》爲類書淵藪，近時講實學者尤重之。余於數年前曾蓄三四部，非活字即宋字本，最後得一舊鈔本，十三行爲半葉者，較諸本爲佳，然以未見宋刻爲憾。聞郡城香嚴書屋周君錫瓚家有宋刻殘本，遂因友人獲交周君，并得請觀其書。周君亦知余嗜古之深也，許以是書借校，且相約勿爲外人道。但余之校，倩友人任其事，竟漏言於同學中，自是欲轉假於余。予不之允，爰託人往假於周，亦未之允。復藉聲勢以挾制之，周頗憾余，兩人更以是憾周。幾年之間，借書踵相接，周於是書亦轉愛而爲惡矣。歲甲子冬，議直二百四十金，以余所藏他宋刻書抵其半，酬介者以十金，此書遂歸予。余得後，借校者仍來。余惜書癖特甚，朋好多知之，自歸我家，竟未出户。去冬始付裝潢，半年乃就，工費又數十金。凡破損及斷爛處，悉以宋紙補之，可謂好事之至。存卷數目别紙疏于前，取易覽也。是書出郡中朱丈文游家，朱與惠徵君棟爲莫逆交，惠所著述大半取材是書，故有『定宇借觀』圖記。至卷端『文淵閣印』一方，知是爲明時内府所藏，不知何時散佚，廑存三分之一有强，然即此殘帙已足珍奇。昔日宋太宗日覽三卷，今存卷可備學者一日一卷之讀。《書》有云：『朞三百有六旬有六日。』蓋周天三百六十五度。此書之存於天壤間者，幾幾乎近之，豈不异哉！時嘉慶丙寅芒種後九日，黄丕烈識。

新刊監本册府元龜一千卷明抄本　嚴嵩舊藏

宋推忠協謀同德守正佐理功臣樞密使特進行吏部尚書檢校太尉同中書門下平章事修國史上柱國太原郡開國公食邑七千户食實封二千八百户臣王欽若等奉勅纂

同上。

册府元龜殘本四百八十三卷北宋刊本

案，此北宋初刊本也。每頁二十八行，行二十四字，存卷一百二十九至一百六十六、一百七十一至一百八十、一百八十二至二百四、五百五至五百三十八、五百四十二至五百六十五、五百六十七至五百七十七、五百八十三至五百九十九、六百四至六百五、六百八至六百六十、六百六十六至七百一、七百六至七百八、七百十七至七百二十、七百二十六至七百三十二、七百三十七至七百三十九、七百四十二至七百五十六、七百六十一至七百九十一、七百九十六至八百、八百三至八百六、八百十一至八百十二、八百十五至八百六十五、八百七十六至九百、九百六至九百三十三、九百三十六至九百三十八、九百四十至九百四十二、九百四十四至九百四十七、九百五十至九百五十六、九百六十七至一千，共四百八十三卷，餘詳《儀顧堂集》。

重修事物紀原二十六卷目録二卷宋刊本　五硯樓舊藏

宋高承撰

此書求到京本，將出處逐一比校，使無差謬，重修寫作大板雕開，並無一字誤落。時慶元丁巳之歲，建安余氏刊。

案，此南宋刊本，《儀顧堂集》有跋。

事物紀原集類十卷明成化刊本

宋高承撰

閻敬序正統十二年

李果序成化八年

書序指南二十卷明刊本

宋浚水任廣德儉編次

沈松序嘉靖六年

吕柟後序

海録碎事二十二卷明刊本

宋泉州太守葉廷珪集著

予幼學爲詩，嘗從先生長者質問爲詩之利病。或告之曰：『詩當博，當專。能專，能博，未有不造其妙者也。』韓退之言張旭善草書，不治他技，喜怒窘窮，憂愉佚怨，悵慕悲思，酣醉無聊，有動於心，必於草聖發之，故其書變動鬼神，不可端倪。謂詩爲當專者之論如此。夫詩之爲用，所以摹狀四時之造化，陶寫平生喜怒哀樂之性靈。前輩言凡天下之書，雖山經地志，花譜藥録，小説細碎，當無不觀，古今之詩雖巖棲谷隱，漏篇缺句，當無所不講。謂詩爲當博者之論又如此。予深然其言，曩時爲高澐者作送行序，私竊識焉。曲折累數千百字，其説甚備，獨恨後學之士或能專而不能博，或能博而不能專，而予於斯二者皆不能致力焉。若今泉州太守前兵部郎中翠巖葉侯嗣忠其可謂兼之者乎！予嘗得見侯所謂《海録》者，凡十數大册，皆親書蠅頭細字惟謹，蓋無慮十餘萬事，大抵皆詩才也。侯因自言游宦四十餘年，未嘗一日不作詩，食以飴口，怠以恰神，此書之力爲多。其博與專乃如此，以是其詩老而益工。如《題琴泉軒》云：『不是妙音生妙指，只緣流水似流泉。』《無名水》云：『人休清樾摩挲認，鳥泊高枝睥睨看。』置於唐人詩集中，殆不能辨。至其《和錢起江行百詩》，用事精當，寓意清高，與起詩甚類，士大夫間多傳録之。故吏部員外郎宋侯高年與予雅游厚善。高年有能詩聲，議論高，甚少許可，顧常喜稱侯詩。暨侯來守泉南，而予實客寓此郡，聲聞豫熟，既見歡如平生。雖月卒不過一二還往，然見輒論詩，無它談。凡一歲間，相與更酬迭唱甚樂。間一日，侯誦所作《郡舍羅漢室詩》示予，其斷章言：『幾多雁鶩行間吏，衙退頻來禮釋迦。』予曰：『韋蘇州詩云：「今朝郡齋閒，欲問楞迦字。」某每讀至此，未嘗不廢卷太息，想像應物之風流醖藉，而有以知蘇臺當時之無事也。泉爲劇，侯能鎮之以静而不擾，使吏輩優游如此，抑可以見大府辦治而侯之風度矣。』侯忻然以予爲會心之友。未幾，予來佐臨漳郡事，侯送之以詩，有『戍兵數有流星遞，元白詩筒幸寄將』之句。予益知侯專於詩，未嘗頃刻忘也。雖然，使侯向者不能博極羣書，撮其機要，廣録而儲用之，雖能專如此，吾恐發而爲詩，事不足以副力，枯而不腴，華而不實，未必能如是之工也。然則所謂《海録》者，其可謂之小補云乎哉！侯既自序此書，登載門類卷帙之目詳矣，又以書謁予文，乃爲具道少時所以聞於先生長者之説，及屬者於侯酬唱論議之益，著於篇之首。夫《春秋》美君子樂道人之善，况於會心之知乎？此則予之意也，覽觀者其自知之。紹興十有九年冬十一月十九日，河陽傅自得安道敘。

始予爲兒童時，知嗜書，家本田舍，貧無書可讀。曾大夫以差法押綱至京師，傾行槖市書數十部以歸，因得盡讀。至其後肄業郡學，升貢上庠，登名桂籍，牽絲入仕，蓋四十餘年，見書益多，未嘗一日釋手卷秩，食以飴口，怠以爲枕，雖老而不衰。每聞士大夫家有異書，無不借，借無不讀，讀無不終篇而後止。嘗恨無貲不能盡得寫，間作數十大册，擇其可用者手抄之，名曰《海録》。其文多成片段者，爲《海録雜事》；其細碎如竹頭木屑者，爲《海録碎事》；其未知故事所出者，爲《海録未見事》；其事物興造之原，爲《海録事始》；其詩人佳句曾經前輩所稱道者，爲《海録警句圖》；其有事跡，著見作詩之由，爲《海録本事詩》。獨碎事文字最多，初謂之《一四録》，言其自一字至四字有可取者皆録之，後改爲《碎事》。每讀文字見可録者，信手録之，未嘗有倫次。閲歲既久，所編猥繁，檢閲非易，嘗以爲病。紹興十八年秋得郡泉山，公餘無事，因取而類之，爲門百七十五，爲卷二十有二。雖摘裂章句，破碎大道，要之多新奇事，未經前人文字中用，實可以爲文章佽助，豈小補哉！十九年五月二十七日，左朝請大夫知泉州軍州主管學事葉廷珪序。

劉鳳序萬曆戊戌

職官分紀五十卷明抄本　錢遵王舊藏

宋孫逢吉撰

職官之書尚矣！前世士大夫所著如《漢官儀》、《魏官儀》、《唐六典》之類，幾廿家。而附見於類書中者如《御覽》、《通典》、《會要》之類，又十餘家。咸平中，華陰楊侃始採諸家之書，次爲《職林》，凡卅卷，號稱精博，而斷自五代以前，不及本朝之事。元豐中，朝廷剌六典之文，傅有司之議，建文昌之府，立寄禄之格，制度炳然一新，可謂甚盛之舉也。而因時撰次，尚尠其人。富春孫彦同雅意斯事，間因暇日，取《職林》而廣之，具載新制，而又增門目之亡缺，補事實之遺漏，凡五十卷，號《職官分紀》，而古今之事於是備焉。或曰：『君子之學，當志其遠者大者。楊氏之書，弊精神於名物，固已惑矣。孫氏又從而廣之，不亦大惑與？』余竊以爲不然，何則？昔九方臯知千里之馬，而不知牝牡驪黄，以臯爲善觀天機則可，使臯爲天子諸侯之有司，則憊矣。此其所以爲黄老家之言也。儒者則異於是，不以内廢外，不以精忘粗，故上達天機之妙，而下堪天子諸侯有司之責。紀官之事，仲尼嘗學於郯子矣，何獨於二子而疑之？彦同嗜學好古，晚而不衰，有志士也。讀其書，可以知其爲人。元祐七年六月望日，祕書省校對黄本舊籍高郵秦觀敘。

帝王經世圖譜十六卷文瀾閣傳抄本

宋唐仲友撰

周必大序

新刊歷代制度詳説十五卷影宋抄本　馬笏齋舊藏

宋東萊先生吕祖謙伯恭編撰

紫陽浙學功利之論，其意蓋有所指，永嘉諸君子未免致疵議焉。祖謙以中原文獻之舊，巍然爲渡江後大宗，紫陽倡道東南，祖謙寔羽翼之。性命道德之原，講之已洽，而尤潛心于史學，仍欲合永嘉、紫陽而一之。此爲祖謙未竟之書，故止于此。皇元泰定三年，廬陵後學彭飛謹序。

馬氏手跋曰：《歷代制度詳説》十五卷，宋吕祖謙撰。考《東萊年譜》不載此書，蓋家塾課子弟之本也。伏讀《欽定四庫全書總目》云『此凡分十三門：一曰《科目》，二曰《學校》，第三門原本缺逸，佚其標題，所言乃考課之事，四曰《賦役》，五曰《漕運》，六曰《鹽法》，七曰《酒禁》，八曰《錢幣》，九曰《荒政》，十曰《田制》，十一曰《屯田》，十二曰《兵制》，十三曰《馬政》，皆前列制度，敘述簡賅，後爲詳説，議論明切。元泰定三年嘗刊行，前有廬陵彭飛序』云云。此本凡十五卷，每卷分一門，首《科目》，次《學校》，次《賦役》，次《漕運》，次《鹽法》，次《酒禁》，次《錢幣》，次《荒政》，次《田制》，次《屯田》，次《兵制》，次《馬政》，次《考績》，次《宗室》，次《祭祀》，凡十五類，與《四庫》本分卷敘次多有先後。又分門止有十三，而此本所載宗室、祀事不與焉，俱足以資考訂。是書向爲郡城陳君蘅皋珍藏，割愛歸予。前缺彭飛原序，并補録之，遂爲全璧。時當夏季溽暑蒸人，揮汗寫此，以誌一時真賞。大清道光十五年旃蒙協洽之歲閏且月，海鹽後學馬玉堂書于庚申閣上。

永嘉先生八面鋒十三卷明刊本

不著撰人名氏

陳世生序萬曆辛巳

都穆跋弘治

錦繡萬花谷前集四十卷後集四十卷續集四十卷明刊本

不著撰人名氏

無名氏序淳熙十五年

秦汴跋嘉靖丙申

皕宋樓藏書志卷六十

子部

類書類二

新編古今事文類聚前集六十卷後集五十卷續集二十八卷别集三十二卷新集三十六卷外集十五卷明刊本

宋建安祝穆和父編集

記問非講學所急，而亦講學之一助焉。昔上蔡謝公初謁明道程先生，頗以記問自多，至貽玩物喪志之戒。非鄙之也，特不欲專以此爲學耳。竊謂講學固以窮理爲尚，而考古訂今亦必資記問之博。使有一書之未讀，一物之不知，則將見羣疑塞胷，無説可祛；萬事搏手，無術可應。此其患在學力之未充，而亦記問空疎之過也。由是觀之，講學之與記問，雖若輕重之不侔，而又奚可偏廢哉！然記事爲難，記文爲尤難，彼答所問數條於賓客對食之頃，寫黨錮一傳於遠謫無書之鄉，是乃天稟之異，不能人人而然。其或抄録以備遺忘，雖去記問遠甚，毋亦猶賢乎已。穆至愚陋，且復善忘，凡觀古人嘉言粹行，大篇短章，始固拳拳服膺，久則惘然不復可憶。未幾悔悟，隨即疏記，積以累年，遂成鉅帙，第蕪穢猥雜，每以散無統紀病之。因考歐陽詢、徐堅所著類書，採摭事實及詩文，合而成編，頗有條理，暇日倣其遺意，詮次舊藁。自羲農以至我宋，各循世代之次，紀事而必提其要，纂文而必拔其尤，編成，輒以《古今事文類聚》名之。既復自念幼失所怙，紫陽朱夫子以其母黨子姪，實教育於考亭書院，粗聞當時緒論。今老矣無成，猶廢日力於此者，良由善足以爲法，不善足以爲戒，或賦詩以吟詠情性，或立言以發明理致，講學之士亦將有取，豈徒類書之云乎？抑又嘗聞朱子之言曰：『記問之學，不足爲人師。記得十件，只是十件。記得百件，只是百件。惟温習舊文，以知新意，所以常活。』覩是編者，盍亦温故知新，而不流於玩物喪志，斯可矣。噫！義理無窮，見聞有限，輒犯不韙，自敘其梗槩如此。伏惟當世大賢矜其用志之勤，賜之序引，使附以有傳，而不終泯於覆瓿，又幸矣！淳祐丙午臘月望日，晚進祝穆伯和父謹識。

記纂淵海一百卷明刊本

宋潘自牧撰

歷代名賢氏族言行類藁六十卷明抄本

宋章定撰

傳曰：『學士大夫，則知尊祖矣。』族之所在，祖之所自出也，其可以不敬乎？予讀陶淵明《贈長沙公》與杜子美《示從孫濟》二詩，未嘗不掩卷太息焉。因取歷代迄皇朝名賢言行可紀之迹，類姓成帙，以便記覽，庶幾稍知尊祖之義。屬將行役崑山，留之友人張椿年白石山屋。初不敢亦外目三字疑有誤，尚恨文籍不備，多所遺闕，嗣有所得，當續書之。嘉定己巳端陽日，武夷章定手記。

羣書會元截江網三十五卷明弘治刊本　陸香圃舊藏

不著撰人姓氏

昔人嘗曰：『文以載道，書以紀文。』夫道之廣大，非文無以載，文之浩瀚，非書無以紀，故必載之文，則廣大者有所寓，紀之書，則浩瀚者有所歸矣。於戲！自羲皇迄于有宋，歷數千百世，紀事之書汗牛充棟，欲徧觀歷覽，將不勝檢閱之勞，況窮陬僻壤，求之不得，見之不廣者乎？幸有志道者出，摭拾古今，分類纂集，名曰《羣書會元截江網》。謂之會元者，以見其有會歸之地也。謂之截江網者，以見其無遺漏之虞也。嘻！所謂廣大而浩瀚者，一展卷，舉在目前，其惠後學不淺淺矣。惜乎成是書君子不著其名，愚不敢没其善，故引於端云。至正四年龍集戊寅四月，前翰林國史院編修官東陽胡助識。

雞肋一卷宋刊本

宋趙崇絢撰

余嗜書，如簡中之蠹魚。讀書如瀛莫之謾□，性根弗靈，无彊記能，寘一編於凡硯間，隨筆録之，久而成卷，以類抄聚，其可去者十一，亦有可觀者焉，别爲一卷，名曰《雞肋》。古汴趙崇絢元素云。

全芳備祖前集二十七卷後集三十一卷舊抄本

宋天台陳景沂編輯

類書之作，其來尚矣。自唐率更有《藝文類聚》，白傅有《六帖》，至我朝元獻有《類要》，宜無復加矣，近世乃有建章《萬花谷事類本末》諸書，大槩誇多于品彙，競美于纂輯，而原本祖萃羣芳者闕焉。天台陳君少負傑特，讀書數萬卷，目力所及，如富人坐日中之肆，網大涵蓄，感萬物敷榮，乃獨致意于草木蕃廡，積而爲書，思襲前賢之躅以補後來者之闕意。客遊江淮，縱觀宇宙山川之□□□□□□□盛，凡舟車之會，人力之及，可以廣紀載、備討論者，畢録無遺。于是物推其祖，詞掇其芳，數十大家之作具在，而騷人墨客之咏亦不廢。不知螢聚雪映，剡溪之藤凡几閲，而《全芳備祖》之書成矣。陳君益歛華就寔，由博趨約，研精洙泗濂洛之書，折衷于渡江諸老，凡音之泥于物者，今皆反諸心矣。心有經，困知有録，凡昔之會于心者，今皆筆于書矣。名公鉅卿嘉歎不少置，嘗以塵天子之覽，陳君不可謂不遇矣！一日，陳君過余山陰澤中，貌癯氣腴，神采内澤，有道之士也，手數巨編以示，且歎曰：『吾不幸少事華藻，勤半生以資口耳之談。猶幸晚歸樸素，持一念以窮性理之藴。然少年之書，雖我甚悔。好事者或取焉，欲櫝而藏之不可得也。』予拱而□曰：『盈天壤間，皆物也。物具一性，性得則理存焉。大學所謂格物者，格此物也。今君晚而窮理，其昭明貫通，倐然是非得喪之表，毋亦自其少時區别草木，有得于格物之功歟？』昔孔門學詩之訓，有曰多識于鳥獸草木之名。陳君于是書也，奚其悔？

寶祐元年癸丑中秋，安陽老圃韓境序。

古今類書，不勝汗牛而充棟矣。録此遺彼，不可謂全；取末棄本，不可謂備，皆纂集之病也。姑以生植一类言之。史傳雜記之所編摩，騷人墨客之所諷詠，自非家藏萬卷，目閲羣書，祇是其擇焉不精，語焉不詳耳。予束髪習雕蟲，弱冠游方外。初館西浙，繼寓京庠，暨姑蘇、金陵、兩淮諸鄉校，晨窗夜燈，不倦披閲，記事而提其要，纂言而鉤其玄，獨于花果草木尤全，且備所集，凡四百餘門，非全芳乎？事寔、賦咏、樂府，必稽其始，非備祖乎？嘗謂天地生物，豈無所自拘目睫，而不究其本原，則與朝菌爲何異？竹何以虚？木何以實？或春發而秋凋，或貫四時而不改柯易葉，此理所難知也。且桃李産于玉衡之宿，杏爲東方歲星之精，凡有花可賞，有實可食者，固當録之而不容後也。至如潔白之可取，節操之可嘉，英華之變出者，香色之具全者，是皆稟天地之英，皦然殊異，尤不可不列之于先也。梅仙孤芳，松友後凋，蘭有國香，菊存晚節。紫薇雖粗而獨貴于所托，黄葵無知而不昧于所向，草傷柳别，紫笑萱忘，韭薤最幽于相遇，藜藿甘貧而自得。苜蓿薏苡，可食可飼，茯苓黄精，通神通靈。凡若是者，遽數之不能終其物也。或曰：『瓊花玉蘂，胡爲而躐處其上？』答曰：『此尊尊也。』或曰：『牡丹、芍藥、海棠之無實無香，胡爲而亦處其上？』答曰：『此貴貴也。』凡是皆奇葩異卉，特立迥出，胡可以一説拘也？或曰：『子之説則信辯而美矣，子之書則信全而備矣，不幾于玩物喪志乎？』答曰：『余之所纂，蓋昔人所謂寓意於物，而不留意于物者也。惡得以玩物爲譏乎？且大學立教，格物爲先，而多識于鳥獸草木之名，亦學者之當務也。自太極判而兩儀分，五行布而萬物具，凡散在兩間，物物各具一太極也。太極動而生陽，則元亨誠之通，而萬物所資始也；静而生陰，則利正誠之復，而萬物所以各正性命也。稟于乾者爲木果；稟于震者爲蒼莨竹，爲萑葦；稟于巽者爲木；稟于坎者爲堅多心；稟于離者爲科上槁；稟于艮者爲堅多節，爲果蓏，根而幹，幹而枝，枝而葉，葉而華，華而實。初者爲陽，次者爲陰，闔者爲陽，承者爲陰，得陽之剛則爲堅耐之木，得陰之柔則爲附蔓之藤。無非陰陽者，則無非太極也。以此觀物，庸非窮理之一事乎？程先生語上蔡云：「賢卻記得多許事，可謂玩物喪志。」今止纂許多，姑以便檢閲備遺忘耳。何至流而忘返而喪志焉？』于《爾雅蟲魚註》，可憐無補費神，觀者幸毋以爲誚。有宋寶祐丙辰孟秋，江淮肥遁愚一子陳景沂謹識。

山堂先生羣書考索前集六十五卷後集六十五卷續集五十六卷別集二十五卷元刊元印本

宋山堂宫講章如愚俊卿編

案，目後有『延祐庚申圓沙書院新刊』木記，每半頁十五行，每行二十四字。

羣書考索前集六十五卷後集六十五卷續集五十六卷別集二十五卷明正德劉洪毅慎獨齋刊本

宋山堂先生章俊卿編輯

鄭京序正德戊辰

前有小像，目後有『皇明正德戊寅慎獨書齋刊行』木記。

古今合璧事類備要前集六十九卷後集八十一卷續集五十六卷別集九十四卷外集六十六卷明刊本

宋膠庠進士謝維新去咎編

類書之編，何所昉乎？自《爾雅》載蟲魚之名，陸氏疏草木之辨，沿而下之，至於《孔白六帖》出，而類書備矣。雖然，猶未備也。兩坊書市以類書名者尚矣，曰《事物紀原》，曰《藝文類聚》，最後則《錦繡萬花谷事文類聚》出焉。何汗牛充棟之多也？今友人劉兄以類書見囑，且以《合璧事類備要》名，豈非欲備所未備，又摭其要而爲之備乎？其視夫徒載首尾而不得其要，臚分門目而備失其倫者，萬萬不侔。昔人有不善記事，每求一事，爲之紬繹搜索，至有終日追思而莫窮其所出者。今而是編，始而天文、地理，次而節序、人物，以至族屬、官職、姓氏之分，儒學、仕進、道釋、技藝之等，與夫吉凶、慶弔、冠婚、喪祭之儀，草木、蟲魚、器用、動什之末，莫不類而得其備，備而得其要。其間別以標題，配以合璧，俾閲是編者求其一則知其二，覩於此則得於彼，既無撏摘之勞，而有駢儷之巧，如遊玄圃而取瑶寶，入武庫而繕甲兵，則其有功於後之類書者多矣！言未畢，客有誚者曰：『果止於備要，何其方帙如是之浩瀚耶？』余應之曰：『今之所編，正將備前乎未見之書，以充後乎無涯之用。凡古今應用之事，悉於此書萃焉。又何以訝其多爲？』客曰：『誠如是，盍以《合璧備要》名？』余曰：『唯。』遂綉諸梓。寶祐丁巳大呂既望，膠庠進士建安謝維新去咎父書。

記問之學，不足以爲人師，然左氏有廣記備言之要，乃爲後世類書者之祖。一日，友生謝去咎擕一編以示余曰：『此友人劉兄德亨所託編《事類備要》也。』不私所藏，欲廣其傳，且俾余一言以訂其末。余不敏，何所容喙？儻休沐之暇，時閲此編，信足爲揮毫用事之助云。郡人新莆田守黄叔度似道敬跋。

顧可學序嘉靖丙辰

按，目後有『嘉靖壬子春正月，三衢近峯夏相宋板摹，丙辰冬十月事竣』兩行。

眉山重校正浙本書林事類韻會一百卷明藍格抄本

宋王百禄增輯

案，是書爲蜀書坊所刻，規模《韻類題選》而加詳，見《直齋書録解題》，亦不詳撰人。明以後流傳甚少，藏書家罕有著于録者。考宋學士《翰苑别集·韻府羣玉題後》云《韻府羣玉》乃因宋儒王百禄所增《書林事類韻會》、錢諷《史韻》等書而附益之云云，則是書乃百禄所增輯也。

新編分門標題皇鑑箋要六十卷明抄本　張月霄舊藏

宋閩川林駉德頌撰

語人以漢、唐，聽之者觸屏；語人以三國，聽之者噴案；語人以六朝、五代，有扼腕不已者。姑舍是，語之以國朝盛事，則聳焉躍焉，訢訢焉斂襟肅容之不暇。嘻！帝王之豐功盛德，其感寤人意如此哉！余濯纓龍溪，日與其徒談前代事，有摳而趨者曰：『《史》、《漢》而下，飫聞之矣，盍觀諸國朝？』余曰：『談何容易？諳歷典故，吾不如趙康靖；區别事類，吾不如富韓公。談何容易？』既又思之曰：『聖謨洋洋，嘉言孔彰，在人耳目藹如也。講誦吾職，吾不可以已。』於是會稡所藏，日得一二事，積之以月，巨帙成焉。有好事者揭而名之曰《皇鑑》。嘻！揚鴻休，播芳烈，汪汪乎丕天之大律，鋪張揚厲。余有志焉而未能也，姑誦所聞，以俟君子。嘉定丙子孟夏，閩川林駉德頌序。

《儀顧堂集》有跋。

聖宋名賢四六叢珠一百卷舊抄本　兼牧堂舊藏

宋建安葉蕡子實編

駢儷盛於江左，沿於隋、唐，逮於西崑，其閒學者病之，易以古文。然施之著述，則古文可尚；求諸適用，非駢儷不可也。大而絲綸之所藻繪，小而緘縢之所絡繹，莫不以四六爲用。食之醯醬，豈可一日無哉！昔之人蓋有百函之迅，五吏之分，七人泚筆，羣史脱腕者，是其敏也。亦有十部之賢，五雲之號，尺牘藏去，雙魚跪讀者，是其用也。又有一坏六尺之句，兩端三穴之聯，與夫鍾虞廟貌，子孫輔車之語，是其膾炙後人也。今之作者，欲其如昔人之敏之用，與夫膾炙於人者，誰與？《四六叢珠》告成於書局，予觀其繙緝之工，科别之明，蓋自鼇扉之騰奏，鱗幅之往來，賓嘉之成禮，釋老之餘用，凡百僚之冗，萬緒之繁，莫不班班具在。君子黨言意乎此，則刮以金篦，脩以玉斧。昔人之敏之用，與夫膾炙於人者，端可徑造而不俟他求矣。嘻！夫又奚以叢珠名也？圜明富溢，輝焕精奇，所以洞心駭目，如珠之叢聚而可掬也。雖然，百斛盈前，固無魚目之誤，亦豈無九曲者，當以螘穿之運，心匠自思焉。慶元丙辰九日，錦谿吴奂然景仲序。

案，目後有『建安陳彦甫刻梓于家塾』兩行。葉蕡，仕履無考，即與魏齊賢同編《播芳文粹》者。文粹署曰南陽，蓋葉氏郡望，此署建安，則其里貫也。凡十六門，卷一至十六曰《表牋》，卷十之七十三曰《啟》，七十四之七十五曰《諸式》，七十六之八十一曰《内簡》，八十二曰《劄子》，曰《畫一稾目》，八十三曰《長書》，八十四曰《婚啟》，八十五之八十七曰《青詞》，八十八之九十二曰《講疏》，九十三之九十四曰《祝文》，九十五之九十七曰《樂語》，九十八曰《勸農》，曰《上梁文》，九十九曰《挽詩》，一百曰《祭文》。每門之中又各分子目，每子目先總説，次故事，次爲四六全篇，次四六摘句，間有七律摘句。卷首列引用書籍目約五百種。其書自來藏書家罕見著録，惟《天一閣書目》、《玄賞齋書目》有之。伏讀《四庫提要》云：『《四六叢珠彙選》十卷，題當塗縣學官晉江王明嶅、繁昌教諭黄金璽同校，不著時代。前有明嶅序，稱「宋季葉氏採當代名家，彙集成編，名曰《四六叢珠》，分門數百，成帙累千」云云，則即宋人《四六叢珠》舊本而爲之摘録者也。』據此，則《四庫》館中當亦未見全本，其書之罕見可知。此本影宋寫，有『陳彦甫刊梓』兩行，當從宋刻。其書剽竊割裂，體例紛如，疑當時書坊所刊。惟採摭繁富，遺文遺句，亦賴以存。披沙揀金，往往見寶，且百卷巨帙，首尾完具，不必以兎園册子薄之也。

新箋決科古今源流至論前集十卷後集十卷續集十卷別集十卷元延祐刊本

宋閩川林駉德頌撰，《別集》，前進士三山黄履翁吉父編

《前集》目録後有『延祐丁巳孟冬圓沙書院刊行』木記。□□□財貨而費於源流之知德義而取夫源流之喻治不結繩文以生三代而來至于我□□□□□□□□□□三千餘年帝□□□□□□作典章文□□□□□□未源流□□□□□□□貨德義而已。儒家者流以多閲爲貴，以博聞爲高，塞胸滿腹，澒洞聲昧，而無條貫，或舉其中而不知其本，或原其始而不要其終，高談有餘，待問不足。三山先生林君德頌雅有遠度，志在邦典，博古通今，出於生知。平居私淑，嘗取夫治體之大者約百餘目，參古今之宜，窮始終之要，問而辨之，端如貫珠，舉而行之，審如中鵠。嘻！有大學問，而後有大議論。先生以其淹貫之學，發而爲經濟之文。是非品藻確乎其當。昔漢武帝之策仲舒，欲叩大道至論。先生之論，其至論也歟？故名之曰《古今源流至論》，以廣其傳焉。時嘉熙丁酉，三山前進士黄履翁吉父書。

別集序曰：《昌黎外稿》後來所次坡老數論，又文集之續者。至論之作，豈能無遺論耶？予擢第西歸，又有逐海濱之臭者，而求續作，技癢未歇，不免復爲之索筆。噫！斯集果盛傳於世耶？予不敢効福時中説，以盗人之名。果未足重於世耶？又安敢爲魏泰碧雲騢，嫁惡於人哉！故特於篇首言之，以自見云。癸巳書雲之旦，合沙西峯主人黄履翁吉父序。

自號録一卷舊抄本

宋徐光溥編

譚友聞序

《孴經室外集》曰：《自號録》一卷，宋徐光溥撰。光溥，錢塘人。是編依錢遵王所藏元孫道明抄本過録，有淳祐丁未譚友聞序。凡宋時墨客騷人，以及名公鉅卿之號，彙爲一書，自處士以及村莊，分類三十有六，附雜類于卷末。事涉瑣屑，然亦有資考鏡也。

纂圖增新羣書類要事林廣記前集二卷後集二卷續集二卷别集二卷新集二卷外集二卷明永樂刊本　汲古閣舊藏

宋西潁陳元靚編

案，是書分六集，集各分上下卷，有子目，題曰西潁陳元靚編。元靚有《歲時廣記》，已著録。仕履無考，當爲季宋人。是編各類所徵引，皆至南宋止，如地輿則止于宋四京、二十三路，歷代則止于中興四將，先賢則止于羅豫章、李延平，人事家禮則止于温公、朱子之説。惟聖賢類則有《大元褒典》，字學类則有《蒙古書姓》，當是元人增入。郡邑、官制、俸給三類，全是明代之制，乃明初人所加增也。新之名，蓋由于此。疑此書在當時取便流俗通用，自元而明，屢刊屢增。即其所分子目，恐亦非元靚之舊矣。目録後有『永樂戊戌孟春翠巖精舍新刊』木記。卷中有『毛晉』二字朱文連珠印、『汲古主人』朱文方印、『汲古閣』朱文長印。

皕宋樓藏書志卷六十一

子　部

類書類三

玉海二百卷附辭學指南四卷元刊元印本

宋浚儀王應麟伯厚甫撰

《玉海》，天下奇書也。經史子集，百家傳記，稗官小説，咸采摭焉。其爲書也，至顯而至微，至精而至密，至高而至深，至博而至約。凡天地山川、古今事物、道德性命、律曆制度、文章禮樂、刑政兵農食貨，靡不畢備。寔故宋禮部尚書厚齋先生王公專精力，積三十年而後成者也。先生在宋季以詞學顯融，其天才絶識，有大過人者，且盡讀秘府所藏天下未見之書，故能博洽貫穿，網羅包括，著爲此書。第篇次浩繁，日修月削，間以所見疏列下方，傳寫抄録，不無先後參錯之遺，非若他類書比也。雖然，粹焉如玉，浩乎似海，『玉海』之名，斯亦奇矣。先生平日著書特多，《玉海》其最鉅者。門人高第往往得其緒餘而擅名當世者有之。夫不見異人，必見異書，一物不知，君子恥之。是書也，其殆集文學之大成者與？東南之士莫不知此書之奇，願見其全不可得，顧非一家之力所能刊行。淛東帥府都事牟君應復首建議繕寫校讎，將鋟諸梓，事未就而牟君去。今宣慰都元帥也乞里不花公寔來開閫承宣，嘉惠學者，於是力行前議，召工庀事，徵費于浙東羣縣學及書院歲入之羨有差。郡守張公榮祖臨蒞提督，命教授王君弦、學正薩君元德董其役，凡二年而後成。嗚呼！繼自今是書之行也，世之君子皆以覽觀考索焉，譬如涉滄溟而求至寶，無不滿意，隨其所入之淺深，取之無窮，而用之不竭，詎庸有限量涯涘哉！若其門類卷帙之目，則李君敘之詳矣，茲不復書。至元四年龍集戊寅四月初吉，前翰林國史院編修官東陽胡助序。

至元六年歲在庚辰夏四月朔旦，慶元路儒學新刊《玉海》成。《玉海》者，故宋禮部尚書厚齋先生王公之所著也。先生之著是書，網羅天下之見聞，包括古今之故寔，將使學者覽之，得以施諸用。蓋自書契以來，典籍日滋，以事物之無涯，而紀載之至繁，畢年歲於披尋，窮心目而研究，不可得而周知，況於得其要領者哉！太史公論儒家者流，其學博而寡要。然則博既難矣，博而要者爲尤難。此《玉海》之書，不可以不作，而作非先生不能也。先生敏悟絶人，少於書無不讀，多識廣聞，淹貫該洽，時已莫能出其右。及仕於朝，又盡閲館閣之所藏，宗工鉅儒咸共折服，自經史傳註，諸子羣集，以至於稗官小説、方技讖緯之書，誦之如流，言之如指掌。既皆涉其波瀾，而采其精英，故其爲書，粹密淵深，區分臚列，靡所不載，惟無益於用，不足以備討論者，不以登於簡策，豈非所謂博而得其要者？偉乎述作，非若他書類事者之可儗倫也。夫其篇次之多，不免於淆舛，傳録之久，或至於脱遺，士以不獲覩其完書爲恨。癸酉歲，浙東帥府都事牟君應復蓋嘗建議請命繕輯讎校而刻之，凡郡縣學與書院之在浙東者，等其歲入之多寡收其羡餘以爲助，移之部使者而□焉。於是聞者又皆喜，幸是書之不泯。越四年，而事未克集，斯文之遇，若將有待然。今宣慰元帥資德公也乞里不花以勛德之胄，膺方岳之寄，敦尚文雅，以爲政先。下車之始，載詢載咨，爰戒有司，俾速其圖。時則總管張侯、塔海帖木兒徵財庀工，承命唯謹。明年夏，教授王君玹來涖厥職，暨學正薩君元德躬自程督，上下協心，有作斯應，夙夜弗怠，遂底于成。用力於一時，垂利於無窮。後之人稽典禮者求焉，考制度者取焉，立政建事者資焉。監其因革，而酌其時宜，可以裨謀議於朝廷，致治效於國家，不特廣問學、給文辭而已。昔之文士嘗有以『玉海』名其集者，詞章之靡麗，蓋不足以當之。夫玉可寶而有用，海之藏無所不具，名之而無愧，其惟是書乎？書凡二百四卷，揔之以二十二門，曰律曆、天道、地理、帝學、聖文、藝文、詔令、禮儀、車服、器用、郊祀、音樂、學校、選舉、官制、兵制、朝貢、宮室、食貨、兵捷、祥瑞、辭學指南，析之爲二百六十一類，於斯備矣。婺郡文學中山李桓序。

天下事若緩而寔急者，學校是也。惟知治本者，每切切而不暇，以風化之美，人材之盛，於是乎出。四明郡學甲東浙，所職非所任，而氣象日萎薾凋謝。至正己丑春，太守嘉議公來領是邦，雖郡事鞅掌，必時造論堂，而扶衰拯弊加於昔，士君子賴焉。今年夏，因閲《玉海》數百卷，於魯魚亥豕之繆，命參校而正訂之者數萬言，使學者無惑於討論。是雖治教中之一事，然以海氛煽虐之秋，不以調給爲煩，且優游於文治，其急於學校可知。夫朝廷以執政大臣職郡守，六事以學校先，意有在也。往往有緩視之，而不切於已，在公獨惓惓，三年如一日，非深知治本者，其若是乎？惜乎瞻承之晚，今也於《玉海》之刊誤有所感，故不可不推夫平日作新之盛心，以爲來者告。至正辛卯七月既望，儒學正王介謹識。

至正九年，余來守四明，公事之暇，因得遍觀郡學書籍。其所謂《玉海》者，宋尚書王公厚齋之所著述也。公以碩學耆德爲儒者宗，著述之書逾三十種，已鋟梓于郡學者凡十有四，《玉海》其一也。惜其間訛誤者多，歷十餘年未有能正之者。余迺命公之孫厚孫重加校讎，得誤漏六萬字，鳩工修補，再閱月而成。夫性命道德之學，發明於先儒，表章於盛世者，至精且詳矣。若夫制度典故、記事纂言，備討論而資考索者，亦學者所當務也。公之學，傳於真文忠公，而《玉海》之書，寔本於博學宏辭。蓋公嘗擢是科，故其彙次最爲該洽。其它諸書扶遺經之絕學，紬正史之要義，綜括於天道地理，辨徵於禮樂文章，明小學而廣異聞，既已登名于朝廷，志列史諜，則其書之已刊者，不可以不究，觀者不可以不悉也。然則是書之成，固學者所共願也。因列其目於編首，又識其始末。以告來者，俾敬守勿壞。至正十一年六月初吉，嘉議大夫慶元路總管阿殷圖埜堂謹序。

皇帝聖旨裏，浙東道宣慰使司都元帥府：照得至順三年十一月十二日准國子監牒：據國子學呈准博士趙承德關：切見故宋尚書王厚齋著書一部，名曰《玉海》，纂輯百家，博綜衆理，用功精深，有補後學。雖嘗傳録于世，至今未曾刊行。如今所屬學院於學糧内置備筆札，就於其家，真謹抄録發來，以憑施行，准此。行下慶元路，依上抄録，解赴國子監收管外。至順四年十月二十六日據本道經歷司呈備準都事牟承事關：切見慶元路鄉先生厚齋王公諱應麟，以進士詞科仕宋，至翰林學士、禮部尚書。公篤學彊記，博極羣書之言，持行爲當時儒臣之冠，平生著作幾三十種，皆有功於後學，俱未刊行。至于《玉海》一書，尤爲妙絶。其門類之詳密，則上至天文律曆，下至禮樂器用，凡二百四十餘類。其紀歷代，則始於伏羲堯舜，終於宋之末年。其摭集之書籍，則自六經、衆史、百家、子集、註疏、傳記、譜諜、藝術、隱賾之書，靡有孑遺。纂次詳備，博而有要，真足爲名世之奇書。但自公歿之後，其家族黨分争，書遂遺缺。縉紳韋布遞相抄録，雖多寡不同，俱非全書。當職游宦四明，詢訪文獻故家，得公之孫厚孫，延致家塾，俾教二子，因獲盡取公之著述，悉心討論，訪求遺逸，《玉海》遂見全帙。考訂銓次，粲然大備。適當聖朝文治之盛，儻得板行傳遠，資禮官之敷陳，惠士子之考索，豈不韙歟？若准備足移牒憲司主領成就，選官提調，庶幾易於辦集。具呈照詳得此。又據慶元路申備儒學申准前翰林國史院編修官程從仕牒：切見故宋尚書厚齋王先生著述《玉海》、《困學紀聞》等書，凡三十種，皆有功於學者。其《玉海》一書二百卷，凡文獻典故、制度名物見於經史子集、傳註百家，悉加蒐輯成編，鈎玄摘要，殆無遺者，可謂天下古今希有之奇書，上可備朝廷禮官之討論，下可資學校士子之考索。若不刊行，深恐湮没，有負國家興崇文教之美意。準此照得本學刊造《四書精要》、《文獻通考》、《姚牧菴文集》等項書板，合支錢鈔，俱奉省府劄付於各路學院錢糧内均派支撥。參詳《玉海》一書，誠可嘉惠後學。如準所言，備申上司，分派各處學院計料刊板印布，相應備申照詳得此。

本道參詳故宋厚齋王尚書所編《玉海》，淵博浩汗，誠爲一代奇書。如準刊行，上可以黼黻皇猷，下可以嘉惠後學。爲此移牒本道肅政廉訪司并分司照驗施行。

元統二年二月初七日，準憲司分司牒：看詳所言《玉海》書籍，如委淵深該博，有益後學，請依上施行，準此行下慶元路，依上施行。三月初九日，又準本道肅政廉訪司牒：該來牒前，事當司議得刊行是書，嘉惠後學，誠爲善事，請依例施行準此。再下慶元路，依準憲司牒文事理，刊行施行。五月二十八日，據慶元路申該行。據本路儒學申：上項《玉海》，會計得合用梨板工食等，該鈔七百陸拾三定六兩伍分，爲數不少。若不照依《姚牧庵文集》等項書版於各路學院贍學錢糧内分派支撥，豈能獨就？倘失於刊行印布，非唯有誤啟發後學，抑且虛負憲司嘉惠之美意。如蒙備申上司照例分派各路學院支撥，庶可成就，誠非小補？除已委請鉛山州儒學教授程敬叔、厚齋先生孫王叔載、訓導朱景陸等校正對讀外，開到各各料物雜數，申乞照詳得此。爲是《玉海》一書，古今罕有，如准慶元路所申照依《姚牧庵文集》高下分派各路學院錢糧内分派支撥，誠爲易辦，庶得刊行。移牒本道肅政廉訪司照驗施行。八月十八日回准憲司牒：看詳放支錢糧，係有司合行事理，請依例施行，准此。議得《玉海》文光累代，事益目前，有惠後學，誠爲美事。憲司既許刊行，有司當爲贊助，爲此行下慶元等七路，依准憲司牒文事理，依例施行。具呈省府照驗外，今來照得厚齋王先生以六經衆史、諸子百家集成一代之典，名曰《玉海》。國學首舉印正憲司，已准刊行。所用工料鈔數，已嘗分派慶元等七路學院贊助，因循至今，不見觧納，以致上項文籍，經今四年，尚未完就。擬合委官提調催督，庶易畢集。今將慶元路元申計到合用物料、工價及本道元派各路鈔數，開坐行下紹興等路，行移提調學校官督責所屬，即將元派鈔數，着緊催納齊足，差人觧司劄付。委自慶元路總管張正議、知事陳遘將仕，各不妨職，敦請博通經典，熟知古今老師宿儒校正對讀無差，興工刊行，仍下慶元路依上施行。咨請本道宣慰使都元帥也乞里不花，資德宣慰副使僉都元帥府事郭朝散，提調委自都事張承務、令史王良知督併校正刊行外，合行具呈者。

至元三年十一月□□日令史王良知、武維周、劉榮、朱貴、蔡彬，經歷司典吏馮天祐，浙東道宣慰使司都元帥府照磨兼管勾承發架閣庫阮謙、承德郎浙東道宣慰使司都元帥府都事李澤、承務郎浙東道宣慰使司都元帥府都事相弼、承德郎浙東道宣慰使司都元帥府經歷李忽都答兒、副使朝散大夫浙東道宣慰副使僉都元帥府事郭德誠、太中大夫同知浙東道宣慰使司事副都元帥忽剌忽兒、資善大夫浙東道宣慰使司都元帥安童、資政大夫浙東道宣慰使司都元帥鎖南班、資德大夫浙東道宣慰使司都元帥也乞里不花。

余幼好奇，耕獵詞圃。麗澤西山，詒我樵蕘。北堂之鈔，西齋之目。披華啟秀，歷歷載腹。窃吹六題，叨榮兩制。汗顏前修，皓首曲藝。斵輪不傳，屠龍無用。緘之青箱，以詔洛誦。

右先祖尚書公《玉海》跋語。《玉海》者，公習博學宏詞科編類之書也。是科擬題爲文，專務彊記，雖小而月日名數，不可遺缺。惟衰世事變，不以命題。此書事類該廣，援據淵洽，非但施於科目而已。公甚愛玩，且謂未脱稿，難以示學者，故藏于家，後爲人窃去。先人白之憲司，書得復歸，而散軼頗多，鈔録者又復訛舛。懼無以承先志，於是裒輯緒次，成卷如右。公著書大小三十餘種，此以失而復得，名尤著于時。浙東都事牟公始建議板行，今元帥資德公既至，即命刊布，又刊《詩考》、《詩地理考》、《漢蓺文志考》、《通鑑地理》、《通釋集解》、《踐阼篇補注》、《急就篇》、《王會篇》、《漢制考》、《小學紺珠》、《姓氏篇》、《六經天文編》、《康成易注》、《通鑑答問》諸書。厚孫等承命校勘唯謹，而董役者弗爲修改，遺誤具在，觀者審焉。至元六年庚辰四月一日，孫厚孫百拜謹識。

鴻濛既判，六經載道，歷代諸儒著述辨析，至宋而道復大明。事類之書，亦至宋而益廣，其述者厚齋先生爲最焉。先生由詞科擢登秘府，讀天下之書而識于一心，以一心之所識而著述《玉海》之一書，極天地萬物，與夫古今禮樂制度，咸備于此。祕藏於家，迨今百有餘載。至元丁丑歲，浙東宣閫都元帥資德公知是書，而發其祕，俾鋟梓以廣其傳。是時，經歷賈君亨、都事耿君朶羅歹來贊賓幕，俱篤意斯文，以是書爲己任，盡心協力，克成厥功。而元德寔奉檄董其事，閲二載而刊始完。嗟夫！是書也，昔爲王氏家藏之書，今則爲天下之書矣。以先生一心之微，博覽天下之書，而著于一書，今復以是書而行于天下，其惠後學也，豈小補哉！若夫論著書之旨要，已見於序文。愚不復贅，姑記刊書歲月之始末于卷後，庶使後學之士知是書之幸傳於世不易也。至元六年四月朔日，鄞縣文學正東嘉薛元德序。

《辭學指南序》曰：博學宏辭，唐制也。吏部選未滿者，試文三篇，中者即授官。韓退之謂所試文章，亦禮部之類，然名相如裴、陸，文人如劉、柳，皆繇此選。制舉又有博學通議、博通墳典、學兼流略、辭擅文場、辭殫文律、辭標文苑、手筆俊拔、下筆成章、文學優贍、文辭秀逸、辭藻宏麗、文辭清麗、文辭雅麗、藻思清華、文經邦國、文藝優長、文史兼優之名。紹聖初元，取士純用經術。五月，中書言唐有辭藻宏麗、文章秀異之科，皆以衆之所難勸率學者，於是始立宏辭科。二年正月，禮部立試格十條，除詔誥赦敕不試。又再立試格九條，曰章、表、露布、檄書、頌、箴銘、誡諭、序，記，四題分兩場，歲一試之。大觀四年五月，以立法未詳，改爲辭學兼茂科，除去檄書，增入制詔，仍以四題爲兩場，内二篇以歷代故事借擬爲題，餘以本朝故事或時事，蓋質之古以覘記覽之博，參之今以觀翰墨之華。宣和五年七月，職方員外郎□□□奏歲試不無幸中，乃有省闈附試之詔，繇是三歲一試。紹興三年，工部侍郎李擢請别立一科。七月，詔以博學宏辭爲名，凡十二體，曰制、誥、詔、書、表、露布、檄、箴銘、記、贊、頌、序，古今雜出六題，分爲三場，每場一古一今，三歲一試，如舊制。先以所業三卷，禮部上之朝廷，下中書後省考其能者召試，其取人以三等。五年，王壁、石延慶首與選。嘉熙二年，立辭學科，以今題四篇，分兩場行之，三年而廢。景定二年，復辭學科，至四年而止。今唯存博宏一科。蓋是科之設，紹聖顓取華藻，大觀俶尚淹該，爰暨中興，程式始備，科目雖襲唐舊，而所試文則異矣。朱文公謂是科習諂諛夸大之辭，競駢儷刻雕之巧，當稍更文體，以深厚簡嚴爲主，然則學者必涵泳六經之文，以培其本云。

小學紺珠十卷元刊元印本

宋浚儀王應麟伯厚甫撰

唐張燕公患多讀少記，得紺碧大珠一顆，握以自照，則平生所讀所記了了不忘，故後人摘書小説奇事，名《紺珠集》。浚儀王公厚齋先生應麟長回六歲，以進士中宏博科，仕與蘇長公端明翰長尚書同，而德業文學亦似之。守歙嘗造回家，談論彌日，其該洽今無復有斯人矣。公歿後數載，始得見所著《小學紺珠》，謂八歲入學者當讀。回謂如《初學記》，雖回七十四，將十倍初學之年，亦盍時時閲之。厚齋此書過於張燕公之所照者也，豈但始就外傅者宜寶之哉！因具始末於其端云。大德庚子，紫陽晚學方回序。

故宋内翰尚書深寧王公應麟以博物洽聞伏一世，蓋自經史傳記、諸子百家、浮屠老氏之書，以至當代典章之因革、食貨之源流、衣冠之譜系、羣公先正之嘉言善行、家乘野史之各見殊聞，莫不徧覽而周知之。其文贍富雅馴，尤宜爲誥。在兩制時，每一篇出，士爭傳誦。予生雖晚，猶及從東南諸大老游。前一輩所不論，自公同儕言之，學問文章，固皆予所師資，然求其書無不讀，問無不知，如公者寔鮮。或曰學無以博爲也，是將溺心。不知聖賢教人，正欲使之由是而反約。謂絶學捐書可坐進於道者，此老莊所以爲虚無，吾法無是也。夫子蓋焉不學？雖微而一骨一矢，且知其所從來，至語門弟子學詩，亦欲其多識於鳥獸草木之名。若之何藉口不經之書，以自文其寡陋哉！公平生著書至多，悉未流布，獨見《小學紺珠》一編，財十餘卷，而天地萬物之名數備在。名書之義，蓋取張燕公所玩以啟遺忘者。夫公亦何事於斯？特以幸初學之士耳。公之子昌世寶其遺書，欲廣傳之，以成公志，俾張君仲友來屬予爲之序。昔公之父吏部公與先大父光禄府君同第嘉定癸未進士，公又與老父數同班著，且嘗聯事銓曹。事分之厚，不並他人，儻緣通家子弟，故獲挂名篇端，以自託於永久，豈非甚幸！用敢冒不韙而不辭。嗟夫！公之墓木拱矣！江左風流，日以向盡，四方學者皆知師尊，吾黨之士固當以甘棠視之，毋曰是特《凡將》、《急就》之倫，非大學者所當務云。大德辛丑，陵陽牟應龍謹序。

古者蒙養豫教，罔不在初。六年教之數與方名，八歲學六甲、五方、書計之事，九年教之數日，十年請肄簡諒，循循有序，繇是有名數之學，陶靖節所以録《聖賢羣輔》也。君子恥一物不知，譏五穀不分，七穆之對，以爲洽聞；束帛之誤，謂之寡學，其可不素習乎？迺采掇載籍，擬錦帶書，始於三才，終於萬物，經以歷代，緯以庶事，分別部居，用訓童幼。夫小學者，大學之基也。見末知本，因略考詳，誦數以貫之，倫類以通之，博不雜，約不陋，可謂善學也已。浚儀王應麟伯厚父自序。

姓氏急就篇二卷元刻元印本

宋浚儀王應麟伯厚甫撰

顯穹生民，肇敘彝倫。別生分類，譜諜繫世。姓以德建，氏以族命。君之宗之，一本萬支。宗法不明，姓氏靡分。知祖惟郯，忘先者談。簒著雖多，混淆舛訛。役祝涓玄，宗宋使便，逢逢謬謬，載戴處虞，戰但莫識，莞筦孰別？利黎、旅盧，《史》、《漢》亦殊。遐不考證，前言往行？《奇觚》少學，史游所作。《頡篇》古字，姓名略記。昔歐陽子，州名是擬。韵屬句摹，輯爲此書。希鏡百帙，指掌可述。對息問董，若龜五總。姓復言重，餘皆彙從。尚友得師，諷誦自怡。稽經訂傳，蒙士用勸。浚儀遺民述。

新編簪纓必用翰苑新書前集七十卷後集三十二卷別集十二卷續集四十二卷明抄本　馬笏齋舊藏

不著撰人名氏

新刊簪纓必用翰苑新書前集十二卷後集七卷別集二卷續集八卷萬曆刊本

不著撰人名氏

陳文燭序萬曆辛卯

敏求機要一卷舊抄本　鮑渌飲舊藏

宋月梧劉芳實撰，鳳梧劉茂實註

余觀醫卜陰陽書，皆有歌詩捷訣，况儒書汗牛充棟，非韻語括之，奚以記？夙成手澤，私淑諸人，好古敏求，望洋何極？撮其機要，簡則易從，因輯一編，課授新學。朋儕競索，酬應日繁，公器難私，傳介鐵筆。倘有違闕，同志改諸。

鮑氏手跋曰：乾隆乙未閏十月，傳錢唐吴氏瓶花齋本，初十日畢。知不足齋識。

又曰：丙申四月二十八日，校一過。溯皇初，終趙宋，類本成韵語，《兎園册》之流也。

聯新事備詩學大成三十卷元刊本

宋毛直方編，元後學三山林楨編集

新編通用啟劄截江網七十四卷宋刊本　蓮涇王氏舊藏

宋熊晦仲撰

觀呂望得兵鈐書於魚腹中以輔周室，然後知魚之可以致書也。又觀葛玄附丹書於魚口中以達河伯，然後知魚之亦可以傳書也。故古詩云：『呼童烹鯉魚，中有尺素書。』所以傳千里之忞忞者，信不我誣矣。然臨淵羨魚，不如結網，此截江網之所由設歟？所謂截江網者，取一網打盡之義云爾。蓋書翰者，千里之面目也。帳下兒讀之，則無所事此。如張子布輩見之，則不可草草□□搜羅□故寔，綱維□□類，文采備具，足爲趙緘之式者，然後下筆□人三過盥讀，十襲珍藏，見謂賢於十部從事可也。近年兩坊所刊翰墨啟劄多矣，類皆得其一而遺其二，詳於此而略於彼，未免有漏網之失。惟熊君晦仲裒集是書，凡古今前輩之事寔，近日名公之啟劄，皆網羅而得之。自甲至癸，分爲十集，甲集則專舉諸式之大綱，乙至癸則旁分品類之衆目，井井具有條理。至於牋表、文檄、碑銘、箴頌、記序、詩詞之屬，莫不咸在，真所謂集是書之大成歟？吁！是不止爲書翰設，凡施之詞章，皆可一舉是網，竭澤而漁矣。大可以網學海之龍，小可以網文江之鯨，至於吞舟縱壑者，皆入吾網，又豈但罾中之魚能傳陳勝王之帛書，以示楚衆；緡間之魚能傳神仙服餌之書，以遺子明而已耶？歲在己未正月元旦，進士陳元善序。

案，此宋麻沙本，每葉二十八行，每行二十三字，小字雙行。《四庫》未收，各家書目皆未著録。每卷有『太原叔子藏書記』白文長印、『子孫寶之』朱文方印。每門先雜事實，次箋表，次啟事，次答式，次小簡，次古風，次律詩、絶句，次詞曲，多載全篇。宋人文集之不傳者，多藉是以存。己未爲開慶元，蓋宋季刊本也。

六帖補二十卷舊抄本　半舫齋舊藏

宋代郡楊伯喦彦瞻集

類書之便於檢閲，惟白居易氏《六帖》最備，大抵皆載唐以前事。至皇朝紹興初，有孔傳世文，先聖四十七代孫也，復爲《孔氏六帖》繼之，故於舊事獨詳。今百餘年，莫有增者。泳齋楊君伯喦乃輯白氏、孔氏之遺，而爲之補。泳齋，楊和王曾孫，而刻志好學，多見異書，下筆皆驚人語。予嘗爲寮，寓郊關外，復出關時，一相覓，高談衮衮，與夫長篇短章，更倡迭和，有疑事質之。嘗叩雲璈璈字所出，即答以《太平廣記》，考之果然。一日，出所輯《六帖補》相示，凡二十卷，搜奇拔異，事富語新，如入建章宫，千門萬户，使心洞目駭，應接不暇，是可不與二氏《六帖》並行乎？泳齋曰：『幸爲我敘篇首。』昔束皙補亡詩，乃其自作，於亡詩何補？今所補《六帖》，字字皆有依据，其補於二氏爲多。泳齋作《九經補韻》，尤精詳，非博聞强記不能也。竊憶西墅君子堂前，草必生書帶，魚生墨頭，午將問諸園丁。壬寅二月十五日，竹坡吕午序。

校正：鄉貢進士州學教諭張應采。校正：免解進士州學教諭徐應采。校正：貢補進士州學直學陸誼。校正：免解進士州學直學孔應選。校正：免解進士州學直學鄭章。校正：迪功郎新吉州太和縣主簿孔應得。校正：廸功郎新瑞州新昌縣尉州學學正鄭逗。

唐世類書傳於今者，有徐常侍《初學記》、白少傅《六帖》。《記》所遺者，《帖》采綴甚富，然自六經諸子，逮於秦、漢、魏、晉而止耳。本朝名儒纂輯，如晏元獻公《類要》等書，可謂浩博，特未聞有繼《六帖》而作者。炎紹中興，乃有孔侯《六帖新書》，隋、唐、五代咸著於篇，而白傳所未取者，不敢過而問焉。泳齋楊先生復成《六帖補》二十卷，然後向之軼於二公者粲然在目。先生博覽古今，見聞該洽，雖治郡叢劇，而手不釋卷。石渠玉府，盈溢胸襟，隨取而充，其用畢具，非假是以夸涉獵、備遺忘者，其志固在於續古也。白傅之後，歷三百年而後有《新書》。孔侯絶筆又百年，而後有是補，可不謂之有志於續古歟？此仕禮之所敬嘆也。因刻梓於學宫，以廣其傳。淳祐甲辰孟冬朔日，門生文林郎充衢州州學教授俞仕禮敬書。

重刊增廣分門類林雜説十五卷影寫金刊　吴方山舊藏

金平陽王朋壽編

傳記百家之學，率皆有補於時，然多散漫不倫，難於統紀。故前賢有區别而爲書號曰《類林》者，其來尚矣。惜乎次第失序，門類不備。予因暇日輒爲增廣，第其次序，將舊篇章之中添入事寔者加倍，又復增益至一百門，逐篇係之以贊，爲十五卷，較之舊書，多至三倍。若夫人君之聖智聰明、臣子之忠貞節義、父子兄弟之孝悌友愛、將相之權謀大體、卿士之廉潔果斷、隱遁之潛德幽光、文章之麗藻清新、風俗之好尚、陰德之報應、酒醴之耽沉、恩怨之報施、形軀之長短、容貌之美惡、男子之任俠剛方、婦人之妍醜賢慝、神仙之清修、鬼神之情狀、宮室之華靡、屋宇之卑崇、天地之運移、日星之行度、山海之靈潤、醫筮之精專、草木之奇秀、金玉之純良、蠻夷之頑獷、禽魚之巨細，凡六合之内所有，無不概舉。雖不敢謂之知所未知，亦可謂之具體而微矣。其於善者不敢加以褒飾，惡者不敢遂有貶斥，姑取其本所出處，芟其繁，節其要而已。覽者味其雅正，則可以爲法；視其悖戾，則可以爲戒，豈止資談柄而詫多聞？不爲無可取也。鄉人李子文一見，曰：『專門之學，不可旁及。至如此書，無施不可。好學通變之士之所願見，我爲君刊鏤以廣其傳，如何？』予謹應之曰：『諾！』於是舉以俾之，併爲之序。時大定己酉歲夏晦，平陽王朋壽魯老序。

排韵增廣事類氏族大全十卷元刊本

不著撰人名氏

左氏蒙求一卷東洋刊本

元吴化龍撰

自序

天瀑序

韻府羣玉二十卷元刊本

元晚學陰時夫勁弦編輯，新吴陰中夫復春編註

滕賓序

姚雲序

趙孟頫題

陰竹埜序大德丁未

陰復春序延祐改元

陰時夫序

羣書類編故事二十三卷明刊本

明四明王罃編集，泰和梁輈校正

六經、《論》、《孟》諸書所載，皆聖賢格言彝訓，昭如日星，學者所共講習而知。至於諸子百家之書，幽深玄遠，學者以爲非所當習，而未之究。故有平生未嘗識某書而知其説者，自非老於學問，博洽雅聞，又孰能窺一二於其間哉！ 肇慶太守四明王公博學好古，無書不覽。公

退之暇，手不釋卷，嘗采羣書中古今事迹有關於世教，切於日用，至醫藥卜筮之驗，仙方道術之妙，蠻夷出處之迹，大而天地之限量，微而草木鳥獸之化育，無不蒐集。既分類書題，又註其説出某傳某録，總若干類，編爲一集，題曰《羣書類編故事》。書成，出以示余，屬序其端。觀書中所載，有嘗聞父師談論而未知所考據者，若繪坼屋圖、緑衣言事之類是也。有平昔所未聞，今見於此書者，若愚公移山、三石見夢之類是也。其事浩瀚，其言簡切，讀之使人心胷開豁，如得膏粱之味，愈嗜而愈不猒，豈徒曰晚生後學，閱此足以廣聞見，長智識？雖士夫君子，亦舒意解顔，喜談而樂道也。公之用心，其開示後學之意深矣。在他人莅政之暇，食息不遑，奚暇留心於典籍哉！傳曰：『好學之心，老而彌篤。』於此見公之志矣。是編一出，好下缺

《研經室外集》：《羣書類編故事》二十四卷，元王罃撰。按，罃姓名見《寧波府志》。明初曾任廣東肇慶太守，事迹無考。其書《明史・藝文志》及藏書家皆未著録，此本從明莫雲卿家藏元刻影寫。其書類分十八門，所采故事，史傳之外，多取唐宋説部，大旨仿朱勝非《五色線》之體，亦類書中之一格也。

案，王罃字宗器，其爲肇慶太守，在宣德五年，見《明史・李驥傳》。此本序中已云『肇慶太守四明王公』，則書刊于宣德以後可知。《研經室外集》題爲元人元刊本，固誤。罃之事迹，見于《明史・循吏傳》、《寧波府志》，『罃』均作『瑩』。文達偶不檢，故云無考。罃又有《律詩類編》，見葉盛《水東日記》，云四明王瑩宗器喜言律詩云云，則『罃』、『瑩』互誤久矣。

皕宋樓藏書志卷六十二

子部

小説類一

西京雜記二卷舊抄本

晉丹陽葛洪稚川集

洪家世有鎦子駿《漢書》一百卷，無首尾題目，但以甲乙丙丁紀其卷數。先人傳之於歆，欲撰《漢書》，編録漢事，未得締搆而亡，故書無宗本，止雜記而已，失前後之次，無事類之辨，後好事者以意次第之。始甲終癸，爲十秩，秩十卷，合爲百卷。洪家□□書試以此記考校班固所作，殆是全取鎦書，有小異同耳，并固所不取不過二萬許言。今抄出爲二卷，名曰《西京雜記》，以裨《漢書》之闕爾。後洪家遭火，書籍都盡，此二卷在巾箱中，嘗以自隨，故得猶在。鎦歆所記，世人稀有，縱復有者，多不備足，見其首尾參錯，前後倒亂，亦不知何書，罕能全録。恐年代稍久，歆所撰遂没，并洪家此書二卷不知出所，故序之云。丹陽葛洪稚川序。

世説新語三卷明袁褧刊本

宋臨川王義慶撰，梁劉孝標注

右《世説》三十六篇。世所傳釐爲十卷，或作四十五篇，而末卷但重出前九卷中所載。余家舊藏蓋得之王原叔家，後得晏元獻公手自校本，盡去重復，其注亦小加翦截，最爲善本。晉人雅尚清談，唐初史臣修書，率意竄定，多非舊語，尚賴此書以傳後世。然字有謌舛，語有難解，以它書證之，間有可是正處，而注亦比晏本時爲增損。至於所疑，則不敢妄下雌黄，姑亦傳疑，以竢通博。紹興八年夏四月癸亥，廣川董弅題。

隋遺録一卷宋刊本

唐顔師古撰

因論一卷宋刊本

唐夔州刺史劉禹錫撰

自序

河東先生龍城録二卷宋刊本

唐柳宗元撰

牛氏紀聞十卷舊抄本

唐牛肅譔，崔造注

《新唐書·藝文志》：《牛肅紀聞》十卷。

鄭樵《通志·藝文略》：《紀聞》十卷，唐牛肅撰，紀釋氏、道家異事。

《宋史·藝文志》：《牛肅紀聞》十卷，崔造注。

譚賓録十卷舊抄本

唐胡璩子温撰

《新唐書·藝文志》：胡璩《譚賓録》十卷，字子温，文武時人。

《崇文總目》：《譚賓録》十卷，胡璩撰。

鄭樵《通志·藝文略》：《譚賓》十卷，唐胡璩撰，雜載唐世事正史遺者。

《宋史·藝文志》：胡璩《談賓録》五卷。

《郡齋讀書志》：《譚賓録》十卷，右唐胡璩子温撰，皆唐朝史之所遺，文武間人。

唐逸史三卷舊抄本

唐袁州盧肇子發譔

周氏手跋曰：《唐逸史》三卷，《新唐書·藝文志》稱大中時人所作，不著撰人名氏。《宋史·志》作盧氏，究不知盧氏何人。大中乃唐宣宗紀年，唐人説部每以志怪相尚，似不及宋人紀載之可徵可信也。嘗讀葉少藴《避暑録話》記白樂天海山事，始知此書爲盧肇所作。按，肇字子發，袁州人，登會昌三年進士第一人，初爲鄂岳盧商從事，江陵節度裴休、太原節度盧簡求並奏爲門吏，後除著作郎，遷倉部員外郎，充集賢院直學士，咸通中出知歙州，移宣、池、吉三州，卒。《賦集》八卷、《愈風集》十卷、《文標集》三卷，今皆不傳。鈔撮既竣，粗校一過，誤脱實多，惜無可正之本，并摘《避暑録話》一則於後以備考。嘉慶二十二年十一月既望，長洲周世敬謝菴氏識。

朝野僉載六卷舊抄本

唐浮休子張鷟文成撰

次柳氏舊聞一卷明仿宋刊本

唐守太尉兼門下侍郎平章事李德裕編

自序

劉賓客嘉話一卷明刊本

唐江陵少尹韋絢録

自序

右韋絢所録《劉賓客嘉話》，《新唐書》採用多矣，而人罕見全録。圜家有先人手校舊本，因鋟板於昌化縣學，以補博洽君子之萬一云。乾道癸巳十一月旦，海陵卞圜謹書。

因話録六卷明刊本

唐趙璘撰

大唐傳載一卷舊抄本

不著撰人名氏

自序

教坊記一卷吴枚菴手抄本

唐著作郎崔令欽撰

自序

幽閒鼓吹一卷明刊本

唐清河張固撰

顧元慶跋嘉靖壬申

松窻雜録一卷明仿宋刊本

唐李濬編

自序

雲溪友議十二卷明刊本

唐范攄撰

雲溪友議十二卷舊抄本　勞季言舊藏

唐范攄著

某氏手跋曰：斯抄分十二卷，似屬足本。按今叢書各刊，則全無標題，前後既多倒置，字句大有改移，而不分卷目，與晁氏原記三卷亦甚不符。是抄本亦未足據爲全帙，殊不解也。雪夜書此，以俟另覔舊刊訂正焉。雲泉識。

勞氏手跋曰：此帙頃在杭買之，嘉禾沈雙湖吏部家書也。以商本校比，誤不勝改，間有是處所，所賢於商本者，唯每條標目尚存耳。蟫隱。

開元天寶遺事二卷明刊本　黄蕘圃校本

五代王仁裕撰

此書所載明皇時事最詳，至一話言一行事，後夫字文間所引，大抵出於此書者多矣。紹定戊子刊之桐江學宫，山陰陸子遹書。

黄氏手跋曰：《開元天寶遺事》上下，《顧氏文房小説》本也。書僅明刻耳，在汲古毛氏時已珍之，宜此時視爲罕秘矣。初，書友以是書及皇甫涍輯本《支遁集》示余，索直甚昂，爲有諸名家圖記也。余許以家刻書直千錢者易之，未果，攜之去。明日往詢，云需三并金。後日親訪之，其支集爲他人以千錢易去矣，遂特此册歸，稍慰求古之心。蓋毛氏舊物，余本留心，而陽山顧氏名元慶者，在吴中爲藏書前輩，非特善藏，而又善刻，其標題『顧氏文房小説』者，皆取古書刊行，知急所先務矣。此《開元天寶遺事》雖未知所從出之本云何，然借西賓陸拙生藏《歷代小史》本證之，彼已脱落幾條，是此本爲善。聞周丈香嚴有元刊本，當假勘之。唐朝□□□當有《太真外傳》、《梅妃傳》、《高力士傳》，皆刊入《顧氏文房小説》。向藏《梅妃傳》亦顧本，《太真外傳》别一抄本，《高力士傳》竟無此書，安得盡有顧刻之四十種耶？以明刻而罕秘如是，宜毛氏之珍藏于前，而余亦寶愛于後也。壬申夏五月二十有五日燒燭書，復翁。

又曰：六月上旬假得周丈藏本，乃活字本也。卷上次行云建業張氏銅板印行，是可證矣。卷下有『紹定戊子刊之桐江學宫，山陰陸子遹書』，當必從宋本出。適檢《新定續志·書籍門》有云《開元天寶遺事》，其從宋本出無疑。取勘顧本，互有短長，書經翻刻，不無少誤耳。復翁又識。

又曰：道光辛巳三月，重取活本覆校，用墨筆記其异字。蕘夫。

又曰：香嚴于今春作古，遺書屬諸郎，有不喜此者，即轉徙之。向爲余所見或借校者，偶得之一二焉。此書傳觀之目無之，大約自留，或已歸他人矣。活本有宋人跋語，必出舊刻，惜無從訪問耳。

開元天寶遺事二卷舊抄本　黄蕘圃舊藏

五代王仁裕撰

陸子遹序

黄氏手跋曰：此活字本也。末有『紹定戊子刊之桐江學宫，山陰陸子遹書』，必從宋本出矣。適檢《新定續志·書籍門》有此書知即紹定刊本也。古書原委悉藉他書疏通證明之，有如是者。余借校此於香嚴主人，還書之日聊誌之，以質諸同好古書者。壬申夏六月望前一日，復翁丕烈識。

南北史續世説十卷明刊本

唐隴西李垕撰

俞安期序萬曆

重彫定本鑒誡録十卷舊抄本　吴尺鳧舊藏

蜀何光遠撰

吴氏手跋曰：嘗議《五代史》注缺略，欲加補注，此録足備放佚，第所録詩文，多取俚鄙，僅成小説家耳。録中頗多點竄他人之詩，不解何故。至後數卷，又多採摭唐人詩話與鑑誡名命之旨，似無取焉。按，煉師者，女冠之稱，非道流通稱，讀此亦可證後來沿襲之誤。辛丑小雪客白蘋紅蓼書堂，偶得此卷，中夜燒燈披竟，因跋，繡谷亭主焯。

王文正公筆録一卷宋刊本

宋沂公王曾撰

南部新書十卷明刊本　黄蕘圃舊藏

宋錢後人希白撰

吴氏手跋曰：錢希白名易，吴越廢王保之子，在宋爲翰林學士，有《請除非法之刑》一疏，於《文翰大成》中見之。己酉二月，雪牕寶厓識。

某氏手跋曰：向於習察中見此書名，今秋始獲，首缺甲、乙二卷，有寶厓題識。按，《曠園雜志》署錢塘吴陳琰寶崖氏輯，殆其人歟？渠兄青壇稱其著述最富，舊有《桂蔭堂集》行世，亦未之見。《古夫于亭稿》自序云：『予以疎拙不合於俗，歸田僻居白山錦水之陰，得以餘年詠歌太平，故語不越一丘一壑、鳥花猨子之間，暇録一通，寄武林吴子寶崖、新安汪子于鼎，不足示外人也。』其爲漁洋器重若此。語云：『不知其人，視其友。』信哉！王子任有抄本，當借録之。乾隆辛酉冬日，青城漫識。

黄氏手跋曰：《南部新書》舊抄本傳録甚多，大都出於洪武時清隱老人所跋本，然十卷中删削過半，即有補遺，亦未之備。近從白堤錢聽默借録一本，較摘本頗備，然脱落訛謬，正復不少，猶有待於他本之校勘焉。余每以不得刻本爲憾。去冬有書友携一本來，因世間此刻甚少，疑爲宋本，故索直頗昂。余亦重其希有，以青蚨二千錢易之，惜首缺甲、乙二卷。在乾隆辛酉時已不能鈔補，則刻本之希有益可知矣。今春往晤周香嚴，詢及是書，云有刻本，急假歸，倩友陳敬明兄影抄以成完書。周本係虞山錢曾遵王藏書，故卷首有遵王手録錢明逸序，卷中多校改之字，又爲何心友所藏，而孟公覆勘者。館師顧澗薲云：『義門所校，實勝於也是翁，擬將校語録出。』余曰：『義門亦以不得宋刻名抄是正脱誤爲歉，則所校當有未盡可據者，何不存此完好刻本，以復舊觀耶？』世無宋刻，則此刻居然最先之本，即有名抄本，未免轉相傳録，意爲增損。澗薲讀唐人事實，尚有古奥不可解者，矧其爲周、秦時書？余之不敢録入校語者，正恐妄人强作解事爾。爰誌之，以告後之不得善本而輕爲校改者云。嘉慶二年歲在丁巳夏五月二十四日，黄丕烈識。

顧氏書周薌巖所藏也是翁、何義門兩家校本：此書抄本類經不熟唐事人改竄。『陳王友元庭堅戍』，所謂『王府官友一人』，載新、舊《唐志》，而抄本竟削去『友』字，其他錯誤每如此，惟此刻本最爲近之。義門所改，頗有未妥者，如『代其精』甲、『五百壬』等，刻本不誤也。其駁正也是翁所校之誤多是，然如改鄭康成《禮記》『大問曰聘』爲『待問』壬，『一房光庭』乃《新唐書・宰相世系表》所謂房非姓也，改去『一』字庚。未經舉出者尚夥，益徵雌黄不容輕下矣。蕘隅有殘本，缺甲、乙二卷，借此於周君薌巖抄完之，而不録兩家校語，有以哉！ 大清嘉慶丁巳六月八日，元和顧廣圻讀一過并記，時在士禮居之西齋。

南部新書十卷 舊抄本

宋錢後人希白撰

碧雲騢一卷 明覆宋本

宋梅堯臣撰

涑水紀聞十六卷 舊抄本

宋司馬光撰

友會蕞談二卷 舊抄本

宋華陽上官融撰

自序

澠水燕譚録十卷舊抄本

宋齊國王闢之聖塗撰

《澠水燕譚》者，齊國王闢之將歸澠水之上，治先人舊廬，與田夫樵叟閒燕而譚説也。余登科從仕行三十年矣，日欲退居故國，而爲貧未果。今且老矣，仕不出乎州縣，身不脱乎飢寒，不得與聞朝廷之論、史官所書，間接賢士大夫譚議，有可取者，輒記之，久而得三百六十餘事，私編之爲十卷，蓄之中橐，以爲南畝北窗倚杖鼓腹之資，且用消壯志、遣餘年耳。澠，齊水之名。其事隨所録得之，故無先後之序。紹聖二年正月甲子序。

前人記賓朋燕語以補史氏者多矣，豈特屑屑紀録以爲譚助而已哉！齊國王闢之聖塗，余同年進士也。從仕已來，每於燕閒得一嘉話，輒録之，凡數百事。大抵盡忠義，尊行節，不取恠誕無益之語。至於賦詠譚謔，雖若瑣碎，而皆有所發。讀其書，亦足知所存矣。元祐四年，予來守蒲，聖塗方爲邑河東，因得其録而觀之。十二月朔，昌邑滿中行思復碧莎廳題。

李氏手跋曰：《稗海》所刻《澠水燕譚録》十卷，缺第十卷《談謔》一則，以第四卷分作兩卷，以符十卷之數，又缺序目，非足本也。是册乃虞山趙清常家藏本，前有王聖塗自序、同年進士滿中行題語。其第十卷從宋雕録出，每卷較《稗海》又多三十一條，粲然完備，亦可喜也。癸丑季春雨牕，李北苑題於京邸之鷗舫。

江隣幾雜志二卷舊抄本

宋江休復撰

江隣幾雜志一卷勞季言校本

宋江休復撰

錢氏私志一卷舊抄本

宋錢世昭撰

丁晉公談録一卷宋刊本

宋丁謂撰

試筆一卷宋刊本

宋廬陵歐陽修編集

余家多文忠公書，然比其没，余於篋中得十數帖耳。今劉君乃能致此，非篤好之不能也。

元豐二年正月初吉，蘇轍子由題。

此數十紙，皆文忠公銜口而得，信手而成，初不加意者也。其文采字畫，皆有自然絶人之姿，信天下之奇蹟也。元祐四年九月十九日，蘇軾書。

自序

蘇黄門龍川略志十卷宋刊本

宋蘇轍撰，左迪功郎新授撫州宜黄縣主簿主管學事劉信林正

孫公談圃三卷宋刊本

宋高郵孫升君孚撰

紹聖初，黨錮禍起，先公謫居臨汀，竟捐舘舍。其平生出處誕略，臨汀劉君序之爲詳。後六十有八年，競以事來此，訪先公之寓居，與當時之故老，求能道先公時事者，邈不可得，獨慨然太息久之。偶攜所謂《談圃》者隨行，因請于外舅郡太守晁公欲傳於世，欣然領略之，遂槧於木，且以爲臨汀故事云。乾道二年六月望日，季孫競謹書於州治之鎮山堂。

紹聖之改元也，凡仕於元祐而貴顯者，例皆竄貶湖南嶺表，相望而錯趾，惟閩郡獨孫公一人遷于臨汀。四年夏五月，單車而至，屏處林谷，幅巾□屨，往來乎精□幽塢之間。其後避謗，杜門不出。余時侍親守官長汀縣，竊從公游。聞公言，皆可以爲後世法，亦足以見公平生所存

之大節，於是退而筆之，集爲三卷，命曰《孫公談圃》。公狀貌奇特，眉目孤聳，望之凛然可畏。元祐時歷□院，遷左史，入中書爲舍人，危言讜論，内外憚之。已而忤時宰意，以集賢殿修撰留守南都，後遷天章閣待制。其謫官也，自南都爲歸州，遂以散秩謫臨汀。公在汀二年，竟以疾終。明年，歲在庚辰，天子嗣位，盡還公官職，士大夫傷公之不及見也。余辱公之知且久，而公之語亦嘗屬余紀焉。公之子幼而孤，則其事久或不傳，於是詳而述之，庶幾不爲負公者，非特爲《談圃》道也。公諱升，字君孚，高郵人。建中靖國元年正月初四日，臨江劉延世述之引。

孔氏談苑四卷述古堂抄本

宋金部郎中孔平仲毅甫撰

續世説十二卷舊抄本　張月霄舊藏

宋魯國孔平仲字毅甫撰

史書之傳信矣，然浩博而難觀。諸子百家之小説，誠可悦目，往往或失之誣，要而不煩。信而可考，其《世説》之蹥歟？舊本分纂前言，以爲要覽，略而未備，爰有博雅君子㔷而增廣之，此《續世説》之所以作也。學士孔君毅甫平仲囊括諸史，派引羣義，疏剔繁辭，撲敘名理，鳌爲十二卷，可謂發史氏之英華，便學者之觀覽，豈曰小補之哉！惜其書成未及刊行，轉相傳寫，不無烏焉成馬之弊。今兹善本，從義郎李君敏得之於前靖守王君長孺，相與鏤板而藏焉。王親授於孔，知其不謬。李今爲沅人，徒有其本，而所傳蓋未廣也。紹興丁丑春，睢陽王公無染濯守沅之明年，郡學鼎新，人材益進，嘗顧謂僚佐曰：『沅爲郡辟遠，史書尤不易備。會史之要，莫善於《世説》，《續説》又盡善也。』俄李氏以其書板來售，即加是正，復命鑱刻以補其不足，將俾人得其傳，其利溥哉！此書載言行美惡，區以别之，學者博古考類，擇善而從，去古人何必有間，不但資談説而已。然後知公措意豈苟然哉！後之爲政者能謹其藏，勿靳其傳，是亦公之用心也。三月初一日，長沙秦果序。

沅州公使庫重修整雕補到《續世説》壹部壹拾貳卷壹伯伍拾捌板，用紙叁百壹拾陸張。右具於前。

紹興二十七年三月□日，右迪功郎沅州司法兼監使庫翁灌册、右從事郎沅州軍事判官閔敦仁、右迪功郎沅州州學教諭校勘胡博、右朝奉郎通判沅州州軍事秦果、左朝散大夫知沅州州軍事王濯。

今具印造《續世説》一部，計六册，合用工食等錢如後：一、印造紙墨工食錢共五百三十四文足，大紙一百六十五張計錢三十文足，工墨錢計二百四文足；一、褾褙青紙物料工食錢共二百八十一文足，大青白紙共九張計錢六十六文足，麵臘工錢計二百一十五文足。已上共用錢八百一十五文足。右具在前。

《孿經室外集》：《續世説》十二卷，宋孔平仲撰，取宋、齊、梁、陳、隋、唐、五代事迹，依劉義慶《世説》之目而分隸之，成書十二卷，見於《宋史》本傳及《藝文志・小説家類》，卷袠相同。《書録解題》、《文獻通考》皆録其書，而近代儲藏家罕有著録者。王士禎《居易録》曾道及此書，云已失傳，則士禎亦不得見此書也。此書平仲無自序，有紹興戊寅長沙秦果序，序言平仲書成未刊，從義郎李敏得善本於前靖守王長孺，相與鏤版，王親受於孔，知其不繆。丁丑之春，雒陽王濯來守沅之明年，李氏以其書版來售，即加是正鑱刻，以補其不足云云。此從宋沅州刻本傳寫者，卷袠完整無闕，特書中部次錯雜，有兩條合爲一條者，抑且時代先後往往倒置。蓋校勘之時不免有私爲竄改之弊，必非平仲元本之誤也。

畫墁録一卷明抄本　何義門舊藏

宋吏部侍郎張舜民芸叟譔

何氏手跋曰：康熙壬辰蔣生從崑山葉氏得此本，予適借汲古毛氏舊抄本，稍正其訛謬，然其中向有不可讀者，特比新刻庶差勝爾。何焯記。

湘山野録三卷舊抄本　黄蕘圃舊藏

宋吴僧文瑩撰

黄氏手跋曰：《湘山野録》，余家有宋刻元人補鈔本，又有毛斧季校宋本，實同出一源，而毛校失宋刻元鈔之真，但云校宋，非原書之舊矣。外間傳本除毛氏《津逮》本外，鮮有他本。此册近從坊友易得，始欲手校宋刻元鈔面目于其上，後檢藏本證之，知是本非出毛刻，與宋刻元鈔本時合時不合，必别有據依，未敢輕改。且録之下卷，自潘逍遥閬有詩名下□□□□□□□留此爲别本之證。壬申二月，丕烈識。

湘山野録三卷舊抄本　葉石君舊藏

宋吴僧文瑩撰

玉壺野史十卷丁鈍鈔丁校本　繡谷亭舊藏

宋釋文瑩撰

玉壺，隱居之潭也。文瑩收古今文章著作最多，自國初至熙寧間，得文集二百餘家，近數千卷，其間神道碑、墓誌、行狀、實録，及奏議、碑表、野編、小説之類，傾十紀之文字，聚衆學之醇郁，君臣行事之迹，禮樂文章之範，鴻勛盛美，列聖大業，關累世之隆替，截四海之聞見，惜其散在衆帙，世不能盡見。因取其未聞而有勸者，聚爲一家之書，及纂江南逸事，并爲李先主昇立傳，離爲十卷。且夫黄帝之時，世淳事簡，尚有風后、力牧爲史官，藏其書羣玉山中。知所以有史者，必欲其傳，無其傳，則聖賢治亂之迹都寂寥於天地間。當知其傳者，亦古今之大勸也。書成於元豐戊午八月十日，餘杭沙門文瑩湘山草堂序。

吴氏手跋曰：晁氏《讀書志》：『皇朝僧文瑩撰《玉壺清話》十卷，自敘作書之由。玉壺者，其隱居之潭也。』今觀前敘，可得其大概矣。吴氏繡亭藏書，康熙丙申九月紀。

同治十二年冬十月，以五硯樓抄本校過，卷八後缺七八葉，須别抄補入。卷七『嘗謂文老不衰者』一條，爲五硯樓所無，『唐彦詢』一條，五硯本缺後半，『徐常侍鉉』一條，五硯本缺前半，惜行篋無守山閣、知不足齋兩本，無以校正耳。陸心源識。

玉壺清話十卷 吴枚菴手校本

宋釋文瑩撰

吴氏手跋曰：右書一名《玉壺野史》，前明止傳五卷，吴人吴岫訪得後五卷，四明范欽又從岫借鈔，始成完書。乾隆丙申夏日借江藩本録之，未竟。閱明年，目疾大作，匄友人王凝足成之。脱句誤字幾於十之五六，俟得善本正之。丁酉中元，枚菴漫士吴翌鳳書。

又曰：此書訛脱，傳本皆然。己亥春二月，借朱文游丈藏本，凡用硃筆塗改校補一千六百餘字，雖未詳盡，亦頗精允。若其底本，則與此無一不同也。暇閱錢遵王《讀書敏求記》載有其從祖榮木樓校本，凡行間脱字一一補綴完好，殆即是本之祖乎？書以志幸。翌鳳又記。

皕宋樓藏書志卷六十三

子部

小説類二

侯鯖録二卷盧抱經校本

宋聊復翁趙德麟撰

鮑氏以文手跋曰：《侯鯖録》刻于商氏《稗海》者凡八卷，此則通爲二卷，行次不甚相遠，惟首尾差有更易。間取商氏本校之，其譌誤不下七八百處。尤可笑者，第二卷『黄魯直讀《太真外傳》詩』一條所云『扶風喬木，斜谷鈴聲』云云，全然脱去，而以下條滕達道《省試詩》『寒日邊聲斷，春風塞草長』接入，令人讀之不知所謂。第八卷『東坡水府賦詩』一則『前入夢』一段，凡二百言，俱脱去，竟從『天地雖虚廓』刻起，有尾無頭，不得此本，疑團竟不得破也。惟第六一卷所載俱王性之傳奇辨正，凡十八頁，此本缺之。又第一卷末『盧東題汴河驛詩』以下四則，七卷末『東坡守杭』一則，俱此本所無，而此本上卷『白樂天琵琶行』云云以下七則，及下卷某某八則，則又商本所缺也。校勘畢，因取其缺失者補之，而一二誤字，商本有可從者，悉據改正，便稱善本矣。惜無力刊布，竟使商本單行，後人或有刻者，訛以傳訛，無從正其謬悮爲可恨耳。此本得之吴門，其初亦不以爲異也。

盧氏手跋曰：前題聊復翁德麟，則著書之人也。德麟者，宋宗室，名令畤，太祖子燕懿王德昭之五世孫也。黄魯直爲宫教，德麟受業焉。與蘇子瞻同官潁州，故其所交多一時名士。後從高宗南渡，襲封安定郡王。紹興四年薨，貧至無以爲殮。《宋史》有其傳。此書分上下兩卷，而明商氏梓于《稗海》中者則爲八卷，與趙希弁《讀書附志》所載卷數合，蓋在當時，外間或有二本，傳者不同，而以志相校，則此本爲勝。商本第五一卷全載王性之辨會真記事，而演其事爲鼓子詞十二章，全類俳優，此書不載，蓋本不當載也。餘商本有而此本無者僅五條，録附於後。商本訛舛甚多，而舊抄本亦復不免。雖屢經校勘，仍有一二脱誤，不能强補者，姑闕之，然已大異乎舊所傳鈔本矣。其商本余亦爲補正云。乾隆四十有六年五月八日，東里盧文弨在晉陽須友堂書。

東軒筆録十五卷明刊本

宋臨漢魏泰撰

余居漢陰之鄧城縣，縣非驛傳之所出，而居地僻絶。其旦暮之所接者，非山林之觀，則田畯之語，捨此無復見聞矣。思少時力學，尚游於公卿間，其緒言餘論有補於聰明者，雖老矣，尚班班可記，因叢摭成書。嗚呼！事固有善惡，然吾未嘗敢致意於其間，姑録其寔，以示子孫而已。異時有補史氏之缺，或譏於見聞之殊者，吾皆無憾，惟覽者之詳否焉。元祐九年上元日，臨漢隱居魏泰序。

珍席放談二卷文瀾閣傳抄本

宋高晦叟撰

鐵圍山叢談六卷舊抄本

宋蔡絛撰

國老談苑二卷宋刊本

宋夷門隱叟王君玉編

道山清話一卷宋刊本

不著撰人名氏

先大夫國史在館閣最久，多識前輩，嘗以聞見著《館祕録》、《曝書記》，并此書以爲三，仍歲兵火，散失不存。近方得此書於南豐曾仲存家，因手抄藏示子孫。暐老矣，未知前二書尚及見乎？建炎四年歲在庚戌，孫朝奉大夫主管亳州明道宫賜紫金魚袋暐書。

續墨客揮犀十卷舊抄本　葉石君舊藏

宋彭乘撰

張氏金吾曰：《直齋書録解題》云：『《墨客揮犀》十卷，不知名氏。』《述古堂書目》云：『彭乘《續墨客揮犀》十卷。』伏讀《欽定四庫全書總目》云：『《墨客揮犀》，商濬刻入《稗海》，題彭乘，姓名蓋以書中自稱名爲據，而止有十卷，則已佚其《續集》矣。』此本係明人舊抄，亦希覯之書也。後有題識云：『正德己巳歲夏日，舊刻本摹于志雅齋。』

唐語林八卷明刊本　朱竹垞舊藏

宋王讜撰

徐之鸞序

南窗紀譚一卷舊抄本　葉石君舊藏

宋徐度著

南窗紀談一卷舊抄本　勞季言舊藏

宋徐度著

案，《南窗紀談》，舊本不著撰人姓名。愚惟施注蘇詩卷十五《送顔復兼寄王鞏》詩注：『鞏大父文正公住牛行街，見徐度《南窗紀談》。』則是書度所著也。中間有引《虞道園立碑》事，乃元人所注，以爲蔡寬夫鑿地見竈之證，傳抄既久，誤入正文，或據此以爲元人作則謬矣。内有廿二條與《曲洧舊聞》同。

可談一卷宋刊本

宋朱彧撰

西疇老人常言一卷宋刊本

宋旴江何坦撰

東谷所見一卷宋刊本

宋永嘉東谷李之彦撰

默記三卷舊抄本

宋王銍撰

揮麈前録四卷後録二卷三録三卷宋刊本　葉文莊公菉竹堂舊藏

宋朝請大夫主管台州崇道觀汝陰王明清撰

寔録院牒泰州：檢准淳熙十五年五月二十四日尚書省劄子：國史院狀勘會已降聖旨指揮修《高宗皇帝寔録》，續奉聖旨編修御集，今來合要高宗皇帝朝曾任宰執、侍從、卿監、應職事等官被受或收藏御筆、手詔，及奏議、章疏、劄子、并制誥、日記、家集、碑誌、行狀、謚議、事迹之類，委守臣躬親詢訪。如逐官其間有已物故者，詢其家子孫取索。如部秩稍多，差人前去抄録，及委官點對，津發赴院。仍許投獻，優賜錢帛，多者推賞。候指揮。

五月二十三日三省同奉聖旨依劄付院：當院今訪問得泰州通判王明清有《揮麈》前後録，合行照使，須至公文牒請，詳牒内事理，遵從已降聖旨指揮，移文王通判借本差人抄録，委官點對無差漏，疾速津發赴院守等照使，幸勿違滯，仍先希已依應公文回示。謹牒。慶元元年七月初八日牒。

宣教郎太學博士兼寔録院檢討官戴溪、奉議郎祕書省著作佐郎兼寔録院檢討官李璧、中奉大夫行軍器少監兼玉牒所檢討兼寔録院檢討官高文虎、朝請郎新除樞密院檢詳諸房文字兼寔録院檢討官石宗昭。

寔録院牒泰州：檢准淳熙十五年五月二十四日尚書省劄子節文，勘會已降聖旨指揮修《高宗皇帝寔録》，續奉聖旨編修御集，今來合要高宗皇帝朝曾任宰執、侍從、卿監、職事等官被受或收藏御製御筆、手詔，及奏議、章疏、劄子，并制誥、日記、家集、碑志、行狀、謚議、事迹之類。今訪問得泰州通判王明清有《揮麈》前後録，合行照使，當院已於七月内文移貴州去後，至今多日，未見依應前來，須至再行公文牒請。詳牒内事理，遵從已降聖旨指揮，移文王通判借本差人抄録前項所要文字，委官點對無差漏，疾速津發赴院守等使，幸勿仍前違滯。謹牒。慶元元年九月□□□日牒。

宣教郎太學博士兼寔録院檢討官戴溪、奉議郎祕書省著作佐郎兼寔録院檢討官李璧、奉議郎祕書省祕書郎兼寔録院檢討官兼皇弟許國府教授兼權司封郎官顔棫、朝散郎祕書省著作郎兼寔録檢討官兼吴王益王府教授兼權兵部郎官王容、承議郎祕書丞兼寔録院檢討官兼權禮部郎官邵康、中奉大夫行軍器少監兼玉牒所檢討官寔録院檢討官高文虎、朝議大夫起居郎兼寔録院檢討官兼權刑部侍郎劉德秀、朝請大夫權尚書禮部侍郎兼寔録院同修撰楊輔、朝奉大夫權尚書吏部侍郎兼寔録院同修撰應孟明、朝議大夫試中書舍人兼侍講兼寔録院同修撰黄山、太中大夫試吏部尚書兼侍講兼寔録院同修撰葉翥。

《三録》跋曰：明清前年厠迹躔路，假居于臨安之七寶山，俯仰顧眄，聚山林江湖之勝于几案間，襟懷洒然，記憶舊聞，纂《揮麈後録》。既幸成編，去歲請外，從欲贅丞海角，涉筆之暇，無所用心，省之胸次，隨手濡毫，又獲數十事，不覺盈帙，漫名曰《揮麈第三録》。凡所聞見，若來歷尚晦，本末未詳，姑且置之，以待乞靈于博雅之君子，然後敢書。斯亦習氣未能掃除，猶鷄肋之餘味耳。慶元初元仲春丁巳，明清重書于吴陵官舍佳客亭。

右《揮麈録》一編，汝陰王仲言所作也。紹興辛丑，迴侍叔父尉剡，叔父出仲言昆仲詩，詑曰：『小汝若干歲，雪溪先生諸子也。』迴茫然自失。其後得與仲信、仲言游，雖服其該洽，當時未知學問之有味也。越二十年，迴塵忝末科，試吏于淮壖，得奉行政事之在民者，因讀《荀卿子書》，曰：『法不貳後王。』又讀宣王詩，曰：『周道粲然，復興於是。』思熟於本朝典故者，以講論學問，士夫間訪之未獲也。忽仲言出示此書，乃平昔之所期，不謂近出於朋舊之中，喜可知也。雖然，僕有疑焉。仲言富於《春秋》，宜以壯烈上佐時用，何遽留心於著述？若僕輩衰老不適用，乃可娱意於簡册之間耳。仲言其懋哉！乾道己丑八月，左文林郎饒州德興縣丞沙隨程迴可久跋。

九悳素聞仲言多識前言往行，真好古博雅君子，願從下風聽餘論，聞所未聞，爲有日矣。

今幸同僚于此，謂可破此願也，而郡邑相距餘一舍，仲言入郭，有時不得朝夕見，斯心竟未能滿。間從清流王孟玉借《揮麈録》觀之，殆所謂窺豹一斑者，因手抄之。古人有云：『不見異人，當得異書。』今也見其人，得其書，何喜如焉？因誌于後。傾困倒廩，尚冀自此無靳也。迪功郎高郵軍教授臨汝郭九悳書。

李垕簡

自跋曰：丘明、子長、班、范、陳壽之書，不經他手，故議論歸一。自唐太宗修《晉書》，置局設官，雖房玄齡、褚遂良受詔，而許敬宗、李義府之徒厠迹其間，文字交錯，約史自此失矣。劉煦之《唐書》、薛居正之《五代史》，號爲二氏，而職長監修，未始措辭。嘉祐重命大儒再新《唐史》，歐陽文忠、宋景文各析紀傳，故《直筆》、《糾繆》之書出。國朝三朝史爲大典之冠，而進呈於天聖垂簾之際，名臣大節無所敘録居多，或有一事見之數傳，褒貶異同。自建隆抵于元符，信史屢更，先人於是輯國朝史述焉，直欲追倣遷、固，舖張揚厲，爲無窮之觀。雖前日宗工筆削不敢更易，但益以遺落，損其重複，如一姓父子兄弟附于本傳之次，增以《宗室宰執世系》與夫《陟黜》、《歲月》三表，如《新唐書》之制。紹興戊午中，執法常公聞其事，詔奉祠中，視史官之秩，尚方給札。奏御及半，而一秦專柄，不盡以所著達于乙覽，獨存副本私室。先人弃世，野史之禁興，告訐之風熾，荐紳重足而立，明清兄弟居蓬衣白，亡所掩匿，手澤不復敢留，悉化爲烟霧。又十五年，巨援没而公道開，再命會稽，官以物辦訪遺書于家，但記憶殘缺，以補册府之闕而已，故舊文居多。此舉蓋自先祖早授學於六一翁之門，命意本于六一，其後先人承之，故先人遷官制云：『汝好古博雅，自其先世屬詞比事，度越輩流。痛哉斯文雖不傳於後代，而王言可訓于萬世也。』明清弱齡過庭，前言往行，探尋舊事，鼂夕剽聆，多歷年所，憂苦摧挫，萬事瓦解，不自意全，莫能髣髴，以續先志。乾道之初，竊叢祠之禄，偏奉山陰，親朋相過，抵掌劇談，偶及昔聞，間有可記，隨即考而筆之，曰《揮麈録》。故人程迥可久，知名士也，覽而大喜，手録而識于後，繇是流傳。又嘗取司馬文正公《百官公卿表》，與夫陳和叔及《紹興拜罷録》，參考弼臣進退次第年月，列爲四圖表，置之坐隅，以便觀覽，今鏤版于閩蜀江浙矣。丁酉春，覓官行都，獲登太史李公仁甫之門，命與其子仲信遊。春容間偶出二編，公一見，稱道再三，且以宣政名卿出處下詢，如黄寔，章子厚之甥，不麗其舅，而卒老于外；方軫，蔡元長之姻婭，引登言路，而首論其非，遂罹遠竄；潘兑，朱勔里人，不登其門而擯斥；李森，爲中司，不肯觀望王黼，窮鄧之綱之獄，而被逐燕雲之役，蓋成於陳堯臣、王寀之枉；繇盛章父子欲害劉炳兄弟，世皆亡其事跡。明清不量其愚，爲冥搜倫類，凡二十餘條，摭據依本末告之。公益喜，大加敬歎，又云：『僕兼攝天官，覩銓牓有臨安龍山監税見次，君可俯就，但食其禄，而相與討論，徐請君于朝以助我。』明清力辭以名迹不正，且非其人而歸。未幾，公父子俱去國，明清餞别于秀州之杉青閘下舟中，相持悵然。後數年，仲信没于蜀，公後雖復召領史局，而明清適官遠外，參辰一見，方欲造公，而公已下世。比焉試邑窮塞，公事無多，翻篋復見舊槀，愴念父祖以來平生用心。嗟夫！師友之淪没，言猶在耳，孰令聽之邪？投老殘年，感歎之餘，姑以胸中所存識左方。後之攬者亦將太息于斯作。淳熙乙巳中元日，朝請大夫主管台州崇道觀汝陰王明清書。

明清乾道丙戌冬奉親會稽，居多暇日，有親朋來過相與晤言可紀者，歸考其寔，而筆録之。隨手盈秩，不忍棄去，遂名之曰《揮麈録》，非所以爲書也。長至日，明清謹識。

案，《百宋一廛賦》注：《揮麈後録》所存祇第一、第二兩卷，《三録》三卷全。此本後集亦祇二卷，前集三集皆完善，較勝《百宋一廛》，每葉二十二行，每行二十字，小黑口，卷端有『葉氏菉竹堂藏書』朱文圓印及『秋浦』、『憲奎』、『汪士鍾印』、『三十五峰園主人』四印，蓋明葉文莊公藏書，曾歸蘇州汪氏者也。

揮麈録三卷宋刊本

宋朝奉大夫試祕書監兼侍讀楊萬里編

玉照新志五卷舊抄本　葉石君舊藏

宋王明清撰

慶元丙午，明清得玉照一於友人永嘉鮑子正，色澤温潤，制作奇古，真周、秦之瑞寶也。又獲米南宫書『玉照』二字，因揭寓舍之斗室，屏跡杜門，思索舊聞，凡數十則，綴緝之，名曰《玉炤新志》。務在直書，初無私意，爲善者固可以爲韋弦，爲惡者又足以爲龜鑑，間有奇怪諧謔，亦存乎其中。若夫人禍天刑，則付之無心可也。長至日，汝陰王明清書。

數載前偶得吴門袁別駕陶齋遺書，不下數十册，内有《玉照新志》後三卷，以其不全，久置高閣。丙戌秋，顧山周見心來，爲設榻留宿，因話及前書，遂獲全本，乃手録足成之。内《廣汴都賦》，文多訛舛，至不可讀，聊以存疑耳。是歲臘月朔日雨窗，西岩山人漫識。

葉氏手跋曰：曾見宋刻明清《揮麈録》於賈人，後爲毛子晉刻《津逮祕書》集中，無力得之，至今爲耿。近此《新志》，愈思《揮麈》之不可少也。康熙戊子之秋，葉石君識。

顧氏手跋曰：小讀書堆收得宋刻《揮麈録》，在乾隆末年，今又歸於長洲汪氏矣。此《玉照新志》，予見諸揚州市上。讀石君跋，爲之憮然，遂質錢買焉。道光壬午，顧千里記。

可書一卷舊抄本

宋張知甫撰

案，張知甫，襄陽人，見韋居安《梅磵詩話》。

雞肋編不分卷舊抄本　　吴尺鳧舊藏

宋莊綽撰

昔曹孟德既平漢中，欲因討蜀而不得進，守之又難爲功。操出教，唯曰『雞肋』而已。外莫能曉，楊修獨曰：『夫雞肋，食之則無所得，棄之則如可惜。公歸計決矣！』阿瞞之績無見于策，而其空言竟著于後，是豈非雞肋之腊邪？然方其撅蘆菔、鼠茈而餓于墻壁之間，幸而得之，雖不及于兔肩，視牛骨爲愈矣。予之此書，殆類于是，故以『雞肋』名之。紹興三年二月九日，清源莊季裕云。

此書莊綽季裕手集也。綽博物洽聞，有《杜集援證》、《膏肓法》、《筮法新儀》行于世間。其他有著述尚多，惜未之見。此書經秋壑點定，取以爲《悦生隨抄》，而訛謬最多，因爲是正如右。然掃之如塵，尚多有疑誤。時至元己卯仲春月覲，陳孝先甫誌。

周氏手跋曰：庫本所收《雞肋編》作三卷，題莊季裕撰。此爲杭州吴氏藏本，首册表題猶是繡谷手跡，既不分卷，又曰莊綽撰，皆於庫本有殊。繡谷藏書甲于東南，又與樊榭諸先輩撰《南宋雜事詩》，收輯兩宋遺文佚事極博，所題當必有據也。末坿元陳孝先題跋，知爲賈相録入《悦生堂隨抄》。按，周弁陽嘗稱《悦生隨抄》中最多祕籍，是此書在當時亦爲希見矣。癸巳人詒。

同治十二年孟冬，用穴硯齋抄本校。陸心源識。

北窻炙輠録二卷舊抄本

宋施彦執編

『闢子開令蔣姓匠開圖書』一條、『荆公温公最得中制』一條，《奇晉齋叢書》刻本無，蓋以其殘缺而并删之耳。明人刻書往往如此，奇晉齋乃乾隆初人所刊，猶有明人習氣。書貴舊抄，良有以也。光緒六年，存齋記。

桯史十五卷元刊本

宋相臺岳珂撰

亦齋有桯焉，介几間，髹表可書。余或從搢紳間聞聞見見，歸倦理鉛槧，輒記其上，編已則命小史録臧㕥，月率三五以爲常。每竊自恕，以謂公是公非，古之人莫之廢也。見睫者不若身歷，滕口者不若目擊，史之不可已也審矣。彼徇時者，持諛以售其身，或張夸以爲窿，或溢厭以爲洊，言則書，書則疑，疑則久，久而亂真，天下誰將質之？兹非稗官氏之辱乎？況戲笑近謔，辭章近雅，辨論近縱，諷議近約，若是而不屑書，殆括囊者。夫金匱石室之臧，蕘夫野人之記，名雖不同，而行之者一也。於是稍裒積爲編，載筆者聞而譏之曰：『嘻！今朝廷設官盈三館，大槩皆汗青事，詳覈備記，裁以三長，舍毫閣筆，猶孫其難，而莫之敢議也。彼齊東者何爲哉！子幸生天下無事時，亶竊粟縣官，進不得策名蘭臺以垂信，退不得隱几全其忘言之真，呫呫徒取棟牛累於世，無毫髮益，而猶時四顧，出啄木畫，誠可笑詆。』余無以復，則指其桯曰：『汝將多言。』曰：『朘如五達之交午乎？汝將嘿嘿養元，如老聃之柱下乎？人言勿衈，汝姑謂汝將奚擇？』桯嗒然不應。予笑曰：『此真良史也。』遂以爲序。嘉定閼逢閹茂歲圉如既望，珂序。

桯史十五卷明覆宋本

宋相臺岳珂撰

自序

耆舊續聞十卷舊抄本

宋陳鵠西塘撰

黄氏手跋曰：凡書有藏至數十年而不得一別本參互考訂者，遂庋置之而已。余始獲此本於滋蘭堂朱氏，幾二十餘年，苦無善本可校。頃新知吴枚菴自楚中歸，從渠借善本書，遂出四種示余，一爲《吴越備史》，一爲《文房四譜》，一爲《耆舊續聞》，一爲《近事會元》。《備史》五硯樓有抄本，在余案頭。《四譜》與《續聞》舊有之，遂次第手校之。《備史》五硯本已善，《四譜》、《續聞》兩種勝舊藏多矣。然《續聞》近刻於知不足齋，亦借吴本助校，故尚可緩。若《四譜》，世既鮮傳布，吴校尤勝，竟非吴本，則余本猶未盡善也。《會元》絶不見其書，托友人手録。近日校讐之樂，見聞之廣，皆我新知所賜矣。癸酉二月初八日，復翁記。

又曰：癸酉二月，借吴枚菴本校。吴本出余仲林本，此本出朱敬輿，敬輿爲仲林門人，其本同出一原也。枚菴于余本重閲改正，用紅筆，又別用汪西亭立名鈔本校定，用雌黄筆，故多是正。今借以録校語，竭一二日而畢。近鮑丈刊入知不足齋，謂亦見枚菴本，未知有異同否也？復翁。

又曰：乙亥初夏有姪壻施棣齋之業師某介棣齋以舊書一單示余，多不全者，唯《老學菴筆記》、《耆舊續聞》二種獨全，詢其價，曰無之，須還，問其可售與否，久而未得覆。《老學菴筆記》向有臨毛斧季校本，取勘之多同，蓋照宋抄本也。《耆舊續聞》亦佳，與汪本爲近，此朱本殊不逮，因手校一過。抄本字跡不工，驗其風氣，當在康雍間。分二卷，未識何據。此時校勘以墨筆識之，稱之曰兩卷本云。一至四爲上，五至十爲下。復翁。

螢雪叢説二卷明仿宋刊本

宋子俞子成撰

余自四十以後，便不出應舉，人笑其無能爲也，是則然矣。然而早能知退，又有人之所不能爲焉矣。己之無能爲，而能爲人之所不能爲，此非其所長矣乎？蓋四十而不惑，四十、五十而無聞焉，斯亦不足畏也已。夫子嘗有是言也。幼誦夫子之言，不行夫子之訓，既而不惑，抑又無聞，宜乎退縮一頭地而莫之爲也。自此功名灰念，加以拙于謀利，時復優游黄卷，考究詩論，付之書記，囊螢映雪，無所不爲，塵積日久，遂成一編，目曰《螢雪叢説》，□其實也。雖然，囊螢映雪，豈能照耀方册也哉！于以見其學之篤而志之鋭也。此史臣所以美其勤勤若是，姑欲激昂後進云爾。則知今之叢是説者，其亦車胤、孫康之意歟？慶元庚申八月望日，東陽俞成元德漫録。

隨隱漫録五卷明抄本

宋臨川陳隨隱世崇撰

《漫録》五卷，從柳大中氏借歸，始録七月癸未，畢於庚寅。是日秋暑稍退，小雨送涼，殊可人意，遂口占絶句以記之：『心愛奇編雨汗流，山妻笑我不封侯。偷閑八日閑中寫，一筆看來直到頭。』嘉靖丙戌秋巧夕後二日，守納居士俞弁志。

青鎖高議前集十卷後集十卷别集七卷舊抄本

宋劉斧撰

萬物何常不同，亦何常不異？同焉人也，異焉鬼也。兹陰陽大數，萬物必然之理。在昔堯洪水，羣品昏墊，吾民幸而不爲魚者幾希矣。鬼異物相雜乎洲渚間，聖人作鼎象其形，使人不逢，又驅其異物於四海之外，俾人不見，則異物萃乎山澤，氣□聚散爲鬼，又何足恠哉！故知鬼神之情狀者，聖人也；見鬼神驚懼者，常人也。吾聖人所不言，慮後人惑之甚也。劉斧秀才者，自京來杭謁余，吐論明白，有足稱道，復出異事之數百篇。予愛其文，求余爲序。子之文自可以動於高目，何必待予而後爲光價？予嘉其志，勉爲道百餘字，敘其所以。夫雖小道，亦有可觀，非聖人不能無異云耳。資政殿大學士孫副樞序。

黄氏手跋曰：此《前集》鈔胥至今春始完，適養疴内室西箱，手校其誤。内有原本誤，而鈔胥已據文義改正，輒用硃筆識于旁，以存其舊。甲戌閏月，復翁。

又曰：是書《後集》先鈔成，因手校一過，中多空白，或係原來缺文，或係剜去有字處，或係墨塗難辨處，聊存此梗槩已耳。癸酉除夕前二日校訖，復翁記。

又曰：説部舊本難得，即如《青鎖高議》，世鮮傳者。客歲玄妙觀前冷攤獲此藍格綿帋舊抄本，卷尾有『正德年閒鈔録』字，且爲松崖惠先生藏本，惜已歸友人處，遂借歸，分手録之。此《别集》乃又一人抄也。復翁。

又曰：甲戌孟夏，友人收得《青鎖高議》下册，乃後集十卷完具者。先以書名告余，余曰：『爲何時抄本？』友人云：『楮墨古拙，是爲前明朝抄。』因遣足取之，手校于臨寫張訒菴本，實有勝是者，且疑張藏抄本亦出是前明朝抄，特傳時又多一番脱誤校改耳。書以最先者爲佳，信然。復翁。

又曰：所收舊抄本覆校至再，可云精審。向有硃墨兩筆校字，兹悉標記。其不標記者，皆舊抄本字，而非由校改也。朱墨校殊不足信，兹就其文理優者標記之，俟讀者領會之斯可耳。原本多方格闕疑字，案文義似無闕，不知所據云何。古書無舊刻，但從抄本作證，究未可臆定也。此本雖止《後集》一種，然所獲良多，不僅在補闕數條也。不經見之書，見非一本，殊自幸耳。四月廿有四日，復翁覆校記。

皕宋樓藏書志卷六十四

子部

小説類三

懷古録一卷舊鈔本

宋廬陵陳模子宏撰

詩不古，文不古，風俗不古也。故凡先正格言，與夫平日得於父兄師友之訓迪講明，一言一行之合乎古者，皆筆之，庶志乎古者，猶於是而有考。夫詩文亦末矣，然世道之升降，風俗實爲之；風俗之污隆，則文章與之高下。是以天下之治亂每驗於斯，風俗之轉移每驗於斯。嗟夫！金口木舌之不鳴，天下之相告詔者，非古也久矣，奚獨詩文爲然？作《懷古録》。寶祐二年甲寅四月既望，月庭陳子宏序。

是編率本敷明先正之所以言，時或參之己見，則亦其所見如此，非固求爲新奇以駭人之視聽者。若曰訑訑，予固已知之矣。則是編非爲訑訑者設，爲或不是者而設也。模又識。

東洲几上語一卷鈔本

宋赤城散吏施清臣述

僕癖嗜書，昔貪今懶，中年幽憂之疾，沈沈兀兀，殊欠排遣，胸中追憶，舊多碎語，散在藁册間，收拾删改，恰若干則，合老釋以非三，融精粗而爲一，聊自警也。時淳祐甲辰十月旦，題之曰《几上語》。

東洲枕上語一卷鈔本

宋赤城散吏施清臣述

僕向丙戌歲臥痁六閲月，幾失其生，病枕光陰，無可排遣，攝之以善念，厥後追録於册，凡若干則。近獲前藁，又備删模，留爲家庭之警訓。時淳祐乙巳人日。

遼東行部誌一卷鈔本

金王寂著

壬寅夏日，劒舟居士屬館上供事，從《永樂大典》中録出。

歸潛志十四卷舊鈔本　顧王霖舊藏

元劉祁撰

余生八年，去鄉里從祖父游宦於大河之南。時南京爲行宫，因得從名士大夫問學。不幸弱冠而先子歿，其後進於有司，不得志，將歸隱於大皞之墟。一日遭值金亡，干戈流落，由魏過齊入燕，凡二千里。甲午歲復於鄉，蓋年三十二矣。因思向日二十餘年閒所見富貴權勢之人，一時烜赫如火烈者，迨遭喪亂，皆煙消灰滅無餘，而吾雖貧賤一布衣，猶得與妻子輩完歸，是亦不幸之幸也。由是以其所經涉憂患，與夫被攻刼之苦，奔走之勞，雖飯疏飲水，橐中無寸金，未嘗蒂諸胸臆。獨念昔所與交游，皆一代偉人，今雖物故，其言論談笑，想之猶在目，且其所聞所見可以勸戒規鑒者，不可使湮没無傳。因暇日記憶，隨得隨書，題曰《歸潛志》。歸潛者，以所居之堂名之也，因名其書，以誌歲月。異時作史，亦或有取焉。歲乙未季夏之望，渾源劉祁京叔自敘。

孫正憲公之孫諧和伯其字者來訪余，曰：『鄉先生劉神川，宏博衍大之士，倡明道學。會金亂，投蹟于趙陽雷李諸子之間，厭服名議，守素不仕，以衞中州之氣，文章議論一出於正。遭亂後，于鄉有居以自容，扁曰歸潛，默然静學，以休息其心意，抱志未施而没。生平述作既多，其弟歸愚以嘗編類就帙，曰《神川遯士文集》廿二卷，鋟木於世。先君文莊公，鄉序後進，嘗收先生所著《歸潛志》十四卷藏予家。蓋其言論談笑，時事見聞，戒勸規鑒，以足備采擇之録，諧欲繡梓，以垂其名于不朽。』噫！神川一代偉人，世爲賢獻之門，其所志窮理盡性，以至于命，進則以斯道濟當時，退則以斯道覺後世，以永聖脈，一時士大夫尊師之。人文之盛，實所賴焉！孟子謂君子所以教，有成德者，有達材者，有私淑者。神川私淑之徒，成德達材，彬彬輩出。是身雖没，而道不没也。道寄於文，文傳于世。世傳其文，即傳其名矣。夫何憾兹嗟世道升降，人物盛衰？遼金之間殆數百年，太史宜有論載，而舊聞闕逸，後有述者，可無考訂于斯邪？先生諱祁，字京叔，渾源人，神川其自號也。至大辛亥夏五月，盧龍趙穆識其後。

静齋至正直記四卷舊鈔本

元闕里外史行素居士孔齊著

雜記者，記其事也。凡所見聞可以感發人心者，或里巷方言可爲後世之戒者，一事一物可爲博聞多識之助者，隨所記而筆之，以補觀省，未暇定爲次第也。至正庚子春三月壬寅記。

山居新語四卷影寫元刊本

元太史氏楊瑀元誠撰

經史之外有諸子，亦羽翼世教者，而或議之説鈐，以不要諸六經之道也。漢有陸生賈，著書十二篇，號《新語》，至今傳之者，亦以善著古今存亡之□。繼《新語》者，有《説苑》、《世説》。

他如《筆語》、《艾説》、《夷堅》、《矦鯖》、《雜俎》、《叢話》、《桯史》、《墨客》、《夜話》、《野語》等書，雖精粗泛約之不同，亦可備稽古之萬一。若《幽冥》、《青瑣》，祆詭媱佚，君子不道之已。吾宗老山居太史，歸田後著書，名《山居新語》，凡若干卷。其備古訓類《説苑》，摭國史之缺文類《筆語》。其史斷詩評，繩前人之愆；天菑人妖，垂世俗之警，視祆詭媱佚敗世教者遠矣。其得以説鈴議之乎？好事者梓其書，徵予首列。予故爲之書。至正庚子夏四月十有六日，李黼榜第二甲進士今奉訓大夫江西等處儒學提舉會稽楊維禎敘。

國家承平日久，制度文物，禮樂之盛，著在大典，其底治於累朝，實比隆於三代。予歸老山中，習閲舊書，或友朋清談，事有古今相符者，上至天音之密勿、名臣之事跡、師友之言行、陰陽之變異，益于世道，資於談柄，凡目擊耳聞者，悉引據而書之，積□□帙，名曰《山居新語》。不敢飾於文者，非惟不通曉也，思他日有補于信史云。至正庚子三月既望，中奉大夫浙東道宣慰使都元楊瑀識。

南邨輟耕録三十卷元刊本

元天台陶宗儀九成撰

孫作序至正丙午

山海經十八卷明覆宋本

晉郭氏璞傳

郭璞序曰：世之覽《山海經》者，皆以其閎誕迂誇，多奇怪俶儻之言，莫不疑焉。嘗試論之曰：莊生有云：『人之所知，莫若其所不知。』吾於《山海經》見之矣。夫以宇宙之寥廓、羣生之紛紜、陰陽之煦蒸、萬殊之區分，精氣渾淆，自相濆薄，游魂靈怪，觸像而構流，形於山川，麗狀於木石者，惡可勝言乎？然則總其所以乖，鼓之於一響；成其所以變，混之於一象。世之所謂異，未知其所以異；世之所不異，未知其所以不異，何者？物不自異，待我而後異，異果在我，非物異也。故胡人見布而疑黂，越人見罽而駭毳，蓋信其習見，而奇所希聞，此人情之常蔽也。今略舉可以明之者，陽火出於冰水，陰鼠生於炎山，而俗之論者莫之或怪，又談《山海經》所載，而咸怪之。是不怪所可怪，而怪所不可怪也。不怪所可怪，則幾於無怪矣。怪所不可怪，則未始有可怪也。夫能□所不可，不可□不可，然則理無不然矣。按《汲郡竹書》及《穆天子傳》，穆王西征見西王母，執璧帛之好，獻錦組之屬。穆王享王母于瑤池之上，賦詩往來，辭義可觀，遂襲崑崙之丘，游軒轅之宮，眺鍾山之嶺，玩帝者之寶，勒石王母之山，紀蹟玄圃之上，乃取其嘉木豔草、奇鳥怪獸、玉石珍瑰之器、金膏燭銀之寶，歸而殖養之於中國。穆王駕八駿之乘，右服盜驪，左驂騄耳，造父爲御，犇戎爲右，萬里長騖，以周歷四荒，名山大川，靡不登濟。東升大人之堂，西燕王母之廬，南轢黿鼉之梁，北躡積羽之衢。窮歡極娛，然後旋歸。按《史記》説穆王得盜驪、騄耳、驊騮之驥，使造父御之，以西巡狩，見西王母，樂而忘歸，亦與《竹書》同。《左傳》曰：『穆王欲肆其心，使天下皆有車轍馬跡焉。』《竹書》所載，則是其事也，而譙周之徒，足爲通識瑰儒，而雅不平。此驗之史考，以著其妄。司馬遷敘《大宛傳》，亦云：『自張騫使大夏之後，窮河源，惡覩所謂崑崙者乎？至《禹本紀》、《山海經》所有怪物，余不敢言也。』不亦悲乎？若《竹書》不潛出於千載，以作徵於今日者，則《山海》之言，其幾乎廢矣。若乃東方生曉畢方之名，劉子政辨盜械之尸，王頎訪兩面之客，海民獲長臂之衣，精驗潛效，絶代懸符。於戲！羣惑者，其可以少寤乎？是故聖皇原化以極變，象物以應怪，鑒無滯賾，曲盡幽情，神焉廋哉！神焉廋哉！蓋此書跨卅七代，歷載三千，雖暫顯於漢，而尋亦寢廢，其山川名號所在，多有舛謬，與今不同，師訓莫傳，遂將湮没。道之所存，俗之所喪，悲夫！余有懼焉，故爲之創傳，疏其壅閡，闢其茀蕪，領其玄致，標其洞涉，庶幾令逸文不墜於世，奇言不絶於今，夏后之迹靡刊於將來，八荒之事有聞於後裔，不亦可乎？夫蘙薈之翔，叵以論垂天之凌；蹄涔之游，無以知絳虬之騰。鈞天之庭，豈伶人之所躡？無航之津，豈蒼兕之所涉？非天下之至通，難與言《山海》之義矣。嗚呼！達觀博物之客，其鑒之哉！

侍中奉車都尉光禄大夫臣秀領校祕書言：校祕書太常屬臣所校《山海經》，凡三十二篇，今定爲一十八篇，已定。《山海經》者，出於唐、虞之際。昔洪水洋溢，漫衍中國，民人失據，崎嶇於丘陵，巢於樹木。鯀既無功，而帝堯使禹繼之。禹乘四載，隨山刊木，定高山大川，蓋與伯翳主驅禽獸，命山川，類草木，別水土。四嶽佐之，以周四方，逮人跡之所希至，及周輿之所罕到。内別五方之山，外分八方之海，紀其珍寶奇物，異方之所生水土、草木、禽獸、昆蟲，麟鳳之所止，禎祥之所隱，及四海之外，絶域之國，殊類之人。禹別九州，任土作貢，而益等類物善惡，著《山海經》，皆聖之遺事，古文之著明者也。其事質明有信。孝武皇帝時，嘗有獻異鳥者，食之百物，所不肯食者，東方朔見之，言其鳥名，又言其所當食，如朔言。問朔何以知之，即《山海經》所出也。孝宣皇帝時，擊磻石於上郡，陷得石室，其中有反縛盜械人，時秀父向爲諫議大夫，言此貳負之臣也。詔問何以知之，亦以《山海經》對，其文曰：『貳負殺窫窳，帝乃梏之疏屬之山。桎其右足，反縛兩手。』上大驚，朝士由是多奇《山海經》者，文學大儒皆讀學以爲奇。可以考禎祥變怪之物，見遠國異人之謠俗。故《易》曰：『言天下之至賾，而不可亂也。』博物之君子其可不惑焉。臣秀昧死謹上。

馮世雍序嘉靖十五年

潘侃跋嘉靖十五年

穆天子傳四卷明嘉靖刊本

汲冢古本，晉郭璞注

荀勖序晉太康二年

海内十洲記一卷明覆宋本

漢東方朔撰

漢武帝内傳一卷外傳一卷舊鈔本　黄琴六手校

漢班固撰

黄氏手跋曰：《漢武帝内傳》一書，凡《太平廣記》所録，及明《漢魏叢書》諸刻，皆非完帙。向稱汲古閣刊《道藏》本爲最善，惜傳本亦希。今春從陳子準處借得舊鈔足本讀之，知俗本皆删節過半，即毛刻亦多脱落，益見舊本之足貴矣。爰倩表弟陳竹亭影寫一帙藏之，復取宋人《續談助》中節本，彙諸刻細校一過，間有舊鈔訛脱而他刻得之者，附注于旁，以備參考。又《談助》卷末跋中載有唐道士跋，詳淮南八公姓氏爲他書所未經見，與《玉海》中所引合，并録之。又内外傳本一書，如《吴越春秋》之例，《外傳》即《内傳》之下卷，自删本僅存《内傳》，不知者遂以《外傳》爲别一書，觀《談助》跋語自見。然不得此本，又孰從而證明之耶？嘉慶庚辰立夏後三日，拙經居士黄廷鑑校訖識。

漢武帝别國洞冥記四卷明嘉靖倣宋本

東漢光禄大夫郭憲撰

自序曰：憲家世述道書，推求先聖往賢之所撰集，不可窮盡，千室不能藏，萬乘不能載，猶有漏逸。或言浮誕，非政教所同，經文史官記事，故畧而不取。蓋偏國殊方，竝不在録。愚謂古曩餘事，不可得而棄，況漢武帝明俊特異之主，東方朔因滑稽浮誕以匡諫，洞心於道教，使冥迹之奥昭然顯著。今籍舊史之所不載者，聊以聞見別《洞冥記》四卷，成一家之書，庶明博君子該而異焉。武帝以欲窮神仙之事，故絶域遐方貢其珍異奇物及道術之人，故於漢世盛於羣生也。故編次之云爾。

壬子年拾遺記十卷明刊本

晉王嘉撰，梁蕭綺録

蕭綺序

續齊諧記一卷明嘉靖倣宋本

梁吴均撰

《齊諧》，志怪者也，蓋莊生寓言耳。今吴均所續，特取義云耳，前無其書也。考《文獻通考》書目亦云。至元甲子，吴郡陸友記。

冤魂志一卷舊鈔本

北齊黄門侍郎顔之推撰，宋茶陵陳仁子同校

集異記二卷明鈔本

唐河東薛用弱撰

博異志一卷明嘉靖刊本

唐谷神子纂名還古

自序

前定録二卷宋刊本

唐崇文館校書郎鍾輅纂

自序

劇談録三卷明覆宋本

唐將仕郎崇文館校書郎康駢述

自序乾寧二年

盧氏手跋曰：乾隆壬子鈔，十一月二十五日以刻本校。盧弓父。

次年七月十日重校竟，兩本各有得失，取短棄長，俱成善本矣。七十七叟記。

開天傳信記一卷宋刊本

唐吏部員外郎鄭棨撰

自序

稽神録六卷補遺二卷舊鈔本

宋東海徐鉉著

姚氏手跋曰：《稽神録》七卷，南唐徐鉉撰，記神怪之事。序稱乙未歲至乙卯，凡二十年，僅得百五十事。楊大年云江東布衣蒯亮好大言夸誕，鉉喜之，館於門下。《稽神録》中事，多亮所言。余按馬端臨《經籍考》，其爲説如此。今録七卷，共一百九十一條，與端臨數不合。然事雖神恠，多該實，非他小説駕空者比也。故命館童學書者榻之，藏之荼夢閣，以備老境消閒之具。其原本蓋得諸陸脩吉氏云。嘉靖癸卯春三月初吉，勾吴姚舜咨識于南湖精舍。

黄氏手跋曰：此舊鈔本《稽神録》二册，嘉靖時姚舜咨家藏書也。其源流載姚跋語中，兹不贅。余以白金五星易諸書友郁姓，郁姓喜甚，以爲此字簍中物，而竟有出銀易之者，且其同伴亦以爲此五星意外得來，遂拉往飯舖爲沽酒市脯計。蓋書友視此書字迹惡劣，紙墨污敝，決非有用物也。而余則喜甚，非但姚舜咨跋可證書之源流，且取校向藏秦酉巖鈔本，復經蔣揚孫校補者，知此爲祖本。彼猶有傳寫臆改之病，而此不加裝潢。仍恐後之見是書者復爲書友之續，因重裝之。工費較書直奚啻數倍，旁觀有竊笑者，余曰：『余獨非爲字簍中物起見耶？特惜字分金過重耳。』相與一笑而罷，因書諸卷尾。乙丑小春望日，蕘翁丕烈。

又曰：癸酉初秋，有書友從冬烘書塾中易得破書二種，過余閒談，其意非以其求售也。余檢得《麈史》一本，墨敝紙渝，卻是舊鈔，因遂留之。取校義門手校余淡心藏本，知今所見的是底本，勝於舊藏多矣。啟櫥見此《稽神録》，其書之舊而佳，後所得勝於前所藏最勝之本，以無意得之，情事適同，喜而書其顛末於此。時秋雨生涼，夏伏炎威，頓減其半。復翁識。

太平廣記五百卷明刊本

宋翰林院學士中順大夫户部尚書上柱國賜紫金魚袋李昉等編

臣昉等言：臣先奉敕撰集《太平廣記》五百卷者，伏以六籍既分，九流竝起，皆得聖人之道，以盡萬物之情，足以啟迪聰明，鑒照今古。伏惟皇帝陛下體周聖啟，德邁文思，博綜羣言，不遺衆善，以爲編秩既廣，觀覽難周，故使采摭菁英，裁成類例。惟茲重事，宜屬通儒。臣等謬以謏聞，幸塵清賞，猥奉修文之寄，曾無敘事之能，退省疎蕪，惟增靦冒。其書五百卷，并《目録》十卷，共五百十卷，謹詣東上閤門奉表上進以聞，冒瀆天聽。臣昉等誠惶誠恐，頓首頓首謹言。太平興國八年八月十三日。

將仕郎守少府監丞臣吕文仲、臣吴淑、朝請大夫太子中贊善柱國賜紫金魚袋臣陳鄂、中大夫太子左贊善直史館臣趙鄰幾、朝奉郎太子中允賜紫金魚袋臣董淳、朝奉大夫太子中允賜紫金魚袋臣王克貞、臣張洎、承奉郎左拾遺直史館臣宋白、通奉大夫行太子率更令上柱國賜紫金魚袋臣徐鉉、金紫光禄大夫上柱國陳縣男食邑三百户臣湯悦、朝散大夫充史館修撰上柱國賜紫金魚袋臣李穆、翰林院學士朝奉大夫中書舍人賜紫金魚袋臣扈蒙、翰林院學士中順大夫户部尚書知制誥上柱國隴西縣開國男食邑三百户賜紫金魚袋臣李昉。

八月二十五日奉敕送史館，六年正月奉聖旨雕印版。

録異記八卷明刊本　項藥師舊藏

蜀杜光庭撰

自序

博物志十卷舊鈔本

晉司空張華撰

《地理畧》自魏氏曰已前，夏禹治四方而制之。余視《山海經》及《禹貢》、《爾雅》、《説文》、《地志》，雖曰悉備，各有所不載者。作畧説，出所不見，粗言遠方，陳山川位象，吉凶有徵，諸國境界犬牙相入，春秋之後竝相侵伐，其土地不可具詳。其山地澤，畧而言之，正國十二，博物之士覽不卹焉。

酉陽雜俎二十卷續集十卷勞巽卿校本

唐臨淄段成式撰

自序

段成式《酉陽雜俎》三十卷，《唐書・藝文志》載之於丙部，余録小説家。今陳君所刊止前集二十卷，又缺其序，余以家藏續集十卷并前集之序畢之，遂爲全書。謹按，成式出於將相之胄，襲乎珪組之榮，而史氏稱其博學强記，且多奇篇祕籍。余考其所論譔，蓋有書生終身耳目之所不能及者，信乎其爲博矣。然是書也，世所罕覩，是以周史君訪之而未有，管博士得之而未全。余家聚書萬有餘卷，奧編隱帙居多，而此書偶在所録。陳君知而求之甚力，姑序所以俾廣其傳。嘉定癸未六月既望，武陽鄧復應甫題。

唐段成式以將相之胄，博學强記，尤好語怪，著《酉陽雜俎》二十卷、《續集》十卷行世。今刻本有前、後二種，皆二十卷，而續集不傳。雖以胡元瑞之廣收博取，卒未遇其原本，僅於《太平廣記》録出爲一册，亦莫能完。十卷之舊語，具《二酉綴遺》中。此《雜俎》續集十卷，字畫樸拙，次序詳整，的係宋人寫本，實典常妹倩所贈也。典常，陸其姓，子餘給諫之曾孫，以余酷嗜宋鈔書籍，故割愛見與。乃命工裝成，因紀歲月。時泰昌紀元八月望日，玉峯張丑廣德甫記。

勞氏手跋曰：此米芾舊藏鈔本，少末一卷，又卷二、三及後二卷，凡少四十七則。雖多傳寫之誤，以勘刊本，有絶勝處。刊本多所校改，有不得其語意而妄改者，非此本末由正之。米芾間有校正處，且分『金剛經鳩異』作上下則，不知其何所據，今姑注於邊闌之下。此本米芾定爲宋鈔，殆未必然，乃從宋刻傳鈔爾。丹鉛精舍主人書。

又曰：初八日將午校畢鈔本，有嘉定癸未鄧復後序影寫增入。宋刻雖未得見，實亦坊本耳。顨卿權識于拂塵埽葉之樓。

又曰：閏月中曾經覆校，茲再校一過，又補正一二字，比校之難且如此。十月初八日鐙下記。

續博物志十卷明刊本

宋李石撰

自序

夷堅甲志二十卷乙志二十卷丙志二十卷丁志二十卷宋刊本　明文衡山舊藏

宋洪邁撰

沈天祐序

乙志自序

丙志自序

丁志自序

案，此書宋刻元印，每葉十八行，每行十八字，有『玉蘭堂』白文方印、『竹塢』朱文長印、『阮伯元印』朱文方印、『嚴元照印』白文方印、『嚴氏久能』朱文方印、『阮長生印』白文方印。蓋明時爲文衡山文竹塢所藏，國初歸季滄葦，嘉慶中歸吾郡嚴久能者也。陸師道手録『賓退録』一條于目録後及卷一末，小楷極精。

新編分類夷堅志五十卷明覆宋本

宋鄱陽洪邁景廬記述，建安景氏祖榮類編

續夷堅志二卷舊鈔本

元太原元好問裕之撰

子思子云：『國家將興，必有禎祥。國家將亡，必有妖孽。』洪景盧《夷堅志》多政宣事，元好問《續志》多泰和、貞祐事，其視平世有閒耳。窋窊叟。

余鈔北地棗本《續夷堅志》四册，實遺山先生所撰也。至正戊子武林新刻《金史》，因獲一觀，謹謄此傳附于所書之後云。是年花朝日，吴下王東起善識。

遺山，中原人，使生宋熙豐間，與蘇黄諸人同時，當大有聲，不幸出完顔有國日。雖偏方以文飾戎事，用科舉選人，惜又在貞祐前後，不得掌其箋牒文柄，故閒居著述。觀其文與詩詞，宏肆軼宕，及所傳其國人號《中州集》，人各十傳，其顛敘其行業仕隱，詩則一聯不遺。宋士夫淪陷其國者，槩見于末。文有史法，其好義樂善之心蓋廣矣。所續《夷堅志》，豈但過洪景盧而已，其自序可見也。善惡懲勸，纖細必録，可以知風俗而見人心，豈南北之有閒哉！北方書籍率金所刻，罕至江南，友人王起善見，亟鈔成帙。其學富筆勤，又可知矣。特以示余，時日將夕，讀至丙夜，盡四卷，深有啟于余心，以病不能鈔，姑識卷末而歸之。壬申歲之除，商丘宋元子虚書於沙頭白漚眠處。

中州曾歷覽，底處覓孤墳。勳業元無我，文章正數君。淵源由史漢，警策出機雲。予亦尚奇者，何期廣見聞。吴道輔景文。

遺山先生《續夷堅志》二卷，乃吴中王起善鈔本，介歸芥甫夏矦。至正二十三年癸卯歲閏三月十七日丁亥借録，至四月七日丙午録畢於泗北郜居映雪齋。華亭在家道人孫道明明叔，時六十又七也。

湖海新聞前集二卷後集二卷舊鈔本

不著撰人名氏

皕宋樓藏書志卷六十五

子部

釋家類

弘明集十四卷明支那本

梁釋僧祐撰

自序曰：余所集《弘明》，爲法禦侮，通人雅論，勝士妙説，摧邪破惑之衢，弘道護法之塹，亦已備矣。然智者不迷，迷者乖智，若導以深法，終於莫領，故復撮舉世典，指事取徵，言非榮華，理歸質實，庶迷途之人，不遠而復。總釋衆疑，故曰《弘明論》云。夫二諦差別，道俗斯分，道法空寂，包三界以等觀；俗教封滯，執一國以限心。心限一國，則耳目之外皆疑；等觀三界，則神化之理常照。執疑以迷照，羣生所以永淪者也。詳檢俗教，竝憲章五經，所尊唯天，所法唯聖，然莫測天形，莫窺聖心。雖敬而信之，猶矇矇弗了，況乃佛尊於天，法妙於聖，化出域中，理絶繫表。肩吾猶驚怖於河漢，俗士安得不疑駭於覺海哉！既駭覺海，則驚同河漢。一疑經説迂誕，大而無徵；二疑人死神滅，無有三世；三疑莫見真佛，無益國治；四疑古無法教，近出漢世；五疑教在戎方，化非華俗；六疑漢魏法微，晉代始盛。以此六疑，信心不樹，將溺宜拯。故較而論之，若疑經説迂誕，大而無徵者，蓋以積劫不極，世界無邊也。今世咸知百年之外，必至萬歲，而不信積萬之變，至於曠劫，是限心以量造化也。咸知赤縣之表，必有四極而不信積極之遠，復有世界，是執見以判大虚也。湯問革曰：『上下八方有極乎？』革曰：『無極之外，復無無極，無盡之中復無無盡，朕是以知其無極無盡也。』上古大賢據理訓聖，千載符契，懸與經合，井識之徒，何智得異？夫以方寸之心謀己身，而致謬圓分之眸，隔墻壁而弗見，而乃侮尊經，背聖説，誣積劫，罔世界，可爲慜傷者一也。若疑人死神滅，無有三世，是自誣其性靈，而蔑棄其祖禰也。然則周孔制典，昌言鬼神。《易》曰：『游魂爲變，是以知鬼神之情狀。』既情且狀，其無形乎？《詩》云：『三后在天，王配于京。』升靈上旻，豈曰滅乎？《禮》云：『夏尊命，是鬼敬神。』大禹所祗，寧虚誕乎？《書》稱周公代武，云能事鬼神。姬旦禱親，可虚罔乎？苟亡而有靈，則三世如鏡變化輪回，孰知其極？俗士執禮而背叛五經，非真誣佛，亦侮聖也。若信鬼於五經，而疑神於佛説，斯固聾瞽之徒，非議所及，可爲哀矜者二也。若疑莫見真佛，無益國治，則禋祀望秩，亦宜廢棄。何者？蒼蒼積空，誰見上帝之貌？茫茫累塊，安識后祇之形？民自躬稼，社神何方？人造庸啜，蜡鬼奚功？然猶盛其犧牲之費，繁其歲時之祀者，豈不以幽靈宜尊，教民美報耶？况佛智周空，界神凝域，表上帝，成天緣，其陶鑄之慈，聖王爲人，依其亭育之戒，崇法則六天咸喜，廢道則萬神斯怒。今人莫見天形，而稱郊祀有福，不覩金容，而謂敬事無報，輕本重末，可爲震懼者三也。若疑古無佛教，近出漢世者。夫神化隱顯，孰測始終哉！尋羲農緬貌，政績有湮，彼有法教，亦安得聞之？昔佛圖澄知臨淄伏石有舊像露盤，犍陀勒見槃鵄山中有古寺基墌，衆人試掘，並如其言。此萬代之遺徵，晉世之顯驗，誰判上古必無佛乎？列子稱周穆王時西極有化人來，入水火，貫金石，反山川，移城邑，乘虚不墜，觸實不礙，千變萬化，不可窮極，既能變人之形，又且易人之慮，穆王敬之若神，事之若君。觀其靈跡，乃開士之化。大法萌兆，已見周初，感應之漸，非起漢世，而封執一時，可爲歎息者四也。若疑教在戎方，化非華夏者，則是前聖執地以定教，非設教以移俗也。昔三皇無爲，五帝德化，三王禮形，七國權勢，地當諸夏，而世教九變，今反以至道之源，鏡以大智之訓，感而遂通，何往不被？夫禹出西羌，舜生東夷，孰云地賤而棄其聖？某欲居夷，聃適西戎，道之所在，寧選於地？夫以俗聖設教，猶不繫於華夷，況佛統大千，豈限化於西域哉？按《禮·王制》云：『四海之内，方三千里。』中夏所據，亦已不曠。伊洛本夏，而鞠爲戎墟；吴楚本夷，而翻成華邑。道有運流，而地無恒化矣。且夫厚載無疆，寰域異統。北辰西北，故知天竺居中。今已區分中土，稱華以距正法。雖欲距塞，而神化常通，可爲悲涼者五也。若疑漢魏法微，晉代始盛者，道運崇替，未可致詰也。尋沙門之修釋教，何異孔氏之述唐虞乎？孔修五經，垂範百王，然春秋諸侯莫肯遵用，戰代蔑之，將墜於地，爰至秦皇，復加燔燼，豈仲尼之不肖，而詩書之淺鄙哉！邇及漢武，始顯儒教，舉明經之相，崇孔聖之術，寧可以見輕七國而遂廢後代乎？按漢元之世，劉向序仙，云七十四人出在佛經，故知經流中夏，其來已久。逮明帝感夢，而傅毅稱佛，於是秦景東使，而攝騰西至，乃圖像於關陽之觀，藏經於蘭臺之室，不講深文，故莫識奧義。是以楚王修仁潔之祠，孝桓建華蓋之祭，法相未融，唯神之而已。至魏武英鑒，書述妙化，孫權雄略，崇造塔寺。晉武之初，機緣漸深，耆域耀神通之蹟，竺護集法寶之藏，所以百辟縉紳，洗心以進德；萬邦黎憲，刻意而遷善。暨晉明叡悟，秉壹棲神，手畫寶像，表觀樂覽。既而安上弘經於山東，什公宣法於關右，精義既敷，實相彌照，英才碩智，竝驗理而伏膺矣。故知法雲始於觸石，慧水流于濫觴，教必有漸，神化之常，感應因時，非緣如何。故儒術非愚於秦，而智於漢，用與不用耳。佛法非淺於漢，而深於秦，明與不明耳。故知五經恒善，而崇替隨運；佛化常熾，而通塞在緣。一以此思，可無深惑，而執疑莫悟，可爲痛悼者六也。夫信順福基，迷謗禍門，而況矇矇之徒，多不量力。以己所不知，而誣先覺之徧知；以其所不見，而罔至人之明見。鑒達三世，反號邪僻；事拘目前，自謂明智。於是迷疑塞胸，謗讟盈口，輕議以市重苦，顯誹以賈幽罰，言無錙銖之功，慮無毫釐之益。逝川若飛，藏山如電，一息不還，奄然後世，報隨影至，悔其可追？夫神化茫茫，幽明代運，五道變化，於何不之？天官顯驗，趙簡、秦穆之錫是也。鬼道交報，杜伯彭生之見是也。修德福應，殷代宋景之驗是也。多殺禍及，白起、程普之證是也。現世幽徵，備詳典籍；來生冥應，布在尊經，但緣感理奧，因果義微，微奧難領，子自求多福焉。

故略而不陳。前哲所辨，關鍵已正，聊率鄙懷，繼之於末。雖文非珪璋，而事足鞶鑑，惟愷悌君

自序

梁釋僧祐述

弘明集十四卷顧千里校本

梁會稽嘉祥寺沙門慧皎撰

高僧傳十四卷舊鈔本

自序曰：原夫至道冲漠，假蹄筌而後彰；玄致幽凝，藉師保以成用。是由聖迹迭興，賢能異託，辯忠烈孝慈，以定明教之道；明詩書禮樂，以成風俗之訓。或忘功遺事，尚彼虛冲；或體仕榮枯，重兹達命。而皆教但域中，功在近益。斯蓋漸染之方，未奧盡其神性。至若能仁之爲訓也，考業果之幽微，則循復三世；言至理之高妙，則貫絶百靈。若夫啟十地以辯慧宗，顯三諦以詮智府，窮神盡性之旨，管一樞極之致，餘方亦猶羣流之歸巨壑，衆星之拱北辰，懋哉邈矣，信難得以言尚。至迺教滿三千，形徧六道，皆所以接引幽昏，爲大利益，而以浄穢異聞，昇墜殊見，故秋方先音形之奉，東國後見聞之益，雲龍表於夜明，風虎彰乎宵夢，淇風既扇，大化

斯融。自爾西域名僧往往而至，或傳度經法，或教授禪道，或以異迹化人，或以神力拯物。自漢至梁，紀歷彌遠，世踐六代，年將五百。此土桑門，含章秀發，羣英間出，迭有其人。衆家記録，敘載各異。沙門法濟，偏敘高逸一跡。沙門法安，但列志節一行。沙門僧寶，止命游方一科。沙門法進，迺通撰論傳，而辭事闕畧。竝皆互有繁簡，出没成異。考之行事，未見其歸。宋臨川康王義慶《宣驗記》及《幽明録》，太原王炎《冥祥記》，彭城劉悛《益部寺記》，沙門曇宗《京師寺記》，太原王延秀《感應傳》，朱君台《徵應傳》，陶淵明《搜神録》，竝傍出諸僧，敘其風素，而皆是附見，亟多疏缺。齊竟陵文宣王《三寶記傳》，或稱佛史，或號僧録，既三寶共敘，辭旨相關，混濫難求，更爲蕪昧。瑯琊王巾所撰《僧史》，意似該綜，而文體未足。沙門僧祐撰《三藏記》，止有三十餘僧，所無甚衆。中書郗景興《東山僧傳》、治中張孝季《廬山僧傳》、中書陸明震《沙門傳》，各競舉一方，不通今古，務存一善，不及餘行。逮於即時，亦繼有作者，然或褒贊之下，過相揄揚，或敘事之中，空引辭費，求之實理，無的可稱。或復嫌以繁廣，删减其事，而抗十四軸，號曰《高僧傳》。自前代所撰，多曰名僧。然名者本實之賓也，若實行潛光，則高而不名；寡德適時，則名而不高。名而不高，本非所紀；高而不名，則備今録。故省名音，代以高字。其間草創，或有遺逸。今此十四卷，備贊論者，意以爲定。如未隱括，覽者詳焉。

右此傳是會稽嘉祥寺釋慧皎法師所撰。法師學通内外，精研經律，著《涅槃疏》十卷、《梵網戒》等義疏，竝爲世軌，又撰此《高僧傳》及序共十四卷。梁末承聖二年太歲癸酉，避侯景難寺墓。時龍光寺釋僧果同避難在山，遇見時事，聊記之云耳。

自序

續高僧傳四十卷明支那本

唐釋道宣撰

廣弘明集十卷顧千里校本

唐終南山釋道宣撰

顧氏手跋曰：明中葉以後，刻書無不臆改。此吴中珩本，後印者有題名，初無。以梵夾勘之，乖錯極多。道光丁亥借平山堂藏家字號來，粗正如右。又平津館收復印修板者，已補音釋，而子目及分卷等皆無從追换矣。附記備博覽者詳。七月廿八日千翁書。

廣弘明集三十卷明刊本

唐釋道宣撰

法苑珠林一百二十卷明支那本

唐上都西明寺沙門釋道世玄惲撰

李儼序

古清涼傳二卷金刊本　何夢華舊藏

唐朝藍谷沙門慧祥撰

夫紫府名山，七佛師棲真之處；清涼聖境，萬菩薩晦跡之方。亘於古今，備於圖籍，芬馥之異華靈草，瑩潔之幽石寒泉，瑞氣吐於林中，祥雲横於嶺上。蒼嵒入夜，炯炯而燈燭常明；碧洞侵晨，殷殷而鼓鐘恒響。老人蕭散於溪谷，童子游戲於煙霞，爍爍之樓閣莊嚴，巍巍之殿堂崇麗。或則高僧遠訪，或則貴族親臨。覩化儀，結得道之緣；瞻相好，發至誠之願。修殊因於此日，證妙果於他生。恒覩玉毫之光，常居金色之界。其悟達者，識心而見性；其歸依者，殄障而消災。可爲福不唐捐，功不虚弃。編聯傳記，流布寰區，誘引顓愚，咸深諦信，齊登覺路，俱造玄門，同乘般若之舟，共昇涅槃之岸。大定辛丑歲二月十七日，永安崇壽禪院雪堂中隱沙門廣英謹序。

白馬東來，象教流行於中土，玄風始暢，或示禪寂以探宗，或專神化而表法，亦猶水行地中，枝分别派雖異，至於濟世利物之功，其歸未始不同。故唐劉夢得已爲佛法在九州間，隨其方而化，因名山以爲莊嚴國界。凡言神道示現者，必宗清涼焉。按經言文殊師利宅東北清涼山，與其眷屬住持古佛之法，降大慈悲以接引羣生，或現真容以來歸依，或發祥光以竦觀仰。千變萬化，隨感而應，有不可形容擬議者。何其異哉！□有沙門慧祥與延一者，皆緇林助化之人，洎丞相張公天覺、皇華朱公少章，皆護法大臣之士，異世相望，同心贊翼，慮聖跡在遠，未彰芳塵，經久或熄，乃廣搜見聞，與目所親覩，編次成帙。慧祥始爲《清涼傳》二卷，延一復爲《廣傳》三卷，張相國、朱奉使又爲《續傳記》以附於後，其他超俗談玄之流，與夫高人達士，作爲詩頌贊偈，附名傳末，星聯珠貫，粲然貝錦之文，流行於世。凡九州四海之内，雖未躬詣靈嵒，目瞻聖跡，但覽卷披文，自然回思易慮，益堅向善之心。其外護之益，未易可述。偶回禄之搆災，致龍文之俱燼，不有興者，聖功神化，歲久弗傳。東安趙統以酒官視局臺山，慨然有感於心，即白主僧願捐槖金以助緣。僧正明浄語其屬曰：『兹事念之日久，屬化宫之災，用力有先後。今因其請，盡出粟帛，以成其事。』僦工鏤板，告成有日，趙因造門囑余爲序，以冠其首。明浄與前提點僧善誼相繼以書爲請，僕嘗謂道不在衣，傳衣可以授道；法不在文，披文因以悟法。僕既嘉趙矦用意之善，而二高僧皆於清涼有大因緣者，知非販佛以炫衆，故爲之書。大定四年九月十七日，古豐姚孝錫序。

廣清涼傳二卷金刊本

宋清涼山大華嚴寺壇長妙濟大師賜紫沙門延一重編

夫法界無邊，因利生而示境；法身無像，由接物以現形，何哉？蓋慈悲廣大，雖已證於菩提；誓願弘深，尚不捨於薩埵。大聖文殊，宅清涼之境，示瑞應之形，良以此也。粤自世雄示滅，像教寖傳。金口微言，方流於正旦；玉毫妙質，不睹於祇園。聖智隱而易誣，昏蒙蕩而難信。菩薩所以運童真之德，極游方之化，揭慧日以照六道，注願海以澤四生，祕龍種上尊之稱，捨摩尼寶積之證。示爲弟子，翊正法於能仁，當作如來，豫尊記於普見。不出大千之界，長居五頂之山，涅槃稱五百仙俱，《華嚴》説一萬聖衆。都浄域以演法，赫祥光而誘人。寶樂銀書，深祕金剛之窟；仙花珍樹，大同靈鷲之峯。是以波利西來，畢命願瞻於真相；無著南至，捐軀思接於慈顔。教肇騰蘭以來，具聞名號；地拓魏齊以下，益廣修崇。列梵刹以雲屯，範聖儀而星布。鐘聲香氣，互傳靈感之縱；寶界金燈，咸覩神奇之應。濟以夙緣薄祐，生逢遺法，尚繇羈官，得寓靈峯，時會博聞，徧窮異跡，思得紀述，以警後來，而年祀寖深，簡編幾墜，獨有唐藍谷沙門慧祥作傳二卷，頗成倫理，其餘亦有傳記，皆文字舛錯，辭意乖謬，惜乎大聖之化跡，高士之遺風，將湮滅乎？慧祥所謂時無好事，使芳塵委絶，信哉！濟川慨其若是，乃訪得真容院妙濟一公，其人純粹聰敏，博通藏教，講説記問，靡不精詣。因請公採摭經傳，收捃故實，附益祥傳，推而廣之，勒成三卷，首以吉祥降世因地，終以巨宋親逢化相，名曰《廣清涼傳》。凡三月而成，授本院主事募工開板，印施四方，俾師心三寶者覩之，益信向爾。時聖宋嘉祐紀號龍集庚子正月望日謹序，朝奉郎尚書織局員外郎守太原府大通監兼兵馬都監上騎都尉賜緋魚袋前勾當五臺山寺司公事郄濟川撰。

續清涼傳二卷金刊本

宋朝奉郎權發遣河東路提點刑獄公事張商英述

《孶經室外集》：《古清涼傳》二卷、《廣清涼傳》三卷、《續清涼傳》二卷。唐釋慧祥撰《古清涼傳》，宋釋延一撰《廣清涼傳》，《續清涼傳》，宋張商英、朱并所撰。《廣》、《續》二編，藏書家多未著録，惟《古清涼傳》見《宋史·藝文志》，凡方域名勝，及高僧靈蹟，莫不詳載。延一收捃故實，推廣祥傳，更記寺名勝蹟，以及靈異藥物，其中多涉及儒家，且有六朝人文，如晉釋支遁《文殊像贊序》，又殷晉安《郄濟川讚》，并世所希見，而遁序尤足補本集之所佚。若王勃《釋迦如來成道記》、《釋迦佛賦》，今《四傑集》、《文苑英華》俱無之。是編或以爲金大定時寺中藏板，末附《補陀傳》、《峨嵋讚》，乃元人所集，明釋又從而附綴之也。

開元釋教録二十卷明支那本

唐崇福寺沙門智昇撰

自序

宋高僧傳三十卷明支那本

宋左街天壽寺通慧大師賜紫沙門贊寧等奉敕撰

自序曰：前代諸家或云僧傳、僧史、記、録，乃題號不一，亦聲迹有殊。至梁沙門慧皎云《高僧傳》，蓋取高而不名者也，則開其德業，文爲十科，見於傳内。厥後有唐《續高僧傳》，倣仰梁之大體，而以成之。洎乎皇朝，有《宋高僧傳》之作也，清風載揚，盛業不墜。贊寧自至道二年奉睿恩掌洛京教門事，事簡心曠之日，遂得法照等行狀，撰已，易前來之缺如，尋因治定其本，雖大義無相乖，有不可者以修之。先者所謂加我數年，於《僧傳》則可矣。已斯幸復治之，豈敢以桑榆之年爲辭耶？時方徹簡，咸平初承詔入職東京右街僧録，尋遷左街，乃一日顧其本末，及繕寫，命弟子輩緘諸篋笥，俾將來君子知我者以《僧傳》，罪我者亦以《僧傳》，故於卷後而書之耳。

法藏碎金録十卷明刊本

宋光禄大夫太子少傅上柱國澶淵晁迥譔

予爰自弱齡，逮兹暮齒，探古聖之域，闚衆妙之門，涉獵儒道諸經，必也考求微旨，修身慎行，著爲箴規。又於貝典詳觀，了義法，喜融液，映奪居多，倦聞世諦，不争戲論，洞見至理，新新無窮。然知撫心馴柔，道所由致，而且揮翰祖述，志未能忘。曁挂冠之後，棲息乎浚都昭德坊之舊居，别葺静齋，翛然獨處，素所樂欲，習以成性，手不釋卷，筆不停綴，貫微臻極，深入骨髓，消憂釋結，大沃襟靈。雖患思縈，亦慶緣熟，斐然章句，聯翩衍溢，開陳有補，弗忍遐棄，衆製詞律，存乎别集，每分類例，頗顧命篇。自今聽覽機會，或該演勸，屬文導意，靡拘詳畧，片言鱗次，混而編之，數無預定，興盡當止。奉法寶而推美，非小智之自矜，故名之曰《法藏碎金録》。内有意涉重出，積習之故，前輩亦爾，不復删簡。若其束於教者，或以迦談見誚，亦無憚焉，不能以外妨内也。時天聖五年丁卯歲季秋望日序云爾。天聖九年仲冬月，稍量字數，分爲十卷。

孫光禄卿判南京國子監仲綽、左朝議大夫祕書少監特進開府儀同三司端彦、玄孫中奉大夫徽猷閣待制兼太子詹事提舉杭州洞霄宫説之左大中大夫提點嵩山崇福宫詠之、從玄孫朝奉大夫敷文閣待制謙之校刊，六世孫右朝請郎提舉廣東茶鹽運使司公邁、七世孫右朝散大夫權知汀州軍州主管學事兼管内勸農使借紫子健重刊。

晁瑮刊板跋嘉靖丙午

林間録二卷後集一卷明刊本

宋高安沙門釋德洪集

洪覺範得自在三昧於雲菴老人，故能游戲翰墨場中，呻吟謦欬，皆成文章。每與林間勝士抵掌清談，莫非尊宿之高行，叢林之遺訓，諸佛菩薩之微旨，賢士大夫之餘論，每得一事，隨即録之，垂十年間，得三百餘事。從其游者本明上人，外若簡率而内甚精敏，燕坐之暇，以其所録析爲上下帙，名之曰《林間録》。其所録有先後，故不以古今爲銓次；得於談笑而非出於勉强，故其文優游平易，而無艱難險阻之態。人皆知明之有是録也，所至之地，借觀者成市。明思字畫漫滅而傳寫失真，於是刻之於板，而俾余爲序，以壽後世焉。余爲斯文之作有補於宗教，如儉歲之粱稷，寒年之纖纊，豈待余序然後傳哉！顧與斯文以傳不朽，此余所以欲默而不能也。昔樂廣善清言，而不長於筆，請潘岳爲表，先作二百語以述己之志，岳取次而比之，便成名筆，時人咸云：『若廣不假岳之筆，岳不假廣之旨，無以成斯美也。』今覺範口之所談，筆之所録，兼有二子之美，何哉？大抵文士有妙思者，未必有美才；有美才者，未必有妙思。惟體道之士，見亡執謝，定亂兩融，心如明鏡，遇物便了，故縱口而談，信筆而書，無適而不真也。然則覺範所以兼二子之美者，得非體道而然耶？余是以知士不可不知道也。覺範名惠洪，筠陽人，今住臨川北景德禪寺，蓋赴顯謨閣待制朱公之請云。大觀元年十一月一日，臨川謝逸序。

晁文元公道院集要三卷明刊本

宋光禄大夫太子少傅致仕澶淵晁迥撰

文元晁公博觀内書，精練道行，不徒强學而力行，復勤於譔述，以開導後覺爲心。其所著書曰《道院别集》，曰《自擇增修百法》，曰《法藏碎金》，曰《隨因紀述》，曰《耄智餘書》，余嘗得徧閲之，以爲名理之妙，雖白樂天不逮也。輒删去重複，總集粹精，整比義類，使便觀覽，列爲三卷，曰《道院集要》。公諱迥在□□□□□□□□文學居禁近，官至尚書，屢辭榮丐□□□太保，致政於家，老而不衰，壽幾九十□□□□□□詳見國史云。皇宋治平乙巳，清源王古題。

翻譯名義集二十卷明支那本

宋姑蘇景德寺普潤大師法雲編

周敦義序曰：余閲大藏，嘗有意效《崇文總目》，撮取諸經要義，以爲《内典總目》，見諸經中每見梵語，必搜檢經教，具所譯音義表而出之，别爲一編，然未及竟，而顯親□老示余平江景德寺普潤大師法雲所編《翻譯名義》。余一見而喜曰：『是余意也。他日《總目》成，《别録》可置矣。』已而過平江，雲遂來見，願求敘引。余謂此書不惟有功於讀佛經者，亦可護謗法人。意根唐奘法師論五種不翻：一祕密故，如陀羅尼；二舍多義故，如薄伽梵具六義；三此無故，如閻浮樹，中夏實無此木；四順古故，如阿耨菩提，非不可翻，而摩騰以來常存梵音；五生善故，如般若尊重，智慧輕淺。而七迷之作，乃謂釋迦牟尼，此名能仁。能仁之義，位卑周孔。阿耨菩提，名正徧知，此土老子之教，先有無上正真之道，無以爲異。菩提若埵，名大道心衆生，其名下劣，皆掩而不翻。夫三寶尊稱，譯人存其本名，而肆爲謗毁之言，使見此書，將無所容其喙矣。然佛法入中國，經論日以加多，自晉道安法師，至唐智昇作爲《目録圖經》，蓋十餘家。今《大藏》諸經猶以昇法師《開元釋教録》爲準，後人但增《宗鑑録》、《瀘苑珠林》於下藏之外，如四卷《金光明經》、《摩訶衍論》及《此土證道歌》尚多有不入藏者。吾國家嘗命宰軸爲譯經潤文使，所以流通佛法至矣，特未有一人繼昇之後翻譯久遠，流傳散亡，真贋相乘，無所考據，可重歎也。雲雖老矣，尚勉之哉！紹興丁丑重午日序。

五燈會元二十卷明萬曆建昌府刊本

宋釋普濟撰

釋廷俊序至正廿四年

歷代編年釋氏通鑑十二卷宋刊本

宋括山菴釋本覺編集

案，此南宋麻沙刊本，每葉二十二行，每行二十二字，小黑口，卷中有『文石朱象賢玄氏』陰陽文長印、『季振宜藏書』朱文長印、『汪士鍾印』白文方印。其書按年紀載，至周世宗止，乃《四庫》所未收也。《季蒼葦書目》著于録。

羅湖野録四卷鈔本

宋釋子曉瑩撰

愚以倦游歸憩羅湖之上，杜門卻掃，不與世接，因追繹疇昔出處，叢其所聞見前言往行，不爲不多，或得于尊□提唱、朋友談説，或得于斷碑殘碣、蠹簡陳編。歲月浸久，慮其湮墮，故不復料揀銓次，但以所得先後會粹成編，命曰《羅湖野録》。然世殊事異，正恐傳聞謬舛，適足滓穢先德，貽誚後來，姑私藏之，以俟審訂。脱有博達之士，操董狐筆，著僧寶史，取而補苴罅漏，不爲無益爾。紹興乙亥十月望日，湖隱堂釋氏子曉瑩敘。

前哲入道機緣，禪書多不備具者，其過在當時俊英失於編次，是無衛宗宏法之心而然，遂致有見賢思齊者徒增太息耳。妙總窮居邨落，不聞叢林勝事久矣，比者江西瑩仲温遠自雙徑來訪山舍，娓娓談前賢住行，殊慰此懷。徐探囊中，遂得《羅湖野録》一編，所載皆命世宗師與賢士大夫賢行之粹美、機鋒之醻酢，雄文可以輔宗教，明誨可以警後昆。於是詳覽熟思，不忍釋手。亦足以見仲温爲道爲學之要，其操心亦賢于人遠矣，與天下好事者共之，庶幾後世英俊繼而爲之，使夫佛祖之道光明盛大，其澤豈不博哉！紹興庚辰十月二十日書。

釋氏稽古畧四卷元刊本

元釋覺岸寶洲編集

吴興有大比丘曰寶洲岸公，博學通古今，嘗考釋氏事實上下數千載，年經而國緯，著書一編，曰《稽古手鑑》。既又以爲未備，復因其舊輯而廣之，爲《稽古畧》。至正十四年秋九月，太原劉堯輔爲之持其書請於余爲序，以冠其編首。因取而閲之，蓋自有佛以來，凡名師大德之行業出處，以及塔廟之興壞、僧倡之衆寡，靡不具載。本之内典，參之諸史，旁及於傳記，而間以事之著顯者，爲之據。將以侈歷代之際遇，而寓勸戒於其閒。歲月先後，考覈精審，無所遺缺，可謂贍且詳矣。然猶以『略』名之，寶洲自謙也。竊嘗怪夫佛之爲教，自身毒萬里遠至於中國，愈久益盛，根本深固，而不可摇枝，其故何也？豈非扶植其教者代有其人與？若是編之所記，往往皆英偉魁傑之才，自重不屈，卓然有立，而使王公卿大夫向慕崇信，奔走之不暇，則其扶植之功爲何如！此師所以加之纂述，表而出之之意也。傳之言曰：『道不同，不相爲謀。』佛氏之書非余之所學，余特嘉其聞見之博，用心與力之勤。道雖不同，而不可以不序。嗚呼！觀其書而見其教之盛，知彼之扶植爲有人，則亦可以有感也夫。中山李桓序。

佛祖歷代通載二十二卷元刊本

元嘉興路大中祥符禪寺住持華亭念常集

浮圖氏之論世動，以大刼、小刼爲言。中國文字未通，蓋不可知也。摩騰竺法蘭至漢，而後釋迦佛之生滅，可以逆推其歲年。自是中國之人得以華言記之，自天竺及旁近諸國東來者，莫盛於西晉，至于姚秦、石趙等國，其人則鳩摩羅什、佛圖澄、那連耶舍、曇無讖諸師，而東土卓絶奇偉之士生肇、融□等相爲羽翼，翻譯經義，盡爲華言，而佛理之精無不洞究。先覺之士有逆知其至理之未至者，佛學之行莫博於此時矣。彌天道安至於遠公辟地東南，佛陀耶舍遠相從游而辟世，君子相依於離亂之世，乃若寶公、雙林諸公起而説法，而佛學大盛於東南矣。若夫智者弘法華於天台，三藏開般若於唐初，清涼廣華嚴於五臺，密公説圓覺於草堂，宣公嚴律教於南山，金剛啟祕密於天寶，大小三乘、唯識等論專門名家，毫分縷析，汗牛充棟，學者千百，有皓首而不能窮極者焉。達摩之來，則有五傳其衣，五宗斯立，同源異派，自梁歷宋，謂之傳法正宗。我國朝祕密之興，義學之廣，亦前代之所未有。此其大略也。記載之書，昔有《寶林》等傳，世久失傳，而《傳燈》之録，《僧寶》之史，僅及禪宗。若夫經論之師，各傳於其教，宰臣外護，因事而見録，豈無遺闕？近世有爲《佛祖統紀》者，儗諸《史記》，書事無法，識者病焉。時則有若嘉興祥符禪寺住持華亭念常，得臨濟之旨，於晦機之室，禪悦之外，博及羣書，及取佛祖住世之本末，説法之因緣，譯經宏教之師，衣法嫡傳之裔，正流旁出，散聖異僧，時君世主之所尊尚，王臣將相之所護持，論駁異同，參考訛正，二十餘年始克成編，謂之《佛祖歷代通載》，凡廿二卷。其首卷則言彰所知、論器、世界、道果、無爲五論，則我世祖皇帝時發思八帝師對御之所陳說，是以冠諸篇首。其下則以天元甲子紀世主之年，因時君之年紀教門之事，去其繁雜謬妄，存其澄信不誣，而佛道世道汙隆盛衰可竝見於此矣。嗟夫！十世古今，不離當念，塵影起滅，何足記哉！嘗見潙山有問於仰山，仰山每有年代深遠之對，則亦憫先覺之無聞者乎？而《法華》一經，前刼、後刼，十號無二。又曰：『觀彼久遠，猶若今日。』則此書宜在所取乎？至正元年六月十一日，微笑菴道人虞集序。

覺岸序至正四年

正印序至正癸未

守忠序至正癸未

皕宋樓藏書志卷六十六

子部

道家類

纂圖互註老子道德經二卷元刊本　恬裕齋舊藏

河上公章句註釋

葛玄序

道德真經指歸七卷張訒菴校本

漢蜀郡嚴遵字君平撰，谷神子注

谷神子序

錢氏手跋曰：嘉興刻《道德指歸》，是吾邑趙玄度本，後從錢功甫得乃翁叔寶鈔本，自七卷訖十三卷，前有揔序，後有『人之饑也』至『信言不美』四章，與揔序相合，其中爲刻本所闕落者尤多。焦弱侯輯《老氏翼》，亦未見此，良可寶也。但未知與《道藏》本有異同否？絳雲餘燼亂帙中得之，屬尊王遺人繕寫成善本，更參訂之。辛丑除夕，牧翁記。

張氏手跋曰：此書脱佚繆誤，苦無善本久矣。偶閲黄蕘翁《所見古書録》内有此種，劉在甲編。春日借觀，亦是胡氏所刻，從絳雲燼餘本補鈔經文前序、末卷并谷神子註。前年復見東澗手跋元本，蕘翁又從對校，意必盡善矣。及讀之，則錯譌脱失仍復不少。錢跋中有『未知《道藏》本如何』之語，因知此老亦未見《道藏》本之真面目也。然世間《道藏》少於釋典，近地厲圓妙觀中有之，遂向道士借閲，託以檢尋無有爲辭，靳而不與。今展輾浼鄉先達之顯者往取，而始得見。羽流俗物，固不足較，而善本之難得罕覯也如是，後人其毋忽視之。時適將爲兒子完婚，撥冗竭三日之力讐勘再過，正誤補闕，疑團頓釋，心目豁然，快何如之！當寫一清本讀之，庶幾盡善盡美也。姑志以俟將來云。道光三年九月十九日書於仁壽里讀異齋，訒菴張紹仁。

又曰：昨歲校補成此本，字細行密，參錯於上下兩旁，朱墨棼如，不易猝讀，欲倩人録一清本，視之皆畏難而退。今夏酷熱，甚於往年，孱軀畏暑，不出户庭，晝長多暇，乃奮勉手鈔，今日告成，前願得遂。益信凡事皆當僶俛力行，自然得成。若因循懈惓，而致廢弛，貽誤一生者，往往而然也，可不戒慎乎？寫竟書此，以示兒輩。甲申閏七月初七日，巽翁識。

老子道德經解二卷明刊本

宋眉山蘇轍子由解

宏甫跋萬曆二年

自序

宏甫又跋萬曆二年

道德經註四卷元刊本

宋潁濱蘇轍子由撰

自序

右潁濱《老子解》四卷，蘇文定公所著也。張亨泉先生嘗得蘇公手本，刻石寘老翁泉，今尚無恙。此書之奇，自東坡公、黄蘗全俱已云然，無待晚輩贅贊矣。葛仙王尊師伯修既鋟諸木，又求少南爲發其義，因記《老子》二篇，自文始先生、河上公以降，傳之者亦已衆多，有註解，有傳疏，有正義，有章句，略之則爲略論，廣之則爲廣義，其他想爾、指歸、纂微、諧指之類，未可遽數。伯修不是之取，而顧取蘇解，殆有意焉。少南憂患之餘，久廢佔畢，因伯修之請，乃取蘇解閲之。至第十四章，作而曰：伯修之意，或在此歟？鄉者老自老，佛自佛，各守封隅，而儒者猶未如之何。今乃合瞿曇、老聃爲一人，所恨黄冠者流未之省耳。伯修表而出之。嘻！可畏也。因書以歸之，且以志吾之懼。伯修名道立，常從佛者禮獨山範無準游，今西澧趙一齋先生嘗贈以詩，稱其有莊老學云。寶祐三年臘月既望，眉山史少南書于淩雲寓舍。

《道德經》，古書也。自授受以來，註者不下四百餘氏。漢儒假河上公所分章句，以註是經，尤爲舛駮。世俗不知，遂列於五子之目，以示來世，深爲扼腕。至若眉山蘇氏，天資粹美，學識古澹，特起乎□□之下，超出乎千載之上，造大道之徑庭，啟玄門之關鑰，使□□之士如夢而覺，如醉而醒者，公之力也。鄉先生王君伯修，擅老莊之學，問答如響，舊嘗讎較此本而刊行之。偶因回禄，遂成灰燼。文昌宫主者侯大中，伯修之孫也，自儒入道，年未而立，而慕乃祖之志，得所傳舊本於乃師夏君性仲，積有年矣。一旦割鷺股而刊成是書，以與同志者共，其用心又豈淺識者之所能測哉！經板既成，爲書其梗概于篇首。至元庚寅二月真元節，資中羽士可軒牟冲道謹書。

道德寶章一卷舊抄本

宋紫清真人白玉蟾撰

老子口義二卷明正德刊本

宋鬳齋林希逸撰

發題

案，《四庫》所收惟《莊子口義》，此書及《列子口義》未收，想當時無進呈者。『如登春臺』作『如春登臺』，所據猶舊本也。

老子口義二卷明萬曆刊本

宋福清鬳齋林希逸註

發題

老子道德經集解二卷元刊本

元清源圭山董思靖集解

案，思靖，清源天慶觀道士，所著尚有《玉章經解義》，見《道藏目録》。此元刊本，每葉二十四行，每行二十四字，已刻入《十萬卷樓叢書》。

祕傳關尹子言外經旨三卷元刊本　明晉藩舊藏

宋抱一先生門弟子希微子王夷受撰

愚聞三教鼎立於天地間，如三光在天，相須爲明，不可偏廢也。三家經文充府滿藏，其間各有精微極至之書。吾儒六經皆法言，而最精微者，《易》也；道家大藏，亦千萬卷，最精微者，《關尹子書》也。此書之在世，如三光之在三才。然三光雖明，人無眼目，無由見其明；此書雖妙，世無慧質，無由知其妙。故此書雖存，旨昧久矣。傳曰：『苟非其人，道不虛行。』信哉！嗚呼！儒更三聖之後，《易》變而爲象數卜筮之書；道歷秦漢而來，《關尹子書》付淮南方術家矣。況乎道隱小成，言隱浮僞。至人不常生，至言不常行，宜乎《關尹子書》祕而不傳於世矣。雖然，天地至靈之氣發而爲文，載道之言，陰有神護，終不可泯，行之有時爾。《易》自孔子之後數千年，至陳希夷始傳心法。今《關尹子書》自老子西遊出關，亦數千年矣，抱一先生始發明此書玄奥。然此書句讀且難，况通其義耶？先生證悟道真，慈愍後學，乃探老關骨髓，述成言外經旨，或因言而悉旨，或轉語以明經，或設喻以彰玄，或反辭而顯奥，或句下隱義，或言外漏機，或指意於言前，或顯微於意外，大率多關尹子言外之旨，故總其多者，目之曰《言外經旨》。是書也，真所謂剖大化之祕藏，增日月之光明，泄大易未露之機，述丹經微妙之旨，即伏羲之本心，盡姬文之神思，探仲尼之精微，究諸聖之命脉，窮諸神之骨髓，顯軒帝之機緘，露老聃之肺腑也。學者得見此書，誠爲不世之遇，豈可不知其幸耶？愚蒙師親授，得悟道真，無以報稱師恩，敬鋟于梓，傳之無窮，使天下後世志道君子得遇此書，言下打發，了悟道真，皆吾師抱一先生無窮之德施也。是書在處，當有神天護持，豈可輕慢耶？學者當藏拜莊誦，如葛稚川可也。故爲之序。有宋寶祐二禩長至日，門弟子希微子王夷再拜炷香謹序。

漢劉向《進關尹子書》：右新書著定《關尹子》九篇，護左都水使者光禄大夫臣劉向言：所校中祕書《關尹子》九篇。臣向校讐太常存七篇，臣向本九篇，臣向輒除錯不可考，增闕斷續者，九篇成，皆殺青，可繕寫。關尹子名喜，號關尹子，或曰關令子隱德行，人易之，嘗請老子著《道德經》上下二篇。列禦寇、莊周皆稱道家書。篇皆寓名，有章，章皆首『關尹子曰』四字。篇篇敘異，章章義異，其旨同。辭與老列莊異，其歸同。渾質崖戾，汪洋大肆，然有式則，使人泠泠輕輕，不使人狂。蓋公授曹相國參，曹相國薨，書葬。至孝武皇帝時，有方士來，以七篇上，上以僊處之。淮南王安好道聚書，有此不出。臣向父德因治淮南王事得之，臣向幼好焉。寂士清人，能重愛黄老清净，不可闕。臣向昧死上。永始二年八月庚子，護左都水使者光禄大夫臣劉向所校《關尹子書》謹進上。

夫道本無名。老子曰：『有物混成，先天地生，吾不知其名，强名曰道。』既曰無名，而不知其名矣，則不可以言。言也如是，則聖人於道，惟當不立言，不立文字。然聖人欲曉天下後世，苟不强立其名以述其實，則所謂道者將絶學而傳矣。關令尹望雲氣以候老子出關，邀而留之，師其道，而請立言以惠天下後世，則聖人慈愍後學之心至矣。及乎得老子之道，傳五千言之後，乃述是書以曉天下後世，而露五千言之所述之旨。然是道也，不可名言之道也，而是書也，所述無言之言也，則其言豈可以百家窺哉宜乎？

莊子聞其風而悦之，自以其學出於關尹，而稱之爲古之博大真人也。列禦寇亦師之，以傳其道焉。嗚呼！至人不常生，至言不常聞，而關尹之書，自昔以來，祕傳於世，少有知者。雖聖明之朝，以《莊》、《列》二書名之爲經，而是書不傳，不得上達，使莊、列二子有知，豈不有愧於地下乎？莊子不云乎：『不離於宗，謂之天人；不離於精，謂之神人；不離於真，謂之至人。以天爲宗，以德爲本，以道爲門，兆於變化，謂之聖人。』今觀是書，則知關尹子咸備四者之道，宜其稱之爲博大真人矣。自清濁兆分以來，未有立言垂訓，顯道神德，至精至微，至玄至妙，如此書者也。葛稚川謂擒縱大道，渾淪至理，先儒未嘗言，方士不能到，惟其尊高也，故淺近者不能窺；惟其廣大也，故孤陋者不能造；惟其簡易也，故該博者不能測。學者望之不及，研之不得，契之不可，咀之無味，捫摭無門，探索無路，甚至指爲異書，以爲出於漢儒之口。噫！是書也，莊列不能言，文程不能道，然其言簡，其義詳，又非重譯之書所可比擬也。關尹聖人，生周末之世，與孔子同時。二聖人皆親老子，故其言間有一二與孔子同者，如『朝聞道，夕死可矣』之類，豈所聞所見亦有同得者乎？今觀是書首篇之言，似發明五千言之旨，而爲《道德經》作傳也。學者當與《道德經》參觀之，庶幾心精神悟於是書矣。若夫因是書感悟之後，而復隨世俗一曲之士輕生詆謗，不生恭敬，侮聖人之言，則其人本以心之神靈者悟是書之旨，必復爲心之不神不靈者昧其性天而隨失其悟矣。是書之靈，必至如是。讀是者，可不若葛稚川愛之誦之，藏之拜之哉！今欲於强名之下，强字表德，故述《言外經旨》。有宋寶祐二年歲在甲寅重陽日，抱一子陳顯微字道再拜炷香敬序。

丹陽葛稚川曰：洪體存蒿艾之資，偶好喬松之壽。知道之士，雖微賤必親也，雖夷狄必貴也。後遇鄭君，鄭君多玉笈瓊笥之書，服餌開我以至道之良藥，呼吸洗我以紫清之上味。後屬洪以《關尹子》，洪每愛之誦之，藏之拜之。宇者，道也。柱者，建天地也。極者，尊聖人也。符者，精神魂魄也。鑑者，心也。匕者，食也。釜者，化也。籌者，物也。藥者，雜治也。洪每味之，泠泠然若躡飛葉而游乎天地之混冥，沉沉乎若履横杖而浮乎大海之渺漠，超若處金碧琳琅之居，森若握鬼魅神姦之印，倏若飄鸞鶴，拏亦作怒若鬭虎兕，清若浴碧，慘若夢紅，擒縱大道，渾淪至理，方士不能到，先儒未嘗言，可仰而不可攀，可玩而不可執，可鑑而不可思，可符而不可言。其忘物遺人者之所言乎？其絕迹去智者之所言乎？其同陰陽而冥彼此者之所言乎？何如此之尊高？何如此之廣大？又何如此之簡易也？洪也幸親受之。咸和二年五月朔，丹陽葛洪炷薰敬序。

至元癸巳重陽日，平陽府洪洞縣萬安里龍祥萬壽宮住持提□保真文靖大師冲和子姬致柔於浙西道杭州路梅橋南玉屏福惠觀重新校正，命工刊行。

《揅經室外集》：《關尹子言外經旨》三卷。《關尹子》，《四庫全書》已著録。《言外經旨》，宋陳顯微撰，同時王夷録而傳之者，分上、中、下三卷。自一字以至九藥，莫不詳注而發明之。王夷所謂因言悉旨，轉語明經，設喻以彰玄，反辭而顯奥，或指意于言前，或顯微於意外也。尹喜書本屬依託之册，然在僞書中，頗有理致，顯微經旨，吐屬亦復淵雅，可謂質有其文。

案，此元刊元印本，每葉二十六行，每行二十四字，卷中有『晉府圖書』朱文大方印，阮氏所見即從此本抄出。

沖虚至德真經八卷元刊本

晉張湛處度注

沖虚至德真經八卷明刊校宋本

晉張湛處度注

某氏手跋曰：辛未六月十九日，從綺雲處見吴門士禮居宋校本，手録一過。小廋記。時方苦旱，望雨甚至。

列子鬳齋口義二卷明正德刊本

宋鬳齋林希逸撰

劉向奏永始二年

林希逸序曰：列子，鄭人。列，姓也，禦寇，名也。莊子多稱其人，必有道者也。與鄭繻公同時，繻公殺其相子陽，去春秋獲麟之歲庚申五十年矣。其書曰：『子陽饋列子粟，列子不受，俄而子陽見殺。』則以時計之，列子必後於孔子而居孟子之先，故其書多推尊吾聖人以自神其説。然太史公爲老、莊立傳，猶及老萊、關尹、庚桑楚諸人，而獨不及列子，亦不言其有此書。班固所志藝文諸署，雖有八篇之目，而張湛處度以爲奇書，云其祖得於仲宣輔嗣之家，永嘉之亂，既失而幸全，則其書亦散軼久矣。卷首校讎數語，其果出于劉向否也？其曰『與鄭繆公同時』，必『繻』字傳寫之誤，而鄭溪西《羣書會紀》、晁氏《讀書記》並因之，又以『繆』爲『穆』，此皆未深考者。又曰『孝景帝時頗行於世』，若其書果出景帝時，太史公因何未見？果見之，不應遺列子而不入傳也。今觀其書首尾二篇以《天瑞》、《説符》名之，其他六篇則掇首章二字而已。又篇中文字或精或粗，殊不類一手。其曰《穆王》、《湯問》，失之迂誕；《力命》、《楊子》，義亦乖背，必非一家之言。縱其語未必出于劉向，實當此書之病。洪景盧謂《列子》勝《莊子》，則失之矣。然其間文有絶到之語，決非秦、漢而下作者所可及。愚意此書必爲晚出，或者因其散軼不完，故雜出己意，且模倣莊子以附益之。然其真僞之分，瞭如玉石，亦所不可亂也。

列子口義二卷明萬曆施觀民刊本

宋福清鬳齋林希逸註

林希逸敘

案，此書《四庫》未收。

纂圖互註南華真經十卷元刊本

晉郭象子玄註，唐陸德明音義

郭象序

南華真經新傳二十卷明刊本

宋王雱元澤傳

無名氏刊板序曰：王元澤待制《莊子》，舊無完解，其見傳於世者，止數千言而已。元豐中，始得完本於西蜀陳襄氏之家。其間意義淵深，言辭典約，向之無説者，悉皆全備焉。予是時鋭意科舉，思欲獨善，遂藏篋笥，蓋有歲年。前一日，賓友謂予曰：『方今朝廷復以經術造士，欲使天下皆知性命道德之所歸，而莊子之書，實載斯道，而王氏又嘗發明奥義，深解妙旨，計其爲書，豈無意於傳示天下後世哉！今子既得王氏之説，反以祕而不傳，則使莊氏之旨終亦晦而不顯也。與其獨善於一身，曷若共傳於天下與示後世乎？』予敬聞其説，乃以其書親加校對，以授於崔氏之書肆，使命工刊行焉。丙子歲季冬望日序。

自序曰：世之讀莊子之書者，不知莊子爲書之意，而反以爲虚怪高闊之論，豈知莊子患拘近之士不知道之始終，而故爲書而言道之盡矣。夫道不可盡也，而莊子盡之，非得已焉者也。蓋亦矯當時之枉而歸之於正，故不得不高其言而盡於道。道之盡則入於妙，豈淺見之士得知之？宜乎見非其書也。吾甚傷不知莊子之意，故因其書而解焉。

莊子鬳齋口義十卷明正德刊本

宋鬳齋林希逸撰

自序

《南華》一書，今古之奇筆也，然尊之者或流於清虚，譏之者或疑其怪誕。雖文字之妙不容泯没，而箋傳不明，爲書之累久矣。余少侍樂軒陳先生，聞其緒餘之論，頗知好之而未能盡通其章句。其後與竹溪共游兩學，時取而共讀之，喜其剖析之明，而離合不常，所聞無幾，然而好之益甚矣。既成進士，南歸閒居之日久，遂得究力於諸經。其於此書也，愈讀愈好，而愈疑之。蓋此書之所以難通者，字義多異於吾書，言論或違於先聖，旨趣之不可詰，如憑虚捕象罔，而赤手搏螭，會歸之不可定，如窮三江而昧支流，遡九河而迷故道。每一開卷，未嘗不躍然以喜，亦未嘗不惕然以惑。戊午訪竹溪於溪上，因語而及，竹溪忽謂我曰：『余嘗欲爲南華老仙洗去郭向之陋，而逐食轉移，未有閉户著書之日。憂患廢退以來，遂以此紓憂而娱老。今書幸成矣。』余喜而就求之，歸而亟讀之，則見其條分而縷析，支斷而節解，章無虚句，句無虚字，縱横捭闔，鼓舞變化，若無津涯，而字字句句各有着落，恍然如醒得醒，如縶得釋，然後知其自立於一家，而不可拘以字義，雖縱懷於幽渺，而不遺於世事，非不知聖賢之可尊，而恥於尚同；非不知詭譎之爲過，而主於抗俗。今人古人，信誦雖異，要皆徒窺其藩，而未達其奧也。揭來試邑，雖簿書填委，日力窘束，而清旦之初，吏圍未合，必張燈諷誦之，或竟一篇，或終一卷，手舞足蹈，如見其人。於是作而言曰：『《南華》之書，斯世所不可無；竹溪之解，亦《南華》所不可無者也。』蓋竹溪之學得於樂軒，樂軒得之網山，網山得之老艾，歷三世之傳，而無旁出者。竹溪既盡其師之傳，又蒐獵釋老諸書於六經子史之外，故能究此老之隱微，盡此老之機解。使南華而可作，必以竹溪爲知我者也。讀此書者，今可以無憾矣！吾邑雖陋，以其好之篤，又欲廣其傳，縮節衮飪，幸而集事，因識其所以好、所以得、所以喜者如此。竹溪，林氏，名希逸，字肅翁，嘗爲文字官矣，今以寶謨直主玉局觀。鬳齋，其書室也。其諸文頗似莊子此書，以『口義』名者，謂其不爲文，雜俚俗而直述之也。景定改元中和，節宣教郎知邵武軍建寧縣林經德序。

汪偉跋正德戊寅

莊子口義十卷明萬曆施觀民刊本

宋福清鬳齋林希逸注

林經德序

趙秉忠序萬曆二年

文子通玄真經一卷明刊本

周文子撰，其名無考

列仙傳二卷勞季言校本

漢劉向撰

南華真經義海纂微一百六卷舊抄本

宋武林道士褚伯秀學

始余讀《莊子》，頗疑齊物之論荒怪汗漫，若與物情戾。偶緣病卧，夢中有以木雞之説告者，因復取其書而繹焉，始悟其立言本指最切於救時，而人或未之識。蓋自周德下衰，禮樂征伐不自天子出，戰國諸侯蠻觸並鬬，以糜爛其生民，其禍實起於不知分。莊子於是時，思有以覺其迷而砭其疾，故於《逍遥遊》篇首寓微言，其曰鳩鷃之不敢自擬於大鵬，物之知分者也；其曰許由不敢受堯之天下，人之知分者也。夫使天下而皆知分，則賤不慕貴，小不圖大，强不凌弱，衆不暴寡，君君而臣臣，父父而子子，舉一世莫不各安其天分之當然，而無僭踰、争奪、夭閼之患，則夫物之不齊者，非必物物而齊之，而無不齊矣。且莊子與孟子同時，使其言而悖道，無補於世教，則孟子固亦距之矣。讀者泥其辭，而不求其意，往往例以不經目之，如郭象所云者，是豈真知莊子哉！一日，中都道士褚伯秀持所集《莊子解》，且附以己見示余。余嘉其會粹之勤，去取之精，而所見之多有超詣也。因舉余言告之，矍然謝曰：『以分一字斷齊物之說，此非我所及也。願得以爲序鋟諸木，可乎？』余曰：『此臆説也，世豈無深於是書者？子其博訪而求印可焉。他日以復於我，相與訂之未晚也。若夫爲序，則不敢。』咸淳元年夏四月，東北人劉震孫書于姑蘇寓舍木雞窠。

道一而已，形於言即爲二，故曰：『道無問，問無應。』又曰：『知道易，勿言難。』知者不言，言者不知。善者不辯，辯者不善。然則忘言可乎？言可忘，則《南華經》不作矣。言不可忘，是以有《南華經》。既有《南華經》，是以有諸家解。雖然，《南華經》十萬餘言，未嘗不言，而亦嘗言，何者？其言皆寓言也。後之人求其所已言，而不求其所未言，尋行數墨，分章析句，言愈支而道愈離矣。雪巘羽衣褚伯秀，身近尺五之天，而神遊乎漆園濮水之上，輯諸家解，斷以己見，筆之書以爲未足，且刻之梓，以傳不朽，其用心亦勤矣！嗚呼！道以言而傳，昭氏之鼓琴也。道不可以言傳，昭氏之不鼓琴也。大音希聲，鼓不鼓琴，與音固無恙也。抑得魚忘筌，得兔忘蹄，可也。筌蹄豈魚兔哉！道也，言也，一而二，二而一者也。噫！《南華》之經，諸家之解，褚之管見，予之臆説，是又寓言中之寓焉耳矣。咸淳元年夏五月五日，本心翁文及翁書于道山堂。

古諸子之書，若孟氏之正，蒙莊之奇，皆立言之極。至後世雖有作者，無以加之矣。而《莊子》尤難讀，大聰明如東坡翁，自謂於《莊子》有得，今觀其文間有説《莊》者，往往猶未契本旨，况雱、惠卿流毒盤滿懷，而可與於帝之縣解乎？近時釋《莊》者益衆，其説亦有超於昔人，然未免翼以吾聖人言，挾以禪門關鍵，似則似矣，是則未是。余謂不若直以《莊子》解《莊子》，上絶攀援，下無拖帶，庶幾調適上遂之宗，可以見其端涯也。武林褚君伯秀，道家者流，非儒非墨，故其讀此書也，用志不分，無多歧亡羊之失，特欲索初意於千載之上，會稡衆説，附以己見，采獲所安，不以人廢。白首成書，志亦勤矣。余視其目端而明，氣夷而靖，斯學之力也。余舊喜讀《莊》，時有欣然會心處，然未嘗筆之於册。今老病目昏，嘉褚君之志有成，而已不暇一一勘其得失矣。君既竭力以板行其言，且屬余序其篇首。余笑曰：『彼刻雕之工未竟歟？則釋椎鑿而上者，能爲君序之矣。』咸淳乙丑歲八月甲申，鄱陽湯漢書。

張湛《列子釋文》載：莊子，宋之蒙城人，爲梁漆園吏，著書五十二篇。郭象合爲三十三篇註之。一云向秀先註《莊子》二十八篇而卒，郭象得其書足成之，以行於世。後向氏别本出，故向、郭二註文義一同。碧虚子陳景元註卷首叙云莊子師長桑公，受其微旨，著書十萬餘言，目曰《南華經》，論《内篇》三字標題者是其舊，外《雜篇》則爲郭象所删修。今通計正文，止存六萬五千九百餘字。唐開元十九年，侍中裴光庭請册四子。天寶元年，詔册《莊子》，宜依舊號曰《南華真經》，義取離明英華，發揮道妙也。竊詳南華之號，其來久矣，似是上天職任所司，猶東華、南極之類，不可以人間義理臆度，故諸解無聞焉。謹表出，以備解題一難，俟博識考訂之。

南華著經，篇分内外，所以述道德性命、禮樂刑政之大綱，内聖外王之道有在於是，而立言超卓，異乎諸子，卒難階梯，見謂僻誕。然而淵雷夜光，不可泯也。《雜篇》則凡人間世之事，旁譬曲喻，具載無遺。雖經郭氏删葺遺文，叙事蓋仍其舊。至於末篇叙天下道術，皆不免於有爲，趨向或偏，未有久而無弊者。乍讀若紛亂，莫究指歸，夷考分章，截然有理。一儒道，二墨教，三明治，四論法，五讚老，六叙莊，其論天下古今道術備矣。繼之以自叙，明其學出於老聃也。立言既多，慮學者以辭害意，故以評惠終焉，載其雄辯而闢其舛駁，使後人知所趣舍也。愚初讀是經終卷，至惠施多方以下，莫窺端涯，與《列子》載公孫龍誑魏王之語絶相類，難以措思容喙，横于胸臆有年矣。淳祐丙午歲，幸遇西蜀無隱范先生遊京，獲侍講席幾二載。將徹章，竊謂同學曰：『是經疑難頗多，此爲最後一關，未審師意若爲發明，度有出尋常見聞之表者。』暨舉經文，衆皆凝神以聽，師乃見問：『諸友以此論爲何如？』衆謝不敏，願開迷雲。師曰：『本經有云恢恑憰怪，道通爲一。存而勿論，可也。』衆皆愕然，再請明訓。師默然良久，曰：『若猶未悟耶？此非南華語，是其所闢以爲舛駁不中之言，焉用解爲？自至大無外至天地一體，皆惠子之言；鷄三足至萬世而不竭，乃從學辯者相應之辭。時習佞給，務以譎怪相誇，肆言無軌，一至于此。或者不察，認爲莊子語，愈增疑議，皆不究其本源故也。郭氏知此而不明言，使觀者自得。世有好奇之士，爲彼怪語所惑，遂苦心焦思，生異見以求合其説，雖勤何補？』於是衆心豁然，如發重覆而覩天日也。竊惟聖賢垂訓，啓迪後人，義海宏深，酌隨人量，箋註之學，見有等差，須遇師匠心傳，庶免多歧之惑。否則死在惠施句裏，無由達南華向上一關，雖多方五車，不過一辯士耳。古語云：『務學不如務求師。』至哉師恩，昊天罔極。兹因纂集諸解，凡七載而畢業。恭炷瓣香，西望九禮，儼乎無隱講師之在前，洋洋乎南華老仙之鑒臨于上也。所恨當時同學南北流亡，舊聆師誨，或有缺遺，無從質正，徒深嘅嘆耳。師諱應元，字善甫，蜀之順慶人，學通内外，識究天人，静重端方，動以中禮，經所謂不言飲人以和，與人並立而使人化者。是江湖宿德，稔知其人，不復贅述。聊誌師徒慶會之因于卷末，俾後來學者知道源所自云。咸淳庚午春，學徒武林褚伯秀謹誌。

抱朴子内篇二十卷外篇五十卷舊抄本　黄蕘圃舊藏

晉葛洪撰

自序

黄氏手跋曰：十月十九日，聞閶門文秀堂書坊買得故家舊書一單，急同西席顧澗蘋往觀。主人邀澗蘋與余登樓觀之，皆無甚罕祕者，惟《抱朴子》一書，尚是舊抄，且見卷末有『吴岫』小方印，及『姑蘇吴岫塵外軒讀一過』小長方印，知卷中點閲亦係方山筆，洵舊本也。問其直，索青蚨三金，遂手攜以歸。余家子書多善本，惟《抱朴子》無之。向在都中見明魯藩本，《内篇》二十卷，《外篇》五十卷，後爲陶五柳主人買歸，屬澗蘋校其翻刻明烏程盧氏本，澗蘋復借金閶袁氏所藏《道藏》本爲之校勘。澗薲嘗謂余曰：『《道藏》本爲最勝，此外無復有善本矣。』今因得此，遂從澗薲借魯藩本相對，雖行欵不同，而大段無異，間有一二處與魯藩本異者，卻與《道藏》本合，則抄先于刻明甚。且魯藩本刻于嘉靖乙丑，而余藏《李文饒集》爲嘉靖時人沈與文所藏，有云『壬戌五月借方山吴上舍本校勘』，則吴方山正嘉靖時人，而魯藩雖同在嘉靖時，其所記甲子較後于壬戌三年，此本不更在先耶？爰珍之，以與諸子善本並藏焉。嘉慶丁巳十一月三日冬至前一夕，讀未見書齋主人黄丕烈書。

又曰：嘉慶辛酉冬，閒居無事，借袁氏貞節堂藏本《道藏》《淮南子》校，始知《道藏》較宋本雖遜，然勝於他本爲多。因思《抱朴子》家無宋本，即世行本亦未聞有宋刻，遂借袁氏《道藏》本手校于吴岫所藏舊抄本上。舊抄行欵悉同，每半葉爲《道藏》本一葉，惟訛謬不少。舊有紅筆校改，未必盡與《道藏》合，且有脱葉三。澗薲爲余依魯藩本補一葉，仍未知脱尚有二，倘不經余重校，何知訛謬脱落有如是耶？始信書非手校，究不可信也。蕘圃校訖記。

真誥二十卷明刊本

梁華陽隱居陶弘景撰

王徹序

周易參同契發揮三卷釋疑一卷 明正德刊本

宋林屋山人全陽子俞琰述

張與材序至大三年

自序至元甲申

亢倉子洞靈真經一卷 明崇德書院刊本

唐王士元撰

唐銘序正德四年

玄真子一卷附天隱子一卷 明崇德書院刊本

唐張志和撰；《天隱子》，不著撰人名氏

司馬承禎天隱子序

無能子一卷 明崇德書院刊本

不著撰人名氏

無名氏序

續仙傳一卷勞季言校本

南唐沈汾撰

雲笈七籤一百三十二卷明清真館刊本

宋張君房輯

昔祀汾陰之歲，臣隸職霜臺，作句稽之吏。越明年秋，以鞫獄無狀，謫掾于寧海。冬十月，會聖祖天尊降延恩殿，而真宗皇帝親奉靈儀，躬承寶訓，啓綿鴻於帝系，濬清發於仙源，誕告萬邦，凝休百世，於是天子鋭意於至教矣。在先時，盡以祕閣道書、太清寶蘊出降於餘杭郡，俾知郡故樞密直學士戚綸、漕運使今翰林學士陳堯佐，選道士冲素大師、朱益謙、馮德之等專其修較，俾成藏而進之。然其綱條漶漫，部分參差，與瓊綱玉緯之目舛謬不同。歲月坐遷，科條未究，適綸等上言，以臣承乏，委屬其績。時故相司徒王欽若總統其事，亦誤以臣爲可使之。又明年冬，就除臣著作佐郎，俾專其事。臣于時盡得所降到道書，并續取到蘇州舊《道藏》經本千餘卷，越州台州舊《道藏》經本亦各千餘卷，及朝廷續降到福建等州道書《明使摩尼經》等，與道士依三洞綱條，四部録略，品詳科格，商較異同，以銓次之，僅能成藏，都盧四千五百六十五卷，起《千字文》『天』字，爲函目，終於『官』字號，得四百六十六字，且題曰《大宋天官寶藏》。距天禧三年春，寫録成七藏以進之。臣涉道日淺，丁時幸深，詎期塵土之蹤，生忝神仙之職，蛀跳缺甃，積迷虾蟹之區；蚋洎浮滓，但局醯雞之覆。雖年棲暮景，而實重分陰，於是精究三乘，詳觀四輔，採摭機要，屬類於文，探晨燈虹映之微，綜玉佩金璫之説。泥丸赤子，九宫爰系於一方；神室嬰兒，百道皆根于兩半。至如三奔三景之妙，九變十化之精，各探其門，互稱要妙。刻舟求劍，體貌何殊？待兔守株，旨意寧遠。因兹探討，遂就編聯，掇雲笈七部之英，略寶蘊諸子之奥，總爲百二十卷，事僅萬條，習之可以階雲漢之遊，覽之可以極天人之際，考覆類例，盡著指歸，上以酬真宗皇帝委遇之恩，次以備皇帝陛下乙夜之覽，下以裨文館校讎之職。外此而往，少暢玄風耳。臣君房謹序。

席上輔談二卷舊抄本

宋俞琰撰

易外别傳一卷元刊元印本

宋俞琰撰

自序至元甲申

男仲温序至正丙申

自跋

元同子跋

仲温又跋至正八年

清菴先生中和集前集三卷後集三卷元刊本

元李道純撰

維揚損菴蔡君志頤，瑩蟾子李清菴之門人也。勘破凡塵，篤修仙道，得清菴之殘膏賸馥，編次成書，題曰《中和集》，蓋取師之静室名也。大德丙午秋，謁余印可，欲壽諸梓，開悟後人。余未啓帙，先已知羣妄掃空，一真呈露，謂如天付之而爲命，人没之而爲性，至於先天太極，自然金丹，光昭太虚，不假修鍊者，漏泄無餘矣。可以窮神知變，而深根寧極；可以脱胎神化，而復歸無極也。抑以見道之有物混成，儒之中和育物，釋之指心見性，此皆同工異曲，咸自太極中來。是故先聖常善救人，佛不輕於汝等，周公豈欺我哉！覽是集者，切忌注疑。當塗南谷杜道堅書于錢唐玄元真館。

道藏目録詳註四卷舊抄本

明冶城明之在虚子白雲霽詳註

廖孔悦序天啟丙寅

皕宋樓藏書志卷六十七

集部

離騷類

楚辭十七卷 明刊本

漢劉向子政編集，王逸叔師章句

黄汝亨叙 萬曆

馮紹祖序 萬曆丙戌

楚辭十七卷 明覆宋本

漢護都水使者光禄大夫臣劉向集，後漢校書郎臣王逸章句，宋曲阿洪興祖補注

楚辭集注八卷辨証二卷後語六卷明刊本

宋朱子集註

朱子序

别集類一

蔡中郎文集十卷外傳一卷蘭雪堂活字本

漢左中郎將蔡邕伯喈撰

歐陽静之序天聖癸亥

案，目後有『正德乙亥春三月，錫山蘭雪堂華堅允剛活字銅版印行』二行。每葉版心有『蘭雪堂』三字。

蔡中郎文集十卷外傳一卷明覆蘭雪堂活字本　徐興公舊藏

漢左中郎將蔡邕伯喈撰

歐陽静之序天聖癸亥

陳思王集十卷明刊本　徐興公舊藏

魏陳思王曹植子建撰

田瀾序正德五年

周氏手跋曰：癸酉子月廿五日，借儀顧夫子藏本校所蓄天啓槧本訖。此本間有脱謬，且爲李氏重編，不及天啟本，尚仍舊本次序，然據以補正彼本者，凡數十字，披沙揀金，往往得寶，舊槧之所以可貴也。星眙并記。

嵇康集十卷舊抄本

晉嵇康撰

顧氏手跋曰：《中散集》十卷，吴匏菴先生家抄本，卷中譌誤之字，皆先生親手改定。自板本盛，而人始不復寫書，即有書不知較讎，與無書等，祇蠹損浥爛耳。觀前賢於書籍，用心不苟如此，又可憑以證他本之失也。庚子六月入伏日記。

黄氏手跋曰：六朝人集存者寥寥，苟非善本，雖有如無。此《嵇康集》十卷，爲叢書堂抄本，且匏菴手自讎校，尤足寶貴。歷覽諸家詩目，無此集宋刻，則舊抄爲尚矣。余得此於知不足齋。渌飲年老患病，思以去書爲買參之資。去冬曾作札往詢其舊藏残本《元朝祕史》，今果寄余，并以此集及元刻《契丹國志》、活本《范石湖集》爲副。余贈之番餅四十枚。閒窗展翫，因記數語于此。觀張芑塘徵君跋，知此書舊出吴門，而時隔卅九年，又歸故土。物之聚散，可懼可喜。特未知汪伯子爲誰何耳。嘉慶丙寅寒食日，晨雨小潤，夜風息狂，蕘翁書。

四月望後一日，香嚴周丈，借此校黄省曾本，云是本勝於黄刻多矣。余家亦有黄刻，暇日當取校也。前不知汪伯子爲誰何，今從他處記載，知其人乃浙籍而寄居吴門者。家饒富，喜收藏骨董。郡先輩如李克山、惠松厓，皆嘗館其家，則又好文墨者也。是書之出於其家固宜。後人式微，物多散佚，可慨已。然思後人得其物，而思其人，俾知愛書好古，昔有其人，猶勝于良田美産，轉徙他室，數十百年後，名字翳如，不更轉悲爲喜乎？伯子號念貽云，余友朱秋厓乃其内姪也，故稔知之。蕘翁又記。

又曰：是書余用别本手校副本備閲。於丁卯歲爲舊時西賓顧某借去，久假不歸，遂致案頭無副，殊爲可惜。頃因啟厨見此，復跋數語，俾知此本外，尚有餘校本留於他所也。癸酉五月廿有六日，復翁。其去得書之日，已八閲歲矣。

無名氏手跋曰：余向年知王雨樓表兄家藏《嵇中散集》，乃叢書堂校宋抄本，爲藏書家所珍祕。從士禮居轉歸雨樓，今乙未冬向雨樓索觀，并出副録本見示，互校，稍有訛脱，悉爲更正。硃改原字上者，抄人所誤；標於上方者，已意所隨正也。還書之日，坿誌於此。道光十五年十一月初九日，妙道人書。

案，《魏中散大夫嵇康集》，《隋志》十三卷注云：『梁有十五卷，録一卷。』《新》、《舊唐志》

並作十五卷，疑非其實。《宋志》及晁、陳兩家並十卷，則所佚又多矣。今世所通行者，惟明刻二本，一爲黄省曾校刊本，一爲張溥《百三家集》本。張本增多《懷香賦》一首，及《原憲》等贊六首，而不附贈答、論難諸原作，其餘大略相同，然脱誤並甚，幾不可讀。昔年曾互勘一過，而稍以《文選》、《類聚》諸書參校之，終未盡善。此本從明吴匏菴叢書堂抄宋本過録。其傳鈔之誤，吴君志忠已（鋸）〔据〕鈔宋原本校正，今硃筆改者是也。余以明刊本校之，知明本脱落甚多，《答難養生論》『不殊于榆柳也』下脱『然松柏之生，各以良殖遂性，若養松於灰壤』三句。《聲無哀樂論》『人情以躁静』下脱『專散爲應，譬猶遊觀於都肆，則目濫而情放，留察於曲度，則思静』二十五字。《明膽論》『夫惟至』下脱『明能無所惑至膽』七字。《答釋難宅無吉凶攝生論》『爲卜無所益也』下脱『若得無恙，爲相敗於卜，何云成相耶』二句，『未若所不知』下脱『者衆，此較通世之常滯，然智所不知』十四字及『不可以妄求也』脱『以』字，誤『求』爲『論』，遂至不成文義。其餘單辭隻句，足以校補誤字缺文者，不可條舉。書貴舊抄，良有以也。

嵇中散集十卷明南星書屋刊本

魏嵇康撰

黄省曾序嘉靖乙酉

支遁集二卷舊抄本　季滄葦舊藏

東晉沃州山沙門支道林撰

葉氏手跋曰：崇禎己未得是集，曹生舅氏爲余録就，八月二日晚李涵仲偕余對勘一過。原本迺嘉靖乙未七檜山房鈔，爲景陽主人舊籍，五川居士校，各有印。五川居士，氏楊，字夢羽，官禮部員外郎。震澤葉弈。

《犖經室外集》曰：《支遁集》二卷，晉釋支遁撰。遁字道林，姓關氏，陳留人，或云河東林慮人。太原王濛甚重之。案，《隋書·經籍志》云：『《支遁集》八卷。』注云：『梁十三卷。』《唐書·藝文志》則作十卷，《宋志》不著録。《讀書敏求記》及《述古堂書目》作二卷，知缺佚多矣。是編依毛扆汲古閣舊鈔本過録，上卷詩凡十八首，下卷書銘及讚凡十五首。錢遵王跋稱『支公養馬，愛其神駿，胸中未必無事在。皎然云：「山陰詩友喧四座，佳句縱横不廢禪。」』云云。晉代沙門多墨名而儒行，若支遁尤矯然不羣，宜其以詞翰著也。

陸士衡文集十卷陸勑先校宋本

晉平原内史吴郡陸機士衡撰

《二俊集序》曰：民瞻幼閲晉陸機士衡傳，太康末，士衡與弟雲士龍俱入洛，造太常張華，華素重其名，一見如舊識，曰：『伐吴之役，利获二俊。』嘗伸卷反覆求二俊所以名於世者，張華所以稱道而有得士之喜者觀之，蓋其兄弟以文章齊驅並駕，於兵戈擾攘之間，聲聞閎肆，人無能出其右者，時號『二陸』。華聞服之久，一旦驟得之，宜其欣慰而稱道之也。吁！二俊没，寥寥且千載，其人不可得而見矣。其文章所謂如朗月之垂空，重岩之積秀者，固自若也。耳目可無所見聞乎？其載於《文選》諸書中者亦多。即而熟讀之，其詞深而雅，其意博而顯，遠超枚、馬，高躡王、劉，百代之文宗也。每以未見其全集爲恨。聞之鄉老曰：『士衡有集十卷，以《文賦》爲首；士龍集十卷，以《逸民賦》爲首。』雖知之，求之未遂。偶因乏使，承雲間民社之寄。二俊，雲間人也。拜命之日，良慰于中，謂平素願見而不可得者，遂於此行矣。到官之初，首見遺像於吏舍之旁，塵埃漫污，曖昧殊甚，大非所以揭虔妥靈之本意。即日闢縣學之東偏，建祠宇，奉以遷焉。邦人觀瞻，無不懽喜稱歎。因訪其遺文於鄉曲，得《士衡集》十卷于新淮西撫幹林君。其首篇冠以《文賦》，《士龍集》十卷則無之。明年移書故人祕書郎鍾君，得之于册府，首篇《逸民賦》，悉如所聞。亟繕寫，命工鋟之木以行，目曰《晉二俊文集》。二俊之文，自晉歷隋、唐，更五代，迄于我宋，又二百四十餘年，湮没不彰。今焉恍如揭日月于雲霧之上，震雷霆于久息之中，焜燿雲間。雲間學士大夫宗之仰之，有餘師矣。二俊之名不朽矣，民瞻之欲遂矣。又明年書成，謹述于篇首。慶元庚申仲春既望，信安徐民瞻述。

都穆重刊跋 正德己卯

陸士衡文集十卷明正德刊本

晉平原內史吳郡陸機士衡撰

徐民瞻序

都穆重刊跋正德己卯

《揅經室外集》曰：《陸士衡文集》十卷，晉陸機撰。案，《隋書·經籍志》載《機集》十四卷。又云：『梁四十七卷，録一卷，亡。』《唐書·藝文志》云十五卷，較《隋志》反贏一卷，殆傳寫之誤。《郡齋讀書志》、《書録解題》、《文獻通考》、《宋史·藝文志》皆云十卷，則即此本也。宋慶元庚申，奉議郎知華亭縣事信安徐民瞻曾合刻《二陸文集》，取張華之語目之，曰《晉二俊文集》。此即影鈔民瞻之本，與□□七閣所收《陸士龍集》相合。計賦二十五篇，爲四卷；詩五十八篇，爲二卷；樂府十首，《百年歌》十首，爲一卷；《演連珠》一首，《七徵》一首，爲一卷；頌、箴、贊、牋、表、文、哀辭共十五篇，爲一卷；議、論、碑五首，爲一卷。共一百七十四首。案，晁公武云：『機所著文章凡三百餘篇，今存詩、賦、論、議、牋、表、碑、誄一百七十餘首。』厥數正同，則民瞻所刻即公武之本也。公武又云：『以《晉書》、《文選》較正外，餘多舛誤。』今案，卷末《周處碑》亦有『韓信背水之軍』一段，乃以他文襍厠，文義不相屬。公武所指，殆謂此類。其它文句譌脱，未容枚數，然北宋時已如此，而《機集》之傳於今者，亦莫古於此本矣。

陸士龍文集十卷陸敕先校宋本

晉清河内史陸雲士龍撰

都穆重刊跋正德己卯

《二俊文集》，以慶元年二月既望書成，縣學職事校正、監刊者三員題名于後：縣學司計進士朱奎監刊，縣學直學進士孫垓校正，縣學長鄉貢進士范公衮校正。

《二俊文集》一部，共四册，印書紙共一百三十六張，書皮表背并副葉，共大小二十張。工墨錢一百八十文，賃版錢一百八十六文，裝背工糊錢右具如前。二月日印匠諸成等具。

陸氏手跋曰：凡宋板書，未嘗無脱誤處，然往往正得十之七八。有謂宋刊一字無譌者，可爲一粲也。敕先校畢《二俊集》偶書。

又跋曰：丁未立春，從何子道林乞得此本。黼季出示宋刊，既與黼季校一本，隨又校得此本，凡皆校過兩次，宋本譌字亦俱勘入，其餘當亦無遺。惜宋本殘缺，不能無恨耳。貽典再識。

又跋曰：丁未二月十日辰刻，寒雨中，毛黼斧宋刻本再校訖。常熟勅先陸貽典識。

陸士龍文集十卷明正德刊本

晉清河内史吴郡陸雲士龍撰

都穆重刊正德己卯

陶淵明集十卷影宋抄本

晉陶潛撰

曾紘跋宣和六年

陶淵明文集十卷明嘉靖劍泉山人刊本

晉陶潛撰

昭明太子序

北齊(楊)〔陽〕休之叙録

宋庠記

曾紘跋

箋注陶淵明集十卷元刊本

宋陶潛撰，廬陵後學李公焕集録

昭明太子序

總論

(楊)〔陽〕休之序録

宋庠私記

思悦書後治平三年

無名氏跋紹興十年

鮑氏集十卷影寫宋刊本

宋鮑照撰

虞炎序曰：鮑照字明遠，本上黨人。家世貧賤，少有文思。宋臨川王愛其才，以爲國侍郎。王薨，始興王濬又引爲侍郎。孝武初，除海虞令，遷太學博士，兼中書舍人。一本云，時主多忌，以文自高。照侍左右，深達風旨，作此賦述，不復盡其才思。出爲秣陵令，又轉永嘉令。大明五年，除前軍行參軍，侍臨海王，鎮荆州，掌知内命，尋遷前軍刑獄，參軍事。宋明帝初，江外拒命，及義嘉敗，荆土震擾。江陵人宋景因亂掠城，爲景所殺，時年五十餘。身既遇難，篇章無遺，流遷人間者往往見在。儲皇博採群言，遊好文藝，片辭隻韵罔不收集。照所賦述，雖乏精典，而有超麗。爰命陪趨，備加研訪。年代稍遠，零落者多，今所存者，儻能半焉。

謝康樂集一卷明仿宋本

宋謝靈運撰

謝惠連集一卷明仿宋本

宋謝惠連撰

謝宣城集五卷明仿宋本

齊謝朓撰

何水部集三卷舊抄本

梁何遜撰

右《何水部集》乃元人抄本，詳其筆意，頗似錢伯行書，但筆力差弱，豈門生弟子所爲耶？後有虞茂題一詩，而用『虞戡』之印。戡字勝伯，雍公子孫，嘗刻《道園遺詩》，文茂或其別名，未可知也。後有道園一詩，而用『好古齋』印，乃孫鳴岐書。梁潛跋則朱性甫書。姜晉二跋，疑是張夢晉書，以其有枝山早年筆意耳。中間校對，皆子畏之筆，而其題名，及陰、何摘句二段，皆先待詔筆也。上卷末有朱凱等題名一行，乃韓壽書。按，當時何集未出，惟孫鳴岐有此本，而子畏有別本，故諸公校者録跋者不遺餘力，其好尚可知。又聞一時名士如楊、祝、都、唐輩，每得一異書，則争相誇示以爲樂，故其所成，皆卓然名世。今異書間出，而學者視之多漠然，宜前輩之不可及也。嘉靖癸亥五月十日，大雨中偶觀此集，因題其後以識感云，後學文嘉書。

葉氏手跋曰："何錞字子端，秦季公之友也。能字，好聚古書帖，嘗擬元人書《何遜集》一卷，筆精墨妙，字字有法，在其季孫士龍處，一旦爲人竊去。此本乃從士龍抄得者，雖無老成，尚有典刑，後人其寶之。林宗。"

陰常侍集一卷舊抄本

梁陰鏗撰

三百篇之變爲騷，騷亡而五言體出。五言之弊，琱飾刻露，無復古意，故能詩之家推鮑、謝爲宗，以其簡遠近古也。謝集世多刻本，而明遠詩罕集。予既刻陰、何集，因併鋟梓，以足知詩者所好云。端平丙申長至日，古汴趙與懃德懋識。

剪燭聯詩熟似君，多情無柰沈休文。揚州春月應無夜，私爲梅花瘦幾分。蜀虞茂賦。

虞集《酬上清道士鈔陰何詩》："殘雪松上落，輕冰硯裏生。寫詩過半夜，欹枕又天明。少陵愛何遜，太白似陰鏗。不愁孱弱翰，亦足助高情。"

《新編陰何詩敘》曰："陰鏗、何遜，以詩並稱，當時翕然尚之。後之説者，乃以爲綺麗靡弱而不取。麗靡固有之，然遂不取，無乃甚乎，正所謂奪奚田之牛者也。昔子美有云『李侯有佳句，往往似陰鏗。』又云：『東閣觀梅動詩興，還如何遜在揚州。』李侯謂白也，東閣指裴迪也。迪乃唐之才士，而白又甫所畏服者，乃或以其佳句似鏗，或以其詩興如遜，蓋以其似之、如之爲美也。在唐之大家如子美，而猶景仰若此，況後世淺學而可輕議易視之哉？今之學詩者，所尚惟唐人，至唐人之所尚，反抵棄排黜之，以爲不足法，吾於此惑焉！至正九年十月二日，豫章姜晉叔用書于淡里之芳潤林。

右陰、何詩，鄭本初於夏頤貞處得之。頤貞乃得陶九成者，仍借鄞申屠東皐舊本，校對一過。鄭自跋云：『紛紛盆盎中，得此古罍洗。』其愛賞之如此。至正乙巳五月十又九日，守誠齋識。

右陰常侍鏗、何水曹遜二家詩，共若干首。予既録爲一帙，又宋祕校黄君伯思所爲《水部跋尾》一首，録附其後。觀《跋尾》所稱二家詩初尚多，即今所録，十失其八九，所存者特零落之餘，而世又少得其本，亦可惜也。夫詩之變，至二家嗣益綺麗，而格調之卑弱亦極矣。故選古者于此轍棄而不録，非無意也。雖然，唐之始音，實權輿于此。故李、杜之豪，亦愛賞稱慕之不置，其語至往往有甚相似者，則又何可以其卑弱之極而遂少之耶？特其音調之古，則已遠于唐，又未盡純，此所以爲二家之作也。近世蓋有慕而效之者，因擇其所作之似者，得若干首，附其後，亦足以見作者之用心也。翰林梁潛。

梁昭明太子集五卷明正德刊本

梁昭明太子撰

梁簡文帝序曰：竊以文之爲義大哉遠矣！故孔稱性道，堯曰欽明。武有來商之功，虞有格苗之德。故《易》曰：『觀乎天文，以察時變；觀乎人文，以化成天下。』是以含精吐景，六衛九光之度；方珠喻龍，南樞北陵之采。此之謂天文。文籍生，書契作，詠歌起，賦頌興。成孝敬於人倫，移風俗於王政。道綿乎八極，理浹乎九垓，贊動神明，雍熙鍾石。此之謂人文。若夫體天經而總文緯，揭日月而諧律呂者，其在兹乎？昭明太子縣明離之極照，履得一之休徵。曰孝與仁，窮神盡聖，豐下表異，垂髮應期。若夫嵩霍之峻，無以方其高；滄溟之深，不能比其大。二耀朓蝕，而凝明弗虧；四氣猶爽，而履信或一。言出知乎微，行立彰乎遠。湛然玄默，巍乎莊敬。居身以約，在滿必冲。九德之保，無以喻其審論；六行之傳，豈可語其拾遺？叔譽知窮，師曠心服，行一物而三善，□固無得稱焉。至如翠蕤晨興，班輪曉鶩，胡香翼蓋，葆吹從風，問安寢門之外，視膳東厢之側，三朝有則，一日弗虧。恭承宸扆，陪贊顔色。化闕梓於商庭，既欣弼夢；望直城而結軌，有悦皇心。此一德也。地德褰（維）〔帷〕，天鷄掩色。攢傾椒殿，滲結堯門。水漿不入，（主）〔圭〕溢罕進。喪過乎哀，毁幾乎滅。池綍既啟，探擗摽之慟；陵園斯踐，震中路之號。率由至要之道，以爲生民之則。固已事彰朱草，理感圖雲。此二德也。垂慈豈弟，篤此棠棣。善誘無倦，誨人弗窮。躬履禮教，俯示楷模。羣藩戾止，流連於終讌，下國遠征，殷勤於翰墨。降明兩之尊，匹姜肱之同被；紆作貳之重，弘臨菑而共館。此三德也。好賢愛善，甄德與能。曲閣合賓，雙闕延士。剖美玉於荊山，求明珠於枯岸。賞無繆實,舉不失才。岩穴知歸,屠釣棄業。左右正人,巨僚端士。丹轂交景,長在鶴關之內;花綬成行,恒陪画堂之裹。雍容河曲,並當今之領袖;侍從北埸,信一時之俊傑。豈假問謝鯤於温嶠,謀黄綺於張良? 此四德也。皇上垂拱岩廊,積成庶務。式總萬幾,副是監撫。山依揺彩,地立少陽。物無隱情,人服睿聖。此五德也。罰慎其濫,書有作則;勝殘去殺,孔著明文。任刑逞威,伋疵淳化;終食不違,理符道德。故假約法於關中,秦民胥悦;感嚴刑於闕下,漢后流名。是以遠鑒前史,垂恩獄犴。仁同泣罪,幽比推溝。玉科歸理遣之恩,金條垂好生之德。黔首齊民,亭育含養,咸欣然不知所以然。此六德也。梧北之首,魂沉而靡託;射聲之鬼,曝骨而無歸。起掩骼之慈,被錫櫘之澤。若使驗馬知歸,感埋金於地下;書生雖殞,尚飛被於天上。恩均西伯,仁同姬祖。此七德也。玄冥戒節,沍陰在歲。雪號千里,冰重三尺。炎鑪吐色,豐貂在御。留上人之重,愍終窶之眠。發於篇藻,形乎造次。綴如心歡,矜容動色。嘆陋巷之無褐,嗟負薪之屢亡。發私藏之銅皃,散垣下之玉粒。施周澤洽,無幽不普;御命之人,不告而足。受惠之家,飡恩之士,咸謂櫟陽之金,自空而墜,南陽之粟,自野而生。此八德也。陽阿渌水,奇音妙曲;遏雲繁手,仰秣來風。靡悦於胸襟,非關於懷抱。事等棄琴,理均放鄭。豈同魏兩,作歌於長笛;終噪漢貳,託賦於洞簫。此九德也。恡寶奇珠,不留於器服;仙珠玉玦,無取於浮玩。土木無綈厠,宫殿靡磨礱。此十德也。承華廣潤,肅成且啓。秋光洞人,春花洒樹。名僧結侣,長裾總集。吐納名理,從容持論。五稱既辯,九言斯洽。如觀巨海,如見游龍。令羅折談，名儒稱疾。無勞擁經入巷，豈假羊車詣門？此十一德也。研精博學，手不釋卷。含芳腴於襟抱，揚華綺於心極。韋編三絶，豈直爻象；起先五鼓，非直甲夜。而欹案無休，書幌密倦。此十二德也。羣玉名記，洛陽素簡。西周東觀之遺文，刑名墨儒之旨要。莫不殫兹聞見，竭彼綈緗。總括奇異，徵求遺逸。命謁者之使，置籯金之賞。惠子五車，方兹無以比；文終所收，形此不能匹。此十三德也。借書治本，遠記齊攸；一見自書，聞之闞澤。事唯列國，義止通人。未有降貴紆尊，躬刊手掇。高明斯辯，己亥無違；有識□風，長正魚魯。此十四德也。至於登高體物，展詩言志。金銑玉輝，霞章霧密。致深黄竹，文冠緑槐。控引解騷，包羅比興。銘及盤盂，贊通圖象。七高愈疾之旨，表有殊健之則。碑窮典正，每出則車馬盈衢；誄無失體，纔成則列藩擊缶。近逐情深，言隨手變。麗而不淫，周而不襲。如彼羽族，取喻於鸞鳳；猶斯女工，方之乎綺縠。盛德之源如彼，文章可聞如此。信允屬元良，獨高千載。既而春祇委馭，震露摧華。豈因驎鬪，徒觀月毀；非聽雉雊，坐聞峯墜。悲纏教義，痛結三才。綱智乏效，官才無卓爾。結景雲霄，幼逢獎訓。左提右挈，實仰聖慈；自頂至足，恩均鎔造。價由伯樂，比此爲未得；譽因元□，方兹無以比。情深知己，愛切肌膚。暮德懷恩，何時可弭？是用編緝遺文，條流藻績。懸諸日月，貽範後來。凡二秩二十卷如左。

劉孝綽序曰：臣竊觀《大易》，重明之象著焉；抑又聞之，七鬯之義存焉。故《書》有孟侯之名，記表元良之德。歷選前古，以洎夏、周，可得而稱，啟誦而已。雖徹聖挺賢，光乎二代，高文精義，闃爾無聞。漢之顯宗，晉之肅祖，昔自春宫，益好儒術，或專經止於區易，或持論窮於貞假。子桓雖摛藻銅省，集講肅成，事在藩儲，理非皇貳，未有正位少陽，多才多藝者也。粤我大梁之二十一載，盛德備乎東朝。若乃有縱自天，惟睿作聖，顯仁立孝，行于四海。如圭如璋，不因琢磨之義；爲臣爲子，寧待親喻之言。惟性道難聞，而文章可見。故俯同志學，用晦生知，以絃誦之餘辰，揔鄒魯之儒墨。偏綈緗於七閣，彈竹素於九流。地居上嗣，實副元首。皇帝垂拱岩廊，委咸庶績。時非從守，事或監撫。雖一日二日，攝覽萬機，猶臨書幌而不休，對歆案而忘怠。况復迄納侍講，討論經紀，去聖滋遠，愈生穿鑿，枝分葉散，殊路偆馳。靈臺辟雍之疑，禋宗祭社之繆。明章申老之議，通顔理王之説。〔量核〕然否，剖析同異。察言抗論，窮理盡微。于時淹中、稷下之生，金華、石渠之士，莫不過衢樽而挹多少，見斗極而曉西東。與夫孟春卿之道，贊仲尼之宅，非賈誼於蘇林，問蕭何於棗據。區區前史，不亦厡歟！加以學貫總持，辯同無硋。五時密教，見猶鏡象；一乘妙旨，覯若掌珠。及在布金之園，處如龍之衆，開示有空，顯揚權實。是以偏動六地，普雨四花。豈直得解瓔須提，舍鉢瓶沙，騰曇言德，梵志依風而已哉？若夫天文以爛然爲美，人文以焕乎爲貴。是以隆儒雅之大成，遊雕虫之小道，握牘持筆，思若有神，曾不斯須，風飛雷起。至於宴遊西園，祖道清洛，三百載賦，□極連篇，七言致擬，見諸文學。博奕興詠，並命從游，書令視草，銘非潤色。七窮煒燁之説，表極遠大之才，皆喻不備體，詞不掩義，因宜適變，曲盡文情。竊以屬文之體，鮮能周備。長卿徒善，既累爲遲；

少孺雖疾，俳優而已。子淵淫靡，若女工之蠹；子雲侈靡，異詩人之則。孔璋詞賦，曹祖勸其修今；伯喈答贈，摯虞知其頗古。孟堅之頌，尚有似贊之譏；士衡之碑，猶聞類賦之貶。深乎文者，兼而善之，能使典而不野，遠而不放，麗而不淫，約而不儉，獨擅衆美，斯文在斯。假使王朗報箋，卞蘭獻頌，猶不足以揄揚著述，稱贊才章，況在庸臣，曾何彷彿？然承華肇建，濫齒時髦，居陪出從，遊將二紀。譬彼登山，徒仰峻極；同夫觀海，莫際波瀾。但職官書記，預聞盛藻，歌詠不足，敢忘編次？謹爲一秩十卷，第目如左。日升松茂，與天地而偕長；壯思英詞，隨歲月而增廣。如其後録，以俟賢臣。

梁簡文帝《上昭明太子集別傳等表》曰：若夫正少陽之位，主承祧之則，口實爲美，唯稱啟誦，自兹厥後，罕或聞焉。昭明太子稟仁聖之姿，縱生知之量，孝敬兼極，温恭在躬。明月兩流，幼有文章之敏；羽籥東序，長備元良之德。非假二疏，寧勞四皓。虎賁耎其經學，智囊慙其調護。豈止博望延賞，壽春能賦，問疑稟據，書戒憑陵而已哉？玉折何追，星頹靡績。地尊號嗣，外陽之術無徵；位比周儲，緱山之駕不反。臣以不肖，妄作明離，出入銅龍，瞻仰故實，思所以揄揚盛軌，宣記德音。謹撰昭明太子別傳文集，請備之延閣，藏諸廣内，永彰茂實，式表洪徽。

梁蕭子範《求撰昭明太子集表》曰：臣聞姬旦云亡，播禮樂於百代；宣尼既歿，傳雅頌於千祀。夏啓之風，載傳樂野；周晉之迹，止在洛濱。入侍四公，西京見美；長壽一察，東漢流名。魏擊之悟篋衣，事關戰國；孫登之愛田苗，義屬偏覇。各稱小善，靡擅雕蟲。子（相）〔桓〕雖詩賦可嘉，矩範頓闕，貽譏良史，取誚前載，備而爲論，發粤允歸。自少陽潛位，震方滅采。神儀長往，銅龍毁構；音顔緬邈，丹壑遷移。若乃緣情體物，繁絃縟錦，縱横艷思，籠蓋辭林。積練累素，盈車滿笈，金石有銷，斯文方遠。既異陳王之躬撰，又非當陽之自集。臣蟬翼輕身，未從塵露，而班輪嚴駕，永輟騑驂。戀主懷兹，伏深涕慕，冒乞銓次遺藻，勒成卷軸。

池陽郡齋既刻《文選》與《雙字》二書，於以示敬事昭明之意。今又得《昭明文集》五卷，而併刊焉。嗚呼！所以事於神者至矣。夫神與人，相依而行也。吏既惟神之恭，神必惟吏之相，則神血食，吏禄食，斯兩無媿。淳熙八年歲在辛丑八月望日，郡刺史建安袁説友書。

周滿序嘉靖乙卯

邵氏手跋曰：崇禎辛未十二月立春日，藏于瓜疇。

奚氏手跋曰：乾隆庚寅九月立冬後一日，蘿龕外史奚鋼觀于貞復堂。

江文通集十卷明仿宋本　王弇州舊藏

梁江淹撰

江光禄集十卷補遺一卷梅鼎祚校刊本

梁考城江淹文通撰　附《梁書》列傳

貞白先生陶隱居集一卷張立人手抄本

梁陶弘景撰，昭臺弟子傅霄編集

昔劉向通古今之學，馬融見天下之書，京房察風雨之占，裴楷曉陰陽之術。子政傷於簡易，季長敝於驕侈，君明（遂）〔逐〕不旋踵，公矩纔免極誅，鮮有盡美之迹，罕聞克終之譽。若夫德行博敏，孔室四科，經術深長，鄭門六藝，丹陽陶先生備斯矣。至如紫臺青簡，緑帙丹經，玉版祕文，瑶壇怪牒，靡不貫彼精微，殫其旨趣，蓋非常之絶伎，命世之異人焉。文集缺亡，未有編録。門人補輯，若逢遼東之本；好事研搜，如誦河西之篋。奉敕校之鉛墨，緘以緹緗，藏彼鴻都，副在延閣。江總序先生文集三十卷，内集十五卷，今皆亡失不傳。故禮部侍郎王公欽臣裒其遺文三十二篇，以爲一卷，南豐曾恂，復得《寒夜愁》、《胡笳》二詩於古樂府集中，《難沈鎮軍均聖論》於《弘明集》中，因考其製作先後爲之次，以類相從，并殘文附以後。嘉靖甲辰，假得崑山周□□氏所藏紹興刻本，因手録一帙，藏于蕭閒齋。是歲九月朔，燈下文嘉休承識。

癸丑秋八月，史臣紀得觀，并手録一袠。

庚申春日，周天球借校玄泊齋。

張青甫自吴門來，攜休承所鈔本。余既以校坊本矣，因思有抄本未必是，而坊本未必非者，手定此帙。蓋崇禎改元之初夏也。虞山徐濟忠夏末復借抄本對校，凡字可兩通，皆志其上方，必較然差謬始不復志，然亦百之一二耳。濟忠又書。

崇禎戊辰夏四月，余適鹿城。良夫師時館張氏，余往謁，因見師校録是集。明年己巳，余得借校，然坊刻脱誤頗甚，不堪改抹，故另寫此本。其字蹟前後非一，則余及李涵仲、奚静宜共書也。五月十七日午，震澤葉奕記於孫氏蕉夢軒之雨窗。

張氏手跋曰：林宗寫本，今藏聽雲陸氏，余從陸氏借録。乾隆元年嘉平朔日録竟。青芝。

《華陽陶隱居集》二卷，梁陶弘景撰。弘景有《真誥》，《四庫全書》已著録。此其生平雜文，及與武帝往復論書之劄。然考《隋書·經籍志》《梁隱居先生陶弘景集》三十卷，又《内集》十五卷，至宋人作《唐書·藝文志》，僅載《陶弘景集》三十卷，則疑其所作《内集》已佚。自是以後，傳述愈微，晁公武、陳振孫皆未著録。是本從明道藏本録出，卷首載『昭臺弟子傅霄編集，大洞弟子陳楠校勘』，蓋亦道家者流。惟集前有江總序一首，似尚存其舊，餘則存什之一二而已。

《䨖經室外集》曰：

庾開府詩集四卷明刊本

北周庾信子山撰

無名氏序曰：庾信，字子山，南陽新野人。幼而俊邁，聰敏絶倫，博覽羣書，尤善《春秋左氏傳》。父肩吾爲梁太子中庶子，（堂）〔掌〕管記。東海徐摛爲左衛率，摛子陵及信，並爲鈔撰學士。父子出入禁闥，恩禮莫與比隆，既文並綺艷，故世號『徐庾體』，爲一時所重。累遷通直散騎常侍。聘于東魏，文章辭令，稱於鄴下。梁元帝承制，除御史中丞。及即位，轉右衛將軍，聘于西魏，屬大軍南討，遂留長安。江陵平，累遷儀同三司。陳氏與周通好，流寓之士，各許還舊里。武帝惜信才，不遣，尋徵爲司宗中大夫。明帝、武帝並雅好文學，信特蒙恩禮，羣公碑誌，多相托焉。信雖通顯，常有鄉關之思，乃作《哀江南賦》以致意焉。信養母至孝，及母没，居喪哀毁。大冢宰晉國公嘗謂人曰：『庾信，南人羈士，至孝天然，居喪過禮，殆將滅性，寡人一見，遂不忍看。』其至德被知如此。尤善工詩，杜子美詩謂『清新庾開府』者是也。朱承爵記，正德辛巳。

皕宋樓藏書志卷六十八

集　部

别集類二

東臯子集三卷附録一卷舊抄本

唐太原王績無功撰

吕才序

陸淳删東臯子集序

吴氏手跋曰：庚子初冬，於鮑以文丈處見宋槧本，凡五卷，視此增多三十餘篇，惜未假得校補，書此以俟。十八日，延陵吴翌鳳記。

寒山子詩一卷豐干拾得詩一卷毛氏影宋本

唐僧寒山、豐干、拾得撰

閭丘胤序

案，此汲古影宋本也，每葉二十二行，行十八字。光緒己卯，以番銀五枚得之吴市，蓋何心耘博士舊藏也。端陽前五日，以舊藏廣州刊本及《全唐詩》校一過，《全唐詩》即從此本出。卷末『怡然居憇地，日』以下缺，亦同廣州本。字句固多不同，少詩八首，非善本也。惟此本序缺首葉，遂照廣州本補録于前。

王子安集十六卷附録一卷明抄本

唐王勃撰

楊炯序

楊盈川集十卷附録一卷明刊本

唐華陰楊炯撰

盧昇之集七卷舊抄本

唐范陽盧照鄰昇之撰　前有《新》、《舊書》列傳。

駱賓王文集十卷明刊本

唐駱賓王撰

文禁楚引

陳子昂文集十卷明嘉靖刊本　徐興公舊藏

唐陳子昂撰

盧藏用序

陳伯玉文前集五卷後集五卷明正德刊本

唐陳子昂撰

盧藏用序

張説之文集二十五卷明刊本

唐張説撰　前有《墓誌銘》張九齡撰

唐丞相曲江張先生文集二十卷附録一卷明成化刊本

唐張九齡撰

丘濬重刊序成化九年

唐丞相曲江張先生文集二十卷附録一卷明萬曆刊本

唐張九齡撰

王民順序萬曆十二年

楊起元序萬曆十二年

柳希點序萬曆二十七年

王循學後序萬曆庚子

蔣杰序萬曆戊戌

杜審言集二卷明初活字本　葉石君舊藏

唐杜審言撰

襄陽杜審言，字必簡，嘗爲吉州司户。今户曹趙君彦清，旁搜遠摭，得其詩四十三首，將刻棗以傳好事，且以爲户廳之寶玉大弓，屬余序之。余觀必簡之詩，若『牽絲紫蔓長』，即其孫甫

『水荇牽風翠帶長』之句也；若『鶴子曳童衣』，即『儒衣山鳥怪』之句也；若『雲陰送晚雷』，即『雷聲忽送千峰雨』之句也；若『風光新柳報，宴賞落花催』，即『星霜玄鳥變，身世白駒催』之句也。余不知祖孫之相似，其有意乎？抑亦偶然乎？至如『往來花不廢，新舊雪仍殘』，如『日氣抱殘虹』，如『愁思看春不當春，明年春色倍還人』，如『飛花攪獨愁』，皆佳句也。三世之後，莫之與京，宜哉！乾道庚寅冬十月甲辰，廬陵楊萬里序。

李嶠雜詠二卷東洋刊本

唐李嶠撰

張庭芳序

岑嘉州詩集七卷明正德刊本　謝在杭舊藏

唐岑參著

杜確序

熊相序正德十五年

邊貢題

《揅經室外集》曰：《岑嘉州集》，八卷，唐岑參撰。參，南陽人，爲文本曾孫。天寶三載，趙岳榜第二人及第，累官右補闕、起居郎，出爲虢州長史，及嘉州刺史。杜鴻漸表薦安西幕府，拜職方郎中，兼侍御史。事蹟詳《唐才子傳》。案，岑詩律健整，非晚唐纖碎可比。方回云學杜詩當先觀《工部集》中所稱詠敬歎及交遊倡酬者，其稱詠敬歎則如蘇武、李陵、陶潛諸人，其交遊倡酬則如李白、高適、岑參之類。杜確序亦稱岑『每一篇絶筆，則人人傳寫，雖閭里士庶莫不諷誦吟習焉』。其卷帙之數，《唐書·藝文志》及《崇文總目》、《通考·經籍考》、《通志·藝文略》、焦竑《經籍志》並云十卷，《文淵閣書目》則云四册，闕。是編與杜確序合，然如《瀛奎律髓》所載《同崔十三侍御灌口夜宿報恩寺》作爲此本所佚，疑非唐人舊册矣。

李太白文集三十卷北宋蜀刊本　王敬美舊藏

唐李白撰

李陽冰草堂集序

魏顥李翰林集序

樂史李翰林別集序咸平元年

李革李君墓誌銘

范傳正李公新墓碑

裴敬李公墓碑

唐李陽冰序李白《草堂集》十卷，云當時著述十喪其九。咸平中樂史別得白歌詩十卷，合爲《李翰林集》二十卷，凡七百七十六篇。史又纂雜著爲《別集》十卷。治平元年得王文獻公（傅）〔溥〕家藏白詩集上中二帙，凡廣二百四篇，惜遺其下帙。熙寧元年得唐魏萬所纂白詩集二卷，凡廣四十四篇。因裒唐類詩諸編，洎刻石所傳別集所載者，又得七十七篇，無慮千篇。沿舊目而釐正其彙次，使各相從，以《別集》附於後。凡賦、表、書、序、碑、頌、記、銘、讚、文六十五篇，合爲三十卷。同舍呂縉叔出《漢東紫陽先生碑》，而殘缺間莫能辨，不復收云。夏五日晦，常山宋敏求題。

臨川晏公知止，字處善。守蘇之明年，政成，暇日出李翰林詩，以授於漸曰：『白之詩歷世浸久，所傳之集率多訛缺。予得此本，最爲完善，將欲鏤板，以廣其傳。』漸竊謂李詩爲人所尚，以宋公編類之勤，而曾公考次之詳，世雖甚好不可得而悉見。今晏公又能鏤板以傳，使李詩復顯於世，寔三公相與成始而成終也。元豐三年夏四月，信安毛漸校正謹題。

案，此北宋蜀刊本，每葉二十二行，每行二十字。版心有『六』、『七』、『四』、『一』等字，即《百宋一廛賦》中所謂『翰林歌詩，古香溢紙。據染亂真，對此色死』者也。卷中有『徐乾學印』白文方印、『健菴』二字白文方印、『崑山徐氏家藏』朱文長印、『錢氏南金』朱文方印、『錢應庚』白文方印，『王杲之印』、『王氏敬美』白文兩方印，『百宋一廛』朱文長印。

李翰林集三十卷朱咸淳刊本

唐翰林供奉李白撰　附《唐書》本傳

李陽冰《草堂集序》寶應元年

魏顥序

曾鞏序

樂史《李翰林别集序》曰：李翰林歌詩，李陽冰纂爲《草堂集》十卷。史又别收歌詩十卷，與《草堂集》互有得失，因校勘排爲二十卷，號曰《李翰林集》。今於三館中，得李白賦、序、表、讚、書、頌等，亦排爲十卷，號曰《李翰林别集》。翰林在唐天寶中，賀祕監聞於明皇帝，召見金鑾殿，降輦步迎，如見綺皓，草和蕃書，思若懸河，帝嘉之。七寶方丈，賜食於前，御手調羹，於是置之金鑾殿，出入翰林中。其諸事跡《草堂集序》、范傳正撰新墓碑亦略而詳矣。史又撰《李白傳》一卷，事又稍周，然有三事近方得之。開元中，禁中初重木芍藥，即今牡丹也。《開元天寶花木記》云：『禁中呼木芍藥爲牡丹。』得四本紅、紫、淺紅、通白者，上因移植於興慶池東沈香亭前。會花方繁開，上乘照夜車，太真妃以步輦從詔，選梨園弟子中尤者，得樂一十六色，李龜年以歌擅一時之名，手捧檀板，押衆樂前，將欲歌之。上曰：『賞名花，對妃子，焉用舊樂辭焉？』遽命龜年持金花牋宣賜翰林供奉李白立進《清平調》詞三章。白欣然承詔旨，猶若宿酲未解，因援筆賦之，其一曰：『雲想衣裳花想容，春風拂檻露華濃。若非群玉山頭見，會向瑶臺月下逢。』其二曰：『一枝紅艷露凝香，雲雨巫山枉斷腸。借問漢宫誰得似，可憐飛燕倚新粧。』其三曰：『名花傾國兩相歡，長得君王帶笑看。解釋春風無限恨，沈香亭北倚闌干。』龜年以歌辭進上，命梨園弟子略約調撫絲竹，遂促龜年以歌之。太真妃持頗黎七寶杯，酌西涼州蒲萄酒，笑領歌辭，意甚厚。上因調玉笛以倚曲，每曲徧將换，則遲其聲以媚之。太真妃飲罷，斂綉巾重拜。上自是顧李翰林尤異於諸學士。會高力士終以脱靴爲深恥，異日太真妃重吟前辭，力士曰：『始爲妃子怨李白深入骨髓，何翻拳拳如是耶？』太真妃因驚曰：『何翰林學士能欲辱人如斯？』力士曰：『以飛燕指妃子，賤之甚矣。』太真妃頗深然之。上嘗三欲命李白官，卒爲宫中所捍而止。白嘗有知鑑，客并州，識汾陽王郭子儀於行伍間，爲脱其刑責，而奬重之。及翰林坐永王之事，汾陽功成，請以官爵贖翰林。上許之，因而免誅。翰林之知人如此，汾陽之報德如彼。白之從弟令問常目白曰：『兄心肝五臟皆錦綉耶？不然何開口成文，揮翰霧散耳？』傳中漏此三事，今書於序中。白有歌云：『吟詩作賦北窻裏，萬言不及一杯水。』蓋歎乎有其時而無其位。嗚呼！以翰林之才名，遇玄宗之知見，而乃飄零如是。宋中丞荐於聖真，云『一命不霑，四海稱屈』，得非命歟？白居易《贈劉禹錫詩》云：『詩稱國手徒爲爾，命壓人頭不奈何。』不虚矣。凡百有位，無自輕焉。撰集之次，聊存梗概而已。時在繞雷州中，咸平元年三月三日序。

予一日與同舍劉辰翁會孟評詩，至太白，會孟曰：『且止當塗稱太白，太白且其詩安在？』

予於是曉然媿於其言，蓋舊刻之不存，雷電取將久矣。予爲學官，修復經始，每每不暇給，抑豈不可後顧將去，此獨不能爲太白一日之役，以藏不朽。孰有如子之汩且陋乎？明日以告古心公，公喟然曰：『歲晚矣！奈何？吾成子之志，亟爲之。』則裨凡費，集衆工，不足則布之諸郡，不兩月而集。集成而公亦召矣。或謂：『白雖天才，了不可莊語，少删之，其庶幾乎？』會孟曰：『不然，近年甫有此論，子美、退之所不敢聞也。詩患不深於情，今人地稱脱韡，脱韡直偶然，固不自以爲高，高固不可及，彼無所擇，自不害其超然耳。』予愛其言有理，因復識之。是集多趙同舍崇鋆養大所挍正。咸淳己巳三月望，天台戴覺民希尹書。

案此南宋刊本，每頁二十行，每行二十字，每卷有目，連屬正文。

分類補注李太白詩二十五卷 元刊元印本

宋春陵楊齊賢子見集注，元章貢蕭士贇粹可補注　目録後有『建安余氏勤有堂刊』木印，是頁板心有『至大辛亥三月印』一條

李陽冰序 寶應元年

樂史後序 咸平元年

翰林李君碣記 劉全白撰　貞元六年

宋敏求題後

曾鞏後序

毛漸跋元豐三年

李太白年譜薛仲邕編

案，此元刊元印本，每葉二十四行，每行二十字，小字雙行，每行二十六七字不等，小黑口。

分類補註李太白詩三十卷明嘉靖癸卯郭雲鵬刊本

宋春陵楊齊賢子見集注，元章貢蕭士贇粹可補注

李陽冰序寶應二年

樂史序咸平元年

墓誌李華撰

墓碣記劉全白撰

宋敏求題後

曾鞏序

杜工部集二十卷附補遺影寫宋刊本　汲古閣舊藏

唐前劍南節度參謀宣議郎檢校尚書工部員外郎賜緋魚袋京兆杜甫撰，宋王洙編

案，凡詩十八卷，雜著二卷，後附遺文九篇爲《補遺》。元稹《墓銘》附二十卷末，均與《直齋書録解題》合，蓋即王原叔編定本也。杜集以吴若本爲最善，此又若本之祖。中遇宋諱皆缺筆，板心有刻工姓名，如張逢、史彦、余青、吴圭等名，蓋從宋雕本影寫。

敘曰：杜甫，字子美，襄陽人，徙河南鞏縣。曾祖依藝，鞏令。祖審言，膳部員外郎。父閑，奉天令。甫少不羈，天寶中，獻三賦，召試文章，授河西尉，辭不行，改右衛率府胄曹。天寶末，以家避亂鄜，獨轉陷賊中。至德二載，竄歸鳳翔，謁肅宗，授左拾遺，詔許至鄜迎家。明年，收京，扈從還長安。房琯罷相，甫上疏論琯有才，不宜廢免。肅宗怒，貶琯邠州刺史，出甫爲華州司功。屬關輔饑亂，棄官之秦州。又居成都同谷，自負薪採梠，餔糒不給，遂入蜀，卜居成都浣花里。復適東川，久之，召補京兆府功曹，以道阻不赴，欲如荆楚。上元二年間，嚴武鎮成都，自閬挈家往焉。武歸朝廷，甫浮遊左蜀諸郡，往來非一。武再鎮兩川，奏爲節度參謀、檢校工部員外郎，賜緋。永泰元年夏，武卒，郭英乂代武，崔旰殺英乂，楊子琳、柏貞節舉兵攻旰，蜀大亂。甫逃至梓州，亂定，歸成都，無所依，乃泛江遊嘉戎，次雲安，移夔州。大曆三年春，下峽至荆南，又次公安，入湖南，泝□湘流，遊衡山，寓居耒陽。嘗至嶽廟，阻暴水，旬日不得食。耒陽攝令知之，自具舟迎還。五年夏，一夕醉飽，卒，年五十有九。覩甫詩與《唐實録》，猶槩見事迹。比《新書》列傳，彼爲踳駁。傳云召試京兆兵曹，而集有《官定後戲贈》詩，注云：『自授河西尉，辭改右衛率府胄曹。』傳云：『遁赴河西，謁肅宗於彭原。』而集有《喜達行在》詩，註云：『自京竄至鳳翔。』傳云：『嚴武卒，乃遊東蜀，依高適，既至而適卒。』按，適自東川入朝，拜散騎常侍，乃卒。又集有《忠州聞高常侍亡》詩。傳云：『扁舟下峽，未維舟而江陵亂，乃游襄、衡。』而集有居江陵及公安詩至多。傳云：『甫永泰二年卒。』而集有《大曆五年正月追酬高蜀州寄詩》及別題大曆年者數篇。甫集初六十卷，今祕府舊藏，通人家所有，稱大小集者，皆亡逸之餘，人自編摭，非當時第敘矣。蒐裒中外，書凡九十九卷。古本二卷，蜀本二十卷，《集略》十五卷，樊晃序《小集》六卷，孫光憲序二十卷，鄭文寶序《少陵集》二十卷，《別題小集》二卷，孫僅二卷，《雜編》三卷。除其重複，定取千四百有五篇，凡古詩三百九十有九，近體千有六。起太平時，終湖南所作，視居行之次與歲時爲先後，分十八卷，又別録賦筆、雜著二十九篇，爲二卷，合二十卷。意茲未可謂盡，他日有得，尚圖益諸。寶元二年十月，翰林學士兵部郎中知制誥史館修撰王洙原叔記。

近世學者爭言杜詩，愛之深者，至剽掠句語，迨所用險字而模畫之，沛然自以絶洪流而窮深源矣。又人人購其亡逸，多或百餘篇，小數十句，藏去矜大，復自以爲有得。翰林王君原叔尤嗜其詩，家素畜先唐舊集，及採祕府名公之室、天下士人所有，得者悉編次之，事具于記，於是杜詩無遺矣。子美博聞稽古，其用事非老儒博士罕知其自出。然訛缺久矣，後人妄改而補之者衆，莫之遏也。非原叔多得其真，爲害大矣。子美之詩詞，有近質者，如：『麻鞋見天子，垢膩脚不韈』之句。所謂『轉石於千仞之山，勢也』。學者尤效之而過甚，豈遠大者難窺乎？然夫子之删《詩》也，至于檜、曹小國，寺人、女子之詩，苟中法度，咸取而弦歌。善言詩者豈拘於人哉？原叔雖自編次，余病其卷帙之多而未甚布。暇日與蘇州進士何君瑑、丁君脩得原叔家藏及古今諸集聚于郡齋，而參考之，三月而後已。義有兼通者，亦存而不敢削，閱之者固有淺深也。而又吴江邑宰河東裴君煜取以覆視，乃益精密，遂鏤于版，庶廣其傳。或俾余序于篇者，曰：如原叔之能文，稱于世，止作記于後。予竊慕之，且余安知子美哉？但本末不可闕書，故概舉以附于卷終，原叔之文今遷于卷首云。嘉祐四年四月望日，姑蘇郡守太原王琪後記。

毛氏手跋曰：先君昔年以此編授扆，曰：『此《杜工部集》，乃王原叔洙本也。余借得宋板，命蒼頭劉臣影寫之，其筆畫雖不工，然從宋本抄出者。今世行杜集不可以計數，要必以此本爲祖也。汝其識之。』扆受書而退，開卷細讀。原叔記云甫集初六十卷，今祕府舊藏，通人家所有，稱大小集者，人自編摭，非當時第次。乃搜裒中外書九十九卷，除其重複，定取一千四百有五篇，起太平時，終湖南所作，視居行之次若歲時爲先後，分十八卷，又别録賦筆、雜著二十九篇，爲二卷，合二十卷，寶元二年十月記。二十卷末有嘉祐四年四月望日姑蘇郡守王琪後記。此後又有《補遺》六葉，其《東西兩川説》僅存六行，而缺其後。而第十九卷首缺二葉。扆方知先君所借宋刻，乃王郡守鏤板於姑蘇郡齋者，深可寶也，謹什襲而藏之。後二十餘年，吴興賈人持宋刻殘本二册來售，第一卷僅存首三葉，十九卷亦缺二葉，《補遺·東西兩川説》亦止存六行，其行數、字數悉同，乃即先君當年所借原本也。不覺悲喜交集，急購得之，但不得善書者成此美事，且奈何！又二十餘年，有甥王爲玉者，教導其影宋甚精，覓舊紙從此本影寫，而足成之。嗟乎！先君當年之授此書也，豈意後日原本之復來？扆之受此書也，豈料今日原本復入余舍？設使書賈歸于他室，終作敝屣之棄爾。縱歸于余而無先君當年所授，不過等閑殘帙視之爾，焉能悉其源委哉？應是先君有靈，不使入他人之手也。抄畢記其顛末如此。歲在己卯重九日，隱湖毛扆謹識，時年六十。

集千家注分類杜工部詩二十五卷元刊元印本

宋東萊徐居仁編次，臨川黃鶴補注　楊蟠《觀子美畫像》詩後有『積慶堂刊』木印，是頁板心有『至正戊子二月印』一條

新唐書本傳

杜工部墓誌銘元稹撰

韓愈詩

李觀補傳

王洙序寶元二年

孫僅序

王安石序皇祐壬辰

胡宗愈序元祐庚午

魯訔序紹興癸酉
王琪後記嘉祐四年
王彦輔增注序政和三年
鄭邛跋
鄭邛音義序紹興辛亥
孫何、歐陽修、王安石、張伯玉、楊蟠詩
案，此元刊元印本，每葉二十二行，每行二十字。

新刊校定集注杜詩殘本六卷宋刊本

唐杜甫撰

案，存卷六、卷七、卷八、卷九、卷十、卷十一。此南宋粤東刊本，每半葉九行，每行十六字，小字雙行。版心有字數及刻工姓名。每卷有『史氏家傳翰林考藏書畫圖章』朱文長印、『張燕昌』白文方印、『知不足齋主人所怡』白文方印。每卷後有『寶慶乙酉，廣東漕司鋟梓，朝議大夫廣南東路轉運判官曾噩、承議郎前通判韶州軍州事劉鎔、潮州州學賓辛安中、進士陳大信同挍勘』銜名。《百宋一廛》所謂『九家注杜，寶慶漕鋟，自有連城，蝕甚勿嫌』者，只存五十五葉，此本尚存六卷，亦罕覯之祕笈也。

集千家注杜工部詩集二十卷明刊本

唐杜甫撰

王洙後記寶元二年

王安石後序元祐壬辰

胡宗愈序元祐庚午

蔡夢弼《草堂詩箋序》曰：少陵先生博極羣書，馳騁今古，周行萬里，觀覽謳謠，發爲歌詩，奮乎國風、雅、頌不作之後，比興相侔，哀樂交貫，揄揚敘述，妙達乎真機，美刺箴規，該具乎衆體。自唐迄今，餘五百年，爲詩學之宗師，家傳而人誦之。故元微之誌其墓曰：『詩人以來未有如子美者。』信斯言矣。況我國家祖宗肇造以來，設科取士，詞賦之餘，繼之以詩，詩之命題，主司多取是詩。惜乎世本訛舛，訓釋紕繆，有識恨焉。夢弼因博求唐、宋諸本杜詩十門，聚而閱之，重復參校，仍用嘉興魯氏編次先生歲月之先後以爲定本。每於逐句本文之下，先正其字之異同，次審其音之反切，方作詩之義以釋之，復引經子史傳記，以證其用事之所從出，離爲若干卷目，曰《草堂詩箋》。凡校讎之例題曰『樊』者，唐潤州外史樊晃小集本也；題曰『晉』者，晉開運二年官書本也；曰『歐』者，歐陽永叔本也；曰『宋』者，宋子京本也；『王』者乃介甫也；『蘇』者乃子瞻也；『陳』者乃無己也；『黄』者乃魯直也。刊云一作某字者，係王原叔、張文潛、蔡君謨、晁以道，及唐之顧陶本也。又如宋次道、崔德符、鮑欽止，暨太原王禹玉、王深父、薛夢符、薛蒼舒、蔡天啟、蔡致遠、蔡伯世，皆爲義説。其次如徐居仁、謝任伯、吕祖謙、高元之，暨天水趙子櫟、趙次翁、杜脩可、杜立之、師古、師民瞻，亦爲訓解，復參以蜀石碑諸儒之定本，各因其實，以條紀之，至於舊德碩儒間有一二説者，亦兩存之，以俟博識之決擇。是集之行，俾得之者手披目覽，口誦心惟，不勞思索而昭然義見，更無纖毫凝滯，如親聆少陵之謦欬而熟覩其眉宇，豈不快哉？大宋嘉泰天開甲子正月穀旦，建安三峰東塾蔡夢弼傅卿謹識。

王右丞文集十卷宋麻沙刊本　徐健菴舊藏

唐尚書右丞贈祕書監王維撰

顧氏手跋曰：此麻沙宋刻《王右丞詩文全集》十卷，道光丙戌歲從藝芸主人借出，影寫一部，復徧取他本，勘其得失。雖宋刻亦有誤，而不似以後之妄改，究爲第一也。遂題數語於帙端，餘文繁不具録。思適居士顧千里。

黄氏手跋曰：此宋刻《王右丞文集》十卷二册，頃余友陶蘊輝從都中寄來而得之者也。先是蘊輝在蘇時，余與商榷古書，謂《讀書敏求記》中物，須爲我購之。今兹八月中旬，有人自北來者，寄我三種書，此本而外尚有元刻《許丁卯集》，及宋刻小字本《説文》。來札云《王右丞文集》即所謂『山中一半雨』本，《許丁卯集》即所謂『校宋板多詩幾大半』本。可見余留心蒐訪，竟熟讀也是翁書以爲左券，而不負余託。惜以物主居奇，必與《説文》并售，索直白金百二，而余又以《説文》已置一部，不復重出，作書復之，詐以二十六金，得此兩書。札往返再三，竟能如願，不特幸余得書之福，亦重感余友購書之力也。此書作『山中一半雨』本，尚見劉須溪評點元刻止詩六卷，見藏周香嚴家，香嚴又藏何義門校宋本，亦止詩無文，雖同出傳是樓，而敘次紊亂，字句不同，非一本矣。十月十三日毛二榕枰過訪士禮居，余知其能識古書，出此相質。榕枰并爲余言，向見桐鄉金氏本，板刻差大，詩中亦作『山中一半雨』，文則無有也。與此更非一本，益見此刻最善，而余所藏抑何幸歟？客去，攜書插架，即跋數語于尾。蕘圃黄丕烈識。

又曰：嘉慶癸酉中秋後八日，偶過五柳居，知新從無錫人買得元刻劉須溪評點《王右丞詩》，即借歸，與宋刻對，其序次悉同，擬購之，未知許否也。二十四日復翁記。

案，此南宋麻沙本，每葉二十二行，每行二十字，版心有字數及刻工姓名，即『百宋一廛』所謂『王沿進表，移氣麻沙。秀句半雨，夙假齒牙』者也。卷中有『百宋一廛』朱文長印、『黄氏丕烈』白文方印、『復翁』白文方印、『乾學之印』白文方印、『健菴』白文方印、『季振宜字詵兮號滄葦』朱文大方印、『有竹居』朱文方印、『季振宜藏書』朱文長印、『仲文氏』朱文方印。

唐元次山文集十卷舊抄本

唐贈禮部侍郎元結著

自序

湛若水序正德丁丑

顏魯公文集十五卷補遺一卷年譜一卷錫山活字本

唐顏真卿撰　後有《行狀》，門客田亮撰；《碑銘》，令狐烜述

舊史本傳

新史本傳

劉敞序曰：魯公極忠不避難，臨難不違義，是其塵垢糠粃，猶祗飾而誦習之，將以勸事君，況其所自造之文乎？然魯公没且三百年，未有祖述其書者。其在《舊史》施之行事，蓋僅有存焉，而雜出傳記，流於簡牘，則百而一二，銘載功業，藏於山川，則十而一二，非好學不倦，周流天下，則不能徧知而盡見。彼簡牘者有盡，而山川者有壞，不幸而不傳，則又至於千萬而一二，未可知也。吴興沈侯哀魯公之忠，而又佳其文，懼久而有不傳，與雖傳而不廣也。於〔是〕採掇遺逸，輯而編之，得詩賦銘記，凡若干篇，爲十五卷，學者可觀焉。蓋君子多見，則守之以約。沈侯好學，喜聚書，聚書至三萬卷，若是多矣，然猶常汲汲如不足者。至其集魯公之文，使必傳於天下，必信於後世，可謂守之以約而尚友者乎。予是以序其意。

留元剛後序曰：文章節義，非二致也。聖人入德之序，由孝弟而謹信，汎愛而親仁，行有餘力以學文。士君子循本達末，自得諸己，則英華之發外，皆源而流者也。世變既降，以文名

家者，攢羅列聚，而信道不惑，守節仗義，渺然亡幾。是以善觀人者，必先節義而後文章。文章之輕重在一身，節義之輕重在國家。存而爲節義，發而爲文章，盡之於一身，推之於國家。漢、唐以來，魯公一人而已。公之忠烈，始卒不渝，穹宙昭明，凜凜如在，雖庸人孺子，莫不知之。而予猶以軼言□事，彷彿一二，幾於盡渾沌者。惟觀之節義，然後可以觀公之文章。公豈求工於文者哉？公之心與天地並，星辰、河漢、山川、草木，自然之文也。不論其心，而徒論其文，豈知公者耶？公之文不多見，而天下後世仰公之名，景則敬慕不能者，蓋重其所先，略其所後也。故存亡詳簡，有不暇計，而其所可見者，雖僅存而不詳，然有功於名教大矣。觀所奏論事先，白長官之疏，嬰逆鱗，陵焰勢，抗言不忌，上僕射争坐位之書，詆英乂、朝恩而弗恤，自二十六第進士，三十四舉制科，閲官四十有五而居中者纔十載，六遭貶斥，竟至殺身。英風勁氣，使人感涕憤發，萬世而下，頹波以障，懦習以激。彼希指阿諛，俛首循默，嗜寵目前，貽臭身後，視此孰榮辱？受替歸北，幾至餬口，拙於生事，食粥憂煎，固不如屬猒富貴者之適欲，而公論則有在也。前後忤權臣者五，楊國忠、李輔國、元載、楊炎皆誅戮，盧杞亦竄死，公之流芳遺馥，殁且不朽，迺輩聲名，與糞壤俱腐。禍福得失之理，昭昭不誣，而昧者輒快於所睹，不慮於不見，豈不痛哉？雖然，盧杞□公於死，非死公也，乃擠唐于亡也。以公之所試，諒公之所存，使其端委廟堂，精神折衝，則敢於弄兵者，未必自是紛紛。嗚呼！唐亦寖尋不復振矣。安有朝無若人而可以國乎？所以識者未爲公恨，而深爲唐恨也。予後公三百九十四年，而生又三十五年，而守東嘉，訪公之來孫，自五代徙居于此。本朝皇祐、紹興間，嘗録其後官者六人，忠義之澤，滲漉悠久，有自來矣。求公文而刊之，將以砥礪生民，而家無藏本，得劉原父所序十一卷，即嘉祐中宋次道集其刻于金石者也。篇簡漫漶，字義舛譌，乃以史傳、諸書、碑蹟、雜記銓次年譜，繫以見聞，參異訂疑，搜亡補失，其涉於公之筆，缺而無攷，則不敢及焉。故書遺亡，網羅未備，尚俟後人。按《藝文志》、行狀、神道碑，公佐吉州有《廬陵集》十卷，刺撫州有《臨川集》十卷，刺湖州有《吴興集》十卷、《韻海鏡源》三百六十卷，爲禮儀使有《禮儀集》十卷，今並逸而不傳。

楊一清序嘉靖三年

都穆後序嘉靖癸未

劉隨州文集十卷外集一卷明正德刊本　何義門校宋本

唐隨州刺史劉長卿撰

湯鑿序正德十二年

陳清後序正德丁巳

某氏手跋曰：辛未秋，從沈潁谷業師假得義門何先生校本，校過其前五卷，依南宋書棚本，乃文淵閣殘書也。後五卷，用馮定遠家藏抄本及嚴天池家抄本互勘。兩抄次第與宋本皆合，宋本十行，行十八字，此本同，可見嘉靖以前本猶可據。惜文集未刻入，行將抄補之。冶泉記。

自記則用墨筆，恐相混也。書中圈點非盡。義門又記。

劉隨州文集十一卷明刊本

唐隨州刺史劉長卿撰

皕宋樓藏書志卷六十九

集部

別集類三

韋蘇州集十卷拾遺一卷明弘治刊本

唐蘇州刺史韋應物撰

韋蘇州，《唐史》不載其行事。林寶《姓纂》云周逍遥公敻之後，左僕射扶陽公待價生司門郎中令儀，令儀生鑾，鑾生應物。應物生監察御史河東節度掌書記慶復。李肇《國史補》云：『爲性高潔，鮮食寡欲，所居焚香，掃地而坐。其爲詩馳驟，建安已還，各得風韵。』詳其集中詩。天寶時扈從遊幸，疑爲三衞。永泰中任洛陽丞、京兆府功曹。大曆十四年，自鄠縣令制除櫟陽令，以疾辭歸善福精舍。建中二年，由前資除比部員外郎，出爲滁州刺史，改制江州，追赴闕，改左司郎中。貞元初，又歷蘇州，罷守，寓居永定精舍。其後事迹，究尋無所見。肇又云開元以後位卑而著名者，李北海、王江寧、李館陶、鄭廣文、元魯山、蕭功曹、張長史、獨孤常州、崔比部、梁補闕、韋蘇州。以集中事及時人所稱考，其仕宦本末，得非遂止於蘇邪？案，白居易《蘇州答劉禹錫》詩云『敢有文章替左司』，左司，蓋謂應物也。官稱亦止此。有集十卷，而綴敘猥并，非舊次矣。今取諸本校定，仍所部居，去其雜厠，分十五摠類，合五百七十一篇，題曰《韋蘇州集》，舊或云《古風集》，別號《澧上西齋吟稿》者又數卷。可以繕寫。嘉祐元年十二月二十二日，太原王欽臣記。

韋刺史傳宋沈明遠作喆補撰

韋蘇州集十卷明覆宋乾道刊本

唐韋應物撰

王欽臣序

沈作喆補傳

毘陵集二十卷舊抄本

唐朝散大夫使持節常州諸軍事守常州刺史賜紫金魚袋獨孤及撰

李舟序

梁肅後序

無名氏手跋曰：唐獨孤公《毘陵集》二十卷，祕藏天府，世罕其傳。是本爲吴文定公在東閣時抄出以藏於家者也。其孫經□府君與貞山給事爲内兄弟，給事迺得假歸，命傭書者録之。惜乎訛舛艱讀，知余嗜古書，來請校一過。余且校且録，積四旬有二日訖事。噫！余之用心亦勤矣，安能吾子若孫同余之嗜好而寶之也？

蕭茂挺文集一卷舊抄本

唐蕭穎士撰

李華序

李遐叔文集不分卷舊抄本

唐李華撰　附梁肅送序、祭文，顧況祭文

獨孤及序

華陽集三卷附顧非熊詩舊抄本

唐顧況撰

唐陸宣公集二十二卷 元至大刊本

唐陸贄撰

權德輿序

蘇軾進奏議劄子

淳熙講筵劄子

唐内相陸宣公實鍾構李扶輿清淑之氣，平生所志，不負天子，不負所學。雖遭遇德宗，時弗克展布所藴，然忠誠懇惻，訓辭深雅，崎嶇奉天，實資翼贊。今其代言、奏對，家傳人誦，自漢賈誼、董仲舒，諸賢皆莫之能擬。此中朝達治體、躋顯仕者，往往祖述，以爲一代典章。信知宣公之文鑿鑿可見之日用，非徒託之空言也。今其宅里某水某丘，已難髣髴，獨仁義百篇，炳如丹青，讀其書，尚友其人，至今生氣凜凜。郡學舊有奏議、制誥，凡二十二卷，歷歲幾二百，亥豕魯魚，弗便觀覽。盱眙子中王公來守是邦，一廉自律，三年政成，提綱學校，備殫乃心，拘徵逋租，增鑄祭器，踵繪從祀，惠至渥也。復念此書字畫漫舛特甚，乃以推官胡公德修家藏善本，詳加讎正，重新刊梓，以幸多士。繼自今使宣公之文復大行于世，其于鄉泮，亦與有榮焉。敬書卷末以識歲月云。至大辛亥季秋，嘉興郡博士厲一鶚拜手書。

至大□亥秋，教官厲心齋奉總管王公子中命，重新繡梓，詳加校訂。任其責者：學正四明陳沆、學録毗陵蔣騰孫、路掾廬陵易偉也。監督：直學張天祐、馬天祺，學吏程泰孫、施去非。

案，此元嘉興路學刊本，每葉二十行，每行十七字，卷中有『朱文石氏』朱文方印、『華亭朱氏』白文方印、『芷齋圖籍』朱文方印、『三間草堂』朱文方印、『香圃所藏』白文方印、『忠宣第三十七世孫』朱文方印、『張載華印』朱文方印、『佩兼』朱文方印。

唐宣公制誥十卷奏草七卷奏議七卷 明仿宋本

唐陸贄撰

權德輿序

蘇軾進奏議劄子

唐陸宣公集二十二卷 明正德刊本

唐陸贄撰

權德輿序

蘇軾進奏議劄子

淳熙講筵劄子

權載之文集五十卷舊抄本

唐權德輿撰

楊嗣復序

昌黎先生集殘本十卷北宋刊本　張敦仁舊藏

唐韓愈撰門人李漢編

李漢序

案，《百宋一廛賦注》云：殘本小字《昌黎集》，每半頁十一行，行二十字。所存卷一至十。字畫方勁，而未有注，當是北宋槧本者，即此本也。

朱文公校昌黎先生文集四十卷外集十卷集傳一卷遺文一卷宋麻沙刊本　周九松舊藏

唐韓愈撰，晦庵先生考異，留耕王先生音釋

朱子序

郡齋近刊朱文公校定《昌黎集》，附以《考異》，而《音辨》則舊所刻也。初讀者未免求之《音辨》，質諸校本，既字不盡同，且音訛字多缺。此書有《集注》，有《補注》，有《辨證》，有《全解》，音通句釋，引物連類，雖若加詳，而於本文間亦牴牾。余頗病之，今悉從校本，更定音訓，因旁摭諸家注解，勘本文用事者，枚舉而記，其凡有未備，則訪諸士友博極此書者併記之，意其間缺逸尚多也。昔黄太史有云：『杜詩、韓文，無一字無來處。』竊謂必盡所云而後可讀二文公之書。過不自料，附所嘗記録於逐卷之左，而空其下方，以待來者。竄釋冀更相緝續，於《音辯》或有補云。寶慶三年季夏既望，承議郎特添差通判南劍州軍州兼管内勸農事王伯大謹書。

案，此宋刊宋印本，每葉十六行，每行二十三字，大黑口。卷中有『周良金印』朱文方印、『毘陵周氏九松迂叟藏書記』朱文長印。此書明覆本甚多，行欵皆同，此則宋刊本也。

昌黎先生集四十卷外集十卷遺文一卷集傳一卷 明東雅堂刊本

唐韓愈撰

李漢序

朱文公校昌黎先生集四十卷外集十卷集傳一卷遺文一卷 明正統刊本

唐韓愈撰，晦菴朱先生考異，留耕王先生音釋

朱子序

王伯大序

朱文公校昌黎先生集二十卷外集五卷集傳一卷遺文一卷明成化刊本

唐韓愈撰

朱子序

王伯大序

朱文公校昌黎先生集四十卷外集十卷集傳一卷遺文一卷吴兔牀臨黄山谷吴履齋批點本

唐韓愈撰門人李漢編集

朱子序慶元丁巳

朱吾弼序萬曆三十三年

吴氏手跋曰：秀水王元啟《讀韓記疑》云：『明新安朱崇沐刊，是書脱多，因其行世最廣，故特據此詳校，俾讀者攷焉。』据王説是此本誠未爲善本，暇日當以王記覆校之。

韓集舉正四卷抄本

宋方崧卿撰

右《昌黎先生集》四十卷，《目録》一卷，《外集》一卷，《附録》五卷，《增攷》、《年譜》一卷。崧卿試郡嶺麓間，日居多課，其餘力獲從事於斯。常念韓氏舊集，世已罕傳，歲月既久，則散逸殆盡，摭拾其僅存者，稽而正之，以還舊觀，亦詩古之一助也。第惟淺識謏聞，管窺自信，源流不白，何以傳諸人？因復次其異同，記其譌舛之處，自爲《舉正》十卷，使人開卷知所自擇，而韓氏義例，亦粗見於綱領中。噫！一代文宗，膾炙人口，相傳以熟，莫覺其譌，陋學苦心，儻識者補其遺繆。淳熙己酉二月朔日，莆陽方崧卿書。

河東先生集四十五卷外集二卷龍城録二卷集傳一卷新舊附録五卷 明郭雲鵬刊本

唐柳宗元撰

劉禹錫序

唐之文章，初未去周、隋、五代之氣，中間稱德李、杜，其才始用爲勝，而號專雄詞詩，道未極其渾備。至韓、柳氏起，然後能大吐古人之文，其言與仁義相華，寔而不雜，如韓《元和聖德》、《平淮西》，柳《雅章》之類，皆辭嚴義偉，製述如經，能崒然聳唐德於盛漢之表蔑愧讓者，非二先生之文則誰與？予少嗜觀二家之文，嘗病柳不全見於世，出人間者，殘落纔百餘篇，韓則雖目其全，至所缺墜亡字失句，獨於集家爲甚，志欲補得其正而傳之，多從好事訪善本，前後累數十，得所長，輒加注竄，遇行四方遠道，或他書不暇持，獨賫韓以自隨。幸會人所寶有，就假取正。凡用力於斯，已蹈二紀外，文始幾定。久惟柳之道，疑其未克光明於時，何故伏其文而不大耀也？求索之莫獲，則既已矣於懷。不圖晚節，遂見其書，聯爲八九大編。夔州前序其首，以卷别者凡四十有五，真配韓之鉅文歟！書字甚樸，不類今跡，蓋往昔之藏書也。後考覽之，或卒卷莫迎其誤脱，有一二廢字，由其陳故劘滅，讀無甚害，更資研證就真耳。因按其舊，録爲别本，與隴西李之才參讀累月，詳而後止。嗚呼！天厚予嗜多矣。始而饜我以韓，既而飫我以柳，謂天不吾厚，不誣也哉！世之學者，如不志於古則已；苟志於古，求踐立言之域，捨二先生而不由，雖曰能之，非予所敢知已。天聖元年秋九月，河南穆修伯長序。

沈晦四明新本後序政和五年

李褫柳州舊本後序紹興四年

李石題後

韓醇記後淳熙丁酉

增廣注釋音辨唐柳先生集四十三卷年譜一卷别集二卷外集二卷附録一卷宋刊本　述古堂舊藏

唐柳宗元撰，宋南城先生童宗説註釋，新安先生張敦頤音辨，雲間先生潘緯音義

劉禹錫序

余讀韓、柳文，常思古人奇字，齟齬吾目，且梶吾喙也。開卷必與《篇》、《韵》俱，檢閲反切，終日不能通一紙，偶得二書釋音，如獲指南，猶恨字畫差小，不便老眼。至灊山郡齋，屬廣

文是正，將大其刻，以傳學者。一廣文攜音訓數帙示余，曰：『昌黎文有江山祝充《音義》，既反切難字，又注其所從出，亡以復加。惟子厚集，諸家音義不稱是，自詭規模祝充，撰柳氏《釋音》，數月書成。』余寔濫觴權輿是書者，序引其意，詎敢以語言不工爲解？自小學不興，六書罔詔，學者平日箇牘間，頗有不分點畫，不辨偏傍，任私意，失本原，雖以字學名世者，未免斯弊。若虞永興不知姓，顏平原不知名，況下二子者耶？甚者以弄璋爲麞，伏臘爲獵，金根爲銀，至於古文奇字，能不失句讀，辨重輕清濁者，幾何人哉？惟柳州内外集，凡三十三通，莫不貫穿經史，轇轕傳記，諸子百家，虞初、稗官之言，古文奇字，比韓文不啻倍蓰，非博學多識前言者，未易訓釋也。廣文中乙丑年甲科，恬於進取，尚淹選調，生平用心於内，不求諸外，遂能會稡所長，成一家言，將與柳文並行不朽無疑矣。非刻意是書者，未必知論著之不易也。廣文諱緯，字仲寶，雲間人，姓潘氏。乾道三年十二月，吴郡陸之淵書。

案，此宋刊宋印本，每葉二十六行，每行二十三字，小字雙行。卷中有『花笑廎藏』朱文長印、『劉桼所藏』朱文長印、『瞑琴山館珍藏』朱文方印。劉桼字疏雨，烏程人，見《南潯志》。

劉賓客文集三十卷外集十卷 述古堂影宋本

唐正議大夫檢校禮部尚書兼太子賓客贈兵部尚書劉禹錫撰

案，每半頁十行，行二十字。格闌有『述古堂』三字。

劉賓客文集三十卷外集十卷舊抄本

唐正議大夫檢校禮部尚書兼太子賓客贈兵部尚書劉禹錫撰

黎民表刻版序萬曆二年

劉賓客外集十卷明抄本　項墨林舊藏

唐劉禹錫撰

劉賓客文集三十卷明刊本　汲古閣舊藏

唐正議大夫檢校禮部尚書兼太子賓客贈兵部尚書劉禹錫撰　板心題『中山集』

黎民表序

吕和叔文集十卷舊抄本

唐朝議郎使持節衡州諸軍事守衡州刺史上騎都尉賜緋魚袋吕温撰　後附柳宗元誄

劉禹錫序

呂和叔文集十卷影寫宋刊本　馮巳倉校

唐朝議郎使持節衡州諸軍事守衡州刺史上騎都尉陽緋魚袋呂温撰　後附柳宗元誄

劉禹錫序

馮氏手跋曰：右《呂衡州集》十卷。甲子歲，從錢牧齋借得前五卷，戊辰歲，從郡中買得後三卷，俱宋本。第六、第七二卷均之缺如，因棄置久之。越三年辛未，友人姚君章始爲余録之，因取《英華》、《文粹》所載者，照目寫入，以俟他年得完本校定。正月盡日識，孱守居士。

又曰：凡行間所注某作某，俱愚所挍。此本則一照宋本抄寫，第二卷《聞砧》以下十五首，宋本所無，案陳解元棚本增入。

張司業集不分卷舊抄本

唐張籍撰，翰林學士中書舍人張洎編輯

唐李文公集十八卷明成化刊本

唐山南東道節度使檢校户部尚書李翺字習之撰

何宜序成化乙未

歐陽行周集十卷舊抄本　何義門校本

唐將仕郎守國子監四門助教晉江歐陽詹字行周撰

李貽孫序

何氏手跋曰：康熙己丑重陽前一日，從内弟吴紫臣借得所收葉文莊公家本抄，手校改政數處。葉本與此亦互有得失，俟訪得宋雕及他藏書家善本，當再校之。行周文尚當爲李元賓之亞，然其諸序，固未減粱補缺，特不宜於多爾。昆湖舟中義門焯記。

顧氏手跋曰：何校葉抄多雜糅，而何自下己意，語多不確，即如第五卷《韓城西尉廳》云『列縣出於千』，乃文集最妙處，《文苑英華》八百六、《文粹》七十三於『千』上多『五』字，皆大誤。《舊唐志》貞觀十三年定簿，縣一千五百五十一，《新唐志》開元二十八年户部帳，縣千五百七十三。行周此記作於貞元十五年，已非復貞觀、開元之盛，其缺不得反有五千縣之多，甚明矣。宜據集删《苑》、《粹》衍字，而義門反以添集，何耶？姑舉一條，用貽後之覽斯者。貴乎心知其意，若尋行數墨，恐縱遇善本，仍有必不得之病也。元和顧千里澗蘋識。

歐陽行周文集十卷明刊本

唐歐陽詹字行周撰

李貽孫序

孟東野詩集十卷毛氏影寫宋刊本

唐山南西道節度參謀試大理評事平昌孟郊撰

東野詩，世傳汴吴鏤本，五卷一百二十四篇；周安惠本，十卷三百三十一篇；别本，五卷三百四十篇；蜀人蹇濬用退之贈郊句，纂《咸池集》，二卷一百八十篇。自餘不爲編帙，雜録之，家家自異。今總括遺逸，擿去重複，若體製類者，得五百一十一篇。釐别樂府、感興、詠懷、游適、居處、行役、紀贈、懷寄、酬答、送别、詠物、雜題、哀傷、聯句十四種，又以贊、書二系于後，合十卷，嗣有所得，當次第益諸。十聯句見《昌黎集》，章章於時，此不著云。集賢校理常山宋敏求題。

案，此毛氏影宋本，每葉二十行，每行十八字。版心有刻工姓名及字數。卷中有『宋本』朱文腰圓印、『用字』朱文圓印、『毛晉私印』朱文方印、『子晉』朱文方印、『毛扆之印』朱文方印、『斧季』朱文方印、『虞山毛晉』朱文方印、『汲古得修綆』朱文長印、『子晉書印』朱文方印，宋序後有『臨安府棚前北睦親坊南陳宅經籍鋪印』一行。

孟東野詩集十卷附聯句明嘉靖刊本

唐山南西道節度參謀試大理評事武康孟郊著。

武康代産文士，惟沈約、孟東野詩以名家。余謂永明接江左舊耳，元和集三變大成焉。步武不出江南，東野交游北方名士，二家詩體固應是。抑德以形言，言以驗德，而止以詩觀詩，何哉？晉陶淵明詩爲晉、宋大家數，然宋永初以後，每有著述，不繫紀年，而書甲子，發乎情，根諸性也。約仕宋，仕齊，（宋）〔永〕元之末，探西邸密意，詔書出懷中，夙備無遺缺，然則平時用工覓句，豈其性情哉？視行唫溪曲，泊無宦情，奪俸不愠，一寒到死，不隨逐酒壚餅肆間，媚匪人者，其言德定何如也？今保有孟保，井有孟井，人亡物改，竹幽水深，過之清風，爽然使人脱洒於世味之外。余始來爲令，急符獰卒晝夜至。余懼夫言政而不及化，懷賢訪古，與邑之士，相與論文，則趣尚風流，有苦學如正曜者，因與共評其詩，用宋公敏求本，鋟諸梓，且併論沈、孟，言德大概，使尚友觀焉。景定壬戌，天台國材成德序。

秦禾序嘉靖丙辰

長江集十卷陸敕先校宋本

唐司户參軍賈島浪仙撰

唐宣宗賜賈島墨敕

右大中墨敕，九十四字，舊刻石祠堂中。《唐書》作傳云：『文宗時，坐飛謗貶長江主簿，會昌初以普州司倉，遷司户參軍。』墓誌亦記：『罹飛謗解褐，責授長江簿。會昌癸亥，終於普州官舍。』蘇絳，當時人，誌必不差。《摭言》載武宗時謫去，尤非也。然則『大中』恐是『大和』字，今不敢輒改，以俟知者辨之。王遠謹跋。

後序曰：浪軒以詩鳴世，傑出於貞元、元和文章極盛之後。孟郊死，爲之不已。其詩與郊分鑣並馳，峭直刻深，羇燕客思，春愁秋怨，讀之令人愛其工，憐其志，如聽燕趙之悲歌，蛾眉之曼聲，秦、楚之哭，荆山之泣也。大抵士之不遇，阨窮罹謗，鬱鬱頓挫，身可擯，而志不可奪，勢可壓，而氣不可屈，及其發也，有至於怒髮裂眥，而不可揜者。故行吟澤畔，仰天嗚嗚，欲其爲和鸞佩旗之音，不可得也。予每讀二子之詩而悲之，又嘗見韓吏部所贈之篇，極道其騫涵滂葩，低昂舒慘，引而發之，將以取信於天下後世。譬之鴻鵠，羽翼既成，必假天風，始致千里。東野與吏部聯句之作，間見層出，物迎縷解，欲罷不能，人無異論。浪仙《攜新文詣韓公途中》云：『袖有新詩成，欲見張韓老。青竹未生翼，一步萬里道。安得西北風，身願變蓬草。』然則士有未効之用，身在無譽之間，非附青雲之士，何以成名哉？二子所以拳拳於韓門而不去，韓公亦以樂得天下英材，與之周旋而不倦也，此又不可不知也。浪仙，范陽人，數千里貶官，佐邑於此，遷普州司倉參軍以卒，猶目其平生詩曰《長江集》。蓋仲卿之志在於桐鄉，意其千秋百世之後，精爽靈游，長在乎明月之山，凡水之湄也。邑有祠堂，典刑依然。前主簿豳游君虞臣，好古攻書，採他山之石，爲十五碑，盡書其三百七十九篇，未訖工而去。予倦游就養子舍，適縣尹嘉祥衛君京督成其事，因以舊傳墨制，及蘇絳所撰墓志銘、《唐書》本傳，與韓公昌黎送行詩併刻之，本末備具，可爲無窮之傳，以後序見囑，復取僕初到縣謁君祠堂之詩繼之，將俟知者一觀焉。紹興二年壬子歲閏四月辛卯朔，朝議大夫提舉江州太平觀平陽王遠序。

無名氏跋曰：辛巳除夕，假葉鼎卿鈔安愚道人寫宋刻本校，勘正甚多，可稱善本。

唐賈浪仙長江集十卷明仿宋本

唐普州司倉參軍范陽賈島浪仙撰

薛許昌詩集十卷陸勅先校宋本

唐許昌軍節度使檢校禮部尚書薛能太拙撰

文章之興，惟深于詩者，古所難哉！以其不沿行事之迹，酌行事之得失，疏通物理，宣導下情，直而婉，微而顯，一聯一句，感悟人心，使仁者勸，而不仁者懼，彰是抹過，抑又何多，可謂擅造化之心目，發典籍之英華者也。洎詩人失正，採詩官廢，淫詞嫚唱，半成謔談。後世作者，雖欲立言存教，直以業成無用，故留意者鮮。有如山僧逸民，終老躭翫，搜難抉奇，時得佳句，斯乃正始之音，翻爲處士之一藝爾。又若才卑不能造語，思拙困於象物，興詠違于事情，諷誦生於喜怒，以此校之，果無用也。其才淺劣尤者，體盜人意，用爲己工，衒氣揚聲，略無愧恥。嗚呼！風雅道衰若是之甚與。許昌薛侯，詩人之雄乎？觀夫所尚，率以治世爲本，隨事刺美，直在其中。放言既奇，意在言外，謂才俊之偉也；蹂躪時事，聚爲國風，謂風流之至也。貴農賤霸，資爲心術，苟引而伸之，豈不能黜邪歸正，去煩從簡，致君道有緒，而民業用休。唐德下衰，薛侯其已矣。夫世議自伐，寡於謙稱，胡不云主道之遇乎？往往逸韻流入鄭聲，如吴姬并洛歌人等詞傳人間，未易删去，知言之愛，掩覆無由，蟻鼻之缺，白圭之玷也。斯言之失，君子之薄也，操履之迹，可不慎與？薛君詩千餘篇，小得全本。咸平癸卯年，余移自咸鎬，再涖三川。歲稔民和，公中事簡，會同列引滿酬詩，因議近代作者，合出薛集，僅將十本，五言七言，二韻至一百韻，凡得四百十八篇。爰命通理大常博士王好古、太子中允乞伏矩、節度推官韋宿從長參校，依舊本例，編爲十卷，授鬻書者雕印行用。字未盡精，篇亦頗略，與夫世傳訛本，深有可觀。是年乙巳秋八月□日，樞密直學士尚書刑部侍郎知益州兼兵馬鈐轄張詠序。

薛太拙以吟咏自負，如『朝廷有道青春好，門館無私白日閒』、『青春背我亭亭去，白髮欺人故故生』、『當時諸葛成何事，只合終身作臥龍』等句，皆膾炙衆口久矣。今得其全集觀之，則累句亦不少。太拙日賦一詩，得之太易，乏月煅年煉之功，故精粗各半爾。暇日因取其瑕纇之作删去之，獨取全美者，得二百三十章，俾兒輩録之，藏翠山書院。或者咎予去取太嚴，予應之曰：『古詩風賦比興雅頌之作，猶經删削，何獨於太拙之作，而不可掩惡而揚善？』於太拙亦何負云？』紹興改元山，陰陸榮望跋。

無名氏跋曰：歲乙未有以毛校抄舊本《許昌集》求售者，爲静軒弟意所欲，讓歸之。今秋得汲古刊本，乃從静軒處取而校之，并補鈔原序跋凡五紙。毛鈔本前後均有『毛子九讀書記』

方印，卷一首葉『鳳苞』二字圓方兩小印，又有『宋本』二字楕員印，但未識當時既有佳本，何以不取付刻也。妙道人記。

皕宋樓藏書志卷七十

集　部

别集類四

歌詩編四卷集外詩一卷影寫宋刊本

唐隴西李賀撰

杜牧序

黄氏手跋曰：余藏唐人集不下百餘種，舊刻名鈔都備，即同一集，而藏書之家有異，亦在所收，故種更多也。頃書友鄭益偕袖此舊鈔李賀《歌詩編》一册遺余，識是馮氏藏本，檢所藏尚缺此種，急收之。馮所藏唐集已有一二種，行欵、圖章卻不相類，知抄各有本，其藏亦非一人也。乙丑夏，蕘翁記。

又曰：戊辰夏，從經義齋得舊刻本，較此多至元丁丑、弘治壬戌二序，當是明翻元刻也。分卷雖同，標題序次略異，即字句亦間有不同，稍暇當參校之。《讀書敏求記》載鮑欽止家本，此殆近之。復翁識。

李長吉歌詩四卷外集一卷明刊本

唐李賀撰，宋西泉吴正子箋注

杜牧序

盧仝詩集二卷集外詩一卷舊抄本

唐盧仝撰

陸煊跋

重刊絳守居園池記一卷明刊本

唐樊宗師撰，灤陽趙仁舉注，金華吴師道正誤補遺

孫冲序曰：長慶中，樊宗師爲絳州刺史，嘗作《絳守居園池記》。其詞句甚隱僻不明，自冲在京師，得此文，頗與同人商搉，卒不能果然詳其意旨、句讀。樊宗師又爲皇唐名士，不知當時負此文，走人門下，有誰與詳解而知之也。宗師與韓退之親，且相推善。觀退之之文，大不如此。退之文集中有《答陳商書》，其意甚病商之所爲文，不與世相上下，故喻以齊王好竽，商負

瑟而干之，又不知退之終使宗師之文如是。唐室承齊、梁、陳、隋餘弊，其文章最微弱，又變其體，使有聲韵耦對。唐享年尤遠，繇是鼓而成風，其間忽有韓愈，獨與張藉、皇甫湜、李翶輩更迭，文體高出秦、漢，亦大爲當時衆口拱擯，謂之無用之文。韓愈死，其道彌光。後來有學韓愈氏爲文者，往往失其旨，則汩没，爲人所鄙笑，今則尤甚。嘗有人以文投陳堯佐，陳得之竟月不能讀，即召之，俾篇篇口説，然後識其句讀。陳以書謝，且戲曰：『子之道，半在文，半在身。』以爲其人在，則其文行。蓋謂既成文而須口説之也，是知身死則文隨而没矣，於學古也何有哉？咸平六年七月，冲奉詔爲絳州通判月餘，觀《園池記》，其石甚卑小，文字多椎缺，因熟讀及遊覽園池，考其亭臺、池塘、渠竇、花木、堤原、川河、井閭、墻墉、門户，凡爲宗師筆紀處所者，雖與舊多徙移，然歷歷可見，猶視其文未能過半。樊之《記》有亭曰佪漣，曰香，曰新，曰望月，曰栢，有塘曰蒼塘，有堤曰風堤，有原曰鼇蝝原，惟正西曰白濱，今無遺址，又疑其指水涯爲亭名也。冲登城西與北，引望所謂『黄原玦天，汾水鉤帶』者，在其《記》又得一二。其亭爲今之所存者，惟香亭與望月焉，按其去處，又非舊也。其餘皆非當時所名者也。得非遭梁周間鎮是郡者，或因循改易也。蒼塘堙没矣，風堤、鼇蝝原，雖問老吏故氓，是非難校。今之亭有東南者，曰四望，居高臺，臨鄘市，可四望也。依斛律光廟之東曰望京，據北曰香，香之西北曰會賓，前垂岸之下連栢陰曰水簾，池之中曰水心。跨昂橋，歷虎豹門而西，曰曲水。既北少西，夾池曰望月。又北限篠竹溝水，曰禮賢，且西密梨園，曰感恩，南對遠引曰射圃，可以習射也。前畦蔬夏花新竹三四本，後壓隄屈律西北來。竇水上走，别一亭曰姑射，西北正與姑射山相對，最居北城上，西連廢門臺樓，東北可周覽人家，依崖壑列屋高下，水竹、葩花、老棗、翳桑陰密鬱邃，磑響激流，引溉蔬圃，環折縈帶，尤可登望。今題二亭曰『浩氣』、『菡萏』，皆北嚮。浩氣連仁豐廳後，當公退時可逍遥，養浩然之氣也。菡萏，蔭虎豹門，其下皆芙蕖菡萏也。今之亭既異於樊文且多焉。其餘渠竇引決，花木蔭滋，歲久且古，與記舛訛，不可驗矣。《記》之易解者，在其文曰『西南有門曰虎豹』，其門猶在，左畫虎，鼓怒抉力，呀而人立，所謂『萬力千氣，㲈伏地，雹火雷風黑山。右胡人髯，黄帑纍珠，丹碧錦襖，身刀囊韡擿綰』悉如記。白豹玄斑焉皆非故物也，亦後來好事者圖之。又曰『考其亭臺沼池之增，蓋豪王才侯襲以奇意相勝，至今過客尚往往指可創起處』，如此不可數處。俾人再三讀之，可曉其理。如曰『水本于正平軌』，正平，帶郭縣也。隋開皇十三年，内軍將軍梁軌爲臨汾令，臨汾即正平也，十八年改正平焉。軌字世謩，材令也，患州民井滷，生物瘠瘦，因鑿山原，自北三十里，引古水，《圖經》云鼓堆水。地缺絶，經濠坎則續之，以槽穿城壖，入衙注也。别分走街衖千陌，汩汩然鳴激溝渠，又溉灌畦町，訖入於汾河。其文多如此類，故欲使人昏迷，往往莫辨其理。頃縣前有梁軌遺記，熟見其蹟，則知水本於正平軌，由此而發語也。餘無遺據，則皆莫能知。嗚戲！文者，道之車輿也，欲道之不泥，在文之中正。秦世以前，淳而不漓；炎漢之間，焕而不雜；逮魏與晉，稍稍侵害；自兹而下，歟而折脊；隋、唐以來，擘爲二途，既不相近，頗甚攻毁。夫聖人文章，若八卦、彖繇、爻象之體，雖不膚淺，然聖人之文，終能傳解。孔子《繫辭》，則皎然流暢，其《詩》、《書》、《禮》、《樂》之文，披之皆可無意，是聖人於文章本在達意垂法而已，不必須奇怪而難入也。由經書外子史百家之言，固可通導，獨楊雄《太玄》準《易》而爲之，當時之人或不肯一覽，故文章在乎正而不雜，但如兩漢風骨，則仲尼、周公復出，固無所嫌也。太子中舍耿君説知是州，將一年，常念《園池記》，既歷年歲，惜其文字缺落，因磨石别刊之，以傳其文。中舍世爲儒家，故弟起居郎直昭文館望，博古有文章，愛急救民病，竭力吏道，因滯外使連漕運數道，咸平六年四月死王事於河北。是以中舍常喜人有名於世，故拂拭樊刺史所爲記，俾不墜没，亦大好事者也。冲略而序之，冀後來者知文之指歸。冲通治晉州時，嘗與晉守何公亮書，論樊宗師所爲文章，何以書答冲，剖析尤見爲文之深旨。其二書今亦刊之記後。景德元年九月五日序。

韓子誌樊紹述墓，謂紹述有所著書總六十卷，雜文總三百十一篇，詩七百十九首。今皆亡矣。近世謂紹述文之存者僅一卷，亦未之見也。惟《絳守居園池記》獨傳，艱深險怪，殆不可讀，豈紹述之文盡若是，而此篇以拔乎萃而能久邪？以獨奇而爲志怪者所寶反得久邪？往年余得是文而讀之，强爲之句，而多所未解。及觀吴君正傳補正，趙氏注釋，始得究其名義。然徐而誦之，意若猶有異者，因重句之而疏其説於右方，將復正於吴君焉。愚嘗謂六籍之下盡文章之妙，正無過於孟子，奇無過於莊周。周雖外於聖人，而其學則自有所本，汪洋自恣之辭皆出於是，豈徒尚奇倔而已哉？紹述之辭深矣，探其本或未也。雖然，亦豈易至哉？其間有精到之語，皆蕩滌塵滓，採掇菁華，可但以險怪目之乎？文章之法固不在是，但取其怪以資笑談亦過矣。延祐庚申四月十日，金華許謙書。

泰定丁卯，予在宣城，得趙氏注《園池記》刊本。大德中，知晉州日，翰林徐公琰、閻公復所爲序引者讀之，與向所見抄本多異，凡予所補正者，往往增改，而猶恨其有未盡也，因以其本復加刊定。篇中諸亭名，元注未之考，向略考見其端，而許君按據文勢，辨正條理，悉以圈抹著之，皆與今改注合。窃伏精鑑，俾存而弗削焉。吁！自予始校此文，逮今二十年，參之見聞，屢經竄易，計今尚未得爲定稿也。區區窮猶若是，況乎聖經賢傳之奥，而欲以一見了之，不亦舛乎？併書以自儆。至順三年歲次壬申十一月二十二日，吴師道識

辭尚質，質則氣完，輕重、高下、疾徐之節安，則喜怒、哀樂、愛惡之情展。夫惟知道之士含和而吐華，辭盛致腴，不煩繩削而正奇可師也。故唐、虞君臣之言，渾渾如也；夏、商、周之言，皎如也；秦、漢之言，振振如也。雖粹駁清厚之氣，人有不同，因其才之所至，皆足以自名一家，本乎質故也。漢中葉以降，辭益落，爰始淫爲浮輕側纖，拘爲俚俗，矯爲陗䠞，辭人人殊，去古日遠，氣卑則言不振，質不足故也。唐繼古制，世平而聲和，在貞觀、永徽時，則岑文本、魏徵、虞世南、褚遂良滌其源；在垂拱、開元時，則陳子昂、張説、九齡、蕭穎士、李華導其流；在大曆、興元時，則獨孤及、梁肅、權德輿揚其波。辭稍振矣，然去秦、漢人所次猶遠，蓋其力僅僅及是，犇趨赴則僵。至貞元、元和時，韓愈氏作，大放厥辭，力復于古，雖正奇迭用，而一本乎質，

用能奄有秦、漢，追商、周而睨之。辭乎復，此其始也。時有河東柳宗元，辭始今古，犬牙厠陳，張梁權間，洎左官牢愁，思益專，辭益振，破觚斷雕，窍渺回鬱，傑然與韓辭相上下。唐世言文章者，稱『韓柳』焉。于時隴西李翺慕愈而効之，振策而驅之，然不敢異之也。故史稱翺爲文尚氣質，卒得與韓同謚。贊皇李德裕作文論，亦言文主氣質，辭雖未至，識則精詣不羣。南陽樊宗師與韓、柳氏亦同時，又相好也，視二氏之逸駕絶足，瞠乎若恐後之，將掉鞅争先則力之不能及，欲頫仰襲沿則恥爲之下，於是瘁心竭液，恢詭險僻，務奇以掩之。此誠不可陵出其右，而祇喪厥質氣不完者，其辭弊固其所也。宗師之辭夥矣，惟《絳守居園池記》獨傳，怪之尤者。然其形墬名物，足以辨方考志，清言雅趣，足以摹寫光景，好古博雅之士存之而不廢也。其辭義、句讀不可易知，自宋以來作訓故者數家，往往探討疲而乖舛衆。金華吴君正傳始取趙氏註，補其闕而正其訛。白雲先生高陽許君益之，又從而審辨之，繇是文義明而句讀别。夫二君之於學，窮六籍之菁華，明百氏之邪正，時其整暇而游豫屬之，豈《大章》、《咸池》、《桑林》之舞，既高張宫庭，飫聞而慨繹之，而夷侏之音、巴渝之曲亦充備下陳者與？且樊氏之失，二君既掊而明之，其間可採摭如鄉予所云者，亦不忍遽弃也。古也有志君子之取善也博以周，予於二君見之矣。東陽張樞云。

沈下賢文集十二卷舊抄本

唐沈亞之下賢撰

無名氏序曰：文章盛衰，與世升降。唐之文風大振于貞元、元和之間，韓、柳倡其端，劉、白繼其軌。當時學者，涵濡游泳，攬其英華，洗濯磨淬，輝光日新，苟有作者，皆足以拔出流俗，自成一家之語，則吴興之文是已。公諱亞之，字下賢，吴興人。元和十年登進士第，歷辟藩府，嘗游韓愈門。李賀許其工爲情語，有窈窕之思。其後杜牧、李商隱俱有擬沈下賢詩，則當時稱聲甚盛。而存于今者，既不盡見，世之所有，復舛錯訛謬，脱文漏句，十有二三。頃得善本，再加校覆，皆得其正，恐其藏于篋笥，不得與好學之士共其玩釋，因欲命工刻鏤，以廣其傳，惜乎志有待而未能也。元祐丙寅十月一日題。

沈下賢文集十二卷舊抄本　葉石君舊藏

唐沈亞之撰

無名氏跋元祐丙寅

葉氏手跋曰：崇禎戊寅，從閶門坊中得沈亞之集舊人鈔本，才取歸，爲從兄林宗借去，經載相索，以本見償，其原本則乾没矣。近來林宗物故，書籍星散，宋元刻本盡廢於狂童敗婦之手，所謂舊抄者已不可知矣。此書幸歸於我，庶延幾年之存。閒窗整理書籍，復爲裝治。老友馮定遠嘗謂予曰：『唐至元和文章大盛，韓、柳、元、白之外，劉夢得、沈亞之、皇甫持正、李習之、李元賓皆表表者。』予亦以爲然。其中惟元賓集未暇鈔録，餘皆有善本，後人勿或輕棄，較林宗之後，斯大望也。然予生平不欺其心，自信不若林宗，其書籍必不若林宗死後之慘，爲子孫者當慎守之，以副弓冶之志焉。旹康熙戊申歲，洞庭葉萬字石君識。

李文饒文集二十卷別集十卷外集四卷明刊藍印本

唐李德裕撰

鄭亞序

闕名後序曰：唐有天下，幾三百年，賢相名儒，接武而出，固未易歷數也。然考其功烈文章，光明偉大，卓然足以垂不腐者，蓋亦無幾。自房、杜、姚、宋之後，相之有聲者，衛公李文饒，而王、楊、燕、許之後，儒之可宗者，文公韓退之而已。故世之論衛公者，必以功烈言，而鮮及於文章；論文公者，必以文章稱，而或略於功烈。殊不知衛公之文章常出乎功烈之外，而文公之功烈不在乎文章之下。借令衛公當文公時，則必以文章顯矣；文公得衛公位，則必以功烈著矣。觀《幽州紀聖功碑》、《異域歸忠傳序》，會昌功烈，非衛公孰能形容之？文公論淮蔡之敗可立而待，（拆）〔折〕王庭湊之凶焰而奪之氣，胷中所藴，固不止於文章也。夫道之在天下，操之則爲心，盡之則爲性，持之則爲志，養之則爲氣，存之則爲神。是道也，見之設施則爲功烈，寓之言語則爲文章，易地皆然，豈有彼此之異哉？元和十五年，文公嘗爲袁州刺史。大和八年，衛公亦嘗爲袁之長史。文公之去袁也，崇廟貌以祀之，列豐碑以記之，其文集之行於世者，又鋟木於郡庠。至於衛公則不然，祠堂數椽地，石刻數尺許，蕭然岑鋆之上，佛屋之側，文之流傳者僅有十五賦，其全集則未之見，豈世之知衛公者一於功烈，鮮及於文章歟？紹興己卯冬，建安邵公來守是邦，下車之初，首訪韓、李遺集，而衛公文集獨未有表而出之下缺。

李文饒文集二十卷別集十卷外集四卷明刊本

唐李德裕撰

鄭亞序

後序闕名

葉氏手跋曰：戊子年夏，假得太原張孟恭所藏蘇州文衡山宋本校。洞庭葉石君記。

李文饒文集二十卷別集十卷外集四卷舊抄本

唐金紫光禄大夫守司空同中書門下平章事贊皇縣開國伯李德裕撰

元氏長慶集六十卷 嘉靖壬子董氏覆宋本葉石君録　錢某校宋

唐元稹撰

建安劉麟應禮序曰：《新唐書·藝文志》載其當時君臣所撰著文集篇目甚多，《太宗集》四十卷，至武后《垂拱集》百卷，今皆弗傳，其餘名公鉅人之文，所傳蓋十一二爾，如《梁苑文類》、《會昌一品》、《鳳池藁草》、《笠澤叢書》、《經緯》、《(穴)〔冗〕餘》、《遺榮》、《霧居》，見於集録，所稱道者毋慮數百家。今之所見者僅十數家而已，以是知唐人之文亡逸者多矣。嗚呼！樵夫牧叟詭異怪誕之説，鬼神幻惑不根之言，時時萃爲一書，以詒好事者觀覽，至於士君子道德仁義之文，經國濟時之論，乃或沉没無聞，豈不惜哉？元微之有盛名於元和、長慶間，觀其所論奏，莫不切當時務，詔誥、歌詞自成一家，非大手筆曷臻是哉？其文雖盛傳一時，厥後浸亦不顯，唯嗜書者時時傳録，不亦甚可惜乎？僕之先子尤愛其文，嘗手自抄寫，曉夕玩味，稱歎不已，蓋惜其文之工而傳之不久且遠也。迺者因閲手澤，悲不自勝，謹募工刊行，庶幾元氏之文因先子復傳於世。斯文舊亡其序，第冠以《新唐書》微之本傳，則微之之於文其所造之淺深可槩見矣。宣和甲辰仲夏晦日序

楊氏手跋曰：右元微之集六十卷。微之以長慶癸卯鎮越，大和己酉召還，坐嘯是邦，閲六寒暑。今種山之喬木數十百章，豈亦有甘棠存其間乎？横空傑閣，蓋一城偉觀，扁表所書，則其州宅之卒章也。微之以文章鼓行當時，謂之元和體。在越則有詩人入幕府，故鏡湖、秦望之

奇益傳，所謂蘭亭絶唱，陳迹猶可想。《唐志》著録有《長慶集》一百卷，《小集》十卷，傳于今者惟閩、蜀刻本爲六十卷，三館所藏，獨有《小集》，其文蓋已雜之六十卷中矣。微之嘗彙其詩爲十體，曰：『旨意可觀，詞近古往者爲古諷；流在樂府者爲樂諷；詞雖近古，而止於吟寫性情者爲古體；詞實樂流，而止於模象物色者爲新題樂府；聲勢沿順，屬對穩切者爲律詩；以七言、五言爲兩體；稍存寄興，與諷爲流（及）〔者〕爲律諷；撫存感往者，取潘子悼亡爲題；暈眉約鬙，匹配色澤，劇婦人之恠艷者爲艷詩今古兩體。』其自敘如此。今之所編，頗又律吕舛次，惜矣舊規之不能存也。元、白才名相埒，樂天守吴財歲餘，吴郡屢刊其文，微之留郡許久，其書獨闕，可乎？予來踵後塵，蓋相去三百三十餘年矣，乃求而刻之，略能讎正脱誤之一二，不暇復爲公次也。書成寘之蓬萊閣。乾道四年歲在戊子二月二十四日，觀文殿學士左通奉大夫知紹興府兩浙東路安撫使鄱陽郡公洪适景伯書。

弘治元年，從對門陸進士士脩借至，命筆生徐宗器模録原本。未畢，士脩赴都來别，索之甚促，所餘十卷，幾于不成，幸竟留之，遂此深願。九月二十五日始克裝就，藏于鴈蕩村舍之臥讀齋中，永爲珍玩。且近又借得白氏集，亦方在録，可謂聯珠並秀，合璧同輝。楊循吉君謙父。

錢氏手跋曰：微之集，舊得楊君謙鈔本，行間多空字。後得宋刻本張子昭所藏，始知楊氏抄本空字皆宋本歲久漫滅處，君謙承其舊而不敢益也。嘉靖壬子，東吴董氏用宋本翻雕，行欵如一，獨于空闕字樣皆妄意揣摩填補，如首行『思歸樂』原空兩字，妄增云『我作思歸樂』，文義違背，殊不可通。此本流傳日廣，後人雖患其譌而無從是正，良可嘅也。亂後，余在燕都于南城廢殿得元集残本，而所闕誤一一完好。暇日援筆改正，豁然如翳之去目，霍然如疥之失體，微之集残闕四百餘年一旦復完，寶玉大弓其猶有歸魯之徵乎？戊子五月，東吴蒙叟識。

葉氏手跋曰：《元氏長慶集》一百卷，世傳止六十卷，係宋洪景伯刊本，其間脱落差謬頗廣。虞山太史得宋刻本校正，因借謄讀。己亥夏五，洞庭葉石君識。

姚少監文集五卷舊抄本　黄蕘圃舊藏

唐秘書監杭州刺史姚合撰

黄氏手跋曰：此《姚少監詩集》五卷残宋本，亦出郡城陸西屏家，向爲翰林國史院官書。余所得殘宋本《二劉文集》，板刻正與此同，西屏家物也。此後出，周香嚴歸之，因借而命門僕影抄，俾與《二劉》並藏焉。甲子小春月萬壽日裝成并記，黄丕烈。

温庭筠詩集五卷明抄本　毛豹孫舊藏

唐温飛卿撰

丁卯集二卷影寫宋刊本

唐郢州刺史許渾撰

案，吳門黄孝廉《百宋一廛賦》有南宋臨安府睦親坊陳宅刊本《丁卯集》二卷，每半頁十行，每行十八字。此本行欵、字數皆同，當從宋本影寫。

周賀詩集一卷影寫宋刊本

唐周賀撰

葉林宗手跋曰：《紀事》云周賀，東雒人，少從浮圖法，即清塞也，遇姚合而（近）〔返初〕易名。《藝文志》云詩一卷，然未見傳本。顧茂倫《唐詩英華》選賀詩七首，有《贈厲玄侍御》一首，此集又不載，未知茂倫從何録也。此本亦藏茂倫家，末後有『臨安府棚北睦親坊南陳宅書籍鋪印』細字一行，確是宋板。余遂借歸，手抄於松風書屋。

碧雲集三卷寫影宋刊本

唐登仕郎守新淦縣令知鎮事賜緋魚袋李中撰

目後有『臨安府棚北睦親坊南陳宅書籍鋪印』一行

孟賓于序

李文山詩集三卷明刊本

唐李羣玉撰

進詩表

延英口宣勅旨

大學士僕射令狐綯薦狀

制詞

中書侍郎兼户部尚書平章事臣令狐綯宣奉司勳郎中知制誥臣鄭處約行

唐劉蜕集六卷明抄本

唐劉蜕撰

熊文舉序

吴甝序天啟甲子

孫可之文集十卷明正德刊本

唐孫樵撰

自序

王鏊序正德丁丑

王諤跋正德丁丑

唐皮日休文藪十卷明正德刊本

唐皮日休撰

自序咸通丙戌

柳開序曰：讀皮子文，其目曰藪，凡藪者，澤也，又曰淵藪也，以其事物萃集之也。古國之大，各有藪焉。魯大野、晉大陸、秦陽陓、宋孟諸、楚雲夢、吴越具區、齊海隅、燕昭余祁、鄭圃田、周焦護，皆爲藪也。謂是地之廣，故以名之也。魯、晉、秦、宋、楚、吴、越、齊、燕、鄭、周，分里之不同，各名以異之焉，然一天地矣。予謂皮子之名藪也，疑爲以其文之衆，作之藪也。又疑爲若魯、晉、秦、宋、楚、吴、越、齊、燕、鄭、周以其文類不同，各爲藪也。是文之類雖不同，而曰藪，亦若魯、秦、宋、楚、吴、越、齊、燕、鄭、周之藪雖異，而揔一天地也，都以文而統之，是曰《文藪》也。疑而愛之，觀其首，又無所序說，遂盡而讀之，見其藪之爲意也。《霍山》爲賦之藪，《首陽》爲碑之藪，《隋鼎》爲銘之藪，《易商君傳》爲讚之藪，《周昌相趙》爲論之藪，《陵母》爲頌之藪，《心》爲箴之藪，《移成均博士》爲書之藪，《三羞》爲詩之藪。藪之于文，不可盡舉，若《九諷》、《十原》、《決疑》雜著之類也。約其名幾尤者，例而取之也。謂賦下題名也。大野之下，國之藪焉；《霍山》之下，文之藪也。孰謂皮子《文藪》之義，不曰是乎？將不曰是，即不在此而在於彼也，傳者得以取義焉。

袁表題後正德庚辰

文標集三卷舊抄本

唐盧肇撰

子發諱肇，姓盧氏，宜春人，子發，字也。唐武宗會昌二年，以詞賦魁天下，仕至集賢院學士、歙州刺史。殁後三百年，郡人許吏集其遺文僅百篇，目曰《文標集》。傳筆日久，序存而集亡，《文粹》所載《海潮賦》、《漠隄詩》、《新興寺碑銘》、《上王僕射書》四篇而已。其餘如《通屈賦》、《注大統賦》，志在《藝文》者，學者亦罕見之。自建中靖康辛巳迄紹興庚辰，又六十年矣。會建安邵公來守是邦，崇鄉化以厚風俗，謂宗説蒐綴闕文，子職也。既授以《雲臺編》廣其傳，又俾求子發遺書，得古律詩二十六篇于劉松《宜陽集》，得《閲城碑震山記》于古廟嶔岩中，得《劒贊》于清江玉虚觀，合賦、序、圖、狀四十有二篇，分爲上中下三卷，名從其初，序取其舊，附以成應元舉榜，祖擇之、梅聖俞諸公盧石題詠，鏤木于郡庠，以貽永久，又論其出處之大槩，而尾諸集焉。子發少貧，篤志好學，器識宏邁，而濟之以瑰奇拔出之材，故其爲文馳騁上下，偉麗可觀。自長慶以來，雖善鳴者，罕有其比。當時達官宿儒皆推重之，然最爲相國李衛公所知。

當衞公再主魁柄，炙手可熱，子發廷試第一，稍自求顯，何爵不縻？而乃韜晦州縣，屢從外辟，未嘗奔走于形勢之途。迨咸通初，通籍金閨，出任牧守，獻賦進狀，結知九重。雖其遇于命者，不至于大用，然比于阿附而得富貴，至于失勢頓挫，一跌而不振者，蓋有間矣。則子發雖久窮，亦何恨哉？今郡之南修仁鄉，有盧狀元書堂遺址存焉，而東湖之石，氣勢淩厲，見者豁然有昂霄聳壑之志。《詩》曰：『高山仰止，景行行止。』此邦學者不志于古人則已，儻有志焉，舍子發，其誰與歸？宋紹興庚辰，袁州教授南城童宗説序。

浙江文叢

皕宋樓藏書志

〔第五册〕

〔清〕陸心源 編　許静波 點校

浙江古籍出版社

皕宋樓藏書志卷七十一

集　部

别集類五

重刊校正笠澤叢書四卷補遺一卷續補遺一卷舊抄本　吴兔牀舊藏

唐陸龜蒙撰

自序

唐賢陸龜蒙，字魯望，三吴人也。幼而聰悟，通六籍，尤長於《春秋》，常體江、謝賦事，名振江(右)〔左〕。與顔蕘、皮日休、羅隱、吴融爲友。性高潔，家貧，親老，屈與張摶，一作博。爲湖、蘇二郡佐。嘗至饒州，三月無所詣，刺史率官屬就見之。龜蒙不樂，拂衣去。居松江甫里，多所論譔，著《吴興實録》四十卷、《松陵集》十卷、《笠澤叢書》八十餘篇。自謂江湖散人，或號天隨子、甫里先生。唐末以左拾遺授之，詔下日，疾終，贈左補闕。本朝宋景文公重修《唐書》，仍列於《隱逸傳》。今蜀中唯《松陵集》盛行，《笠澤叢書》未有。是書家藏久矣，愚謂貯之篚笥，以私一人之觀覽，不若鏤板而傳諸好事，庶斯文之不墜，而魯望之名復振，亦儒者之用心也。時聖大宋元符庚辰歲仲秋月，郫人樊開題。

予與□趙荆門同官金陵，暇日爲予言曩宰松陵始末甚悉，且喜其景物之美，而風俗之尤厚也。予以其年幸改秩，遂承乏焉。首詢耆老，前此爲令之有遺愛于民者□□□□犨蹙，具以告，且云近趙君愛□□□□率甃砌驛路，自南門直北歲夫□□□□壞者。予又因名言，爲君隨□□□□□君書言，予既修予廢，以惠今人。□□□□□□抑而未伸者，子盍念之，則□□□□□□□則叢書之闕誤故也，且録示川本□□□□□□王且併刊之時，方困板，又縣治弊不能蔽風雨，小河久合疏道，三橋日朽就頽，與凡祠宇館驛類亡具悉甚，日督理不暇給，日視□□□因循期月君遺書緘紙弊中百□□□刊修費。予既羡□君之暇裕，而□□□□□不敏也。乃請學職韓君公□□□君有才□□□其事以蜀本訂正一千餘字□□□□□□見聞考證一百餘字，餘疑□□□□□□□□存之目。求予跋語，予固不敢□□□□□□故書。君諱善箸，字國詔□□□□□□□九月□□日三山王益祥跋。

右《笠澤叢書》五卷，唐甫里先生之所論著也。先生既自號天隨子，又謂江湖散人。其所著書，有《松陵集》，有《吴興實録》，而此編又謂之《笠澤叢書》者，蓋以其叢脞細碎，多補遺殘編，然起甲迄丁，篇什不滿百，豈猶有待後歟？先生出處，大致已見《唐書·隱逸傳》。至于樊開則爲文集序，朱衮則又爲文集後序，然皆不出乎《唐書》列傳也。嗚呼！唐自懿以後不惟士氣萎薾，文章亦與時高下。先生當此時憤鬱窮愁，非悼己也；慷慨論列，非求知也。特己積之厚而發之崇，身之窮則言之暢也。顧其志不能不達于廟朝之崇深，又不能自暴著于天下四海。隱釣在下，而山林江海，蛟鯨蛇虎，吞噬肆毒，士幾無以容其身。先生牛衣之所呻吟，鸛垤之所歎恨者，豈爲流連光景，陶寫性情之具哉？特以先王之澤，更大亂而猶存，故雖一嚬一蹙，不忘愛君憂國之誠，傷今思古而作也。自非其所造詣卓然，又見于六籍之醇全，則亦何以臻此也？悳原距先生歿幾五百年，門緒衰落，既爲編甿，然猶以世澤之所沾濡，聞見之所開沃，粗能立于士君子之列。私自惟念先生既明《春秋》，宜有論説，然當亂世，學校廢，經術熄，故其書不傳。今清朝右文，既以書院祀先生于吴下，而其遺書，若《松陵集》皮、陸倡和皆以行于世，而《叢書》雖板刻于宋元符間，然而蕪没久矣。今而刻之書院者，將與好事者共之也。夫先生之于經術，學者既皆見夫《春秋》之所討索者矣。然因《叢書》以推見先生之所學，則其卓然于道，而可以刻之學校者，夫豈區區一隱淪之士而已哉？至元仍紀元之五年歲次庚辰七月一日，十一世孫悳原百拜謹題。

進退取捨，君子之大節，惟循于道而不悖，然後無愧于聖人之門。非明輕重之理，知好惡之正者，未有不爲物所勝也。天隨子居衰亂之世，仕不苟合，家于松江，躬勞苦，甘淡薄，而以讀書攷古爲事。所養者厚，故其爲文，氣完而志直，言辨而意深，一歸于尊君愛民，崇善沮惡，玆非所謂循于道而不悖者耶？世所傳《叢書》多舛謬。衮既至是邑，想其遺風，因求善本，校正刊之于板，俾覽者非獨玩其辭而已矣，于其志節將有取焉。政和改元季夏四日，毘陵朱衮記。

吴氏手跋曰：《笠澤叢書》世尠善本也久矣。昔王阮亭司寇酷愛此書，嘗從黄俞邰徵君借抄所謂金陵餅肆本也，其後又得毛斧季寄本，所謂都元敬刊本也。書皆四卷，相傳出自天隨子手編。都本校黄本不同者，惟多王益祥跋，少《憶白菊》、《閑吟》二絶句，及丙、丁二集中篇章前後少異耳。近時三吴顧氏有刊本，紙墨雖精好，而亥豕舛錯殊甚，亦無王益祥跋，似從黄本翻雕者。予恒欲訪求善本是正而未果。緑飲嘗言郁君陛宣收藏抄本最佳。秋日因偕過郁君東齤軒借得，視顧本洵善，後有王益祥跋，已缺七十餘字，省其篇章次第，似據都本傳録者，但不見南濠跋耳。校畢，復出予拜經樓所有舊人鈔本覆校，始知前本字句，間爲後人率意竄改，正復不少。予此本真希世之珍也，惜阮亭司寇不及見矣。

按，陳直齋《書録解題》云《叢書》爲甲、乙、丙、丁，詩文雜編。政和中，朱衮刊於吴江，補遺一卷用蜀本增入。又云蜀本七卷，元符中郫人樊開所序。此本正七卷，第八卷爲補遺，又不知出自誰手，視顧本少古近體詩十二首、《送小鷄山樵人序》，及樊、朱諸人序跋，合諸樊序所云八十餘篇者，則定爲蜀本無疑。惜卷尾零落，《耒耜經》自『散墢去芟』者以下缺，《五歌序》一首亦缺。然而世無都本，已不知黄本之紕繆若此，又孰知尚有蜀本者存於今日，以匡二本之失。屈指自樊氏爲序以來，已閲六百七十餘載，豈非所謂在在處處有神物護持者耶？本傳云：『借人書，篇帙壞舛，必爲輯褫刊正。』予重都君之誼，就所借本手爲校正而歸焉，夫亦甫里先生之教也。乾隆甲午冬日，海寧州吴騫識。

重刊校正笠澤叢書四卷補遺一卷舊抄本　何義門校

唐平原陸龜蒙撰

何氏手跋曰：此册丙寅歲大人從江右雜書中攜歸，以其脱誤難讀，久置敝簏中。己丑適從虞山錢氏借得馮巳倉所傳元板佳本，因取而改竄，以示後人，使知鈔本之不足据有如此者。若能細心浄寫一本，便自可讀，亦不負吾區區讎比之意也。焯記。

又曰：此書别有編爲八卷者。以自序觀之，則此四卷者乃舊次。八卷分雜著與詩而二之，則非不類不比矣。或謂八卷乃宋刻，殆耳學也。焯又記。

吴氏手跋曰：按，陳振孫云《叢書》七卷，《補遺》一卷，乃樊開所序，是爲蜀本。然則宋刻有四卷者，亦有八卷者，未可盡以爲耳學也。騫又記。

又曰：乾隆丁酉夏日，海昌吴騫借録一過，《叢書》至多舛誤。予嘗廣求善本，互相契勘，至此凡七校矣。常欲别刊一本，以救近時江都、吴下二刻之失，未審何時得遂斯願也。

甫里先生集二十卷 明刊本　徐興公舊藏

唐笠澤陸龜蒙魯望著

漢而下，史録諸家名集，其残缺不完，失滅不可見，如歐陽公所歎者，不知其幾百氏也。方其存時，或託之交游，授之門人，付之孫子，豈不欲其必傳，傳之必遠？要之皆不可必。其間方有出于破囊敗庋之中，幾廢而幸存，若子雲不必侯芭，太白不必陽冰，退之不必李漢，子厚不必禹錫，千載而後往往不期而得之，是豈偶然者？甫里先生之没，去今幾百載矣，遺稿所存，僅有《松陵》、《笠澤》二書。其詩似陳拾遺，其文似元道州，平居以文章自怡，雖幽憂疾病，無旬日生計，未嘗暫輟塗竄，則其平生所著，豈應止爾？常以棄珠遺璧爲恨。今吴江葉君茵乃作意掇拾而裒益之，懇懇勤勤，若褚先生之于《史記》，張處度之于《沖虚經》，網羅放失，將必有續得而未已者，於先生何忠哉！先生之亡，研墨泚筆者，雖稺紫溪翁、鹿門子諸賢，皆平昔所深交者，豈無一人可任此責？苟有焉，亦不至散軼如此，視葉君殊有愧矣。然史稱盧攜、李蔚，素與善，及當國，召拜拾遺，詔方下而先生卒。以史考之，盧、李皆相于乾符元年，五年皆罷，而《叢書》自序乃曰：『乾符六年，臥病笠澤。』是二人既罷而先生猶無恙也。若曰六年之冬，攜嘗宰相，則與李蔚無與矣。然攜附田令孜以進，卒爲所擠而死。使先生猶在，亦豈斯人可致哉？史氏之云，若以此爲先生惜者，誤矣。寶祐六年冬十有一月，朝請郎直寶謨閣林希逸序。

陸鉞序成化丁未

許自昌序萬曆癸卯

徐氏手跋曰：萬曆丙午春，范東生見貽。興公。

李洞詩集二卷葉石君抄本

唐諸王孫李洞才江撰

右唐李洞，字才江，諸王之孫。慕賈島爲詩，銅鑄其像，事之如神。時人多誚其僻澁，不賞其奇峭，唯吴融稱之。昭宗時不第，遊蜀卒。晁公武子止題。

葉氏手跋曰：余家林宗藏書頗精，身没之後，盡屬雲烟。《李洞集》爲周俊冲所得，世傳本止有上下兩卷，今借歸補正，兼以鮑溶副本見惠。今以李頎、張喬刻本酬之。時康熙戊申歲秋九月，葉石君識。

雲臺編二卷明嘉靖刊本

唐都官郎中鄭谷撰

自序

嚴嵩序嘉靖乙未

司空表聖一鳴集十卷舊抄本

唐司空圖撰

自序

某氏手跋曰：是册爲先君子舊藏本，云是前明中葉人手抄。但每一展讀，竊訝訛字尚多，欲覓善本校讐，留心訪問，數年來竟不可得。今秋一書賈持到菉竹堂舊抄表聖文一册，字畫極精雅，惜僅存四分之一，不爲全書，卻又過昂其值，無力售之。因就其所録者校改一遍，勘正數十字，已覺賞心悦目，未審何時得購完書，補成全璧也。漫記諸卷端以俟。丙戌九月，東陽主人元畧。

韓内翰別集一卷叢書堂抄本

唐翰林學士承旨行尚書户部侍郎知制誥上柱國萬年韓偓撰

毛氏手跋曰：据列傳云，偓字致光，京兆萬年人。計有功云字致堯，今曰致光，誤矣。胡仔云致元，未知孰是。自號玉山樵人，小字冬郎。開成六年進士韓瞻之子。李義山與瞻同年，偓童時即席爲詩送之，一座盡驚，李因贈詩云：『十歲裁詩走馬成，冷灰殘燭動離情。桐花萬里關山路，雛鳳清於老鳳聲。』《藝文志》載詩一卷、《香匳集》一卷。余梓《香匳》已十餘年矣。兹吴匏庵叢書堂抄別集，皆天復元年辛酉五月入内庭後詩也。自辛酉迄甲戌凡十有四年，往往借自述入直、扈從、貶斥、復除，互敘朝廷播遷、奸雄篡弒始末，歷狀如鏡，可補史傳之缺。第乙卯、丙辰未入翰苑，不知何人混入，惜未得慶曆間温陵所刻致光手書詩帖一訂正耳。其亂後依王審知，本傳與李、晁諸家言之甚詳。惟劉克莊謂審知據福唐，韓致光乃居南安，曷嘗依之乎？又見墨林方氏所藏《祭裴君文》自書唐故官，不書梁年號，稱其賢于楊風子輩，且以宋景文不與表聖同列爲欠事。此皆克莊極贊致光不事二姓也。若王審知爲閩王始于丁卯，卒于乙酉，相去十九年，致光即匿影于三山九曲之間，何損其爲李唐遺民耶？況朱全忠被刺，刀腹出於背，瘞以敗氊，致光亦可以含笑見昭宗于地下矣。（當）〔嘗〕寓沙陽天王院歲餘，其詩奚止蘊明一篇？若得章僚碑記，考其傳外遺事，則羣疑涣然冰泮云。隱湖毛晉跋於續古草廬。

杜荀鶴文集三卷影寫南宋本

唐杜荀鶴撰

顧雲序

顧氏手跋曰：《讀書敏求（説）〔記〕》云：『余藏九華山人詩，是陳解元書棚宋本，總名《唐風》者。後得北宋繕，乃名《杜荀鶴文集》，而以「唐風集」三字注于下。竊思荀鶴有詩無文，何以集名若此，殊所不解。』《通考》云《唐風集》十卷，更與顧雲撰序刺謬矣。此本爲虞山毛氏所藏，想從北宋本傳録者，與述古繕寫本同出一源，而抄手工整，雖非影宋，已迥勝世俗流傳之本矣。潤蕡記。

唐風集三卷舊抄本　述古堂舊藏

唐九華山人杜荀鶴撰

顧雲序

玄英先生集八卷舊抄本

唐方干撰　前有《玄英先生傳》孫郃撰，後有集外文兩首，《文獻通考》等書十三則

王贊序乾寧丙辰

唐祕書省正字先輩徐公釣磯文集十卷舊抄本

唐徐夤昭夢著

夤裔孫玩序曰：文集者，八莆第五代祖先輩公所撰文也。公諱夤，字昭夢。登唐乾寧進士第，試《止戈爲武賦》，魁天下，授祕書省正字。先輩，時人推尊之稱也。釣磯，乃歸隱適意處號也。予嘗觀舊譜，載十二代著作佐郎賜紫魚袋師仁公所著文集序，云先輩公文字頗多，家故有賦五卷，《探龍集》五卷，又于蔡君謨家得《雅道機要》一卷，詩二百五十餘首，蓋詳論之。既

有其序，時必有集，今皆亡失，故常鬱鬱不樂，凡對族人，惟此不得其文爲憂歎。至延祐丁酉歲，叔父司訓公于洛如金橋林必載家，得詩二百六十餘首，復于己亥歲族叔祖道真公遺賦四十篇，不勝欣慰，合而寶之。後則屢求，未能再得。洎邇歲塵事稍息，謹述世緒，聲跡已詳于譜牒，復讀威武軍殿中侍御史劉公山甫撰公墓誌銘，謂公所著詞賦，感動鬼神，搜括造化，又謂悲泣百靈，包羅萬象，明珠無價，至道不文，窮達理性，諷誡澆浮，合先聖賢之意矣。讀之至是，愈有所感。今則據其所得詩賦暫編成卷，裝潢類諸譜牒，合與族人暨諸君子共之，可以知吾祖先手澤尚存而流衍無窮，抑祝厥後子孫勉而求之，以增是卷，庶不負吾故家文獻之烜燿。遂書之，以爲後之識也。玩可珍謹識。

夤族孫師仁序曰：正字諱夤，字昭夢。按《五代史·閩世家》稱，正字唐時以進名依王審知仕宦。《九國志》列傳：『正字，莆田縣人。乾寧初舉進士，禮部試《止戈爲武賦》，一燭纔盡，已（孰）〔就〕有「破山加點，擬戍無人」之句，侍郎李擇覽而奇之。是歲釋褐祕書省正字，歸寧于閩中。屬江淮盜蠭起，退居延壽溪。王審知聞之，辟居幕下，而禮待簡略，内不能平，一旦拂衣去，曰：「丈尺之水，前陂後堰，安能容萬斛之舟乎？」尋舊隱，慨然有長往之志。王廷彬刺泉州，每同遊賞，及陳郯、倪曙等賦詩酣酒爲樂，凡十餘年，求還所居。嘗被病，遣求藥物于廷彬，答書曰：「善自調護，亦可自開豁，三皇五帝，不死何歸？」蓋舉賦語以戲之，竟卒于延壽之别墅。』本朝張丞相齊賢記正字未第時，道汴州，進謁梁祖，面賦《無雲雨篇》，立就。其斷句云『争表梁王造化功』，大蒙賞遇。及解褐東還，祖爲開宴，醉中誤觸諱。歸館了悟，憂在不測，復製《遊大梁賦》以獻。其略曰：『客有得意還鄉，遊于大梁，遇郊坰之耆舊，問今古之侯王。父老曰：「且説當今，休論前古。昔時之功業誰見，今日之聲名有覩。」』中一聯云：『遂使千年漢將，憑吉夢以神符；一眼胡奴，望英風而膽喪。』祖曾夢韓信授以兵法，胡奴指李克用也。祖讀至此大悦，令軍士傳寫，皆諷誦之；敕字酧一縑，不復責前事。按《崇文總目》，正字賦五卷，《探龍集》一卷，題曰『僞唐徐某撰』。正字實未嘗仕僞唐也。師仁家故有賦五卷，《探龍集》五卷，正字自序其後，又于蔡君謨家得《雅道機要》一卷，又訪于族人及好事者，得五言詩并絶句合二百五十餘首，以類相從，爲八卷，并藏焉。正字《人生幾何賦》至今膾炙人口，兒童婦女往往道徐先輩。而集有《贈渤海高元固詩序》，云高見訪于閩中，言本國得《斬蛇賦》、《御溝水賦》、《人生幾何賦》，家家皆以金書列爲屏障。又《自詠詩》注云，温陵使宅有圖障二面，張林西樓書手作《迴文八體詩》，每一首顛倒讀成八首。以此知正字之文，不獨行于當時，名于後世，亦播于異域也。然《八體迴文詩》尋討未獲，小説載《紅綾餅餤》絶句亦不見全，其餘碑碣之屬甚衆，類皆亡矣。豈其賦名特高，故他文遂不俱傳歟？今觀牋疏頗類玉溪，而律詩精練，亦不減同時韓致光、吴子華諸人也。惜乎遭罹亂世，不獲少伸其志。其來閩中，且有前陂後隁之歎，安有爲朱温所屈哉？殆遜言避禍，不得不爾也。張丞相記頗詳，足以附見。建炎三年三月序。

張氏金吾曰：前有裔孫玩序曰『公故有賦五卷，《探龍集》五卷，詩二百五十餘首，今皆亡失。延祐丁酉叔父司訓公于洛如金橋林必載家，得詩二百六十餘首，復于己亥歲族叔祖道真公遺賦四十篇，合而賨之，暫編成卷』云云，則此本蓋玩所重編也。缺卷四賦一篇，卷五一卷賦十篇。内《江歸金陵》、《過驪山》、《樊噲入鴻門》、《隱居以求志》、《山暝孤猿吟》、《白衣入翰林》、《雷乃發聲》、《寒賦》八篇，伏讀《欽定全唐文》俱有可據，以補入，并多《均田賦》、《衡賦》二篇，爲此本所未載者，此本《荐藺相如使秦》、《玄宗御製盧徵君草堂銘》、《陳後主獻詩》、《外舉不避讎》、《避世金馬門》、《東陵侯弔蕭何》、《貴以賤爲本》、《管仲棄酒》、《叩寂寞以求其音》、《知白守黑爲天下式》、《太極生二儀》、《員半千説三陣》、《文王葬枯骨》、《駕幸華清宫》、《再幸華清宫》、《卞莊子刺虎》、《鑄百鍊鏡》、《玄宗御注孝經》、《割字刀子》、《福善則虚》、《竹篦子》等賦共二十一篇，《全唐文》俱未載，殆偶未見此本歟。

浣花集十卷宋刊抄補本

唐杜陵韋莊撰

余家兄莊自庚子亂離前，凡著歌詩文章數十通，屬兵火迭興，簡編俱墜，唯餘口誦者，所存無幾。爾後流離漂泛，寓目緣情，子期懷舊之辭，王粲傷時之製，或離羣軫慮，或反袂興悲，四愁九愁之文，一詠一觴之作，迄于癸亥，歲久綴僅千餘首。庚申夏自中諫□□□□辛酉春，應聘爲西蜀奏記。明年浣花溪尋得杜工部舊址，雖蕪没已久，而柱礎猶存，因命芟夷結茅爲一室，蓋欲思其人而成其處，非敢廣其基構耳，藹便因閑日，録兄之藁草，中或默記於吟詠者，次爲□□□目之曰《浣花集》，亦杜陵所居之義也。餘今之所製，則俟爲别録，用繼于右。時癸亥年六月九日，藹集。

黄氏手跋曰：此殘宋刻本《浣花集》四至十卷，余友陸子東蘿以青蚨一分得諸閶門外上塘街冷攤，特爲持贈余者。東蘿初不知爲宋刻本，但云：『有舊人圖書葉陽生，欲就君質之。』余曰：『此人余卻知之。』余將爲言其詳，及觀後一無名氏跋而益信余所知之人也。近因上津橋葉氏將刊其先世天士所著《本事方釋義》，向余借宋刊許學士《本事方》，因相往還。登眉壽堂，見爲號有陽生道兄，詢悉陽生即天士之父，素精於醫，曾治范伏菴太史初生時無穀道一證。此書所鈐印，即其人也。末跋語云：『某因病久嗽不愈，以此償藥直。』知向時醫家脈藥相連，故云以此償藥直也。是書破爛不堪，命工粗加整理，裝成，攜示葉氏後訥人、丰帆輩。各幡陽生手批醫書，皆云跋語字跡實係陽生公書，而康熙乙卯三月去陽生辭世之年庚申尚有六載，此跋洵不誣也。訥人云陽生公與汪鈍翁有唱酬之作，蓋精于詩者。一書之微，多取印證，余喜而筆諸卷端。復翁。

又曰：余藏韋莊《浣花集》，向有三本，一爲黑格精鈔本，一爲藍格舊抄本，一爲毛氏影鈔宋本，三者之中影抄爲上，然得此殘宋刻證之，則又在影鈔者上矣。蓋書以古刻爲第一，一字一句之誤，猶可諦視版刻，審其誤之由來。影鈔則已非廬山真面目，矧其爲泛泛傳鈔者乎？故余佞宋，雖殘鱗片甲亦在珍藏，勿以不全忽之。此册前缺序目及首三卷，若就影鈔本補全，誠爲兩美。然業無宋刻，即影鈔已失其真，故仍願離之則兩美也。欲卒讀者有影鈔本在，取而觀之可耳。甲戌六月六日復翁補書於第九卷尾，以此半葉係裝時補綴，非宋版本有，雖灰之無傷。

又曰：余家向藏毛氏影宋本《浣花集》，在唐人諸集中，取對此，此實宋版。卷中『徵』、『禎』、『玄』、『樹』避此四字，而『玄』、『樹』有不盡避者，宋板時或有此。余初付裝，見者或疑此刻之非宋而妄笑余佞宋之太甚，所信未必真。然裝成，同人傳觀，藏書家如周香嚴，賞鑒家如陶朗軒，皆以余言爲信，則誠可信矣。佞宋何嘗佞哉？

又曰：昔何義門學士跋宋刊許渾《丁卯集》云：『惜板刻糊塗，幸得毛豹孫影寫宋本，一一補其缺失，差異於不知而妄作者。』今余收《浣花集》失其序目及首三卷，亦賴影宋本補全，即守義門之意也。宋刻出自陸東蘿所贈，此屬東蘿影鈔，蓋是書始終成於東蘿云。丁卯季夏裝，復翁記。

案，此宋刊宋印本，每葉二十行，每行十八字。卷中有『士禮居』朱文方印、『老蕘』朱文方印。

廣成集十二卷舊抄本

唐杜光庭撰

無名氏序曰：杜光庭，字聖賓，號東瀛子，或云括蒼人，爲時巨儒。唐懿宗朝，與鄭雲叟賦萬言不遂，入道事天台山。應夷節嘗謂道法科教，自漢天師暨陸修静撰集以來，歲月緜邈，幾將廢隊。遂考真（誥）〔僞〕，條例始末，故天下羽褐永遠受其賜。鄭畋荐其文於朝，僖宗召見，賜以紫服象簡，充麟德殿文章應制，爲道門領袖，當時推服。中和初，從駕興元，道遊西縣，適遇術士陳七子，名休復，洒然異之，披榛穴地，取瓢酒酌之曰：『以此換子五臟（邇）〔爾〕。』遊成都，喜青城山白雲溪氣象盤礴，遂結茅居之溪，蓋薛昌真人飛昇之地也。一日忽謂門人曰：『吾昨夢朝上帝，以吾作岷峨主司，恐不久於世。』時後唐莊宗長興四年，年八十四歲。一旦披法服作禮辭天，陞堂趺坐而化，顔色温睟宛若其生，異香滿室，久之乃散。蜀主王建初欲大用之，爲張裕所沮。賜號廣德先生，又欲優於名秩，以爲諫議大夫，封蔡國公，進號廣成先生。

桂苑筆耕集二十卷高麗刊本

唐都統巡官侍御史内供奉崔致遠撰

右臣自年十二離家西泛，當乘桴之際，亡父誡之曰：『十年不第進士，則勿謂吾兒，吾亦不謂有兒。往矣勸哉！無隳乃力。』臣佩服嚴訓，不敢弭忘，懸刺無遑，冀諧養志，寔得人百之、己千之。觀光六年，金名牓尾。此時諷詠情性，寓物名篇，曰賦曰詩，幾溢箱篋。但以童子篆刻，壯夫所慚，及忝得魚，皆爲棄物。尋以浪跡東都，筆作飯囊，遂有賦五首，詩一百首，雜詩賦三十首，共成三篇。爾後調授宣州溧水縣尉，禄厚官閑，飽食終日，仕優則學，免擲寸陰。公私所爲，有集五卷。益勵爲山之志，爰標《覆簣》之名，地號中山，遂冠其首。及罷微秩，從職淮南，蒙高侍中專委筆硯，軍書輻至，竭力抵當，四年用心，萬有餘首。然淘之汰之，十無一二，敢比披沙見寶，粗勝毁瓦畫墁，遂勒成《桂苑集》二十卷。臣適當亂離，寓食戎幕，所謂饘於是，粥於是，輒以筆耕爲目。仍以王(韶)〔詔〕之語，前事可憑，雖則傴僂言歸，有慙鳧雀，既墾既耨，用破情田，自惜微勞，冀達聖鑒。其詩賦表狀等集二十八卷，隨狀奉進謹進。中和六年正月日，前都統巡官承務郎侍御史内供奉賜金魚袋臣崔致遠狀奏。

皕宋樓藏書志卷七十二

集　部

別集類六

徐公文集三十卷舊抄校宋本

宋東海徐鉉撰　後附行狀、墓誌銘李昉撰、李至等祭文挽詞

胡克順進表曰：臣克順言，伏以德必有言，見稱於君子；文之行遠，用示於方來。矧逢熙盛之期，茂闡欽明之化。臣克順誠惶誠懼，頓首頓首。伏念臣本惟寒族，偶襲緒風。幼服佩於義方，長陶烝於孝治。築室百堵，介處於下鄉；教子一經，敢隳於素業。旌閭雖慙於往事，賜書豈謝於古人。家藏稍多，耳剽亦久。竊見故散騎常侍徐鉉，傑出江表，夙負重名。逮事天朝，薦升近列，特受先皇之顧遇，頗爲後進之宗師。文律高深，學術精博，辭惟尚要，思在無邪。克著一家之言，蓋處諸公之右。淳化之歲，被病考終。生嗟伯道之孤，没慮若敖之餒。而臣頃在塲屋，獲造門墻，情篤鄉閭，禮鈞甥姪。永惟感舊，適值送終。臣家乃具扁舟，載其靈柩，直

抵豫章之郡，卜葬西山之阿。一掩佳城，久荒宿草。雖歲時靡輟，爲修黄石之祠；而翰墨罕存，難訪茂陵之札。每思編緝，尤懼舛譌。數年前故參知政事陳彭年因臣屢言，成臣夙志，假以全本，并兹冠篇。乃募工人，肇形鏤板。竹簡更寫，無媿於前修；綈几迴觀，願留於睿覽。伏望崇文廣武感天尊道應真祐德上聖欽明仁孝皇帝陛下，清衷軫念，鴻霈延慈。稍迴虞舜之綸，恩乙東方之牘。淪恩至厚，俾朽骨以重榮；皇範長新，耀遺編而增焕。豈惟疎賤，獨荷照臨。其新印《徐鉉文集》兩部計六十卷，共一十二册，謹隨表上進。干冒宸嚴，臣無任戰汗激切屏營之至。臣克順誠惶誠懼，頓首頓首謹言。天禧元年十一月日，三司户部判官朝散大夫行尚書都官員外郎上護軍臣胡克順上表。

陳彭年序曰：昔姬昌既没，文不在於兹乎；韓起有言，禮盡見於魯矣。故尼丘降異，以彦民宗；闕里垂言，用爲人極。自哲人一往，作者多歧，則有孟子制其横流，荀卿平其亂轍。戰國之際，百氏沸騰；嬴秦之餘，六經煨燼。菁華欲極，俎豆無歸。故賈生談仁義於前，楊子宗詩書於後。魏晉名士，咸重玄言；梁隋諸公，始興宫體。兹風一扇，踰數百年。唐氏隽乂爲多，比百王而雖盛；文章所尚，方三古而終殊。於是韓吏部獨正其非，柳柳州輔成其事。千齡旦暮，斯豈誣哉？俾大道之將行，故由天意；幸斯文之未喪，亦繫人謀。其有道冠人倫，才爲世表，令名不泯，百代攸宗。今復見之徐公矣。公諱鉉，字鼎臣，其先會稽人也。鄰幾之姿，生民之秀。滄溟沃日，流作言泉；建木下星，植爲行囿。英材茂德，光映於前修；懿範清規，儀形於來者。弄璋之始，屬唐室之多虞；佩觿之初，值揚都之建號。公文辭濬發，不類幼童；識量淹通，已成大器。彈冠八仕，方居終賈之年；佩玉登朝，即就嚴徐之列。洎江東内禪，文物初興。廊廟之珍，獨當其任；搢紳之望，無出其先。漢之賢臣，蔡邕歷三臺之選；魏之俊士，索靖馳二妙之名。若乃毛玠之公清，汲黯之正直，王倫之知禮，張華之博物，鄭當時之下士，山巨源之薦賢，以公方之，綽有餘裕。故得覿孔光之樹，久奉樞機；寓荀最之池，常忝獻替。雖具瞻之重，猶未正名；而乃眷之殊，已同彼相。及樓船南伐，青蓋東來。遂於艱虞之辰，克盡始終之節。夫章臺之璧，早屬秦求；方城之材，果爲晉用。太祖讀豫州之檄，不責其非；今上聽上林之文，屢言其美。由是甘泉柏殿，重奉宸游；項闔貂冠，更膺王獎。天公慕義，如見古人；名德在時，目爲耆老。李膺交友，不異神仙；許劭言談，是名月旦。雖來於江左，魯公於是贈詩；寓彼漢中，武侯以之下拜。無以踰也。及運逢消長，道或盈虚。辭通籍之簪纓，陪外藩之罇俎。語鬼神之事，歸宣室而未期；留封禪之書，卧茂陵而長往。嗚呼！惟公秉中和之氣，挺傑出之才。風雨而不迷，雪霜而不變。瞻其潔白，如珪如璋；聽其風聲，如蘭如蕙。自成人之始，至從心之年。險阻艱難，所經多矣；功名富貴，皆自致之。至若平仲事君，一心無改；展禽秉直，三黜彌光。百行立身，世談其盡善；片言違道，人知其不爲。豈但王佐之才，獲稱於士季；公卿之量，見賞於林宗乎？其有立言之旨，學古之功，究乎天人，窮乎性命。文房逸勢，楚國之三休；筆陣雄風，宋人之九拒。昔者《洞簫》之賦，誦之者後宫；《劍閣》之銘，刊之者明詔。賈誼《過秦》之作，史臣置於篇中；王融《曲水》之辭，鄰使求於座上。蔡中郎之所自許，則有《太丘》之碑；潘黄門之所用工，獨是《荆州》之誄。公並窮其淵藪，仍在上游；掇其英華，更多餘力。雖絲簧金石，無以均其雅；黼黻玄黄，不足方其麗。草《太玄》之客，徒欲載金；述十意之人，自將焚稿。豈獨語其篇什，宜升洙泗之堂；畫彼形容，當在靈均之廟者哉？矧復六書之藝，少而留心；二篆之蹤，老而盡妙。研精不捨，常惜寸陰；尺牘所傳，有同珍寶。聖上方欲恢千年之洪業，答上帝之耿光。銘此成功，垂之不朽；求之輿議，公即其人。斯志未終，大年行盡，殲良之痛，其可已乎？公江南文稿，撰集未終，一經亂離，所存無幾。公自勒成二十卷。及歸中國，入直禁林，制詔表章，多不留草，其餘存者，子壻尚書水部員外郎吴君淑編爲十卷，通成三十卷。所撰《質論》、《稽神録》，奉詔撰《江南録》，修許慎《説文》，並别爲一家，不列於此。彭年越在幼年，即承訓導。通家之舊，與文舉以攸同；入室之知，方子淵而豈異。感生平而永嘆，報德無階；痛音問之長違，殞身莫贖。聊存摭寔，用以冠篇。時淳化四年七月序。

徐公既没，門人等論次其文爲三十卷，曩祕閣吴正儀、今翰林隸川公並爲之序，論之詳矣。都官員外郎胡君克順，通才博雅，樂善好賢。早遊騎省之門，深蒙鄉里之眷。寶兹遺集，積有歲時，鏤板流行，庶傳悠永。因以丞相趙郡文貞公、鄧帥隴西公所作墓誌、挽詠等列於左次，用垂茂寔，俾題於後，以記厥由。大中祥符九年八月，太常丞集賢校理晏殊序。

《騎省徐公文集》三十卷，天禧間尚書都官員外郎胡君克順編録刊行，且奉表上進。章聖皇帝降詔奬諭，參知政事陳公彭年爲之序引，丞相晏元獻公復爲後序。騎省在江南有重名，仕天朝爲近侍，以文翰忠直，在當時諸公先。既没，丞相趙郡李文正公寔誌其墓，所以稱述推尊之者甚至。距今且二百年，其英名偉節，得以不泯，而爲後學法者緊文集是賴。年世寖遠，兵火中厄，鮮有存者，偶得善本，使公庫鏤板以傳。紹興十九年十一月十日，右朝議大夫充敷文閣待制知明州軍州事提舉學事賜紫金魚袋徐琛跋。

徐常侍集三十卷朱竹垞手抄補足本

宋東海徐鉉著

盧氏跋曰：《徐文公集》三十卷，南唐舊臣，後入於宋東海徐鉉鼎臣之詩若文也。前二十卷在南唐所作，後十卷入宋後所作。詩致清婉，在崑體未興之前，故無豐縟之習，其文儷體爲多，亦雅淡有餘，爲組織之學者見之，或不盡憙，然沖瀜演迤，自能成家，不可得而廢也。李文正稱其爲文敏速，不樂豫作，臨事立揮草云。速則意思壯敏，緩則體勢疎慢。今觀集中之文，則其言也信，亦唯其如是，故亦無瀠洄渟蓄之趣，崩雲裂石之勢。此殆出人之才力，各有所偏勝，雖使自知之，而固無能相易者乎。余從鮑氏借得此集，乃虞山馮巳倉舒手校本。余又爲正其所未盡者。録成，復請江陰趙敬夫曦明覆審，又得十數條，其本脱者尚無從補正之，然此已可信爲善本矣。東里盧文弨。

某氏手跋曰：《騎省集》六册，秀水朱太史故物。卷中丹黄，皆竹翁親自□勘。其手録半帙，書法古雅，較之陋板惡鈔，真同霄壤。後歸花山馬寒中先生。甲辰乙巳間，南樓圖籍雲散風流，予乃得而有之。覽兹墨妙，不勝盛衰今昔之感。小山叢桂書齋識。

河東柳仲塗先生集十五卷附録一卷舊抄本

宋柳開撰，門人張景編　前有行狀張景撰

一氣爲萬物母，至於陰陽開闔，噓吸消長，爲晝夜，爲寒暑，爲變化，爲死生，皆一氣之動也。庸不知斡之而致其動者果何物哉，不知其何物所以爲神也。人之道不遠是焉。至道無用，用之者有其動也，故爲德，爲教，爲慈愛，爲威嚴，爲賞罰，爲法度，爲立功，爲立言。亦不知用之而應其動者又何物也。夫至道潛於至誠，至誠藴於至明，離潛發藴，其至而不知所至者，非神乎哉？堯、舜之揖讓，湯、武之征伐，周公之制禮樂，孔子之作經典，孟軻之拒楊、墨，韓愈之排釋、老，大小雖殊，皆出於不測，而垂於無窮也。先生生於晉末，長於宋初，拯五代之横流，扶百世之大教，續韓、孟而助孔、周，非先生孰能哉？先生之道，非常儒可道也；先生之文，非常儒可文也。離其言於往跡，會其旨於前經，破昏蕩疑，拒邪歸正，學者宗信，以仰以賴，先生之用可測乎？藏其用於神矣。然其生不得大位，不克著之於事業，而盡在於文章。文章，蓋之曰《河東先生集》。先生名氏、官爵暨行事，備之行狀，而繫於集後。咸平三年夏五月己亥，門人張景述。

何氏手跋曰：《河東先生集》鈔本多譌謬，第十卷卷首相仍缺半葉，他本遂并失去第二篇矣。其清先生偶以此本見示，其每行字數近古，前有張景序，又止作十五卷，因留之與予家所傳四明黄太沖家本，又借虞山毛氏所傳叢書堂本互勘焉，改正添補共二百餘字，稍可讀矣。此本通字皆缺末筆，乃避明肅父諱，疑亦出于北宋刻云。康熙五十年辛卯春日，何焯記。

又跋曰：《河東先生集》，陸君其清偶以鈔本見示，其每行字數近古，前有張景序，又止作十五卷。因留而對校，初謂兩日可了，乃因循作輟，遂至半月，甚矣衰，善病且怠於學也。其清不輕與人通假書籍，倦圃、竹垞兩先生欲鈔録其藏本，甚祕者即不肯出。尋常小書，亦必葉數、卷數相當，始得各易所無。獨此段於予意尤厚，乃識不忘焉。康熙五十年二月，何焯書。

河東先生柳仲塗集十六卷舊抄本

宋柳開撰，門人張景編

張景序咸平三年

咸平集三十卷舊抄本

宋京兆田錫著　前有墓誌銘范仲淹撰、神道碑陰司馬温公撰

蘇軾奏議集序

寇忠愍公詩集三卷鮑淥飲校本

宋開府儀同三司太子太傅贈太傅中書令上柱國萊國公寇準撰　前有贈謚誥□□旌忠之碑

范雍敘曰：混茫之始，判而異焉，騰爲輕清，降作重濁，著之顯者，從其類矣。是故三辰晶明，委照萬寓，風雲飄緲，周流八極，附於天也。培塿成垤，因之原隰，潢汙積派，隨其窪窳，從其地也。其間萬物，悉由禀焉。若禀之清者，飛則爲鸞鳳鵬鶚，走則爲麒麟騊駼，茂則爲芝蘭茝芷，植則爲松桂筠篁，引而伸之，不可勝數。人爲物之靈也，是以得乎輕清，則爲賢，爲聖，爲明，爲哲，爲君仁而睿，爲臣正而肅，爲父慈而温，爲子恭而順。發爲事業，則惠愛同濟，聰敏純慤，形於文章，則典切淵奥，鴻博麗正。斯蓋出乎異禀。忠愍公所謂輕清之降靈焉，其鍾體質也，温粹莊厲，和氣襲物；其立臣節也，端亮平直，英風可尚；其施政教也，寬簡明裕，視民如傷；其爲文章也，優贍微婉，屬意綿密。尤工於詩，曲盡風雅，藻思宏逸，峻格高遠，因興發詠，必根於理，得騷人之旨趣焉。故所成篇詠，膾炙衆口，傳寫寶秘，恨不多得，鴻筆奥學，靡不欽

嘆。故樞相文康即公之壻，實有道之士焉。志公之墓，序初知巴東，曰：『詩家者流目爲寇巴東，以方前代羅江東、趙渭南也。』録公警策之篇，若『遠水無人渡，孤舟盡日横』、『到海只十里，過山應萬重』等句。又謂公之爲詩必本風騷之旨，而以感傷爲主。嘗爲《江南春》二絶，其一曰：『波渺渺，柳依依。孤村芳草遠，斜日杏花飛。江南春盡離腸斷，蘋滿汀洲人未歸。』其二曰：『杳杳烟波隔千里，白蘋香散東風起。日落汀洲一望時，愁情不斷如春水。』人曰少貴無不足者，其攄詞綺靡可也，氣焰可也，惟不當含悽爾。今而思之，迺莫年遷謫，流落不歸之意。詩人感物，固非偶然。時以爲文康公之知言也。大約公之爲詩，多有此意。又如《聞杜宇》云：『曾爲深冤無處雪，長年江上哭青春。平林雨歇殘陽后，愁殺天涯去國人。』此非先詠南行之事乎？公平昔酷愛王右丞、韋蘇州詩，吟詠斯則過矣。雍頃爲公倅，常從遊讌，多聞其得意之句，情思閑雅，聽之忘倦，隨録簡牘，才數十篇。今守三城，會監軍趙侯臨即公之中表也。日與遊接，時道公詩，因請於公家，盡録昔所存紀，得二百餘篇，并前之所録不在此數者，及謫官後趙公所記，共二百四十首。類而第之，分爲上中下三卷，其餘流落，無復求購，懼歲久磨滅，因序以成編。此第言公之詩也，若大節賢行，則有追諡詔旨存焉，亦録於集首，俾開卷者，不獨仰騷雅之道爾。

道州介乎湖南、廣西之兩間，江山迴合，秀潤所鍾，風俗淳厚，其民尊賢樂善，爲兩路甲。自昔聞人如陽亢宗、元次山、吕温、薛伯高等相繼爲州刺史，邦人榮之，經數百年，至今祠事不忘也。次山嘗節度荊南，又經略容、管等八州矣，然世必曰元道州，而獨道州祠堂在焉。丞相萊國公，以元勳大德，歷事太宗、真宗二帝，膏澤滲漉，衣被天下。方其盛時，出入將相，雄藩鉅鎮，分閫授節，濟民利物，隨在周洽。莫年遷謫，始至道州。其在道州也，躊躇退縮，卷而藏之，固無向時之施設也。然百餘年間，求其遺跡而諸鎮之客館皆丘墟矣，唯道州有寇公樓，尚繪公像事之，豈非尊賢樂善之俗然乎？宣和壬寅，次翁受命假守。既至，拜公像，凛凛若見其人，方且朝夕磨勵，取公師法，施之郡政。顧樓久不葺，迺命工易榱桷之腐朽者，完甓砌之頹闕者，餙堊雘之漫漶者。既焕然一新矣，又得公詩三卷，凡二百四十篇，爲校正其訛錯，鏤板傳久。且公之事業，焜燿竹帛，與日月争光，非待詩而後傳也。蓋以慰邦人無窮之思，而么麽趢趢，亦庶幾託公詩以不朽乎。宣和五年十二月朔，濟南王次翁序。

萊公兩朝大臣，勳業之盛，掀天揭地，人皆知有其名，而往往或不知有其詩，何也？蓋勳業有以揜之也。伊尹之訓，周公之誥，著在方册，表裏典謨。而自古及今，論文者必曰孔、孟，而不曰伊、周，蓋伊、周之可稱，在於興商輔周，訓誥之作不足道也。公清才雅韵，冠絶一世，播於篇什，平淡淳正，得風雅之體，自其少年從士以至立朝退處，歡愉逸樂，激烈憤惋，無不並見於詩。太原范伯純始收録篇什，分爲三卷，春陵得之，尤其後也。蓋公晚年遷謫，嘗至春陵，邦人思慕不忘，由是建樓畫像，以崇朝夕。然而詩篇之傳家，百不一焉。逮宣和間，王公次翁來茲叟組，景仰前修，因取舊集，刊版以傳，士夫鼓舞以相夸詫，而春陵景物，由是增輝矣。近時楊守惇亦即舊板重加刊治，至此未幾，而字之漫滅者復且過半。敩適玆承乏，政事之餘，取而閱之，深恐浸以失真，復命校正，鳩工一新焉。昔白居易謂劉禹錫之詩在處應有神物護持。禹錫一文人，徒以句韵之工，識者奇之，尚且如此，況公文章所在，當如何哉？吾又知自有不可得而漫滅者存焉爾。隆興改元七月日，長樂辛敩書。

乖崖先生文集十二卷附録一卷舊抄本

宋張詠撰

郭森卿序曰：故禮部尚書忠定張公以直道事太宗、真宗，雖不登相位，而眷倚特隆，天下誦其事業，而鮮有知其文者。今觀其文，大抵脱去翰墨畦逕，無屬辭綴文之迹，而磊磊落落，寔大於四國。國初踵五季文氣之陋，柳仲塗、穆伯長輩力爲古文以振之。公初不聞切磨於此，而當時老於文學者，稱其秉筆爲文，有三代風，蓋其光明碩大之學，尊王庇民之道，英華發外，而經奇典雅，得以天韻之自然，殆非言語文字之學所能到也。崇陽本公遺民也，後之君子，欲誦其詩，讀其書，將於是乎取而無傳焉，可乎？森卿初至邑，會舊尹三山陳侯樸授一編書，乃公遺文，欲刊之縣齋而未果，屬使成之。讀其歌詩，有古樂府風氣，律句得唐人體，若聲賦之作，又其傑然雄偉者，因揭以冠編首。或者以《小英歌》等不類公作，然其詞艷而不流，政自不害爲宋廣平《梅花賦》耳。語録舊傳有三卷，今採摭傳記，僅爲一卷，以附焉。遺事所載未備，輙以所聞增廣，又於石刊中增收詩八篇。好事者有爲公年譜，亦加删次，别爲一卷，尚論其世者，宜有取爾。舊本得之通城楊君津家，凡十卷，今爲十二卷。其會稡訂證，寔屬之尉曹孫君惟寅，而使學生存中參焉。外有韓魏公所作神道碑、内翰王公送公宰崇陽序、李巽岩《祠堂記》、項平庵《北峰亭記》，此其人皆知公之深者，爰並録之，覽者得其詳焉。

乖崖集十二卷附録一卷影寫宋刊本

宋張詠撰

郭森卿題辭

楊大年先生武夷新集二十卷明刊本

宋楊億撰

予咸平戊戌歲九月，受詔知栝蒼郡，逮十有二月戊子朏始達治所。凡再更年籥，復朝于京師。未半載，入西臺，掌誥命。迄景德三祀龍集丙午仲冬之七日，被召入翰林。會庚戌詔書許百執事，以旬休出沐，頗燕居多暇，因取十年來詩筆，條次爲二十編，目之曰《武夷新集》。蓋山林之士不忘維桑之情，雕篆之文，竊懷敝帚之愛，命題之意良在是也。予亦厲精爲學，抗心希古，期漱先民之芳潤，思覯作者之壼奥。而志力淺局，襟靈底滯，大懼夫絶臏於龍文之鼎，傷吻於蟻封之埒，非不勉也，恐致敗焉。亦由鳧鶴之質自然，胡能損益？薑桂之性素定，豈可變遷？鴻麗之客，當見恕矣。輒將假詞大手，序以冠篇，又慮其相先與進，掩瑕溢美，刻畫無鹽，秖足益其陋，穿鑿混沌，彌以喪其真，故不避乎厚顔，聊爰筆以自述云耳。時丁未歲十月晦日，翰林學士朝散大夫行左司諫知制誥同修國史判史館事柱國號略縣開國子食邑六百户賜紫金魚袋楊億序。

王黄州小畜集三十卷明影宋本　沈辨之舊藏

宋王禹偁撰

淳化二年歲在辛卯禹偁王□□□□□州團練副使，至道二年乙未歲□□□□□士黜守滁上，得尚書郎中。明年十二月，移知廣陵，又明年三月□□□□□今上嗣位，復以刑部郎中入西掖。咸平二年，守本官知齊安郡，年四十有六，髮白目昏，居常多病，大懼没世而名不稱矣。因閲平生所爲文，散失焚弃之外，類而第之，得三十卷，將名其集，以《周易》筮之，遇乾䷀乾下乾上之小畜䷈乾下巽上。乾之象曰：『君子以自强不息。』是禹偁修辭立誠，守道行己之義也。小畜之象曰：『風行天下，小畜。君子以懿文德。』説者曰：『未能行其施，故可懿文而已。』是禹偁位不能行道，文可以飾身也。集曰《小畜》，不其然乎？咸平三年十二月晦日，太原王禹偁序。

内翰王公以文章道義被遇太宗皇帝，視草北門，代言西掖，眷接優隆，聲望最重，咸謂咫尺黄閤矣。偶坐事左遷，咸平初來守齊安，在郡政化孚洽，容與暇景，作竹樓、無愠齋、睡足軒以玩意。邦人沐浴恩惠，爲繪像立祠，東坡居士嘗親拜其下。歷歲滋久，經涉兵盜，無一存者。風範歇絶，音徽眇然，良可太息。平生撰著極富，有手編文集三十卷，名曰《小畜集》。其文簡易醇質，得古作者之體，往往好事得之者，珍祕不傳，以故人多未見。虞卿假守于此，追訪舊址，躊躇增慨，想見其人，思欲以次興葺，而鈍拙無能，救過不贍，輒且先其大者。因以家笥所藏《小畜集》八本，更加點勘，鳩工鏤板，以廣其傳，庶與四方學者共之。紹興丁卯皇上祀紫壇之明年六月庚申，歷陽沈虞卿書。

黄州契勘諸路州軍間有印書籍去處，竊見王黄州《小畜集》，文章典雅，有益後學，所在未曾開板，今得舊本，計壹拾陸萬叁阡捌伯肆拾捌字，檢准紹興令諸私雕印文書，先納所屬申轉運司選官詳定，有益學者聽印行。除依上條申明施行，今具雕造《小畜集》一部，共制册計肆伯叁拾貳板，合用紙墨工價下印書紙并副板肆伯肆拾捌張，表背碧青紙壹拾壹張，大紙捌張，共錢貳伯陸拾文足，賃板棧墨錢伍伯文足，裝印工食錢肆伯叁拾文足，除印書紙外共計壹貫壹伯叁拾陸文足，見成出賣，每部價錢伍貫文省。右具如前。紹興十七年七月□日。

校正承節郎光黄州巡轄馬遞鋪周郁，校正左從政郎司理叅軍李儀，校正右從政郎録事叅軍李彬，校正左從政郎州學教授梅守卓，監雕造右文林郎軍事雄官宗亞昌，監雕造右文林郎軍事判官王傑，右朝奉郎通判軍州事胡㶿，左朝散大夫權知軍州事沈虞卿。

某氏手跋曰：王黄州抄《小畜集》，往歲避寇城中，得之沈辨之氏，乙卯七月也。近潛坤子借觀，先與前三册。今復避寇入城，潛坤過訪，談及，復索後三册。特歸取來，燈下閱之，忽憶卯秋，不覺十年矣，光陰迅速，一事無成，爲之三嘆。題此以紀歲月。時嘉靖乙丑四月廿九日，岳西道人復初書于栩栩齋。

王黄州小畜集三十卷明影宋抄本

宋王禹偁元之撰

沈虞卿序紹興丁卯

自序咸平三年

王黄州小畜集三十卷張紹仁校宋本

宋王禹偁撰

自序咸平三年

沈虞卿序紹興丁卯

張氏紹仁手跋曰：宋槧《小畜集》，舊藏沈辨之野竹齋。卷首又有惠松崖印。殘本今在黄蕘翁百宋一廛。第十二卷全九葉；第十三卷全七葉；第十四卷存九葉，闕第九葉；第十五卷全十葉；第十六卷存十五葉，缺第十三至十五三葉；第十八卷存十葉，闕第一至七七葉；第十九卷存十四葉，闕十五、十六二葉；第二十卷全十六葉；第二十一卷全十七葉；二十二卷全十七葉；二十三卷全十五葉；二十四卷存十葉，缺十一至末三葉。宋刊存一百四十九葉，餘缺卷、缺葉皆吾研齋補鈔。

予少時得元之詩文數篇，讀而善之，鋭欲見其全集，遍覓不可得。既知有板梓于黄州，託其州人覓之，又不得。去歲入長安，從相國葉進卿先生借得内府宋本，疾讀數過，甚快，因鈔而藏之。今學爲詩者，未能窺此老藩籬，而動彈射宋人至不遺餘力，此與以耳食者何以異？悲夫！萬曆庚戌三月望日，晉安後學謝肇淛敬跋。

案，吾研齋補鈔本後有此跋，想吕氏之所祖，即出於謝在杭本耳。因録于右，以備溯源之考據云。訒盦居士記。

皕宋樓藏書志卷七十三

集　部

别集類七

王黄州小畜外集七卷宋刊本　沈辨之舊藏

宋王禹偁　原三十卷，今存卷七至卷十三，凡七卷，又卷六末葉一葉

蘇頌序曰：或謂言不若功，功不若德，是不然也。夫見于行事之謂德，推以及物之謂功，二者立矣，非言無以述之，無述則後世不可見，而君子之道幾乎熄矣。是以紀事述志必資于言，較于事爲，其寔一也。自昔能言之類，世不乏賢。若以德與功偕，文備于道，嘉謨讜論見信于時主，遺風餘烈不泯于將來，有若故翰林學士尚書刑部郎中贈禮部尚書鉅野王公者，幾希矣。公諱禹偁，字元之。生知好學，九歲能詩，與郡從事故相畢文簡公爲唱酬之友。及策名從事，中書令趙韓王薦其文章。太宗皇帝既已知名，命召試中書，宸筆賜題《詔臣寮和御製雪詩序》，卷篇稱善。自大理評事擢右拾遺，直史館，賜緋衣、犀帶，以寵異之。端拱二年，親試貢

士，俾公面賦長歌。上覽而喜曰：『此不踰年月，當遍天下。』一日，侍燕瓊林，宣至膝前，顧謂宰相曰：『王某一朝名士，獨步當代，異日垂名不朽矣。』公嘗謂遭知己之主，非盡言無以報稱，故自登文館，至涉禁林，如無不爲，入則以告，兩朝獻替，一節始終。由是聖君以忠亮報之，士論以公卿屬之。然而襟抱冲夷，鋒氣高邁，直躬行己，不爲時屈。上知其然，使宰執喻旨，戒以容物，而憤懣所激，不能自已，三坐去官，皆以直道，因作《三都賦》以見志，有『不屈于道，百謫何虧』之句。此其見于行事之深切者也。雍熙中，林胡内侵，邊警未艾。公援漢文君單于事，勸上内修德而外任人，若勞民以事邊，則寇在内而不在外矣。于時京畿旱亢，奏省乘輿服御暨紫雲工巧之技，第減百官月奉，願以己先，稍贖尸素之罪。章聖時，應直言詔，亦以通和好、赦繼遷爲請。復議減冗兵、併冗吏，以寬租賦；親大臣，遠小臣，以重國體；艱難選舉，以清士流；澄汰僧尼，以除民蠹；增州郡武備，以防窺竊；推天官洪範，以弭災變。皆切于時宜，有裨朝論。未幾，臨潢講和，平夏封策，息民罷兵，省費除弊，多公先識之所啟發。此其推以及物之著明也。前後三直西掖，一入翰林，辭誥深純，得裁成制置之體，册命莊重，兼典謨訓誥之文。《端拱箴》，切劘上躬；《待漏記》，規警時宰；《上三賢疏》，推原前代之失，不異方今；《請東封賦》，前知盛德之事，必行聖代。論議書敘，理極精微，詩詞贊誦，義專比興，雖在燕閑，或罹憂患，凡有論撰，未嘗空言。此其紀事述志之尤最者也。惟公道直行果既如彼，主知人望又如此，若天假之年，久于是位，則經國致君之業，必大施于當時，豈待言而後顯？惜乎壽不及知命，官止于省郎，卒不得究其懷藴。此所以發而爲文章，著見于後者也。公之亡也，天子悼嘆，賻家恤後，恩踰常比。嗣子加言，擢祥符進士，上以詞臣之裔，特遷大理評事，以禄其親。曾孫芬，第皇祐甲科，以免解法當降等。仁宗閲卷，首見公名，嘉其有後，特賜元第。未幾考課，上猶記前事，命加秩一級。今爲朝議大夫、集賢校理、諸王府翊善。兹以見文學行義足以垂裕後昆，則夫臧孫不朽之言，信于是矣。公之屬稿，晚年手自編綴集，爲三十卷，命名《小畜》，蓋取《易》之懿文德而欲己之集大成也。《後集》詩三卷，《奏議集》三卷，《承明集》十卷，《五代史缺文》一卷，並行于世，而遺編墜簡，尚多散落。集賢君購尋裒類，又得詩、賦、碑誌、論議、表著，凡三十卷，目曰《小畜外集》，因其名，所以成先志也。謂僕常學舊史，前言往行多得其詳，見諮序引，久不獲辭。竊謂文章末流，由唐季涉五代，氣格摧弱，倫于鄙俚。國初屢有作者，留意變風，而習尚難移，未能復雅。至公特起，力振斯文，根源于六經，枝派于百氏，斥浮僞，去陳言，作而述之，一變于道。後之秉筆之士，學聖人之言，由藩牆而踐突奥緊，公爲之司馬也。集賢君力學名家，克大門閥，振其絶業，傳于無窮，又足以繼紀事善述之美也，不其韙歟？

案，此宋刊宋印本。每葉二十二行，每行二十二字。卷中有『辨之印』白文方印、『沈與文印』方印、『吴郡沈與文』白文方印、『姑餘山人』白文方印、『沈辨之印』白文方印、『埜竹齋』白文方印，卷六末葉有沈辨之手書『嘉靖二年閏四月廿二日野竹齋裱完』十五字。

王黃州小畜外集七卷影寫宋刊本　丁月湖舊藏

宋王禹偁撰

蘇頌序

重編西湖林和靖先生詩集四卷明刊本

宋林逋撰，姚江陳贇編

西湖風物固不遷，但無和靖輩人物耳，覽之悵然。姑蘇老農書。

林處士詩清氣照人，其端勁有骨，亦似斯人涉世也。庭堅。

和靖臨終詩，其卒章云『茂陵他日求遺稿，猶喜曾無封禪書』，識趣過人如此，其風韻安得不清妙也？秦觀題。

和靖先生孤風凛凛，可聞而不可見，尚可得而見者，有詩存焉耳。是邦泯然無傳，豈不爲缺典哉？因得舊本，訪其遺逸，且與題識，而附益之，刊置漕廨，庶幾尚友之意云。紹興壬子七月既望，龜溪沈詵書。

河南穆先生文集三卷遺事一卷舊抄本

宋河南穆修伯長著，范陽祖無擇擇之編

世不知古文，己獨爲之，是儒之特立者也。吾見三人矣。董生當秦滅學之後，明孔子之術，道曾子之言，其文甚近古也。雖同時若嚴助、枚臯謂應義理，子長、相如博辨無極，亦自爲其文而已，未始識董生之用心。由東京以後，歷魏、晉、五代而文益衰。至唐昌黎公始知尊孔氏，貴王賤伯，大變而古，李翺、皇甫湜從而和之，然其後亦無傳焉。唐衰，更五季，其弊又甚。至我朝，乃或推孫、丁、楊、劉爲文詞之雄。是時，穆參軍伯長獨不以爲然，實始爲古文，在尹師魯、蘇子美、歐陽永叔之先。自爾以來，學者益以光大，非止求夫文之近於古而已。蓋異端既闢，則必以聖人爲師，不專注疏，則必以經旨爲歸。學均爲己，一變至道，遡其承傳，爰有端緒，□□云銀，關闢書售，與有力焉。予嘗評穆參軍之復古，以爲不在董生、昌黎之下。永州之學教授宜春歐陽椿得參軍之文於其從孫化州使君淮，俾零陵鄉貢進士張淡、吴倫校之。不鄙謂予可記歲月，深推會友輔仁之義，有不得而辭者，輒書其後，大不自量。淳熙丁未孟秋既望，衡陽假守臨江劉清之謹題。

祖無擇序曰：積於中者之謂道，發於外者之謂文。有道有文，然後可以爲君子。道有用舍，文有否泰，然用舍否泰，在命不在道與文也。君子不以其命之窮而輟于爲道，道之不行而不廢于學文，故雖身厄于當時而名顯於後世者，繇此也。河南穆公諱修，字伯長，天平人。少舉進士，有名廣場中。真宗封泰山之年，詔齊魯諸生，以經明行修，公實在其選。越三年，就銓，調補泰州司理參軍。居職以自任，無與合者，人皆憚忌，卒誣之罪，遂貶池州。再逢恩，徙潁、蔡二州，爲文學掾，卒不復用。明道元年秋九月，終于家。如公可謂命之窮，道之不行也已。而未嘗廢文，大凡有作，莫不要諸聖賢，而立言舍諸仁義以爲質。平時所見于簡策（始者）〔者殆〕踰數千萬言，時人得之，且愛且學。及公之歿，無擇求遺文於嗣子熙，得詩五十六，書、序、記、誌、祭文，總二十，與無擇所藏，增多詩一十二，書、序各一，又從其舊友而求之，往往知愛而不知傳，故無焉。姑次是以爲三卷，題曰《河南穆公集》云。時慶曆三年春，南康清修閣中序。

鉅鹿東觀集十卷舊抄本

宋魏野仲先撰

文勝質則史，質勝文則野。夫詩之作，不與文偕，大率情根於意，言發乎情，黠而化之，流爲章句。且綺靡者不以煙火爲尚，風雅者不以金石爲多，但務其陳古刺今，去邪守正而已。非所謂者，雖懷質文之宏辨，博勝之逸才，故未能臻極于淵閫矣。鉅鹿魏野，字仲先，甘棠東郭人也。秉心孤高，植性沖淡，視浮榮如脱屣，輕寵利若鴻毛，友義朋仁，世稀與比。自丱及長，善於詩筆，每敘事感發，見景立言，非規方體圓，動能破的。故人之美惡，物之形態，時之興替，事之特變，遇事激發，則可千里之外而應之。舊有《草堂集》，行在人間，傳諸海外，真可謂一代之名流，詎俾乎逸才、宏辨者知也？大中祥符中，先皇帝展祀汾陰，誕由分陜，法輅所幸，博采隱淪。是時首被温詔，遜避不起。其介介也如此。余與之交，越三十年，凡遇景遣興，迭爲酬唱，每筒遞往還，則馳無遠邇。天禧己未歲冬，余尹正京洛，許造公居，豈謂未及其期，而隨物化去。天子聞之乃震悼，制贈祕書省著作郎，仍錫之賻幣，蠲以公徭。其光遇也又如此。今歲之春，余忝綏益部，載歷邵陰憇止之辰，追訪郊墅。噫！岩亭索寞，淒涼此時，竹樹菁葱，依稀舊日，奈伊人之既往，而流風之如在。有令息閑，尤增素尚，綽有父風，能琴外亦酷於二雅。出先君所著新舊詩四百篇，除零落外，以其國風教化、諷刺歌頌、比興緣情者，混而編，凡其詩之所觀者，彙爲七卷，求其序述，欲使乎先君之道之行彬蔚而不泯耳。余既往知生，不當推讓，聊陳梗概，用布之於編首。《漢書》班固引著作局爲東觀，因取諸贈典故，命之曰《鉅鹿東觀集》。時天聖元年十二月二十七日，樞密直學士知益州苑兵馬鈐轄薛田述。

晏元獻遺文一卷舊抄本

宋晏殊撰

胡亦堂序

春卿遺稿一卷舊抄本

宋禮部侍郎蔣堂撰　附傳

蔣璜跋天啟元年

武溪集二十卷明刊本

宋工部尚書充集賢院學士贈尚書左僕射累贈少師謚襄公余靖撰

周源序曰：夫性之相近，其得也深；文之參尚，其體不一。甘辛互嗜，華質異好，其所由來尚矣。尚書余公之才，長於應變，文亦如之，不名一體。初舉進士，天禧、天聖之間，文尚華侈。公以詞章鼓行名場，取高第；與尹師魯應拔萃科，公又爲冠。穆伯長、歐陽永叔起文復古，公亦變體，棄華取質，以道理相交，與歐陽、蔡諸公埒名價。當時公卿士大夫碑碣銘誌、亭舘記引、道釋觀寺撰述，不得公文爲不孝不可，四方礱谷鑱辭聲相聞。晚節芸殖不落，積原涵深，益工□密。公倜儻負氣節，以功業爲己任，以文章怗職麗正，落落不常。范文正以直言貶逐遠郡，公以章救解，忤權貴，奪職監筠州商税。仁宗慶曆中，攬治邇英，復置諫官四員。公與歐陽、蔡公並命，益奮不顧，争抨權倖，溢於文辭。知制誥，使北戎者三，究機會，辨方言，賦詩虜庭。椎少文者作丞相，忌公，(座)(坐)習蕃語，出知吉州。不快意，奪官，屏居曲江凡六年。遊山水，益自肆於文學。起知虔州，宅父憂。蠻獠儂智高閉形穴中，積年蓄鋭兵，一日乘虛，擣十餘州。公以農兵捍鄉里。州將以公方略聞於朝，起公於家，知潭州。未幾，經略嶺西，制賊盜。公以輕兵踔番禺城下，料賊勢，獨上言賊無他志，止欲復舊穴爾，寬朝廷南顧憂。遂與狄宣徽青、孫密諫沔以兵邀歸路。賊兵精甚，逆戰歸仁鋪。我軍出左右翼，横絶賊陣，以鉄檛擊之，盡殪，獨其首竄窟穴。兵馳其地，脅特磨酋豪誅智高，并擒母子，以獻戮于藁街。磨桂崖爲文，篆京觀于邕，作記以旌武功，志與氣兩雄。故觀公之文可以知其武矣。復鎮潭，帥青與廣，聲張實副，才大取忌，官止八座，不登三事，文不化成，儒效不極，賢人君子所以爲之齎咨痛惜矣。嗣子尚書屯田員外郎仲荀編公遺藁，得古律詩一百二十，碑、誌、記五十，議、論、箴、碣、表五十三，制誥九十八，判五十五，表、狀、啟七十五，祭文六，凡二十卷。泣而謂源曰：『先人知君深，常五薦君於朝。得君文及書，必命别藏巾篋，序先人集，非君而誰？』源不敢辭，而爲序云。

景祐歲，范文正公貶不以罪，大臣肆忿，臺諫緘默。余公、歐陽公交章辯論，義氣所激，非爲利也。既連坐竄逐後，復中以奇慨，果有利心肯爲是耶？是舉也，有東漢李、杜之風，賴時清明，不成黨錮之慨。文忠公著《朋黨論》，意有規於後也，卒不能採。紹聖、崇寧之横流，至使故家遺俗，流風善政，掃蕩無餘，而胡虜之變作矣。事之微漸，甚可畏也。主上中興，更張改紀，歲無虚日，收燼起廢，士氣振復。然窺間投隙、挾舊圖新者，尚可懼也。嗚呼！以今視昔，何但前車之戒耶？公聲與歐陽公同時，豈晚進敢議？如辨堯、舜之謚號，考秦、漢之興亡，以辨清儒爲正，以釋爲權，皆後學所當知者。寓意賦詠，欲嶺上置關籍，簡官吏行李之往來，以辨清濁，凡宜施於今日。屬除日賜告，獲閲一過，訂正謬誤數十字，因書於後。紹興丁巳，（隸）

〔潁〕川韓璜題。

丘濬序成化九年

安陽集五十卷家傳十卷别録二卷遺事一卷明正德刊本

宋忠獻魏王韓琦著

忠獻王相三朝，蓋自仁宗末年，請外未得。而仁宗升遐，英廟踐祚，爲山陵使，事畢求去，又不得。後繼有請，英宗責以終喪，最後許，俟過郊禮。禮畢，又遇大故。神廟臨御，永厚陵返虞，力援故事求去。其自序曰：『自仁皇嘉祐之末，迨英廟治平之間，求解四五年，奏數十上。』固可考也。自甲辰至丁未，閲四年，奏又數十上，乃得永興，其釋相位可謂難矣。而邊事方擾，委任蓋亦不輕。比西方稍寧，乞鄉便郡，八請乃得相。未幾，移大名，以病乞徐，四請不允。踰二年，乞移邢相，是欲爲歸計矣。四奏反加節，再任再辭，不聽，乞納節再任，又不聽。滿三年，又乞納節移邢相，至奏七上。蓋寔年高抱病，俞音終閟。又期年，再乞，乃得相。甲寅之秋，遂乞致仕，時年已六十七。奏章歴陳疾病，必非餙詞。四奏訖，不遂請。乙卯再請，二狀尤極懇迫，卒不見報。其殆薨于郡矣。夫難進易退，畏遠權勢者，固君子之所優爲。然君方賴我如手足，民方望我若父兄，治功日向於成，則雖視隆名重位，如重牢桎梏，夫亦安得遽去，以遂其誠心哉？王在仁宗英廟時蓋如此，迨神考即位踰年，總覽權綱，其大有爲之志固已可見。抗章累數十，竟釋相位，無遺恨矣。永興秉鉞，猶分重寄，至於典鑰北門，雖日内隆禮遇，外鎮邊夷，然時移事變，揆王之心，豈曰宜然？守郡條而賦民政，必有非所願爲者，而徘徊隱忍，年與病侵，竭誠控告，始得鄉郡。二年之間，引病休致，尤欲避貪榮戀禄之嫌，見守道厲節之懿，雖不克伸世，孰得而議之？然道德之尊，功業之盛，上不得在朝廷以致君澤民，下不得安田里以遂志養病。後之人撫其遺蹟，得不重歎也哉！昔東坡《跋歐陽文忠公書》曰：『士非進身之難，乞身之難。』是固名言，然戒後生之汲汲可也。二傑名德冠絶一時，時不我捨，亦不卒大用。王誦文忠之言，曰：『時方尚新奇，而臣思守拙；世才興功利，而臣欲循常。』亦其心也，區區進退難易，殆未足以議其方云。左朝議大夫徽猷閣待制提舉江州太平觀程瑀書。

曾大有序正德九年

安陽集五十卷家傳十卷別録二卷遺事一卷明萬曆刊本

宋司徒太師侍中上柱國尚書令忠獻魏王韓琦著

程瑀序

郭樸跋萬曆丁亥

張應登跋萬曆丁亥

范文正公集二十卷別集四卷尺牘二卷宋乾道刊本

宋范仲淹撰

蘇軾序元祐四年

鄱陽在江左，號古郡，昔之爲守者固多，以賢稱者，僅九人，而傑出於九賢之中，又止唐之顔魯公、本朝之范文正公，可謂難得也已。二公名氏在史官，大節在天下。至於文章，散落人間，雖筆端游戲之餘，而典雅純寔，可以經世而出治，垂久而行遠，蓋其所養得天地之正氣，故文亦如之。然是邦寔二公舊治，獨無墨本，而間見於他處，誠缺典也。翊攝乏此來，首訪而得之，鳩工鏤板以傳不朽。斯人之眷眷二公，雖不繫於文集之有無，然使學士大夫家有其書，如潮人之於退之，柳人之於子厚，因書以致其師仰敬慕之意，不猶愈於甘棠之思乎？乾道丁亥五月既望，邵武俞翊謹識。

番陽郡齋州學有文正范公文集、奏議，歲久，板多漫滅，殆不可讀。判府太中先生嘗謂此郡太守名德，如日月之照，終古不泯者，在唐則顔魯公，本朝則范文正公。文正之集，士大夫過郡者，莫不欲見，其可不整治乎？於是委屬寮以舊京本《丹陽集》參校，且捐公帑刊補之，又得詩文三十七篇爲遺集，附于後。其間尚有舛誤，更俟後之君子訪善本訂正焉。淳熙丙午十二月日，郡從事北海綦焕謹識。

朝奉郎通判饒州軍州兼管内勸農營田事宋鈞、朝請大夫知饒州軍州兼管内勸農營田事趙伯檝。

朱子跋

案，此南宋乾道中饒州路刊本，每葉二十四行，每行二十字。版心有字數及刻工姓名。綦焕跋後有『嘉定壬申仲夏重修』一行。蓋宋乾道刊本，淳熙補刻，嘉定又修補也。元天曆刊本即從此出，行款皆同，惟字體有方圓之别。卷中有『季振宜藏書』朱文長印、『季振宜印』朱文大方印、『滄葦』朱文方印。

河南先生文集二十七卷附録一卷舊抄本　趙坦校

宋尹洙撰

范仲淹序

趙氏手跋曰：嘉慶乙亥冬十月，嘉興朱友鶴先生出此本見示。坦以王漁洋校定本互校，並有譌脱，皆傳寫者之過。今審其文義兩通者並存之，焯然誤者抹去之，脱者補之，疑者訂於上方，脱誤差少，庶幾善本云。受業趙坦識。

又曰：此本似從南宋刊本録出，故《韓國華墓誌銘》中『構』字闕而不書，注云『今上御名』，『構』爲南宋高宗諱也。《附録》一卷，當出自明人手行。歐陽文忠公《乞與尹構一官狀》不諱『構』字，亦一謬也。校畢并識。

又曰：《河南集》，《文獻通考》載二十卷，《直齋書目》載二十二卷，另有《書判》二卷。今此集分二十七卷。載攷《四庫館書目》亦二十七卷，范文正公原序作二十七卷，則知分合多寡之間，古今本自不同也。

河南先生集二十七卷附録一卷影寫宋刊本

宋尹洙撰

范仲淹序

徂徠文集二十卷明抄本

宋徂徠石介守道撰

鐔津文集二十二卷明弘治刊本

宋藤州鐔津東山沙門契嵩撰

陳舜俞鐔津明教大師行業記

沙門如巹引弘治十二年

廣源重刊後敘弘治十二年

陶邕州小集一卷勞季言校本

宋永州陶弼商翁撰

祖英集二卷舊抄本

宋釋重顯撰

師之形言也，且異乎陽春白雪、碧雲清風者也。夫大圭不琢，貴乎天真，至言不文，尚於理實，乃世之衡鑑，豈智識而擬議哉？師自戾止翠峰、雪竇以來，或先覺乘指點，因而詠之，或感興、懷別、貽贈之作，固亦多矣。其有好道者，並録而囊之。一日總輯成二百二十首，乃寫呈師，師曰：『余偶興而作，寧存於本，不許行焉。』禪者應曰：『乃祖闡千載之芳烈也，勿輕舍諸。』師察其愨志勉，弗獲已，抑而從之。文政幸侍座機，輒述序引，用識歲時。炎宋天聖十年孟陬月謹序。

蘇魏公文集七十二卷影寫宋刊本

宋蘇頌撰

所貴於文者，以能明當世之務，達群倫之情，使千載之下讀之者，如出乎其時，如見其人也。若夫善立言者不然，文雖同乎人，而其所以爲文，有非人之所得而同者。《孟子》七篇之書，敘戰國諸侯之事，與夫梁、齊君臣之語，其辭極于辯博，若無以異乎戰國之文也。楊子之書數萬言，言秦、漢之際爲最詳，簡雅而宏深，若無以異乎西漢之文也。至其推性命之隱，發天人之微，粹然一歸于正，使學者師用，比之六經，則當時所謂儀、秦、犀首、谷永、杜欽輩，豈惟無以望其門墻，殆冠屨之不侔也。宋興百餘年，文章之變屢矣。楊文公倡之于前，歐陽文忠公繼之于後，至元豐、元祐間，斯文幾于古，而無遺恨矣，蓋我宋極盛之時也。于是大丞相魏國蘇公出焉，公以博學洽聞，名重天下者五十餘年，卒用儒宗位宰相，一時高文大册悉出其手。故自熙寧以來，國家大號令，朝廷大議論，莫不以公文見之。然公事四帝，以名節始終，其見于文者豈空言哉？論政之得失，則開陳反覆而極于忠；論民之利病，則援據該詳而本于恕。有所不言則已，既言于上矣，舉天下榮辱是非，莫能移其所守，可謂大臣以道事君者也。若其講明經術之要，練達朝廷之儀，下至百家九流、律曆（古）〔方〕技之書，無不探其源，綜其妙者，在公特餘事耳。此所以一話言，一章句，皆足以垂世立教，革澆浮而已媮薄。與軻、雄之書，百世相望，而非當時翰墨名家者所能彷彿也。公元豐中受詔爲《華夷魯衛録》，書成，序之以獻。神宗讀之曰：『《序卦》文也！』今攷其書，信然，則公之他文可知矣。公没四十年，公之子攜始克輯公遺文，得詩若干，内外制若干，表疏、表章、誌銘、雜説若干，使藻與觀焉。藻少習公文，以不獲拜公爲恨者也。今乃盡得其書讀之，可謂幸矣，故識其端，而歸其書蘇氏。紹興九年三月十五日，顯謨閣學士左中大夫提舉江州太平觀汪藻序。

蘇魏公文集七十二卷影寫宋刊本　王蓮涇舊藏

宋蘇頌撰

汪藻序紹興九年

皕宋樓藏書志卷七十四

集　部

别集類八

古靈先生文集二十五卷年譜一卷附録一卷宋刊本

宋陳襄撰

《唐史》論文章，謂天之付與，於君子、小人無常分，惟能者得之。信哉斯言也！雖然，天之付與，固無常分，而君子、小人之文，則有辨矣。君子之文務本，淵源根底於道德仁義，粹然一出於正，其高者裨補造化，黼黻大猷，如星辰麗天而光彩下燭，山川出雲而風雨時至，英莖韶濩之諧神人，菽粟布帛之濟人飢寒。此所謂有德者必有言也。小人之文務末，雕蟲篆刻，絺章繪句，以祈悦人之耳目，其甚者朋姦餙僞，中害善良，如以丹青而被糞土，以錦繡而覆陷穽，羊質而虎皮，鳳鳴而鷙翰。此所謂有言者不必有德也。君子既自以功業行寔，光明于時，而其餘緒，發爲文章，後世讀者想望而不可及。此豈特其文之高哉？人足仰也。小人乃專以利口巧言，鼓簧當世，既不足以取信于人，而恃才傲物，以致禍敗者多矣。由是言之，文以德爲主，德以文爲輔，德文兼備與夫無德而有文者，此君子、小人之辨也。竊觀古靈陳公所著文章，殆所謂有德之言，而君子之文歟！初公未仕，刻意於學，得鄉士陳烈、周希孟、鄭穆相與爲友，以古道鳴於海隅。人初驚笑，其後相率信而從之，四先生名動天下。既登第，累官劇邑，推其所學以治民，利必興，害必除，聽訟決獄，庭無留事，所至修學校，率邑之子弟，身爲横經講説，士風翕然，民俗丕變。已而守列郡典大藩，益推此而廣之，治績尤著，雖古循吏不能過也。嘉祐中富鄭公入相，首以文學政事薦公，寖被知遇，歷事三朝，鬱爲名臣。判郎曹則執法而不撓，使北庭則守節而不屈，任諫省則以忠讜補主闕，處臺端則以公正糾官邪，位侍從則竭論思之忠，侍經筵則盡勸講之益，上爲人主之所欽嚮，下爲士大夫之所宗師。其功業行寔光明如此，而所爲文章，温厚深純，根於義理。精金美玉，不假雕琢，自可貴重；太羹玄酒，不假滋味，自有典則。質幹立而枝葉不繁，音韻古而節奏必簡，非有德君子，孰能與此？故常評之，其詩篇平淡如韋應物，其文辭高古如韓退之，其論事明白激切如陸贄，其性理之學庶幾子思、孟軻，非近時區區綴集章句，務爲應用之文者所能彷彿也。嗣子紹夫裒集公文章，得古律、詩賦、雜文凡三百六十餘篇，冠以《紹興手詔》及《熙寧經筵薦士章藁》，合爲二十有五卷，而行狀、誌銘附于其後。集成來謁，求爲之序。綱告之曰：『太上有立德，其次有立功，其次有立言。如古靈先生，三者兼備，又得詔書褒稱，推賢揚善之美，可謂盛矣。若其平生行事，則有行狀、誌銘可考，誦其詩讀其書者，可以想見其人，又何以序爲？』紹夫曰：『先公雖進不極往，而蒙累朝之眷特深，諫行言聽，不爲無補於時。今即世踰五十年，遭遇聖主。因覽《薦士章藁》，所以旌寵之者甚厚，輒敢刊行遺文，用圖不朽，願丐一言，以發明之。』綱義不得辭，勉副其意，因論君子、小人之文所以不同者。昔孔子告子夏曰：『女爲君子儒，毋爲小人儒。』夫儒之道，通天地人，使小人爲之，則將有託儒以爲姦者，而况於文乎？經緯天地曰文，雖周公之才之美，謚不過文，而小人假文以爲利，則與夫儒以詩禮發冢者同科。自古文士多陷浮薄，而爲弄筆生，無足怪也。如公功業行寔，推賢揚善之美如此，而其文章渾全博雅又如此，宜乎被累朝之眷遇，膺聖主之褒崇，士林尊仰，推爲天下君子長者，而不敢有異議也。然則有餘力以學文者，可不景慕而知所趣嚮哉？公諱襄，字述古，官至樞密直學士、尚書右司郎中，累贈少師，國史有傳云。紹興五年閏月朔，觀文殿大學士左銀青光禄大夫提舉西京嵩山崇福宫隴西郡開國公食邑三千户寔封一千四百户李綱謹序。

家君重刊先正密學遺文于贑之郡齋，俾曄次第年譜以冠之，庶幾平生遊宦、歲月之先後，與夫壯志晚節、詩文之辭力，曉然可見。曄謹承命，恭考《三朝寔録》暨文集、行狀、墓誌、家譜諸書參校有可據者，乃繫于歷歲之下云。皇宋龍集辛巳紹興紀號之三十載十月朔旦，六世姪孫將仕郎曄謹拜手記。

案，此紹興三十年重刊本，每葉二十行，每行十八字。版心有字數及刻工姓名。『擴』字缺筆，避寧宗嫌名，當是紹興刻而寧宗時修補者。字畫遒勁，是南宋槧之精者。目録第四有『贈剡縣過項秘丞』，『項』字不作缺筆字，竟注『神宗廟諱』四字。據李忠定序是集，爲紹夫所輯，刻于紹興五年，不應獨于神宗廟諱注字，蓋據藁本也，或据此以爲北宋刊則謬矣。卷中有『拜經樓吴氏藏書』朱文方印。

古靈先生集二十五卷年譜一卷附録一卷舊抄本

宋陳襄撰

李綱序

陳曄跋

青社黄先生伐檀集二卷明刊本

宋黄庶著

江夏黄庶，字亞夫。其少而學也，觀《詩》、《書》以來，至於忠臣義士奇功大節，常恨身不出於其時，不得與古人上下其事。每輒自奮，以爲苟朝得位，夕必行之，當使後之人望乎己，若今之慕乎古也。既年二十五，以詩賦得一第，歷佐一府三州，皆爲從事，踰十年，郡之政巨細無不與，大抵止於簿書獄訟而已。其心之所存，可以效於君，可以補於國，可以資於民者，曾未有一事可以自見。然而月廩於官，粟麥常兩斛，而錢常七千，問其所爲，乃一常人皆可不勉而能，茲素餐昭昭矣。暇日發常所作藁草，得數百篇，覽初省末，散亡居多，其存者或失首與尾，或竄乙斷裂不可讀。因取其完者，以類相從而編焉，題之曰《伐檀集》，且識其愧。然其性嗜文字，若有病癖，未能無妄作，後來者皆附於篇之末云。時皇祐五年十二月，青社自序。

曾伯祖康州使君，與曾祖給事俱高祖朝散大夫之子。康州生太史，太史嘗刻《大孤山》、《宿趙屯》二詩，跋云：「先大夫平生刻意於詩，語法類皆如此，然世無知音。小子不肖，晚而學詩，懼微言之或絶，故刻諸星子灣，以俟來哲。」是以傳本尚未見于世。紹興中，我從兄吏部諱然將漕畿内，嘗欲盡刊我先世諸書，皆未果。今家藏《伐檀集》，間多少作，又厄於兵火之變，偶茲承乏於五十餘年之後，謹以是集鋟而傳之，非敢曰成我從兄之志，而太史微言或絶之懼，尚幾不泯焉。嘉定二年秋九月望，諸孫朝散郎直顯謨閣西浙路轉運判官罃謹書。

曾伯祖康州使君《伐檀集》，蓋平生著述之一，僅存于煨燼中，字畫傳録不無小誤，屢加參考，復得館閣藏本，更相訂正。但古律詩間存參錯，不敢以己意更定，而雜文上下又多不以類相從，意是作序之後續作，或不專用歲月先後爲次。悉從其舊，亦疑以傳疑之意云。諸孫罃謹識。

司馬太師温國文正公傳家集八十卷明天順刊本

宋司馬光撰

公出於去聖數千載之後，其公忠直亮，根于性質之自然，非勉而中、思而得者。見於脩身踐言，則孝悌忠信，雖蠻貊而可行，在屋漏而不愧。至其施諸政事，則關百聖而不慚，蔽天地而不恥。而發爲文章，則探陰陽造化之賾以豐其源，躬仁義禮樂之實以沃其膏，酌聖賢出處之□以厲其□，□古今因革之變以博其施，非徒載之□□也。是文也，君天下得之足以鑒興衰，通治體；公卿大夫得之，足以勸忠嘉，盡臣節；士庶人得之，足以檢身厲行，爲君子之歸；以至山顛水涯，幽人放客得之，則浩歌流詠，斟酌厭飫，隨取隨足。夫丹青可渝，而公之文不可朽；金石可磨，而公之文不可磷；山可摧，澤可涸，而公之文愈久愈新，垂□而無窮也。公又嘗著《資治通鑑》，備論前世君臣善否之蹟，與其理亂興亡之政，別爲一書。公非有意於立文者，然將以鼓吹六經，羽翼名教，則肆筆爲言，不約而成章。古語曰：『木有文而水有波，雖有更之，無奈之何？』韓子曰：『仁義之人，其言藹如也。』昔顔淵死，孔子曰：『噫！天喪予！』憫王道之無傳也。公立朝大節，輔相勳庸，凛凛在人耳目。公雖云亡，斯文未喪，學者傳誦，非徒得其言、得其書而已。文集凡八十卷，爲二十八門，其間詩賦、章奏、制誥、表啟、雜文、書傳，無所不備。劉隨序。

趙清獻公文集十卷目録一卷 明正德刊本　紅藥山房舊藏

宋趙抃撰

開慶己未冬，湖廣蠻興，仁玉自講廈受遣，馳至太末。未至城里許，見有表曰『孝弟里』者，知爲清獻趙公故所居也。題顔漫漶，門堠攲傾，惕然不自安，顧雖倥偬，亟遣葺之，而以蘇長公所書扁刻之石，心乃少安。及邊遽既息，頗諏公之遺文逸事，而故府無傳焉。嘻！公爲本朝第一流人，此郡自生民以來，亦未有如公之盛也。一言一行，後來者當尊奉以爲標的，而可闕弗著乎？既乃訪得章貢所刊集本，旁搜散軼，以補足之。刊成，益序所以刊之意。仁玉竊惟天地之大，曰誠而已。誠則純，純則久，久則神，金石可開也，豚魚可孚也，極而至於際天蟠地，行乎君臣、父子、兄弟、夫婦、朋友之間，甚通而順，甚捷而疾。人見其妙用無方，不可以限量計，即而察之，則無以異於人也，曰誠而已。若公者，其知誠之所爲乎？凡所行之質于天者，此也；凡所言之質于君者，此也。人稱其孝於親，忠於君，清於身，其美不可勝贊。合而言之，此誠也。或曰：公之學多出於佛，及得濂溪爲僚而有聞焉，宜於是焉變矣，而卒不變。仁玉謂公之堅清超卓，可以離塵絶欲者，偶與佛氏合；至其發言制事，立朝治郡之迹，皆中度合則，守常達變，非蔽於佛者之爲也。嘗試考濂溪措諸用者觀之，有以異乎？蓋自濂洛教法未大彰明前，諸公往往以其性之所近，而有得於佛者固多矣。不當以是議公也，因併著之。景定元年八月，郡守天台陳仁玉序。

嘗聞山岳鍾秀，天産英彦，作名臣，爲鉅公，維持世教，輔毗王化，矧邦家之光，迺天下之福也。惟賢人君子，德符鳳麟，非一朝一夕易爲之，有良由百千年間一二人焉。予忝臺檄，循察省治，覈實憲蹟，由浙歷閩海道，軺過太末郡。郡乃清獻公之里也。公宋朝名臣，屹立臺端，讜言正操，确乎其不可拔，挺然其不可奪。諫必納，劾必黜，泰彰臣道，日新君德，雖憲秩移牧，寬猛濟事。予宿仰休風，咨訪公文，得諸郡庠，手閲簡集、奏狀等篇。如雪冤正法，折大臣陳執中之抗獄；精論明辨，斥宣徽王拱宸之辱命。釋縶婦以安外寇，納歐陽以充内輔，披裂忠肝，張揚義氣。他如抨彈權幸，誅鋤强悍，摘姦燭幽，發政施令，皎如星月，厲若雷霆，宜哉！公以道自任，當時名流推服，海内同聲，亦以斯道與公，宜哉！公在熙、豐間，正色立朝，匡君利世，雖斯文之召，覩公之子屼請隧碑銘于朝，哲宗嘉歎骨鯁敢言之氣，以『愛直』名其碑。偉哉功烈，俾千載之下端人正士起敬起慕。夫死生予奪，固人主之柄；安危利病，實臺察之係。吁！後之司言秩者，聞鐵面之名，挹蓮峰之青，不覺凜然。嗚呼！山嶽精英，鳳麟禎瑞，不知何年鍾秀孕凝而復出斯人也耶？時至治首元仲冬二十又六日，蒙古晉人僧家奴鈞元卿書。

楊準序嘉靖壬戌

閻鐸序成化七年

案，每卷有『衢州府西安縣某某校刊』一行。

直講李先生文集三十七卷年譜一卷外集三卷明刊本

宋李覯撰

祖無擇序曰：「孔子没，千有餘祀，斯文衰敝，其間作者孟軻、荀卿、賈誼、董仲舒、楊雄、王通之徒，異代相望而不能興衰捄敝者，位不得而志不行也。苟得位以行其志，則三代之風，吾知其必復。嗟乎！秦、漢以來，禮樂則不爲，而任刑以毆其民，將納於治，適所以亂之也。歷世寖久，皆謂天下當如是，可以致治而不治者，時耳。故有奪筆舌爲章句，卒不及於禮樂者，末哉文也！盱江李泰伯其有孟軻氏、六君子之深心焉，年少志大，常憤疾斯文衰敝，曰：『墜地已甚，誰其拯之？』於是夙夜討論文、武、周公、孔子之遺文舊制，兼明乎當世之務，悉著于篇。且又歎曰：『生處僻遐，不自進，孰進哉？』因徒步二千里入京師，以文求通于天子，乃舉茂才異等，得召第一。既而試于有司，有司黜之。嗚呼！豈有司之過邪？其泰伯之命邪？或者天徒付泰伯以其文而命則否邪？亦將位得志行後有時邪？吾不得而知已。泰伯退居之明年，類其文藁，第爲十有二卷，以寄南康祖無擇，且屬爲序。無擇既受之讀之，期月不休。善乎！文、武、周公、孔子之遺文舊制，與夫當世之務，言之備矣。務學君子可不景行於斯？慶曆三年冬至日序。」

金氏文集二卷 文瀾閣傳抄本

宋金君卿撰

《金氏文集》，故尚書度支郎中金公之文也。公諱君卿，字正叔。少穎悟，善屬文。康定中，文正范公出守鄱陽，延致門館，議論縱横，聞望卓著。踰冠，舉進士，登甲科，治五經，尤長於《易》，嘗撰《易説》、《易箋》，自謂可以起諸儒之膏肓，清輔嗣之耳目者矣。仁宗時，公以便親調官江左，最爲疎遠，屢上封章，極言利病，即毁其奏藁，故今傳者十無一二也。知制誥曾子固嘗誌先府君諫議墓，以爲公能以才自起於貧賤，欲以所爲爲天下慨然有志者也。至和中，公上封事，乞建國根本，此人所未敢言者。公不畏逆鱗之怒，而引文、景、光、明故事以言之，此足見公之志也。公所至之地，興修學校，教導諸生。自公之暇，常爲詩篇，言詞絢美，文格清新，有韓柳之風焉。故所進仁宗輓詞五篇，翰苑中編爲卷首，所作賦詩尤爲藻麗。文正公嘗榜公賦於郡庠，以爲格式。詳議法律，皆主平恕，銘誄傳序，公正不欺，時人稱公有良史之才也。神宗更立法度，以底於治，故公受命出使，皆兼數職，奉行制詔，綽有條理。熙寧中，降敕書獎諭曰：『爾使於遠方，盡瘁乃事，推我新令，爲天下先。』此又足見其匡君澤物之用心也。公以憂勤成疾，享年不永。噫！倘使公遭遇其時，居卿相之任，則澄清天下，未易量也。臨川江君明仲，學出於公，而不忘公善誘之力，求公遺藁，十得其一，編成十五卷，號《金氏文集》。以臨嘗參佐於公，實知公之所存，惠然見借，誦讀再四，如覿其顔，采命筆爲序，庶幾垂信於後世，俾觀公之文，即知公之所存也遠矣。公之登科入仕，治己化民，備於墓碑，今吏部侍郎彭公資器之所作也，載於集後。元祐六年五月日序，富臨撰。

都官文集十四卷文瀾閣傳抄本

宋陳舜俞撰

嘉祐四年，仁宗皇帝臨軒，策賢良方正、能直言極諫之士，而以陳侯令舉爲第一。方是時，令舉已用進士登乙科矣，而復中是選，故令舉之文章聲名赫然出人上，識與不識，莫不願慕而愛仰之。士大夫之所期望，以爲公卿可平步至也。既以光禄丞簽書壽州判官，又移宰越之山陰，秩滿，當召試館職。會朝廷方作新庶務，變更諸法，而令舉以議論不合於執政，遂擯不用。乃得以其暇日而馳騁於文字之樂，穴穿古今，抽索秘粹，嘰英咀華，攬秀裒芳，日有所爲，月有所增，沈涵演迤，卒以大肆，上追古作者爲侔，而下顧騷賦不足多也。聖天子圖治，自熙寧以迄於元豐之間，修起百王之墜典，補完萬世之闕規，占徵弊者靡不更，語纖便者罔不興。凡朝廷之所施行，與令舉制策之所開陳，大略相合，然後知令舉深識治亂之根柢，博達沿革之源流。使令舉一逢時命，而措於朝廷之上，推其所聞，以輔太平之政，則豈小補而已哉？此余所以惜令舉之才不遇也。雖然，令舉雅志之所學，昔席之所談，以謂爲道而不爲利者，此學者之所當守而不失，仕者之所當遵而不變者也。若夫平日之論，高出於夔、卨之上，而至其趨時之事，乃卑出於管、晏之下者，此固令舉之所鄙也。仲尼在魯，絃歌道德，而三千弟子未嘗言利。子貢貨殖，則以爲不受命；冉求聚歛以附益季氏之富，則以爲可鳴鼓而攻也。梁惠王問利國，而孟子對以仁義；宋牼以利説秦、楚之君，孟子以爲不若説以仁義爲可以王，而何必曰利？則凡令舉之志顧豈不善，而卒無以自見於世，且不幸而死。此余所以傷令舉之志不就也。傳曰『辭達而已矣』，此言文者所以傳道而辭非所尚也。自天子王侯，中國言六藝者，折衷於夫子，其文章可謂至矣。然豈尚辭哉？自建武以還，迄於梁、陳之間，綴文之士刻彫篡組，甚者至繡其鞶帨，則辭非不華也。然體制衰落，質幹不完，闕然於道，何取焉？令舉之文，大者則以經世務，極時變，小者猶足以詠性情，暢幽鬱。蓋其於道如此，而其辭亦不足道也。令舉少從學於安定先生爲高弟，以名稱於輩流間，已而自立卓然如此，可謂不負所學矣。自令舉以直言極諫登科，其後此科亦遂廢。蓋神宗作興，鋭意治功，王文公得君用事，法度更新，諸老大臣争不能得，抵擨取爵位之人不可勝數，風俗爲之大變。至有遠在蜀萬里外，官爲偏州，騰奏于朝，盛稱青苗新法之美，而提取膴仕者。公方宰山陰，既嘗中大科，例以秩滿登館閣，小忍不言，豈不足以平進？而抗章力辯，繳納召試堂劄，自取竄責而不悔。方且優游廬山，與劉公凝之騎牛松下，窮幽尋勝以自娱適。嗚呼！非凝之不足以當歐陽公之廬山高，非公不足以侶凝之之賢也。使當時以公一言而寤君相之意，安有後日之紛紛哉？漢之舉賢良方正之士，本以延問災異，使朝廷由此警戒，以恐懼修省，思過而改之，求善而爲之，則不爲無益。而比年乃先試三千言於祕閣中者，乃得奏對於大廷，則有言之士或不得以自見。此固在所應改，而遂廢其科，則朝廷因復不得以聞直言，爲可惜也。令舉之卒若干年，而其壻周君開祖乃類聚其文爲三十卷，屬余爲序。開祖有學問，通義理，痛令舉之不幸，而纂其遺文，欲以傳於後世，而顧以見委。以余之不肖，言不足以取信，則豈足以張令舉之美而慰開祖之意哉？特以余少時舉進士於有司，而令舉適當文衡，見擢爲第一，於知獎爲最深者。既惜其才之不遇，又傷其志之不就，不可使斯文無述也，故作序以紀其畧云。蔣之奇序。

制置使陳公，由地官貳卿出鎮四明，政成暇日，以家藏曾祖《都官文集》刻之郡庠，屬鑰爲序。謝不敢，且曰：「蔣魯公之序詳矣，何敢贅？」既不得命，敬題於後，曰：高哉！都官之節也。魯公稱之學曰：「雅志之所學，以謂爲道而不利者，此學者之所當守，仕者之所當遵而不變者也。若夫平日之論，高出於夔、卨之上，而至其趨時之事，乃卑出於管、晏之下者，此固令舉之所鄙也。」稱公之文曰：「大者則以經世務，極時變，小者亦足以詠性情，暢幽鬱，蓋其於道如此，而其辭亦不足道也。」可謂備矣。然猶若有所畏避而不敢盡言，鑰不佞，敢補其所未言者。嘗三復公之遺文，而得其爲人，抱負素已不羣，本之忠義，充以學問，以安定胡先生爲師，所友自東坡先生而降，皆天下士，淵源又如此。萬言之策，經濟之規橅定矣。自以親結昭陵之知，身雖在外，遇事輒發書論災異，言尤激烈，三上英宗書，又皆人所難言。迨公既窮老以死，其子訴寃，又重得罪，然其後再傳而得秘丞、删定二公，三傳而貳卿出。陳氏益大矣，天之報施何如哉？讀公之文者，能以是而求之，然後知公之高風大節，猶將廉頑立懦於百世之下，毋徒玩其華藻而已也。慶元六年孟秋丙子，郡人樓鑰書。

曾子都官以慶曆六年賈榜登進士第。嘉祐四年，與錢公藻同中材識兼茂明於體用科，實爲舉首。熙寧中知越之山陰縣，爲新法行上書，極論其害，遂貶南康軍酒稅累年，竟不仕以没。杞無似，憑藉先世遺烈，叨躐從班，未知兢懼，以保門户。先考删定寶藏都官遺文，杞頃爲閩中常平使者，嘗刻之。版未成而移漕廣右，委之僚屬，尚多差舛，每以愧恨。洎來此邦，念都官本以明州觀察推官試大科，欲考陳迹，則相去百四十餘年，不可得知。集中自言十五年間，再官於天台、四明之二州，猶有《鄞縣鎮國院記》等文存焉。因加讐校，而缺其不可知者，屬郡博士、郡從事刊之，以廣其傳。仰惟我曾祖，風節峻厲，凛然如生，不肖曾孫恃有公論，不敢贅辭云。慶元六年十月望日，曾孫大中大夫徽猷閣待制知慶元軍府事兼沿海制置使杞謹書。

丹淵集四十卷拾遺二卷附録二卷明刊本

宋尚書司封員外郎充秘閣校理新知湖州軍州事兼管内勸農事上輕車都尉文同著

西溪文集十卷抄本

宋翰林學士右諫議大夫知制誥充羣牧使兼判吏部流内銓判尚書禮部長興縣開國伯食邑

八百户輕車都尉賜紫金魚袋沈遘『遘』字注『御名同音』文通撰　每卷末俱有『從事郎處州司理參軍高布重校兼監雕』一條

鄖溪集三十卷文瀾閣傳抄本

宋鄭獬撰

本朝鄭獬，爲人俊邁不羣。舉進士第，授將作監丞，通判陳州，召試直集賢院，修起居注，遂以右司諫知制誥。京師大雨水，詔求直言，獬上疏曰：『臣竊觀陛下發德音，下明詔以求忠言。然臣愚，未知陛下將欲實用之邪？抑欲因災異舉應故事以文之邪？苟欲文之，則固無可議。必欲實用之，則於此時四方交章累疏，繁叢委至，而陛下以一日萬幾之餘，未能周覽，亦不過如平時，章疏關機密者，則留中不出，繫政體者，則下中書，屬兵機者，則下樞密院。兩府覆奏，又以下羣有司及郡邑，卒無所施行而後止。如是則有求諫之名而無求諫之實，所爲應故事者等。且以臣所見，請宜選官置屬令，專掌羣臣所上章疏，日許兩府及近臣番休更直便殿，坐與之從容條講，其可者則熟究而行之，不可則罷之，有疑焉則廣詢而後決之。使羣言得而衆事舉，此應天之實也。』出知荆南府。神宗即位，除翰林學士，知開封府。王安石參知政事，不悦獬。宰相富弼在告，遂除獬翰林侍讀學士，知杭州府，徙青州，以疾提舉鴻慶宫，卒右内相。鄭公毅夫《鄖溪集》五十卷，公之才行出處，具見誌銘。熉假守安陸，得公集讀之，其氣節高邁，議論精確，可考不誣。於論綏州，見其計深慮遠；於論毀譽，見其居寵思危。若夫辨楊繪，救祖無擇，則特立不詭隨，蓋曉然矣。昔孔文舉謂盛孝章要是天下有名人，如公之聲名赫然於世，固不在孝章下，而臨事實用，復表表如是者，使天假之年，究其施設，當如何哉？安陸，公鄉里，而公之文集不傳，爲郡者得無恧乎？乃喬公帑之用，刊而寘諸校官，將俾此邦人士，知鄉之先達所立如此，因以勸慕興起，其於風教抑有補云。淳熙丙辰秋七月，郡守建康秦焴書。

錢塘韋先生文集十八卷明刊本

宋韋驤撰　原闕一、二兩卷，後附墓誌銘陳師錫撰

先大父文藁二十卷，家藏日久，中以季父參議攜往別墅，最後二卷遺失，不可復得。能定大懼歲月寖遠，復有亡逸，以隳先志，謹命工鋟木於臨汀郡庠。時乾道四年五月中澣，孫右奉直大夫知汀州軍州主管學事兼管内勸農使能定謹題。

錢塘韋先生集十八卷舊抄本

宋韋驤撰

韋能定跋

皕宋樓藏書志卷七十五

集　部

别集類九

安岳馮公太師文集十二卷舊抄本

宋馮山撰　原三十卷，今佚十八卷

二馮先生文集序曰：父子傳受，古難其兼，有開於前，後莫之嗣，作者窮矣。故父作子述，《中庸》以侈周家之盛，而唐史臣傳李德裕，亦首表而出之曰：『元和宰相吉甫之子。』夫君臣之道，胥貴於纘承者如此，而况斯文乎？韓昌黎一世儒宗，毫端所向，變化莫測，而得手應心之妙，已不能授其子，他可知也。司馬談之有遷，劉向之有歆，班彪之有固，父子相承，照耀一世，若可尚矣。然三家之子，類皆不善用其身，君子或慊焉。豈文章公器，造物者靳之而不畀人以其全耶？獨吾宋三蘇先生之出，掩千古而奪之氣，其文辭渾浩如長江大河，沛然莫禦，非斷港支流之可望，而其名節峻峙又如泰山喬岳，岧岧層霄之閒，使人聳瞻而不敢議。父作子述之懿，必如是而後可以無愧也。彼三家者，溟涬然下風矣哉！普慈馮公允南以文名于時，其子澥承之，益大以肆。今觀其父子之作，敷腴典重，不費追琢，自合法度，非有本者疇克尔？里人周君鋭閲之，契於心，乃鋟諸木，俾悳固序其首。辭不獲命，則以其素所感者書焉。嘉定乙亥中秋日，梧谿散人何悳固叔堅序。

安岳馮公太師文集十二卷舊抄本

宋馮山撰

故祠部郎中贈太師安岳馮公，諱山，字允南，文集三十卷。太師有子，諱澥，官尚書左丞，贈資政殿學士，字長源，文集四十五卷。太師卒於紹聖元年，左丞薨於紹興十年，遠者百二十有九年，而近者亦八十年矣。而比歲文集始行於世，又未有序之者。珠玉藏於山淵，其氣終不可得而埋蝕，斯文也，夫豈有久晦而不彰者乎？然士之逢辰，則有幸有不幸。太師公在熙、豐間，不能苟合於新法，辟臺官不就，天下高之。元祐以來用范醇夫荐，始立朝爲郎，而公卒矣。時有幸不幸，而斯道也、斯文也不與焉。左丞年二十三，登元豐二年第，名聲籍甚。元祐執政以賢良方正直言極諫科荐之，進策與論，人交稱焉。後不果試，教授成都，蔡元長待之甚厚。及以序送京，亦不苟徇也。太師卒，奔喪京師，三年而皇妣卒。公嘗自述其衰絰七年中，窮居固守等事。嗚呼！非學而能之乎？元符上書論及宮禁，述所見耳，初非有意於希世取爵禄也。其後主國論者，自以私意進退人才，而公遂進用，自郎而卿。既乞補外，又以奉常召。俄上疏乞罷湟州及西寧之役，以靖患息民，公始得罪矣。其謫詞曰：『頃上書疏，半爲邪言，久懷異心，下比流俗，遽有羈縻之請，實爲捐弃之謀。以嗣武爲勞師，以昭功爲往失，動揺國是，疑惑新民，可送部與遠小監當。』尋責永州别駕，道州安置。三年，而自玉局召爲吏部郎。明年，丞相張天覺罷政，公坐附麗，又送吏部，爲虔化丞。在外將十年，然後知夔州，復直龍圖閣。靖康即位，年六十有七矣，以徽猷閣待制兼侍讀，俄長諫院，而女貞已圍太原矣。故曰時有幸不幸也。公老而達，實逢時之不幸。斯道也，斯文也，言之抑何艱哉？道與時污隆，文與時高下，公則心知之，故于潼川先生楊祐甫之卒也，哭之慟，而銘之甚哀。公與楊公皆太師公之所作成也，其言曰：『某與祐甫游，垂五十年，自少皆承先訓，以文學忠義相期，既而先後得科第。中年各欲以所學少見於世，而愚不適時，自取大戾。祐甫雖廢，而安處鄉里，然疾病窘困不能出門户。而某流放楚、粤，江湖之遠，追惟終始，互成嘆笑。今祐甫卒，含悲茹憤，言發涕零，以吾二人平生契義之私，它人所不得與，且所不能知者。』祐甫晚與成都鄭少世上有脱落。今之鋟木者，大瀘周氏子鋭也，可謂好事也已。其邑人景君佐，仕于吾州，爲周氏子，請敘其篇端，以余粗知言云。嘉定十二年十二月十四日，簡池劉光祖序。

南豐先生元豐類藁五十卷明正統刊本　何義門校宋

宋曾鞏撰

南豐先生以文章名天下久矣。異時齒髮壯，志氣鋭，其文章之慓鷙奔放，雄渾瓌偉，若三軍之朝氣，猛獸之抉怒，江湖之波濤，煙雲之姿狀，一何奇也。方是時，先生自負，要似劉向，不知韓愈爲何如爾。中閒久外徙，世頗謂偃蹇不偶，一時後生輩鋒出，先生泊如也。晚還朝廷，天下望用其學，而屬新官制，遂掌書命，於是更置百官，舊舍人無在者。已試，即入院，方除目填委，古紙肆書，初若不經意，午漏盡，授草院吏，上馬去。凡除郎御史數十人，所以本法意，原職守而爲之訓敕者，人人不同，咸有新趣，而衍裕雅重，自成一家。予時爲尚書郎，掌待制吏部，一日得盡觀，始知先生之學，雖老不衰，而大手筆自有人也。嗚呼！先生用未極其學已矣，要之名與天壤相弊不可誣也。客有得其新舊所著而裒録之者，余因書其篇首云。宋元豐八年季春三月朔日，中書舍人王震序。

僕嘗讀舍人王公所著《南豐先生文集序》，喜其有波濤烟雲、三軍朝氣之語，足以摹寫斯文之妙。及觀紫陽夫子序公家譜，甚恨世之知公者淺，而後未敢以前言爲可喜也。公先世亦魯人，常欲抽瓣香，修桑梓，敬而未能。大德壬寅春假守是邦，既拜公墓，又獲展拜祠下，摩挲石刻，知爲魁樞千峰陳公名筆，至品藻曾、蘇二公文，則獨以金精玉良許曾文之正。信乎曾文定之文價，至陳文定而後論定也。公餘進學宫諸生訪舊本，謂前邑令黄斗齋嘗綉諸梓，後以兵燬。夫以先生文獻之邦，而文竟無傳守，烏得辭其責？迺致書雲仍留耕公得所刻善本，亟捐俸，倡僚屬及寓公士友，協力鳩工，摹而新之。踰年而後成，其用心亦勤矣。後必有汲汲於它不務者，憫其勤而壽其傳，斯無負雪樓先生品題云。大德甲辰良月，東平丁思敬拜手書于卷尾。

鄒旦跋正統丁卯

姜洪重刊序正統十二年

何氏手跋曰：傳是樓宋本序文闕，每半頁十行，每行二十字。何椒丘云南豐《續稿》、《外集》南渡後散軼無傳。開禧閒，建昌郡守趙汝礪始得其書於先生族孫瀧，缺誤頗多，乃與郡丞陳東合《續稿》、《外集》校定而删其僞者，因舊題定爲四十卷，繕寫以傳。元季又亡于兵火。國初惟《類稿》藏于祕閣，士大夫鮮得見之。永樂初李文毅公爲庶吉士，讀書秘閣，日記數篇，休沐日輒録之，今書坊所刻《南豐文粹》十卷是也。正統中，毘陵趙司業琬始得《類藁》全書，以畀宜興令鄒旦刻之，然字多譌舛，讀者病焉。成化中，南豐令楊參又取宜興本重刻于其縣，踵譌承謬，無能是正。太學生趙璽訪得舊本，悉力讐校，而未能盡善。予取《文粹》、《文鑑》諸書參校，乃稱可讀。《文鑑》載《雜識二首》，并《書魏鄭公傳後》，《類稿》無之，意必《續稿》所載也。

南豐先生元豐類藁五十卷附録一卷明成化刊本

宋曾鞏撰

朱子年譜序

後序

丁思敬後序

宛陵先生文集六十卷明刊本

宋梅堯臣撰

歐陽修序慶曆六年

余被命來守宛陵，視事之翌日，有客謂余曰：『郡學請鏤版印書，公留意否乎？』乃問其目，曰：『梅聖俞詩集，自遭兵火，殘編斷簡，靡有全者。幸郡教官有善本。』余樂聞而應之曰：『昔龐參爲漢陽太守，郡人任棠有奇節，參到，先候之。棠不與言，但以薤一本、水一盂，置户屏前，抱兒伏於户下，參思其微旨曰：「水欲吾清，拔薤欲吾擊强宗，抱兒當户欲吾開門恤孤。」率而行之，漢陽大治。』余殿此邦之初，學官諸生以學校爲言，今客又以聖俞梅公詩集爲言，客其吾之任棠也與。聖俞公以詩聞於當世，寔此邦之前哲，客其欲余先庠序之教，而借梅文以爲諭。余固淺陋，雖不足以發揚幽光，敢不率行，或庶幾乎如漢陽之治也。乃命學官董其事，鏤版既成，請序於余。予豈敢辭？聖俞公之詩，簡古純粹，華而不綺，清而不癯，涵泳於仁義之流，出入於《詩》、《書》之府，而其工，歐陽文忠公已序於集首，此不復道，姑敘鏤版之由云爾。紹興十年上元日，檢校少傅保信軍節度使知宣州軍州事兼管内勸農營田使新安郡開國公食邑五千二百户食實封二千一百户汪伯彦後序。

楊士奇跋正德

洛陽九老祖龍學文集十六卷舊抄本

宋龍圖閣學士左諫議大夫上柱國范陽郡開國侯食邑二千八百户賜紫金魚袋祖無擇撰

後附《祖氏源流》、《龍學始末》無擇曾孫衍撰

右《祖龍學家集》十六卷，典雅藴籍，我國朝太平之文獻也。苗裔有居合肥者，貧不給饘粥，能保此版，不妄予人，獨欣然以歸其學，其志可嘉尚已。然版之脱亡，二十有九，不能爲完書，雖得别本，帑亡羨財，弗克治，故書目僅存其名。國體懷兹久矣，于是謄校刊補，卷秩始備，庶幾以傳可遠，亦先哲之志云。紹定己丑十月既望，郡文學趙國體敬識於卷末。

王魏公集八卷文瀾閣傳抄本

宋王安禮撰

太史范公文集五十五卷明抄本

宋范祖禹撰

太史范公文集五十五卷張立人手抄本

宋范祖禹撰

無爲集十五卷舊抄本

宋楊傑撰

國家以文教作成海内近二百年。主上紹開中興，息焉論道者一紀于兹。比詔有司，修建太學，蓋以儒術粉飾治具，漸摩士類，未始須臾置也。無爲在淮右小壘而多名士。侍講楊先生名傑，字次公，道號無爲子，實一時文人。公自妙齡擢巍科，以雄文妙賦、醇德懿行得名于時。中間立朝議禮樂因革，人尤多之。晚年嘗奉使過太山，觀日出于絶頂之上，重九日賦詩舉酒於華山蓮花之峯，繼被詔從高麗僧統義天遊。前輩以謂皆以王事而得方外之樂，故於瞿曇尤造理窟，當時如大丞相王公、内翰蘇公悉印可之。年七十而終，生平所著文集，湮没未傳於世。吁！可惜也。歲在重光作噩之冬，士彰誤恩假守是邦，服膺侍講公之名舊矣。視事之初，首詢公文於縉紳間，歲餘，搜獲不一。公遺辭典麗，立意奥妙，因删除其蕪類，取其有補於教化者。編次成集，將以爲學者標準，上佐吾君偃武修文之意，不其韙歟！其詩賦、碑記、雜文、表啟共分爲一十五卷，若釋、道二家詩文，則見諸别集云。紹興癸亥歲夏四月，左朝議大夫知無爲軍兼管内勸農營田事趙士彰謹序。

石學士詩集一卷舊抄本

宋石曼卿撰

詩之作，與人生偕者也，函愉樂悲鬱之氣，必舒於言，能者材之，傳於律，故其流行無窮，可以播而交鬼神也。古之有天下者，欲知風教之感，氣俗之變，必立官司，採掇而兼聽之，由是張弛其務，以足其所思，乃能享世長久，弊亂無由而生。厥後官廢詩不傳，在上者不復知民之所向，故政化頽悖，治道亡矣。詩之於時，蓋亦大物，於文字尤爲古，但作者才致鄙迫不揚，不入其域耳。國朝祥符中，民風豫而泰，操筆之士率以藻麗爲勝，惟曼卿與穆參軍伯長自任以古道作之，文必經實，不放於世，而曼卿之詩又特震奇秀發，蓋能取古之所未至，託諷物象之表，警時鼓衆，未嘗徒設。雖能文者累數十百言，不能卒其義，獨以勁語蟠泊會而終於篇，而復氣横意舉，飄出章句之外。學者不可尋其屏閾而依倚之，其詩之豪者歟！曼卿資宇軒豁，遇事輒詠，前後所爲不可計，其亡逸而存者纔三百餘篇，古律不異，分爲二册。一日觴予，酒作而謂予曰：『子賢於文，而又知詩，能爲我序詩乎？』予應曰：『諾！』遂有作，欲使觀者知詩之原，故卒於用而已矣。徂徠石介守道撰。

文潞公文集四十卷明刊本

宋文彦博撰

石林葉氏序略曰：公平生所爲文章，上自朝廷典册，至於章奏議論，下及詞賦歌詩，閑適之辭，世猶未盡見。兵興以來，故家大族多奔走遷徙，於是公之集藏於家者，散亡無餘。其少子維申稍討求追輯，猶得二百八十六篇，以類篇次爲略集二十卷，而屬某爲序。噫！公之所謂文者遠矣，重德偉度，足以鎮服四夷；精識遠憲，足以錯綜萬務；博聞强識，足以貫通九流；讜論嘉言，足以弼成百度。世之區區事其語言，以一藝自名者，未足以論公也。公未嘗有意於爲文，而因事輒見，操筆立成，簡質重厚，經緯錯出。譬之賁鼓鏞鍾，音節疎緩，雜然並奏於堂上，不害其與嘒嘒《簫韶》舞百獸而諧八音也。昔韓愈論于頔之文曰：『變化若雷霆，浩汗若江河。正聲諧韶濩，勁氣沮金石。』頔何足以當之？其公之謂歟？

呂柟重刊序嘉靖五年

伊川擊壤集二十卷元刊本　汲古閣舊藏

宋伊川邵雍堯夫撰

自序曰：《擊壤集》，伊川翁自樂之詩也，非惟自樂，又能樂時與萬物之自得也。伊川翁曰：子夏謂詩者，志之所之也，在心爲志，發言爲詩，情動於中而形於言，聲成其文而謂之音。是知懷其時則謂之志，感其物則謂之情，發其志則謂之言，揚其情則謂之聲，言成章則謂之詩，聲成文則謂之音。然後聞其詩，聽其音，則人之志情可知之矣。且情有七，其要在二，二謂身也、時也。謂身則一身之休慼也，謂時則一時之否泰也。一身之休慼，則不過貧富貴賤而已；一時之否泰，則在夫興廢治亂者焉。是以仲尼删《詩》，十去其九，諸侯十有餘國，風取十五，西周十有二王，雅取其六。蓋垂訓之道，善惡明著者存焉耳。近世詩人窮慼則職于怨憝，榮達則專于淫泆，身之休慼，發于喜怒，時之否泰，出于愛惡，殊不以天下大義而爲言者，故其詩大率溺于情好也。噫！情之溺人也，甚于水。古者謂水能載舟，亦能覆舟，是覆載在水也，不在人也。載則爲利，覆則爲害，是利害在人也，不在水也。不知覆載能使人有利害邪？利害能使水有覆載耶？二者之間，必有處焉，就如人能蹈水，非水能蹈人也。然而有稱善蹈者，未始不爲水之所害也。若外利而蹈水，則水之情，亦由人之情也。若内利而蹈水，則敗壞之患，立至于前，又何必分乎人焉水焉？其傷性害命一也。性者，道之形體也，性傷則道亦從之矣。心者，性之郛郭也，心傷則性亦從之矣。身者，心之區宇也，身傷則心亦從之矣。物者，身之舟車也，物傷則身亦從之矣。是知以道觀性，以性觀心，以心觀身，以身觀物，治則治矣，然猶未離乎害者也。不若以道觀道，以性觀性，以心觀心，以身觀身，以物觀物，則雖欲相傷，其可得乎？若然，則以家觀家，以國觀國，以天下觀天下，亦從而可知之矣。予自壯歲，業于儒術，謂人世之樂，何嘗有萬之一二，而謂名教之樂，固有萬萬焉。況觀物之樂，復有萬萬者焉。雖死生榮辱轉戰于前，曾未入于胸中，則何異四時風花雪月一過乎眼也？誠爲能以物觀物，而兩不相傷者焉。蓋其閒情累多忘去尔，所未忘者，獨有詩在焉。然而雖曰未忘，其實亦若忘之矣。何者？謂其所作，異乎人之所作也。所作不限聲律，不沿愛惡，不立固必，不希名譽，如鑑之應形，如鍾之應聲。其或經道之餘，因閑觀時，因静照物，因時起志，因物寓言，因志發詠，因言成詩，因詠成聲，因詩成音，是故哀而未嘗傷，樂而未嘗淫，雖曰吟詠情性，曾何累于性情哉？鍾鼓，樂也，玉帛，禮也，與其嗜鍾鼓、玉帛，則斯言也不能無陋矣。必欲廢鍾鼓玉帛，則其如禮樂何？人謂風雅之道，行于古而不行于今，殆非通論，牽于一身而爲言者也。吁！獨不念天下爲善者少，而害善者多，造危者衆，而持危者寡。志士在畎畝，以畎畝言，故其詩名之曰《伊川擊壤集》。時有宋治平丙午中秋日也。

濂溪集六卷明刊本

宋周子撰　前有年表，山陽度正撰

王汝憲序嘉靖十四年

鄱陽先生文集十二卷張立人手抄本

宋彭汝礪器資撰

南陽集三十卷舊抄本

宋韓維撰

晦待罪東觀，得見元祐垂簾日歷。元年二月十五日，侍讀韓維進讀，至天禧中，有二宫人犯罪，法當死。真宗皇帝惻然憐之，曰：『此等安知法？殺之則不忍，捨之則無以勵衆。』乃使人持去，笞而遣之。又幸汾陰日，見一羊，自擲于道左，怪問之，左右對：『尚食殺其羔。』真宗慘然不樂，自是不殺羊羔。因奏言：『此特真宗小善耳。然推是心以及天下，則仁不可勝用也。且真宗自澶淵卻敵之後，十有九年不言兵，而天下富，其源蓋出于此。外人皆言陛下仁孝，出于天性，每行見昆蟲螻蟻，輒違而過之，且勑左右勿踐履，此亦仁術也。臣願陛下推此心以及百姓，則天下幸甚。』晦，韓出也。外祖宫師在講筵時，其傳經啟沃，因事輔導，大概如此。是年祀明堂，加食邑。翰林學士蘇軾當制，有曰：『全德雅量，外爲師表；忠言嘉謀，入告帷幄。望其容貌，足以知朝廷之尊；聞其風采，足以立貪懦之志。』嗚呼！亦足以見其人矣。晦幼養於外家，逮事外祖。清夷剛正，高潔静直，雖燕居不妄言笑，見者肅然，其操履施爲，常持天下之正。元祐人物，清正剛直，必以司馬温公、外祖爲稱首。搢紳士大夫聞其風者，攘袂意消，天下莫不仰其盛德。至於履道不苟合，守正不少屈，求退不願富貴，不肯撓毫髮以就功名，常以帝王之學弼人主，而以孔孟之道律後進。惜乎雖元祐閒，不能久在政府。鄉先生鄒浩至完爲潁昌府教授，外祖時知潁昌，厚遇之。至完被召，外祖獨爲置酒，自説入仕以來，出處去就大致，終席不及他事。自今服膺書紳，用爲行己法則，故其節操風槪，頗似外祖。晦從道鄉先生游，親聞之。宣和六年，晦赴省試，閒至西京，謁留臺舅氏宗，質問外祖遺事，因出鮮于綽所作行狀。晦怪其脱畧，且語迮不得騁，舅氏以有所畏避告。因求外祖文集，欲加論次，而文字舛駁不可正。是方欲問諸家，以綴輯成書。俄金賊犯闕，外家殲於潁昌，羣從散亡，書籍灰燼，雖鮮于綽行狀，亦不復見。自渡江來，中州衣冠氏族，寥落東南，士人不知外祖風烈，每以悵恨。今年表姪孫元龍，復得此本于何人家，遠寄桂林。晦幼失所恃，不勝凱風寒泉之思，欲效古人爲外祖作家傳，或墓表、銘誌，皆不敢，因取行狀鋟木流傳，增入外祖諸子及女名位紀次，以足其闕文，後之君子得以考焉。外氏自忠憲公仁宗時參大政，德業光顯，門□始大。娶王文正公女，生八子，當時以爲皆經緯才，故名其里曰高陽。第三子絳康公，謚獻肅，相仁宗皇帝。其第六子縝楚公，謚莊敏，相哲宗皇帝。外祖第五，歷事四朝，致身二府，以直道正論，訖不相，而名德冠天下。行狀所紀，十不得一二。忠憲公訓飭子弟甚力，重以外祖方嚴清介，諸房化之，子姪皆表表自立，故本朝有家法者推韓氏云。紹興十年七月望日，徽猷閣直學士左朝奉大夫知静江軍府事充廣南西路經畧安撫使長興縣開國子食邑五百户賜紫金魚袋沈晦書。

節孝先生集三十卷事實一卷 明刊本

宋徐積撰　前有像讚、《楚州教廳壁記》李邴撰

《節孝先生文集》，山陽舊板燬于兵。四世孫坦家藏嘉禾墨本，字畫磨舛，先後失序。央亨再叨鄉部，退食之暇，從而訂證編次之。他如皇朝名臣之録，東都卓行之傳，及先生與門人問答之辭，蘇、黄諸老往來之帖，莫不附見。再用板行，觀者不待旁搜遠討，而瞭然在目矣。慨惟高大父待制撰先生行實之狀，曾大父中書跋諸賢詩帖之編，今詩帖之編已失，而行實之狀幸存。央亨無所肖似，乃今裒集全書，藏諸鄉校，以承先志，壽於無窮，亦足以見王氏之於先生真有夙契云。淳祐庚戌冬，朝請大夫淮南東路提點刑獄公事兼淮南東路轉運判官王央亨序

目後有『迪功郎淮安州州學教授翁蒙正景定甲子孟秋初吉重行編次校正』一行。

節孝徐先生，搢紳推重久矣，以文章節行冠于淮楚，與之游者，皆名公巨人。而先生耳聵，仕宦不顯，終學官。講聖人之道，於是江淮風俗，數十年閒稍稍復古，名士閒出，有致身公卿者，由先生化之也。萃備員山陽，一日我賢太守王直閣歎先生節行雖立，而文章泯墜。訪之子孫，得遺藁數萬言，命萃董之，鏤板以廣其傳。萃視太守屬吏且門生，故不得而辭，敢不夙夜在公，服膺斯文，仰副賢守，欲托先生之道，化斯民於醇厚之域耶？凡十旬以畢其事。紹興戊辰上元日謹跋。

皕宋樓藏書志卷七十六

集部

別集類十

歐陽文忠公集一百五十三卷附録五卷年譜一卷明天順刊本

宋歐陽修撰　每卷末俱有『熙寧五年秋七月男發等編定』、『紹熙二年三月郡人謙益校正』兩條

蘇軾居士集序元祐六年

胡柯年譜跋慶元二年

周必大後序

錢溥重刊序天順壬午

彭勗重刊後序天順辛巳

歐陽文粹二十卷明刊本　鄭氏注韓居舊藏

宋陳亮編

右《歐陽文忠公文粹》一百三十篇。公之文根乎仁義而達之政理，蓋所以翼六經而載之萬世者也。雖片言半簡，猶宜存而弗削，顧猶有所去取於其閒，毋乃誦公之文，而不知其旨，敢於犯是不韙而不疑也。初，天聖、明道之閒，太祖、太宗、真宗以深仁厚澤，涵養天下，蓋七十年。百姓能自衣食，以樂生送死，而戴白之老安坐以嬉，童兒幼穉什伯爲羣，相與鼓舞於里巷之閒。仁宗恭己無爲於其上，太母制政房闥，而執政大臣實得以參可否，晏然無以異於漢文、景之平時。民生及識五代之亂離者，蓋於是與世相忘久矣。而學士大夫其文猶襲五代之卑陋，中經一二大儒起而麾之，而學者未知所向，是以斯文獨有愧於古。天子慨然下詔書，以古道飭天下之學者，而公之文遂爲一代師法。未幾，而科舉禄利文非兩漢不道，於是本朝之盛極矣！公於是時獨以先王之法度未盡施於今，以爲大缺。其策學者之辭，殷勤切至，問以古今繁簡淺深之宜，與夫周禮之可行與不可行。而一時習見百年之治，若無所事乎此者，使公之志弗克遂伸，而荆國王文公得乘其閒而執之。神宗皇帝方鋭意於三代之治。荆公以霸者功利之説，飾以三代之文，正百官，定職業，修兵民，制國用，興學校，以養天下之才，是皆神宗皇帝聖慮之所及者，嘗試行之。尋察其有管、晏之所不道，改作之意，蓋見於末命，而天下已紛然趨於功利而不可禁。學者又習於當時之所謂經義者，剥裂牽綴，氣日以卑，公之文雖在，而天下不復道矣。

此子瞻之所爲深悲而屢歎也。元祐間，始以末命從事學者，復知誦公之文，未及十年，浸復荆公之舊。迄于宣、政之末，而五季之文靡然遂行於世，然其間可勝道哉？二聖相承，又四十餘年，天下之治大畧舉矣，而科舉之文，猶未還嘉祐之盛，蓋非獨學不能上承聖意，而科制已非祖宗之舊，而況上論三代？是以公之文，學者雖私通習之，而未以爲急也。故予姑掇其通於時文者，以與朋友共之。由是而不止，則不獨盡究公之文，而三代、兩漢之書，蓋將自求之而不可禦矣。先王之法度，猶將望之，而況於文乎？則其犯是不韙，得罪於世之君子而不辭也。雖然，公之文雍容典雅，紆餘寬平，反覆以達其意，無復毫髮之遺，而其味嘗深長於言意之外，使人讀之藹然，足以得祖宗致治之盛，其關世教豈不大哉？初，吕文靖公、范文正公以議論不合，黨與遂分，而公實與焉。其後西師既興，吕公首薦范、富、韓三公以靖天下之難。文正以書自咎，歡然與吕公戮力，而富公獨念之不置。夫左右相仇非國家之福，而内外相關而不相沮，蓋治道之基也。公與范公之意蓋如此。當是時，雖范忠宣猶有疑於其間，則其用心於聖賢之學，而成祖宗致治之美者，所從來遠矣。退之有言：『仁義之人，其言藹如也。』故予論其文，推其心存至公而學本乎先王。庶乎讀是編者，其知所趨矣。乾道癸巳九月朔，陳亮書。

樂全先生文集四十卷舊抄本

宋張方平撰　後附行狀王鞏撰

蘇軾序

范忠宣公文集二十卷遺文一卷 元天曆刊本

宋范純仁撰

惟昔賢者，皆後世之師表，而學者之慕古人，則自各有不同。如汲黯之慕爰盎，司馬長卿之慕藺相如，若有不可解於心者。本朝先正名德相繼，如泰山喬嶽，景星鳳凰，事近而易考，嘉言善行皆當取則，而區區之愚，少而讀元祐丞相忠宣范公《言行録》，反復終始，正學大節，偉識宏度，贊歎不足，於諸鉅公閒尤願執鞭，欲追逐其萬一而不可得也。如《奏議》、《國論》等書，如責人責己、助廉成德之訓，又若『避好名之嫌，則無爲善之路』等語，皆當終身誦之。每恨未見其家集也。嘉定五年三月甲戌，公之從玄孫中書舍人之柔見過，謂鑰曰：『忠宣文集未行於世。晚而謫居永州三年，邦人至今懷仰。比因沈史君圻赴郡，以家藏本屬之。既已刊就而舊無序引。』徑以見委。鑰謹謝之，且曰：『託名不腐，豈非晚進之幸？豈非平日之願？顧年衰學落，何足以與此？』三辭不獲，則取而伏讀，越兩日而盡得之。蓋公天資誠確，篤志學問，承文正公之親傳，博之以泰山孫明復、徂徠石守道、盱江李泰伯三先生師友之益。發爲詞章，根柢六經，切於論事，無一長語，而一出於正。文忠蘇公序《文正公集》有曰：『其於仁義禮樂、忠信孝弟，如飢渴之於飲食，欲須臾忘而不可得。』又曰：『雖弄翰戲語，率然而作，必歸於此。故天下信其誠，争師尊之。』公真是似者哉！　而鑰之所尊敬者，此又其餘事。自其立朝出鎮，廟謨相業，具載史册，不待贊言，惟公於忠恕得（上）〔二〕者之功用，深入吾夫子閫域，非淺丈夫所能窺者。温恭惟謹，無異稠人，遇有當爲，勇決過於賁、育，此其大過人者，然亦尚可勉也。心平而寬，慮周而遠，喜怒哀樂，所發而必中，克伐怨欲，不止於不行，包含太虚，無所適莫。姑以其見於外者一二言之。鄧綰嘗奏罷公襄州，及言者攻綰，則極力争之，謂：『已經先朝責降，不應再有所貶。』公亦非有意於以德報怨，自謂上惜朝廷事體，下以安人情反側。蘇黄門誦楊畏彈章，而公去相位。它日哲宗面斥黄門，從容爲解，黄門謂公爲佛地位中人。章子厚得罪，父年九十，議與一便郡，公言當置往咎而念其親。公本以議新法不合而去。及温公將盡改熙、豐之法，公謂特當去其太甚，又須徐徐經理，差（後）〔役〕（二）〔一〕事尤不可暴。操心類如此。公既喪明，而責知隨州，尋竄永州。蓋子厚必欲寘之死地，而公素安義命，無一語怨之，家人猶未平也。風雨中，覆舟於江，以救僅免，拭面而語家人曰：『此亦子厚所爲邪？』嗚呼！使之從夫子於陳、蔡，當亦有『不容何病』之言，此非他人所及也。蔡新州負罪至重，公力救之。上忤簾中，下違同列，賢如劉元城亦以吴處厚爲義存君親，詆公不遺餘力。公不爲動，卒貫其死，一時不以爲快。及事之變，吕汲公、劉忠肅等雖終於貶所，其得免於已甚者，始知公之不□新州於死之力也。汲公輩初竄嶺表，郊赦未頒，先謂難從恩宥。公齋戒入奏：『防等年老疾病，何以自存？　迹其所罪，亦因持心失恕，好惡任情，以異〔己〕爲怨讐，以疑似爲訕謗，誤國害公，覆車可鑒。』此不惟(次)〔欲〕寤泰陵，正欲感動子厚輩，使之革心而從厚也。嗚呼！自熙豐、元祐以至元符、紹聖之閒，世事屢變，翻覆非一。徽皇踐祚，改元建中靖國，流人悉歸，四海望太平於朝莫。欽聖憲肅皇后與徽皇，待公而爲政，至遣中使，遠至湖外，好賜牽復，迎勞不絕。公時在瞽廢(風)〔風〕痺中，知上果用我，亦欲感激自奮，而病不可爲矣。嗚呼天乎！儻延以三數年之壽，使再得政，則必能調一天下，可以仰副建中靖國之意，豈復有後日之禍哉？公既去矣，而蔡、呂俱召，呂又爲蔡所排，而任蔡愈專矣。此所以撫卷長懷，而繼之以太息流涕也。後之君子，欲多識前言往行，以蓄其德者，於此書可不熟復而力行之，以代弦韋之佩乎？文正四子，長監簿以病蚤没，忠宣與二季俱顯，衣冠蟬聯。然自忠宣以來一百二十有四年，而後中書舍人始紹世科，寔監簿之玄孫。范氏之興未艾也。四月丁丑朔，正奉大夫參知政事兼太子賓客四明樓鑰謹序。

先忠宣公《國論》、《彈事》外有文集二十卷，未曾板行。零陵寔謫居之地，僅刊《言行録》。今史君沈公到闕奏事，因過訪語及，慨然欲得鋟木。尚友前賢，深所敬嘆，即以家藏本屬之，仍附以國史本傳及李姑溪所述行狀，且識歲月于後云。嘉定辛未上巳日，玄姪孫朝散郎左司諫兼侍講范之柔謹書。

忠宣范公，昭代之名臣耆德也。作爲文章，讀之使人起敬起慕，然每以未見其全爲恨。圻需次零陵，己巳仲冬入覲過都，得其玄姪孫侍講司諫家藏全帙，跪受以歸。辛未暮春到郡，靖惟零陵，寔公舊寓之地，自元符迄今餘百年，邦人尚能言之，且堂而思，祠而祝。圻既得其文，不敢秘，因與同志精加訂正，命工鋟梓，以永其傳。嘉定丙申元正日，朝散大夫權知永州軍州兼管内勸農營田事借紫吴興沈圻書于思范堂。

視竊以元祐丞相忠宣范公之文行於世，猶桑麻穀粟之於日（月）〔用〕也。百有餘年，猶未盡見。今中書舍人公以家藏集，屬零陵守刊于郡齋，而大參樓公爲之序引，示學者以歸□之地。鉅公之惠天下後世渥矣。士大夫於出處語嘿之際，苟不以忠宣公之心爲心，則其見是書也烏得無媿？嘉定壬申六月既望，承議郎權通判衡州軍州兼管内勸農營田事賜緋魚袋權永州事廖視再拜敬書。

昔范宣子嘗問穆叔以何謂死而不朽？穆叔對以太上立德，其次立功，又其次立言。魯臧文仲既没，其言立，君子謂之不朽。嗚呼！士君子一言之善，猶足以語後世而貽方來，况夫功與德炳炳然在人耳目，非專於立言者歟？元祐丞相忠宣范公道德事業，載在國史，出處大節，見於《國論》、《奏議》、《言行録》，學者朝夕歛襟肅容，起敬起慕，獨其文集世所未見。今侍讀修史紫微先生克紹先烈，以其家藏二十卷，屬零陵史君鋟板郡庠，俾宗道是正訛舛，而又得今大參樓公爲序引，以冠篇首。天下學者，玩繹此書，佩服忠恕誠一之學，屬厭正直剴切之論，終身誦之，皆爲君子之歸，此之不朽之傳矣。嘉定壬申六月既望，門生從政郎永州州學教授清源陳宗道再拜謹跋。

案此元天曆刊本，每頁二十四行，每行二十字。卷中有『季振宜藏書』朱文方印、『季振宜印』朱文大方印、『滄葦』朱文方印。

重刊嘉祐集十六卷明刊本

宋眉山蘇洵撰

張鏜跋嘉靖壬辰

臨川先生文集一百卷目録二卷明嘉靖刊本　沈學子校

宋王安石撰

紹興重刊《臨川集》者，郡人王丞相介父之文，知州事桐廬詹大和甄老所譜而校也。藝祖神武定天下，列聖右文而守之。江西士大夫多秀而文，挾所長與時而奮。王元之、楊大年篤尚音律，而元獻晏公臻其玅。柳仲塗、穆伯長首唱古文，而文忠歐陽公集其成。南豐曾子固、豫章黄魯直，亦所謂編之乎詩書之册而無媿者也。丞相旦登文忠之門，晚躋元獻之位，子固之所深交而魯直稱爲不朽。近歲諸賢舊集，其鄉郡皆悉刊行，而丞相之文流布閩、浙，顧此郡獨因循不暇，而詹子所爲奮然成之者也。紙墨既具，久而未出。一日謂客曰：『讀書未破萬卷，不可妄下雌雄。讐正之難，自非劉向、楊雄莫勝其任。吾今所校本，仍閩、浙之故耳。先後失次，訛舛尚多，念少遲之，盡更其失，而慮歲之不我與也。計爲之何？』客曰：『不然。皐、蘇不世出，天下未嘗廢律；劉、楊不世出，天下未嘗廢書。凡吾所爲，將以備臨川之故事也。以小不備，而忘其大不備，士夫披閲，終無旹矣。明牕浄榻，永晝清風，日思誤書，自是一適。若覺而不覺其誤，孫而不能思，思而不能得，雖劉、楊復生，將如彼何哉？』詹子曰：『善！客其爲我志之。』十年五月戊子，豫章黄次山季岑父敘。

缺名序嘉靖二十九年

廣陵先生文集二十卷附録一卷舊抄本

宋王令撰，外孫吴説編次　前有王逢原《墓誌銘》王安石撰、《廣陵先生傳》門人孫發撰

廣陵先生文集二十卷附録一卷舊抄本

宋王令撰，外孫吴説編次　前有《墓誌銘》王安石撰、《廣陵先生傳》門人孫發撰

東坡集四十卷後集二十卷奏議集十五卷内制集十卷附樂語外制集三卷應詔集十卷續集十二卷年譜一卷墓誌銘一卷明成化刊本

宋蘇軾著　《年譜》，五羊王宗稷撰

宋贈太師勅

成一代之文章，必能立天下之大節。立天下之大節，非其氣足以高天下者，未之能焉。孔子曰：『臨大節而不可奪，君子人歟！』孟子曰：『我善養吾浩然之氣。以直養而無害，則塞乎天地之閒。』蓋存之於身，謂之氣；見之於事，謂之節。節也，氣也，合而言之，道也。以是成文剛而無餒，故能參天地之化，開盛衰之運。不然，則雕蟲篆刻，童子之事耳，烏足與論一代之文章哉？故贈太師謚文忠蘇軾，忠言讜論，立朝大節，一時廷臣，無出其右。負其豪氣，志在行其所學，放浪嶺海，文不少衰，力斡造化，元氣淋漓，窮理盡性，貫通天人，山川風雲，草木華實，千彙萬狀，可喜可愕，有感於中，一寓之於文，雄視百代，自作一家，渾涵光芒，至是而大成矣。朕萬幾餘暇，紬繹詩書，他人之文，或得或失，多所取舍，至於軾所著，讀之終日，亹亹忘倦，常寘左右，以爲矜式，信可謂一代文章之宗也歟！乃作贊曰：維古文章，言必己出。綴詞緝句，文之蟊賊。手扶雲漢，斡造化機。氣高天下，乃克爲之。猗嗟若人，冠冕百代。忠言讜論，不顧身害。凜凜大節，見於立朝。放浪嶺海，侶於漁樵。歲晚歸來，其文益偉。波瀾老成，無所附麗。昭晰無疑，優游有餘。跨唐越漢，自我師模。賈馬豪奇，韓柳雅健。前哲典刑，未足多羨。敬想高風，恨不同時。掩卷三歎，播以聲詩。乾道九年閏正月望，選德殿書賜蘇嶠。

李紹序成化四年

東坡集四十卷後集二十卷奏議集十五卷内制集十卷附樂語外制集三卷應詔集十卷續集十二卷明嘉靖刊本

宋蘇軾撰　年譜　墓誌銘　本傳

宋贈蘇文忠公太師勅

宋孝宗御製贊并序

李紹序成化四年

江西布政司重刊義例

案,《續集》後有『嘉靖十三年江西布政司重刊,南豐縣學教諭繆宗道校正』兩行。每葉二十行,每行二十字。

王狀元集諸家註分類東坡先生詩三十卷宋刊本

宋王十朋註

趙夔序曰:昔杜預註《春秋左傳》,顏籀註班固《漢書》,時人謂征南、祕書爲丘明、孟堅忠臣。又李善於梁、宋之間,開《文選》學,註六十卷,流傳於世。皆僕所喜而慕之者,此註《東坡詩集》所以作也。東坡先生讀書數千萬卷,學術文章之妙,若太山北斗,百世尊仰,未易可窺測藩籬,況堂奥乎? 然僕自幼歲誦其詩文,手不暫釋,其初如涉大海,浩無津涯,孰辨淄澠涇渭？而魚龍異狀，莫識其名。既窮山海變怪，然後了然無有疑者。崇寧年間，僕年志於學，逮今三十年，一句一字，推究來歷，必欲見其用事之處。經史子傳、僻書小説、圖經碑刻、古今詩集、本朝故事，無所不覽，又於道、釋二藏經文，亦常遍觀抄節，及詢訪耆舊老成間，其一時見聞之事，有得既已多矣。頃者，赴調京師，繼復守官，累與小坡叔黨遊從至熟，叩其所未知者，叔黨亦能爲僕言之。僕既慕先生甚切，精誠感通。一日，先生野服乘驢，若世之所畫李太白者，惠然見訪。僕方坐一室中，書史環列，起而迎見。先生顧僕，喜曰：『天下之樂，莫大於此。』了無它語。又一日夢與先生對談，因問水仙王事，即答以茫昧之語，殊不可曉，不知何意也。僕於此詩分五十門，總括殆盡，凡偶用古人兩句，用古人一句，用古人六字、五字、四字、三字、二字，用古人上下句中各四字、三字、二字相對，止用古人意不用字，所用古人字不用古人意，能造古人意，能造古人不到妙處，引一時事，一句中用兩故事，疑不用事而是用事，疑是用事而不用事，使道經僻事、釋經僻事、小説僻事、碑刻中事、州縣圖經事，錯使故事使古人作用字成一家句法，全類古人詩句用事有所不盡，引用一時小話不用故事而句法高勝，句法明白而用意深遠，用字或有未穩，無一字無來歷，點化古詩拙言，間用本朝名人詩句，用古人詞中佳句，改古人句中借用故事，有偏受之故事，有參差之語言，詩中自有奇對，自撰古人名字，用古謡言，用經史註中隱事，間俗語俚諺詩意物理，此其大略也。三十年中，殫精竭慮，僕之心力盡於此書。今乃編寫刊行，願與學者共之，若乃事有遺誤，當竢博雅君子補而鐫之，庶俾先生之詩文與《左傳》、《漢書》、《文選》並傳無窮，而僕於杜預、顏籀、李善三子亦庶幾焉。雖然，尚有可以言者。先生之用事不可謂無心，先生之用古人詩句未必皆有意耳。蓋胸中之書，汪洋浩博，下筆之際不知爲我語耶，它人之語也。觀者以意達之可也。

王十朋序曰：昔秦近君註『堯典』二字至十餘萬言，而君子譏其繁；丁子襄註《周易》一書，纔二三萬言，而君子恨其略。訓註之學，古今所難，自非集衆人之長，殆未易得其全體。況東坡先生之英才絶識，卓冠一世，平生斟酌經傳，貫穿子史，下至小説、雜記、佛經、道書、古詩、方言，莫不畢究，故雖天地之造化，古今之興替，風俗之消長，與夫山川、草木、禽獸、鱗介、昆蟲之屬，亦皆洞其機而貫其妙，積而爲胸中之文，不啻如長江大河，汪洋閎肆，變化萬狀，則凡波瀾於一吟一詠之間者，詎可以一二人之學而窺其涯涘哉？予舊得公詩八註、十註，而事之載者十未能五，故常有窺豹之歎。近於暇日搜索諸家之釋，裒而一之，劉繁剔冗，所存者幾百人，庶幾於公之詩有光。雖然，自八而十，自十而百，固非略矣，而亦未敢以繁言。蓋以一人而肩烏獲之任，則折筋絶體之不暇，一旦而均之百人，雖未能春容乎通衢，張王乎大都，而北燕南越，亦不難到此，則百註之意也。若夫必待讀遍天下書，然後答盡韓公策，則又望諸後人焉。

吴氏手跋曰：《宋王梅溪集百家注東坡詩》近所行本，皆後人妄行竄亂删併，全本失真。與宋商丘所刊《施注蘇詩》無異，觀者每以不能一見宋刻爲恨。今夏有苕賈持此書抵余家求售，適余他出，不值而去。明日余歸，操舟訪之，始得之硤石南湖中，遂以善直購焉。此書楮墨精雅，古香襲人，真舊本之最佳者。爰爲長歌，以書其後。當乾隆五十一年夏重午後二日，兔床吴騫識，男壽暘書。

又曰：《王梅谿分類蘇詩註》二十五卷，不及《和陶詩》，迨施元之編年注始合刊之。按，《苕谿漁隱叢話》云前乃東坡手自編定，後乃後人所編，惜乎不載《和陶詩》。然則當時人刊東坡詩，多不及《和陶詩》，無足怪也。《庚溪詩話》，崇寧、大觀間，蔡京當國，禁蘇軾文詞墨跡而毁之。政和間忽弛其禁。光堯太上皇朝盡復軾官職。今上尤愛其文章。乾道初，梁叔子任掖垣，兼講席。一日，宿直召對，上曰：『近有趙夔等注軾詩甚詳，卿見之否？』命内侍取以示之。乾道末，上遂爲軾御製序贊，冠其文集，命有司與詩集同刊之。

又曰：吾友鮑君以文嘗疑百家姓氏中『胡銓』下注『字邦衡』，爲後人妄添，謂胡銓姓名偶同而寔非忠簡公。予竊以爲不然。按，注中明有引『邦衡曰』者，則其爲忠簡無疑。鮑君又謂忠簡，廬陵人，不應冠苕溪。予按書中只以『苕溪』冠胡仔姓氏上，而胡銓上偶失著廬陵耳。如潘大臨、大觀皆黄岡人，而列豫章之後，徐□，臨川人，而列臨安之後，此並注家之莽鹵也。兔牀記。

案，此南宋麻沙本，每葉二十行，每行十九字，小字雙行，每行二十五字。餘詳《儀顧堂集》。

增刊校正王狀元集諸家註分類東坡先生詩三十卷元刊本

宋禮部尚書端明殿學士兼侍讀學士贈太師謚文忠蘇軾撰，王十朋注，廬陵須谿劉辰翁批點

王龜齡序

趙夔卿序

案，此元刊本，每葉二十四行，每行二十三字，小字雙行。目後有『龍集丙戌秋月劉安正堂刊本』一行，卷末有『丙戌歲孟冬月安正堂新刊』一行。

欒城集五十卷欒城後集二十四卷欒城第三集十卷應詔集十二卷明刊本

宋蘇轍撰

蘇翊跋淳熙己亥

蘇森跋開禧丁亥

豫章黄先生文集三十卷外集十四卷別集二十卷詞一卷簡尺二卷年譜三卷明嘉靖刊本

宋黄庭堅魯直撰

周季鳳序嘉靖丁亥

徐岱序嘉靖丙戌

查仲道跋嘉靖丁亥

《年譜序》曰：文集之有年譜，尚矣。先太史詩文徧天下，而年譜獨闕。近世惟傳蜀本詩集舊注，援據爲詳，第循洪氏所編《退聽》之舊，自元豐戊午以上無所稽焉，觀者病之。此固家之子孫不容不任其責。罃不揆，少日過庭，粗聞舊事，竊嘗有志於是。中間多病廢志，十遺七八，日復老矣，懼將泯没，蓋嘗編次遺文爲《别集》二十卷，然於編年無所攷證。因悉收《豫章文集》、《外集》、《别集》、尺牘、遺文、家藏舊藁、故家所收墨蹟，與夫四方碑刻、它集、議論之所及者，旁羅博搜，系諸歲月。獨恨罃生晚，距先太史之歿，今已百年，一時哀次，豈敢妄謂無所差舛？姑俟博聞君子質而正之。昔山房李彤季敵於《豫章外集》有言：『雖先生晚年刪去，後學安敢棄遺？』此則罃今日掇拾之意。其或真蹟既亡，别無考證，則寧略之，尚幾不滋異時之疑。至於見聞單淺，排纘無敘，此則孤陋不學之罪，又奚敢辭？歲在屠維協洽日南至，諸孫罃謹序。

山谷黄先生大全詩註二十卷宋刊本

宋天社任淵註

六經所以載道而之後世，而詩者止乎禮義，道之所存也。周詩三百五篇，有其義而亡其辭者，六篇而已。大而天地日星之變，小而蟲鳥草木之化，嚴而君臣父子，別而夫婦男女，順而兄弟，羣而朋友，喜不至瀆，怨不至亂，諫不至訐，怒不至絶。此詩之大略也。古者登歌清廟，會盟諸侯，季子之所觀，鄭人之所賦，與夫士大夫交接之際，未有□此而能達者。孔子曰：『爲此詩者，其知道乎？』又曰：『不學詩，無以言。』蓋法之用於世如此。周衰，官失學廢，大雅不作久矣。由漢以來，詩道浸微，陵夷至于晉、宋、齊、梁之間，哇淫甚矣。曹、劉、沈、謝之詩，非不工也，如刻繒染縠，可施之貴介公子，而不可用之黎庶。陶淵明、韋蘇州之詩，寂寞枯槁，如叢蘭幽桂，可宜於山林，而不可置於朝廷之上。李太白、王摩詰之詩，如亂雲敷空，寒月照水，雖千變萬化，而及物之功亦少。孟郊、賈島之詩，酸寒儉陋，如蝦蟖蜆蛤，一啖□□，雖咀嚼終日而不能飽人。惟杜少陵之詩，出入古今，衣被天下，藹然有忠義之氣，後之作者，未有加焉。宋興二百年，文章之盛，追還三代，而以詩名世者，豫章黄庭堅魯直。其後學黄而不至者，後山陳師道無己。二(百)〔公〕之詩，皆本於老杜而不爲者也。其用事深密，雜以儒佛，虞初稗官之説，雋永鴻寶之書，牢籠漁獵，取諸左右。後生晚學，此祕未覩者，往往苦其難知。三江任君子淵博極羣書，尚友古人。暇日遂以二家詩爲之註解，且爲原本立意始末以曉學者，非若世之箋訓，但能標題出處而已也。既成，以授僕，所以言冠其首。予嘗患二家詩興高遠，讀之有不可曉者，得君之解，玩味累日，如夢而寤，如醉而醒，如瘻人之獲起也，豈不快哉？雖然，論畫者可以形似，而捧心者難言；(間)〔聞〕絃者可以數知，而至音者難説。天下之理，涉於刑名度數者可傳(乎)〔也〕，其出於刑名度數之表者不可得而傳也。昔後山答秦少章云：『僕之詩，豫章之詩也。然僕所聞於豫章，願言其詳；豫章不以語僕，僕亦不能爲足下道也。』嗚呼！後山之言殆謂是耶！今子淵既以所得於二公者筆之於書矣，若乃精微要妙，如古所謂味外味者，雖使黄、陳復生，不能以相授。子淵尚得而言乎？學者宜自得之，可也。子淵名淵，嘗以文藝類試有司，爲四川第一，蓋今日之國士、天下士也。紹興鄱陽許尹敘。

案，此宋季閩中重刊紹興本，每葉二十二行，每行二十字，小字雙行，行二十四字。宋諱自『惇』、『廓』以上皆缺避，蓋宋寧宗時刊本。許尹序爲山谷、後山詩注而作，紹興有紀元而無歲月，皆坊刻疏漏之証也。

山谷老人刀筆二十卷 明刊本

宋黄庭堅撰

後山先生集二十四卷 明弘治刊本

宋彭城陳師道履常著，茶陵陳仁子同甫編校

魏衍記曰：先生姓陳諱師道，字履常，一字無己，彭城人。幼好學，行其所知，慕古作者，不爲進取計也。年十六，謁南豐先生，曾公鞏曾大器之，遂受業于門。元豐四年，神宗皇帝命曾典史事，且謂脩史最難，申敕切至。曾荐爲其屬，朝廷以白衣難之。方復請而以憂去，遂寢。太學又荐其文行，乞爲學録，不就。樞密章公惇高其義，冀來見，特荐于朝，而終不一往。元祐初，翰林學士蘇公軾與侍從列荐，乃官之，俾教授其鄉。未幾，除太學博士。言事者謂先生嘗謁（高）〔告〕，詣南都見蘇公爲私，遂罷，移潁州教授。紹聖初，又以餘黨罷，换江州彭澤令。未行，丁母憂，寓僧舍，人不堪其貧。暨外除，猶不言仕者，凡四年。左右圖書，日以討論爲務，蓋其志專欲以文學名後世也。元符三年，除棣州教授。隨除祕書省正字，將用矣，殁於建中靖國元年十二月之二十九日，年四十九。友人鄒公浩買棺以殮，朝廷特賜絹二百匹，嘗與往來者共賻之，然後得歸。初，先生學於曾公，譽望甚偉。及見豫章黄公庭堅詩，愛不舍手，卒從其學，黄亦不讓。士或謂先生過之，惟自謂不及也。先生既殁，其子豐登以全藁授衍曰：『先公實知子，子爲編次而狀其行。』衍既狀其行矣，親録藏於家者，今十三年，顧未敢當也。衍嘗謂唐韓愈文冠當代，其傳門人李漢所編。衍從先生學者七年，所得爲多。今又受其所遺甲、乙、丙藁，皆先生親筆，合而校之，得古律詩四百六十五篇，文一百四十篇。詩曰五七，雜以古律；文曰千百，不分類。衍今離詩爲六卷，類文爲十四卷，次皆從舊，合二十卷，目録一卷，又手書之。竊惟先生之文，簡重典雅，法度謹嚴，詩語精妙，蓋未嘗無謂而作，其志意行事，班班見於其中。小不逮意則棄去，故家之所留者止此。昔漢楊雄作《太玄》、《法言》、箴、賦，如劉歆號知文，始敬之，後而短毁，謂其必傳者，桓譚一人而已。先生之文蚤見稱於曾、蘇二公，世人好之者，猶以二公故也。今賢士大夫競收藏之，則其傳也，奚待於衍耶？後豈不有得手寫故本，以證其誤者，則不肖之名，因附兹以不朽爲幸焉。其闕方求而補諸，又有《解洪範相表》、《闡微》、《彰(書)〔善〕》、《詩話》、《叢談》，各自爲集云。政和五年十月六日謹記。

建中靖國辛巳之冬，雲别涪翁於荆州。翁曰：『陳無己，天下士也。其讀書如禹之治水，知天下之脉絡，有開有塞，至于九川滌源，四海會同者也。其論事救首救尾，如常山之蛇。其作文深知古人之關鍵，其作詩深得老杜之句法。今之詩人不能當也。子有意學問，不可不往掃斯人之門。』雲再拜受教。明年春至京，賢士大夫出涕相弔曰：『無己亡矣。』雲驚歎失聲，痛恨無窮。洎來彭城，求先生詩文且四年，僅見一二。最後得昌世所集凡六百五篇，琮璜珩瑀，貫列大備。雲曰：『幸矣！至寶不殁，乃今有獲。』因記涪翁之語，録以示昌世。自昔名世之士，著書立言，必賴其徒傳之。文中子講道河汾，以續六經，房、魏之倫，皆北面受業。及登廊廟，不能顯傳，其書卒以泯絶，論者至今惜之。昌世，先生之高第，操行文章，雅善先生之風，雖隱約布韋，而所立絶人，不苟徇合，故能蒐拾遺文，成一家之言。又序先生出處之大節，其辭蔚然，讀之使人凛凛增慕。然先生之道必傳於後世者，昌世之力也，千載之下可以知其賢矣。政和丙申正月甲午，元城王雲題。

讀後山詩，大似參曹洞禪，不犯正位，切忌死語，非冥搜旁引，莫窺其用意深處。此詩註所以作也。近時刊本，參錯繆誤。政和中，王雲子飛得後山門人魏衍親授本，編次有序，歲月可考。今悉據依略加緒正，詩止六卷，益以注，卷各釐爲上下，作之有謂，而存之可傳，無恡夫詩之少也。衍字昌世，作《後山集記》，頗能道其出處，今置之篇首，後有學者得以覽觀焉。天社任淵書。

王鴻儒序弘治十二年

何氏手跋曰：此卷弘治間刻本，《送邢居實序》脱後半，《章善序》脱前半，凡二十行。己丑七月，得嘉靖以前舊抄對校，因爲補寫。錢牧齋蓄書，非得宋刻名抄，則云無有，真細心讀書者之言。如浙之某某輩，徒取盈卷帙，全不契勘，雖可汗牛馬，其實謂之無一紙可也。焯記。

又曰：康熙己丑秋日，從吴興鬻書人購得舊抄《後山集》殘本，中闕三、四、五、六凡四卷。勘校一過，改正脱誤處甚多，庶幾粗爲可讀，而明人錯本誤人，真有不如不刻之歎也。焯記。

皕宋樓藏書志卷七十七

集　部

別集類十一

宛丘先生集七十六卷舊抄本　顧千里舊藏

宋張耒文潛撰　前有《宛丘先生傳》

張右史大全集六十卷舊抄本　張月霄舊藏

宋譙郡張耒文潛著　前有本傳

濟南集八卷文瀾閣傳抄本

宋李廌撰

案，此系坊賈所鈔，故譌字甚多。《自陵州渡黃河歌》不全，疑有缺葉。

高僧參寥詩十二卷 明刊本

宋智昱禪師道潛參寥著

陳無己送行序

陳氏手跋曰：《參寥子集》十二卷，宋僧道潛譔。道潛本姓何，於潛人。《墨莊漫録》云本名曇潛，東坡爲改曰道潛。東坡守杭州，爲卜西湖智果精舍居之。嘗坐得罪，返初服。建中靖國初，詔復祝髮。崇寧末，歸老江湖。嘗賜號妙總大師。今所傳詩集凡數本，一題『三學院法嗣廣定訂智果院法嗣海惠閲録』，前有參寥子小影，即海惠所臨。首載陳師道《餞參寥禪師東歸序》，次載宋濂、黄諫、喬時敏、張睿卿四序。一本題『法嗣法穎編』，卷帙俱同，而敘次迥異。所載陳師道序題曰《高僧參寥集序》，與文中語意不符。又吴之振《宋詩鈔》云《參寥集》杭本，多誤采它詩，未及與析。是本爲明時歙汪汝謙校刊，陳序亦作《高僧參寥集序》，始即從法穎本重刊，未知視杭本何如耳。嘉慶十年春日，陳鱣記。

又曰：前引曇潛改名事，今備載《墨莊漫録》，云：『吕温卿爲浙漕，既起錢濟明獄，又廢廖明略事，二人皆廢斥，復欲網羅參寥，未有以中之。曾有僧與參寥有隙，言參寥度牒冒名，蓋參寥本名曇潛，因子瞻改曰道潛。温卿索牒驗之信然，竟坐刑之歸俗，編管（交）〔兖〕州。未幾，温卿亦爲孫傑鼎臣發其贜濫繫獄。人以爲菑人者，人必反菑之。』按此事，《行録》未之及，故附書焉。鱣再記。

寶晉山林集拾遺八卷舊抄本

宋米芾撰，孫憲輯　前有墓誌銘蔡肇撰

先祖南宫以文章翰墨雄視一代，當崇寧間名動天子，擢從外郡，對便殿，進奉常博士，踐南宫舍人，駸駸清望矣。而百未施一，天不假齡，悲夫！此所以重識者超羣邁德絶俗之歎矣。然字畫之傳，内而祕府，外而巨室，遠而遐方異裔，幽而山區海聚，人皆祕玩，一□殆踰千金。其視朶雲之翰，籠鵝之墨，高麗之募金，老人之求判，殆越宇宙而同時。至於文章短篇，閎深雄麗，敻絶一時，故先祖雖未顯，而文價已喧如。《寶月觀賦》一出，巨儒若東坡，最擊節賞音，他可知矣。先祖遺文，按待制蔡公天啟誌墓文，有《山林集》百卷，若《宣己子》、《聖度録》等文，又數十卷。適靖康變故，先君閣學僑寓溧陽，僅脱身于崎嶇兵火之中，異時寶晉所藏，皆希代所見，靡有孑遺，故先集亦不復存在，以故尚未顯行于世。憲不肖之孫，緬想祖烈，重以先君閣學治命，每歎遺稿未充廣傳，爲没齒深恨。憲欽承先訓，勦心瘵形，遠求博訪，裒聚縷積，迨今五十年矣，而六丁勅將，毫芒僅有，故梵筴雜叠，青氊並藏，自《書史》、《畫史》、《硯史》外，其他詩文纔百餘篇。懼遺編之墜地，致潛德之晦蝕，乃即筠陽郡齋，命工鋟板以遺世之欲見是書者，庶可無愧於彦芳之藏筆，魏謩之寶笏。如其發揮幽光，垂示將來，則有俟于大手筆序而冠諸篇首云。嘉泰改元初禩歲次辛酉月紀太蔟日御乙亥，嗣孫米憲拜手謹識。

案，《寶晉山林集》一百卷，亡于南渡。《四庫》所收《寶晉英光集》八卷，乃岳珂所輯，後人又有附益者也。此本爲其孫米憲所輯，嘉泰初刻于筠陽郡齋。卷一賦，卷二詩，卷三長短句，卷四文，卷五《寶章待訪録》，卷六《書史》，卷七《畫史》，卷八《硯史》，各家書目罕見著録。余從杭州丁松生大令借得影宋抄本傳録，亦罕覯之祕笈也。岳本輯于紹定五年，上距嘉泰改元二十八年，似未見此本者，不可解也。

寶晉英光集八卷舊抄本

宋襄陽米芾元章著

予仕居潤餘十年，會羽書交馳，凡訪古蹠奇，皆曰力所不暇，僅能考海岳一遺址，塹槿爲園，薦菊爲桐，倚江爲堂，礱石爲刻，時一至其間，倚徙縱目，慨想摩挲而已。夫自江而南，名城奥都，潤爲大。六朝而下，賢規雋轍，潤爲古。而又據景物之會，窮心目之趣，惟潤爲多。人或咎予，謂歷數千百載，它豈無名人才士可以表著，而獨惓惓於英光。予每應之曰：境無凡勝，以會心爲悦；人無今古，以合蹟爲奇。若杖履無日涉之勞，江山有天境之助。風帆沙鳥，晨雨夜虹，凡是園之所包羅，衆目之所覩記者，莫不挾英秀，露光彩，雖微遺跡，猶將强附而俎豆之。而況我宋人物如南宫者耶？夫既卜園觀，則不可以不祠。既葳祠，則不可以不摭遺佚，考文翰，以備一堂之缺。既竣搴瑑之事，而攟放失，恪編次，爲是集以傳，又次序之所當舉而必不可無者也，則又奚疑？或者無以答。予按，《山林集》舊一百卷，今所會稡附益，未十之一，南渡而後，文獻不足，固無可議。若曰南宫被天鑒，流榮名，其在兩朝，元不顓以結字。《思陵翰墨志》有曰：『芾之詩文，語無蹈襲，出風烟之上，覺其詞翰，同有（浚）〔淩〕雲之氣。』噫嚱！此漢武帝所以知相如也。冠於篇端，庶幾覽者有以自得焉。紹定壬辰歲上巳日，鄂國岳珂序。

石門文字禪三十卷明支那刊本

宋江西浮溪石門寺沙門釋德洪覺範撰，門人覺慈編録

釋達止重刊序萬曆丁卯

青山集三十四卷張立人手抄本

宋當塗郭祥正字功父撰

淮海先生前集四十卷後集六卷長短句三卷明嘉靖刊本

宋秦觀少游撰

盛儀序嘉靖乙巳

張綖序嘉靖己亥

張繪跋嘉靖乙巳

淮海集四十卷後集六卷長短句三卷明萬曆刊本

宋高郵秦觀少游撰

盛儀序

張綖序

李之藻序萬曆戊午

姚鏞序萬曆戊午

長興集残本十六卷抄本

宋龍圖閣學士沈括存中著　原四十一卷，今缺卷一至十二，卷二十九至末，共缺二十五卷

雲巢編十卷抄本

宋太常寺奉禮郎審官西院主簿沈遼睿達著

倚松老人詩集三卷舊抄本

宋饒節德操撰　每卷末有『慶元己未校官黄汝嘉重刊』一條

倚松老人饒德操，名節，江右臨川人。與吕居仁等稱江西詩派，名震一時。後偕僕祝髮爲

僧，德操名如璧，僕名如琳，俱嗣法於香嚴智月。按《禪燈世譜》，智月嗣投子顒，顒嗣圓照本，皆雲門宗派，惜未見其機緣語録載在《祖燈》，僅有此詩集三卷，庶可以見其所藴。《呂紫薇詩話》云：『德操爲僧後詩更高妙不可及也。』歲甲申秋八月，吴後學釋超峻謹識。

倚松老人詩集三卷舊抄本

宋饒節德操撰

釋超峻序

西塘先生文集十卷明刊本

宋鄭俠撰

祖舜爲兒童時已聞邑有鄭先生之賢，而未識也。既冠，與鄉貢，始獲謁公而謝之，親承誘誨，因目前輩老成之風，實政和丙申歲也。其年如京師，又八年，竊第東還，則公亡矣。已而從陳直講國材遊，乃聞公出處之詳，且得公所爲《大慶居士自敘》而讀之，有曰：『幽暗閴寂，此正祇鬼着眼處，是以不自欺于方寸。』由是知公平居克己，不愧屋漏，其學一本於誠而已。抑嘗驗公之所言所行與夫居鄉黨，處患難，無一不合於道者，蓋有所本而然。初，公在金陵以《詠雪》詩見賞，遂游其門，及言新法不便於民，始獲譴怒。公終不肯詭隨，持論益堅，其篤道有守如此。與王安國議論素合，公坐封事繫獄，株連及之，獨能慷慨發言，使友人不敢匿其親而有隱，其信義服人如此。自爲小官，極口論大利害，雖死不顧，兩遭竄貶，顛跌艱阸，初無慘沮之容，卜築嶺外，若將終身焉，則其在困窮不改其操矣。晚歲逢恩南還，徜徉里閈，意趣超然，至於疾病易簀，了無遺恨，尚能哦詩，有『身如過鳥在雲邊』之句，則又不惑於死生之際矣。公之始末，槩見于此，聲名雖暴於一時，道業不顯于當世，君子惜之。若乃發爲詞章，雖數千萬言，特公之餘事耳。公之生平著述，類多散逸。公之孫嘉正，毫聯縷緝，僅得其十之三四，其孜孜孝誠，不忍遺墜之意可尚也。學者倘能由斯文以究先生之學之守，誠可爲末俗無特操者之戒云。先生諱俠，字介夫，西塘蓋其所居之地名也。隆興二年十月朔日，菓山黄祖舜序。

先大父隆興甲申守盱江，以所藏高大父教授朝奉西塘遺文，敘緝成編，蒙大資黄公爲之序，遂刊寘公府，今四十七年矣。乾道丁亥，簡肅侍郎林公出鎮九江，就集中删其代人作者，又録高大父之言行附于末，鋟板郡齋。淳熙改元，太師左丞相史公出帥鄉邦，復取斯集，親爲題跋而刊之，皆以大資黄公所爲序冠之篇首。嘉定庚午，元清備數金陵酒掾，因思盱江所刊之本，欲見之而未能致。一日會同官府判鄭祕閣，忽謂於郡侯張寺簿有疇昔之好，特爲貽書及之。未幾，果得舊本，開卷敬誦，其他篇帙不紊顛末，但其序已不復存，得非歲久而遂亡之邪？元清敬取篋中所藏副本繕寫，命工鏤之，亟附便郵還寘盱江書庫，以補集中之脱簡云。三月二十一日，玄孫承議郎充提領建康府户部贍軍酒庫所主管文字賜緋魚袋元清拜手謹書。

葉向高序萬曆己酉

陳勳跋

濟北晁先生雞肋集七十卷明刊本

宋晁補之撰

自序曰：《雞肋集》，左朝奉郎祕書省著作郎充祕閣校理國史編修官濟北晁補之无咎自名其所爲詩文也。夫物有質者必有文，文者質之所以辨也，古之立言者當之。平居論説諷詠，應物接事，不能無言，非虎豹、犬羊之異也，食之則無所得，棄之則可惜，其雞肋乎？故哀而藏之，謂之《雞肋集》。元祐九年二月旦日序。

從兄无咎平日著述甚富，元祐末在館閣時，嘗自製其序。宣和以前，世莫敢傳。今所得者，古賦騷辭四十有三，古律詩六百三十有三，表啟、雜文、史評六百九十有三。自捐館舍，逮今二十八年，始得編次，爲七十卷，刊于建陽。紹興七年丁巳十一月旦日，弟右朝奉郎權福建路轉運判官謙之謹題。

嵩山集二十卷舊抄本

宋景迂生晁説之字以道一字伯以撰

先大父平生著書，曰《易商瞿大傳》，曰《易商瞿小傳》，曰《商瞿易傳》，曰《外傳》，曰《京氏易式》，曰《易規》，曰《易玄星紀譜》，曰《詩晁氏傳》，曰《詩論》，曰《書晁氏傳》，曰《書論》，曰《春秋晁氏傳》，曰《春秋辨文》，曰《春秋年表》，曰《中庸傳》，曰《古論大傳》，曰《論語講義》，（由）〔曰〕《壬寅年孝經論語及五經小傳》，曰《曆譜》，凡十有九種，并雜著文字，曰《儒言》，曰《參記許氏文字》，曰《□同志》，曰《有舊》，曰《養素削觚》，曰《山下草堂雜書》，曰《石鴟志》，曰《唐逸士志》，曰《清心堂雜志》，曰《隨省》，曰《捃麥》，曰《嵩外墨省》，曰《晁氏彝訓》，凡十有三種，合有三十二書，其他文章不在焉，固有已行于世者。唯《易傳》用昔人之戒，期死而後出之。靖康之後，兵火屢更，平生文字與五經圖書悉爲灰燼。建炎二年，僑寓海陵，乃自歎曰：『平生述作，無復存者。唯志于《易》，今老病之軀，存于灰燼之外者，幸也。病能飲食，而于《易》則不能，可乎？』遂追述舊作，爲《周易太極傳》，又爲《外傳》及《因説》。是年渡江來寓金陵。先是，二聖北狩，中原陸沈，痛憤湮鬱，連年抱疾，至是增亟，終于舟中，實建炎三年正月七日也，享年七十一。其遺言：『殮以時服，藁葬僧舍，不封不樹，无以文誌墓，第以吾道號刊諸石，待他日遷附先塋。汝等若訪類吾遺文，則以「嵩山景迂生」目之。』蓋公平生慕温國司馬文正公之爲人也。晚年留意于天台教，日誦《法華經》，則自稱『天台教僧』，又號『老法（法）華』。家有昭陵所賜文莊公飛白『國安』二大字，則又號『國安堂主』。子健不肖，不足以顯揚吾先大父，伏自捐館之後，徒步往來江、浙間，求訪遺文者三年，得上朝廷章九，古律詩三百二十有二，《易規》十有一，《洪範小傳》一，詩之序論四，雜文十有七，書十有六，序十有三，墓誌等九，記、贊、銘、題跋四十有九，編成一十二卷，其題則謹如先志云。又得《京氏易式》，并《周易太極傳》及《因説》與《外傳》稿，繕寫藏于家，以俟後之君子。嗚呼！先大父平生所述文字亡軼盡矣，今得之，百无一二。子健倘未死，謹當繼志博求，隨其所得以編次，然不敢以一言述美先德。竊攷古今圖書，莫盛于隋之御府所藏，然隋之書，悉没于河，多不見于世。世之學者，徒見其藏書之目，每爲之興嗟痛惜。故今于文集之後，悉記其所著之目，知後之覽者必有掩卷歎惜者矣，豈獨不肖之孫子哉？紹興二年正月二十八日，孫右迪功郎特差監潭州南嶽廟子健記。

先大父待制生平著述甚富，晚遭離亂，散失幾盡。紹興初，子健編集所得之文，止成十二卷，但竊記所亡書目于後。及既宦遊江、浙、蜀、淮、荆襄，往來博訪，所得加多，重編爲二十卷，而東南之士，多未之見。謹用鋟木于臨汀郡庠，以廣其傳。唯是收拾兵火之餘，傳寫訛缺异同，不敢輒易，改補去取，尚俟他日訪本校正。始子健約叔位季、弟子閎同力訪求，每有所得，互相傳録。兹以索之未至，迫于受代，據子健所有，今先刊行，且約諸孫博訪不怠，隨得附益。或爲外傳以傳，今列名于後。所期博雅君子昔有藏者，舉以見授，俾獲廣先大父著述之志，實諸孫之至願也。乾道三年歲次丁亥月戊戌，右朝散大夫權知汀州軍州主管學事管内勸農事借紫晁子健謹記。

具茨晁先生詩集一卷明晁汝璟重刊宋本

宋澶淵晁冲之叔用撰　卷末有『慶元己未校官黄汝嘉刊』一條

予曩游都域，於晁用道爲同門生。後三十六年，識其子公武於涪陵。又二年見之於武信，愛其辨博英峙，辭藻藹如也，因與之善，初不知其爲用道子也。一日來謁，曰：『先公平生多所論著，自丙午之亂，埃滅散亡。今所存者，特歌詩二百許篇，涪陵太守孫仁宅既爲鑱諸忠州酆都觀窅然林木之間矣。敢丐先生一言以發之。』予亟聞其語，謝曰：『願聞先君之所以含咏而獨游者。』公武於是出其家譜諜，乃知其先君名冲之，字叔用，世所謂具茨先生者也。予於是聳然曰：『是必吾用道也耶？第今字叔用，爲小異耳。』已而追懷平昔周旋之舊，蓋自京師之别，絶不相聞。今乃幸與其子游，又獲觀其所論著，爲之慨歎者久之。嗟乎！予安得不爲吾用道一言哉？方紹聖之初，天下偉異豪爽絶特之士，離讒放逐，晁氏羣從多在黨中。叔用於是飃然遺形，逝而去之，宅幽阜，廕茂林於具茨之下，世之網羅不得而嬰也。暨朝廷諸公謀欲起之，迺復任心獨往，高挹而不顧，世之榮利不得而羈也。至於疾革，乃取平生所著書，聚而焚之，曰：『是不足以成吾名，世之言語文章不得而污也。』由是觀之，叔用之所以傳於後世者，果於詩乎？顧其胸中，必有含章内奥而深於道者矣。宋興五十載，至咸平、景德中，儒學文章之盛，不歸之平棘宋氏，則屬之澶淵晁氏。二氏者，天下甲門也。太子太傅文元公事章聖皇帝，飛翔禁苑垂二十年。當是時，甄明舊儀，緒正禮樂，一時詔令，皆出其手，於是朝廷典章法度之事，非六籍之英，則三代之器也。迨其子文莊公繼踐西省，是時文元公方請老家居也。宋宣獻以謂世掌書命者，惟唐新昌楊氏及見其子，而晁氏繼之。至慶曆中，遂參大政，議論深博，識者韙之。然則叔用以文莊爲曾大父，以文元公爲高祖，其家世風流，人物之美，淵渟浚深，蓄厚而發遠。自王文獻、李文正、畢文簡、趙文定四三公，富有百氏九流之書，而晁氏尤瓌富閎溢，所藏至二萬卷，故其子孫焠掌勵志，錯綜而藻繢之，皆以文學顯名當世。予嘗從叔用商近朝人物嘉言善行、朝章國典、禮文損益，靡不貫洽。由叔用之學，而達諸廊廟之上，温厚足以代言，淵博足以顧問，則以詩鳴者，豈叔用之志也哉？雖然，叔用既以油然棲志於林澗曠遠之中，遇事寫物，形於興屬。味其風規，淵雅疎亮，未嘗爲悽怨危憤激烈愁苦之音。予於是有以見叔用於晦明消長、用捨得失之際，未嘗不安而樂之者也。嗚呼！所謂含章内奥而深於道者，非耶？秦、漢以來士有抱奇懷，能留落不遇，往往燥心汗筆，有怨誹憭悷沈抑之思，氣候急刻，不能閑遠，古之詞人皆是也。太史公作《賈誼傳》，蓋以屈原配之，又裁録其二賦焉。至誼論三代之陶世振俗，固結天下之具，與夫秦之所以暴興棘亡，斬艾天下之術，則遷有所不録也。何哉？豈遷之意，謂誼一不平於其中，遂哀怨噎鬱，泣涕以死，借使文帝盡用其言，則誼亦安能有所建立於天下乎？惟深於道者，遺於世而不怨，發於詞而不怒，君子是以知其必能有爲於世者也。嗟乎！吾於叔用，豈直以詩人命之哉？紹興十一年九月五日，陵陽俞汝礪序。

案，晁沖之，字叔用，鉅野人。侍郎，公武之父。衢本《郡齋讀書志》作三卷，《書録解題》作十卷。此明晁汝璟覆宋刊本。末有『慶元己未校官黄汝嘉刊』一行，想黄汝嘉所合并，凡詩一百六十七首。劉後村稱其『不擬伊(周倍)(優陪)殿下，相隨于蔦過樓前』一聯，今具載集，題作《次二十一兄季此韵》，則爲原編可知，《四庫》所未收也。

吴郡樂圃先生餘藁十卷附録一卷張立人手抄本

宋朱長文撰，姪孫中奉大夫知漢陽軍事賜紫金魚袋思裒次　後附墓誌銘張景修撰、墓表及國史文苑傳米芾傳

圖書五厄，自古有之，爲人後嗣而不能明著其先德於後世，是亦有所負焉。□《樂圃文集》舊百卷，家藏古今篇帙動萬計，與夫數世聚族之居，堂宇亭榭，名花古木，罹建炎兵火之難。吴城失守，一日翦爲刧灰。其後獨先生《春秋通志》，復傳本於他郡，僅有全編。思玷處孫列，自幼搜訪《樂圃餘藁》，每得一篇，必珍而藏之。今裒集有年矣，他未有所增益，豈非詢之未廣，而求之未裕歟？觀伯父都講痛心疾首之言，每竊傷歎。思老矣，深懼異時墨渝紙弊，不能久其傳。今雖百卷之中，僅存十一，然雄文麗藻，恐又將堙没，遂止凴所藏，得古律詩大小百六十有三，記五，序六，啟七，墓誌五，世譜、題跋、祭文、賦、書、銘各一，類爲卷十，捐俸募工，以鋟諸木。又以誌銘、墓表、國史特書之傳、伯父爲先生而作書題表奏，附於卷末，且以見吾家義風業

儒有所自來，而故交名族多爲今代顯人，必有博洽君子廣藏遺逸，以補闕亡，庶使舊編他日再獲全備，亦仁者用心也。紹熙甲寅孟冬望日，姪孫思謹序。

皕宋樓藏書志卷七十八

集　部

別集類十二

雲溪居士集三十卷附録一卷文瀾閣傳抄本

宋華鎮撰

臣初成言：伏覩明詔搜訪書籍者，竊以藏在私家，業久虞於失墜；迨茲盛世，書方切於褒蒐。十行爛雲漢之章，六丁謹雷電之勅，東帛有賁，輶軒載奔。發孔壁所藏，盡禹穴之探。殘編蠹簡，片幅斷碑。煌煌乎盤盂之銘，矯矯若鐘鼎之字。下爲稗說，上極皇墳，莫不捆載而來，肩摩自列。羣言入奏，不惟漢牘之三千；祕府遂盈，何止唐卷之八萬。曲盡古今之目，大增文物之光。宜臣激愞氣於衷腸，永孝思於手澤。顧惟家學，難冒天聰。臣初成誠惶誠恐稽首頓首。臣聞剖楹發書，言徒遺於子壯；在枕置槀，上緊待於時明。事則殊途，誠終共貫。巾箱舊矣，卷軸紛然。鏁鑰一開，湛凝塵而盡去；纓冠再拜，疑遺墨之未乾。懷慨移時，想見平日。

或訓過庭問之授，或侍執燭際之成。因欲傳家，儻能垂世。歲深道遠，懼將泯没而無傳；風動雲興，欣值作成之有道。勉思自竭，冒昧上陳。恭惟皇帝陛下，湯聖日躋，舜德天合。至仁曲被於動植，大孝足通於神明。慶明良千載之逢，鞏祖宗萬世之業。政刑振起，號令興行。臥鼓櫜弓，固已掃除於氛翳；横經講藝，又將黼藻於太平。衣冠之屬翬趨，弦誦之聲四合。如先臣鎮生於遠俗，起於諸生。係志斯文，當哲皇、徽宗朝，嘗有述矣；召試博士，如孫覺、豐稷輩，更推挽之。既艱遠業之圖，尤重空言之託。高山仰止，曾毫末以無遺；日月行焉，苟容光而必照。臣是用載在方册，悉送上官。雖未能裨丁部之多，亦庶幾塵乙夜之覽。野人屬意，獻徒效於美芹；先臣有知，忠尚期於結草。今有先臣《雲溪集》一百卷，《楊子法言訓解》一十卷，《書説》三卷，《會稽覽古詩》一百三篇，并目録二十五册，謹繕寫隨表上進。干冒天威，臣無任瞻天望聖戰慄屏營之至。謹奉表以聞。臣初成誠惶誠恐，稽首頓首謹言。紹興十四年六月日，右朝散郎監行在榷貨務都茶場賜緋魚袋臣華初成上表。

始余得故朝奉大夫華君鎮《會稽覽古》一百三篇，知其爲好古博雅之士也，疑其文采足以竦動時聽，而名不昭，何哉？紹興壬戌，來爲是邦，君之子初成奉君文集一百卷，求余文冠其首，曰：『多矣哉！』余既得盡觀其文，又益以知其人，蓋介然自重，不輕以求人之知也，其名不昭固宜。君之文精深典贍，而詩遒麗逸發，其他衆製爛然，皆有體則，非涵養蓄藴之厚，不能發之如此也。元豐間，孫覺、豐稷在朝，皆薦君堪博士，不報。卒老州縣，其治行泯没，不得顯白於也矣，而文又不昭焉。嗚呼！其可惜哉！然初成能盡力以圖傳君之文於世，亦足以不朽矣。君嘗自號雲溪居士，用以名其集。紹興癸亥八月晦日，資政殿學士左朝奉大夫知紹興軍府事兩浙東路安撫使馬步軍都總管樓炤序。

惟華氏其先蓋出于商，二十九世微子歸周，開國于宋，又八世至于戴公考父，食采於華，子孫以邑爲氏，世爲宋卿。仕兩漢、魏、晉，爰及江左，遂爲世家。其後或仕或隱，數百年間，未有顯者。至先君復以儒術、百家、經史、諸子與夫陰陽、方技之書，罔不口誦心維，未始須臾廢也。及登仕版，頗有經世志。元豐末，嘗獻所業于朝，召試太學博士。會革試法，以奏舉，中書舍人孫公、國子祭酒豐公即以先君應詔，兩上不報。先君平生亡所嗜好，惟喜讀書，至老不倦，故能力攷前聖之微言，深究昔賢之書畫，發爲文章，諸德兼備，雖詩與詞，皆有典則，非雅言不載也。其書則真、行、草、隸，率盡其妙，小篆又工。作吏州縣，奉法循理，以利澤民物爲心，不爲奇以賈名，故亡赫赫顯功，而所至稱治。糾曹營道，平反居多，賴以免於死者甚衆。鳴弦洛邑，化務愷悌，嘉禾甘露，皆致其瑞，四鄰五邑，有蝗害稼，而獨不至其境，攷課爲京西第一。爲郡漳南，政尚中和，惠民以德，馭吏以嚴，革諸刹主者請託之弊，易之以公舉，探籌而補，期月之間，州以大治。然卒不得乘其時，行其道于天下，識者咸惜其不偶，而先君未嘗以爲意。嗚呼！先君已矣，所可傳者惟文。初成念欲鏤板行于世，每以奔馳薄官，汨没簿領，未遑編綴。比緣待次里閭，遂得裒集遺文，躬自書校，幾四十萬言，離爲百卷。倘非宗工鉅儒，爲之冠序，曷以傳之不朽？兹者幸樞密資政樓公來帥會稽，敬以先君之文求序焉，獲遂所請。昔柳公權，唐之偉人也，當時大臣之家，碑誌非其筆，人以子孫爲不孝。今先君之文，得樞密公爲之序，親染翰墨，光耀簡策，垂之無窮，而初成區區積年之志，一旦獲伸，不特無媿於唐史臣之言，而先君亦足少慰於地下矣，豈不幸哉？謹并以《楊子法言訓解》一十卷，《書説》三卷，《會稽覽古詩》一百三篇，《小詞》一卷，《會稽録》一卷，《哀文》一卷，鏤之于板，以廣其傳焉。紹興十三年癸亥九月望日，男右朝散郎新差監行在榷貨務都茶場賜緋魚袋初成謹書。

先君遺文有《雲溪集》一百卷，《揚子法言訓解》一十卷，《書説》三卷，《會稽覽古詩》一百三篇，《長短句》一卷，《會稽録》一卷，并附見者《哀文》一卷，定爲一百一十有七卷。孔子曰：『我欲託之空言，不如載之行事之深切著明也。』先君富於藝能，頗有經世志，徒以不苟合，世莫有知而用之者。其間雖或用之，亦不甚力，要惟不能深知之故耳。爲郡漳南，未幾而没。嗚呼！悲夫！漳南所欲設施者，且猶未盡，而況生平之所欲耶？求之行事固已不可多得，所從託于不朽者，惟空言而已。今取世所通知者，不過神功盛德，詩頌書説，（當）〔嘗〕獻之先朝，與夫《會稽覽古詩》，近稍流布于士大夫者。百餘卷藏之篋中，日月寖遠，卷帙散漫，其能免摩滅者幾希。夙夜用懼，奈何遺孤人地凡冗，念非推借于名公鉅人，則無以增重其價，而鏗鍧震耀斯人之耳目。屬者樞密大資樓公來會稽，敬以遺文冠序爲請，乃蒙矜從。仰惟文章翰墨，妙絶一時，將令來者失聲歎息，誠不待披先君之文，而先君之志可知也。嗚呼盛歟！樂道人之善，非公殆不能與于此。是用鏤版而傳之，然紙墨可具也；其文四十餘萬言，繕寫抑末也。重念弗躬弗親，則無以稱平昔之勤而伸罔極之報者。若夫體製，則初成不當言及，已見於樞密公冠序矣。至於世系之遠近，出處之前後，則有墓狀云。紹興十三年九月旦日，男右朝散郎新監行在榷貨務都茶場賜緋魚袋初成謹書。

演山先生文集六十卷影寫宋刊本　小草齋舊藏

宋黃裳撰

延平有劍潭焉，綿亘數百里，有蛟龍盤礴其下。州之北有山焉，曰演峰，氣狀清爽恠麗，有神人栖息其間。尚書端明黃公冕仲於茲宅焉，煦清泠以爲姿，蓄鮮榮以爲體，鏗鍧乎事業，而奮發乎文章，旁紹曲摭，横貫勁出。竊謂演峰英偉之氣，鍾乎公之身，著爲公之文，若不發不休者。公所爲文集，命曰《演山》，蓋有取焉爾。公以文章鳴於世，在元豐間策試於庭，實魁多士。士之學爲文者，由是始知有公之名，然所知者止此耳。公之高文大册，汪洋瀚漫，不知紀極。在韋布初，收捨遺藁已四十卷，嘗自爲之序，道其梗槪。既而歷華要，階常伯，不倦著述，所積愈多，類而折之，爲卷凡六十焉。其淵源六經，栽培教化，要之議論一出於正而後已。其他所作，時得方外之致，飄飄然出塵物表。逸歌長句，駿發踔厲，兼衆體而有之，若未易名狀。悦自丱角，竊窺其一二於竿牘中，嘗肉一臠，大嚼乎五鼎之味。紹興庚辰，與公季子同僚宗邸，遂與聞公之爲人。比復遺公所爲全集，再拜敬讀，日不足，繼之以夜，且以自釋曰：讀其書見其人，而師事之，幸之大也！其書雖存，其人已古，若可恨也，亦可慶也。東坡先生方童雅，遊鄉校，覩徂徠所爲《慶曆聖德詩》，則知敬愛范文正公。及來京師，竟以不及見爲恨。既而得公之文，而爲之序，且自喜獲挂名文字間，以自託於門下士之末。士之好古慕道者，志意不衰如此。公生平行事當與文正相伯仲，而悦欽慕之誠竊自託於東坡。雖然，公之名固足以垂不朽，若無待文而後傳，亦無待悦之序而後顯。悦既誦公之文日久，復喜得其全於不覩之後，兹序之作，義不敢辭，故以云。左朝散郎權知温州軍州主管學事兼管内勸農事賜紫金魚袋莆田王悦序。

自序曰：演峰，延平之北山。晉人演客寓焉，傳者以爲演客避晉，煉丹於其上，丹成飛舉而去，莫知其所自。其峰之勢，下爲三支。中一支，州宅之所據，奔驟而南向，至乎劍潭之濱而後已，予宅在焉。朝雲既斷，萬仞横空；夕照方收，千岩凝碧。神深氣爽，果致高真，發育誰知，遺丹常在。鸞鶴之蹤，烟霞之景，牛斗之光，風雷之信，有時變現，南北相照。而予常以自適，獨游乎其間，或曳杖以穿雲，或拏舟而泛月，對景無係，觸類有感，道德之鄉，義理之境，乘興而言，惟意所在焉。布衣時，寘鄉士之列。所爲文，收拾遺藁，得四十卷。自古善言陰陽者，及今日事，皆如其説，故以『演山』名其集。山之下，予之長養成就，不忘其所自焉。因敘其事，以見於世云。

宋興，承五季餘風，士弊於俗學久矣。神宗皇帝以經術造士，崇雅黜浮。當是時，演山先生首以高明自得之學，温厚爾雅之文，爲諸儒倡。及射策丹墀，天子覽其對而異焉，親擢以爲第一。由是名喧宇宙，學者仰之如泰山北斗，得其片言隻字，競傳録以爲楷式，殘膏賸馥，沾丐後人多矣。歷年浸久，中遭危亂，先生遺文類多散逸。先生之子孫毫聯縷緝，次爲家集，而他人或未之見也。歲在乙酉，先生季子出守盱江。諸生聞五馬將入境，舉欣欣然有喜色，而相告曰：『吾郡得賢太守，乃端明黄公之裔。端明之文，吾儕平日恨不得其全而觀之，自今可覬矣。』公下車累月，挺因以諸生之語白之，請以先生之文刊之學，以廣其傳。公曰：『唯。』乃治其藁，爲六十卷，屬挺是正舛訛。挺觀先生平時所著，則已慨然有經世之意，及志得位顯，一篇一詠，凝情物外，筆下無一點塵埃，反如山林逸士之語，其所養有大過人者，或者以爲謫仙中人，信不誣矣。仰惟先生之立朝，深謀傑識，爲時蓍龜，所藴之施，百不一二，方且守易退之風，享難老之福。嗚呼！賢矣哉！此邦士子讀其書，詠其詩，視其平生出處之大節，而景慕之。異時登巍科，歷顯仕，爲名卿才大夫，未必不由此也。左從事郎充建昌軍學教授廖挺謹題。

先君由布衣取巍科，歷顯要，享高壽，自少年已慕清修之道，其他一無所嗜好。居官之暇，日必以文墨自娱，每有著述，必高臥腹藁，既而走筆成章，其流傳於世者，人竟以抄録。自後子孫以先君布衣時所爲文章，相繼編次爲家集，幾三十萬言。建炎丁未，寓居錢唐，會兵亂陷圍城中，悉皆散亡。比寇平，凡歷年求訪，僅得二十餘萬言。其不存者，奏議、表章居其半，竟不能成全集。然玠竊觀古經書，及後世名人所爲文，必待聖賢删削訂正，以取重當世。如先君之人，雖未經先哲去取，然皆自得於胸襟，故盡以其所求訪之文，釐爲六十卷。迄乾道改元初夏，玠被命來守是邦，會鄉人廖挺爲軍學教授，惜其文之不傳，請校勘舛訛鏤板于軍學，庶傳之永久，爲學者矜式。玠敢不敬從其請，而書其後云。乾道丙戌孟夏，玠謹識。

右從政郎建昌軍録事參軍權判官譚壽卿、左從政郎充建昌軍軍學教授權通判廖挺、右朝請大夫通判建昌軍主管學事兼管内勸農營田事賜紫金魚袋張公衮、右朝請大夫權發遣建昌軍主管學事兼管内勸農營田事賜紫金魚袋黄玠。

案，此謝在杭影宋抄本，每葉二十行，每行二十字。版心有『小草齋抄本』五字。卷中有『晉安謝氏家藏圖書』朱文大方印、『周元亮抄本』白文方印、『曾在李鹿山處』朱文長印，蓋此書本謝在杭所抄，入本朝歸周亮工，後又歸李鹿山。余則得之楊雪滄中翰，皆閩人也。三百年前抄帙，完善如新，亦可貴矣。

姑溪居士文集五十卷後集二十卷舊抄本

宋李之儀撰

李公端叔，以詞翰著名。元祐間，余始得其尺牘，頗愛其言思清婉，有晉、宋人風味，恨未覩他製也。乾道丁亥，假守當塗，因訪古來文士居此邦而卓然有聲於世者，惟李太白、郭功甫與端叔三人。郡舊有太白、功父集，而端叔獨闕然，求於其家，而子孫往往散落無復遺稿。間得之邦人，類而聚之，命郡士戴罩訂正，釐爲五十卷，鋟板於學。昔二蘇於文章少許可，尤稱重端叔，殆與黄魯直、晁无咎、張文潛、秦少游輩頡頏於時。今觀其文，信可知已。或謂端叔晚節鋭於進取，有所附麗。雖若可疑，然范忠宣公遺奏極于鯁切，詆斥不顧，一時用事者欲實忠宣之子于理。端叔慨然自列，謂實出其手。既而公所爲《忠宣行狀》復出，由是得罪南遷，廢錮終身，曾不少悔，其勇於義若此，詎可以微瑕掩之哉？余固愛其文，又表其行誼之可嘉者，併以詔於後云。端叔，名之儀，其先景城人。既謫而南，始居姑溪，自號姑溪居士，今以名其集。天台吴芾序。

姑溪居士文集五十卷後集二十卷舊抄本

宋李之儀撰

吴芾序

灊水集十六卷文瀾閣傳抄本

宋李復撰

無名氏跋曰：長安李復有《灊水集》，刊於信州，晦翁屢稱之。予近得其集，論車戰及邢恕造舟黄河事。説《易》，尤多可取，蓋早有聞于横渠者，未詳知其出處也。及《樓攻媿集》謂灊水先生多入陜西戎幕，曉暢邊事，腐夫握兵，以抗論不合坐廢，則必忤童貫也。金虜犯關中，年高且病，乃以爲舊德觀兵，强起以守秦州，卒死于賊，則必靖康時也。有孫龜朋，字才翁，爲參政錢端禮之館客，端禮孫象祖之師。嘗魁流寓，解不仕，有《迂論》于世，居台州。

道鄉先生鄒忠公文集四十卷明正德刊本　季滄葦舊藏

宋鄒浩撰　後附《諫哲宗立劉后疏》一篇爲續集，同里陳御史察、泰興季御史振宜俱有印記

文章以氣爲主，如山川之有煙雲，草木之有英華，非淵源根柢所蓄深厚，豈易致耶？士之養氣，剛大塞乎天壤，忘利害而外生死，胷中超然，則發爲文章，自其胷襟流出，雖與日月爭光可也。孟軻以是著書，屈原以是作《離騷經》，與夫小辨曲説、絺章繪句以祈悦耳目者，固不可同年而語矣。唐韓愈文章號爲第一，雖務去陳言，不蹈襲以爲工。要之操履堅正，以養氣爲之本。在德宗朝，奏疏論宫市，貶山陽令。在憲宗朝，上表論佛骨，貶潮陽守。進諫陳謀，屢挫不屈，皇皇仁義，至老不衰，宜乎高文大筆，佐佑六經，粹然一出於正，使學者仰之如泰山北斗也。道鄉鄒公自其少時處閭里，游庠序，登仕途，其節操風流，已爲有識者之所推許。至元符間，職在諫省，適有椒房之事，抗章陳列，危言鯁論，聳動四方，遠謫萬里。及建中靖國間，召還侍從，又以直道不容于朝，再謫嶺表，而氣不爲之少挫。遇赦得歸，作知恩堂以居，奉其母，友其諸

弟，教訓其子姪，欣然不知老之將至。所養如此，故其文章高明閎達，温厚深醇，追古作者，有黼黻之文，有金石之聲，有菽粟布帛之用。信乎有德之必有言也。其子柄、栩集公平生所爲文，得古律、詩賦、表章、四六、雜著、傳記、序述及紫微制草，合爲四十卷，將鏤板以傳於世。求序於綱，義不得辭，且爲之言曰：國之治亂安危，存乎言而已矣。方嘉祐、治平間，上之所以求言聽納者，既盡其道；下之所以獻言開陳者，又中於理。上下交而志通，宜乎協氣嘉生，薰爲太平，而不可跂及也。其後朝廷議變新法，言不便者接武竄逐，朋黨之論浸興，而士始以言爲諱。自紹聖、元符以來，遂無言者，當時臺諫具員，然類皆毛舉細故以塞責，甚者至於變亂白黑，顛倒是非，投時好以取世資，雖謂之無，可也。獨公奮不顧身，犯顔逆鱗，論國事之大者於言路閉塞之時，號鳳鳴朝陽，然遷謫流離，屢瀕於死。而任言責者，益自懲艾，不復激昂，習熟見聞，以緘默爲當然。至崇寧、宣和間，則又甚矣。燕山之役，國之大故，莫重於此。臺諫熟視，未嘗有一言及之，馴至禍亂，四海横流。使公是時猶存，居可言之地，其肯保位愛身，不一開口，爲社稷生靈之計，雖三尺之童，有以知其必不然也。由是觀之，公之文章垂於後世，誦而讀之者想望風采，其仰慕爲何如哉？紹興五年歲次乙卯三月二十一日，觀文殿大學士左銀青光禄大夫李綱謹序。

北湖集五卷文瀾閣傳抄本

宋吴則禮撰

溪堂集十卷文瀾閣傳抄本

宋謝逸撰

斜川集八卷鮑以文手抄本

宋眉山蘇過叔黨撰

吴氏手跋曰：蘇叔黨《斜川集》二十卷，世罕傳本。余昔見書賈持售者，皆宋劉過《龍州道人集》，同名而易其姓，以應好古之求耳。壬午冬，桐鄉甑山錢氏云有真本，與世迥異。余意其爲朱竹垞太史之甥，必曝書亭祕册也。偕鮑君以文買舟相訪，懇借而歸，閲其首頁，即用賈秋壑半間堂事，又以燕京爲長安，相與大噱，蓋又妄人僞作以欺世者，簽駁數十事還之。後閲王弇州題跋，言以劉集充斜川，自元季已然，不自近始，因歎《廣陵散》久絶人寰矣。頃朝廷纂修《四庫全書》，始于《永樂大典》各韻中纂輯詩文各若干首，編爲六卷。長元偶來京師，得副墨于孫中翰溶，借歸手録，雖零篇剩簡，十得其二三，然得見廬山真面目，亦平生之厚幸矣。傳寫訛脱，悉加是正，又録《宋史》本傳，與書所載逸事數則于前，從《東坡題跋》、《漁隱叢話》、《書畫攷》補詩四首，《詞（宗）〔綜〕》、《詞荃》補詞二首，《賦彙》補賦一首，《播芳大全》補表一首、啟二首，皆纂修之所未及者。他日南旋，當與鮑君共欣賞之。壬寅二月二十九日，太初吴長元書于南城張少蓬寓廬。

龍雲先生文集三十二卷明弘治刊本

宋安成劉弇偉明撰

周必大序紹興四年

劉璋序弘治乙丑

文果何物耶？大而天地、山川，細而草木、鳥獸、蟲魚，靡不具焉。操觚弄翰，抒思棲情，孰非從事於斯哉？而蛩啾鷗聒，過耳輒息，固無以議爲者。若夫覽天地之秀，族山川之英，擷草木之芳，而極鳥獸、蟲魚之情，使日星不能輝，鬼神不能靈，萬物不能榮者，一何鮮耶？龍雲先生其可謂間世而傑出者矣。先生自爲舉子時，已卓詭不凡，能藝出諸老先生右。甫壯，首鄉薦擢進士第，繼中博學宏詞科。元符改元，進《南郊大禮賦》，君相動色，以爲相如、子雲復出，即除祕書省正字，稍遷著作佐郎，駸駸嚮用矣。高麗傳誦其文，力請于朝，將待以賓師之位。而降年不永，竟卒于官。其平生所爲文，漫散莫考，浦城所録，纔二十有五卷耳，雄篇大册，尚多不著。良弼惜其流落，冥搜博訪，得彭德源、曾如晦等手編數十卷，又得宏詞、時議諸編於內相郭明叔家，合而次之，得古律賦三、宏詞四、古詩一百四十、律詩一百二十一、絶句一百一、生辰詩一十一、挽詩一十三、總三百九十二首，印本止有三十九首。樂府六、表一十七、啟五十二、六元黜今附。書四十四、序一十四、時議六、策問四十五、記十、雜著五、疏語十、祭文一十一、碑誌一十二，揔六百三十一篇，爲三十有二卷，而先生之文畧盡矣。先生嘗語南豐文如白玉田，種種渾璞；如青翰客，而有秀舉；如天驥蹋影，筋理颯灑；如喬松弄芝，真率徑盡；如炙（髀）〔輠〕聯環而不窮也；如疾蒐者之抱熊脰而絶貙臏也；如鉅齒錯列，初若齟齬，而卒乎其相承也；如荀生之辯車輞，叔向之別勞薪，易牙之判淄澠，而不可以非道入者。吾固謂先生之文如此。先生諱弁，字偉明，吉之安成人。所居龍雲鄉，故以『龍雲』名集。紹興四年甲寅重陽日，廬陵羅良弼長卿書。

樂静先生李公文集三十卷舊抄本

宋鉅野李昭玘字成季撰

案，祥符周季貺太守藏舊抄本，每葉二十行，行二十字。『構』字註『御名』二字，蓋影宋本也。借校一過，缺卷與此本同。卷一補《摘果》五古一首，《培花》二聯。卷八錯簡不可讀，照舊抄本影寫一卷訂入。惟周本以卷一、卷三合而爲一，題曰『卷三』。卷十六《吴正字啟》後半攙以他文，亦賴此本正之。

謝幼槃文集十卷舊抄本

宋謝薖撰

謝康樂詩規模宏遠，爲一時之冠，而玄暉詩清新獨出，又自有過人者。後之善言詩者，於二公蓋未敢有所優劣也。本中竊以爲無逸詩似康樂，幼槃詩似玄暉，此平等之論也。紹興三年秋，自嶺外北還，過臨川，去幼槃之没十八年矣。始盡得幼槃書於其子長訥所，伏讀累日，益知前語之不謬。雖然，幼槃與其兄無逸修身厲行，在崇寧、大觀間，不爲世俗毫髮汙染，固後進者之師也，其文字之好，蓋餘事爾。後之學者，尊其行并學其文可也。學其文，不究其行，則非二子立言之本志。九月二十日呂本中書。

臨川謝逸，字無逸，其文章學業，爲搢紳推重，以其所居溪堂，稱之曰『溪堂先生』。弟薖幼槃，以字行。兄弟以詩鳴江西，有文集合三十卷，邦之學士欲刊之以貽永久，積數年而未能也。粤紹興辛未，趙公朝議來守是邦，朞年政成，民服其教，慨然思以儒雅飾吏事，命勒其書於學宫，以稱邦人之美意。昌言以鉛槧董兹職，於是搜訪闕遺，以相參訂，晚得溪堂善本于前學正易葳，又得幼槃善本於其子敏行。葳知溪堂出處甚詳，敏行逮事其父，詩律有典型，其編次是正，可無恨矣。刀筆方興，士大夫翕然稱贊，工未訖功，而四方願致其集者日至，以是知二公之名重當時，欲見詩者惟恐後也。聞之鄉老，無逸之交游，無非天下名士，其後幼槃聲聞寖廣，與之並驅而争先。既没之後，爲之傳序，爲之哀詞、祭文者甚衆。今未暇博詢而編録也，特取舍人呂公之書，摹其真蹟於後，庶幾因呂公之文而不失二公文行之實云。壬申冬十一月辛卯朔，建康苗昌言題。

右從事郎軍事推官宋砥、右文林郎軍事推官判官陸旻、左迪功郎差兖州學教授苗昌言、右中散大夫通判軍州主管學事嚴仲遠、右朝議大夫知撫州軍州主管學事兼管内勸農營田使趙士鵬。淳熙二年十二月，陽夏趙煜重修。

謝氏手跋曰：幼槃詩文不傳於世，此本從内府借出，時方冱寒，京師傭書甚貴，需銓旅邸，資用不贍，乃自爲鈔寫。每清霜呵凍，十指如椎，幾二十日，始克竣，帙藏之于家，亦足詫一段奇事也。萬曆己酉十二月十四日辛酉，晉安謝肇淛題。

日涉園集十卷舊抄本

宋李彭撰

無名氏手跋曰：樂易居士於《永樂大典》中録出，時乾隆辛丑之秋。嘉慶二年丁巳閏六月借喜稻堂抄本互校，另又録八詩於各體卷末，並爲書後附識。雲泉居士。

鮑氏手跋曰：嘉慶五年庚申閏四月借嘉興沈帶湖比部叔埏本對寫，五月初四日畢。端午日校於知不足齋。

某氏手跋曰：珏按，《集宿西林寺有先特進及先學士詩》云『楹間盤硬語，怪底光炯炯。追還曾高風，孰復發深省』四句，又《掃除尚書公冢下》云『非無玉樹郎，抱官在中州』，又《哭尚書墓》云『過家上冢非無子，宿草孤墳獨可悲』，又《次韻寄山伯肅老二弟》云『平原翁仲艸家茸，種竹當年語竟空。群從嗟予真漫叟，象賢期汝繼汧公』，則商老爲公孫，非姪也。

灌園集二十卷 文瀾閣傳抄本

宋吕南公撰

劉夢得嘗稱：『瀟湘間無土山，無濁水，民乘是氣，往往清慧而文。』吾鄉麻源地氣殊異，江山炳靈，視瀟湘間爲不足道。近時人物磊落相望，其位于朝光顯者固多，而隱於韋布，卓立傑出，如灌園先生者，世未必知之。曾子固獨愛重其文，謂麻姑秀氣，世不乏人，豈虚言哉？先生幼而警敏，力學不倦，於書無所不讀，發爲文章，雄深浩渺，自成一家，羞同舉子輩綴緝陳言，氣象萎薾，迎合有司之好。熙寧初，嘗預薦試，春闈不利，退而築室灌園，不復以進取爲意，益務著書講道，發揮聖賢妙旨，且借史筆，褒善貶惡，垂世立訓，遂以『衮斧』名所居齋。先生所養如此，視一第得失，奚足爲輕重耶？元祐中，在朝諸公交口稱薦，欲命以官，而先生不幸蚤世，咸用畫傷。余先君昔與之遊，備知其賢，每歎南城豪傑之士如李泰伯、王補之及先生，其才皆有大過人者，而所享皆不永。泰伯、補之雖得卑位，則旋而死。先生且未及仕，造物者何奪之速？殆難以理推，蓋命也夫。先生姓吕氏，諱南公，字次儒。其子郁亦有學問，能世其家，收拾先生遺稿，編成三十卷。紹興壬戌，余領漕江右，巡行到鄉，郁攜以見訪，且屬爲序，欲傳不朽。因循久未暇作，後二年，移憲浙部，不遠千里，以書來請益堅。義不得辭，於是乎書。南豐符行中序。

金陵雜詠一卷舊抄本

宋左朝請郎充天章閣待制知江寧軍府事武陽黄履著

案，黄履，字安中，邵武人，事蹟詳《宋史》本傳。《金陵雜詠》十九首，石刻本在江寧府治，後移縣學。元人刻先師像于碑陰，陰轉向外，而正面倚壁，雖日午非秉燭不能見。乾隆中，嚴子進手拓其文，始傳于世。

皕宋樓藏書志卷七十九

集部

別集類十三

慶湖遺老詩集九卷拾遺補遺各一卷舊抄本　鮑渌飲舊藏

宋賀方回撰　後有墓誌銘程俱撰

慶湖遺老者，越人賀鑄方回也。賀本慶氏，后稷之裔。太伯始居吴，至王僚遇公子光之禍，王子慶忌挺身犇衞，妻子迸度淛水，隱會稽上。越人哀之，予湖澤之田，俾擅其利，表其族曰慶氏，名其田曰慶湖，今爲鏡湖，傳謌也。漢孝安帝時，避帝本生諱，改賀氏，水亦號賀家湖焉。家牒載謝承《會稽先賢傳》，敘略如此。唐代既頒勳格，百家圖譜併爲煨炖。元和中，林寶集著《姓纂》，臆謂賀氏慶封之後，非是。按，封刼專齊政，田氏患之，聚三族甲環其宫而夷其族，封僅身免，走魯遷吴，卒被屠戮，安有遺種哉？吾家特會稽一族，他州之賀，蓋賀蘭、賀若、賀跋、賀婁、賀魯、賀葛、賀賴、賀述、賀兒、賀略、孤吐賀諸姓省焉。鑄十五代祖迺祕書外監之從祖弟，諱知止，少味《老》、《易》，躬耕不仕。開元末，興崇玄學，本道三以道舉荐送，不赴。會有聞于朝者，起家拜上虞丞，秩滿試任城令。時李翰林白寓遊是邑，與公相從于詩酒間，譔其美政，書公堂之壁，後人鑱詩石，今或存焉。久之，遷陽谷令，卒。官民懷其惠，遮留喪車，不得時發，因權窆縣之北原，三孤即壠爲廬，免喪。按，安史之亂，縣又改隸東平，尋爲李正己巢據之，寖用非法，游民浮房，禁不聽還。伯仲定居陽穀，俾季陰歸會稽，以持先業，皆力田自潔，不復爲仕宦計。季實吾祖也。歲一北走，省展存殁，且自誓約，生雖居，死當附骨先壠之次。逮七世孫，遵約不墜。後屬董昌盜越，民罹其毒，因棄業北遷合族焉。國朝緣外戚，賜第開封隆和里，六代祖廣平王始別葬于浚儀固子陂之原。高祖平州府君受命北征，即詔其家嗣曰：『吾家本慶氏，昔王子嘗寓于衞，而子必以舊氏名之，吾死必封樹衞郊，示不忘本。』府君竟死事朔野。曾祖以哀毁，廢于家，但名其子而重詔之。天聖初，大祖總北道坰牧之正，遂卜府君之新阡于衞屬邑共城東原，仍徙貫焉，行先志也。鑄少有狂疾，且慕外監之爲人，顧遷北已久，嘗以北宗狂客自況。今寖老且疾，念歸何時，而亟更舊稱者，亦首丘之義耳。鑄生于皇祐壬辰，始七齡，蒙先子專授五七言聲律，日以章句自課。迄元祐戊辰，中間蓋半甲子，凡著之稿者，何啻五六千篇。前此率三數年一閲故稿，爲妄作也，即投諸煬竈，灰滅後已者屢矣。年髮過壯，志氣日衰落，吟諷雖夙所嗜，亦頗厭調聲儷句之煩，計後日所賦益寡，而未必工于前，念前日之爨熾爲妄棄也，始哀拾其餘而繕寫之。後八年僅得成集，以雜言轉韵、不拘古律者，爲歌行第一卷；以聲義近古、五字結句者，爲古體詩第二、第三、第四卷；以聲從唐律、五字結句者，爲近體五言第五卷；以聲從唐律、七字結句者，爲近體長句第六、第七卷；以不拘古律、五字二韵者爲五言絶句第八卷，以聲從唐律、七字二韵者，爲七言絶句第九卷。隨篇敘其歲月與所賦之地者，異時開卷，回想陳迹，喟然而嘆，莞爾而笑，猶足以起予狂也。倘夢境幻身，未遽壞滅，嗣有所賦，斷自己卯歲，列爲《後集》云。丙子十月庚戌，江夏竇泉監阿堵齋序。

元豐末年，予始筮仕，與方回俱在彭城，爲同僚友。自是一別，聲迹不相聞，蓋三十年餘矣。政和甲午秋八月，予還自京師，過平江，謁方回，披腹道舊，相視惘然如昨夢耳。方回之詩，予見之舊矣，復出《鑑湖集》示予。其辭義清遠，不見雕繪之迹，渾然天成，殆非前日詩也。方回自少有奇才，其氣業足以自表於世，意功名可必也。逮今流落州郡，不少振，豈詩真能窮人耶？然方回詩益工，名日益高，其傳不朽矣。與世之酣豢富貴與草木同腐者，豈可同日議哉？以此易彼，可以自釋也。是年冬十有二月庚申，延平楊時書。

公娶濟良恪公之女，公之子提幹君廩復娶良恪之孫，實外姑之親姊。故予獲識其子省幹君承祖者，嘗從訪公遺文，曰：『先祖昔寓毗陵，中間擾攘，凡所著文編，悉爲敵人攜去，獨巾箱有別録《慶湖詩前集》在。』因假傳寫，正其字畫訛舛，而疑者因之。又從趙氏得公墓刻，併書於卷末，庶知公之出處本末云。乾道丙戌歲仲夏望日，邯鄲寇翼令威父記。

賀公詩詞妙天下，幼年每竊聞諸老，稱其名章俊語，今詞盛行於世，詩則罕見。余傳録此編久矣，意俟《後集》併爲鋟木，念未易得，恐失因循，迺以所積節儀折色等錢，刻置郡齋。頃爲德清令邑子以公《留題左顧》二絶相示，嘗揭之亭上，今附載於是。紹熙壬子七月朔晉陵胡澄題。

《鑑湖遺老詩》，凡四百七十二篇，其五字八句詩，鍛煉出入古今，爲集中第一，其餘大抵名家作也。余少讀《唐實録》，與會稽石刻，見賀季真棄官本末。方開元、天寶之交，天下號無事，文學士見貴重，季真出入禁省，冠道山，友儲副，極當世華寵。然一旦不顧去，爲千秋觀道士，使人望之超然如雲漢，登秦望，行剡川，未嘗不悠然遐想也。季真去後四百二十載，建中辛巳歲，始識其孫方回江湖上，蓋鑑湖遺老也。方回落落有才具，觀其詩可以知其人。中間罷官錢塘，及通守兩郡，輒謝病去。爲岳祠吏，又一旦掛衣冠，客吴下。窮達雖不同，其勇退樂閑，故有鑑湖餘味。然余謂方回之爲人，益有不可解者。方回少時俠氣蓋一座，馳馬走狗，飲酒如長鯨，然遇空無，有時俛首北窗下，作牛毛小楷，雌黄不去手，反如寒苦書生。方回儀觀甚偉，如羽人劍客，然戲爲長短句，皆雍容妙麗，極幽閒思怨之情。方回忼慨多感激，其理財治劇之方，亹亹有緒，似非無意於世者，然遇軒裳角逐之會，常如怯夫處女。余以謂不可解者此也。余奇窮，骯髒可憎。方回多交遊，乃獨以集副授余，曰：『子好直，美惡無溢言，爲我詳而敘之。』此亦豈其不可解之一端耶？　政和三年癸巳歲十月朔，信安程俱敘。

廩伏讀前集序云，自己卯歲嗣有所賦，别爲《後集》。所謂《後集》，以經兵火散失不復得有。近搜故藁所遺，及於佛祠廟宇題詠，洎碑刻鐫勒，并士大夫親戚傳誦，得其一二，皆此集中無者，故續書卷尾，爲《後集》之補遺。廩老矣，不復得其全集，後之子孫續有得者，當綴其末。

始予讀公墓誌，謂有詩二十卷，而所得《前集》財九卷。竊疑其脱略，以公自序如此，且其孫所手抄，遂信之。竭來邵陽，因命鋟木。既而有于公家嘗傳卷之十者，爲予校讐，果少近體一卷，缺古風一首，絶句二十首。又得之公子廩豫登補遺二十七篇，并程公之序録以見寄。屬瓜代之日無幾，不暇附益改作，姑目曰『拾遺』，而亟刻之，以全其集云。紹熙癸丑三月五日，澄書。

慶湖遺老詩集九卷拾遺一卷補遺一卷舊抄本

宋賀鑄撰　卷九後附墓誌銘程俱撰

自序

楊時跋政和甲午

寇翼跋乾道丙戌

胡澄跋紹熙壬子

程俱敘政和五年

賀廩跋

胡澄跋紹熙癸丑

黄氏手跋曰：余喜蓄書，兼蓄重出之本，即破爛不全者，亦復蓄之。重出者取爲讐勘之具，不全者或待殘缺之補也。余每戲謂友朋曰：『余讐惜字會出分金，特稍從厚爾。』即如此舊抄《賀方回集》止半部，係余友海寧陳徵君仲魚所贈，以余有重出之本，或可據舊藏者補録其半，俾成完璧。然余第藏諸篋笥，忽忽未有以補也。頃張君訒菴頗與余同嗜，近亦以余所爲，兼收並蓄竹頭木屑之説爲是，故遇書之不全者，亦時得之。一日邀余觀新收之書，内有《慶湖遺老詩集》之半，余細閲之，似與仲魚所贈者相似。未即言明，歸取證之，竟爲延平之合，惟第六卷仍缺，即前本之目，亦已失之。訒菴一一補完，屬爲跋其顛末。余曰此事固奇，然不在乎書合之奇，而在乎所以書合之奇。蓋兼蓄重出之本及不全之本，此余一己之獨見也。而訒菴竟以余言爲然，忽復效尤，即獲奇驗，則此賀集特爲訒菴軔之始耳。余樂訒菴之與予同心，而并樂訒菴之堅信余説，有此巧遇，可以鼓興弗衰，藏書家不又得一人邪？裝成，仲魚適從海寧至，因屬同爲欣賞焉。甲戌重陽後，復翁。

陳氏手跋曰：余向從武林書肆得《陳古靈集》半部，係謝在杭家鈔本，曾在周元亮處，各有印記。越數年，錢君廣伯復得其後半部，一一不爽，遂成完璧。今已贈荆谿陳景辰布衣，以其爲古靈後人也。吴槎客明經有跋，載諸《拜經樓文集》，一時傳爲勝事。此《慶湖遺老集》上卷曾獲諸吴城玄妙觀書坊，因思黄復翁家藏書最多，舊鈔祕册，或可抄全，所以特贈。豈意張君訒菴適有是集之下卷，今秋偶爲復翁所見，遂以余所贈者歸于訒菴。延津之劍，分而更合，已屬奇事，而裝潢甫竟，余自海寧適至吴中，則又奇之又奇也。嘉慶十九年九月十三日，陳鱣記。

摛文堂集十五卷 文瀾閣傳抄本

宋慕容彦逢撰

古今以文名家者多矣，其有兼作者之妙，爲百代之師者，文忠蘇公而已。是以皇上萬幾之暇，親御翰墨，爲之序贊，有曰：『他人之文，或得或失，多所取舍，至於軾所著，讀之終日，亹亹忘倦，常置左右，以爲矜式。』大哉王言！誠萬世不刊之典，當時學士大夫有經品題，皆足以垂世，況深蒙見知者乎？尚書文友公家世伊洛，河南王之遠裔也。天姿秀拔，自幼篤學，之老不倦，家藏書數萬卷，手親是正，不憚寒暑。蓄中者既豐，故發諸外者，汪洋大肆，浩浩乎莫之禦也。元祐間，弱冠登進士第，至紹聖初，屬設詞科，一試而首中之，雅爲蘇公所器重，誠以道德文章有默契于言意之表，宜乎聲相應，氣相求也。公司鳳閣，直鑾坡，登八座，五知貢舉，天下服其文鑑之高，名公鉅卿，多出其門。揚歷華途，垂三十載，惜乎位不滿德，未足究其所學。而恭和聖製，敷演辭命，忠言讜論，高文大册，每篇奏御，必蒙褒嘉，真足以造作者之淵源，垂將來之軌範也。平生所著百有餘卷，因兵火盜賊之後，散失幾盡。慕容太守爲公嫡孫，力於親舊間搜訪所藏，尚及千篇，患其先後踳駮，且命興祖訂正之。興祖善太守之志，能使乃祖鴻筆麗藻，光傳後世，孝也；天下學者，有所師法，仁也。仁且孝，君子之能事畢矣，奚敢以不敏辭？若迺孝友之行，忠誼之節，謀猷之嘉，德量之廣，操履之正，建明之公，有朝廷謚議，與夫行狀、誌銘，在開卷昭然，固無待僕措辭而後見也。輒因其文而次第之，以爲不朽之傳。公諱彦逢，字叔遇，文友其謚云。淳熙十有四年歲次丁未正月上日，從政郎蒙州州學教授劉興祖謹序。

先大父少師文友公，弱冠登元祐進士第，逮紹聖初，首中詞科之選，自會稽教官被召，際遇明主，徧歷臺省，進登八座。平居暇日，未嘗釋卷，有文集二十卷，内制十卷，外制二十卷，講解五卷，奏議五卷，因兵火盜賊之後，散失幾盡。綸近於親舊間，搜訪所得，尚及千篇，分爲三十卷，命工鏤版，目以文友公《摛文堂集》。時淳熙十四年歲次丁未下元日，第四孫朝奉郎權知象州軍州兼管内勸農事借紫綸書。

東堂集十卷 文瀾閣傳抄本

宋毛滂撰

劉左史文集四卷附録一卷 舊抄本

宋劉安禮撰

留元剛《二劉文集序》曰：元祐、紹聖間，程先生講道伊川，東南之士多從之遊，而爲永嘉倡者，太學博士周公，起居郎、給事中二劉公也。嗟夫！人不可不學，學不可不知道，世之口先王、行市人者，其誰曰不知學哉？學而不知道，文字章句之間，聲音笑貌之末，外浮而内不實，言出而行不逮，非學也，假學以文姦，餙學以欺人者也。是其自謀寵利，與其俱濟汩爾，禍福得喪之衡，安有所存者耶？夷考三公之出處，時右新學，違而之他，甘心擯黜，曾是師伊川，爲苟貧賤者。阻鄒志〔元〕〔完〕於譸張旁出之時，挫蔡京於焰勢方張之日，不移不詘，何恃能爾？而講學之功大矣。不然，以位達，以文名，前後相望也。而學者于三公，則祠遺像而矜式，誦空言而則傚，亦反其本而已矣。

朱氏手跋曰：曩從劉考功公戫借鈔《二劉長史合集》，元禮止得半部而已。康熙壬午福州林孝廉吉人以鈔本見寄，乃得全。竹垞老人識。

劉左史文集四卷附録一卷張立人手抄本

宋劉安禮撰

留元剛序

劉給事集五卷勞季言手校本

宋永嘉劉安上著　附行狀薛嘉言撰

留元剛二劉文集序

劉給事集五卷張立人手抄本

宋永嘉劉安上著　附行狀薛嘉言撰

眉山唐先生文集三十卷明抄本

宋眉山唐庚子西著

鄭總序曰：君子所貴於文者，以與道俱而已。《詩》以道志，《春秋》以遵名分，《易》以導陰陽，此之謂道。《易》順而《書》險，《詩》葩而《春秋》質，《書》之全經不用『也』字，而《詩》復須韵以成章，此之謂文。文非道無以立訓而垂世，道非文無以示人而行遠。堯、舜、禹、湯、周、孔、孟氏皆明道立訓之文，雖秦火洞然，傳之不絶，其後楊雄、韓、柳之徒，復著書能文。柳雖少時嗜進，不擇所附，以至于僨，然能學道自勵，贖咎湔非，其文攻砭世盲，有補教化，故卒配韓以傳。若士之見道不明，與雖明而無守，文不主道，但求其工，或道有不足，其文僅能給用，非沛然有餘，無以自立自著，則雖聞於一時，亦不傳於後世。然則文之與道如耳有聰，目有明，血有氣，形有神，要之不可斯須違離，然後盡善。此學者所當知也。眉山唐先生名庚，字子西，政和中謫官嶺南，余邂逅識之，往來相好也。其文實與道俱，觀其文，則其爲人不論可知矣。屬意遺詞，必存藥石之道，或以箴世，或以自明，體高而妙，詞嚴以精。或者以爲殆近短澁，非也。以予觀之，正如萬頃之瀾，浩然東下，崩騰曲折，盡水之變，終而覆之，終數百言爾。此其所以爲奇。天人談妙于玄珠，四老變棋于一橘，可謂小乎？其胸中如此，使攄之世則善。然自謫而衰，連蹇以至於死，有志之士所爲哀之。韓退之謂柳子厚斥不久，窮不極，其文學詞意必不能自以力傳于後。使子厚得所願，爲將相於一時，以彼易此，孰得孰失，必有能辨之者。子西謫官七年，詩文益多而工，其得失蓋類子厚。余始疑近古以來文字有傳，皆須科名之崇，爵位之顯，或大人先生能輕重人，爲世所信者稱之，其勢足以相因而後傳。如子西則不待三者，惟太學之士得其文，甲乙相傳，愛而録之，愛之多而不勝録也，鬻書之家，遂丐其本而刊焉。士方留意于時學，萬音同律，始得爲醇，佗文若不適用不足愛，乃今不然。嗟乎！文章果天下公器，子西真豪傑之士，太學誠賢士之關哉！子西與余俱喜詞章，山川遠阻，則寄語酬唱，樽酒會面，則論文入微，又同好世出世間法。余常謂子西金屑雖貴，着眼成疾，文章習氣，盍痛掃除，雕琢肝腎，徒勞人耳。子西戲答曰：『吾寧盡此生筆硯間，寂然之樂，俟來世尚未晚也。』坐嗑然而笑。嗚呼！行成於思，業精於勤，用志不分，乃凝于神。子西文章博雅超詣，執神之機，爲是故也。學者有意於傳，則以先生爲法。宣和四年五月一日序。

予兄子西自齠齔學爲文，出言已驚人，如賦《明妃曲》、《題醉仙崖》什、《上任德翁序》之類，時年方十四五，老師匠手見之，無不褫魄落胆。及入官以來，所著愈多，至被（請）〔謫〕南遷，其文益工，然隨作隨散，不復留藁，故今所存者極少。比見京師刊行者，止載嶺外所述，文隨卷附之，庶以廣其傳云。昔昌黎文公集，其子壻李漢編而序之；杜子美詩，故相吕公微仲爲作年譜。予與兄手足之愛，親炙最久，其編次之意，發揮之功，庶或幾於二子焉。若夫吾兄子西之文，其名之布于天下，爲搢紳之所欣慕，至其撰著或有先後，所造或有淺深，則覽者當自辨之，固不待予言而後知也。宣和四年六月日弟賡序。

近世以文集顯於時者，文忠公有《六一居士集》，舒王有《臨川先生集》，參政吕公有《觀文集》，丞相張公有《無盡居士集》。蓋其文如是，其官如是，雖樵夫野老，市井庸人，皆能道其姓氏而樂誦之，故言之易以信，而傳之易以廣，其勢然也。乃若有其官而文不顯，有其文而官不顯，二者不可兼，故其傳之誠難。若唐先生者，所謂有其文而官不顯者也。先生名庚，字子西，眉州眉山人也。紹聖中以進士中第，爲州縣官，至大觀始入爲博士，士大夫稍道其文，而世亦未盡知之。政和初，謫居海表，流離困苦，蓋六年而不返，然身益窮而文益富也。其後歸京師，僦居于景德寺。予時與先生比舍，而日得見先生之所爲文，頗嘗請其本以傳，而先生辭曰：『予以是得名，亦以是得謗。可一覽而足，不必丏而去也。』於是不果傳焉。退復私念曰：先生之文，金玉也，雖閉藏埋没，不求人知，然氣焰光彩，久而必見于世，蓋所謂不待官而後顯也已。昔屈原以《離騷》顯，陶潛以《歸去來》顯，盧仝則以《茶歌》顯，顧當時達官，豈無其人？而三子獨得顯于世，豈非以其文乎？今先生之文，予知其不久而遂顯也。先生死不一年，果有槖其文以來京師者，而太學之士日傳千百本而未已，然惜其所傳者止此。今始序而藏之，庶幾他日必有得其完本者。宣和四年八月十五日，温陵吕榮義德修序。

政和中，先君寺丞赴官潮陽，道出鵝城，謁國博唐公，一見傾蓋如平生。自是書札往來，無非論文評詩，未嘗一語以及俗事也。而道義之交，趣尚之同，先君固已序之矣。得唐公之文凡四十五首，詩賦一百八十有五首。唐公嘗云：『吾以是得名，亦以是掇謗，不欲盡傳之人。』故所得止如是而已。康佐承乏惠陽，暇日閲寓公集，蓋東坡先生與唐公謫居時著述也。唐公之文凡十有二首，詩賦一百十一首，與吾先君所傳，頗有重複。既而進士葛彭年以所藏閩本相示，文凡五十六首，詩賦二百八十七首，較之所見稍加多矣，而篇秩殽亂，句讀舛訛，殆不可辨。未幾，又得蜀本于歸善令張匪躬之家，文凡一百四十二首，詩賦三百有十首，較之閩本益加多矣，而增損甚少，可以取正。康佐以郡事倥傯，遂屬教授王維則仇校，旁援博取，凡所辨正，悉有據依。而唐公之文，遂爲全編，因其名類，勒爲三十卷，命刻板摹既，且將以傳示學者，使知至人必有至文，而先生之名可以不朽矣，且以成吾先君友之之義，而後世之尚友者愈無窮矣。書成矣，題之篇末。紹興二十一年仲冬，左朝奉郎權發遣惠州軍州主管學事兼管内勸農事鄭康佐謹跋。

味道者，不以聲色；論文亦如之，道散學非，一家言日出而無窮，君子病焉。昔之人惟其所得於此，而寓之于彼。孔子曰：『蓋有不知而作者，我無是也。』莊周曰：『是其言猶時女也。』周書諔詭連犿，無端崖而自好如此，不誣也。陶靖節不仕不隱，不以萬物之好易北窓之涼，即其詩，豈與魏、晉同其聲色哉？先君自幼承學于皇太父，若與蜀先諸儒異轍也。既仕矣，始紹聖，訖政、宣，名稱益高，身日益困折。先君常謂所知曰：『後世有楊子雲，此復何憾？』嗚呼！昔子雲亦蜀人，仕漢不遇，比没，且無子。今其傳，非以書故耶？其流風甚遠，其樹立甚大，故其于文，率皆懲世漫靡，多所矯拂，扶雅黜鄭，不爲苟作。當是時，如摻南風之絃，以遊北里，雖濫吹雜然，衆寡莫敵，而平和雅淡之音，厭服于人心者且久而愈信也。今其傳，如存舊，如辨同，實熙、豐以來黨事以之；如議賞，如察言，寔崇、觀以來邊釁以之。宣和中，朝京師，燕薊始事，公因作《韓忠惠公傳》，斥其非，幾以身殉焉。是又豈空言哉？嗚呼！昔魯大夫臧文仲既殁，其言立，叔孫穆子曰是謂不朽。始先君攜束書度嶺，閲五年而後歸，世皆憐其窮，惟其身方擯斥且死，而其言率憂深不怨，如贊曲江、論憫俗，君子讀而哀之，亦曰是千載之表微也。且先君覿子雲年與位皆未究，先君有不令不孝之子雖存，而《玄》不傳。他日徒因其書之遺，質之父兄見聞，欲少發其端緒，而家難流落，復多散逸不果。嗚呼！尚忍言哉？嘉祐、熙寧間，皇大父淹有盛名于西南，學者争宗師之，益昌龍圖閣直學士陸公詵薦之于朝，不報。其徒蓋與蜀先張氏、蘇氏中分魯。至其推明六經，謂《易》、《詩》、《書》始著乾坤、君臣、夫婦之正，《禮》、《樂》藏諸用，《春秋》謹其變。《繫辭》之旨，微蔓莫不發；《春秋》之作，盡獲麟無褒。獨推原孟軻氏，而挈然負異于諸儒者如此。先君年二十擢第，四十南遷，五十而先君没，後四十餘年，羅浮之人乃相與竊竊然尸祝而俎豆之，于今不志。然則先君子雲之歎，與叔孫不朽之言，所以期之後世者，復何如哉？紹興歲己卯立春日，男左朝奉大夫權知饒州軍州事文若謹書。

洪龜父集二卷鮑渌飲手校本

宋洪朋撰

李忠愍集三卷文瀾閣傳抄本

宋李若水撰　後附建炎贈官賜謚誥詞

靖康禍變，敵騎長驅，四郊多壘，猛不可當，所在望風土崩瓦解。欽宗皇帝擢先公於庶官，兩持使者節，入尼雅滿軍，誓欲捐軀以濟艱難。青城之死，素定於胸中，非一時不得已而爲之者。於戲！人誰不死，先公之死，酷矣！頤已解，舌已斷，猶奮駡噴血，終至於身首異處。當此之時，天地爲之變色，日月爲之無光，戰士爲之嗟惋，敵帥爲之羞畏。先公已死，適我大父母皆耄年，故事迹中略其所以死，重貽二老人之深憂也。獨秭歸費守樞，爲先公文集序，今鋟木於蜀中，能不没其實，得以取信。至乾道中，諸父淪亡，因於祕稿中又得其遺事，始盡事之本末。淳懼歲月侵尋，世不得而知之，他日當列諸朝，祈補史之闕文。先公雖死，謂之不死可也。

孤浚、淳泣血書。

傅忠肅公文集三卷抄本

宋傅察撰　後附行狀晁公休撰

周必大序

皕宋樓藏書志卷八十

集　部

別集類十四

梁溪先生文集一百八十卷附録六卷舊抄本

宋李綱撰　後附年譜、行狀、謚議等，爲《附録》六卷

陳俊卿序曰：國朝祖宗以仁覆天下，而不備武事。然垂二百年，更强敵之變者三，皆得人以任其事。景德契丹之變，寇萊公任之。康定元昊之變，范文正公、韓忠獻公任之。靖康金敵之禍，比是二者尤鉅，而丞相隴西李公亦慨然以身當其變。蓋天之佑宋，不於其兵而於其人。是數君子者之事君，不於其躬而於其國，其事之濟否，則有命與數存焉。要之，皆忠烈英特之士也。予既敬服數公之行事，因欲觀覽其遺文。萊公他文不甚見于世，獨其詩傳，蓋百有餘篇，辭健而格高，旨深而思遠，真作之傑者也。至於文正、忠獻，則家集具在，其言之形于文字議奏之閒者，或簡重而莊偉，或詳明而剴切，蓋與其謀謨勳業惟稱。李公近與予耳目接，私以

不得其文爲恨。淳熙丙申，予帥三山，其子秀之裒集其文以示予，求序以冠其端。蓋表章、奏劄至八十卷，予讀之而歎曰：詳哉其言之也！世之有其學者，常患乎無其才，有其才者，常患乎無其節，三者備矣，然使其辭之不達則不足以動人主之聽，言之不文則不足以永後世之傳。是以君子貴其全也。公學本于經，才見于用，節著于論水災、贊禫議之日，是其章較蓋天下之所共知焉。予竊怪，方敵騎闖城之際，在廷之臣争爲講解遷避之説，公孑然孤忠，殆未易以口舌争，卒能感悟萬乘，爲堅守之策，以何道而致然？及觀公之奏議，明白條暢，反覆曲折，其敘成敗利害，灼然如在目前，宜乎感動明主之聽而亟從之也。使公之謀盡用，則敵騎必無再下之禍，而其勳業可以絶寇萊、韓、范矣！惜乎其奪于讒而不之竟也。光孝中興，因天下之望，而首相公。十議所陳，規摹宏遠矣。劉麟之役，公雖在外，且畫三策六條以獻。王倫之使，公復憤慨抗疏以争之，與時論不合不顧也。嗚呼！其可謂忠也矣。然則公之勳業雖不克大就，然其所奮立陳述，足以暴于後世，况又其言之文哉？昔東坡先生謂諸葛孔明不以文章自名，而開物成務之姿，綜練名實之意，自見于言語，出師之表簡而盡，直而不肆。而鄭亞謂李衛公，藴開物致君之才，居丞弼上公之位，建靖難平戎之策，垂經天緯地之文。嗚呼！若公者，可謂兼之矣。予既諾秀之之請，奪于多事，未暇綴思。後三年，歸自金陵，乃始書而歸之。

朱子序曰：嗚呼！天之愛人，可謂甚矣。惟其感于人事之變，而迫于氣數屈伸消長之不齊，是以天下不能常治常安，而或至於亂。然於其亂也，未嘗不爲之預，出能弭是亂之人，以擬其後。蓋將以使夫生民之類，不至於糜爛泯滅，靡有孑遺，而爲之君者，猶有所恃賴憑依，以保其國。是則古今事變之所同，然而天之所以爲天者，其心固如此也。嗚呼！若宣和、靖康之變，吾有以知其非天心之所欲，而一時人物若故丞相隴西公者，其所謂能弭是亂之人非耶？蓋聞政、宣之際，國家之隆盛極矣，而都城一日大水猝至，舉朝相顧，莫有敢以變異爲言者。公獨知其必有敵國兵戎之禍，上疏極言，冀有以消弭于未然者，不幸謫官而去。而不七年間，敵騎遂薄都城，公於此時又方以眇然一介放逐之餘，出負天下山岳萬鈞之重。首陳至策，而徽宗決内禪之計；繼發大論，而欽廟堅城守之心，任公不疑，遂卻强敵。然自重圍既解，衆人之心無復遠慮，而争爲割地講和之説，以苟目前之安。公獨以爲不然，而數深陳出師邀擊之可以必勝，與其得氣再入之不可以不憂。則讒間蜂起，遠謫遐荒，而不數月間，都城亦失守矣。建炎再造，首登廟堂，慨然以修政事、禦强鄰爲己任，誅僭逆，定經制，寬民力，變士風，通下情，改敝法，招兵買馬，經理財賦，分布要害，繕治城壁，建（造）〔遣〕張所撫河北，傅亮收河東，宗澤守京城，西顧關陝，南葺樊鄧，且將益據形便，以爲必守中原，必還二聖之計。然在位七十餘日，而又遭讒以去。其在紹興時，因事獻言，亦皆畏天恤民，自强自治之意，而深以議和退避爲非策。懇扣反覆，以終其身。蓋既薨，而諸子集其平生著作，凡若干卷。其言正大明白，而纖微曲折，究極事情，絶去（凋）〔彫〕飾，而變化開闔，卓犖奇偉，前後事變不同，而所守一説如出于立談指顧之間。今少傅丞相福國陳公序其篇端，所以發揮引重，固已盡其美矣。公之孫晉使熹書其後，以推明之。熹謝不敢，而其請愈力，不得辭也。顧嘗論之，以爲使公之言用于宣和之初，則都城必無圍迫之憂；用于靖康，則宗國必無顛覆之禍；用于建炎，則中原必不至于淪陷；用于紹興，則旋軫舊京，汎掃陵廟，以復祖宗之土宇，而卒報不共戴天之仇，其已久矣。夫豈使王業偏安于江海之澨，而尚貽吾君今日之憂哉？顧乃使之數困于庸夫孺子之口，而不得卒就其志，豈天之愛人之時，而不勝夫氣數之力，抑亦人事之感，或深或淺，而其相推相盪，固有以迭爲勝負之勢，而至于然與？嗚呼！昔蒯通每讀樂毅書，未嘗不廢書而歎，安知異時不有掩卷太息，而出涕于斯者耶？雖然，今天子方總羣策，以圖恢復之功。使是書也，得備清燕之觀，而幸有以當上心者焉，則有志之士將不恨其不用于前日，而知天之所以生公者真非偶然矣。因次其說，以附于卷之末，使覽者無疑于福公之言云。時淳熙十年十月既望，謹書。

昔先正李公輔欽宗皇帝，忠誠貫日月，勳名震夷夏，其所抱負亦大矣，而功業未就，茲豈非天乎？中興一代事業，著爲成書，乃在數十年之後，文獻所存，固已寥落，況于靖康之事，欲其無遺逸也，難矣！公之家所藏御札爲多，亦足以見其一時眷遇之隆，至于設施之略，奏議始末具存，史筆于此當有考焉。公之孫大有欲刊此書久矣，是書前後序文，諸老先生所述爲詳。穎獨善公之有後，而是書得以傳于世，故爲之書其刊行之歲月。嘉定元年十月望日，朝議大夫集英修撰知泉州軍州事南郡章穎謹書。

大有謹按，先大父家傳末云：『每有議奏，下筆數千言，俄頃而就。』蓋公平日以愛君憂國爲心，籌畫計策，胸次素定，故遇事成章，如此之易也。晚年于《易》尤有所得，著《易傳》内篇十卷，外篇十二卷，其言微妙，頗取卦變互體爲説，動有所稽，異于今世君子之所辨繹。又著《論語詳説》十卷，所以發明聖賢之意甚厚而備。文章、歌詩、奏議百有餘篇。其在政府、帥府，紀一時之事，則有《靖康傳信》、《奉迎》二録，《時政記》、《進退志》、《制誥表劄集》、《宣撫荆廣記》、《制置江右録》。嗚呼！亦富矣哉。此叔祖南昌通守所述也。今《易傳》、《論語説》，卷帙仍舊，而文集合政路、帥府所紀，爲篇百有七十，内以《傳信録》、《時政記》、《進退志》附益表劄、奏議凡八十卷，是爲今書，蓋其後諸人所離合譔次也。得之先子。大父生平有作，皆楷筆屬稿，書問亦然，則後人裒集，當無遺逸。顧薨謝距今七十載，獨子孫寶藏，外無傳者。它文或有可諉，此書則實與國史相表裏，其可不廣諸世，以圖不朽哉？淳熙末年，先子嘗繕寫投進，併高宗爲大元帥時所賜大父手書墨本。孝宗嘉獎，亟命宣索宸翰真跡。既奏御，命有司定錫今謚。中間史院取索，亦嘗録上，然廣内所儲，不到人間也。先子方隱居，每恨無方板行大父遺文，而于此書尤切。大有欽承遺旨，□食痛心，充員舸幎，適帑藏空匱，兩膚使先後極盟，鳩工鋟木。太守今春官章公、尚書郎趙德甫皆助以費，而尚書章公又幸爲之跋，以垂信增重于天下。經營涉歲，工始告成，久閟而傳，非偶然也。嗚呼！宣、靖、炎、興間，中原變故，國步艱難極矣，一時謀議之臧否，處置之當否，敵騎之所以既卻而復至，王室之所以再造而偏安，莫不係于君子小人之進退。世多措于成敗已然之見，鮮有知者。則是書之傳也，大有敢獨以爲私門存没之幸哉？若夫大父之精忠大節，宏模碩畫，則有正獻陳公、晦翁朱先生與今大宗伯章公之序跋在，不肖孫何敢稱述？如其他書未傳，大有不韙，尚庶幾異日卒成先志云。嘉定二年歲次乙未夏五月既望日，孫修職郎差充福建路提舉市舶司幹辦公事大有謹書。

余里中有巖，曰瑞光，去縣十許里。予七八歲時，嘗侍先大父游焉。巖中有丞相讀書堂，大父指示諸孫，曰：『鄉人李丞相嘗讀書于此。』因言丞相未達時，巖主僧號丹霞，能前知，一日忽書四句，云：『青著立，米去皮。邪時節，儘先輝。』初莫曉其意，後丞相貴顯，登政府，方悟前一句蓋謂靖康年號也。大父又舉似丞相詩文十數篇，乃留題厓壁間者，往往成誦。應龍從旁習其辭，間記一二，至于今不忘。其後稍長，慨慕丞相之英風儀槩，欲偏求遺文而讀之，苦不多見。蓋鄉人無能收之者，每每爲恨。逮守温陵公之孫提幹大有出示所刊丞相三朝表劄、奏議，凡八十卷，又《總録》一卷，及陳少陽《盡忠録》、如是居士《靖康感事詩》，于是得盡讀公之文，及見公之行事，望洋而歎，大喜過望。若夫人以立言爲不朽，以有後爲不死。公之文既得其子裒而集之，又得其孫鏤而傳之，將使天下之人家有其書，真足以不死且不朽矣。然武陽者，乃公之父母邦也，聞提幹將以其書之板，歸于三山，其何以慰鄉人之思？不然，他日當告于鄉郡守之好事者，取其書重鋟木焉，并續其家藏文集附益之，庶使吾黨之後進，有以稽其典型云。嘉定三年九月朔，朝請大夫充寶文閣待制知泉州軍州事兼管内勸農事鄒應龍謹書。

忠定公三朝耆德，彭壽願執鞭而不可得，分符樵水，適在鄭鄉。公之去世六七十載，英風義槩，凛凛如存，敬以公所著刊于郡齋。若夫出處大節，前輩諸公言之詳矣。彭壽竊附名以託不腐。嘉定癸酉立秋日，天台陳彭壽書。

登自能綴文時，嘗恭讀國史，已知有丞相忠定公之勳烈。又嘗于碑刻間，誦公《元寧上方詩》，適足以見其憂國之憤，數數不忘，自此詩之外他文蓋未之及見。官書錦之鄉，即事未數月，史君以公文集鋟諸板，且命登董其事，因得盡觀其所爲文。大抵英風義氣，隨遇輒發，其建議切而當，其表奏實而忠，制誥之文宏而温，諷諭之辭婉而辨。賦如《擬騷》，有正潔耿介之義；詩如《和陶》，得冲澹高遠之風。至其感時託興，使人有慷慨涕滂之意。箴銘序贊，體製雅健，莫不悉有典則。中興文人，固不爲少，要知公之氣槩，益不可揜。若乃相業光明，持論正大，靖康以來，一人而已，而文直公之餘事。是集刊于秋之九月，成于冬之十二月，其爲册三十有三，爲卷一百八十。集既成，史君將廣其傳誦，使有位于朝、有藏于列者，皆得味其文，想其人，因以彷彿其立朝之大節。此其意蓋不獨爲傳遠而已也，所謂奮乎百世之上，百世之下聞者莫不興起。登雖無似，不敢不勉。迪功郎邵武軍軍學教授黄登拜手，嘉定癸酉年某月某日謹跋。

注竊惟大丞相一代鴻儒，三朝元老，豐功偉烈，著在國史，炳若丹青，出處大致，名公鉅卿，紀録尤備。邵武乃公之故鄉，郡齋已刊奏議，獨文集尚缺，無以副邦人景行之思。注假守綉里，莅事之餘，屢加搜訪，了不可得。會丞相之孫制機與其族孫國録示以全帙，注盥手薰誦，至于再三，顧雖不肖，亦知興起。鳩工刻梓，屬泮師董其事，凡三月而後成。于以傳示將來，啟迪後學，注亦得以記名編末，與有榮耀。嘉定歲次庚辰冬十有二月，朝議大夫權知邵武軍兼管内勸農事賜緋魚袋姜注謹書。

余家三山，寓于東報國寺，實李丞相忠定公舊居之右。于公諸孫間，盡得拜觀徽宗、欽宗、高宗三朝御扎、批劄百餘軸，與公反覆當時事宜者，今具載公集中。武陽舊有集，辛卯春閏，郡遭火燬，官書散落殆盡。明年之春，予被簡命來此，首訪公集，缺五百板。又明年，境内稍安，即刊補之。蓋公之忠義文采，足以扶人心，興世教，而武陽，公鄉邦也，集尤宜存。公爲靖康執政，以疑忌去國。首相建炎，七十五日而罷。紹興初，羣盜蜂起，比公時湖南帥江西，皆席不暇煖，其所著立，猶卓然光明如此，使盡行其言，功業詎止是耶？千載而下，忠臣義士覽斯文者，鮮不附膺而長歎。余假守一年有半，值寇荒交急之秋，比公時曾不過疥癬耳，而鬢髮爲白，于以知公之爲難也。追感前事，識于卷末。壬辰日南至，長樂趙以夫書。

初寮集八卷 文瀾閣傳抄本

宋王安中撰

周必大序

徽宗皇帝在位歲久，文士詩人，一時輩出，不減元和、長慶間人物。如參政翟公、待制韓公、翰林汪公、初寮先生王公皆以文辭自顯，號爲傑出不可跂及者，餘未易殫數也。初寮蓋文健而深，詩麗而雅，至于制詔渾厚，足以風動四方。則李公漢老以爲當承平之世，多褒揚粉澤之詞，使『傷居爾體，痛在朕躬』，不得施于戰士；『勿謂子孫之謀，更存輔車之勢』，不得加于叛國。嗚呼！其盡之矣。自往至今，幾三十年，諸公之墓木何止拱把？讀之使人想見當時文采風流之勝。劉夢得云『休唱内前供奉曲，貞元朝士已無多』，是亦足以爲初寮之歎也。周紫芝撰。

本朝承五季之後，楊、劉之學盛于一時，其裁割纂組之工極矣。石介憤然以楊公破碎聖人，爲世巨害，著論排之甚力。然當時文宗鉅儒司翰墨之職者，亦必循本朝故事，如近世張公安道高簡粹純，王公禹玉溫潤典裁，元公厚之精麗稳密，蘇東坡先生雄深秀偉，皆制詞之傑然者。譬之王良、造父，策驥騄而騁康莊，一日千里，而節以和鑾，馳之蟻封，亦必中度，豈能彼而不能此哉？初寮先生太保王公，自布衣文稱天下，由東觀入掖垣，由烏府登鼇禁，皆天下第一選。司内外制者累年，其所製，體大而義嚴，事覈而旨深，奇而不失正，雄而不爲夸。褒勳勞，則布帶礪丹青之信；施霈宥，則有雨露涵濡之澤。文治平，則祥極乎鳳麟；申戒飭，則誠著乎金石。嘉武節，則毅乎彪虎之威；美文德，則昭乎藻火之華。皆極其致。蓋與本朝三數公不相上下，而馳驟乎燕、許、常、楊之域，若不以體製拘之，騄騄乎漢氏矣。蓋公天才英邁，筆力有餘，于文于詩，皆瓌奇高妙，無所不能，故出爲世用者如此。徽宗皇帝即位以來，擅制誥之美者，公一人而已，得不謂一代之奇文歟？　雲龕李邴撰。

案，此序蓋初寮内外制專集也。内外制今不存，惟此序見于《永樂大典》，今附載于此。

横塘集二十卷文瀾閣傳抄本

宋許景衡撰

西渡集二卷補遺一卷鮑渌飲手校本

宋洪炎玉父撰

老圃集二卷鮑渌飲手校本

宋洪芻撰

丹陽集二十四卷文瀾閣傳抄本

宋葛勝仲撰

浮溪文粹十五卷明刊本

宋汪藻撰

胡堯臣序嘉靖

馬金跋正德元年

忠惠集十卷附録一卷文瀾閣傳抄本

宋翟汝文撰

莊簡集十六卷文瀾閣傳抄本

宋李光撰

松隱文集三十九卷舊抄本

宋曹勛撰

洪益中序正統五年

石林居士建康集八卷舊抄本　葉石君舊藏

宋葉夢得撰

先君大卿手編《建康集》八卷，乃大父左丞公紹興八年再鎮建康時所作詩文也。別有總集百卷，昨已刊于吴興里。舍姪凱任總司酒官，來索此本，欲寘諸郡庠，併以年譜一卷授之，庶廣其傳云。嘉泰癸亥重陽日，簵謹題。

國史書目載《石林公文集》一百卷，虞山桑思玄藏書目曾有之，思玄去今百有餘年，已不可得。此從毛子晉借抄。子晉得于建康焦氏，焦乃漪園後人也。噫！予末孫不克見先人之書，又知交寡少，無由訪求，有其志而無其力。悲夫！二十代孫萬又名樹蓮謹識。

須溪先生評點簡齋詩集十五卷元刊本　稽瑞樓舊藏

宋陳與義撰，胡穉箋

詩無論拙，惡忌矜持。『瞻彼日月』，不在情景入玄；『彼黍離離』，不分奇聞異事。流盪自然，要以暢極而止。彼『訏謨定命，遠猶辰告』，雖爲德人深致，若論其感發濃至，故不如『昔我往矣，楊柳依依』之句。比之柔腸易斷，復何以學問著力爲哉？詩至晚唐已厭，至近年又厭，謂其和易如流，殆於不可莊語，而學問爲無用也。荆公妥帖排奡，時出經史，然格體如一。及黄太史矯然特出新意，真欲盡用萬卷，與李、杜争能於一辭一字之頃，其極至寡情少恩如法家者流。余嘗謂晉人語言，使壹用爲詩，皆當掩出古今，無它，真故也。世間用事之妙，韓淮陰所謂是在兵法，諸君未知之者，豈可以馬尾而數，蟲魚而注哉？后山自謂黄出，理實勝黄，其陳言妙語，乃可稱破萬卷者，然外示枯槁，又如息夫人絶世，一笑自難。惟陳簡齋以后山體用后山，望之蒼然而光景明麗，肌骨勻稱。古稱陶公用兵，得法外意。以簡齋視陳、黄，節制亮無所及，則后山比簡齋，刻削尚似，矜持未盡去也。此詩之至也。吾執鞭古人，豈敢叛去，獨爲簡齋枚言？或問：『宋詩簡齋至矣，畢竟比坡公何如？』曰：『詩道如花，論高品則色不如香，論逼真則香不如色。』廬陵須溪劉辰翁序。

案，此元刊本，每葉十六行，每行十六字，小字雙行，大黑口。第一卷賦，二之十四卷詩，第十五卷則《無住詞》也。穉字仲孺，號竹坡，宋紹興時人。其注皆注出處，不同稗販，而與酬贈諸人，皆一一考明里貫仕履，真爲簡齋功臣。張氏《藏書志》所載，宋刊三十卷本，前有樓鑰及穉自序。此元刊合并本，兩序已失。

簡齋詩集十五卷明初刊本

宋陳與義撰

劉辰翁序

晦齋跋

北山小集四十卷影寫宋刊本

宋信安程俱撰　後附行狀程瑀撰

葉夢得序曰：紹聖末，余官丹徒。信安程致道爲吴江尉，有持其文示余者，心固愛之，願請交，未能也。政和間，余自翰宛罷領宫祠，居吴下。致道亦以上書論政事，與時異，籍不得調，寓家於吴，始相遇，則其學問風節卓然，有不獨見於其文者。即爲移書當路，論以言求士，孰不幸？因此自表見，其趨各不同，若槩論其過，一斥不復録，天下士幾何，可以是盡棄之乎？併上其文數十篇，宰相見而驚曰：『今之韓退之也！』亟召見政事堂。會有間之者，復得閒秩，然宰相知之未已也。宣和初，復召入館，稍遷爲郎，議者翕然始恨得之晚。自是二十年間，卒登侍從，爲天子掌制命，文章擅一時。蓋嘗論當孔子時，固已患直道爲難行，而毁譽之不可信。然人之有善，君子未嘗不樂道，其得譽常多；至居下流，天下之惡必歸焉，其毁之者亦衆。則直道雖不可盡行於天下，而天下終不能廢直道。方致道齟齬於初，一夫摇之，不能自立；及其久也，雖非其素所厚善，亦莫敢不謂然，其善之效歟？今觀其文，精確深遠，議論皆本仁義，而經緯錯綜之際，則左丘明、班孟堅之用意也。至於詩章，兼得唐中葉以前名士衆體。晚而在朝，雖不久遇，所建明尤偉。蓋其爲人剛介自信，擇於理者明，所行寧失之隘，不肯少貶以從物。是以善類皆相與推先，惟恐失，雖有不樂之者，亦不敢秋豪加疵病。信乎直道之不可終屈也。嘗哀次平生所爲文，欲屬余爲序，會兵興不果。後遇火，焚棄殆盡，稍復訪集，尚得十四五，而益以近所著爲四十卷。夫天既以是假致道矣，乃不使盡暴其所長，病痺杜門里中且十年，豈在人者猶可以力致，而天反不能相之歟？不可知也。紹興十年詔重修哲宗史，復起致道領其事。力辭疾不拜，而以其前欲屬余者，請之堅甚。致道之文固不待余言而後著也，乃先衆人而知之深者，莫若余。乃爲論其本末歸之。致道名俱，今爲左朝請大夫徽猷閣待制提舉亳州明道宫云。

紫微舍人程公先生，建炎己酉歲自太常少卿出守嘉禾，作肅過之，館於郡齋。會左丞葉公罷政經從謁先生，作肅屬耳屏間聽話言，則聞公曰：『别去未有復見日，吾二人後死者其誌先死者之墓。』先生曰：『左丞勳業未艾，某不日溘先朝露，當勤大手筆。』紹興甲子歲，先生卒，其子請公如約。公從之，僅述誌，敘未及銘詩而薨，然其藁今傳於世也。其略曰：『其爲文辭，在司馬遷、班固之間，進則掌天子書命，退猶將付以太史氏之筆，蓋有不可誣者焉。』議者謂公之誌文，實踐平生然諾，必不虚美以諛墓中人，有以取信於學士大夫也。作肅昔爲南徐學官時，偶先生卜居在焉。一日裁書問文於先生，先生翌日答書，凡數百言，其要曰：『昔之作者，自六經百氏之書，世傳之史，方外之書無不讀，非惟讀之而已，取舍是非，了然於心。其粲然者，我之文也，而資焉者，六經百氏，載籍之傳，而吾自得者也，然而莫見其迹也。』嗚呼！先生論文，淵源如此，則謂其文辭在司馬遷、班固之間，未爲過也。頃又嘗見大參毗陵張公言先生嘗爲毗陵筦庫，因見鄒忠公。公與語連日，奇之，謂人曰：『程致道所謂北斗以南一人而已者也。』忠公德名甚重，不輕許可，則其所取又有出文辭之外者矣。門人中吴鄭作肅序。

檆溪居士集十二卷 文瀾閣傳抄本

宋劉才邵撰

周必大序嘉泰元年

古今文章至我宋集大成矣。蓋自奎宿宣精，列聖制作，於是焕乎之文，日月光華，雲漢昭回，天經天緯，衣被萬物，河嶽炳靈，鴻碩挺出。在仁宗時，則有若六一先生，主斯文之夏盟。在神宗時，則有若東坡先生，傳六一之大宗。在哲宗時，則有若山谷先生，續國風、雅、頌之絶弦。視漢之遷、固、卿、雲，唐之李、杜、韓、柳，蓋奄有而包舉之矣。中更群小崇姦絀正，目爲僻學，禁而錮之，蓋斯文至此而一危也。惟我廬陵有瀘溪之王、檆溪之劉兩先生，自作金城，以郛此道。自王公游太學，劉公繼至，獨犯大禁，挾六一、坡、谷之書以入，晝則緡藏，夜則緡閲，每伺同舍生息燭酣寢，必起坐吹燈，縱觀三書。迨暇，或哦詩歌，或續古文，每一篇出，流布輦轂，膾炙薦紳，紙價爲高。嗟乎！若兩先生當妖禽羣啾，而發紫鸞之鳴，《折楊》騤歌，而奏《清廟》之瑟，鷫冠妖服之競麗，而覩黄收純衣之製，其有大勳勞於斯文，其偉乎哉！予生十有七年，始得進拜瀘溪而師焉，而問焉，其所以告予者，太學犯禁之説也。後十年，又得進拜檆溪而師焉，而問焉，其所以告予者，亦太學犯禁之説也。今兩先生遠矣，予亦老而歸休矣。檆溪之曾孫千齡一日訪予於南溪之上，出其祖之書曰《樧溪集》者示予，請書其後。予披而讀之，見丞相益國周公序其篇首，凡樧溪拔新領異之詩，登峯造極之文，既摛張發揮，不遺餘矣。予尚何言哉？獨書兩先生所以告予者于篇末，俾後學者有聞焉。瀘溪又云：『是時書肆畏罪，坡、谷二書皆毁其板，獨一貴戚家刻印印焉，率黄金斤易坡文十。』蓋其禁愈急，其文愈貴也。今家有此書，人習此學，有知當時斯文之難得如此者乎？是小人之厄斯文，乃所以昌斯文也。然厄斯文者，本皆泯然與草木共盡，而斯文之傳，與日月争光。然則斯文病不厄耳，〔厄〕奚病哉？古者聖賢君子之所守，於是可得而知矣。顧吾道之是非何如而已，時之好惡，足爲之動耶？六一、坡、谷其知之矣。至於吾州之兩先生獨首犯時之大禁，力學衆人之所不敢學，所謂豪傑特立之士者，不在斯人歟？不在斯人歟？樧溪諱才邵，字美中，瀘溪諱庭珪，字民瞻，皆擢進士第。樧溪再中宏詞科，終官工部侍郎，兼權吏部尚書，贈顯謨閣直學士。瀘溪晚爲國子監簿，終官直敷文閣奉祠云。嘉□三年十月丙午，寶謨閣直學士通議大夫致仕楊萬里謹序。

皕宋樓藏書志卷八十一

集部

别集類十五

筠谿文集二十四卷舊抄本

宋連江李彌遜似之著

士大夫種學績文，孰不欲流傳於後？資稟有厚薄，用力有淺深，固不可誣，然須器度過人，則自應高勝，有非勤苦之所能强進者，此可與知者道爾。筠溪先生以父兄之賢，少有聲于太學。一夕，厠有同舍投環於梁間，公時年才十七八，略無懼意，亟解其繫，臥而枕于股上，親撫摩而嘘呵之。有後至者怪而問焉，徐語其故，馳報齋中，羣士競篝火而來，相與抱持而歸，竟全其生。即日名動京師，弱冠遂爲大觀三年上舍第一人，繼登科。其才固足以得此天報，亦昭昭矣。公之器度絶人遠甚，如許加以問學之懿，其發爲文章，顧豈淺見者所能及也？政和間，以南宫舍人使契丹，擢左史，用訐直貶。宣和末，知冀州，獨能堅壁以抗虜暴。靖康漕江東，平叛卒之變。入紹興，爲饒、吉二州。七年，復立左螭，尋掌書命。雄深之文，黼藻王度，四方傳誦之。論事封駁，皆人所難；又以力闢和議，益與時忤。遷户簉，匄外補，去國之際，猶拳拳以立國待夷狄之大計爲言，竟請祠以歸。隱福之連江西山，凡十六年，不復有仕宦意。哦詩自娱，筆力愈偉。居閒憂世，著議古數十篇，雖汎論古事，而皆關于當時利病，深切著明，有范太史《唐鑑》之遺風，乃心王室，惜乎用之之不盡也。迨今將一甲子，公之孫珏以郎曹典大藩，今居江西憲臺，方迎奉老親，而當寇攘驚危中，竭力不少顧避。琪以上舍魁決科，克繼大門，爲京口貳車，皆有時名，有以知公澤之未艾也。二孫以鑰游從之厚，出公遺文二十四卷求序。鑰晚進，何足以測識前輩所藴？以平日慕向之誠，幸託名於不腐，敢謹書之。公諱彌遜，字似之，舅仲六人，文字爲一門之盛。兄尚書彌大，弟太史彌正，俱負重望。筠谿則公自號云。嘉定四年閏月初吉，正奉大夫參知政事兼太子賓客樓鑰序。

先大父歷事宣和，蚤登兩省，而以直節不容，受知思陵，既列貳卿，而以權臣坐廢。蓋平生立朝之日常少，山林之□日常多。自弱冠魁多士，年三十既位柱史，流落中外，出入（纔期）〔譏惎〕，年五十始再爲史官，歷詞掖、版曹，僅閲兩歲，身已去國。方宣、政間，近倖欲致有時名者出其門，少屈身則立致顯要，及紹興力争和議，當國者啗以兩地，皆褰裳去，若將浼焉。所以白首丘園，終老不悔。夫先民之不朽者，有行有言，行事苟不盡見於時，則斯文必亦有述于後。大父既抱忠藎，鬱而不伸，至於遺稿復湮没無傳，實痛諸心。大父發藻儒林，即以文鳴其所居。

官蓬省蘭臺，史職、詞垣皆著作之事。前後隱居數十年間，寒牕窮檐，青燈華髮，手不釋卷，閎博浩渺，所發益肆。烟林雪嶠，幅巾杖履，趣深理到，追軼風騷，意寄高遠，經淵史藪，據古鑒今，亂階治蹟，貫穿敷陳，忠誠洞見，積其所述，充篋溢笥。大父捐館之日，先君尚幼，遺墨散失，旋傳録于親友家，所輯文稿僅有二十四卷，其間脱誤居多。先君辛勤裒稡，粗成全書，將傳于後，力所未逮。珏繆承墜緒，始克鋟梓。大參攻媿先生，既光寵先世，親染序文，冠于篇端矣，其遺事之詳具見家傳。惟大父有行而不盡用，有言而不盡傳，撫卷追念，蓋有感焉。嘉定辛未孟夏既望，孫朝請大夫直寶謨閣江南西路提點刑獄公事兼本路勸農提舉河渠公事珏謹書。

華陽集四十卷舊抄本

宋張綱撰

洪邁序曰：《華陽集》四十卷，故參知政事資政殿學士章簡張公所著也。始大觀、政和間，庠序宏盛，彙四方儁造于京師。公起殊方孤生，持經術，驤奮聲高，一時儒先，仄足斂衽，比三冠倫，遂策崇政，名爲第一，天子當扆挹歎，有旨隮用矣。老蔡方顓國，挽使聽己，倡富貴有命之説，連拄之，且雅憎王黼爲邪，弗忍識其面。擢纔學館郎官，坎壈過十稔，澹然無嗟悔意，獨玩心於内，不肯頃刻輟。爲文章，每一落紙，都人即日傳播，至汗漫棟宇。建炎庚戌，家鄉厄敵兵，篋櫝貯藏，六丁下取，略盡煨燔，所存僅逮百一。既檜相得志，齮齕知名士，惡子組織人言語，買進梯禍。公在睥睨中，又爲之閣筆袖手。秦亡，公亦老。故歷歲久，著録不能多。薨之明年，嗣子户部郎中堅鋭蒐拾論次，合八百五十九篇，將刊鏤垂世，未克而没。後二十三年，慈孫池州使金釜乃出捐家貲，板寘郡學。邁首得其書，伏讀之，大抵制詞嚴而縟，表疏拳拳主敬，雖莫齒退休，未嘗以一篇倩人代作。而講筵故事十九章，剴切明白，如論仁宗得君人之道，舜不窮其民，光武開心見誠，唐太宗察上封者之姦，憲宗御下有術，文宗不能正陳夷行唯阿之罪，皆反復致志，因事納忠，非若等輩區區備課程而已。池州以書索序，顧晚出遼絶，欲謝不敢。念昔者辱與户部游，而伯氏文惠公奉使淮東時，築亭結樓於官舍，公爲賦兩詩，『酒琖摇江，波吞翠璧』之句，至今諷味在口，輒藉以自恕，然甚慙。公自稱曰華陽老人，集用是以名。紹熙二年三月十六日序。

先君性耆學，壯歲讀書，至忘寢膳。自肄業上庠，以至官中都，著述無虚日，任館職最久，與一時名公賡和尤富。建炎己酉，金師南渡，犯浙東，明年三月北歸，所過焚剽無噍類。先君方待浙憲闕，居金壇，倉遑挈家，奔句曲之西，館戴氏。一夕兵卒至，家人僅以身免，去未一里而烈焰屬天，由是數十年手澤，悉爲煨燼無餘。迨戎馬息，驚魂猶未定，而秦丞相當國，士大夫以文墨賈奇禍，斥逐流放，踵相躡于道。先君念太夫人年益高，無兼侍，秦又挾微憾，疑不附己，常恐一旦貽親憂，遂絶意辭翰。嘗爲《大理卿譚公哀辭》，有『士應知己用人，豈法家流』之句既出，好事者口語籍籍，幾爲所醖釀，因此愈自晦，屏去筆硯二十餘年。或諉以文字之職，一切力辭。遇勝日袖手危坐，命子孫讀古人佳製，以寄幽賞。秦相卒，先君蒙光堯壽聖皇帝擢登政府，旋再辭禄以歸，時年已七十六，閑居又八年而即世。晚景多病，頗近藥石，雖時時歌詠太平，然精勤刻苦，不能如疇昔矣。堅不孝，遭大罰，號慕之餘，裒集遺文，以類編次，僅得外制二百二十二、表疏九十八、奏劄六十八、故事十九、講義十九、啟八十四、雜文七十六、古律詩二百三十九、樂府三十四，釐爲四十卷，以先君自號華陽老人，目之曰《華陽集》。集中有宣、政、靖康間所作詩文數十篇，皆綴拾於殘編斷簡之末，或親舊口所傳誦，十不存一二。唯《尚書解》三十卷，乃先君爲學官日所作講義訓諸生者，閩士集而成書，别本刊行。嗚呼！先君力學起家，不幸遭兵火，畏權臣，故文章之傳後世者止於如此，敢摭其實，載集尾以俟立言君子爲之敘。乾道三年九月朔，孤子堅泣血書。

先大父平時刻意辭章，老且不倦，不幸厄於建炎兵火，而殘編斷簡，得之煨燼之餘，又不幸沮於秦丞相，以深文鉗天下舌，而片言隻字莫敢出諸口。比及秦亡，而大父已告老，然遇佳時勝賞，猶時時技癢，發於吟詠，故身後裒集之文，僅如是而止。先叔寶文久欲鋟之木，而志弗遂。釜假守□浦之明年，郡事稍閒，因取所編，復加訂正，以成先叔之志云。紹興改元冬十二月，孫朝奉大夫權知池州軍州兼管内勸農營田事釜謹書。

華陽集四十卷明刊本

宋張綱撰

洪邁序紹熙二年

張堅跋乾道三年

張釜跋紹興改元

苕溪集五十五卷目録三卷舊抄本　張月霄舊藏

宋劉一止撰

苕溪集五十五卷目録三卷舊抄本

宋劉一止撰

相山集三十卷文瀾閣傳抄本

宋王之道撰

三餘集四卷舊抄本

宋豐城黄彦平季岑著

大隱集十卷文瀾閣傳抄本

宋李正民撰

志道集一卷舊抄本

宋古吴顧禧景繁著

從伯父景繁公少任俠，既壯，折節讀書，於諸子百家、方技卜蓍之書，罔不披究，爲文輒千萬言，徹日夜無倦容。聲名藉甚遠近，於是里中同學者多忌公，口舌攻搏，難端叢起。公獨以直道持乎其間，無所依倚，惟與鄞縣林庇民保、高安譚子欽惟寅交最善，主兩先生家數年。而忌者愈謀所以中之，指作《周世宗宫詞》爲孽禍，幾不解。會以遺逸薦得白，歸乃具杯酒釋奠，盡焚生平所著述，凡百餘卷，無復隻字存者。病革之日，惟枕書長嘯，略屬後事數端而已。嗚呼！公讀書一生，而潦倒困苦，以布衣殁，而一時同學，蔑不通籍貴顯，子孫豪富甲閭巷。蒼蒼報施，又不知於詩書文字，果何如也？嗣弟宏聞不忍先人手澤泯没，從江浙提刑轉運任公處，抄得遺稿若干首，顔曰《志道集》。蓋本《魯論》隱居行義之意，我伯父洵當之而無愧矣。

予少侍伯父，稔知顛末，因援筆述之，後之君子庶鑒而詳採焉。至元壬辰春月，泉州石井書院山長福州路教授姪長卿子元氏拜書。

案，顧禧字景繁，吴郡人。父彦誠，靖康初，仕兩浙轉運。禧居光福山，閉户誦讀，不求仕進。紹興間，郡以遺逸薦，不起。後築室邳村，表曰漫莊，田居五十年而終，見《吴郡志》及《姑蘇志》。嘗與施宿注蘇詩，陸放翁序所謂『助以顧君景繁之賅洽』是也。施宿，紹熙四年進士，其官會稽通判。在嘉泰中刻蘇詩于淮東倉司，因而被劾，又在官會稽後。禧與宿同注蘇詩，開禧、嘉定中當尚在也。紹興壬午距嘉定壬申五十年，至元二十九年距嘉定壬申八十年。子元序云少侍景繁，若在十歲以内作序，時尚未到九十也。行省非宋官名，或後人傳抄沿元官名而誤。

沈忠敏公龜溪集十二卷明刊本

宋沈與求撰

元樞忠敏沈公當建炎、紹興間，被遇思陵，爲耳目股肱，其勳業在朝廷，其聲名在天下，其風節挺挺特立，號稱名臣，蓋中興人物之冠冕，吾鄉里之光寵也。紹興三年，由吏部尚書奉祠歸里門。伯氏桐廬丞彦衡字元規，自公在憲府，實客館下，與其諸子游，雅相好也。時彦穎年十有五，學於伯氏，早暮見公來館舍，相對無雜語，論文説詩，亹亹不倦，尤喜論體製、格律，源流所自，不務苟作，每從旁竊聞之，則知所忻慕焉。時方亂定，才大夫士游居郡邑者以十數，相與賡唱爲娛樂，篇章流傳，得輒誦記。若其它文藁，伯氏又能收拾藏于家，得以時時覽觀。顧方爲童子雕篆之習，它未暇學，莫獲拜下風而請焉。而公蓋嘗辱撫憐之，曰：『是子可教也。』未幾，詔起公鎮京口，召還，仍爲天官，掌内制，遂持鈞樞，位貌殊絶，無所窺尋其聲光。已則聞君薨于位矣，年甫五十二，家在故里，旁無壯子弟，平生著述文字，故多散落，或爲親黨取去。此得於所聞者如此，而吾伯氏亦且下世，諸子都未省事。凡得公手筆起草與所抄録在紙者，皆亡之，雖往還尺牘無留者，惜哉！後六十年，當紹熙辛亥，公之孫詵爲浙漕，始能裒輯類次爲十二卷，將以板行於世，蓋其家所存止是矣。以序見屬。念自少小知敬重公，今甲子一終，既篤老矣，撫往念舊，安能無慨然也？公英邁絶人，早以翰墨知名，歷三院御史中執法，排姦擊邪，風采峻厲。觀所作中丞謝表，有曰：『本之以忠厚愛物之誠，加之以正直事君之道。』故嘗爲之言曰：『此御史箴也。』或謂公在臺中，論議少恕，是何足以識公之用心？視草禁林，得代言體，親征詔書，凡四方聽聞之者，莫不感動流涕，庶幾乎奉天之作，此特私愛味之故云爾。初，衣冠南渡，一時能言之士衆矣。當其時，儕流之所推稱，學者之所宗仰，如公者屈指幾人，而後來或未之詳也。傳世行遠，其始自今，公爲不亡矣。公諱與求，字必先，其立朝出處之大節，固載之史官，獨始初親見之幸，夙昔願學之私，因得自見於此。十一月幾望，觀文殿學士宣奉大夫致仕吴興李彦穎序。

叔椿少時聞龜溪先生以文鳴當世。及長，從搢紳賢士游，又聞以直道結主知，以盛名諧人望。由是歷霜臺，冠常伯，兼翰苑，兩總天官，進參機務，再秉事樞，崇論宏議，鴻文大册，天下傳而誦之，謂盧、楊、燕、許復出矣。叔椿每得一篇，笥而藏之，如獲至寶，每以不及全見斯文爲恨。淳熙紀號之三禩，參政姚公以天子大臣來守泉。越數月，政清訟簡，出龜溪所爲文十二卷，命叔椿爲之讎正，玩味不能釋手，留月餘，始克歸其書，又俾爲之敘。竊喜附名不朽，有榮耀焉，乃不辭而承公命。嘗觀皇朝晏元獻公被遇仁宗，而富文忠公繼登揆路，冰清玉潤，勳業宏茂，載在史册，後世歆艷。龜谿公，丈人行也。其名德相望，前後輝映，又能集其文而流布之，益昭述作之懿，顧不韙歟。先生諱與求，字必先，仕至知樞密院事，紹興七年六月薨于位。若平生出處之大方，則有給事劉公一止狀其行事爲詳，茲不復列。四年三月一日，從事郎兗州學教授永嘉張叔椿序。

十六代孫子木序萬曆庚子

栟櫚先生文集二十五卷明刊本　季蒼葦舊藏

宋承事郎守左正言主管江州太平觀賜緋魚袋鄧肅（忠）〔志〕宏撰

胡瓊序正德己卯

林孜序正德己卯

案，王明清《揮麈録》稱肅有《栟櫚文集》三十卷。《四庫》所收只十六卷。此本二十五卷，當是宋時原本而缺五卷耳。

栟櫚先生文集二十五卷明刊本

宋承事郎左正言主管江州太平觀賜緋魚袋鄧肅（忠）〔志〕宏撰

胡瓊序正德己卯

林孜序正德己卯

鄱陽集四卷文瀾閣傳抄本

宋洪皓撰

先君以建炎己酉出疆，時年四十有二矣。平生著書多，悉留檇李。庚戌之春，厄于兵燼，無一存者。紹興癸亥還朝，入直玉堂，不旬日，領鄉郡去。明年而遭祖母之喪，服除未幾，有嶺表之謫，杜門避謗，不敢復爲文章。謫九年而即世，故手澤之藏于家者，唯北方所作詩文數百篇，謹彙而敘之，以爲十卷，刻諸新安郡，未彙次者猶有《春秋紀詠》千篇云。

澹齋集十八卷文瀾閣傳抄本

宋李流謙撰

韋齋集十二卷附玉瀾集一卷元刊本

宋新安朱松喬年撰;《玉瀾集》,新安朱槔逢年撰

文章之工拙繫乎人,時命之通塞存乎天,天人之適相合也,爲甚難。是以古今負文章之名者,未必得貴仕,而都公卿之位者,又未必以文章顯也。故吏部員外郎韋齋先生朱公,建炎、紹興間詩聲滿天下,一時名公鉅卿交口稱荐,詞人墨客傳寫諷誦如不及。予少時學詩,嘗以作詩之要扣公,公不以輩晚遇我,而許從游。間宿于閩部憲臺從事官舍之東軒,夜對榻,語蟬聯不休,比晨起,則積雨初霽,西風淒然。公因爲予舉簡齋『開門知有雨,老樹半身濕』,及韋蘇州諸生時『列坐共愛風滿林』之句,且言古之詩人,貴衝口直致,蓋與彭澤『把菊東籬下,悠然見南山』同一關棙。三人者出處窮達雖不同,誦此詩則可見其人之蕭散清遠,此殆太史公所謂『難與俗人言』者。予時心開神會,自是始知爲詩之趣。别去未幾,而公下世。予(幾)〔既〕爲詩以哭公,因求其遺編,伏而讀之,愛其高遠而幽潔,其文温婉而典裁,至表疏書奏,又皆中於理而切事情。迺喟然歎曰:公之於詩文,可謂至矣!今世能言之士非不多也,然淺則及俚,華則少寔,是無他,徒從事於末而不知其本之過也。公幼小喜讀書綴文,冠而擢第,未嘗一日捨

筆硯。年二十七八，聞河南二程先生之遺論，皆先賢未發之奥，始捐舊習，朝夕從事於其間。既而所得益深，故發於詩文，自然臻此，非有意於求其工也。使其得通顯於朝廷，施諸潤色，而見於事業，必有大過絶人者。不幸位不媿德，雖兩入東觀，三爲尚書郎，卒不得以其所長發舒，又不得年而没，天人之難合也如此，可不太息也哉？雖然，人定亦能勝天，故公之嗣子，今南康太守喜能紹公之訓，早踐世科，而益篤志于伊洛之學，安貧守道，深山窮谷之中者三十餘年。明天子用寵嘉之，即其家拜二千石。君懇辭不獲，命强起視郡事，逾年而政成（頌）〔訟〕簡。一旦走介二千里，書抵予曰：『熹先人遺文江西，遂將刊行，而未有序引冠篇首。先友盡矣，不孤之惠，誠有望於門下，敢以爲請。』予覽書悚然，追思東軒之集，恍如隔世，而緒言歷歷猶在。公墓之木既拱，而予蒼顔（色）〔白〕髮摧然，其亦老矣。愴歲月之不留，懍餘年其無幾，爲之感慨不寐者通夕，而病憊廢書，筆力衰退，文不逮意。獨念自少至老，游南康父子間爲最久，相知爲最深，得其父子之賢爲悉，故不敢以不能爲辭。若夫公之詩文，自足以行後而傳遠，豈待區區之鄙言？顧予蚤歲承誨，迨老無所成，迺得挂名集端，以託不朽，其愧且幸爲何如哉！公名松，字喬年，韋齋蓋自號云。淳熙七年夏四月既望，河陽傅自得序。

《韋齋集》，十二卷。宋吏部員外郎新安朱公喬年之詩文也。河内傅安道爲之序，云公嗣子南康太守刻諸江西者也，而未始見之，蓋其版本亡矣。旌德新學告成之明年，性遺校官袁祥求書新安。時吴郡干文傳守婺源，廬陵曹汝舟爲之賓佐。性因寓書婺源，曰：『朱文公之書，在天下所謂家傳而人誦之矣。獨《韋齋集》四方罕見。婺源，文公故里也，必有藏此書者。其爲我購求之。』汝舟以書來報。曰：『干侯之治婺源也，文公故宅。其先墓之爲豪右所奪者，侯皆取而歸諸朱氏矣，仍俾遠孫之居建安曰勳者，來掌祠事。勳以《韋齋集》爲侯獻，侯聞子之求書也，亟以相授之，其有以廣侯之意乎？』性受書歎曰：『侯以州政最江東，至於修復朱子祠宇、墳墓，則非吏之所能爲者，而爲之者惟侯能也。而又不鄙我旌德之人士，幸惠茲文。性不佞，敢不承命。』乃爲繕寫，刻之學宫。竊惟孔、孟之道，至程子而復明，至朱子而大明。夫人有一行之善，一藝之美，未有不本於父兄師友者，而況於道有以參天下之運，學有以紹前聖之統者乎？程太中能知周子，故二程之學繼孟氏；韋齋□友延平，故朱子之學繼程氏，則韋齋之書，學者可不學乎？竊窺韋齋篤志於伊洛之學，其視游、楊、羅、李，孰敢議其先後？若文詞字畫，又於荆公、蘇、黄，皆取法焉，豈不以學之大有，既推原探本而極其端矣，至於曲藝小伎，亦莫不有理而盡其心焉，不專一門，而惟是之從也。文公集群儒之大成，紹周、程之正統，而於熙寧、元祐諸公之是非得失，則未嘗有所偏主焉，豈亦本於家學而然歟？《記》曰：『三王之祭川也，先河而後海，或源也，或委也。』此之謂矣。故書于篇目之末，以就正於婺源云。侯字壽道，延祐初進士高第，累歷州縣，所至有風績。汝舟字德川，以諸生推擇爲吏，性同郡相好也。至元三年丁丑五月五日，後學廬陵劉性謹書。

《玉瀾集跋》曰：英偉豪傑之士，生必有所自來，故其亡也，決不泯泯與草木俱腐。觀玉瀾先生之集，顧不異哉！夫得則喜，失則悲，有所不平則怨刺，此詩人之情也。惟深於道者不然，無入而不自得，先生近之。先生少有軼才，自負其長，不肯隨俗俯仰，厄窮踸踔，有人所難堪，而其節愈厲，其氣益高，其詩閒暇，略不見悲傷憔悴之態，其視富貴利達，真粃糠土苴爾。《春風》一篇，雍容廣大，有聖門舞雩氣象。《感事》三篇，慨然見經世之志。《自作挽歌詞》，齊得喪，一死生，直欲友淵明於千秋，至所謂自我識興廢，於天無怨尤，非深於道者如是乎？嗚呼！以先生之才，使其作爲聲詩，荐之郊廟，發其所蘊，措諸事業，何愧古人？百不一售，使後世所以知公者，獨此數十詩而已。悲夫！先生有兄曰韋齋，白首郎潛，不究大用，人以爲恨。其詩淩厲高古，有建安七子之風。韋齋之子南康使君今又以道學倡，其詩源遠而流長，信矣哉！淳熙辛丑仲春望日，梁谿尤袤敬跋。

案，此元刊元印本，每葉二十行，每行二十字。卷中有『鹿原林氏藏書』朱文方印、『蔣絢臣曾經校藏』朱文長印、『是書曾藏蔣絢臣家』朱文方印。案，鹿原，林佶自號也。

陵陽先生詩四卷舊抄本　葉林宗舊藏

宋中書舍人韓駒子蒼撰

葉氏手跋曰：《西江派圖》二十五人，陵陽先生其一也。其詩實不及后山，特於西江惡習亦可湔染，是乃力薄，非學深也。備之以見派中一家耳。乾隆乙未重五日，西□識。

馬氏跋曰：右《陵陽先生詩集》四卷，計八十三紙。虞山馬士弘任卿父爲友人震澤葉林宗奕抄就。己丑歲長至前一日，志于南沙鄉葉氏之寶稼軒。

陵陽先生詩四卷舊抄本　曹倦圃舊藏

宋中書舍人韓駒子蒼撰

雲溪集十二卷文瀾閣傳抄本

宋郭印撰

皕宋樓藏書志卷八十二

集部

別集類十六

盧溪先生文集五十卷明刊本

宋左承奉郎直敷文閣主管台州崇道觀王庭珪民瞻撰，門人劉江編　前有行狀周必大撰、墓誌胡銓撰，後有脱葉二葉

李杜詩多於文，韓柳文多於詩。世之不知者，便謂多者爲所長，少者爲所短，此殆拘牽之論，而非圜機之士。夫賢哲之於世，學以爲主，用之則行，其發而爲言，有所謂不得已者，其將激於中而發於外者乎？即是而爲詩，即是而爲文，文即無韻之詩，詩即有韻之文，所以三百篇之美刺，即十二公之褒貶，蓋本一致。如此則李、杜可名長於文，韓、柳可名長於詩，又奚可以一偏觀邪？盧溪先生王公民瞻，江鄉大手，以詩文馳聲者蓋六七十年，其少時志尚已高，視功業如拾芥，既齟齬則發而見諸紙上，皎如日星，鏗如金玉，芳如芝蘭，浩如江河，自然有一種奇

趣，他人之所勉强，而公則信手拈來，渾然天成。公亦非有心於此，是乃所謂激於中而發於外者。其詩之多於文，非此長而彼短也。儒林於詩，久以厭飫，而文乃未廣。有友劉江伯深慨然編集詩也、文也，相與並行于世，然後公之所以無窮者不遺矣。書、銘、記、序諸篇，嚴厲有法，而《上皇帝書》并《盜賊》兩論，其經綸宏傑，不減陸贄、杜牧，豈徒文而已哉？伯深欲余爲序，余喜伯深之識，而不可默也，書而冠其篇首。淳熙丁未臘月甲申，朝奉郎試右諫議大夫謝諤書。

昔人以文章比珠玉，六經言珠玉多矣。然《易》不過乾、鼎之卦，《詩》不過瑱、佩、六珈、衡、琚、瑀，《書》不過璿璣玉衡、蠙珠、璆琳琅玕、天球而已，《春秋》不過寶玉、龍輔、剥圭、紀甗、玉卺、佩藻而已。唯《戴紀》、《周官》之書，言之爲詳，且悉有以璧爲貴者，如穀璧、蒲璧、蒼璧、圭璧、加璧之類；有以圭爲貴者，如土圭、鎮圭、桓圭、信圭、躬圭、青圭、琢圭、珍圭、駔圭、琬圭、琰圭、祼圭、穀圭、端圭、白圭、廣圭、大圭之類；有以玉爲貴者，如玉敦、玉齍、玉帛、玉爵、玉几、玉豆、玉兆、玉笄、玉瑱、玉簋、玉瑧、玉璪、玉瓚、玉醆、玉笋、玉戚、玉鎮之類，又如服玉、佩玉、祼玉、蒼玉、赤玉、白玉、玄玉、瑜玉、嘉玉之類；有以璋爲貴者，赤璋、琢璋、圭璋、牙璋、駔璋、大璋、邊璋、中璋之類；有以璜爲貴者，如玄璜、琥璜、大璜、夏后氏之璜之類；有以多爲貴者，如兩敦、兩圭、四璉、四圭、六瑞、六瑚、弁十有二玉、璪十有二旒之類；有以瓚爲貴者，如玉瓚、璋瓚、圭瓚之類；有以奇爲貴者，如山玄、水蒼、瑞玟、衡牙、衡笄、鬱卺、不琢、有邸、璧羡、渠眉之類；有以大爲貴者，如大圭、大璋、大璜之類；有以長爲貴者，如信圭、躬圭、穀圭、邊璋七寸，瑑璋、圭璋八寸，桓圭、琬圭、琰圭、璧琮、大璋、中璋九寸，鎮圭、裸圭、四圭尺有二寸，土圭尺有五寸，大圭長三尺之類。又有五德焉，潤澤以温，仁之方也；鰓理自外，可以和中，義之方也；其聲舒長，知之方也；不撓而折，勇之方也；鋭而不技，潔之方也。又有十一德焉，温潤而澤，仁也；縝密以栗，知也；廉而不劌，義也；乘之如隊，禮也；扣之，其聲清越以長，樂也；瑕不揜瑜，瑜不揜瑕，忠也；孚尹旁達，信也；氣如白虹，天也；精神見於山川，地也；圭璋特達，德也；天下莫不貴者，道也。嗚呼！珠玉之可貴如此，而以文章空言配之，不已誇乎？盧溪先生以明經中科，而患不達，落落與時左，凡憂悲愉佚，窘窮喜怒，思慕怨恨，無聊不平，有感于懷，必于詩文發之。紹興壬戌秋，銓坐不肯與醜虜和議，且乞斬主議大臣一人，鐫爵削竄嶺表。先生送行詩有云『名高北斗星辰上，身落南州瘴癘間』，人争傳誦，至達權臣耳。奏下江西帥司鞫治，久之竄辰州，時紹興己巳秋七月壬午也。先生貶八年，會權臣薨，得旨自便。先生思益苦，語益工，蓋如杜子美到夔府後詩，韓退之潮陽歸後文也。人得其片言隻字，寶藏十革，雖玉府所謂珠盤玉敦，未足爲珍。由是觀之，以文章比珠玉，未足過論。先生自隆興癸未至乾道辛卯，凡兩賜對，對必坐，免拜，玉旨諄諄，問勞款款，退則賜茗藥束帛不貲，書生之榮至矣。銓頃于榻前，論先生人物，云：『雖老，宰相材也。』蓋用狄梁公荐張柬之語，上不以爲過，然則上之知先生深矣。倘未死，其見用于時，殆未易量也。乾道壬辰六月，長沙布衣劉君光祖與其弟紹祖寓書安成彭君叔夏，走千餘里抵廬陵，乞爲先生集序。固辭弗獲，遂書以畀叔夏。先生姓王，名庭珪，字民瞻云。敷文閣直學士降授左通直郎提舉江州太平興國宮廬陵縣開國男食邑三百户賜紫金魚袋胡銓序。

紹興八年，故資政殿學士胡公以言事忤時相黜。又四年，謫嶺表。盧溪先生以詩送其行，有『癡兒不了公家事』之句，小人飛語告之時相，怒除名，流夜郎，時先生年七十矣。于是先生詩名一日滿天下。里之士愛先生者謂：『詩之禍，從古昭昭也。先生不戒，又欣然犯之，適以濟權臣之威，成小人之名，此先生之禍也，亦先生之過也。』或曰：『先生何過哉？先生言直而詩工耳。言不直，詩不工，世無傳也。世有傳矣，不見媢于明，必見媢于幽，故庭草隨意之詩，空梁燕泥之詩，飛燕昭陽之詩，不才多病之詩，言非直也，詩工而已耳。詩工而言非直，猶且小人者逐，大者死，況先生之詩工而言直耶？先生何過哉？濟權臣之威，亦稔其惡，先生成小人之名，未若小人成先生之名。先生何過哉？』未幾時相殂，先生得歸。又未幾，上踐阼，仍召除國子監簿，再召除直敷文閣。年踰九十，耳目聰明，賦詩作文，不見老人摧頹之氣，朝廷想聞其風，天下傳誦其詩，禍先生者何知其非福先生者乎？嗟乎！天人之理，其紊也，或勝之；其定也，或正之。不觀其定而觀其紊，則古之聖賢厄于小人者，皆過也。獨先生之過也乎？先生王氏，諱庭珪，字民瞻。登政和八年第，調茶陵丞，與上官不合，棄官去，隱居盧溪者五十年，自號『盧溪真逸』。少嘗見曹子方傳詩法，蓋其詩自少陵出，其文自昌黎出，大要主于雄剛渾大云。清江劉清之子澄評先生之文，謂廬陵自六一之後，惟先生可繼。聞者韙焉。先生之孫澹及曾孫徵及其門人劉江銓次先生之詩文，凡五十卷，將刻棗以傳，而太守朱公子淵復刻其詩于郡齋，澹屬萬里序之。萬里嘗侍先生之杖履，聞先生之誨言者，欲辭敢哉？淳熙戊申九月晦日，門人朝奉大夫新知筠州軍州事楊萬里序。

鄧黻跋嘉靖五年

盧溪先生文集五十卷舊抄本

宋左承奉郎直敷文閣主管台州崇道觀王庭珪民瞻撰，門人劉江編　前有行狀周必大撰、墓誌胡銓撰，後有脱藁二頁

謝諤序淳熙丁未

胡銓序

楊萬里序淳熙戊申

屏山集二十卷明刊本

宋文靖公劉子翬著　前有墓表朱子撰、諡議張磻撰、覆議鄭起潛撰

朱子序乾道庚戌

北海集四十六卷附録三卷文瀾閣傳抄本

宋綦崇禮撰

鴻慶居士文集四十二卷舊抄本　吴尺鳧舊藏

宋晉陵孫覿仲益撰

周必大序慶元五年

南蘭陵孫尚書大全集七十卷舊抄本　馬笏齋舊藏

宋孫覿撰

案，覿《宋史·藝文志》衹載《鴻慶居士集》四十二卷。此七十卷本，惟張氏《藏書志》著于録，爲王文恪舊藏。此書又從王氏本傳録，有『馬玉堂印』、『笏齋』兩方印、『漢唐齋』長印。趙希弁《讀書附志》：『《孫尚書大全集》五十七卷。』恐七十卷之訛。

孫尚書大全文集殘本三十三卷影寫宋刊本

宋孫覿撰

黄氏手跋曰：此殘宋刻本《孫尚書大全文集》，勵存三十三卷，即趙希弁《讀書附志》所云

《孫尚書大全集》五十七卷本也。外間傳布頗少，余借諸周丈香嚴處，用舊紙委門僕張泰影摹，兩匝月而竣事，藏諸讀未見書齋，居然影宋鈔本矣。雖不及毛鈔之精，而一時好事之所爲，以視汲古閣中入門僮僕盡鈔書者，其風致何多讓焉？嘉慶甲子六月八日，蕘翁黄丕烈。

孫尚書内簡尺牘編註十卷明刊本　文伯仁舊藏

宋左朝奉郎充龍圖閣待制户部尚書孫覿仲益著，門人學士吕祖堯註

崧庵集六卷文瀾閣傳抄本

宋李處權撰

處權未冠，始學詩於先君。一日謂處權曰：『三百篇，詩之祖也，六義存也。至《六月》序篇，卒之以「小雅盡廢，則四夷交侵，中國微矣」，詩之道豈小補哉？小子識之。』處權再拜，服膺而退。既冠歸洛，則又學詩於鄉先生段處厚約。亦一日謂處權曰：『昌黎公作《荐士》詩，序詩之高下得失裁不一，晝焉而神，疇焉而章，筆焉而信，歌詠焉而莊，皆以自然之天，錯綜經緯，而萬物之變形焉，非特不能不爲之，亦莫之爲而爲之也。然則文，妙物也，以變故奇，烟雲杳靄之有無，江濤出没之恍惚，魚鳥飛潛之下上，晦冥朝暮，姿態呈豁，愈變而愈無窮，茲亦奇已。而文之爲物，實與之俱，爰自鴻荒以還，亦至矣盡矣，不可以加矣。學者當於此求，外此非吾所

知也。』處權敬佩書紳，于今不忘。處權固陋，既不敢墜先君之訓，又不敢負段丈之教，雖羈旅鞍馬，疾病呻吟，拳拳之思，終在是也。昔人所謂『瞑目知深搜，吻動覺苦思』，與夫『鈎章棘句，月鍛季鍊』者，自謂有焉。五十年間作古賦、五古詩三百，律詩一千二百，雜文二百，長短句一百，平生之力盡於此矣，不自知其不可也。異時陽翟陳叔易恬嘗語孫正夫端曰：『恬歸自岷峨，行六千里，復見中州知舊，其氣不衰、文益進者，李巽伯而已。』汪內相藻彥章、程紫微俱致道，皆極力推稱，口之不置，故一時名流勝士，翕然相與。衢守張巨山嵲嘗遺處權書云：『近朱希真報巽伯寄示《夢歸》古賦，文采不減兩漢，字畫遠追晉、宋，當今第一流也。公有此客，顧不佳哉！』處權繇是稍得自信，而其志益確，不知老之已至，身世皆寓於其中，而未始語人，亦難以世俗道也。暇日拾掇次第，粗成編綴，名之曰《崧庵集》。後日有能敦義愛，半夜走緘書，俾作者序而傳之耶？或謂玄尚白，用覆醬瓿耶？則不敢知也。紹興二十有四年歲在癸酉二月旦日，崧庵惰夫李處權跋。

少陵句法出審言，豫章句法出亞夫，有唐若我宋詩人，莫可居二老先。蓋其祖考源流，所由來遠。世父萊陽府君少承家學，尤刻苦於詩。建中靖國間，《送張芸叟帥中山三十韻》有『孝□□羊棗，嘉言問凍梨』之句，浮休撫几嗟賞，以謂發語渾厚，託意微婉，可爲後學模範。自是名重京洛。爲郎拜州，汩汩舊轍，晚節益不偶，至於廢放流離，度隴蜀，入涪陵。逮還故官北歸，下瞿塘、灩滪，泛大江，泝淮、汴，多歷奇嶮，益昌其詩。崧庵兄，世父仲子也。人物高秀，山立玉舉，世父愛之，早付以衣鉢。在政、宣時，與陳叔易、朱希真皆以詩名。中更兵火奔迸，遇物托興，亦未嘗一日廢。紹興甲子而後，齒益高，家益貧，用心益苦，句法益老，始與少作不類。暮年頗艱出，故不多見。噫！詩果能窮人，抑窮而後工耶？審如是，則詩固人所忌也。紹興己巳，余與兄合并於武林者逾月。將行，飲餞浙江上，臨分哽愴不忍别，且道家世、斯文之屬。後六年，兄殁于荆州，蓋不復再見矣。諸子流落湖外，遺編斷稿，多爲喜吟咏者持去，心常慊焉。陳君安民惠伯調官中都，因過余溧陽。暇日語長沙佳士有劉氏伯仲，廬陵人，自其先世喜與賢士大夫遊。兄建炎末避地客其家，其調護甚至。舊所藏詩文頗多，或者久假而不歸，每恨不及鋟版，與吾人共之。因裒輯少日所記，與十數年來摭拾得之於親舊間者四百餘篇，俾惠伯使歸諸劉氏，以滿其好事樂善之意。兄嘗自敘作詩本末，獨幸偶存，較之今所亡者甚夥，而先後亦失次矣。異時復有得焉，當爲别集。處全行年五十，而學益落，雖嘔出肺肝，望古人地位，終不能到。一燈弗焰，愧負識别，慨然雪涕，書所欲言，不文奚辭也？淳熙六年歲在己亥八月望日，弟處全謹跋。

文之由來尚矣，世去古遠，人不克聖，而物之華不可以終祕。梁臺之選，吴興之粹，蟬嫣舄奕，代有作者，燦然珠琲之溢目，冷然笙簫之入耳也。源派雖殊，終會于一。至於枚别諸家，銖考殿最，若十指然，其短長洪纖，卒不可得齊，豈人之有能否，抑其習有工拙與？建安七子，時有所取；李、杜文章，羣兒謗焉。要以其全者責之，故難也。雖然，不更三聖，無以見集成之大，不歷三變，無以知一出於正者之爲粹。然我朝當五季之横流，質窮弗反，承乾棟，絶坤維，推陷廓清之功，與文俱高，崑體雖張，不能柅其駕使勿馳也。於是穆伯長、尹師魯、歐陽永叔輩，爲之導流揚波，而古文篇章始得助而中興，列聖相承，重熙累盛。先正李公淑以文章鳴，爲時宗主，高文大册，煉石五色，天下謂之邯鄲家，雲來礽昆，世載其德不墜。至崧庵乃復以其餘力，游戲翰墨之塲，輩行推高，表表愈偉，而其富且特出者，最見於古律詩，淳淡典雅，一唱三歎，如『融怡帝鄉日，浩蕩天街春』，則鎬京□□□作也；『相逢便論心，已别更回首』，則伐木故□□□；『□將太古意，一洗萬境寂』，真足以見其文之不□作。如杜子美『穿花』、『點水』等句，姑將置之，不肯一吐。其自序以三百篇爲家傳之懿，決非貌得之。端公既標識其次，而綴語編末，不鄙命予。予爲述文章之妙，雖選粹所集，尠有得其全者，獨我朝之盛，庶幾焉耳矣。每歎前輩之於家學守彌謹，如羲、獻書，如班、馬氏史，如專門名家經，如世將用兵行師法，其率履不越至如此。端公方以盛名頡頏斯世，每一語出，意外驚人，是能其家者。今將恢壯圖，挽洪流，鋪張潤色，以復我祖宗之舊，而挈之唐、虞、三代之上。斯文之責，實於此乎在。時宋淳熙庚子，東陽邵驥跋。

豫章羅先生文集十七卷明刊本

宋羅從彦著

先生著述最多，兵火之餘，僅存什一於千百，世所共見者，郡人許源所刊遺藁五卷而已。道振不揆淺陋，嘗欲搜訪爲文集，其年月可攷，則繫以爲年譜，久之弗就。邑人吳紹宗蓋嘗有志於是，近得其藁，乃加敘次，厘爲一十三卷，附録三卷，外集一卷，年譜一卷，凡一十八卷。先生五世孫天澤遂鋟梓以壽其傳，因識其梗槩于此。若夫訂其誤而補其遺，不無望於君子也。至正三年歲在癸未二月甲子，延平沙邑曹道振謹識。

張泰序成化八年

案，目録後有『刻板八十三片，上二帙一百六十一葉，繡梓工資二十四兩』木記。

和靖尹先生文集十卷附録一卷明刊本

宋尹焞撰

蔡宗兖序嘉靖九年

洪珠後序嘉靖庚寅

和靖尹先生文集十卷舊抄本

宋尹焞撰

蔡宗兖序嘉靖九年

洪珠後序嘉靖庚寅

著作王先生集八卷舊抄本

宋王蘋撰

憲紹興癸酉間，獲供洒掃於中書舍人呂公之門。公教人，大要明是非邪正、進退出處、辭受取與之義，而躬行以盡其性。所言備載《童蒙訓》、《春秋説》，故不復録。公疾日漸，乃以書荐于著作王先生，曰：『周憲秀才，朴茂可喜，有志斯道，當自蒙與進。』未果行，而公啟手足。公之門弟文清曾公文又以書申公之意，且勉其行。受業二年，歸見文清公于上饒，首命以記録所聞先生之言。憲切意先生進將覺斯人，退且著之書，故未敢私有所論撰。先生既没，道統精微，私淑諸人，世或未知，迄今垂三十年，念平昔所聞，遺忘多矣，因追其緒言一二，以示同志。乾道壬辰二月甲子，信州周憲書。

逮昔者獲從先生於毗陵震澤，嘗問師友之道，先生曰：『師不專在傳授，友不專在講習，于精神氣貌之間，自有激發處，是爲善親師友者。』逮謹識之，因觀《鄉黨》一篇所記，周旋從容而已，然後知羣弟子所以事夫子用是道也。先生今殁久矣，周子自上饒來，出一編以示，皆其緒言有益于後學者。顧恐徒觀其言，而不觀其所以言，則于道益遠，因以所聞于先生者，書之卷末。嘗試以是觀之，則先生之精神氣貌，雖千載，粹然有生氣。乾道八年壬辰五月六日，魯郡曾逮謹序。

右震澤善録著作王先生平昔與門人答問辭也。先生文集頃已刊之郡庠，今復得此遺言於先生之子郡丞大本，謹併刻之以示後學云。淳熙三年丙子仲冬十有二日，蘄春假守施温舒謹識。

祝允明後序弘治

岳集五卷明刊本

宋岳飛撰

徐階序嘉靖丙申

張庭序

焦煜序

東溪先生集二卷附録一卷明刊本　孫淵如舊藏

宋高登撰

林希元序嘉靖丙戌

黃直後序

雪溪詩五卷舊抄本　勞季言校

宋潁人王銍著

王氏手跋曰：「銍最有名譽，其詩亦鮮合作。卷中《發石牛》一絕句云：『松竹陰中山未盡，梅花林外有行人。』予甚愛之耳。康熙己巳除夕，王士禛阮亭書。」

《書録解題》曰：「《雪溪集略》八卷，汝陰王銍性之撰。銍國初《周易》博士昭素之後也，其父莘樂道，嘗從歐公學。銍爲曾紆壻，嘗撰《七朝國史》。紹興初，嘗同子正薦之，詔視（科）〔秩〕史官，給札奏御。會秦氏柄國，中止，書竟不傳。其子明清著《揮麈録》。」按，今集止五卷，蓋不完之書也。

雪溪詩五卷舊抄本

宋潁人王銍撰

宋陳少陽先生文集十卷明刊本

宋丹陽陳東少陽著

歐陽先生飄然集七卷舊抄本

宋西耆歐陽（徹）〔澈〕德明撰

夫子有言：『人之生也直，罔之生也幸而免。』又曰：『斯民也，三代之所以直道而行也。』嗚呼！人稟天地之靈，則與生俱生者，直而已矣。反之而縮，養之而無害，浩然之氣無所往而不自得焉。至其疾邪忿世，殺身成仁，謂非同歸一揆不可也。世道有隆汙，風俗有振靡，惟天地之正氣未嘗不流通於人心，於是可以見天地之心矣。崇、觀、政、宣以來，直氣衰絶，馴至靖康，而陳、歐二君奮焉而興。今觀其策所願行者，皆天下之共欲也；所願去者，皆天下之共惡也。夫然後知直氣之在天地閒，故未始衰且絶也。其幸而祥風慶雲，充塞宇宙；其不幸而嚴霜凍雹，摧拉艸木。抑亦偶其所逢，而於元氣之初果何尤哉？二君之生，雖罹酷濫于誤國之奸臣；二君之死，旋被褒榮於悔過之聖主。名節凜凜，又將與天地相爲終始矣。陳君言論風旨，調攝當時，傳于故府，足以不朽。歐陽君慷慨激烈，孤黨豪邁，而其遺文獨未概見。余來佐郡，實君之鄉，得其靖康所上三書及詩文百餘首，輯爲一編，厘爲六卷，刻而布之，俾與陳君並駕齊驅，以不孤中興偕命之詔。蓋聞南都之禍，陳君從容區處，泰若平日，人或以爲二君優劣之辨。嗟夫！陳君處六館，知朝廷之政詳，故其言雖深切，而皆中時務，伏闕紛紜，分死久矣。歐陽君僻在江右，起于疏賤，不勝忠憤，故其言尤峭直，而容有未審，忽忽斧鉞，不能歸埜，尚忍以優劣議哉？昔張巡固守睢陽，以蔽江淮，厥功茂矣，豪家子弟猶不相知。由今觀之，巡信忠矣，遠將不得爲忠臣乎？論二君者，盍有質于斯。時嘉定甲申歲重午日，會稽胡衍序。

蘆川歸來集十卷文瀾閣傳抄本

宋張元幹撰

士君子處世，不以富貴貧賤累其心者，其所養可知也。所養既厚，則所言者必勁正清峭，而無輕懦衰憊之氣。前哲之士以文詞鳴者，此也。孟子曰：『我知言，我善養吾浩然之氣。』孟子之知言，自其所養者充之也。韓子曰：『氣，水也；言，浮物也。水大而物之浮者，大小畢浮。』韓子所學獨以孟子之傳得其宗者，蓋謂是也。故『直而不倨，曲而不屈』，孟子之書，可與風雅並傳。而『汗瀾卓焯，奫浤澄深』，李氏之以『大振頹風』序韓文，後之學者蔑以加于此矣。蘆川老隱之爲文也，蓋得江西師友之傳，其氣之所養，實與孟、韓同一本也。自其爲太學生也，嘗哀其亡友康慤生詩帖，軸而藏之，則公之氣概固已蜚揚於學校中矣。及其仕於朝也，又以幽巖尊師一節，直述其忠厚悃愊之誠。公之孝友性成，皆是氣之所形見也。宣和諸公或言其近作，殊有老成之風，無復少年書生之氣，或言其平昔絶俗之文，今又見高世之行，是猶未覩其全集也。公以强仕之年，遂掛冠之請，兹蓋不以富貴貧賤累其心者，所養者大，所言者真，表裏相符，聲實相應，夫豈嘲風咏月者所可同日語？宜乎近世名公勉其孫以文集行於世，欲以見公之大節也。即公之文，驗公之行，其作也古，其傳也宜。噩里人也，敬慕三張之聲價久矣。館寓家塾，(後)〔復〕得斂衽以受教於公之文集，凡哀集書、啟、古詩、律詩、贊、序等作，共十五卷，《幽巖尊祖録》一卷附于其後，《樂府》二卷見于别集，於是乎有攷焉。公諱元幹，字仲宗，任將作少監，年方四十一已致仕，後贈正議大夫。邑人曾噩序。

無名氏序曰：少監張公，早歲問道於了齋先生，學詩於東湖居士，凡所游從，皆名公勝流。年未强仕，掛神武冠，徜徉泉石，浮湛詩酒，又喜作長短句，其憂國愛君之心，憤世嫉邪之氣，間寓於歌詠。紹興議和，今端明胡公銓上書請劒，欲斬議者，得罪權臣，竄謫嶺海。平生親黨避嫌畏禍，唯恐去之不速。公作長短句送之，微而顯，哀而不傷，深得三百篇諷刺之義，非若後世靡麗之詞，狎邪之語，適足勸淫，不可以訓。公博覽羣書，尤好韓集、杜詩，手之不釋，故文詞雅健，氣格豪邁，有唐人風。公之子靖裒公長短句篇屬爲序。余晚出，恨不及見前輩，然誦公詩文久矣。竊載名于右，因請以送别之詞冠諸篇首，庶幾後之人嘗鼎一臠，知公此詞不爲無補于世，又豈與柳、晏輩争衡哉？公諱元幹，字仲宗，自號蘆川居士云。

東萊先生詩集二十卷精抄本

宋吕本中居仁撰

陸游序慶元二年

文集莫盛于唐，亦莫盛于本朝。唐則韓退之、柳子厚，本朝則歐陽文忠公，實爲之冠。是數公固出類拔萃，巍巍乎不可尚已。編次而行于世，退之則李漢，子厚則夢得，文忠公則東坡先生，或其門人，或其故舊，又皆與數公深相知，蓋知之不深，則歲月先後、是非去取，往往顛倒錯亂，不可以傳。近世張文潛、秦少游之流，其遺文例遭此患，知與不知之異也。東萊呂公居仁，以詩名一世，使山谷老人在，其推稱宜不在陳無己下。然即世多歷年所，而編次者竟無人焉。墨客詞人相視太息，曰：『公所謂知吾者希，則我者貴歟？』儀真沈公，宗師名卿之子，少卓犖有奇志，方黨禁未解時，不顧流俗，專與元祐故家厚。公尤知之，往來酬唱最多。沈公之子公雅，以通家子弟從公游，公稱之甚。乾道初元，幾就養吴郡，時公雅自尚書郎擢守是邦，暇日裒集公詩，略無遺者，次第歲月，爲二十通，鋟板置之郡齋。蓋公之知沈氏父子也深，故公雅編次之也備。幾亦受知于公者也，公雅用是屬幾題其後。竊自伏念與公皆生于元豐甲子，又相與有連，雅相好也。紹興辛亥，幾避地柳州，公在桂林，是時年皆未五十，公之詩固已獨步海内。幾亦妄意學作詩，公一日寄近詩來，幾次其韻，因作書請問句律。公察我至誠，教我甚至，且曰：『和章固佳，本中猶竊以爲少新意。』又曰：『詩卷熟讀，治擇工夫已勝，而波瀾尚未濶。欲波瀾之闊，須令規模宏放，以涵養吾氣，而後可規模既大，波瀾自濶，少加治擇，功已倍于古矣。』幾受而書諸紳。今三十有六年，顧視少作，多可愧悔，既老且病，無復新功，而公之墓木拱矣。觀遺文爲之絶歎，因記公教我之言于篇末，使後生知前輩相與情實如此，且以見幾于公之言，雖老不忘也。乾道二年四月六日，贛川曾幾題。

東萊先生詩集二十卷東洋影寫宋刊本

宋呂本中居仁撰

陸游序慶元二年

曾幾跋乾道二年

皕宋樓藏書志卷八十三

集　部

别集類十七

胡澹菴先生文集三十二卷精抄本

宋胡銓撰

故澹菴先生資政殿學士忠簡胡公，中興人物未能或之雙也。紹興戊午，高宗皇帝以顯仁皇太后駕未返，不得已以大事小，屈尊和戎。先生上書力争，至乞斬宰相，在廷大驚。金敵聞之，募其書千金，三日得之，君臣奪氣，知中國有人。奉皇太后以歸，自是敵騎不南者三十年。昔魯仲連不肯帝秦，秦軍聞之卻五十里，後人疑之，以爲説士之夸辭。以今揆古，古爲夸矣；以今觀今，今亦夸乎？信所見，疑所聞，古今一也。吾宋之安疆，不以百萬之師，而以先生之一言，後之人聞之者，焉知不若今之人聞仲連之事者乎？亦以爲夸，未可知也。若今之人親見先生之事，則誰以爲夸者？今事之夸與否，可信與否，不較也，使後之人無所疑於古之人者，先生(于)〔歟〕。今不信古，(古)〔古〕奚病焉？後不信今，必當有時而無不信者。逢其時，思其人。嗚呼！先生之功，其遠矣乎！先生之文，肖其爲人。其議論閎以挺，其記序古以則，其代言典而實，其書事約而悉。其爲詩，蓋自抵斥時宰，謫置嶺海，愁狖酸骨，饑烏血牙，風呻雨喟，濤譎波詭，有非人間世之所甚耐者，宜養於心，而反昌於詩，視李、杜夜郎、夔子之音，益加恢奇云。至於騷辭，涵茫嶄崒，鉥劌刻羅，扶天之幽，洩神之祕，(稿瘓)〔槁瘦〕而不瘁，恫愀而不懟，自宋玉而下不論也，靈均以來一人而已。夫是數者，得其一猶足以行於今而傳于後，而況萃其百者乎？何其盛也！先生既没後二十年，其子澥與其族子渙、族孫祕裒集先生之詩文七十卷，目曰《澹菴文集》，欲刻版以傳，貧未能也。之官中都，舟過池陽，太守蔡侯必勝相見，因問家集，慨然請其書刻之，命郡文學周南、董振之、學録何巨源校讐之。未就而蔡侯移官山陽，雷侯孝友、顔侯棫踵成之。嗟乎！先生之功，被于中國，名震于敵國，文範於學者。學者得其片言半簡，猶寶之師之，求見其書之全，何可得也？今三侯獨能刻而傳之，以惠學者。夫先生此集，爲之百年而始成，使學者得之，今乃一日而盡見，三侯之用心，可不謂之賢矣哉？而蔡侯首發其端，可不謂尤賢矣哉？萬里嘗學於先生者，先生之言曰：『道六經，而文未必六經者有之矣；道不六經，而文必六經者無之。』先生之文，其所自出，蓋淵矣乎，而萬里何足以知之？先生廬陵薌城人，諱銓，字邦衡，澹菴其自號也。若其世系、歷官、行事，則丞相益國周公書之於神道碑云。慶元五年己未八月二十八日，通議大夫寶文閣待制學士致仕門人楊萬里序。

方舟集二十四卷 文瀾閣傳抄本

宋李石撰

五峰胡先生文集五卷 舊抄本　陳韜菴舊藏

宋胡宏撰

五峰胡先生遺書有《知言》一編，栻既序而傳之同志矣。近歲，先生季子大時復裒輯先生所爲詩文之屬，凡五卷，以示栻。栻反覆而讀之，惟先生非有意於爲文者也，其一時咏歌之所發，蓋所以紓寫其性情，而其他造作與夫問答往來之書，又皆所以明道義而參異同，非若世之爲文者，徒從事於言語之間而已也。又惟先生粤自早歲服膺文定公之教，至於没齒，惟其進德之日新，故其發見於辭氣議論之間者，亦日異而歲不同。雖然，以先生之學而不得大施於時，又不幸僅得中壽，其見於文字間者，復止於如此，豈不甚可歎息？至其所志之遠，所造之深，綱領之大，義理之精，後之人亦可以推而得焉。淳熙三年元日，門人張栻序。

五峯先生集五卷 舊抄本

宋胡宏撰

張栻序淳熙三年

致堂先生斐然集三十卷明抄本　笪江上舊藏

宋徽猷閣直學士左朝請郎提舉江州太平觀保定縣開國男食邑七百户賜紫金魚袋胡（仲）寅撰

長沙吴德夫問爲予言，胡仲剛氏學業行誼爲世楷，則出一編書，名《斐然集》以授予，曰：『其爲我廣諸蜀。』予識之弗忘，後守廣漢，將以刻諸梓，未皇然也。厥二十又七年，予歸自南，旋起家渡瀘。敘州馮侯邦佐已栞之，求一言冠篇，予又取而復之。蓋自公遊庠序，已深詆王氏，專尚關洛諸儒之學，舉宣和三年進士，教授西京國子監，與忠獻張公同被薦，召入校中書。靖康改元，金狄入寇，與張公爲當路策守禦甚著，京師圍解，始得省親荆潭。建炎再造，首以記注召還，極陳□□三詔之不同，□論七事六條之利害，娓娓數萬言。如必罷和議，必用君子，必退小人，必明賞罰，必固本支，必建藩輔，必擇守令，必討盜賊，大抵監耿、李、汪、黄誤國之不可，再引誼劘上，往往有敵也以下所不能堪者。高皇帝雖聽奉祠，而簡注不忘。既狩錢塘，申命記注，首論四維不張，惟利是從。利在粘罕，則欲釋怨以悦其心；利在劉豫，則欲友邦以通其好。文定亟稱其得敷奏體。張公以右相視師，嘗議遣使，公辯遏愬至，謂：『堂堂天朝，相率而爲夷虜之陪臣。』蓋視胡公邦衡後日之疏有過之。尋貳春卿，兼（尚）掌書命。如追廢王安石配享孔廟，追謫章、蔡誣謗宣仁后及褒表諫臣等事，高文大筆，大抵皆公發之。暨趙、張去，而檜再相，則公遠使炎荒，幾陷五十三家羅織之獄。至檜死後，得復官還里，遂其平生。任重道遠，之死不渝，實由文定爲之父，仁仲爲之弟，講之家庭者固如此。至其述崇正辯，以闢異端，纂伊洛緒言以闡正學；著《論語説》以明孔門傳授之心；□《讀史管見》以扶《資治通鑑》數千百年褒貶之實，最後傳諸葛侯世□以寓其討賊興漢之□，蓋公自宣、靖、炎、興四十年閒，雖顛沛百罹，而終始一説，所以扶持三綱者，其不謂大有功於斯世矣乎！因馮侯之請，摘其關於世教者，著于篇端。平元年九月戊申，鶴山魏了翁書。

天之生聖賢也，豈偶然哉？昔者鴻荒之世，人物混并，夷夏雜揉，賢不肖淆亂，堯、舜、禹、皋、夔、稷、契所以致力於此者，亦云盡矣。敘典秩禮，命德討罪，皆天意也。天之命聖賢也，孰大於此？五品之未遜，五教之未敷，五刑之未明，是雖飽食暖衣，果能保其生哉？由唐、虞至於商、周，天下事事物物，凡當正名而辨分者，無一之或闕。及周之季，聖賢之澤微矣。聖如孔子，不得位而無以行其志，於是《春秋》作焉。故曰《春秋》定天下邪正，迹其功用，不得被之當年，實爲萬世法程。由漢迄唐，大亂而後小治，極危而後粗安，飢渴之於飲食，以爲得是不啻足矣，而聖賢用力之地，鮮致意焉。故朝夕之安，不能銷百年必至之患；斯須之快，不能償他日無窮之憂。昧者安之，智者懼焉。皇宋作興，文治粲然，百餘年間，賢人君子所以推明乎是者，固已昭昭乎心目之間。遏人欲之横流，彰天理於既泯，士生斯時，一何幸也。夷狄亂華，天下學者涣散而莫之統一。文定胡先生始以《春秋》鳴，而其子致堂繼之，見於詩章，著於賦詠，陳於論諫，莫非極治亂之幾，謹華夷之辨，黜邪而與正，尊王而賤伯，明義利之分，辨枉直之實。

取而誦之，鑿鑿乎五穀之可以療飢，斷斷乎藥石之可以治疾。由其言以推其行事，即其行事又以究其用心，使其功化得盡顯於時，則撥亂而反之正，三光明於上，民物育於下，猶反掌也。世方交競於利禄之涂，角勝負於得失之際，滔滔馳騖，不可捄止。古之聖賢所以孳孳焉者，固已與之背馳矣。此愚之所以中夜而起，抱書而歎也。三山鄭君肇之持節湖湘，得是文於致堂之猶子大時，遂取而刊之木。夫致堂之爲是文，夫豈知後世有楊子雲哉？蓋其露緼奥而寓諸言，發憤懑而形之書，有不得已焉者。鄭君之好尚，亦豈爲文章之美哉？天理之明，人心之正，是書其標的也。嘉定三年八月望日，南郡章穎謹序。

大隱居士集二卷文瀾閣傳抄本

宋鄧紳撰

崔舍人玉堂類藁二十卷西垣類藁一卷附録一卷東洋刊本

宋崔敦詩撰

《孯經室外集》曰：《玉堂類藁》二十卷，《西垣類藁》二卷，宋崔敦詩撰。敦詩字大雅，本河北人，南渡後遂居溧陽。登紹興進士，官至中書舍人。李心傳《朝野雜記》謂吕祖謙《文鑑》既成，近臣密啟其失，因命直院崔大雅更定增損去留，凡數十篇。《朱子語類》亦云祖謙編録

《文鑑》，有敦詩删定之語。敦詩淳熙九年致仕，故宇文价所作誥中偁其才猷敏贍，問學淵深。是編所載宋孝宗時制誥、口宣、批答、青詞甚詳，諸家書目皆未著録，而《宋史・藝文志》誤爲周必大所撰。明葉盛《菉竹堂書目》曾列其書，是明中葉尚有傳本，此爲活字板。其文皆必大集中所未有也。

鄭忠愍公北山文集三十卷 抄本

宋鄭剛中撰

自序曰：《北山初集》即余所謂《笑腹編》也。余以紹興己卯至甲子歲所録文字，自號《北山中集》。《笑腹編》則宣和辛丑至乙卯歲中所録者，因號《初集》。若辛丑以前見於紙筆者，皆爲盜所火，不復能記憶矣。甲子而後，時時因事有藁，老懶，雜置篋中，他日有能爲余收拾者否？所未能知也。紹興甲子十月日序。

《北山》初、中二集，先君所自名，且手所分類也，蓋録宣和辛丑至紹興甲子歲所作之文。良嗣因以第其卷，不敢有變易。《後集》則遷簣中，號『蘘藁』者，良嗣仿初、中而編次之，自戊辰至甲戌歲無遺焉。總三集爲三十卷，凡一千二百一十四篇，仍以年譜冠于篇首，庶幾覽者按譜玩辭，得以見出處之大致。若乃甲子、戊辰之間數載，先君方經理西南，公餘撰述亦富，而攜藁之桂陽，以横逆故亡失。良嗣纔能省記一二，以附于《中集》之後。繼此或訪尋有得，當爲

《別集》，以補其闕。先君之序《初集》也，其末云：『甲子而後，時時因事有藁，老懶，雜置篋中，他日有能爲收拾者否？』嗚呼！頃所亡失乃爾，是豈逆知其然耶？不肖孫無以塞責，徒悒悒抱恨，而重惟先君一生無他嗜好，惟簡編硯墨，未始以居艱治劇而輟，蓋所樂者在是也。少之時業科舉，其所爲文學者，争誦讀之，而雅不自喜，故弗見於集。三集之外，有《周易窺餘》十五卷，晚年精力殆畢於此書。又有《經史專音》、《左氏九六編》，及其他雜著，皆可傳于世。今刊行自三集始。乾道癸巳夏朔旦，男良嗣拜手謹識。

浮山集十卷文瀾閣傳抄本

宋仲并撰

周必大序慶元六年

横浦集二十卷明刊本

宋張九成撰，門人郎曄編　前有家傳姪窠述

横浦先生舊自號無垢居士，無垢之號聞天下。横浦屬南安，謫居十四年，閉門著書，時人思之，又目曰横浦先生。先生墳墓在鹽官縣浄居院之側。往年邑宰陳公恕被史越王之命，奉祝辭祭先生，謂先生守永嘉日，王爲州博士。先生一見，道同氣合，舉辭謂王識超幾先，意傳經外。及王當國，先生已亡，故遺文以致祭。迄今詞板尚榜於庭楣也。七十年松楸，先生在天爲星辰，在人間爲聖賢，皆不可知，惟是先生學問文章，操履氣節，自紹興至于乾道，爲學士大夫之所尊仰者，一人而已。蓋斯道晦蝕之久，先生發揮而開明之，如盲者之得見三光，如聾者之得聞古瑟之音，不爲無功于後學。厥後青出于藍，道學盛行，先生之至幸，豈與後學較短量長哉？我聖天子御極，宰臣首奏先生爲渡江大儒，贈太師、崇國公，賜謚文忠。成命一頒，天顔懽悦，三公百辟，莫不心生歡喜，夫豈有求而得之？宰臣之意，亦欲平後學之去取，尊先生之爲先哲，不以已久而忘之，不以已往而忽之，起其魂魄於九原，又將以激天下之爲善，其有功於世教也深。先生著述，天下罔有闕逹，獨簡帖字畫，得者稀少。先生筆下，如三峽倒流，遇順傾寫，凡見之真草，横斜曲直有張草聖之筆。刊之琬琰，燦然可觀，如龍蛇之奮蟄，如珠之走盘，亦足以增人意氣。書，心畫也，豈執筆學古人手法，而后能爲之？邑宰趙君汝舩下車未久，一日率同寮拜於墓下，重建墓亭，粉飾越王之詞版。又過浄居院，創先生祠堂奉香火。寺僧源上人有藏先生簡帖十餘紙，即命工刊之。既而故家皆出所藏以獻，悉刻之不遺。先生長子伯厚早世，次子幼厚久居于廣，八十餘，老貧不能歸，幼子孫厚亦已亡。今爲先生守松楸，止有孫勛、重孫克仁而已。饑窮困乏，乃值邑宰撫存而禮遇之。士大夫識香臭、知所貴重如趙君，天下能幾人哉？簡牘成編，可當寶玩，見其字如見其人，然則君之有德於横浦，何其盛哉！有成，先生之彌甥也，祖妣乃先生之同胞妹。諸父受先生教育之恩，殘膏賸馥，沾丐有成多矣。

備數周行，聞趙令君學道愛人，所貴尚以如此，不覺興起，引筆而詳爲之言。紹定二年八月日，朝散郎守將作監少監兼權國子司業兼景獻府教授于有成書。

焦竑序萬曆甲寅

縉雲先生文集四卷附録一卷舊抄本　璜川吴氏舊藏

宋馮時行撰

張倹序嘉靖十二年

李璽後序嘉靖癸巳

默堂先生文集二十二卷舊抄本

宋陳淵撰，門人沈度編

自孟子没，道學失傳，異端競起，淺聞多岐，莫適所從，不求其本，而從事於末。六經載籍，爲之晦蝕，學術頗僻，汩喪良性。不知夫聖人之所以爲學，徒相率爲口耳誦數之餘，夸多鬬靡，以文辭相矜。漢、唐以來，以儒名家傑立而不世出者有矣，然論性有以爲善惡混，有别而爲三品者，故論篤者莫之與也。夫性，萬物之一源，非有我之私得也。性而不知，其離道而違仁也遠矣。宋興，河南二程夫子受學於濂溪周茂叔先生，講明道學，究聖賢之蘊，發千載不傳之妙，學者趨之如水赴壑。時唯龜山楊先生覿奥入室，尊所聞而行所知，盡得其傳焉，明道德之歸，以覺斯人，以善天下。然是道也，不絶如綫，則有陳公知默以剛明果毅之姿，得師友源流之正。自其少也，親炙了翁，而翁器之，謂能任重而致遠。及其後見龜山先生，師事執經，不憚寒暑。其始遺之以書，致篤信好學之義，與孳孳爲善之説，及夫伊尹之所覺，周公之所思，孔子之所負，顔子之所樂，而質諸龜山。自是服勤三紀，漸摩道德之場，明致知格物之理，究窮六經，考其至當之歸。其著述微辭奥義，窮幽探〔頤〕〔賾〕，使斯文之不墜，爲世模楷，豈區區漢、唐之士，以多文自富，務爲辭章，以驚眩末俗所可比儗哉？故平居履踐，立朝進退，莫不以是，無慚古人之大節，果〔於〕〔以〕是垂後而名世。不幸遭擯斥於時宰，不大施於用，而賫志以没，學者至今悲之。余昔從公受業左右，幾二十年。嘗以《存誠齋銘》示諸學者，謂萬物皆備於我，非自外得，反求諸身而已，反身而至於誠，則合内外，同物我，無分於天人，且誠己乃所以成物。學者有進於斯，則何患不造古人之域？余服膺高堅，因得其遺文五百一十四篇，厘爲二十一卷，序而刊之，廣諸同志。苟有志於學者，探索而求之，則源流固有在矣。公諱淵，字知默，榜所居之室曰默堂，故後學以默堂先生稱焉。其立朝節槩，則有行狀在，可攷而知也。紹興十七年三月日，門人沈度序。

予來毗陵之數月，欲於事外陰求是非之良士，未暇也。一日，有秀才陳生籥者來謁予，貌甚野，氣甚静，予固異之。坐之而扣其挾，則吃吃言伊川之學，予益怪焉。蓋是學也，今之大夫久矣其諱談也。不惟大夫也，今之士亦然，而生獨不然，其不可怪也乎？問之，蓋默堂先生陳公之子也。然則其不諱談也，又奚怪焉？蓋昔者道學之正統，八傳而至孔子。若顔子、曾子則見而傳之，若子思、孟子則聞而傳之。統之至於孟子也，其前無絶，其後無嗣。嗣千有餘歲之絶者，不在伊川乎？其學以天理爲宗，以致知爲力，以仁爲痁，以敬爲守，以誠爲歸，曠乎聖門之孔邇，忽乎斯道之來前也。一時之士從之學者豈少也？得之者，謝氏而止耳，游氏而止耳，楊氏而止耳。默堂先生，楊氏之高弟也，且親焉。吾聞其人矣，吾仰其風矣，未見其書也。問諸籥，則有文集若干卷。就求而觀之，其辭質而達，其意坦而遠，其氣暢而幽，至於立朝廷，當言責，正君心，排權臣，蹇蹇不折也，是豈今之所謂文哉？蓋道學之充乎其中，而溢乎其外，形乎其躬，而聲乎其言者歟？既歸其書於籥，而籥請序於予。予謝曰：『先生此書，豈以序之作不作而爲傳不傳哉？序或不可以廢也，亦必其人而後可也。如予者，豈所謂其人乎？然士之騖於文也，至於今亦極矣。文彌工，道彌邈，極甚必反，其不待於先生此書乎？序此書，予不知其可也。一言以驗學者，予不知其不可也。』先生諱淵，字幾叟，嘗爲正言，終官宗正少卿，南劍人了翁之猶子云。淳熙戊戌十月日，誠齋野客廬陵楊萬里序。

莆陽知稼翁集十二卷影寫宋刊本

宋黄公度撰　後有行狀龔茂良撰、墓誌林大鼐撰、壙銘無名高宗一馬化龍，訖于巽位，自丁未至壬午三十六年間，策進士數千，計擢居大龍甲者十有一人。科名巍峩，副以屬望，視富貴岐轍，若長風(推)〔掛〕席，一息萬里，於是文靖梁公至宰相，景明陳公冠樞極，位尚書者三，汪聖錫、劉文孺、王宣子也，登侍從者五，李順之、張子韶、趙莊叔、張安國、王龜齡也。惟莆田黄公師憲，名聲最卓卓，而財至尚書郎，壽不滿半百，夢幻覆手，天殲此良，大車云徂，出門折軸，人到于今傷之。爰初登第，以行卷忤秦相君，旋爲趙忠簡公禮接，益銜之弗舍，坎壈摧揠，無復有爲天下惜人材之意。一旦遇主，則死及之。嗚呼！公既以詞賦壓□壟，故於詩尤精，大氏鏗鏘蹈厲，發越沈郁，精深而不浮於巧，平澹而不近俗，與强名作詩者直相千萬。風檣陣焉，不足呈其勇；犀渠鶴膝，不足侔其珍。《悲秋》之句曰『迢迢別浦帆雙去，漠漠平蕪天四垂。雨意欲晴山鳥樂，寒聲初到井梧知』，吾不知謫仙、少陵以還，大曆十才子尚能窺其藩否？公既没，其嗣子邵州君沃收拾手澤，彙次爲十有一卷，詩居大半焉。它文悉從肺腑，源深流長，追樂府詞章，宛轉清麗，讀者咀嚼於齒頰間而不能已。魏國陳丞相既序其首，而邵州又欲予贊語于後。憶四十年前，與公從容於番禺藥州之上，予作《素馨賦》，公蓋戲而反之，異於不相知聞者。兹不宜辭，若平生事業，則有參知政事龔公吏部尚書林公之銘在。慶元二年十月庚申，焕章閣學士宣奉大夫提舉隆興府玉隆萬壽宫魏郡公鄱陽洪邁序。

乾道五年冬，順昌令黄君沃書抵中都，來告曰：『先君考功力學半世，雖得一第，而仕不克顯。平生所爲文，僅十一通，願得序引，以冠其首。』余方備機政，未暇也。越明年，出守長樂郡，復多事少暇隙。又明年，順昌使其弟洧來責前諾。仲秋既望，積雨乍晴，天氣澄爽，退食郡齋，因取考功文徧觀之，典重温雅，如其爲人。其詩格律森嚴，興寄深遠，雖未盡古作，要自成一家。間與予里居唱和數篇，余讀而深悲之。公以文章魁多士，有盛名於時，胸中洒落，議論宏壯，識者期之甚遠。而官止外郎，年四十八以殞，所以傳世乘後者，止此而已，是可傷也。昔白樂天與元居敬善，及序其遺文，有曰：『黄壤豈知我，白頭猶念君。唯將老年淚，一洒故人文。』執筆愴然，蓋有感於斯言。公諱公度，字師憲，戊午同年進士也。莆陽陳俊卿序。

沃嘗見昌黎伯敘《張中丞傳》，攷責張、許二家子弟，不能通知父志，以至史家不爲許遠立傳，而雷萬春事已失首尾。竊爲仕宦功名，史家不及知，所託爲千百年計者，門生故吏與之撰述耳。門生故吏亡意斯作，爲兒亦無所託，則堙没無聞也固宜。先君考功，再舉擢上第，官不過郎曹，安得門下士？沃所以求狀丐銘爲不可緩者，誠有感昌黎之一語也。雖埋石幽壤，陵谷難遷，而石之隱祕，初不可覩，孰若以未乾之墨，寄之紙上，傳十爲百，傳百爲千乎？先君在時，號知稼翁，文成輒爲人取去，故翁所存，塗乙之餘，纔十一卷。沃於暇日，泣而次之，名之曰《知稼翁集》。已刊于家塾，今復刊于邵陽郡齋，而求序於年家父執者，成先志也。柳柳州以乖絶之時，抵書於劉夢得曰：『我不幸死，以遺稿累故人。』此先君之意，沃所不能言也。使地下聞之，當喜身後無《封禪書》。慶元二年丙辰蜡月哉生霸，嗣子朝散大夫權知邵州軍州兼管内勸農營田事兼沿邊溪洞都巡檢使兼提舉義勇民兵借紫沃謹書。

知稼翁集二卷 明刊本

宋尚書考功員外郎黄公度著，知邵州軍州事借紫男沃編

洪邁序慶元二年

陳俊卿序

嗣子沃跋慶元元年

唯室集四卷附録一卷 文瀾閣傳抄本　丁月湖舊藏

宋陳長方撰

予嘗謂古之聖賢，未始爲文，其見于語言者，皆以明斯道也，故曰辭達而已。後世文勝質，學者以文字相矜耀，世亦以是重之，故摘章繪句，駢四儷六，競爲浮華之文，而去道日遠矣。流風之盛，殆數千百年未易刮濯，可勝歎哉！　亡友陳齊之初從師友學，則有真得，不事虚名，潛心古道。其讀經則有《春秋私記》，讀史則有《班范文論》，深造有得，發其關鍵，直覩堂奥，聖人復起，不易斯言矣。不幸早没，故見于行事者，泰山之一毫芒，此善類所以深嗟而痛悼之也。雖其平生應用之文，亦不苟出，率多有德之言。凡有所作，又爲人持去，所存者寡，及其孤裒而集之，僅得

二百篇而已，將槧木以廣其傳。予故爲序之。雖然，此非其言之至也，後之人能讀書逆其意，以知其言，則此亦不啻足矣，又奚以多爲貴哉？乾道戊子十一月望日，魯國唐瑑序。

漢濱集十六卷文瀾閣傳抄本

宋王之望撰

侍郎葛公歸愚集十卷舊抄本　池北書庫舊藏

宋葛立方撰

王氏手跋曰：侍郎名立方，謚文定，邲之父也。按《經籍志》，《歸愚集》二十卷，此佚其半矣。文定公南渡賢相，有集三百卷，《詞業》五十卷，不知傳于世否，當訪之。濟南王士禛書。

朱氏手跋曰：竹垞娱老齋成，展讀一過。時康熙丁丑八月二日。

黄氏手跋曰：此集係從宋刻殘本録出，卷中行款，間有不同。宋本自五卷至十三卷，與此本合，而此本中多樂府一卷，爲宋刻所無。大約後人從他處補入，以足十卷之數，惜與宋刻剌謬耳。阮亭、竹垞未見原本之舊，故跋語未及。余家殘宋本楮墨精雅，爲宋刻中之上駟，至樂府一卷亦係汲古精抄。取與此本相對，惟序次紊亂，未能如毛抄之舊。因假李作梅藏本校讀一過，書此數語于後而歸之。蕘圃。

又曰：嘉慶三年戊午初秋，陶五柳主人從吴興書賈買得此書，知余曾經過眼，持以示予。余於此書不啻三過眼矣。向年，李作舟與家椒升同來吴下，余借歸，與宋刻本展對，無意歸之。既椒升以羣書見示，此□□在，因議直不妥，卒還之。今歲椒升應京兆試北上，艤舟胥江，過余晤言，問及是書，云未帶出，孰知其已歸賈人，而輾轉仍至余家乎？爰題顛末，以儲諸讀未見書齋。棘人黄丕烈。

又曰：癸酉三月初四日，是爲寒食節。偶檢及此，距得時已十六年矣。復齋。

侍郎葛公歸愚集十卷舊抄本

宋葛立方撰

香溪先生范賢良文集二十二卷元刊本

宋范浚撰，門人高梅編

士以志道爲先，而志道以養氣爲本，氣全則道存，氣喪則道亡。故達而在上，任天下之重，安國家，利社稷，進賢退不肖，收功於無窮者，氣也；窮而在下，守聖賢之道，權古今，明治忽，是是而非非，立言於不朽者，亦氣也。苟氣之不養，則達而在上，或充詘於富貴，以得失爲患，則道不行矣；窮而在下，或隕穫於貧賤，以紛華爲悦，則道不守矣。不守不行，氣喪而道亡，則烏能收功無窮，立言不朽哉？　是則氣之在人，窮則獨善其身，達則兼善天下，舉不可以不養也。吾之先友香溪先生，以養氣爲本，而立言不朽者歟？　先生居香溪之上，自少至老，篤學而贍於文，探道而不以世故嬰其慮。　其家父祖爲名卿、賢刺史，昆弟各登仕籍，而先生了無仕進意。今天子即位之初，詔復制舉賢良方正之士，當時公卿有以先生應詔者，先生力辭之。余嘗過香溪之上，而訪先生焉。　先生危坐一室，塵埃棲户牖而凝几席，敗幃故器□所不供，而先生貌充體胖，神宇泰然。　其言經術，如親得聖人而授其旨；其論成敗事，如目擊而身履之。已而出示所作文，則辯博而峻整，正與向所言論者相表裏。終日與之坐，而無一語及世間事，此非志於道而全其氣者，能若是乎？　是日先生謂余曰：『是間山水清遠，子能卜居，以從吾游乎？』余方累於世故，從官遠方，漂流異鄉。　及歸，而先生没已十年，方悼若人之不淑，而吾無與居也。　一日先生猶子元卿過余，曰：『叔父平昔爲文至多，今不欲祕於家，而出與世共之。力有未辦，則先刻其詩賦、論議、雜著，爲二十二卷，行於時。　子嘗與叔父厚，願敘以冠其首。』嗟夫！　昔鹿門著書而自敘之，曰：『醉士隱于鹿門，不醉則游，不游則息。息于道，思其所未至；息于文，慚其所未周。』古聖王旌夫山谷民之善者，意在斯乎？　今先生不醉不游，直息於道而寓之文耳。　平時不以外慕累其心，若求旌於時，亦豈先生著書立言之本意哉？　故述其志，道養氣之實，以見素所蘊云。　先生姓范氏，名浚，字茂明，而元卿名端臣，今亦以文知名，方有志於世者。　紹興三十一年四月十三日，同郡陳巖肖敘。

子朱子集注《孟子》，全載范浚《心箴》，由是天下莫不聞其名，且與天壤俱敝也。浚字茂明，婺之蘭江人，因其里居，稱香溪先生，祠於學宫舊矣。師道幼即訪其文集，不可得。嘗讀默成潘公《與范賢良書》，而知其交；讀《徐忠壯公徽言傳》，而知其所取。又得前輩誦傳《姑蘇臺賦》、《雜興》諸詩，滋欲見其餘。而仁山金氏《四書考證》謂范集近亡，以金之洽聞而云然，殆無有矣。居其鄉，思其人，而不誦其詩而讀其書，不能不致予恨焉。至順辛未，始得先生文七卷於親友應氏家，蓋其首編也。陳君巖肖序稱從子端臣右史所纂文二十二卷，則逸者尚多。一日先生族孫俊來言家藏缺自一至五卷，惜其無從補也。於是忻然畀之，足以成編。嗚呼！百年之閟，一朝而顯，兩家之藏，不期而合，抑亦有數存其間耶！先生當紹興中舉賢良方正，以秦檜當國，不起，大節偉矣。其學多本于經，貫穿精覈，諸文皆嶄絶矯健，鑿鑿明整，卓然名家。鄉先正有集，蓋自先生始也。古之賢者，嘗患無子孫之傳，而有子孫者，每惡其不知學。近時范氏之族，豈乏富貴者，恨其不能爲先生置祠奉嘗，至於斯集之傳，又不過當時一餉費耳。浮榮悖貨，倏焉澌盡，而不亡者固自若，亦足以有儆矣。今右史裔孫元璹念殘集之復完，閔泯没之荐至，首刊數卷，將率其族中之力而終之。不私其美，又以右史《蒙□集》未及刊，則以其與香溪唱酬諸詩附見焉。俾予序其事。予於是編固願有述，（文）〔又〕嘉元璹之能光昭其先，庶幾賢子孫已。凡與於此者，豈不與有榮乎？年月日，後學里生吴師道序。

案，此元刊元印本，每葉二十四行，每行二十二字，大黑口。每卷有目，連屬正文。

皕宋樓藏書志卷八十四

集部

别集類十八

雲莊集五卷 文瀾閣傳抄本

宋曾協撰

《雲莊集》，故零陵太守曾公所作也。公家世以儒顯，至南豐先生，遂以經術文章名天下，學者宗之，以繼唐韓文公、本朝歐陽文忠公。時文肅、文昭公同以才學進，兄弟鼎峙於朝。文肅公位至宰相，佐徽朝初政。文昭公出入三朝，終始全節，號爲名臣，其所更踐，多翰墨之職，今其文具在，典雅温純，蓋與南豐先生真鴈行也。公文昭公之孫，龍舒太守諱纁之子也。文昭晚罹鉤黨之禍，龍舒公力奮於學，既踐世科，官曲臺矣，中道而殞。龍溪翰林汪公嘗歎其文，若川增條達，莫見其止，及誌其墓，以簡古目之。公五歲而孤，太夫人强氏，故資政殿學士文憲公之女，賢而明智，親授以經，而督之學。公穎悟異凡兒，少長，益駿發，每讀書，五行俱下，日記數千言。文昭公家多書，已而燬於兵，家貧無以市，一閲於肆，終身不忘，遂博通六籍、諸史、傳記、百家之言。少從人假《春秋左氏傳》，未兼旬歸之，人訝其速。公曰：『已習矣。』摘而問之，口誦如注水，終卷乃已。嘗憩臨安孤山僧舍，客有稱僧如璧《冷泉亭記》者，就借所乘馬，馳九里至亭上，一閲即歸，寫以示客，客往覆之，不差一字。時人驚服，以爲王氏之仲任、仲宣，延氏之叔堅，不過是也。年未弱冠，試于國子監，裒然爲舉首。已而不利於春官氏，去從博學宏詞舉，有司異其文，將以名聞於中書矣，奪於異議而止。公遂絶意科目，然嗜書愈篤，雖祁寒盛暑，手不釋卷，爲文操筆立成，初若不經意者，徐而繹之，雖積功精思者不逮也。公卒之二十八年，公之子今直敷文閣福建轉運副使炎輯公之文爲二十通，而以授伯壽曰：『先人生平爲文甚衆，然未嘗屬稿，以故多所遺軼。不肖之孤，纂集論次，堇堇是耳，願丐序以行諸遠。』伯壽辭不獲命，退發公文而讀之，彌日不厭，嘆曰：大文章之作，古病其難。其所以難者，何也？蓋材之禀於天者，其警敏不可以强而能，而學之傳于家者，其源流又貴於遠且深也。世之豪俊之士，博聞强識，一覽無遺，材非不警且敏也，然家之所傳無源流之學，徒鑿其意而爲之，則矜能騁怪，或至於畔棄繩尺矣。文章之家，重規叠矩，奕葉相承，源非不深且遠，然天之所禀，無警敏之才，獨勤其業而守之，則罷精鉥心，或不免於沿蹈故常矣。傳之論吏道者曰：『能與不能，自有資材，何可學也？』記之論百工者曰：『智者創物，巧者述之守之，世謂之工。』嗚呼！吏俗務工末技也，能猶有材而守，亦以世况於文乎？公之聰明該博，卓絶流輩，而鴻業宗工，代起相襲，心通性解，目濡耳染，其于文也，是惟無作，作則追美於前，垂聲於後必矣。故其古詩則興寄淵邈，詞旨超邁，多效《選》體，爲之唐律，則務追平淡，間出清新，比事賡韵，精詣妥帖。至表章牋啟，則又繁約適中，鋪陳有叙，摭古語而加翦截之功，造新句而遺斧鑿之痕。他文亦皆類是，蓋深有文昭之遺風焉。廉靖樂道，恬於勢利，仕三十年，僅至二千石而終，曾不獲以詩鳴國家之盛，而文出中朝之詞命，位不配德，時共惜之。今敷文公擢隆興元年進士第，入爲尚書郎，俱有聲績，謙厚明敏，天子方鄉用之。然則繼文昭兄弟之業，而使公無九泉之憾者，將於是乎？《左傳》曰：『非在其身，在其子孫。』其是之謂夫？公諱協，字同季，雲莊蓋公自號。慶元元年庚申八月朔，徽猷閣學士大中大夫知建寧軍府河陽傅伯壽序。

竹軒雜著六卷文瀾閣傳抄本

宋林季仲撰

拙齋先生文集二十卷舊抄本

宋三山林之奇少穎撰　後附祭文呂祖謙撰、哀辭李椆撰、行實姚同撰

拙齋先生文集二十卷舊抄本

宋三山林之奇少穎撰　後附祭文吕祖謙撰、哀辭李㭎撰、行實姚同撰

太倉稊米集七十卷舊抄本

宋周紫芝撰

始余來東南，聞士夫誦宰掾周公少隱時文，每擊節歎賞，以謂清新偉麗，自成一家，非真有悟解，不能名一世，獨恨不覩其全。逮守九江之明年，歲次甲申，冬至後三日，今吏部侍郎陳君季陵經從集庾樓上，出公《太倉稊米集》七十卷，命余爲序。是時敵再犯淮，沿江郡多故，欲讀未暇。乾道改元，乙酉春，和議成，邊城徹備，民訟少，得餘力觀書。一日臥愛日堂，取公古律詩、記、銘、書、序、雜著數十百篇，細讀而哦之，竊駭古人關鍵難名之妙，公盡驅入筆端。蓋前輩文采專以格致爲高，垂世不朽，端不偶然。噫！此豈可以新學小生口舌辨哉？然王震序曾南豐之文，謝克家序陳後山之詩，或謂巨題晚進不當爲，若余則于天下无所畏，讀余序，迺知當爲不當爲，自有定論，而公之文，雖不待序，而必傳無疑也。左朝議大夫充敷文閣待制知江州軍州提舉學事兼管内勸農營田使眉山唐文若序。

宣人之爲詩，蓋祖梅聖俞。聖俞以詩鳴慶曆、嘉祐間，歐、范、尹、蘇諸鉅公皆推尊之。後百餘年，復得竹坡先生繼其聲，而周與梅在宣爲著姓，且親舊家也。竹坡同時有王次卿、僧彦

邦、道常三人者，皆能詩。王死于兵，不復傳；彦邦學爲詩而未至；道常筆力頗過彦邦，其後亦無聞。惟竹坡之詩聲厭服江左。天麟未第時，從竹坡游。公謂余曰：『作詩先嚴格律，然後及句法。予得此語于張文潛、李端叔，故以告子。』且言郭功父徒竊虚稱，在詩家最無法度。天麟欽佩此語，退而學詩，不敢越尺寸，久而自定，然後知公之善教人。前年過九江，公家在焉，往拜遺像，哭而弔其孤，誦其遺文，以語太守唐立夫舍人。立夫急取公文集，相與閲于庾樓上，讀之，聲震左右。立夫最重許可，至是擊節，且爲序之。竹坡于書無所不讀，發而爲文章，不讓古作者。其詩清麗典雅，雖梅聖俞當避路，在山谷、後山派中，亦爲小宗矣，彼郭功父輩執鞭請事可也。官晚而名不達，自興國守，罷居九江，貧不能歸宣城，而江山之勝，益爲晚助云。公名紫芝，字少隱。乾道丁亥上元，左朝散郎充集英殿修撰知襄陽軍府事兼管内勸農營田使充京西南路安撫使馬步軍都總管兼提領措置屯田陳天麟序。

自序曰：昔余爲童子，未冠，入鄉校，方學爲科舉文。文成，掌教者善之，于是長者稍從而稱其能焉。余曰：『是足以得名，不足以名是也。』乃喜誦前人之文與其詩，往往爲之廢業。而前日之稱其能者，悉咍之不齒也。一日先君戲爲客言：『是子肩有詩骨，在法當窮，而又好詩，窮固必矣。』自是好之不衰，如人嗜酒，日甚一日，然卒亦不能工也。中年取少時所作而誦之，悉皆棄去，可嘔也；老來取中年所作而誦之，則又皆棄去，可笑也。今老矣，而竟不能佳，安知它人誦之，不嘔且笑耶？小兒曹未嘗學之，不識詩病，誤以爲好而掇拾其遺，得若干卷，録而藏之，問名于余。余告之曰：『文章一小技，于道未爲尊也。使有補于世數，猶殆庶幾，不然徒費紙札耳，不足録也。昔者山谷先生書告其甥曰：「文章直是太倉一稊米耳。」黄公之文，可與馬、遷、楊雄、劉向之徒，相爲表裏，若其詩則杜子美、蘇子瞻而下不數也，而猶小之如此。況不逮其萬有一者乎？後數年而集亡，當于東家醬瓿上求之，其必有得矣。』

陳公紹跋曰：《稊米集》，宣城周左司少隱之詩文也。公之所作，裒聚成集，既没而未傳。乾道丙戌，其鄉人殿撰陳公天麟帥襄陽，始鋟諸木，然校勘之不精，刻畫之舛錯，凡三百八十有五，而爲字千餘。淳熙辛丑春，公紹赴襄陽學官任，道過九江，見左司之仲子疇，得其家藏善本。比至，重加是正，命工修整，庶幾觀者靡有疑。時淳熙癸卯孟夏中澣謹誌。

司書陳光遠、鄉貢進士學論兼司書王牧、學録兼直學程恭、免解進士府學正孫光祖、從事郎府學教授陳公紹。

章氏手跋曰：《太倉稊米集》，余求之十數年，不可得。道光庚戌秋，客有持是書來售者，一開閲即錯脱不可卒讀，欲購而中止。今正月十八日，織里書友陶鼎元復携以示余，細閲一過，首册序文三則從宋槧殘本鈔録，又欲將行格强合槧，遂多脱落，其中詩文七十卷，固完善無恙也。因亟購之，並取浣香居鈔本及眠琴山館藏本，將序文對校補正云。時咸豐五年乙卯孟陬月章懐謹誌。

太倉稊米集七十卷影宋抄本　劉疏雨舊藏

宋周紫芝撰

唐文若序

陳天麟序

自序

陳公紹跋

夾漈遺稿三卷張立人手抄本

宋鄭樵漁仲撰

燕堂詩藁一卷鮑渌飲手抄本

宋趙公豫撰

鄮峯真隱漫録五十卷抄本

宋史浩撰，門人周鑄編

竹洲文集二十卷附録一卷　明弘治刊本　汲古閣舊藏

宋吴儆撰

臣資深言：臣曾祖臣儆所著文集二十卷，繕寫成帙，謹詣登聞檢院投進者。裒輯陳編，悵祖風之悠邈；遭逢聖世，希宸渥之褒揚。進瀆闕庭，退忘鄙野。臣實惶實懼，頓首頓首。臣竊以唐宗覩故笏，猶思魏徵之賢；孝廟序遺文，誕錫蘇軾之謚。或睠求於數世，或褒表於再傳。伊人之懷，惟道所在。臣伏念曾祖臣儆生而坎壈，志則激昂。抱膝長吟，以伊吕而自許；著書垂世，非孔孟則不談。才狹垓紘，氣吞中外。係單于之頸，視表餌之策非疏；寢淮南之謀，於社稷之臣爲近。挺若偉節，著（丁）〔于〕當時。載覩乾淳之間，實號人物之盛。朱熹鳴於古歙，張栻顯於長沙。浙左二吕之典刑，江西兩陸之標致。靡不相友，咸與齊聲。故在膠庠則其行尊，歷州縣則其用顯。府臺論薦，交章公車；旒扆歎嘉，興思當宁。雖懷才之甚遠，竟賫志以莫施。然禮樂彬彬，尚多河汾之弟子；而日月炳炳，猶存屈氏之《離騷》。儻待時而獲彰，庶流芳之不泯。恭惟皇帝陛下綱維治統，寤寐英賢。聞鉅鹿良將之名，思得復用；讀《上林》、《子虚》之賦，恨不同時。蓋嘗振發潛光，褒録往哲。凡曰先臣之雅舊，皆蒙謚典之徽稱。忍令太陽之華，尚遺枯骨；獨使九泉之恨，空結營魂。臣隕涕潸然，緘書惕若。敢冀燕閒之賜覽，特昭鴻霈以易名。起地下之修文，死猶可作；效身後之結草，義其敢忘？臣所繕寫曾祖臣儆文集，總爲一十册，謹囊封隨表上進以聞。臣冒犯天威，無任激切屏營之至。臣實惶實懼，頓首頓首謹言。嘉熙二年十一月日，徽州布衣臣吴資深上表。

雲漢昭回，日星光潔，天之華也；川嶽之融峙，草木之纖穠，地之華也；天秩天叙之彝，皇墳帝典之經，人之華也。然皆一本於自然耳。元氣霏霏而不結，明河澹澹以流光，天何意於華哉？赤圖馬負於滎河，緑字龜呈於洛山澤悉付於高平，萬象自爲於容色，地何意於華哉？聖，人亦何心於華哉？大抵乾坤列而道闡，聖賢出而道鳴。器巨者，其聲宏；量淺者，其詞薄。才雋而言卓，德垕而言醇，氣餒而言卑，道長而言遠。表裏符，華實貫，斷斷不誣，其可揠而長之哉！竹洲抱負不羣，志氣激烈，思欲提精兵十萬，直入穹廬，繫單于而獻闕下，蓋一飯不忘也。迨其見之詞章，則峭直而紆餘，嚴潔而平澹，質而不俚，華而非雕，穆乎郁乎，有正笏垂紳，雍容廊廟之風，平生湖海之氣，抑何不類若是邪？蓋公太學十年，交當世士，所以涉歷者爲甚深。而公與其兄受徒棣華，旁近數州之士，從之游者，歲常數百，所以陶育大醇者爲尤至。晚而湘南，又親得南軒鍼砭而切磋之，至是蓋無遺憾矣。然則學者讀公之言，必當觀公之所養，則本末源流，庶乎有所攷也。雖然，由唐而來數百年間，風人才士，大編長軸，欲以自見於斯世者，殆海藏山委，而世或厭觀之。今觀公之集，大而國家之務，細而州縣之政，又微而民生日用之則，亹亹卷卷，不絶於口，舉而措之，天下謂之事業，又豈止詞章而已？然儲垕而施狹，曾不得盡見於世，天也。公昔上殿論事，磊落奇偉，孝皇一見奇之，畀以海陵之符，而言者驚異，卒躓其行。嗚呼！『吴江賦鸚鵡，落筆超羣英』，『鷙鶚啄孤鳳，千春傷我情』，自昔固然也，而又何有伯休、元瑜輩哉？千載之下，悲公何窮，然詩卷長留天地間，釣竿欲拂珊瑚樹，而公固不窮也。珌生也晚，睎公蓋前輩。而公之子載將梓公之集，欲珌一言於篇末，蓋累年於此矣，而公之孫鈜又復申言之。誼不得以晚學辭也，乃敬書而歸之。端平乙未閏秋之朔，敷文閣學士通奉大夫提舉隆興府玉隆萬壽宮休寧縣開國伯食邑九百户賜紫金魚袋程珌謹書。

尚論人物，當自其世觀之。建、紹、乾、淳間，人才項背相望，於斯爲盛。吾郡竹洲先生吴公，氣蓋一時，名聲大震，事業亦雋偉，大略見於龍川陳公贈言。其文章則雄深古雅，蔚有先漢風，非若世之務艱險以爲奇，事雕鐫以爲新也。士及門經指授作文，皆有法度，往往多爲聞人。端明程公亦已鋪陳而摛張之，不知此皆先生之細耳。先生與張南軒諸儒先交，漸摩薰陶，文行兼備，而尤孝於親姑。取一事評之，方自永寧郡丞終更，陛對，孝皇奇之，即日擢守邕筦，且促趨戍，駸駸鄉用矣。以親老迎養弗便，願尋香火之緣，爰即所居，葺園池亭館，日具壺觴，招致其親所親相好者，徜徉其中以爲親娱，時作歌詩，父子自相屬和，將終吾身焉。夫人生莫樂於得君，今一言寤主，立命往鎮南邦，非樂歟？人生莫樂於行志，生平慷慨，有志事功，是行也，可以一展抱負，非樂歟？然先生不以結知萬乘爲喜，而以得遂事親之情爲喜；不以可行吾志爲快，而以得盡愛親之道爲快。其自處於寂寞之濱，未嘗有幾微見於顔面，是舉天下之樂，無以易其娱親之樂也。没五十有六年，當嘉熙三年，一夕見夢其曾孫資深曰：『内相程公序吾文，固美，而未及吾孝行，何耶？』蓋端明先爲内相云爾。此其一念在孝，死猶不忘，豈徒樂以言語文字聞於世而已？昔杜工部以世人娱讀其《八陣圖詩》，亦見夢坡翁，亟自解説。今先生之見夢，不在文詞，而在孝行，不以語他人，而惟以詔其雲仍，賢於工部遠矣。是可不書爲文人才士者告哉！聖天子方以大孝移風俗，資深既裒輯遺文，囊封上進，以備乙覽，而與其父鉉每見必惓惓屬爲書此夢焉，是真能世其家者，宜牽聯得書云。淳祐七年十月二十七日，朝議大夫行監察御史兼起居郎歙縣開國男食邑三百户後學吕午謹書。

歙、睦桑蔭相屬，錦溪迫境上。竹洲先生往來膠庠，必寄徑。一日歸屬遽甚，先叔祖追餽魚酒，竹洲公緣道採野菜，開尊逆旅，芼魚以薦，曰奇味也。苦益菜芼魚，自吴益恭始。楊祖諸父猶獲接音吐，家庭之詔偶及是，曰：『前輩勁氣不忘匕筯間如此。』歲辛卯，楊祖過歙，得文集於其孫元鼎，奏篇切切，多苦語，其論恢復大計，謂進太鋭，退太速，屢失事機，寖至自沮。嘆曰至論也。後八年，元鼎又攜來京，再讀之，掩卷重嘆，因思南軒書剛、强、勇三説爲贈言，誠得切磋義。楊祖謂恢復至論，惟剛、强、勇者能發之，使出熟軟媚耳目者口，必將隨時論進退，以滔於沮無疑也。九京可作，願畢斯言，使後生晚輩，猶畧識苦菜芼魚風味。元鼎蒐討其先世逸語方切，聞之喜，固要楊祖書。辭弗獲，如坐以僭，將奚辭？嘉熙戊戌三月既望，錦溪洪楊祖敬書。

塤生晚，想慕乾淳人物，每形之夢寐。蓋于時東南偉彦，參錯相望，若雲之蒸。新安二吴公，名亦堂播海寓。乃今取竹洲翁文觀之，崕峭軒特，如怒蛟出水，濤勢震湃，數十年後不及即其聲容，猶能駭聳人毛骨，則南軒贈言，龍川序引，印乎其不誣矣。堉學未知方，生平頗亦好奇，見闔餘子，輒悶欲睡去，思得如翁者親炙焉，恨世且不能有，琅誦遺集，爲之起色三歎。嘉熙改元冬十月辛巳，外曾孫壻古鄮陳堉敬書。

程敏啟重刊序弘治癸丑

吴文肅公文集二十卷棣華雜著一卷附録一卷明刊本

宋廣南安撫竹洲吴儆著

文以氣爲主，蓋其氣以光大，則發於詞華，光焰萬丈，有不可泯没者。竹洲先生邕帥吴公，自蚤年與伯氏國録公以雄味正聲鳴其文於庠序，獨步一時，及施之於政，皆光明雋偉，絶人遠甚，惜其所養如此，曾不得一日立朝，以攄所學。任臣自幼知誦其文，則意氣興起，猶恨生晚，不及趨隅執業，身親而炙之也。《竹洲集》近世始刊出，遂獲盡觀其全，英偉豪特之氣，尚峥嶸簡策間，要皆本於道誼，確然有補於斯世，非外强中乾，譁世以取名者也。昔人謂廉頗、藺相如死向千載，凛凛猶有生氣。愚於竹洲先生亦云。端平甲午，南昌羅任臣謹跋。

吴繼京跋萬曆甲辰

高峯集十二卷舊抄本

宋廖剛撰

僕少喜操觚，從遊先生長者之門，叩績文之要領。或告之曰：『子閩人也，知延平雙劍化龍之津乎？寒光瑞彩，上徹斗牛，山川炳靈，爲七閩冠。魁壘英特之事，時時不乏，吐爲論議，著爲文章，皆自浩氣塞天地中來。子試求之，有餘師。』於是旁羅廣蒐，始得《了翁集》，諫議陳公瑩中之文也；又得《龜山集》，侍講楊公中立之文也；復聞順興之交谿尚書廖公，正音皆韶濩，勁氣沮金石，直與陳、楊二公分鑣爭騖。然千金之珠，在九重之淵驪龍頷下，常有神物護持，豈庸俗之人可幾于萬一得耶？慊我痼歎累年于兹，迺者天借之福，承乏郡文學，昕夕奉侍其令子史君色笑之餘，遂率爾有請，願出前後製述，鋟梓以永其傳。史君曰：『吾先人備位夕郎與中司日，封駁抨彈疏稿悉焚之，閒居雜文，散逸十八九，今家藏無幾，姑以詔吾子孫，俾奉周旋，罔敢失墜足矣。遽以示人，是自衒以沽譽，鄉黨自好者不爲也，而子爲我願之乎？』僕曰：『不然。古之君子，未嘗不論譔其先人之美，而明著之後世。無美而稱之，是誣也；有善而弗知，不明也；知而弗傳，不仁也。三者，君子之所恥也。先尚書以醇儒重望，致身通顯，流方急，退益勇，徜徉乎高峯之下。平日著文，無非修身、齊家、治國、平天下之要道，鑿鑿乎五穀之可以療飢，斷斷乎藥石之可以伐病。秘爲己私，無乃蹈於知而弗傳之恥。』史君釋然曰：『子之言是也。』宫使直閣謝公蓋尚書門下士，謂斯文有補于名教，非止炳焕一時，殘膏賸馥，沾丐後學居多，作序以冠其首，目爲《高峯先生文集》。僕輒以狗尾續貂，抑見其不知量，然竊自喜，幸獲挹作者之風度，以降夙昔敬慕之心，況載名于末，其榮耀又何如？乾道七年正月日，左宣教郎邵武軍軍學教授葛元隲謹序。

郡庠舊有《高峯先生文肅廖公文集》，乃公之長子以孝宗皇帝即位之八年來守茲土，因郡博士之請，鋟梓以永其傳。歲久字多漫滅，弗甚摹印，學者惜之。後百餘年，邦傑繼叨郡寄，始至謁學，詢之書庫，則卷帙散失，已無全書，遂出家世所藏舊本校正，命工重刊，補缺板八十七紙，修漫板百有餘紙，以足成此書全帙云。咸淳辛未三月望日，邦傑百拜謹誌。

案，書中遇宋帝皆空格，每行廿四、五字不等，當以宋元舊本影寫。今從武林丁松生大令借録，原本卷八有缺文，借吾鄉丁月湖殘舊鈔本補足，通校一過。

羅鄂州小集六卷附録二卷明洪武刊本　汪啟淑舊藏

宋羅願撰

文章與天地相爲終始，視世道之升降而盛衰者也。蓋自夫天地既判，三辰順布，五行錯出，其文著矣。伏羲畫卦，而人文始開；文王贊《易》，而文益備矣。及夫兩漢二馬、楊、班，或以紀事蹟著于策書，或以述頌功德刻之金石，文章之作，始濫觴矣。自是而降，一代之興，必有一代之制，而文章亦由是而見焉，豈唯足以傳其事功，因以觀其治亂。故唐之盛則稱韓、柳，宋之初則有歙、蘇。南渡以來，又世道之一變也，見稱於時，則有吾州二羅公焉。六朝五季，蓋寥寥乎無聞矣，然則三代而上，聖賢迭興，其所述作，尊以爲經，不傳於文章，而不能不文章。兩漢而下，人才士相與論著，流而爲史，必工於文章，而後能文章。今之文章，兩漢之謂也。大羅名頌，嘗知郢州。小羅名願，嘗知鄂州。鄂州之文，尤爲縝密古雅，惜其全集不傳，今行於世者，鄂州通守劉清之子澄之所刻。蓋鄂州既終于郡，子澄因以所見裒集成書，號《鄂州小集》，視其大蓋什一耳。歲月既久，小集亦不復存。予嘗得之於藏書之家，讀而愛之，乃謀刻之梓，以廣傳布。從予遊者，洪氏之兄弟，曰斌，曰杰，曰宅，鮑氏之叔姪，曰元康，曰深樂，以其資共成之，而請予爲之序。予聞諸先生長者，南渡後文章有先秦、西漢之風，新安二羅其人，而《淳安社壇記》尤爲世所稱頌。以予觀之，《陶令祠堂記》、《張烈女廟碑》理嚴辭暢，讀之如登軒陛而聞鍾呂之音，至於論成湯之慙德，則所以發千古聖賢之心，明萬世綱常之正者，爲何如哉？宜其稱於當時，傳於後世也。但朱文公常欲附名集後，卒不及有所論作，顧予何人，而序其首？此則鄂州之不幸，而予之大幸者也。因爲上下天地經史之文，古今盛衰之變，使讀者知其所自而不苟焉，是亦爲學之助也。鄂州字端良，號存齋。乾道二年，進士師山鄭玉子美謹叙。

宋濂序洪武二年

宋濂記

趙壎序

李宗頤序

蘇伯衡序洪武二年

林公慶序

趙汸序

趙汸跋

王褘序

馬瑊序洪武己酉

皕宋樓藏書志卷八十五

集　部

別集類十九

艾軒先生文集九卷附録一卷明刊本　陳蘭隣舊藏

宋林光朝撰

莆陽艾軒林先生文，爲世所宗，而藁不多見，學者好之如嗜慾，然殁五十年始傳于世，藏之深固已久，一出大肆，理必然也。先生行古道，言動爲時取式，教授生徒，非禮不行，四方翕然響應，來學者亡慮數百人。道尊德盛，年五十擢第春官，數年拜大司成。淳熙間，天子幸冑監，命講《中庸》，玉音嘉歎，擢寘近侍。出使入朝，狥義忘私，無田無宫，以遺妻子，獨富于書，至死不釋卷。其文森嚴奥美，精深簡古，上參經訓，下視騷詞，他人數百言不能道者，先生直數語，雍容有餘，非學博識高，義精理到，能如是乎？初，先生從子成季裒其藁，不輕以示人。近族孫同叔搜羅畧備，得詩文若干首，爲十卷，急于垂後，不暇求序于名公，猥以屬宓。顧惟愚陋，

（忘）〔妄〕測宏深，得皐君子，又將何辭？　昔揚子殁四十年，而《法言》始行；韓集歷五季，至我朝始大振。宓于先生之文亦云。　年月日，陳宓謹序。

以言語文字行世，非先生意也。　先生乾淳中大儒，國人師之。　朱文公于當世之學，間有異同，而于先生加敬。　于時朝埜語先生不以姓氏，則皆曰艾軒。　晚爲中書舍人，中批某人賜出身，除殿中侍御史。　先生封還曰：『輕臺諫，羞科目矣。』天子知先生決不奉詔，改授工部侍郎，不拜而去。　其學問名節如此，以言語文字行世，非先生意也。　然先生學力既深，下筆簡嚴，高處過《檀弓》、《穀梁》，平處猶與韓並驅。　在時片簡隻字，人已貴重，今其存者，如岣嶁之碑、岐陽之鼓矣。　初，先生爲布衣時，已負重名，後貴顯于朝，愛先生者多以晚節爲憂。　及西邑去國，然後吕成公喜曰：『過江以來未有也。』烏乎！　修而至于先生，而前輩責備之嚴如此，然則凡修而未至于先生者，其可以無日新之德乎？　其可以不畏晚節之譏乎？　向使先生希旨書行，必根着不去，爲李嶠，爲張説；先生一奮其決，遂爲李藩、袁高。　義利萌于一念，芳臭分于千載，故余讀先生之書，重有感焉。　先生殁六十年，微言散軼，復齋陳公宓所序者，纔十之二三。外孫方之泰訪求裒拾，彙爲二十卷，勤于李漢、趙德矣。　東陽范復鎔欲鋟梓，會迫上宂，不克就。　毗陵張侯友慨然存之。　余二大父實率鄉人以事先生者也，序非通家子弟責乎？　故不敢辭。　後村劉克莊序。

艾軒先生道最高，名最盛，而其後最微，傳其學者，再世網山、樂軒二師，又皆以窮死。　先生平昔既不著書，遺文僅數卷，身歿五十年，未有全稾。余同舍方君巖仲，先生外諸孫也，每與相扼腕此事。壬辰成進士南還，余別之彙征，曰：『太史公遺書，今責楊惲矣！』巖仲歸而求之，凡數年方克集刊于鄮，而四方學者未盡見也。春來鄮，過象山友人湯君伯紀，相與語曰：『昔艾軒使東廣，道饒之餘干，宿相嶺，有鄉耆儒李恕軒名興宗者，嘗侍先生談一夕。至今吾里能傳艾軒之言。若以公之書〔鋟之〕鄮，邦人之願也。』余喜曰：『是吾心也。』既成，將誌以歲月。因思前日者聞于吾師樂軒曰，網山盛年，挾策從師四方，卒以不契去。及來城南，初宿齋房，未即見先生，與客語。夜闌，聞有息入而驚寢者，先生曰：『睡是大家睡，夢是獨自作。』音佐。』網山喜而不寐，曰：『吾得師矣。』自此即侍先生餘三十年。玉融陳叔盥少從先生于紅泉。一日出揖客，其容赭然。先生曰：『心不負人，面無慙色。』叔盥悟而自克，遂以行義名。叔盥受詩于先生，嘗與樂軒請《國風》于古寺，吟諷累夕，俄而至《采蘋》，掩卷泣，頓得中庸之旨。叔盥喜而以告網山，網山遂以樂軒見先生，曰：『吾嘗語，若《詩》不歌，《易》不畫，無悟入處。今于元潔猶信吾詩不亡矣。』遺言若此者，皆不傳。又曰先生初補上庠，就月試。考官夜得其文，聚同列以笑，少司成陳少南且詰之，具曰：『非謔也，卷有數語誠可哂。』索而視之，蓋策以兵勢問，而先生之對有曰：『譬若嬰兒，夜啼，拊之不止，啗之不止，卒然滅燭伏户，下爲虎嘯狐鳴，則其喙如窒。』少南曰：『此筆當與太史公争衡，必置首選。』長廳曰：『已得一人矣，幸次之。』少南曰：『毋使居人下，不然寧黜之。』語頗侵。司成少南竟以此去國，先生聞而歎曰：

『甚矣！知己之難。』棄其籍而歸，一意聚徒講道，不復試成均者十餘年。年五十始以鄉書免擢第。其遺事類此者，亦失傳。方先生在時，世號南夫子，于經于道，超悟獨得若此，與孔、顔旦暮之遇。于數十年因革之故，如語昨日事。今學既不傳，而所可傳者數卷僅爾。茫茫宇宙，不知幾何年，又有此大物？嗚呼惜哉！淳祐十年歲次庚戌良月朔，後學三山林希逸書于鳳游堂。

艾軒先生文集九卷附録一卷舊抄本

宋林光朝撰

劉克莊序

林希逸序

晦庵先生朱文公文集一百卷續集十卷别集十一卷宋刊大字本　張楊園舊藏

宋朱子撰　前有小像自題

遂生世不早，不及擔簦躡屩於先生之門，聞道又晚，不克築室反場，以從先生于没。既脱場屋，讀四經而心樂焉，顧義理精深，莫造其詣，而先生長者駸駸没矣。歲在癸卯，遂假守建安，從門人弟子之存者而求其議論之極，則王潛齋已刻之方册。間從侍郎之子請，亦無所獲。

惟蔡西山之孫覺軒早從之遊，抄録成秩，劉文昌家亦因而抄掇，悉以付友人劉叔忠，刊落其煩，而考訂其實，繼是而有得焉，固無所遺棄也。抑是書之作多出於晚年，非嘗與西山講明易歷，則時異事左，與世枘鑿。今聖道昭明，士生其時者，惟恐讀其書之晚，安知後之造者不在於兹乎？此君子所當自力也，觀者尚勉之。淳祐五年正月日，後學王遂序。

右得之劉侯之孫觀光，今爲浦城尉。尉始來過書院，祠謁甚敬，言乃祖參議公嘗受知文公先生，出所藏帖數十，皆集所不載。幾敬讀之，其間格言至論，真有補世道，遂刻以附于集。因嘆文公之筆，流落世間，不傳者凡幾，又嘆前輩流風遺韻，日遠日亡，其存者幾？能嗣守家訓，不替祖風如尉者，又寧有幾？賢矣哉！劉侯，玉山人，文公嘗爲之記義學云。淳祐庚戌二月甲子，後學徐幾謹識。

《義學記》載《前集》，其間誤字觀此可證，抑重有感於聖人古史闕文之嘆云。

昔我文公會粹程氏門人所録之語，以爲《遺書》，且謂於二先生之語，不能無所遺，復取諸家集録，參伍相除，得十有二篇，以爲《外書》，誠不忍儒先片言隻字湮没無傳，而天下之理有所欠闕也。文公先生之文，《正集》、《續集》，潛齋、實齋二公已鏤板書院，蓋家有而人誦之矣。建通守余君師魯好古博雅，一翁二季，自爲師友。搜訪先生遺文，又得十卷，以爲《别集》，其標目則一倣乎前，而每篇之下，必書其所從得，且無《外書》不能審所自來之恨，真斯文之大幸也。鏞於君之長子□□爲同舍郎，亦嘗預聞蒐輯之意。兹來冒居長席，而余君適將美解，始刊兩卷，餘以見囑。於是節縮浮費，以供兹役，蓋又二年，而始克有成。後之學者能於是書句句字字深思而熟翫之，庶有以知其無非精義密理之所存，毋使摹刻既多，束書不觀，乃貽或者之誚云。咸淳元年六月朔，迪功郎建寧府建安書院山長黄鏞謹書。

案，此宋刊明印本，每葉二十行，每行十八字。版心有字數及刻工姓名。卷中有『張履祥印』白文方印。

晦菴先生朱文公文集一百卷續集十卷别集十一卷 明嘉靖刊本

宋朱子撰

王遂續集序

徐幾續集跋

黄鏞别集跋

黄仲昭跋成化

文公朱先生感興詩註一卷 東洋刊本

宋門人蔡模學

古今之書，惟詩入人最易，感人最深。三百篇之後，非無能詩者，不過咏物陶情，舒其蕭散閒雅之趣而已。獨朱子奮然千有餘載之後，不徒以詩爲詩，而以理爲詩，齋居之《感興》是也。蓋以理義之奥難明，詩章之言易曉。難明者，難入而難感；易曉者，易入而易感。朱子切於教人，故特因人之易入易感者，以發其所難入難感者耳。今誦其詩，包羅衆理，總括萬變，排闢異端，又皆正其本而探其原。模之不敏，總角常侍先君讀之，優游諷咏之久，不覺手舞足蹈之意，然亦憒然未曉其爲何説也。先君間因其憤悱而啟發之，似有所見。近因弟抗試邑樵川，寄示瓜山潘丈箋本。積日吟誦，猶或恨其箋註之間，若有未盡者，隨筆抄記，不覺成帙，用以求正於有道，正温公所謂揚子作《玄》本以明《易》，非敢別爲一書，以與《易》競之意也。同志之士，其亦有以識予之心者乎哉？嘉熙丁酉仲春望日，模書。

概居遊武夷，常誦《櫂歌》，見其辭意高遠，超絶塵俗，而未得其要領。近獲承教懼齋陳先生，蒙出示旨義，有契於心，乃知九曲寓意，直與《感興》二十篇相爲表裏，誠學者入道之一助，不敢私己，敬刊以續《感興詩解》之後，與同志共之。時大德甲辰仲春，武夷劉概謹跋。

日本天瀑跋

梁溪遺稾一卷舊抄本

宋尤袤撰

周益公文忠集二百卷附録五卷年譜一卷宋賓王校　謝浦泰抄

宋周必大譔

陸游省齋文藁序開禧元年

徐誼《平園續藁序》曰：太師益國周公之文，行於世者，前集號《省齋文稾》，寶謨待制山陰陸務觀既詳而序之矣。其子司直綸以誼登門，久受知厚，又哀其近作，曰《平園續藁》，俾爲後序。誼伏讀而嘆曰：連篇累牘，姿態横出，千彙萬狀，不主故常，何其富也！詩賦銘贊，清新嫵麗；碑序題跋，率常誦其所見，足以補太史之闕遺，而正傳聞之訛謬，又何其精也！國初承五季之後，士習俳俚。歐陽文忠公自廬陵以文章續韓昌黎正統，一起而揮之，天下翕然尊尚經術，斯文一變而爲三代、兩漢之雅健，翰墨宗師，項背相望，故慶曆、元祐之治，照映古今，與時高下，信哉！其後穿鑿破碎之害起，而士俗亦陋。及公發揮文忠之學，被遇高廟，輔相阜陵，弼成治功，於是二公屹然並著於六七十年之内。今觀遺藁，貫串馳騁，雍容而典雅，體正而氣和，使人味之，肅然起敬，如儼立於彤庭廣厦之間，黄鍾大吕，忽振心目，考其淵源，蓋有自來。淳熙中，公翺翔於鸞臺鳳閣，既已登政地，誼亦備數於朝紳之後。時高文大册，多出公手，每竊寓目，唯恐不能屬厭。再還周行，而公謝政事去矣。歸自南安道，出吉水，嘗從公於平園之上，侍俎豆於〔克〕〔充〕賦之堂，見其年益高，視聽益壯，議論著述，方川至而無倦也。竊以爲天之生斯人也不數，則其惠利後世，豈直言語而已哉？後之覽於斯者，盍亦參公之行事而觀焉，則文章學問，本末源流，人材風俗，盛衰起伏，皆可自是而有考矣。開禧丙寅中秋謹序。

右先公丞相文集二百卷，初與先友免解進士曾無疑三異纂集，校正篇帙。既定，又得免解進士許志伯凌、鄉貢進士彭清卿叔夏、羅次召克宣，相與覆校，敬鋟木以傳。惟日記自紹興戊寅，訖嘉泰甲子，紀録頗詳，而書藁尤多，皆未容盡刻，寶藏惟謹，當俟他日。開禧丙寅中秋，嗣子綸謹書。

詞科舊稾自序嘉泰壬戌

掖垣類藁自序

玉堂雜稾自序淳熙七年

玉堂雜記自序壬寅

丁朝佐序紹熙元年

蘇森序紹熙辛亥

宋氏手跋曰："《周益公集》二百卷，《附録》五卷，《年譜》一卷，九百五十四萬五千餘言，卷帙浩繁，宋槧既湮，世無嗣刻。本朝如玉峰傳是樓藏書亦僅有鈔本，故近世之士，得其殘篇斷簡，皆奉若拱璧也。吾婁顧子夏珍手鈔《周益公集》十本，合清河沛國所藏，僅得七十三卷，而以《平園》首卷，補《省齋》後卷之缺。嘗謂余曰：『此集向藏玉峰，近聞歸郡人王聲宏矣。若得從之，補闕訂譌，亦生人一快事也。』言已浩嘆。康熙壬寅春，校訖《吴都文粹》，請政武陵。

武陵喜，因授余《益公集》，曰：『此余志所未逮者，舍子誰屬哉？』越十有一日，武陵暴卒。春仲有書賈自郡來，言王聲宏先生欲借校《吴都文粹》，余遂忻然與之偕往，蓋欲問《益公集》消息也。足凡三及門，時値清和，晷長人困，逡巡郡邸，進退失據。乃就韋公祠，卜筊兆吉，復詣，得見先生，以《吴都文粹》贄，請觀《益公全集》，目凡二十七種。時錢子方蔚館於金閶，余即歸携顧鈔，往請補於先生。先生具述曩督學某公曾遺繕書者就舍，鈔成而去。書賈莘志伊云酬以十六金。既而復請，許就校了，見《省齋文槀》，檢首缺五卷，向朱、張之藏所謂首五卷者，至此乃知其訛。時與先生披閱，見互有差謬，相爲訂正，喜動顔色，戲謂余曰：『孺子可教也。』予起謝，詰朝復同錢子往，先生遂出集首兩種，錢子留校《省齋》，余持《平園》以歸，時夏五哉生魄也。鈔對訖，再詣見，先生畧無難色，但臨行頻囑鄭重。舟行，又借《別槀》、《詞科》、《掖垣》、《玉堂》、《政府》五種歸，蓋六月將晦矣。七月二十日，順風揭颿，亭午抵蘇，冒暑入城，易《歷官》、《奏議》、《奉詔》、《承明》四種，還邸，日猶未啣山。旅客喧闐，喘吁揮汗，財貨之外，別無所事事，而余心獨喜無寐。宵雨達旦，風自西颺，爾乃放舟中流，食頃入黑甜鄉裏，旋聽風水桔槔聲相送，而篙師又報維舟矣。抄竟復往，易《親征》、《龍飛》、《歸廬陵》、《閒居》、《遊山》、《奏事》、《南歸》、《思陵》、《玉堂雜志》、《二老堂詩話》、《雜志》、《玉蕊辯證》、《樂府》凡一十二種歸校。値先生送其嗣澄江科試，錢子亦往，遂覊焉。迨竣《書槀》、《附録》、《年譜》還謝，則爲十月中旬云。往返六閱月，先生每責期，與老人期戒，後乃糾諸從力，家貧乏潤筆資，乃爲桐鄉金子星軺先鈔成焉。予復借於金，自十月下旬始，鈔成於雍正元年三月，計三千六百十五頁，頁計字四百二十。是集也，錢子實摠其成，訂正舛錯，費許心目。余因就卷中脱落疑譌處，另副開載，更竣繕本續校焉。噫！余十有一月中中校成全集兩部，誠大快事。獨念武陵始事，不獲見其成爲憾。然其長君開之於衰絰中，猶欲纘成先志，而哀毁過中，又弱一个。時癸卯正月二十四日乙巳，距武陵忌辰秖二十一日，哀哉！武陵存日，不獨收藏甚富，而手鈔秘本，充盈篋笥，尤喜人借抄，謂《益公集》世罕見其全，欲搜羅補綴成全傳世，以余可佐其成，數屬意焉。蓋武陵之心，公心也。予襄厥志，今既濟矣，爲叙其鈔成始末如此。武陵有知，亦可無憾矣夫。東倉宋賓王蔚如氏紀。

又曰：雍正甲辰閏四月，借朱端揆《益公文選》校一次，係萬曆間清漳胡廷宴所刻，不全失次本也。間采譌字，附於旁，俟高明者考證焉。

又曰：吾妻吴長卿震元先生於明崇禎間，集諸名臣如黄道周、董其昌、陳繼儒輩數十人，作《南北宋相眼》，又名《宋相譜》。一書，募刻未成，聞名莫覩。乙巳春初，偶偕黄齊卿過吴慎修齋頭，復見之。其中《周文忠公相眼》，具載公本集中有關國典之文甚悉。後獲借校，爲益良多，逐卷中凡硃筆點識者是也。雍正三年立秋後十九，較訖於瑯琊萬卷樓之西廡，錢子方蔚實政之。古瀛洲流寓宋賓王記。

又曰：《津逮祕書》合《平園》、《省齋》中題跋刻之，分十二卷。《玉堂雜志》二卷，《二老堂詩話》共五卷，悉校一過，略無取益。汲古所刻之書類如此也。中秋前四日書。

又曰：雍正六年春，借常熟孫慶真所得錢氏藏本，凡二十册，中間雖有差誤，然爲益多矣。己酉新正校訖謹誌。

謝氏手跋曰：此書在宋人文集中最爲難得。婁水如太原、琅琊、彭城、延陵、清河諸世家，素有藏書，亦未曾有，何況其餘？今宋子蔚如獨搆得之，什襲而藏，非素心友不輕示焉。予癸丑歲與宋子同在衰絰之中，慨然借抄，不啻十朋之錫，焚膏繼晷，矻矻窮年，自春迄冬，無一日不事筆硯也。印抄時間有訂正，不下百餘處。書成誌此。時雍正十一年癸丑季冬二十四日，太倉棘人謝浦泰心傳氏別字惺廛謹跋。時年五十八歲。

周益文忠集殘本六十九卷宋刻宋印本

宋周必大撰

案，存《省齋文稾》卷一至卷八，卷二十八至卷三十六；《平園續稿》卷一至卷十五，卷二十七至卷三十，卷三十六至卷四十；《玉堂類藁》卷六至卷八，卷十一至卷十三；《歷官表奏》卷一至卷五，卷十至卷十二；《承明集》卷一至卷六；《書藁》卷九至卷十一；《附録》卷一至卷五。每葉二十行，每行十六字。板心有字數及刻工姓名，大題在下。事涉宋帝皆空一格，亦有空二格者。即《百宋一廛賦》中所謂『披益公而疏行』者也。

網山集八卷舊抄本　盛百二舊藏

宋福清林亦之學可撰

學必有師，師必有傳人。楊雄之徒，以侯芭爲傳人；授業河汾之門者衆矣，以董常爲傳人。侯、董皆窮鄉匹士，功業不著于世，而師道之傳在焉。隆、乾間南方學者皆師艾軒先生，席下生常數百人，而貴顯者相望。然自先生在時，言高第必曰網山；後先生卒六十載，學者論次先生嫡傳，亦必曰網山。夫未遇一布衣，死則死矣，而能亢其名，與當世大儒並行，非孟氏所謂豪傑之士乎？余嘗評艾軒先生文高處，逼《檀弓》、《穀梁》，平處猶與韓並驅。他人極力摹擬，不見其峻潔而古奥者，惟見其寂寥而稀短者，縱使逼真或可亂真，猶虎賁之似蔡邕也，優孟之似孫叔也，有若之似夫子也，形也。至于網山論著，句句字字，足以明周公之意，得少林之髓矣。其律詩高妙者，絶類唐人，疑老師當避其鋒，他文稱是。然甫五十而死。子名簡子，字綺伯，客死，其後遂絶。余童子時師事綺伯，又與網山之嫡孫行林侯肅翁交友。肅翁既序其遺文矣，克莊復識其後。網山林氏名亦之，字學可，福清人，一號月魚先生。前史官劉克莊序。

儒者之學難成矣，學成而窮不售，則以空言傳。此不能于人，能于天者也。然巖谷之藏，草木俱化，非附青雲之士，則姓氏且就湮滅，其言豈盡傳哉？是區區者可必乎？或曰：芒芒之生，宇宙一律，其間傑然以人物名者，千百年幾見哉？于人物之中，卓然有見于斯道者，又幾見哉？雖不幸擯弃于人以死，意其言語文字之遺，鬼神必且珍惜之，決不至委擲于他日。

今夫泮沍禪仍，衰榮倏忽，其摧敗朽落，鼓萬物者，何嘗少靳之？至若劍埋鼎沈，一混泥滓，則精芒夜出，妖怪見焉，必使華赫震耀而後已，豈非以其不輕得，故亦不輕委歟？見伏遲速，特以時爾。然以余觀之月魚氏，竊惑焉。據槁梧，吟空山，生無一事如其意，年纔五十死，死未五十年，而子孫瓶盎不守，松楸且幾禿，身前後之窮，有不可道說者。遺文僅數卷，獨吾徒猶有知之，至示之他人，莫不掩鼻嚇去，是豈能必傳者哉？果傳也，不應擲弃如是，倘所謂鬼神，是耶非耶？雖然，未可以耳目懸斷也，千載而下，烏知不有月魚者乎？人心具存，太虚無恙，然而無有乎爾。孰曰無有乎爾，或者之説，尚庶幾焉，吾黨竇而竢之可也。先生諱亦之，字學可，姓林氏，吾邑龍江人。受道于艾軒，自號網山山人月魚氏。生高宗丙辰，終孝宗乙巳，請而祠于縣庠也。今上辛卯，後先生之生百有三年。承學從事郎新平海軍節度推官林希逸謹序。

希逸甲申客壽陽，嘗集艾軒、月魚二先生之詩，序而名之，曰『吾宗詩法』。今又十五年，躔甫以是集來求余文，俾書其首。故帙偶遺，惟憶不復得乎先生之文，重有所感，因更叙數語云爾。若其格制精嚴，趣味幽遠，具吾宗正法眼者，當自知之，不待余言也。既書，遂以歸之横塘劉氏。

網山文集八卷舊抄本　孫文靖舊藏

宋福清林亦之學可撰

劉克莊序

林希逸序

網山文集八卷舊抄本　章紫伯舊藏

宋福清林亦之學可撰

劉克莊序

林希逸序

東萊呂太史文集十五卷別集十六卷外集五卷附録三卷拾遺一卷宋刊本

宋呂祖謙撰

右《太史文集》十五卷，先君太府寺丞所次輯也。喬年聞之先君曰，太史之於文也，有不得已而作，故今所傳詩多挽章，文多銘志，餘皆因事涉筆，未嘗有意於立言也。是以平生之作，率無文稾。若其問學之致，教人之方，與其處己接物、齊家事君之大略，則既行乎宫庭，關乎國論，傳諸庠序，不待文字之摹刻而可見矣。而自太史之没，不知何人刻所謂《東萊先生集》者，真贗錯糅，殆不可讀。而又假託門人名氏，以實其傳，流布日廣，疑信相半，先君病之。乃始與一二友收拾整比，將付之鋟木者，以易舊本之失。會言事貶，不果就。喬年近惟先緒之不可隊，因遂刊補足正，以定此本。凡家範、尺牘、讀書雜記之類，皆總之《別集》；策問宏辭之類，爲世所傳者，皆總之《外集》；年譜、遺事，與凡可參考者，皆總之《附録》。大凡四十卷，其他成書已傳，草具之未定者，皆不著。著其目於《附録》之末，雖或年月之失次，訪求之未備，未可謂無遺恨，至於糾舊傳之繆，以終先君之志，則不敢緩，且不敢隱焉。既以質諸先友，因輒記于目録之後。太史諱祖謙，字伯恭，天下稱爲東萊先生云。嘉泰四年秋，從子喬年謹記。

案，此宋刊元印本，每葉二十行，每行二十字。版心有字數及刻工姓。卷中有『馬玉堂印』白文方印、『笏齋藏本』朱文方印。

東萊呂太史外集四卷宋刊本　楊文敏公舊藏

宋呂祖謙撰

案，此宋刊宋印本，行欵同前卷。中有『建安楊氏傳家圖書』朱文長印、『晉安徐興公家藏書』朱文長印、『晉安蔣絢臣家藏書』朱文長印。

斷腸集十卷後集四卷舊抄本　鮑渌飲手校

宋朱淑真著

鮑氏手跋曰：計詩二百五十七首，潘訒叔本共佚九十二首。

吴允文集一卷 鲍渌飲手校本

宋盱江吴浚著

皕宋樓藏書志卷八十六

集　部

别集類二十

止齋先生文集五十二卷附録一卷明正德刊本　周香嚴校宋

宋陳傅良撰

先生稟抱天穎，研盡學力，據六經奥會，執九經百家之轡，俾環嚮以趨于一。披剔文義，躪藉衆糾，究明帝王經世宏模，而放于秦、漢以下治亂興衰之故，獨揭源要，不牽多歧，由是彰往考來，默察當世丕平之機，深抱大業。至於化裁推行，不動聲色，使人回心而嚮道者，其綱領條目，靡不該具。蓋嘗忘寢廢食，審玩孰復，庶幾對越天地百世，以俟後聖而不惑也。雖言論未孚，幾進輒沮，而志念回皇，與物委蛇，左推右挽，旁接廣誘，其任重道遠，終老未嘗一日敢望於斯焉。嗚呼盛矣！鄒魯之統緒，河洛之承續，千載以來，不知其能幾見也。執經户外，方屨闐集，片言落筆，傳誦震響，塲屋相師，而紹興之文丕變，則肇於隆興之癸未。屏居梅潭，危坐覃思，超詣絶軼，學成道尊，則邃於乾道之丁亥。博交遍驗，洞礙融窒，對策初第，懇葢獨到，則盛於乾道之壬辰。官太學，倅閩府，詆劾却掃，勤十寒暑，紬繹文獻，宏綱具舉，則備於淳熙之丁未。起守桂監，持節湖南，疏滌拊摩，民信有古，百年之思，鬱乎湘山，則驗於紹興之庚戌。召對光宗，驟遇獎用，侍立代言，贊翊儲邸，次第藴畫，庶將發揮，則著於紹熙之癸丑。宛轉極諫，徬徨乞身，龍飛急召，十旬乃罷，爰抒舊志，著于訓傳，疢疢漸臻，梁木竟殞，則終於嘉泰之癸亥。叔遠夙蒙挈策，俾窺津涯，蒿幹鶡羽，愓負大賜，適當新義川漲，羣文蝟興，疇昔愬析而致，孤條之靡鬱，砥途之失榛乎？是用敬輯遺稿，寄諸琬琰，儻開後哲，庶弗淪墜，矧韋布昡（墓）〔慕〕，影響編傳。或混幼作，或雜真贋，詭題叢帙，誕彌遐陬，輪耀掩污，理合釐别，故今裒次，斷自梅潭丁亥之後。凡爲歌辭、古律詩、内外制、奏狀、劄子、表啟、書簡、序記、雜著、祭文、墓志、行狀，總五十一卷，即先生燕坐之齋，以爲集名。若成書，則有《讀書譜》二卷、《春秋後傳》十二卷、《左氏章指》三十卷、《周禮進説》三卷、《進讀藝祖皇帝實録》一卷。未脱稿，則有《詩訓義》、《周漢以來兵制》、《皇朝大事記》、《皇朝百官公卿拜罷譜》、《皇朝財賦兵防秩官志藁》，别自爲編，附識其目，庸熄淆亂。先生名傅良，字君舉，世系、歷官具見于神道碑、墓志銘、行狀云。嘉定戊辰，門人承直郎太學博士曹叔遠謹序。

先生《春秋後傳》諸書，今參知政事樓公既屬永嘉守施公栻刊寘郡齋矣。惟文集舊未成編，蓋俗所傳如《城南集》之類，皆幼作，先生每悔焉，故叔遠所詮次，斷自梅潭丁亥以後，抑先生意云爾。而哀搜衆録，參別唯久，至嘉定戊辰始就緒。又不揆輒陳述先生問學獨出之旨，人所未及知者，僭爲序文，冠諸篇端。樓公復以屬郡守楊公簡續刊之，楊謝不能，郡博士徐公鳳慨然曰：『是吾志也。吾起慕敬于兹久。』乃與前吏部侍郎蔡公幼學更加訂定，即廩士羨緡萬亟成之。於是後學咸得觀先生全文，而樓公美意始無憾焉。徐公之賜厚矣。徐公，建安人，弱冠登進士第，以親老不調者十餘年。初官永嘉，搢紳逢掖稱賢無異詞，而又汲汲然懼儒先遺文之汩其傳，而無以私淑諸人也，是真可爲人師矣。嘉定癸酉三月，門人承直郎新荆湖北路轉運司幹辦公事曹叔遠謹再識于集左。

林長繁刊板序正德改元

周氏手跋曰：戊辰正月二十四日，從書坊五柳居陶君琅軒處借得宋刊《陳止齋文集》，因將明刻對校，半月而畢。明刻從内閣鈔出，亦原于宋本，尚無大謬，然已多脱句、脱字、誤字，此宋本之所以可貴也。内有四卷半照明本鈔全，則從闕如。嘉慶十三年二月八日，香嚴居士周錫瓚書于通津山房。

梅溪先生文集五十四卷明正德刊本

宋王十朋撰

先君文集合前後并奏議五十四卷，紹熙壬子聞禮鋟木江陵，歸藏于家。痛念先君即世二十有一年矣，不肖孤家貧力弱，日夜抱遺書以泣，一旦懼溘先朝露，無以贖不孝罪。會兄聞詩假守浮光，以俸餘命聞禮董其役，始事于莫春，訖工于中秋。先君正大之學，忠憤之氣，愛君憂國之誠，仁民愛物之念，庶幾一展卷而盡見之。職校正迪功郎謝汝能、鄉貢進士任炎，其間闕亡者異爲別集云。男宣教郎充荆湖北路營田使司幹辦公事賜緋魚袋聞禮謹書。

格齋先生三松集一卷舊抄本

宋廬陵王子俊才臣撰

格齋四六一卷舊抄本

宋王子俊撰

香山集十六卷文瀾閣傳抄本

宋喻良能撰

宮教集十二卷文瀾閣傳抄本

宋崔敦禮撰

蒙隱集二卷文瀾閣傳抄本

宋陳棣撰

倪石陵書一卷抄本

宋倪朴撰

自東都文獻之餘，天下士大夫之學，日移于南，或推皇帝王霸之略，或談道德性命之理，彬彬然一時人材學術之盛，不可勝紀。蓋東萊吕公本其伊洛義理之學，且精于史。永康陳公同父方與之上下頡頏，其議論而獨貴於事功。夫以國家兵戈離析之久，王業偏安，人心不固，紀綱廢壞，風俗蕩焉而失防，意將自有酌古準今，知時識務之士，雄豪智勇，闓爽穎茂，而出於其間。或者乃猶慮其古方新病之不能以救亟也。當此之時，同父嘗陳征討大計，石陵倪先生朴實先後同父，草書萬言，欲以兵戰自效，不下同父。然同父因其才力氣岸之豪，中陷於罪釁，至老纔得高第，終以不得馳騁于中原，而遂至淪没。先生方自以其學勝，亦且不能於鄉里，至於罪廢，徙筠陽，故雖有志焉，而終以寒窶而老死。蓋予每覩先生之書，則爲之沉吟痛惜，而不能自已。先生嘗本其兵戰之所自出，備知天下山川險要，户口虚實，著爲《輿地會元》四十卷。又推古今内外境土徼塞之遠近，繪以爲圖，張之屋壁，而預定其計策，逆料其戰守者，不一而足。是將願出爲當世有用之學，而不欲僅爲儒者陳腐無實之空言，當時之士，惟同父爲能知之。先生亦惟寄示同父，而不遑以他及者也。然使先生之志，且與同父獲用于世，天下之兵，蜂集蟻聚，勝負雖未可知必也，人心國論之既定於一，力守東南，以爲保障，專意西北，以謀進討，江、淮、襄、漢，日以寧謐，秦、鳳、陝、虢之間，遺民襁負，義士壺簞，尚不爲無補於萬一者。是則後世所以深有取乎樂毅之常生，而重恨曹蜍之淹淹待盡也。夫自南北分裂，士之學者，方守於一隅，而禹跡之所被者，率不能以徧歷。黄河之源，出於崑崙，黑水之流，播於南海，而近世地理之家，茫無據依，遠相億度。蓋今海内混一，重譯萬里，黄河自星宿海發源，歷九渡河而後北，會于臨洮積石之西，黑水復流其西界，而經趨于滇越之外境，若可以燭照而數計者。譬如談天文者，每以洛陽居天地之中，然而南至北景，北踰鐵勒，斗極出没，高下之度，殊不可以常度準，又豈得徒溺乎羲和渾天之器，而獨不少究乎《周髀》勾股之法哉？是故先生《輿地會元》之書，兹既不能以復見，至於内外境土徼塞之圖，則猶未免乎參差矛盾而未盡善者，此殆古今祖述編類之一疵也。雖然，先生之學誠可謂博而有用者矣。當吕公云亡，先生貽書同父，謂宜力學以紹吕公後，而同父怫然不悦。是其於一時人材學術之盛，卒不肯俯首以隨人下，而欲自表表於世。自今觀之，前輩老成，凋喪俱盡，新學小生，鹵莽不學。是以一切墮於黄茅白葦，而欲以爲同竊其殘膏剩馥，而不敢有異，至其立言，箝口結舌而無所發明，臨事則以玩時愒日，偷懦憚事，而不足以赴其鼓舞作興之機者，此皆見棄於先生者也。藉令先生之學，本之以伊洛之義理，而又無貴乎永康之事功，則其所就，且將不止于此。雖然，今之學者，尚可及耶？吾固未易以王道、霸術之並行，而遽少之也。初，武夷謝翺皐羽嘗因先生之書，選爲一編。今始得其全帙號曰『雜著』者觀之，又嘗過其所居，則山洞湮塞，棟宇傾蕩，蕘兒牧豎，悲歌蹴踘，猶能示其故墟，而亦不能詳也，況其所著之書耶？嗚呼！士無當世之功業，而徒務于有言，不至于此不極也，是又古今文士著録藝文者之一嘆也。悲夫！邑人吴萊撰。

樂軒先生集十卷舊抄本　傳是樓舊藏

宋陳藻撰

初，網山既得師傳，嗣講席，户外之屨幾半艾軒，於是網山之徒又推樂軒爲高弟。一日侍網山，謁老艾，艾受其拜，接之如孫。然網山僅得中壽，使其高年，未必終窮也。樂軒七十五迺死，年出於其師，而窮尤甚於其師。城中無片瓦，僑居福清縣之横塘，開門受徒，不足自給。至浮游江湖，崎嶇嶺海，積錙得百千，歸買田數畝，輒爲人奪去。士之窮無過於此矣。今讀其文，講學明理，浩乎自得，不汲汲於希世求合，螢窗雪案，猶宗廟百官也，菜羹脱粟，猶堂食萬錢也。自入則課妻子耕織，勤生務本，有拾穗之歌焉；出則與諸生絃誦，登山臨水，有舞雩之詠焉。自昔遺佚阨窮之士，功名頓拙，時命齟齬，往往有感時觸事之作，以洩其無憀不平之鳴，若虞卿之愁、韓非之憤、墨翟之悲、梁鴻之噫、唐衢之哭是已。樂軒平生可愁、可憤、可悲、可噫、可哭之時多矣，而以樂自扁。樂之爲義，在孔門唯許顔子，先儒教人必令求顔氏之所樂。嗚呼！此固樂軒之所聞於二師歟？ 樂軒没二十餘年，余從竹溪林侯肅翁傳抄遺稿，姑敘其平生大致如此。肅翁又樂軒高弟也，他日居魏文貞之地，秉陳叔達之筆，當爲河汾先生立傳，無使天下後世有遺恨云。 樂軒陳氏，名藻，字元潔。 前史官劉克莊敘。

澹軒集八卷文瀾閣傳抄本

宋李吕撰

攻媿先生文集一百二十卷舊抄本　汪啟淑舊藏

宋四明樓鑰大防撰

尊白堂集六卷文瀾閣傳抄本

宋虞儔撰

東塘集二十卷文瀾閣傳抄本

宋袁説友撰　後有家傳

東塘集二十卷文瀾閣傳抄本

宋袁説友撰　後有家傳

義豐文集一卷舊抄本

宋王阮南卿撰

淳祐戊申冬，得《義豐集》，夜坐涉獵一過，爲之撫卷。其所抱負，豈不偉哉？然仕宦不過二千石，殆是當先朝萬物盛多之時故耳。年來士無才業，未必乾淳可督郵，顧余亦忝法從。今又見諸老與之往來書尺，而重爲古之人、今之世交致其憾也。大梁人趙希坙題。

觀士大夫言行，當于其大節，不顯以文藝也。劉禹錫、柳宗元，述作雄深，法度嚴密，發纖穠於簡古，寄至味於淡泊，非餘子所及。然坐王叔文黨，君子惜之。士大夫欲爲君子者，苟人不已知，世不吾以，則有致命遂志而已，窮居不損焉。乃若俛仰隨時，僥倖得志，雖有才美，不足觀也已。慶元初，孽臣竊柄，士大夫倚爲泰山，其門如市。吾邑王公先生以蓍蔡之明，冰霜之操，未嘗一躡其門。晚□臨川，陛辭奏事，柄臣使密客誘致之，迄弗往見。奉祠而歸，優游山間，無一毫隕穫意，此曾子所謂弘毅之士歟！先生所謂『文無一字無來處』，蓋其多識前言往行，以蓄其德，而又深於憂患，才老而氣定，故流於既溢之餘，嶄然出人意表。自其省闈三策，辭嚴而義偉，已不肯爲舉子之文矣。厥後論邊事，則鼂、賈其倫也；爲記銘，韓、柳其亞也。其詩如《題（語）〔浯〕溪碑》、《蘭亭記》、《金山廟》之類，折衷古人之得失，發越詞令所未言，至於感物興懷，酬唱嘲詠，筆力雄放，皆有深意，杜少陵其比也。顧其平生大志，欲裨國論，扶王室，掃清中原，以光祖閥，則有在彼而不在此者。一不獲伸，賫志没地，而以文藝稱于世，抑其土苴云耳。愈少之時，嘗操几杖從先生游，今老矣，高山景行之思，猶日往月來于懷也。其子旦爲邑惠之博羅，稡其文，鋟梓以歸，屬愈識其卷首。藐焉晚進，何敢措一辭？獨念前輩，典刑之老，中原文獻之裔，（考）〔去〕世逾遠，一時出處大節，後生鮮有聞者。孟子曰：『誦其詩，讀其書，不知其人，可乎？』故爲述其概云。淳祐癸卯夏六月甲子，里人吴愈敘。

涉齋集十八卷文瀾閣傳抄本

宋許及之撰

蠹齋先生鉛刀編三十二卷抄本

宋周孚信道撰，友人解百𥹀伯時編集

歐陽公之序蘇子美，曾南豐、陳後山之序王平甫，皆悲其不遇以死，其言反覆哀抑，有大不釋然者。人之讀之，知其辭之緩，而不知其意之切也。夫二公之材，高視一世，文可施諸典册，詩可薦諸聲歌，而坎壈流放，曾不得少用其所長，而夭死繼之。一時交舊，論次其平日之文，序其窮而閔其志，能無哀乎？所以深悲而痛恨者，自其情也。余之師友周公孚，字信道，自號□齋，天資穎悟，七歲通《春秋左傳》。既長，於書無所不闚，博聞强記，而尤邃於楚《騷》、遷《史》，唐韓、杜氏之詩文，國朝諸公名世之作，出入貫穿，造詣其畛域，掇拾其精華。始刻意於詩，以後山爲法，其後由陳而黄，黄而杜，屬思高遠，練句精穩，少而工，壯而新，晚而平淡。爲文長於叙事，簡絜而峻厲，不喜襞積雕繪，循理而言，理盡言止。公之於詩文蓋如此。登第十年，始爲真之郡博士，竟卒於官。仕止於一命，壽不登五十，其窮殆與子美、平甫類，而不逮二公者，二公所與游，皆一代宗工，足以自託不腐。公常恨不及見前輩，不蘄今之人，知一時顯人，亦未有能知公者，以故名未大耀。公既没之二年，平陽解君伯時得公之遺文、古賦、古律詩、表、牋、啟、書、序、記、疏、青詞、贊、碑、銘，共三十卷，目曰《鉛刀編》者，屬余爲之序。余少從公游，其學蓋得於公，老不加進，思公之不復見也，未嘗不潸焉以悲。伯時，公之死友也，嘗仕爲尚書省監門，聞公一言，棄歸力學，其志操有足尚者。公之自真歸葬也，伯時營護之力爲多。翟公有言：『一死一生，乃知交情。』余於伯時見之。淳熙己亥秋六日，京口陳珙序。

百褕與蠹齋先生從游，辱知遇最深。男瑀受業於先生之門，積有歲時，盡得先生家藏詩文三十二卷。先生平日盡力於斯文，於詩尤刻意，舊句多所更定，與昔少異。不敢私藏于家，命工鏤板，以廣其傳，學古君子覽之，始知余拳拳之志焉。淳熙己亥重九日，鄜延解百褕伯時書。

某氏手跋曰：《鉛刀編》三十二卷，海内藏書家概不見。東海先生過訪天一閣，范氏所藏有宋槧本，登閣影抄，四旬始竟。攜歸，過予齋頭，余即欲傳抄，不克是願。今忽三十餘年，先生已歸道山，撫卷感往，不勝悽悵，聊書數語於首，以爲後人珍重之意云。老友清之呵凍書□□□橋畔。

雙溪文集二十七卷附録一卷明嘉靖刊本

宋軍器大監金紫光禄大夫婺源縣開國男食邑三百户王炎著

汪元錫序嘉靖癸巳

汪恩敘嘉靖甲午

潘滋序嘉靖十二年

鄭昭先序

撙齋先生緣督集四十卷舊抄本　丁月河舊藏

宋廬陵曾丰幼度撰　《四庫》所收，從《永樂大典》録出。此則原本也，缺卷二十七至卷三十

《緣督集》者，故宋德慶太守曾侯丰幼度之文也。侯，撫州樂安人，登乾道己丑進士第，積官至朝散大夫、參知政事。真公德秀幼嘗學於侯，侯殁，真公誌其墓石，納窾中不得見。而侯

之孫焄以蔭補官，歷鴈茶、海口兩監鎮，調平江府節度推官，則由真公念舊而推引之也。二百餘年而書亡，國朝元統初，監察御史前進士燮理溥化來監其邑，詢求其鄉之先生舊人，得其族譜兩卷，故翰林學士吴公之所敘也，又命侯之五世孫德安購其遺書，得今集二十卷，將刻之。而燮君召拜御史，書未及成。後三年，德安求予敘之。按，樂安未置邑時，地屬廬陵之永豐，其先在唐末、五代時，有異人善相地者爲之葬，而子孫果蕃以盛如其占。江鄉好事者人人能道之，往觀者至今車轍馬迹不絶于其里。其顯者則莫盛于德慶矣。侯方未第時，自著其族譜，以爲遠不及温陵宣靖公家父子福德功勳之盛，近不及南豐子固兄弟文學名位之著，慨然有自憤之志。不一二年，遂策名大廷，其志亦宏矣哉！予得其所欲刻者，而有以見之。其氣剛而誼嚴，辭直而理勝，其有得于《易》之奇、《詩》之葩者乎？取辟託興，傑然不溺于風俗，山川磅礴雄偉之氣，蓋有以發焉。夫物之精華，久而不滅，則有神明之助者。一編之書，獨發於五世諸孫之手，殆非偶然也。德安能儒能醫，則文理之美，陰德之厚，尚有以昌其書者乎？侯登科之年，則我先忠肅公入相之歲，俯仰今昔，故爲之書。至元三年丁丑歲□月□日，翰林直學士兼國子祭酒進通奉大夫奎章閣侍書學士雍虞集伯生序。

緣督集二十卷文瀾閣傳抄本

宋曾丰撰

象山先生文集二十八卷外集四卷語録四卷明正德刊本

宋陸九淵撰　附諡議、行狀楊簡狀

天有北辰，而衆星共焉；地有泰岳，而衆山宗焉；人有師表，而後學歸焉。象山先生其學者之北辰、泰岳與？自始知學，講求大道，弗得弗措，久而寖明，又久而大明，此心此理，貫通融會，美在其中，不勞外索，揭諸當世，曰學問之要得其本心而已。心之本真，未嘗不善，有不善者，非其初然也。孟子嘗言之矣，鄉爲身死而不受，今爲宫室之美、妻妾之奉、所識窮乏得我而爲之，此之謂失其本心。其言昭晣如是，而學者不能深信，謂道爲隱，而不知其著，謂道爲邈，而不知其近，求之愈過愈湮鬱。至先生始大發之，如指迷塗，如藥久病，迷者晤，病者愈，不越於日用之間，而本心在是矣。學者親承師訓，向也跂望聖賢若千萬里之隔，今乃知與我同本，培之溉之，皆足以敷榮茂遂，豈不深可慶哉？嗚呼！先生之惠後學宏矣。先生之言悉由此出，上而啟沃君心，下而切磨同志，又下而開曉黎庶，及其他雜然著述，皆此心也。儒釋之所以分，義利之所由別，剖析至精，如辨白黑。遏俗學之横流，援天下於既溺，吾道之統盟不在兹乎？燮識先生於行都，親博約者屢矣，或竟日以至夜分，未嘗見其少有昏怠之色。表裏清明，神采照映，得諸觀感，鄙吝已消，矧復警策之言，字字切己與？先生之殁，餘二十年，遺言炳炳，精神猶在，敬而觀之，心形俱肅，若親炙然。臨汝嘗刊行矣，尚多缺略。先生之子持之伯微裒而益之，合三十二卷，今爲刊于倉司，流布寖廣，書滿天下，而精神亦無不徧。言近而指遠，雖使古人復生，莫之能易。嗚呼！兹其所以爲後學之師表與？先生諱九淵，字子静，撫州金谿人也。嘗講學於貴溪象山，學者尊爲象山先生云。嘉定五年九月戊申，門人四明袁燮謹書。

有宋撫州金谿陸先生，字子静。嘗居貴溪之象山，四方學者畢至，尊稱之曰象山先生。先生冢嗣持之，字伯微，集先生遺言爲二十八卷，又《外集》六卷，命簡爲之序。簡自主富陽簿時，已受教於先生，因言忽覺澄然清明，應用無方，動静一體，乃知此心本靈、本神、本明、本廣大、本變化無方，奚獨簡心如此，舉天下萬世人心，皆如此。《易》曰：『百姓日用而不知。』孔子曰：『二三子以我爲隱乎？吾無隱乎爾？吾無行而不與二三子者。』《大戴記》孔子之言謂忠信爲大道。忠者，忠實；信者，誠信不詐僞。而先儒求之過，求諸幽深，故反不知道。孔子又名大道曰中庸。庸者，常也，日用平常也。孟子亦謂徐行後長即堯、舜之道，又謂以羊易牛之心足以王。先生諄諄爲學者剖白斯旨，深切著明，而學子領會者寡。簡不自揆度，敢少致輔翼之力，專敘如右。開禧元年夏六月乙卯，門人四明楊簡敬書。

右《象山文集》二十八卷，《外集》四卷，先生行狀附焉。杰聞建安狀元陳公子孫喜與人同其善，敬送上件文集，請用刊行，以與世之志學志道之士共之，仍以二賢諡議次于目録之後。杰，末學小子，竊以謂二議一以爲學得孟氏，一以爲學非伊洛，此真得先生之心，至論也。二賢可謂知人矣！覆議末章伊川之言，與孔、孟不類，謂有子之言支離，謂太極之上不復更有無極，未悉其用意何如，然其至論在此。嘉定庚辰秋九月，盱水吴杰謹識。

慈湖先生遺書十八卷續集二卷明萬曆刊本

宋楊簡撰

熠刊《己易閒居解》，因紀歲月，僭書數語於卷末。嘗以書請益老先生，往復之間，兩蒙報教。始（請）〔謂〕平常正直之心，即道而體察隱度者，未免起意；再謂日用變化，豈無膠擾，但當改過遷善而止。熠反復敬誦老先生之言，乃知此心虚明，萬理萬化，盡在其中，君子所以用力於仁學而不厭者，必有事焉，初非臆度料想之謂也。輒合《己易閒居解》爲一帙，並以二書刊其後，敢不服膺，以無負老先生循循之誨。嘉定己巳六月望，曾熠謹書。

舒文靖集二卷文瀾閣傳抄本

宋舒璘撰

平庵悔稿十六卷丙辰悔稿一卷悔稿後編六卷抄本　鮑以文手校

宋括蒼項安世平甫著

吴氏手跋曰：右《平庵詩稿》，宋松陽項安世平甫著。按陳氏《書録解題》載《平庵悔稿》十五卷，《後編》六卷，《宋史·藝文志》作《丙辰悔稿》四十七卷，是其書在當時已所見互異也。《御選四朝詩》不列其名，厲鶚《宋詩紀事》有之，載《平庵悔稿》，不著卷帙，其爲世所罕見可知矣。吾友姚訒齋天成中翰云：乾隆三十八年，掌處州書院。浙撫有採書之檄，時松陽項氏尚有舊藏刊本，惜殘缺不全，未送省局。是編爲余秋室集太史分纂《永樂大典》摘出時誤傳全集已抄入《四庫全書》，遂未經編録。庚子秋冬，予寓秋室邸舍，愁病相侵，杜門不出，取案頭存稿，粘帖成書，手録副本，計《悔稿》、《丙辰悔稿》、《悔稿後編》，凡三種，共詩一千四百餘首。每稿輯成一卷，以《書録解題》所載較之，《悔稿》十五卷，今丙辰以前共得八百六十餘首，《悔稿後編》六卷，今得詩五百五十餘首，知《悔稿》之所缺甚多也。且云《後編》自丁巳終壬戌，据本傳則《丙辰悔稿》正僞黨罷職之時，《後編》諸詩必終于壬戌以後。如七古内《凱歌》一首，此開禧間解德安圍也；七絶内《贈石首李令云莫説三十年前事》『愁損河陽一縣心』，自注：『淳熙乙未，予三人同試南宫。』是詩當在丙寅、丁卯之際，上溯乙未，方合三十餘年。平甫卒于嘉定戊辰，去壬寅又六年矣，安得無詩？攷平甫《後編題辭》作于慶元戊午，但云『安知異時不復悔此』，不言止于何年，似《解題》所云未可盡据也。又《解題》列于詩集，故前後共二十一卷。《藝文志》作四十七卷，大約舉全集而言，直齋或未之見耳。俟他日南旋，訪求殘本，校補完善，爲書林之一大快。是書出自禁垣，世間希有，當什襲藏之。乾隆辛丑立春日，仁和吴長元書于秋室京邸之疏華館中。

趙氏手跋曰：右《平庵詩稿》，從《永樂大典》録出。傳宋詩者，多不列其名，讀其集中詩，材力富贍，每每以詩自豪，是亦宋季巨擘，迥出江湖諸派之上者。舊録不分卷，編爲三帙，有分體錯誤者，余爲正其訛，輯《平庵悔稿》爲十五卷，《悔稿後編》爲六卷，仍《書録解題》之舊。《丙辰悔稿》佚去爲多，只存一卷，聞松陽尚有舊藏刊本，當訪輯之，以爲全璧也。嘉慶乙丑冬日，仁和趙魏借知不足齋本。

平庵悔稿十六卷丙辰悔稿一卷悔稿後編六卷抄本　黄蕘圃舊藏

宋括蒼項安世平甫著

皕宋樓藏書志卷八十七

集　部

別集類二十一

雲莊劉文簡公文集十二卷明正德刊本　璜川吴氏舊藏

宋劉爚撰，門人果齋李正叔方子編次

公生於閩，臯生於蜀，初無一日之雅會，徒以聲氣之感，臭味之合，一見傾心，出入諷議，不謀而同。乙亥孟夏大旱，天子焦思側席，臯時備官左堿，奏乞用祖宗故事，降詔求言。上甚嘉納，降詔罪己，廣諮忠直。公之言曰：『今農事方殷，旱既太甚，天變見於上，人心動於下。陛下雖因邇臣之請，降詔求言，不知陛下誠意，在於聞缺失而正厥事乎？抑用人言以應故事乎？天不可欺，人不可罔，願與二三大臣至公無我，躬覽中外書疏，付之後省，條上所當行者，講究而施行之，則人心悦，而天意解矣。』凡此數十言，可謂明使命，其説尤懇款弗置，蓋公之愛君憂國，匡時正俗，惓惓之心，必以古人爲歸，不觀時之好惡爲趍舍。議者謂公奮於儒生，素以詩書爲業，至其於陳時政，論兵事，料敵應機，識大體而達時變，又何其明且決也！位遇未極，而遽以疾諗，不克盡究其所藴，吾黨之士莫不太息焉。夫言之所以獲行于後，久而不泯者，必其一出於義理之正，而著于人心，有不可廢者，故世亦不得而不傳也。魯叔孫豹曰：『先大夫臧文仲其身殁矣，其言立於後世，此之謂死而不朽。』公異時雖不欲自鳴以文，然其於學能尊其所聞，又能深造自得於義理之至精，故其文詞婉切至，時論韙之。蓋嘗三復公之遺文，而考其施置言論，無非得於師友講磨之素，發於義理之至精，人心之所同。故其出則典州刺部，一意於惠愛，致利除弊，救災蠲賦；入則參法從，輔儲禁，講論經理，斟酌古今，章明大中，披抉奥義，務欲納君於軌，輔太子以道。其大者如勸上於諸儒講讀之時，羣臣進對之際，必反覆問辯，以求當理，以諏缺政。此亦人所難言，而公屢言之。暨長成均，則首乞弛僞學之禁，雖於用事大臣有拂違，亦所弗憚。虜勢日蹙，南犇入汴，中原雲擾，公乞於沿邊增築城壁，輯整民兵，建制閫於淮壖，移兵屯於要地，絶歲（弊）〔幣〕，止約而旨遠，宜哉！言立於後世而傳不朽，於是乎序。嘉定十六年癸未，焕章閣待制沿江制置副使李𡌴序。

定齋集二十卷 文瀾閣傳抄本

宋蔡戡撰

自建炎渡江，中興立國，百度草創，然厥初（放）〔收〕合之時之才，亦自足供一時之用。撥亂反正，運奇敵愾，固歸於將相大臣，若其他列職士大夫，主謨議諫諍者有人，司典章討論者有人，掌書命制詔者有人，理財賦出入者有人，皆克稱其職，有益於國，有聞於後，是皆高宗神術興起作成有以致然。詩云：『古之人無斁，譽髦斯士。』斯之謂矣。高宗能運作人之妙，得士之寗，人材衆多，公是別白，雖中厄於秦氏之斲喪，然脈理之流傳，聲氣之陸續，終不可没。及孝宗嗣德龍飛，而羣材奮揚，發於久抑之餘，銑然角立傑出。孝宗培壅護持，日加月益，至於乾道、淳熙之際，則其成效大驗，著於天下，光明碩大，有不可揜。當此之時，孝宗以神志英睿，聽覽於上，羣臣亦精白罄竭，奉承於下，兵革不用，海内乂安，風俗純茂，民物殷富，蓋自渡江幾六十年，至是爲盛，可不謂懿哉！惟寶謨閣直學士〔宗〕〔定〕齋蔡公，是乃出於乾道、淳熙之際者也。尚論其世，而考其行事，究其立言，固知其爲卓然一時之傑矣。公，端明殿學士忠惠公四世孫，早擢上第，踐册府方，北門條對，便殿造辨，皆有鯁挺不阿之言。雖上拂下摩，身幾殆危，無所回忌，自是益爲士論推服。繼膺天子之眷，屢更内外繁劇，凡四十年。其間當事任，扞方面，將使指，總賦輿，宣力四方，無不殫盡。然亦以方正不撓，違世戾俗，因至落拓不偶，久勞於外。晚節獨荷天子恩顧益寵，進躋法從，則公亦既老矣。雖以〔窮〕〔權〕門，勢燄烜赫，欲以熱官怵公者甚至，而公乃晦匿避遠，不少污其膩，汔以全節始終，又豈非人之所難能哉？㚖嘗獲從廬陵劉公清之游，雖不獲一親君子光儀，第因劉公稔聞公建明植立之懿，竊所佩服甚久。今又伏觀公之文集，繩墨謹嚴，制作森具，巨細得體，豐約中度。爲詩圓美清遒，渾然不見刻雕之迹；賦則規古體物，宏肆羅絡，闖于衡、思之域；論奏確切懇惻，實而不浮，務求爲可行而不近名。竊嘗謂自昔有問學志節之士，不屑以文名者，則其文必純質渾大，而趣味有餘。有專期以文名者，其文嘗艱深迫急，而氣質淺薄。何則？士不屑以文名者，豈非其道德之藴，義理之積，溢而見之立言遣詞之間，如風行水上，有自然之文，詞達而理舉。其專期以文名者。其語非不工(具)〔且〕善，顧每傷于雕刻擴裂，模擬綴緝，不近古人夷曠渾灝之體，如絺繪組繡，非無可觀，然其美亦盡于一觀而已。惟公平生砥礪操持，蓋欲以節業自見於世，豈屑以文名者？而見于論著，固視前修無愧，然則公信可謂卓然一時之傑，足以追繼忠惠之盛烈也哉！公之季子户部郎官總領四川財賦廙，素厚善㙜，頃嘗相遇于沙羨，今又相遇于蜀。㙜亦久知户部，爲人英毅敏達，親仁從善，體國愛人，雖出其天性，然亦法家之素所習聞也。既以公集四十卷鋟本，將廣其傳，以幸惠後學，且不鄙衰陋，俾爲之序。㙜不敢辭。紹定庚寅人日，眉山李㙜序。

野處類稿二卷舊抄本

宋鄱陽洪邁景盧撰

自序

案，是書後人所依託，實朱韋齋詩文也。餘詳《儀顧堂集》。

盤洲集八十卷影宋抄本　惠紅豆舊藏

宋洪适撰　後附行狀及拾遺

應齋雜著六卷文瀾閣傳抄本

宋趙善括撰

淳熙季年，海内英傑，森布表著，文儒玉映，武衛電耀，廷集孔鸞，陸列牙爪，雖師師瑞虞，濟濟華周，無所與遜。孝宗皇帝一日御正拱殿，顧見廷臣，天顔怡愉，因問左右宗子在廷者爲誰，凡若干人皆謹對曰無之。帝蹇然喟曰：『克明俊德，首乎九族。周封八百，姬姓孔庶。今吾聖神子孫，枝葉扶疎，俊乂無寡，獨無一武，誕置文右，是謂靈囿無麟，太液無鵠也，可乎？』即詔近臣各舉屬籍之良者二人。居亡幾何，舒戭奮堪，間平政駿，茹拔鷺振，大者台斗，小猶郎吏。而應齋居士趙無咎，是時方高臥南州，狎東湖之鷗，弄西山之雲，遠追徐孺，進訪山谷，賦詩把酒，與一世相忘，訖不求諸公之舉，而諸公亦無求无咎。或曰：『其亦无咎之才之未卓歟？』曰：『无咎才固先人，文亦不後人也。』『然則諸公不求而荐之，何也？』曰：『才者，憎之媒也；文者，忌之胎也。漢之董、賈，唐之李、杜，非不才无文之坐也，才與文之坐也。四子且然，无咎可以無憾矣。』予自乾道辛卯在朝列時，无咎爲蘇州別駕，已聞其名。後十八年，予再補外，過豫章，始識之。至其家，見門巷蕭然，槐柳蔚然，知爲幽人高士之廬也，而其人老矣。

无咎既没，其子汝礜采爲太和宰，訪予于南溪之上，出无咎詩文一篇，目曰《應齋雜著》，求予序之。其文大抵平淺夷易，不爲追琢，不立崖險，要歸于適用，而非窾非浮也。至其詩，皆感物而發，觸興而作，使古今百家，萬象景物，皆不能役于我。嗚呼！无咎生无遇也，没而詩文可傳，未爲無遇也，无咎可以無憾矣。无咎諱善括，嘗知鄂州，終官朝請大夫，撥煩訣疑，所至名迹焯焯云。嘉定壬戌仲夏既望，誠齋野客廬陵楊萬里序。

艮齋先生薛常州浪語集三十五卷抄本

宋薛季宣撰

序缺名寶慶二年

誠齋集一百三十二卷外集二卷影寫宋刊本　朱竹垞舊藏

宋廬陵楊萬里廷秀撰

天以誠而覆，地以誠而載，日月以誠而久照，江河以誠而晝夜混混不息，誠之一字，非聖人疇克盡此？文節楊公以誠名齋，要亦自明而誠，苟有爲，皆若是也。人皆知先生之孤標勁節，可以薄秋霜，可以沮金石，而始終不撓；不知始終之所以不撓，先生之誠也。人皆知先生之文，如甕藹綜絲，璀燦奪目，取而不竭；不知文以氣爲主，充浩然之氣見諸文，而老益壯者，先生之誠也。負天下之望如誠齋，真所謂一代不數人，而復有東山爲之子。是父是子，前後一轍，非家學以誠能如是乎？東山先生曩帥廣東，煒叔貳令南海，辱置門牆，益深敬慕。乃今假(手)〔守〕道德之鄉，《誠齋文集》獨缺未傳。尊先生之道義，以倡儒學；表先生之志節，以激士習；發先生之詞藻，以振文氣。冒兹承乏，政孰先此？東山首從所請，且獲手爲定正，以卷計一百二十有二，以字計八十萬七千一百有八，鋟木於端平初元六月一日，畢工于次年乙未六月之既望。煒叔屢被朝旨，搜討遺書，遂獲羣書之未備者，悉上送官，藏之書府云。端平二年月日，劉煒叔序。

案，每卷後有『嘉定元年春三月，男長孺編次。端平元年夏五月，門人羅端良校正』兩行，餘詳《儀顧堂集》。

批點分類誠齋先生文膾前集十二卷後集十二卷 宋刊本

宋楊萬里撰

人莫不飲食，鮮知味也，知味者在飲食之外也。誠齋先生胷次磊磊砢砢，挺挺介介，故發爲文，則浩氣拍天，吞吐溟渤，足以推倒一世之豪傑，豈必聱牙屈曲，波譎濤詭，艱深蹇澁，思苦形稿，使人讀之不能句，然後爲工哉？雖然，大篇巨册，浩渺無涯，或傳於經，或集於文，或散於游戲之翰墨，縶𢡖矻矻，猶有未能盡窺其斑者，況場屋一日之士乎？建安李誠父取先生片言隻字之有助於舉子者，門分條析，爲前後集，《前集》爲綱者三十一，名曰《文膾》。蓋鼎嘗一臠，皆足以炙人口而膏筆端也。千里外來徵余序。余謂先生之文，豈止於舉子之助而已乎？舉而措之，可以撑拓宇宙，彌綸國家，黼黻皇猷，衮鉞今古。知味者又當於此乎求之，毋但曰膾炙而已矣。開慶己未清明節，嚴陵蛟峯方逢辰君錫序。

案，此宋麻沙刊本，每葉二十四行，每行二十字，大黑口。

渭南文集五十卷明刊活字本　朱竹垞舊藏

宋山陰陸游務觀撰

先太史之文，於古則《詩》、《書》、《左氏》、《莊》、《騷》、《史》、《漢》，於唐則韓昌黎，於本朝則曾南豐，是所取法，然稟賦宏大，造詣深遠，故落筆成文，則卓然自爲一家，人莫測其涯涘。蓋今學者皆熟誦《劍南》之詩，《續稿》雖家藏，世亦多傳寫，惟遺文自先太史未病時，故已編輯，而名以《渭南》矣。第學者多未之見，今別爲五十卷，凡命名及次第之旨，皆出遺意，今不敢紊，乃鋟梓溧陽學宫，以廣其傳。渭南者，晚封渭南伯，因自號爲陸渭南。嘗謂子遹曰：『《劍南》乃詩家事，不可施于文，故别名《渭南》。如《入蜀記》、《牡丹譜》、《樂府詞本》當别行，而異時或至散失，宜用廬陵所刊《歐陽公集》例附于集後。』此皆子遹嘗有疑而請問者，故備著于此。嘉定十有三年十一月壬寅，幼子承事郎知建康府溧陽縣主管勸農公事子遹謹書。

吴寬序弘治壬戌

渭南文集五十二卷明刊本　傳是樓舊藏

宋山陰陸游務觀著

復齋先生龍圖陳公文集二十三卷拾遺一卷附録一卷抄本　從杭州丁氏藏本傳録

宋陳宓撰

自余托交復齋陳公，餘四十年，而死生之别，則二十年矣。每念師門諸老，衰謝幾盡，余雖苟生於世，孤陋無助，德不加進，任重道遠，念之大懼。一日，公之子圭袁公詩文，屬余序引。義不得辭，受而讀之，不覺盡卷，如見其人，聞其語，而反諸身，求諸心，自媿者多，而爲益亦不少矣。蓋公之立朝也，位雖居卑，而應詔論事，言人所不敢；其歸閑也，年雖未及，而引疾告老，爲人所未能。然其爲辭，忠誠惻怛，和緩明白，而無一毫矯亢激迫之意。至於詩詠，雅正和平，既足以寫性情之真，又有以窺造化之妙。讀者味之，亦足以發。此皆有德之言也，然豈無其本哉？公跋《傅君文藁》有云：『誦古人之文，熟且久，曰：「是可學而能也。」退而書之紙，自以爲可矣。閲歲踰時，取而觀之，謂無一言之幾乎道，遂盡取舊藁而焚之。』此固公之謙辭，而其心實有所悟。蓋公已知文公朱先生之學，而讀其書，遂受業於勉齋黄先生之門，與瓜山潘公切磋磨琢，朝夕不相舍，學遂大進。觀其與師友往復問答之書，其爲學也，讀書靜養，日有常程，大要在於力勤而志專，博學而守約。自延平上印歸，堅臥不出，心志純一，遂得肆其力於博文約禮之際，矻矻孜孜，不極不止。人祠文公於學，公爲之記，首以孔子之學不厭，教不倦，發明文公之心，則其所以願學文公者，不在兹乎？惟其立志如此，進學如此，得之心、有諸己者如此，於爲文乎何有？蓋如木之有本，水之有源，自然敷暢流行，燦然成章，亦豈有意於爲文者哉？苟與我同志者，讀公之文，其亦有攷於斯。淳祐戊申春三月壬申，友人清溪鄭性之書。

案，陳宓，字師復，號復齋，莆田人。以父俊卿任歷監泉州南安鹽稅，官至直祕閣，事迹詳《宋史》本傳。是集爲藏書家所罕見，惟《福建通志》著于録。卷一至卷五詩賦，卷六至二十三文，別以《翰墨大全》所載《仰止堂規約》等爲《拾遺》一卷，附録則《宋史》本傳，同時諸名人往來書札贈送詩也。史稱宓嘉定七年封事，九年轉對劄子，慷慨盡言，指陳凱切，嘗爲《朱墨銘》，辨理欲分寸之多寡，今具載集中。《宋史》，脱脱所修，集末附《宋史》列傳，當是元初刊行。此本即從元刊影寫，洵罕覯之祕笈也。

頤庵居士集二卷張立人手抄本

宋四明劉應時良佐撰

陸游序慶元六年

夫詩何爲者也？尚其辭而已矣。曰善詩者去辭，然則尚其意而已矣。曰善詩者去意，然則去辭去意，詩安在乎？曰去辭去意，而詩有在矣，然則詩果焉在？曰嘗食夫飴與荼乎？人孰不飴之嗜也？初而甘，卒而酸。至於荼也，人皆病其苦也，然苦未免，而不勝其甘。詩亦如是而已矣。昔者暴公譖蘇公，而蘇公刺之。今求其詩無刺之之辭，亦不見刺之之意也。乃曰『二人從行，誰爲此禍』，使暴公聞之，未嘗指我也，然非我其誰哉？外不敢怒，而其中媿死矣。三百篇之後，此味絶矣，惟晚唐諸子差近之。《寄邊衣》曰：『寄到玉關應萬里，戍人猶在玉關西。』《弔戰塲》曰：『可憐無定河邊骨，猶是深閨夢裏人。』《折楊柳》曰：『羌笛何須怨楊柳，春光不度玉門關。』三百篇之遺味，黯然猶存也。近世惟半山老人得之。予不足以知之，予敢言之哉？今四明劉君叔向寄其父頤庵居士詩稿，命予爲之序。放翁陸務觀既摘其佳句序矣，予尚何言哉？偶披卷讀至『寂寞黄昏弔愁影，雪牕怕上短檠燈』，又『獨與梅花共過冬，淡月故移疎影去』，又『睡魔正與詩魔戰，牕外一聲婆餠焦』，使晚唐諸子與半山老人見之，當時一笑曰：『君處北海，吾處南海，不虞君之涉吾地也，何故？』居士名應時，字良佐。嘉泰元祀六月戊戌，廬陵楊萬里序。

水心先生別集十六卷抄本

宋葉適撰

張氏金吾曰：適有《水心文集》二十八卷，《拾遺》一卷，《别集》十六卷，俱著録《直齋書録解題》。此即《别集》十六卷也。陳振孫曰：『《别集》前九卷爲制科進卷，後六卷號《外稿》，皆論時事，末卷號《後總》，專論買田贍兵。』均與此合，其爲原本無疑。明正統中，處州推官黎諒重編適集二十九卷，今世行本是也。其自識曰：『嘗求全書竟不可得。』又曰：『訪求遺本，無有存者。』則原集之佚久矣。更四百年，原本復出，豈書之顯晦有時耶？抑適之精靈，實有以呵護之也。

自鳴集六卷文瀾閣傳抄本

宋章甫撰

客亭類藁十五卷文瀾閣傳抄本

宋楊冠卿撰

石屏詩集八卷附録一卷紅藥山房抄本

宋天台戴復古式之著

詩不讀三百篇，不足以言詩，然多雜出於里巷男女歌謡之辭，未必皆詩人作也。詩不盡作於詩人，而天下後世舍三百篇，無以爲法者，宜必有其故哉！詩一降而爲楚爲漢，再降而爲魏爲晉、宋，下至陳、隋，則氣象萎薾，辭語靡麗，風雅之變，於是乎極矣。至唐杜子美獨能會衆作，以上繼三百篇之遺意。自是以來，雖有作者，不能過焉。宋三百年以詩名家者，豈無其人，然果有能入少陵之室者乎？當宋季世，有戴石屏先生，慨遺音之不作，惡蠅聲之蠱聽，乃力學以追古人，而成一家之言。先生生于黄巖之南塘，負奇尚氣，慷慨不羈，南遊甌閩，北窺吴越，上會稽，絶重江，浮彭蠡，汎洞庭，望匡廬五老、九疑諸峯，然後放于淮泗，以歸老于委羽之下。顧其遊歷既廣，聞見益多，而其爲學益高深而奥密，故其爲詩，如逝波之魚，走壙之獸，搏風之鵬，其機括妙運，殆不可以言喻者矣。然其大要，悉本于杜，而未嘗有一辭蹈襲之者。嗚呼！此其所以爲善學者乎？至于音韻格律之升降，則與時爲盛衰，有非人力所能爲者矣。今其詩傳世已久，而又有八君子爲之論著。予生也晚，於先生復何言哉？先生之諸孫文瓚知所好尚，校舊本以圖新刻，益廣其傳，垂之永久，可謂能世其家者。予過天台，文瓚間以序來謁，遂不敢以後學辭而書之簡。先生諱復古，字式之，石屏其自號云。至正戊戌孟冬既望，宣城貢師泰序。

戴石屏之詩，有樓攻媿先生之序文，諸名公鉅賢之品題，不患不傳遠也。趙懶庵爲選其尤者，别爲小集，乃命僕爲此序，無乃以非人爲贅耶？懶庵於詩稍許可，韋、陶之外，雖輞川、柳州集，猶有所擇。今於石屏詩取至百三十首，非其機有契合者乎？夫詩之傳，非以能多也，以能精也。精者不可多，唐詩數百家，精者纔十數人。就十數人中，選其精者，纔數十篇而已。運惟少陵、謫仙能多而能精，故能爲唐詩巨擘也。蓋藝之難精者，文也；文之難精者，詩也。取妍奇於斧鑿者，少從容之態；受成于材具者，希汲取之功。豪逸者欠雋永，慘淡者乏膾炙。耳目者，興未必高遠；寄吟性情者，詞多至流宕。凡是者，皆詩之瑜而瑕者也。石屏之詩，平而尚理，工不求異，雕鎪而氣全，英拔而味遠，玩之流麗而情不肆，即之沖淡而語多警。懶庵之選，其旨深矣。雖然，石屏自語幼□孤失學，胸中無千百字書，强課吟筆，如爲商賈者乏資本，終不能致奇貨也。又言作詩不可計遲速，每一得句或經年而成篇。僕曩在贛□見懶庵論作詩亦然。二公契合之機，豈不□□乎？石屏，其所居山也，即以之爲號。其名復古，字式之，天台人，其姓氏不待人拈出也。紹定二年三月，浚儀趙汝騰序。

石屏戴式之以詩名海内餘四十年，所蒐獵點勘，自周、漢至今，大編短什，詭刻秘文，遺事廋説，凡可資以爲詩者，何啻數百千家。所遊歷登覽，東吴、浙水、襄漢、北淮、南越，凡喬嶽巨浸，靈洞珍苑，空迥絶特之觀，荒怪古僻之蹤，可以拓詩之景、助詩之奇者，周遭何啻數千萬里。所酬唱諗訂，或道義之師，或文詞之宗，或勳庸之傑，或表著郡邑之英，或山林井巷之秀，或耕釣酒俠之遺，凡以詩爲師友者，何啻數十百人。是故其詩清苦而不困於瘦，豐融而不豢於俗，豪健而不役于麄，閎放而不流于漫，古淡而不死于枯，工巧而不露于斲。聞而争傳，讀而亟賞者，何啻數百千萬。蓋嘗論詩之意義貴雅正，氣象貴和平，標韻貴高逸，趣味貴深遠，才力貴雄渾，音節貴婉暢，若石屏者，庶乎兼之矣。豈非其搜攬於古今者博耶？豈非其陶寫于山水者奇耶？豈非其磨礲千師友者熟耶？雖然，此舊日石屏也。今則不類，行年七十七矣。焚香觀化，付斷簡于埃塵；隱几閉關，等一樓于宇宙。離羣絶侶，對獨影爲朋友，而旹發于詩，曠達而益工，不勞思而彌中的。然則詩固自性情，石屏所造詣，有在言語之外者，非世俗所能測也。淳祐三年六月日，荆溪吴子良序。

唐人以詩名家者衆。近時文士多，而詩人少，文猶可以發身，詩雖甚工，反成屠龍之技，苟非深得其趣，誰能好之？黄巖戴君敏才，獨能以詩自適，號東皐子。不肯作舉子業，終窮而不悔。且死，一子方襁褓中，語親友曰：『吾之病革矣，而子甚幼，詩遂無傳乎？』爲之太息，語不及他，與世異好乃如此。既長，名曰復古，字式之。或告以遺言，收拾殘編，僅存一二，深切痛之，遂篤意古律。雪巢林監廟景思、竹隱徐直院淵子，皆丹丘名士，俱從之游，講明句法。又登三山陸放翁之門，而詩益進。一日攜大編訪予，且言：『吾以此傳父業，然亦以此而窮，求一語以書其志。』余答之曰：『夫詩能窮人哉？謂惟窮然後工。笠澤之論李長吉、玉谿□□□□□甚悲也。子惟能固窮，則詩愈昌矣。』余之言固何足爲軒輊邪？嘗聞戴安道善琴，二子勃、顒並受琴于父。父没，所傳之聲不忍復奏，乃各造新弄，《廣陵》、《止息》之流，皆與世異。其孝固可稱，然似稍過，果爾，則琴亦當廢矣。式之豈其苗裔耶？而能以詩承先志，殆异于此。東皐子其不死矣。嘉定三年歲未盡三日，四明樓鑰書於攻媿齋。

石屏以詩鳴東南半天下，其格補風韻之高處，見諸當世名公之所品題者，不可以有加矣。况予他日未嘗學詩，又安能措一詞？第嘗私竊評之，古詩主乎理，而石屏自理中得；古詩尚乎志，而石屏自志中來；古詩貴乎真，而石屏自真中發。此三者皆其源流之深遠，有非他人之所及者。理備於經，經明則理明。嘗聞有語石屏以本朝詩不及唐者，石屏謂不然，本朝詩出于經。此人所未識，而石屏獨心知之，故其爲詩正大醇雅，多與理契。志之所至，詩亦至焉。石屏痛念其先君子平生不肯作舉子業，而耑以詩自適，臨終以子在襁褓，而慮詩或遂無傳。石屏長而有聞，深切疚心，求以傳父業，顯父名，是其志也，實繼父志也。故其爲詩感慨激發，多與志應。陶靖節言『此中有真意，欲辨已忘言』，故讀書不求甚解。黄太史稱『杜詩無一字無來處』，然杜無意用事，真意至而事自至耳。黄有意用事，未免少與杜異，不知四詩三百篇，用何古人事若語哉？石屏自謂少孤失學，胸中無千百字書。予謂其非無也，殆不滯於書，與不多用故事耳，有靖節之意焉。果無古書，則有真詩，故其爲詩，自胸中流出，多與真會。三者備矣，其源流不其深遠矣乎？故詩有近體，有古體，以他人則近易工而不及古，在石屏則古尤工而過于近。以此視彼，其有效晚唐體，如刻楮翦繪，粧點粘綴，僅得一葉一花之近似，而自耀以爲奇者，予懼其猶黄鍾之於瓦釜也。此予所私竊自評者，亦未始爲石屏道，今敢以是質之，請石屏自剖決。予也奚敢妄爲若是決？淳祐壬寅孟夏四日，盱江包恢書于赤城皇華館。

恢以卧疾，未能自書，不免令朋友代札。伏乞尊炤，恢恐申稟□□□□□□□□□□□□

□□戴石屏詩備衆體，採本朝前輩理致，而守唐人格律，其用工深矣。是豈一旦崛起而能哉？集首東臯子二詩，雖班駁不完，而思致風骨，槩可想見，此其源流也。少陵之詩，是固天授神助，而發源實自于審言。審言之詩，至少陵而工。石屏本之東臯，又祖少陵，雖欲不傳，不得而不傳，少陵所謂『詩是吾家事，人傳世上名』者是也。石屏與遊，皆當世鴻儒鉅公，精筆妙墨，極力摹寫，曾不盡其妙，又假僕輩以爲置郵，何邪？若僕輩正有託于石屏者也。端平甲午十月既望，東平趙以夫書。

式之與蹈中弟齊年，而又俱喜爲詩。式之謂蹈中有高鑒，盡出其平生所作，使之擇焉，得百餘首，此編是也。余讀之，竟見式之才果清放，弟識亦甚精到，皆非朽拙所能逮者。然式之老益窮，奔走衣食四方，猶未得歸休于家，而蹈中則下世踰年矣。自古文士往往困躓，其稍幸稱遂者，天輒不假之年，蓋存歿俱可哀也，奚暇復論詩哉？姑命録藏而歸其本式之，且題其後，以致余歎惜云。甲申歲夏，浚儀趙汝談。

戴君詩句高處，不減孟浩然。予叨金鑾夜直，顧不能邀入殿廬中，使一見天子，予之媿多矣。嘉定甲戌月日，建安真德秀書。

近世以詩鳴者，多學晚唐，致思婉巧，起人耳目，然終乏實用，所當言之者無罪，聞之者足以戒，要不專在風雲月露間也。式之獨知之，長篇短章，隱然有江湖廊廟之憂，雖詆時忌，忤達官，弗顧也。猶每以不讀書爲恨，予曰：『「平生不識字，把筆學吟詩」，非韋蘇州之言乎？蘇州興寄沖逸，遠追陶、謝，顧不識字邪？蘇州且不識字，式之亦何必讀書哉？』端平甲午良月初吉，潛齋王埜子文。

作詩難，選詩尤難，多愛則泛，過遴則遺逸。懶菴爲石屏戴式之摘取百餘篇，兼備衆體，精矣。章泉所拈出，則其尤精而汰者也。然染指知黿美，窺管識豹斑，愛式之詩者，讀此足矣。式之方盡屏世學，坐進此道，發其英華，見於章什，必當方駕李、杜，深入陶、柳，得天之趣，侔神之工，回視舊編，遂成組繡。余未老，尚及見之。壽峯倪祖義書于西江談笑堂。

學詩者莫不以杜師，然能如師者鮮矣。句或有似之，而篇之全似者絶難得。陳後山《寄外舅郭大夫》『巴蜀通歸使，妻孥且定居。深知報消息，不忍問何如。身健何妨遠，情親未肯疎。功名欺老病，淚盡數行書。』此陳之全篇似杜者也。戴式之亦有《思家用陳韻》云：『湖海三年客，妻孥四壁居。飢寒應不免，疾病又何如？日夜思歸切，平生作計疎。愁來仍酒醒，不忍讀家書。』此式之全篇似陳者也。蹈中所選，乃□不在數，何耶？趙蕃。

詩盛于唐，極盛于開元、天寶間，昭、僖以後，則氣索矣。世變使然，可與識者道也。式之詩天然不費斧鑿處，大似高三十五輩，使生遇少陵，亦將有『佳句法如何』之問，晚唐諸子當讓一頭。紹定六年三月三十四日，剡姚鏞。

石屏南歸過僕於渝江尉舍，出示雪蓬姚公所選四藁下卷。僕永歌不足，併入梓，以全其璧。端平丙申九月十日，月洲李賈友山敬識。

乾道閒，東皐子以詩鳴。式之幼孤，壯乃能承其家。余頃于都中嘗見江西胡都司、楊監丞，皆甚稱其詩，蓋二公導誠齋宗派，不輕許。與別去，踰三年矣。一日忽見過於武川村舍，袖出近作一編，款論終日。余爲之廢睡，挑燈熟讀，仍摘句，猶未能盡。大抵唐律尤工，務新奇而就妥帖，道路江湖間，尤多語意之合，讀之使人不厭。余益老矣，不復能進矣，倘未委土壤，尚及見君凌厲斯世，捫參歷井，横翔而傑出也。東坡云：『詩非甚習不能工。』余謂如登羊腸之坂，中間無地，駐足不進即退，雖有過人之才，可不勉哉？嘉定七年正月甲戌，栗齋鞏豐。

陶元亮責子不好紙筆，杜子美喜其子新知句律，詩人眷眷於傳業如此。式之再世昌其詩，東皐子可無憾矣。甲戌冬孟，眉山楊汝明書于道山堂。

式之以詩鳴江湖間，垂五十年，多識前輩，晚乃與余爲忘年友。余既流放，式之由閩嶠度梅嶺，涉西江，弔余于衡嶽之陽，此意古矣。觀近作一編，其於朋友故舊之情，每惓惓不能忘，至於傷時憂國，耿耿寸心，甚矣其似少陵也！忠義根于天資，學問培于諸老，故其發見，非直爲言句而已。式之復俾銓次。不敢辭，得六十篇，爲第四藁，下且効李友山摘奇左方。端平三年歲在丙申五月丁卯，剡人姚鏞。

皕宋樓藏書志卷八十八

集部

别集類二十二

蓮峰集十卷文瀾閣傳抄本

宋史堯弼撰

蜀士以文名者，皆獲傳於世，惟青衣史公堯弼唐英之文未傳。昔張丞相魏公一見公《洪範》等論，謂義理之學大類東坡，手其文示諸子姪，曰：『讀是則知爲文之道。』而况令天下學士欲拜下風而不得，寧不矚目於斯文也哉？比因編次公平日所著文，凡三十卷，刊出與衆共之，亦以備蜀士之闕文云。乾道丙戌八月既望，省齋言。

蓮峰先生史氏，諱堯弼，字唐英。童丱迥出不凡。紹興中，史唐英之名滿於搢紳間，天下知名士也。李巽巖以《南北六朝策》首送眉陽，蓮峰在第二，年甚少，其文尤該博，非幼學所能。兄弟三人，兄長諱克俊，歲辛酉四川類試第一人。蓮峰下第，束書游東南。時張魏公在潭，雅聞其名，欲一見之。蓮峰乃以古樂府、《洪範》等論贄之。魏公得其文示南軒，曰：『此東坡先生之學也。』留館於潭。明年，試湖南漕，蓮峰第一，南軒第二。蓮峰因以《文章正宗》示南軒，而嘗曰：『文章一小技耳。』蓋每開之以正大之學，引而不發也。是以南軒平生尊敬東坡先生，不忘蓮峰。歲丁丑，蓮峰偕其弟堯夫登第。弟卒，南軒以書相開勉，（其）〔具〕述中庸復性之理。是時南軒蓋年未二十也，其自得已如此，非蓮峰養正之功也哉？初，魏公謫於潭，禍不可測，蓮峰獨從之游。觀其所贄詩章，雖以戰守爲正，然其末未嘗不歸之愛民也。辛巳用兵，魏公復起，蓮峰亦登第，人爲之喜，蓮峰則曰：『魏公再用，勿用兵乃可，不然，必再敗。』未幾，果有符離之衂，人以爲知言。其議論據正，不隨世俯仰蓋如此，是豈誇張誕謾，苟以名勝相推激爲重者之比哉？清全總角侍先公，家青衣江上。蓮峰於先公爲同年進士，寓居棲禪寺時，以小舟過先公，率夜漏三十刻乃去。清全傍立拱侍，聽其言，猶河漢無極也。其文至多，皆散落不存，舊集漫漶。今蓮峰兄長之嫡孫師道取而再刻之，加以南軒少時一帖，併諸公所跋，附於其後，使人知南軒少年自得，乃蓮峰磨礲浸灌之力，可考不誣也。師道頃官蜀口，遭值用兵，亦主愛民之論，不貪苟進之功，狂童在傍，訖全其節。以是受知於制閫相公，擢守古戎。會鄰路有干戈之擾，亦不樂用兵以去，其尚蓮峰之家法也哉！　嘉定癸酉年，家子任清全敘。

江湖長翁集四十卷明刊本

宋高郵陳造唐卿撰　前有墓誌申屠駉撰

陸游序嘉定二年

自序曰：長翁，陳子自謂也。陳子家高郵，自以無補于世，置江湖乃宜，故曰江湖長翁。物無用曰長物，言無當曰長語，翁亦然。或曰：『子以長名可也。又泰然自得，不以長爲歉，與世異情，何歟？』答曰：『吾之長，自知良審。長則不爲人役，故不勞；自知則無外慕，故内足。雖然，世故有自足且不勞者，必有所恃。翁所恃偉矣。翁以不賤爲貴，以不貧爲富，以未死爲壽。』『請問之。』曰：『向也食以耕，衣以績，若將没齒。今而取科第，厠仕籍，爲七品官，較之昔，不爲賤。向也口腹有不充，假衣乞米不免也。今奉食有田，足以鋤耨自給，視昔不爲貧。生而病，醫藥莫適，收功不一二，瀕死自分，中折久矣。今且皺革星鬢，婆娑人間，佳食息，未厭世，信不夭矣。三者人笑其末，而吾每得自滿且自慰。人求之新，吾求之舊，有大不同者。棋甚拙，藉以適意，勝負初不計。好吟詩爲文，詩寓興，文寫所欲言，不古不工，人議之，不病也。外此無嗜好，有子孫，皆中材，可迪以善，進以學，恭以田事。人譏其長，若無如之何，而吾安而玩之不厭，又奚歉？使知歉，則失夫長之真矣。』客噱而去。既答客，因行而歌曰：『憑迂樂散，聊自廷兮。中枵然，外則無望兮。適所適，以全吾長矣。』翁名造，字唐卿。

李之藻序萬曆六年

姚鏞序萬曆戊午

北溪先生大全文集五十卷外集一卷舊抄本　汪喜孫舊藏

宋陳淳撰

道之顯者，謂之文。措辭艱深，造語險怪，文云乎哉？六經，乾坤也。四書，日月也。矢口成言，下筆成書，惟《盤》、《(詰)〔誥〕》(難)〔雜〕以方言，初未嘗艱深險怪也。蜀之《玄》，蒙之《莊》，如駕蛟螭，如攫虎豹，文誠奇(奇)〔矣〕，求其顯斯道者，無有乎爾。夫以見知聞知之傳，有所自來，孟子而後，斯道顯於濂洛。濂洛之後，斯道顯於紫陽，一時門人半天下。惟北溪陳先生獨得派漳南，始未獲見，員以成規，方以中矩，一聆謦欬，紅爐點雪，查滓渾融。觀其《問目》，如《小戴·曾子問》，隨事辨詰，毫髮不遺；《戒懼》、《謹獨》二箴與朱子箴敬齋同一轍；程、張、吕言仁二辨與朱子辨《輯略》同一機；《字義》，《近思録》也；《雜詠》，《感興詩》也。篇篇探心法之淵源，字字究性學之蘊奥，誠又與《朱子大全》相先後。朱子之道學，大明於世，羽翼之功，先生居多，當時稱爲朱子嫡嗣，其信然歟！讀先生之文，當如菽粟布帛，可以濟乎人之飢寒；苟律以古文馳驟，連篇累牘，風形月狀，能切日用乎否？集五十卷，淳祐戊申郡倅薛公季良鋟梓龍江書院，歲久佚壞。乙亥莫春冬，幕賓本齋高公念斯文之將墜，痛道統之無傳，遂乃文移有司，力請壽梓。于是太守張公是其説，推理烏公、孫公贊其謀，遂以庠廩贏奇，委學録黄元淵之三山墨莊鏤刻，而黄又勉齋先生之裔，故其奉承惟謹，不三月而集事。環翁備員教席，命序其事。生晚謏聞，揚休玉立不可得而見之矣，所幸者，嘉言善行猶未泯焉。思昔吾莆陳汶齋、鄭子上、黄子洪諸老，與先生同在朱門，著述今無一二，其子孫亦不顧惜。使皆如諸公之敬前修，勉來學，安有奇貨横道側之歎哉？僕于先生之文韻，景仰也夫，亦重有感也夫。至元改元臘月，漳州路儒學教授莆宓軒王環翁舜玉父序。

周孟中序弘治

昌谷集二十二卷文瀾閣傳抄本

宋曹彦約撰

南軒先生集四十四卷舊抄本

宋張栻撰

朱子序淳熙甲辰

勉齋先生黄文肅公集四十卷附録一卷宋刊本

宋黄榦撰

案，此宋刊元印本，每葉二十行，行十八字，版心有注『延祐二年補刊』字樣，小黑口，宋刊元修本也。

勉齋先生黄文肅公集四十卷附録一卷影宋抄本

宋黄幹撰

後樂集二十卷文瀾閣傳抄本

宋衛涇撰

先公參政文字七十卷，皆樵執簡膝下隨日録稾襲藏者也。先公平昔著述尚多，而樵自入仕，居侍旁之日少，於是稾録之備諸弟之留侍者有焉。孤苦餘生，悉未編集。樵兹來守永，偶公暇，因以所藏者纂録校讎，又命館賓嘉興貢士常南仲相與覆校，敬鋟諸木，而以櫟齋叔父湜所編年譜冠諸帙首。伊欲罄先公之遺文，具載備録，以至行述、謚議、史傳、隧碑，并俟他日續鋟木云。紹興壬辰冬旦，嗣子樵謹書。

山房集八卷後集一卷文瀾閣傳抄本

宋周南撰

校註橘山四六二十卷明刊本

宋古潛李廷忠居厚著，明曲阿孫雲翼禹見注

梅山續藁十七卷舊抄本　鮑渌飲舊藏

宋括蒼姜特立撰

梅山續藁十七卷舊抄本

宋括蒼姜特立撰

漫塘劉先生文前集三十六卷明正德刊本

宋劉宰撰　前有小像吴節贊、《宋史》列傳

上缺貫哉。漢、唐而後，言語性命，離而爲兩，合乎一者，韓子而已。《原道》一篇，通貫六籍。然《上丞相書》則近乎佞，《贈李愿序》則近乎慢，《符讀書城南》又近乎諂，豈道與文，果二物耶？學韓子者，惟漫塘劉公，而漫塘之文則不然。脌渾數世之積累，培養雲茅之氣節，秀鍾一身，植而爲行，發而爲言，但聞道鳴以文，未聞文鳴乎道也。讀其文，雅正如《騷》，詠其詩，精切似《選》，其奏議似《檀弓》、《左氏》，其論思反覆似《國語》、司馬子長。信矣！非漢、唐以後之文也。遂鄉里晚出，嘗侍言論，見其所以自命者，未嘗以文。其在庠序，隱然有憂世之志；其出入州縣，慨然有濟時之用。及其屢召不起，則毅然以愛族黨、禁非鬼、恤窮饑、撫存没爲心。問之，則曰：『先公之志也，吾何敢？』其薦進人才，動十數人，爲世有用，行足以動旒冕之知，仁足以啟鬼神之助，望足以壓三軍之亂，化足以服羣民之心，而道不及行之朝廷、達乎天下者，天也，豈人所能爲哉？平生學術，根本伊洛，至於論説本末，則拒而不談。嗚呼！有黄叔度、申屠蟠所不能及。既卒數年，鄉里諸友欲發其文傳於世，而蚤歲之稾，散佚不存，中年所作，趙師契者抄録最多，其餘友朋亦以類至，畧計平生之文，十未四五。其子翁望剛叔既彙次之，名曰《前集》，而留《後集》，以待方來。夫文之遇合有時，道之流行不已。其存也，不爲時用；其没也，僅止於斯。文之可貴也，其言足以補益當世，其旨足以覺悟後來。道之無窮也。遂不敢以其可貴者而廢其無窮，因請書之爲序。淳祐二年秋分日，後學王遂序。

任佃刊版序正德辛巳

王臯後序正德辛巳

漫塘文集三十六卷附録一卷明萬曆刊本

宋藉田令改添差通判建康府太常寺丞直顯謨閣主管玉局觀漫塘病叟劉宰著

王遂序淳祐二年

任佃刊版序正德辛巳

王臬後序正德辛巳

王藩重刊序萬曆甲辰

范崙序萬曆甲辰

段溥跋

永嘉四靈詩五卷影寫宋刊本　汲古閣舊藏

宋徐照道暉三卷，徐璣改中二卷

黄氏手跋曰：此影宋本《永嘉四靈詩》四卷一册，昭文同年張子和藏書也。余與子和相知以同年，其相得，則彼此藏書故。猶憶癸丑同上春官，邸寓各近琉璃廠，每於暇日，即徧游書肆，恣覽古籍，一時有兩書淫之目。既而子和即於是科得翰林，散館改部；余下第歸，連丁内外艱，杜門不出，與子和蹤跡殊疎。然彼此書札往還，無不以賞奇析疑爲昜。是册於子和宦游京師時，從其家借讀，故典籍者有細目一紙備考。及子和奉太夫人諱南還，便道過訪，談及是册，知余欲傳録未果，欣然輟贈此書，遂爲士禮居中物矣。顧余檢《汲古閣珍藏秘本書目》宋板《四靈詩》三本，亦云有缺，則此影鈔者必自三本出，惜其目未載卷數，不知所缺同否耳。近日雖有傳本，較此絶無影響。毛氏云此書久矣失傳，幸而得此，真確論哉！　嘉慶七年壬戌十一月二十八日冬至，黄丕烈書於太白樓下。

又曰：四靈、九僧，言詩者必推之。余向得四靈，而無九僧，心猶歉然。今復獲毛鈔影宋《九僧詩》，真成雙璧，惜子和已歸道山，不及相與欣賞耳。癸酉四月初三偶校及此，因記，復翁。

案，此汲古影宋本，每葉二十行，每行十八字，版心有字數。卷中有『宋本』朱文腰圓印、『希世之珍』朱文方印，『毛晉私印』、『子晉』、『汲古主人』朱文三方印，『毛扆之印』、『斧季』朱文二方印，『席鑑之印』、『席氏玉照』朱文二方印，『黄丕烈印』白文方印、『蕘圃』朱文方印、『虞山席鑑玉照考藏』朱文方印、『虞山毛晉』朱文方印、『子晉書印』朱文方印、『汲古得修綆』朱文長印。

信天巢遺藁一卷附林湖遺藁一卷江村遺藁一卷疏寮小藁一卷鮑以文手校本

宋高翥撰；《林湖遺藁》，高鵬飛撰；《江村遺藁》，高邁、高質齋、遁翁撰；《疏寮小藁》，高似孫撰

陳克齋先生集十七卷舊抄本

宋信州陳文蔚才卿撰

程端明公洺水集二十六卷明刊本

宋程珌撰

道始於太極，堯以是傳之舜，舜以是傳之禹，禹以是傳之湯，湯以是傳之文、武、周公、洙泗聖人，羣三千之士，講益明，説益備。由是而後學者不過服而習之，安而行之而已。而近世學者乃輒不然，思入安境，行入舛途，不流於老、莊之苦空，則歸於篇章之吟詠，紛紛藉藉，淆亂日甚。今珌是集，猶有不能盡去者，亦或有補於世教之萬一，觀者其審之。洺水遺民自序。

龍川先生文集三十卷明刊本

宋陳亮撰

同甫名字行於世者，《酌古論》、《陳子課藁》、《上皇帝四書》最著者也。子沉聚他作爲四十卷，以授予。初，天子得同甫所上書，驚異累日，以爲絶出，使執政召問，當從何處下手。將由布衣徑唯諾殿上，以定大事，何其盛也！然而詆訕交起，竟用空言羅織成罪，再入大理獄，幾死，又何酷也！使同甫晚不登進士第，則世終以爲狼疾人矣。嗚呼！悲夫！同甫其果有罪于世乎？天乎？予知其無罪也。同甫其果無罪於世乎？世之好惡未有不以情者，彼於同甫何獨異哉？雖然，同甫爲德不爲怨，自厚而薄責人，則疑若以爲有罪焉，可矣。同甫既修皇帝王霸之學，上下二千餘年，考其合散，發其秘藏，見聖賢之精微，常流行於事物，儒者失其指，故不足以開物成務，其説皆今人所未講。朱公元晦意有不與，而不能奪也。吕公伯恭退居金華，同甫間往視之，極論至夜分。吕公歎曰：『未可以世爲不能用，虎帥以聽，誰敢犯子？』同甫亦頗慰意焉。予最鄙且鈍，同甫微言，十不能解一二，猶以爲可教者。病眊十年，耗忘盡矣。今其遺文，大抵班班具焉，覽者詳之而已。嘉泰甲子春三月朔旦，龍泉葉適序。

龍洲道人詩集十四卷附録一卷明刊本　曹倦圃舊藏

宋西昌劉過改之撰

古人以詩名家者衆矣。予兄改之晚出，每有作，輒伸大紙以爲藁，筆法遒縱，隨爲好事者所拾，故無鈔集，詩章散漫人間，無從會(猝)〔稡〕。瀣嘗游江浙，涉淮甸，得詩、詞、表、啟、序于所交游中，纔成帙，多爲同儕取去。歲月久(無)〔淹〕，應酬幾不能給，或以是而獲謗。吁！上而李、杜、韓、柳，近而歐、蘇、陳、黄，大篇巨帙，爛如星日，絢如綺組，膏澤流于無窮，于此何足祕哉？用是鋟木，以廣其傳。每得名賢序跋、詩文亦多，嘗陸續以刻。少有舛闕，不敢輕易竄易，或收善本，能一賜參對，至願。時端平紀元六月望日，劉瀣謹題。

重校鶴山先生大全文集一百九卷明安國活字本　周亮工舊藏

宋魏了翁撰

藝祖救百王之弊，以『道理最大』一語開國，以『用讀書人』一念厚蒼生。文治彬郁，垂三百年，海内興起未艾也。而文章亦無慮三變。始也厭五季之萎薾，而崑體出，漸歸雅馴，猶事織組，則楊、晏爲之倡。已而回瀾障川，斲雕返樸，崇議論，厲風節，要以關世教，達國體爲急，則歐、蘇擅其宗。已而濂溪周子出焉，其言行道德參務，而惟文之能藝焉耳，作《通書》，著《太極圖》，大本立矣，餘有所及，雖不多見，味其言，藹如也。由是先哲輩出，《易傳》探天根，《西銘》見仁體，《通鑑》精纂述，《擊壤》豪詩歌，論奏王、朱，而講説吕、范，可謂和順積中，而英華發外矣。後生接響，謂性外無餘學，其弊至於志道志藝，知有語録而無古今，始欲由精達粗，終焉本末俱舛。然則言之不文，行之不遠，亦豈周子之所尚哉？此淵於鶴山魏公之文，而重有感也。南渡後，惟朱文公學貫理融，訓經之外，文膏史馥，騷情雅思，體法畢備。又未幾，而公與西山真書公出焉。淵生晚，不及見考亭之典型，獨幸接二公之緒論。歲在丙申，魏公假督鉞道吴門，淵辱兼知□□元故□讀公詩文爲尤熟。公薨背十二年，而二子曰近思、克愚，稡遺藁刻梓，屬淵序發之。淵竊惟公天分穎拔，早從諸老游，書無不讀，而見道卓，守道約，故作爲文，率深衍閎暢，微一物不推二氣五行之所以運，微一事不述三綱九法之所以尊。言己必致知力行，言人必均氣同體，神怪必不語，老佛必斥攘，以至一紀述一詠歌，必勸少諷多，必情發禮止，千變萬態，卒歸於正。及究其所以作，則皆尚體要，而循法度。浩乎如雲涵空，而莫可狀；凜乎如星寒芒，而莫可干；蔚乎如風縠波，而皆自然也。其理到之言歟？其有德之言歟？程、張之問學，而發以歐、蘇之體法歟？ 公文視西山理致同，醇麗有體同，而豪贍雅健，則所自得，故近世言文者，曰『真魏』，要皆見道君子歟？ 公早掇峻第，晚踐政途，然身未嘗安於朝廷之上，使得行其言，以措諸世，如藝祖之訓而用之，詎止如今所稱者？ 而天不假以年，故所可見者文而已。 惜哉！ 淳祐己酉夏，宛陵吳淵序。

端平二年冬，潛以右文殿修撰知太平州。 時文靖魏公繇樞筦督視江淮京湖軍事。 其始辟幕府，領袖之士，每極天下選，然率以時好向背違不就。 潛於公非交游知舊，亦驟辱扳引爲上客。 或謂潛曰：『盍審諸。』潛曰：『公善類之宗也，可無從乎？』乃疋馬追公於溢浦之上。 雖玉帳贊籌，專務戎事，而暇日尊俎笑談，獲見公高文大册，及聞公崇論宏議，日充然有所得也。 嘗曰：『學必本六經，之謂正學；道必本堯、舜、禹、湯、文、武、周公、孔、孟，之謂正道。 彼邪説詖行，是乃荆榛，闢而通之，則理到文醇矣。 至于天文、地理、禮樂、律曆、官制、兵法、典章、文物，莫不究極纚纚，如辨白黑，而數一二。』潛益信公根柢學問，枝葉文章，落陳啟新，翼華抵實，天出神入，不可羈控，此豈偶然之故哉？ 後二年公歿，潛哭之流涕，曰：『天喪斯文矣！』又十有五年，公之子近思、克愚相與蒐遺亡軼，有《正集》、《外集》、《奏議》，凡一百卷，將鋟梓行於世，既屬叔氏序其首，又俾潛曰：『子爲我申言之。』潛竊謂渡江以來，文脈與國脈同其壽。 蓋自高宗喜司馬文正公《資治通鑑》，謂有益治道，可爲諫書。 自孝宗爲《蘇文忠公文集》御製一贊，謂忠言讜論，不顧身害。 洋洋聖謨，風動四方，於是人文大興，上足以接慶曆、元祐之□。

至乾淳閒，大儒輩出，朱文公倡於建，張宣公倡於潭，吕成公倡於婺，皆著書立言，自爲一家，凡仁義之要，道德之奥，性理之精微，所以明天理而正人心，立人傑而扶世教，使天下曉然知人之所以異於禽獸，中國之所以異於殊域，吾道之所以異于佛老，有君臣而不蝕其綱常之正者，功用宏矣！永嘉諸老，如陳心齋、葉水心之徒，則爲制度器數之學，(如)〔名〕曰實用，以博洽相夸，雖未足以頡頏二三大儒，然亦有足稽者。寥寥四五十載，我公嗣之，識照古今而不自以爲高，忠貫日月而不自以爲異，物望在生民，名望在異域，文章之望在天下，後世蓋所謂兼精粗，一本末，集乾、淳之大成者也。惜其位不稱德，命不待時，不及相明天子，以興禮樂，致太平，而斯文之澤，所見俾止於此。悲夫！公諱了翁，字華父，邛之鶴山人，天下士師尊之曰鶴山先生云。淳祐辛亥四月哉生明，太中大夫新除參知政事同提舉編修敕令同提舉编修《經武要畧》金陵郡開國侯食邑一千七百户食實封二百户吴潛後序。

余髮未燥，聞鶴山先生名；年志學，誦鶴山先生文。先生將漕鄉邑，伯仲叔季從先生游。余於定省餘暇獲聆先生(磬)〔謦〕咳，惜年少不敢犯互鄉之譏。既冠，束書蜀學，有志歸門，而先生已得君，致身清要，勢分愈霄壤。歲乙酉，余忝以《春秋》竊第，可借玉階方寸，吐平日欲言，繼先生芳躅，得旨免臨軒。斯文機緣，似與先生不偶。越二十餘載，僥倖分倅靖南。嘗記先生《鶴山書院記》有曰山□瀨縶□，皆謂是行之，何風月之足云。余謂夫子所居，召伯所憩，忠信可行，余何幸焉！適郡太守迺先生長翁，氣味相投，一見傾蓋。至之日，謁宣聖，造書院，講釋菜禮，覩先生道德顔容，如夢寐所見。暇日，索先生文集，長翁以姑蘇所刊本垂教，爇香細玩，凡關宗社之休戚，邊庭之利病，敵情之真僞，世道之厚薄，畢萃此書。有則已，亡則書，余自顧此行所得，良不淺也。惟字畫尚舛訛費點勘，擬命工刊正，旋以違□□去，攜□本至京邑，偶當對，竊先生緒論，稱旨，出守涪陵，繼叨西臬，距先生衮鄉百里許，家有先生遺藁。刊正之局方開，嘉定法掾趙與梣得於先生次翁温本相過，字畫精，紙墨善，意無以出其右，尋熟讀，則舛誤猶姑蘇本。既而制幹何璟、漕幕朱景行、昌士盧皆以所藏先生《雅言》、《周禮折衷》大魁之作來至，如墓誌、書劄等文，與《大全集》者項背相望，類成一編，比姑蘇、温陽二本加詳焉。余謂是編不容不再刊之，先生殘編斷簡，散落人間，未易裒集，復命漢嘉士楊起寅偕寮友日夕相與校正，孱工鋟梓。嗚呼！天喪斯文則已，猶若未也，則開卷瞭然，百年之利害，百年之得失，百年之安危，如蓍龜前知，其或繼之者，雖百世可知也。本集已有退庵之序，履齋之文，可以爲重矣。余何措一詞？深恨四郊多壘，工則取之於驚徒，力則取之於撙節，紙墨則取之於散亡，要以是紀斯文之不墜。若曰字精工巧，墨妙紙良，將有望於方來。開慶改元夏五月甲子，諸生朝請大夫成都府路提點刑獄公下缺

邵寶序嘉靖壬午

暢華跋嘉靖癸未

西山先生真文忠公文集五十一卷 明刊本

宋真德秀撰

自孟子没，聖人之學不傳，更千四百餘年以至于宋，得濂溪周子、河南二程子出，然後不傳之緒始續。程子没，又更百餘年，而考亭朱子出，然後聖人之學益以大明。當其時傳其學者多矣，至于聞而知之者，則西山先生真文忠公是已。先生爲朱子同郡，而生差晚，弗獲及門受業，獨嘗私淑，而有得焉，自以爲受朱子罔極之恩。蓋先生之學，朱子之學也。先是，權相立僞學之名，以錮善類。先生獨慨然以斯文爲己任，講習服行，上以告其君，下與學者語，未嘗不誦言朱氏。其言曰：『學者讀文公之書，未能究竟底藴，已先疑其説之未盡。』故常勸朋友間且將文公《四書》涵泳既深，達其旨矣，然後以次及於《太極》、《西銘解》、《近思録》諸書，如此數年，則於義理之精微，不患其無所見矣。又必合知行爲一致，講貫乎此，則必踐履乎此，而不墮於空談無實之病，庶乎其可耳。於乎！先生之言如此，故曰先生之學，朱子之學也。先生探道專一，資深守固，其平生所著，若《讀書記》、《心》《政經》之類，皆行于時。獨其他□次文集，分爲五十一卷者，世罕得見。予同年建寧太守常熟張君公瑞近訪得之，地官郎楊君乾叔所因作而歎曰：『書坊羣籍遍天下，有如西山又郡人，使我爲郡，而是集忽諸，豈非缺典？』遂圖梓行，且思所以校而敘之者。適鞏被放南歸過焉，則亟以見委，曰：『子不得辭也。』明年公瑞考績北上，而予友太倉姜君夢賓謫貳是郡，其僚節推季君明德間以爲言，夢賓則又以書來督。鞏念前哲漸遠，緒言日微，世之學者，方疑朱子之説爲未盡。顧如先生之言，足以左右考亭，發明正學者，又不盡傳於世，私竊嘅焉。今幸斯集一出，庶或有因先生之言，以求朱子之學，而得數百載寥寥之遺緒者，則諸君是舉爲有功矣。遂爲序，正而歸之。正德庚辰冬十二月望日，後學莆陽後峯黄鞏謹序。

東山詩集二卷文瀾閣傳抄本

宋葛紹禮撰

平齋文集三十二卷舊抄本

宋洪咨夔撰

宋杜清獻公集十九卷別録一卷明刊本

宋中書右丞相兼樞密院使贈少傅謚清獻黄巖杜範著

黄綰重刊序嘉靖二十六年

符驗跋嘉靖丁未

皕宋樓藏書志卷八十九

集　部

別集類二十三

鶴林集四十卷文瀾閣傳抄本

宋吴泳撰

東澗集十四卷文瀾閣傳抄本

宋許應龍撰

方是閒居士小藁二卷舊抄本

宋劉學箕撰

有隱君子劉習之，屏山先生的孫七者翁之暮子也。飲酒賦詩，自其家風。年未五十，忽移家，築室於南山之下，疏林剔藪，引泉植竹，蒔魚種秫，造亭立館，其最宏敞者乃『方是閒堂』也。堂據池上，芙蕖碧水，桃霞梅雪，具勝四時，若壺天然。日與佳客飲，飲醉吟詩，詩成更酌，或至達旦，明日復然，若竹林避世者。今十年矣，游季仙近得其新舊藁一編，歸以相示。予歎其筆力豪放，詩摩香山之壘，詞拍稼軒之肩。至若《松江哨遍》，直欲與蘇仙争衡，真奇作也。使屏山先生、七者翁二君子不没，見其若子若孫如此，豈不欣愜？不惟季仙溟涬，弟之雖老漢，亦須放之出一頭地。但近世詩人零落殆盡，無可考訂，前輩唯一章泉老人近在玉山，予欲爲之拈出，以求印證季仙學詩於習之者，當毋吝一往。嘉定十年立冬日，溪翁劉淮序。

自溪翁還閩，游季仙足跡不復到吾廬。今日忽犯寒來，問其來之故，則袖有所銜，出之乃吾契家劉習之詩與書。遽發緘觀之，令人應接不暇，自卯至申，大略已盡，大抵古今詩文一事耳。若次而言之，則所取或多；極而言，則然者蓋寡。習之詩佳處固多矣，如《與二猶子送生荔枝詩》『驪山往事不古鑒，艮嶽馴到胡雛狂』，如《夏雨歎》『舊會既收新會降，遂令百姓愈惶惑』之類，殊有風人之體。如《追和林子仁絶句》，不類和者。如《武夷山長句欲删》『十年不到武夷山，幾與神仙絶往還。我見溪山渾似舊，溪山見我鬢毛斑』，自是一好絶句。《昌蒲記》不惟贊、詩俱佳，而記（三）（二）十四盆斛亦有筆力。所寄兩集既經平子矣，而習之因溪翁之言，必欲使季仙問我。我見如此季仙，口雖諾矣。未知其心以爲如何，又未知習之以爲如何，又未知溪翁以爲如何。溪翁劉氏，字叔通。習之名學箕。季仙名郴。嘉定丁丑十月二十九日，東里趙蕃昌父書。

喬木故家何地不有，聲名解愈久彌著，□以文獻未（遂）〔墜〕也。維忠顯劉公節詞凜然，少傅甬山先生大勳粹學，前後照映。我外祖忠肅公又爲近世名樞輔，諸舅角立，頡頏縉紳之林，可謂盛矣。方是閒居士乃獨隱約游戲翰墨間，所以振起芳烈者，蓋在此而不在彼，必愿試邑道德之鄉，負念一掃居士之門。忽不鄙賜書，且教以《小藁》二集。風啟展玩，洞心駭目，左酬右接，竟日不暇。《讀卒生荔枝詩》云：『書生不負醫國手，賦成何日奏明光。』《和辛稼軒金縷詞》云：『國恥家讎何年報？中夜聞鷄狂起舞。』固知居士之立志，即忠顯、少傅、忠肅之志。而《養浩堂分題》則深悟乎持養志氣之不蚤，又知居士之講學即屏山先生之學也，劉氏文獻其真不墜矣。居士負挾所長，施用未究，是豈終隱約者耶？必愿歎嘉不足，期望實勤。若夫律語之工，詞藻之富，見於林丘之勝賞，寓於河海之高興，則有東里、溪翁二雋老品題可以證信，非必愿晚陋所敢贅贊也。嘉定戊寅上元日，甥開封趙必愿再拜謹書。

游季仙來山中相訪，索余詩文不置口。辭拒不能，爲檢尋舊倡和，揭出一百首，新作七十首，雜著二十七首，詞四十一首，集兩編以酧其雅志。余語塵俗不足道，季仙先世文學，彰彰在人口，而季仙伯仲詞翰，又皆稱于朋儕。今棄彼取此，豈厭膏粱而思藜糗，忘黄鐘而取瓦缶者乎？因書其後而歸之。嘉定丁丑重陽後十日，種春子劉學箕習之父書于方是閒堂。

疇昔之日，郴與先生把酒論文，揮金結客，慨然有志天下之事功，是所謂交游者也。今之日，先生浩然之氣充塞宇宙，學問文章，出處議論，與古人齊驅竝駕；而□學日益荒，文日益退，所養之氣且又休于時，而不能屈伸，蓋今吾非故吾矣。吁可歎哉！謂之交遊可乎？不可也，是當以師事之。先生英雄人也，號種春子，而隱于耕，莘野、渭濱，其同旨歟？豈真隱哉？少需時耳。暇日發爲詩文，游戲翰墨，亦豈徒云乎哉？識者當自知之。此集二百餘篇，凡三萬言。郴親授先生之前而手編之，朝而誦，莫而誦，而語諸同志曰：『我得師矣！行有遇焉。』先生以爲然乎？幸終教之。季秋中澣，學生游郴書。

世興之友吴介父一日出諸公所賦《專壑七詠》數巨軸，謂世興曰：『仁夫屢見此詩矣。君詩人也，幸毋泛觀之。』世興領其誠，旬餘始得之。其間獨方是閒劉公傑出衆作，辰歡敬誦，愈誦愈高，如太羹玄酒，具有真味，恨不多見之。季仙近自五夫還，會晤之初，未暇他語，首出公詩文。世興始得縱觀熟讀，愈多愈奇，又恨其前者未瞻際之。季仙旦夕又從公遊，世興又恨以係小子失丈夫，不得偕之。《詩》云：『未見君子，憂心忡忡。既見君子，我心則降。』季仙幸爲我誦此詩以道意。季秋二十五日，石溪癯翁周世興仁夫書。

季仙臨行復出此集，如《畫壁賦》、《一枝堂記》等六十餘篇，皆不在詩軸中。文章公器，季仙珍而不盡以示諸朋友，意果何在焉？得此集遍傳人間，俾學者知所宗，季仙不得而私有之。後一日，周世興再書。

真金良玉自有定價，文章亦猶是也。炳久矣聞方是閒丈盛名，惜未識之。今觀其文章詞翰，飄逸粹韻，蓋坡仙復在人間矣。季仙平時馳騁文筆，應自知之。不然，安肯甘拜下風而事之以師？雖然，師友之間，又當求之以心，不必求之于迹。作文之法，季仙其得師之心乎？季仙能文，其必有得于師之心矣。炳過言之，幸毋誚。二十七日，城山丁炳文叔書。

方是閒先生迺屏山先生之的孫，其文章高爽，詞意閒雅，真可追配前作，豈非所謂海之支流必鹹，□之棄屑必潤者耶？然先生生平志四方，足跡半九州，其胸中名山大川，收覽之富，凡所以發越其性情，膏潤其筆端者，又非必有所由而後有所詣也。日録詩藁至多，今季仙兄所受特其緒餘，嘗鼎一臠，旨可知矣。下澣日，門士劉友直伯益書。

淳納交于方是閒丈，垂二十年矣。觀其文辭，玩味心服，起敬起歎。疇昔之日，蓋未嘗傳示于人也。季仙此來，未踰旬日，慨然屈摳衣之扎，手抄一集，歸以示諸朋友。季仙之心，公而且明，淳所不逮。然季仙之明，惟知師之文章典雅，至於師之致知格物，以及于絜矩之道，季仙則未之知也。季仙未知，而余何以知之？蓋公暇日與淳共論性理之學，且曰：『絜者，度也。當以斯義爲正。』然後知公之學，以己之能，而絜古人之所能。斯文之作，理與心契，自合大方，故香山之詩，坡仙之文，今古相望，如出一手者，是皆絜矩中來也。今季仙師事之，固爲得師矣，然致知格物之學，季仙所未聞者，又將次第而聞之。孟冬一日，演平黄淳端夫書。

方是閒先生，立視之丈人行也。少日和諸公梅詩，有『清香觀鼻風傳信，瘦影横窗月寫真』之句。先君子嘗切歎賞，而文公亦云壓倒座客，歸乃以語立輩曰：『此實未經人語者，迥出諸昆之右，作者所不及，異時必成名于當世。』然已爲文公及先君稱賞如此。今文公下世十有七年，而先君下世亦二十年矣，而先生之文日進，火然泉達，駸駸不已，平居暇日，酧唱吟詠，聯篇累軸，積而成集者富甚。今游兄學詩于先生，先生揭出詩文二百篇以授之。游兄將欲刊行，諸公收置惟恐或後，惜乎文公與先君俱不及見之。先生雖不汲汲于仕進，但抱負如是，豈林泉所能久羈者耶？殆將見諸事業，摛辭玉堂，待詔金馬，作爲文章，以歌誦朝家之盛德，當與殷《頌》周《雅》争輝，並美傳之，後世又豈□此而已哉？東里先生、溪翁劉父皆先君之友，當世之詩人也。今輩行與先生遊，且爲敘，以冠其首，刻梓有日。立雖不肖，敢書其末，以表先君子之知言云。莆田方立謹跋。

『白也詩無敵，飄然思不羣』，此少陵詩也。『李杜文章在，光焰萬丈長』，此昌黎詩也。元微之、白樂天之互相推明，歐陽公、梅聖俞之遞相許可，豈有他哉？蓋惟己之高，則足以窺人之高，使我胸中之造物不足，焉能發人之巧耶？方是閒先生種德家庭，天姿秀發，沉浸醲郁，溢爲詩文，丱年賦梅花，晦庵先生見而奇之。其日煅月煉，益久益工。敬觀是集所録，愈讀而愈不厭。趙東里以下諸公，皆嘗斸曹、劉之壘，拍李、杜之肩者，一見擊節而序之。質之古人，無間然矣。牧不能詩，敢以私意評品，追誦先生之言，載味諸公之序，書數語于後，不失爲寄人籬落之下，幸毋哂焉。枯山張牧書。

洛陽少年論事不合，一旦(適)〔謫〕去，弔(所)〔湘〕賦鵩，皆悲傷怨懟之辭。君子許其才，而不許其學。至杜陵野老，飢寒流落，一詩一詠，未嘗忘君天下。後世謂之詩史，其以此耶？大丈夫不負所學，不得自見于斯世，則已何至于怨乎？方是閒居士忠顯閩孫，西樞猶子，機雲阿咸，青（業）〔紫〕滿家。居士合得一官，而乃廉静退託，毅然有隱約之志，脱軒冕而就薜蘿，去廊廟而屨巘壑，此政與洗耳采薇，謝故人釣富春者同量。孔子曰：『不怨天，不尤人。』居士得之矣。以莊自登屏山之門，見居士于總角，風韻豪爽，有超軼絶塵、凌厲宇宙之氣。其後遊襄漢，經蜀都，寄湖湘，歷覽名山大川，取友於天下，自六經、諸子、史傳、百家之書，與夫天文、地理、讖緯之學，古今文集、典故之文，歷世醫藥、方技、異書、奇字，莫不研究，所以其文富贍淵源，其詩雄麗清壯，如長江大河，波瀾起伏，有優游自得之趣，而無慘戚無聊之意，有踈曠自放之志，而無怨怒不平之態。方且浚流爲池，疊石作山，藝花行柳，紉蘭賦梅，種春釀泉，酌客終日，清談不倦，多識前言往行，聽者聳然，真有先世古君子之風。其視功名利禄爲何等物，尚何怨乎？雖然抱負所學如此，豈終窮者？朝家旌忠褒節，訪其子孫之賢而録用之，必有任其責者，然於居士何所加損焉？以莊於居士既親且契，遊從甚久，知之最深，不敢泯没其心，姑敘其風概如此。若夫品題之言猶在耳，則有文公、遠庵于前序，詩以名世傳遠，則有東里、溪翁于後，使覽者有考焉。方外士陳以莊敬叟書。

季仙玩侮一世，學恃家傳，才恃天稟，搦筦占辭，娓娓數百言不倦，雖古作者復生，不肯少辟其席，而況北面乎？人今乃北面于方是閒居士者，豈居士勢以壓之，氣以勝之耶？且居士之文，予丱角得而讀之，以知其薰班、馬之香，摘屈、宋之餘，人皆服其追並古久矣。時季仙未之服也，今摳衣趨隅，口誦心維，至于筆之書者，非徒服也。昔沈諸梁之不識孔子，陳了翁之不識伊川，俱不免見譏于當世。季仙之願師，毋乃責沈之遺意歟？幸多以酒沃之，毋使當時叛道如湜、籍輩也。叢亭劉璪書。

右《方是閒居士小藁》二集，乃從高祖種春公之所述也。舊已鋟板，因燬于兵，遂失其本。近偶得於邑士家，捧誦欣喜，如獲重寶。蓋居士厭珪組之榮，樂林壑之勝，得以從容於文墨間，信能振家學而衍遺芳者也。今幸其詩文猶存，其可泯而無傳乎？遂復授諸梓，非敢必其行世，庶幾族之子弟得以諷詠想像，有所感發而興起，則世業不墜，書脈復續，是所望也。幸相與勉之。時至正二十二年歲在辛丑暮春初吉，從玄孫張百拜敬書。

案，後有『至正庚子仲冬屏山書院重栞』木記。

方是閒居上小藁二卷舊抄本　張月霄舊藏

宋劉學箕撰

劉淮序嘉定十年

趙蕃序嘉定丁丑

趙必愿序嘉定戊寅

自跋嘉定丁丑

滄洲塵缶編十四卷文瀾閣傳抄本

宋程公許撰

余自童丱從師習舉子藝業，每竊窺古人文章，輒欣然慕之。日課有程度，稍間則滌筆硯屏，處一室中，試爲詩章騷賦等作。父兄密窺，進而責之曰：『士生今世，舍科舉何自致身，而所嗜獨不爾，得無左乎！』拱手對曰：『小子不敏，敢不斂手於父兄之命。雖然，竊嘗聞之，匠石爲人營宫室，大小、廣狹、圓方、短長，視主人所欲爲，度羣材，會衆工，以迄于成，亦惟規矩繩墨運于心而措諸手者何如耳？若曰我能，是我不能，是奚取於匠石爲？』父兄若然其言，未嘗不深抑之也。逮冠，用志益苦，常病記問不能過人，而伐柯取則，粗究端緒。再貢里選，充賦于類，省主司皆奇其文，以爲脱去時文窠臼。辛未忝綴末第，自是始得肆力於翰墨之林。蜀之儒先，若後溪劉公，雁湖、悦齋二李公，浩齋楊公，皆辱進之函丈，指示繩尺，而東南哲艾，則有菊坡崔公，昌谷、蘧經二曹公先後推挽，游揚引重。是數先生者，其學行風節，薰炙日久，所得不但文字而已。獨浩齋謂文非學者先務，每侍坐必誨以蒙莊『文滅質，博溺心』二語。余固服膺其言，勉自謹飭，而宿習深痼，文思一動，伸紙濡筆，飈激泉湧，沛然不得而遏，亦不暇於擇也。日月邁矣，甲子一周，學不足以通古今，才不足以勝煩劇，謬當推擇，職忝詞翰。公暇閲所藏藁，編盈箱篋，因取筮仕以來，次第編綴，古律詩以一官爲一集，賦、騷、箴、頌、銘、贊、書、序、記、誌、表、啟各以類相從，奏篇、謚議、内外進退故事則自爲一帙。追念三四十年間幼而壯，壯而老，所遇有逆順，所作有工拙，固當搜剔龐雜，采綴精英，以必其傳之久。披編一閲，堅白同異，無非前塵，分別影事，而弊弊然猶欲追其一字一語之精與否，勞形怵心，老而不知息，鮮不爲遠觀之一笑乎？蘧伯玉行年六十而六十化，是以始於是之之爲非也，寧知今以非之之爲是也，後日不又以爲非乎？余自中年喜交方外，粗聞至道之要。方當落華取實，反求其一性之元，而友朋尚欲索我於言語文字間，用采陸士衡『懼蒙塵於叩缶，顧取笑於鳴玉』之句，名其編曰《塵缶》。併敘所以未暇蒐擇之本意。友朋見者幸無强之以雲雷之飾，責之以宫商之音，庶幾萬一不以吳楚之僭，取罪於當代作者。是編成於淳祐改元歲辛丑之中秋。嗣有譔述，續綴右方。程公許書于翰苑之摛文堂。

西山真先生文忠公不喜作詩，嘗語門人曰：『予每不（滅）〔滿〕《班史·古今人物表》，且有感程正公「且作第一等人」之言。頃詮次聖賢，別爲一表，以傳道者爲第一，德行次之，節義又次之，而後及於講明學術之儒先，建列論議之公卿，植立功業之將相，曰循吏，曰逸民，皆品列臚分之。若文藝則在數等之下，詩又其下矣。』僕有請曰：『若然，則删後信無詩乎？』先生曰：『有之。寬閒寂寞之濱，寄興沖澹，惟有陶靖節；顛沛流離之際，一飯不忘君，惟有杜少陵。其餘則有之不爲補，亡之不爲缺。』先生雖不喜作詩，而其言則深於詩矣。今滄洲程公以道德文章之緒餘，發而爲大篇短章，無慮千百題，方濯纓乎滄浪，偃蓋乎仙谷，覽峨眉、象耳之勝，吸錦江、瀘水之清，落筆成章，神閑韻遠。寘之《經曲阿》、《游桃源》及《雜詩》中，所謂何其聲之似我君者。旋罹兵氐，脱身豺虎中，冒瞿塘、灩澦而東下也。念家懷土，雪涕行塗，前有《思治行》，後有《感懷成都十絶》，可與《北征》同工異曲。他如『大地衆生愁喝死，清風一壑可能專』等句，疊見層書，極其惻怛，謂非從『窮年憂黎元，歎息腸内熱』得乎？使吾師文忠公見此帙，必喜陶、杜之後有人矣。抑僕所訝者，年來評詩，往往北面晚唐，恍惚形似，争相位置，共觀其自謂得意者，其格卑而猥者其氣餒，庸者其意纖，以壯澁爲平淡，以淺俳爲閑雅，以要褭婉弱爲得幽深之趣。公則不然，其勢雄健如靈鼇之擘泰、華，其步驟迅捷如峻阪之走銅丸。時乎綺麗如晴空霞彩，奇譎百態；時乎蕭散如孤雲野鶴，不受羈羃。蓋其學饜經飫史，含《莊》咀《騷》，采（綴）〔掇〕精華，材料飽足，故能兼陶、杜之體而有之，長袖善舞，理固應爾。詩乎詩乎，晚唐云乎哉？僕非能詩，僭爲後序。先之以詩説，人必不以爲非；終之以臆説，常有謂其嗜好背時，老獨不改，且罵且笑者。公亦能爲之解紛否？臞仙王邁敬書。

翠微南征録十一卷 舊抄本

宋華岳撰

浣川集十卷文瀾閣傳抄本

宋戴栩撰

泠然齋集八卷附補遺附録舊抄本

宋山陰蘇泂召叟撰

安晚堂詩集七卷舊抄本　盛百二舊藏

宋鄭清之撰

滄浪先生吟三卷明刊本

宋嚴羽撰

林見素序正德丙子

李堅跋正德丁丑

吴銓跋嘉靖乙酉

滄浪先生吟二卷明刊本

宋樵川嚴羽儀卿著

宋李梅亭先生四六標準三十九卷明刊本

宋李劉撰

梅亭先生言語妙天下，而四六尤膾炙人口，比眉山所刊《類藁》已盛行世。客有求逢吉所藏四六，欲鋟之梓，適先生以儀曹召，弗敢請。客求益堅，姑授以先生初年館月湖及湖南、蜀川所作，名曰《四六標準》。繼此當陸續以傳門人。羅逢吉謹書。

可齋雜藁三十四卷續藁八卷續藁後十二卷舊抄本　張月霄舊藏

宋覃懷李曾伯長孺撰，嗣男杓編次

藁以雜名，非純也。余自弱冠共子職，既而從諸公幙，歷中外，浤潁不靈，終其身吏俗。中間隨事以醻應，托意於模寫，自少而壯，壯而老，夭閼剡藤者多矣，其棄而醬蒙藥褚，不復可記憶。篋中斷語，零落本無足采。年來憂患摧折，思致愈不逮前。一日，與書塾親友偶閱舊作一二，有勸以刊諸梓示兒曹者，姑俾芟次之，杜園綴緝，淺近卑陋，終不及君房語。譬諸山肴野蔌，聊爾雜陳，倘俎諸五侯之鯖，當輾然一笑。淳祐壬子夏五旦日，可齋書于荆州杞梓堂。

士君子生斯世，功業文章其本雖一，而不能兩全者，天也。本朝功業之盛，莫如韓、范。忠獻『春雨桔槔』之篇，膾炙人口，至辨論新法一疏，精於經術，諸儒有所不逮，而上之人以出於强至疑之矣。文正《岳陽樓記》精切高古，而歐公猶不以文章許之。然要皆磊磊落落，確實典重，鑿鑿乎如五穀之療飢，與世之絺章繪句、不根事實者，不可同年而語也。可齋李公早以功業自許，而詩文操筆立就，精妙帖妥，敻出時流。余曩與朝夕，每歎其得於天者厚。一別將二紀，而公功業赫奕於時。一日貽書，以其在荆襄著述二編見示，且曰：『蠹魚活計，我尚願留情焉。』余熟觀而歎曰：『功業文章難兩全久矣，而公之志欲兼之。顧今邊事孔棘，公以一身横當荆、蜀之衝，屹然如長城萬里。上之倚公不啻韓、范，豈當復與書生文士校短長於繩尺間哉？諸葛孔明《出師》一表，前輩以爲與《伊訓》、《説命》争光，才德之盛，固有不期然而然者，此余所期公於異日者也。』余既以此意復于公，仍書以遺湖北倉使劉和甫甑，俾刊之編首，益相勉厲，以盡朋友之義云。寶祐二年龍集甲寅閏月上澣，翰林學士中大夫知制誥兼秘書監修國史實録院修撰兼侍讀尤焴序。

先公少保觀文可齋雜、續、三藁，杓侍官荆渚時，竊伏會稡而鋟之梓，繼而庾使介軒劉公甑又刻之武陵，端明木石先生尤公焴序于篇首，二刻之行乎世也久矣。昔我先公羽忠翼明，簡知當宸，入儀著作，出更幹方，于淮于荆，于蜀于湘，于嶺于鄞海，嘉謨勝畧，指陳手奏，靡不援據古誼，鋪繹事情，炳然如丹，其勳在王室，書在國史。至於春頌賦詠，游戲排偶，足跡所至，篇帙隨積，其間代庭闈，參幙畫，掾都曹，凡廟堂閫府諸所製作，多出公手。見者歎服，曰冠冕佩玉之文也。先公少勵舉子業，薦於漕者三，晚賜奉常第，殆天者酬之，而先公愀如，以不得奮自場屋爲恨。生平爲文初若不經意，或時掀髯散步，俄頃抽思泉湧，口授筆吏，有脱腕苦。五六十年間，所作何限，散逸亦不少矣。歲戊辰，先公棄諸孤，覩遺草而有思，儼慈顔其如對。今所傳者，手澤存焉，藐是不肖，大懼弗能讀，以閟于前文人光。嘗欲手抄小帙，未果。會書市求爲巾笥本，以便致遠。杓曰：『是區區之心也。』亟命吏楷書以授之，屬刻告成，用識于後。咸淳庚午仲冬，嗣男杓百拜謹書。

《續藁》自識曰：《雜藁》鋟梓出於兒輩裒次，中多少作，未嘗不動壯夫之悔。一二季間，復應酬，又欲從而續之，姑徇其意。然軍書巹午中，安有好語，徒重作者笑。寶祐甲寅四月既望。

浙江文叢

皕宋樓藏書志

〔第六册〕

〔清〕陸心源 編
許靜波 點校

浙江古籍出版社

皕宋樓藏書志卷九十

集　部

別集類二十四

後村先生大全集一百九十六卷從天一閣舊抄影寫本

宋劉克莊撰

《續藁》五十卷，起淳祐己酉，至寶祐戊午十月間之所作也。余少喜章句，既仕，此事都廢。數佐人幕府，歷守宰庾漕，亦兩陳臬事。每念歐公彝陵閲舊牘之言，於聽訟折獄之際，必字字對越，乃敢下筆，未嘗以私喜怒參其間。所決滯訟疑獄多矣，性懶收拾，存者惟建溪十餘册，江東三大册。然縣案不過民間雞蟲得失，今摘取臬司書判稍緊切者爲二卷，附於《續藁》之後。昔曾南豐《元豐類藁》五十卷，《續藁》四十卷，末後數卷，如越州開湖頃畝、丁夫，齊州糴米斗斛户口、福建調兵尺籍員數，條分件列，如甲乙帳，微而使院行遣呈覆之類皆著於編，豈非儒學吏事，麤言細語，同一機梜，有不可得而廢歟？姑存之以示子孫。開慶改元上巳日，克莊題。

《儀顧堂集》有跋。

後村居士集五十卷宋刊宋印本

宋劉克莊撰

作者不祈人之知，知之者常在數十年之後。從上諸名人皆云然，蓋未有其人之好惡未齊，而其文之聲價已定者。貶充小疵，笑愈大怪，悠悠穹壤，俗喙一談。昔之人固有忿恨于時，而棄擲其平生所作者，或瘞以塚，或泛于瓢，豈非痛識真之難耶？獨我祖宗盛時，儒學明而士具眼，文章家之品目，未嘗以窮達爲高下。若歐、曾、蘇之名以文，梅、黄、陳之名以詩，雖其人困躓寂寥，誚者詈者附和同聲，而片文隻字人人賞重，其傳則自若也。中興百年，以文字行于今者，其最大亦十數家，大半手自編次，一時或遇或否，互爲升沉，于文何加損焉？此我朝人物議論之公，有非前代所可及也。後村先生劉公得文名最早，排觝于時亦最甚。僕纔少公七歲，而疇昔受學樂軒時，已嘗誦公《南嶽藁》。蓋吾師一日得之，喜甚，呼而語僕曰：『子于詩喜義山、禹錫二氏，是編猶有劉、李所未到者。』余受而味之曰：『此世所稱二劉諸孫者耶？此章泉、澗泉諸老之所畏者耶？此水心所謂可建大將旗鼓者耶？』兩鄉相望，雖未能數舍，而其人則未之識也。既而僕走江淮，後村以讒廢十年矣。身雖詘，而文日傳，時從數千里外，有能道其名而誦其詩。語以爲今人，率不信，亦知公之詩名久而傳者遠矣。端平初，余留太學，偶謁計幕湯公巾，後村時以西府掾對。晦静語余曰：『子得潛夫對疏乎？言所難言，非特詞章爲妙。西山之門，此爲巨擘。』余于是知公于詩之外尤有過人者，然猶未及登門也。余成進士南歸，後村旋亦去國，始克見于其居，挾策過從，凡一載歲，頗常聞所未聞。中間（揆）〔睽〕攜，時蒙寄以新藁，聞者必争求之。丙午余待罪校讐府，公自江左甫見上，即錫第長蓬山，專史事。閲未幾日，又入經幄，直綸省。僕于公爲列屬，遂得時見。講卷詞，草諸篇，每每精妙絶出。無何乃以留黄，不奉詔去，而掖垣諸藁，膾炙于人，好文者至傳寫以相貽。是知公之運蹇不得志雖甚于諸賢，而文字之傳，亦非意見不同嗜好相背者所可得而抑遏也。昔者李定之于東坡，且以奇才見予，况他人乎？然世猶以全集不盡見爲恨。去秋，余補外此來，間得語從容，屢以此請，而公謙避再三，不之許。余曰：『莆，名郡也。前輩諸聞人文字散落不少。夾漈著書最多，可名者七百種，今之存無一二。艾軒没五十年，遺文始裒集，僅得二十卷，放失知幾何？他如次雲之詩、西軒之賦與先正二劉所作，則世無復見者矣。前之守于斯者，能無愧乎？僕將逃此媿于後，公獨何所靳于今？此非爲僕賜，爲國人賜也。』公于是不得已而出之。余既盡公所藏，刊之郡齋，且連月諷詠不去手，乃斂衽而歎曰：夫文章非一體，能者互短長。王粲他文不逮賦，子美無韻者難讀，温公不習四六，南豐文過其詩，此皆前輩評論也。以余觀于後村，自非天稟迥殊，學力深到，何其多能哉？詩雖會衆作，而自爲一宗。文不主一家，而兼備衆體。模寫之筆工妙，援据之論精詳。其錯綜也嚴，其興寄也遠。或舂容而多態，或峭拔以爲奇。融貫古今，自成爐鞲。有《穀梁》之潔，而寓《離騷》之幽。有相如之麗，而得退之之正。霜明玉瑩，虎躍龍驤，閎肆瑰奇，超邁特立，千載而後，必與歐、梅六子並行，當爲中興一大家數也。至于倫紀奏篇，塗歸諫疏，與夫某人謝事之詞，此又公立朝大節，來者宜焚香誦之。不然，文豈能徒傳哉？公名克莊，字潛夫，莆陽人。後村者，因其居以自號也。淳祐九年龍集己酉中春既望，竹溪林希逸書。

案，此南宋刊本，每葉二十行。每行二十字，大黑口。前二十卷題《後村詩》，後三十卷題《後村居士集》。

後村居士集五十卷舊抄本　陳仲魚舊藏

宋劉克莊撰

林希逸序

盧氏手跋曰：《後村集》有百九十六卷，今此祇五十卷，僅居四之一。毛氏《津逮秘書》中載《後村題跋》凡四卷，此集無其前二卷。黄氏《千頃堂書目》所載後村諸集，班班尚多，距今未久，宜尚在世間，然余求之數年，卒不見也。此集舊寫本，字迹麤殺，閱之頗不爽目，故别加校正，重録如右，而以毛氏前二卷之題跋并入焉。倘得全集，自當各還其舊，若不可得，則毋寧滙置一處，不復有放失之患。後村，劉克莊號也，字潛夫，莆田人。學於真西山，以蔭入仕，屢廢屢起。宋理宗時賜同進士出身，官直龍圖閣直學士，謚文定。後村詩詞及各體文皆法度卓然，爲南宋一大作手。七言古風初喜摹長爪生，《詩人玉屑》所載三篇酷與之肖，而皆不見此集。集中此體亦不多見，唯有《築城》、《開壕》、《運糧》、《朝陵》六七篇而已。風格蒼老，頗近老杜。《留花門》、《塞蘆子》諸章其本意欲息唐律，專尚古體，以趙南塘言而止。今集則律詩居多，石門吴氏《後村詩鈔》亦無出此集之外者，豈其全者，非獨余不及見，即前輩亦未之見耶？余因其言考其人，亦庶幾無愧真氏之門者，乃《宋史》無傳，柯氏《新編》亦不爲之補。《文獻通考》亦他人之集則嘗采用後村之言，而其集亦未著録，幾疑於名之晻晦矣。雖然，《唐書》不爲韋應物傳，而蘇州之名常在天壤間。文章自可傳，不仗史筆垂，後村亦復何憾哉？東里盧文弨。

簣窗集十卷文瀾閣傳抄本

宋陳耆卿撰

建安中，徐、陳、應、劉争飾詞藻，見稱於時，識者謂兩京餘澤由七子尚存。自後文體變落，雖工愈下，雖麗益靡，古風不復者幾數百年。元祐初，黄、秦、晁、張各擅毫墨，待價而顯，許之者以爲古人大文賴數君復見。及夫紛紜於紹述，埋没於播遷，異等不越宏詞，高第僅止科舉，前代遺文風流泯絶，又百有餘年矣。文之廢興，與治消長，亦豈細故哉？建安、元祐恍然再覩，蓋未易常情限也。若夫出奇吐穎，何地無材？近宗歐、曾，高揖秦、漢，未脱摹擬之習，徒爲陵肆之資，所知不深，自好已甚，欲周目前之用固難矣，又安能及遠乎？君之於文，涉獵既多，培藴亦厚，規制廣而密，波瀾浩而平，錯綜應會，緯經句等，膏潤枯筆之後，安徐窘步之末，若是則薦之郊廟而王度美，藏之林藪而幽願愜矣。至於審其所從，不求强同，量其所與，毋爲易得，趨捨一心之信，否臧百世之公，則何止於建安、元祐之文也？葉適序。

《續集序》曰：文有統緒，有氣脈。統緒植於正而綿延，枝脈旁出者無與也；氣脈培之厚而盛大，華藻外飾者無與也。六籍尚矣，非直以文稱，而言文者輒先焉，不曰統緒之端，氣脈之元乎？自周以降，文莫盛於漢、唐、宋。漢之文，以賈、馬倡，接之者更生、子雲、孟堅其徒也。唐之文，以韓、柳倡，接之者習之、持正其徒也。宋東都之文，以歐、蘇、曾倡，接之者无咎、無己、文潛其徒也。宋南渡之文，以吕、葉倡，接之者壽老其徒也。壽老少壯時，遠參洙泗，近探伊洛，沉涵淵微，恢拓廣大，固已下視筆墨町畦矣。及夫滿而出之，則波浩渺而濤起伏，麓秀鬱而峰崚嶒，户管攝而樞運轉，輿衛設而冠冕雍容。其奇也非怪，其麗也非靡，其密也不亂，其疎也不斷。其周旋乎賈、馬、韓、柳、歐、蘇、曾之間，疆埸甚寬，而步武甚的也。不幸吕公不及見，而葉公晚見之，驚詫起立，爲序其所著《論孟紀蒙》若干卷、《篔窗初集》若干卷，以學游、謝而文晁、張也。至其獨得於古聖賢者。中夜授，垂死囑焉而曰：『吾向以語吕公伯恭，今以語壽老。』四十年矣，葉公既没，篔窗之文，遂巋然爲世宗，蓋其統緒正而氣脈厚也。自元祐後，談理者祖程，論文者宗蘇，而理與文分爲二。吕公病其然，思融會之，故吕公之文早葩而晚實。逮至葉公，窮高極深，精妙卓特，備天地之奇變，而隻字半簡無虚設者。壽老一見，亦奪躍策而追之，幾及焉。然則所謂統緒正而氣脈厚者，又豈直文而已？余十六從篔窗，二十四從葉公，公亦以囑篔窗者囑予也。惰不復進，每遐想太息之故，於《篔窗初集》既以鋟之海陵，而今復併其《續集》鋟之豫章，使夫統緒、氣脈之傳，來者尚有考也。吳子良序。

自序曰：予八九歲學屬文，十二入鄉校。先生長者以其粗工舉業，亟進之，他未之學也。已而杜門銜恤，去秋賦遠甚，始得肆其力於古今，如登崑崙，璆琳珩璜，爛目萬狀，欲與之敵，而應答不暇，於是知作文之難。詩詠性情，非有感觸不作。他文雖强作，亦不多見。四六之浮，至於家皐、夔而人稷、契，讀之欲噦，予心病焉。會四五郡侯連以牋翰爲囑，辭不獲命，涉筆無休時。今數之，不啻千百矣。予三十五竊末第，人視之未爲甚暮，然老態先白，臥病日十九。或謂予技癢，役其形而然。予思之，誠是也。獨以疇昔勞瘁，不忍付之埃土，擇其粗可予懷者，録藏之。今而後，當涵浸乎義理之學，詞章之習，不惟不敢，亦不暇。姑志吾過，以諗來者。嘉定六年寒食節，陳耆卿序。

爲文大要有三：主之以理，張之以氣，束之以法。篔窗先生探周、程之旨趣，貫歐、曾之脈絡，非徒工於文者也。余將指淮東，欲盡出先生文，以啟來者。甫命工，以他役去，乃屬海陵謝令範舘鋟《初集》三十卷，蓋先生四十歲以前之作也，雄奇勁正已如此。後此者爲《續集》，理研之而益精，氣培之而益厚，法操之而益嚴，惜未及并鐫之，尚俟他日云。淳祐癸卯上元日，荆溪吴子良謹跋。

友林乙藁一卷宋刊宋印本

宋四明史彌寧撰

歲在乾道之癸巳，太師文惠魏王先生帥閩，域以庠序諸生蒙眄睞寵甚，侍立函丈，飽聆博約，詩埒黄、陳，詞轢晁、晏，片文單字，膾炙士林。域時年二十有二，於甲午偕賡燈夕所和《寶鼎現》詞以獻，最沐稱賞。先生今在天爲修文郎久矣，泛泛然人間無復聲容。不自意後四十年，隨影湘南，乃得親炙春坊領閣公之幕下。摛文琢句，追古作者，惟其有之，是以似之，郁然伯父風烈，典刑固存。凡兩霜侍席，掇拾《友林詩藁》，得百七十首。明作莫傳，士争借録，腕爲之脱，（藁）竊命工鋟之。

張氏金吾曰：前有自稱其名曰域，厲氏樊榭云集中有《鄭中卿惠蛸蛑詩》，《文獻通考》鄭域字中卿，當即其人也。

案，此南宋刊本，每葉十六行，每行十六字，即《百宋一廛賦》所謂『躋友林之逸品，儷聲價於吉光』者也。

友林乙藁一卷影寫宋刊本

宋四明史彌寧撰

鄭域序

方壺存稿八卷明刊本

宋休寧柳塘汪莘叔耕著

太史公發憤作《史記》百三十篇，而列傳首孤竹君之子，乃復續之以力拔山之項羽，何哉？以其敘屈原、賈誼，亦復抑揚詞旨，且自言發《詩》、《書》之隱約。葛稚川謂述往者以思來者，又謂其爲一代之偉才，不其然乎？叔耕蘊霞牋玉（滴）〔牒〕之奇思，出天表，蓄而不試，憂深思遠，未易遽班之賀、白也。嶧山積石三十二里，孤桐琴瑟，而鄒、魯地接，古稱多儒。休寧斷崖鵝石之秀，江南鮮比。君殆一奇乎？僕頃爲史官，不能取君傳之逸民，今一念之，歉然未已，然猶有期於來者。姑以此編寘之方壺，（修）〔秋〕菊寒泉，振我清風，予心往矣，（子壽）〔于以〕辭其責可乎？端平乙未臘月二十五日，洺水遺民程珌謹書。

新安人物以韋齋、龍溪爲稱首。方壺居士抱邁往軼羣之氣，頤神天隱，高蹈物表，不屑習舉子業，以絓名利之罔，發爲文章，雄壯奇偉，緜緜然如馭風騎炁，與造物者游，無一點烟火語。古賦似宋玉，詩歌似太白，長短句似坡翁，不受章律束縛者，真是邦之英材間氣也。韋齋、龍溪豈得專美於前歟？夫以方壺之望，受知於文公、慈湖、西山三先生，實焯焯自足以名世矣。至於扣閽三疏，極論時政六事，忠肝義膽，皆自學問中流出，雖曰畸於人而合於天，使其一言悟主，豈徒日入議論路而已？世有枉道而徇時，違忠而耦意者，聞方壺之風，亦可少愧。掌書兄克世其家，薈萃遺編，以傳不朽。惜三疏猶未之見，願披訪以輯大全。它日太史氏必有傳逸民者。咸淳重光叶洽中秋日，山陰孫嶸叟書于歙之簡肅軒。

文士以逸民特招，如老泉以歐公，後山以坡公，至於韓子蒼之流，皆不繇科目進。柳堂居士遇文公於慶元，遇西山於嘉定，而汔不遇，豈二公不能爲歐、蘇哉？余觀西山帖，欲居士俯屈以訪諸賢，則其自重難進之節，非招不往，豈時俗佻巧，馳騖於名場利區，朶頤於爵標勢（的）〔位〕者？斯文金玉傳之不朽，居士之遇榮矣。慈湖朴（賞）〔實〕之訓，實允蹈之。掌書貴孫，其猶子也。咀其華而踐其實，昔耕之而今獲矣。重光協洽歲中秋月（溯）〔朔〕，浚儀王應麟伯厚父書于歙郡齋。

自唐以來，以詩名世者多矣。我朝名賢輩出，猶長於詩，罔俾李、杜專美于前也。新安江左名郡，山峭厲而水清激，稟氣食土者，率多英才。休陽汪叔耕，嘉定間馳詩聲於縉紳之間，且叩閽獻書，若有心於用世。當時諸老亦有欲爲言者，柰時不我與，終身高蹈，而日以咏歌自娛，長篇短句，布在方册，多有意外驚人語，生平之志于斯見之。唐卿生（晚也）〔也晚〕，固不得而見之矣。偶成吏隱，其姪（黨）〔掌〕書訪予於松雪，書示詩詞二篇，弌唱三歎，使人不忍釋手。

誦其詩，而可知其人也。囑爲之跋，唐卿謝不敢。其請益堅，姑筆此以記之，未足以寫柳塘之心也。噫！古人謂詩能窮人，予至是抑重爲柳塘憾。乙丑改元，東鄞學史唐卿跋。

柳塘汪叔耕自新安來，應詔上封事。一日應同舍生陳斯敬訪余於學省，出示詩藁三編。時秋暑甚於三伏，前廬偏仄，如坐甑中，每讀一篇，殊覺清爽，颯颯自几案生，唯恐卷之將盡也。周純仁一見以爲我輩人，柳坡綦彦文恨未識面。叔耕將治歸裝，亟來徵此文，手自抄數篇，且託楊□二同舍絲月賦書五十六字于卷末以還之云。妙詩圓美走盤珠，照我形骸穢纇除。光與離騷爭日月，人非爾雅注蟲魚。一廛總覽溪山秀，萬卷森羅寶玉書。誰肯犯嚴開萼口，忍教夫子久窮居。嘉定戊辰七月之朔，閬風劉次皐允叔書。

張應元重刊序萬曆二年

方壺存藁八卷舊抄本

宋休寧柳塘汪莘叔耕著

程珌序

王應麟序

史唐卿跋

劉次皐跋

汪循跋

宋寶章閣直學士鐵庵方公文集四十五卷明正德刊本

宋方大琮撰

寶章閣直學士方公既没，余於其家得公諫垣奏疏四，又二疏藁，而未上右螭直前疏二、西掖繳疏三、進故事八、雜章二十五，如良醫以單方起危疾，不雜試也，如善奕以緊着救壞局，不泛應也。外制三十六，如湯盤孔鼎，單詞隻字足矣，不在多言也，如廟瑟一唱足矣，不待九奏也。居遺補僅數十日，而千古之名節係焉。通所作僅八十篇，而一代之文獻在焉。自端平以來天下推賢諫臣，曰平齋，曰實齋，公稍後出，幾與齊名。初，公被上親擢第一，義太顥矣。人爲公懼，公不以爲悔，每對必申言矣。又於駁論李子道、鄒雲從，極言之中，坐此流落，而孤忠自信，素論不改，猶時於表章致其惓惓焉。余嘗謂言非難，容而受之爲難。凡公所言，皆人所難堪，然自始至終，無歐、余之擯斥，而有歐、余之福，有鄒、陳之遭遇，而無鄒、陳之禍。行簡、嵩之，雖無至誠樂與之意，而不能害；峴雖加以非所宜言大不敬之罪，而卒無中傷者，誰之力歟？漢人有言：『主聖則臣直。』然非公之直也，陛下之聖也。公他文皆典嚴精麗，與人尺牘蟬聯縝密，語妙天下，可以寶玩。尤勤民事，決訟或數千言，皆切於世教民彝，異乎所謂《龍筋鳳髓》者。公之子演孫方彙次爲别集云。公諱大琮，字德潤也。煥章閣學士通奉大夫劉克莊書。

張詡序正德八年

宋寶章閣直學士鐵菴方公文集二十六卷舊抄本

宋方大琮撰

劉克莊序

壺山四六一卷舊抄本

不著撰人名氏

履齋先生遺集四卷舊抄本

宋左丞相許國公宣城吳潛撰

臞軒集十六卷文瀾閣傳抄本

宋王邁撰

敝帚稾畧八卷 文瀾閣傳抄本

宋包恢撰

包恢字宏父，一字道夫，號宏齋，建昌軍人。父揚，字顯道，號克齋。朱文公有答顯道二書，謂其『忽畧細微，徑趨高妙』，（人）〔又〕謂『向見前舉程文，從頭（寫）〔罵〕去，如醉酒發狂，不可救勸』。其二詳□敏道，亦有書答之，皆欲救正其爲學之偏。三昆仲以象山頓悟爲宗，以讀書窮理爲障蔽者也。恢淳熙九年壬寅生，慶元庚申年年十九，嘗見朱文公於武夷。嘉定十三年庚辰，劉渭榜三甲進士。初任光澤簿，次任建寧教。袁甫廣微爲漕守，因相與崇象山之學。爲浙西憲時，俗以『包屠』呼之，于『包龍圖』去一字，謂其酷也。景定四年癸亥，年八十二矣，知平江府，兼發運使。賈似道行公田法時，諸人皆知不便，而不敢言，惟給事尚書徐□□嘗以書諫。知臨安府浙西帥魏克愚不肯奉行，苦言諫止。似道初患恢屢更民事，或不見從，馳書諭意，恢以爲不可則止矣，乃披襟任責不辭，且贊以爲是。似道大喜，語朝士，謂道夫答書肯承當矣。於是先行之平江，而克愚重得罪，□孫遷翰苑而逐。恢老，謂貪進失人心，戕國脈自此舉，始移紹興，□召除刑部尚書。咸淳二年丙寅五月，除端明殿學士，僉書樞密院事。明年丁卯正月郊祀，恢老病不能拜。似道尋遣人紿曰：『臺諫有疏。』恢蹌踉出關遁，依舊于□，其年四月日也，年八十六矣。尋以資政殿學士致仕。又明年，戊辰十一月十二日，遺表聞，贈少保，年八十七。前輩謂保晚節難，恢豈不知公田之非？得一端明、簽樞而遺無窮之穢，可鄙也。

今讀其集，文晦冗而敢于誕。所爲《三陸祠堂記》，梭山曰九韶，字子美；復齋曰九齡，字子壽；象山曰九淵，字子静。梭山疑《太極説》，以無極爲老氏之學，周子《通書》與二程俱未嘗言及無極。《文公集》有《答陸子美書》，回嘗抄二語，以示學者：『無極即是無形，太極即是有理。』正不待恢阿黨私門也。恢所著《開闢洪荒説》有云：『崑崙圓通，無形象，無窮極，即所謂無極而太極也。』自言之而自違之，可乎？力辨象山非釋氏禪學，詞費氣餒，他日乃曰象山嘗聞鼓聲而悟，然則非禪而何？少年初見文公，乃父亦出文公之門，而爲左袒。學之所入不正，强爲説而心不明，則臨富貴而失其守也。至爲《太極圖策詞》謂太極未有形，今以一圖而爲形，爲圖則是有形矣。回謂恢所疑如此，則是聖人以一奇一耦畫卦，亦非也。又誣詆《通書》似《道德經》，則肆無忌憚矣。或謂恢本散村子，兼善談命，健啖，嗜犬肉，世道衰而怪物作。悲夫！方回跋。

宋宗伯徐先生存藁六卷附録一卷舊抄本

宋徐鹿卿撰

徐鑒序萬曆甲寅

宋學士徐文惠公存藁五卷舊抄本

宋徐經孫撰

徐印登序

雪窗集二卷附録一卷抄本

宋通議大夫守集英殿修撰致仕贈宣奉大夫孫夢著

陳塏序嘉靖

孫應奎跋

彝齋文編四卷舊抄本

宋海鹽趙子固撰

靈岩集十卷文瀾閣傳抄本

宋唐士恥撰

玉楮詩藁八卷舊抄本

宋相臺岳珂肅之著

自序曰：予自戊戌西游沔鄂，庚子東游當塗，歲凡三周，裒彙詩藁，得三百五十有八，名以《玉楮》，因爲之序。昔宋人有刻玉爲楮，三年而成一葉，雜於楮葉中，而莫之辨，工蓋如是其巧也。或從而笑之曰：『天地之生物，自質自形，日月之照臨，風雨之滋澤，寒暑之代謝，亦惟因其固有而遂其本，然使必三年而成一葉，則物之有葉者寡矣。』以人之僞，象天之真，蓋又如是其拙也。今夫發於性情，著於詠歌，雕鎪腎腸，摹寫月露，旬鍛月鍊，以求其大巧，夫誰不然？至於風行水上，涣而成文；雲出岫間，了非有意。澄江浄練，風雨滿城，尚絅去華，貴乎直遂。兹巧也，蓋寓乎至拙之中，匪徒工之所能媲。夫以它山之攻，昆吾之切，追琢毫芒，以取其象似，故必待積月以致其力，則其成也難。遇物感形，因時言志，不責以浮靡，惟取其自然，故不待引日以全其天，則其成也易。彼三年而僅成一葉，此三年而爲篇者幾四百，其巧與拙，將誰實辨之？木以不材壽，鴈以不鳴弃，犧尊以青黄喪，大瓠以浮游取。覽吾卷者，其寘我於巧拙之間乎？嘉熙庚子閏月己丑晦序。

此集既成，遣人謄録，寫法甚惡俗，不可觀。欲發興自爲手書，但不能暇。二月十日，偶然無事，遂以日書數紙；至望日訪友過海寧，攜於舟中，日亦書數紙。迨歸而畢，通計一百零七版。肅之記。

棠湖詩藁一卷鮑以文手校本

宋岳珂撰

楳埜集十二卷文瀾閣傳抄本

宋徐元杰撰

士君子有正主庇民之學，所幸當其〔事〕〔時〕之所難，積誠所感，既足以回事勢於危疑，壬鋒深忌，乃竟殞其身於非命。漢之蕭望之、李固、杜喬，近日之楳埜是也。望之以身捍恭、顯，固、喬以身捍梁冀，楳埜以身捍權臣，或誤下廷尉死，或同日以獄死，或以非病死，其死一也。獄死者蓋甚明，而非病死者，至今未得明，其尤可悲也夫。梅埜蚤從朱文公先生之門人陳君文蔚游，又嘗取正於真文忠公，其學固已知（大）標本，而心事真切，禍福利害，有所不入，又其所素長也。故自其對大庭，已純正不雜，而其後入告，又皆忠寔無隱，學者稱之。淳祐甲辰，適值權臣起復，六館之士譁然，言於天子之廷，天子疑焉。公以二疏入對經幄，明白懇到，上當帝心，自是靡言不聽。權臣奪起復，而杜立齋相，游克齋召矣。是時朝廷清明，衆正來會，公論爲之大快。臣知有忠，子知有孝，士大夫知有邪正。上之嚮公意日甚，而身遂危矣。公年事未衰，頤養無玷，一旦遽罹一死，中外震驚，行道之人莫不愀然以疑廟堂，部寺監百執事皆爲之寢會輟食。嗟夫！孰不有死，公之死，亦異矣哉！當時朝廷詔獄，而儉壬身任折獄之責，其事竟不得而明，至今累年矣。忠臣義士未嘗一日不寃之，追論往事，至有爲之泣下者。近廷紳狂佞之夫，忽唱異論，謂公死寔暍死，且誣公以羽翼權臣，曲學阿世，而破千萬載公議之是非。其疏一出，萬口唾斥，於公何傷？而其人亡忌憚，乃至於是，重爲世道歎也。公之子直諒、直方，文學氣節，克肖厥父，以公遺文求請序。余讀之盡卷，其正大如望之，其忠切如喬、固，而其没又皆可憫，故併論之。淳祐己酉夏四月壬寅朔，浚儀趙汝騰序。

秋崖先生小藁四十五卷詩集三十八卷明刊本

宋方岳巨山撰

李原序

方謙序

秋崖先生小藁八十一卷舊抄本

宋方岳巨山撰

皕宋樓藏書志卷九十一

集部

別集類二十五

芸隱橫舟稿一卷舊抄本

宋浮玉施樞知言撰

自序曰：樞丙申冬趍淛漕舟官，戍小廨，泊崇新門外，傍河依柳，髣髴家居，刳剡之餘，時作一二解，殊自適。丁酉鬱攸挻變，場地焦土，轉徙不常。修繕御前諸營，投身竹木瓦礫中，奔走不暇，及涉筆氷幙，塵埃益甚，經年僅得十餘篇，非曰忘之，勢也。戊戌秋，捧檄東越，鑿石障江，因登蓬萊，挹秦望，探禹穴，訪蘭亭，上會稽中峯，謁陽明洞天。山川之秀，陶鎔胷次，閒唫一聯，自謂可意，故所得最多。亥春旅莫，董築江隄，清事始盡廢矣。嘗觀銀濤萬疊，瞬息去來，翠山數點，空遠呈露，非不足以發雅思而動雄心，而無一語及之者，亦勢也。歲晚灞岸成，樞秩適滿，裒集舊作，共百二十題。先正詩云：『野水無人渡，孤舟盡日横。』與樞官業偶同，遂命曰《横舟藁》。嘉熙庚子元日，樞書。

鮑氏手跋云：宋刻此序每行十八格，上空二格，一行十六字，系横舟自書，最爲精雅，惜未勾摹耳。

皇荂曲一卷舊抄本

宋臨江鄧林性之撰

此五十詩，老坡所謂『淘鍊銀』耶？古如洞庭樂，其思幽；律如嶰谷篇，其和宣；絶如喬木嚶，其音活。非今調名曲耶？性之云：『擊壤曲也，扣角曲也，一性情也。蓄爲心曲，發爲歌曲，曲而不屈，曲之真，曲能有成，曲之神，神難言，真在人，何惡乎曲云？』曰：『曲義則美，《皇荂》、《下里》，請奏曲終雅，而易名以大聲。』性之不麿。淳祐辛亥臘，小山蕭參來書。

端隱吟藁一卷舊抄本

宋長樂林尚仁洞叟撰

七閩山川奇秀，行建、劒以南，溪流益駃，傑峯峻崖，挺挺峭立，渟涵鍾結，發爲人物，皆瓌偉俊明，抱負之美，至不減中州。故擔簦負笈，來試于京者，常半天下；家有庠序之教，人被詩書之澤，而仕於朝，爲天子侍從親近之臣，出牧大藩，持節居方面者亦常半。而今世之言，衣冠文物之盛，必稱七閩。吾福又七閩之盛也，古爲長樂郡，縣因以名。有林君尚仁者，一日以詩來謁，讀其詩，識其爲人也。揖之進，使之坐，與之上下議論，旨纚纚可聽，知其深乎詩，而非苟於作者也。因請定交。越數日，林君又出數則以示，讀之矍然而喜，因請見全藁。林君曰：『余平生苦於吟，所得亦不少矣。然微不合我意，則裂去惟恐緩，今存者無幾何。公有命，其奚敢辭？』又數日，林君攜短編以過。見之愕然而驚，離席而起，執其手謂林君曰：子腸腑閒，豈皆錦繡耶？不然何其言之多美也？嗚呼！吾知之矣。子生於山川奇秀之區，而家於文物衣冠最盛之地，呼吸其所謂瓌偉俊明之氣，而來西湖之上，潄濯於清泠之濱，以發其胷中所有者。吾聞昔孤山有和靖翁，高風退節，凜凜可尚，君豈其耳孫乎？蓋嘗登茲山而問乃翁舊游。今其朝煙莫雲，冉冉滿山，而昔所謂蒼童白鶴，尚無恙乎？老梅玉立如故，不知『暗香』、『疎影』之句，尚可得而聞乎？千百載之下，誦其詩如見其人。余意翁未嘗忘也。子行山中久矣，清風明月之夕，或一遇之，翁必有以授子矣。固宜詩之多美言也。嗟夫！天下之義理無窮，而詩爲難工，昔余率然而作，今退然而悔者多矣。林君益務勉之，使余屢見而屢驚焉，則夫所以期林君者不止此。林字潤叟，自號端隱。其爲詩專以姚合、賈島爲法，而精妥深潤則過之。余每來對余，言切切然，惟憂其詩之不行於世，而貧賤困苦莫之憂也。觀其志，蓋知所尚矣。余誠懼乎世之知林君者未能衆，故樂爲序其詩，而表出之，後有知林君必自此詩始。淳祐歲辛亥小至日，陳必復書于封禺山中。

梅花衲一卷舊抄本

宋荷澤李龏集句

荷澤李君寄示《梅花衲》，余讀之若武陵漁人誤入桃源，但見深紅淺紅，後先相映，雖有奇花異卉，間厠其間，莫能辨其孰彼孰此也。紹熙間，余尉江寧，有李魴伯鯉者，實余鄉人，年七十餘，客授方山觀。示余《梅花集句》百首，其所取用，上及晉、宋，下止蘇門諸君子，雖句句可玖，而意或牽强，如兩服兩驂，用生馬駒，費盡御者力，終難安帖。今李君所取，下及於近時諸作，猶犧象尊間雜以一二瓶罌，雖雅俗不同，然適用可喜也。況後視今，未必不如今視昔耶？余故喜爲之書。丁亥春，丹陽劉宰。

寶慶丁亥，余留句曲，嘗録寄漫塘劉平國，今十五年矣。憙事人屢囑板出，或者欲易爲天機雲錦。余曰此集實如野僧敗襖，將新捺舊，折東補西，元無一片完物，非衲而何？是名豈可易也？客曰唯。傳而見者，豈不直一笑？淳祐二年壬寅二月八日，李龏書。

臨安府棚北大街睦親坊南陳解元書籍鋪刊行。

蒙川先生遺稿四卷舊抄本

宋劉黼撰，山中劉應奎校正，後學阮存存耕編次

先伯氏蒙川先生少有志操，刻勵清苦以成其學，而惟孝惟忠，雖流離顛沛中，亦未嘗忘於

言，其立身大節，雖没齒無愧怍也。生無他嗜好，惟殫精畢思於文字間，凡所著述，與《諫坡奏牘》、《薇垣制稿》、《經帷納獻》若干卷，悉以自隨。今皆散落不復見矣，可哀也耶！若夫廬室爲燬，幸而讀書之朝陽閣，巋然於蒼松翠竹間，亦天也耶？喜而爲謁記，求當代之鴻師碩儒，晨星稀矣，惟息堂先生鄭公，又赴蒲輪之召，應奎有請焉。迺蒙念同年之舊思，獻納之暇，摭其實而□□□炳如也耶。每追念先生，不無遺憾，於□□□□□□□□得之斷簡殘篇，或得之朋友記識若詩□□，裒聚僅十卷，爲《蒙川先生遺稿》。以應奎年力就衰，朝露行稀，何能廣索冥搜？姑鋟之梓，以示若子若孫，而《朝陽閣記》雖已刻于閣之楣矣，今併入十卷之首。夫文載道者也，文雖不能盡得，苟能僅存，則道亦與之俱存，庶乎不與龍門草木俱腐焉爾。大德歲上元日，弟應奎端拜謹書。

北磵文集十卷 趙谷林校抄本　吴尺鳧舊藏

宋釋居簡撰

慶元初，余始入太學。於時僞學之禁嚴，臺官胡紘、司業高文虎表裏爲爪牙，搏噬無虚日。學校諸生語言小異，輒坐僞罪不以聽。予浮沉其間，日以短氣，遇休沐，率一游南北山。得士於北磵，相羊林泉，吟弄風月，足以消遣世慮。然予學乎泗水，北磵學乎靈山，予固不以及彼，彼亦不予及也。居數年，北磵出天台爲導師，而予更憂患，歷兵間，自荆楚浮江漢以歸，至東海上，則南北山無復相誰何矣。予時以特荐補官，不受，擢第太常，寓輦轂下，北磵以尺書相勞苦，寄新詩啟予，出語益峻偉。予既歸江西，與盱江刺史言北磵于今爲偉士。刺史走書邀北磵，以唐僧紹隆所開山處之，北磵高臥不肯起。既而江東部使者以東林、雲居力致之，亦復不肯起。今年，予歸自嶺表，北磵游華亭，知予入長安，駕小舟看余於清河坊客舍。握手道契闊，十三年如一日也。讀其文，宗密未知其伯仲；誦其詩，合參寥、覺範爲一人，不能當也。雖然，北磵無學之宗也，文於何有？見之文者，似焉而已矣。北磵于人不苟合，合亦不苟睽，取舍去就之際，潔如也。其名居簡，其字敬叟，其生潼川，寓北磵之日久，故人不名字之，稱北磵云。嘉定丁丑十月望日，盱江張自明誠子敘。

吴氏手跋曰：抄《北磵集》三册，均有脱誤，而仡仡、姽姽之謬，惟此册最夥，以朱墨圖乙之，幾成紅勒帛矣。乙巳三伏日，欒城谷林意林揮汗校。

北磵文集十卷舊抄本　汪啟淑舊藏

宋釋居簡撰

張自明序

字溪集十一卷附録一卷文瀾閣傳抄本

宋楊枋撰

勿齋集二卷文瀾閣傳抄本

宋楊至質撰

重編古筠洪城幸清節公松垣文集十卷抄本

宋賜進士第通議大夫松垣幸元龍震父著

幸鳴鶴序萬曆丙辰

雪坡姚合人文集五十卷舊抄本　朱竹垞舊藏

宋姚勉撰，從子國學生龍起編次

寶祐元年，歲在癸丑，上臨軒，賜進士第。予與姚成一適相後先聯鑣入期集所，一見傾蓋，懽若生平，握手論心，知其慷慨有大志。越明年，予遊清江碧嶂間，距瑞陽三舍，竹輿山行，入竟問俗，知其倜儻有義氣。爾后渭北江東，末繇再晤，四方傳誦，累疏囊封，憤世嫉邪，排奸指佞，又知磊磊落落有奇節。夫以成一之志與氣節，奮乎百世上下，而官僅校黄本書，備青宮宷，年僅四十有六，遽修文白玉樓，騎鯨白雲鄉去，豈不可悲也夫？不幸之幸，成一有從子龍起，得陛天子之學，有一子元夫已受天子之命，振家聲而接文脈，不在兹乎？龍起彙編成一文稿五十卷，予讀之，悲不自勝。烏乎！此特成一之文而已，其志與氣節固自有不恃生而存，不隨死而止者。昔龍川陳同父亦癸丑掄魁也，嘗伏闕三上書，孝廟覽之驚異，俾執政召問當從何處下手。晚得一第，未及大用而歿。又嘗自作長短句四卷，酒酣浩歌一章，輒自歎曰：『平生經濟之懷，略已陳矣。』抑亦可悲也夫！時東萊吕成公退居金華，同父數造焉，成公深期之曰：『未可以爲世不能用，虎帥以聽誰敢犯予？』予於成公，何能爲役？而所以深期成一，與成公同。撫遺編而欷歔，悼吾黨之苓落，敢以期成一者期其子若姪。景定五年夏六月甲子，古涪文及翁書于道山堂之直舍。

姚成一，瑞之奇氣也，未可專以文章論也。予癸丑夏自吴幙入館，時成一初第，見其文如長江大河，一瀉千里，每與友朋相語，必曰：『姚成一之文章不易及也。』越數年，相會于館中，見其持身之介，立論之壯，負氣之英，且屢挫而不衰，又知成一之所以爲成一者。同館之士其知成一者，莫如予，而知予者亦莫如成一也，未幾咸以罪去。越三年，予起家，承乏于瑞，則成一已下世矣。其族子起龍刊其平生所爲文，屬予序。予曰：成一之操守議論氣概，欲爲天下國家興事立業者也，豈文章而已乎？天奪之早，而僅以文章傳後，惜也。景定癸亥秋八月四日，蛟峰方逢辰序。

文山先生全集二十卷明張元諭刊本

宋文天祥撰

羅洪先序嘉靖三十九年

文山先生全集十八卷明鄢懋卿刊本

宋文天祥撰

鄢懋卿序嘉靖三十八年

敖銑序嘉靖壬子

宋少保右丞相信國公文山指南録二卷吟嘯集一卷附録一卷指南後録二卷傳一卷元刊本

宋文天祥撰；傳，許有壬、劉岳申撰

新刻指南録四卷宋刊本　汲古閣舊藏

宋文天祥撰

予自吳門被命入衛，守獨松關，迺王正二日。除浙西大制撫，領神臯。予辭尹，引帳兵二千人詣行在。日夕贊成樞使宜中謀遷三宮，分二王於閩、廣。元夕後，予所部兵皆聚于富陽，朝廷擬除予江東西廣東西制置大使，兼廣東經略，知廣州湖南策應大使。未及出命，陳樞使已去國。十九日，大皇除予右丞相，兼樞密使，都督諸路軍馬。時□□駐高亭山，距脩門三十里。是日□□即引董參政，以兵屯榷木教場，城中兵將官紛紛自往納降。予欲召富陽兵入城，已不及事。三宫九廟，百萬生靈，立有魚肉之憂。會使轍交馳，北約當國相見，諸執政侍從聚於吴左丞相府，不知計所從出，交贊予一行。國事至此，予不得愛身，且意北尚可以口舌動也。二十日至高亭山，詰□□前後失信，□□辭屈，且謂決不動三宫九廟，決不擾京城百姓，留予營中。既而吕師孟來，予數罵其叔姪，愈不放還。賈餘慶者，逢迎賣國，乘風旨使代予位，於是北兵入城，所以□吾國□吾民者，講行無虚日。北知賣國非予所容也，相戒勿令文丞相知。未幾，賈餘慶、吴堅、謝堂、家鉉翁、劉岊皆以府第爲祈，請使詣北方，蓋空我朝廷，北將甘心焉。二月八日，諸使登舟，忽遣館伴逼予同往。予被逼脅，欲即引決，又念未死以前，無非報國之日，姑隱忍就船。方在京時，富陽兵已退，趨婺、處等州。予俟間還軍，苦不自脱。至是欲從道途謀遁，亦不可得。至京口留旬日，始得鹽商小舟，於二月晦夜走真州。朔日，守苗再成相見論時事，慷慨流涕。予致書兩淮閫，合兵復興，苗贊之甚力。初三日早制司人來，迺出文書，謂丞相爲賺城，欲不利於我。苗不以爲然，送予出門，勸奔淮西。予謂此北反間也，否則，託辭以逐客也。李公，仁人，使見予，必感動，遂之維揚。苗遣五十兵四騎從行，夜抵西門，欲待旦求見，呵衛嚴密，鼓角悲慘。杜架閣謂李公必不可見，徒爲矢石所陷，不如渡海歸從王室。予然之，自是日夜奔南，出入北衢，犯萬萬死，道途苦難，不可勝述。嗚呼！予之得至淮也，使予與兩淮合，□□懸軍深入，犯兵家大忌，可以計擒江南，一舉而遂定也。天時不齊，人事好乖，一夫頓困不足道，而國事不競。哀哉！予至通，聞二王建元帥府於永嘉，陳樞使與張少保世傑方以李、郭之事爲己任，狼狽憔悴之餘，喜不自制，跋涉鯨波，將蹻屩以從，意者天之所以窮餓困之而拂亂之者，其將有所俟乎？德祐二年閏月日，廬陵□□□自序。

德祐二年二月十九日，予除右丞相兼樞密使，都督諸路軍馬。時北兵已迫脩門外，戰、守、遷皆不及施。搢紳大夫士萃於左丞相府，莫知計所出。會使轍交馳，北邀當國者相見，衆謂予一行爲可以紓禍。國事至此，予不得愛身，意北亦尚可以口舌動也。初奉使往來，無留北者，予更欲覘北，歸而求救國之策，於是辭相印不拜。翌日，以資政殿學士行。初至北營，抗辭慷慨，上下頗驚動，北亦未敢遽輕吾國。不幸吕師孟搆惡於前，賈餘慶獻諂於後。予羈縻不得還，國事遂不可收拾。予自度不得脱，則直前詬失信，數吕師孟叔姪爲逆，但欲求死，不復顧利害。北雖貌敬，實則憤怒，二貴酋名曰館伴，夜則以兵圍所寓舍，而予不得歸矣。未幾，賈餘慶等以祈請使詣北。北驅予并往，而不在使者之目。予分當引決，然而隱忍以行。昔人云：『將以有爲也。』至京口，得間奔真州，即具以北虛實告東西二閫，約以連兵大舉，中興機會，庶幾在此。留二日，維揚師下逐客之令。不得已變姓名，詭踪跡，草行露宿，日與北騎相出没於長淮間。窮餓無聊，追購又急，天高地迥，號呼靡及。已而得舟避渚洲，出北海，然後渡揚子江，入蘇州洋，展轉四明、天台，以至於永嘉。嗚呼！予之及於死者不知其幾矣！詆大酋當死；罵逆賊當死；與貴酋處二十日，争曲直，屢當死；去京口，〔抉〕〔挾〕匕首以備不測，幾自〔頸〕〔剄〕死；經北十餘里，爲巡船所物色，幾從魚腹死；真州逐之城門外，幾徬徨死；如揚州，過瓜州揚子橋，竟使遇哨，無不死；揚州城下，進退不由，殆例送死；坐桂公塘土圍中，騎數千過其門，幾落賊手死；賈家庄幾爲巡徼所陵迫死；夜趍高郵，迷失道，幾陷死；質明避哨竹林中，邏者數十騎，幾無所逃死；至高郵制府檄下，幾以捕係死；行城子河，出入亂屍中，舟與哨相後先，幾邂逅死；至海陵如高沙，常恐無辜死；道海安、如皐，凡三百里，北與寇往來其間，無日而非可死；至通州，幾以不納死；以小舟涉鯨波出，無可奈何，而死固付之度外矣。嗚呼！死生，晝夜事也。死而死矣，而境界危惡，層見錯出，非人世所堪。痛定思痛，又何如哉！予在患難間，以詩記所遭，今存其本，不忍廢，道中手自抄録。使北營，留北關外爲一卷；發北關外，歷吴門、毗陵，渡瓜洲，復還京口爲一卷；脱京口，趍真州、揚州、高郵、泰州、通州爲一卷；自海道至永嘉、來三山爲一卷。將藏之于家，使來者讀之悲予志焉。嗚呼！予之生也幸，而幸生也何所爲？求乎爲臣，主辱臣死有餘僇；所求乎爲子，以父母之遺體行殆，而死有餘責。將請罪于君，君不許；請罪於母，母不許；請罪於先人之墓。生無以救國難，死猶爲厲鬼以擊賊，義也。賴天之靈，宗廟之福，修我戈矛，從王于師，以爲前驅，雪九廟之耻，復高祖之業，所謂誓不與俱生，所謂鞠躬盡力，死而後已，亦義也。嗟夫！若予者，將無往而不得死所矣。向也，使予委骨于草莽，予雖浩然無所愧怍，然微以自文于君親，君親其謂予何？誠不自意返吾衣冠，重見日月，使旦夕得正丘首，復何憾哉！復何憾哉！是年夏五改元景炎，廬陵文天祥自序其詩，名曰《指南録》。

案，此宋刊本，每葉十六行，每行十六字。事涉宋帝皆空格，遇『北陷』、『北兵』、『吕師孟』、『文天祥』等字皆挖空，當是景炎元年宋未亡時所刻，入元後將版挖改空耳。

新刊重訂謝先生疊山文集五卷明刊本

宋謝枋得撰

王守文序嘉靖乙卯

本堂先生文集九十六卷舊抄本

宋陳著撰，曾孫陳煦編次

張忠定公有言：『吾榜得人最多。』嘗疑其言之誇，静觀世運，歷數人物，抗節不屈，忠血凝碧，泣抱龍髯，下從彭咸，累書辭聘，絶粒而逝，凡此皆丙辰榜中人也。本堂陳公挾其耿介之氣，發于雄深之文，巋耿獨立，皓首不變，則亦吾丙辰同年進士也。忠定之言，豈不信乎？公自爲舉子時，文聲獵獵日起，諸公争致之，授簡客右，研墨盾鼻，出語往往驚其坐人。時方尚駢儷，稱誦伊、周，擬方孔、孟，上之人受之亦不辭。公下筆一掃諛風，莫不根于理而趨于古，抽黄對白之習爲少變。時宰用事，以策試士，公實（恭）〔參〕之文衡，於古人唯唯中得一諤士，痛陳厭諱人言，消沮士風，寵信吏胥，壞朝廷紀綱十數事。公特白其長，宜寘前列，以稱德祐求言之詔。聞者爲瑟縮而掩抑之，公作詩道其屈，每對人言，氣拂膺。未幾，國事非矣。余老陽羨，公之子深來山中，以示遺藁若干卷，讀之使人激發，而不能不使人嘆恨也。公之文宜爲誥，只用之書檄牋啟，宜被金石，徒見之深山穹林佛老之廬，天不使和其聲，鳴國家之盛，而俛仰古今，感觸風景，以抒其《黍離》、《麥秀》之悲。公亦豈料文之窮至此哉？若夫挽王少保之辭，弔唐饒州之文，誅權奸于九泉，表忠義于千古，蓋有關於世道之大者，非徒文也。余耄矣，因念于佛經中多墮鬼録，余後死，尚獲覩公之文，可掛名其間，同幸也。斯文之脈不絶如縷，未知後之視今何如，與晉人同一慨矣。時至大戊申仲夏既望，丙辰榜下士荆溪蔣岩書跋。

竹溪鬳齋十一稾續集三十卷舊抄本

宋三山林希逸著，門人石塘林式之編

鬳齋林先生之自玉堂翠帷，求奉太夫人出臨莆郡也，實淳祐戊申，後村先師時方辭宗正少卿之召。先皇以魏國年高，就畀憲節，即家建臺，一時麾節照映之盛，真有壺山之所未有。賓僚乎其間者，蓋莫不人自磨濯奮勵，求以所講習，所蘊蓄，所設施，而以學文，於文章，於政事，有可以表表自見者，爨下之音，囊中之穎，夫又孰無是心哉？既而臺與郡各以郡之法曹掾爲舉，首掾則同之再從兄(之)〔子〕敬也。莆於七閩爲軍壘，子敬於郡幙爲底僚。一旦揵出騰上，受國士之知於二先生，是所謂空羣於冀北，拔尤於河陽者，其榮且耀，固萬萬而如是。臯臺稱表已具，中以親嫌爲疑，雖重之魏國之命，有不能自決，惟一聞守侯合荐之説，乃定此造就之仁，終始之誼，子敬於虜齋不無重惓惓焉。後村第一集六十卷之行也，亦子敬効程督其間。前五十卷，則虜齋在郡時以卻例卷資其費，及易鎮延平，通守王公實緒成之。今後十卷卷末有『子敬監雕』名銜在焉，可考也。故子敬於欲以自表其惓惓焉者，則亦惟於虜齋之若詩與文，思所以淑後學，詔來世，如虜齋之於後村焉，且可與後村諸集相爲不朽于穹壤之間，是固子敬之心也。而素食貧，多家居，願有莫之遂，志亦莫之渝，其於《前集》、《後集》之行，亦惟知於顔、楊二君致其歡喜贊嘆焉。爾歸自括家食，又且十年。及通守三陽，咸淳戊辰秋抵官，下將一考，以書爲同，言：『吾此來，得綰郡紱，薄有俸入，節縮裘飪，銖積寸累，或有可以足吾生平未足之志者，願以《虜齋集》爲先。子其爲我請《續集》于先生而行之，且毋以憚煩辭。』同敬諾，於是虜齋方卷退處之懷，袖觀之手。其年秋九月，上擢虜齋長仙蓬，侍緝熙。明年春，再入禁林，掌詞翰。蓋是癸亥東歸，一閑七期矣。舊詞臣，真學士，有不惟一堂之上，明良胥會，於所都俞者則然。下而九州四海人士，亦孰不曰是當行鋪席也，是我家舊物也，顧非斯文之一泰，吾道之一貫乎？虜齋屢辭，不獲命，趁行之詔，聯翩而下。行有日，至是而《續集》之入梓者爲卷二十矣。昔人懷一飯之感，捐千金之報，以情不以物，以誼不爲利也，況舉之人雲嘘之上天乎？『寂寂誰從翟廷尉，滔滔去事霍將軍』，此後村所以爲世道感也，此同爲子敬別《庸齋續集》三十卷爲一集之意也。《庸齋前集》亦六十卷，《續集》宜視前。繼自今賡殿閣之吟，陪氈厦之咨，雲霧裁翦，日月獻納，必且至于手抄而腕脱者，當揭爲《又續集》，以遂子敬兄之志云。是年爲庚午春爲正月元夕前一日，石塘林同謹書。

林屋山人漫藁一卷舊抄本

宋俞琰撰

耕禄藁一卷宋刊本

宋括蒼胡錡國器撰

自序曰：以文爲戲，曰子虚，曰亡是，曰毛穎，曰革華，曰黄甘、陸吉，往往皆是也。而近之學士大夫，游情翰墨，且以諸知白、石虚中、竹媛之類，作爲制誥矣。錡，牛衣子也，歌豳頌牧之餘，竊有取農田之所殖，農器之所修，其爲畫前之大務，輒緝農書爲詔、爲制誥、爲表，凡二十五篇，名之曰《耕禄藁》。不謂文也，姑亦擊土鼓，樂田畯爾。

海瓊白玉蟾先生文集六卷續文集二卷明刊本

宋白玉蟾撰　前有事實宋彭耜撰

司馬子長、班孟堅、韓退之、柳子厚諸人，及我朝蘇明允父子，皆古今號能文辭者。至其自述學業之艱，辛苦萬狀，或三年成一賦，或足跡徧天下，或謂不敢以輕心掉之，矜氣作之，或謂含英咀華，（吉）〔佶〕屈聱牙，手不停於六藝之文，或謂吾年二十有七，始克務學，又經歷幾載而後學成。杜子美，詩人巨擘，胸中自有，國子監後人得其殘編斷藳，率一字半句，朝竄暮改不少。李太白最號豪雋，猶横經籍史，制作不倦，三十成文章。長吉至嘔出心肝乃止。前輩雖大手筆，要不可以無心而得，率爾而成也。今有人焉，不繇學識而能，不暇思維而得，是可以世之常法論乎？蓋瓊山白公之作是已。僕頃未識瓊山，一日會于鶴林彭徵君座上，時飲半酣，見其掀髯抵掌，伸紙運墨如風，中心疑焉。旁適有紙數百幅，因取窮之，隨叩隨響，愈探愈深，猶河決崑崙注之海，晝夜洶湧有聲。童子隅坐研墨，腕幾脱。頃刻數千萬言，取而讀之，放言高論，閎肆詭奇，出入三氏，籠罩百家，有非世俗所能者。始大驚異，是所謂不由紀律，不擊刁斗，而轉鬬千里外者也。徵君與瓊山爲莫逆交，此集詩文若干首，皆徵君手自纂集，又親爲審訂，去其《悲來》、《笑矣》之類，得四十卷，其篇軸浩汗猶如此。瓊山自幼能爲文，集中有最少作者，又好酒任性，所作不皆合法度。古之文人，跌宕不羈之士，間亦有是，然瓊山非可以是論者。陳無己著參寥子説：『貫（體）〔休〕、齊己，世陋其語，然以曠蕩逸羣之氣，高世之志，天下之譽，王侯將相之奉，而爲石霜老師役，終其身不去，豈用意於詩者，其工拙不足病也。』自謂：『余之所貴，乃其棄餘。』則知高人逸士，其視富貴生死猶土苴芻狗，不足道也，況其區區者乎？是直游戲於斯焉爾。《易》：『風行水上，涣。』蘇氏曰：『天下之至文也。』言其得之於無心，而成之於自然也。後欲觀瓊山之文，與其求之此集，不若往謁風與水而問焉，當思過半矣。瓊山或號海瓊，一號紫清，楊東山呼之爲白逸人云。端平丙申日長至，文林郎新鎮南軍節度推官潘枋敘。

南極老人臞仙序正統壬戌

白玉蟾海瓊藁十卷明刊本

宋白玉蟾撰

唐胄序嘉靖癸巳

《彊經室外集》曰：《重編海瓊白玉蟾文集》六卷，《續集》二卷，宋葛長庚撰。按，長庚字白叟，福之閩清人。七歲能詩賦，父亡母嫁，棄家遊海上，號海瓊子。至雷州繼白氏後，改姓白名玉蟾，傳以爲仙去。所著詩文集凡四十卷，具詳《事實》中。此本乃明正統間南極遐齡老人臞仙重編，前有宋端平時推官潘枋原序及嘉熙元年耜所書《事實》一篇。黄虞稷《千頃堂書目》載是集。臞仙序中述及玉蟾有《上清》、《玉隆》、《武夷》三集，内未入者皆收之，今重新校正定爲八卷，《附録》一册，及霞侣奉酬之玄簡，仍綴諸卷末，而壽諸梓，以永其傳焉。臞仙乃明太祖第十六子寧獻王朱權之號，博古好學，凡羣書有秘本，莫不刊布，著述之富，一時無有及者。

皕宋樓藏書志卷九十二

集部

别集類二十六

宋貞士羅滄洲先生詩集五卷舊抄本

宋羅公升撰

當吾從水心翁周旋時，翁髻氍舉棗栗行酒，姿玉雪，意儒雅，雖眉間英睿已不可遏，而豈敢望其即科第爲當世之用哉？盛時不載，家國全陷，時翁起孤童，變服馳逆旅塞外，犯大寒暑，復故物如内府，乃歸。吾聞其能事雖甚可喜，頗然當廢學已久矣。别十三四年再見，冠帶長身，風度儼若，出詩袖間，如編書，大篇汗漫，小語條達，豈亦如一日千重，可以馬上幾得？讀之未終卷，篇篇逼人，有非書生窮研筆力所能及者。蓋其天性離明，左旋右抽，有非區區學步所能者。比使後死，所見事事若此，亦復奚憾？於此而不用吾情，烏乎！用吾情，詩非難事。前此所以極力而不得其要者，由其情性或近或不近，趨晚唐者乏氣骨，附江西者少意思，必待其發語通明，不用一事，而亦無一字無來處，就之不可即，望之不可尋，是在能化時。翁棄其所長，勉其所不及，則吾將自以斯言爲過。好爲之！好爲之！水心翁前宜春教，吾同舍也，死丙子之六月。廬陵遯民須溪劉辰翁序。

顧氏手跋曰：滄洲翁名公升，字時翁，吉之永豐人。大父開禮，宋咸淳間由冑監登第，授袁州教授，尋改武岡。德祐丙子，文丞相開督府于閩廣，號召天下勤王，辟開禮知縣事，授安撫使。後兵敗被執，不食死節，即辰翁序中所云水心翁也。滄洲少有才略，以軍功授本邑教，傷大父死節，傾資北遊燕趙，與宋宗室趙孟榮諸公圖復宋祚。知勢不可爲，回經錢塘江，作《弔胥濤》以自寓，今載集中，餘亦多感憤語。《永豐志》云尚有《石初集》，則未見也。滄洲有弟，宋亡亦不仕元，父死于寇，廬墓號泣，不御酒食肉者七年。蓋孝義萃于一堂，於乎於以見宋之能養士也。癸亥至日，書于京邸吴門顧俠君。

潛山集十二卷文瀾閣傳抄本

宋釋文珦撰

須溪集十卷文瀾閣傳抄本

宋劉辰翁撰

須溪四景詩四卷抄本

宋劉辰翁撰

蘭皐集三卷抄本

宋紫陽吴錫疇元倫著

蘭皐吴君元倫以吟編三十首見示，予讀之，如『螢光水上下，林影月高低』，『簞瓢自鐘鼎，風月即勳名』，『草色迷幽徑，禽聲出晚山』，高峯明落日，危石響幽泉』，此五言之佳也。『輕薄楊花芳草岸，淒涼杜宇夕陽山』以詠晚春，『幽夢長隨□月上，寸心難逐片雲通』以和友人見寄，『清風千載梅花共，説着梅花定説君』以題林和靖墓，此七言之奇也。至《題友人幽居》、《小檻》、《秋窗》、《九日》與《漁父》、《聞鸎》等作皆全篇有思致。以三十首之詩而句玅已如此，他可槩見已。始予每念竹洲先生以文章行義驚動一世，豈無有能繼家聲者？近歲逢原以詩鳴，實先生曾孫；今蘭皐又先生之孫，吴氏世不乏季子矣。雖然，『未説因風翻柳絮，須看和月上梅花』，非先生《雪》詩乎？『人家深蔽樹，野水闊浮空』，非先生《弋陽道中》詩乎？《共在郡城與客夜坐達旦》詩曰『淡月微雲對倚樓，無聲河漢自西流。高城忽起梅花弄，散作晴空萬里秋』；其《以烏紗巾餉客》詩曰『落托烏紗墊角巾，已將清泚滌京塵。請君便漉淵明酒，醉後從他雪滿簪』，詞意清新而豪氣勃勃不可遏，直與坡、杜相周旋，一洗郊、島之寒瘦，真可畏而可仰也，敢爲蘭臯誦之。淳祐九年五月望日，竹坡吕午書。

予嘗於何人卷中見左史公稱『説着梅花定説君』之句，不知其竹洲後人也。意王愷之珊瑚，扶疎二尺，美止此矣。比吴君過予庢下，出其寶，則高三四尺者六七株，如『燕未成家寒食雨，人如中酒落花風』者尚多也。子其祕之，毋使豆粥韭虀爲帳下兒所笑，彼愷輩那得與君争長？　寶祐甲寅十月既望，秋厓方岳拜手。

《蘭臯稿》多奇句，信如秋厓翁所謂珊瑚三四尺，高者六七株。然予嘗恨王愷奢華誇一時，而爲如意所折，遂至恍然自失。使予爲愷，當復碎崇所示，而出吾穀粟絲麻之富以誇之。夫穀粟絲麻，奇不如珊瑚，而吾欲以此誇彼，何也？　此適用，而彼則玩而已。愷能爲此論，崇又當恍然自失，惜愷不足以知此。觀蘭臯壓卷擬古，深得此意，而卷中感慨之作又多，匪徒珊瑚之玩也。苟類是以求詩，則嘲風弄月，無補世教，雖奇抑末矣。君如不信，其歸而問諸竹洲。咸淳改元正月，梧岡程鳴鳳拜手敬書。

晦翁言詩以三百五篇爲根本。翁詩爲中興冠冕，豈劌目鉥心，有意於詩哉？　本深而末茂，實大而華榮也。竹洲亦然，節行事業之外，詩文超軼絶塵，宜鳳毛之世美也。竹坡摘《蘭臯》五七言佳句，而(已)〔以〕竹洲吟咏妙處勉其進。審言之有子美，予既見之矣，滎陽之有東萊，豈直以詩鳴而已哉？　嗣德有繼，將不一書。咸淳辛未仲秋，浚儀王應麟題卷後。

曩見馮深居，言舊客海寧之魚亭，枚舉吟社，起自竹洲之客汪柳塘，以下二十餘人，一時雅集，不減山陰。余生晚學後，僅及事竹坡吕公，其序竹洲諸孫蘭臯君之詩，實目擊之，私竊謂曰：『此客亹亹，逼人俛仰。三十年憂患來歸，依然倦翼故林之喜。』吴君袖新吟過余，鶴立秋清，今猶昔也。讀徹，至《山居雜言》，憮然曰：『浸近平淡矣。』誠齋老子，每官每集，每集每變，每變每進。蘭臯嗜詩如嗜炙，世間利達事不入其心，予知君之進于詩未艾也。他日相逢，珊瑚扶疎，高三四尺，端不止如今詩之所觀。咸淳七年重九，陸夢發書。

余年二十餘，以詩遊于竹坡、秋厓二先生之間。二先生喜稱道蘭臯吴元倫佳句『説着梅花定説君』，坡喜之。『人如中酒落花風』，厓喜之。坡今仙去二十餘年，厓亦十餘年，而元倫年六十余，亦四十七矣。細讀摘稿，如『泉幽影照清』者，余擊節喜之，幽淡靚深，有賈浪仙之風，而『人世如無夜，勞生事更繁』，亦古人所未道。昔者山谷喜宛丘『漱井』、『掃花』之詞，誠齋謂後來全集别有天珍，恨山谷未見。余於元倫亦云，蓋坡、厓所見者，元倫中年詩，而余所見者又有晚年詩。元倫進而余不進，則余之老矣，可恥哉！咸淳九年中秋前一日，里人虚谷方回敬書。

柳塘外集四卷舊抄本

宋江西饒州薦福寺沙門釋道璨無文著

張師孔序

碧梧玩芳集二十四卷文瀾閣傳抄本

宋馬廷鸞撰

四明文獻集五卷補遺一卷續補遺舊抄本

宋王應麟撰

秋曉趙先生覆瓿集八卷舊抄本　因樹樓舊藏

宋趙必瑑撰

南風不競，炎德既熸，三后之姓，於今爲庶，蔑蔑無聞矣。朅來東邑有客，舉以一二詩奇甚，問何人作？曰：『宋有官宗子秋曉先生詩也。』遂從其子良麟得全帙觀之，清新閑雅，飄飄然有神仙風致。予謂一歲之清氣在秋，一日之清氣在曉，趙侯以是自名，使君於此不凡矣。『乾坤有清氣，散入詩人脾』，則其人其詩清絶也固宜。客又曰：『秋曉節人也。』因爲予言其平日出處，大抵誠非常人之所能企及。嘗觀戰國群公子，如孟嘗、春申輩，裘馬輕肥，以豪俠相尚，彼知節爲何事，不足稱也。屈原，楚公也，忠愛寸忱拳拳焉，以維翰維城爲己任。《離騷》一經，忠貫日月，千載而下，聞風興起，豈徒取其文而已？趙侯二十擢高第，居官有能聲，年甫三十而宗國隕矣，即韜晦不仕，放浪山水間，長謌短吟，寫其憂憤而終身焉。宋亡未十年，予自楚而燕，見夫內而金馬玉堂之署，外而闔府州縣之間，往往皆宋宗臣，近就本支百世之義，略不暇恤，聞此可心愧死矣。吁！公之文學，使在前朝盛時，則校書天禄，揮翰金鑾，固不在劉、李下。宗國殄瘁，而人云亡，可慨也。先儒謂宋有宗衮而無賀、白，公之文固無遜賀、白，凜凜高節，又豈賀、白所能企及哉？諸郎競爽，振振詵詵，克紹先業，節義之報也。北山零落，往事莫追；西山朝來，爽氣固在。秋曉之高風清節，如乾坤清氣在穹壤間，百世不可泯也，詩文云乎哉？皇慶改元歲在壬子夏五既望，資中郭應本居仁序。

唐、宋以科目取士，凡習舉子業者，率多留意於場屋之文，間有兼吟事之長者，吾見亦罕矣。東廣趙秋曉父子同年擢第泰常，其工於決科之文可知已。梅水村袖《秋曉覆瓿集》見示，試取而觀之，大篇短章，各有思致，至於上下世變，詞多感慨，尤有楚騷、杜史遺態，讀之令人三歎，是不但工於文，抑又工於詩矣。噫！斯人吾不得而見之矣，猶幸而得見其詩，是非孟氏子尚友之意歟？於是乎□。柔兆涒灘歲孟秋朔吉，東嘉資山林永年題。

吳覬序宣德壬子

陳向庭序

閬風集十二卷文瀾閣傳抄本

宋舒岳祥撰

秋堂詩集三卷舊抄本

宋國史秋堂柴望撰

詩莫盛于唐，尚矣。唐之詩，蘇、許、陳、宋肇其源，高、岑、王、孟繼其流。嗣後纍纍迭出，争相軋勝，非不傑然，皆名家也。然言唐詩者，類以李、杜爲稱首，何哉？蓋天寶之間，國事顛覆，李白、少陵目擊時艱，激烈於心，而託之辭，直述興致，迫切情寔，其間雖出入馳驟於烟霞水月之趣，而愛君憂國，其所根抵者居多，是故上參天道，下植人紀，中扶世運，風雅以後不可少也。二家以後言詩者，吾惑焉。西崑香奩纖穠妖冶之音作，於是抽黄對白、掇花拾草者寖以昌焉。詩道於是乎亡矣。嗟乎！其孰知詩者哉？余讀宋紀柴國史詩集，而知詩道之有在也。公詩秉于忠義，而攄于危迫，摘詞琢句，動譜音律，雄豪超越，如天馬之驟空，潚洒清揚，如春花之映日，就其所造之深，直能卑視近代，而與唐之諸名家相上下矣。至其詩之所以至者，則又上揖李、杜之精英，而性情法度不啻自其胸中流出，蓋雖聲氣所種，各自爲家，而其志之所之，則皆出于時事之所激，而倫理之所關，固有曠世而相感者也。誠以宋之季，視唐之天寶爲逾危，而公之所遭逢，于嫠緯、黍離之思爲尤恫焉，宜其發之憤且惋也。然則公之詩豈可以淺視之哉？知公之詩者要當知公之心，則李白、少陵不是問矣。予過江鄉，訪公遺跡。公從姪季武出公集若干卷祈余敘。素蒙公高義，又嘉季武之請，因遂書之。公詩有《道州台衣集》、《詠史詩》、《凉州鼓吹》，在公生時已盛傳於世。兵燹日久，散逸不次，兹録其遺存者若此云。至正四年七月既望，襄陽陽仲弦敘。

蛟峰文集八卷外集四卷明天順刊本

宋方逢辰撰，第八卷，逢辰弟逢振撰，後附誥勅及贈酬詩文爲《外集》四卷

錢溥序天順七年

毅齋詩集别録一卷附家傳一卷明刊本

宋徐僑撰

十一世孫興序正德辛未

龔永吉序成化五年

郁珍序

《雪經室外集》曰：《毅齋别録》一卷，不著撰人名氏。卷端有正德辛未十一世孫興序一首，云『先世文清公，號毅齋，嘗從東萊、晦菴相與倡學於婺，其所著有《讀易記》、《讀詩記詠》、文集等書，以之格君心，淑後學，羽翼吾道，有補於世教也尚矣』云云。考之《宋史》，乃徐僑之詩也。僑字崇甫，婺州義烏人。早從學於吕祖謙門人葉邽。淳熙十四年，舉進士，調上饒主簿，始登朱熹之門。熹稱其明白剛直，命以毅名齋。端平中，官至工部侍郎，以寶謨閣待制奉

祠，卒謚文清。僑之學以真踐寔履爲尚，奏對之言，剖析理欲，因致勸懲，宏益爲多，乃理宗時之名臣，不以詩名，然無講學家習氣，頗近江湖詩派。輿序又云有文集一十卷，遭回禄煨燼，今世無傳本矣。

蕭冰厓詩集拾遺三卷舊抄本

宋蕭立等撰

詩有江西派，而文清昌之，傳至章泉、澗泉二先生，詩與道俱隆。自二先生没，中原文獻無足證，江西氣脉將間斷矣。幸而二先生所敬者有澗谷羅公在，巍巍然穹壤閒之魯靈光也。冰厓乃澗谷所知詩家，因取其詩二十六卷，刊以示余。逃虚空而聞跫音也，觀其詩可以知其人。歲在癸未清明日，信之弋陽疊山謝枋得君直于龍虎山，敬題卷後。

羅倫序成化壬辰

九世孫敏跋弘治乙丑

《孕經室外集》曰：《蕭冰厓詩集》三卷，宋蕭立之撰。立之，寧都人，字斯立，一名立等，號冰厓。登方逢辰榜進士，仕至通守。歸隱後，自放於詩，大旨宗江西派。《宋詩紀事》嘗採其詩。此三卷，僅有五七言、古體、五七律及七絶，乃其九世從孫敏所訪求而得者。其原跋稱向有詩集二十六卷，然則立之詩佚者多矣。此集雖僅存什一，但明羅倫序，稱其納交吴氏艸廬，見知謝氏疊山，是詩以人重，一鱗片羽，亦可珍貴云。

衞秋聲集六卷文瀾閣傳抄本

宋衞宗武撰

始余爲行臺御史，道松江，會九山衞公洎其子謙，纔一杯而别。後十年來牧是郡，訪九山墓，宿草已六白矣。謙出公《秋聲集》求序，許而未作。又旬歲，屬者暇愈少，請愈力，因思古今騷人，多寓意秋聲中，由宋玉《九辨》而下，如李太白有《紫極宫》『何處聞秋聲』詩，劉禹錫、歐陽永叔有《秋聲賦》，率皆悲時之易逝，嗟老之將至，狀其淒清蕭瑟而已。今九山之集，取名雖同，而實又有所不同者。昔在淳祐間，公起喬木世臣後，班省闥，鎮藩輔，無施不可，此時不獨無此作，亦未嘗有此聲也。及時移物换，以故侯退處於家，不求聞達，舍大篇短章，何以自遣？蓋心非言不宣，言非聲不傳，是知聲之秋，即心之秋，心之秋，即江山之秋，江山之秋，即天地之秋也。聲無窮，秋亦無窮。彼觀是集，讀是序，見山谷所云末世詩似候蟲聲，便爲誠然，正所謂癡人前不得説夢，豈真知公者乎？九原有靈，或聞斯言。公諱宗武，字淇父，官至朝請大夫，九山其自號云。至元甲午重九日，張之翰序。

陵陽先生集二十四卷舊抄本

宋牟巘獻之撰，男應復編

文者，言語之精華也，因其道以有傳。然古者文以傳道，後世道以飾文。古之人有是道，然後託於文以達之。道若斯，文亦若斯，故其言約以實，是謂文以傳道。《易》、《詩》、《書》、《春秋》、《論》、《孟》是也。後世不必皆以其道，亦欲爲文以自見。道若斯，文不若斯，故其言支以虚，是謂道以飾文，文士之文是也。然則終不復古乎？復古有道，道弸乎中，不得已而有言。文斯復古矣。故周、程、張、朱數君子者出，而《太極圖説》、《西銘》、《易傳》、（序篇）〔《語類》諸〕書不在《中庸》、《孟子》下，誰謂文不可復古乎？亦在實之而已矣。西漢之文道雖不醇，大略言由事發，猶近古也。自餘隨其人品以爲重輕，若諸葛孔明、陶元亮、杜子美、陸敬輿、韓退之、歐陽永叔、蘇子瞻、曾子固數子者，其忠義直諒，磊磊落落，有以白顯於世，而其文亦可相爲不朽。至如司馬相如、楊雄、柳宗元、王安石之流，其聲音步驟，蓋亦無媿乎數子。然予不知讀其言者，視其人何如也。由是觀之，傳道之文與天地悠久，其次與其重輕，下此猶榮華飄風，而畢一世之力而爲之者，惑也。故元初陵陽先生牟公巘博學碩德，爲時名卿，天下之書，無所不讀，古今典禮，無所不考。其源出於伊洛，其出處有元亮大節，故其發於文章，淵深雅淡，從容造理，其法度之妙，蓋有與歐、曾並馳，而其實則（有）〔吾〕道之（者）〔言〕焉。天下後世當有慕其人而愛其文，誦其文，而想見其人者矣。端學自史院歸田於鄞，公之次子浙東帥府都事應復景陽甫在鄞，出公詩文若干卷，將鋟諸梓，屬端學序引。自惟庸陋，生晚於公，無能爲役，其敢贊一辭？然一嘗登公之堂而識公之面，亦嘗誦公之文於學者所傳，且得交於景陽，悉觀公之著述，非幸與？敢附一言以識予之幸。若公之德業文章，則不待贊也。至順二年八月朔，從仕郎前翰林國史院編修官程端學序。

先父提刑性簡易，嗜學問。自蜀來雪，盡得盛時文獻之傳。先光禄存齋翁清忠大節重一世，公在侍傍，贊助居多，人謂存齋有子矣。紹得嗣志，敭歷踰二紀，所至以廉靖仁厚稱，理宗訓辭有曰：『爾名臣之子，漢人所稱家之珍寶，國之英俊者也。』至元丙子，即杜門隱居，凡三十六年，年八十五以終。公少年爲文，操筆立就，若不經意而有過人者。子弟爲置稿，輒笑裂去。晚歲筆力愈勁，南北學者皆師尊之，達官鉅人，鄉慕拜謁求文詞者，相屬於門，文益富於壯作。而應復宦游四方，且留京師，又不獲抄録，深懼泯軼，無以承先緒。近數年來得官吴會間，始遂悉心哀輯，僅若干卷，十未及其一焉。應復所知，如《静軒閣平章先世墓銘》、《雪樓程承旨藏書樓記》、《雪樓記》、《士瞻張左丞共山書院記》、《三省堂記》等作，皆未得本。姑集其已得者，類成二十有四卷，敢鋟諸梓，俟有所得，尚續刊之。至順辛未八月朔旦，男承事郎浙東道宣慰使司都元帥府都事應復百拜謹識。

湖山類稾五卷外集一卷附録一卷附宋舊宫人詩詞 汪森手抄本

宋水雲汪元量大有行吟，須溪劉辰翁會孟批點；《外集》，國朝汪森輯

杭汪水雲以布衣攜琴，渡易水，上燕臺，侍禁時爲太上皇昭儀鼓琴，奉巵酒。又或至文丞相銀鐺所，爲之作《拘幽》以下十操，文山亦倚歌而和之。昔者烏孫公主、王昭君，皆馬上自作曲；鍾儀之縶，南冠而操土音。自作樂，使人聽樂，孰樂？或謂作者之悲，不如聽者之樂；聽者之樂，復不如旁觀者之悲也。汪氏之琴，天其使之娱清夜、釋羈旅耶，何其客之至此也？琴本出于怨，而怨者聽之亦樂，謂其能雪其心之所謂也。當其奏時，如出乎人間，落乎天上，殆泊與淡相遭，而卒歸于無有，其亦有足樂耶？歸江南，入名山，着黄冠，據槁梧以終，又起而出乎江湖。邇者名人勝士以詩見，其詩自奉使出疆，三宫去國，凡都人憂悲恨歎，無不有及。過河所歷，皇王帝伯之故都遺蹟，凡可喜可詫，可驚可痛，哭而流涕者，皆收拾於詩。解其囊，南吟北嘯，如賦史傳，亦自有可喜。余蓋不忍觀之。孰不游也？以琴遇少，琴能詩又少。余欲盡其卷計之，而不勝其壹鬱也，則復使之進琴焉。廬陵須溪劉辰翁會孟書。

吴人汪水雲羽扇綸巾，訪予于幽燕之國，袖出《行吟》一卷，讀之如風檣陣馬，快逸奔放。詢其故，得于子長之游。嗟夫異哉！乃爲之歌曰：『南風之薰兮琴無弦，北風其涼兮詩無傳。雲之漢兮水之淵，佳哉斯人兮水雲之仙。』一百五日，廬陵文山文天祥履善甫。

余在武林别元量已十年矣。一日來樂平尋見，余且臥病，强欲一起迎肅，不可得也。家人

引元量至榻前，相與坐語，恍如隔世，戚然有所感焉。元量出示《湖山稿》，求予爲序。展卷讀甲子初作，微有汗出；讀至丙子作，潸然淚下；又讀至《醉歌》十首，撫席痛哭不知所云。家人引元量出，余病復作，不能爲元量吐一語。因題其集曰『詩史』。三月十一日，碧梧馬廷鸞朔仲。

余讀水雲詩，至丙子以後，爲之骨立。再嫁婦人望故夫之壠，神銷意在，而不敢出聲哭也。水雲生長錢塘，晚節聞見其事，奮筆直情不肯爲，婉孌含蓄，千載之下，人間得不傳之史。山陽夜笛聞之者，四壁皆爲悲咽；正平操撾聽之者，三臺俱無聲韻。噫！水雲之詩，真能使人至如是，至如是其感哉！渡黄河，歷太華，望燕雲之日，慨易水之分，則《水雲續集》，余尚能無感，能無喜？古盱義山周方方叔。

讀汪水雲詩而不墮淚者，殆不名人矣。水雲，杭人，善琴，常以琴事（爲樂）〔謝后〕及王昭儀，暨國亡，親見蒼黄歸附，又展轉北行，道途所歷，痛心駭目，不可具道。留燕日久，尚能和王昭儀歌詩，訪文丞相於囚中。三宫幸得不死，没者爲青塚，存者爲浮屠，皆史記所未有。蓋昔人紇干山頭之歌，『水西流，朕東上之歎，世世勿生天王家』之恨，一披史册，尚能感涕。君皆耳聞目見，又能寫爲詩，幽憂沈痛，殆不可讀。今君已入名山，作黄冠師，飄然興亡得喪之外，獨留此斷腸泣血，遺千古羞，與千古恨。昔雍門周以琴見孟嘗君，不能令孟嘗君悲也。及爲言千秋萬歲後，宗廟必不血食，高臺（壤）〔壞〕，曲池漸，墳墓下，嬰兒豎子採樵者躑躅而歌其上，然後孟嘗君泫然承臉。周引琴而鼓之，孟嘗君泣涕增哀，若破國亡邑之人。況余亡國賤俘，未聽君之琴，而先讀君之詩，其泫焉承臉，已不可禁矣。君謂余：『吾取琴爲先生鼓之，何如？』余拭淚而謝之曰：『止！止！』廬陵青山趙文儀可。

往時讀《泣血録》，爲之淚下，因歎德祐之事，意必有杭之文章鉅公書於野史，後人見而悲之，未必不若予今日之讀《泣血録》也。一日吴友汪水雲出示《類藁》，紀其亡國之戚，去國之苦，間關愁歎之狀，備見於詩，微而顯，隱而彰，哀而不怨，欷歔而悲，甚於痛哭，豈《泣血録》所可並也？開元、天寶之事，紀於草堂，後人以詩史目之。水雲之詩，亦宋亡之詩史也。其詩亦鼓吹草堂者也。其愁思壹鬱，不可復伸，則又有甚於草堂者也。噫！水雲留詩與後人哀耶，留詩與後人愁耶？可感也，重可感也。敬賦二十字書綴卷尾云：『天地事如許，英雄鬢已斑。淚添東海水，愁壓北邙山。』吉人鶴田李珏元輝。

汪森後序康熙二十二年

湖山類藁五卷外集一卷附録一卷亡宋舊宮人詩詞舊抄本

宋水雲先生汪元量大有行吟，須溪劉辰翁會孟批點；《外集》，國朝汪森輯

劉辰翁序

文天祥題

馬廷鸞題

周方題

趙文題

李珏題

汪森後序

水雲詩一卷舊抄本

宋錢唐汪元量大有著

錢氏手跋曰：汪水雲詩，雜見於鄭明德《遂昌雜録》、陶九成《輟畊録》、瞿宗吉《詩話》及程克勤《宋遺民録》者不過三四首。夏日晒書，理《雲間人物鈔詩》舊册，得水雲二百二十餘首，録成一帙。然迺賢序水雲詩，以爲多記國亡時事，此帙多有之，而所謂與文丞相唱和者概未之見也。唯《浮休道人招魂歌》擬杜七古體製者，今見《文丞相集》後。《水雲集》劉辰翁批點刊行者，藏書家必有全本，當更與好古者共購之。崇禎辛未七夕鈔完，牧齋記。

潛齋文集十一卷附鐵牛翁遺稿一卷明刊本

宋何夢桂撰；《鐵牛翁遺稿》，何景福撰

徐瓊序成化乙巳

梅巖胡先生文集十卷舊抄本

宋胡次焱撰

潘滋序嘉靖十年

胡濬序正德戊辰

胡璉誌嘉靖壬寅

又識嘉靖十八年

皕宋樓藏書志卷九十三

集　部

別集類二十七

史咏二卷舊抄本

宋蘭谿徐鈞秉國著

見心《史咏》始周威烈王，訖於五季，凡一千五百三十首，先師之執友見心先生徐公所作也。昔侍函丈間，嘗聞先生學優而聞多，慨然有志於天下，取《通鑑》所載君相諸臣，疏其爲人大較，相與商略，既定其得失，從而長言之，名之曰《史詠》，其義深有功於名教云。用是敬慕，欲一見不可得。今年春，先生之仲子津抱其書二三册而來，既躬覽而識其概。竊惟《書》、《詩》、《春秋》，皆紀事之文也。二百四十二年之事，權其輕重，筆則筆，削則削，善善惡惡之意白矣。《書》道帝王之政，故獨取其善。《詩》雖咏歌之文，然被諸管絃，傳在人口，皆策書所載者，況聖人所删定，美刺尤章章，亦史之類耳。大雅不作，王風下降，絶筆於獲麟。秦、漢以還，史家類善惡具載，莫能予奪，無復《詩》、《書》雜然紀次，欲使後之覽者知所自擇，固致謹之意也。然史所以彰善癉惡，尚論古今人物，苟不能推見至隱，誅姦諛之意，發潛德之光，使是非不謬於道，猶爲立言以詔後乎？此《史詠》所以作也。今觀是詩，分類立名，已凜凜乎大義，如孟子、鄒衍，《史記》同傳，今則别諸子於諸儒，登豫讓於節義之首，名曹丕父子無異於諸臣。又如謂漢高爲義帝發喪，而宴樂於（鼓）〔彭〕城；孝文惜露臺之百金，而不愛銅山之巨萬；光武之量不及伯升；昭烈之賢過於光武；邵陵厲公、高貴鄉公，本非凡主，特迫於大權之已移。若此者，皆微顯闡幽之意，協之於音韵，播之於聲歌，殆使人咏之繹之，自興起其善善惡惡之意，於《詩》、《書》、《春秋》之遺法，蓋一舉而兼得矣。不圖衰老，獲遂夙心，猶以不見全書，不能盡知先生之論，爲有餘憾。然以類推，他亦從可識矣，故書而歸之。先生諱鈞，字秉國，見心其自號。隱德弗仕，婺之蘭谿章林人。至順三年正月二十九日，後學金華許謙序。

見心先生世秉《周禮》，而留意於舊史，睹前代遺事，而形諸賦咏。自周季迄於五代，與《通鑑》相爲終始，陳其善惡風刺，昭示法戒，而無遺焉爾。先生之志，亦可謂厚矣。抑樞聞之，觀於史者，必本諸經。經者，所以權衡以理事爲之衷者也。不本諸經，而徒觀於史，其於善惡得失又將安所取衷哉？先儒謂善觀史者，若能吏之治獄，傳猶成案，經猶律令也。先以成案處議，而以律法決之，則十不失其一矣。今先生既留意於史，而能一本於經，宜其事理粲然，目擊而備，若夔人之爲涂，郢人之爲斲，同工並用，無有不合者矣。使昧者爲之，則事理喧挐，是非眩鶩，外之多敵，而中焉乏守。政復五行俱下，萬言成誦，罄往古之遺蹤，窮竹帛之紀載，祇足以備游談資末議，其於修己治人之道，蓋枵然而已爾。先生諱鈞，字秉國，蘭谿人，樞之從舅父也。以大父宋汀州使君任爲濠州定遠縣尉，國除，遂不仕。家故多書，以經籍文史自娱。同郡仁山金先生與先生有雅故，晚延致之，以教授諸子，且朝夕惕厲，明修己治人之道，時其暇豫，作爲賦詠，以道前代得失，凡若干篇。先生既没，其子津請金華許先生序所以作詩之故，既備既美矣，久之復以示樞，俾申述焉。樞義不得讓，遂術其説，以釋其義。先生之孫機有志於學者也，予懼其徒觀於史，而不本諸經，迺諄復先志，以申勸厥衷，庶克紹家學，以世濟其美。始於爲己，推以涖人，無往而不合者也。則是詩之作，豈獨以可淹詠資論辨而已哉？至正五年乙酉夏四月癸卯，從甥東陽張樞敬序。

《孟子》曰：『王者之迹熄而《詩》亡，《詩》亡然後《春秋》作。』古者盛時之爲詩，荐於郊廟，則有以見其盛德；陳於朝廷，則有以知其政之興廢；施於邦國鄉人，則政於上而被於下者，又有以爲教。及其衰也，先王之政教號令雖不行，而流風遺俗有未盡泯，是以風雅之變，往往陳古以刺今。至於王澤竭盡而無餘，其詩始不足以使人創艾而興起，故曰詩亡。聖人不得已因魯史作《春秋》，褒善貶惡以示勸戒，是則詩已亡，而其可使人創艾興起者，賴《春秋》而猶存也。後之君子有作，其文則史，其義則於《春秋》無取焉。仁人志士覽其事，而有慨於心，莫不爲之發憤抑鬱，嗟歎而咏歌之。然或因一人，或因一事以爲言，若王仲宣、曹子建之於三良，張景暘之於二疏，謝宣遠之於張子房，盧子陽之於霍將軍是已。惟左太冲所賦，頗及戰國、秦、漢事，未有窮搜極討上下古今，備究其得失而無遺者。唐之詩人間有興懷陳跡，章聯句續，至於累百而止。顧其言多卑近，徒以資兒童之口耳，於名教何預乎？金華蘭溪徐章林先生，夙有聞家庭所傳先儒道德性命之説，而猶積於史學。凡司馬氏《資治通鑑》所記君臣事寔，可以寓褒貶而存勸戒者，人爲一詩，摠一千五百三十首，命之曰《史詠》。其大義炳然，一本乎聖經之旨，誠有功於名教者也。《春秋》作於《詩》之既亡，而詩之能使人創艾興起者，乃復見於《春秋》絶筆千百年之後，豈非先生性情之正，有不亡者存，《詩》與《春秋》固可迭相爲用乎？先生殁已，有仲子津始出其詩，求許先生謙、張君樞爲序，以俾其不□。謂溍復爲後序。溍竊觀先師朱子感興之作，挈提前史之要領，爲言至約，而有關於名教甚大。朱子嘗謂：『不可太博，而亦不可輕約。』今於學者不申先生之博，何以入朱子之約乎？是用志諸末簡，以諗於同志，其亦以爲然否？先生諱鈞，字秉國，號見心。其父兄師友源流之懿，見於前序者，此不具。至正六年秋八月十日，後學黄溍拜序。

夫典謨訓誥，古先聖王載事之書，明善惡，示監戒也。周衰，列國縱横，而亦莫不各有紀事之籍。孔子因魯史而作《春秋》，託二百四十二年南面之權，亂臣賊子有所畏而不敢肆，是則《春秋》之作，殆又嚴於紀事之籍矣。下逮漢、唐，歷代之史，褒貶去取，世不乏人，若班、馬之傳記，習鑿齒之《春秋》，皆以直筆記事，未嘗有阿私畏避之辭。然論其寔者，不計其辭之詳，正其非者，必究其情之寔。後之觀史者，欲由博而知約，孰若自約而盡博？此先君之《史詠》所以作也。若夫善善惡惡，抑揚予奪，世道升降，人事盛衰，觀夫詩則知過半矣。先君世習《周禮》，博經史，與仁山金先生相友善，講論理義之暇，慨然有志於史咏。原心論迹，分類立名，上自威烈，下至五代，明君賢相之治平，亂臣賊子之僭竊，莫不聲其功罪，鳴其正邪，截然若刀鋸之裁割，權衡之稱量，而二十八字之中，凛乎其可畏，使後人歌是詩而知其至，咏其辭而得其寔，垂戒之意，殆與《春秋》筆削之義相表裏。偉哉是詩也！津幼失所怙，汩於事爲，而未及鋟梓。白雲許先生、晉卿黄先生、外兄張子良爲序諸前後，以贊是詩之美。嗚呼！《史詠》之傳，豈惟先君有以行其志？而前人之美惡昭著，後人之敬畏常存，豈小補哉？後之觀詩者，亦必有以自警云。時至正戊子春二月一日，男津敬書。

《孾經室外集》曰：《史詠集》二卷，宋徐鈞撰。鈞字秉國，蘭谿人。與金履祥友善，履祥嘗延致以教授其諸子。是編卷首載許謙序，末有張樞、黄溍及其子津後序。謙、溍並稱（均）〔鈞〕取《通鑑》所載君相事實，人爲一詩，總一千五百三十首。此本所存僅三之一，止于唐而不及五季，即唐以前諸詠逸失已多，然意存勸戒，隱發姦諛之旨，溢于言表，雖殘闕之餘，猶爲藝林所重也。

有宋福建莆陽黄國簿四如先生文稿五卷明刊本

宋黄仲元撰

莆前一輩四如黄先生爲名進士，爲經學老師，爲詞章大家數。異時艾軒翁以經學鳴，遭際阜陵，致身法從，莆士之談性理者率皆其徒。二劉後人，則有若樗庵翁以詞章著，穆陵眷之厚，當兩制，躋文昌，莆士之工詞章者多師之。若四如翁則瓜山先生之嫡孫行，家庭師友，究之經學邃矣，演迤而爲詞章，汪洋大□，若記序，若碑銘，若題跋，蒼然之光，淵然之色，未嘗求合於古也而制雅，未嘗務去陳言也而意新，未嘗求異於人之説也而自不能不異。蓋以《詩》、《書》、《禮》、《易》、《春秋》爲之本，而旁推交通，若《國語》之博，《離騷》之幽，太史公之潔，無不備焉。昌黎所謂仁義之人，其言藹如者也。違世屏居，屋屨常滿，使其逢□，則旃厦扉垣，蓋先生券内物。惜乎兼經學詞章之長，而卒不施宰物者，孰從詰之哉？吾又覩於莆，有夾漈鄭漁仲先生，白首窮經，尤精於史學，鄉也雖以布衣召，而終老丘園爲可恨。四如翁不爲艾、樗之顯，甘同漁仲之晦，然位雖不顯而書則傳，身雖晦而名則彰。《通志》之行，夾漈之顯也；文集之傳，四如翁之顯也。士君子患無令名之難，窮達顯晦不足計也。夫不在其身，必在其子孫。公之子子材學世其家，而文彪於時。今爲長汀郡幙，以翁與予咸淳辛未歲聯榜帖，稡翁之文若干篇，將鋟而傳之，不鄙囑予敘。予於翁何能爲役？辭不獲命，乃喟然曰：翁之文傳，則湛輩亦托不朽幸也。遂忘其僭，而爲之敘云。元至治三禩清明後一日，前進士清源傅定保書。

夢筆之事，王元琳、江文通、紀少瑜、李太白輩也，史不絶書。異哉四如之夢！是筆也寔授於孔子，覺而珍之，曰：『夫子之筆既絶於獲麟矣，而又予授，豈絶者將使之續歟？』《夢筆記》成，持以示僕。惟君平素講明於麟筆，後有感於二千年間，世運之變，嘗欲稡會温公之《通鑑》、康節之《經世》、晦翁之《綱目》、南軒之《紀年》、東萊之《事記》，折衷而爲一書，蓋志在《春秋》久矣。思慮之極，通于神明，君之夢孔子，猶孔子之夢周公，皆其思之所存也。夫《春秋》編年之書，年必書王者，所以明其大一統之義，然二百四十年一周正也。王綱缺裂，世道分綸，泮合禪仍，班班見史。漢、唐得國近正，猶可以統書外乎？是有以勢力而帝天下者，秦、隋之類是也；有以虚名而帝天下者，漢少帝、孺子嬰之類是也；有以女主、簒臣、盜賊、夷狄而帝天下者，如吕、武、莽、懿、後梁、後唐之類是也。其事皆《春秋》之所未有，使吾夫子見之，將誅絶屏黜之不暇，是區區者，奚足以言統，而諸儒論載有所不容廢焉。大抵則以年相次，以統相承，統之者不能皆漢、唐也，雖各持一説求以通之，率不免於扞格。竊謂秉《春秋》之筆難，續《春秋》之編尤難，必也用《春秋》經世之法，變《春秋》編年之體，庶幾其可通乎？皇皇先聖，夢寐臨之，亦既覺悟君之心矣，何當成書？僕願自附於徐無黨，於君用意深處而爲之注釋焉。咸淳甲戌年，宗簿余謙一譔。

曩僕客授莆陽，獲從監簿四如先生黄公游，嘗熟其議論，凡天地萬物萬事之理，古今治亂興亡之變，若江漢之滔滔，莫詰其極，而其文閎深高古，精義入神，好作一字、二字或三字、四字句，勢迫《曲禮》、《檀弓》，不造不止。蓋其學上接艾軒、樂軒、網山諸老之傳，言言根據，字字淵源，汪洋奇崛，自成一家，近世作者誠罕及也。爰擢高科，宦轍所至，如吾鄉古心江公、廬陵須溪劉公皆一時文章宗伯，莫不傾蓋願納交焉，則其他名勝從可知已。更代以來，廢户掃讀，教授鄉里，立雪講下者，誠多奇才。今三歲大比，巍科疊出，有自來也。嗚呼！貞元朝士不可復得矣。以公之學，雖不及見用於當時，而隻字片言流落人間者，真足以淑後進而範將來，其功豈尋常誇一時、沾一名者之可擬哉？僕竭來延平甫一載，公之子子材適赴汀幕，而其孫喬年又來爲延平録，邂逅道舊，且出公生平所著文若干卷，俾僕敘其顛末。僕非才，何足以當之？追維别公幾三十年，而僕亦老矣。思芹泮之嬉游，懷詠觴之酬酢，風廊燈火，共話短長，猶一日也。壺山在眼，獨無情乎？姑勉敘疇昔交情之舊，書其後。若夫公之高風雅操，與夫雄文巨册，自有燕、許大筆，發揚編首，且將鋟梓，上之太史氏備采録云。至治癸亥秋九，後學廬山曹志謹跋。

夫文以氣爲主，氣以理爲主。理何在，聚於書；氣無形，麗於理。主之者誰歟？曰心也。文者，心之聲也，不主乎此，則奴乎彼矣。天地間惟氣與理亘萬古而長存，凡天地、陰陽、四時之運，日月、星辰、河漢之光，此氣也。其所以妙變化而神出入，現光怪而發精華者，非自然之理乎？一以貫之，文其形而下之器乎？孔子，元氣也，文章可得而聞者，贊《易》、删《詩》、定《書》、修《春秋》而已。曰作則末也，文歟？理歟？孟子英氣也，自謂『我知言』，『我善養吾浩然之氣』。觀其七篇，浩博而豪肆，文歟？氣歟？後之立言君子舍孔、孟奚主哉？莆陽自艾軒後，以文鳴世者不少；以理爲文者，吾得一人焉，黄四如先生是已。先生抱道藏器，戴仁履義，不偶於人，而達於天。立言以垂後，肆筆而成文，此風行水上之文也。惟其心，孔、孟救時之心；學，孔、孟明道之學。由體達用，著書滿家，嘗誦其諸書，講義詳明似《經解》，記筆森嚴似《檀弓》，銘筆奇崛似三傳，皆充其剛大配義之氣，而見於嬉笑怒罵之間，特緒餘耳，徒文乎哉？余以年家子，不及拜公牀下，從書疇先生借一帙得寓目焉。他日編帙彙成，獲見其大全，又一快也，非敢曰觀止此矣。他不敢請，敬識大概，附於卷末。至治後學三山陳光庭拜書。

吾翁四如先生，生平文章自問學中來。嘗謂學文難，學古文尤難。退之、子厚正正奇奇，自出一家機軸，然韓、柳而上，更有人在。六經之文，文也。又謂爲文不在多，一頌了伯倫，多乎哉？晚歲杜門讀來世書，遠方士友來謁文者，户屨常滿，酬應宿諾，迄不謄稿。僕東西南北，不及時侍筆硯側。八衮有二，山木頹壞，片紙流落，衿佩寶惜，親友家收拾遺文，堇堇未滿百篇。傳人傳書，此擔甚重，宦學它鄉，巾篋自隨，今又十年餘矣，朝夕思所以傳，而困於力。山城公假督兒繕寫，亟遺鏤板，不惟思所以傳者遠，而又欲廣其傳。異時攜書歸里，搜訪裒稡，當爲《續集》，與《四書講稿》、《經史辨疑》並行，庶人與書俱傳而未艾也。翁名仲元，善甫字，取堯夫《善人吟》，以四如自號。舉辛未進士第。景炎、德祐後，名淵，字天叟，號韵鄉聱翁，彦安又晚年別號云。時至治癸亥立秋日，男將仕郎汀州路總管府知事梓百拜謹識。

宋濂序洪武八年

霽山先生詩文集五卷明抄本

宋林景熙撰

方逢辰序

章祖程序

鄭僖序至元二年

勿軒先生文集八卷舊抄本　汪柯庭舊藏

宋熊禾撰，鰲峰後人編

文之傳世豈易云乎？不深於道德，不能以爲文；不關乎世教，不足以言文。道德其本，關世教其末歟！求其真才實學，全體大用，具天地之綱常，壽斯民之命脉，紹聖賢之統緒者，吾於建陽熊先生足徵焉。先生諱禾，字去非，號勿軒，又號退齋。自幼有志道學，師事文公高第輔氏，講貫聖經賢傳之旨，沈潛天人道德之藴。登宋度宗咸淳進士，授邵武司户參軍。時四方繹騷，道梗不赴。及宋社既屋，遂隱于雲谷，創鰲峰書院，聚徒講道，四方來受學者雲集。四書六經皆有訓釋，著《農禮兵刑稿》，晚年修《三禮通解》，將脱稿，竟以疾卒。平生著述甚富，厄於兵火，獨《四書標題》、《易經講義》、《詩選正宗》、《小學句解》傳於世。鰲峰嗣孫熊澍家藏遺稿，存十一於千百。族孫孟秉類次成帙，釐爲八卷，傳諸家塾。二世孫斌判惠之博羅，慨念先世手澤，重加考訂，綉梓以傳，求予序之，可謂孝子慈孫之用心乎？捧誦再三，不能釋手。夫有命世之大賢，斯有及門之高弟。先生生文公考亭闕里，雖未及門受業，其真才實學，著書立言，實有功於文公也。惜乎遭宋叔世，不能以竟其藴，乃時之不幸，非先生之不幸也。然其遺書尚存，嘉惠後學。于以立綱常，關世教，紹統緒，實斯文之幸，天下後世之幸，豈顯晦用舍足爲先生輕重哉？矧逢聖朝崇儒重道，列之先賢，祀之學宫，亦可謂無負先生之功矣。斯集之傳，若星辰麗空，江河行地，遠而彌光，久而彌芳，不可以時文例論。顧予何人，而敢僭序先生之文耶？然以判簿公之請不容辭，故序其大略如此。判簿公讀書善吟，清慎詳雅，民咸悦之，蓋無忝先賢之後云。大元至元十七年三月吉旦，資善大夫中書左丞集賢大學士兼國子祭酒敕領太史院事河内許衡謹書。

勿軒先生文集八卷舊抄本

宋熊禾撰，鼇峰後人編

孫耕閒集一卷舊抄本

宋孫鋭撰，元趙時遠編

天下有豪雋自喜之士，不齷齪於世故，而肯與筆墨爲緣，雖鋤雲原外，春雨當犂，皆能以跌宕風雅，鼓吹元韻，其人必落莫蘊藉，相忘於箕潁之天者也，其文亦必清明温栗，自達於漢、晉之前者也。平湖里畔有隱君子焉，息鋤南畝，肩挂杖，杖挂瓢，瓢中詩卷，啃嚄有聲，或高歌野外，自比再世接輿、漢陰老人。間嘗欠躬訪之，居然有道氣象，爲耕閒先生。當宋末造，兵荒洶洶，先生應詔貢譽髦士，親臨軒對策，卓然爲多士冠冕。久之成進士，僉判廬州。會胡騎長驅，吳越望風納欵，鬭蟋狂吠之徒猶惑宸聽。先生矍然起曰：『時事尚可爲哉？』即日謝命歸里，與一二漁父農夫往來湖上，興到輒對酒嘯咏不勌，蓋古淵明、摩詰者流，不以富貴動人，而所得全于五七言者多也。先生名鋭，字穎叔，別號耕閒老人。祖炳，有潛德。父埏，以布衣與討虜功，擢秉義郎。文集累若干卷，多散佚不傳。予忝世誼，知之深，因搜輯其遺稿，或扇頭，或壁上，或蠹簡鼠穴，裒而成編，得數十首。後之人覽斯集，而先生之梗槩從可知矣。至元十八年辛巳七月，漸磐野老趙時遠無近父書。

古逸民先生集一卷附録一卷舊抄本

宋婺源汪炎昶懋遠撰

鮑氏手跋曰：古逸先生詩文，僅見於《新安文獻志》寥寥數篇而已。是集藏書家未有蓄之者，吾友錢塘姚君古香得之親串亂帙中。予首借抄之，好事者因争傳録，杭城遂有數本。未幾，古香以暴卒。使先一年，此書無從蹤跡矣，然則雖謂古香不死可也。古香名瑚，藏書多祕册，與予交最善，然僅及三年耳，卒時年止三十餘，惜哉！嘉慶甲戌六月六日，通介叟識於知不足齋，時年八十有七。

黄氏手跋曰：辛未三月初，游嘉禾，遇渌飲鮑丈於雙溪橋下。晝則同席，夜則聯舫，縱談書林舊聞，亹亹不倦，真快事也。越日同至本立堂書坊，取其家抄傳祕册贈余，得《古逸民先生集》一卷，精妙絶倫，他日珍之，當不減汲古鈔本矣。復翁。

《穿經室外集》曰：《古逸民先生集》三卷，宋汪炎昶撰。炎昶，字懋遠，婺源人。幼有奇志，於書無所不讀，鈎深探賾，洞極淵奥，其學原本六經，得程朱性理之要。宋末，嘗從太學生孫嵩元遊，遂不仕，自號古逸民，學者稱爲古逸先生。得年七十有八。其門人東山趙汸爲之狀，而金華宋濂爲之銘，皆極力推重。此本詩一卷，文一卷，《附録》一卷，爲近時藏書家所罕覯。惟黄虞稷《千頃堂書目》有之，作五卷，蓋與趙汸所作行狀相合。此則係後人所編輯，非當時原本，然詩文簡浄古穆，具有法度，非明人叫囂者所及。元代文章遒上實源於此，則猶有宋季學者之風也。

古梅吟稿六卷舊抄本

宋新安古梅吴龍翰式賢甫著

閲吴君式賢詩，句老而意新，咀之雋永，殊非苟作。聞其閉屋讀書，孜孜忘倦，經傳子史，靡不窮心，所以膏其墨端者有自來矣。雖然，學所以修身，多識前言往行，所以畜德，德裕于身，則措諸事業，光明俊偉，豈曰能詩而已？式賢勉之。訥齋程元鳳撰。

佩韋齋文集二十卷舊抄本　璜川吴氏舊藏

宋太玉山人俞德鄰宗大父撰

文者，道之用也。天地間惟道可以立國，惟文可以經世。儒者一身，三綱五常之道所寄也，而可以徒文哉？唐、宋以來，文章大家數不爲少矣。其立言之卓然不可泯者，惟韓、柳、歐、蘇最著，柳固不敢望韓，蘇之於歐亦未易同日語。過江來朱、真粹矣，同甫、正則，一時擅名江左，取節焉可也。南北混一，以文鳴世，不過數家，其間卓然能不悖名教、有補倫紀者，亦無幾焉。余於佩韋先生俞公之文，讀之未嘗不三復擊節，使人流涕太息，不自已也。公平生文多不留稿，令子庸裒集，僅得詩文五百二十二首，釐爲一十六卷，不遠貽書，且述公遺命，曰：『吾詩文散落友朋間多矣，或蒐輯成帙，必求山林隱逸之士爲之序引。』謹謝不敢當，既不獲命，則作而言曰：宋三百年，以儒道治世，以科舉文章取士。逮其亡也，録死節之臣二十有三，而文臣居三之二，大抵由科舉其選，而其表表者，讀四書，通經博史，多自洛、建門庭中來。風聲氣習漸漸涵，演迤百餘年間，詩人文士情性之所發，禮義之所止，一言一詠猶足起人悠然深長思，蓋豐芑、菁莪之澤遠矣。嗚呼！文章何負于人國哉？道理豈空虛無用之物哉？讀公之文，攷公之行，益以信。嗚呼！士大夫立身宇宙間，時有險易，位有小大，而其抗志厲行，亦有行止久速之不同。尹當任，夷當清，箕當囚，微當去，孔明非骩骳，元亮非沈冥，要亦自靖自獻，各行其素而已。達居事任，固有迫于命，義不容已者。公舉癸酉進士科，猶在下位，特以文學負世重望，爲當路羅致。方其刼質軍中，爵禄在前，刀鑊在後，公獨不撓不懾，從容懇款，以全其身，一難也。身愈退，望愈高，諸公貴人交剡無虛歲，公於此時，卑則易流，高則易亢，迺獨處之有道，得以優游餘年，終遂其志，二難也。《飲酒》諸篇酷似陶，《遺懷》等作大類子美，則其時實使之然。公之詩閒雅沖澹中，發揚蹈厲之意存焉。其文則論辯閎深，敘述詳核，忠厚懇惻之情藹如也。近律、駢儷，亦皆典則精緻。原其所尚體要，則關涉綱常，造次道理，又不可與尋常詩人文士例論矣。宇宙神交，志同千里，若共肝鬲，道同千載，若合符契，況世之未久乎？余亦癸酉進士，蓋親歷而知之者也。公之學，以六經、《語》、《孟》爲本，雖史傳百氏之書，靡不該洽，而必以此道爲之指歸。論古今事得失，人物臧否，皆有折衷。《輯聞》四卷，學自格物致知者，誠不可不於此有攷也。紫陽方侯亦以文名，與公交游最久，嘗序公集，載其遺事，如作傳然，且以能保晚節，而心服之。公之爲人，其所謂表裏一致，終始一節者與？《語》曰：『有德者必有言。』又曰：『歲寒，然後知松柏之後凋也。』先生其有之。皇慶元年壬子四月既望，建安熊禾序。

佩韋齋文集十六卷舊抄本

宋太玉山人俞德鄰宗大父撰

熊禾序

廬山集五卷英溪集一卷文瀾閣傳抄本

宋董嗣杲撰

西湖百咏一卷舊抄本

宋静傳居士董嗣杲明德撰

錢唐西湖爲東南偉觀，窮騷人墨客技不得。元祐間，楊、郭二子皆以百絶唱，乃無嗣音者。兩山仙佛盤錯，坡老守郡時，遊歷幾徧，遺跡尚可考。南渡後，貴臣邸第多在，亭館日闢，視前此復不侔，蓋富盛極矣。予長兹地，與山水爲忘年交，凡足跡所到，命爲題，賦以唐律，幾二十餘年，僅逮百道，然皆目得意寓，敘實〔抒〕寫，非但如楊、郭二子，披圖按志，想像高唐而已。搜索奇勝，難徧以數舉，此直據予所見，不以誇奇鬬勝爲工也。薄宦于霅，公事簡，輒是正完，恐故老傳説，誠僞不儗，將有以『蝦蟆』方言指下馬陵者，或將笑之。予(伏)〔狀〕景物耳，不暇恤歲月無情、陵谷易變，將使百千年後，登覽降望于西湖上者，因詩有感焉。咸淳壬申臈月，静傳居士董嗣杲書于餘英堂。

程敏政序天順七年

周藩南陵王序嘉靖丁酉

則堂集六卷文瀾閣傳抄本

宋家鉉翁撰

富山嬾藁十九卷舊抄本　吴葵里舊藏

宋方夔著

周瑄序正統九年

商輅序景泰七年

吾汶稿十卷附録一卷 舊抄本 盛百二舊藏

宋王炎午撰

余舊聞宋太學生廬陵王鼎翁作《生祭文丞相文》，每歎曰：士生於世，不幸當國家破亡之時，欲爲一死而無可死之地，又作爲文章，以望其友，爲萬世立綱常，其志亦可悲矣。然當是時，文丞相興師勤王，非不知大命已去，天下已不可爲，廢數十萬生靈爲無益，誠不忍坐視君父之滅亡而不救，其死國之志固已素定，必不待王鼎翁之文而後死。使文丞相不死，雖百王鼎翁末如之何，況一王鼎翁耶？且其文見不見不可知，而大丈夫從容就義之意，亦有衆人所不能識者。近從其門人劉省吾得王鼎翁集，始見所謂《生祭文丞相文》，既歷陳其可死之義，又反覆古今所以死節之道，激昂奮發，累千五百餘言，大意在速文丞相死國。使文丞相志不素定，一讀其文，稍無苟活之心，不即伏劍，必自經於溝瀆，豈能間關顛沛，至於見執，又坐燕獄數年，百計屈之而不可，然後就刑都市，使天下之人共觀於青天白日之下，曰殺宋忠臣文丞相，何其從容若此哉？故文丞相之死國，必不係王鼎翁之文。其文見不見又不可知，而鼎翁之志則甚可悲矣。即王鼎翁居文丞相之地，亦豈肯低首下心，含垢忍恥，立他人之朝廷乎？鼎翁德之粹，學之正，才之雄，詩文之奇古，則劉會孟先生言之備矣，兹不復論，獨論文丞相之心與鼎翁之志云。元統二年春，中奉大夫翰林侍講直學士同知經筵事揭傒斯撰。

論人行事，枚舉而稱之者，其善爲可數；論人文章，舉一以蔽之者，其善爲不可勝數也。

廬陵王梅邊先生，與先君渤海侯爲太學存心齋同舍。咸淳甲戌，隨路混補入學，又同生淳祐之壬子。先君常稱其才器卓犖，有往哲風。運改世遷，篤志稽古，蘄爲文章，以見志，余恨未及一識。他日從其門人劉君省吾得《吾汶稿》讀之，至《生祭文丞相文》，作而歎曰：嗚呼！王鼎翁宇宙奇士也。士之趣人以自裁者，惟朱雲於其師蕭望之，然望之特一身計耳。鼎翁之爲言爲天下萬世之爲人臣者計也。嗚呼雄哉！蓋嘗論之，斯文者，宇宙之元氣也。幸而治平，措諸事業，則爲典謨，爲雅頌；不幸而反，是則爲《春秋》，爲變風雅，爲《離騷》。然其正人心扶世教之功，難見於治平無事之時，而屹然可伏於流離顛沛之日，然後知斯文所繫如是其重歟？《詩》曰：『德輶如毛，民鮮克舉之。我儀圖之，維仲山甫舉之，愛莫助之。』夫天人維持之際，推是心耳，何其深厚悠長之味，溢出言表耶？文、武之澤在人，其未泯歟？鼎翁是篇與是詩辭氣雖若不同，實相表裏，吾故表而出之，他詩文奇氣壯節類是也。元統二年春，中順大夫僉太常禮儀事歐陽玄撰。

鄭元跋正德十年

王懋跋正德二年

都穆跋正德丁卯

劉宣跋弘治辛亥

吾汶稿十卷附録一卷舊抄本　陸潤之舊藏

宋王炎午撰

揭(奚)〔傒〕斯序

歐陽玄序

鄭元跋

王懋跋

都穆跋

劉宣跋

在軒集一卷文瀾閣傳抄本

宋黄公紹撰

九華詩集一卷文瀾閣傳抄本

宋陳巖撰

仁山金先生文集四卷舊抄本　曹倦圃舊藏

宋蘭溪金履祥仁山著。下有『喻良能香山校門人汪夢升、陳淳、林景熙、方逢辰、熊鉌、熊瑞、鄧虎、張巖、許裴、羅願刊』等字，當是明人妄增

潘府序正德戊辰

紫巖先生詩集三卷舊抄本

宋蘭谿于石著，門人吴師道選

金華東州佳山，蓋南條朝源山也，而靈洞又金華垂盡處。韓昌黎謂凡清淑之氣，盛而不過者，則蜿蜒扶輿，磅礴鬱積，必有魁奇才德之民生其間。夫南條自岷山之陽至於衡山，而衡之南又自連延東趨者爲括蒼，由衢嶺歷大庾，至昭武而北趨，爲漁梁嶺，又自漁梁以北趨者爲括蒼，由衢、婺望之，南山也。自括嶺轉而北趨，捲東陽江諸源，又轉而西峙，是爲金華之山，陰陽者流所謂朝源顧祖者。清淑之氣，鍾爲三洞，古今多賢輩出於其陽。其山西界瀔江而止，將止未止之間，而洞者又三焉，所謂靈洞是也。靈洞之右，玲瓏清瑩，深不可測，山榮而林秀，石竇雲根之奇，不可勝數，清淑之氣可掬也。是爲神仙之宅，名勝之區，高人多好游焉。乃若瑰奇之民，數千百年以來未聞其間，豈皆隱君子，世不得而聞耶？或謂生才不于其山之中，而于山之外，其信然耶？不然，何久祕而不發也？近三十年來，始訪得之，則于君介翁父子祖孫家

焉，而介翁又以其魁岸奇偉之氣，發爲清麗温雅之詩，豈非昌黎公所謂魁奇者耶？而今吾見之也，然鬱之久，其發之必宏。介翁之詩固非止此，抑其所以洩山川之藏者，又必有大於詩者矣。介翁其益勉之。仁山金履祥敘。

紫岩于先生詩選三卷舊抄本　沈椒園舊藏

宋蘭谿于石著，門人吴師道選

沈氏手跋曰：于石，字介翁，婺之蘭谿人也。貌古氣剛，而善詼諧，幼慕杜古高之爲人，後從王宗菴，業詞賦。年三十而宋亡，遂高隱不出，以詩自豪，蓋宋逸民也。所居鄉名紫岩，因以爲號。晚徙城中，更號雨溪。集久不傳，傳者僅此册耳。同里門人吴師道，字正傳，元至治時進士，爲之選次，金履祥爲之序。詩凡三卷，内缺二頁，其來已久，不能復補矣。乾隆丁亥二月，之江沈廷芳志于樂儀書院。

勞氏手跋曰：此本壬子年收得于知不足齋，有吾鄉沈茮園廉訪題字及諸藏書家印記。中缺二葉，以家本補録，復以近年金華王氏《冰壺山館叢書》新刻本補中卷末《妾换馬》一首及此序。舊補《弔古行》，云見《元詩體要》，乃集外逸詩也。咸豐丙辰二月望春分後一日，regex卿記于秋井秋堂。

寧極齋稿一卷附慎獨叟詩集一卷抄本

宋吴郡陳深子微父著；《慎獨叟詩集》，陳植撰

寧極齋稿一卷舊抄本　曹倦圃舊藏

宋吴郡陳深子微父著

吴氏手跋曰：兩集皆見於顧氏《元詩選》，《經籍志》、《續文獻通考》俱不載。此集之傳真幸也。乙未夏六月，繡谷亭主記。

又曰：龔集元詩，採宣城詩九首，此本無。陳集附深子植一帙，因存鄭元祐墓銘一篇。

石堂先生遺集二十二卷明嘉靖刊本

宋寧德陳普尚德撰

陳褎序嘉靖十四年

石堂先生遺集二十二卷明萬曆刊本

宋寧德陳普尚德撰

阮鑛序萬曆乙亥

崔世召後序萬曆乙亥

釣磯詩集四卷舊抄本

宋同安丘葵吉甫著

案，此書《四庫》未收，詳《儀顧堂集》。

皕宋樓藏書志卷九十四

集　部

別集類二十八

閑閑老人滏水文集二十卷舊抄本　何氏義門手校

金趙秉文撰　後附墓誌銘元好問撰，卷首有『髯』、『何焯之印』兩印

學以儒爲正，不純乎儒，非學也；文以理爲主，不根於理，非文也。自魏、晉而下，爲學者不究孔、孟之旨，而溺異端，不本於仁義之説，而尚夸辭，君子病諸。今禮部趙公實爲斯文主盟，近自擇其所爲文章，釐爲二十卷，過以見示。予披而讀之，粹然皆仁義之言也。蓋其學一歸諸孔、孟，而異端不雜焉，故能至到如此，所謂儒之正，理之主，盡在是矣。天下學者景附風靡，知所適從，雖有狂瀾横流，障而東之，其有功吾道也大矣。余生多幸，得從公游，然聾瞽無與乎視聽，故不足知公。後生可畏，當有如李之尊韓，蘇之景歐者出焉。余雖老矣，猶幸及見之。元光二年歲次癸未十一月庚戌日，前翰林學士中奉大夫知制誥臯落楊雲翼引。

滹南遺老王先生文集四十五卷續編詩一卷 舊抄本 吴尺鳧舊藏

金滹南王若虚從之撰

黄鳥止于丘阿，流丸止于甌臾，羣言止于公是。夫言生于人心，心既不同，言亦各異，其在彼也一是非，其在此也一是非。左右佩劍，其誰能正之？必有大人者出，獨立當世，吐辭立論，掃流俗之所徇，取古今天下之所共與者與諸人，有以寒其口而厭其心，而後呶呶之説息矣。自秦火以來，漢武帝表章六經，不謂無功于聖人，然諸儒曲學，往往反爲所汩。陵遲至于唐、宋，人自爲説，雖其推明隱奥爲多，其間踳駁淆混，詿誤後生，蓋亦不少。顧六經且如是，況百家乎？子長實録也，劉子玄黜其煩；孟堅鉅筆也，劉貢父刊其誤；子京俊才也，劉器之病其略。顧史氏且如是，況雜述乎？然則有人于此品藻其是非，覼縷其得失，使惑者有所釋，鬱者有所申，學者有所適從，則其澤天下也，不既厚矣乎？今百餘年，鴻生碩儒前後踵相接，考其撰著，訇礚彪炳，今文古文，無代無之，惟于議論之學，殆爲闕如，豈其時物文理相與爲汙隆耶？其磊落之才，閎大之器，深識英眄，爲世樹表者，不常有耶，抑亦有其人遭世多故，不幸而無以振發之也。滹南先生學博而要，才大而雅，識明而遠，所謂雖無文王猶興者也。以爲傳注，六經之蠹也，以之作《六經辨》；《論》、《孟》，聖賢之志也，以之作《論》、《孟辨》。史所以信萬世，文所以飾治具，詩所以道情性，皆不可後也，各以之爲辨。而又辨歷代君臣之事迹，條分區別，美惡著見，如粉墨然。非夫獨立當世，取古今天下之所共與者與諸人，能然乎哉？嗚呼！道之不明也久矣，凡以羣言擀之也，故卑者以陷，而高者以行，怪拙者以惛，而巧者以徇。欲傳者如是，受之者又如是，尖纖之逞而浮誕之夸，吾將見天下之人一趨于壞而已耳。如先生之學，誠處之王公之貴，賴以範世填俗，其庶乎道復明于今日也。先生今已矣，後百年千年得一人焉，食先生之餘，廣先生之心，能使斯文之不墜，則雖百年千年，吾知其爲一日也。欒城李治引。

滹南《辨惑》一書，初江左未之聞也。至元二十年，古滄王公時舉來丞是邦，出于行篋，始得見之。興賢書院謄録刊行，迨今十年，其板爲復翁所得，以字多差舛，恐誤讀者，欲得元本證之。而王公去此，陞行臺監察御史，尋柄文廣東，宦轍無定，雖欲求之末由也已。既幸任迴，道過廬陵，吾州士夫以棠陰之舊，候迎公來，就乞校正，出脱漏差錯字四百餘，公因得改的付局刊換。公又以元遺山《中州集》所載滹南古律僅二十篇，俾續卷末。此書君子幸加詳焉。大德三年二月中和節，雙桂書院王復翁謹書。

古之君子學博矣，猶以爲有弗辨，辨之弗明，弗措也，惟然，故博而非雜，乃其善學經若史。(辨)〔群〕書論議記釋(其)〔具〕存，而世有博雅之士潛心焉者，又詳説將考覈而求其是，是殆前乎諸老先生所望乎來者之盛心，而余于《滹南遺老集》讀而知之者以此。所尊者經，而于傳記百氏弗盡信，見到處擺脱窠臼，而不依隨以爲是非，以是談經與史，則詩文以下可知也。非其學之博，而蘄乎辨之明，疇克爾？嗚呼！中原文獻之邦，諸老而後百餘年來，知隔宇宙，有可慨者。滹南生乎其間，必有遺風餘澤之沾丐者未泯，故所學論説，源委秩然。方將抄其會余意者，隨可讀書，附記同異，切磋究之，值風雪凍指，欲墜握筆，復已會興賢書院，行且鏤梓，喜而爲之識於帙之初。閼逢涒灘冬至日，前荆臺冷官彭應龍翼夫序。

予以剽竊之學，由白衣入翰林。當代鉅公如趙閑閑、楊禮部、滹南先生皆士林儀表，人莫得見之，而一旦得侍几硯。渾源雷晞顔、良鄉王武升、河中李欽叔亦稱天下之選，而十年得遇從游。故予嘗自謂叨取科第，未足爲幸，而忝厠英游之末，兹所以爲幸也歟！玉堂東觀，側耳高論，日夕獲益實多，然愛予最深，誨予最切，愈久愈親者，滹南先生一人而已。先生性聰敏，蚤歲力學，以明經中乙科，自應奉文字至爲直學士，主文盟幾三十年。出入經傳，手未嘗釋卷。爲文不事雕琢，唯求當理，尤不善四六。其主名節，區别是非，古人不貸也。壬寅之春，先生歸自范陽，道順天，爲予作數日留，以手書四帙見示，曰：『吾平生頗好議論，向所雜著，往往爲人竊去。今記憶止此，子其爲我去取之。』予再拜謝不敏，明年春，先生亡矣。越四年，其子恕見予于燕京，予盡以其書付之。又二年，槀城令董君彦明益以所藏，釐爲四十五卷，與其丞趙君壽卿，倡議募工，將鏤諸板，以壽其傳，囑爲引。予爲先生之學之大本諸天理，質諸人情，不爲孤僻崖異之論，如三老、三宥、五誅、七出之説，前賢不敢口議，而先生斷之不疑。學者嘗于孔、孟而下求之，不然，殆爲不知先生也。先生諱若虚，慵夫其自號云。歲屠維作噩閏月初吉日，後進東明王鶚斂衽書。

吴氏手跋曰：王若虚，字從之，慵夫其號，稾城人。承安二年經義進士，歷管城、門山二縣令，用荐入爲國史院編修官，遷應奉翰林文字，爲著作佐郎，遷平涼府判官，召爲左司諫，轉延州刺史，入爲直學士。入元遂隱居不出。後東游泰山，至黄峴峰，憩萃美亭，談笑終焉。所著文章號《慵夫集》，又《滹南遺老集》傳于世。事見《金史》。按，《中州集》稱若虚負重名，精經學、史學，文章禮樂，一代偉人。北渡後，隱居鄉里。據此則滹南老人終于元，未嘗仕于元，且其人已入《金史·文藝傳》，《焦氏經籍志》編入元人，誤也。此本山陰祁氏藏書，康熙乙未春王，歸繡谷亭收藏，因考史傳而附記于後。錢塘吴焯書。

又曰：又按，集内詩與《中州集》本字句微有不同，覺《中州集》之爲善，想元遺山入選時，摘其微瑕，不嫌改削耳。然此故原作，其後一卷係因《中州集》補入，便相同。《中州集》所無者，《宫女圍碁》一首，《和王子端》，此本多一首，《白髮歎》六韻即《感秋》十二韻之半，亦元遺山增改，後人失考，據以編入《續集》耳。焯再書。

又曰：滹南議論絶高，其辨駁司馬子長、宋子京實另具隻眼，獨其自作詩文絶不佳，置之集中，猶蒼葭之倚叢玉也。祁氏原本歸徐中丞蝶園先生，録得此本，將貽吾友馬寒中氏。中春送客，禾興舟中校對竟，再記。

莊靖集十卷舊抄本

金李俊民字用章撰

夫水之有源也，始焉濫觴，其流不已，派而爲川，匯而爲澤，會而爲江，瀦而爲海，波瀾各吐，乾溢如一，乾坤涵浸，古今不竭。噫！觀水者觀至于海，觀止矣，然後乃知其水之有源也。若夫雨集而溝澮盈，潦停而蹄涔漲，朝滿夕除，涸可立待，是惡足以爲水哉？學之有本，亦猶是也。韻而爲詩章，聲而爲樂府，律而爲詞賦，廣而爲騷雅。其文愈宏，其筆愈雄，其篇愈鉅，其辭益富，蓋有本者之如是。其視落霞秋水，畏日薰風，一聯一詠，雖膾炙人，然器小易盈，敵大則怯，是惡足以爲學哉？吾鄉李用章先生，粵自弱冠以明經擢第，爲天下甲。爾後仕宦數奇，厭年而調，先生雅志亦厭於乾役，恬於學問。自初筮仕距今四十餘年，手不釋卷，經傳子史百家之書，無不研究，其學之有本可知矣。故其作爲文章，句句有根源，字字有來歷，格老而意新，辭近而旨遠，不涸不竭，其汪洋之學海歟？郡牧段正卿公退之暇，一日召諸士大夫謂之曰：『澤雖巖邑，俗尚儒風，今桑田更變，桂樹凋零，幸有狀元先生在，是天之未喪斯文於吾地也。使其平昔著述稱而不揚，我輩不厚顏乎？』遂哀集其文，募工鋟木，以壽其傳，可謂賢于用心矣。豈特此耳，又能重賁大成之像，復新立道之堂，給田以贍學校，蠲役以優鄉秀，此一舉也，衆美俱焉。自今以始，吾道有所宗主，可無慶乎？故喜而道其實。歲次單閼三月哉生明，長平李仲紳敬序。

好古樂道之士，作爲文章，豈偶然哉？蓋感物即事，傷時懷舊，陶寫藴奥之情，涵詠無窮之意，千態萬狀，卒歸於堯、舜、禹、湯、周、孔授受服行之實，學者仰之若泰山北斗。噫！非極深造之妙者，莫能至焉。鶴鳴老人，吾鄉之巨儒，國朝之名士也。經學傳家，尤長於禮，未及壯歲，擢進士第一。時方顯用，勇退居閒，朝經暮史，冥搜隱索，四十有餘年。其德行、文學庶幾乎古，雖片言隻字，亦必有據，如太羹玄酒，有典則而無浮華，一時文士，靡不推讓。郡侯段公鋭意文事，時與士大夫會於錦堂，乃鳩集先生近年著述，得詩賦、古文僅千餘篇，合爲十卷，鏤板以傳。僕忝預席末，雖不能會日月之光，詎可無言，故引之。王特升序。

夫文之爲文，其來尚矣，與造化一氣俱生者也。日月照臨，星辰輝映，天之文也；山川流峙，草木敷榮，地之文也。人得天地之秀，而爲萬物之靈，有仁義禮智，以根於心，故觸物感情，發而爲言，無非天下之至文也。如風行水上，自然而然，固非有力者之所强能，亦豈徒吟詠風景，摹寫物象而已哉？將以經天緯地，厚人倫，美教化，貫乎道者也。先生世家濩澤，唐韓王元嘉之裔。生而聰敏，幼而能文，弱冠而魁天下，蓋以學問精勤，耽玩經史，諸子百家，無不研究，故其文章典瞻，華實相副，字字有源流，句句有根柢，格律清新似坡仙，句法奇傑似山谷。集句圓熟，脈絡貫穿，半山老人之體也；雄篇鉅章，奔騰放逸，昌黎公之亞也。小詩高古涵蓄，尤有理致，而極工巧，非得天地之秀，其孰能與於此？先生平昔著述多矣，喪亂以來，蕩析殆盡，此特晚年游戲之緒餘耳。每一篇出，士大夫争傳寫之，第以不見全集爲恨。錦堂主人崇儒重道，待先生以忠敬，迺與諸同道購求散落篇什，募工鋟本，用廣其傳，使國人有所矜式。門下劉公濟之、君祥、仲寬、姚子昂左右其事，未百日而工畢。瀛久蒙先生教澤，仍嘉錦堂之好事，不揆荒蕪，姑道其梗概云爾。余月初吉，劉瀛序。

史稱唐文三變，至韓昌黎而後稍稍可述，誠確論也。以其當世文士，類皆流於一偏，如白樂天之平〔陽〕〔易〕，李長吉之放逸，孟東野之酸寒，賈浪仙之窮苦，是豈不欲去其偏而就其全乎？蓋以平日所賦之性，所養之氣，所守之學，迂疎局促，執之而不能變之耳。唯韓昌黎則不然，中正之學，發爲文章，粹然一出於正，其于觴詠之間，給談笑，助諧謔，敘人情，狀物態，鈎玄提要，據古論今，左右逢原，意各有寓，爲時人之宗師，豈一偏之所能囿哉？我鶴鳴先生，今之昌黎公也。其出處事業，自有年譜；德行才學，自有公論。雄文傑句，板行於世，名儒鉅公又從而備序之，尚何待僕之諜諜也？然承先生之教，游先生之門，誦其詩、閱其文者三十餘年矣。覩茲偉事，安敢默然，姑道其萬一，亦涓塵裨益之意也，故喜而書之。癸卯年四月望日，門人史秉直謹序。

李瀚重刊序正德戊辰

葉贊序正德戊辰

李仲紳序

湛然居士文集十四卷舊抄本　宋賓王手校

元耶律楚材晉卿撰

士君子困而後學，老乃思歸博奕之流，猶賢乎已。屏山居士年二十有九，閱《復性書》，知李習之亦二十有九，參藥山而退著書，大發感歎，日抵萬松，深攻亟擊，退而著書三十餘萬言，內藁心學，諄諄大半，晞顔蚤立，亞聖生知，追繹先賢，誠難倒指。湛然居士年二十有七，受顯訣于萬松，其法忘生死，外身世，毀譽不能運，哀樂不能入，湛然大會其心，精究入神，盡棄宿學。冒寒暑、無晝夜者三年，盡得其道。萬松面授衣頌，目之爲湛然居士從源。自古宗師，印證公侯，明白四知，無若此者。湛然以是自稱嗣法弟子从源，自古公侯，承稟宗師，明白四知，亦無若此者。萬松一日過其門，見執菜根蘸油鹽，飯脱粟。萬松曰：『子不太儉乎？』曰：『圍閉京城，絶粒六十日。』守職如恒，人無知者。以至扈从西征六萬餘里，歷艱險，困行役，其故而曰汪洋法海涵養之力也。若乃置聖安而成贇，戲清溪而發機，行九流而止縱横，立三教而廢邪僞。外則含宏光大，禦侮敵國之雄豪；內則退謙讓恭，和好萬方之性行。世謂佛法可以治心不可以治國，證之於湛然正心修身、家肥國治之明效，吾門《顯訣》何愧於《大學》之篇哉？湛然嘗以此訣忠告心友，時無識者，慨然曰：『惟屏山、閑閑可照吾心耳。』噫嘻！雖欲普慈，兼濟天下，後世末由也已。嘗和友人詩曰：『贈君一句置截處，只要教君能養素。但能死生榮辱哀樂不能羈，存亡進退盡是無生路。』至于『西天三步遠，東海一杯深』，老作衲僧，未易及此，使裴公美、張無盡見之，當歛衽焉。蓋片言隻字，出于萬化之源，膚淺未臻其奧者，方且索之于聲偶鍛鍊之排，正如檢指蒙學對句之牧豎，望涯於少陵詩史者矣。加以考天文以革西曆，翫焦桐而贊南風，在燮理爲難能，皆湛然之餘事。或謂萬松闊論，無乃夸誕乎？曰：王從之、雷晞顏、王禧伯，尚不肯屏山、閑閑形于論辨，萬鍛炎鑪，不停蚊蚋，宜乎子之難信也。吾待來者，千載一人，豈獨爲子設邪？甲午年仲冬晦日，萬松野老行秀中夜秉燭序。

夫文章天下之公，其言賦者自以與賈、馬爭麗，則言詩者自以與李、杜爭光焰，遑辭藻者不讓蘇、黃，恃歌詞者輒輕吴、蔡，以至氣衝雲霄，而莫肯相下。及其較量長短，探賾姸醜，得其全者鮮，厭人望者鮮矣。中書湛然，性稟英明，有天然之才，或吟哦數句，或揮掃百張，皆信手拈來，非積習而成之，蓋出于胸中之穎悟，流于筆端之敏捷。味此言言語語，其温雅平淡，文以潤金石，其飄逸雄掞，又以薄雲天，如寶鑑無塵，寒水絶翳，其照物也瑩然。向之所言賈、馬麗則之賦，李、杜光焰之詩，辭藻蘇、黃，歌詞吴、蔡，兼而有之，可謂得其全矣，厭人望矣。外省官府得居士文集古律詩、雜文五百餘首，分爲九卷。恐珠沈於海，玉隱於山，而輝彩未著，特命良工板行于世，使四方士大夫，如披雲覩日，快願見之心。嗚呼！言者，心聲也。中書之言，自詠物之外，多以國事歸美爲章句，雖稷、契之忠，臯陶之嘉，未易過此。癸巳歲十二月望日，平水冰巖老人王鄰序。

乾坤之運，否之則塞，泰之則通；日月之光，蒙之則晦，廓之則明；聖人之道，鬱之則滯，推之則行。化而裁之謂之教，神而明之存乎人。天之未喪斯文，陰有所主宰，亦有所託付，數不終隱，待其人而益宏。況乎啟端發源於新造之初，枝傾拄邪于積亂之後，以任當世之重，以行衆人之難，必有命世大賢，超人異行，舉歷代非常之事，卒前哲未成之志，與時標準，卓然爲我道之揭。夫道之不明久矣，去古而今，其情其性，典謨遠而淳風衰，雅頌息而淫辭作，以《大學》、《中庸》爲虛位，以致知格物爲迂論，聖門閉而不開，正路梗而莫辟。加之兵革以來，百餘年間，宇宙之内，昏昏默默，如夜之未晝，夢之未寤，醉之未醒，病之未藥，伏陰未覩于太陽，寒谷未煕于春律，黍苗之渴望未蘇，黔首之倒懸未解。夫欲濟塗炭而域仁壽，滌瑕穢而鏡澄清，療國脉之膏肓，紉天維之罅漏，草刱萬有，權輿百度，興禮樂于板蕩之際，拯詩書于煨燼之餘，黼黻皇猷，經緯政體，變干戈而俎豆，易荒服而衣冠，斲雕反樸，鑄頑成仁，扇美化以風六合，沛膏澤以雨羣生，教續將絶之時，功畫無形之世，非天下之至神，其孰能與於此哉？惟我中國湛然居士，天姿英挺，上智誠明，蓍龜其識，鈞鼎其器，聳四方之具瞻，遇千載之嘉會，作朝廷之翰，維社稷之楨，牢籠區夏，宰制山川，提封不牧之邦，郡縣不毛之地。正璣衡而泰階平，明曆數而靈符定。開元建極，盡彌綸之術；驟帝馳王，入酬酢之計。以唐虞吾君爲遠圖，以成康吾民爲己任，涵養于事業，形容于文章，得之心不受一塵，應之手自能三昧。游戲妙場，掀揭理窟，運天地之橐籥，奪造化之機緘。論性則窮其深源，談道則索其隱旨。以聖經爲根本，故其文體用而精微；以史氏爲枝葉，故其文氣焰而宏麗。盤誥訓誓其格言，詠歌比興其奥義。雖出師征伐之間，猶鋭意經濟之學。觀其投戈講藝，横槊賦詩？詞鋒挫萬物，筆下無點俗，揮灑如龍蛇之肆，波瀾如江海之放。其力雄豪足以排山嶽，其輝絢爛足以燦星斗。斡旋之勢，雷動飆舉；温純之音，金聲玉振。片言只字，冥合玄機；奇變異態，靡有定跡。夐乎出于見聞之外，鏗鍧炳燿，盪人之耳目，所謂造物有私，默傳真宰，胸中别有一天爾。蓋生知所稟，非學而能。如庖丁之解牛，游刃而餘地；公輸之制木，運斤而成風。是皆造其真境，至于自然而然。公之于文亦得此不傳之妙。若夫湛然之稱，不可以形尋，不可以言詰。其處之也厚，其資之也深，静于内爲善淵，演于外爲道派。即其性而見其文，與元氣俱粹然一出于剛正。觀夫所稱，其人可知矣。然則作之者創于始，亦在乎述之者成其終。適有中省都事宗仲亨最爲門下之舊，收録公之餘藁，纖悉無遺。今又增補雜文，誠好事之君子，舉其全帙，付之於門下士高冲霄、李邦瑞協力前修，作新此本，以示學者，可謂兼善之用心。省丞相胡公喜君之文，揄揚溢美，勒成爲書。中有或悮者，更加釐正，命工刊行于世，益廣其傳，真得仁人之雅意。省寮王子卿、李君實、許進之、王君玉、薛正之皆欣然響應，共贊成之。一二公承宗公之志，畢其能事，同諸君累求爲序。僕以兵塵中來，舊學荒廢，不敢應命。蓋公之心術至賾，不能盡探之於文；公之文章高致，不能具陳之於序。雖其文皆公之寓言，筌蹄而忘象，是亦勳業之餘藴。公如不言，則人將何述焉？嘗謂雲漢爲章，天之文；言辭可法，人之文。故觀乎天文，以察時變；觀乎人文，以化成天下。文之爲用大矣哉！今公之爲言，非徒示虚文而已，實救世行道之具。所以柱石名教，綱紀彝倫，皷舞士風，甄陶人物，豈惟立當代之典章，端可爲將來之軌範。於戲！大禹不治水，吾民憂其魚；孔子不作經，王道幾乎熄。夫以文德開通濟物，密藏諸用，扶持聖道之久弊，幽而復顯，見天意之所屬，爲時求定，而能樹治本，遏亂源，活生靈，福弈世，其功德無慙于先聖，斯文之不墜，皆公之力焉。是言也，非獨予之所言，迺天下之公言也。歲次癸巳十有二月初吉，襄山孟攀鱗序。

夫文章以氣爲主，浩然之氣養於胸中，發爲文章，不期文而文有餘矣。古之君子，其文見于簡策，宏深渾厚，言近而旨遠，辭約而義深，非後世以雕篆爲工者所能比，蓋其浩然之氣貫于中也。諸葛孔明曁近代范文正公，懷王佐之才（者），開物成務之略，自任天下之重，初不欲以文名世，然《出師》一表可與《伊訓》、《説命》相表裏，而萬言一書議者亦比于管仲、樂毅。二子者，豈嘗學爲如此之文也哉？其忠義之氣，形之于文，亦不自知其所以然也。嗚呼！世之作文者非不衆也，言語非不工也，及其建功定業，任大持重，不若昔之人者，其胸中所養者小也。今吾湛然居士其庶幾乎！公當聖朝開刱之際，膺鹽梅鼎鼐之任，仰贊天子，茂宏德威，臣上古所不臣之國，籍禹貢所不籍之地。公之功業著見于天下，炳如日星，雖月氏殊俗，蠻荆遠方，莫不仰戴其威名。觀其從事征討，軍務倥偬，宜其不暇留意于文字間，然雄篇傑句，散落人間，復如彼其多。或吟咏其情性，或寄意于玄機，千彙萬狀，會歸于正，又皆肆筆而成，若不用意爲此者。人雖服其精敏，意者何爲而能然耶？殊不知公善養其浩然之氣，充于其中，形于言動，發于功業，見于文章，有不得不然者矣。孔子曰：『有德者必有言。』其是之謂乎？ 邇者中書省都事宗公仲亨更新此集，募工鏤版，過雲中，同監納樊子通見，屬爲序。微以爲文章者，公之餘事也。公之德業，天下共知之，固不待文而顯也。其文天下共傳之，又奚得以序而彰哉？ 雖然，不爲之辭者，微東海一鄙人也，幸齒于門下士之末，若復獲挂名于文集中，固所願也。於是乎書。癸巳年十月晦日，九山居士李微子微序。

黄氏手跋曰：余向藏《湛然居士文集》，係七卷，非全本也。頃以骨董鋪獲王西莊家藏本，乃十四卷，且爲宋賓王所校，誠可珍寶。前七卷用向藏本手校其歧异，已歸貝磵香矣。復翁。

宋氏手跋曰：雍正丙午初冬，借較洞庭翁氏藏本，因以補序。宋蔚如。

湛然居士文集十四卷影寫元刊本

元耶律楚材撰

行秀序

王鄰序

孟攀鱗序

李微序

查氏手跋曰：萬松，洞宗派，按《金史》，曾召入内殿説法，承安二年，詔住西山之仰山。又三十九年，爲元世祖至正三十一年，歲次甲午，此序當作於是年。湛然爲萬松高弟，其推許不啻口出，世徒知其有功名教，不知禪理精深又如此。歸震川有云：『余少已知耶律晉卿，今始識從源真面目。』予於居士亦云。但歸所見止有後七卷，而余乃獲窺全豹。惜抄手潦草，譌字極多，略用硃筆點出，他日當訪善本校定，庶無餘憾。康熙辛丑六月初十，初白老人手識。

藏春詩集五卷附録一卷舊抄本　蓮涇王氏舊藏

元劉爽文撰，中書參知政事魯國文定公左山商挺孟卿類集，中順大夫浙江處州府知府瀛海馬偉廷彦校正

《易》曰：『觀乎天文，以察時變；觀乎人文，以化成天下。』大哉文乎！在天爲日月之著明，雲漢昭回，星辰之錯綜；在人爲三綱五常之道，禮樂刑政之方，典章法度之美。文乎！文乎！章句云乎哉！太傅文貞公學參天人，思周變通，早慕空寂，脱棄世務。一旦遭際聖主，運應風雲，契同魚水，有若留侯規畫以興漢業，召公相宅以營都邑，叔孫奉常綿蕝以定朝儀，陸賈詩書之語，賈生仁義之説。當雲雷草昧之世，天開地闢，贊成文明之治，其謚曰文，不亦宜乎？至於裁雲鏤月之章，陽春白雪之曲，在公乃爲餘事。公殁後十有四年，是集始行於世。夫人竇氏暨其子璋介翰林待制王之綱，求爲敘引。晚生愚陋，誠不足知公萬一，姑以時論所同然者，附諸編末云。至元丁亥四月初吉，翰林學士大中大夫知制誥同修國史閻復序。

王氏手跋曰：康熙歲壬寅三月立夏後五日，借婁東宋氏鈔本，再校于慈孝堂之東窻。蓮涇聞遠識。

張文忠公雲莊歸田類稾二十八卷元刊元印本

元張養浩撰　後附畫像記至正甲午倪中撰、贊劉耳撰、神道碑銘張起巖撰、祠堂碑銘撰人闕

聖朝牧菴姚文公以古文雄天下，天下英才振奮而宗之，卓然有成，如雲莊張公，其魁傑也。公自弱齡以才行名縉紳間，仕於朝，盡讜言，行直道。自禮部尚書參議中書，請謁親濟南，俄以吏部尚書召，親疾終喪。省臺奏召，至再，至三，至五六，不起。文皇即位，關陝以西，兵侵旱厲，民孳政荒，拜行臺中丞，迺起西馳，及秦民四流亡，耄穉孑遺，若鼎魚筏蟻，天毒方熾，湯沸眾溢，吏士猖蹶，目瞠神駭，莫克拯拔。公憀悃率倡，務用仁術，官帑不繼，傾己囊橐，日不勝給，每每大慟，民僅蘇復，公疾薨。天子聞之，惻然閔悼，贈攄誠宣惠功臣陝西等處行中書省平章政事柱國，追封濱國公，謚文忠，中外嗟惜。無何，翀使憲陝西，士民談道，琅琅耿耿，未始不悽愴以聽之，秦人悲思，樹石刊頌不忘。公質厚剛毅，正大明白，仁於家，忠於上，確信不渝，己善不伐，人之善推獎若不及。其文淵奥昭朗，豪宕妥帖。其動盪也，雲霧晦冥，霆砰雹激；其靜止也，人熙日舒，川嶽融峙，綽有姿容。闢翕頓挫，辭必己出，讀之令人想像其平生，千載而下凜有生氣，不可磨滅，斯足尚已。公素知翀，其子引偕其婦翁吴肅彦清持公所輯《歸田類稾》

三十八卷徵序，因書其槩如此。公諱養浩，字希孟，雲莊其自號也。行業履歷，家乘、國史具載，兹不容贅。元統三年龍集乙亥二月甲寅朔，中奉大夫江淛等處行中書省參知政事孛术魯翀序。

案，此元刊元印本，每葉二十行，每行十八字。版心有字數，小黑口。卷中有『松藹藏書』朱文方印、『嘉興李聘』朱文方印、『黄錫蕃印』白文方印、『周春』白文方印、『松（謁）〔藹〕』朱文方印。伏讀《四庫全書提要》云『養浩嘗自序其集，稱退休田野，録所作時文樂府九百餘首，歧爲四十卷，名曰《歸田類藁》。富珠哩翀序作三十八卷，數已異。《國史經籍志》則作《文忠集》十八卷，書名、卷數更均與養浩自序不符。惟明季有刻本二十七卷，既多漏略，編次亦失倫類。今據以爲本，而別採《永樂大典》所載，删其重複，補其遺缺，而釐爲二十四卷』云云，則元刊之罕見可知。愚謂三十八卷者，『三』乃『二』之訛字，今此二十八卷，猶是元時刻本，完善無缺，翀序即冠卷端，則非別有三十八卷本明矣。焦氏所見當亦即此本，脱『二』字耳。

皕宋樓藏書志卷九十五

集　部

别集類二十九

郝文忠公陵川集三十九卷明刊本

元郝經撰　前有行狀苟宗道撰、墓誌銘閻復撰、神道碑盧摯撰、封贈公牘

國初未遑文治，不階教育，奮然自勵，致海内盛名，文章事業，耆舊推重。時輩莫敢與角，若國信使贈昭文館大學士榮禄大夫司徒冀國公謚文忠郝公真豪傑之士哉！公諱經，字伯常，上世澤州之陵川人。八世義居儒行，師表一鄉，至公恢大素業，蔡國張公館于家。世皇聞之，首加聘禮，奏對屢稱旨，益奇之。南征挈以偕行，授江淮宣撫副使。中統初，選充宋使，留十有□□□辱君命，天下盡知之，詳見隧銘洎神道碑。今集賢大學士郭公貫幼從公學，其任禮部尚書也，請刊其遺文。朝廷從之，事屬江西行省，以序見徵。惟公□不世出之才，藴大有爲之志，氣剛以大，學博而充。陳時政兵事，綽見經濟之能；傳用《易》、《春秋》，深探幽隱之趣；正《蜀

紀》，刊前史之繆誤；移宋朝，悉和議之利害；雜著歌詩，涵泳古今，本原騷雅，不失爲奇作。使之參與廟謨，黼黻王度，斯民被澤，吾道增重也必矣。方羣賢彙進之秋，乃遠涉江淮，投身虎口。及歸，年悳耆邵，區宇混一，宜享安榮之樂而大，故生平抱負，竟不獲展萬一，可哀也已。然其終始大節，日光玉潔，焜耀無窮，述作之夥，刻示永久，斯可以下慰九泉矣。崇儒報功，國家盛典，獲紀其實，託名簡編之末，又何敢辭？敬爲之書，以諗來者。延祐丁巳四月，國子祭酒東平晚生李之紹謹序。

延祐五年五月初九日，奉江西等處行中書省劄付，准中書省咨集賢院呈：延祐四年十二月初五日，也可怯薛第二日，嘉禧殿内有時分，對速古兒赤、明里董瓦、學士喜春等有來本院官陳大學士奏：『郝伯常學士做國信使，入宋講和。去時於真州拘留了十六年□，做了一部《續後漢書》，并他平日作來的文章《陵川文集》，這兩部書，中書省交江西行省，有管下學校錢糧内開板去了也。奏。』呵奉聖旨：『您與省家文書交疾忙了者麼？』道：『聖旨了也。欽此。』具呈。照詳得此，咨請欽依施行。准此。省府仰依，已行開刊施行，奉此。

中書省移江西行省咨文：皇帝聖旨裹，中書省禮部呈，奉省判：翰林國史院呈，照得先據經歷司呈奉禮部符文，承奉中書省，判送本部，呈准（南）〔尚〕書郭嘉議□。竊謂士遇則致君澤民，功被一時；不遇則著書立言，名垂後世。故翰林侍讀學士國信使贈昭文館大學士資善大夫文忠郝公，以命世之才，爲世祖皇帝所知，潛邸召見，置諸侍從。中統御極，即命講好使宋，拘留十有六年，至元乙亥始得歸國。凜然風節，遠配古人，將被大用，以宿瘴而卒。其平日著述，如《三國志》，黜曹魏而主劉蜀，使正統有歸，脗合朱文公《通鑑綱目》，筆法一洗前書之謬誤，是誠有補于世教。又如《春秋外傳》、《一王雅》、《陵川文集》等書，學者願見而不得。似此遺稿，家藏尚多。不幸其子山南江北道肅政廉訪使文徵早卒，伏慮前書久而散失，良可惜也。如蒙朝廷允許，于懷州本家取發，前來翰苑披詳，發下版行，庶使一代儒宗雄文傑作不湮没，傳之將來，以見聖治文明之盛。是則非惟死者之幸，實後學之幸也。具呈照詳。請轉呈都省，照詳施行。本部參詳，如准所言，將郝文忠公遺文裒集梓行，誠有補于世教。具呈照詳。覆奉都堂鈞旨：『送禮部，依上施行。』奉此，行據懷孟州申，今將《陵川文集》，并《三國志》申解前去，乞照驗事，省部仰照驗，議擬施行。承此具呈。照詳得此，除將發到《陵川文集》一十八册，《三國志》三十册，送付編修官蒲道源等考校去後，今據待制趙穆、編修官蒲道源等官連呈：『文忠公郝經所著文集，筆力雄深，議論該博，忠義之氣，藹然見于言意之表。其《續漢書》得先儒之至論，黜晉史之帝魏，使昭烈上繫漢統，扶立綱常，有補世教。其間敘事，典贍核實，多前史所未及者，若蒙呈達都省，行下書坊版行傳後，非惟使斯人生平精苦之志，有以表見于世，亦示我國朝之有人焉。呈乞照驗。』得此，翰苑議得，如准趙穆等所言。相應得此，今將前項文集，隨此發去都省，合行移咨，請照得行下。合屬依上委官提調，如法刊，各印二十部，裝褙完備咨來。

劉龍序正德丁卯

陳鳳梧序正德丁卯

白雲集三卷文瀾閣傳抄本

元釋英撰

近世士之懷能抱藝者，往往逸而之禪，又逸而之詩，二者實能外事物，曠蕩可喜，故人亦樂爲之稱道。錢唐英上人，蓋其絶出者也。未祝髮時，已識之矣。予老而不化，病卧一室，木石是同，詩與禪要非所解。上人過，輒來其譚，予茫乎無以答。然其詩圓活而清雅，讀之使人爽然，不但諸公賞音，不解如予，亦心知其爲佳句也。厲氏本名族，詩有家傳，況氣貌甚整，見聞甚博，意胸中耿耿者故在，恨不能冠巾之耳。以《白雲集》重求序。夫萬物未有不本於天者，詩云：『英英白雲，露彼菅茅。』此乃山川之神氣，天地之和氣，氤氳輪囷，霏潤四布，下爲草木之根芽華實，皆其晶英之所發見，而天則溥萬物而無心焉。上人既以此自名，又以名其詩。白雲固吾庭户間物，山空宇定，焚香隱几，嘗試以是觀之。至元壬辰菊節，蜀人牟巘巘翁書。

《白雲詩集》者，實存英上人所爲詩也。上人俗姓厲氏，其先出漢義陽侯温，至唐有名文才者官都督，名玄者官侍御史。侍御自陝出鎮於婺，因家焉。與姚合、賈島同時，皆以詩名。迨至太師屏山公，詩益昌。而上人父石田居士徙家於杭，故今爲杭人。幼而力學，稍長，喜爲詩，有能詩聲，爲一時名公所知賞。壯益刻苦，慕貫休、齊己，從知舊走閩、浙、江、淮、燕、汴。厭於世，故一日登徑山聞鐘，有所感悟，遂去爲浮屠。結茆天目山中數年，遍參諸方有道尊宿，皆印可之，故其詩超然有出世外之趣。夫詩不離禪，禪不離詩，二者廓通而無閡，則其所得異於世俗，宜也。予往年識上人都下，及閒居吴興，上人亦南來，出此集屬爲序引，乃爲敘之如此。詩凡一百五十首，分三卷，後所作者，將甲乙第之。上人名英，實存其自號云。吴興趙孟頫子昂。

詩惟專，故工。今夫營衣食之資，給口體之奉，而其間捃收掇拾以爲詩，而可道者蓋寡矣。髡髮出家，空空無而樂寂滅，又無是二者之累，宜其有高遠幽深。瑰奇傑特之趣，去庸人萬萬不啻，乃今俯仰千載，其所謂卓然以詩名者，貫休、齊己、仲殊、惠洪數人，豈不超出於其徒？其詩具在，於高遠幽深、瑰奇傑特之趣何如也？唐、宋鉅公，往往羞道之，顧專而無其累者，又不得而有之矣。或曰：『有得於其道，則其詩不待專而自工。數子者，於其道誠未有所得也。』實存英上人攜其《白雲詩集》視予。讀之竟一編，曰：『此其專而無累於世者與？於其道有所得者與？何其詩之工也？』實存生長名家，世有詩人，自其幼時，已有聲士大夫間。又嘗有家室，歷貴仕，一旦棄去，衣緇褐，涉遠道，求名尊宿而爲之後，略不見勢利貴富、驕泰矜夸餘習。此其於道非有所得，能若此乎？詩之工於數子而出其上者，正不足論也。予特論其得於其道者而爲之序云。婺城石塘胡長孺。

詩有參，禪亦有參；禪有悟，詩亦有悟。實存英上人所作《白雲集》脱然已入空趣，其參而悟者歟？唐人夜半之鐘，非詩人得句，即高僧悟道。詩、禪之悟，寧有二哉？集中謂詩悟必通禪，又『妙處如何説，悟來方得知』，上人當自道之矣，余復何言？粤人石田林昉書。

詩、禪從三昧出，不可思議，拈花微笑，夢草清吟，曷常有二哉？實存英上人夙悟於禪，而發於詩。《白雲》一集無蔬筍氣，有泉石心，造清虚冷淡之境，掃塵腐麤率之談。唐人所謂『中宵吟有雪，空屋語無燈』，涉此地後有此詩，有此詩即悟此語。山中白雲，肯持寄否？尚洗耳聽之。春洲居士趙孟若書。

稼村先生類藁三十卷附録一卷明刊本

元古豐王義山元高著，門人曾震龍編

楊廉序正德丙午

羅欽順後序

陳槐跋

方虚谷桐江集二十卷補遺一卷舊抄本

元方回撰

鮑氏手跋曰：嘉慶乙丑閏六月，借維揚秦氏石研齋所藏弘治十四年范文恭手録本重校，凡改正數百字，補落者數千字，始爲善本。去乾隆庚寅借振綺堂本抄録時，忽忽三十六年矣，掩卷爲之憮然。二十八日誌，知不足齋鮑廷博。

《孯經室外集》：《桐江集》八卷，元方回撰。回《桐江續集》，《四庫全書》已著録，皆其元時罷官後所作。其前集名《虚谷集》，見黄虞稷《千頃堂書目》，疑即是編。案，周密極譏回爲人之鄙，全無品行。伏讀《四庫全書提要》云：『集中諸文，居然醇儒之言，就文言文，要不可謂其悖于理也。』如賈似道魯港喪師之後，衆皆慮其復入。回上書數其十罪，繼又言似道與其客廖瑩中皆當即誅，又請罷王爚平章，以佚其老，見集中前後上書本末，並確有所見，中外快之。即他文亦多有根據，固宋末元初一作家也。

虚谷桐江續集四十八卷 舊抄本

元紫陽方回萬里撰

戴表元序曰：紫陽方使君平生於詩，無所不學，蓋於陶、謝學其紆徐，於韓、白學其條達，於黄、陳學其沈鷙，而居常自説，欲慕陸放翁，豈其暮年安貧守約，忘懷出處，有偶相貌類，而姑引之以自説耶？抑放翁雖生長東南，承接中原文獻，獨其爲詩，亦親經東萊、茶山諸先生指授，遂爲是虚心傾思，知不可幾及也。此前輩風流盛德，非近時沾沾自喜之徒所可窺議。然有一事不謀而合，放翁晚起家，得嚴州，爲詩幾千首，翁去而州人愛其詩，版傳之於今。使君垂老亦守嚴，多爲詩，州人爲刻其《桐江集》者六十五卷，錦峰繡壑，淋漓翰墨，前後照映于百年間，良堪繪畫。表元因念生每不早，不得事放翁，而竊幸熟從其子孫遊。聞翁爲州日，江湖詩客羣扣其門，傾箱倒槖，贈施之無吝色。及解印東歸，扁舟梠然。使君去桐江屬邑耳，僦廬羅餐，人人見之者，不知其嘗爲二千石也。偶遇臺饋，卻玉揮金，貰酒讌客終日，一時雄襟雅量，略視放翁何遠？故其爲詩，笈鳴鏞應，磁動針合，雖不規規求與之似，而自有不容不似者，其居使之然乎？于是同游之士來謂表元：『子於門墻衿佩者，若有知言，盍識其云云，以爲《桐江集》序。』

鮑氏以文手跋曰：方萬里《桐江集》已不傳，厪此序見於戴表元《剡源文集》中，因録于《續集》之首。至萬里《桐江續集》自序一首，已列此集第四十八卷中，兹不贅録。乾隆丁丑初一日，燈下誌。

野趣有聲畫二卷舊抄本

元新安楊公遠叔明著

野趣楊卿以善畫山水、能詩有名於徽，爲賦絶句：『造物憐渠有畫癡，谿山無負墨成池。楊卿技進今如此，不博金錢卻愛詩。』至元丁亥三月二十六日，疏齋盧摯處道甫書於歙郡驛邸。

楊君家松蘿、白嶽下，園池林木蔚然，大類魏野之居，多所得趣，故其襟懷玉雪，不涴點塵。然天地間風月常新，煙雲不斷，君磨墨濡毫，畫難畫之景，以詩湊成，吟難吟之詩，以畫補足。

觀此一卷，則知意匠經營，亦良苦矣。抑作詩如市肆冕旒無人問，當疇若顧虎頭畫維摩，一日責施十萬，二日五萬乎？予坐詩窮，未之能畫，今則自惜，君當自勉云。咸淳六四一，古梅吴龍翰拜手。

野趣楊叔明，舊與倡和，閱前年作，倏十二年矣。叔明能畫能詩，筆愈老而鬚髮如漆，獨道貌猶未老也，豈胸中有所養而然乎？其無聲之詩，當求米元章、張彦遠輩評之；其有聲之畫，如《回溪道中》：『山東□溪窄徑迂，眼前景物入詩無。田中科斗古文字，柳下春鋤新畫圖。巨室儲茶供客販，小旗誇酒誘人沽。行行不計幾多里，回首林端日又晡。』此可謂五十六字《溪山村落圖》也。起句便能模寫山徑溪流偪側之勢；『科斗』、『春』二句生逼江西，是兩幅奇畫；『儲茶』、『誇酒』一聯，村落中賈區飲肆在紙上歷歷可數；尾句收拾淡静，卻留不盡之意。全篇熟而不腐，新而不怪。詩妙至此，非胸中有所養不能也。予老矣，不能悉爲提（綴）〔掇〕佳處，舉其一足以□其餘焉。至元乙酉月良之朔，謹書于孚舟亭，同郡方回萬里。

汪玄錫跋嘉靖丙申

月屋漫藁四卷舊抄本

元天台山人黄庚著

唐以詩爲科目，詩莫盛於唐，而詩之弊，至唐而極。宋以文爲科目，文莫盛於宋，而文之弊至宋而極甚矣。詩與文之極其弊，而難於其起弊也，自有虞明良之賡歌，已非太古忘言之天矣。二代以還，雖王者之迹熄，而世猶近古，其播於聲詩，發爲辭令，形於規諫諷刺者，皆所以紀一時之實，豈好爲是虚言哉？國以詩文立科目，非世道之幸。士以詩文應科目，又豈人心之幸？宜古道之滋不可挽也。嗚呼！自孔子删定繫作以來，《詩》、《書》、《易》、《春秋》之文僅存，而其道則泯矣。以言乎詩，自三百五篇，訖於戰國，詩之脉幾絶，而《騷》續之，故《騷》有功於詩。《騷》之下有《選》，由《選》而至於唐，惟杜少陵爲備。以言乎文，自獲麟絶筆之餘，諸子百家蝟興蜂起，不有孟子之書出，則聖人之道晦矣，故孟子功不在禹下。至若荀、揚之簧鼓聖言，班、馬之户牖古史，歷三國、六朝、隋、唐之世，斯文微如一髮，而韓昌黎力挽古學，沿唐而宋，則歐陽出焉。嗚呼！盛者乃所以爲衰也。然詩盛於唐，唐之詩脉，自杜少陵而降，詩以科目而弊極于五代之陋；文盛于宋，宋之文脉自歐陽諸公而降，文以科目而弊極于南渡之末年。以科目而爲詩，則窮于詩，以科目而爲文，則窮于文矣，良可歎哉！僕自齠齔時，讀父書，承師訓，惟知習舉子業，何暇爲推敲之詩，作閒散之文哉？自科目不行，始得脱屣場屋，放浪湖海，凡平生豪放之氣，盡發而爲詩文。且歷攷古人沿襲之流弊，脱然若醯雞之出甕天，坎蛙之出蹄涔，而遊江湖也。遂得率意爲之，惟吟咏情性，講明理義，辭達而已，工拙何暇計也？于是裒集所作詩文，繕寫成編，命之《漫藁》，以爲他日覆瓿之資。若曰復古道，起文弊，則有今之韓、杜在。天台山人黄庚星甫氏序，時泰定丁卯孟夏作。

剡源文集五卷舊抄本

元戴表元撰　分甲、乙、丙、丁、戊五卷，前四卷即何氏所據之本，後多戊集一卷，蓋後人附益之也

宋濂序洪武四年

自序

剡源戴先生文集三十卷影寫明初刊本

元四明戴表元帥初撰

剡源先生文集三十卷明刊本　稽瑞樓舊藏

元四明戴表元帥初撰

自序

何氏手跋曰：帥初爲學，自六經百氏無不貫穿，而得之《莊》、《騷》者爲深。文格尤近子厚，其間似蘇門者，所從出均也。能從容於窘步，萌茁於枯條，若高山大川之觀，桑麻菽粟之用，乃其所少，則賦才者殊，而亦遭遇變故，無自發耶？然綵筆妙吻，宋季以來，莫有匹敵，宜乎伯長所專師，晉卿所深推矣。康熙辛巳二月，何焯題於陽羡舟次。

又曰：始余病此集，譌謬不可讀，遇藏書者必問嘗蓄善本抑否。康熙庚寅始從隱湖毛十丈借得嘉靖以前舊抄一册，爲文祇六十五篇，合甲、乙、丙、丁四卷，以校新刻，則《唐畫西域啚記》一篇，後半幅脱去二百六十餘字，其他賴以改正處甚多。集中文爲新刻所逸者凡十二篇，復補録。毛丈憐余校之勤也，云家有《剡源詩》，亦舊抄，將并以借我，乃書以志喜。焯。

剡源先生文集三十卷舊抄本　鮑渌飲舊藏

元四明戴表元帥初撰

自序

戴洵序萬曆辛巳

周汝礪序萬曆辛巳

宋濂序

周儀序萬曆元年

趙氏手跋曰：戴帥初《剡源集》三十卷，一刻於洪武初宋景濂爲司業時，再編於嘉靖中周儀羽可，重刻於萬曆間後裔戴洵。今世所云者，皆此本，而頗不易覯。余購之久矣，嘉慶辛未冬，訪老友鮑以文於烏戍，時君病足，不能起，留坐榻前，情話竟日，竝許以此書見貽。老人善忘，是冬未能即寄。明年春，余有關中之役，及乙亥返里，已嬰末疾，欲逞烏戍未果，而君且歸道山。余自苕霅還，迂道烏戍，命兒子㚟代奠生芻。值令嗣志祖它出，晤於吴門，因及此書。今年四月，又見志祖於吴興，復申前説。既别，輾轉覓寄，八月始達常州，知爲竹垞、秋岳藏本，鮑君校之，書誠不易覯而購之者亦綦勞矣。爰識得書所從來，並及鮑氏兩世交誼。至於帥初之文，自爲宋文憲推服，洎乎國朝，已入《四庫》，久經論定，不更贅云。嘉慶丁丑九月，收庵叟趙懷玉力疾書。

蒙養先生文集十卷舊抄本

元張伯淳撰

至元庚辰間，文原侍先人側，獲識檇李張公師道。時江南達宦者多中州文獻故老，而南士裸將之餘，屏居林谷者，往往而在。交游中雅器重公，薦牘交馳，爲杭郡文學掾，遇事不然，不可撼以私，與上官不合去，薦者益知公可授以政。居浙東閩海憲幕，徵入，遂直詞林，陪講席，而文原以供奉忝司譔著，情義益欵洽，不以僚屬遇我也。自公至京師，友道日廣，酬接無少懈，暇則伸紙濡毫，作爲詞章，以應四方之求，時時爲文原誦之，蓋恥尚鉤棘，而舂容紆餘，鏗乎金石之交奏也。士論咸以斯文屬公，而公病矣。檇李故多文士，昔唐陸宣公爲學士，居中多所參決，時號内相。有論諫數十百篇，至今讀者尚挹其高風而興起。公受知聖主，蒙被顧問，敷對剴直，皆經國之要務，惜不果大用，而世以文字知公者，特緒餘耳。自古瑰傑之士，勳業不得表見，而僅以文字傳者，皆可惜也，而況不盡傳也。公之子采輯公遺稿若干篇，期以昭白于世，可謂賢也已。遺稿不特□詞林時所作，而文原云爾者，欲使後之人知公之大節如此夫。泰定三年八月哉生明，翰林侍講學士中奉大夫知制誥同修國史鄧文原序。

先公文穆在宋世，由童子科及第，逮事聖朝，復以詞臣錫封受爵，然不喜以藻翰自能。既殁無成藁，命男烱訪求遺逸，僅得若干篇，釐爲十卷，刊之右塾，使無忘前人之徽烈。其藏諸人，散于四方者未能兼收並録，則中心之深嗛也。至正□年正月望日，中議大夫河東宣慰副使致仕男采拜手謹識。

剩語二卷文瀾閣傳抄本

元艾性夫撰

青山集八卷文瀾閣傳抄本

元趙文撰

桂隱詩集四卷文集四卷舊抄本

元謚文敏桂隱劉詵著，賜進士門人羅如篪、顏成子編刊虞集序曰：昔者廬陵歐陽公秉粹美之質，生熙洽之朝，涵淳茹和，作爲文章，上接孟、韓，發揮一代之盛，英華醲郁，前後千百年人，與世相期，未有如此者也。蘇子瞻以不世之才起於西蜀，英邁雄偉，亦前世之所未有。南豐曾子固博攷經傳，知道脩己，伊洛之學未顯于世，而道説古今，反覆世變，不失其正，亦孰能及之哉？然蘇氏之於歐公也，則曰：『我老歸休，付子斯文，雖無以報，不辱其門。』子固之言曰：『今未知公之難遇也，後千百世思欲見公而不可得，然後知公之難遇也。』然則二君子之所以心悦誠服於公者，返而觀其所存，至於歐公，則闇然無迹，淵然有容，挹之而無盡者乎？三公之迹熄，而宋亦南渡矣。乾、淳之間，東南之文相望而起者，何啻十數？若益公之温雅，近出於廬陵、永嘉諸賢，若季宣之奇博，而有得於經，正則之明麗，而不失其正。彼功利之説，馳騁縱横其間者，其鋒亦未易嬰也。文運隨時而中興，槩可見焉。然余竊觀之，朱子繼先聖之絶學，成諸儒之遺言，固不以一藝而成名，而義精理明，德盛仁熟，出諸其口者，無所〔釋〕（擇）而無不當。本治而末修，領挈而裔委，所謂立德立言者，其此之謂乎？學者出乎其後，知所從事，而有得焉，則蘇、曾二子望歐公而不可見者，豈不安然有拱足之地，超然有造極之時乎？而宋之末年，説理者鄙薄文辭之喪志，而經學、文藝判爲專門，士風頹敝於科舉之業，豈無豪傑之出，其能不浸淫汩没於其間，而馳騁凌厲以自表者，已爲難得，而宋遂亡矣。中州隔絶，困於戎馬，會聲氣習，多有得於蘇氏之遺，其爲文亦曼衍而浩博矣。國朝廣大，曠古未有，起而乘其雄渾之氣以爲文者，則有姚文公，其人、其爲言不盡同於古人，而伉健雄偉，何可及也？繼而作者，豈不瞠然其後矣乎？當是時，南方新附，江鄉之間，逢掖搢紳之士，以其抱負之非常，幽遠而未見知，則折其奇傑之氣，以爲高深危險之語，視靡靡混混則有間矣。然不平之鳴，能不感憤於學者乎？而一二十年，向之聞風而倣傚，亦漸休息。延祐科舉之興，表表應時而出者，豈乏其人？然亦循習成弊，至於驟廢驟復者，則亦有以致之者然與。於是執筆者膚淺則無所明於理，蹇澀則無所昌其辭，徇流俗者不知去其陳腐，彊自高者惟傍竊於異端。斯文斯道，所以可爲長太息者，嘗在於此也。往年集承乏禁林，陪諸公奉詔讀進士之策，於南士得劉性粹衷而奏之，嘗與論及此事。後十年，而遇集於雲峰下。又嘗（反）〔及〕之，而思見乎有以相發者。又後二年，以書來告曰：『我鄉先生劉桂隱氏有學有行，文章追古作者，而年亦七十有四矣。屹然山林，其書滿家，而遠方無盡知之者，因以得先生之書焉。』集執書而歎曰：『余知之舊矣，而未獲與之游也。』先生之言曰：『弱冠時猶及接故宋之遺老，既內附，猶用力於已廢不用之賤論，視儕輩無已及者。國家以進士取人，未能忘情於斯世，乃益究乎名物度數之節，註牋訓釋之辭，以從當時之所爲，而志大言高，不爲有司察識。又十年，迺爲古學，而用意於歐陽子焉。四方之求文者，隨而應之，不知其沛然而無窮也。』此雖先生之謙詞，要其大槩不我欺也。嗟夫！以文應時者雖有吉，今所取以爲文者，古今無有異也。以高才博識，專業而肆志，求諸昔之人者五六十年，其應於今者合否不足論也。吾故曰山林之日長，得以極其力之所至，學問之志專，則有以達其智之所及，其背於塗轍之正者耶？

有所不爲，知其可以傳諸方來者，則言之而無隱。論古今成敗，無以蹈襲，而出人意表，觀乎瀧岡之麓，青原之波，不亦善於達本而遡源者乎？集故極道夫歐陽子之未易知，而善乎先生之有以知之，而輒及於余之所欲求知於歐陽子者，而著之篇也。先生之文凡若干卷，詩若干卷，已刻雜著、記、序、銘、説等等若干卷，方將刻焉。而先生耳聰目明，心識精敏，出其所新得以爲言者，猶未有止也。集小於先生四歲，相望不遠，安敢以齒髮之不足，而自棄於先生乎？姑書此附諸篇末，使觀先生之文者，或有取於區區之言，而有所感發也夫。

歐陽玄序曰：廬陵劉桂隱先生以文集寄余京師。余爲之言曰：『士生數千載後，言性命道德如面質古人，言成敗是非如目擊古事，其間命意脩詞，則欲求古人之所未道，而又欲不背馳古人其事，可謂難矣。』或曰：『難可但已乎？』曰：『不然。有一定之法，而蔑一定之用者，聖人之於規矩也；有無窮之言，而懷無窮之巧者，造物之於文章也。是故巧能爲文章，不能爲規矩，偭故常而爲規矩者，狂之於巧者也；法能爲規矩，不能爲文章，守故常而爲文章者，狷之於法者也。今余讀劉先生之文，温柔敦厚，歐也；明辨雄雋，蘇也。至論其玅，初豈相師也哉？又豈不相師也哉？』或曰：『妙可聞乎？』曰：『妙可意悟耳。試從先生求之，有不可得傳以言者矣，而況余乎？雖然，余所謂規矩蔑一定之用，文章懷無窮之巧者，庶乎近之。』先生文傳世可必，尤長於詩，詩五言、古體短篇尤佳。因書以爲之序。至正七年七月日。

先生平生詩文流落過半，少年所作，多經諸老評泊，以爲高逼古人，今皆不復序於前者，謂其不待序也，觀者必自能識之。文見陸續刊行，今先梓其詩十四卷。至正元年春仲日，進士門人羅如篪宗仲謹識。

曾孫三德跋嘉靖癸亥

二十世孫方興跋

族孫永炘跋

水雲村泯藁三十八卷明刊本

元南豐劉壎起潛撰

趙師聖序天啟辛酉

巴西鄧先生文集五卷舊抄本

元鄧文原撰

巴西鄧先生文集五卷舊抄本

元鄧文原撰

皕宋樓藏書志卷九十六

集　部

別集類三十

玉斗山人集三卷遺文一卷附録一卷舊抄本

元玉斗山人王奕伯敬著

玉斗山人集三卷附録一卷文瀾閣傳抄本

元王奕撰

谷響集三卷文瀾閣傳抄本

元釋善住撰

竹素山房詩集三卷附録一卷　抄本

元魯郡吾衍子行撰

杭氏手跋曰：《竹素山房詩》三卷，元至治中太末吾衍子行著。子行寓吾杭生花坊，精小學，《學古編》、《古人印式》諸書而外，於《閒居録》辨『酢』、『醋』二字，謂『酢』即古『醋』字，『醋』即古人『酬酢』『酢』字，皆今人所未察。集中如《錢良佑字説》辨『佐』、『佑』、『仲』即『左』、『右』、『中』，亦有理。此集吾浙薦書之家，皆無其本。維揚馬涉江從姑蘇購鈔，予僅得見。内有一題云『仇仁近自建康解組歸，有文曰《金淵集》』，亦簿録家所不載，并諸家文集未齒及者。惜乎其不得傳于後也。仁和杭世駿識于補史亭。

鮑氏手跋曰：右《吾竹房詩集》，郁君佩先爲予鈔自樊榭山房。讀杭太史跋，知其本近年始出於維揚馬氏也。予考朱性父《吾氏類集題詞》，是書自性父從《虞山雜鈔》録出，始傳于世。今第三卷末《招雨師》以下，諸詩文皆朱所補，附録數十則，亦其所手輯。是馬氏所得，實野航先生所遺留，其功不可没也。乾隆癸巳，朝廷開四庫館，予别繕潔本進呈乙覽，業詔儒臣采入全書，以不朽之矣。然秘閣所儲，人罕得見，登之梨棗，益廣其傳，誠好古者所宜留意也。時嘉慶十年歲在乙丑仲冬下澣，歙西鮑廷博識於知不足齋。

又跋曰：仇山村《金淵集》，堇浦太史始於《竹房詩》題中耳其名，詫爲異聞，而深惜其不傳。未幾，高宗純皇帝開館，采訪遺書，得之《永樂大典》中。既纂入《四庫全書》，復頒武英殿集珍版本於各直省，承學之士遂家有其書，而樊榭、堇浦已相繼下世矣。博末學小生，幸天假之年，轉得見所未見，豈非平生望外之喜歟？通介老人又筆，時年七十有八。

元松鄉先生文集十卷元刊本　文瑞樓舊藏

元句章任士林叔實撰

余往來古杭五十年，納交南北勝士甚衆。慶元任公叔實籍籍有文名，曩一見於南谷坐上，恨不得傾蓋而語。泰定間，公之嗣子良吏於澄川，因出先人手澤示余，將摹而傳之。余然後盡睹公之文，記序碑銘，高古特甚，長吟短韻，清雅有餘，無一點塵俗氣，近世號爲文士，略無能過之者。彼皆樹聲望，而躐清要，俯玩一世，志得意滿，而公獨困躓坎壈，布衣終身，不霑一命。命也夫！時也夫！命者，滯於天也；時者，畸於人也。每觀漢、隋、唐史所載諸人遺集，無慮數千百家，宋尤倍之，然傳至今者，百無一二，非唯一時所作，不足以傳後，而宋以前無鋟梓，手抄默記，故爲艱得。近代鐫刻尤多，流傳至廣，見而好之者鮮矣，况敬而服之乎？叔實之文可服者也。良金美玉，定價於當時，而文人才士，定價於身後。叔實未殁時，忌而呰之者，亦有之矣。嗚呼！後世豈無楊子雲哉？謄本脱誤數十字，余一一是正而歸之。子良慎寶之矣。丁卯孟夏朔墻東老叟陸文圭敘。

右《松鄉集》者，四明任叔實甫所製。詩、賦、記、序、碑、銘、傳、贊、雜著之文，總若干卷。

其嗣子良爲江浙行中書省理所案牘官，今杭州路太守任公欲其文之傳於世也，就子良求其藁而刻之。子良謂其先人著述甚廣，而掇拾於散亡殘脱之餘者，未能畢見，其僅存者此爾。趙君仲德素與先人遊舊，故用意袁集，繕寫如此，因拓以遺余，且抆泣言曰：『先人與子夙有文字之契，懽愉憂戚，未嘗不相與莫逆也，而先人墓上之木拱矣，始克粗成是集。子宜敘其顛末，以考其成，庶幾先人之志也。』惟叔實甫始自四明山中來杭，倡爲古作者文辭，一時驚猜疑愕，怪笑非訕者，往往喧雜。獨趙公子昂、鄧公善之、袁公伯長、周公景遠、張君錫、楊仲弘、薛宗海、吾子行、劉師魯交相推譽，以爲柳河東其人也。由是近遠求文著金石者，户外之屨相接矣。往時怪笑非訕者，亦隨以服。余時喜從故都遺老，承問往昔文獻，尤與叔實親善，又嘗從受中易之旨。蓋叔實粹美質直，愛好人倫，有志於當世，以興起斯文爲己任，嘗見其意于《送鄧善之赴史館序》矣。中書左丞郝公以事至杭，見其文之典則淳雅，而制行端實，薦爲安定書院山長，庶使講道以淑來學，而竟以疾終。若趙公子昂、袁公伯長、鄧公善之，繼登詞垣，使叔實而猶存，豈不能與時翕張，日昌其制作之思，而相與爲高下耶？是其所謂渾厚博大、温潤清揚者，抑又有非人之所能爲者矣。而不使之鳴夫國家之盛，乃獨多見於宫祠塔寺琬琰之間，其亦幸托斯文以爲世雋永，又若《謝翺》、《胡烈婦傳》，能使秉彝好德之心千載著明，是豈徒作者哉？趙公之銘之辭所謂『木折于山，玉碎于璞』，尤知德之士所以深嗟而痛惜也。京兆杜本序。

案，此元刊元印本，每葉二十六行，每行二十三字，小黑口。卷中有『蓮涇』朱文方印、『太原叔子藏書記』白文長印、『金星軺藏書記』朱文長印、『家在黄山白社之間』白文方印、『結社溪山』朱文方印、『元本』朱文腰圓印。

松鄉先生文集十卷明刊本

元句章任士林叔實甫著　前有墓誌趙孟頫撰

在漢東都御史中丞句章任奕以文辭進，其名著於《會稽典録》。近世任氏多工於詞賦，有聲場屋間，豈中丞苗裔耶？丹穴鳳凰羽，風林虎豹章，信有種哉！叔實尚友前修，鎔意鑄辭，賦、傳二篇，師法孟堅，幽通昌黎，百川學海以至於海，其進也孰禦？因書卷後，復以識嘗鼎一臠之味，它日大篇短章，金春玉嗚，文當嗣書焉。浚儀王應麟書於奉川龍津驛舍。

厚齋王先生客廣平，予偶録《復志賦》、《壽光先生傳》求正，先生遽題其尾如此。今没且數年，因理故藁，目覩手札，感愴久之。予老矣，語言雕落，無復精碩，諸老淪亡，孰與首可？乃録其語於端以自訂云。士林識。

胡儼序永樂三年

鄔鳴雷序泰昌元年

松雪齋文集十卷外集一卷附録一卷元刊元印本

元趙孟頫撰　後附行述楊載撰、謚文至順三年

戴表元敘大德戊戌

右《内翰文敏趙公文集》若干卷，乃其子雍所編類者也。僕年十四五，時已知世有松雪翁，而未遂一拜床下。至治初元，會試京師，則公已歸湖，明年而公捐館。又十五年，僕來官是州，而墓木已拱矣。平生願見，卒不可得，僅及識公二子。因從假是集觀之，若制誥，若碑誌、記、序、銘、贊，若詩，若樂府，與它雜著，皆讀之一再過，益信公爲世所稱慕者，名非虚也。然猶惜今人徒稱公書法妙絶當世，而未知公學問之博，識趣之深，詞章之盛，乃以其游藝之末蓋其所長，是固不得爲知公也。抑僕又嘗見公所著書，古今文集注，皆其盛年手所自寫，此又集外之文，人尤未之知耳。公聲名動當時，故雖海外遐邦，得公一言一字，靡不貴重，况得全集而觀之乎？又况得親炙之者乎？僕既以是集歸之，而仲穆復俾序其首。僕謝不敢，而仲穆婁言之。因念僕自幼蚤聞公名，及長，而每以不識公爲恨。今雖竊禄公之鄉，而九原不可作，欲執鞭而何從，使得託名集中，豈非至幸？顧戴帥初與公同時而相知者，既已序於前矣。僕何敢復僭，而亦何敢評公之文？既亟讓不獲，則書其集後，以致平生嚮慕之私而已。仲穆，其子雍字也。至元後己卯春三月朔，長沙何貞立謹書。

松雪翁詞翰妙天下，片言隻字，人輒傳玩。公薨幾二十年矣，而平生所爲詩文，猶未鏤板。

今從公子仲穆求假全集，與友原城鄭君再加校正，凡得賦五，古詩一百八十四，律詩一百五十，絶句一百四十，雜著五，序二十，記十二，碑誌二十六，制誥、策題、批答廿五，贊十，銘一，題跋五，樂府二十，總五百三十四，并公行狀、謚文一卷，目録一卷，合爲一十二卷，亟鋟諸梓，置之家塾，俾識者得共觀焉。至元後己卯良月十一日，花谿沈璜伯玉書。

黄氏手跋曰：嘉慶庚申秋，得元刊本行狀十二葉，手勘一過，正誤字如右。蕘圃。

案，此元刊元印本，每葉二十四行，每行二十二字，大黑口。行狀後有『花溪沈璜伯玉校刊』一行。

趙子昂詩集七卷元至元刊本

元趙孟頫撰，宜黄後學譚潤伯玉編集

案，此元刊元印本，每葉二十二行，每行二十一字，目後有『至元辛巳春和建安虞氏務本堂編刊』一行。

臨川吴文正公集五十卷外集三卷年譜一卷明刊本

元吴澄撰　附從祀議行在禮部、神道碑揭傒斯撰、《元史》列傳、行狀

年譜序至正五年

伍福序成化十二年

山村遺集一卷抄本

元仇遠仁近著

山村仇君過予説詩，余觀其年甚茂，才識甚高，處紛華聲利之場，而冷淡生活之嗜，混混盎盎中見此古罍洗，令人心醉。及披華帙，標格如其人，蓋得乾坤清氣之全者也。余謂作詩當知所主，久則自成一家。唐人之詩，以詩爲詩，故月露之清浮，煙雲之鮮麗。今君留情雅道，滌筆冰甌，其雄，事精實。四靈而後，以詩爲詩，故月露之清浮，煙雲之鮮麗。本朝之詩以文爲詩，故氣渾孰之從？仇君曰：近體吾主於唐，古體吾主於《選》。□融化事往往於融暢圓美中，忽而淒楚蘊結，有《離騷》三致意之餘韻，然後知向之所以爲仁父者，窮而故在也。今夫水雖萬折，必東焉。鳥獸大者，喪其羣，過鄉翔回焉，鳴號躑躅焉，小者至于燕雀，猶有啁噍之鳴焉，由人心生也。使遭變而不悲黍離，居蓼而不念儀髧，望白雲而不思親，聞山陽笛而不懷故，是無人心矣。尚復有詩哉？此余於仁父之詩，獨證其不爲窮所移。又明年，復相見，乃序而歸之，人當有因予言而深知仁父之心者。世之人不自知其心，則仁父自知之，予知之後世必有知之者矣。浦江方鳳韶父撰。

觀水必於海，觀其會也，杭社其詩之會乎？非精能之至，未易據其會，而擅其名。山村仇君仁近嘗有《辛丑出西岳》詩，適從何來，而欲效淵明耶？自此亦皆以甲子書。似此例者甚衆，而世獨喜言淵明。蓋淵明書甲子凡十二，時自序其平生出處本末畧備。庚子鎮東參軍使者，已有『静想田園好，人間良可辭』之語。辛丑還江陵，中途欲投冠歸故墟，以申前志。乙巳建安參軍使者，則田園日夢想，其意逾迫矣。至秋去爲彭澤令八十餘日，遂賦《歸去來》，義熙元年也。其使事往來及留上京還舊居，皆在此六年中，自此不復出。乙巳至丙辰又十二年，《庚戌西田》曰：『遥遥沮溺心。』《丙辰下潠田舍》曰：『遥謝荷蓧翁。』則往而不返，致命遂志，無可復言。論淵明者要當以是爲斷。仇君自號山村，不願富貴，而志在田園，正如己酉九日、庚戌西田、丙辰下潠田舍穫耳，是真知慕淵明者，可尚矣。陵陽牟巘。

戴表元序

筠溪牧潛集七卷元刊元印本

元高安釋圓至著

削陳而不腐，太玄公之文易，原道公之無三字用古語是也。去偶而不俳，如《晉書》贊、《南昌滕閣序》、《小畜待漏記》皆當退舍也。紆餘曲折，反覆旋環，若不可卒解驟決，而有若《相州堂記》、《潮州廟碑》各兩起句截乎其綱之綱，迄乎其明堂之柱，未嘗不如大劍利刀之斬鐵切玉也。此高安上人圓至字天隱之文也。《天隱文集》若干卷，非特南渡後僧無之，南渡後士大夫亦未辨至此也。然予惜其不專於儒也。咸淳甲戌，年十九出家，依仰山慧朗大師欽公脱髪，有所迫而墮於浮屠歟？抑有所爲而隱於浮屠也？《易》、《詩》、《書》、《春秋》、《論語》、《孝經》、《孟子》、《爾雅》，儒之文，三禮惟《儀禮》、《古戴記》、《周官》三傳有是非。荀、楊、馬、班，醇不掩疵，爲儒之文之病。《四十二章經》以至一大藏之文，可並學乎？中國之聖人，與西方之聖人果同乎？天隱之言，以吾儒之文爲□學，以浮屠之文爲己學，其胸中融會超了之見，不惟欲合禪、律、論而一之。又謂佛若老與孔子之道一，豈有所不得已而立爲是言乎？至元、元貞間，住建昌能仁禪寺。其説法亦稟於欽，不兩年棄去。大德二年戊戌，卒于廬山，年四十三，不屑爲其徒之長，而其徒□然宗之以爲師，得於天而修於己者，不偶然也。吾法亦或□之，不特爲其徒之師，而年之不延，修於己而不得於天者，吾亦不知其所以然也。噫！予蓋惜其人品，視契嵩、惠勤、參寥將過之，而永叔、子瞻之不相値也。抑又深惜其局於浮屠，爲其徒爲文，不得爲吾儒大制作，與《無逸》、《立政》相表裏也。《與某學士書》，爲予同年鄧公光薦，又不能不有感於近世人物之衰少也。天隱季父癸丑廷魁姚公勉、父文叔、兄雲皆前進士。吴門磧砂魁上人偕其友清表將以其文梓行，魁皆英妙高亢，蓋游於天隱，而予亦游之云。三年己亥十月初九日丙辰，紫陽方回萬里序。

己亥之冬，余往天目西峯，忽覩《天隱禪師文集》一卷，而虚谷方公序其前，且知天隱遠權要，避名譽，遍歷荆襄、吴越，積覽觀之富，益静定之光，二三千言，經目輒記，故其爲文贍而奥，固常有觀人之道，言爲著之語，兹集其緒餘耳。世道不古，玩習而好異，昧本而趨新，憫世之宗師，嘗出没儒、釋，而更爲化導。儒而禪，釋而文，其揆一也。抑嘗謂博古明道，然後可以學文。古而不道則蔽，道而不古則野，博與明亦相須焉。道，無言之文；文，有言之道。先輩凋落後，學日以懈，每慨斯文之脉，不絶如綫。不虞有是人也，責沈之愧深矣。於是夜坐申旦而讀之，既至大壞於伊洛訓詁，已錯愕詠歎，又至佛、儒、老氏，均以性爲學爲教，於天下反覆論議，則適然若得，兀然若遺，而不可自喻。二百年無此作語，非誇也，非學古之道，通乎文而明且博，其何能見之確言之果，沈著痛快，使人如是乎？使鐔川翁議此，非數十百言意未暢，而天隱數行耳。文如是，道可知也。嗟乎！其不延者，天也；其不延而延者，亦天也。虚谷見天隱之文於道，余見天隱之道於文，同耶？異歟？天者不可隱也。大德三年，天目雲松子洪喬祖拜手敬跋。

案，此元刊元印本，每葉二十二行，每行二十一字。卷中有『錢天樹印』白文方印、『曾藏錢夢廬家』朱文長印。

小亭集六卷舊抄本　顧嗣立舊藏

元楊弘道撰

貞祐南渡後，詩學大行，初亦未知適從。溪南辛敬之、淄川楊叔能以唐人爲指歸，敬之舊有聲河南，叔能則未有知之者。興定末，叔能與余會於京師，遂見禮部閑閑公及楊吏部之美二公，見其《幽懷久不寫》及《甘羅廟詩》，嘖嘖稱不已，今世少見其比。及將往關中，張左相信甫、李右司之純、馮内翰子駿皆以長詩贈别，閑閑作引，謂其詩學退之《此日足可惜》，頗能似之，至比之金膏水碧，物外自然奇寶，景星丹鳳，承平不時見之嘉瑞。叔能用是名重天下，今三十年。然其客於楚、於漢沔、於燕趙魏齊魯之間，行天下四方多矣，而其窮亦極矣。叔能天資淡泊，寡言笑，儉素自守，詩文似其爲人。其窮雖極，其以詩爲業者不變也；其以唐人爲指歸者，亦不變也。今年其所著《小亨集》成，其子復見余鎮州，以序引爲請。余亦愛唐詩者，唯愛之篤而求之深，故似有所得，嘗試妄論之。詩與文，特言語之别稱耳。有所記（術）〔述〕之謂文，吟咏情性之謂詩，其爲言語則一也。唐詩所以絶出於三百篇之後者，知本焉爾矣。何謂本？誠是也。古聖賢道德言語布在方册者多矣，且以『弗慮胡獲，弗爲胡成』，『無（所）〔有〕作好』，『無所作惡』，『樸雖小，天下莫敢臣』較之，與『祈年孔夙，方社不莫』，『敬共明神，宜無悔怒』何異，但篇題句讀不同而已。故由心而誠，由誠而言，由言而詩也，三者相爲一。情動於中而形於言，言發乎邇而見乎遠，同聲相應，同氣相求，雖小夫賤婦、孤臣孽子之感諷，皆可以厚人倫，美教化，無他道也。故曰不誠無物。夫惟不誠，故言無所主，心口别爲二物，物我邈其千里，漠然而往，悠然而來，人之聽之，若春風之過焉耳。其欲動天地，感鬼神，難矣。其是之謂本。唐人之詩其知本乎？何温柔敦厚，藹然仁義之言之多也？幽憂憔悴，飢寒困憊，一寓於詩，而其阨窮而不憫，遺逸而不怨者故在也。至於傷讒疾惡不平之氣，不能自揜，責之愈深，其旨愈婉，怨之愈深，其辭愈緩，優柔饜飫，使人涵泳於先王之澤，情性之外，不知有文字。幸矣！學者之得唐人爲指歸也。初，余學詩，以數十條自警云：無怨懟，無謔浪，無驁狠，無崖異，無狡訐，無媕阿，無傅會，無籠絡，無衒鬻，無矯飾，無爲堅白辨，無爲聖賢癲，無爲妾婦妒，無爲仇敵謗傷，無爲聾俗鬨傳，無爲瞽師皮相，無爲黥卒醉横，無爲黠兒白捻，無爲田舍翁木强，無爲法家醜詆，無爲牙郎轉販，無爲市倡怨恩，無爲琵琶娘人魂韻詞，無爲村夫子兔園册，無爲算沙僧困義學，無爲稠梗治禁詞，無爲天地一我、古今一我，無爲薄惡所移，無爲正人端士所不道。信斯言也，余詩其庶幾乎？惟其守之不固，竟爲有志者之所先。今日讀所謂《小亨集》者，祇以增愧汗耳。余既以如上語爲集引，又申之以《種松》之詩，因爲復言，歸而語乃翁。吾老矣，自爲瓠壺之口久矣，非夫子亦何以發余之狂言？己酉秋八月初吉，河東元好問序。

還山遺藁二卷附録一卷舊抄本

元楊奂撰

王元凱序嘉靖元年

還山貴稾二卷附録一卷舊鈔本

元楊奂撰

王元凱序嘉靖元年

魯齋全書七卷明正德刊本　曹楝亭舊藏

元許衡撰

何塘序正德戊寅

魯齋遺書十四卷舊抄本

元許衡撰

張泰徵序萬曆二十四年

鄭道興跋

静修集二十二卷補遺二卷舊抄本

元劉因撰

張氏月霄曰：卷一後注云：『元刻有「至順庚午孟秋宗文堂刻」十字，蓋從元刊本影寫者。』宋氏賓王跋云：『明永樂間所刻詩文遺集、附録分三十卷者，較之此本，詩文則有闕無多，譌字脱落則倍之。』案，三十卷本首載至元九年牒文一通，中云抄録詩文、附録共三十卷，則三十卷蓋至正時所定，永樂本從之重刊者也。至正本後此本凡二十年，且裒集不出一手，不若是文之完備。杜肅撰《静修先生壙記》見至正本附録，云有文集二十二卷，蓋即是本。後附《補遺》二卷，宋賓王從《容城兩賢集》抄入者。

劉君夢吉天資卓軼，早歲讀書屬文，落筆驚人。既又涵浸義理，充廣問學，故聲名益大以肆。裕宗皇帝方毓德青宮，聞其賢，以贊善大夫召至京師。未幾，辭以親老歸養。居數歲，朝廷尊仰德誼，拜集賢學士，又以疾辭。踰年，遂不起，春秋纔四十有二，縉紳惜之。門生裒集詩文，得數百篇。右轄張公子有篤故舊之義，且哀其無後，將鋟木傳，需僕爲序。僕與君同侍從春坊，相從非一日，嘗以事過保定。君適居母憂，衰絰中留連，願接爲半日留。頗訝君形體癯瘁，須髮頒白，意其哀毁而然。不謂一别，遽成永訣，其悵惘爲何如也？若夫君之辭章，閑婉冲澹，清壯頓挫，理融而旨遠，備作者之體，自當傳之不朽，庸何序爲？姑述梗概如此。君諱因，夢吉其字，自號静修云。東平李謙序。

宋氏手跋曰：此影鈔元版，多闕文，亦微有譌字，共二十二卷，二百十四頁。又有前明永樂間所刻詩文遺集、附録分三十卷者，實二十五卷，校之此本，詩文則有闕無多，譌字脱落則倍之，第多附録一卷耳。鈔較之下，點識其譌字，增補其脱落，以便後之翻刻劉先生集者。雍正三年六月，古東倉後學宋賓王記。

又曰：此影鈔前元至順間宗文堂刻本也。後从邵先生所閱《容城兩賢集》較對，復增《補遺》二卷。《容城集》刻於前明萬曆間，其脱譌錯簡頗多，録補以稱其全云。雍正丁未春正月望後二日，宋賓王記。

靜修先生文集三十卷明弘治刊本

元劉因撰　凡《丁亥集》五卷，《樵菴詞》一卷，《遺文》、《遺詩》各六卷，《拾遺》七卷，《續》三卷，《附録》二卷，合三十卷宋賓王云三十卷，實二十五卷，蓋偶見缺五卷者耳

皇帝聖旨裏，江南浙西道肅政廉訪司准本道僉事哈剌那海儒林牒。嘗謂國有名賢，幸遺言之未泯；職司風紀，惟見義則必爲。切覩故徵士集賢學士嘉議大夫贈翰林學士資德大夫追封容城郡公謚文靖靜修先生劉因，負卓越之才，藴高明之學。説經奚止於疏義，爲文務去乎陳言。行必期於古人，事每論乎三代。漢唐諸子，莫之或先；周邵正傳，庶乎可繼。户外之屨常滿，丘園之帛屢來。咸虚往而實歸，竟深居而簡出。雖立朝不踰於數月，而清節可表於千年。慨想高風，蓋已廉頑而立懦；訪求故藁，所當微顯而闡幽。考諸學官，或文有可采，或事有可録，皆得鋟梓以傳。况先生詩文大關世教，豈容獨缺？今抄録詩文、附録共三十卷，於各路儒學錢糧多處刊行傳布，則上可以裨國家之風化，下可以爲學者之範模。牒請照驗施行，准此。

憲司今將上項文籍九本，隨此發去合行，故牒。可照驗依上施行，須至牒者。牒件今牒，嘉興路總管府照驗故牒。至正九年九月十一日。

陳立序永樂癸卯

明肅府重刊序成化己亥

周旋後序弘治癸酉

王宗彝序弘治乙丑

崔曇跋弘治乙丑

青崖集五卷舊抄本

元魏初撰

存悔齋詩一卷遺詩一卷舊抄本　汲古閣舊藏

元龔璛子敬著　後附補遺十七首，明朱存理輯，又七首則毛氏斧季所補也。卷中有紅筆校改，上方注云『某俞録本作某』，蓋從元俞楨手録本校過者。題籤係斧季手筆，前後俱有毛子晉印記

此詩元係永嘉朱先生抄本，楨從先生游，故假以録，實至正五祀歲乙酉也，時楨年十五。

今倏過五載，恍如舊夢，歲月難留，寸陰其可不惜。深愧志不勝氣，不能勇力以學，撫卷輒成浩歎。謹書以深警，毋待他日徒悔焉。至正九年歲己丑五月二十七日，開封俞楨恐悚拜書。

毛氏手跋曰：余家藏元人集未逮百家，意欲擇勝授梓。閩中徐興公許以秘本五十種見寄，奈魚雁杳然，惄如也。適馬人伯出龔子敬《存悔齋稾》示予，得未曾有，真入年第一快事。中有殘缺二處，末有朱性甫補遺一十七首，問所從來，迺获溪王凱度家藏本，卷帙如新，而凱度已爲玉樓作記人矣。掩卷相對，泫然久之。時崇禎十三年閏正月十三日，毛晉識。

毛氏手跋曰：《存悔齋詩》，世不多見。先君從馬師借抄，讀先君手跋，在崇禎十三年閏正月十三。扆生于是年六月二十六日，則跋書之日，扆尚未生。今犬馬之齒五十有六矣，白首無成，深負父師之訓，一展閱間，手澤如新，音容久杳，不禁淚下沾衣也。偶閱《天平山志》載子敬詩二首，集中止有其一，又從《六視齋筆記》得絶句一首，《皇元風雅》得詩五首，并録于右。康熙乙亥花朝後二日，毛扆識。

皕宋樓藏書志卷九十七

集　部

別集類三十一

雙溪醉飲集六卷文瀾閣傳抄本

元耶律鑄撰

中書省掌書記李暐一日袖書一編詣余，曰：『此雙溪之歌詩也，即公蒙年所爲者，約千首，且十竊其一焉，并附近作，共得一百五十餘篇，離爲五卷。今欲廣傳之，庶在綺紈者見而思齊焉，因之可起吾風之已僨者也。請子文以引端，幸毋讓。』余受而觀之，見轠龍軛鳳，鞭虬笞鼇，以求其變，極其所變，而發諸心思，則羅雪縠月，紉秋藻春，以盡其情。噫！實天下之奇作也。如『金檠夜延螢燭暗，翠簾風窣月鈎間』，此時年十五耳。『兩漢水乾秋飯馬，五城霜重夜屯兵』，此又十七時語也。蓋天與之性，發言便高。公諱鑄，字成仲，雙溪自號也。公以東丹王之後，右丞文獻公之孫，中書令玉泉老之子，鑠盡貴氣，屈己以下人，刮去驕佚，折節以讀書。及所爲詩文又如此，在天地間豈易得哉？故樂爲之引。庚辰年上巳日，龍山居士鴈門呂鯤書。

詩之爲義也，大矣哉！三百篇而下，《離騷經》得風雅之變。秦亡漢興，王澤未遠，元鼎已來，河梁之别始作，得《離騷》之變也。黄初綿絡，以至於大業之際，詩文比比而出，大名於世者，亦不可多得。漢有蘇、李，魏有曹、劉，晉有潘、陸，宋有陶、謝而已，是故遺風不泯焉。武德再造，徐、庾淫靡尚且存焉。爲陳子昂一變而至於魯。爲李太白、杜子美再變至於道。退之後來，使文起八代之衰，道濟天下之溺，於文章慎許可，至於歌詩，獨推之曰：『李杜文章在，光焰萬丈長。』及乎天寶亂息，大曆、元和詩律再變，以至今日矣。嗚呼！風雅不可復得，見唐人之餘烈，斯可矣。《雪浪齋日記》有云：『建安纔六七年，開元數兩三人。』則所取其難如此。又云：『書止於晉，詩止於唐。』誠不誣矣。若李若杜，若韓若柳，豈愧六朝諸賢歟？國朝自取魏以來，詩人益盛。余嘗在貞祐季年，親見玉泉大老《懷親》詩云：『黄犬不來愁耿耿，白雲望斷思依依。欲憑鱗羽傳音信，海水西流雁北飛。』又云：『黄沙三萬里，白髮一孀親。腸斷邊城月，徘徊照旅人。』所以見哀思之情極矣。又和人詩云：『仁義説與當途人，恰似春風射馬耳。』此見感憤之懷，亦已極矣，思之有以見唐人之餘烈焉。雙溪成仲即玉泉中令君之子也，生長北溟，十三作歌詩，下筆便入唐人之閫奥。嘗作《高城曲》云：『城高三百丈，枉教人費力。賊不從外來，當察城中賊。』又《日將出》、《帶將來》、《小胡笳》、《擬回文》、《暮春曲》、《磨劍行》、《春夜吟》、《獨倚門》之類，皆十三時作也。又《陰不雨》、《惜花吟》、《琵琶詞》、《公子行》、《廣陵散》，十五六作也。又《贈坐竿道士》、《水平橋題藍采和》、《早行吟》，十八九作也。又《山市吟》、《暮春對花寄故人》、《題牧牛圖》，二十一二作也。則知興寄情趣，前人間有所不到者。此詩向時往往傳至熙臺，人初未深信。及其去歲秋八月來自北庭，大葬既已，明日首禮於香山寺，元、吕及余從行。禮成，長老拂几捧硯，請各賦詩。雙溪即書古詩云：『渺渺入平野，悠悠到上方。雲開見天闕，回首超凡鄉。』元、吕垂書，余亦落筆，既而雙溪復次元韻云：『人去豪華山好在，夢回歌舞水空流。』又次余韻云：『翠輦不回天地老，白雲飛盡海山秋。』時已夕矣，不及次吕之韻。會九日，登瓊花島，用吕香山詩韻留題云：『蓬萊宫殿遺基在，休對西風仔細看。』及載觀次韻之作如：『蘭依修竹菊映青，松輝彩省浄氣韻。』深長便覺首倡，大似落絮飛花，雖有流風迴雪之態，豈能倫擬？未幾，復書途中之所作云《松聲曲》、《春雪謡》、《蟄龍興雨圖》、《休嗟行路難》，大傳燕市，使向之未深信者，私用慚怍。自是與燕之士大夫唱酬無虚日，每一篇出，識者益增歎服，不及悉書，俱在前帙。或謂余曰：『雙溪自十三以至今日，方二十有餘，便入唐人之閫奥，而雕蟲篆刻，白首坐窗，見之者莫能，何謂也？』余曰：『夫騏驥墮地，一日千里，駑駘百里，十駕而始至，分也，又何足怪？』歐陽文忠公有云：『能以技自顯於一世，亦悟之天，非積習致然。』信哉！愚謂源深者自長矣。向玉泉作《懷親》詩時亦是方冠之時，今雙溪《思親》三絶云『一上居庸萬里心』，又『一聲長笛野雲秋』，又云『躊躇搔首無人會，時下樓來卻上樓』，有是父，有是子，良然。繼作《甕山有感》三絶云『仙佩飄飄駕彩鸞』，感之至也。又《雪後吟》、《立春前一日曲》，情之至也。《春日登蓬萊島》首聯云『既解寶藏秦照膽，也須珍惜漢吹毛』，用事之至也。《過故宫》云『柳栢風來雪滿沙』，理之至也。《擬古》云『水涵春色柳涵煙，半是人間半是仙』，境之至也。《以代留别余》云『燕南春色老，燕北草初肥。露冷野花瘦，月明江樹稀』，又云『芳草不隨鶯燕老，好山依舊水雲深』，遠之至也。惜乎李子取之不多，詞彩風流，皆可被之管絃矣。容雅而體閒，意深而情婉，氣修而色粹，調逸而聲諧，抑之則紆餘委備，揚之則條達疏暢，得不蕩摇性情者哉？執此過余，求爲後引，懇切再四，義不可辭。此非小道，實文章之菁華也，可以意冥，難以言狀。噫！古今之人，惟貴耳而賤目，特異者迺見此耳，不然安能結天下識者之舌也？其經國圖遠之畧，推賢去惡之心，而已形諸歌詠。余雖老矣，猶可拭目而待，續勒銘於雙溪未晚云。趙著序。

中書大丞相之子有奇名，善爲詩。余在朔方時，嘗見其一二，駭啃以爲異。及獲觀《雙溪小藁》，始信嚮所傳不謬云。趙虎巖、吕龍山世雄於歌詩，爲之序引甚備，余辭其贅歟？古人嫌其少作，往往削藁不傳，如李賀七歲賦《高軒過》，迄於今傳誦亹亹在人口，不能廢，則少作何負乎？况雙溪相門子，生長北庭戎馬間，甫十餘歲，已能爲歌詩至於斯。噫！亦過人遠甚。搏而躍之，有激頹俗，可無傳乎？門下生秦人李暐明之實爲倡，而我曹又和之，其傳蓋無疑。今雙溪已嗣行中書事，將見沛然爲文，黼爲卿雲，蒸爲雨露，以芘澤天下，此特其土苴耳。雖然，源於細流，迺成江漢，則是集其權輿歟？固不可以不志。麻革序。

雙溪一代佳公子也，蚤歲作詩有聲，每一篇出，輒誦人口，遇得意處，不下古手，此蓋天機穎脱有不可掩者使然也。是歲秋八月，以詩近百篇寄虎巖趙君。虎巖，詩人也，見之擊節賞歎，以謂天下奇才，而欲版行一新耳目焉。而囑予題于後。或者曰：『乃公之少作，其可乎？』余曰：『不然。昔唐元微之有《代曲江老人百韻》及《清都夜境》等篇，至于元和中，李長吉《高軒過》，二公之作，皆年未及冠。今在集中，數百年間，孰能以少壯爲辨而少之耶？言詩者不當以區區歲月計其工拙矣。』歲次甲寅季冬二十有五日，木庵老衲性英題。

嘗觀雙溪詩，氣體高遠，清新絶俗，道前人之所不道，到前人之所不到，情思飄如馭風騎氣，真仙語也。彼□□□□安識所謂神者，每以不多得爲恨。今年秋八月，承寄僅百篇於趙虎巖光祖，不敢珍藏秘惜，乃復刊行之，以新世欲見而不得者。此可與奪標掣鯨手道，難爲餘子言也。

王萬慶跋

東菴集四卷文瀾閣傳抄本

元滕安上撰

許白雲先生文集四卷明刊本

元許謙撰

李紳序正統丁卯

陳相序成化丙戌

張瑄跋成化乙酉

黄淮後序正德十三年

陳絧跋正德十三年

胡璉跋

許白雲先生文集四卷舊抄本

元許謙撰

默庵安先生文集五卷舊抄本

元安熙撰，前鄉貢進士真定路趙州儒學正門生楊浚民校讐，應奉翰林文字承直郎同知制誥兼國史院編修門生蘇天爵編集

《默庵集》者，詩文凡若干篇，稾城安君敬仲之所作，其門人趙郡蘇天爵之所集録者也。既

繕寫，乃來告曰：『昔容城劉静修先生得朱子之書於江南，因以之遡乎周、邵、程、張之傳，以求達夫《論語》、《大學》、《中庸》、《孟子》之説，古所謂聞而知之者，此其人歟？ 聞其風而慕焉者，敬仲也。 與静修之居間數百里耳，然而未嘗見焉。 徒□其門人□□備承問其説以爲學，則是敬仲之於静修，蓋亦聞而知之者乎？ 願□而傳焉。』嗟乎！ 知之爲知，有未易一概言者。聖賢之□大矣！ 世之豪傑能因其才識之所至，而知其所及者，其人豈易得哉？ 昔者天下方一，朔南會同，縉紳先生固有得朱子之書而尊信表章之者，今其言衣被四海，家藏而人道之，其功固不細矣。 而静修之言曰：『老氏者以術欺世而自免者也。 陰用其説者，莫不以身之利害，而節量天下之休戚，其終必至於誤國而害民，然而特立于萬物之表，而不受其責焉。 而自以孔、孟之時義，程、朱之名理自居，而人莫知奪之也。』觀其考察于異端，幾微之辨，其精如此，則其下視一世之苟且汙濁者，不啻蠛蠓之細，犬彘之穢，豈不信然？ 敬仲氏終身師慕之，則其所見何可量哉？ 然〔静〕修門人嘗有與余同爲國學官者，從問其師説，不予告也。 退而求諸其書，見其《告先聖文》曰：『早因躁狂，若將有志。 中實腕屈，未立已頽。 揆厥無成，實由貪懦。時馳意去，凛不自容。 顧念初心，怳焉如失。』觀乎言，則静修道德之所至可見矣。 噫！ 吾道之大，豈委靡不振、鹵莽依托者所可竊假於斯哉？ 其必有振世之豪傑而後可也。 以予觀于國朝混一之初，北方之學者，高明堅勇，孰有過于静修者哉？ 試使天假之年，遜志以優入，不然使得□親炙朱子，以極其變化擴充之妙，則所以發揮斯文者，當不止是哉！ 人嘗求敬仲于其書矣，其《告先聖文》曰：『追憶舊聞，卒究前業。灑埽應對，謹行信言。餘力學文，窮理盡性。循循有序，發軔聖途。以存諸心，以行諸己，以及于物，以化于鄉。』然則敬仲得于朱子之端緒，平實切密，何可及也？誠使得見静修，廓之以高明，厲之以奮發，則劉氏之學，不既昌於時矣乎？惜哉！静修既不見朱子，而敬仲又獲親于静修，二君子者皆未中壽而卒，豈非天乎？予與敬仲年相若也，少則持未成之學以出，及粗聞用力之要，而氣血向衰，凛然有不及之歎，視敬仲之早有譽于當世，寧無慨然者乎？若蘇生之拳拳於其師之遺書如此，益可見其取友之端矣。是皆予之所敬畏而感發者，故題以爲序。泰定三年歲在丙寅五月九日，奉訓大夫秘書少監蜀郡虞集序。

昔者先君子之於文也，蓋無意爲之，故家無存藁。先君殁時，塈年又幼，不知收拾。其後門人今翰林應奉蘇君伯修始加輯録，得凡若干篇，類爲内集五卷，外集五卷。然念先君門人散在四方，其文尚多遺缺，他日嗣有所得，當與外集共傳焉。泰定四年十月旦，男廣寧路儒學正塈謹記。

默菴安先生集五卷舊抄本

元安熙撰，前鄉貢進士真定路趙州儒學正楊浚民校讎，應奉文字承直郎同知制誥兼國史院編修門生蘇天爵編集

虞集序泰定三年
男塈跋泰定四年

畏齋集六卷文瀾閣傳抄本
元程端禮撰

雲峯胡先生文集十卷明正德刊本　葉石君舊藏
元胡炳文撰　卷首有石君印記
林瀚重刊序正德丁卯
陳音序弘治戊申
儲巏序
汪舜民序弘治己酉
汪循序正德戊辰
何歆書後正德丁卯
炳文裔孫濬重刊後序正德戊辰

秋澗先生大全文集一百卷元刊元印本　季滄葦舊藏

元王惲撰　前有制詞、挽詩、神道碑子公孺撰

昔我世祖皇帝肇登大寶，思惟祖宗鴻業，昭載信史，傳播無窮，於是招延碩儒，建立史館。時秋澗王公年方而立，首選爲修撰。公資魁碩宏雅，抱負甚偉，挺然有憫濟之志，而以斯文爲己任，蒐奇抉勝，旁騖遐騁，一歸于義理之正，治世之音，笙鏞奏而工歌諧也。其後薦歷顯要，建言折務，切中時宜，薦紳之士舉皆歸美。逮自外臺，徵長翰林，器益閎，守益篤，辭理愈精熟，雄文大册，光賁館閣，學者翕然師尊之。公之年已邁，而神觀不衰，猶日作文書字不少倦。朝廷優禮，恩數有隆，公則引年請老，趨歸鄉閭。嗚呼！如公之材望具乎，進退有裕者，其可得而多見邪？公既捐館，其子太常司直公孺彙集遺文餘百卷，請予置言其端。予從公游久，知公爲深。夫文爲用於世宏矣哉！我聖元崇稽古之義，敦敘儒教。自文康王公綰持文衡，肇修史事，敬齋、鹿菴諸公次之。而公首膺選擢，復繼其後。洎諸同輩，翼其有華，史牘既修，典策益明，至元、大德間，辭令彬彬郁乎，仁政之所施何其盛也～若公之自著述，不泛不雜，有補世教。其用意之遠，立言之妙，自成一家，可儷于前修，可則于後世。有子克紹先志，集而成之，則公之文爲不朽，而公志之未究者，亦因文以傳矣。惟具眼者以予言爲不妄。至大己酉春二月，翰林學士承旨中奉大夫知制誥兼修國史王構謹序。

士熙童丱時侍先魯國文肅公，獲拜先正王文定公履綦。逮延祐己未，與公之孫苛同在臺

察，又聯事六曹，出公之大全集見示，曰：『兹御史請于朝，命江浙省刻梓以行矣。』既觀先正之制作，而我先公之序在焉，謹書而歸之。延祐七年，百拜謹識。

至治改元□中哉生魄，不肖奉檄□堂爲□□人文集，鋟梓日久，咨□□省歸寓嘉禾。明日郡文學羅君應龍謂之曰：『令先内相遺文俾學録余君□□司正募書生繕寫謄□已竟，方擇其書字者，□君適至，請爲揮□焉。』□□於書義不敢辭。是歲□□月既望，前國□生承務郎磁州同知中□公儀謹齋沐百拜書。

世祖皇帝聖文神武□□□□功，奮發天威，統一海内，驅塞馬百萬，南牧江滸，外徵貅虎之臣，馳騖邊陲。内則招徠文學之士，興起制度，典章文物，一朝大備，與三代、兩漢同風。文定公於是時獨以文詞稱雄，或以制詔播告四方，訓迪臣下，名出公手，辭氣忠厚，開張浤大，蔚然甚盛，蓋所謂興王之言自有體也。延祐庚申八月，太守伯常王侯以公大全文集，俾本學鋟梓。時衆以禾庠廩粟有限，議欲均派諸學。王侯謂應龍曰：『刊印文集，出於上命，學校當委曲之，以副朝廷崇尚文雅、嘉惠後學之意。雖重費，庸何傷？』屬應龍計料分類篇目，爲一百卷。命儒生繕寫刊刻。工未及竟，而王侯遷廣東廉使，已行，凜乎其不可留。辛酉九月本道分司盧僉憲到路，適會公之長孫赴福建僉事，道由嘉禾，議論翕合，遂委本路治中壽之高侯專一提調。高侯舊參省幕，聲譽素著，視刊匠不滿十人，慮以遷延歲月爲病，洊申省府，取發工匠鄰郡，不旋踵而至者二拾餘人，併工相而成之，繇是賴以完備。役繁費殷，良不易也。倘非高侯主維於上，諸君協贊於下，烏能續而成耶？應龍備員禾教，獲聆王侯□□□□公之才名，深用起敬。今幸獲覩公之全書，又獲拜公之次子同知公之長孫簽事，皆英傑也。昔吴季札嘗有衛多君子之言，信不誣矣。時至治壬戌春孟，嘉禾郡文學掾晚學羅應龍謹書集後。

右計其工役，始于至治辛酉三月，畢于至治壬戌正月。嘉興路司吏楊恢監督，嘉興路儒學學録余元第董工，前蘭溪州州判唐泳涯校正。

皇帝聖旨裏，中書省、御史臺呈據監察御史呈：切見故翰林學士秋澗王文定公文才博雅，識見老成，迺中州之名士也。頃在翰林，暨居臺察，覩其因事匡時，立言傳世，未嘗不以致君澤民爲心，端本澄源是務。進呈《承華事畧》，蒙裕宗皇帝嘉納，俾諸皇孫傳觀，宏益良多。近日又蒙聖上特命張司農等再行繪寫，以賜東宫，若非深有可取，豈能如是哉？即係兩朝御覽珍重，文集□有《元貞守成事鑑》、《中堂事記》、《烏臺筆補》、《玉堂嘉話》，并其餘雜著，光明正大，雅健雄深，皆出於仁義道德之奥，裨益政務，有關風教，足爲一代之偉觀。故追贈制詞有云：『觀其遺書，蓋抱經綸之志。』詢夫成迹，豈徒黼黻之才？惟先朝蓍蔡之是稽，繄後生斗山之所仰。』其子太常禮儀院司直公孺編類成書，計一百卷，字幾百萬，家貧不能播刊，無以副中外願見之心。翰林國史院已嘗爲言，未蒙定奪。若依秘書少監楊桓《六書統》、郝奉使文集例，具呈都省移咨江浙或二西行省，於學田子粒錢内刊行，昭布諸路學校，以示後進，非爲儒風有所激勵，實彰聖朝崇儒之盛事也。具呈。照詳得此，送據禮部呈照到郝文忠公例，著述《陵川文集》十八册，《三國志》三十册，已經具呈都省於江南行省所轄儒學錢糧多處，就使刊行去訖。本部議得《翰林學士王秋澗文集》，合准監察御史所言，比依郝文忠公例移咨江浙行省有儒學錢糧内，就便刊行，相應具呈照詳得此。照得《郝文忠公文集》已咨江西行省委官提調如法，刊畢各印二十部，裝褙完備，咨來去訖，今據見呈。今將《秋澗王文定公文集》隨此發去，都省合行移咨，請照驗依上施行。須至咨者。右咨江浙行中書省。

先考文定公人品高古，才氣英邁，勤學好問，敏於製作，下筆便欲追配古人，騰芳百代。務去陳言，辭必己出，以自得有用爲主，精粹醇正，非他人所可擬。自其弱冠，已嘗請教於紫陽、遺山、鹿菴、神川諸名公，愛其不凡，提誨指授，所得爲多。及壯，周旋於徒單侍講、曹南湖、高吏部、郝陵川、王西溪、胡紫山之間，天資既異，師問講習者又至，繼之以勤苦不輟，致博學能文之譽聞於遠近。其後五任風憲，三入翰林，遇事論列，隨時記載，未嘗一日停筆。平生底藴，雖略施設，然素抱經綸，心存致澤，桑榆景迫，有志未遂，一留意於文字間，義理辭語愈通貫精熟矣，故學者以正傳名家推尊之。既捐館，公孺編類遺藁爲一百卷，字幾百萬，咸謂學有餘而不盡其用者，則其言必大傳於後。奈家貧無力，不能刊播，言之盡傷，若煢煢在疚，恐一旦溘先朝露，目爲不瞑矣。延祐已未歲冬季，孫苛方任刑曹郎官，走書于家，取其遺文，云：『朝廷公議，先祖資善府君平生著述光明正大，關係政教，嘗蒙乙覽，致有宏益。當移江浙行省給公帑刊行，以副中外顧見之心。』公孺聞之不勝欣躍，因念韓文公爲唐大儒，學者仰之如山斗，其文集自唐至宋歷二百年之久，賴柳如京之賢，方刻版本，流傳於世。先君去世，今纔十五寒暑，特蒙朝廷表揚如是，實爲希闊之遇，于以見聖朝崇儒右文之美，光賁千古矣。延祐七年庚申正月載生明，男王公孺百拜敘書于后。

翰林承旨文定王公，衛之名儒，秋澗其號也。從游遺山、鹿庵、紫陽、神川四先生之門，講貫漸磨，深造閫域，語性理則以周、邵、程、朱爲宗，論文章則以韓、柳、歐、蘇爲法，才思泉湧，下筆輒數千言，星回漢翻，韶鳴鳳躍，千變萬狀，可駭可愕，文中巨擘也。學古入官，敭歷清要，内而金馬玉堂，外而豸冠繡斧，所至有令譽。雖公務填咽，手不釋卷，耽書嗜古，天性然也。公長子翰林待制紹卿嘗集公平生所作，分爲百卷，題曰《秋澗先生大全文集》，庋藏家塾，以貽後人。繼而有聞于朝者，取而寘之黄閣。未幾，咨發江浙行省議鋟諸梓。卷帙繁，工費夥，或者難之。庚申冬檄送本路，俾會學廪之贏，以給其用。命出，省府奉行惟謹。矧余與文定居同鄉，姓同氏，視公猶父行，承乏嘉禾，幸獲覩公之遺文，又安敢不用情耶？迺命郡博羅君應龍任其責，學録余元第專董其事，仍委蘭溪州判唐泳涯校正，擇諸生中能書者，重爲繕寫，以授刊者。工役甫見次第，余適叨廣東憲節之命，秣馬就道，遂書此以畀禾學，刻之卷末云。昔至治改元重光作噩歲清和月，古衛王秉彝謹序。

季氏手跋曰：康熙六年閏四月五月之杪，考其節令，則六月中矣。余於五月二十九日、三十日兩日，正畏日也，鎮讀《秋澗集》一百卷一遍。文章醇厚淹博，得於歐、曾爲多，在元人中可與潛溪方駕。惜乎板殘無銀錠之文，葉落乏玉楮之巧，如逢好月，一天皎皎，而蝦蟆又食之矣。可惜！可惜！至其題跋、榜約諸文，戲謔風流，皆有源流，則東坡、山谷之流也。季滄葦記。

案，此元刊元印本。每葉二十四行，每行二十字。版心有字數及刻工姓名。卷中有『張』字朱文圓印、『孟弼』朱文方印、『諫』字朱文方印、『季振宜印』朱文方印、『滄葦』朱文方印、『御史之章』白文大方印、『季振宜印』朱文大方印、『滄葦』朱文大方印。至治改元公儀跋，張氏《藏書志》所未有也。

秋澗先生大全集一百卷附録一卷明弘治刊本

元王惲撰　前有小像及《秋澗圖》。此明覆元刊本，大黑口，版心無字數及刻工姓名，惟行欵與元版同

楚國文憲公雪樓程先生文集三十卷明洪武刊本

元程鉅夫撰，奉直大夫祕書監著作郎男大本輯録，翰林侍講學士中奉大夫知制誥同修國史同知經筵事門生揭傒斯校正　前有《元史》本傳、《附録》一卷、《年譜》一卷

自古帝王之興，必有宏毅任重之士應時而出，以綱維正論，扶植善類爲己事。由是人才以多，國是以定，而治具張矣。我世祖皇帝混一天下，于時大司徒程文憲公初至京師，以重臣薦，

召見便殿，敷對稱旨。上給筆札，使之條陳，公一揮數千言，言皆切當。上大悦，即擢寘詞垣，尋俾以風紀之任。公感知遇，知無不言，排擊大姦，靡悼後患，立朝三十餘年。立冑監教條，徵南中遺逸，頒貢舉程式，凡國家斯文之事，悉自公倡議焉，非宏毅任重之士，豈能及於是哉？公之爲文，以氣爲主，至於代播告之言，偉然國初氣象，見於辭令之間。故讀公之文者，可以知公之事業也。夫氣寓於無形，其有迹可見，政事、文章二者而已。其間涵蓄之深，培養之厚，以之爲政而剛明，以之爲文而渾灝，惟程公有焉。公之子著作郎大本編輯公文將畢而卒，孫少府世京繼迺父之志，始克成之，屬予爲敘。余誦公之文，知公之行有過人而不可及者，誠非腐儒俗士之所能也。爲卷四十五，起制誥、詔諭、册文，終詩、樂府云。至正丙戌夏四月下澣日，翰林學士承旨榮禄大夫知制誥兼修國史後學廬陵歐陽玄序。

聲音與政通，文章與(詩)〔時〕高下，原其理，則與氣合，道與時合，要與歸則亦泯然而無間。三代而上，醇乎醇者也。漢猶近古，其文則雄偉渾厚，由其氣質未漓，故其發爲聲音者似之。魏、晉以降，剥剖分裂，作者龐乎不醇，豈風氣乖而習弗善與？至唐韓、柳氏出，起弊扶弱，剗垢易新，遂爲後世作者之宗匠。宋盛於前，而靡於後，金則無以議爲也。我國家以泰初混龐之氣，開闢宇宙。世祖皇帝合南北爲一家，于斯之時，人物之生辟，猶春陽始達，生意奮發，甲者畢拆，勾者畢出，挺英揚蕤，駢榮競秀，條達暢茂，滋息雨露，而收其實者也。公生於宋淳祐己酉，當我憲宗嗣服前之二歲，至至元丙子，江南始平，遂以侍子入見，尋命入翰林，年方壯也。自始識學，至於有立，其所以儲精畜思，藏器待時，鬱而未施者，固天所以遺聖明之世，膺作興之運，以恢宏大業，黼黻太平者也。公之文悉本於仁義，輔之以六經，陳之爲軌範，措之爲事業，滔滔汩汩，如有源之水，流而不窮，曲折變化，合自然之度，愈出愈偉，誠可謂一代之作者矣。初，世皇之之潛邸也，已喜儒士，凡天下之鴻才碩德，靡不延訪，招致左右。爰暨即位，乃考文章，明制度，興禮制樂，爲天下法。一時名士，彙征並進，文采炳蔚，度越前代。如王文康公鶚、王文忠公磐、李文正公治、太常徐公世隆、内翰徒單公履之儔，多前金遺逸，皆爲我用。惟公南來，際遇隆渥，逮事四朝四十餘年，雖出入顯要，而居侍從之列者有半，仕履之久，一人而已。故其謨謀獻納，輸忠盡職，一寓之文，古所謂立德、立言而不朽者，公其有焉。今其存者，内外制詞及諸雜文若干篇，詩若干首，樂府若干首，總四十五卷，仲子大本之所録也。烏乎盛哉！公諱文海，字鉅夫，後避武宗御名，以字行，雪樓其號云。至正十有四年歲在甲午四月生明前一日，翰林學士資善大夫知制誥同修國史兼太子諭德端本堂事後學李好文謹序。

嗚呼！文章者，天下之公器也，非人力所得而私之，故其存於天地間，歷千萬世而不泯者，殆必有神物以呵護之而能然也。觀夫六籍之書，嘗遭秦火，而藏於孔壁者，傳以迄今，詎偶然乎？洪武辛未秋，盱江程湑致其仲兄淳之言，來南豐邑庠，告從吉曰：『先曾祖文憲公有文集四十五卷，實先大父秘書公之所編輯，而揭文安公之所校正者。先君子集賢公嘗請教授許先生叔異繕寫以藏，至正甲申持入燕京，承旨歐陽文公、平章諭德李公咸爲之序。戊戌冬，復囊以浮海至閩，暇日與文安公子僉憲公汯重定爲三十卷，癸卯歲刻於建陽市，僅成前十卷。值戊申革命，劉氏之肆兵燹失焉。幸已印行，其後廿卷未刻。庚戌秋，先君子攜以歸盱江，未暇再刻也。世運隆平，損貲遺人詣書市，托朱自達氏刊爲全集，列肆以傳，冀其永久。惟是集也，非先君子往返南北，攜以自隨，若止藏於家，壬辰變故靡常，湮淪久矣。兹以繡梓將完，愿子敘其後。』嗟夫！道之低昂，文之顯晦，信有其時。若文憲公之德澤，宜其流於無窮。今其遺文屢戹而獲全，子孫終刻以傳世，則與孔壁藏書而卒暴白者，豈相遠哉？所謂神物呵護之者，不其信歟？則夫文憲公垂名宇宙，歷千萬世而不泯者，又可徵矣。予以丁亥歲入燕，識集賢公於安貞賜第，繼交公長子源。聯領秋闈，流寓薦書，上春官，俱不偶。浮沉南北，今四十餘年，復與漕會於南豐，獲覩文憲公之全集，何其幸耶？凡程氏之繼志述事，朱氏能成人之美，俱可書也，故不讓而記其實於卷末。至於文憲公之出處事業，功德文章，則有《元史》本傳，及諸鉅公序述碑贊，不敢復贅。是歲日南至，前貢士宜陽彭從吉拜書。

文章之盛，與世運相關。立德、立言之士，秉心中正，涵融乎混元之氣，出逢其時，吐詞發義，非有蹈襲，自然成一代之言矣。有元楚國程文憲公當至元之間，特起東南，作爲文章，脱畧宋季靡陋之弊，振起乎作者之風，其始也大。廷召見答問稱皆，即解武職，轉任館閣，一時被遇之隆，蓋異數也。公之文雄渾雅則，敘事詳密，鋪張正大，議論恢宏，昭晰如青天白日，雍容如和風慶雲。故其揄揚至治，黼黻皇猷，天下之士，翕然歸之，思有以企及於其後焉。制詔見代言之懿，國史備述作之工，公卿大夫碑版題品，得一言者如獲拱璧，然求其敷布運用，一皆發乎積中之藴，有仁義道德以爲之本故也。在朝幾四十年，入居翰林、集賢，商議中書，出司風紀，因侍從以獻替，議立胄監條約，定設科舉程制，陳利病，論權姦，行部四方，則肅厲方岳，薦拔遺逸，灼灼乎忠誠之心，文章、政事相爲表裏，又可見矣。公之早歲，受學於族祖徽菴先生，與吴文正公爲同業。徽菴得石洞之傳，以上探考亭、濂洛之緒。公之學有淵源，德廣氣充，宜其一出而與興運相符也。嗟夫！公一言而當世信重之，必也流傳於後世矣。今其全集行於世者，揭文安公之所校正，起制誥，止樂府，凡三十卷，公之曾孫溍重刻梓成。清朝適徵其集，欲備乙覽，亦既送官矣。溍復屬釗序之。斯文也，不待傳而無不傳之于永久，因其文而知其學，襲其德美，論其世具，豈小補也乎？公之行事，載諸信史，備於碑贊，世稱雪樓先生云。洪武二十有九年龍集丙子春三月甲子，前貢士後學江陵熊釗謹序。

右文集三十卷，(騰)〔謄〕寫始於至正癸卯之春，書市余通父筆也。前十卷刻而復燬，後二十卷寫而未刻。洪武辛未春，以印本寫本併刻於朱氏之肆。甲戌冬，郡邑奉禮部陶字二百二十九號勘合，坐取是集，以補書府之闕籍。越明年春梓成，遂備楮先印送官，於是續行四方。始終相其事者，嘉禾唐彦清也。曾孫溍請於邑庠訓導李叔鈞、吴嗣宗與同志之士，校讐畢，遂記其後云。洪武二十八年上巳日謹識。

楚國文憲公雪樓先生文集三十卷影寫元刊本

元羅鉅夫撰，奉直大夫祕書監著作郎男大本輯録，翰林侍講學士中奉大夫知制誥同修國史同知經筵事門生揭傒斯校正　前有《元史》本傳、《附録》一卷、《年譜》一卷

李好文序至正十四年

彭從吉序

熊釗序洪武丙子

曾孫濳跋洪武二十八年

皕宋樓藏書志卷九十八

集部

别集類三十二

清容居士集五十卷元刊元印本

元袁桷撰

王氏手跋曰：永樂丙申冬十月八日，予得此《清容居士集》，柰何蟲鼠損傷，卷目失次，乃於暇日補治，序其先後之目，故得以全其美。斯集也，雖未敢宗以爲億世之法，然蓄書者亦得以備一時之製作也，不亦可乎？畏齋王肆識。

案，此元刊元印本，每葉二十行，每行十六字，字有趙子昂筆意，元版中上乘也。

清容居士集五十卷舊抄本　朱竹垞舊藏

元袁桷撰　後有謚議、墓誌銘

漢泉曹文貞父詩集十卷影寫元刊本

元曹伯啟撰，文林郎江南諸道行御史臺管勾男復亨類集，國子生浚儀胡益編録

學優則仕，仕優則學，人知誦其言，而踐其行者尠。如漢泉中丞曹君，則真知而實踐者也。文漢泉蚤歲游鄆庠，從埜齋李先生學，清苦勤勵，見稱時輩。擢邑文學掾，授徒習業，益自力。除江陰總府經歷，材定馬公子卿知單州，以茂材薦授儒學正教授，皆不赴，蓋方篤志於學也。既登清顯，歛歷中外，年耆艾矣，誦讀幹著聞，猶循資格，再調辟掾南臺浙省，未嘗一日廢學。朝論以君宣勞陳力之久，自山北廉使，召爲集賢侍讀學士。俄拜侍御史，使述作，猶前日也。引年謝事，歸于家。起使淮東，超西臺中丞，以疾堅辭不起，而益以文筆自娱。其篤學浙西。君既没，子臺掾復亨彙集平昔所著《漢泉漫藁》若干卷，求余敘其端。余如此，可謂難能也已。余蓋素知君者，君端雅向在胄監、史館，君折行輩，與余游，時復亨曁其季履亨在監學諸生列。縝栗，謨畫有方，爲世推重，宜乎發爲詞章，敷腴條達，其於意之藴而言之宣者，周旋曲折，壹能道之，又可見有德者之有言也。夫古之名人勝士，隻字片言，人猶寶之，況其粲然成編有如此者。則後之人，傳玩珍惜，宜何如哉？大抵士之爲學，將以致用也。學未優而仕者多矣，仕優位崇，老而益勉於學如中丞者，蓋不多見也。然則《漢泉漫藁》之可尚，其在兹歟！其在兹歟！漢泉諱伯啟，字士開，贈資政大夫河南行中書省左丞上護軍，追封魯郡公，謚文貞，漢泉其自號云。至元三年後丙子中元日癸丑，通奉大夫江南諸道行御史臺侍御史張起巖序。

故贈河南行省左丞魯郡文貞公漢泉曹先生詩樂府若干首，其子德昭既彙成編，會辟掾中臺，笥以來京師，臺臣因表章之，爲請于朝，將壽諸梓，屬余敘其帙□。昔至治癸亥，余叨預浙省文衡，文貞公以浙憲監試，同處試闈者五十餘日。校程之暇，與公論文，或至夜半，嘗誦所爲詩，令人傾聽忘倦，余竊評之。公初受學東原李文正公。李公文擅當世，其氣象温醇，格律嚴妥，意不求工，辭理自暢，故自其外者觀之，不見其雕鎪之勞，纂組之巧，試刺其中，汪洋澹泊，舒徐演漾，蓋有未易窺其涯者。文貞之爲詩，誠得文正爲文之妙者也。世謂文章之妙，出乎自得，以二公論之，豈無源委乎？夫□□□君會養生之妙於庖丁，齊桓公悟讀書之妙於輪扁，政可與知者道耳。文貞遭遇承平，揚歷清望，晚歲肥遯丘園，壽考終吉，其於文正有甚相似者焉，斯則斯文之足筮人之生平也，尚矣！雖然，公自壯至老，宦游之廣，跋履之多，計其寓情陶寫，感事諷賦，與夫投贈簡，記倡詠，歎爲篇什，宜不止是。然聞其思致敏贍，襟韻朗夷，臨文抒志，造次天成，漫不存藁，其所哀殆十之二三歟。繼自今賓從、僚宷、故吏、門生嗣有得而附益之，非獨足以成吾德昭之志也。至元四年後戊寅三月乙卯，翰林侍講學士中奉大夫知制誥同修國史兼國子祭酒歐陽玄敘。

《漢泉漫藁》者，故御史中丞曹文貞公所作之詩也。公薨，諸子南行臺架閣復亨、民部掾履亨采録彙次憲論，將梓行焉。天爵伏讀而歎前修老成之不及多見也。昔者國家奮起龍朔，奄奠中夏，渾厚朴茂之俗，端重篤實之士，接武于庭，豈獨經紀法令，寬平簡易，而言語文字亦質直暢達，不繢不雕，有古昔之風焉。此其御世之久長，保民於安乂，後世有弗能及者矣。觀乎文貞之歌詩，其尚有可稽歟？夫言辭出于心者也，而其行事之著于外者，又豈異乎？故公之司刑也，哀矜平允，不事苛察，而人自以無冤；其治民也，慈祥愷悌，不爲聲威，世多長者之譽；及其列官風紀，尤以興崇俗化，惇獎廉退爲先。蓋公所養者，德盛而氣完，故其言行忠厚類此。後之讀其詩者，則故老之話言，先朝之風烈，可想而知。詩云『雖無老成人，尚有典刑』，其斯之謂矣。大中大夫禮部侍郎趙郡蘇天爵題。

公諱伯啟，字士開，世爲碭山人，故自題其集曰《漢泉漫藁》。既没，其子南臺管勾復亨託以爲序。讀之浹旬，葩藻流麗，渾然天成。夫六經同理而殊詞，蓋詩緣歌詠，故聲用律和，律隨音奏。古有采詩之官，雅製朝廷，風形列國，頌成郊廟，雅頌寢聲，政殊俗異，沫土沉湎而《賓筵》興，桑間淫僻而《柏舟》作，乃諸侯失度，大夫逸軌，而存乎匹夫匹婦之獨也，故曰：『《詩》亡，然後《春秋》作。』《離騷》忠憤，言成一家，後有作者，咸以爲宗，自是紛紜，勒名篇什，雅不興於朝廷，風不繫于邦國，頌不歸于郊廟。漢、魏而下，蕩無紀極，然其詞淳意遠，清濁無爽。江左纖麗，風爲大變。唐之名家，無慮千百，粤惟采擇，方敢播傳，其制作雖任於下，而權衡猶歸於上也。其或專以思致工巧，不可諧以音調。度曲則委巷之聲，足以蕩心，搢紳之律，未能入耳，且性各有偏，學得所近，雖未可究其盛衰理亂之由，而人之是非邪正，因言見志。若中丞之藁，質而不俚，文而不華，其爲詩若干篇，心之所之，言自不違，豈曰文士云乎哉？中丞德行事業，載之家乘，傳之信史，兹不復贅。昔公以集賢學士典試國子伴讀，思誠與廣西僉憲姚紱爲首選，是同門生，故不敢辭後。至元四年三月下旬有二日，大中大夫國子司業吕思誠謹敘。

右《漢泉漫藁》，故贈河南左丞曹文貞公所作也。五六言古詩、長句、律體、樂府總若干首，其子江南諸道行御史臺管勾復亨什襲成帙，國子生胡益編爲十卷，江南諸道行御史臺侍御史濟南張公、翰林侍講學士國子祭酒廬陵歐陽公、禮部侍郎趙郡蘇公、國子司業太原吕公爲敘其端。復亨以余與文貞公有平生之好，故於余言是徵。四公，當世文章士也。紀述之詳，歌頌之美，雄贍悉備，奚以余言爲？然嘗聞三百篇之義尚矣，美善刺惡，嚴嚴乎如秋霜夏日。及乎成孝敬，厚人倫，美教化，移風俗，則温温乎如祥風甘雨，有不自知其然而然者，發之爲政事，播之爲聲樂，殆不可以言語盡。曹公以儒發身，歇歷中外，宦轍四方，故其寄寓、紀述、懷感、諷刺、賦詠，皆目擊耳聞，真履實踐，温秀雅麗，諸製皆工，非苟作也。其吟詠情性，流出胞次，有足自樂。嗚呼！予豈深知詩者哉？一以重復亨之請，嘉其能保文貞之澤，而又能壽諸梓，以廣其傳，一以樂諸縉紳先生，能發揚文貞平昔之藴奥，故引數語書諸序後云。至元後戊寅秋，特進上卿玄教大宗師吴全節書。

宋氏手跋曰：丁未春，閲桃花塢文瑞樓所得秀野草堂顧氏藏《曹漢泉集》五卷，元版元印，字畫端楷，直出松雪手書，雖其中微有闕頁，而字俱完好，誠罕物也。披閲之下，見卷帙不符《絳雲藏目》，心竊疑之。迨借蓮涇王先生所藏，抄補闕頁，乃松雪行書。卷首有王履吉、徐乾符兩先生手跋，極稱字畫之妙。究之行不及楷，且有斷板闕文，翻刻致譌處，首脱歐、蘇兩序，及咨文、謚議。繼又獲觀秀水朱竹垞翁所藏曹秋獄閲本，並上卷亦無前序，更多闕逸，較蓮涇所藏又遜一籌。因思元時名集，動國帑鏤板，故得名手書文，良工刊刻，不百餘年而行世本已絶無僅有，又互多脱落，合較鈔之，爲前賢留一脈云。雍正五年夏立秋前三日，婁水宋賓王識。

漢泉曹文貞公詩集十卷後録一卷影寫元刊本　黄蕘圃舊藏

元曹伯啟撰，文林郎江南諸道行御史臺管勾男復亨類集，國子生浚儀胡益編類

張起巖序

歐陽玄序

蘇天爵序

吕思誠序

吴全節序

錢氏手跋曰：曹文貞公《漢泉漫藁》，其子復亨所編，有張夢臣、歐陽原功、蘇伯脩、吕仲實序，及吴閒閒後序，附以神道碑、畫像贊、祭文、哀辭、挽章甚備，其爲完書無疑。然止詩九卷，樂府一卷，傳之有詩文十卷，蓋未足信。傳又云子六人，孫十人，皆顯仕，據神道碑，子震亨、謙亨、泰亨皆前卒，初未登顯仕，而謙亨并未得官，史之難信如此。乾隆辛亥四月，假黄孝廉蕘圃

藏本讀其後。嘉定錢大昕識。

陳剛中詩集三卷附録一卷舊抄本　朱竹垞舊藏

元天台陳孚剛中撰

夫君子資人之至，感人之深者，有在於實德也，文章不過粉飾而已。以實德而發於文章，則其文不期工而自工，其效不期著而自著，其傳不期遠而自遠，夫豈無其實而虚其應哉？昔諸葛武侯《出師表》可追三代製作，杜甫天寶避亂諸詩，後人稱爲詩史，非由於文字之工，有在於忠義之激烈也乎！知此，始可與言文與詩矣。天台陳剛中世胄尊顯，代有聞人，當元之初，被召入京，繼授某官，與某官奉使安南。觀夫與其國主陳日燇往返諸書，開論周至，若禹鼎始鑄，魑魅魍魎，莫可遁其情也。又自其家以至於京，自京以至安南，道途往返紀行諸詩，山川、草木、蟲魚以至人物詭異之狀，靡不具載，又若圖經前陳，險易遠近，按之可悉數也。良由忠義之氣，養之有素，遇事觸物，沛然發見，自然有以動人，非若雕鐫刻畫，有意於爲足説者之可比也。然元以夷狄入主中華，當其國初，東南山谿之民，未盡悉附，而安南僻在海外，自爲一邦，遽能使之稽首稱臣，奉琛入貢，以爲中國之尊哉？及夫剛中綏寧而歸，終元之世，執禮愈恭，莫有叛意，伊誰之力歟？然所作詩文，大篇短章，雖爲時賢推重，間嘗采而載之他集，迨今幾及百年，而全帙則未之見也。今浙江布政司參政順德趙□按部之暇，詢及其家而得是編，懼其久而湮没，歸與參議左□幕長艾□叶謀捐資鋟梓以行，誠闡揚潛德之深意也。雖然，古人今人不同，而曠百世相感者，其心未始不同也。剛中事業文章，恢恢前代，既足徵矣，而參政公爲國藎臣，讀書之暇，又復尚友古人遠者大者，寧不如此而見之乎？是爲之序。洪武壬午秋九月廿有三日，錢唐皇甫暕撰。

沈琮重刊跋天順庚辰

吴氏手跋曰：《剛中集》，三得三失之，末失爲湖廣方湛一索去。此册得亦不艱，但印刷俱苟，糊塗不可讀，金太學敂所爲清正之，欲閲安南事蹟者亦當寶愛。吴岫筆。

姚氏手跋曰：右書一册，乃秀水朱氏潛采堂藏本，惜魯魚虎帝，在所不免。後借得知不足齋校本勘定，殆可云善本矣。庚午天中節後二日，錢唐姚鍘識。

周此山先生詩集十卷舊抄本　錢遵王舊藏

元周權撰

《詩》有經緯焉，《詩》之正也；有正變焉，後人傅益之説也。傷時之失，溢於諷刺者，果皆變乎？樂府基於漢，實本於《詩》，考其言，皆非愉悦之語，若是則均謂之變矣。建安、黄初之作，婉而平，羈而不怨，擬《詩》之正，可乎？濫觴於唐，以文爲詩，韓吏部始然，而春容激昂，於其近體猶規規然守繩墨，詩之法猶在也。宋世諸儒一切直致，謂理即詩也，取乎平近者爲貴，禪人偈語似之矣，擬諸採詩之官，誠不若是。後蘇、黄傑出，遂悉取歷代言詩者之法，而更變焉。音節凌厲，闡幽揭明，智析於秋毫，數彈於章永，詩益盡矣，止矣，莫能以加矣，故今世作詩者咸宗之。栝蒼周君衡之，磊落湖海士也，束書來京師，以是編見贄。意度簡遠，議論雄深，法蘇、黄之準繩，達《騷》、《選》之旨趣，歷覽名勝，長歌壯吟，亦皆寫其平生胸中之耿鬱，至於詞筆，尤爲雅健。讀之亹亹忘味，誠有起予者，乃知山川英秀之氣，何地無奇才，感歎之餘，因書此以贊其卷首。延祐六年閏八月庚申，前史官會稽袁桷書。

栝蒼周君此山，初以四明袁文靖公薦選預館職。君雅志沖抱，垂成而歸，乃得肆力於詞章，所爲樂府歌行，大篇小章，古律近製，衆體畢具，往往多可誦之句。頃國子生葉敬常攜其編，詣予評之。余愛其無險勁之辭，而有深長之味，無輕靡之習，而有春容之風，因謂敬常曰：『周君其温然有德之士乎！』他日君乘小車來過余，體充而氣龐，神腴而言揚，此其蓄於内者厚，發於外者閎，若合符契。或曰：『能詩者不必有德，有德者不必能詩。君於周君，何以因言而知人若蓍蔡耶？』予曰：『不然！古之人聞樂以知政，詩與樂同出一，初皆感於性情，而動於聲音者也。因詩以知人，蓋文士之通技也。抑予不獨因是以知周君之平生，且有以覯世尚矣。宋、金之季，詩之高者不必論，其衆人之作，宋之習近骩骳，金之習尚號呼。南北混一之初，猶或守其故習，今則皆自刮劘而不爲矣。世道其日趨於盛矣乎？雖然，昔者子貢問子石：「何不學詩？」曰：「父母求我孝，兄弟求我悌，朋友求我信，何暇哉？」子貢曰：「捐吾詩，學子詩矣。」若周君則有是三者，而從事於詩者也，其孰能過之？』因志予之説於是。元統二年八月初吉，翰林直學士中憲大夫知制誥同修國史廬陵歐陽玄序。

僕既序，復見詩集留莆田陳君處，陳爲之精選，又倍神采焉。僕因致點校之助於其間云。歐陽玄識。

風雅頌不作，詩之變屢矣，大抵與世相爲低昂，其變易推也。近世爲詩者，言愈工而味愈薄，聲愈號而調愈下，日煅月煉，曾不若昔時閭巷美刺之言，世德之衰一至於此哉！我國家以淳龐雅大之風丕變，海内爲治日久，山川草木之間，五色成文，八風不姦。士生斯時，無事乎文章，而其言自美，况以文章而歌詠雍熙之和者乎？此山周先生自栝蒼來京師，訪予靈椿寓舍，與語竟日，知能爲詩，因索其所作觀之，何其言之藹如也！夫志得意滿者，其辭驕以淫；窮而無所寓者，其詞鬱以憤；高蹈而長往者，其辭放以傲。先生懷材抱藝，蚤有意於用世，既而托迹丘園，不見徵用，且老矣。今考其詩，簡淡和平，無鬱憤放傲之色，非有德者能如是乎？傳曰：『温柔敦厚，《詩》教也。』先生可謂有温柔敦厚之德矣。予官橋門七年，凡四方文字當程校者，莫不與寓目焉，嘗疑山林間必猶有可觀者，未之見也。此詩蓋山林之磈礨，而予所未見者乎！故閲之不能去手，因爲選其最佳者得若干首，題爲《此山先生集》云。登仕郎浙江等處儒學副提舉陳旅書。

此山詩不但簡淡和平，而語多奇雋。予爲校選，故能深知之也。比翰林袁學士以其才堪充館職，力薦諸朝。吾恐此山不能遂肥遯之樂也。旅又書。

栝蒼周此山詩若干首，故翰林侍讀學士袁公伯長謂其意度閒遠，議論雄深。今翰林直學士歐陽君原功則謂其無險勁之辭，而有深長之味，無輕靡之習，而有春容之風。江浙提舉陳君衆仲又謂其簡淡和平，語多奇雋。三君子之言皆信于世，則君之詩信可以傳矣。余友翰林修撰宋顯夫裒集中統、至元以來之詩，特選其精者，手自繕寫，已踰數千篇，而猶采摭未已，期他日鋟梓以傳。予欲求此山此集示之，而衆仲之官餘杭，攜其詩藁與俱往，周君亦將歸栝蒼矣，則顯夫之所集者，猶有滄海遺珠之一恨也。周君其肯録以寄余乎？翰林待制中順大夫兼國史院編修官謝端跋。

余近從國子先生陳君衆仲讀所作《周君衡之詩集序》，恨未見其詩與其人。後月餘衡之并攜故袁文靖公伯長、今歐陽翰林原功所爲序見予樂道里，且以詩見貽，適予在公未還。及讀三家所爲序及其詩，益恨不及見其集與其人，然以三家所稱，雖不及見，而其人之賢，其集之可傳可見矣。夫詩道之在天下，其正如日月星辰、山川、草木鳥獸，其變如風雲雷雹、龍騰虎躑，豈難知哉？在盡其常，通其變而已。惜不得與衡之共論之。元統二年九月二十日，揭傒斯書。

此山集四卷文瀾閣傳抄本

元周權撰

玉井樵唱三卷舊抄本

元尹廷高撰

先君號竹坡，登癸丑奉常第，宦游湖海，作詩凡千餘首。丙子，家燬于寇，遺編散落，無一存者，僅憶《秋日寄僧》一聯『白蘋影蘸無痕水，黄菊香催未了詩』存止此耳。先業無傳，雅道幾廢，不肖孤之過也。廷高拜書于卷首。

申齋劉先生文集十五卷抄本

元劉岳申撰，門人蕭洵德瑜校正，番易費震振遠編次

廬陵，文章詩書之鄒魯也。斷自歐陽公而下，舂容大雅、鳴琚佩玉者有之，刻削峭厲、嵬眼傾耳者有之。琳琅炳焕，磊砢奇傑，或同時競秀，或殊世儷美。在有元國初時，猶聞有相頡頏以甲乙數者。近至四五十年之間，則唯申齋劉先生昂然獨步一時，無所與讓。當時在朝諸老，如草廬吴公相知最先，且厚虞、揭諸老，亦相與推敬，恨不及相挽。入直館閣，四方贏糧執贄而來請者，足相躡於庭。由是而先生之文日益富矣。先生學問根據切實，故其文思深遠。閲涉積久，故其文氣老成。好持論，論古今事變、人品高下，確然不可易，故其文辭簡而盡，約而明，峻潔修整，而和易暢達，決不肯厠一冗語，贅一冗字，以自同衆人，與人文，至有一言而足以得其終身者。此先生之文之大畧也。先生之文多至千餘篇，遭世亂，蕩失過半。其門人蕭洵德

瑜日夜捃摭編校，將以刻諸梓，而無其財。於是吉水郡侯番昜費君振遠慨然領之，期以梓成，當寘諸郡庠，使四方之聞者見者知廬陵文章一代之統系在此。而德瑜復來請予文爲序，且謂予嘗侍教於先生，先生極知愛予，宜不可辭。因念予之生也，後數十年，又遠隔江湘數百里，不及見廬陵先輩諸老，而猶以得見先生爲幸。先生每見予，輒舉老杜『好心事』、『真顔色』之句，爲予誦之。予亦每念不忘，今也何幸，復見先生文章之有傳哉！先生與客坐談笑，又常好舉先輩諸老言論行事，及其肖貌舉止，一一可敬可慕。故予私竊自幸，以爲予雖不見廬陵先輩諸老，見先生如見諸老焉。後之來者，雖不及見先生，見先生之文章，如見之諸老焉。德瑜之請不可辭，費侯之美意不可泯，故爲述之，亦因以寄予懷云。雲陽李祁序。

蕭洵跋曰：先生之文，深於道而高古要妙，自歐陽子以來，遂得其宗。當時先後詞林諸老，皆爲之推讓，若臨川吴文正公嘗三薦於廟朝。卒終老下寮，無代言一日之責，或者爲可恨。先生嘗謂東坡生前富貴，死後文章語極痛快，蓋文章果足以傳世行後，不患世無知者。此先生之志也。洵昔嘗受教門下，蹉跎暮色，甚矣無能爲先生之役矣。因與一二同志於喪亂後，得遺藁什一，荷州之賢侯費君振遠梓成，而列於學官，庶幾以俟後之來者。四方君子苟有先生之文，未載兹集，尚希惠寄，以備一家之言，斯文幸甚。

申齋劉先生文集十五卷勞季言校本

元劉岳申撰，門人蕭洵德瑜校正，番昜費震振遠編次

李祁序

蕭洵跋

西巖集二十卷文瀾閣傳抄本

元張之翰撰

皕宋樓藏書志卷九十九

集　部

別集類三十三

蒲室集十五卷舊抄本

元豫章釋大訢笑隱撰

天地之相感而文生焉，神氣周流，萬象變化，而不可窮已者，亦由文章之出乎人者矣。故夫以高下、厚薄、夷險、肥磽、荒易之地，以通乎風雲、雷霆、霜露之用，摩盪聚散，消息起伏，各因其所在而發焉，千態萬狀之迹，其可涯哉？是故必有聰明特達之材，而充其周溥融攝之職，觀乎天文古今之變，以達其浩博精要之理，而後足以爲文也。嗟乎鮮矣！彼局促于佔畢之間，而每不足以得之，而妙契心要于形骸之外者，庶幾言之而無碍，得之而無方，以縱横出入于當時者乎？南昌訢公早有得于其宗，精神所及，六藝百家，殆不足學也。故其説法之餘，肆筆爲文，莫之能禦。以予所知，自其先師北磵簡公、物初觀公、晦機熙公相繼至大道場，開示其法，然皆有別集，汪洋紆餘，辨博瓌异，則訢公之所爲有足長矣。我文皇建大刹于潛邸之舊處，特起訢公居之。天縱神明，度越前代，取一士而表异之，冠乎東南之叢林，其遇合之故，尊禮之意，豈凡窮所得窺其萬一？訢公于是吸江海于硯席，肆風雲于筆端，一至十年，應四方來者之求，則一代人物之交，見于篇章簡什者，殆無虚日，豈尋常根器之所能哉？予與訢公相知二十年，天曆、至順間一再邂逅京師，殊未暇及兹事。師歸臥山中五六載，方外之士相遭于淡泊，時得見其一二，已不勝其驚喜。高上人之從公遊，不鄙予之衰而來過焉，乃盡得其所爲《蒲室集》者數巨帙。惜予有子夏、丘明之疾，危坐虚室，使善讀書者（浪）〔琅〕然誦之，如洞庭之（餘）〔野〕，衆樂並作，鏗宏軒冕，蛟龍起跳，物怪屏走，沉冥發興，至于名教節義，則感勵奮激，老于文學者，不能過也。何其快哉！何其快哉！豈期寂寥遲暮之餘，而有此獲也？故題編末而歸之。至元四年歲在戊寅四月八日，蜀郡虞集敘。

弁山小隱吟録二卷舊抄本

元慈溪黄玠伯成父撰

黄氏之先，宋祥符中自温之樂清徙明之慈溪，□□先生以來世篤儒業。曾大父臨川府君建節鄉部，始來城居，宦成而家益貧。三子，先大父最長。至元丙子家燬于兵，厥後子孫挈而西來，叔氏依婦家于越，其在鄉里守墳墓，唯仲氏而已。自余之西，四十有餘載，教授諸生，以資共養。髮種種且白，來日其幾餘哉？又如是不止，行將焉歸？蔑有令德，不敢謂隱，獨以所得于天者薄，不能顯，故將退藏以終其身。霅水之陽，弁山之下，有丘岑蔚，思構數楹以寄朝夕，浮游江海間，不能自還。或靳之曰：『桑蠶作繭，猶知纏裹其身。子漫不爲計，空言何裨？』應之曰：『余游者也。某水某丘，游之寓也。苟寓矣，又何營之？』有『秦望東南遠欲無，依稀禹穴向姚虞。幾時把酒鄞江上，却對鄉山看此圖』，是余所題《江山歸興圖》詩，嘗求之，則隱之意可見矣。昔文中子志不願仕，唯願上之人正身修德，使時和歲豐，已受其賜。余雖不及古人，苟獲所志，泉石林壑之娱，風雲月露之賞，不必弁山也。夫歸必有資，既不能自資，資於人而歸，又余之所不能。情發于中，而形于言，目之曰《弁山小隱吟録》，録以畀吾兒私藏之，于以紀吾游之寓，而鄉士親戚之思亦可見也。至正乙酉冬十二月甲子，弁山隱民黄玠序。

續軒渠詩集十卷附録一卷明刊本

元去華山人萧洪希文著

莆士工賦，聲蓋六合，嚮之冠南宫、魁上庠，寔多莆士。吾圃洪先生工於賦者也，有《賦家建章》行于世。晚工於詩，名《軒渠集》，蓋取漢蓟子訓笑悦之義，獨不知翁之所悦者何事。試校游洋，翁季枕邊談詩，則以『僧敲未敢一言定，鳥過曾安幾字來』之句授之。夜臥三鼓聞書聲，則曰：『有子定知吾事足，家貧頗覺此聲佳。』《誌喜》詩云：『風露對檠逼諸父，雲煙落紙凛羣兒。甫議失學難爲比，琰見趨庭喜可知。』則知翁之悦有在矣。詩《謝四如翁序軒渠》云：『阿戎也自蒙稱賞，破甕終宵起舞頻。』又知翁之所悦有足徵矣。鶴鳴在陰，其子和之，異日有續《軒渠》之作，是父是子，故能成一家機軸。句法典重，詞翰俱稱，竊肖其父詩，所謂『以似以續』是也。昔宋太祖問顔延年：『卿諸子誰有父風？』對曰：『浚得臣筆，嗣得臣文。』今汝質其兼得之矣，安得不爲巨眼賞識？系以詩曰：『紹江西派舍君誰，人道羲之有五之。鐵畫銀鉤勢雄偉，錦心檀口意新奇。當時已有容齋筆，後集能無老圃詩。料得推敲傳活法，過庭盡付寧馨兒。』至正壬辰端午日，易隱卓器之書。

《續軒渠》之作始於天曆戊辰，館於游洋壽峰方氏也。方氏子淑年未志學，予以講習餘力，覃思於詩，歲頃得律詩及絶詩、古詩、長短句五百首。方氏子集以示予，予曰：『閲舊藁，時有佳處，亦不可盡謂村舍學堂中語也。』因追念先君子晚歲試校游洋，琴書日永，燈火夜闌，翁季談及此事。翁有《軒渠》卷帙行于世，視予斯作，往往竊肖之，然未免有具體而微之慊。兒子琦執筆侍而言曰：『請名以《軒渠續集》可乎？』予曰：『汝大父之學，我弗敢言，今汝之請，似也，然續之義，談何易易？昔太史公執其子之手，泣而言曰：「予先周室太史也，至於予而中衰，廢聖德而不載，滅賢士而不述。汝復爲太史，則續吾祖矣。」厥後史遷卒繼其志成其業，以永其傳。必如是，然後可以言續，談何易易？吁！今予兹編使具眼者見，將有貂不足之誚，又安敢學漢延壽先賦靈光耶？』筆以授之，且以志吾過云。戊辰長至日，去華山人洪希文敬書。

友人洪汝質續其先太史吾圃先生《軒渠集》，有詩數百篇，雜文又若干篇。披閱再三，不忍釋，其佳處蓋得之東坡、山谷、張湖、石屏數君子，天然姿態，端静嫺雅，非捧心效顰者所能企及，今曰續者，不忘繼述耳。詠歎之餘，因成四韻：『吾圃箕裘有子賢，極玄玄後又玄玄。詩聲解使家聲振，教法曾將句法傳。雪月淡交餘白髮，溪山舊物當青氈。從君問得軒渠意，此樂應攙李杜先。』至正壬辰菊節，玉井林以抃敬書。

先生集號續軒渠，此續難爲鶴與鳧。雲去月來未嘗往，山明谷應巧相如。恍如坡老得蘇過，無負輯公訓阿符。吾圃先生玉樓召，天教玄圃産明珠。至正癸巳秋日，郡人南譽。

至正十二月，江南州郡大治城池。莆城周迴三十里，築城漁民財大半入吏帑，則起墳石而築之，故家子孫欷歔鬱勃，莫敢籲怨。洪先生獨慨念祖宗之厄，抗詞哭於公庭。郡府感其誠，爲搒吏而增修其墓。先生憂喜之情，見于辭詠。一日，舉以示予，因見其全藁《續軒渠集》。《軒渠集》者，其先君子吾圃翁所作也。聱翁序之，稱爲吾圃有子，軒渠蓋笑悦之義也。今予於續集，輒以意起，軒者軒昂，渠者渠渠高大之意。古之世德，積小以高大。先生毅然之舉，青氈加色，洪氏之德，自此而增高廓大矣。詩賦云乎哉？抑觀此集，其詣理得意處，皆自肺腑流出，至於造語鍊字之法，頗費功夫，然卑晚唐矣。使聱翁見之，當又軒渠，淺學其敢評之乎？至治辛酉陽月，郡人林以順敬書。

蔡宗兖序嘉靖壬辰

王鳳靈序嘉靖壬辰

周祚序嘉靖壬辰

王琥跋嘉靖辛卯

宗傳幼從先生學，嘗抄吾圃先生《軒渠詩集》，珍藏於家，積有年矣。至正己亥冬，歸自建安，時方多事，府檄俾守北關。紛紜之際，且憂且怖。一日，先生出示《續軒渠集》，計四十餘禩，得詩若干首。拜而讀之，一唱三歎，不啻執熱而濯清冷，適日而痊沉痾也。詳味集中《夏耘》一聯云『非其種者鋤而去，毋使蔓焉難以圖』，語句渾然，使人憂國憤時，不能自已。《客中熟食》『了無詩酒空三月，如此時光又一年』，又使感慨年華，憂老將至。《山谷翫月》：『河漢無雲天萬里，溪山不夜月三更』，洞觀天地，眇視萬物。《雪髭》則曰『功名不建頭顱老，日月如馳髀肉生』，剖出肺肝，不惜語言。至《築城垣》『淒其死者無歸地，羞與仇人共戴天』，令人痛心切齒，懦夫必能立志，可謂有關於名教。其命題立意，警聯的對，一句一字，未易窺其端倪，上追風雅，下接李、杜，信乎不可誣也。披閱之際，得其雋永，謹摭大畧，管窺蠡測，愧不自量。吁！親炙緒言，倏忽五十餘年，諄諄在耳。第慚妄意效顰，東西役役，不入時妝，遺笑于俗。而先生不以館下之列見棄，俾益見聞，師道之立，非先生其誰歟？至正庚子閏五，門人劉宗傳再拜書。

莆郡洪汝質先生與妻父渤海侯高公恭友若異姓昆弟，時日交接罔間。至正乙酉，予壻於侯門，先生爲脩婚書，贊序導禮。至正間，妻舅武德將軍惟一公分鎮是邦，復學於先生。請益還轅，博約惟彰，詩詞惟馨。予忸怩昔會，弗覿高作。至正丙申，殊調抵莆，偶洪先生過訪，敘三世舊十年歡，先生健而我侯亡矣，握手泣而後笑。古人有言曰：『生死泛泛，善厥終者嘉。』夫復何悲泣哉！既談論罔倦，翌日出示續乃父吾圃翁《軒渠集》詩詞歌行，靳五百餘首。文雅惟實，句新罔華，聲律克諧，披閱無斁。予嘗説老杜詩，辭直理徹，非若五代、晚宋雕琢者比。斯作亦可謂有唐杜之風矣。予謂汝質翁曰：『今日《續軒渠》者五百篇，明日復有人續此集者一千篇。翁當買山種竹，以待子孫，作紙抄詩。』翁大笑曰：『第恐洛陽傳寫，紙價倍高耳。』萬夫長完者篤貫齋謹書于《軒渠集》後。

德章詩意新而事切，句妥而對的，儻假歲月，亹亹逼樗翁矣。惜夫！七言如《自勉》、《緩齋與希文談詩》，五言如《擇交》、《謹獨》、《示兒》等作，身法家教，盡在於是，韻語云乎哉！希文類藏于家，材智豈下人者，德章雖亡不亡也。至大戊申立夏，聱翁七十八筆。

《三笑圖》中着一詩人詩家，固有笑也，然而笑正自難。賈大夫不能射雉，不足以動其妻，況他人乎？吾圃洪先生莆士巨擘，蚤有賦聲，得雋場屋，本出於古詩之流。今觀《軒渠遺藁》，造語清新，擇料亭當，復以體物瀏亮之製，發爲緣情綺靡之章，使人一唱三歎，永歌不足，不知手之舞之、足之蹈之者，而爲之軒渠。今其子緩齋紹聞衣德，言□□□先生必含笑於神清之洞，曰：予有後，弗棄基□□□□□□家之叔黨鄧禹不得而笑人矣。元延祐第五戊午長至節日，燕山阿魯威書于莆陽。

民齋詩集十四卷舊抄本

元侯充中撰

知非堂藁六卷舊抄本

元臨川何中太虛著，後學孫何賤雅言編集，趙郡管時中校正

夫言之秩然，次序條理者，謂之文。文無待於作也，後之人口之所言，雜亂無記，則必締搆於思，撰造其辭，而后筆之於簡牘。古人雖不作文，孔子嘗云：『辭達而已矣。』此固作文之大法也，而奈何作者之不知此哉？東漢以來，氣弱體卑，無復有善作者。至於今，殆千餘年。唐、宋盛時，號爲追蹤先漢，而僅見韓、柳、歐陽、曾、王、二蘇七人焉。若李習之，若唐子西，若張文潛，非不遊韓、蘇之門，而竟未與韓、蘇合一也。兹事豈可易視哉？表弟何中太虛少負逸才，弱冠已能詩，而亦用意於文。至順二年春，予卧病，顧予於病中，授以大集。予讀之，蓋優優升七子之堂矣。予不勝其喜，非私喜也，喜斯學之不孤也。斯學也，雖非儒者之本務，而其格力之高下，實氣運之盛衰，關係又豈小小哉？病餘倦於書，然喜之之（不）極，爲書其後而還其藁。前翰林學士資善大夫知制誥同脩國史草廬吴澂伯清序。

臨川何中能言，知讀書。咸淳壬申，甫髫，隨父仕廣東曲江。乙亥出（領）〔嶺〕，至元丙子僑居寧都隱避浮寄者三年。己卯始從師問學，師宋進士張叔方、朱光甫、羅士鼎，於前輩屢嘗親劉會孟，識謝君直、姚端夫、王肯堂，交甘詠之、程鉅夫、李士弘、元復初、揭徯斯、全止所，當世知名士多友善，於吴伯清爲姻兄弟云。至大戊申，如析津。皇慶癸丑，適東甌。所著《易類象》二卷、《書傳補通》十卷、《通鑑綱目測海》三卷、《通書問》一卷、《吴才老叶韻補疑》一卷、《六書綱領》一卷、《補遺六書故》三十二卷、《薊丘述遊録》一卷、《揞頤録》十卷、《知非堂藁》十七卷、《知非外藁》十六卷。延祐庚申六月朔，臨川何中太虚。

王氏手跋曰：元臨川何中太虚集，吴草廬序，吴與何，中表兄弟也。中善五言詩，如『聊隨碧溪轉，忽與白鷗逢』。小雨十數點，淡烟三四峰』、『落葉半藏路，清風時滿溪』、『寒沙梅影路，微雪酒香村』、『湖雪殘波岸，船燈獨夜人』、『西風一夜雨，丹桂滿林花』，皆有唐風。中自序有《易類象》二卷、《書傳補遺》十卷、《通鑑綱目測海》三卷、《通書問》一卷、《吴才老叶韻》一卷、《六書綱領》一卷、《補六書故》三十二卷、《薊丘述遊録》一卷、《揞頤録》十卷、《知非堂藁》十七卷、《外藁》十六卷。今詩止十六卷耳。漁洋山人王士禛跋。

貢文靖雲林詩集六卷明洪熙刊本　汲古閣舊藏

元貢奎撰

理到氣昌，意精辭達，如星燦雲爛，如風行水流，文之上也。初不待倔引蹇澁其句，怪僻其字，隱晦其義，而后工且奇。噫！茲事微矣。名於宋者五而已，亦惟艱哉！仲章，江南之英，與吾善之、伯長俱掌選述于朝，各能以文自見，蔚乎其交蔭，炳乎其争輝，予有望焉。予來京，仲章將有上京之役，示予新作數十，温然粹然，得典雅之體，視求工好奇而卒不工不奇者，相去萬萬也。讀之竟，喜之深，書此而歸其裝。夫上有所規，下有所建，正有所本，旁有所參，韓、柳氏自陳其所得甚悉。暇日善之、伯長切磋究之，又必有以起予也。年月日，臨川吴澄幼清書。

陳嵦刊跋序洪熙元年

范吉跋弘治庚戌

貢文靖雲林詩集六卷舊抄本

元貢奎撰

吴澄序

憲節堂惟實集八卷舊抄本

元鷺溪劉鶚楚奇先生著，男遂、述，尊實、武輯梓

劉虬序永樂二十一年

周孟簡序洪熙元年

憲節堂惟實集八卷舊抄本

元鷟溪劉鶚楚奇先生著，男遂、述，尊實，武輯梓

劉虬序永樂二十一年

周孟簡序洪熙元年

中菴集二十卷文瀾閣傳抄本

元劉敏中撰

王忠文集六卷文瀾閣傳抄本

元王結撰

勤齋集八卷文瀾閣傳抄本

元蕭𣂏撰

文章固天下公器，然有體裁之文，有蕭散之文，大率以理勝爲貴，雅健次之。上焉吐詞爲

經，經天緯地者，所不待言；下焉雕蟲篆刻，誇多鬭靡者，所不必論。理勝由于經明，雅健由于學純。氣雄而與時上下者，有不能逃也。以近代言之，宋末金前，理昏而氣衰，或病乎繁文，而委靡不振；或溺於駢儷，而破碎支離。體裁既失，蕭散不存，古意無餘矣。我元以寬仁英武，混一天下，氣因國雄，理緣氣勝。許文正公以理學紹伊洛諸賢，潛齋楊文康公爲魯齋流亞，其倡古文，接正宗，得雅健之尤，而體自成一家者，又盛有其人。繼許、楊出，而從事踐履，爲士林楷範，後學著龜者，保定則有静修先生劉文靖公，臨川則有草廬先生吴文正公，關輔則有勤齋先生蕭貞敏公，矩菴先生同文貞侯爲稱首。貞敏禀剛明敏正之資，致窮理盡性之功，卒之道積厥躬，名揚海外，蔚爲一代醇儒。修齊之餘，不得已而見于雜著，必本經術，一出自然，不泥乎體裁，不資乎雕篆，不尚乎誇靡，寔而不俚，簡而得要，雖詠物適情，隨意信筆，每有至理，寓于其間，有裨於名教，不累于習氣，所謂蕭散之文也。玄酒太羹，知味者鮮。先生没將三十年，欲集而傳之者僅一二人，而未遂其願。趙郡蘇公學富識遠，存心忠厚，文章政事，爲時名流，見當代之賢，事有涉于治體，文有關于載道者，惴惴焉惟恐其不傳，類萃成集，板而行之，不一而足。今年春以侍御史官西臺，采輯諸老行爲師法者，得文貞全集，喜而爲序，移文鋟梓，以廣其傳。先生遺文，片言隻字，皆藏于家。公乃不餘遺力，鋭意搜訪，既銘其墓，類其所得序記、銘贊、雜文若干首，詩若干首，爲集若干卷，擬必致於刊行。屬沖爲序，猶以莫悉其全爲慨歎，方購求而未已。然嘗一臠可知九鼎之味，易牙一出，亦豈以爲害哉？所著《九州志》雖未脱藁，幸收藏于前進士富平縣尹王弁君冕二子桓、植，篤于繼志，傳有日矣。至其盛德高節，言行出處，既見于墓銘，兹不復贅。所可憾者，其《三禮説》與《小學標題駁論》，悉歸于泯滅。嗚呼惜哉！沖之疎淺，豈足以知先生？然以詩文名世者，班、馬、李、杜而下曰韓、柳，曰歐、曾，曰蘇、黄。世之有意於爲詩文者，必以六公爲宗師。如魏鶴山之文，陸放翁之詩，亦皆知其味而存于心，其深于道德者，曾不釋手，蓋惟賢知賢也。先生詩文制作，固不類乎六公，而繼乎鶴山、放翁者，不可誣也。後之深于道德者，將不釋乎手矣。雖與六公詩文不類，又何害焉？至正四年中秋之明日，奉元路儒學教授晚學張沖謹序。

黼未冠時，聞關中蕭先生名，人稱之者不容口。其時想像先生，以爲貞才尚氣，落落不羈，如秦、漢間豪傑之士，加以辨博之學而已。厥後遊上庠，聞諸鉅公道先生之高風雅德，真學寔踐，然後知先生之名聲有自，黼得之於傳聞者非其真也。恨黼也生後，不得拜先生几席，以游其門。至正五年，走以事留揚。其年冬，京兆同州王君仲方由（振）樞府判持憲東淮，因出今集賢學士國子祭酒蘇公伯修前侍御西行臺時所哀先生文藁十五卷，刻之郡庠，屬黼序之，且曰：『先生一代偉人，僕忝鄉曲之末，每以其言之未傳也，衷懷耿耿，莫之敢忘。今幸得其遺文之不泯者十之四三，不有以廣之，是夙昔之念，終不得而伸。』惟黼晚生淺學，曷足爲輕重？若兩公之不忘先進，思益後人之意，誠可尚矣。蓋天下學者仰先生之名，未得其寔，悵悵然如走之向，來之狀，一旦盡得覽觀先生平昔著述，所謂披雲霧而覩青天者，豈不快哉？文八十篇，詩二百六十首，樂府二十八篇，蓋先生立志篤，制行高，其處心正，其識趣遠，其力學充積華贍，一以洙泗爲本，濂洛、考亭爲依，其發于辭章，所謂有德者斯有言，未宜以文人才士律之也。夫名寔相須，猶影形相依，桴鼓相應。先生規行矩步，躬蹈寔踐，真積力久，大節凜凜，終身不少奪，所以享大名于天下，朝廷重之，士林仰之，而天下知之，區區專詞翰之末而無寔行者能之哉？走因感夫名之所從來者，蓋在此而不緣彼也，因序及之。至正丙戌春，賜進士及第奉政大夫前江西等處行中書省左右司郎中國子監丞汝陰李黼謹序。

皇帝聖旨裏，江北淮東道肅政廉訪司准本道廉使王正議牒：予嘗暇日讀書，因覽勤齋蕭先生文集，觀其措詞典雅，立意清深，言近而旨遠，詞約而理明，蓋先生當代鴻儒，士林雅望。故其立言傳世，足以儀式於來學，刻梓流傳，誠爲盛事，亦不負昭代崇儒尚德之美意也。當職今將先生文集隨此發去，牒請照驗施行。准此憲司合行，故牒。可照驗，委總管郝嘉議不妨本職，提調刊印，仍選委名儒子細挍讐無差，發下本路儒學刊板傳布施行。須至牒者。

皕宋樓藏書志卷一百

集　部

別集類三十四

馬石田文集十五卷舊抄本　馬玉堂舊藏

元馬祖常撰

故御史中丞馬公諱祖常，字伯庸，系出西裔。延祐初，設科舉以兩榜取士，公應河南鄉貢，及會試俱冠右榜。時已稱公有文學，初非以高科致儒名。公志氣修潔，而筆力尤精詣，務刮除近代南北文士習氣，追慕古作者，與姚文公燧、元文敏公明善實相繼後先，故其文詞簡而有法，麗而有章，卓然成家。其在禮部爲尚書，在中書爲參議，在御史臺爲治書侍御史、中丞，在樞密爲副使，累階要官，自奉清約，讀書刻厲，如始學者，雖一話言不苟及。以病歸，終于家，大夫士之聞者，無不悼惜。嗚呼！篆鐘編磬，淡乎其韻，瑀珧璗琫，栗然其光，質古而文益奇，以之攷律吕之和，資佩服之華，皆用於宗廟朝廷之上者也。《詩》曰：『惟其有之，是以似之。』公實有而似焉。公之家世勛閥具國史及墓碑。太原王守誠與趙郡蘇天爵在游從中，感知尤多，故爲序其文集。至元五年己卯九月丁巳，中議大夫御史臺都事王守誠序。

文章何與乎天地之運哉？元化之斡流，神氣之推盪，凡以之而生者，則亦以之而盛衰焉。吾嘗觀於禮與樂矣，升降揖讓，周旋裼襲之容，屈伸俯仰綴兆，繁瘠廉肉之節，文之著也。而樂由天作，禮以地制，禮樂不曰天地之文乎？昔者聖人之以禮樂爲天下也，治與運會，文從而生焉。世之爲文章者，蓋亦有出於此而已矣。漢、唐之治，不及三代遠甚，而其人之述作，乃或有治古之風者，亦幸而際夫天地之運之盛也。趙宋鉅儒載道之書，與歐、曾、蘇、王數子之文，君子於是有所徵矣，而其運往治弛，則凡以文鳴者皆靡然若緒風之泛弱卉也。我國家龍起朔漠，運符羲、軒，淳龐雅大之風於變，四海士大夫爭自奮厲，洗濯舊習。至仁宗時，遂以科目取天下之士而用之。浚儀馬公伯庸褎然以古文擢上第，聲光煜如。清河元文敏公謂其所作可以被筦絃，薦郊廟，《天馬》、《寶鼎》諸作殆未之能優也。公早歲吐辭，即不類近世人語言，古詩似漢、魏，律句入盛唐，散語得西漢之體。嘗謂：『人學詩文，固自有師授，至於高古奇妙，要必有得於天。吾未嘗有所授而爲之討，所嘗師者，往往爲近世人語言。吾故自知吾之所爲者，非繇有所授而然也。』蓋公以英特之資，而涵毓於熙洽之世。自決科以來，踐歷清華，至爲御史中丞，其所際者盛矣，則其文章又其繇有所授而然哉！國家且益崇禮樂，以對天地之景運，能言之士幸而際乎斯時，則其所著，當益有可觀者。而美盛德之形容，以昭天地之至文，則亦有賴於若人之爲者，而公不可作矣。淮東憲使趙郡蘇伯修甫彙公文藁若干卷，將鋟梓以行於世。適旅至廣陵，乃使綴一言於編端。伯修在成均時，公以監察御史試國子生，得其所試《碣石賦》，嗟賞不置。伯修以學行政事，致位通顯，非徒以文知名，獨不能忘昔之嘗知己者，風誼之篤，可以愧澆俗矣。旅，光州人，而生于甌粤。延祐中，公以䌫事入閩，歸而告諸朝之公卿大夫士曰：『閩中有陳旅者，可與言文事也。』則公亦旅之知己者矣。追念曩日與公晤言，至夜分不休，約他日還浮光，爲我結屋，並石田山房暮年數往來相歡。今則不然，乃執筆序公遺文於空江落木之閒，俯仰人世，不知涕泗之横流也。應奉翰林文字從仕郎同知制誥兼國史院編修官陳旅序。

昔者仁宗皇帝臨御天下，慨然憫習俗之於文法，思得儒臣以圖治功，詔興貢舉，網羅英彦。故御史中丞馬公首應是選，入翰林爲應奉文字，與會稽袁公、蜀郡虞公、東平王公以學問相淬礪，更唱迭和，金石相宣，而文日益奇矣。未幾，擢拜御史，劾權貴人擅弄威福，遂罷相位。久之，其人再竊政柄，左遷公尹縣開平，實欲深中傷之。公退耕浮光之野，泊然不以介意。權貴人死，復入翰林爲待制，遷直學士，訓誥誓命，温厚典則，有西漢風。在禮部爲尚書，兩司貢舉選士，專求碩學，崇雅黜浮。至順天子親見郊廟，祼獻禮文，多公裁定。爲臺臣，端重正大，百辟鎮肅，議論廊廟，有關於治體，一時薦拔，皆重厚清慎之士。公少嗜學，非三代、兩漢之書不讀，文則富麗而有法，新奇而不鑿，詩則接武隋、唐，上追漢、魏，後生争慕效之，文章爲之一變。

公之先出雍古部族，世居天山，殆入中國數世，宦學不絶，至公位益充顯。嗚呼！我國家龍奮朔土，四方豪傑咸起而爲之用，百戰始一函夏，干戈既輯，治化斯興，而勛臣世族之裔皆知學乎詩書六藝之文，以求盡夫修身事親、致君澤民之術。是以列聖立極，屢降德音，興崇庠序，敦延師儒，非徒爲美觀也。至于仁皇始欲丕變其俗，以文化成天下，猗歟盛哉！觀公治行卓偉若此，則祖宗取材作人之效，豈第文辭之工而已？雖然，非此無以表公之蘊。公既没，其從弟察院掾易朔出公詩文若干篇，合天爵所藏，共若干卷，請于中臺刊諸維揚郡學。嗚呼！覽者尚能考公之行也夫，及識愚之悲也夫。至元五年己卯冬十一月朔，嘉議大夫江北淮東道肅政廉訪使趙郡蘇天爵謹序。

皇帝聖旨裏，江北淮東道肅政廉訪司照得近淮本道廉使蘇嘉議牒：洪惟聖代治安百年，當有奇材表儀羣士。其謀論足以裨益國家，其詞章足以黼黻皇猷。人雖云亡，文不可泯。伏覩故資德大夫御史中丞知經筵事馬祖常系出西州之舊族，生爲中朝之偉人。迨夫延祐隆儒之初，首登貢舉甲科之選。擢拜御史，彈射柄臣。左官開平，幾枉遭其毒害；屏居淮甸，幸得際於休明。遂代言於北門，摛詞獨推其典雅；及進官于南省，取士皆稱其至公。一佐薇垣，贊畫機務；四入栢府，振肅憲綱。俊髦由是而薦揚，風化以之而淳厚。遵大體而畧苛細，務實學以抑浮華。日邇清光，屢横經于廣内；時承異數，親賦詩于御前。斯維儒者之遭逢，宜傳其文于永遠。擬合照依左丞王結例，鈔録遺文，于淮東路學刊板傳布。豈惟見科舉得賢之多，實足彰國家右文之盛。牒請照驗施行，准此。照得先奉御史臺劄付，據監察御史呈：切見故中書左丞文忠公王結博聞强記，淹貫經史。蓋由沉潛道義之既篤，敭歷臺閣之有年，故其著述，綽有淵源，可以追配前哲，模範後人。本官位終宰執，嘗任憲使，如蒙此依學士元明善例，將所著文集移文江淮，拘該學校錢糧内刊行傳布于世，不惟不負其才，抑且有補風教。具呈照詳得此。憲臺合下仰照驗依上施行，承此看詳。御史中丞馬資德所作文章，遠擷班、馬之英華，近接姚、元之步武。如准廉使蘇嘉議所言，刊板印行，誠可範模其後生，又能裨益于世教。申覆御史臺照詳去後。至元五年九月二十九日承奉憲臺劄付仰依上施行，承此。中丞馬資德，其家見居光州。憲司合行故牒，可照驗，差人鈔録本官文集，委自摠管不花中議不妨本職，提調刊印，仍選委名儒子細較讐無差，發下本路儒學依上刊板傳布施行。先具依准牒呈。須至牒者。

牒件：今牒揚州路總管府照驗，故牒。至元五年九月日，書吏禿林台、李信。

嘉議大夫僉江北淮東道肅政廉訪司事韓，奉議大夫僉江北淮東道肅政廉訪司事王，奉訓大夫僉江北淮東道肅政廉訪司事何伯顏察兒，中憲大夫僉江北淮東道肅政廉訪司事三卜篤，大中大夫江北淮東道肅政廉訪副使李，嘉議大夫江北淮東道肅政廉訪使蘇押，正議大夫江北淮東道肅政廉訪使阿合馬押。

馬石田文集十五卷影寫元刊本

元馬祖常撰

王守誠序至元五年

陳旅序

蘇天爵序

淮東道刊板文牒

道園學古録五十卷明景泰刊本

元雍虞集伯生撰

斯文與造化功用相彌綸，國家氣象相表裏，故文人生於世有數，文章用於世有時。斯言若夸，理實然也。皇元混一之初，金、宋舊儒布列館閣，然其文氣高者崛强，下者委靡，時見舊習承平日久，四方俊彦，萃於京師，笙鏞相宣，風雅迭倡，治世之音，日益以盛矣。于時雍虞公方回翔胄監、容臺閒，吾鄙有識之士，見其著作法度謹嚴，辭指精覈，即以他日斯文之任歸之。至治、天曆，公仕顯融，文亦優裕，一時宗廟朝廷之典册，公卿大夫之碑板，咸出公手，粹然自成一家之言。山林之人，逢掖之士，得其贈言，如獲拱璧。公之臨文，隨事酬酢，造次天成，初無一豪尚人之心，亦無拘拘然步趨古人之意。機用自熟，境趣自生，左右逢原，各識其職。故自其外觀之，如深山穹林，葱蒨蓊鬱，莫測根抵，鉅野大澤，汪洋澹泊，不爲波濤；試刺其中，則日月之精，凝結歲久，皆成金珠龍虎之氣，變化時至，即爲風雲，孰能窮其妙也哉？太史夏臺劉君伯温蚤歲鼓篋從公成均，及爲江右肅政使者，近公寓邑，乃哀公之文，將傳諸梓，書來京師屬玄爲序。玄惟李漢於昌黎，子瞻於廬陵，皆能知而能言者。走豈能爲前人役乎？第於公有世契，生平敬慕公之文，以附著姓名爲幸，又高劉君政事之暇，敦篤風誼如是，遂不敢辭而爲之序。至正六年二月，翰林學士承旨榮禄大夫知制誥兼修國史歐陽玄序。

玄頓首再拜伯温監司相公仁契：玄去歲數四附書，憲府邃嚴，未審一一達几下否。春和，遠惟履候勝常，殊慰。詹遡書來，知刻虞先生文，足見高誼。作序當求名筆，乃俾雅意。諒切不敢力辭，因便輒供稿去，刻成千萬見惠一本爲感。賤跡遂丐閒之請，鄉里距貴治稍近，專容修竿牘之敬。末申惟順序善保，不具備。辱契歐陽玄頓首再拜，二月十一日謹空。

《道園先生文集》，往時鏥伯温所刻大字本，有歐陽圭齋序。此序，今板已亡矣。近見崑山新刻斡克莊建本，遂於先生四世從孫吴江虞湜家模得此序，并書一通冠諸首云。成化新正崑山葉盛識。

鄭逵序景泰七年

至正元年十有一月，閩憲斡公使文公之五世孫炘來求記屏山書院，并徵先生文藁，以刻諸梓。本與先生之幼子翁歸及同門之友編輯之，得《在朝藁》二十卷、《應制録》六卷、《歸田藁》

一十八卷、《方外藁》六卷。蓋先生在朝時爲文多不存稿，固已十遺六七，歸田之藁，閒亦放軼，今特就其所有者而録之，所謂泰山一豪芒也。先生前代世家，以道德文學繇成均、頌臺、史館、經筵，洊歷清要，皆承平之日，其所著述，則國家之典故，功臣賢士之遺蹟在焉。歸僑臨川，塵慮消歇，日與四方之賓客、門人子弟講明道義，敷暢詳懇，以其緒餘，發而爲言，深欲闡明儒先之微，以救末流之失。先生之學，庶或於此而可見與。是年十有二月，門人李本謹識。

道園學古録五十卷明嘉靖刊本

元雍虞集伯生撰

歐陽玄序

李本跋

案，景泰、嘉靖兩刊行款皆同，惟景泰本目録後有補遺目，嘉靖本則以補遺目散入各類。今人往往以景泰刊爲元刊，其誤始于吴兔牀《拜經樓題跋記》。

道園遺藁六卷鳴鶴遺音一卷元刊本

元雍虞集伯生撰

故奎章閣侍書學士蜀郡虞公《道園學古録》，其季子翁歸與公門人之所編，今建寧板行者是也。書始一出，如景星鳳凰，士争先覩之爲快。而湖海好事者，復輯公詩，另爲一編，然與《學古録》所載時有得失。予意其蒐葺已無遺憾，近於一二士友閒，每見公詩文，皆公所親筆，較之二集中多所不載，然後知公之篇章在世不能無遺佚者。予外姪克用，公之諸孫也，好古嗜學，蚤夜不倦，聞士友閒有公詩文，輒手編成帙，如是者累年，積其所得，凡七百餘編，皆板行二集所無者。遂分類編次爲六卷，附以樂府，題曰《道園遺藁》，屢欲刊之，而未能也。近克用假館于吴江之金君伯祥家，伯祥之先君子樂善公至治閒嘗識公于吴，蓋平日之所欣慕而樂道之者。克用偶出是編，伯祥亟命鋟諸梓。觀其所好，可以知其爲人矣。噫！昔虞公南來，予以總角獲拜公於錢塘。時予從叔祖母家氏博涉書史，嘗手書《蓮經》一部，一日出以示公。公不勝渭陽寒泉之思，至賦七言古詩，辭極淒愴，且手跋於後者，垂數百言。今二集既不録，而予又不能追憶以附克用集中，可勝歎哉！然觀克用所編，凡公平日之雄詞健句膾炙人口者，悉已收入，則其所遺者僅一二，而克用之用心尚未已也。予嘉克用之用心，伯祥之好事，且因其請而爲識于篇端云。至正己亥夏五望，眉山後學楊椿序。

右《蘇武慢》三十二首、《無俗念》一首，全真馮尊師、道園虞先生所共作也。天瑞昔刊《道園遺藁》而先生所作已附于編，然其所謂馮尊師最傳者廿篇，世莫全覩，今復併類編次以刻諸梓，庶方外高人，便於通覽。惟先生道學文章，傳著天下，馮尊師仙證異論，超迥卓絶，其自有《洞源集》行于世，可攷見云。時至正二十四年歲次甲辰秋八月二日癸巳，渤海金天瑞識。

自昔文章家著述之盛，其集有内、外、前、後、續、别之分，蓋由其體製有同異，歲月有蚤暮，故其編纂彙次之法，各有所存。然其文之可傳者，雖片言半簡，皆不得而棄置，又復有所謂拾遺者焉。國朝一代文章家，莫盛於閣學蜀郡虞公。公之詩文曰《道園學古録》者，其類目皆公手所編定。天下學者既已家傳而人誦之矣，然其散逸遺落者猶不可勝計也。其從孫堪乃爲博加討訪，積累之久，得古律詩七百四十一篇，而吴郡金君伯祥爲鋟諸梓。是編之傳，其殆所謂拾遺者乎？予嘗獲執筆從公之後，而竊誦公之詩，以謂國朝之宗工碩生後先林立，其於詩尤長者，如公及臨江范公，蓋不可一二數也。學者讀乎是編，則知其殘膏賸馥所以沾丐後人者多矣。今公已不可復作，予是以三復是編，而爲之永慨也。抑公平生所爲文，無慮萬餘篇，今《道園録》中所載，不啻十之三四而已，然則并加討訪，而使之盡傳焉，豈非堪之志，而予之所深望者乎？是故昌黎之集成於門人，河東之集託於朋友，惟廬陵歐陽公之集，其嗣人能致其力焉。若堪之汲汲於此，其亦可謂無媿於歐陽氏矣。堪字克用，一字勝伯，好學有文，能世其家。而公之行能、官閥，已具於歐陽内翰所爲碑銘，兹不著。至正二十年正月二十日，金華黄溍序。

道園遺稿六卷鳴鶴遺音一卷舊抄本

元雍虞集伯生撰

楊椿序

金天瑞序

黄漕序

翰林珠玉六卷舊抄本　吴尺鳧舊藏

元虞集伯生著

吴氏手跋曰：歷考諸簿録，無《翰林珠玉》之名，疑出後人彙集。按此編所録，亦有《學古録》及《遺稿》所未載者，固知先生平生著作殷富，李本集録時，採摭未盡也。此禦兒吕氏本，雍正癸卯省試後，從天蓋樓得之，歸繡谷亭插架。西泠吴焯跋。

新編翰林珠玉六卷元刊元印本　黄蕘圃舊藏

元邵庵虞集伯生父全集，儒學學正孫存吾如山家塾刊

黄氏手跋曰：是書本吾郡物，卷中有『白隄錢聽默經眼』印也。余向於都中廠市見之，未及買，後欲訪求，渺不可得矣。去冬五柳主人族弟歸，忽代購獲，喜出望外，非特既失復得，固見遇合之巧，且裝潢款，無一毫更改，古色古香，猶是二十年前眼中故物，苟非天之畀余，安能遂余好古之願若是之奇乎？　復翁甲戌正月五日記。此書原索白金四兩，時余識力未到，已無及矣。及今番收得，云京錢八吊。五柳弟不願取直，欲易余家刻《國策》十部，遂與交易，了夙願焉。

案，此元刊元印本，每葉二十二行，每行二十字，大黑口。卷中有『黄丕烈印』白文方印、『復翁』白文方印。

翰林楊仲弘詩集八卷舊抄本　顧嗣立舊藏

元楊載撰

大德閒，余始得浦城楊君弘詩，讀之恨不識其爲人。及至京師，與余定交，商論雅道，則未嘗不相與抵掌説也。皇慶初，仲弘與余同爲史官，會時有纂述事，每同舍下直已，而猶相與回翔留署，或至見月，月盡繼燭相語，刻苦澹泊，寒暑不易者唯余一二人耳。故其後余以御史府用筦南憲架閣，適海上；仲弘復登乙卯進士第，爲浮梁別駕。余遷江西，仲弘亦改宣城理官。相違十數年，相距數千里，迹雖如是，而心固猶數晨夕也。而仲弘竟未任宣城以卒。嗚呼慟哉！余嘗觀於風騷以降，漢、魏下至六朝，弊矣。唐初陳子昂輩乘元氣之會，卓然起而振之。開元、大曆之音，由是丕變，至晚宋又極矣。今天下同文而治平盛太之音，稱者絶少。於斯際也，方有望於仲弘也。天又不假之年，豈非命耶？蓋仲弘之天禀曠達，氣象宏朗，開口論議，直視千古。每大衆廣席，占紙命辭，敖睨横放，盡意所止。衆方拘拘，已獨坦坦，衆方紆餘，已獨馳駿馬之長坂，而無留行。故當時好之者雖多，而知之者絶少，要一代之桀作也。仲弘有子尚幼，其殘稿流落，未有能爲輯次者。友人杜君伯原自武夷命僕曰：『將就其平生所得詩，刻諸山中。』此誠知仲弘者，而杜君猥謂罄仲弘海内之交相好，又莫余若也，俾爲序之。用掇其梗概，著于篇端。致和元年六月一日，臨江范梈序。

翁原匯跋嘉靖丙申

范德機詩集七卷舊抄本　黄蕘圃用元本校　金孝章舊藏

元臨川葛雝仲穆編次，儒學學正孫存吾如山校刊　目後有『至元庚辰良月益友書堂新刊』一行

黄氏手跋曰：毛刻《范德機詩》，不言所據抄刻本，但云是集與《揭曼碩集》皆芙蓉江周仲榮見貽者，亦未及言爲抄、刻本之異也。此册舊抄，觀前多綱目及刊刻年月，知據元刻，然中多與家藏元刻不合。因手校之，而舊經不寐道人以毛本校者，又未可執現行之本相勘。蓋毛本已經修改，似非孝章先生取校時之刻板，故動輒歧異。因復取已修本校之，下方云『續校毛本』者是也。五月初十晨起校訖記。

又曰：甲戌端陽前一日，有書友攜書一册示余，謂近從吴江賈人得來者。開卷視之，知爲舊鈔《范德機詩集》，而經人校勘者。問其直，索青蚨千錢。余曰：『子知此書之所以可貴乎？』曰：『不知也。』余亦笑而留之。蓋是書爲舊鈔，爲校勘。此書賈之所以索千錢，而余之愛此書者，爲校勘者乃不寐道人。末有圖記可證，并有字迹可辨，故可珍。且余之必欲得此書

者，是書雖經以毛刻校勘，而又以意改定，然未見元刻，尚多脱略。余適有元刻，手校一過，乃爲善本。此書之必欲歸余，而始完善，夫亦有數存焉。復翁記。

又曰：續檢《孝慈堂書目》云：『《范德機集》，范梈德機，七卷，抄白一百三十四番，一册，金孝章手校。』知即是册也。復翁六月六日識。

又曰：壬辰冬十月，對汲古閣本互校一過，彼此闕誤及疑各用圈記。

揭文安公文集九卷詩集三卷詩續集一卷舊抄本

元揭曼碩傒斯著；詩集，門生前進士爕理溥化校録

揭文安文集六卷明刊本

元揭傒斯撰

九世孫富文序

揭文安公文集九卷詩集三卷詩續集一卷舊抄本　王蓮涇舊藏

元揭曼碩傒斯著；詩集，門生前進士爕理溥化校録

余識揭曼碩不四三年，初識出其詩文，知於兹事必收汗馬之功。自時厥後，屢見屢期，若

王良、造父之御，駸駸然益遠而未止。何曼碩之敏且巧若此乎？柳子有言：『吾之俯也滋甚。』程鉅夫。

皕宋樓藏書志卷一百一

集　部

别集類三十五

檜亭稿九卷元刊本　明徐興公舊藏

元天台丁復仲容父著

天台丁君仲容之詩曰《檜亭稿》者，因其所居而目之也。君三徙居，寓於金陵之城北。地既深僻，有園亭之勝，古檜列植左右，蒼茂若雲，客至欵坐亭上，日翛然以爲樂。壻饒氏介之方集君詩，得若干首爲一編，故題其稿『檜亭』云。君博學才敏，爲詩精麗奇偉，格超而趣遠。自近世以集行，及予所見四方之士，及所聞以能詩自名者，皆莫與爲比，所造益高，傑出於一時，而視古人深入其閫奥。予嘗評君有三異：於他文未嘗不善而獨爲詩，詩未嘗刻意而語(輟)〔輒〕過人，人未嘗不服以爲工而一不有所衒。平生唱和題詠與夫言志感興而作，無慮數千篇，性坦率，不自貴重愛惜，篇成輒棄稿不復蓄，故雖傳誦於人，而散逸冞甚。介之始爲之裒輯，自四五七言古律絶句，諸體粗備，彙分而臚列，隨其所得而附之左，方財十之二三。昔昌黎之文妙天下，非李漢敘録之勤，殆不能無泯没。使是詩也得傳於後世，則介之之功，豈下於李漢哉？予識君於二十年之前，當是時，君之詩酷類太白，雜而寘之集中，見者不復能辨。今其體稍變，將自爲一家。惜乎介之不早登其門而盡録也。至元五年歲次己卯季冬廿有八日，中山李桓謹書。

論詩至於南宋，幾於無詩。迨其末年，士之□世居永嘉、臨海二州，乃始復爲詩，力追古人。其閭里子弟狎熟長老先生唔咏呻吟之遺習，皆善屬和。國初以來，臨海爲詩數十家，其什曰閬風、樗園、山南、天逸、素心、聖泉，其後又有張子先、陳剛中、楊景羲，皆自樹一家，足以名世。閬風詩最夥，至滿千什，然皆以位卑莫傳。予頃家居，有持《瀛海篇》視我，顯〔牘間曰〕〔暢明白〕，〔丁〕〔反〕復讀之，令人欲飛。予曰：『必臨海之産也。』果然。後至建業見仲容，仲容已五十餘。觀其詩，皆已絶去生獰，操蹙精悍，猶之宛馬，不踶、不齧、不踅而日行千里，衆馬雖十駕不能超也。仲容拓落不偶，莫爲知己，獨鳴之聲詩，以自陶寫其菀結之氣，夷睨世之學士後生，蹴踏翰墨之場，縮手袖間而去之。時時危坐而飲酒，沃湅愁思，吐咳新語，數少，出其奇，不復修治，一讀而棄地。其子壻饒介頗爲藏〔去〕〔弆〕，浸以成什。他日請曰：『鄉聞長老先生困位卑，詩弗傳，徒令世惋惜，介且爲刻之，願一論次。』予行四方，見詩人之恥爲陳言而務力爲奇者，有自好者意。至臨海，閭里子弟造次出之，曾不見其困，而吾仲容又其梟也。齊部世刺繡，恒女無不能，狎耳目哉！仲容既老，買宅建業之城北，南户故有兩檜樹。醉倚樹而咿唔，因自名其什曰《雙檜亭詩》云。至元六年歲在庚辰十月辛丑，永嘉李孝光季和甫在建業城東青溪觀題。

夫才足以適天下之用，而或不遇于時。時不能用，則不足以盡其才，故有志之士，寧湮没草萊，雖不見知于當世，而不悔也。天台丁君仲容父少負逸才，去游京師，薦者以君與楊仲容、范德機皆可爲太史氏。當此之時，天下寧謐，休息兵革，而仁宗方尊尚儒學，化成風俗，本朝極盛之時，然當國者思陰廢楚産之士。君察其機，不俟報可，翩然去之，乃絶黄河，憇梁楚，過雲夢，窺沅湘，陟廬阜，浮大江而下，遂家金陵，於是三十年。君之文雄而趣高，可以制作誥命，宣天子仁惠元元之意於四方萬里，而乃使淹回羈旅，浮湛里巷，鬖鬖乎老矣，兹其可惜也。夫君安於所遇，胸次夷曠，逢山僧逸民，得酒輒飲，醉則作爲歌詩，引筆即就，高情藻思，間見横發。君既以此寓其所樂，久之散落，無復收拾。其壻饒介介之粹而成編，以予辱君爲忘年之交，俾序識之。嗟乎！此其才足以適天下之用，而不遇于時者，君子有以悲其志矣。至正四年四月戊寅，臨川危素序於錢塘驛舍。

檜亭先生丁君仲容父，生平有隱君子之趣，而以詩著名。晚歲盤桓於冶城、龍河之間，灌園自樂。四方之士日載酒從之游，而求其爲詩，故詩必因酒而作，引觴揮毫，若不經意而語率高絶，飲至半酣，詩愈益奇，一飲或詩累數章，詩成而先生亦頹然醉矣。然往往即書卷上，未嘗起草，故詩雖至多，而稿皆不存。自其壯時，亦已若此。其壻饒君介之稍稍爲之訪求，得百餘篇，而猶遺落太甚。從之游者李君謹之深以爲惜，益加蒐羅，旁及隱遠，久之凡得若干篇，皆饒集之所未嘗有者。噫！亦廑矣。先生之詩，其僅完於此乎？向非謹之好之篤而求之至，安能若是之僅完哉？憶予向嘗與先生論詩，先生不甚自矜衒。予顧心敬先生詩，今見其完，能不爲之喜耶？昔王介甫在鄞得杜工部詩舊集所遺落者，自《洗兵馬》以下二百餘篇，爲之序曰：『甫之詩，其完見於今者，自予得之。』觀其喜爲何如。然則予於謹之所集，蓋不能以不喜也。今先生之詩將刻而傳之，予謂謹之，或爲後編，或附饒集，無不可，幸先生之詩完見於今足矣。雖然，謹之之廑，予則不可以不書，使後之觀《檜亭集》者，庶以知謹之之於是而能用其情也。至正十年歲在庚寅秋八月朔旦，上元楊翮序。

右《檜亭集》，天台丁先生詩也。先生名復，字仲容。壯游京師，公卿薦之館閣，不就而去。放情詩酒，終老江湖之上。今所類諸體詩，凡三百一十五首，分爲九卷，合爲一帙。前集則其壻饒介之所録，續集則其門人李謹之所蒐輯也。南臺監察御史張君惟遠見而愛之，惜不大傳于時，移文有司鋟梓，集慶學官教授查信卿寔董其成立。惟先生之才，足以追配古作，而鳴國家之盛，乃勿見諸用以殁。觀其命辭，托興高遠，閑適夐然無塵俗意，又非人能盡識，則是編之行，豈不有補于風教乎？至正十年冬，友生江夏論立敬志。

案，此元刊元印本，每葉二十行，每行二十字。面籤徐興公手書『丁檜亭集』。徐氏汗竹巢珍藏本。元板十四』字。卷中有『閩中徐惟起藏書印』朱文長印、『徐興公』白文方印、『晉安徐興公家藏書印』朱文長印、『薩德相藏書印』朱文長印、『薩守印』白文方印。

檜亭藁九卷舊抄本

元天台丁復仲容父著

李桓序至元五年

李孝光序至元六年

危素序至正四年

楊翮序至正十年

諭立敬序至正十年

伊濱集二十四卷文瀾閣傳抄本

元王沂撰

淵穎吴先生集十二卷明嘉靖刊本

元吴萊撰，門人金華宋濂編

太上有立德，其次有立功，其次有立言，三者不同，苟有一焉，皆足以立乎天地之閒，而無愧於爲人矣。自世之言者，陋文章之習，而高德行之士，伸一人於千萬人之上，其意將以懲夫末流之弊云爾，非所以顯道神德行也。古之聖人德修於身矣，而又欲天下皆如吾身之修也，豈惟天下皆如吾身之修哉？而又欲後世皆如吾身之修也。天下盡乎人矣，吾身可以及之；後世非止乎今也，吾身烏得而及之？是則吾德之所被，而吾功之所樹者，亦斬矣。然聖人必欲使天下後世，皆有以及焉，則立言其可少哉？六經，聖人之文也，所以爲天地立心，爲生民立命，爲萬世開太平者，非細故矣。由是以降，苟非申、韓之刑名，管、商之功利，儀、秦之捭闔，孫、吴之陰謀，楊朱、墨翟、老、(壯)〔莊〕、釋氏之淫辭邪説，則凡是非不詭於聖人者，其於人心世教，豈盡無所裨益哉？翰嘗讀賈誼、董仲舒之文，而恨當世不能盡用，及觀楊雄之《太玄》、《法言》，又歎時人少有知者，以爲豪傑之不遇，大率如斯，故不待論其言之傳否，而深爲有國者惜之。南北混一以來，朝廷太平之治垂及百年，仁恩福澤結在人心，而紀綱法度寖不能無弛。先生當延祐、天曆之閒，嘗慨然有志當世之務矣。其《擬諭日本書》，蓋其十八時所作也，人謂其有終軍、王褒之風。其論守令鹽筴楮幣事，逮今十有餘年，執政者釐而正之，往往多如其説。先生析辭指事，援筆頃刻數百言，馳騁上下，要不失乎正，雖處山林，未嘗忘情天下。使其在官守言責之列，推明古者所以立極成化之道，爲吾君吾相言之，當不止是也。而先生命不與時偶，器不求人售，素又羸弱多疾，未中歲而蚤卒。今之著于篇者，殆猶未盡其藴也。初，浦江有宋儒者曰方韶夫先生，師法爲學者所宗。知名之士如侍講黄公、待制柳公，皆出其門。晚得先生，尤奇其才，而以斯文望焉。先生貌寢陋，言訥若不出諸口，而敏悟過人，得於天性。少嘗從族父幼敏家竊取書觀之，族父知而叩之，靡不成誦，博文强記，與之游者皆自以爲不及。會有司舉進士，遂以《春秋》中鄉試。北至燕，東浮於海，好爲瓌奇雄偉之觀，見人固守章句，意頗陋之，然則先生之所抱負者爲何如哉？惜其學不見於用，而世知之者鮮也。門人宋濂懼其泯而不傳，迺彙次其詩文，爲集若干卷，俾翰爲之序。烏乎！翰昔受教于先生，竊觀先生之所以用其心者，期以立乎天地之閒，無愧于爲人焉耳，烏暇較一世之短長哉？故論而序之，信是集之不可不傳也。先生諱萊，字立夫。至正十有二年秋八月二十六日，門人金華胡翰謹序。

人之所以成名者三，曰道德、文章、技藝，皆不可以無師。道德以爲之根榦，文章、技藝以爲之葩華枝葉。生而知之者，閒世或出，人不能皆也。苟無師焉，如矢之無弓，汲之無綆，如醫之無方，如車之無御，如越人之燕而無爲導。矢無弓，雖見而不能造；汲無綆，雖欲而不能得；醫無方，雖知病而不能療；車無御，雖有馬而不能同；越人之燕而無爲之導，則不阻於江河，必迷於歧路，雖抗其心神，羸其精骨，終不能以徑達。故器備矣，必諧之以律吕，然後可以成聲音；物有矣，必將之以禮樂，然後可以致鬼神；兵足矣，必律以制之，然後可以平邦國。是故摶土爲尊而畫之，與犧象不異，而不可以盛酒，未嘗由乎鈞陶也；削木爲弓，而漆之與彤旅不異，而不可以穿革，未嘗由乎檃括也。人之欲成名，而無師焉，亦是之類矣。予嘗悲今之爲文章者，皆不如古。及見宋君景濂而心服之，嘗爲之敘其文集，以命後進。又每慨歎輿圖之廣，生養休息，非一二世，何太平遺老就盡，漠乎無有繼者，而天獨私于宋君也。及今年宋君以其師吴先生之遺文若干卷示予，予一讀而駭，再讀而敬，三讀而不知神與之接，融融瀁瀁，不知其旨之樂之，詠之歎之也。於是乎乃知宋君之所以過人者，有自來也。昔者孟子『謂離婁之明，公輸子之巧，不以規矩，不能成方圓；而師曠之聰，不以六律，不能正五音；堯、舜之道，不以仁政，不能平治天下』。唐柳子謂『今之世不聞有師』。予雖與吴先生同爲浙東人，而各里其里，無事不相來往，不及見吴先生。今得偶宋君於羈旅，且因宋君而得見吴先生之文，乃知浙河之東以文章鳴於世者，無時而乏。故竊自慶而爲之序，且陳其不可無師之説，庶有裨於後來者哉！文林郎浙江等處行樞密院都事前進士青田劉基序。按，此序《誠意伯集》失收。

浦陽仙華諸峰蒼翠萬仞，其嶄絶峻拔之形，瑰詭雄特之狀，金華北山不能過也。故其氣之清淑靈秀，蜿蟺磅薄，而鍾爲名世文儒者，固宜有之，若存雅先生方公、翰林待制柳公則其人也，最後深裹先生吴君立夫出焉。立夫氣稟尤異，負絶倫之才。自其少時，讀書日記數千百言，下筆爲文，如雲興水湧，二先深所畏愛者也，故方公以孫女妻之，而且盡傳其學焉。凡天文、地理、井田、兵術、禮樂、刑政、陰陽、曆律，下至氏族、方技、釋老、異端之書，靡不窮攷，含其英，咀其華，於經史之學，益研精，究其指歸，故發爲議論文章，滔滔汩汩，一瀉千里，如長川大山之宗夫海嶽也，如千兵萬馬銜枚疾馳而不聞其聲也。嗚呼壯哉！他人恒苦其淺陋，立夫獨患其宏博者也。庸詎非仙華神秀之所鍾，而能若是耶？惜其蚤世，莫得少見于時，僅嘗一用《春秋》薦，不第，遂隱居講學。從游甚衆，凡經指授，悉有可觀，於是大肆其力於學問文章，而卓乎不可及矣。嗟夫！彼其僥倖一官，乘時射利，而無片言隻字可傳於世者，其視立夫雄文偉論，馳騁于司馬子長、劉向、揚雄之間者，是果孰爲得失哉？必有能辨之者。今門人高第宋君景濂不忘其師，子雲之侯芭，昌黎之李漢也，收拾遺文若干卷，徵予序引。夫文豈待序而傳者哉？然玉韞石輝，珠藏川媚，異時仙華山下有光燭天者，必遺文所在也，尚何患其不傳哉？承事郎太常博士致仕東陽胡助謹序。

右先公遺藁，以卷而計者，賦一，詩三，文則八，總爲一十有二，而目録、附録別又各爲卷。先公平生鋭意立言，雖疾病纏綿，而未嘗一日廢其業，故其簡編日盈而月繁。先公之歿，至是蓋二十六年矣。中更兵燹之變，士諤恒負之以竄山谷間，然幸靈物撝訶，單牘片削，皆無霣墜。今干戈稍定，士諤與弟士謐年皆半百，筋力日衰，恐一旦即死，懼或致泯没，輒謀思有以刻諸梓。先公之門人唯金華胡翰仲申、宋濂景濂從游爲最久，仲申遠寓太末，莫克致之。適景濂抱疾家居，因槖其稿以屬焉。景濂遂摘其有關學術論議之大者，以所作先後爲序，備勒如上。餘未刻者，其多不啻三之二，物力單微，而不能俱也，復繕謄之，以藏于家。嗚呼！先公之文可謂至矣！語其深厚，則海涵而地負；語其變化，則風霆行而蛟龍升；語其雅且古也，則商敦在庭而竹書出冢。四方之士類能言之，有非末學之所能盡贊，唯刊隲次第不可不知也，因僭陳諸篇首，以驗夫後之人焉。男前婺州路金華縣儒學教諭士諤再拜謹識。

祝鑾序嘉靖元年

金華黄先生文集四十三卷元刊元印本

元黄溍撰，臨川危素編次，番昜劉耳校正

《翰林侍講學士金華黄先生文集》，總四十三卷。其《初稿》三卷，則未第時作，監察御史臨川危素所編次；《續稿》四十卷，則皆登第後作，門人王生、宋生所編次也。先生之文章刮劘澡雪，如明珠白璧，藉以繅綺，讀之者但見其光瑩而含蓄，華縟而粹温，令人愛玩歎息之不已，而不知其致力之勤，用心之苦也。故其見諸朝廷簡册之紀載，山林泉石之詠謌，無不各得其體而極其趣，以自成一家之言，不既甚盛矣。余嘗論之，文章與世運同爲盛衰，或百年，或數十年，輙一見焉。先生當科目久廢之餘，文治復興之日，得大肆力於爲己之學，以擅名于海内，雖其超見卓識有以異於人，其亦適值世運之一盛也耶。譬如山川之風氣，草木之華實，息者必復，粹者必榮，蓋亦理勢之必然者矣，夫豈偶然而已哉？先生領延祐甲寅鄉薦，先文靖公實爲考官，於師泰有契家之好。其後同居史館，又同侍經筵，文誼爲尤篤。比廉問閩南，過金華，得先生之集於王生，故敘而授之三山學官，俾刻梓以惠來學。先生登進士第，授將仕郎台州寧海縣丞，歷石堰場監運暨州判官，浮沉州縣幾二十年，始入翰林應奉文字。尋丁外艱，除服，改國子博士。居六年，以太夫人春秋高乞外補，遂提舉江浙儒學。年六十有四，竟辭禄歸養，以中順大夫秘書少監致仕。及終太夫人喪，年已踰七十矣。復被召爲翰林直學士，兼經筵官，陞侍講學士中奉大夫同知經筵事，數告老不許，久迺得謝去。今年七十又九，猶康强善飲啖，援筆騁馳，如壯歲云。至正十五年十月既望，朝散大夫福建閩海道肅政廉訪使宣城貢師泰序。

東陽黄君晉卿博學而善屬文，示予文稿。讀之使人不能去手，其用意深切，而立言雅健，雜之古書中，未易辨也。予愛之敬之，適有以《吉日癸巳》、《石鼓》二周刻見遺者，則欣然曰：『是可與晉卿之文並觀者耶？』皇慶元年十月廿九日，趙孟頫書。

右《日損齋初稿》，金華黄先生晉卿少時作，舉進士後則有《續稿》。先生故衣冠家，及師友前代遺老。素至京師，盡得其文而讀之，愛其雅暢深密，而討論精覈，蓋及於古矣。謹第録爲若干卷，庸俟學古之君子。臨川危素記。

案，此元刊元印本，每葉二十四行，每行二十四字。語涉元帝，皆頂格。版心有字數，小黑口。自來藏書家罕見著録，張氏愛日精廬有殘本二十三卷，則其書之罕可知，真元板中秘笈也。

黄文獻公集二十三卷明正統補刊本

元黄溍撰

宋濂序

杜桓補刊序正統戊午

案，卷一至三曰『初稿』，卷四至十曰『續稿上』，俱題『臨川危素編』；卷十一至十六曰『續稿中』，題『門人王禕編』；卷十七至二十三曰『續稿下』，題『門人宋濂、傅藻同編』，合二十三卷。伏讀《欽定四庫全書總目》云：『危素所編本爲二十三卷，今未見。』則傳本之稀可知。此本不著刊刻年月，杜桓後序云『《黄獻公集》刊置學宫，垂及百年，正統丁巳，學燬於火，教授王君欒孟從烈燄中挾文集板出，得弗燬。既而檢閲，闕板百餘，金華縣大夫余侯捐俸刊補』云云，則當刊于元至正中矣。

圭齋集十五卷附録一卷明刊本

元歐陽玄撰，宗孫銘鏞編集

宋濂序

順齋先生閒居叢稿二十六卷元刊本

元蒲道源撰，男蒲機類編，門生薛懿校正

故贈秘書少監順齋先生蒲公既没，仲子御史君機裒輯遺文曰《閒居叢稿》者，爲二十又六卷，以授湣俾序之。孟子曰：『頌其詩，讀其書，不知其人，可乎？是以論其世也。』按公行狀，公生而岐嶷，丱歲就學，强記過人，未成童已通經大義，弱冠文聲籍甚，諸老多折行輩與之交。逮乎立年□□濂洛諸儒之説，倡於漢中，而漢中之士知有道德性命之學。蓋公之求端用力，務自博以入約，由體以達用，真知實踐，不事矯飾，而於名物度數，下至陰陽醫藥，無不究其精微。教人具有師法，大抵以行檢爲先，而窮經則使之存心静定，而參透於言語文字之外。郡縣長吏或有所取正，亦必引以當道，而行其所無事。臨終卻藥弗御，飲酒賦詩，夷然而逝。由是觀之，則公之爲人可知也。奥自國家統壹宇内，治化休明，士俗醇美，一時鴻生碩儒，所爲文皆雄深渾厚，而無靡麗之習，承平滋久，流風未墜。皇慶延祐間，公入通朝籍，以性理之學，施於臺閣之文，而其文益以粹，譬如良金美玉，不俟鍛鍊琱琢而光輝發越，自有不可掩者矣。時上新即位，方嚮用儒術，設科目以網羅四方之賢俊，而御史君以公在班列之日，策名於昕陛。士大夫咸以爲榮，論其世則太平極盛之際也。湣浮湛州縣，白首登畿，忝以非才，承乏冑監，實在公去官十有五年之後，無從接聞緒論。兹幸獲以疵賤之氏名，自附於公，是用忘其衰朽荒落，而序其梗概如右。後之覽者論其世而知其人，則於公之文思過半矣。公諱道源，字得之。系出漢蒲將軍，至晉安西大將軍，遂避亂入蜀，而宋資政殿學士贈太師楚國公宗孟居眉之青神。公之（考皇）〔皇考〕贈禮部郎中，諱政午，又以國初徙興元。公嘗爲郡學正，終更絶口不言仕進。晚以遺逸徵，詣京師，編摩史館，供奉詞林，尋以博士教國子。居歲餘，輒自引去。詔起公提舉陝西儒學，訖不就。後用御史君貴，以有今贈。其年壽、卒葬與言行之詳，壙有誌，神道有碑，兹不贅述焉。至正十年冬十月二十四日，前史官金華黄溍序。

順齋先生閒居叢稿二十六卷舊抄本

元蒲道源撰，男蒲機類編，門生薛益校正

黄溍序至正十年

所安遺集一卷明初刊本

元進士龍南令前翰林院庶吉士長沙陳泰同志著

閻潔序正德八年

孫銓序成化丁未

周濟題正德甲戌

蔣冕題

至正集八十一卷文瀾閣傳抄本

元許有壬撰

圭塘小稿十三卷別集二卷續集一卷附録一卷 明刊本

元許有壬撰，中憲大夫同僉太常禮儀院事弟有孚編

故翰林學士承旨集賢大學士光禄大夫兼太子左諭德圭塘先生許文忠公，往年特命爲中書左丞，以不得行志辭歸。御史臺臣奏於上曰：『許有壬德兼體用，學究天人，正色立朝，誠心報主。比居管轄之地，益彰輔弼之忠誠，所謂臺省老成，中外具瞻者也。』爲御史中丞歸，臺臣又奏曰：『中丞許有壬謀猷聞望，爲國老成，德業文章，超出時輩，立朝大節，歷歷可稱。其在位也，竭忠礪節，冰蘖自持，扶持紀綱，表礪庶府，抗論不阿於權貴，嫉惡尤過於往年，誠不負聖天子眷注之隆，中外具瞻之譽。』玉音嘉納，寵錫頻繁，此天下之所共知，初不待於劣弟之論及。文章特餘事爾，但平生性稟，經籍外無所嗜好，世俗所重，可以爲子孫計者，悉不存於胸中。昆季開恪守先公之訓，而終始不渝者，公一人耳。故居宰路，韋布不殊，幾務方殷，著述不廢，況閒暇乎？門生集録成一百卷，名《至正集》，同年歐陽公爲序，可必傳者也。當時翰林、太常院、國子監俱移公牒，各求一部貯之書庫，以備徵討，以淑後學。先生謙讓未遑也，諸生亦繕寫工畢，不幸值先生捐館，有孚亦以議禮忤時宰意，遷守相州。道路阻修，不知其後還送上官以遂諸公公議否。昨聞猶子太常博士楨忽遭起遺，倉皇之際，輕身南行，書籍家貲，悉皆棄擲。《至正集》册帙重大，必不能顧，稿亦併亡，使先生平生著述，淪没無聞，深可痛惜。然而竊聞軍中多具眼者，斯文天相，或遇知音，必不毁棄，苟存全集，未可知也。行橐中止存昔□□□諸人

所謂《圭塘小稿》，而有孚爲序之本，幸無失墜，力疾編纂，得賦四，古詩二十五，歌行十二，律詩四十四，絶句三十五，序十八，記十六，碑志十一，贊五，銘二，辭一，題跋六，文一，長短句六十三，總二百四十三，爲一十三卷。酬贈及見寄有孚詩文、贊議、跋銘、傳記、長短句共八十五，爲《别集上》，緱獻可出其先世所收《文過集》，并林慮記遊詩文，共九十三，爲《别集下》，而其殘編斷簡，得於倚□野人家者，爲《外集》一卷，繼《小稿》後，并目録，共一十六卷，以示子孫，所謂存十百於一二也，嗚呼惜哉！　昔祭酒宋本誠夫之殁也，弟顯夫以其文求公序。公極美顯夫能以其兄之文著於世，傳于後，可謂能弟，誠夫可謂不死。今若此，豈惟負父兄之訓，而他日亦何面目見友朋於地下乎？　況文集之外，如《漫録》、《漫總》二書，又皆干係朝廷，政務登載，用舍人材，將來足補文獻徵考，今亦喪亡，視顯夫爲愧尤重。嗚呼！　天地有窮，此恨無窮也。痛哉！　痛哉！　屠維作噩春二月既望，弟有孚引。

昔人論文章，貴有館閣之氣。所謂館閣，非必掞藻於青瑣石渠之上，揮翰於高文大册之間，在於爾雅深厚，金渾玉潤，儼若聲色之不動，而薰然以和，油然以長，視夫滯滿怪僻，枯寒褊迫，至於刻畫而細，放逸而豪，以爲能事者，徑庭殊矣。故識者往往以是概觀其人之所到，有足徵焉。本朝自至元、大德，以迄於今，諸公輩出，文體一變，掃除儷偶迂腐之語，不復置舌端。作者非簡古不措筆，學者非簡古不取法，讀者非簡古不屬目，此其風聲氣習，豈特起前代之衰，而國紀世教維持悠久，以化成天下者，實有係乎此也。集賢大學士兼太子左諭德安陽許公自進士高等，接武而上，歷侍從，膺藩宣，典内制，佐政府，出入中外，四十有餘年。其牢籠萬象，漱滌芳潤，總攬山川之勝，與夫推之經濟當世者，何莫非學，其所取數多，其用物弘，故其所發筆力，有莫窮其倪，而邐迤曲折，且不它蹈，則夫冠冕佩玉之氣象，信得而徵之矣。公大全集凡若干卷，簡而出之爲詩文樂府若干卷，題曰《圭塘小稿》。圭塘，安陽别業也，公之所休逸也。花竹泉石，超然林壑，故以命編云。契生翰林學士承旨榮禄大夫知制誥兼修國史張翥書。

《圭塘小稿》者，即《至正集》而不具録者也。圭塘者，先生别墅也。先生幼穎悟，先公自教之，趨庭應對，詩文立成。嘗侍游，見古碑，命往讀，輒背誦以復，同行驚歎，謂偶然，故試之始信。甫冠入京，名譽日起。未幾，擢高科，登顯仕，著述不廢，精敏絶人。門生彙爲《至正集》，歐内翰謂雄渾閎雋，不可以淺見聞。有乎仕南臺，見江湘閒得片文隻字，什襲傳玩，至有假託以衒者。遐方好事不憚請求，然卷帙浩瀚，諸生應酬不給。有乎得先生所輯，名《圭塘小稿》，即《至正集》而不具録者，繕寫以應之。其居禁近省臺，論天下事，凡見章疏，嘉言讜論，具《至正集》。方貴顯時，何求不獲，而獨留意於文翰。今年七十四，杜門卻掃。聖上念老臣，優全禄，任子官，俾得安閑。至於親朋懇求，亦有不免。孔子曰『不知老之將至云爾。』其識趣爲何如？昔子由序東坡《和陶詩》曰：『轍少而無師。子瞻既冠，學成，先君命轍師焉。夷考其後，宦游四方，中被誣斥睽離之時多，從兄之日少。』如有乎者，不敢竊比前賢，然亦承命而師，三十年不去左右，開發成就，固已不少，而憒憒庸庸，學不加進，年將耳順，跧伏祠官，步武且不敢仰視，而況文章道德之懿哉？他日將何以見先公於地下？日月逝矣，雖悔可追。託名集端，因以志愧。至正庚子中秋，弟中憲大夫同僉太常禮儀院事有孚序。

朱禋跋成化改元

丘霽跋成化己丑

許顒跋成化庚寅

皕宋樓藏書志卷一百二

集部

別集類三十六

吴禮部文集二十卷元刊本　季蒼葦舊藏

元吴師道撰　前有小像、自贊

黄氏手跋曰：此《吴禮部文集》，余於書友處得之，云是郡城故家物，真奇書也。讀《欽定四庫全書總目》：『《禮部集》二十卷，元吴師道撰，凡詩九卷，文十一卷，流傳頗尠。此本乃新城王士禎寫自崑山徐秉義家，因行於世。』是元刻元印之本，未易得也，惟《延令書目》『宋元板雜書文集』載之。今檢此書有『季振宜藏書』圖記，當即是《延令書目》中所載者歟？中有夾籤，爲傳録者竄改之處，觀此可見寫本之改易舊觀，實從此出。卷首序文脱落第一葉前半葉，尚留墨印痕，知原序遺失，非其本無。卷末有《元史》本傳，爲舊藏者抄附便覽。近時寫本因序文脱落，竟以《元史》本傳弁諸首，俱非本來面目矣。惜十四卷中缺第十八葉，更無元本可補，爲恨事爾。聞此書先到袁氏五硯樓，主人以議價未妥，遂入余家。余以白金三十兩有奇易得，可知一書之歸宿，亦有定也。末册空葉有『陶齋』二字圖書，未知是袁陶齋否，俟與綬堦質諸。嘉慶三年歲在戊午秋九月重陽前三日，棘人黄丕烈識。

案，此元刊元印本，每葉三十二行，每行二十四字。卷中有『季振宜藏書』朱文方印、『江夏』朱文方印、『無雙』白文方印。

吴禮部集二十卷舊抄本

元吴師道撰

積齋集五卷文瀾閣傳抄本

元程端學撰

燕石集十五卷影寫元刊本

元宋褧撰，姪太常奉禮郎彍編次，應奉翰林文字危素校正

漢初詩學方興，燕人韓嬰作《外傳》數萬言，史稱其言與齊、魯殊，又言嬰嘗傳《易》，燕、趙閒人喜《詩》，故《詩》傳而《易》微。余讀是有以知燕之爲詩，蓋千有餘年于此。《外傳》言奇詭

卓犖，而詩之爲教，本乎山川之風氣，人物之性情者也。燕東遼海，通蓬萊，西北控并塞。自昭王好神仙，往往招致畸人方士于其國；至若豪俠，則易水之歌，漸離之筑。楚漢閒安期生、蒯通兩人者，則又嘗合二者之奇爲一矣。其風聲氣習，歲月之鬱湮，世故之感發，不激爲變宮變徵之流，則溢出爲騷雅歌行之盛，一氣機之宣流耳。翰林薊門宋君顯夫示余詩若干首，予讀盡卷，來求一言之陳，無有也。雖大堤之謡，出塞之曲，或馳騁乎江文通、劉越石諸賢之閒，而燕人淩雲不羈之氣，慷慨赴節之音，一轉而爲清新秀偉之作。吾知魯、齊老生之不能及是也，奈何猶以燕石爲名其集耶？顯夫年强仕，所作當日富，所造詣未易窺。姑序余所睹記如是云。至順元年三月丙子，奉政大夫藝文少監長沙歐陽玄序。

延祐中，朝廷大興文治。予友宋顯夫從其兄誠夫自江南來，而『大小宋』之名隱然傳播于京畿。未幾，誠夫果魁多士。久之，顯夫亦賜同進士出身。初，顯夫兄弟從親宦遊於江漢之閒，日益貧窶，衣食或不充，故其爲學時，精深堅古，下至稗官傳記，亦無不覽。詩尤清新，飄逸出奇，古若盧仝、李賀之流，蓋喜其詞以摹儗之。及聞貢舉詔下，始習經義、策問。既擢第，遂入館閣爲校書、編修、修撰、待制，又嘗爲太禧掌故、中臺御史、山南僉憲，最後出國子司業，入翰林爲直學士。至正丙戌之春，年五十三以卒，謚曰文清。誠夫累官至禮部尚書、國子祭酒，謚曰正獻。始者，誠夫之卒，顯夫屬余序其文後。今顯夫之亡，其子國子生籲彙其稿，徵序于余。夫宋氏文學之偉，固不待余言而傳也。第念伯仲方以才能進用，不極其至，相繼淪逝，此中外有識之士重悼惜也。昔者仁皇開設貢舉，本以訪求賢才，作興治化。今觀累舉得人之盛，或才識之長，裨益國政，或文章之工，黼黻皇猷，議者不當盡以迂儒巽懦詆訾之也。嗚呼！去古雖遠，士之卓然能有所見，毅然能有所守，又豈無其人哉？或彼怵之以利害，視之以禍福，事勿合義，言不中度，詭隨而或不能盡識也。余以交游之久，故深知之。知之深，則其哀之也切。是則國家承平百年，德術涵濡，而庠序樂育多士之功，豈第求其文章言語之工而已？顯夫家本京師，故題其集云《燕石》云。至正六年冬十月朔，集賢侍講學士通□大夫兼國子祭酒趙郡蘇天爵序。

予臥病日廬，有禁近之擢，迫命就道，惶汗無措，而竊自喜，幸故人宋君顯夫實直學士，協(從)〔恭〕侍從，自公論文，亦一樂也。比予入京前十五日，而顯夫卒矣。予病亟歸，不得省，其孤承詔(傷)〔復〕來，顯夫已贈國子祭酒，謚文清，思而不可見，惜哉！孤籲奉《燕石集》拜且泣曰：『此先子所遺，兄彍編次者也。世父《至治集》，公實序之，敢援例以請。』予序誠夫文不一紀，又弟□□人之生世，其可悲也夫。顯夫兄弟入京，首與余游，盡視余所著，睽離，有作必寄，故知其長蚤且悉也。及閱顯夫稿，則未相識時，歌詩已嘗及余，重以三十年分誼之篤，可辭乎？國家設貢舉，陶天下以經術，餘三十年矣，文當日昌，而名能著見者，何以指之不多屈也？積儲之不厚也，造詣之不遠也，取而隨竭，發而自梔，拘拘規放，而倀倀乎所適者，卻曷得乎？惟其有所本也，有所參也，該洽沈潛，心有所得，濟以定力而熟之則□也。決渟潤而灌溝澮，策堅乘而走康莊，庶乎其達矣。顯夫登甲子科，考其作，未有貢舉前已汩汩矣，視誘利禄而重得失，忽于播而急于穫者，不有閒乎？人知其才而不究其積儲造詣之有素也，而今序其集而原其得，俾後之觀者有激焉。集若干卷，文、古詩、樂府若干首，自名《燕石》，然世皆信其爲工也。彍由禮部郎爲丞相東曹掾，彙從父之文，不使遺逸，不愧顯夫之姪矣。籲甫襄事，即謀刻父文，宋氏之後，其益昌矣哉！至正六年歲在丙戌冬十一月既望，翰林學士承旨榮禄大夫知制誥兼修國史知經筵事安陽許有壬序。

宋君顯夫諱褧，大都人。由進士累官至翰林直學士，知制誥，同修國史，贈中大夫、國子祭酒，勳輕車都尉，爵范陽郡侯，謚文清。其先君前至元初，宦遊江左時，君猶未生，諸兄隨侍去。延祐閒，偕次兄國子祭酒諱本始還京師，都人莫能識，朝士大夫亦莫之知也，宋族中一二長老纔能記憶。祭酒以古文著稱，亦精于經子書，顯夫獨以詩行。不半年，交上下，聲名籍甚，號曰『大宋』、『小宋』。祭酒公至治辛酉進士及第，顯夫泰定甲子始登科，實與予同年。元統二年祭酒公長成均，予以司業貳顯夫，嘗考文出東，相知益深。既而祭酒薨，又十三年，顯夫亦去世。嗚呼痛哉！祭酒有《至治集》，而顯夫之子籲持君平日所作求序，曰：『此先人手澤也。』自名其編曰《燕石》，又曰《若心》。荀子曰：『藝至無兩能。』祭酒既能文而善于詩，顯夫既能于詩而善于文，體製足尚，可謂能矣。歐陽子曰：『窮而後工詩。』兩公歛歷臺省，俱爲祭酒，可謂達矣。雖然，詩之列于經，非藝也。風形邦國，雅達朝廷，頌告神明，于此驗得失而識治亂，蓋音聲之譜，性情之曲也。詩變爲騷，騷變爲賦，漢、魏而下，盛于唐人。苦心鏤刻，極于思致，視屈、宋猶霄壤，而況于風雅乎？宋、金以來，唐人又遠矣。文清公兄弟學詩者方脱畧宋、金之習，可謂有功于詩學矣。自兩公之没，想其流風餘韻而未及，方悲悼之無已。籲又拜懇甚至，于是乎序。資善大夫中書左丞知經筵事太原吕思誠謹書。

翰林直學士廣陽宋公既卒且葬，從子奉禮郎彍狀公之行，又與公子籲編以遺文十有五卷，屬素校其脱誤，而并序其後。比公以國子司業史官，素實同修《宋史》，及在經筵爲公屬吏，其何敢辭？素方弱冠在江南山中，聞公與伯氏正獻公自江北歸，聲名藉藉，若晉二陸之入洛也。未幾，正獻公對策大廷，遂魁多士，又四十年，公亦舉進士。天下方期公昆弟至于大用，然皆官三品，壽不及六十而止，論人才者不能不爲之慨歎焉。然其志之所存者，徒托諸策而已。公之于詩精深幽麗，而長于諷諭，其文温潤而完潔，固足以成一家之言，況隆于孝友而稱其情文者也。嘗稽之史，燕之地，昔者固多賢儁之士。及唐室藩鎮强大，石敬塘割其土地賂契丹，更宋與金，兵戈相尋，其民無復休養生息之樂，至于詩書禮樂有匆遑。及歷數百年，而神元定都于此，投戈息馬，風俗丕變。公之昆弟皆能奮自孤苦，有所樹立，豈其適當休明之運，以至然歟？然則雖用之不竟其才，而其所傳者則固在此不在彼，公之昆弟，亦可以無憾矣。正獻公没，公狀其行，輯録其文，彍之事公者又如此，則今宋氏之家法，尤足稱也。公諱褧，字顯夫，歷官行事，當勒之墓碑，書之國史，此不著。至正七年七月甲寅，應奉翰林文字文林郎危素序。

皇帝聖旨裏，中書省御史臺呈據監察御史段弼、楊惠、王思順、蘇寧等呈：嘗謂文章天下之公器，不可無傳；薦敭言責之所先，詎容緘隱。竊見故翰林直學士亞中大夫知制誥同修國史兼經筵宋褧行修而潔，學正而醇。識量宏遠，而能守乎堅貞；文章倩麗，而不越乎軌範。與兄本俱由進士並擢巍科，旋歷清顯，一時聲華，縉紳弈煜。觀其翰林供奉史館著述之暇，作爲詩文、記序、碑銘、雜文一十五卷，或嚴謹純正，或瑰瑋雄贍，或清婉富麗，出入乎班、馬之場，游騁乎嚴、徐之行，頡頏乎沈、謝之閒。是皆無忝，誠可表儀，後進宜從。憲臺具呈中書省，于行省有錢糧學校，官爲刊行，不惟斯人有光，亦可以彰我朝文治之盛。具呈照詳得此。送據禮部呈擬，得上項事理，合準監察御史所言依擬刊行。如蒙准呈照，宜從都省咨移江浙省于各路有錢糧學校內刊印行。呈詳得此，都省合行移咨，請照驗依上施行。須至咨者。至正八年八月日。

秋聲集十卷舊抄本

元黄鎮成撰　　後有墓碑危素撰

聲於天地閒，不能無也。其大者雷霆也，風雨也；其次通之爲言語，和之爲律吕；下至時禽候蟲，莫不有聲。獨秋聲或有或無，歐陽子謂聲在樹閒，猶假物以爲聲言也，莊生所謂天籟在天不在物也。夫秋之爲氣也，寥閴而清，寂寞而虚，清與虚相薄，或能有聲，或能無聲，不能必其有無，然則秋聲亦天地閒不能無者也。余少學吟，不能無聲。大之不能爲雷霆風雨，次之不能爲語言律吕，時禽候蟲又有所不屑爲者，故托而自附於秋聲焉。秋聲可有可無，余言亦可有可無，故録之以爲《秋聲集》，庶童子能聽之否乎？秋聲子自敘。

右《秋聲集》若干卷，昭武隱君元黄鎮先生之所作也。先生卓異，抱濟世之材，不得志于有司，慨然著書，垂訓以淑後學，故發爲詞章，雄贍富麗，如飄風行雲，大音希聲，天籟自鳴。由其積之有素，而學之有本，故用之不竭，而應之無窮。雖然，秋之爲聲乃天地清肅之氣，而慘舒之情具焉，抑亦有所激而鳴其不平者邪？使先生達而在上，則春風噓拂，草木同光，諧治世之音，召來儀之鳳，其聲不在山林而在廟廊矣。朝廷訪求隱逸，賁于丘園，僕之不才，屢嘗薦士于執政，獨恨知先生之晚。而今也，力不足以振之，徒重遺賢之歎。三復是集，中大篇短章，諸體咸備，皆有關于斯世者，豈徒言哉？然則，先生雖不仕，而聲教在人，□訓傳後，是亦爲政也。雖越千載其可泯耶？謹識此于卷後而歸之。至正十七年歲在丁酉十月己卯，新安鄭潛拜手書。

先君子所著《秋聲集》，詩文離爲十卷，中罹己亥之亂，已失大半，所存者尚千數百篇。鈞重惟先君子生平苦心，萃於此集，今已不全，若復蹉跌淪没，則後人何所徵考其先世？故用服膺寶藏，不敢怠忽。爾後遭值兵禍相尋，雖倉卒避地，亦必挾以自隨，他雖重物，亦弗顧也。丁未歲，伏承延平太守實齋吴公嘗繡梓以傳，甫畢而世變無存。鈞汲汲於刊行，則力有所不逮。

今年秋，始克命匠肇工，而卷帙浩夥，未獲全刊，姑稱力爲之，繼此又當續刊也。洪武十有一年冬十月甲子，男鈞稽拜恭題。

雁門集六卷明刊本

元代郡薩天錫著

詩原於西北，周人以《生民》、『瓜瓞』等什，備述姜嫄、后稷首生、力穡之詳。于焉頌之清廟，以爲受釐獲福之典。所謂美盛德之形容，以其成功告之於神明者，皆由邠、鎬西北之境也。厥後，流而爲《漢廣》、《行露》等作，則有以及乎列國，至於天下。上以風化下，下以諷刺上，或懽忻以盡羣下之情，或齊莊以發先王之德，所以立賦比興於其門，藹然忠厚之風見焉。世道既降，詩亦隨變爲楚騷，爲漢選，迄於唐律已極，然必由於六藝以求合乎性情之正。夫何至宋，本之道學，雜以禪唱，甚有嬉笑怒詈爲言，則是性情遠矣。詩而至是，豈非一厄乎哉？我元之有天下，拓基啟祚，皆始於西北，其去周之邠、鎬益遠，然而大山崇林，長河曠壤，鍾於兩閒，而爲風氣所凝結，況祖宗深仁厚澤，浸灌陶煦，有加而無已。是以人生其閒，多質直端重，才豐而氣昌，豈比規規佔畢、尖新剽掠以爲言者哉？觀之姚牧庵、馬文清、達兼善、巙子山諸公輩，其所以爲詩者，往往宏偉舂容，卓然淩於萬物之表，而性情不自失，可以軼漢、唐而闖諸風雅，有周忠厚之氣象爲之一新。若吾友薩君天錫，亦國之西北人也。自其祖思蘭不花、父阿魯赤，世以膂力起家，累著勳伐，受知於世祖、英宗，命仗節鉞，留鎮雲代。生君於雁門，故以爲雁門人。君幼岐嶷不羣，稍長愈穎敏，徧接俊傑，獲聆緒論，乃深有益，遂爲文詞，雄健倜儻，迥邁乎人人。踰弱冠，登丁卯進士第，應奉翰林文字。以彈劾權貴之不法，左遷鎮江録事宣差，後陟官閫憲幕。悉形諸詠歌，傳頌士林，殊膾炙人口。久之，除燕南經歷，陞侍御史於南臺，凡所巡覽，繇是往還吴中，嘗出其所作之詩曰《雁門集》者見示，予得以盡觀。其剛健清麗，則如淮陰出師，百戰不折，而洛神淩波，春花霽月之嬋娟也。其豪放若天風海濤，魚龍出没；險勁如泰華雲開，蒼翠孤聳。有詩人直陳之事，有援彼狀此、托物興詞之義，可以頌美德而盡夫羣情，（可）可以感人心而裨乎時政。周人忠厚之意具在，乃以一掃往宋委靡之弊矣。開索予序之。予之言曷足以序君之詩？嘗念君與予聚首京師，相與商榷古道，以祈至當不易之歸。迨今休老于鄉，愧莫自振，惟徒羡君憂詣作者之域，得與諸公相頡頏，用挽回風化習俗之大，其有功於詩，有功於世道，何如哉？國家元氣，肇自西北，以達于天下，有源而有委，讀是詩者，尚有以見之。君姓薩，名都剌，薩都剌云者，即華人所謂濟善也。天錫其字，别號直齋，亦以生居雁門，遂取名集。又有《巧題》百首，皆七言律，别爲一集云。至正丁丑秋八月望，嘉議大夫禮部尚書兼集賢待制史局總裁官吴郡干文傳書。

杏庭摘稾一卷舊抄本

元新安洪焱祖潛夫著

宋濂序

《杏庭居士集》，故徽州路休寧縣尹致仕洪先生所著詩文也。先生諱焱，字潛夫。年廿有六，爲平江路儒學録、浮梁州長薌書院山長、紹興路儒學正，調衢州路儒學教授，擢處州路遂昌縣主簿。天曆元年年六十有二，致其事去。明年，卒于家。此先生之履歷也，其爲學官，興修學舍，其佐邑，富民不敢躋門。土豪强買民田，不收税，壹爲正之。甲或歐乙瀕死，反自剺其面以誣乙，冀脱其罪。先生卒坐甲，訟由是息，囹圄爲空。浦城僞鈔，誣遂昌富者十有六家。尉卒持公牘至，先生立遣之。南有大溪，遇霖雨不可涉，乃捐廩禄爲之倡作長橋。夏旱，禱于龍湫，輒雨。此先生之爲政也。初，先生謁宋尚書方公逢辰于建德，方公大奇之。其後客杭，師事建德守方公回。建德與先生同郡，先生之生父程公，建德同舍生也。客信，從學校授四明戴公表元游。至若高郵龔君璛、吴興姚君式、南城李君淦，皆東南名士，則又與之同僚。此先生之師友也。由是觀之，先生終始可得知矣。先生既歿，其子在述其行，以先生踐履純篤，爲政清慎，邅回半生，位不充其才爲痛。余則解之曰：『前史所載丞相、御史大夫、大將軍名姓相望，其穹官峻爵，焜耀一世，論其所可傳，則蔑如也。先生之文，根極理要，而憂深思遠，超然游意於語言之表，彼丞相、御史、大夫、大將軍，雖尊顯，寧有是哉？』然則爲在者可以無憾矣。先生所著別有《續新安志》十卷、《爾雅翼音註》三十二卷，已刻于徽學。其所居有銀杏大百圍，故以爲號，因名其集云。在以門廕爲征官，今調浦江尉，將去京師，屬余序其篇端。迺爲之書。至正九年七月己亥，應奉翰林文字文林郎同知制誥兼國史院編修官危素序。

陳衆仲文集十卷 元刊本　士禮居舊藏

元陳旅撰

黄氏手跋曰：此《陳衆仲文集》，明翻元本，嘉定錢少詹與元刻七卷本同以遺余者也。少詹有夾片在此本第十卷首，記云：『自此而下，皆予家本所無。《安雅堂集》凡十四卷，予家所藏乃元板，止有前七卷。此本周書昌所遺，則明初人翻刻，亦多曼漶。予家本有第六、第七，此本有第十至第十三。今合兩本録之，尚闕第八、第九、第十四。』丕烈合此兩刻，喜之甚，然衆仲文未能卒讀也。頃萃古主人購書禾中，得一十三卷本，所謂八、九卷俱有，獨闕十四卷爾。唯是十四卷之説，《元史》本傳云然。至各家書目，如吾家俞邰《補明史藝文志》號稱廣博，而所收亦十三卷本，且此本末册有『虞稷』印，安知千頃所藏非即此乎？則作史之紀載，果可信乎？書經三寫，魯魚亥豕，吾見衆仲文，自元迄明，而以此刻及明刻附之，蓋存疑也。明刻末有廬陵楊士奇跋，云刻板在福州府學，不著歲月云。

案，此元刊明印本，每葉二十行，每行二十字，大黑口。卷中有『士禮居珍藏』朱文長方印、

『二西藏書』白文方印。

安雅堂文集十四卷舊抄本

元陳旅撰

陳君衆仲爲國子丞，而予助教於學，且居官舍相邇也，其日從議論者殆逾年。求君文者屨常接户外，君雖卧疾，而操筆呻吟不少置。其卒也，予哭之悲焉。風雅寥潤，追念故人，欲一如疇昔坐談千古，以發諸識趣之表，既不可得，又竊慮其遺編散失，無以暴白於後也。今年冬，出使閩南，詢其子籲，得家藏全稿，曰《安雅堂集》，凡十三卷。嗚呼！文章至季世，其敝盛矣。元興以來，光嶽之氣既渾，變雕琢礫裂之習而反諸醇古，故其製作，完然一代之雄盛。文人學士直視《史》、《漢》，魏、晉以下，蓋不論也。方天曆、至順間，學士蜀郡虞公以其文擅，四方學者仰之，其許予君特厚。君亦得與相薰濡，而法度加密焉，故其所鋪張，若揖讓壇坫，色莊氣肅，而辭不汎也；其所援據，若檢校書府，理詳事覈，而序不紊也。其思緜麗藻拔，而抒機内綜也；其勢飛騫盼睞，而精神外溢也。此君之所自得，而予嘗以是觀之，今其已矣。詎意夫履君之鄉，敘君之文，而寓其不已之心乎？炳焉其若存，的焉其遂傳，中山之序柳州，白傅之序江夏，友義之重，古今所同。因籲之請，乃書而冠諸集首。至正九年龍集己丑季冬望日，翰林修撰河東張翥序。

文章與世道升降，稽諸往昔，則較然矣。蓋自古帝王之渾灝，逮宣尼之删述，萬世不可尚已。三代以下，唯西漢之治近古，故其文雄閎雅奥，儒者宗之。東都浸漓，魏、晉以下，靡靡無足觀矣。中唐至韓、柳而復古，宋至歐、蘇、王、曾而復古，此數子者，皆生唐、宋盛時也。迨其季世，非無人焉，浮漓磔裂，索索不可整，則氣運爲之也。元興，以質治天下，國初之文，已極雄古。皇慶、延祐以來，益以醇正典雅相尚，藹藹乎治世之音，非近代所能及也。且諸名家班班繼繼，視昔加多，又何盛歟！故國子監丞陳君衆仲，亦以文擅世者也。君自弱冠即有志學古，嘗讀書南海之上，盡屏聲利緝綴之餘習，醞經飫史，呑吐百氏，久則剸玄劇賾以爲文，自成一家，超軼古昔。石田馬公爲御史時，按事閩中，一見奇之，舉諸朝，繇是通籍，館閣諸閣老又推許之。不十年，而衆仲之文滿天下矣，而天下知其文者，未必知其人也。予嘗謂衆仲學博而通，識高而敏，使之裁繁理劇，有兼人之能，或者處危制變，有濟時之智。惜夫用弗克究，而人所知者，衆仲之文也，況稱其文者，又未原其學歟。貫綜該洽，人見其富也；精采振發，人見其麗也。天機之敏，人以爲巧；法度之周，人以爲密。乃若衆仲之學，則封殖深厚，發無不茂，有本者如是也。君之子籲裒輯成書，吾友張仲舉既序之矣，籲復求予言。予以衆仲之文不患不傳於後世，患知之者未盡其藴，因籲之請，遂附予言于仲舉序後。至正辛卯夏，同郡林泉生清源。

皕宋樓藏書志卷一百三

集　部

別集類三十七

傳與礪詩集八卷舊抄本　鮑淥飲舊藏

元傅若金撰，弟若川次舟編

渝舊隸袁，山水最爲秀麗，扶輿清淑之氣，鍾爲人物，代有其人。鄭、李以詩鳴于唐，二劉、章、謝以學問詞章顯于宋，燁乎其相望也。近世范太史、傅廣文相繼以詩鳴于時，文章鉅公莫不推服，而海内搢紳士興於詩者咸師仰之。信乎黄鐘大呂之音，震于瓦缶雷鳴之餘，有耳者莫不傾聽也。傅廣文詩舊有刻本而燬，令弟若川恨其久而傳弗廣也，欲重鋟梓，介友人袁大賓徵序其端。余觀三閣老之文，獎許如彼其至，奚敢贅爲之辭？而若川愛兄之情，嗜學之力，洎吾渝山川人物之美，不可蓋而弗彰也。遂書是語，以綴其後。至正戊戌仲冬月，同郡胡行簡序。

孔子曰：『詩可以興，可以觀，可以羣，可以怨。』朱氏釋曰：『興者，感發至意。觀者，考見得失。羣者，和而不流。怨者，怨而不怒。』四者之事不同，而其序究有先後。蓋見他日論詩、禮、樂，則首曰『興於詩』。詩者，志之所之，以其志感人之志者，孰不足以有所感發哉？然則興者豈非吾先乎？感人之道，莫尚乎聲音。人焉寂然泯然，忽而興起振奮，動蕩淪浹，人之深而化之敏者，斯其效曷從而至哉？古人云：『聲音之道與政通。』夫聲者合天地之大氣，軋乎物而生焉。人聲之爲言，又其妙者，則其因于一時盛衰之運，發乎情性之正，而形見乎辭者，可瞻已。故曰：『治世之音安以樂，其政和；亂世之音怨以怒，其政乖；亡國之音哀以思，其民困。』正得失，動天地，感鬼神，莫近于詩。夫詩道豈不博大哉？要其歸，主于詠歌感動而已。斯義也，司馬太史嘗聞之矣。其言曰：『三百篇，孔子皆絃歌之，以合韶武雅頌之音。』夫既合之，則當時存什一而去千百，必其不合者也深矣哉！聲音之於政也，聖人蓋取之矣。新渝傅汝礪妙年工詩，自古今體、五七言皆亹亹焉力追古人，有唯恐不及意。閒示余以所著編曰《牛鐸音》者，讀之連日不厭，聞其音而樂焉，以爲誠識所尚者。因揭孔子之言詩，徵以師說，遂演繹以告之。天曆二年四月一日，范梈書于百丈山房。

自至元建極，大德承化天下，文士乘興，運迪往哲，稍知復古。至于詩去故常，絶模擬高，風遠韻純，而不雜朔南，所共推而無異論者，蓋得江西范德機焉。德機没，後又得其鄉傅與礪焉。德機盛矣，余每讀與礪詩，風格不殊，神情俱詣，如復見德機也。然德機七言歌行勝，與礪五言古律勝，餘亦在伯仲之閒。而德機得盛名時，年已過與礪。使與礪及德機之年，不知又當何如也。天下文章，莫難於詩。劉會孟嘗序余族兄以直詩，其言曰詩欲離欲近。夫欲離欲近，如水中月，如鏡中花，謂之真，不可謂之非真，亦不可謂之真，即不可索謂之非真。無復真者，惟德機、與礪知之及此，言之及此，得之及此，故余傾倒于二君焉。而德機已矣，余無能爲矣。庶幾猶有若與礪者，他日足爲學詩者之依歸也。傅君初字汝礪，余以天下同其姓氏字者衆也，而易之曰『與礪』，且以『與』與『汝』聲相近，而便于改稱也。元統三年九月辛巳朔，揭傒斯序。

詩之爲學盛於漢、魏者，三曹、七子至於諸謝備矣。唐人諸體之作，與代終始，而李、杜爲正宗。子美論太白，比之陰常侍、庾開府、鮑參軍，極其風流之所至，贊詠之意遠矣。淺淺者未足以知子美之所以爲言也。崔顥人品爲雅馴，太白見其《黄鶴》之篇，自以爲不可及，至金陵而後彷彿焉，其高懷慕尚如此，誰謂其恃才傲物者乎？求諸子美之所自謂，盛稱《文選》，而遠師蘇、李，詠歌之不足者，王右丞、孟浩然，而所與者，岑參、高適實相羽翼。後之學杜者多矣，有能旁求其所以自致自得者乎？是以前宋之盛，亦有所不逮矣。國初中州襲趙禮部、元裕之之遺風，宗尚眉山之體。至涿郡盧公稍變其法，始以詩名東南。宋季衰陋之氣，亦已銷盡。大德中，文章輩出，赫然鳴其治平，集所與游者亦衆，而貧寒相望，發明斯事者，則浦城楊仲弘、江右范德機其人也。楊之合作，吴興趙公最先知之，而德機之高古神妙，諸君子未有不許之者也。其後馬伯庸中丞用意深刻，思致高遠，亦自成一家，觀者無閒言。而進士薩天錫者，最長於情，流麗清婉，作者皆愛之，而與前之諸公先後淪逝，識者然後知其不可復得也。德機之里人傅君與礪始以布衣至京師，數日之閒，詞章傳誦，名勝之士無不倒屣而迎之，以爲上客，臺省館閣以文名者稱之無異辭，豈非其風韻足以及于余所道諸君也哉？予去國十年，與礪自交趾使還，以家貧親老授南海文學以歸。嗟夫！上林千樹，豈無一枝以棲朝陽之羽哉？而一官嶺海之不厭，何也？前數年，諸公相知者多散出於外。今明良一廷，無所忌諱，清淵之蒲，海灣之木，不足以久煩吟咏也必矣。書其別後槀如此，遲其北還，則沈鬱頓挫，從容温厚，有起予者，何幸于餘生親見之哉？作傅君與礪《使還新槀》序。至正辛巳六月朔，虞集伯生序。

先兄本意以壬申至乙亥夏爲《初槀》，乙亥秋至丙子夏爲《南征槀》，則皆冠以揭文安公之序。由丙子夏以後爲《使還新槀》，則虞文靖公實序之。而刪甲子至辛未爲《牛鐸音》，則有范太史之序存焉。不幸早亡，既而□□□上率衆力刊之□□□□□□□□□□□□□□□□□□□壬辰兵燹之，後欲求正槀刊行，而力弗逮。至壬戌夏，偶得宋應祥伯禎鈔録點校先兄正槀，予過稀年，恐斯文之泯，遂僭編次，率衆力鋟梓，仍將此本參對，□□文辭不同則兩存之，庶使學者有考焉。所有文集陸續刊行。時歲癸亥仲春，新喻曹溪傅若川次舟謹誌。

胡序後有『洪武壬戌仲冬渝川百丈山前建溪精舍新刊』一行。

傅與礪詩集八卷舊抄本　瓶花齋舊藏

元傅若金撰，任丘宋應祥伯楨點校，傅若川次舟編刻

胡行簡序

范梈序

揭（奚）〔傒〕斯序

虞集序

傅若川跋

吴氏手跋曰：案，《元詩》：『傅若金，新喻人。以異材薦佐使安南，歸除廣州文學教授，至正三年卒，年四十。其詩有《初稾》、《南征稾》、《使還新稾》、《牛鐸音》。殁後其弟若川重爲編次鋟梓，總名曰《清江集》。』案是編後有若川跋語，跋中載三公序並存，第云先兄本意彙集四稾，殁後既刻，尋遭兵燬，又摠刻此集。是四稾未嘗刻于生前，而此編之前尚有刻本在也。是編八卷，《經籍志》載十一卷。跋語有云所有文集陸續刻行，豈八卷之後另有刻耶？抑焦氏固多誤耶？　康熙乙未麥秋，繡谷亭主。

又曰：余讀與礪詩，體格高亮，詞色華麗。《元詩》存者僅十之三四，其字句錯落處，多不入選，僅從選本略爲釐正。尚有數篇，此編逸去，當更求善本校對也。新喻元時爲州，洪武二年建縣，屬臨江府。重午日在繡谷亭泊花處復校，又書。

又曰：乾隆癸亥冬，從書賈借得刻本，前四卷以朱筆校勘一過，凡錯落者悉得改正，爲之一快。吴城記。

傅與礪文集十一卷附録一卷舊抄本

元傅若金撰，弟傅若川次舟編刊

文章之興也，觀之六經可概見。迨後之作者，或善於叙述，或優於論議，往往以偏長見稱，矧詠歌之辭，必聲韻之叶，而音節之諧，又非徒貴於辭達，宜兼之之難也。自昔鉅儒若唐之韓、柳，宋之歐、蘇、王、陳，元之虞、揭，於文與詩，皆兼精焉。由其學之富，才之全，是以能人所不能，而名高於一世。吾郡之先輩傅君與礪，希古之鉅儒，而有合焉者也。其官止於廣州文學，卒之年纔踰四十，而文章之譽著海内，蓋其天才過人，學識超卓。范太史德機先生，居百丈峯之下，自少承其口傳者爲多。迨遊燕都，縉紳先生既咸奬飭，而諸公大人願見惟恐後，其才優禄薄，固時所共惜。君既卒後，詩文俱嘗刻之。捧其詩，乃范、虞、揭三先生爲之敘，流傳於四方久矣。君之弟次舟以後進願見之多，而舊刻不存，乃取而重刻之，且續刻其文，屬寅爲之序。寅自弱冠游鄉校，見君所爲《觀瀾賦》，固已知其名，敬其爲傑士，且與君同邑，生又同歲月。而君之才，名播京師，結交海内士，寅屏跡巖谷，窮居以老，乃竟不識君，然所以知君者亦深矣。其爲文春容而雅暢，質不失之俚，贍不失之浮，固宜與詩歌並傳，無愧於古之兼美者。君子觀之，當知愚言之非妄也。洪武甲子歲冬十月，蒙陽梁寅敘。

瓢泉吟稿五卷文瀾閣傳抄本

元朱晞顏撰

前輩教人静坐，正欲使學者於静處下工夫。設不得已，處事物應酬狎至之時，有所摇奪，將遂成閒斷乎。天下之理，散在事物，觀於静，未若觀於動，求於簡，未若求於繁爲得也。爲詩亦然。退之嘗謂『吏人休白事，公作送春詩』；鄭五作相，亦謂『詩思在灞橋驢子上』。此猶戲語。若孟東野喜平陵水木幽深，每坐石上吟哦，至暮迺歸。曹務盡廢，則詩與事果判爲二矣。謀於野則獲，於邑則否，以禆諶一人之身，心隨境遷，智愚懸絕，又不可曉，豈東野之詩亦求之於野乎？朱晞顏年甚少，篤志於學，大夫多從之遊。顧其居近市，蓋廛隱也。坌壒之蓬勃，里巷之喧啾，車馬之阨塞，日旁午於前，而晞顏方乃挾册危坐，若擺落世事，初不介意。然其親承賓友，泛應曲當，未嘗廢事，亦未嘗違俗，而詩輒成軸，紙長三過。讀之愈出愈奇，擬古則不失古人作者之意，詠史則能得當時之情，至於他詩，各有思致，大抵老蒼雋健，尤非近學所能窺，俗情所能汩，良可喜也。予謂晞顏倘能於事物應酬之際，嘗存主静之心，不爲外奪，則此理卓然，隨在而見，亦隨在而有，何莫非學？學進則詩益進，他日又當求之於此軸之外。庚子夏五月十日，陵陽牟巘序。

鄭僖序曰：「瓢泉朱君曩仕予鄉州，交分相得也。當是時，君之才氣鋭甚，自謂『天地閒風月無盡藏，平章在我，化裁在我』，故日以詩歌與騷翁墨客相頡頏不厭二十年餘。復胥會於錢唐，而其氣益鋭，詩益奇。其騫騰迅邁，如大鵬遇風之脱氛𡏖也；其連軒清警，如舞鶴出林之引圓吭也。人所（于）〔彳亍〕，我獨紆餘，由是知坡老所謂昌其詩不如昌其氣者益信。君嘗丞長林，鹺事龐茸，竅導棼疏，日就成緒，乃能與李君五峰恣覽雁蕩山，瓌容瑋狀，倡和彪休，風雲協其律吕，煙霞爲之澄廓。於時運使本齋王公方巡眎其所職也，改容禮貌之，無操約鐫譙意。其在江西事尤劇，吟詠不廢。以是知君之才，周於世用，不獨昌於詩而已。至其爲文規繩古制，不事浮靡，《麯生》、《菊隱》二傳尤爲奇贍幽蔚，又不獨昌於詩而已。予嘗觀吴草廬先生爲其先翁墓表，稱君能詩能文，有猷有守，可爲良吏，爲聞人，蓋紀實云。」

番易仲公李先生文集三十卷舊刊本

元李存撰　前有墓誌銘危素撰，末附虞集答書一篇。卷首有『季振宜藏書』印記

鄱陽先生李仲公蚤歲聞道，其學得聖人傳心之精微，與祝蕃遠、舒元易、吴尊光三君子遊，並生其時，志同而行合，人號『江東四先生』云。先生之道，吾不得而知也。渾渾乎千古之在吾前也，皓浩乎萬古之存吾後也，而先生以一心貫之，吴文正所謂陸子之學，如青天白日，皦然不可昧者，至先生而驗乎？予嘗謁先生，年幾七十，耳目聰明，神氣以完，真有道者也。見予方

繳纏訓詁，爲解乾坤易簡，予因是有省先生之道，其大者既如此。其於文辭，鑿鑿乎菽粟布帛之可服啖乎生人，温醇若經，輩視韓、歐，無意於工，而不能不工。爾時之作者言談性命，而不知文字之體，或循蹈規矩，而忽忘義理之實，兼是二者，千百無一二焉。獨先生之文，精深而切近，高古而渾全，天球古圭不足象其温且栗也，奔泉流水不足爲其峻且清也，譬諸造化生物之亭蓄，有未易識其端倪者歟！先生嘗誨人曰：『六經、三代之文，漢、唐可以無作。漢、唐之文，後世可以無言。』嗚呼知言哉！先生没，嗣子卓網羅放失，得先生之文凡若干篇，爲若干卷，將畀諸梓，以幸後世，俾予爲文序其概。先生，予師也；卓，予畏友也。予何敢以固陋辭拒？抑學者非少知先生之道，則亦不能讀先生之文也。先生之文，道溢而言從之也。洪武癸丑，諸生宜黄涂幾謹序。

徐旭序永樂三年

王和序同上

鄒濟序同上

滋溪文稿三十卷舊抄本　盧抱經校藏

元蘇天爵撰

《滋溪文稿》三十卷，江浙行中書省參知政事趙郡蘇公之文，前進士永嘉高明臨川葛元哲及事世祖皇帝，遂以其說教胄子，而后王降德之道復明。容城劉公又得以上求周、邵、程、張所嘗論著，始超然有見於義理之當然，發於人心而不容已者。故其辨異端，闢邪說，皆真有所據，而非掇拾于前聞，出處進退之間，高風振於天下，而未嘗決意于長往，則得之朱子者深矣。當是時，海内儒者各以所學教授鄉里，而臨川吴公、雍郡虞公、大名齊公，相繼入教成均，然後六經聖賢，下學上達之旨，縷析毫分之義，禮儀樂節名物之數，修辭游藝之方，本末精粗，粲然大備。蓋一代文獻，莫盛于斯，而俊選並興，殆無以異於先王之世矣。若夫得之有宗，操之有要，行乎家鄉邦國而無閒言，發於政事文章而無異本者，抑亦存諸其人乎？公世儒家，自其早歲，即從同郡安敬仲先生受劉公之學。既入胄監，又得吴公、虞公、齊公先後爲之師。故其清修篤志，足以濬修大業，而不惑於他岐；深識博聞，足以折衷百氏，而非同於玩物。至於德已盛而閑之愈嚴，行已尊而節之愈密，出入中外三十餘年，嘉謨偉績著于天下，而一誠對越，中立無朋，屹然頹波之砥柱矣。其文明潔而粹温，謹嚴而敷暢，若珠璧之爲輝，菽粟之爲味，自國朝治化之原，名公卿、賢大夫士德言功烈，與儒先述作閫奥，莫不在焉，而浩然删修之志，未有止也。初官朝著，即爲四明袁公伯長、浚都馬公伯庸、中山王公儀伯所深知。袁公歸老，猶手疏薦公館閣，馬公謂公當擅文章之柄於十年後，而王公遂相與爲忘年友，夫豈一日之積哉？昔者漢、唐七百餘年，惟董仲舒、韓退之辨學正誼，庶幾先王遺烈，而尚論政理，則莫如賈太傅、陸宣公。

宋文學特盛，而士大夫之間，不曰明道、希文，則曰君實、景仁，抑未知三公之視程夫子何如。是故公平居教人，必以程子爲模範，而力求在己，不務空言，則從事於聖賢之道，而審夫得失之幾也明矣。故汸以謂讀公之文，則當求公所學，而善論學者，又必自其師友淵源而推之可也。至正十一年十有一月辛未日，南至諸生新安趙汸謹書。

滋溪文稿三十卷舊抄本　馬玉堂舊藏

元蘇天爵撰

趙汸序至正十一年

青陽先生文集六卷附録一卷明刊本

元余闕撰，門人淮西郭奎編　前有傳宋濂撰

文莫盛於三代，而三代無以文名者，其名不以文也。漢以降，始有以文得名，而其文已不復三代之盛矣。嗚呼！豈惟文哉？文者，德之華，行之表。德行之不足而名能文者，亦僞耳。是故山之寶氣，結爲龍文；日之回光，散爲霞采。十圍之木，上干霄漢，秀色而繁陰，必其節榦勁堅，根柢深固，非風雨所能摇振者。有元右文，聲教所被，鴻儒秀士，萃于一時；繪繡錯施，韶濩迭奏，著作之盛，擬之三代。至如服章縫，持翰墨，以菹戎事，而能樹駿功守大節，誠無愧於古人，則四海之内，百年之閒，青陽余先生一人而已。至正之亂，天下騷然，名都大邑，所在爲墟。文武之臣，鮮克勤事，而先生以孤軍守皖城，持必死之志，處就危之地，岌乎江上，與天爲謀，使國勢既衰，而復振民心已離而復合者，蓋五六年。城陷，先生與其夫人若子俱死于難。平生所爲文，悉爲煨燼。中（元）〔原〕士大夫所嘗傳誦者，南北析離，不可復得，得諸其門人郭奎僅數十篇而已。嗚呼！《汝鳩》亡，而忠臣之志不泯；《白華》逸，而孝子之心無窮。以先生勳德之茂，節行之著，使其文不傳，自足以名世，矧猶有如奎所傳者。雖然，三代之文，厄於秦火，莫得其全，而僅存者世謂之經，以其所以爲訓者皆人道之常也。先生當大變而不失其常，是以身爲訓者也。然則植世教，勵名節，以與《詩》、《書》並傳者，將不在其文也夫！先生名闕，字廷心，武威人。至順癸酉進士，官至淮南行省左丞，命下而先生已死，（增）〔贈〕謚文忠，進封夏國公。嘗讀書青陽山中，學者稱之曰青陽先生，故用以名其集云。番昜程國儒序。

頽齡無幾，朋舊凋落已盡，呻吟疾痛中，忽得同年余君廷心詩文一帙。讀之輒泫然流涕，而歎曰：『嗚呼！世安得復有如吾廷心者哉？』廷心文章學問、政事名節，雖古之人有不得而兼者，廷心悉兼之。世豈復有斯人哉？元統初元，予與廷心偕試藝京師，是科第一甲寘三名，三名者皆得進士及第。已而廷心得右榜第，予忝左榜亦然。唱名謝恩，予二人同一班列，錫宴則接肘同席而坐，同賜緋服，同授七品官。當是時，予與廷心無甚相遠者。其後予以應奉翰林需次，丁祖父、父、母三喪，乞奉母就養江南，沉役下僚，學殖日益荒穢。而廷心方由泗州入翰林，爲應奉，爲臺，爲省，聲光赫著，如干將發硎，莫敢觸其鋒，文章學問與日俱進，如水涌山積，莫能窺其奥。於是余之去廷心始相遠矣。又其後，連遇時變，予以母憂，竄伏鄉里，深恨不得乘一障以効死，而廷心以羸卒數千守孤城，屹然爲江淮保障者五六年。援絶城陷，竟秉節仗義，與妻子偕死。生爲名臣，殁有美謚。於是予之去廷心又大相遠矣。嗚呼！廷心已矣，世安得復有如吾廷心者哉？或者以爲廷心之死，乃天之將喪斯文。予以爲廷心雖死，而斯文固未喪也。廷心之孤忠大節，足以照映千古，煒然爲斯文之光，而何喪之有耶？使皆如世之貪生畏死，甘就屈辱，而猶靦然以面目視人者，則斯文之喪，蓋掃地盡也，豈非廷心之罪人哉？廷心詩尚古雅，其文温厚有典則，出入經傳疏義，援引百家，旨趣精深，而議論閎達，固可使家傳而誦之，鑿鑿乎不可易也。惜其稟煨燼無遺，獨賴門人郭奎掇拾於學者記録之餘，得數十篇以傳，而或者猶以不見全稿爲恨。夫以一草一木之微，已足以觀造化發育之妙，則凡世之欲知廷心者，又奚以多爲尚哉？昔太史司馬公述屈原《離騷》之旨，謂推其志可與日月争光。嗚呼！屈原不可尚矣，千載而下，知廷心者其無司馬乎？廷心嘗讀書青陽山中，及仕而得禄，多聚書以惠來學，學者稱爲青陽先生，故其集亦以青陽爲名云。雲陽李祁序。

劉瑞序正德辛巳

高穀序正統十年

余忠宣集六卷明嘉靖刊本　吴尺鳬舊藏

元余闕撰，門人淮西郭奎子章輯

羅洪先序嘉靖三十三年

陳嘉謨跋嘉靖乙卯

雷逵跋嘉靖三十三年

方叔淵先生集一卷舊抄本

元莆陽方瀾叔淵撰

鯨背吟集一卷舊抄本

元朱名世撰

僕粗涉詩書，薄遊山水。偶託迹於胄科，未忘情於筆硯。緣木求魚，乘桴浮海。觀千艘之漕餉，勢若龍驤；受半載之奔波，名如蝸角。碧漢迢遥，一似浮槎於天上；銀濤洶湧，幾番戰慄於船中。今將所歷海洋山島，與夫風物所聞，舟航所見，各成詩一首。詩尾聯以古句，蓋滑稽也，非敢稱於俗律。然而風檣之下，柁樓之上，舉酒酹月，亦可與梢人黄帽郎同發一笑云爾。至元辛卯中秋，蘇臺吟人序。

予第録予海中詩成此帙，因命名曰《鯨背吟》，又敘于前，姑記一時風波之興。《詩》云『善戲謔兮』，識者幸勿誚諸。

案，《簡明目録》云舊本題朱晞顔撰，《提要》云舊本題朱名世撰。此本爲長洲顧湘舟舊藏，亦題朱名世撰，與《提要》合，豈《簡明》所據又別一本歟？何與《提要》參差也？

皕宋樓藏書志卷一百四

集部

别集類三十八

周翰林近光集三卷扈從詩一卷明刊本

元鄱陽周伯琦伯温甫撰

士君子生乎盛時，有文學材藝，以結知于明主，詞章洋溢于館閣，議論敷颺于朝廷，所謂昭代偉人，盛福全美者也。梧桐生矣于彼高岡，鳳皇鳴矣于彼朝陽，菶菶萋萋，雝雝喈喈，吾嘗于故老大臣《卷阿》之詩誦之。噫！古之聖賢，屯艱險難者多矣，千載一時之遇，所以爲難得者哉。集在咸祐間，與故集賢學士鄱陽周公有同朝之好，道義相激昂，忠厚相敦尚，非一日之契也。今觀其嗣子伯温《近光集》，備述至元、至正所以蒙被恩遇之盛，司憲南海，録以爲書，萬里之外，一食不敢忘君。於戲盛哉！惜乎吾集賢公教忠之勤，培德之遠，而不得以喬年耆德，觀其碧梧翠竹之聳壑昂霄也。雖然，歲時燕享，俎豆彝鼎，神明來歆，則亦有以大慰其心者矣。

集踰七望八，頹然山林，亦豈不欣言故人之有子，而用世之有人也？昔集賢公執帝王遺書以奉仁皇帝之清燕，不盡其用，以待其子，發明家學，事聖孫彌文熙洽之朝，蓋三十年于兹矣。風會雲合，豈偶然哉？烏乎！世篤忠孝，以承國家之福澤于無量，此耄叟所望于契家門人者也。雍虞集伯生甫書。

今天子在位之八年，當至元庚辰之歲，斥大姦，進群才，一新治化。時伯琦繇國史院編修官，選擢翰林修撰同知制誥，扈從大駕上京，兩視草大廷，遂以非才簡知主上。既而詔奉香酒，以仲秋上丁代祀曲阜宣聖廟。還，上命篆追上明宗皇帝尊號玉寶書祝版，陪禮太室，三賜衣幣。是年十有一月三日，建宣文閣，又詔篆題閣牓及閣寶。明年改元至正，正月廿日，特命爲授經郎，復置經筵，又命兼經筵譯文官。先是，授經郎學舍在宫門外，隘陋弗稱。于是有旨，以玉德宫之西殿爲學，上親選宿衛官及勳戚子弟年二十以下者三十人爲弟子員，受業閣下。太官具膳，留守供帳，皆出上命。是年，復科舉取士，制中書檄，考試上都。還，進講賜金織對衣及青貂裘。又明年，廷試選爲簾内官。上御宣文閣，試弟子員稱旨。面賜中統鈔五千貫，弟子員各繡衣材一襲，入則通籍，出則給傳。又二年，升監書博士，仍兼經筵，兩頒璽書，以示其異。尋又命攝授經郎，以教官學。是後日侍講讀，歲兩有衣幣之賜。今年秋七月八日，進講《洪範》，上御慈仁殿，特命改崇文監丞，參檢校書籍事。旬日又命兼經筵參贊官，賜卮酒，兩頒璽書如前制。中臺以憲府重選，宜用近臣，迺奏拜廣東憲僉。陛辭之日，上猶眷眷，大臣以便養爲言，乃允官給上駟，驛行而南。中塗少暇，遂及文墨。竊念先臣昔爲仁、英兩朝説書，歷官清華，嘗有撰製。後二十年，而伯琦又幸際今上，世守其職。蓋叨禄于朝者一紀，而在館閣者十年，傳内廷班講席者五閲寒暑。自惟積誠不至，燭理不明，不能有所感動裨益。然觀聖上議禮考文，任賢使能，日偲偲然與堯、舜同德，湯、文同心。職在論思，千載一逢，非假文辭，何以示久？故自入侍至今，凡拜恩寵，陪典禮，奉制勑，承顔問，侍游從，則有紀述歌詠，所以揄揚上德，抒達下情，庶幾詩人天保之意。辭體俚近，取于適時，固不敢儗于前代作者。然當兹禮樂大興之日，躬侍九重挹清光，其可以蕪鄙自少，而使朝廷之盛美有闕，先臣之遺業無傳乎？于是次其歲月，彙爲一編。題之曰《近光集》，置諸篋中，時而觀之。身雖江湖，舉頭見日，天子之光咫尺也。抑著出入之迹，而犬馬之情思，有以自效云。至正五年歲乙酉九月廿四日，朝散大夫僉海北廣東道肅政廉訪司事鄱陽周伯琦伯温自序。

夫惟天子時巡，治古之令典；儒臣扈從，彌文之盛觀。是故鹵有簿以紀侍衛之名，路有史以載見聞之實，其來蓋已遠矣。維兹玄默執徐之歲，朱明仲吕之月。當宁面南南服，闢四方之路，以盡多士之才；執法侍上上京，持數寸之筦，以申三尺之令。于時鄱陽周君伯温褎然炎虚之秀，膺是崇臺之除。乘鷺羽之潔清，從翠華之密勿。身歷乎山川之美固，目覩乎星月之推遷。進而載馳載驅，退而爰咨爰度。抒思輒形諸清詠，回轅遂積乎佳篇。彙以示予，屬之序引。觀其憧憧行李之役，汲汲傾葵之誠。螭蚴舊傳載筆，載筆其有述乎；解廌必用識丁，識丁況能賦者。率爾卷端之弁，詒諸杜後之冠云。翰林學士承旨光禄大夫知制誥兼修國史冀郡歐陽玄書于視草堂。

右扈從詩弁前後序二通，今左丞鄱陽周公爲監察御史時所作也。國朝混一以來，中臺南士之選，惟公居首。公踐歷華要，績孚名禄，垂四十年，深感遭際，形之著述，一以贊規摹之大，一以彰聲教之隆。居安慮危，見于言外，既而澄清蕃宣，東南是賴。短章大篇，奚啻千百，未遑銓次。預以是集鋟梓傳播，以備史氏纂一代之雅頌，職方爲全書者有所稽焉。門生鄉貢進士海昌蔣祥麒謹題。

純白齋類稿二十卷 鈔本

元胡助撰

純白齋者，元太常博士古愚胡先生之自號也。《類稿》者，先生之子瑜以詩文遺稿，類而别之，以便傳誦，總二十卷。歲久薦經兵燹，殘缺失次，且第二卷及後一連十三卷俱無存。今六世孫淮深痛惜之，廿餘年間，徧扣文獻大家，求其遺墨，分入各類以補之，仍曰《類稿》。又以當時名公所贈詩文，類于卷末，以爲附録，凑二十二卷，將以刊梓于家，以昜後裔。録成，其從昆季子姪見之皆喜，各出工費以助其成。閒嘗示予較正，且祈文以序于篇端。嘗聞純白先生自幼天資警敏，勤學修行；長則宦游京國，三十餘年，盡友天下士，以資麗澤，若危公素、虞公集、歐陽公玄、蘇公天爵，以及吾鄉之柳公貫、黄公（溍）〔溍〕，皆與之締文字交。以故作爲詩文，淡而文，質而麗，脱去綺靡浮薄之態，而自成雍容典雅之言。其長篇則充暢而條達，其詩律多精縝而華潤。觀其扈蹕上都，出居庸，過雲州，至灤河，賦李老谷，登李陵臺，關河歷覽之雄，宫籞物儀之盛，目之所觸，肆口成章，讀之亹亹使人忘倦，誠吾鄉之一代儒宗也。於乎！前人之有善，不幸勿傳，天下後世無自而知者衆矣。先生之文，有子若瑜者纂修于前，尤復世有賢孫乎紹述于後。今去百四十餘年，即其書，想其人，尚猶一日也，何其幸哉！爲之後者，尤當珍藏以傳永久，以繼承先志可也。先生姓胡名助，字古愚，别號純白老人，爲東陽湖之故家云。時在正德庚午春二月之吉，同邑杜儲公運書。

昔故宋渡江，大臣世家從焉，若韓、吕、晁等氏皆居東陽，而論學之懿若朱、張、陸三子，又由吕氏會合，學者見聞，于斯爲盛，文獻之徵，庶或在此乎？而二百餘年矣，故老皆無在者，集又不得身至其處，常因郡人士以諮緒餘。是以如胡君古愚之氣韻清雅，集所以敬愛而不忘者廿年。嘗以所宗示集，又爲言平日與清河元復初、四明袁公伯長所講説而告之。今二公往矣，乃獨見古愚之文，譬如昆山之玉，質既美矣，雕琢而彌文，鄧林之木，材既良矣，締搆而益固。方將以其淳古之器，春容之音，以合奏乎咸章韶濩之間，不亦盛乎？噫！孰謂文獻之邦遺風故習之不遠也？致和元年五月十日，蜀郡虞集書。

予自少時從師講道，至吕成公，知其鄉爲浙東之金華，因考其山川之勝孕秀于人者，非偶然也。稍長，因識喬文惠公諸子，知自穆陵以來一時文物之盛，家公户卿，雜以權謀，聲利相望，若背項然。最後交義烏朱氏兄弟，始得論學術文章，訪問承平往事，則向之里第林園，衣冠鐘鼓之區，今皆散而爲郊墟田疃，莽然莫知所在矣。獨成公之學微而愈著，久而益彰，其必有屬于今而淑于後者。及來京師，得胡君古愚，質直明朗，能以辭氣發其精密，而不立偏異以從時尚，有古人之風。又因以知有許益之者焉，于古愚爲友，其人履道力學，恥于干時，取民居環堵之室自樂也。其他俊士輩出，何其鄉之多賢哉！夫山川之氣有時乎盛衰，而其孕秀于人者，則未嘗間斷也。故其人之于道，猶川之于水，泝其源出于山者，演迤汪洋，晝夜混混，以匯于海。其斷溝絶澗，暴盈倏涸，亦豈異夫權謀聲利之于一時也？予所謂屬于今者，其不在二三子乎？古愚以永嘉郡文學除翰林國史院編修官，需次暫歸，凡朝之名勝，咸賦詩以贈，而屬予序。予懼夫山川之勝亦足以遂安致樂，而損其遠游之志。不然，處者固以其道自任，而仕者將以行于時，此古聖賢之所以不遑寧轍也。試持予言質之鄉之老人長者，其然乎？其不然乎？時致和元年夏六月，陵陽貢奎仲彰序。

予讀古人書，常思其人不見，其將求之今人之行，有能如古書者。苟不得之，則其言之止乎禮義，莫詩若也，吾于金華胡君有得焉。君之詩也，温柔婉粹，不麗于俗，有志于古雅者也，故其號曰古愚。性迂直，不屑屑于世尚。客京師，峩冠博帶，游王公大夫間，一言不及他，獨好論詩文。常瞠目力争于古今人，毫髮不貸，是故樂與之交，多好古博雅之士。予嘗以世之人于荒基野塚得布泉、斷碑、蝕鏡、破鼎，以爲古物，至疲精力以購之，何其蔽也！如君者，非儒林之古物乎？何猶棄而莫之取？未幾，執政者薦于上，擢爲國史官，予喜其有得矣。方今太平百年，登歌郊廟，其職可以作爲雅頌，稱述功德，追復商、周、魯之作，其古莫有加于此者。夫二雅之變，可復于正，及其終也，猶出于公卿大夫之爲。君官于國史矣，而有志焉，孰不以是期？然山川風土、人情物理之宜，形于詠歌而載之，此集者亦足以達古詩人之旨矣，後將有考焉。時致和改元夏六月，陵陽貢奎仲章序。

經濟文集六卷舊鈔本

元翰林學士承旨楚國公河南李士瞻著

李仲序正統八年

盧圭峯先生集七卷舊鈔本

元惠安盧琦撰

公諱琦，字希韓，號立齋，温陵人。以詩明經，領薦江浙，遂魁禮闈，登壬午進士第，授台州録事。予時弱冠，始習舉子業，每觀公科文，未嘗不三復數歎，恨不得拜門下，以從受業。比公調延平郡幕職，前鄉貢進士陳立大薦(丁)〔予〕于公，以爲教其諸子，始終三年，獲親炙焉。公以《詩經》啟發于予者，必盡其蘊，凡平日所爲詩文，亦必以示予。予見其矩度嚴整，而旨意幽遠，近世作者鮮能及之。或謂公長于科文，而詩文尤工，公弗自以爲是也。至正庚寅秋，浙江省禮，公較文，予忝預選列，士大夫咸謂予之得所傳。其疑公之私者，公則曰：『師友傳家，固欲學者之底于成。設有所私焉，亦因其可取而取之耳。』己亥秋，福建大比多士，公適任鹽司提舉，督課于莆，不與考試。予復預選。明年，公還署，予謁見，公笑曰：『君再捷科場，吾鄉者之謗可以白矣。』壬寅之春，予又與同郡尤英舉于鄉，公時寓海口，聞之喜曰：『尤英又中矣！』尤英，嘗與予偕學于公者也。論者亦信夫公之有所傳矣。是年秋七月，公以疾終于所寓，歸葬惠安。于時賽甫丁搆〔難〕，官軍討之，道阻。予與尤英不得奔訃會葬，惟南望抱哀而已。歲乙巳二月，福建復大比，予掌卷簾内，公之子昺亦就試場屋。主文揭榜，得《詩經》一卷，經義頗佳，策尤善，以限榜額，勿登名。逮出院，始知其爲昺之所作也。予既爲之悵惜，且喜公有子能紹其家學矣。公之徒莆陽陳誠中氏，適至三山，與予學同寓僧舍。誠中訪求，得公所爲詩文而編次之，凡爲七卷，將鋟梓以久其傳，且求諸名公爲之序。予請而讀之，既悲公之早歿，不及大用于時，使其文不得偏見之館閣，以黼黻皇家之盛治，猶幸餘膏賸馥之存，使誠中得以掇拾于亂離散失之後，以傳之不朽，懿矣哉！誠中因書此以附于卷後，一以明夫公傳授之素，一以嘉夫誠中用心之勤誠，公之子覩之，其亦知所勉哉！其亦知所慕哉！至正丙午二月庚寅日，延平孫伯延撰。

案，《圭峯集》，七卷，元陳誠中編，從洪武刊本影寫。孫序後有『洪武癸丑五月七日重梓』一行，其証也。《四庫》著録本作二卷，乃館臣所重編，竝非原本，提要已言之矣。萬曆莊氏刊本，改『圭峯』爲『圭齋』，其名已誤，文與此本同，亦分六卷，詩則增爲七卷，較多二百餘首。謝在杭《筆精》云内竄入薩天錫詩六十餘首，明人蓋已知之，但不知薩詩之外，所增又何據耳。是本雖祇四十餘首，篇篇可誦。萬曆本除薩、陳諸作外，多不足觀，其爲後人妄竄無疑也。是書刊于洪武中，確有可証。莊序云誠中所編欲鋟未就，又改孫序七卷爲十五卷，作僞顯然，尤可笑也。

盧圭峯集七卷舊抄本

元惠安盧琦撰

孫伯延序至正丙午

蜕庵詩四卷舊抄本

元張翥撰，衡山釋大杼北山編集

嗚呼！　詩豈易言哉？　大雅希聲，宫徵相應，與三光五岳之氣並行天地閒。一歌一詠，陶冶性靈，而感召休徵，其有關于治教，功亦大矣。然自删後，至于兩漢，正音猶完；建安以來，寖尚綺麗，而詩道微矣。魏、晉作者雖優，不能兼備諸體，其鏗鍧軒昂，上追風雅，所謂集大成者，惟唐有以振之，降是無足采焉。逮及于元，静修劉公復倡古作，一變浮靡之習。子昂趙公起而和之，格律高深，視唐無媿。至若德機范公之清淳，仲弘楊公之雅贍，伯生虞公之雄逸，曼碩揭公之森嚴，更唱迭和于延祐、天曆中，足以鼓舞學者而風厲天下，其亦盛矣哉！河東仲舉張公生于數君子之後，以詩自任五十餘年，造語命意，一字未嘗苟作。至正丙午春，其方外友廬陵北山杼禪師以公手稿選次而刊行之，來徵言爲序。予猶記公之言曰：『王者迹熄而詩亡，詩未嘗亡也，而所以爲詩者亡矣。善賦之士往往主乎性情，工巧非足尚。蓋性情所發，出于自然，不假雕繪。』觀公之詩，知公之所畜厚矣。春空游雲，舒斂無跡，此其沖澹也；昆侖雪霽，河流沃天，此其渾涌也。灝氣横秋，華峰玉立，此其清峭也；平沙廣漠，萬馬驟馳，此其俊邁也；風日和煦，百卉競妍，此其流麗也。寫情賦景，兼得其妙，讀之使人興起，誠爲一代詩豪矣。顧予譾材，何足以鋪張盛美？然託契于公非一日，而又重北山之高誼，不得辭，姑僭序之以冠篇首云。豫章沙門釋蒲庵來復序。

潞國張公詩集若干卷，廬陵沙門大杼北山之所編集也。先是潞公于元季多故之際，薨于燕都，由其無後，北山爲之經紀葬事。未幾，天兵北伐，燕都不守。北山取其遺稿歸江南，凡選得九百首，將刊版以行于世。或有問于予，曰：『北山，釋之有道者，宜視身爲外物，而乃汲汲于故人詩集，得非未能遺情乎？』予謂之曰：『至人不遺情，古之高僧，猶不能免。如梁慧約以苦行得道，爲帝王師，而哭其亡友甚哀，至賦詩曰「我有兩行淚，不落三十年。今日爲君盡，併灑秋風前」。北山念潞公無後，平日交友又皆遺世淪謝，懼其泯没無傳，故仗義而爲之，然亦何害于道？其與約之情則一也。』當元統甲戌間，予識潞公于金陵，後會于燕都，于錢塘，蓋三十餘年，固非一日之好。觀北山斯舉，豈能無動于中？謹書卷末如此。若潞公之詩名震耀海内，不俟予之稱美，故弗論。洪武十年冬，天界善世禪寺住持天台釋宗泐。

李五峯先生詩文集十卷舊鈔本

元永嘉李孝光季和撰

錢杲序弘治甲子

李王峯先生詩文集十卷舊鈔本

元永嘉李孝光季和撰

錢杲序弘治甲子

野處集四卷文瀾閣傳鈔本

元邵亨貞撰

蟻術詩選八卷舊鈔本

元雲同邵復孺撰

沈明臣序隆慶壬申

《孳經室外集》曰：《蟻術詩選》，八卷，元邵亨貞撰。亨貞字復孺，有《野處編》四卷，見《四庫全書》。伏讀《四庫全書總目》，云亨貞所著《蟻術詩選》，世已無傳。此從舊鈔依樣過録，凡古今體三百七十六首，又聯句三首。詩格高雅，絶無元世綺縟之習。案，馮遷、汪稷跋《野處編》竝云其書乃上海陸郯以授稷而刊行。是編及《詞選》每卷首皆有『新都汪稷校』字樣，是郯所授刊之册。跋又云并所著《蟻術詩選》、《蟻術詞選》爲十六卷。今合三書卷帙觀之，竝屬完善之書，惟卷首不著名而著字，乃明人刻書陋習也。

夢觀集五卷鈔本

元釋大圭撰

案，《夢觀集》，原本二十四卷，首語録三卷，次詩六卷，次雜文十五卷，四庫館惟取其詩，以卷四爲卷一，卷五爲卷二，卷六爲卷三，卷七爲卷四，卷八、卷九爲卷五，編爲五卷，著于録，餘皆斥而不收。同治十二年，奉旨赴閩，從晉江黄制軍處借得翰林院底本，命小胥影寫副本，卷第則改從閣本焉。

子淵詩集六卷文瀾閣傳鈔本

元張仲深撰

昔唐杜子美于開元、大曆間以詩鳴□□□□□□□一形于言，故後以詩史稱焉。予□□□張君□□□□丱中，知其明敏嗜學，蚤孤，事母以孝聞。後十年，予教授徽、饒間，子淵亦漫游湖海，正諸有道，以擴其所藴。故其詩章累帙，凡愛親之誠形諸于言，當代清要轉聞于朝，而旌其門。吁！子淵可謂共爲子職者矣。然詩之爲詩豈徒然哉？自風雅頌而降，楚、漢、魏、晉沿于唐、宋，體製不同，各言其志，莫不有揄揚風刺之道焉。今子淵之詩，拳拳不忘乎親，志形于言，自有不能已者。子淵雖未能拾一第，承一命，以榮其親，獨能以詩彰其母之志節，亦榮矣。然詩之駠駁，固未暇論，其愛親之誠，較子美忠君愛國之心，庸有二哉？觀子淵之詩者，各能興起其愛親之心，則于名教信不爲無補也。嗟夫！□□□□□□□□日有求忠臣于孝子之門者，舍子淵其□□□□□良與鋟梓以廣其傳。予既服子淵之孝于親，又嘉良與能樂道人之善，故書以弁其篇端。至正丙申春三月庚寅，四明安晚後人鄭弈夫景父序。

昔者楚王之弟鄂君泛舟于新波之中，□枻越人擁棹而歌。朱文公以其自越而楚，不學而得其餘韻聲詩，古今共貫，四海一家，有非人之所能爲者，雖其義鄙褻，而君子取焉。他日葛邏禄君易之至京師，常言張君子淵之賢，出其詩若干首，其《古意》三章，託興深遠，忠貞之心，蓋莫可掩。有諸内，形于外，即是詩可以窺子淵之所存矣。子淵，越人也。由其詩觀之，越之爲越，豈不異乎古昔哉？鄞，故越邑，至于近代，遂爲文獻之邦，宗公大儒，前後相望。子淵生于其鄉，一埽其鄙褻之辭，所謂『魯無君子，斯焉取斯』，宜乎易之稱之不容口。使朱氏見之，又將何如其喜也。予往至鄞，子淵羣從昆弟數相往來，知其嗜學之篤，張氏其興乎？暇日讀子淵之詩，輒序而歸之易之。至正十二年八月丁卯，臨川危素書于金臺坊寓舍。

繇百數十載已前，北南竝尚眉山。值建學大興，詩人殆廢。永嘉專意肅括姚、賈，幾中興，其失也萎。江西諸賢以直致爲工，斷續鉤棘，自謂無首無尾，世復以率嗤之。暨車書混一，遡淮而上，號呼縱恣，啁唧之音不革于南俗。文治益隆，天下學士大夫始識正路，然唯得其形似而已，至于超然筆墨之外，深契自得者，蓋鮮矣。古今評詩，蔚有定論，近世未解考究，輒事援筆以肆私見。譬之工人，規矩不熟于中，欲斤斧是馭，精巧是期，無是理也。蓋詩之爲詩，情與景而已。二者之遇，不得不形于言，而非我之所能爲者，此真詩也。苟或牽合補綴，可以無作，豈詩也哉？予近有得于此，而年益邵，志益落，殆不可對人語，而亦莫我信也。近獲與張君子淵交，片言之間，輒悟此意，出示所作百餘篇，其意輒深遠，與雕琢相謝絶，雖天稟所至，亦薰熟有素者。夫已有所得而不與知者共，非君子用心也，喜而爲書于卷首。至元已卯九月下澣，小江艾逸單宏序。

唐杜甫氏爲古今詩人之冠，宋黄太史庭堅謂學者宜讀其詩，精其句法，每作必使有意爲一篇之主，乃能家。而或者云宜宗商、周而祖漢、魏，晉、宋而下可無學也。噫！豈黄太史爲不知此耶？商、周之作，聖人删之爲經，蓋方圓之規矩也，奚容言哉？然曰必祖漢、魏，則删後無詩，獨漢、魏何？夫世道升降，而文氣從之。漢稍近古，六義未泯，逮鄴下諸子，而流風存焉。六朝南北非無人也，光岳分裂，偏駁萎薾，其可取者希矣。至唐而後，陳子昂首恢雅道，及杜甫出，而集百氏之成，雖後有作者，蔑以尚兹。要之本人情明物理，美刺哀樂庶幾三百篇之遺意矣，非直以其辭而已，是可槩以晉、宋而下爲可廢哉！蓋商、周之詩，至漢、魏而靡；漢、魏之詩，自杜甫而定。學者遡流而求之，舍是宜非所先也。國朝南北混一，宗工繼作，以中和雅正之聲，而革金、宋之餘習。學者非杜詩不觀也，然味者剽竊近似，襲用一律，而不知根本，道藝其所以來。或者之議，豈爲過哉？四明張君子淵每與予論及此而歎之。今其友會稽王良編集子淵之詩，爲若干卷，以刻諸梓。子淵蓋知讀杜詩而精其句法者也，成一家言，以見黄太史之語爲不誣，兹予之所嘉也，故爲書其所嘗與論者而序之。至正十六年龍集丙申夏五月辛卯，浙河楊彝序。

午溪集十卷 文瀾閣傳鈔本

元陳鑑撰

葯房樵唱三卷舊鈔本

元蘭溪吴景奎著，門人黄琪編

宋濂序至正十八年

族孫吴禧跋正德四年

栲栳山人集三卷鮑以文校本

元岑安卿静能著，後學宋元僖重編

宋元僖序

栲栳山人集三卷勞季言校本

元岑安卿静能著，後學宋元僖重編

宋元僖序

梅花道人遺墨一卷舊鈔本

元吴鎮仲圭著

錢棻序

皕宋樓藏書志卷一百五

集　部

别集類三十九

貢禮部玩齋集十卷拾遺一卷明抄本

元貢師泰撰　前有《玩齋貢先生紀年録》朱鐩撰

先輩論詩，謂必窮者而後工，蓋本韓子語，以窮者有專攻之伎，精治之力，其極諸思慮者，不工不止，如老杜所謂癖躭佳句、語必驚人者是也。然三百篇豈皆得於窮者哉？當時公卿大夫士，下及閭夫鄙隸，發言成詩，不待雕琢而大工出焉者，何也？情性之天至，世教之積習，風謡音裁之自然也。然則以窮論詩道之去古也遠矣。我朝古文殊未邁韓、柳、歐、曾、蘇、王，而詩則過之。郝、元初變，未拔於宋；范陽再變，未幾於唐。至延祐、泰定之際，虞、揭、馬、宋諸公者作，然後極其所摯，下顧大曆與（延）〔元〕祐，上踰六朝而薄風雅，吁亦盛矣。繼馬、宋而起者，世惟稱陳、李、二張，而宛陵貢公則又馳騁虞、揭、馬、宋諸公之閒，未知孰軒而孰輊也。

公以余爲通家弟兄，每令評其所著，如『東南有佳人，嶰谷有美竹』，深得比興；『日入柳風息，芙蓉生緑水』，遠詣《選》體。厚倫理如《風樹》、《春暉》，樹風操如《葛烈女》、《段節婦》、《李貞母》、《陳堯妻》，感古如《蒼梧》、《滕閣》，紀變如《河決》、《蘇臺》，論人物如《耕莘》、《蹈海》，遊方之外如《子虛道人》。《楊白花》、《吴中曲》有古樂府遺音，《國(字)〔子〕》、《黄河》可補本朝闕製。其他所作，固未可一二數。此豈效世之畸人窮士，專攻精治而後得哉？蓋自其先公文靖侯以古文鼓吹延祐閒，公由胄學出入省臺，其風儀色澤，雍容暇豫，不異古之公卿大夫游於盛明。故其詩也，得於自然，有不待雕琢而大工出焉者，此也。公年尚未莫，氣尚未衰，而尤嗜問學不止。今爲天子出使萬里外，他日紀録，爲風爲騷，入爲朝廷道盛德，告成功，爲雅爲頌，又當有待於公者，豈止今日所見而已？編是集者，爲其高弟子謝肅、劉中及朱鐩也，別又爲公年譜云。公字泰父，號玩齋，學者稱爲玩齋先生。至正十九年秋九月九日，會稽楊維禎序。

玩齋貢先生昔授經宣文閣下，僕時始至京師，以諸生禮見，得執筆墨，承事左右。凡先生之著作，無不飫觀而熟味焉。門人豫章塗穎、會稽何昇嘗爲輯録成編，列卷數十。侍講金華黄公、宣慰武威余公、御史臨川危公皆爲之序。其後先生以使節廉問閩海，僕適從以來南，暇日輒竊録其歌詩數百篇，藏諸篋笥。門生迺穆泰、陽絧、桂郁、鄭貫等請刻梓以傳。嗚呼！詩道至宋之季，高風雅調，淪亡泯滅，殆無復遺。國朝大德中，始漸還於古，然終莫能方駕前代者，何哉？大率模擬之迹尚多，而自得之趣恒少也。閒嘗觀諸二三大家之作，猶時或病之，況其他乎？先生之詩雄渾而（浚）〔峻〕拔，精緻而典則，不屑屑於師古，而動中乎軌度，不矯矯於違俗，而自遠於塵滓。才情周備，聲律諧和，斯蓋所謂自成一家之言者也，胡可掩哉？若夫朝廷之制作，金石之紀載，則具有全集在焉。至正乙未冬十有一月壬午朔，門人邯鄲趙贇書。

《玩齋詩集》者，中書户部尚書宣城貢先生之所作，而其門人謝肅、朱鐩所彙而萃之者也。先生蚤侍先文靖公遊京師，入胄監，而聲華赫然爲六館諸生之冠。當是時，文靖方在朝，而諸先生若草廬吴公、松雪趙公、四明袁公、巴西鄧公、清河元公、雍虞公、石田馬公、豫章揭公、廬陵歐陽公，先後以道德文章鳴海内，而先生遨遊其閒，講明論議，涵濡漸漬，所得者深，所蓄者大。其學該博而閎衍，其識高明而超卓，其才瑰奇而雄偉，其氣剛大而振發。故其於詩也，得乎性情之正，止乎禮義之中，博而不冗，約而不嗇，直而不倨，切而不泥，舒而不緩，奇而不險，深而不晦，優柔而不迫，和平而不躁，雄放傑出，而不蕩以肆。如江河盪潏，而莫測其涯也；如風霆變化，而莫見其迹也；如雲霞卷舒，出没晻靄，千態萬狀，而莫可名言也。誠所謂一代文章之宗匠者矣。用壬曩歲辱在翰林，先生時爲兵部侍郎，閒出平生所爲詩文，亡慮數千百篇。謹受而讀之，欲爲次其簡編以成一家之言，而亦得託名於不朽，則先生以都庸使者持節南邁而不果矣。其後用壬以使事還江東，遭時孔艱，流離顛沛，聲迹之邈不相聞者且數年。今年春，先生將漕閩廣粟道，出海昌，值海上有警，而遂留居焉。用壬日陪杖屨，散步林臯，從容進曰：

『先生昔所示文若詩，敢請以畢前志。』先生喟然歎曰：『自喪亂以來，圖書散失，吾文稿之所存者十亡一二。今吾老矣，追思盛年之所作，殆不可復已。然吾胸中之耿耿者猶在，雖孤客遠寓，而感時撫事，未嘗不形之詠歌也。』因發篋中所藏，前後得四百餘篇，披閱數四，於是知先生之學益至而識益遠，才益廣而氣益充，非仁義道德之素積于中，歷困窮患難而不動其心者，安能若是也哉？亟欲類之成帙，適有校藝江浙之行，又不果。既歸，則其門人謝肅已序次之矣。惜乎用壬不能輯録于未散失之前，而肅也乃能掇拾於已遺落之後，非惟有愧於先生，而亦有愧於肅矣。然而肅是編之成，獨非用壬之志之所存乎？用敢序於篇端。至正十九年秋八月望日，諸生桐川錢用壬謹書。

至正五年春，宣城貢先生以翰林供奉出爲紹興推官，而文聲政譽，赫然傾動乎東南。東南之民既德之，士而志于學者，亦皆争出門下，惟恐在後。于時肅年尚少，沉伏下里，雖不獲仰承緒風餘論，往往聞大夫士有誦先生詩若文者，則必録而識之，以自致其忻慕之心焉。又六年，肅始就學郡庠，則先生已去郡。值朝修黜陟之法，而大臣有薦先生在紹興治理爲兩浙第一者，遂以召復入史館矣。自是參贊經筵，司業國子，以敭歷於省臺之閒，而治聲大振，播於人人，聞於朝廷。朝廷之倚任，日益以重，而海内之人識與不識，咸望先生之大用於時也。如肅者既抱其忻慕之心，至是則重是歎曰：『先生今天下人豪也，肅安得一受指教，以足生平之志願哉？』又八年春，肅以游學來杭，適先生退自政府，始得謁拜于吴山舍館。先生受而不拒，列于弟子員後，使十餘年欣慕之心，一旦傾寫，庸非幸歟？未幾，朝廷詔先生以户部尚書總漕閩廣道，出海昌，值海上有警，因留居于州之北門，凡七閲月，而先生起居食息之頃，肅未嘗不在侍也。説經之暇，閒授肅以作文賦詩之法。肅既籍記之，復退取先生詩文之稿而讀焉。見其名《友迂》者，則武威余公序之；名《玩齋》者，則金華黄公序之；名《東軒》者，則新安程公序之。其論夫行于今而傳于後者，何其詳且備耶！然攷其卷帙則錯亂，無幾，問之先生，則知皆殘缺遺亡於流離患難之餘矣。亟與新安胡彦舉、錢塘劉中海昌、朱鐩力加搜訪，或索之記意，或求之卷册，或録之金石，得古賦、歌詩、論辨、書啟、記序、表狀、碑誌、贊頌、雜著凡若干卷，而學者猶以未之快覩焉慊焉。於是先取詩歌大小三百餘篇，繕寫成帙，題曰《玩齋詩集》，且復於同志曰：『先生之詩，本之以精博之學，發之以雄偉之才，資之以高明之識，備是三者而不苟于作，故作則沛乎其莫禦。方其意之運也，如老將赴敵，某執弓矢，某執干戈，某執旗鼓俾，各從其所令，合以正而勝以奇，奇正相因，循環莫測，而節制斬然不亂。及其辭之措也，如大匠作屋，鳩衆工而聚羣材，某爲梁，某爲棟，某爲椽桷，俾各精于所事。迨夫屋之落而環視之，則門廡堂室秩乎其敘，黝堊丹漆焕乎其文，而莫有見其攻琢之痕、繪畫之迹者，惟其運意措詞各極其妙，故雖縱横上下，出入馳騁，而萬變不窮也。凡其宦轍所歷，若皇都上京，大河以北，長江以南，九州萬里之外。其趨朝扈駕，則有際遇之深，恩錫之重；其出使反命，則有諮諏之勤，靡及之歎；其孤客遠寓，則有游從之適，登臨之勝。是以文物禮樂之光華，民風俗尚之美惡，名都重地之壯觀，與夫忠臣烈士之節概，蠻夷下國慕義而來王者，一切可以形之咏歌，則莫不即時而紀事，託物而引興，與從官大臣、文儒逸士相爲倡和。而其音節體裁舉皆清俊奇古，雄渾雅健，有典而有則，固非風容色澤、流連光景者可同日而語也。蓋自風雅以來，能集詩家之大成者，惟唐杜文貞一人而已；繼文貞而興者，亦惟我朝雍虞公一人而已。試以《道園》所録，合先生是編而並觀之，則未知其孰先而孰後也。雖然，即其詩又烏足以知先生哉？先生説經，必極聖賢之指要，使學者深領其意而後爲文章，必出於己而無愧於古作者。在官政必欲上盡其道，而下懷其德，雖古循吏有不及。至于出處大節，俯仰無愧，每謂禹、稷、顔回同道，而孔明之煩，未嘗不與淵明同其静。此則先生素所自養而窮達一致者也。或掃室焚香，抱膝危坐，而終日不動；或露晨月夕，宇宙軒豁，則散策海上，逍遥閒曠。而默識夫造化之妙，以自適其天下之樂，則浩然之在胸中者爲何如，而視功名、文學直其末事爾。功名、文學，猶視爲末事，矧所謂詩歌者耶？而肅等汲汲於此，則固弟子之宜爲。然先生所作率多黼黻國家太平之美，迺今編肆於干戈危急之秋，毋亦思治之義也乎。遂書以爲序。十九年夏五月甲子朔，門人上虞謝肅拜手謹序。

余天性素迂，常力矯治之，然終不能入繩墨。矯治或甚，則遂病不能勝，因思以爲迂者，亦聖賢以爲美德，遂任之，一切從其所樂。常行四方，必迂者然後心愛之，而與之合；凡捷機變者，雖强與之，然心終不樂也，故暫合而輒去。京師，天下聲利之區也，迂非所宜。有嘗陰以求之士大夫之閒，得一人焉，曰貢泰甫。泰甫，故學士仲章君之子，能詩文。少游太學，有時名，因自貴重，不妄爲進取，有所不可交者，亦不妄與交，故吾二人者驩然相得，若魚之泳於江，獸之走於林也。時泰甫爲應奉翰林文字，固多暇者，即與聚盍，有蔬一品、魚一盤，飲酒三行或五行，即相與賦詩論文，凡經史詞章，古今上下，治亂賢否，圖書彝器，無不言者。意少適，即聯鑣過市，據鞍談謔，信其所如而止。及暮無所止，則與問曰：『將何之？』皆曰：『無所止也。』乃各策馬還。自古曁今，在公貴人能求賢常少。然自至元初姦回執政，乃大惡儒者，因說當國者罷科舉，擯儒士。其後公卿相師皆以爲當然，而小夫賤隸亦皆以儒爲嗤詆。當是時，士大夫有欲進取立功名者，皆强顔色，昏旦往候於門，媚說以妾婢，始得尺寸。此正迂者之所不能爲也。因翺翔自放，無所求于人，已而皆無所遇。予既歸淮南，泰甫亦以親嫌辭官，歸除紹興推官，不相見者爲最久。去年太原賀君爲丞相，蒐羅天下人才之有政譽者，而泰甫之治爲浙東西第一，迺得復召爲應奉。余適入朝爲待制，相見益歡，計其别十年矣。吾年少於泰甫，鬚髮皆白，而泰甫鋭然，紅面白如□，出其别後所爲詩文甚富，且大進益。泰甫真豪士也。夫以士之賢，無所遇，而淹於下僚，宜其悲憤無聊而不能盡也。顧乃自樹卓卓以其餘力，而致勤於文學，且其貌充然，非其中有所負，蓋不能爾。然則吾泰甫之迂又過我遠矣。夫古之賢士，多不兼於文藝。文藝雖卑，而世亦貴而傳之者，愛其人故也。不賢者之於文藝，雖極其精，人猶將賤之，亦何以爲也？泰甫，忠孝人也。其功名事業，當不待文與詩而傳，而况於兼有之耶？余昔與之別，今見其文如此。今又當別去，計相見時，其文又必有過此矣。於其行也，序而識之。年月日，青陽山人余闕序。

方今士大夫號稱文章家，多推宣城貢氏，而泰甫其尤秀出者也。蓋幼聞先翰林公過庭之訓，蚤受業太學博士，在朝又得與虞、揭、歐、馬諸名賢游，爵位通顯，故其文章爛然，宏博靡麗，卓邁雋偉，高者可以追配古人，非當時流輩所及也。蓋嘗有《友迂集》，余左丞廷心公序之，又有《玩齋集》，黄太史晉卿公序之美矣詳矣。今又有《東軒集》焉，徵序于余。夫以先生之文，當時所推重，將不賴二公之序以傳。二公之文章固高一世，猶不賴以傳，況如余之昧昧者乎？是以低回畏避而不敢也。雖然，先生脱吳門之難，棲遲海上者三年，益得肆其問學之功。及丞相迫起之，不得已爲兩浙運使。才志又不得以大展，則抑遏隱忍，以就筆硯之末，載其道於書，故其陳義之高，屬辭之密，深厚爾雅，又非前日《友迂》、《玩齋》之比矣，是不可以不知也。太史之稱虞卿、韓昌黎之論柳子、東坡海外之文、少陵夔州以後之詩，彼皆有所激而進也。余於《東軒》亦云。東軒在杭之校，蓋所寓也。余非敢序《東軒》之文也，因《東軒》之文而有感焉，故書之云爾。至正戊戌十月望，新安程文書于越之蜀阜僧舍。

夫人之生者有聲，聲通乎心，其宣諸口者謂之言；言中於理倫，比之而有章者謂之文。則文乃言之尤，其可傳而不泯者又文之尤也。蓋言以宣意，文以立言，可傳而不泯者，以其中理而載夫道也。道也者，貫古今而不可易，則文之用可得而泯乎？三代而上，文與理具，六經之文是也。三代而下，文自文，理自理，言之不能措諸文者有之矣，文之而戾乎理者亦有之矣。道何自而明乎？閒有作者刮其浮習，欲舉一世而甄陶之，雖鼓舞奮迅於一時，終亦轇轕於故常，而不克大有所振者，可勝歎哉！至於我朝元祯、延祐之閒，天下乂安，人材輩出，其見於文者，雖一言之微，亦本於理，累辭之繁，必明夫道，有溫醇忠厚之懿，無脆薄蹇淺之失，其流風遺韻，漸涵洙濡，蓋將澤百世而未艾。烏乎！文章之盛，其斯時歟？自世故日變而士氣不揚，故老凋謝而師承無法，辭之儷乎古者不多見也，況其可傳而不泯者哉？及來閩中，始得今户部尚書宣城貢先生之文而讀之，其言簡而明，曲而當，法度嚴整，而意態舂容，所謂不多見者，非虛言也。其先翰林在延祐時以文名，則先生之得於家學者有素矣。人徒知其文之古，而不知其本於理也；人徒善其詞之工，而不知欲以明夫道也。可傳而不泯者，其可誣乎？雖然，是猶論其文也，若夫立朝之節，臨民之政，與夫理財之方，一皆見之行事之實，而非空言之無證者。可傳而不泯者，不獨文而已。先生之門人劉中、鄭桓以其平日所著，曰《友迂》，曰《玩齋》，曰《臾㚍》，曰《東軒》，曰《閩南》等，集類而成編，來求余序，因併及之。先生名師泰，字泰父，與余爲世契。至正辛丑夏四月廿有四日，特授亞中大夫治書侍御史兼經略使山東李國鳳序。

黄溍後序曰：延祐初，元故内翰貢文靖公較藝江浙鄉闈，溍以非才，誤蒙薦送，忝綴末科。公既入居文學侍從列，而溍隨牒遠方，浮湛州縣，晚乃登畿，將以門生禮見，則公捐館舍已久。

猶□與公仲子侍郎公，託契家之好，而締文字交。侍郎由供奉翰林外補，而復以元官召，累升次對。滔適自退休備員勸講，同官爲寮，日相款洽。屬有史事，罔敢不親其職業，辰入酉出，無須臾閒。於侍郎之高文大册，長篇短章，雖時獲窺豹一班，嘗鼎一臠，終未能盡大觀而無憾也。滔以老得謝，歸臥林麓；侍郎方峻躋臺省，山駕使車相望，日益以遠。諸生有辱侍郎謂之進而旅於門下之士者，彙次其文集爲若干卷，持以示滔，始遂其快覩，而厭飫於雋永之味焉。昔之論文者蓋曰文之體有二，有山林草野之文，有朝廷臺閣之文。夫立言者或據理，或指事，或緣情，無非發於本，實有是實，斯有是文，其所處之地不同，則其爲言不得不異，烏有一定之體乎？侍郎早從文靖公至京師，而與英俊並遊於成均。逮釋褐授官，而踐歷中外，在朝廷臺閣之日常多。故其蘊蓄之素，施於詔令，則務深醇謹重，以導宣德意而孚衆聽；施於史傳，則務詳贍精覈，以推敘功伐而尊國勢；施於論奏，則務坦易質直，以别白是非邪正、利病得失而不過爲矯激。他歌詩、雜著、贊頌、碑銘、紀敘之屬，非有其實，不苟飾空言以曲徇時人之求。至於宦轍所經，名區勝地，大山長溪，窮林邃壑，風嵐泉石，幽雅奇絶之概，有以動其逸興而形於賦詠，與畸人静者互爲倡酬，則皆清虛簡遠可喜，亦非窮鄉下士、草野寒生危苦之詞可同日而語也。蓋其爲文，初不膠於一定之體，安知其孰爲臺閣，孰爲山林也耶？東坡先生曰：『吾文如萬斛泉源，不擇地皆可出。在平地，雖一日千里無難。及與石山曲折，隨物賦形，不可知也。所可知者，當行于所當行，當止于不可不止，如是而已。』欲知侍郎之文，請以先生之言觀之。

至正十又五年秋八月甲子，黄溍序。案，明刊本東坡以下缺，今据元板《黄先生集》補。

王褘序

沈性刊版序天順癸未

沈性拾遺跋

葛萬璧跋嘉靖乙酉

李默跋嘉靖乙酉

貢玩齋集十卷拾遺一卷明刊本

元貢師泰撰　前有《紀年録》朱鐩撰

楊維禎序至正十九年

趙贇序至正乙未

錢用壬序至正十九年

謝肅序

余闕序

程文序

李國鳳序至正辛丑

黄溍序至正十五年

王褘序

沈性刊板序天順癸未

沈性拾遺跋

葛萬璧跋嘉靖乙酉

李默跋嘉靖乙酉

羽庭集六卷文瀾閣傳抄本

元劉仁本撰

天台之山下盡東海者曰黄巖，其别峰走曠原而秀者曰委羽。委羽山之人有曰劉德玄者，頎然而清，黝然而元，飄然有遺世之念。自壯時愛讀揚子書，所爲文往往有類，而或過之。後涉艱棘，履險阨，而作又益進。其雄篇也，浩浩焉不可端倪；其小章也，幽幽焉又不可破裂。噫！非玄微之理存於心，其所發者能如是歟？余嘗即其人與之語矣，因疑其山川之氣清淑者盡萃其身，而又能養之全守之固而益充，故其文山立而水行，雲興而霆擊，星辰之布列，雨露霜雪之滋悴，鬼神之冥顯，人物之昭焕，有若天地之所以化生萬彙，而非人力之可及。文之玄果若是否乎？玄之理在其身，有非他人之測識者。或謂揚子雲行有所不逮，然其文又非後進所能擬，是則所著《太玄經》果玄乎？果非玄乎？德玄果知之乎？余豈得而議之？今輯所爲文，號曰《亦玄》，孰曰不可？不然，後世有劉德玄者必好之矣。軒轅彌明自衡山來，愛其文也，故憑物而序之，重爲歌曰：『悠悠太虛孰可憑？我欲馮之氣所乘。坎壈窒盭紛不成，精明純白道自寧。天台半落黄山青。山中老人劉羽庭，吟詩作賦如建瓴。軒轅道士來相迎，袖中出我《亦玄經》。起伏萬狀不得名，爲歌此曲山月明。』宋無逸序。

至正癸卯之冬十月，余被戎事，過上虞，主胡師德氏。有柳生泰者謁，求柳莊詩，遂口占授之。既而朱君伯賢曰：『生能致鬼神，爲文詞多奇詭。』即挾入密室，請賦《白雲巢篇》。余方與客詹國器、陳惟敬、劉坦之、僧震雷、隱昱、大明及胡生璉立談。頃伯賢亟出曰：『若有降靈馮于物者，自稱爲韓愈氏，即軒轅彌明，書諸几曰：「聞羽庭公能文章，敢請見教。」』邀余及衆客入室，余辭以無與似者。大明取余近製《守拙齋記》一篇質諸神，神使誦之，若有聽焉。既終，誦乃書曰：『善則善矣，獨中閒「熙」字誤。此吾《淮西碑》中語也，當作「嬉」。』衆皆驚愕。又書曰：『羽庭公近著《亦玄集》，吾請爲之序，可乎？』凝神入思，頃刻，附筆立就，辭語絶類韓子體製。因憶向在庚子正月，閒夢偕士友論文，俄而見巍冠博帶者馮虚陟降，謂余曰：『吾昌黎韓愈也。』授以片楮，楮中有云：『文以載道，道有顯晦，文亦爲之低昂。道在日用閒，文貴平暢，則道自然明白。文猶製衣也，挈其領而褫之，理斯順矣。』覺而記憶，嘗以語卓君習之、宋君無逸。今序中乃曰『吾嘗即其人而語之矣』，斯言似有脗合乎前者。蘇文忠公作《昌黎潮州廟碑》，謂『公之神在天下，如水之在地中，無所往而不在』，又謂『不依形而立，不恃力而行，不待生而存，不隨死而亡者』，誠哉言也！豈余亦嘗信之深，思之至，君蒿悽愴，若或見之邪？故不得遺置，輒録諸編，左以備觀覽，幸毋訝其迂誕焉。是年月既望，天台劉仁本書。

不繫舟漁集十五卷附録一卷舊抄本

元平陽陳高撰

子上陳君既没之十有八年，余過其里，從其子訪其遺稿，得詩文總若干首。詩爲四言，爲五言，爲七言，爲古，爲樂府，爲律，爲絶，凡若干卷。文爲記，爲敘，爲銘，爲讚，爲箴，爲跋，凡若干首。加詮次焉，釐爲若干卷，題曰《陳子上存稿》，俾藏于家。敘曰：夫所貴乎文辭者，非以言之工而貴之也。當理之言，斯貴矣。其言當理，雖其人無足取，君子猶不以人廢言而使之泯没也。況其人若子上者，抗特操於亂世，臨患難、死生、禍福而不易其志，不污其身，可謂賢矣。而其言也，揆諸往哲而有合，傳之來世而無愧，可使泯没而無聞乎？此予于其遺稿，所以不能已其情也，六藝百氏之言，子上無不學，而以求道爲急。凡詩文未嘗苟作，要其歸不當于理者蓋鮮矣。自爲舉子時，其所作已爲流輩推重。金華胡仲申先生以古學名，嘗傲視一世人，于文章靳許可，獨敬愛子上，而稱之曰能。其擢進士也，朝之名公鉅卿，若翰林歐公、太常張公、禮部貢公、御史吴公、助教程公僉謂子上之文，宜用之朝廷，施諸典册，相與復薦之。而子上以親老，□取慶元路録事，南還赴任。未二年，度時不可爲，輒自免去。擅兵柄而倔强州郡閒者多欲子上用之，而子上終不爲其用，周流東西，常使人不知所至，未嘗終月淹也。最後總戎其州者，必欲脅致之，子上遂棄妻子南至于閩，又北至于懷慶，尋以疾卒。既卒，而其文亦無能爲收拾者，以故平生所作，存者止此云。嗚呼！得其材于天，成其學于己，不獲措諸事業而徒托之述作，君子之不幸也。至于述作又多放失，不幸抑何甚耶！藉非子上所操自足以暴于世，則天下之于子上，何從而知之？何從而信之？此予之所以重爲慨也。其友謝復元氏欲率同志鏤板以永其傳，力雖不逮，而未嘗忘之，豈不猶予之情與？豫章揭先生伯陽稱子上之文，上本遷、固，下獵諸子，詩上遡漢、魏，而齊、梁以下弗口。可謂知言矣，復何所庸吾喙哉？前翰林編修眉山蘇伯衡序。

自識曰：至正癸卯十二月廿七日，平陽失守。余時在郡城，回至州南，聞變倉卒回。江浙行省都事王銓伯衡夜尋山徑泥塗中，崎嶇行六十餘里，至麥城得漁舟浮海達安固，不及與家人别。明年正月朔至南塘，二月至樂清之玉環，迤邐道途，隨處留寓。念予以布衣舉進士，辭禄歸隱已八年矣，守拙耕田，歸老而罹此變，閒關逃遁，非有所爲也，求無媿於心而已矣。困厄顛沛之餘，觸物興感，率爾成詩，聊筆諸簡册，以示不忘。閒有應俗所作詩文，亦并録之，其妍醜不暇擇也。至正二十四年春三月乙丑朔旦書。

皕宋樓藏書志卷一百六

集　部

別集類四十

居竹軒集四卷文瀾閣傳鈔本

元成廷珪撰

句曲外史貞居先生詩集五卷舊鈔本　黄蕘圃舊藏

元吴郡海昌張雨伯雨撰，浙江鄉貢進士姪誼編類

黄氏手跋曰：此《句曲外史詩》，係子友金心山所蓄者。心山爲吴庠生，與予同與歲科試，因相識焉，然但知其能文，而餘所善則未之知也。後于親友案頭見有單條小幅奇花異卉，寫物生動之趣溢于楮墨，方知其善于繪事，而予與心山蹤跡不甚密，因未曾以尺素相求。客歲聞心山已死，殊爲惻然。後書友有攜舊書來者，云是心山物，并于《雲溪友議》末見心山手跋，知爲

文瑞樓金星軺之孫。蓋家故藏書，即散亡之餘，亦不失惓惓愛書之意。用是重其人，以重其物，而于是册聊著梗槩云。蕘圃黄丕烈。

句曲外史貞居先生集七卷舊鈔本　厲樊榭舊藏

元張雨撰

陶弘景在齊、梁時掛冠，居句曲山，自號華陽隱居。性雅淡，愛山水，每經澗谷，必吟詠盤桓，尤喜著書賦詩，旁通陰陽醫藥之術，朝廷屢徵不起，世以高尚稱之。後七百餘年當元盛時，貞居以儒者抽簪入道，自錢塘來句曲，負逸才英氣，以詩著名，格調清麗，句語新奇，可謂詩家之傑出者也。當是時，以詩文名世者，若趙松雪、虞道園、范德機、楊仲弘諸君子，以英瑋之姿，凌跨一代，諧鳴于館閣之上，而流風餘韻，播諸丘壑之間。諸君子亦嘗與其唱酬往還，雖出處不同，而同爲詞章之宗匠，譬如軒輊，詎知其孰先而孰後耶？矧貞居博學多聞，襟懷蕭灑，故大夫士多景慕而樂道之也。夫隱居、貞居時世先後，好尚問學，似未可以同日語，然隱居之清風高節，貞居之雅度逸才，亦可謂前春而後應，豈非句曲山清爽之氣鍾秀于二子歟？以吾夫子中庸之道、修己治人之學、金聲玉振之文昭著于天地，使其學道而望洙泗之科，猶未易量也。至若奔競功名，蹀躞聲利，醉生夢死不自覺者，則二子之風度，將追嚴子陵、陸修静之武歟？《易》曰：『不事王侯，高尚其事。』二子其庶幾乎？貞居張姓，雨名，伯雨字，貞居其自號，句曲外史世人稱之也。吴郡徐達左序。

錢氏手跋曰：元《句曲外史集》，《四庫書目》所載《正集》三卷，《補遺》三卷，《集外詩》一卷，共七卷。是本卷數雖同，斷非《四庫書目》所載之本。其第七卷内詩餘《茅山逢故人》至《跋定武蘭亭》九頁半，是厲徵君樊榭手補，尤足寶貴。細審其所補之來本，大約出自《珊瑚網》及《鐵網珊瑚》、《書畫正續題跋記》三書居多。其硃筆是丁龍泓徵君之筆無疑。更所謂趙一清校，則不能知其所在矣。予昔年曾見外史手書詩稿兩册，當時念念不及録出一副本，定然與此集大有異同之處。若得彙爲一集，則爲外史全集之大觀也。明虞山毛氏所刻元人十集，篋江可將是一校尤善，然毛刻斷不能如是本之富耳。丁酉十二月初四日，快讀一過，因爲記此。夢廬錢天樹。

僑吴集十二卷舊鈔本

元括蒼鄭元祐明德撰

遂昌鄭明德先生天資明敏，高出倫輩，其生于杭，于書無不讀，作爲文章，抑揚頓挫，反覆開闔，一主乎理，而氣以攄之，若長江大河，流衍滂沛，汩汩乎數千百里，而終歸之溟渤，綽有古作者風。既壯，來僑于吴。比老，乃彙其所作之文曰《僑吴集》，授徽曰：『吾在杭亦嘗有作，兹僑吴久而作之爲多，故名焉。子實見而知之者，宜爲之序。』徽不敢辭，庸復于先生曰：先生固僑于吴矣。夫吴，東南之一都會也。山有虎阜、靈巖之勝，水有三江、五湖之饒，而遺臺故苑，舊家甲第，仙佛之宫□□乎城郭之内外，民俗富而淳，財賦强而盛，故達官貴人，豪雋之士，與夫羈旅逸客，無不喜游而僑焉。其僑何如？不過即其山川風力之美，觴詠嬉娱，以各適其所樂而已。烏有如先生之僑寓哉？先生以吴乃讓王之封國，而子游北學于孔子，與聞堯、舜、禹、湯、文、武、周公之道，得聖人一體，爲文學稱首，其流風餘韻未泯也。斯其所以僑焉者，正欲以聖賢之道資進修之益耳，豈徒藉乎山川風物以爲觴詠嬉娱之適而止耶？則先生之僑，異乎人之僑也已。惟其異乎人之僑，所以發而爲文，亦有異乎人也。雖然，文豈易言哉？堯、舜、禹、湯、文、武、周公之文，禮樂、政治皆是也。蓋其道之充乎中而其發于外者，無非文。如天之有氣，則有日月星辰之光輝；如地之有形，則有山川草木之行列。文實道之顯，不可歧而二之也。何子游之所以爲學絶諸子？各以所見著書，是不獨文與道二，而道之裂也，已無有純全者。惟董仲舒氏曰：『正其誼不謀其利，明其道不計其功。』揆其行事，不戾斯言，可不謂其文與道一者乎？而韓愈氏曰：『所志于古，不惟其辭之好，好其道焉耳。』是亦知夫道之與文不可二矣。然以實而考之，則其文固未能一出于道。至歐陽修氏、蘇軾氏、曾鞏氏，文非不能爲也，豈能與道弗二乎？文而一出于道，惟周、程、張、朱數君子焉。觀其《易通》、《易傳》、《正蒙》、《本義》等書，簡妙精切，不惟輔翼聖經，而幾可與之竝。由其得孔、孟不傳之學，故能若是，豈嘗拘拘學爲之文哉？徽竊聞先生嘗以文師承于金華石塘胡公、四明剡源戴公，此二公學羣聖賢之道者也。其所以授于先生，洎先生所自得，有蘇、曾諸氏之文，而不失程、朱數賢之道。道未必不寓乎文，文未嘗不載乎道，文與道則一，而子游之所以爲學者亦在其中矣，奚必果僑于吴而後有所得也哉？第假是以名編爾。徽生也後，誠吴人也，父祖以上居吴累世矣，然于道詎有所聞，而文亦莫之能措于先生，豈弗甚可愧？姑從命强顔爲之言。是集也，爲古今詩、銘、箴、讚、題、書、疏、序、記、碑誌，總若干篇，釐十有二卷。於戲！有道之文當傳之天下，豈獨吴哉？至正二十年歲庚子仲秋望，吴後學謝徽序。

張習重刊序弘治丙辰

詠物詩一卷舊鈔本

元謝宗可著

《詩大序》曰：『在心爲志，發言爲詩。』則詩其心乎？詩自三百篇降，漢、晉以來，至唐、宋而聲律悉備，沿至于今，蓋以義理正之，風雅其道然矣。本朝金陵謝宗可爲詠物詩數百篇，涵蓄精微，詞必新，理必正，字必工，事必謹，綺靡而不傷于華，平淡而不流于俗，于是求公之心槩可見焉。予居宣城，或見之，亟以念誦，記而後已，竊爲之評曰：『晉謝朓幽襟逸懷，故詩多清新；李賀唐王孫，故詩多富貴。觀公之于詩，又能兼之。』至正癸巳汪澤民題。

鹿皮子陳先生文集四卷舊鈔本

元陳樵撰，盧軿子友編輯

周旋序正德戊寅

案，《鹿友子集》有國朝董肇勳刊本，卷二缺《出塞曲》、《夜闌曲》、《海人謡》、《望夫石》、《東飛伯勞西飛燕》五首，卷首周旋序亦缺。此乃完帙也。

林外野言二卷舊鈔本

元崑山郭翼字羲仲撰

傲軒吟藁一卷舊鈔本

元胡天游撰

鄧山序弘治十二年

師山先生文集八卷遺文五卷明刊本

元鄭玉撰

鄭子美先生所爲文，予十年前嘗得其漢、唐諸論，頗疑其體制往往或出于繩墨，心未之好也。今年復獲其《師山集》，盡讀之，觀其操議持論，務辯道理，談名義，蓋汲汲焉以扶植世教自見，心歎服之，于是迺愧向之知先生之不能深也。雖然，以文求先生，非知先生者。欲論先生，當自其平生大節而觀之。初，先生隱居于鄉，教人接物，一體于風義。至正中，宰臣以名聞，詔拜翰林待制，兼有上尊名幣之賜。先生疾當世方奔競成習，將有以抑之，則抗疏控辭，其言曰：『臣問學之淺深，他人不能知，臣實自知之，所謂「吾斯之未能信」，豈敢貪冒恩榮，以自欺其心？酒與幣，天下所以奉陛下，陛下得以私與人臣不敢辭。名與器，祖宗所以遺陛下，使與天下之賢者共之，陛下不得私與人，臣不敢受。』疏聞，朝廷不之强也。居無何而干戈起，徽城陷焉。城守者將要致之，使爲用，先生厲色拒之曰：『吾豈事二姓者耶？』因被拘囚郡中，詬辱者久，而志不少變。親戚朋友攜具餉之，則從容爲之盡歡，且告以必死狀。其妻聞之，使語之曰：『君苟死，吾其相從地下矣。』先生謂曰：『若果從吾死，吾其無憾矣！』明日，衣冠北向，再拜，自縊而卒。嗚呼！先生于出處死生之際，其大節表表如此，而世之以文求先生者，豈足以盡先生乎？況求之以文者，不觀其所以自見，而徒徇夫言辭之末，其淺知先生矣。唐司空表聖、韓致光所爲辭章，凡近無足多者，而其處進退存亡，能不失其正，節義所在，君子蓋深許之，豈可謂先生之文與行皆卓然者，世其得而朽之者乎？予愳夫讀先生之文者，如予向之所病，故竊志之以爲告，世有知言者其必謂予能知人也哉。先生名玉，字子美，徽州人。洪武三年歲舍庚戌春三月朔，翰林待制承直郎同知制誥兼國史院編修官金□王禕□充書。

案，此序《王忠文集》失收。

竹居詩集一卷舊鈔本

元王廷珪撰，國子助教郡人張信校正

張洪序宣德元年

王進序宣德元年

范願先序宣德二年

李傑序正德六年

徐謙跋宣德二年

六世孫卞跋正德九年

友石山人遺稿一卷附録一卷鮑淥飲手鈔本

元靈武王翰用文撰

詩者，聲之文也，本于内而見于外者也。仁義之發醇以正，忠憤之感激以烈，驕侈之（宣）〔言〕淫，放僻之辭誕，豈偶然之故而已哉？粵自唐、虞聖神，以敬畏一心，發而爲賡歌慎念之語，成周君臣，以中正一理，敷而爲皇極敷言之教。下迨乎三百篇之制，或颯颯乎正音，或末響之流變，皆非有出於人心之外也。戰國之間，屈平氏以其忠憤奮激之心，一寓于《離騷》之作。炎漢以降，蘇武、諸葛亮以其忠直義勇之氣，再變爲五言之體。晉淵明得其沖淡自然之趣，唐少陵寓其忠君憂國之誠。又豈有出于是心之外哉？洪武庚午，予留案來閩郡。庠生王偁奉其父《友石山人遺稿》謁予，請序其首。予觀其詩毋慮百餘篇，而詠于感慨者極忠愛之誠，得于沖淡者適山林之趣，已心異之，而未盡知其詳。及取其《自決》一首讀之，凜然如秋霜烈日之嚴，毅然有泰山巖巖之象，出處之分明，死生之理得，然後知其嘗仕于勝朝，而秉義于今日。故凡其所作者皆心聲之應，而非苟然眩葩組華者比，且徵于予之向所云者爲益信也。噫！觀是編者固可以求其心，求其心者尤當以景其行，景其行則可以相忘于言語之外矣，于予言何有哉？因其請之勤，而感其辭之寓，遂書以歸之。山人名翰，字用文，友石蓋其自號也。時仲春初吉，前進士監察御史廬陵陳仲述序。

先府君平昔喜作詩，晚年隱遯林壑，尤必以此自娱，故凡其觸物感事，流連光景，一寓于詩，以舒其抑鬱之懷，以發其憤惋之氣。其作頗多，第以家不蓄藁，偁自悼年爲所背棄，不能一舉成篇。比自有知以來，始于耆老故舊之間掇拾遺篇，粗得以上若干首，類成卷帙，用敢示之子孫。是雖不能盡得其詳，而其志節大略亦于此焉見耳。嗚呼！爲子孫者苟能因其詞而知其心，則亦庶乎凜凜然思以繼承于不墜哉？歲上章敦牂孟春初吉，孤子偁謹書。玄孫焯謹録。

聞過齋集八卷淡生堂鈔本

元吴海撰，門人靈武王偁編次，進士永嘉胡寧校正

徐起序歲在辛巳

王偁跋歲次辛巳

案，卷首有『山陰祁氏藏書』之章，版心有『淡生堂鈔本』五字。徐起、王偁兩序後一題『歲在辛巳』，一題『歲次辛巳』，蓋建文三年辛巳也。革除之後，跋經刓改，故不著年號。

學言稿六卷明弘治刊本

元臨川吴當著

徐霖序弘治十三年

葉天爵跋弘治十三年

學言稿六卷文瀾閣傳鈔本

元吴當撰

北郭詩集六卷補遺一卷舊鈔本　曹彬侯舊藏

大元澄江書院山長許恕如心撰

詩爲吟詠性情作也，例以删後無詩，可乎？今人之詩與古人之詩異，詩人之詩與文人之詩異，然詩而不以文爲法，則又戾于古也邈矣。世之名公鉅儒，騷人墨客，傷人感懷，物情景態，吟詠之閒，一唱三歎而不足，自非胸中有文者疇克爾耶？北郭許君如心，其質清以奇，其學醇以正，其爲歌詩也，其思深，其義備，性情中出固也。故古之爲詩者，太白之言放，子美之言憂。盛世之士，其言也雍容；世之亂也，其言悲傷。嗚呼！是孰使之然哉？若如心者不遇于時，不偶于世，感歎悲哀之辭，見諸短章大篇中，渾涵汗瀾而有流連光景之思。嗚呼！可悲也已！使吾如心得時行志，而爲治世之音，被之樂章，薦登清廟，當不啻是集之鋪張而已也。如心名恕，嘗用薦者起家澄江書院山長。北郭，其自號也，因以是名集。洪武十四年辛酉歲夏五月，溝南老人里中張端序。

江陰許處士如心于即世之若干年，其仲子今禮部主事節裒其所爲詩若干篇鋟諸梓，曰《北郭集》，請予序之，以博其傳焉。噫！處士之詩亦盛矣！節之用心亦勤矣！然處士未始詩之傳，而節則不忍斬其傳也。世之處得其勢，又能張虛名、擥浮譽者，其爲詩易以稱，易以稱則易以傳也。而山林枯槁之士，韜形斂跡，若玉在璞而珠藏淵也，苟非其光潤實有不可掩者，則其爲詩獲稱于人也難，而獲傳于人也亦難矣。易傳也而或傳之不久，難傳也而或久而能傳，則君子有寧爲彼而不爲此者矣。大都詩之所本者，情也，詩而不本于情，何以謂之詩？情之所著者，詞也，情而不著乎詞，何以達乎情？詞之所依者，音也，詞而不協于音，何以備其詞？薆是三者，而後爲詩之至。今觀處士之詩，玄澹冲曠其情也，發揚浩瀚其詞也，流亮激越其音也。是雖欲弗傳，蓋難乎其弗傳也。是節雖不博其傳，蓋傳之者自無不博也。而節之心則有不忍者焉，此《北郭集》之所以刻也。序而歸之，尤知處士之有子。洪武癸亥夏四月既望，將仕郎右國子監學録吴郡金文徵序。

禮部主事許君文度持其先處士之詩，曰《北郭集》者若干卷，求爲之序。其雍容俯仰，若冠冕紳璂，周旋堂陛之上；其縱横馳騁，若風雲虵鳥，按兵行陣之間；而其音節曲折，則如琴瑟簫磬，雜乎竝奏而雅韵逸發也。予亟讀之不暇，而爲之歎曰：『美哉乎處士之作也！果何自而臻此？』予聞山林江湖，風振樹而雨垂淵，其間隈壘波濤，與夫石竅木穴，遞爲吸吹呑吐，舂撞澎湃，而洪纖、廣隘、徐疾，以有函湖清越，鏗鏘鎲鎝，作止散合，引唱答和，無不中音合節，天爲成而地爲設也。古人之于詩何獨不然哉？其情與事物感觸，有憂愁、悦豫、喪離、疾痛也，于是焉有歎息、嘯歌、哭泣、呻吟之聲，因其聲之韵，合言之文，而詩者出焉，莫非自然也。夫惟自然，是以不窮于研揣畦町之間，有以發其比興之微，而極乎人情物理之變。今于處士之作見之矣。處士鍾粹美之資，抱疏通之才，執温恭之德，而抗高尚之志。方鄉邦據于僭僞，時鮮不爲其用，以苟升斗之禄，處士曾不屑焉。盛年甘自放于海濱，則其平生之情，歡愉怫悱，悲思慷慨，觸于物者，宜有以昌其詩而發焉。嗟乎！與處士竝世而遷就委曲，取富貴者非不得時名，而爲閭里之所艷距。今才二十年，泯焉與草木同腐者，其人往往。處士雖布衣没齒，自其在時負能詩聲，既没而有賢子若文度者發其遺稿，彙次成帙，刻梓以傳處士之名，固當與是集竝存天壤間矣。以其所得者計之，其所取造物果孰優乎哉？是爲序。洪武十八年歲次乙丑三月六日，前史館眉山蘇伯衡序。

古人謂置心平易始知詩，況爲詩乎？浩然欲立萬物之表，藏于無端之紀，是慕空虚耳，非平易也。屑屑然與世俗是非相勝負，囿之而莫脱，是恒陋民耳，非平易也。惟高不絶俗，近不遺理，喜怒在物，死生優游，廓之通造化，斂之存方寸，始爲得之。若晉之陶淵明是也，故其詩澹然無作，隨意而成，言不離乎人世，而與至理相涵，若風之鼓物，虚實相應，自成律吕，識者聽之，謂不異韶頀。其後力欲效之者，惟韋應物、柳子厚。應物，《唐史》不載，其爲人不可得而知。子厚少年冒進，酣豢富貴，胸中固非泊然自静者矣。及投荒裔，居閒漱滌，其辭雖清吟可愛，而憤激不平之意時泄于其間，果足得淵明心乎？不得其心而逐其辭，雖子厚猶不能至，況不及乎？吾以是知學淵明者，莫若得其心，辭非所論也。當元盛時，取士之途甚狹，士大夫不由科舉，惟從吏而已。積月累時，求一身榮耳。雖間有長才善策，迫于其類，亦無從施。故有志者不肯爲也，寧往往投山水間，自樂其所有，如北郭先生其一也。先生少以文學著名，用薦者起身，爲澄江書院山長。不樂即弃去，浩然自得，與山僧野子相往還，乘風詠月，人莫測也。

其爲詩一出自然，讀之愈久，而意愈無窮，固不暇如世之粉（藤）〔藻〕，一辭一句，取媚人口。此善學淵明者也。雖然，淵明當晉室告終，力不能救，其詠吟茅茨之下，固非得已也。先生亦豈隱者，使言行計從，當與古人有爲者竝。今抱身而去，獨得已乎？讀先生之詩，則先生之爲人可知矣。先生諱恕，字如心，江陰人也。其子節今爲禮部主事，學行無愧于先生云。洪武十有八年歲在乙丑春正月既望，天台林右序。

玉笥集十卷舊鈔本

元會稽張憲思廉撰

劉釪序成化

劉江序

今釋跋

張焕采跋

鶴年詩集三卷舊鈔本　宋賓王校

元丁鶴年撰，門人四明戴稷、習，脩江向誠、信道，方外曇鍠編次

昔者成周之興，肇自西北。西北之詩，見之于國風者，僅自邠、秦而止。邠、秦之外，王化

之所不及，民俗之所不通，固不得繫之列國矣。我元受命，亦由西北而興。西北諸國，若回回、〔吐〕蕃、康里、畏我兒、也里可温、唐兀之屬，往往率先臣順，奉職稱藩，其沐浴休光，霑被寵澤，與京國内臣無少異。積之既久，文軌日同，而子若孫遂皆舍弓馬而事詩書，至其以詩名世，則貫公雲石、馬公伯庸、薩公天錫、余公廷心其人也。論者以馬公之詩似商隱，貫公、薩公之詩似長吉，而余公之詩則與陰鏗、何遜齊驅而竝駕。他如高公彦敬、獿公子山、達公兼善、雅公正卿、聶公古栢、斡公克莊、魯公至道、〔二〕〔三〕公廷圭輩，亦皆清新俊拔，成一家言。此數公者皆居西北之遠國，其去邠、秦蓋不知其幾千萬里，而其爲詩，乃有中國古作者之遺風，亦足以見我朝王化之大行，民俗之丕變，雖成周之盛莫及也。鶴年亦西北人，其視數公差後起家，世以勳業著，而鶴年兄弟俱業儒，伯氏之登進士第者三人。鶴年乃泊然無意于仕，遭時兵亂，逃隱海上，邈不與世接，凡幽憂憤悶、悲哀痛苦之情，一于詩焉發之。觀其古體、歌行諸作，要皆清麗可喜，而注意之深，用工之至，尤在于五七言律。但一篇之作，一語之出，皆所以寓夫憂國愛民之心、愍亂思治之意，讀之使人感憤激烈，不知涕泗之横流也。蓋其措辭命意，多出杜子美，而音節格調，則又兼得我朝諸閣老之所長，故其入人之深，感人之妙，有非他詩人之所可及。嗚呼！若鶴年者，豈向數公之流亞歟？然數公之在當時，皆達而在上者也，世之士子孰不膾炙其言辭？鶴年遭夫氣運之適衰，方獨退處遐陬，而爲所謂窮者之詩以自慰，其能知夫注意之深、用工之至者，幾何人哉？知與不知，在鶴年未足輕重，第以祖宗涵煦百年之久，致使遐方絶域之詩，俱得繫之天子之國，而鶴年所以著明王化民俗之盛，以與數公竝傳于斯世者，將遂泯無聞矣，不亦重可悲夫？ 故取其吟藁若干卷，序而傳之，以俟世之知鶴年者相與諷詠焉耳。 鶴年之清節峻行，已別有傳，兹不著。 至正甲午秋，九靈山人金華戴良序。

太學生戴習録其師鶴年先生詩，曰《海巢集》者，請題其後。 鶴年，予友也。 其詩忠義慷慨，有騷雅之遺意焉。 昔唐之僧有讀其友盧仝之詩者曰：『鯨吞海水盡，露出珊瑚枝。 海神知貴不知價，留與人間光照夜。』吾讀《海巢集》亦云，『生其寶之！ 生其寶之！』虎丘澹居老人至仁書。

宋氏手跋曰：《丁鶴年詩》向無刻本，轉相鈔寫，譌字頗多。 雍正丁未端陽後一日，得秀水朱竹垞翁所藏明正統間刻本，于吴郡桃花塢文瑞樓雨窗較閲。 刻本亦微有譌字，前明蕭山魏驥序之。 賓王較并記。

案，此集係竹塢文氏家藏，後有『文點與也』圖章。

鶴年詩集三卷元刊本　徐興公舊藏

元丁鶴年撰，門人四明戴稷、習，脩江向誠、信道，方外曇鍠編次

徐氏手跋曰：予鄉家藏《丁鶴年詩》三卷，乃永樂間刻版，後有廬陵楊文貞士奇跋語，紙墨古潔，予珍惜之。 斯本爲元版，亦分三卷。 簡首有高惟一印章。 惟一，國初人，有孝行，事詳郡

志。二本俱善，因合藏之。萬曆丁未春正月三日，徐興公題。

案，此元刊本，每葉二十行，每行二十字。卷中有『閩中徐惟起藏書印』朱文長印、『徐𤏡之印』白文方印、『徐氏興公』白文方印。卷面有興公手書『丁鶴年〔集〕，徐氏汗竹巢珍藏本，元版』十四字。

丁鶴年先生詩集三卷舊鈔本　勞巽卿舊藏

元丁鶴年撰

勞氏手跋曰：《丁鶴年詩》從宋賓王校本傳出，隨校一過。原本卷首四番及序跋、補遺詩，皆賓王手録。卷中誤字，尚有塗鉛未補者，俟再值本校之。癸卯九月四日鐙下，書于玉參差閣卧室，巽卿。

皕宋樓藏書志卷一百七

集　部

別集類四十一

青村遺稿一卷舊鈔本

元劉涓撰

董期生序嘉靖三年

胡森跋

黃端序

黃宗明跋

貞素齋文集八卷附録一卷附北莊遺藁一卷舊鈔本

元舒頔道原撰

予蚤歲浪游湖海間，所作益多，求其合于體者蓋寡，因其寡而嘗致極思焉。自壬辰寇變，家藏譜畫書籍與所作舊稿蕩然無遺。雖居離亂中，艱難險阻，千情萬狀，獨于詩未嘗忘情，復盈數帙，自題曰《古澹華陽稾》、《貞素齋集》。不（週）〔過紀〕其所歷所見，爲異時話柄。四五年間，妖（蘖）〔孽〕未除，兵革未息，出處未寧，東奔西竄，又復零落。當飢寒鬱悒，不堪于懷，發而爲哀怨憤切之語，關于風，係于世事，槩見于辭，雖無匡救之直，而忠愛之意惓惓然一飯不忘。然則三百篇不作，則治亂風刺之義，不幾于息乎？予之所作，雖未合于體，契于道，或者有時關于時，設未盡善，尚俟夫後之知音者訂正云。洪武辛亥冬十月六日，華陽逸者舒頔道原甫序。

趙春序嘉靖庚子

戴嘉猷序嘉靖庚子

胡富序正德戊寅

胡文彬序嘉靖庚子

裔孫朝陽序嘉靖庚子

徐銘跋嘉靖庚子

方桂薰跋同上

章瑞序正德戊寅

黄槐跋嘉靖庚子
裔孫泰跋正德戊寅
汪用章序嘉靖庚子
七世孫旭跋同上
八世孫孔昭跋同上

江月松風集十二卷文瑞樓鈔本

元錢塘錢惟善思復撰

錢塘錢思復好學而有才，當壯盛之年，未嘗有紛華之悦。予見其詩，益知其爲人。思復知予之知之也，悉出其生平所著者以示予。何其妥適、清倩，娓娓乎有唐人之遺風焉。夫詩本於性情之微，觀其音響韻致，可以知其藴於衷者，苟同於利欲，而受變於世故之糾紛，雖飾其言以爲詩，固不能逃乎識者之目矣。思復養於内者完，而接於外者不雜，故其發於言者若此。嗚呼！詩豈可强爲之哉？予蚤歲亦嘗有志於是，顧爲貧所驅，奔走埃壒之涂蓋久矣。安得從思復日襄羊於雲煙水石間，以陶寫吾之所得於天者乎？至元後戊寅正月十日，陳旅序。

詩工於景物，至晚唐四靈，殆已無可掇拾。皇宋涉於議論，遂謂議論非唐詩。少陵就□時事議論亦多耳，論者若置少陵於唐詩外，豈三百篇性情、議論者非耶？常人狃於所習，近時又倡爲對偶排比，以爲律政，如木偶人衣冠儼然，而無生氣流動，謂可以與言詩乎？錢思復所作特妙，未嘗不議論，而不口於議論，未嘗不景物，而不晚唐、四靈於景物，亦浣花溪上見白頭亂髮兩耳人耶。予嘗謂少陵詩，詩則律，意則不律，以詩律其不律之意，以不律之意律其詩，莊生斲輪手，蓋自有不可言傳者。至論格高語響，如居仁、邠老，猶是第二義耳。有能於此觀思復者，自是一流具法眼人。至元五年春三月十六日，淳安夏溥書。

翁氏手跋曰：《江月松風集》爲有元錢思復手書稿草，先民筆墨具有别致，好事者因裝褫成册。錢罄室、曹秋嶽相繼收藏，秋嶽亡後，伯兄駕澂于金閶見之，傾囊得歸，一時争相傳寫，未免有魚豕之誤。此本乃予手鈔，較對獨細，惜有闕脱，無從攷補，至字畫間有舛誤，亦從闕疑。大抵古人手筆，當仍其舊，不可妄以己意增損也。所得更有張伯淳、貫酸齋書卷，元人草玄閣湘竹龍唱和并雜詩柬，共此集爲三册，得于康熙丙寅之杪春，而鈔成于季秋之十三日。東洞庭山又張翁栻識。

江月松風集十二卷舊鈔本

元錢塘錢惟善思復撰

陳旅序至元戊寅

夏溥序至元五年

一山文集九卷舊鈔本

元進士翰林院檢討東安李繼本撰

黎公潁序景泰癸酉

龜巢摘藳三卷元人鈔本　曝書亭舊藏

元謝應芳撰

毘陵謝先生昔避地吴松之上，予適自燕至吴，予友涿郡劉子南氏嘗道先生姓名、學行之懿，予願見而未暇焉。後十年，識先生之仲子于崑山，則先生已歸隱於毘陵矣。又十年，婁東袁子英氏以先生年八十，邀予賦詩爲先生壽，繼又告曰：『先生之門人主著集先生之詩，鋟諸梓。先生摘其詩之什一與之，凡若干卷，名《龜巢摘藳》。』復徵予序卷端。予辭以未識先生，又未嘗閲先生之詩集，何敢率爾從命？且衰退不敏，又何能贊一辭於其間哉？予言又豈足爲先生軒輊哉？然子南既稱先生於前，子英復頌先生於後，況嘗與先生之子林連牀累日，觀其從容詩禮，秀拔儒林，則先生之言行可知已。傳曰：『不知其人，視其友；不知其父，視其子。』又奚必識先生之面，誦先生之詩哉？嘗聞先生之爲人耿介，尚節義，與世寡合。其爲詩也，非有關於風教者不爲也，非有得於情之正者不□也。惜先生不少試其才於時，肥遯以終身焉。先生有《辯惑》四卷行于世，皆發先儒所未發，其於後學豈小補哉？予始述所聞者如此。先生名應芳，字子蘭，號龜巢云。時洪武十二年歲已未七月既望，前江浙儒學副提舉豐城始豐山人余詮序。

文章與時高下，昔人有是言也。有能處憂患顛沛之中，不爲外物之所摇奪，形於言辭，無蹙迫憤懣之病，有異於昔人之言者，惟君子爲能之。吾於子蘭先生之文見之矣。先生蚤有俊譽，嘗爲□晉仲、俞用中諸公所知。生平重然諾，勇於爲義，紬繹經史，作爲文章，咸有根柢，與人論辨□□不少休。在鄉里時，請復鄒忠公墓；寓吴中，又請作顧元公廟。世俗怵於異端邪説，先生因取經傳之言，作《辨惑編》以警之。其襟度磊落，識見雅正，實爲士林所推重。洪武十年冬，先生元子林以郡府所舉至京師，先以書諗熊曰：『某有舊作，學子王著願板刻之，乃爲摘數十篇，以從其請。子其序之，庶不爲醬蒙矣。』曩先生避兵時，雖漂摇逆旅中，所至人欽其德望，延致恐後。巢室松江之旁，講授之暇，聊以詩酒自娱。熊託交十五六年，一時倡和，若楊維楨廉夫、倪瓚元鎮、顧瑛仲瑛，俯仰之間，淪落泉壤。先生年逾八十，歸隱横山，實爲後進之所□□，其所著述有不期於傳而自傳者矣。吾友中書舍人閩人張至道評先生之詩，雅正純絜，法度整嚴，可與傳與厲相伯仲。識者以爲名言。熊竊窺先生養之厚，氣之充，言行卓卓如此，蓋喜聞而樂道之者，因以冠之篇端。先生姓謝氏，自號龜巢老人，因名其集爲《龜巢文稾》云。范陽盧熊序。

龜巢藁十五卷補遺一卷舊鈔本

元毘陵謝應芳承甫著

石初周先生文集十卷舊鈔本

元周霆震撰

文章之在古今，猶天地之元氣，未嘗一息間也。論者謂文章繫乎世運，盛則盛，衰則衰，是未足爲知斯文者。世運盛，文章固與之俱盛；及其衰也，文章不與之俱衰。何也？盛而非文之用，不能以致治；衰而非斯文之未喪，何以扶當世之衰，後來之盛乎？蓋盛而衰，衰而復盛者，世運之常；文章與天地並，不隨世運也。是以文章顯，而世運爲之盛；文章藏，而世運爲之衰。顯，顯於天下；藏，藏於人心，藏其本也。故凡文章之顯於天下者，皆藏於人心者爲之。此乃人得之於天，所以合元氣以御世運者，世運豈得而盛衰之哉？然顯者天下共知而尊之，藏非知道之君子未易與語此也。烏乎！廬陵能文章者尚矣！近遭世亂，儒道幾墮。今英材輩出，各以其所能詩若文自高，而不知有應俗之慙，其將何以極之乎？同郡周石初先生績其世學，而介然自守。其爲文爲詩有古意，有奇氣，能使人讀之興起，而隱居深藏，不妄交，不求名，故雖老成，而人鮮識之者。余以爲當此之時，得如先生數輩，以激昂後學，使有所法，庶幾鄉國有天下士以鳴聖朝啟運之隆，而古文復倡於兹，豈不足爲廬陵光？而未見有志之同者，豈天無意於顯者，而猶有待耶？然則先生之文與詩，何可使晦而弗彰乎至是？先生之門人晏彦文編録爲集，且道先生之命，欲予爲之序。予昔雖嘗學於鄉先生之能文辭者未能，今又窮處而耋及，何能與於此？而先生獨不鄙夷之意者，天將復顯斯文與？先生其知我矣，於是述愚所見附於集之末，以俟夫能古文而顯者，以質其然否焉。洪武癸丑孟夏初吉，老友劉玉汝成之書。

陳謨序洪武六年

粤若稽古，太上有立德，其次有立功，其次有立言。聲之精者爲詩，詩之精者爲雅爲頌。古今詩人之窮無如子美，精於詩者亦無如子美。顛倒短褐，到處悲辛，信窮矣。致君堯、舜，自比稷、契，詩能窮之乎？周公思兼三王，制作雅頌，詩之精者也。吉甫作頌，穆如清風，亦詩之精者也。詩不能窮人也。謂子美以詩而致窮且不可，謂古聖人而窮於詩，可乎？同郡周石初先生當不諱之朝，必以窮經爲事，必以舉進士爲業，然天不能使人材不出於科第，亦不能使人材必盡出於科第，惟材力、時命適相值者，迺無往不逢耳。用是坐廢，而先生之門受業滋多，先生之文日益富矣。予觀唐、宋諸大家工於詩者，每不足於爲文，文不兼詩，詩不兼文，而先生獨能兼之也。迄二十年兵革之禍，既裂冠燬冕，斷腸招些，未之前聞，予所覩記《石壕》、《新安》、《彭衙》之類，在治忽者往往有足徵焉。而先生一飯不忘君之意惓惓，忠愛溢於言外。此先生之文之必傳於永久無疑也。嗟夫！士窮則修於家，不窮必功覆斯民然後出。孔明所師者龐士元、司馬德操，所友者崔州平、徐元直、石廣元、孟公威。假令南陽秉耒不釋，則索然俱爲陳迹矣，世豈知有伊、吕之事哉？然則先生之不遇，其志亦可悲矣。先生命其孫安卿從予正葩之學，且挾此稿來就予評。予故舉魯人之論古之死而不朽者以獻焉。洪武七年甲寅中秋日，葛化誠夫書。

石初周先生，予四十年前友也。長予十歲，始定交於桂隱劉先生之門。時方鋭意場屋，累試有司不偶，乃歛其英華，發爲詩文，雄偉俊邁，自成一家，有金玉之音，無脂韋之態，深爲諸老所器重。既而世變紛紜，東西奔竄。比年復客城西，年逾八十，老氣峥嶸，顧當時輩行，惟予一人存。更唱迭和，議論縱横，累日不厭，教授子弟，必道彝倫之言。平生詩文千百篇，厄於灰燼。此編特兵後感時觸事之作，不輕以示人，間出與予評。予竊觀其學問文思，度越輩流，且賦性剛介，擇交寡言。晚生後進多不知其所爲，亦不屑與之語。侵尋莫景，歷艱涉危，猶傲睨一時，决不肯阿順苟容。其胸中所養如此，故發爲詞華，如風雷振蕩，長江大河，令人悚敬而不可涯涘。不必循規蹈矩，而藹然温和；不必扼腕張拳，而凛然激烈。沈著痛快，慷慨抑揚，由其平日淹貫諸大家，積之既深，發於毫端，皆渾然天成，類非勉强步驟所能及。嗚呼！近時詩文一變，蹈襲梁、隋，以夸淫靡麗爲工，纖弱妍媚爲巧，放肆驕泆，傲然自謂古之人，厚誣當時，以誑惑聾瞽，是皆先生之罪人也。先生之學，切於爲己；先生之心，樂於及人。其素所樹立，如予者豈足爲輕重哉？特有感於風化之移易。鄉之隱君子相謂曰：『石初氏端莊不矜，語必己出。生平孤介，自信深堅。非其人，竟席不發一談；若可與言，輒盡情傾吐。然傾吐時甚少，故流輩多不合。晚遭世變，足未嘗入城闕一步，名不挂投贈卷中，惟教授諸生，夜分忘倦，蓋其天性然也。閱視，悲歌慷慨，由少陵忠愛根之，詩道陵夷，首倡正論，古風不泯，伊誰之力哉？』斯言也得其彷彿，故述之，庶足以質予之非誇云。歲次玄默困敦律中蕤賓重午日，老友梅間張瑩書。

《石初周處士文集》，諸老先生既序之詳矣，處士孫安卿提舉徵言于堅。堅何足以知之？竊讀處士行狀、墓銘，作而歎曰：當元盛時，處士以舉子業試不利，乃絶意進取，專力古文辭，爲一時名士所推尚。向令躋一科，授一職，則倥偬簿書期會間，何暇于文？且文者，氣之發于辭而成章者也。處士爲人剛介而和易，接物居貧，無戚戚容，而誨人則如不及。晚遭兵亂，韜晦名跡，守善自信，不求人知。其蓄德操行如此，宜其發于文也，不澆而淳，不華而質，隱然有憫時病俗，愛君憂國之誠焉。《詩》曰：『雖無老成人，尚有典刑。』處士往矣，而安卿以文學授官，食報伊始，而惓惓于斯集，不惟足以想見處士風采，亦以知周氏世澤深長也。子孫世寶之哉！敬以是書于集後。洪武辛酉夏六月望，晉安林堅謹書。

周□跋萬曆十九年

周泰跋正統十□年

彭時、商輅、劉宣、夏時正跋成化九年

山窗餘稿一卷明初刊本

元餘干甘復著

趙琥序成化癸卯

甘復先序成化丙午

梧溪集七卷明初刊本　汲古閣舊藏

元江陰王逢原吉撰

太平王生光大以《澂江櫂歌》詩求予序其端，且曰是詩江陰王原吉作也。原吉與予同姓同業，學詩於延陵陳漢卿。陳與柯敬仲俱事邵庵虞公，得其傳。邵庵蔚然儒宗，爲時名臣；柯參書奎章閣，卒；陳今爲東流尹，亦躋顯仕。原吉窮而在下，能自以詩鳴家，居澂江，志樂漁隱，因以目其詩。初，光大得之永嘉陳昌道氏，併日夜讀一再過，竊中於心。光大事先生久，與原吉姓同業同，而其志又同，願受一言以爲評。噫！詩言志，無間於古今，無分於隱顯也。當堯、舜時，朝廷有賡歌之美，康衢有擊壤之謡，古詩三百篇，國風雅頌皆然。漢、魏而下，舍其心志，工其文辭，迄於宋季滋甚。我朝疎齋、子昂能五言，曼碩善歌行，邵庵長於律。三四公繼作，一洒宋季之陋，竝驅晉、唐，駸駸乎漢、魏，而逮於古矣。雖然，學古有道。生歸，持其志，養其氣，使德存於心，而言出諸口。志之大者，其氣淳以清，其辭婉而直，其聲舒遲而旨意無窮。

誠如是，不期古而古何待有爲哉？且予聞文章與風俗相推移，觀《澂江櫂歌》則盧、趙、虞、揭三四公之力昭昭矣。原吉守漢卿之學，宗邵庵之傳，博以三百篇之趣，櫂歌春申山水間，發情止義，不古也哉？惜予老，不能振之也。然聽歌滄浪，觀風康衢，必有審音者，原吉其不鳴天朝而賡歌於上矣乎？於乎！有所譽者，有所試也，倚歌而和之，樂善有誠也。聽其言，而知其德；觀其志，而審其有爲。古之人皆云：『曾謂我媚夫人乎哉？』王生其懋之。生請書其言，遂爲序。至正丙戌夏，新安汪澤民書。

士莫先於尚志，志之所在，言行著焉。考其行，諦其言，可以知其志矣。世微道息，既不可潔身以亂倫，又不可忘世而獨善。飭躬修辭，中慮中倫，高尚之志，隱然可見，斯得不謂之君子已乎？吾讀《梧溪集》而得其人焉，曰江陰王逢原吉父。原吉氣清而才茂，學洽而行檢，優談論，富謀畫，弱冠獲譽士林，嘗稱疾，牢辭臺臣之薦，人咸高之。遭時多虞，以客爲家。大府交辟，一不就，迴翔州里。能以一言活黨亂者數千人之命，以一檄降惡少五千之衆，又聚瘞無錫之殲於兵者千百人之胔骼，力可致者，不少悋嗇。與之語恂恂也。至於去就之辨，三公不能易其介，三軍不能奪其節。故其吐而爲歌詩也，一則闡彝倫之大，一則襮幽潛之光，一物一事之詠，未嘗不重致其憂思慨歎焉。其辭婉而諷，其旨微而貞，蓋有得夫六藝之藴。植於事爲者如彼，發於詞章者又如此，所謂中慮中倫者非歟？於乎！行藏顯晦，士之大致也，有義存焉。以原吉之才之學，無施不可，又非無相知者，其不願仕者，志也。志豈異於人哉？惟其義而已。吾誦其詩，不惟嘉其志，而又有感焉，白駒、考槃，不圖見於斯也。原吉中年築草堂于松之青龍江上，以吟詠自娱。追惟其大母徐夫人嘗手植雙梧故里横河之上，今世遠地殊，因自號梧溪子，示不忘也。故集以是名，其殆自混於天隨、玄真之流乎？雖然，其視枉己而舍義者，奚啻天壤？異時如傳逸民，吾必以原吉爲魯仲連之列。至正已亥仲秋，番陽周伯琦書。

世稱老杜爲詩史，以其所著備見時事。予謂老杜非直紀事史也，有《春秋》之法焉。其旨直而婉，其詞隱而見，如《東靈湫》、《陳陶》、《花門》、《杜鵑》、《東狩》、《石壕》、《花卿》、《前後出塞》等作是也。故知杜詩者，《春秋》之詩也，豈徒史也哉？雖然，老杜豈有志於《春秋》者？《詩》亡，然後《春秋》作。聖人值其時，有不容已者，杜亦然。《梧溪集》者，江陰王逢氏遭喪亂之所作也。予讀其詩，悼家難，憫國難，採摭貞操，訪求死節，網羅俗謡與民謳，如《帖木侯》、《張武略》、《張孝子》、《費夫人》、《趙氏女》、《丙申紀事》、《月之初生》、《天門行》、《竹笠黄》、《官柳埸》、《無家燕》諸篇皆爲他日國史起本，亦杜史之流歟！逢本山澤之士，其淡泊閑静，是其本狀，而有《春秋》屬比之教，故予亦云《春秋》之詩也。採詩之官苟未廢也，則梧溪之《春秋》得以私自託也。不然，何其屬比于册者，班班乎其無諱若是也？訂其格裁，則有風流俊采，豪邁跌宕，不讓貴介威武之夫者，兼人之長，亦頗似杜。吁！代之勳故殘餘，欲傳于世，稱爲作人，而逢詩不傳，吾不信也。至正十九年冬十一月初吉，會稽楊維禎書。

顧氏手跋曰：鮑丈淥飲向欲刊行《梧溪集》，知毛子晉所藏在先從兄抱沖小讀書堆，屬予勘定而未果也。今丈已下世，令嗣規續成先志，以作《知不足齋叢書》之廿九集。深嘉厥意，從望山姪借出，竭三旬力，補改傳鈔闕誤。惟是六、七兩卷，板心有粉墨塗改痕跡，於次第頗舛錯。蓋景泰板模糊斷爛，致有此失。又悉爲之推求訂正，庶幾稱善矣。然終少七卷第四葉，故其三葉末《節石銘》題下梧溪自注云『有後序』，而今俄空焉。此集在毛氏時已難得，錢曾《敏求記》具言之。予并見汲古别本鈔刻各半者，此兩卷尤舛錯脱落，相較殊遜。不知世間尚存洪武印本，可足是一葉以成完璧否也。校既畢，遂誌於尾而歸之。時嘉慶丁丑歲，顧千里書。

案，此元刊明印本，每葉二十六行，每行二十二字。卷中有『元本』朱文腰形印、『甲子』朱文方印、『毛晉之印』朱文方印、『毛氏子晉』朱文方印、『文瑞樓』白文方印、『秋夏讀書冬春射獵』白文方印、『汲古主人』朱文方印、『毛晉私印子晉』朱文二方印、『毛扆之印』朱文方印、『斧季』朱文方印、『蓮涇』朱文方印、『太原叔子藏書記』白文長印。

梧溪集七卷周研農手鈔本　池北書庫舊藏

元江陰王逢原吉撰

汪澤民序至正丙戌

周伯琦序至正已亥

楊維禎序至正十九年

王氏手跋曰：《梧溪集》七卷，乃景泰七年丙子南康府知府陳敏政重刻。陳刻後序述原吉家世甚詳。原吉有子掖，洪武初任通事司令，轉翰林博士，兼文華殿經筵事，卒官。掖子徠嘗以才德薦至京師，未官而卒。子輅，宣德中以秀才舉授南康府照磨，未幾卒。二子曰顔，曰孟，不能歸，遂僑居星子之東澗。祖母黄母徐躬紡績，以教二子，俱有成云。集首有至正間周伯琦、汪澤民二序。序言原吉初學詩于延陵陳虞卿，虞卿與柯敬仲俱事虞邵庵，得其傳，與有元盛時楊、范諸公齊驅，惜未著其名，俟再考之。虞卿官東流尹，亦序云。漁洋山人跋。

又曰：元席帽山人王逢《梧溪集》七卷，壬申歲門人楊庶常名時所貽。江陰老儒周榮起研農氏手録本也，書學鍾太傅，稍雜八分，終卷如一。研農壽八十有七乃卒，今殁才五六年耳。

吾吾類稿三卷 文瀾閣傳鈔本

元吴皐撰

胡居敬序曰：强圉作噩之祀，予還江右，抵臨江，假寓天寧寺。寺密邇郡庠，因與教授吾吾吴先生舜舉游。先生嘗語予曰：『郡承大亂之後，民皆習武事，厭儒術。學宫雖存，絃誦絶響，教無所敷，吾甚恥之。』既而時異事殊，先生屏居閭里，闢一室，績學藝文，惟以奉親訓子爲務，勢利紛華之習，睎之漠如也。郡洊罹兵變，干戈相承，學宫荒闃。袁、筠之境，遺民逸士聞先生名，每延置其家，奉贄請益。雖武夫悍將，多遣子弟就學焉。四方搢紳大夫求詩若文，户屨恒滿。平居無事，操觚染翰，著述不厭，境與意會，必形之吟咏，學者多傳誦之。遭時多艱，竟齎志以没。惜哉！先生没十餘年，其子均彙次遺稿，屬爲序。予嘗見先生文集，篇帙甚富，今所存僅若此，蓋掇拾于喪亂之餘，不能全也。先生之文，典實古雅，從容于法度之中；其爲詩沖淡和平，發乎性情之正。世之工乎侈靡浮麗，以流連光景，嘲弄風月者，不可竝論也。先生世家臨州，履齋丞相之諸孫也。蚤游吴文正公之門，獲聞聖賢之學，故處乎叔世，卓然不易所守，使得位而見諸用，其事業必有可觀也，詞章云乎哉？均字仲權，好學而文，能守其家學云。

梁寅序曰：予留郡城，獲觀吴舜舉《吾吾先生詩》，尤妙于五言，如竹林清飈，頓蘇煩鬱，如蘭皋秋露，敻殊塵境。因歎曰：詩形于音，音生于心，心有所契，音乃中節。先生之詩，中節之音也，而予未能知之。憶予弱冠時與先生同處豫章郡庠，爲弟子員。予之學未知方，志有不定，因謂人皆然，固予之愧也。後三十年，先生爲臨江郡博士，遂屢見之，以急遽流離，未暇考德問業，知先生未盡，又可愧也。後又二十餘年，而先生没矣，而始獲盡觀其詩文，皆亹亹古人，乃大愧焉。以五十年之交友，而知之未能盡，何也？其失原于自怠，而闇于知人也。嗚呼！白首巖扃，舊交零謝，欲求如先生者，與之上論風雅，而下評近作，其可得耶？先生之子均以先集見示，凡先生行事，前進士胡君居敬序之詳矣。予書此于後，姑以見慕之之至而愧之之深也。

詩權輿於康衢之謡，賡載之歌，而大備于成周之風雅頌，後世雖有作者，不可及已。邵康節云：『自從删後，更無詩。』非無詩也，無古人之詩也；非無古人之詩也，無古人之性情也。五言起于李陵、蘇武，七言起于漢武《柏梁》，詩之爲體非古也；絺章繪句，嘲風弄月，詩之爲教非古也。夫以古人之詩如彼，而今人之詩如此，謂之無，果無詩哉？其間有能以今人之詩體，而寫古人之性情，則詩之爲教，猶有存者。然文章與時高下，漢、魏之詩猶近于古，下至六朝，則綺麗之習勝，而漢、魏雄渾之氣亡矣。迨夫聲入于律，而絶句、八句、排律之作，則號爲近體。而拘拘于對偶，媲青配白，争以纖巧新奇爲尚，去古益遠。然時之所趨，其可少乎？臨川吴舜舉先生蚤知學詩，而能上追三百篇之義，作爲五七言古近二體諸詩，皆本乎性情，關乎世教，非汎汎而作者。前嘗爲臨江郡博士，其淑之人者多矣。亂離以來，全稿散失，其子均收輯遺篇于亂定之餘，僅得若干首。臨江税課司大使京兆趙君師常見而説之，遂率郡中士友命工刻梓，以永其傳。以予與先生相知之深，徵序其端，予不敢辭。張美和序。

皕宋樓藏書志卷一百八

集部

别集類四十二

樵雲獨唱集六卷舊抄本

元金華雲巋天民景南葉顒撰

予誅茅結廬於城山之東隅，林深而木翳，水秀而峯奇，居處孤峻，名其庭曰雲巋。閉門卻掃謝賓客，日與樵夫芻叟盤礴乎丘園林麓之中，披雲嘯月，釣水采山，無少休暇。久之，移家城山之西隅，負郭而樓居，形勢虛敞，窗户軒豁，而南嶼北巘，争獻奇秀，儼然之容，蒼然之色，入吾屏几，清致復不減于雲巋也。東西相望不數里，故吾得以幅巾便服，輕鞋瘦策，從樵夫芻叟相往還于其間。山迴路轉，川鳴谷應，伐木之丁丁，鳥聲之嚶嚶，更呼互答，斯樂何極？斧斤之餘，濁酒自適，觴咏談笑，擊壤賦詩，吟唐律五言□□□□□首雜詩若干首，雖不足以關世教之盛衰，亦足以敘幽情，寫閑適之興懷，名其帙曰《樵雲獨唱》。蓋予知樵夫芻叟相與之娱，而不知世俗之好，樵夫芻叟知從予之游，又不知予賦詩之趣。薪桂老而雲山高寒，音調古而巖谷絕聽，得不謂之獨唱乎？幸而樵芻中有如朱翁子、陶靖節輩，固將甘心與之揖遜周旋，賡和酬酢，商度古今天下治亂之得失，評論高人異士出處之始終，豁疇昔風誼之氣，吐平生慷慨之辭。散爲箴規，發爲詩歌，峭拔俊爽，雍容舒徐，放而縱之而言不肆，收而藏之而文不拘，振清風於亘古，流遺響於無窮者也。樵唱之樂，無以易此。不幸而世衰道微，斯人儻不復見，則予長抱山阿，寂寥千載，誰賞之歎，而獨唱之旨，其有以夫！昔至正中午重九前四日，雲顯天民景南葉顒序。

六藝之文，唯詩最能感物動情，故詩有興有比，能多識山川草木、鳥獸蟲魚之名，能關古今治亂、世教盛衰之運，能發忠臣義士懷邦去國感慨嗚咽、悲壯幽憤之音，能起山人野叟遺世絕俗曠逸放達、高蹈遠舉之趣，可謂樂而不淫，怨而不怒。居泉巖瀑，不足助其清；奇花異卉，不足妬其艷。穠嬙嬌媚，敢望其閑遠真淑之豐容；武夫豪雄，曷並此英毅堅剛之氣概。美矣哉！詩之德也。夫自屈、宋之後，寂無聞焉。漢、魏而下，曹、劉、沈、謝、陶、韋、李、杜、歐、蘇、黃、陳輩出，留心肆志，沈酣斯文，奮雄才宏辨於風騷翰墨之中，吐奇言妙句於乾坤風月之下，上可繼三百篇之緒餘，下可爲千萬載之格範。僕江左遺民，東陽逸叟，學問不高，天資素下，寡於游從，懶於趨附，厮牧論交，漁樵同調，採山釣水，飲酒賦詩，相羊林泉，逍遥歲月，狂吟數百篇，身老丘園，眼空湖海。既無賢師開發盲聾，復乏良朋評論工拙，寖成獨唱，敢慕孤高？雖無煙雲出没變更之雅態，尚多溪山登覽賞玩之清歡；雖未能驚世駭俗，粗可以訓子示孫。俾曾玄之後，咸知乃翁能以愚拙自牧，勤苦自將，安分娱樂，終老於茅廬，庶可免夫馳聲走譽，競進苟取之慚云。旹至正庚子中秋日，雲顥天民景南葉顒後序。

自序至正甲午十一月

黄氏手跋曰：戊辰秋七月白露後一日，友人陶琅軒赴金陵趕考，寄我殘元本《樵雲獨唱》，有鈔補者。内中間有原缺處，想所據本無也。因用硃筆校元本，以墨筆參鈔補，即如此册。出吴伊仲舊藏，亦屬可信，而字句實有不知妄改處，信元本爲可寶。余喜古書，不論全否，以舊本爲據。陶君知余之深，故搜得寄余，連夜手校如右。時天氣新涼，燒燭閲此，校畢已月上矣。七月十八日，復翁識。

樵雲獨唱六卷文瀾閣傳抄本

元葉顒撰

大江之南，有古東陽，齊、梁號爲名郡。郡之北有芙蓉峯，高千仞，揷雲霄，萬古礙星月，横亘百里，仙佛之所廬，虎狼之所穴，奇花異卉，四時芬芳。峰抵郡城，不十五里。予結茅負郭而居，閉門遠塵囂，絶世慮，惟讀古人書。閒暇登兹峰，彈琴鼓瑟，酌酒圍棊，寵辱不驚，黜陟不知。鑿井耕田，以飲以食，賣貫雲石第一人間快活丸，和邵康節快活堯夫《擊壤歌》，以自怡悦。

客從而誚予曰：『世之稱賢士夫者，所作爲異于人。胸次瑰奇，意氣高邁，立行能淳風厚俗，出語足以利物濟人，故能上輔天子，下澤黎民，威加蠻夷，功高今昔，國賴之如山，民仰之如父，遠慕皐陶、稷、契、伊尹、周公，近與蕭、曹、房、杜同駈並駕。如郭子儀用舍爲唐重輕，裴公度身佩天下安危二十年，功顯一朝，芳流千載。不務爲此，乃欲盡匹夫之諒，苟一己之娱，甘心老死衡茅，名隨身殞而不辭。竊爲子不取也。』予方倚柱長嘯，策杖酣歌，從容而進，揖客而言曰：『子知夫鳶翔空，魚躍淵乎？子亦知夫採珠者入海，求玉者登山乎？方今聖主體堯、舜之仁，奮湯、武之畧，克平海宇，撫安神州，奇勳偉績，名公巨卿，棋羅星布。吾儕小人得以襪線之才，躬耕草澤，税駕丘園。其貪冒之徒，乃欲狂圖妄取，求寵乞憐，苟競進之榮，乏謙讓之德，智窮詐露，身滅家亡而未已者，吾不爲也。吾寧爲踽踽涼涼，而遺其皎皎之白乎？吾寧貪尺寸之微，而忘其遠者大者歟？方當耕南山之陲，釣東海之湄，覽煙霞之勝，翫泉石之奇，誦清風之什，歌明月之詩，俾愚夫愚婦聞予之風，樂於心，盎於背，見於面，而暢於四體，謳歌快活，鼓腹歡笑於里閭，得不謂與人同樂，乃以獨樂而見譏。必如客之言，將使鳶濡翼沈泉，魚鼓鬣耀天，求玉者游海隅，採珠者昇峰巔，以若所爲，然後快客之心耶？』於是客愧謝不敏而去。余乃取平昔鄙野詩文，以第一人間快活歌題於帙端云。時至正甲午十一月既望，雲顯天民序書於城山西隱之牧心齋。

袁凱序成化十九年

葉顒序至正甲午九月

靜思集二卷舊抄本

元吉水郭鈺彦章撰

桂林郭君彦章，自其先世林磵先生得紫陽朱子之學於静春劉公，子孫世傳以爲家法。後來若西牕先生、浞溪先生時，能沈潛精敏，深有造(諸)〔詣〕，其所自得先儒之議，多所發明，彦章(因)〔固〕守其家法者也。經亂以來，遇事感觸，情之所至，勃鬱于中，不能自已，則輙形之歌詠。或登高而嘯，或臨流而歎，扣壺擊節，慷慨激揚，商歌之聲，隱隱動林壑。聞者知其爲玅也，録成篇帙，間以示予。予愛其題无泛作，必有關涉；章无羡句，必有警發。雖其片詞單言，特出諧謔，然亦未嘗不使聽者欣然喜，赧然愧。其于世道人物，天理民彝，有所感發，是真得古詩人諷刺之義者歟？亦其所養，固有異于人歟？使予序之。予非能詩者也，將何以爲之言哉？雖然，余於彦章之詩，亦不能無所感焉。國風、雅、頌大抵皆古之樂章，固必以音節爲之主。而詩，本性情者也。夫中人之性情，不能不有所偏，隨其所偏，徇其所至，則溢而爲聲音，發而爲言笑，亦各有自得之玅焉。是豈可以人力强同哉？漢、魏而下，詩之合作，具盛于唐。然凡稱名家文章，雖有淺深高下，不可一槩論，而未有不本于性情。掩卷讀之，使人自辨，未有不得其人之彷彿者。此不可强同之論也。以是知學詩者，固當以涵養性情爲本，而不當專求工于詞也。而近年以來，江湖作者往往托以音節之似，必求工于詞，而不本于性情。譬之刻木爲人，衣之寳玉，面目機發，似則似矣，被服瑰奇，美則美矣，然求其神情色態出于天然自得之妙者，終莫知其所在也。又且專掇取古人一二勝處，藻繪織組，録而讀之，動心駭目，又如八珍之饌，五侯之鯖，幾使下（筯）〔節〕無可揀擇。後生晚進，慕而効之，如恐不及，直謂太羹玄酒爲澹泊，清廟明堂爲樸斵，又詩道之一變也。嗟夫！抵掌談笑似孫叔敖，果豈孫叔敖哉？亦强爲之調耳。彦章之於詩，規矩音節，盡出唐人而不拘拘焉。擬規以爲圓，摹矩以畫方，而自得之妙固在言外，此余之所深愛也。故書之卷末而歸之彦章，將以吾言爲然乎？不然乎？彦章有經濟，能自守，觀其詩可見矣。洪武二年己酉，廬陵羅大已伯剛序。

九靈山房集三十卷明刊本　徐興公舊藏

元戴上良撰，男禮叔儀類編，從孫同伯初侗編

王褘序

桂彦良敘

文未易知也，惟用心於文而致其精者能真知之，然亦難矣。今世學者喜爲言論，毁譽生於愛惡，美惡惟其所好，紛然自以爲知文，而率莫之知也，不亦厚誣天下哉？若余友揭君伯防之、戴先生叔能，論其文言，其承傳所自，皆精當可徵。予嘗友於叔能，不能易其言也。君以文

學名當世，故能知之也真。然非真知斯文者，亦孰知余言爲信哉？洪武十二年十月既望，翰林學士承旨嘉議大夫知制誥兼修國史兼太子贊善大夫同門友金華宋濂書。

《九靈山房集》者，浦江戴九靈先生所作之詩文也。先生以聰敏之姿，篤誠之志，而學文於柳待制先生、黄文獻公，又學詩於余忠宣公。故其文敘事有法，議論有原，不爲刻深之辭，而亦無淺露之態，不爲纖之體，而亦無矯元之氣。蓋其典實嚴整，則得之於黄文獻公者也，而又加之以春容豐潤，故意無不遠，味無不足。其詩則詞深奥，必就有道而正焉者，此也。先生游於三先生之門，朝論夕講，日探月索，故能得其得，有其有，而發之於外，縱横上下，無適而不合，可以黼黻，可以絃歌，安有如是而不傳者乎？先生名良，字叔能。金華有九靈山，戴氏世居其下，故以名其集云。至正二十五年十月朔日，中順大夫祕書少監揭汯序。

案，此明洪武刊本，每葉十四行，每行二十字。卷中有『徐㶿之印』白文方印、『興公氏』白文方印、『閩中徐惟起藏書印』朱文長印、『徐氏興公』白文方印、『鄭氏注韓居珍藏記』朱文方印、『鄭赤之印』白文方印。

九靈山房集三十卷明洪武刊正統修本　曹倦圃舊藏

元戴良撰，男禮叔儀類編，從孫同伯初侗編。

王褘序

宋濂序洪武十二年

桂彦良序

揭汯序至正二十五年

無名氏手跋曰：我里蔣之翹，字楚雅，隱廛市間，有藏書之癖。虞山錢牧齋宗伯編《國朝詩集》，嘗就其家借書。此卷首甲乙題字，宗伯蹟也。曾不三四十年，士大夫家遂有不蓄一卷書者，可慨也夫。壬戌上元前二日，鋤菜翁記。

曾孫戴疏跋正統十年

案，卷中有『曹溶之印』白文方印。

灤京百詠一卷舊抄本　勞季言手校

元吉水楊允孚撰

世所貴於能言者，非以其能自爲言也。穹壤之大，古今之異，生物之情態，殆萬變而無窮。能者言之，如水之鑑物，燭之取影，如傳神寫照，短長肥瘦，老壯勇怯，其神情意度，邪正醜好，或得之一覽之間，或索之冥搜之表，要各有以極其趣而後已焉。夫豈有窮乎哉？百年以來，海宇混一，往所謂勒燕然，封狼居胥，以爲曠世希有之遇者，單車掉臂，若在庭屋，其彊宇所至，盡日之所出與日之所没，可謂盛哉。楊君以布衣從當世賢士大夫遊，襆被出門，歲走萬里，耳目所及，窮西北之勝，具江山人物之形狀，殊産異俗之瑰怪，朝廷禮樂之偉麗，與凡奇節詭行之可警世厲俗者，尤喜以詠歌記之。使人誦之，雖不出井里，恍然不自知其道齊魯，歷燕趙，以出于陰山之陰，蹛林之北，身履而目擊，真予所謂能言者乎？予索居閒鄉，聞見甚狹，閒獨竊愛中臺馬公祖常、奎章虞公集、翰林柳公貫，時能以雄辭妙筆，寫其一二。今得楊君是集，又爲增益所未見。俯仰今昔，又一時矣，君其尚有可言者乎？而君固已杜門裹足，歸老故山，方日與田夫野叟相爾汝，求以自狎。兵燹所過，莽爲丘墟，回視曩遊，跬步千里。吾知君頹簷敗壁之下，滌瓦榼，倒鄰釀，取舊編與知己者時一諷詠，未必不爲之慨然以永歎，悠然而遐思。歲在（室困子敦）〔玄黓困敦〕，里諸生羅大已敬書于其集之末云。

羅璟跋

雲陽集十卷明弘治刊本

元茶陽李祁希蘧撰

予與希蘧李先生定交爲莫逆舊矣，聞先生提舉江淛文台，退居姑蘇，以母憂扶喪還鄉里。壬辰兵起，所在相煽爲亂，莫能禁止。先生與人言，必勉以忠義，不可亂，與諸將言必勸以堅守，爲陳君臣大義，尊奬朝廷，不可有異志。每聞他將不守，及覬望要功者，輙憤切，食不下咽，談論國家事，至流涕不自勝。雖無官守，而憂國之心造次不忘如此。先生平生長於詩文，雄傑偉嚴，自成一家，而皆本于道德仁義之實。詩有一飯不忘君之意。予嘗及見其承平時諸作，有雅正之音，有華藻之章，無囏沁之態，無鄙野之習，真所謂鏘然韶鈞鳴，蔚然虎鳳躍者也。彼雌聲學語，與夫嘔心出之以爲巧者，豈能希其萬一哉？予又記昔者苦熱疾累日，忽得先生書及和予詩。予喜而讀之，讀未既，如啜玉川茶，啖玉井藕，不覺肌骨清而沈痾痊，因念老杜詩辟瘧鬼，孔璋檄愈頭風，信不誣矣。每欲與先生結詩社，更唱和以爲樂，而宦（輙）〔轍〕背馳，每不可得。老年歸鄉，一日先生之子位持吾州太守費侯書至，泣而言：『吾父已棄我矣。』余聞而頓足流涕曰：『平生知我惟先生，今不可復得，嗚呼痛哉！』然猶見先生之有令子，如見先生，先生爲不亡矣。及讀費侯書，則知先生未歿時，永新總制俞侯懋齊以先生詩文，將命工刻之，期以傳遠。先生既歿，而俞侯之意不變而愈篤，且猶以先生平日詩文近千篇，遭世變無一存者，學者所抄録皆兵後數年來田里之作，又或掇拾於煨燼之餘，或得於衆人傳至之語，其間完文無幾，以爲大恨。余謂先生平日詩文，固知其美，然不可復見矣。觀今存者，雖喪亂之作，且殘蝕不完，然一語一句，悉忠義所發，如老杜夔後，東坡海上，正人心，關世教，刻而傳之，使學者有所矜式，非小補也。夫得於殘斷掇拾之餘，尚能使人誦之而興起，况乎遭際盛時，春容和平，大雅之音，其感發於人者當何如也。惜哉！費侯復道先生之子之意，謂先生平日故人惟余在，俾爲序。嗟乎！予不識俞侯，然其尊賢下士之實，聞四方久矣。今又能使先生之詩之文獲傳於後世，則余雖不必識侯，而自可以使人遐想遠慕，不能自已也。然則先生之詩之文，於學者固非小補，倘非侯之力，則士何由而傳哉？予雖老耄，不能爲文，然於侯知所深敬矣，故爲序之，並著先生文章忠節大概，使後有所考云。老友八十四翁廬陵中孚序。

濟南張文穆公、豐城揭文安公昔在禁苑，極言元統初科目之盛，得士之衆，而及吾李君一初之才美，素竊識之。君既得官江南，後典學校于江淛，而聲稱尤著。方日夜望其還朝，冀有麗澤之益，而烽火日熾，君周旋兵甲間，十有餘年。動以正義，激發人心，扶植天理，跡其始終，無所污染，可謂難也已。朝廷方以君名進士，畀以民社，擢諸風紀，駸駸顯用，而君固無意于出仕矣。君之於文，衞道甚嚴，書事有法，有紆徐開朗之氣，無鉤棘骫骳之態，流布於四方者不少，奪攘毀棄，僅存什一于千百。其孤位銜哀隣境，裒輯成編，然多避地所作。新安俞君子懋來鎮永新，將刻而傳之。屬張、揭兩公薨逝已久，不及覩君之晚節，而一覧斯文，非可歎哉？延祐初，采前代之制，設科以取士。迨君賜第之歲，蓋已二十年，七對殿廷。是科兩榜之士，舒翹揚英，往往以賢豪自負。及國家失太平，諸君多已物故，若君之厲志以保身，著文以傳世，有子以承家，誠所未之多見。猿鶴沙蟲，公論豈得而盡泯乎？然則君庶幾可以無憾矣。君嘗佐州婺源。俞君深知其發言行事，而欲永其傳，秉彝好德，尤可書也。君諱祁，世居茶陵，一初其字云。臨川危素序。

雲陽集十卷舊抄本

元荼陽李祁希遽撰

中孚序

危素序

啽囈集一卷明初刊本

元吴郡宋无子虚撰

自序曰：詩惡乎變？三百篇後，變於攜手河橋下。迨建安、齊、梁數變，至唐洎宋季之詩，大變而絶，何邪？詩關乎風化，繫乎氣數。士惜鶩於時文，視詩爲長物，雖有不工，工及唐矣。非詩之變，乃時之變也；非時之變，乃詩之亡也。吁！詩貴乎變，不守一律，千變萬化，變之不窮，惟子美能當之。豈惟詩，文亦然。宋之詩大病，不膠攣淺易，則窒泥狂怪，蒐獵奇事，穿穴異聞，失豐厚而收儉約，趨窘局而棄高遠，不能平澹蕭散，雍容和緩，求如晚唐杜荀鶴、方干、顧況輩，斯可矣。吴逸士宋子虚詩則不然。子虚生景定間，未弱冠時已廢科舉，故惟詩是學。大篇如天孫織綃，雲經霧緯，時出機軸；小律則日光虹彩，渾然金璧。穠麗縝密而不艷，含鬱静婉而不怨，其深於唐之變也。予客江東，會西溪王公稱其才，舉茂異弗就，覿其人，淵嘿似不能言，然其詩則超邁有不可掩者。嘗其所著《翠寒》諸作，已自畏敬，又出其《啽囈集》者，覽焉益加信服。蓋於本學涵養既深，考據尤詳，所以議論諷刺，探賾而闡幽，俱各有自。惟不汲汲於成名，而名自然襮著，其行業皆然，不獨詩然也。余將泝九江，子虚始畀予序。其門人王東洊來速之，欲梓以傳。第予知子虚者淺矣，子虚之不屑爲者深焉。作詩難，序尤難，子虚之詩顯，果在予序，則唐三百家無序者詩，皆能晦乎？係其詩之工拙爾。少陵云『詩清句句盡堪傳』，奚在於序？子虚之詩足以重余言也，故序之。子虚名無，『噙囈』名集者，取列禦寇所謂寐聲，亦謙詞也。時甲午歲春三月清明日，廬陵鄧光薦中父序。

《噙囈語》者，寐叟詩也。叟自云懵騰鄉人，好寐耆吟，吟則寐，寐則吟，吟作噙囈聲，似夢不覺，如醒未醒，不知吟耶，寐耶，寐而吟耶，吟以寐耶？真語涉雌黄，肖侯白，主乎仁義褒貶也。或問叟姓名，則吾寐吾寐，據梧而瞑。斯亦亡是翁之流乎？鄉里但稱寐叟云。至元游兆困敦歲子月長至日，書于商丘之通於齋。

張習識成化癸卯

南湖集七卷舊抄本

元宣城貢性之撰

孫欽跋弘治十二年

佩玉齋類藁不分卷影寫元刊本

元上元楊翮文舉撰

江寧楊先生以學行文章著當代，然攷其平生出處，在朝廷之日殊少，晚歲待制禁林，即以病去，尋又以老致其事。人謂先生得久於其位，則所以罊宣皇仁，而斧藻休光於無窮者宜何如？夫何造物者鍾以至美，而嗇於大用，使忽忽於老，徒以所蘊日授其所從游者而已。豈積之久者其發遲，約於前固所以裕於後邪？先生二子皆賢而有才，伯曰文舉，訪余錢唐官舍，知余嘗業觚翰以爲食者，出示近藁兩帙。其言騁而不放，麗而不靡，敦樸而不野，刻雕而不鑿，蓋非徒文也，學殖於内而文達於外也，其用功亦不淺矣。夫冠士冠，服士服，林林乎肩摩而踵接也。求士之實不得一二焉，況求一家父子兄弟之皆有其實乎？若楊氏者可謂卓然出於千里之中，造物所以與之者獨甚厚，猶以先生不大用而疑造物之嗇者，細人之膚見也。文舉貌碩齒富，仕途方開，殆與其弟聯軌並進，以所學發於事業，而炳如丹青者，著於典册之盛。人將曰：『楊先生所未用者，今於其子用之矣，則先生未嘗不大用也。』烏乎！人之望文舉兄弟也亦重矣。至元後丙子歲九月廿一日，陳旅序。

昔者中州文學之盛，乘國家興運，雄渾奇古，度越舊習，海内聞其風而作焉。然善進其道者，則必知所自矣。聖賢之緒微，切己之功少，物理未能盡通，而欲達之於辭而不失者，豈易能哉？大德戊戌集始游昇，與楊公志行、元公復初爲文學之交，每論此事，而世俗凡近之説不與焉。未幾，元公入朝，遂擅古文於當世。集逐虀鹽於學校，未有所發也。楊公於此時，居不出其鄉，而正誼直氣，聞譽日起，莫或及之。蓋在至元初，導江張達善先生以其學教揚、昇間，師道甚尊，志行盛年已深造其閫域。南行臺在昇，來官者皆當代碩德重望，所以尊禮志行者以道不以勢。遂自學官佐憲府，有禄食之奉，而禮貌異於常僚，人皆以爲當然也。及復初殁，久之，朝廷以次對起公，庶幾老成之助。集日得相從於禁林，而公不肯少留矣。俯仰今昔，衰暮不忘。至正戊子春，得公長子休寧簿翮之書并其文數十篇而讀之，愛其因事以明理，不以艱險日窒，盡言以伸義，不以曠達自高，職勞而事繁，有進學之益，得所當言而止，無出位之思。昔吾三人早歲相勉之意，往往有見於此，則其過庭之聞非淺識之所能及矣。人言楊公之未盡大用者，必將見用於子，其在斯文乎？雍虞集序。

鄉寓讀景仁魏君書塾，獲與江寧楊先生鄰壁相聞，先生季子文開以盛作見示，嘗贅語編末矣。後二年，復留魏塾，文開之兄文舉積輯尤富，猥質言焉。僕固知其世家舊德淵源深矣，不然，何其兄弟之文持論明正，又爾雅若是歟？昔漢陳仲弓蓄德沖厚，二子之名滿天下；宋眉山蘇公老於文學，二子之名亦滿天下。先生兼而有之，宜乎兄弟競爽如此。因觀《佩玉》所紀，爲之歎服，忘其僭而涔書之。是歲元統乙亥三月癸巳，廣信吴復興起季甫識。

文章非一夫技也，大而緣乎世運之隆汚，次而關乎家德之醇疵。當世運之隆，文從而隆；家德之醇，文從而醇。士以文墨爲能事，幸而生乎昭運之代，又幸而出乎明德之家，若吾宗文舉者，非其人也乎？文舉，通微先生之嗣也。先生領臺檄，主文浙闈時，予實列同考。聽先生言議，凜然爲起立，知先生之學出導江張氏，張氏之學出紫陽朱子，故其爲議論文章，不壹於正不出也。二十年來，先生之宰樹共矣。幸先生有後如文舉，獲見予吴門次舍，示所著碑、銘、敘、誌、箴、頌、論、贊，凡若干卷，累日讀之，喜其識職而各毗于律，理譬而其言沛如也。予自居吴門，閲今之名能文者，無慮數十家，類未有及文舉者，則知文舉之得其本於家，而又丁乎氣運之盛於國家者，非庸衆人之所同也昭昭矣。抑吾臨文有感也。先生入翰苑不兩月，輒謝病歸，高文大册，不一二見諸史院，而文舉之文亦多遐方下邑之撰録，未及鋪張乎帝載也。嘻！文舉之文，豈遽盡於是編也哉？夫蘭臺芸館，文章之居，編摩述作，文章之職也。居其居而失其職者或有矣，顧有得其職而不居其居者，吾不信也。文舉尚以吾言俟之。皇元一經業且作矣，文舉尚以吾言勉之。至正戊子十二月甲申，會稽楊維楨序。

麟原王先生全集二十四卷舊抄本

元王禮撰　後有墓誌銘孔公恂撰

予與王君子讓爲斯文友二十餘年矣。始予友子讓時，子讓方鋭意科目，眉目清聳，舉止異常人，予謂其必爲後來之秀。其後果亞江西鄉榜。予又謂此未足以溷子讓，子讓名譽當不啻此。已而世故紛紜，爲性命奔走不暇，音問不相及。近一二年，乃得再會于禾水之上，須髮容貌纍纍然，其中退然，其辭氣卑卑然。予疑其顛沛轉徙，隨俗異化，以故若此。及觀其所爲文十篇，皆藹然仁義之詞，而凛然忠憤之氣，深切懇至，無不可人意者，然後知子讓之學，與日俱進。子讓之氣，與年俱老，而非變故反覆之所能沮喪者也。予又觀其《易字子讓》一篇，所見益高，所處益下，有斂春華而就秋實之義。於是又知子讓之學日近乎裏，子讓之心日進乎道，而非辭説工巧者之所能尚也。嗚呼！喪亂既久，平生友朋存者無二三，縱有存者亦不能以自力，而子讓獨能肆志于學，不廢而益勤，故其見于文章者如此。予衰憊已甚，無復有意斯世，而獨於子讓之文有發焉，故爲書之。歲在乙巳夏四月，雲陽李祁序。

浙江文叢

皕宋樓藏書志

〔第七册〕

〔清〕陸心源 編　許静波 點校

浙江古籍出版社

皕宋樓藏書志卷一百九

集　部

別集類四十三

來鶴草堂稿八卷舊抄本

元吕誠撰

蘇之邑凡六，大率風浮俗淳，大家尚氣勢交關，貴人視文藝蔑如也，獨崑山多才子，魁出者往往稱吕、袁。袁曰子英，吕曰敬夫也。兩人爲詩風流俊采，皆一時之選，予固未能優劣之。予詩喜〔體古樂府〕〔樂府古體〕，子英雖多爲予和之，敬夫又必争鳴于右。自上京以下至（官）〔宫〕閨，江南謡弄，凡若干者，敬夫作黄庭楷，繕寫成，要予評，且曰：『予詩非先生弗能知，能知能評者寡矣。知而能評，而引説於其首，舍先生誰人哉？』予曰：『噫！詩有情有聲，有象有趣，有法有體，而禪巫之提唱，武士之叫呼，文墨生之議論，不在有焉。故予每評詩，不有其有，而有其不當有者，皆非詩焉。姑以體商之，又草野、煙蘿、邊塞、臺閣之不無異也。談詩者以地異律焉，易地則不能也。予觀敬夫未必不爲朝廷侍從才也，敬夫在野，而蔚然之言（是）〔足〕以鐘鼎一時侍從焉。嗚呼！人之才也，又可以地律哉？雖然，吾于敬夫不無感者矣。至正七年三月三日，鐵篴老人會稽楊維楨序。

雲松巢集三卷舊抄本

元贈朝列大夫瑶川朱希晦著

鮑原弘序永樂五年

性情集六卷文瀾閣傳抄本

元周巽撰

吴興沈夢麟先生花谿集三卷舊抄本

元沈夢麟撰，邑人陸珩編

彭韶序弘治六年

沈溥跋

李思仁跋弘治九年

無名氏後序

貞一齋文稿十卷吴匏菴手抄本

元臨川朱思本著

夫爲大而無當、往而忘反之言者，必世所謂山林枯槁，果於違人之士，豈非以其志與？若仁義之本，風化之原，論説必歸儒者。而稽之章逢家，或反謬是。夫士也，乃氣必充，辭必端，馳騁上下，横從今古，無不極而約之，無踰乎禮。其志若是，惡可以山林之果者蔽之耶？余得上清朱君本初《貞一稿》讀之，未嘗不掩卷而三歎息也。余與朱君游，知其文學舊矣。來南州，君主玉隆别館。去年冬，行縣田，有烏山小兵馳田間，得君寄詩二章，蓋六朝庾、鮑而唐太白之流也。今夏君自西山來，示余此稿，槩篇百數，而榘度若一。其《武當山賦》與《巢湖》等詩，論莊詞澹，尤吾所謂馳騁横從而無所踰者，其大而不夸，往而知所至與。雅頌廢，風氣降，數十年來，鄉之事進取伎者，一趨於詩，人愈多而詩愈少。非詩少也，徵諸本原，則微矣。江西號多文邦，頃在都，與同列論，是邦人咸獨推某某，今又得君。君故臨川人也，顧又蔽於是，是山林者又惡足以蔽君，使無知者亦云然耳。兹所以資吾掩卷之歎，而尚悲其志也。世之觀人者，往往循名遠實，靡然成風，將使天下負無士之累於後世，其病類如是。凡不可而衆説，可與而失之者，豈特如本初之文而已？ 君論著外此，若詩所稱輿地圖書者尚多，謹先歸此稿，竢休告叩雲谷，相與并論之。 至治二年八月朔，臨江范椁序。

爲蒙莊、禦寇之學者，超然脱離塵滓，恢廓胸臆，欲與天地無際，其智豈不能知踐平實，遵椝度之爲中？ 若是者，蓋亦激於卑陋没溺之累，而不自知其爲賢知之過也。 有人焉，得其清虚廣大者而寄跡焉，以行吾平實椝度之素，則其於道何如哉？ 吾友朱公本初，故禮義家，厭世溷濁，霞裾星弁，訪歷名山大川，與太初溟滓，游於無窮，而嗜聖經史傳、諸子百家，若飢渴然。入與玄德大宗師留輦轂下，交當世偉人魁士，聞見滋博。 暨主教玉隆，余來江右，始獲盡窺其稿名《貞一》者。 如泉涌石竇，日挹日新，如雲幻晴峰，愈變愈麗，比興序論，粹乎儒者。 昔人言天上無凡俗神仙，世無仙則已，有則必通古今，盡心性，如吾聖賢。 聖賢不作，仙亦未之見，豈人心沈溺，不獨吾游方之内爲然耶？ 自鴻儒代作，統緒復振，孔氏之道昭若發矇矣。 本初一榻林下，内境虚曠，中夕夢回，松月在窗，夜氣闃然，全體豁露，于斯有得，則顧是區區者，又將有不屑焉者矣。 余安得從君抵掌跋燭，根極指歸，以會貞一之傳，芻狗陳言，相視一笑？ 至治第三禩倉龍癸亥中秋，友人眉山劉有慶志善父謹序。

勤者，爲學之本也。 士而或怠，能有進焉者，否也。 曩游京師，獲識本初朱鍊師於環樞堂下。 讀其詩，則排體五言學工部，長句與文則馳驟老坡間。 時本初已四十餘，以道法承應中朝，日不暇給，然省其私，稍有餘力則卷不釋手，夜讀書，由乙至丙以爲常。 吾固知其將有進也。久之，文進於韓，復進於《選》。迄今十有餘年，其所進，方未已也。吁！勤矣。經生曲士自少至老，役役事窠臼語言，或者不知蘇爲何文，杜爲何詩者，有矣，况老氏學者歟？况韓與《選》歟？壯得志而自晝者，有矣，况四十、五十歟？本初大父以科舉仕宋至淮陰宰，抑其家學有所從歟？環樞尊師，清静佐化，理文采，動公卿，若漢蓋公、唐吴筠者，本初出入，贊襄其間，而有所講益歟？不然，顧其所學之勤之進，歲異而月不同者，又何歟？後之爲學思有進者，展讀兹卷，知所勉矣。雖然，猶有望也。伯陽君曰『上士聞道』，子貢亦謂不可聞者，夫子之言性與天道。愚故於此，猶望其終進於道，文章云乎哉？本初名思，本朱姓，臨川人。學道龍虎山中，貞一其號云。至治癸亥十月甲子，臨江歐陽應丙書。

集與朱君本初相從於京師，廿有餘年矣。每見其酬應之暇，即自洗滌以讀書爲事。其書既不汎雜，讀之又有其道，集甚敬焉。至於職方之學尤所偏善，遇輶軒遠至，輒抽簡載管，累譯而問焉。山川險要，道逕遠近，城邑沿革，人物土産風俗，必參伍詢詰，會同其實，雖縻金帛，費時日，不厭也，不慊其心不止。其治事也，討論如議禮嚴（分）〔介〕，若持憲立志之堅確精敏，類如此。施之功業，必不苟且循習而已。然既從事道家之學，不屑於世用，乃折而托之文章，宜其過人之遠哉！嘗以所著《貞一稿》示予，俾題其端。予讀而歎之曰：善哉！慎所當言，而不鼓浮夸以爲精神也；言當於事，不爲詭異以駭觀聽也；事達其情，不托蹇澁以爲奇古也；情歸乎正，不肆流蕩，以失本源也。若是者，固足以名家也乎？集嘗聞爲老子之説者曰：『欲静而不躁也，重而不輕也，容而不苟也，畏而不肆也，紆而不蹙也，嗇而不蕩也。迫而後動，不先事以爲必；審而後言，不隨物以成妄。』若是者，豈止於爲文而已乎？本初蓋得之矣。而集以爲言，誠知而不能者也。本初尚有廣予者乎？觀其詩者，試以集言求之。泰定二年四月八日，承德郎國子司業蜀郡虞集伯生甫書。

吾嘗恠夫言出於聖賢者謂之經，出於諸子百家者謂之書。均是言也，經與書何爲而别乎？道有隆汙，言有精粗，非人之所能爲也。經、書之分，故判然若天之尊，地之卑，高下之位確乎其不可以相踰也。秦、漢諸人刻意詞章，以專門名家，樂毅、李斯、屈原、司馬遷、班固、揚雄之流，號稱獨步。雖然，以擬諸經可得乎？臨川朱本初，儒家子也，爲黄冠與予同道，居龍虎與予同山，處京師與予同朝，雅志詩文，與予同好。予長於本初四歲，則其年之相若也。予自四十來，言語詞章漸刊落而無爲，非無爲也，吾聞諸教父曰：『爲道日損，損之又損，以至於無爲，無爲而無不爲矣。』今觀本初示予《貞一齋稿》，其文皆四十後作，而用志方鋭也。用志鋭，則學日益矣。損與益二者又不可同日語焉。或者曰，本初其亦良賈之深藏者歟？方其處山林也，則以損；及升于朝也，則以益。蓋山林以道相高，而朝廷以才學相雄長。本初又不得不資益之道，以自混其處焉，亦孔子齊人之獵較也。若是者又豈吾之所望於本初乎？孔子曰：『行有餘力，則以學文。』是則本初之志哉？不然，予與本初又何以爲居同山，處同朝，身同道，而志同好也。惟其同，故本初之文欲徵予言而爲之序，爲之序而不言其所以同者，又豈本初之所望於予哉？予故曰：『道有隆汙，言有精粗，非人之所能爲也。』若是者，本初其將有同見歟？抑將不歟？是書爲《貞一齋文稿》敘。泰定四年歲在丁卯四月八日丙子，玄教大宗師吴全節書。

言行之在人，動之形也。惟其動，而不離乎正，則有言焉而爲文辭，有行焉而爲德行，動爲之用，静爲之體也。然其所以歷萬變而常存者，以其貞於一而已耳。非夫樂天趨時而純體乎易道之淵微者，則動於言，而言爲詭辭，動於行，而行爲恠，行或不免焉矣。老氏之學，蓋原於《易》。然而疏之爲莊周、列禦寇、庚桑楚、計然、尹文子之流，其刻意尚行，有不待言而至於動。爲文辭，又皆離去垢濁而適乎清虚，亹亹然，斐斐然，進於《易》之幾神。所謂貞於一云者，真足以括天下之動而無違，其與觀乎天文、人文者，固有合哉。臨川朱君本初是嘗寄跡老子法中，所謂游方之外者也。居京師，多從公卿大夫游。比年，奉將使指，代祀名山，車轍馬跡半天下矣。每情與景會，輒形之篇什，有風人詠歎之思，而無山林愁悴之音。南歸，專席玉隆，因即其齋居之名，而題其彙次之編曰《貞一稿》，懿夫體《易》之言。予嘗讀《易》，而知動之爲動，蓋風行水上，其卦曰涣，涣者，天下之至文也，因其有行，而文始生焉。非其動之所形，能致然乎？故水之静者爲淵，而動者爲波，凡其大波之浩渺，小波之淵沄者，風觸之耳，而水固不知也。不知，故一一故能貞。然則君之所以貞夫一者，雖形之於動，而實未嘗不本於静也。予非知詩者，而知君體《易》之意深矣。迺爲之評曰：君之詩，似吴宗玄、元丹丘，而遠游之跡過之。君之自得似葛稚川、司馬子微，而頣神坐忘之妙需其至焉。返之於静，以知終終之，此顯道神德之能事，而貞一之極功也。予之視君，其猶龍乎？何可及哉？何可及哉？東陽柳貫道傳父序，實天曆紀元之歲十又一月之丁酉也。

《癯經室外集》曰：《貞一齋詩文藁》二卷，元朱思本撰。思本字本初，豫章臨川人，嘗學道於龍虎山中，貞一其號云。顧嗣立《元詩》四集稱思本嘗從吴全節居都下，博洽文雅，見稱於時。所著詩文稿，世無刻本，僅存范梈、劉有慶、歐陽應丙、虞集、柳貫及全節六序，俱諸人手書，藏吴中劉損抑夫家。此本乃叢書堂吴寬手鈔，凡二卷。上卷爲雜著文，下卷則古近各體詩。思本好學遠遊，遍歷名山大川幾半天下，嘗以昔人所刻《禹迹圖》、《混一六合郡邑圖》皆有乖謬，乃參閲《郡縣》、《九域》、《一統》等志，攷訂古今，校量遠近，成《輿地圖》一書。計里開方之法，至思本始備。今文稿内有《輿地圖自序》一篇可証也。大約思本之學，地理爲長也。

全歸集七卷舊抄本

元張庸維中著，孫張琳編次

烏斯道序洪武乙巳

馮益序正統六年

張琳跋正統乙丑

樗隱集六卷文瀾閣傳抄本

元胡行簡撰

東山趙先生文集十一卷舊抄本　曹倦圃舊藏

元趙汸撰

得月稿八卷舊抄本　璜川吴氏舊藏

元石鼓聾者吕不用則畊學

詩三百篇尚矣，變風、變雅，流而爲《離騷》。《騷》，賦體也。變於詩，爲漢、魏，流而爲六朝，而唐則盛矣。更五代至宋，則逐於晚唐之弊者不容言矣。惟唐而兼於興趣，學者宗焉。嗚呼！文章之所以名世，道德之所寓，而功名事業因之以見者，豈可以爲游藝之末而輕之哉？況如杜少陵流離顛沛之中，其忠欵之情，彝倫之感，哀怨之懷，悲憤激切，一寓於詩，而精練微婉，典雅沈重，可以伯仲三代間詩人，使世之放臣屏子，怨妻去婦，抆淚謳吟，以感發而興起者，多矣。當三綱五常淪斁之時，適咀味於隻言半語，而好善之心油然以生，其於扶世導民之一端，固非小補者。予薄宦剡之山水邑，邑東石鼓山人吕則畊氏暇日以其詩來見，録其歌行、長短律、絶句若干首成帙。閲之，老邁放曠，有傲世不羈之懷，洞視見前古，而炎涼世態蔑如也。

論其氣象，蓋山林草野之秀傑者。惜其有聾疾，功名事雖未見於當時，然偉而妙者，寄於詩。則耕力行所學，軼後踵前，將益大治其文，以追述古之作者，等而上之，自唐而六朝，而漢、魏，而《離騷》，以依稀風雅頌之作。諷詠之餘，一唱三歎，可以扶世教而淑人心，則耕其獨不名於後世哉？少陵之詩有曰：『文章千古事，得失寸心知。』大哉言乎！唯知道者可以語此。敢以質之則畊而序之。洪武九年丙辰冬十月望日，將仕郎紹興府新昌縣主簿廬陵曾衍伯曼父書。

王霖跋洪武

孫男好通跋洪武

吕鼐跋弘治甲子

東維子集三十卷附録一卷舊抄本

元會稽楊維禎廉夫著

鐵崖賦藁一卷勞季言手校本

元楊維禎撰

洪武三十一年歲在戊寅七月二十五日，録于潭涇寓所。是日夜雨初晴，臨窗一望禾黍漲天，生民樂太平寬仁之治，豐稔無癡之年，何其幸之甚也！生死榮辱，似有定分，何勞役役以累其靈臺？追思鐵崖先生在家舅雪齋芝川，園林亭館之盛，冠蓋文物之多，恍然如夢中矣。今年西禧樓先生文淵乃文獻故家，孝節昭著於當今，矧又讀書隱居教子，深可爲則。忽辱見借此帙，其幼年手書諸賦，簡編浩瀚，區區録其二□，後之覽者，將知所自也。是日午時書識，海虞晚生朱燧子新也。

黄氏手跋曰：余喜蓄未見書，故向以讀未見書名其齋。而自後所獲，亦未見者多，故三十年來檢篋中藏本，輒自詫曰：『此外間罕傳之秘本也。』凡書之未見者，非真未見也。或當時有之，而後世無傳焉；或某家有之，而行世實鮮焉。此皆可以未見目之。即如此楊鐵崖《賦稾》，朱子新録之，時初固有傳本也；文瑞樓藏之，一家固有秘本也。曾幾何時，而朱子新之名不傳，文瑞樓之物已散，苟非如余之向識其名，親見其目者，又何從而識之邪？爰書此以誌幸。復翁。

又跋曰：六月廿二日，往香嚴書屋借《青雲梯》，相勘此本，盡出其中《青雲梯》，原籤如是名目。分三册，每册首題曰『至治之音』四字爲首一行，其次行即云『某賦某人』，人或一篇，或不止一篇。惟于二册之下半題曰『楊廉夫諸賦』，始以《黄金臺》，終以《禹穴》，共廿二篇。三册之下，半亦題曰『楊廉夫諸賦』，始以《八陣圖》，終以《飛車》，共四十七篇。蓋第一册中摘取《麗則遺音》十九篇，而割此本首三篇入之，其原實合也。復翁手記。

又跋曰：六月六日，前月來過之書船友曹錦榮復來，蓋爲有别種交易，介余關白也。云從吴江附夜航而來，包中攜有文瑞樓墨格鈔本楊鐵崖文集一册，索青蚨每葉二分。余粗一閲之，知是録《鐵崖賦稾》，案頭適有《麗則遺音》在，急取對之，無一首合者。因觀末有朱燧子新跋，始知諸賦簡編浩繁，區區録其二三。是册蓋摘録《鐵崖賦稿》也。朱子新，亦元末人而至明初者，喜手録前人制作。向曾獲其手書《青雲梯》三册，皆録元人賦稿，惜已流轉他所。香嚴書屋中尚有其副，玆册亦文瑞樓所録副本也。余嫌書友索直昂，未與議直。而書友欲丐余家刻書出售，因以此爲質，遂得繙閲一過，并遍取《鐵崖文集》本攷之，無有及是者，乃知朱公與鐵崖生不後時，故聞見廣，搜羅易耳。則此册雖未必全豹，其論賦則出《麗則遺音》之外，其論文則在鐵崖諸集之外，誠不經見之書也。《文瑞樓書目》有《鐵崖賦》一卷，其即是本歟？乙亥季夏八月梅雨初晴晚起，復翁記。

勞氏手跋曰：《東維子集》不載所作古賦。世所傳者，僅有《麗則遺音》中三十二首及《鐵崖文集》中《土圭》、《蓮花漏》、《記里鼓》三首而已。此本計賦五十首，俱《遺音》所未載者，蓋後人從《青雲梯》録出，以補其未備。觀後録朱子新跋，自見初藏桐鄉金氏，後歸吴縣黄氏。錢塘何夢華主簿曾傳其副，又重編爲二卷，改名《鐵崖賦稿》。以《紫薇垣》爲上卷首篇，《會通河》爲末，《渾天儀》爲下卷首，《進善旌》爲末，復删去《姑蘇臺賦》第一首、《玩鞭亭賦》一首。每卷二十四首，止存四十八首，次序移易，非復元本之舊。今《揅經室外集》提要所載《鐵崖賦稿》二卷，即何氏重編本也。頃從高叔荃借得何氏元本，始知何氏於諸賦中字句又多竄改，不僅移易次第而已。爰命工依元本影録一本，凡何氏所竄改，悉爲標出，使可識别。使不見此本，不幾以何氏重編者爲定本耶？道光癸卯五月廿一日，季言校畢識。

又曰：此本諸賦題下悉無『賦』字，與《麗則遺音》同。又版心僅書『鐵崖』二字，凡『賦』字以及『賦稿上』、『下』等字，俱係何氏所加，傭書人誤依補入。又，賦中字句又從何氏改本，今悉塗乙，以復其舊。是日又識。

又曰：此本雖係影寫，頗多訛謬，頃倩力之小史映郎，用元本逐字比校一過，改正數十字。然元本亦有譌字，惜不得《青雲梯》校之。二十五日夏至，季言又識。

鐵崖先生古樂府十卷樂府補六卷元刊本

元楊維禎著，門人富春吴復類編

三百篇而下，不失比興之旨，惟古樂府爲近。今代善用吴才老韻書，以古語駕御，李季和、楊廉夫遂稱作者。廉夫又縱横其間，上法漢、魏，而出入於少陵、二李之間，故其所作古樂府辭，隱然有曠世金石聲，人之望而畏者。又時出龍鬼蛇神，以眩蕩□世之耳目，斯亦奇矣。東南士林之語曰：『前有虞、范，後有李、楊。』廉夫奇作，人所不知□必以寄余，以余爲知言者。抑余聞詠謌音聲之爲物，明則動金石，幽則感鬼神，豈直草上風行之比哉？廉夫遭盛時，揚言於大廷者也。將與時之君子，以頌隆平，樂府遺音，豈宜在野？要使大雅扶世變，正聲調元氣，斯爲至也。余不敢不以此望於廉夫，餘子不足語此。至正丙戌冬又十月，方外張天雨謹題。

君子論詩，先情性而後體格。老杜以五言爲律體，七言爲古風，而論者謂有三百篇之遺旨，蓋以情性而得之也。劉禹錫賦《三閣》，石介作《宋頌》，後之君子又以《黍離》配《三閣》，《清廟》、《猗那》配《宋頌》，亦以其所合者，情性耳。然則求詩於删後者，既得其情性而離去齊梁、晚（梁）〔唐〕、（李）〔季〕宋之格者，君子謂之得詩人之古，可也。會稽鐵崖先生爲古樂詩，凡五百餘首，自謂樂府遺聲。夫樂府出風雅之變，而閔時病俗，陳善閉邪，將與風雅並行而不悖，則先生詩旨也。是編一出，使作者之集遏而不行，始知三百篇之有餘，而吾元之有詩也。復學詩于先生者有年矣，嘗承教曰：『認詩如認人。人之認聲認貌易也，認性難也，認神又難也。習詩於古，而未認其性與神，罔爲詩也。』吁！知認詩之難如此，則可以知先生之詩矣。先生在會稽時，日課詩一首，出入史傳，積至千餘篇，年取而讀之，忽自笑曰：『此豈有詩哉？』亟呼童焚之，不遺一篇。今所存者，皆先生友錢塘太湖洞庭間之所得者云。至正六年丙戌春三月初吉，門生富春吴復謹拜手書。

按，《二〔十〕詠》中剪裁《香奩》者凡四章，《浴》、《思》、《信》、《配》是也。先生又有《和趙八節使》七言八句二十題，尤膾炙於粉黛筵中，惜逸去。先生令琬補逸，琬何敢何敢？至正甲辰夏五月初吉，龍洲生章琬孟文謹拜手跋。

案，此元刊元印本，每葉二十二行，每行二十字。卷中有『天都陳氏西雅樓圖籍』朱文方印、『東皋先生後人』白文方印。

鐵崖先生復古詩集六卷元刊本

元太史紹興楊維禎廉夫著

我朝詩體備矣，惟古樂府則置而不爲。天曆以來，會稽楊先生與五峯李先生始相唱和爲古樂府。□□生嘗曰：『詩難，樂府爲尤難。吾爲古樂府□□□□□石，可勸可戒，使人懲創感發者有焉。善和余者惟李季和，季和死，和者寡矣。』且命吴復録季和死後凡若干首，至其墓焚白之，則世之知先生之詩者蓋尠矣。琬登鐵門學詩，因輯先生前後所製者二百首，連吴復所編又三百首，名曰《鐵崖先生復古詩集》□□□，而我朝之詩斯爲大備。嗟乎！紅紫亂朱，鄭、衞亂雅，□□季(氏)〔世〕而欲爲詩於古，度越齊、梁，追踪漢、魏而□□□□騷雅，是秉正色於紅紫之中，奏《韶》、《濩》於鄭、衞之際，不其難哉！此先生之作，所以爲復古，而非一時流輩之所能班。南北詞人推爲一代詩宗，此非琬之言也，天下之言也。先生近體而下，不令人傳，然膾炙在人口，有不可得而遺者，録於卷後，而《香奩》諸體亦附見云。至正二十四年甲辰秋九月戊子，門人龍洲生章琬謹序。

案，此元刊元印本，每葉二十二行，每行二十字。卷中有『天都陳氏承雅堂藏書印』朱文方印。

新編鐵崖先生文集麗則遺音古賦程式四卷明初刊本

元丁卯進士紹興楊維楨廉夫撰

《鐵崖先生大全集》：《春秋大意》若干卷，《史鉞》若干卷，《君子議》若干卷，《麗則遺音》若干卷，志、敘、碑、銘、贊、引、箴、頌、古樂府、近體、五言、七言詩總若干卷。吁！富矣哉！古之鮮有也。先生族出會稽，母夫人李生先生時夢金鈎墜月中，其父山陰君摩其頂曰：『是兒必以文章顯吾門。』爲築萬卷樓鐵崖山中。先生讀書樓上，去階，轆轤傳食，若是者五年，遂以鐵崖自號。嘗病國朝承宋以來，政龐文抗，而未有能一起之者，務推一代之陋，歸于渾厚雄健，故其所著，卓然成一家言。李翰論文章，要如千兵萬馬而風恬雨霽，寂無人聲，惟先生有焉。蚤擢上第，躋膴仕，既爲衆所忌，又恥以妾婦之道媚於時，多仇寡與，而處之泊如也。晚年放浪雲門、玉笥、洞庭、錢塘之間，每酒酣興發，輒自擊鐵如意，歌《哀三良》、《弔望諸君》辭。識者以其天才似太白，而學力過之，不然，何其正聲勁氣，薄九霄，空四(一)〔海〕，而淩轢一世哉？至正初，天子詔修遼、金、宋三史，先生乃著《正統論》，凡二千六百餘言，其言以爲我朝當續宋統於世祖混一之日，不當急於繼遼、繼金。正大剴切，觀者韙之。瓊早登先生之門，今二十五年矣。中罹兵變，不相知者久之。及先生辟地九峯三泖，而瓊亦自海昌至，蒐輯手編於散佚之餘，幸不朽炲□，而大姓章琬欲(浸)〔鋟〕諸梓，以傳無窮，俾瓊敘之。吁！荆山之璞，豐城之劍，不待卞和之獻，雷煥之發，而光怪燭天，蓋天下之至寶，有終不得而閟者。先生之文章，雖欲不行於世，不可也。瓊又何足以知之？深維唐韓昌黎之集，李漢敘之，李翺、皇甫湜贊之，故不讓而書諸篇端，實有俟於代之知言者云。至正二十五年春二月既望，門生清江貝瓊敘。

沈魯序成化四年

鄭文庚序天順己卯

嚴仲正跋成化九年

鐵崖文集五卷明刊本　朱文石舊藏

元會稽楊維禎著，毘陵朱昱校正　前有《鐵崖先生傳》，卷首《圻城老夫射敗將書》、《上巙巙平章書》兩篇，《東維子集》、《鐵崖漫稿》俱不載。卷末有『姑蘇楊鳳書于揚州之正誼書院』一條

馮允中序弘治十四年

朱昱跋弘治十四年

鶴田蔣先生文集二卷明抄本

元建陽蔣易師文撰

《鶴田集》者，師文蔣先生之所著也。詩文凡若干篇，其門人輯録，離爲彙次，凡若干卷。先生繇弇歲勵志篤學，及壯，適四方，徧交當世名士，博萃未見書，藏于家者至數萬卷。學益精，聞益廣，由是攄發所藴，肆筆爲文，若長江巨浸，汪洋滂沛，而不可禦遏者，以其源之深而不可竭也。然先生能以材見重當世，而不能枉己以干進，其文能追古作，而不能合有司之程度，是以棲遲一壑，不獲推用。至其立言載道，有以淑人而行遠者，則政在此而不在彼也。僕年雖少長，而學則不逮，託交將三十年，皆所歆慕而不可企及。至於相觀之善，有以儆僕之愚陋者，亦多所蒙矣。今春辱過余南田之舍，見示此集。留寒齋玩讀者再四，因得序其梗槩，庶讀先生之文者，知其學問淵源之所自云。至正十七年春，文林郎江西等處儒學副提舉邵武黄鎮序。

閩人學文，自歐陽詹始，而闡伊洛之傳，以發六經之旨，則肇自游、楊，而盛於文公朱子，於是彬彬乎建、鐔之間，雖鄒魯不啻過矣。予嘗往來二郡，徵文獻於俎豆之林，蓋有不勝其景仰者。而得蔣君師文於蒼山之下，鶴田之上，則距廌山游氏之居半舍，而近考亭、雲谷，朱子講學之地，俱兩舍而遠，清溪横陳，竹樹交挹，而師文之廬在焉。經史百家之書，周乎坐隅，而充乎棟宇。師文玩索其中，旦暮忘倦。游方之餘，上稽漢史，下逮唐、宋諸君子之文，與夫唐八家之詩，皆篇磨句定，手自删録，非一日之積矣。故其文辭之發，豐腴跌宕，浩乎海波萬里而風檣迅速，蔚乎林木千章而春陽發宣，有莫知其然者。而一本諸格言大訓，其不悖乎聖賢之旨歸，則君子之澤遠矣，又豈特騷人文士之賦詠記述而已哉？予觀師文《鶴田集》，因題其後，且以致其惓惓之意者，蓋不敢以騷人文士望於師文也。至正辛丑十月丁亥，臨川葛元喆書。

蔣氏手跋曰：此集爲楊文敏公家藏，徐興公先輩得之于建寧書肆，僅有序文二卷，尚有十二卷弗存。其作文大有源委，然中多宋氣，想習熟諸先輩而來，不能改其面目，亦是潛心學究之流亞者也。絢臣玢識。

案，蔣易字師文，建陽人。篤信好學，工詩善屬文，有《鶴田集》及編《元朝風雅》行于世。見《福建通志》。《鶴田集》，各家書目所無，此二卷得之福州書攤，尚是明人抄本，有蔣絢臣跋。絢臣又手録劉彦昺哀蔣師文詩二首，藍山、藍澗挽詩壽詩四章附後。

皕宋樓藏書志卷一百十

集部

别集類四十四

姚叔器先生集一卷舊抄本　汪啟淑舊藏

元天都姚璉叔器甫著　後有諸友《分韵别詩》、屠性《分韵詩序》至正丁酉

夷白齋稿三十五卷外集一卷舊抄本　汲古閣舊藏

元臨海陳基著，金華戴良編

戴良序曰：《夷白齋稿》，合四百五十四篇，通奉大夫内史臨海陳先生所著。良既訪之先生，盡得其稿而編次之，以爲三十五卷，而復序其篇目曰：世道有升降，風氣有盛衰，而文運隨之。故自周衰，聖人之遺言既熄，諸子雜家並起而汨亂之。漢興，董生、司馬遷、揚雄、劉向之徒出，而斯文始近于古。迨其後也，曹、劉、沈、謝之刻鏤，王、楊、盧、駱之纖艷，又靡然于當時。

至唐之世而昌黎韓子以道德仁義之言起而麾之，然後斯文幾于漢。奈何元氣僅還，而剥喪戕賊，復浸淫于五代之陋，直至宋之劉、楊，猶務抽青媲白，錯綺文繡以自衒。後七十餘年，廬陵歐陽氏又起而麾之，而天下文章復侔于漢、唐之盛。未幾，歐志勿克遂伸，而學者又習于當時之所謂經義者，分裂牽綴，氣日以卑。而南渡之末，卒至經學、文藝判爲專門，士氣頽敝于科舉之業，而宋遂亡矣。文運隨時而高下，概可見矣。我朝興地之廣曠，古所未有。學士大夫乘其雄渾之氣以爲文者，固未易以一二數，然自天曆以來，擅名于海内，惟蜀郡虞公、豫章揭公、金華柳公、貢公而已。方是時，祖宗以深仁厚澤，涵養天下，垂五六十年，而戴白之老、童兒幼稚相與鼓舞于里巷之間，晏然無以異于漢、唐、宋之盛時，故一時作者率皆涵淳茹和，以鳴太平之鴻休。其擒詞則擬諸漢、唐，説理則本諸宋儒，而學問則優游于周之未衰，學者咸宗尚之，並稱之曰『虞揭柳黄』，而本朝之盛極矣。繼世而起，以文名家者猶不下數人，如莆田陳公之俊邁，則有得于虞公；新安程公之古潔，則有得于揭公；臨川危公之浩博，則又兼得夫四公之長者。郁郁彬彬，何可及哉？近年以來，獨危公立幟詞壇，自餘數公嘗想見其風采，習聞其謦欬，邈然其不可接者久矣。于是淪没殆盡，而得先生以紹其聲光。先生，黄公之高第弟子。嘗負其所有，溯長江，游吴中。久之，自吴踰淮，泝黄河而北達于燕趙，留輦轂之下。久之，于時雖未有所遇，然自京師及四方之士，無論識與不識，見其文者莫不稱美之不置，則其得之黄公者深矣。豈惟黄公，蓋自虞、揭而下數公亦皆得而師友之故。其爲文雍容紆徐，如冠冕佩玉，周旋堂陛之上，馳騁操縱，又如風雲地鳥，按行于陣伍之間。而音節曲折，則與前之數公如出一律也。後由京師還吴中，居無何，我吴王聞其學問，即以樞府都事起於家。不幾年間，遂屢遷而長其省幕。其後調太尉府參軍，由參軍升内史。迹愈顯而文愈工，國家之制作及四方之求之者，皆隨手應之，蓋沛乎其無窮矣。夫自周衰以來，至于今幾二千載，其閲世非不遠也，歷年非不久也，能言之士非不多也，斯文能自振拔以追于古者，惟漢、唐、宋及我朝此四世而已。而四世之中，士之卓卓可稱述者，又不過數人焉。何才之不數出，而人之難得若是哉？於此有人焉，能以卓卓可稱者自期待，又幸遭逢於時，而得大肆其著作，世其可不爲之貴重之歟？某於先生之文，讀之累月，曾不能有所去取，于其間，雖片言半幅，咸取而録之者，所以明先生于一字之微，皆可爲斯世之貴重也。先生爲人温良慈惠，其從政寛易愛人，與人交，於恩義最篤，雖待臧獲，初未嘗疾言厲色，平居蓋雍雍如也。若先生非所謂有德有言者耶？夫誦其詩，讀其書，不知其人，可乎？故予序先生之文，而併及大要可紀者如此。先生名基，字敬初，夷白齋乃其自號也，故以題其稿云。至正二十有四年歲在甲辰夏五月朔旦書。

夷白齋稿三十五卷外集一卷舊抄本

元臨海陳基著，金華戴良編

戴良序至正二十四年

夷白齋稿十二卷明初刊本　鮑以文手校

元天台陳基敬初著　前有傳尤義撰

張習跋

戴良序至正甲辰

石門集不分卷舊抄本　文瑞樓舊藏

元梁寅撰

李允芳序嘉靖壬子

庸菴集十四卷舊抄本　盛百二舊藏

元餘姚宋元禧撰

張光弼詩集四卷舊抄本

元張昱撰

庚子之冬，予始識張光弼于杭。光弼，廬陵人也，蚤游湖海間，以詩名。嘗負劍挾策從軍入幕府，佐主帥經畫籌略，以功累遷至杭省左右司員外郎，行樞密院判官。杭爲山水勝地，而光弼能詩，善歌詠。是時，天下方用兵，藩府所在不一，而光弼獨能周旋其間，以詩酒自娱。不侵官，不怙勢，以取撓敗，故一時公卿大夫士咸稱之，求詩者日走其門。予時每數詣光弼，光弼誦所作，未嘗不爲之擊節，然猶未能盡閲其編。其後予去杭，與光弼益遠。丙辰之春，予復至焉。光弼手其詩二編過予寓舍，且言曰：『吾平生所作多矣，今其稿皆不存。獨此在巾衍中與吾周旋者，殆二十年，幸不失墜，而得古律絶句凡若干篇，而凡志意之所感發，欣憂哀樂於是乎在。其可以自見于世者，獨此而已。子其爲我序之！』予受而讀之，愛其意婉而辭麗，情閑而颯逸，有詩人之風，不能去手者累日。因竊自念向之所聞於光弼者，雖久而未諗，迺今始得其詳焉。蓋言者，心之聲也；時者，事之會也。時異則言異，於是有正變焉。兵革之秋，殆雅亡之日也。光弼以詩人之才，而遭時板蕩，汩汩戎馬間，其應酬交接，蓋無非衰世末俗之事，雖欲正言而不可得，故其辭多變。使光弼當盛時一鳴，則鏗鍧炳耀之辭，自可匹休於前人。惜其遭逢不偶，而其言止於是也。雖然，杭之山水猶昔，而光弼年未耄，猶可肆其餘力於詩。矧今聖化之隆，天下頌聲方作，光弼雖在田野，其能自已於言者乎？尚當歌詠太平而傳之無斁也。洪武九年夏四月八日，錢塘陳彦博序。

楊士奇序正統元年

蕭輝山存稿一卷舊抄本

元吴江蕭國寶著

《輝山存稿》者，吴江蕭君玉甫所作詩集也。余始識其嗣子英，子英出示此編。誦之清新警策，句律嚴整，皆有補于世道，非徒作也。作詩無補於世道，風雲月露，牛鬼蛇神，抽黄對白，訂巧搜奇，可無作也。三百篇之作，上而君相，下而才人、女子、小夫、賤隸，皆在所不論，但取其有補于世道者存之。後世之士人人能詩，唐、宋以來作詩者不知幾人，傳世至于今日者裁幾集？夫其所以不傳者，以其作無補于世道也。君玉甫握瑜懷璞，韞而不沽，發而爲詩，皆補于世道之作。黄壤埋玉樹者有年矣，悲夫！繼述有子，乃能發潛光幽，傳之不朽，實陽公雍伯之田，亦果有可種之理者耶？近世浙右以詩著者，稱張、鄧、仇、白。予生雖晚，皆嘗獲從之游，獨以不及一識君玉甫爲恨。嗚呼！詩自虞廷賡載變而爲五子之歌，雅頌變而爲國風，西京變而六代，盛唐變而爲晚唐，前宋變而爲後宋，論詩至此，可以三歎也。安得起君玉甫于九原，以此論質之？至順二年龍集辛未夏五月十又一日，黽蒙末學詩者孔濤序。

鄧伯言玉笥集九卷舊抄本　吴枚菴舊藏

元鄧雅撰

世謂文章有臺閣、山林之殊，故其氣有温潤、枯槁之異。文章固然，詩之爲道亦猶是也。

余獨謂詩之作也有正變焉。正固爲盛，至于情發于聲，止乎禮義，又變之，不失其正者也。情之所發，言辭出焉；聲之所止，禮義存焉。故氣應乎外，情發乎中，若功業加于民，聲光昭于時，則其氣自壯；和順積乎中，英華見于外，則其情自宛。氣可以學而爲，情不可以强而至。曾謂山林之不可爲臺閣，臺閣之不可爲山林乎？譬之太羹玄酒，醇醪雋永，查梨萍菹，淡腴酸澁，食者各適于口，而其出于自然者，蓋不以氣而以情也。余友鄧君伯言行純而學優，才美而志遠，少力于學，壯而未行，老于風騷，乃有所得。其爲詩歌，每出人意表，簡而不疎，直而不俚。其間道氣運之盛衰，論人事之得失，往往從容不迫，而意已獨至。使接踵陶、韋間，未見其大相遠也，視所謂山林枯槁者，蓋不侔矣。是固氣使之然與，抑情乎哉？嘗示余以所爲《玉笥集》數百篇，且求爲序。予因諷味省感焉。嗟夫！今之于詩道者，或氣滿志得，則不暇以爲；或覊愁窮困，則不得以爲。若君者，學于少，得于壯，成于老，富貴榮達之心雖淺，而温柔敦厚之度愈深，是果詩之幸與！其亦君之幸也與！將見由變而之正，由山林而之臺閣，所謂宣宫商，諧金石，以鳴國家之盛者，未必不在于君也。吾老矣，幸或見之，尚當有徵斯説。姑以是爲序。洪武乙卯七月既望，臨川老友蠖闇道人何淑書。

余老處巖谷，諸賢以詩貺余者亦多矣。及觀鄧伯言父《玉笥集》，爲之竦然，知其得之天趣，異于强作之者也。詩之搜羅以爲富，雕繪以爲妍，索幽以爲寄，放情以爲豪，若是者工則工矣，謂得古作者之意則未也。伯言之所造蓋已深，故沖澹自然，華不爲媚，奇不近怪，雄不至放，求合典則，故宜然者哉！前御史丁君子堅評其詩，謂其好尚之專且久，故清麗自然。使居通都大邑，觀明堂郊廟之盛，發而爲金鍾大鏞之音，又當不止于是。斯誠不易之論，余雖欲加之一辭，未有能過之者也。雖然，伯言吐其胸中之奇，以攬夫玉笥山水之秀，亦奚有不足？韋應物雖專城美禄，而詩多泉石之趣；孟浩然屏居草野，無郊廟之著作，而其詩亦顯。伯言于韋、孟近矣，而進之益不已，則知之者當益衆。余之言何爲哉？特深好其集，故因觀而畧論之耳。洪武乙丑秋八月望，蒙陽梁寅書。

觀鄧君伯言詩如春風林塢，卉木鮮麗，泉石清泠，時禽響答，自然天趣，有動人處，由其好尚之專且久也。推是心以往，何事不可求？使居通都大邑，觀乎明堂郊廟之制作，則又將有得發而爲金鍾大鏞之音矣。古有太史采詩以觀民風，設今有之，則君之五言沖澹中多古意，歌謡善諷，切近人情，最有足采者矣。尚勉焉以俟。洪武丙辰之歲子月下澣，前承事郎監察御史丁節子堅書。

古今論詩以平淡爲貴，然欲造平淡者，非工夫深至不能也。晉陶淵明、唐韋應物、柳子厚三家，世所謂詩之平淡者也。以今觀之，狀難寫之景于目前，含不盡之意于言外，其風諷高古，而辭旨簡遠，有非區區模擬所易，誠可謂深造自得者與！或者以淺近視之，是猶見玉器之天成，而以爲無事乎椎鑿也，其可乎哉？予至永豐之三年，聞新淦鄧伯言氏工于詩，而未之見也。一日，其友徐伯澄來，示其所著《玉笥集》，且曰：『伯言，恬退之士，於書無所不讀，然皆以用資爲詩，其用心勤矣。舍于同里黎季敏氏垂十年，而情好甚篤也。季敏尚友而好義，又深知詩，將率同志裒其所著，命工鋟梓，以傳于永久，蘄一言以爲引。』余讀其詩，大抵清遠條達，不爲險艱藻繪之語，淡泊和平，而無忿懥哀怨之意，蓋其情性然也，抑亦工夫深至，造于平淡之域。嗚呼！其亦有得于三家之風調者乎？雖然，余何足以知伯言？昔者歐陽公曰：『知聖俞者無如修。』然聖俞所自負者，皆修所不好；聖俞所卑下者，皆修所稱賞。夫以歐、梅之知，而酸鹹異好有如此者，而況淺見薄識之士乎？余何足以知伯言？獨愛伯言用心之勤，而喜季敏能成人之美也，故爲書于篇首，而授伯澄使歸之。洪武二十二年春正月下澣，會稽山人戴正心序。

後圃存稿十卷舊抄本

元休寧黄樞子運著

夫文章之在世，譬若良金美玉，奇珍異寶，有自然之貴，雖庸夫愚婦亦知其爲貴，奚在乎人之窮達隱顯而輕重哉？故窮居隱逸之士，名位不能竦動于當世，而其所作文章，傑然偉麗，文人詞客，若一見之，捧玩誦讀，深加歎賞，不啻金玉珍寶之爲貴。此後圃黄先生之《存集》是也。先生名樞，字子運。所居故址讓于二弟，乃於後圃搆屋而居，故號曰後圃。先生世居休寧之古林，爲詩禮家，其先多著顯。厥考君啟先生讀書明理，尤精于陰陽地理之學，與風林朱學士、東山趙太史交契甚厚。以故先生出入二公之門，受經講學，日益强盛，見知于浙江行省總戎李克魯，以禮敦請。值元綱解紐，泰運未開，竟無意進取，乃聚徒講學，與弟子中先生日相討論，隱居求志而已。我朝定國文，致太平，有司累舉爲校官，以左躄之疾辭不就召，但以斯道淑諸人，若金雪坡、戴比玉俱其高弟也。先生待人循循善誘，尊前席上，詠歌笑語，詼諧洒落，絶無崖岸倨傲氣象。其諸庶務，悉置度外，惟讀書論道，至老不倦。洪武丁巳，遂以考終。平生措辭爲文，發言爲詩，皆合古人法度，絶不留稿。其嗣子則惠摭拾于親朋間，百得一二，編録成帙，題曰《後圃存集》，俾門兄比玉校梓以永其傳，復俾本立序其端。顧本立不敏，亦嘗執經請業於先生之門，春風時雨，麗澤良深，可無一語而贊揚師道者哉？故不讓而書其梗槩。則是集之行於世，必有以知其言之可法者，傳誦于無窮，而金玉珍寶之爲貴又奚足以齒之也？敢爲序。洪武癸亥中秋日，門人李本立頓首拜書。

後圃黄先生平生所作詩文，家無完稿。既没世，佳吟雅製之膾炙人口者，初不以歲月之遠而致遺逸也。厥嗣則惠父日搜月採，積累既富，輒以《後圃存集》名其編焉。其徒道生李公序之，而比玉戴先生梓之，又徵予言以殿之。予惟吾儒者詩文，世或方之爲珠玉，則珠玉者純粹之至也，又方之爲錦繡，則錦繡者華麗之至也，非純粹則不足以事乎？非華麗亦何由而名其能？法度維持，才美昌著，此誠儒者之家寶也。然或鬱而不揚，蠹朽塵荒如前人，何必也整護操存，洞洞屬屬，以興起夫爲人子孫者忠君、悌長、孝敬之道？蓋以古者天王告終易世，則赤刀、大訓、弘璧、琬琰、大玉、夷玉、天球、河圖，與夫胤之舞衣、兑之戈、和之弓、垂之竹矢，重輝沓彩，環布森列，非直爲觀美計也。誠以天生地毓，裕之于人，保而存之，其可以不盡其心乎？若夫寶玉、大弓之見書于《春秋》也，始失之則書之，既得之又書之。聖人于器物得失之間，而兢兢焉，致繫其辭焉，果無意乎？今也以則惠父之讀書學問，則儒者之嗣胤也；蒼顔皓首，則鄉曲耆舊之循守家法者也。能使後圃先生之文章詞翰，與大江東之練帶花屏相爲長存焉。此繼美傳芳之尤取重于宗黨親友者也，又足以見其徒之仁而不遺其師者也。喜而書之。明洪武癸亥重陽日，楚府伴讀前休寧開化蘭溪三縣儒學教官姻友生汉口程叔春謹序。

案，黄樞字子運，安徽休寧人，受業于趙東山汸。元季，隱居講學。明初，徵爲校官，不就。是集藏書家罕見著録，《四庫》所未收也。

劉仲修詩集八卷 舊抄本

元劉永之撰

臨江舊稱多士之邦，至於近代文章之醇雅，尤彬彬迭見。蓋作之于前者既所趨之正，則踵之其後者愈趨之易矣。劉君仲修，郡城之世家焉。自其少時，隨父宦游之四方，固已嗜學，業能文辭矣。迨兵革搶攘之際，與郡士楊伯謙、彭聲之諸賢日究論雅道如泰寧之時。居則研精六經，旁搜諸子史，由漢至唐文章之傳者，咸辯其醇疵高下，而倣其可倣。其遺詞發咏，追金琢璧，鉅篇短章，榘度悉合。至其歸之至理，則如履康莊之衢，而旁歧曲術，勿迷所知焉。偉矣哉！立言之工也。而所趨之正，其得之觀感者亦然矣。天朝徵用儒雅，仲修嘗一至京師。翰林宋公景濂一見而道同意合，然仲修竟以重聽許辭。公欲留之不可，乃賦詩餞之。其歸金川也，同儕益推，後進争慕，恬然將終身。而嗣子奉獲罪，縣官乃籍其家。奉既死，君亦徙東萊，至桃源病卒。嗚呼！其可愍也。夫唐之陳子昂死射洪縣獄，君之以富累身，蓋與之同也。子昂文章冠海内，君之追古作者，亦與之同也。後之慕子昂名，又傳不泯，而君之不可泯，又奚不與之同也哉？君既卒，新喻章喆爲采輯其詩文，得若干篇，何光從而編次之。喆字子愚，光字彦謙，皆君之姻屬，又爲其弟子，其用心亦勤矣。君名永之，以好書之篤，故自號山陰道士。子愚將以其集刻之梓，來請曰：『山陰與先生交相知，爲蕲爲集之序。』亦曰義之固當焉者也。洪武壬戌孟秋之月，同郡梁寅序。

敖英跋

案，劉永之，字仲修，江西臨江人。明初，徵至京，將授校官，以重聽辭。其集爲門人章喆所編，《四庫》所未收也。

益齋亂藁十卷拾遺一卷舊抄本

元高麗李齊賢撰　後有墓誌銘李穡撰，前有小像

元有天下，四海既一，三光五嶽之氣，渾淪磅礴，動盪發起，無中華邊遠之異，故有命世之

才，雜出乎其間。沈浸醲郁，攬結粹精，敷爲文章，以賁飾一代之理，可謂盛矣。高麗益齋先生生是時年未冠，文已有名當世，大爲忠宣王器重，從居輦轂下。朝之大儒搢紳先生若牧菴姚公、閻公子静、趙公子昂、元公復初、張公養浩咸游王門，先生皆得與之交際，視易聽新，摩厲變化，固已極其正大高明之學。而又奉使川蜀，從王吴會，往返萬餘里，山河之壯，風俗之異，古聖賢之遺迹，凡所謂閎博絶特之觀，既已包括而無餘，則其疎蕩奇氣，殆不在子長下矣。使先生登名王官，掌帝制，優游臺閣，則功業成就，決不讓向之數君子者。歛而東歸，相五朝，四爲冢宰，東民則幸矣，其如斯文何？雖然，東人仰之如泰山，學文之士去其靡陋而稍爾雅，皆先生化之也。古之人雖不登名王官，而化各行於其國，餘風振於後世，如叔向、子産，何可小哉？佐天子號令天下，人孰不慕之？而名之傳否，有不在彼而在此，尚何恨哉？先生著述甚多，嘗曰：『先東菴尚未有文集行於世，況小子乎？』故於詩文旋作旋棄，而人輒藏之。季子大府少卿彰路、長孫内書舍人寶林相與裒集，爲若干卷，謀所以壽之梓，命余序。余曰：『先生所撰國史，尚不免散逸于兵，矧片言隻字爲人笥篋者，煨燼何疑？則若干卷，不可不亟刊行也。二君其勉之。』嗚呼！余豈知言者哉？仍父子爲門生，不敢姑讓，志所見云。至正二十三年正月初吉，前應奉翰林文字承事郎同知制誥兼國史院編修官正順大夫密直司右代言進賢館提學知製教充春秋館修撰官知軍簿司事韓山李穡序。

金鏞跋宣德壬子

李時發跋萬曆庚子

案，李齊賢，字仲思，號益齋，高麗人。年十五，以文學中本國丙科。元武宗時，高麗忠宣王入侍，檄召至都，與姚牧庵、趙子昂游，其學益進。又隨忠宣王使蜀，游江南，故集中多吴、蜀留題之作。官至門下侍中，封雞林院君。至正二十七年卒，年八十一，謚文忠。著有《櫟翁稗説》、《孝行録》、《益齋文集》等書。是集初刊于元季，再刻于宣德，三刻于萬曆。此本即從萬曆本傳録，卷一至卷四詩，卷五至卷九文，卷十詞曲，《拾遺》則萬曆中其十一世孫時發所輯也。其詩文雖未足與中國諸名家校長絜短，實彼國之錚錚者。

濟北集二十卷舊抄本

日本虎關某撰

案，虎關某字偕西，所居曰濟北菴，均見集中，仕履無攷。所作《無價軒記》署建武元年，《煎茶軸序》署正和第五端午，《軸序》署元應庚申，《長春花軸序》署元亨改建，《聚韵分署序》署嘉元丙午，《佛語心論序》署正中二年。攷嘉元爲日本後三條國王年號，丙午當元大德十年；正和爲日本花園國王年號，二年當元皇慶二年；元應、元亨、正中皆日本後醍醐國王年號，當元延祐、至治間；建武爲日本光嚴國王年號，當元至順中。蓋宋末元初時日本人也。各家書目均罕見著録，詩文多俚語，録而存之，聊以廣異聞耳。

皕宋樓藏書志卷一百十一

集　部

別集類四十五

高皇帝御製文集二十卷明初刊本

明太祖高皇帝撰

劉基序洪武七年

郭傳序洪武七年

宋濂序

宋學士鑾坡集十卷鑾坡後集十卷翰苑續集十卷翰苑別集十卷芝園前集十卷芝園後集十卷芝園續集十卷朝京稿四卷明正德刊本

明宋濂撰

楊維楨翰苑集序

揭汯翰苑集序

貝瓊序

貝瓊芝園集序

張縉跋正德九年

宋學士先生文集二十六卷附録一卷明天順刊本　王蓮涇舊藏

明宋濂撰

魏驥序天順

人師誠意伯劉文成公集二十卷明刊本

明劉基撰

樊獻科序嘉靖三十五年

鳳池吟稿十卷明刊本

明高郵汪廣洋朝宗父著

宋濂序洪武三年

陶學士先生文集二十卷事蹟一卷明刊本

明陶安撰

費宏序弘治十二年

張祐跋弘治十三年

西隱文集十卷附録一卷明刊本

明宋訥撰

顧爾行序

劉師魯序

伍分貞序洪武十七年

王崇之跋成化九年

錢溥跋成化九年

天台林公輔先生文集舊抄本汲古閣舊藏

明林石撰

瀫川集十卷舊抄本

明吴沈濬仲甫著

自序曰：癸丑之夏，予憂思無聊，因取平日應酬之作觀之，不覺發笑。數十年間疲精神于無用之地，何益也哉？遂悉焚去之。其中有一二僅可讀者，未忍遽棄，寫爲八卷，藏之篋笥，以示子孫，非敢以爲文章傳之他人也。六月望日書。

案，吴沈，字濬仲，金華人。元國子博士，洪武十二年薦舉爲縣學訓導，仕至東閣大學士，進《精誠録》，著有《孔子封王辨》等書。是集各家書目罕見著録，《四庫》所未收也。

丹崖集八卷明初刊本　璜川吴氏舊藏

明會稽唐肅處敬著

宋濂序洪武四年

戴良序

申屠衡序洪武八年

案，是書《四庫》未收，詳《儀顧堂集》。

楚石大師北游詩一卷舊抄本

明釋梵琦撰，嗣孫明秀拾遺

卞勝序

明香跋正德

正固先生詩文集二卷舊抄本

明西昌蕭尚仁撰　前有敕諭傳解縉撰、行述、哀辭周是修撰，後附蕭□道日誌

熊文舉序

李元鼎序

案，蕭尚仁，泰和人。博通經史，洪武中以賢良召對，授潭府長史，以老辭，俾教雲南。後召還留京師，月給膳羞。求休致，賜路費、衣被而歸。門人私謚正固。其書罕見著録，《四庫》所未收也。

王忠文公文集二十四卷明正統刊本

明王禕撰，鄱陽三臺劉仁傑編輯，廬陵銅溪劉同校正

吾婺以學術稱者，在至元中，則金公吉甫、胡公汲仲爲之倡。汲仲之後則許公益之、柳公道傳、黄公晉卿、吴公正傳、胡公古愚卓立並起，而張公子長、陳公君采、王公叔善又皆彬彬和附於下。當南北混一，方地數萬里，人物不可以億計，而言文獻之緒者，以婺爲首稱，則是數君子實表礪焉。逮至正以後，黄公猶秉筆居中朝，於是淪謝殆盡，而得吾子充紹其聲光。子充，黄公里中子也。嘗負其所有，涉濤江，游吴中者久之。又自吴踰淮，泝黄河而北達于燕趙，留輦轂之下久之。嘗用薦者檢討經筵，編修史館，訖無所遇合，儽然布衣耳。然自京師及四方之士不問識與不識，見其文者莫不稱頌其美，則其得之黄公者深矣。余問謁公華川上，質其所業，公不以爲不可教，引之就學。退見子充英妙之氣，奕奕文字間，未嘗不駭且媿，意鋭欲追及之。其後每見，則出其文以示余，而亦每不同。雍容俯仰如冠冕佩玉，周旋堂陛之上，馳騁分布如風雲蛇鳥，按兵行陣之間，而音節曲折，則與黄公如出一律，勃乎水湧山立，而其進未已也。余亟讀之不暇。古之君子病無聞焉，非有待乎其外也。待乎外而聞焉者，則君子之不聞者多矣。君子之學將以求道而已，苟得其道，則其見之立言者，猶其措諸事業也。自吾識子充垂二十年，縉紳學者不必才且賢，率多就功名以取富貴，然不旋踵而摧折，身陷死地，剪爲俘囚者，其人往往。而子充幸而相見，固無恙也。以其所得者計之，其取諸造物者，果孰優乎？今

子充年壯未艾，才氣足以有爲，天苟使之有位，而措諸行事，則不敢知。由其所得，益推而達之古，見其無不至矣。昔汲仲有言：『千古聖賢相傳之道，由斯文而知之；後之千古，亦將由斯文而知今之道。上下千古，其人不相及矣，必待此而後知其道。』然則吾子充之文，不可不傳也。以余處其師友之間，知之深，不自知其言之過。揆□於道，學術之在吾鄉，猶其在天下也，吾何嫌而不樂爲天下道哉？至正十八年歲次戊戌十月朔，同郡胡翰序。

宋濂序

蘇伯衡序

胡行簡序

楊士奇序正統壬戌

劉仁傑序正統甲子

翠屏集四卷明成化刊本

明張以寧撰

宋濂序洪武三年

劉三吾序洪武甲戌

陳南賓序洪武己巳

陳璉序宣德三年

嗣孫張淮重刻跋

東臯録三卷明抄本

明釋妙聲撰

法孫德瓛跋洪武十七年

槎翁文集十八卷明刊本

明劉崧撰

羅欽忠序正德庚辰

鄒守益後序

覆瓿集八卷明刊本

明紫陽山樵朱同著

柘軒集五卷舊抄本　鮑以文舊藏

明錢唐淩雲翰彦翀撰　前有行述夏節撰

瞿祐序宣德五年

陳敬宗序

王羽跋宣德元年

白雲稿十一卷舊抄本　淡生堂舊藏

明天台朱右撰

李孝光序至元五年

張天英序

危素序至正甲申

倪中序至正十四年

楊翮序

劉仁本序

宋濂序

宋濂跋

劉基跋
張孟兼跋
朱廉跋
瞿莊跋
陶愷跋
林以義跋
案，是書《四庫》不全，此則足本也。

雲林集二卷舊抄本　查初白舊藏

明危素著，南陽迺賢易之編

虞集送行序

查氏手跋曰：案黄文獻公溍所作《太常博士危府君墓誌》，府君諱永吉，字德祥，徙居雲林三十六峰之陽，即太樸之父也。詩名《雲林集》，當以此。慎行識。

又跋曰：虞伯生有《清〔明〕山房詩爲危太樸作》，又《次韵太樸讀書山中見懷之作》二首，皆載《學古録》二十七卷，今檢《雲林集》，皆失原作。宋景濂有《題危雲林訓子四言詩後》云『危公冢子字于幰，自檢討奉常遷佐薊州，將之官，賦四言詩一章勉之』云云，今亦失原作。

雲林集二卷舊抄本　朱竹垞舊藏

明危素著

虞集送行序

雲林集二卷勞季言校本

明危素著

虞集送行序

説學齋稿四卷舊抄本　查初白舊藏

明臨川危素太樸著

葉氏手跋曰：嘉靖辛酉歲，震川歸師從予覓危太樸文，因檢不得，竟復之□。隆慶丁卯後，予以病淹，偶點檢樓間元朝集，乃獲此卷，實先文莊抄存，題曰《危翰林文》者。因思向歸師借時，若細加檢閲，亦可應命，只緣不肯加功，草草回之。今歸師已仙去而不獲見，予復病淹，而非昔比，皆可感也，故記之云。隆慶辛未秋九月廿八日，括蒼山人恭焕識。

顧氏手跋曰：危太樸遺文，藏書家絶少。前一半，琴川錢氏尚有抄本，歸太僕有跋者是也。後一半，即太僕公亦未之見，而況今之人乎？向讀傅平敘《書曾子白誌後》，稱其淳健有法，而此集不載，此不過五十卷中所存之一二耳，惜乎！惜乎！開林顧韡識。

查氏手跋曰：按《焦氏經籍志》，《危太樸集》五十卷，今不可得矣。世所傳之抄本凡二，其一曰《太樸文集》，皆賦、頌、記、序，有目録而不卷；其一曰《説學齋稿》，碑版之文居多，而不編目，即開林顧氏跋所云歸太僕亦未見者。此外又有《古今體詩》二卷，要之皆非全書。近從玉峯徐氏、梅里朱氏、花山馬氏三處借閲，互加參攷，稍稍正其舛譌，隨録隨校，不敢假手他人，至漫不可辨者，則仍闕之。費兩月之心力，彙成二册。又於浦江鄭氏《麟溪集》及程文憲公《雪樓集》、黄文獻公《日損齋集》續采得題跋、墓銘五首，補録於後。雖未敢信爲足本，較三家所藏，差少紕繆云。康熙丁酉五月既望，初白老人查慎行再識。

説學齋稿不分卷舊抄本　汪啟淑舊藏

明臨川危素太樸著

案，凡賦三，贊二，銘二，頌三，記五十，序七十七，共一百三十七篇，與《王白田集》合，較《四庫》本多四篇，無碑傳、墓誌，即查氏本所謂《危太樸文集》者也。

説學齋稿不分卷舊抄本　惠定宇舊藏

明臨川危素太樸著　與汪啟淑藏書同

蒲菴詩文集六卷舊抄本　瞿氏恬裕齋舊藏

明釋來復撰，門人曇鍠法住編次

禪學之徒，以文鳴道者世不多見，蓋自達磨氏傳心西來，而不立文字，故其徒之英俊敏慧者，多不習詞章，惟究其所謂直指之道，嗒然若無與世也。然以二祖可公、三祖燦公，皆由儒而入釋，其所著《信心》一銘，詞嚴義奥，特爲學者所宗，煒然有光於盛唐矣。由唐至宋，則大覺璉公、明教嵩公、覺範洪公後先繼起，以雄詞妙倫，大弘其道於江海之間，一時老師宿儒，若我先文忠公及韓琦、蘇軾諸子，莫不歛衽歎服。迨我皇元開國之初，若天隱至公、晦機熙公倡興斯文于東南，一洗咸淳之陋。是以趙孟頫、袁桷諸先輩委心而納交焉，其往來稱美於觚翰間者，班班可見矣。晦機之徒笑隱訢公，尤爲雄傑，其所爲文，太史虞集嘗敘之矣。喻其如洞庭之野，衆樂並作，鏗鍧軒昂，蛟龍起躍，物怪屏走，沈冥發興，識者以爲知言。訢公既寂，蕺林莫不爲斯文之慨。今年秋，翰林修撰張翥槖示豫章見心復公所爲文一巨帙，且屬爲序。余暇日静閲數過，啟沃于老懷者多矣。蓋見心以敏悟之資、超卓之才，於禪學之暇，發於文辭，其敘事簡而明，其造理深而奥，其吐詞博而贍，其寓意幽而婉。至於抑揚頓挫，開合變化，藹乎若春雲之起于空也，皎乎若秋月之印于江也，浩乎若衆流之會于海也，鍧乎若雷霆之警于蟄也。余執筆史館，衰且耄矣，孰謂不立文字之宗而有此佳作也哉？遡而上之，卓然並驅於嵩、璉諸師，無媿也。故忘其譾陋，僭陳臆論，以寓余私焉。若夫佩無文之印，弘别傳之宗，以超出乎世間者，見心宜有以策我也。它日南歸，尚當往問焉。是爲序。廬陵歐陽玄敘。

宋濂序洪武十二年

楊士奇跋

案，來復，字見心，豐城人。蚤有詩名，爲虞集、歐陽玄、張翥所重。洪武初，以高僧召，至京，除授僧録司左覺義。二十四年，僧知聰胡黨事發，辭連見心及泐季潭，見心坐淩遲死，年七十三歲。其詩與宗泐齊名，《千頃堂書目》、《明史·藝文志》皆著于録。《四庫》未收，其爲罕見可知。

敬所小稿一卷舊抄本

明建安蘇境仲簡著

陳仲述序洪武癸酉

按，蘇境字仲簡，福建建安人。少習舉子業，程試必居前列。洪武中，嘗爲閩縣學官，訓迪弟子員。出其門，貢春官必預首選，父子兄弟俱以儒術鳴于鄉。陳仲述序稱其『古詩如玄酒太羹，土鉶瓦缶，質而不俚；近體律絶如正人端士，褒衣危冠，樸而不陋；歌行古詞如山下出泉，鏘然有聲，聽之無窮』等語。《四庫》所未收也。

黄氏手跋曰：己巳夏，有書船友攜天文書二種及此《敬所小稿》求售。余獨取此，爲有晉江黄氏父子藏書圖記在上也。此書各家書目鮮載之，惟俞邰《明史·藝文志》别集類有云：『蘇仲簡《敬所小稿》四卷，名境，以字行。洪武中訓導。』今檢是書，並未標明卷數，而分卷出頭，衹有三卷，豈有所遺耶？抑《志》誤也？俟博攷之。仲夏中澣十日。復翁。

又跋曰：道光癸未季冬，風雪掩關，燒燭粗讀一過，通體脱誤良多，苦無别本可正，隨手以意校定，未必全是也。末一首脱誤尤甚，幾不可句。檢《列朝詩集小傳》，洪武時竟無蘇公姓氏，殆小家，故未著名耶？因是歎没世名稱之爲難也。蕘夫識。

清江貝先生文集三十卷明洪武刊本

明貝瓊撰

徐一夔序

貝氏手跋曰：洪武板《清江公全集》四十卷，流傳甚少，惟見王西莊光禄、袁壽堦外舅有藏本。嘉慶戊辰以白金二十四兩向同郡黄蕘圃主事易得，黄係得之桐鄉金氏文瑞樓，有朱印可證。金星軺于康熙五十八年曾重刻公集。序云：『始得先生《清江集》四卷，又借得鈔本四十卷，次第校刻。』想重刻時尚未得洪武板也。又云：『先生集鐫板萬曆間，見者絶少。』據此則萬曆時又有刻本也，予未之見。又唐孫華序云：『《清江集》二十卷，盛行於世，歲久板刻散失，學者罕見全本。』據此又有二十卷之刻本，亦未見。皆當訪求之友人。海鹽吴思亭《續疑年録》

云：『先生年四十八，始領鄉薦。張士誠據吴，累徵不就。』計其生年，當在元延祐四、五年間。墉好搜求先世文獻，二十年來所得十餘種，以此集爲最佳。公之子紀善公有《春雨軒集》，訪之十餘年，無從購覓，附記于此。他日當一一往嘉禾求之也。道光丁亥伏日，貝墉謹跋。

又曰：集内有『葉氏藏書』朱文方印，係明葉文莊公盛菉竹堂藏書之印。又『蓮涇』朱文方印、『太原叔子藏書記』白文長印，係康熙時吴中王聞遠孝慈堂藏書之印。卷後有『南陽叔子苞印』白文方印、『二泉』朱文方印，無考。丁亥秋七月六日，暑退涼生，静坐千墨庵書此。（見皇）〔貝〕墉謹誌。

胡仲子集十卷舊抄本

明胡翰撰

劉剛序洪武辛酉

王懋温跋洪武十四年

始豐稿六卷明刊本

明徐一夔大章著

始豐稿六卷舊抄本

明徐一夔大章著

蘇平仲文集十六卷明正統刊本　千頃堂舊藏

明蘇伯衡撰

宋濂序洪武十三年

劉基序洪武四年

黎諒跋正統壬戌

胡翰跋洪武八年

白石山房逸稿二卷舊抄本

明浦陽張丁孟兼撰

宋濂跋洪武十年

鄭淵跋

高太史大全集十八卷明景泰刻本

明吴郡高啟季迪著

謝徽序洪武三年

胡翰序洪武二年

王禕序洪武庚戌

劉昌序景泰元年

高季迪缶鳴集十二卷明永樂刊本

明高啟撰

王禕序洪武庚戌

胡翰序洪武二年

謝徽序洪武三年

周立跋永樂元年

黄氏手跋曰：余家向藏高季迪先生《缶鳴集》，係從東城顧氏得來者，裝潢精雅，楮墨具帶古香，想舊刻難得，故珍重如斯。今甲寅初夏十日，適愚郡中迎神賽會，舉國若狂，而余以疎嬾性成，未及往觀。午飯後，偶步至學餘書林，披覽羣籍，無一當意者。見架底有破書兩本，古色黝然，視之則舊刻《缶鳴集》也。問其直，索青蚨五星，因以八折歸之。攜歸後，與素藏者相對，字跡清朗，首尾完善，竟爲此勝於彼。且前後胡、王、謝三人之序，彼係鈔補，而此屬刻本，并多校刻周立公禮後序二葉。是可喜，已擬亦裝潢而竝藏諸篋笥云。時乾隆甲寅四月上澣，郡後學黄丕烈識。

張來儀先生文集一卷舊抄本　何氏義門手校

明張羽撰

張氏金吾曰：案，《明史·文苑傳》云羽文清潔有法，則羽固非不以文著名者。世行本止有詩集四卷，文集則未之見。此本始《山雉賦》，終《漏月齋記》，凡文五十一篇。《文瑞樓書目》有《張羽文集》一卷，注鈔，未知即是本否。《畫屏贊》云：『白雲蔭軒，飛嵐入榥。』何氏以朱筆改作『幌』，仍以墨筆改作『榥』，而注云：『「榥」，《廣韻》注讀書牀也。』黄氏蕘圃跋云：『此字義門幾交臂失之。』又云：『讀天下書未遍，不可妄下雌黄。』誠哉是言！請以此言爲校書者贈。

重刻張來儀静居集四卷明刊本

明潯陽張羽來儀著

北郭集十卷明刊本

明徐賁幼文著

閔珪序成化丙午

張習跋成化丁未

草澤狂歌五卷舊抄本

明王恭撰

白雲樵唱集四卷附録一卷舊抄本

明王恭撰

林環序永樂九年

黄鎬序成化十九年

黄鎬跋成化癸卯

半軒集十卷舊抄本

明吴郡王行止仲著

金文徵序洪武辛未

望雲集五卷舊抄本

明巢處士郭奎著

趙汸序

宋濂序案，此序《宋學士集》失收

吳廷恒後序永樂二年

何景暘跋

朱一齋先生文集八卷明刊本

明朱善撰

聶鉉序

蚓竅集十卷舊抄本

明雲間管時敏撰，西域丁鶴年評

吳勤序洪武三十一年

胡粹中序永樂元年
全菴記周子冶撰

西郊笑端集一卷明刊本
明松江董良史著
張弼序成化九年
錢溥序成化四年
周鼎跋宣德六年

李草閣詩集六卷拾遺一卷雜著一卷附筠谷詩集一卷舊抄本
明李昱撰　《筠谷詩集》，子轅撰
宋濂序

臨安集十卷舊抄本　鮑以文舊藏
明文林郎國子博士致仕錢宰著
自序洪武二十九年

案，《四庫》所收從《大典》輯出，此則其原本也。

助教侯先生詩集二卷文集四卷舊抄本

明侯復撰

楊觀序永樂九年

春雨軒集八卷舊抄本

明鄱陽劉炳彦昺著

樗庵類稿二卷舊抄本

明鄭潛撰

貢師泰序

揭汯序

陳聘君海桑先生集十卷明刊本

明廬陵陳謨著

晏璧序永樂七年

自怡集一卷舊抄本

明括蒼劉璉孟藻著　後有哀辭吳從善撰

黄伯生序洪武十三年

盤谷集十卷

明劉廌撰

陳谷序

案，廌字士瑞，處州人，基之孫，璉之子也。卜築雞山之下，名曰磐谷。事迹附見《明史·劉基傳》。其集爲門人陳谷所編，《四庫》所未收也。

斗南老人詩集四卷舊抄本

明教授臣胡奎虛白子撰

全室集八卷舊抄本

明天台釋宗泐季潭撰

遜志齋集二十四卷附録一卷明刊本

明方孝孺撰

王紳序

林右序洪武三年

顧璘跋正德庚辰

虛舟集五卷舊抄本

明閩王偁孟揚撰

王汝玉序永樂辛卯

解縉序永樂丁亥

桑悅序弘治六年

友石先生詩集五卷明刊本　朱臥庵舊藏

明中書舍人錫山王紱孟端撰　後有墓表、小傳

王進序洪熙元年

曾棨序永樂二十年

黄氏手跋曰：周丈香嚴得此集，版刻正與之同，而缺其第五卷，因借去影鈔足之，併爲余檢點所缺失，夾籤識其中而還之。此去年事也。余鹿鹿未及借補，適香嚴命工裝是書，遂從工處携歸，補全舊鈔二葉，仍附卷尾，以存其古。丁卯六月，復翁識。

希澹園集三卷也是園抄本

明蜀郡虞堪勝伯撰

虞山人詩三卷舊抄本

明虞堪撰

鼓枻稿一卷舊抄本　汲古閣舊藏

元虞堪叔勝撰

宋氏手跋曰：間嘗謂汲古所刻多譌字，惟鈔本獨善。此汲古閣鈔本也，不特底本異常，而筆畫閒皆得篆隸義。較書如埽落葉，旋掃旋有也。雍正丁未四月十一日較，宋賓王記。

黄氏手跋曰：此香嚴書屋藏書也，予因罕祕，出重價收之。既而揚州藝古堂主人以舊鈔元人集數種與余易書，兹《鼓枻稾》亦有之。分卷六，目録在每卷上，有『西圃蔣氏手校鈔本』長方印。取以勘此，遜此多矣。道光甲申新秋校，蕘夫。

韓山人詩正集續集不分卷明抄本

明吴郡韓奕公望撰　附壽藏記、行狀

趙友同序永樂九年

黄氏手跋曰：丁卯秋莫，以明初刻本手校一過。前脱目録，後脱《蒙齋記》，當補入此册。通體似影鈔者，舊刻間有一二誤字，此亦仍之，偶有爛板，字跡模糊，此卻清爽，當是從初印本寫也，勿以鈔本忽之。復翁。

耕學齋詩集十二卷舊抄本　黄蕘圃手校

明崑山袁華著，河東吕昭編

黄氏手跋曰：此舊鈔《耕學齋詩集》，余得諸東城故藏書家，因是曹溹躬藏本，故收之。適書友以東倉陸時化手鈔唐、宋、元、明人集數種求售，内有是集，留之校對一過。曹本尚有一二通假字，陸本續去之，非也，即訛謬亦更甚於曹本。聊爲參閲以考异可耳，究當以曹本爲據。惟曹本脱落，賴陸本增補者，未知陸所据云何，俟再訪求善本正之。時嘉慶二年歲在丁巳六月十一日，連日陰雨晦冥，而昨尤大風，頓作有拔木之變。今晨天晴，展簾校此，午後竣事，書此於讀未見書齋。蕘圃黄丕烈。

又曰：校陸本畢後，適憶及篋中有舊鈔殘本《耕學齋集》，係王蓮涇所藏，目爲葉文莊鈔本。因取覆校此本，乃知此本實從葉本傳録，惟行欵未之遵循耳。復爲校去陸本訛字幾處，即如卷十二《直沽偶成》次首『馬牛遺矢滿平川』，曹、陸二本俱誤爲『失』，澗蘋云此『矢』字，及揀葉本，信然。可見書以最先者爲佳，真確論也。卷十一中增詩一首，或當時筆誤脱落，陸本雖有，次序不符，此集終以葉本爲據。而此猶从葉本傳録，尚爲可信。惜葉本已失其半，不能全校，于心能無耿耿邪？丕烈又跋。

耕學齋詩集十卷舊抄本　王煙客舊藏

明汝陽袁華子英著，河東吕昭克明編

案，閣本十二卷，凡古詩七卷，近體詩五卷，提要云不知何人所編。此本十卷，凡古詩六卷，近體四卷，分卷既殊，編次亦少異。題曰『河東吕昭克明編』，昭仕履無攷。兩本相較，閣本

《東皐集陶》兩首較此本多一首，餘皆同。惟閣本集古諸詩散入各體詩中，此則附于卷末，編次似較有法。別得曹倦圃藏本，脱落極多，雖分卷十二，編次又與閣本不同，非善本也。閣本不題編次之人，恐出後人所析。此本每卷題『汝陽袁華子英著，河東呂昭克明編』，分卷停勻，編次有法，洵稱善本。

海叟集三卷舊抄本

明雲間袁凱著

李夢陽序正德元年

東里文集二十五卷詩集三卷續集六十二卷代言録一卷聖諭録一卷奏對録一卷附録四卷

明刊本

明廬陵楊文貞公士奇著

黄淮序正統五年

甘白先生張子宜詩集六卷文集六卷詩集補遺二卷舊抄本

明張適撰

陳鎰序正統六年

子收跋正統丁卯

坦齋劉先生文集二卷舊抄本

明劉三吾撰

案，是書《四庫》不收，附存其目。錢氏《養新餘録》引朱竹垞帖云『三吾集有《耿炳文墓碑》，卒于洪武二十七年』云云，今檢集中祇有《長興侯耿炳文追封三代碑》，乃洪武二十七年作。《明琬琰集》亦載此文，並無《炳文墓碑》，蓋竹垞記憶之誤也。

楊文敏公集二十五卷附録一卷明刊本

明楊榮撰

胡儼序正統五年

王直序正統十一年

周敘序

錢習禮序

運甓漫稿七卷明刊本　王蓮涇舊藏

明河南左布政使廬陵李禎著

陳循序正統元年

李時勉序正統三年

鄭剛後序天順三年

古廉先生文集十一卷明刊本

明李時勉撰

李奎序景泰七年

皕宋樓藏書志卷一百十二

集　部

總集類一

文選六十卷宋贛州學刊本　朱臥庵舊藏

梁昭明太子撰，唐李善注，唐五臣呂廷濟、劉良、張銑、呂向、李周翰注

案，卷中有『毛晉一名鳳苞』陰文方印，『汲古閣』陽文方印，『字子晉』、『汲古閣世寶』兩陰文方印，『毛褒之印』陽文方印，『華伯氏』陰文方印，『毛氏藏書子孫永寶』朱文長印，『朱臥庵攷藏印』，『休寧朱之赤印』、『留畊堂印』兩陰文方印，『留與軒浦氏珍藏』朱文方印，『浦玉田藏書記』方印。每卷有『左從政郎充贛州州學教授張之綱覆校，州學司書蕭鵬校對』兩行，惟校勘銜名數卷易一人，或曰『鄉貢進士李大成』，或曰『鄉貢進士劉才邵』，或曰『鄉貢進士劉格非』，或曰『左迪功郎新昭州平樂縣尉兼主簿嚴興乂』。餘詳《儀顧堂集》。

文選六十卷明覆元張伯顔本

梁昭明太子選，唐文林郎守太子右内率府録事參軍事崇賢館直學士臣李善注

梁昭明太子序

唐李崇賢上文選注表

梁昭明享池祀，夫豈徒哉？ 如有所爲者，知其有《文選》也。 必人永其傳，則神壽其享矣。惟大德九祀，予以二郡是承，以墜典是詢父老，具曰：『伯都司憲新《文選》之梓于燼，告厥成，因相與樂之。』越十有三載，予時備遺皇華，諮諏炎服還，有以梓蹈災轍而告厥廢者，乃相與歎之。 再明年，即池故處，吾歸老焉。 聿感迨兹，徒念罔濟，吾既不果憲斯道，又不復政斯郡，末如之何矣。 幾將來者，豈不有我心之同然者乎？ 未幾，同知府事張正卿來思，惠而爲政，將桓復斯集，俾邑學吴梓校補遺繆，遂命金五十以自率，羣屬靡不從化。 心之身之，度之成之，播之揚之，謌之詠之，四方則之，多士德之，伊誰爲之，何日忘之，宜有識之。 嘉議大夫前海北海南道肅政廉訪使余璉序。

唐藩希古序成化丁未

唐世子跋弘治元年

文選考異一卷影寫宋刊本

不著撰人名氏

說友到郡之初，倉使尤公方議鋟《文選》板，以實故事，念費差廣而力未給。說友言曰：『是固此邦缺文也。顧畧它費，以佐其用，可乎？』迺相與規度費出，閲一歲有半而後成，則所以敬事於神者厚矣。江東歲比旱，說友日與池人禱之神焉。蓋有禱輒應，歲既弗登，獨池之歉猶什四也。顧神貺昭答如此，亦有以哉！《文選》以李善本爲勝，尤公博極羣書，今親爲讐校，有補學者，是所謂成民而致力於神者與？淳熙辛丑三月望日，建袁說友題。

貴池在蕭梁時，寔爲昭明太子封邑，血食千載，威靈赫然，水旱疾疫，無禱不應。廟有文選閣，宏麗壯偉，而獨無是書之板，蓋缺典也。往歲邦人嘗欲募衆力爲之，不成。今是書流傳於世，皆是五臣注本，特訓釋旨意，多不原用事所出。獨李善淹貫該洽，號爲精詳，雖四明、贛上各嘗刊勒，往往裁節語句，可恨。袤因以俸餘鋟木，會池陽袁使君助其費，郡文學周之綱督其役，踰年乃克成。既摹本藏之閣上，以其板寘之學宫，以慰邦人所以尊事昭明之意云。淳熙辛丑上巳日，晉陵尤袤題。

六家文選六十卷明袁褧覆宋本

梁昭明太子撰，唐五臣注，崇賢館直學士李善注

昭明太子序

李善上文選注表

呂延祚等進集注文選表

袁褧跋嘉靖己酉

案，昭明序後有『此集精加校正，絶無舛誤，在廣都縣北裴宅印賣』三行。卷末有『吴郡袁氏善本翻雕』〔六〕〔八〕字。

玉臺新詠十卷明仿宋本

陳尚書左僕射太子少傅東海徐陵字孝穆撰

自序

右《玉臺新詠集》十卷，幼時至外家李氏，於廢書中得之，舊京本也。宋失一葉，間復多錯謬，版亦時有刓者，欲求他本是正，多不獲。嘉定乙亥，在會稽始從人借得豫章刻本，財五卷，蓋至刻者中徙，故弗畢也。又聞有得石氏所藏録本者，復求觀之，以補亡校脱，於是其書復全，可繕寫。夫詩者，情之發也。征戍之勞苦，室家之怨思，動於中而形於言，先王不能禁也。豈惟不能禁，且逆探其情而著之，《東山》、《杕杜》之詩是矣。若其他變風化雅，謂『豈無膏沐，誰適爲容』，『終朝采緑，不盈一掬』之類，此集揆之，語意未大異也。顧其發乎情則同，而止乎義者蓋鮮矣。然其閒僅合者，亦一二焉。其措詞託興高古，要非後世樂府所能及。自唐《花閒集》已不足道，而況近代狹邪之説，號爲以筆墨動淫者乎？又自漢、魏以來作者皆在焉，多蕭統《文選》所不載覽者，可以覩歷世文章盛衰之變云。是歲十月旦日書其後，永嘉陳玉父。

玉臺新詠十卷明巾箱本

陳東海徐陵字孝穆編

自序

陳玉父後序

文館詞林殘本四卷東洋刊本

唐中書令太子賓客監修國史弘文館學士上柱國高陽郡開國公許敬宗等奉敕撰

《揅經室外集》曰：《文館詞林》四卷，唐許敬宗等奉敕撰。敬宗字延族，杭州新城人，官至太子少師。咸亨初，以特進致仕。事蹟具《唐書·姦臣傳》。案，宋王溥《唐會要》云：『顯慶三年十月二日，許敬宗修《文館詞林》一千卷上之。』與《唐書·藝文志》總集類卷帙合。《志》又云崔元暐注《文館詞林策》二十卷。又雜傳類載《文館詞林文人傳》一百卷，《宋史·藝文志》載《文館詞林詩》一卷，《崇文總目》載《文館詞林彈事》四卷，皆全書中之一類。是編亦僅存六百六十二及六十四、六十八、九十五四卷，皆漢、魏以來之詔令，日本人用活字版擺印者。《會要》又云：『垂拱二年二月十四日，新羅王金政明遣使請《唐禮》并雜文章，令所司寫《吉凶要禮》，并于《文館詞林》内采其詞涉規戒者，勒成五十卷賜之。』是當時頒賜屬國之本，原非足册。此雖斷簡殘篇，而詔令則皆甚古，且全書之體例亦可得其一斑矣。

唐四僧詩六卷舊抄本

唐《澈上人詩》一卷，沙門靈澈澄源著；《常達詩》一卷，常達撰；《靈一詩集》二卷，靈一撰；《清塞詩集》二卷，清塞撰

高氏三宴詩集三卷舊抄本

唐廣平高正臣輯

香山九老會詩一卷舊抄本

唐樂天白居易輯

自序

御覽詩一卷舊抄本

唐翰林學士朝議郎守中書舍人賜紫令狐楚奉勅纂進

右唐《御覽詩》一卷，凡三十人二百八十九首，元和學士令狐楚所集也。按《盧綸墓碑》云：『元和中，章武皇帝命侍臣采詩第名家，得三百一十篇，公之章句奏御者居十之一。』今《御覽》所載綸詩止三十二篇，所謂居十之一者也。據此，則《御覽》爲唐舊詩不疑。然碑云三百一十篇，而此纔二百八十九首，蓋散逸多矣。姑校定訛謬，以俟定本。《御覽》，一名《唐新詩》，一名《選進集》，一名《元和御覽》云。紹興乙亥十一月八日，吴郡陸游記。

予書此時年三十有一，後四十有三年，年已七十有四，燈下再觀，恍如昨夢。慶元戊午十一月十六日，老學庵書。

二皇甫集八卷舊抄本

《皇甫冉詩集》七卷，唐補闕潤州皇甫冉茂政著；《皇甫曾詩集》一卷，唐監察御史皇甫曾孝常著

竇氏聯珠集五卷顧善耕校宋本

唐竇常、竇牟、竇羣、竇庠、竇鞏撰

鞏《囁嚅》，詩一何神妙，恨此少，不見其集《聯珠》之最也。戊戌歲中元前一日，夷門旅舍書，潛夫。

夜吟賓集，追思夷門題處已三稔矣，悽然感興，書之。

往歲記時梁苑夜，今宵吟處洛城秋。浮生瞥電人何在，懷舊傷心淚迸流。三逕竹風鄰笛怨，一庭霜月井桐愁。妻兒未會余惆悵，只怪燈前不舉頭。

自鞏而下，皆□大天所題，慕而録之。

甲子歲春初，中儀李公借此詩抄寫。得無何□祕監尹公借去，云已失墜，不復相還。余嘗讀此集，寤寐思之。至夏末忽投書於致政大夫，果蒙見借。所恨自少閑暇，令扎吏抄録，故多謬誤。躬親勘校，頗亦改正，因得吟味，喜不自勝。刑部員外郎兼太常博士和。

時乾德二年六月廿五日雨霽，嵲讀過。

余家所藏和峴所校《五賓詩》，世少其本。和所跋甲子歲，即乾德二年也。祕監尹公者，尹拙也。致政大夫者，吏部尚書致仕張昭也。昭字潛夫，題鞏詩後一篇，稱『潛夫』者，即昭也。刑部外郎兼太常博士和者，峴也。後有『題嵲讀過』者，峴季弟也。惟中儀李公，當是時爲禮部侍郎而李姓者，偶忘其爲何人。遠方無書可攷，姑俟知者。今刊諸公府，庶永其傳。淳熙五年四月旦日，朝散大夫權知蘄州軍州事北海王崧書。

元和三舍人詩集一卷舊抄本

不著編輯者姓氏

《元和三舍人詩》者，蓋一時倡和之作也。其曰廣津，則王相國涯；曰轂士，則令狐相國楚；曰繪之，則張學士仲素也。按，轂士以元和十二年守中書舍人。廣津以貞元九年正拜舍人。仲素，史傳未著，獨《韋貫之傳》有云：『是時段文昌、張仲素受知憲宗，將以爲學士。貫之以行止未正，不宜在内庭尼之。』則仲素之爲舍人，必在貫之去位後也。又按唐制，舍人及學士俱六品，而中書舍人則出納王命，預謀文武，清要兼爲焉。舍人於學士之後，殆可必耳。但韋貫之以元和十一年罷相，王涯亦以其年拜平章事，令狐楚以十二年八月罷翰林學士，左遷中書舍人，又似不相及，不可考也。或云仲素，建封子，而徐州自有子名賁，此又不可知耳。歲丙子，余從京邑言首西路，息騶道傍村塾，有老書生出是書相質。予因爲道所憶如此，併停一日，校之而去。漢老敘。

樂府古題要解二卷明抄本

唐史臣吴兢撰

柳氏手跋曰：正德乙亥七月二十二日，録訖唐史臣吴諱見前《樂府古題要解》一小帙，值區區感寒受鬱，亦樂於抄寫，以詩寄興云：『偶病不粒食，抄書二十番。娱生無此癖，守死亦爲冤。把筆頭欹帽，衣緜酒罷樽。時名付流水，此外復何言？』布衣柳僉謹誌。

孫氏手跋曰：唐吴兢所撰《樂府古題要解》二卷本，附《古樂府詞》十卷以行，故《崇文總目》稱爲十二卷。此天一閣藏本，爲正德時布衣柳僉手録。檢毛晉刻《津逮秘書》中有此跋，稱凡三本，一得之廣山楊氏，一得之錫山顔氏，最後乃得一元版，則此本明人依元版手録者也。五松居士記。

案，此書《四庫》不收，附存其目。

古文苑九卷顧千里校宋本

不著編輯者姓氏

古文苑二十一卷元刊本　季滄葦舊藏

不著編輯者姓氏，宋章樵註

《古文苑》者，唐人所編，史傳所不載，《文選》所不録之文也。歌、詩、賦、頌、書、狀、箴、銘、碑、記、雜文，爲體二十有一，爲篇二百六十有四，附入者七。始於周宣《石鼓文》，終於齊永明之倡和，上下一千三百年間，世道之升降，風俗之醇漓，政治之得失，人才之高下，於此而概見之，可謂萃衆作之英華，擅文人之巨偉也。至别而觀之，如岐陽蒐狩，寔肇中興之美，勒石紀功，詞章温厚，足以補《詩》雅之遺佚。泗水碑銘，鋪揚興王之盛，敘功攷德，表裏名實，足以續閟、散之芳烈。揚子雲倣虞作箴，官箴王闕，所以輔正心術，警戒幾微，殆與聖賢盤、盂、几、杖之銘，争光千古。有國家者宜保之以爲龜鑑，所謂傑然《詩》、《書》之後，詎容徒以文章論哉？世代隃邈，遺文彫耗，若昔賢所欲輿致太學，以助講切之真蹟，今既不可復得。而浮磬之刻，蔚宗之注，與隋、唐藝文目録所載諸家文集，亦淪落十九，莫可尋訪。千載而下，學者得以想像細繹古人述作之懿者，猶幸佛書龕中之一編復出於人間。而其中句讀聱牙，字畫奇古，未有音釋，加以傳録舛訛，讀者病之，有聽古樂恐臥之歎。樵學製吴門，竊簿書期會之暇，續以燈火餘工，玩味參訂，或裒斷簡以足其文，或校别集以證其誤，推原文意，研覈事實，爲之訓註。其有首尾殘缺，義理不屬者，姑存舊編，以俟廋攷。復取漢、晉閒文史册之所遺，以補其數凡若干篇，釐爲二十卷，將質諸博洽君子，以求是正焉。紹定壬辰七月望日，朝奉郎知平江府吴縣武林章樵升道序。

世傳孫巨源於佛寺經龕中得唐人所藏古文章一編，莫知誰氏録也。皆史傳所不載，《文選》所未取，而閒見於諸集及樂府，好事者果以《古文苑》目之。今次第爲九卷，可類觀。然石鼓之詩，退之則以爲孔子未見，不知所删定者何詩，且何自知其爲宣王也。《左氏》載椒舉之言『蒐于岐陽』，則成王耳。秦世諸刻，子長不盡著，抑亦有去取耶？漢初未有五言，而歌與樂章先有七言，蘇、李之作，果出於二子乎？以此編數首推之，意後代詩人命題以賦者，若韋孟尚四言，至酈炎乃五言也。夫文章遠矣，唐、虞之盛，賡歌始聞；魏、晉以還，制作逾靡。學者思欲近古，於是其有考焉。惟訛舛謬缺者多，不敢是正而補之，蓋傳疑也。淳熙六年六月，潁川韓元吉記。

《古文苑》，唐人之所集，梁昭明之所遺也。昭明曷爲遺之？蓋以法而爲之去取也。唐人曷爲集之？蓋思古而貴於兼存也。去取以法，所以示後學之軌範；兼存乎古，所以廣後學之知識。其功一也。然是集也，其辭屈曲，其義幽深，由唐迄今，垂數百載，觀者罕究其極。武林章君有憂之，於是研精覃慮，搜採羣説，篇傳而字釋之，使開卷者一覽而得其指歸，可謂好古博雅之君子矣。章君不忍自私，倅毗陵，日欲繡諸梓，以貽後學。甫書初考，適拜司鼓之命，懼厥志之不酬，乃以其槀屬之後政，歲在丙申六月畢工。明年四月，僕到官既半載，章君之子淳過僕，盡取其版，訂刊者之誤，凡二百餘字，而章君之志益明。非其善繼，疇克爾耶？昔向傳《洪範》而歆異之，君子以爲恨。今章君有淳，過向遠矣。僕於章君實襲其隔政之餘芬，思見其文而不可得。今知其有賢子也，故喜而書之。嘉熙丁酉良月，江師心序。

如杞於章公爲子姓，公之子淳且同庚。丱角束書，游章氏塾，相同筆研，朝夕公側，耳聞目見，輒著乎心。及長，妻以兄子，於是至甥館者，無虚歲。每見公卷紱家食，惟以著書立言爲事。暨薄宦，因任南徐，值公令吴門，倅毗陵，軫相接也。書問往來，自訪古書之外不言它，公之志向概可見矣。癸巳冬，由餉幙終，更假道東歸，留倅治者經旬。見會稡所述《古文苑》稿，方授楷書吏，將付諸梓，俾與訂正，以歲暮亟行而未究。明年，公除司鼓，留稾以遺後人。程君士龍寔爲代用，能成公之志。丙申六月書成，而公以乙未六月先爲古人矣。又繼之者有江君師心，復爲訂刊者之誤。書於是乎有傳。公去常越十有二年，丙午冬，如杞承乏佐州，遠繼其後。峙庭雙檜，可比甘棠，緬想典型，儼然如在。公餘取所刊版，鱗次先後，遇版有蠹蝕者，字有漫漶者，即命工補治之，及訂其偏旁差訛者數字，益嚴扃鐍，守護惟謹，庶可以詔久傳遠。嗚呼！哲人云亡，猶幸是書之僅存也。讀其書如見其人，因其言以求其心，無愧前修後學者。事跡襲舊梓，非曰敢私，敬誌下方，尤有望於來者。淳祐丁未月正元日，承議郎通判常州軍州事古贊盛如杞謹書。

古文苑二十一卷明仿宋本

不著編輯者姓氏，宋章樵註

章樵序

文苑英華一千卷舊抄本

宋翰林學士朝請大夫中書舍人廣平縣開國男食邑三百户上柱國賜紫金魚袋宋白等奉勅

每卷末俱有『登仕郎胡柯、鄉貢進士彭叔夏校正』一條，末有『成忠郎新差充筠州臨江巡

轄馬遞鋪王思恭點對兼督工』一條

周必大序

吉州致政周少傅府昨于嘉泰元年春，選委成忠郎新差充筠州臨江軍巡轄馬遞鋪權本府使臣王思恭，專一手抄《文苑英華》并校正重複，提督雕匠，今已成書，計一千卷。其紙札工墨等費，並係本州印匠承攬，本府並無干預，今聲説照會。四年八月一日，權幹辦府張時舉具。

文苑英華辨證十卷舊抄本　汲古閣舊藏

宋彭叔夏撰

叔夏嘗聞太師益公先生之言曰：『校書之法，實事是正，多聞闕疑。』叔夏年十二三時，手抄《太祖皇帝實録》，其間云『興衰治□之源』，闕一字，意謂必是『治亂』。後得善本，迺作『治忽』。三折肱爲良醫，信知書不可以意輕改。《文苑英華》一千卷，字畫魚魯，篇次混淆，比他書尤甚。曩經孝宗皇帝乙覽，付之御前校勘官，轉失其真。詳見益公序篇。

公既退丘園，命以校讐。膚見淺聞，寧免謬誤，然考訂商搉，用功爲多。散在本文，覽者難偏，因會稡其説，以類而分，各舉數端，不復具載，小小異同，在所弗録。元注頗畧，今則加詳，謂如一作某字非者，今則聲説。其未注者，仍附此篇。初不□者，後因或人議及，今存一二。勒成十卷，名曰《文苑英華辨證》云。嘉泰四年冬十有二月己丑朔，鄉貢進士廬陵彭叔夏謹識。

重校正唐文粹一百卷明刊本　王芑孫校宋

宋吴興姚鉉述

自序曰：五代衰微之弊，極於晉、漢，而漸革于周氏。我宋教興，始以道德仁義根乎政，次以詩書禮樂源乎化。三聖繼作，暐然文明，霸一變至於王，王一變至於帝，風教逮下將五十年。熙熙蒸黎，久忘干戈戰伐之事；侁侁儒雅，盡識聲明文物之容。《堯典》曰『文思安安』，《大雅》云『濟濟多士』，盛德大業，英聲茂實，并屈于一代，得非崇文重學之明效歟？況今歷代墳籍，畧無亡逸，内則有龍圖閣，中則有秘書監、崇文院之列三館，國子監之印羣書，雖唐、漢之盛，無以加此。故天下之人始知文有江而學有海，識於人而際於天，譔述纂録，悉有依據。由是大中祥符紀號之四禩，皇帝祀汾陰后土之月，吴興姚鉉集《文粹》成。《文粹》謂何？纂唐賢文章之英粹者也。《詩》之作，有雅頌之雍容焉；《書》之興，有典誥之憲度焉。《禮》備《樂》舉，則威儀之可觀，鏗鏗之可聽也。《大易》定天下之業，而兆乎《爻象》；《春秋》爲一王之法，而繫於褒貶。若是者，得非文之純粹而已乎？是故志其學者，必探其道；探其道者，必詣其極。然後隱而晦之，則金渾玉璞，君子之道也；發而明之，則龍飛虎變，大人之文也。自微言絶響，聖道委地，屈平、宋玉之辭，不陷於怨懟，則溺于諵惑。漢興，賈誼始以佐王之道、經世之文而求用于文帝，絳、灌忌才，卒罹讒謫。其後公孫弘、董仲舒、晁錯咸以文進，或用或升，或黜或誅。至若嚴助、徐樂、吾丘壽王、司馬長卿輩，皆才之雄者也，終不得大用，但侍從優游而已。如劉向、司馬遷、楊子雲，東京二班、崔、蔡之徒，皆命世之才，垂後代之法，張大德業，浩然無際。至於魏、晉，文風下衰；宋、齊以降，益以澆薄。然其間鼓曹、劉之氣燄，聳潘、陸之風格，舒顔、謝之清麗，藹何、劉之婉雅，雖風興或缺，而篇翰可觀。至梁昭明太子統，始自楚《騷》，終于本朝，盡索歷代才士之文，築臺而選之，得三十卷，號曰《文選》，亦一家之奇書也。厥後，徐、庾之輩，淫靡相繼，下逮隋季，咸無取焉。有唐三百年，用文治天下，陳子昂起於庸蜀，始振風雅，繇是沈、宋嗣興，李、杜傑出，六義四始，一變至道。洎張燕公，以輔相之才，專譔述之，任雄辭逸氣，聳動羣聽。蘇許公繼以宏麗，丕變習俗。而後蕭、李以二《雅》之辭本述作，常、楊以三《盤》之體演綵綸，郁郁之文於是乎在。惟韓吏部超卓羣流，獨高邃古，以二帝三王爲根本，以六經四教爲宗師，憑陵轥轢，首唱古文，遏横流於昏墊，闢正道於夷坦。於是柳子厚、李元賓、李翺、皇甫湜又從而和之。則我先聖孔子之道，炳然懸諸日月，故論者以退之之文可繼楊、孟，斯得之矣。至於賈常侍至、李補闕翰、元容州結、獨孤常州、及吕衡州温、梁補闕肅、權文公德輿、劉賓客禹錫、白尚書居易、元江夏稹，皆文之雄傑者歟。世謂貞元、元和之間，辭人咳唾，皆成珠玉，豈誣也哉？今世傳唐代之類集者，詩則有《唐詩類選》、《英靈》、《閒氣》、《極玄》、《又玄》等集，賦則有《甲賦》、《賦選》、《桂香》等集，率多聲律，鮮及古道，蓋資新進後生干名求試者之急用爾。豈唐賢之文，跡兩漢，肩三代，而反無類次，以嗣于《文選》乎？鉉不揆昧懵，徧閲羣集，耽玩研究，掇菁擷華十年于兹，始就厥志。得古賦、樂章、歌詩、贊、頌、碑文、論、箴、議、表、奏、傳、録、書、序，凡爲一百卷，命之曰《文粹》，以類相從，各分首第門目。止以古雅爲命，不以雕篆爲工，故侈言蔓辭，率皆不取。觀夫羣賢之作也，氣包元化，理貫六籍，雖復造物者，固亦不能測研幾而窺沈慮。故英辭一發，敻出千古，琅琅之玉聲，粲粲之珠光，不待汎天風，激深波，而盡在耳目。於戲！李唐一代之文其至乎！

故姚右史纂唐賢之文百卷，用意精博，世尤重之，然卷帙繁浩，人欲傳録，未易爲力。臨安進士孟琪代襲儒素，家富文史，爰事摹印，以廣流布。觀其校之是，寫之工，鏤之善，勤亦至矣。噫！古之藏書(志)〔者〕，必芟竹鏟木，殫綆竭毫，盛其蘊，宏其載，乃能有之。今是書也，積之不盈几，祕之不滿笥，無煩簡札，而坐獲至寶。士君子有志于學，其將捨諸？若夫述作之旨，悉於前序，此不復云。寶元二年嘉平月，殿中侍御史吴興施昌言敘。

王荆公唐百家詩選二十卷何義門手校本

宋王安石編

音有妙而難賞，曲有高而寡和，古今通然，無惑乎《唐百家詩選》之淪没於世也。予自弱冠肄業於香溪先生門，嘗得是詩於先生家藏之秘，竊愛其拔唐詩之尤清古典麗，正而不冶，凡以詩鳴於唐有驚人語者，悉羅於選中，於是心惟口誦，幾欲裂去夏課而學焉。先生知之，一日索而鑰諸笥。越至於今，不復過目者有年矣。頃有親戚游宦南昌，因得之於臨川以歸，首以出示。發卷數過，不啻如獲遺珠之喜，惜其道遠難致，且字畫漫滅，近世士大夫嗜此詩者，往往不能無恨。故鏤板以新其傳，庶幾丞相荆國公銓擇之意，有所授於後人也。雅德君子儻於三冬餘暇，玩索唐世作者用心，則發而爲篇章，殆見游刃餘地，運斤成風矣。乾道己丑四月望日，蘭皐盤谷倪仲傳書。

何氏手跋曰：八卷乃祕閣藏書，商丘公從東海司寇家得之。二十卷全者，斧季得之吴興鬻書人抄本，非宋刻也。書跡類明初人，亦不知與八卷有異同否。商丘喜於復完，不復研覈。但非出於毛之僞造，或真爲荆公之舊耶？

又曰：余見錢牧翁手校《岑嘉州詩》，上有『荆』字印者，或與此不盡合。此則其可疑者，豈牧翁一時疎畧耶？康熙己丑重九日前二日鶯脰湖舟中，何焯記。

又曰：晁氏《讀書志》云：『《唐百家詩選》二十卷，宋敏求次道嘗取其家所藏唐人一百八家詩，選擇其佳者凡一千二百四十六首，爲一編。王介甫觀之，因再有所去取，且題云「欲觀唐詩者，觀此足矣」，遂以爲介甫所纂。』余按《玉海》載《唐百家詩選》二十卷，不言介甫撰録，得晁氏之説，乃涣然無疑。今爲詩一千二百六十首。

王荆公唐百家詩選殘本十一卷宋刊本　汲古閣舊藏

宋王安石編

自序

詩之所可樂者，人人能爲之，然匠意造語，要皆安穩愜當，流麗飄逸，其歸不失於正者，昔人之所長也。思採其長，而益己之未至，則非博窺而深討之不可。夫自古風騷之盛，無出於唐，而唐之作者，不知幾家，其間篇目之多，或至數千。盡致其全編，則厚幣不足以購寫，而大車不足以容載，彼幽野之人，何力而致之哉？丞相荆國王公道德文章，天下之師，於詩尤極其工，雖嬰以萬務，而未嘗忘之，是知詩之爲道也亦已大矣。公自歷代而下，無不考正，於唐選百家，特録其警篇，而杜、韓、李所不與，蓋有微旨焉。噫！詩繫人之好尚，於去取之際，其論猶紛紛。今一經公之手，則帖然無復以議矣。合爲二十卷，號《唐百家詩選》。得者幾希，因命工刻板，以廣其傳。細字輕帙，不過出斗酒金而直挾之於懷袖中，由是人之几上，往往皆有此詩矣。予將會友以文，共求昔人之遺意而商榷之，有覩此《百家詩》而得其所長，及明荆公所以去取之法者，願以見告，因相與哦於西湖之上，豈不樂哉？元符戊寅七月望日，章安楊蟠書。

案，每半頁九行，每行十八字。存卷一至卷五，卷十一、卷十二、卷十三、卷十四、卷十五，凡十卷。分類編次，與宋牧仲刊迥然不同。卷一，日、月、雨、雪、雲五類；卷二，四時、晨昏、節序、泉石四類；卷三，花木、茶菓、蟲魚三類；卷四，京闕、省禁、屋室、田園四類；卷五，棲隱、歸休二類；卷十一，音樂、書畫、親族、墳廟、城驛、雜詠六類；卷十二，古宫榭、古京室、古方國、昔人遺賞、昔人居處五類；卷十三，送上一類；卷十四，送下一類；卷十五，别意、有懷二類。即

《百宋一廛賦注》中所謂『小讀書堆分類本』也。

三蘇先生文粹七十卷宋蜀大字本　季滄葦舊藏

不著編輯者姓氏

李氏手跋曰：此書有宋刊密字本，絶精美。此本疎朗，乃宋刊之別體，明時東雅堂、奇字齋所依倣也。補寫諸卷，雅潔足以相稱。珍賞家之於古書，如君子善成人美如此。李兆洛過眼，因識。

按，此北宋蜀中刊本。每頁二十四行，每行十八字，版心有字數及刊工姓名。語涉宋帝皆空格，『桓』字以下諱不缺避，蓋北宋刊本也。卷中有『季振宜藏書』朱文長印。

皕宋樓藏書志卷一百十三

集部

總集類二

會稽掇英集二十卷續集五卷錢叔寶手抄本

宋孔延之編，《續集》五卷，將仕郎試祕書省校書郎守越州會稽縣主簿黄康弼編次，將仕郎守大理評事簽書鎮東軍節度判官廳公事徐鐸重校

孔延之序曰：予常恨詩書之闕亡，使善惡之戒，不詳見於後代者，蓋編脱簡落，不能即補之故也。後之爲文章，自非藏之名山，副在緗帙，鏤之板，勒之石，岸谷有時而易。況火於秦，莽、卓於漢，割裂于六朝、五代，則木石之能不散蕩者幾矣。若元微之、白居易之吟咏，撰述汪洋富博，可謂才亢力敵矣。而今完缺不同者，白能自爲之集，舉而置之二林之藏，元則悠然不知所以爲計也。故題之板，不如刊之石；刊之石，不如墨諸紙。苟欲誦前人之清芬，搜斯文之放逸，而傳之久遠者，則紙本尚矣。會稽稱名區，自《周官》、《國語》、《史記》、

其衣冠文物、紀録賦咏之盛，則自東晉而下，風亭月榭，僧藍道館，一雲一鳥，一草一木，覼縷而曲盡者，自唐迄今，名卿碩才，毫起櫛比，碑銘頌志，長歌短引，究其所作，宜以萬計。而時移代變，風摩雨剥，見於今者，蓋亦僅有。考之壁記，自唐武德至光啟爲之守者幾百人，其閒高情逸思發爲篇詠者，豈無四五？而今所傳者，元、薛、李、孟數人而已。或失於自著，或怠於所承，此予之所以深惜也。故自到官，申命吏卒，徧走巖穴，且攟之編藴，詢之好事，自太史所載至熙寧以來，其所謂銘志、歌詠，得八百五篇，爲二十卷，命曰《會稽掇英揔集》詩則以古次律，自近而之遠；文則一始於古，稍以歲月爲先後，無所異也。噫！隨珠和璞，流落乎冥昧久矣。一旦鉤索寳聚，夸示來世，神光靈氣，烱然在目，東南之美盡矣，闕亡之恨消矣。所以然者，庶幾無負作者之用心也。時熙寧壬子五月一日，越州清思堂。

案，卷末有『隆慶戊辰夏彭城錢穀手録』一行。

文文肅手跋曰：吾吴叔寳錢先生游先太史門下，日取架上書讀之。聞人有藏秘籍，必宛轉借抄校勘，丙夜不置，故所藏充棟。手纂《續吴都文粹》、《南北史摭言》、《三刺史詩》，惜未登梨棗。若其繪畫，特餘事耳。此《會稽掇英録》，皆集唐、宋名賢詩文，宇内流傳絶少，是其早歲所抄，無一惰筆，乃從宋刻本而録者，爲世珍重可知矣。萬曆庚申如月花誕，雁門文震孟跋於青瑶嶼。

王氏手跋曰：嘉慶甲戌九秋，華亭沈慈十峯珍藏，長洲王芑孫獲觀，因識。

案，此錢罄室手抄本。《續集》五卷，《四庫》所未收也。卷中有『錢穀』朱文方印、『叔寶』白文方印。

三孔先生清江文集四十卷舊抄本

宋中書舍人孔文仲經父、禮部侍郎武仲常父、金部郎中平仲毅父撰，王蓮編

周必大序

上缺而蓮竊有意於此，亦豈徒好其文，欲因是以取重於時哉？前輩之風流醖藉，日以泯没，凡可按以窺尋，想像其萬一者，幸未百年，尚可訪求，而卒置之，則未免慊然于中。此蓮之所以拳拳也。卷數比舊所稱殊不類，度多闕遺，且雖參訂，終不無舛誤，懼復散亡，乃鋟諸梓。有志於是者，幸竟成之。慶元五年四月望，朝奉大夫權發遣臨江軍兼管内勸農營田事濡須王蓮謹識。

三劉家集一卷舊抄本

宋劉元高編　前有劉渙、劉恕、劉羲仲本傳

河南程氏文集十卷成化廣信府刊本

宋胡安國編

《河南二程先生文集》，憲使楊公已鋟板三山學官。《遺書》、《外書》，則庾司舊有之。乙未之火，與他書俱燬不存。諸書雖未能復，是書胡可緩？師耕承乏此來，亟將故本易以大字，與文集爲一體，刻之後圃明教堂。賴吾同志相與校訂，視舊加密，二先生之書於是乎全。時淳祐丙午，古汴趙師耕書。

《程氏遺書》，長沙本最善，而字頗小。閱歲之久，板已漫漶。教授王君混出示五羊本，參校既精，大字亦便觀覽，然無《外書》。襲之乃模鋟于舂陵郡庫，又取長沙所刻《外書》附刻焉，願與同志者共學。淳祐六年立秋日，東川李襲之謹題。

右《河南程氏遺書》、《外書》，俱出程門弟子手記，考亭朱夫子家藏。類訪旁搜，先後次第，爲此世所刊本無不同者。獨二先生文集出胡文定公家，頗有改削，如《定性書》及《明道行(術)〔述〕》、上富公與謝帥書中删卻數十字，《辭官表》之顛倒次第，《易傳序》之改『沿』爲『泝』，《祭文》之改『姪』爲『猶子』。劉、張二公以是本刻之長沙，考亭定其所當改者數紙。與共父劉帥書及與南軒張子，屢書凛然，承舛習訛，末流波蕩之爲懼，而卒亦莫之從也。今所傳文集，大率潭本，是固不能無餘論矣。臨川譚善心元之蚤讀二書，慮其傳本浸少，悉爲刻棗，而於文集復加詳審，與蜀郡虞槃叔常往復討論，以復乎考亭所改之舊，且註劉、張本異同於其下。

其於遺文凡集所未録者，各以類附焉。至若《伊川經説》，其目見《近思録》，其書見時氏本，特《易傳》止《繫辭》上篇，《春秋傳》止魯桓九年，《書解》止『舜格于文祖』，《詩解》止『四方以無拂』，《論語觧》止『吾從下』。恨多誤字，不敢臆決。惟《易繫》取吕氏《精義》所編，《春秋傳》取尹氏《纂集》所補，以舊板本審校先刊，而他書則俟求善本讎校續刻。此其爲意，固將以集程氏書文之全，明程、朱授受之正，稽之往哲而不悖，傳之來裔而亡窮。觀此書者，如挹座春而立門雪，俱非苟然爲之也。烏乎！元之之用心，亦可謂勤也。已裝褫成帙，家學人誦，謹緝大意書于左方。至治二年壬戌之秋七月既望，臨川後學鄒次陳謹識。

周、二程、張、邵書，余以晁昭德《讀書志》校之，《周子通書》一卷；《明道中庸觧》一卷，《程氏易》十卷，《書説》一卷，《詩説》二卷，《論語説》十卷，《孟子觧》十四卷，《伊川集》二十卷，《程氏雜説》十卷；《張子正蒙書》十卷，《漁樵對問》一卷，《信聞紀》一卷，《孟子觧》十四卷，《易説》十卷，《春秋説》一卷，《横渠崇文集》十卷；《邵子皇極經世》十二卷，《觀物篇》六卷，《擊壤集》二十卷。凡十九部，一百五十四卷。所謂《程氏雜説》十卷者，疑即朱子所謂諸公各自爲書，散出並行之一者也。而《遺書》所録，不見其目，朱子因其先人舊藏，益以類訪，爲《遺書》二十五卷，又爲《外書》十二卷，益多《雜説》數倍，而《雜説》固不傳。合晁氏所記，與今所傳讀，蓋可考矣。然今所傳本，皆家藏故書，數十年前所刻就，令刻板具在，意且漫漶廢棄不少矣。清廟雅樂，姑以備數，而□衛之聲，人争愛之，則此日少而彼日多者，亦其勢然也。近年始有新刊邵子書，聞風而起者或誚爲迂闊，且笑之。宜黄譚善心，同邑傅君友諒之門人也，奮然不顧，取《二程遺書》、《文集》刻之，且將考訂程氏經説，以次鋟木。槃托中表之好，乃得預聞其説。喜其事之有成，而學者得以□讀先儒之遺文而不倦，其卓然之見，良□可取，故題其後以勉同志之士云。蜀郡後學虞槃。

案，末有『成化丙申廣信府刊』木記。

聖宋文選全集三十二卷影寫宋刊本　涉園張氏舊藏

不著編輯者姓氏

吴氏手跋曰：《聖宋文選》，予昔訪之而未曾覯。後晤鮑君以文，爲言海鹽張皜亭主政藏有影宋寫本，渴欲一見，日久未得如願。甲寅秋季，偶至武原偕陳君仲魚訪張子醽舫於涉園。主人賢而好客，示以祕藏諸籍，獲觀是書，真生平大快事也。爰書數語附之簡末，以識欣幸云。兔床吴騫拜觀并記。

聖宋文選三十二卷影寫宋刊本　朱竹垞舊藏

不著編輯者姓氏

所録歐陽永叔二卷，司馬君實三卷，范希文一卷，王禹偁一卷，孫明復二卷，王介甫二卷，余元度一卷，曾子固二卷，石守道三卷，李邦直五卷，唐子西一卷，張文潛七卷，黄魯直一卷，陳瑩中一卷，凡一十四人。

樂府詩集一百卷元至正刊本

宋太原郭茂倩編次

樂府之名，肇於漢，所以聚音律之具而命之，古無有也。《書》云：『歌永言，聲依永，律和聲。』此聲歌之所由作也。良以樂之爲樂，非曰彈絲鳴竹，鏘金擊石，然後謂之樂，凡羈窮愁悶，懽忻愉懌，出於口而成聲者，皆樂也。粤自擊壤康衢之謡興，而唐虞喜起之歌播於巖廊之上，治世之音，縱《鈞天》、《雲門》不是過也。嗣後夫子删詩三百，雖樵夫野叟，婦人女子，羈孤庶孽，怵迫無聊之態，侈靡華麗之習，莫不備具。蓋發乎情，止乎禮義，皆足以懲創而興起。聖人未嘗去彼而取此□曰□□樂，歌□□如笙《由庚》、《南陔》、《白華》之什。先儒已辨□□□□□□自聲詩絶響之後，太原郭茂倩編類古今歌曲，上際唐、虞，下迨五季，目之曰《樂府詩集》。凡歌詞之典雅純正，曲調之清靡麗□□，俚語長謡短謳，鮮不該盡。□□□夫風雅頌之變，而世代推移，可一覽而周知。而騷人墨客，操觚弄翰于欲□斜陽之外，亦足以□□幽情者。憲臺幕賓濟南彭公弓儀父，憫茂倩之用以悼古樂、今樂之異趣，□□湮没無聞。郡博君萬元又能先意承志，遂鳩工鋟梓，以廣其傳。慧孫適承乏，勉力以竟其事，俾後學觀此，上有以知時雍烝民之歌，下有以極清麗之習，一返而歸於正。則樂府之詩，非特爲禮義、性情之助，而樂之本陰陽，原情性，又足以躋吾民，以歸於壽域春臺之上矣。旹至正初元菊月朔，文學□掾周慧孫序。此序毛本闕。

李孝光序至元六年

案，此元刊元印本，每頁二十二行，每行二十字。卷中有『錢孫保一名容保』白文方印、『彭城』朱文腰圓印、『錢孫保字求赤』白文方印、『孫保』朱文方印、『錢氏校本』朱文方印、『天啟甲子』朱文方印、『錢興祖印』白文方印、『春草堂』白文長印、『盛百二』白文方印、『秦川』朱文方印、『秀水柚堂』朱文方印、『盛氏圖書』朱文方印、『臣百二』白文大方印、『相舒一字秦川』朱文方印、『羅浮山人』朱文方印。

新刊古今歲時雜詠四十六卷舊抄本　葉林宗舊藏

宋蒲積中編

《歲時雜詠》，宋宣獻公所集也。前世以詩雄者，俱在選中，幾爲絕唱矣。然本朝如歐陽、蘇、黄，與夫荆公、聖俞、文潛、無己之流，逢時感慨，發爲詞章，直造風雅藩閫，端不在古人下。予因隙時，乃取其卷目，而擇今世之詩。以附之，名曰《古今歲時雜詠》，鳩工鑱板，以海其傳。非惟一披方册，而四時節序具在目前，抑亦使學士大夫因以觀古今騷人用意工拙，豈小益哉？

紹興丁卯仲冬日，眉山蒲積中致和序。

葉氏手跋曰：此書從兄林宗所藏書，才搴竟而林宗没，藏本隨散無餘，此書遂歸于我。行將聚宋、元、明之作續之，未知其遂志不也。東洞庭山葉石君識。

嚴陵集九卷 文瀾閣傳抄本

宋董棻編

《詩》三百篇，大抵多本其土風而有作，聖人删取，各繫其國。如二南皆正風也，周、召既分陜而治，則繫詩有不得而同。三國當變風之始，邶、鄘既并於衛，邶居衛北，而詩有《北門》，以興出門而北歸於邶也。鄘居衛東，而詩有《載馳》，以興東徙渡河而廬于漕也。衛在河之北，而詩有《河廣》，以興杭葦而南適于宋也。是三者皆衛詩，而以土風之異，隨其國繫之，其它蓋可類見。使夫後世觀詩者因土風而知國俗，則秦勇、豳怨、鄭淫、魏褊，皆自乎此而得之矣。近代有裒類一州古今文章，敘次以傳者，其亦得聖人之遺意與？自東漢之末，孫氏據有吴粤之墟，始分歙縣之地，建爲新安郡。逮隋，而更郡名新定，大業改爲睦州。唐初即桐廬縣别置嚴州，尋廢州，以縣來隸。至國朝宣和中，始復今名，蓋以子陵釣臺爲是邦重，故以名州。州境山水清絶，著稱自古。歷攷前代，朱太守以文學備應對之臣於西京，後世則有皇甫持正、方雄飛、李德新、施肩吾、徐凝，咸以詞章名世，文爲世傳，而紀詠其鄉里爲多。今代如江民表全名直節，見推於時，文采蓋其餘事。至於騷人名士，過焉而賦者，晉則謝康樂，梁則沈隱侯，唐則李太白、孟浩然、白樂天、羅隱，國朝則梅聖俞、蘇子美、龐莊敏公、王文公。其守牧之有文，在梁則任彦昇，唐則杜紫微，國朝則范文正公、趙清獻公，以至吕子進、蔡天啟，又如張伯玉、錢穆父，皆嘗官於此者，率多賦咏，邦人傳諷，迨今不絶，而獨未有裒類而爲集者。雖有《桐江集》，止載桐廬一邑之文，而又繁冗不倫，人不甚傳。兹者棻與僚屬修是州圖經，搜訪境内斷殘碑版，及脱遺簡編，稽攷訂正，既成書矣，因得逸文甚多，復得郡人喻君彦先悉家所藏書，討閲相示，又屬州學教授沈君傃與諸生廣求備録，時以見遺，乃爲整比而詳擇，凡自隋以上在新安郡者，自唐以後迄國朝宣和以前在睦州者取之。其未嘗至，而賦咏實及此土，如唐韓文公，近世司馬温公、蘇東坡、黄魯直，蓋不得而不録也。其有名非甚顯，嘗過而賦焉，一篇一詠膾炙人口者，蓋亦不得而遺也。嗚呼！其亦庶幾詩人本其土風之作，而聖人各繫其國之遺意乎？乃若釣臺雙峙，高風絶企，古今歌詩、銘記居多，編之此集，有不容略，故總以州名，而爲之標目云。紹興九年夏四月壬申，知軍州事廣川董棻序。

嚴陵集九卷舊抄本　知不足齋舊藏

宋董棻撰

自序

鮑氏手跋曰：乾隆三十八年六月，從浙江遺書局借天一閣宋刻本對録。廿八日，知不足齋記，凡一百七十四頁。

又曰：乾隆四十八年三月重録一過。初四日記。

南嶽倡酬集一卷附録一卷抄本

宋大儒新安朱熹仲晦、廣漢張栻敬夫、古田林用中擇之同著

栻來往湖湘踰二紀，夢寐衡嶽之勝，亦嘗寄跡其閒，獨未得登絶頂爲快也。乾道丁亥秋，新安朱元晦來訪予湘水之上，留再閱月，將道南山以歸，迺始偕爲此遊，而古田林用中擇之亦與焉。越十一月庚午，自潭城渡湘水。甲戌，過石灘，始望嶽頂。忽雲氣四合，大雪糾集，須臾深尺許。予三人者飯道旁草舍，人酌一巨杯。上馬行三十里，投宿草衣巖，一時山川林壑之觀，已覺勝絶。乙亥抵嶽後，丙子小憩。甚雨，暮未已，從者皆有倦色。湘潭彪居正德美來會，亦意予之不能登也。予獨與元晦、擇之決策，明當冒風雪亟登。而夜半雨止，起視明星爛然；比曉，日升暘谷矣。德美以怯寒辭歸，予三人聯騎渡興樂江，宿霧盡卷，諸峰玉立，心目頓快，遂飯黄心，易竹輿，繇馬迹橋登山。始皆荒嶺彌望，已乃入（火）〔大〕林壑，崖邊時有積雪，甚快。溪流觸石曲折，有聲琅琅。日暮抵方廣，氣象深窈，八峯環立，所謂蓮花峰也。登閣四望，霜月皎皎，寺皆版屋。問老宿，云：『用瓦，輒爲冰雪凍裂。自此如高臺、上封，皆然也。』戊寅，

明發，穿小徑，入高臺。門外萬竹森然，間爲風雪所折時，清爽可愛。住山子信有詩聲，云：『良夜月明，窗牖間有猿（哺）〔嘯〕清甚。』出寺即行古木寒藤中，陰崖積雪，厚幾數尺。望（看）〔石〕廩如素錦屏，日影下照，林間冰墮，鏘然有聲。雲陰驟起，飛霰交集，頃之乃止。出西嶺，過天柱，下福巖，望南臺，歷馬祖庵，繇寺背以登，路不甚狹，過險輒有石磴可陟。踰二十餘里，過大明寺，有飛雪數點自東嶺來。望見上（封）寺，猶縈迂數里許乃至，山高，草木堅瘦，門外寒松皆拳曲擁腫，樛枝下垂，冰雪凝綴，如蒼龍白鳳然。寺宇悉以板障蔽，否則雲氣噓吸其間，時不辨人物。有穹林閣，侍郎胡公題榜，蓋取韓子『雲壁渾潭，穹林攸擢』之語。予與二友始息肩，望祝融絕頂，褰裳徑往，頂上有石，可坐數十人。時烟霞水澄徹，羣峰峭立，遠近異態。其外四望，渺然不知所極，如（入海瀛）〔大瀛海〕環之，真奇觀也。湘水環帶山下，五折乃北去。寺僧指蒼莽中，云洞庭在焉。晚歸閣上，觀晴霞橫帶千里。夜宿方丈，月照雪星，寒光射人，泉聲隔窗泠然，通夕恍不知此身踞千峯之上也。己卯，武夷胡實廣仲、范念德伯崇來會，同遊仙人橋，路並石，側足以入，前崖挺出，下臨萬仞之壑，凜凜不敢久駐。再上絕頂，風勁甚，望見遠岫，次第呈露，比昨觀殊快。寒威薄人，呼酒舉數酌，猶不勝，擁氈坐，乃可支。須臾，雲氣出巖腹，騰涌如饋餾，過嶺南，爲風所（默）〔飄〕，空濛杳靄，頃刻不復見。是夜，風大作。庚辰，未（晚）〔曉〕，雪擊窗有聲，驚覺。將下山，寺僧亦謂石磴冰結，不可步。遂亟繇前嶺以下，路已滑甚，有跌者。下視白雲，滃浡瀰漫，吞吐林谷，真有盪胸之勢。欲訪李鄴侯書堂，則林深路絶，不可往矣。行三十里抵嶽市，宿勝業寺勁節堂。蓋自甲戌至庚辰，凡七日，經行上下數百里，景物之美，不可殫敘。閒亦發於唫詠，更迭唱酬，倒囊得百四十有九篇。雖一時之作，不能盡工，然亦可以見耳目所歷與夫興寄所託，異日或有考焉，乃裒而録之。方己卯之夕，中夜凜然，撥殘火相對，念吾三人是數日閒亦荒於詩矣。大抵事無大小美惡，流而不返，皆足以喪志。於是始定(要來)〔約束〕，異日當止。蓋是後事雖有可歌曰，亦不復見於詩矣。嗟乎！覽是篇者，其亦以吾三人自儆乎哉！作《南嶽倡酬序》。廣漢郡張敬夫云。

鄧淮序天順四年

萬首唐人絶句四十卷目録二卷明刊本

宋洪邁編

洪邁序

申時行序萬曆丁未

趙宧光序萬曆丙午

黃習遠序

端平重修皇朝文鑑一百五十卷宋刊大字本

宋朝奉郎行祕書省著作佐郎兼國史院編修官兼權禮部郎官臣吕祖謙奉聖旨銓次

太史成公編皇朝文鑑始末從子喬年撰

自太史以病歸里，深知前日紛紛之由，遂絶口不道《文鑑》事，門人亦不敢請，故其去取之意，世罕知者。周益公既被旨作序，序成書來，以封示太史。太史一讀，命子弟藏之，蓋其編次之曲折，益公亦未必知也。今閒得於傳聞，以爲太史嘗云國初文人尚少，故所取稍寬；仁廟以後，文士輩出，故所取稍嚴。如歐陽公、司馬公、蘇内翰、黄門諸公之文，俱自成一家，以文傳世，今姑擇其尤者，以備篇帙。或其人有聞於時，而其文不爲後進所誦習，如李公擇、孫莘老、李泰伯之類，亦搜求其文，以存其姓氏，使不湮没。或其嘗仕于朝，不爲清議所許，而其文自亦有可觀，如吕惠卿之類，亦取其不悖於理者，而不以人廢言。又嘗謂本朝文士比之唐人，正少韓退之、杜子美，如柳子厚、李太白，則可與追逐者。如周美成《汴都賦》亦未能侈國家之盛，止是別無作者，不得已而取之。若斷自渡江以前，蓋以其年之已遠，議論之已定，而無去取之嫌也。其大略若此。太史既病南軒以書與晦翁，以爲編次《文鑑》，無補治道，何益後學？而晦翁晚歲嘗語學者，以爲此書編次，篇篇有意。每卷卷首必取一大文字作壓卷，如賦則取《五鳳樓賦》之類。其所載奏議，皆係一代政治之大節，祖宗二百年規模，與後來中變之意思，盡在其間。讀者着眼便見，蓋非《經濟録》之比也。豈南軒未見其成書，而朱公則嘗深觀之耶？臨江劉公清之又以爲此即删《詩》定《書》，官使衆材之意，蓋亦善觀此書者。故備列之，以俟知者相與審訂焉。從子喬年謹書。

《皇朝文鑑》一書，諸處未見有刊行善本，惟建寧書坊有之，而文字多脱誤，開卷不快人意。新安號出紙墨，乃無佳書，因爲參校訂正，鋟板于郡齋。嘉泰甲子重陽日，郡守梁谿沈有開。

文以『鑑』名，非爲標題設也。以銅爲鑑，則可以别妍醜；以古爲鑑，則可以審興衰；以人爲鑑，則可以正得失。至於以文爲鑑，則又不可以别妍醜，審興衰，正得失盡之也。新安郡齋舊有《文鑑》木本，余每惜其脱略謬誤，莫研精華，如涉蓬山而阻弱水，隔雲霧而索豹章，輒歎曰：『斯文之墜，越漢歷唐，至我皇宋，始還三代之舊。今牴牾訛舛若此，學者何賴焉？』郡博袁君嘗加訂證。暨嘉定辛巳冬，余領郡事。一日，吏部喻君貽書以東萊吕文公家本來寄，余喜而不寐，亟併取袁君所校以相參攷，易其謬誤，補其脱略，凡三萬字。命工悉取舊板及漫裂者，刊而新之，遂爲全書。使學者覽表疏，而思都俞吁咈之美；觀制册，而得盤誥誓命之意；閲賦咏，而追國風雅頌之音。續渾金璞玉之體，免覆瓿鏤冰之譏。藻飾皇猷，黼黻治具，俾斯文之作，歷千萬人如出一手，越千百載如在一日，則《文鑑》之名爲無負，《文鑑》之利爲甚博矣。嘉定十五禩壬午夏五月上澣，郡守開封趙彦适跋。

前輩之文粹然出正，蓋累朝涵養之澤，而師友淵源之所漸也。此書會粹略盡，真足以鳴國家之盛。惜夫鋟木之始，一付之刀筆吏，欠補亡刊誤之功，後雖更定訛缺，猶未能免。思欲就正有道，恨吕成公之不可作也。近於東萊家塾得證誤續本，命郡録事劉君崇卿參以他集而訂正之，凡删改之字又三千有奇，與刓缺不可讀者百餘板，併新之。其用心勤矣，其有補此書多矣。既迄役，將如京，因語之曰：『夫校讐工夫，如拂几上塵，旋拂旋生。去後尋繹，當更有□，録以見寄，抑以覿子日進之學。』端平初元清明，郡守四明劉炳書于黄山堂。

案，此宋端平重修本，每頁二十行，每行十九字，版心有字數及刊工姓名。

周必大序

謝賜銀絹除直祕閣表

繳進文鑑劄子

新雕皇朝文鑑一百五十卷宋刊明修本　世學樓舊藏

宋朝奉郎行祕書省著作佐郎兼國史院編修官兼權禮部郎官臣吕祖謙奉聖旨編次

周必大序

朝奉郎行祕書省著作佐郎兼國史院編修官兼權禮部郎官臣吕祖謙奉聖旨銓次劄子：先於淳熙四年十一月内承尚書省劄子勘會，已降指揮令臨安府校正開雕《聖宋文海》。十一月九日，三省同奉聖旨，委吕祖謙專一精加校證。祖謙竊見《文海》元係書坊一時刊行，去取未精，名賢高文大册，尚多遺落。遂具劄子，乞一就增損，仍斷自中興以前銓次，庶幾可以行遠。十一月五日，三省同奉聖旨，依祖謙。尋將祕書省集庫所藏本朝諸家文集，及於士大夫家宛轉假借，旁采傳記它書，雖不知名氏，擇其文可録者，用《文選·古詩十九首》例並行編纂。凡本門爲百五十卷，目録四卷。祖謙竊自伏念本朝文字之盛，衆作相望，誠宜采掇菁華，仰副聖意。而祖謙學問荒下，知識卑陋，不足以知前輩文字之工拙，黽勉承命，今已經年。簡牘浩繁，取會繆戾，加以繕寫纔畢，偶嬰末疾，省恐疎略抵牾，未敢遽以投進。今月二十四日，偶蒙具宣聖諭，緣祖謙已除外任，俯詢所編次第，自懼稽緩，不勝震懼。所有編次到《聖宋文海》一部，共一百五十四册，并臨安府元牒到御前，降下《聖宋文海》舊本一部，計二十册，並用黄羅夾複，封作七複，欲望特與敷奏繳進。祖謙不勝皇懼俟罪之至。

《朝奉郎行秘書省著作佐郎兼國史院編修官兼權禮部郎官臣吕祖謙奉聖旨所編文鑑精當謝賜銀絹除直秘（國）〔閣〕表》：右臣今月四日承中書李裕文宣諭聖旨所編《文鑑》精當，賜銀絹三百疋兩者。奏編無取，賜命有加，既叨中秘清切之隆，復拜内使便蕃之賜。人微恩厚，感極涕零。此蓋伏遇皇帝陛下聖學高明，皇猷淵懿。粲然衆作，思採摭以無遺；蕞爾小臣，懼討論之不稱。已逃罪戾，仍被眷私。抱槧懷鉛，曷副右文之意；賜金增秩，彌慙稽古之榮。臣無任感天荷聖激切屏營之至，謹録奏聞。謹奏。

商輅序天順八年

胡拱辰序弘治甲子

韶跋弘治戊午

東萊先生古文關鍵二卷明刊本

宋東萊吕祖謙伯恭撰

孫應鰲序嘉靖壬戌

東萊先生分門詩律武庫前集十五卷後集十五卷宋刊本　汲古閣舊藏

宋東萊吕氏編于麗澤書院

今得吕氏家塾手抄《武庫》一帙，用是爲詩戟之具，固可以掃千軍而□□敵，不欲祕藏，刻梓以□□天下，收書君子伏奉□鑒謹啟。

案，此宋季麻沙刊本，每頁二十二行，每行十九字。語涉宋帝皆空格。卷中有『平陽汪氏藏書印』朱文長印。《汲古閣祕本書目》著于録，《四庫》不收，附存其目。

皕宋樓藏書志卷一百十四

集　部

總集類三

聖宋名賢五百家播芳大全文粹一百二十六卷精抄本

宋魏齊賢、葉棻編

昔吾從縉紳先生游，而得其論寶之説。夫所謂寶者，焜燿瑰奇，鏗鏘温潤，世之美瑞，國之重鎮，周傳漢佩，虞求罕辭，易連城，照十二乘，曾未得其髣髴也。然必聚於沆瀣之巨浸，藴於不可測識之深淵，元圃之邃，崑山之巔，元氣鍾之，造物蓄之，然後芒寒色正，爍爍乎牛斗之閒，豈蹄涔、培塿之所能有哉？今夫墨莊□有天下之書，雖三閣四庫之儲、道家蓬萊之所藏者相埒也，故家有藏書之富，鉅鹿魏君仲賢、南陽葉君子實實徜徉其閒，儲藏之豐，奚啻插架三萬軸而已！一日合并，且欲集本朝名公雜著之文，以惠同志，於是各出所有，闢館以居之，巨篇奥帙，奇書秘字，充衍其中。以我聖朝之文，卓冠前古，而二君八窗玲瓏，旁搜遠紹，類以成帙，凡世用之文，靡所不備，燦燦珠璣，炳炳瑚璉，如淵海之藏，如府庫之羨。吾昔所聞搢紳先生所謂寶者，此焉當之矣。蓋將披襲以冰蠶繭之光，薦之以漆仍几之安，寧不貴哉？予往者守官□陽，於書市經從爲款。二君走書，言其大概，屬予序之，予不得辭。紹熙改元庚戌八月朔，南徐許開仲啟序。

迂齋先生標註崇古文訣二十卷宋刊本　周九峰、朱未英舊藏

宋樓昉編

上缺則又何足以爲文？迂齋樓□文名於時，士之從其游者一□□授皆有師法。閒嘗采集先□□以來迄於今世之文，得一百六十有八篇，爲之標注，以諗學者。凡其用意之精深，立言之警拔，皆探索而表章之，蓋昔人所以爲文之法備矣。振觀公之去取，至於伊川先生講筵二疏，與夫致堂、澹齋二胡公所上高廟書，彼皆非蘄以文著者也，而顧有取焉。毋亦道統之傳，接續孔、孟，忠義之氣，貫通神明，殆所謂有本者非耶？然則公之是編，豈徒文而已哉？昔之論文者曰『文以氣爲主』，又曰『文者，貫道之器也』。學者其亦以是觀之，則得所以爲文之法矣。公名昉，字暘叔，鄞人，迂齋，其自謂也。寶慶丙戌嘉平月既望，永嘉陳振孫序。

迂齋先生深於古文，嘗掇取菁華，以惠四明學者。迨分教金華，横經璧水，傳授浸廣，天下始知所宗師。森曩偕先生季弟爲館下生，就得繕本，玩味不釋，恨未鋟梓。適先生守莆，幸備

冷官，因閒叩請，盡得所藏。自先秦迄于我宋，上下千餘年閒，其顯出者網羅無遺軼。竊謂古今文章，浩無津涯，學者窮日之力，不翅河伯之望海。若此編鉤玄而提要，抉幽而洩廋，波詭濤譎，星回漢翻，眩晃萬狀，一經指摘，關鍵瞭然，其幸後學宏矣。子曰：『人莫不飲食也，鮮能知味也。』先生之於文，其知味也歟？寶慶三禩，合沙陳森謹跋。

文者，載道之器。古之君子非有意於爲文，而不能不盡心於明道，故曰『辭達而已』。夫能達其辭於道，非深切著明，則道不見也。此文之有關鍵，非深於文者，安能發揮其蘊奥而探古人之用心哉？四明樓公假守莆邦，積其平時苦學之力，紬繹古作，抽其關鍵，以惠後學。廣文陳君鋟諸梓以傳之，使世學者優游而深求，饜飫而自得，豈惟文章之能事可畢，古人之用心於是乎可推也。寶慶丁亥端月既望，延平姚珤敬跋。

黄氏手跋曰：《迂齋標註崇古文訣》非世閒不經見之書也，即舊刻亦非罕有。余辛酉游京師，見殘宋刻而補抄者，卷有吾郡西崦朱叔英圖記，因遂收之，入諸《百宋一廛賦》中，其所存宋刻卷數注載瞭然也。適書友又攜一宋刻殘本來，係葉石君舊藏，中可配前缺卷。因遂命工重裝，竟成全璧，始歎物之會合有緣，此兩宋刻之殘而復完，實爲難得。矧經吾郡諸名家所藏，而一歸余手，兩美頓合，豈不幸與？嘉慶丁卯夏至日，復翁黄丕烈謹識。

又曰：丁卯冬，余友夏方米之尊人容庵丈，出其舊藏宋本《崇古文訣》，屬爲裝潢。檢視之，知亦係諸宋本凑合而成，卷端有序無目，因從宋本原有序之存者影寫，置余本首。其中更有奇者，多與葉石君舊藏本合。而周九松舊藏本閒有失葉，在余本内即如卷十六末葉是也。彼所錯出，又係余本之失葉，顛倒錯亂，雖遇之而不能仍正之，是可歎已。夏丈寶愛其書，思裝潢，卒因費不貲，索書去。又遠館洞庭，蹤跡不常晤，未及將兩書原委告之。戊辰正月下弦日，復翁又識。

案，此宋刊宋印本，每葉二十四行，每行二十三字。卷中有『吴郡西崦朱叔英書畫印』朱文長印，『西崦』朱文長印，『叔英』朱文方印，『士禮居』朱文方印，『丕烈』、『蕘夫』朱文二方印。

新刊迂齋先生標注崇古文訣三十五卷明吴邦楨刊本

宋樓昉編

姚珤序寶慶丁亥

陳森跋寶慶三禩

成都文類五十卷明刊本　吴枚庵舊藏

宋程遇孫等編集

天地之祕藏，發而爲名山大川，山川之秀靈，斂而爲文章華藻，二者相爲頡頏而光明焉也。《兩京》、《三都》之賦摹寫天地，繪繡山川，絢道德，掞天庭，潤金石，諧《韶》、《濩》，與乾坤造化周流盛大於宇宙之間，千百萬世下而知有兩京、三都者，以此文也。然則天地山川，而可無此文哉？而可以不傳此文哉？益，古大都會也。有江山之雄，有文物之盛，奇觀絶景，仙游神跡，一草一木，一丘一壑，名公才士，騷人墨客，窺奇吐芳，聲流文暢，散落人間，何可一二數也？凡此者，予來三年，亦既略睹矣。或曰：『兩京、三都以賦而傳，使無傳焉，斯文泯矣。然則繇漢以來，其文以益而作者，今獨無傳可乎？有益都，斯有此文；此文傳，益都亦傳矣。』爰屬寮士，摭諸方策，裒諸碑識，流傳之所膾炙，友士之所見聞，大篇雄章，英詞綺語，折法度，極眩耀，其以益而文者，悉登載而彙輯焉。斷自漢以下，迄於淳熙，其文篇凡一千有奇，類爲十一目，釐爲五十卷，益之文兹備矣。嗟乎！後世之士，豈無浮沅、湘，由巴、蜀□□□，如司馬子長者乎？豈無上瞿唐，過夔、梓，賦雪、錦，如杜少陵者乎？又豈無自西蜀，歷荆楚，棲遲山水間，如田游巖者乎？（鄙）〔倘〕復得如二三公者，而訪斯益，攀斯文焉，則知清寧闤闠，至大至廣之内，而有所謂蜀。蜀六十州，亘五千里之内，而有所謂益。益都無量，江漢炳靈之内，而有所謂文者，其不在此書乎？此無負於益。慶元五年二月望日，寶文閣學士通議大夫四川安撫制度使兼知成都軍府事建安袁説友謹序。

迪功郎監永康軍崇德廟扈仲榮、迪功郎新差充利州州學教授楊汝明、從事郎廣安軍軍學教授費士威、從事郎前成都府府學教授何悳固、文林郎山南西道節度掌書記宋德之、文林郎前利州東路安撫司幹辦公事趙震、宣教郎新奏辟知縣州魏城縣主管勸農公事徐景望、奉議郎新雲安軍使兼知夔州雲安縣主管勸農公事借緋程遇孫編集。

西山先生真文忠公文章正宗二十一卷元刊本

宋真德秀撰

『正宗』云者，以後世文辭之多變，欲學者識其源流之正也。自昔集録文章者衆矣，若杜預、摯虞諸家，往往湮没弗傳。今行於世者，惟梁昭明《文選》、□□《文粹》而已。繇今眂之，二書所録，果皆得源流□□乎？夫士之於學，所以窮理而致用也。文雖學之一事，要亦不外乎此。故今所輯以明義理、切世用爲主。其體本乎古，其指近乎經者，然後取焉；否則辭雖工，亦不録。其目凡四，曰辭命，曰議論，曰敘事，曰□賦，今凡二十餘卷云。紹定執除之歲正月甲申，學易齋書。

真文忠公文章正宗二十卷明刊本

宋真德秀編

崔銑序正德庚辰

曹三暘序嘉靖甲子

真文忠公續文章正宗二十卷明刊本

宋真德秀編

右《國朝文章正宗》，西山真文忠公晚歲所續也。宗簿梁公親見公手澤本而録其目及文之經標識者。澄倚席栝山，與增教鄭君嗇費哀羸，議刊書以惠後學。梁公出示此編，如獲拱璧，遂定議。索諸集類入之門目次敘，閒有未的，必反覆繹公初意，稍加整比，皆取正於梁公，窮日夜力繙校，鄭君亦分其勞。凡三月而藁具，又四月而工畢，釐爲二十卷，僅有其目者則虚寘于末，一代之粲然略備。或乃病其非全書。夫《讀書記》實同出公手，今已流布天下，果全歟？朱子嘗脩《儀禮》而弗克就，迨勉齋黄先生、信齋楊先生，然後舊典禮經靡所不載。安知後之君子無成西山之志者邪？咸淳丙寅正月上日，後學金華倪澄拜手謹識。

椅曩從事江閫，真文忠公之子今度支少監爲參議官。公餘扣異聞，得《國朝文章正宗》，蓋公晚年所纂輯也。甫筆受，少監别去，僅録篇目與公批點評論處，携歸山中，友朋争傳寫。郡博士倪君淵道見而悦之，迺謀諸鄭君瑞卿，裒全文刊之學官，字字鉤校，幾無毫髮遺恨。或疑是編未脱藁，不得爲全書。椅解之曰：文以理爲準，理到則辭達。公於論理一門最所留意，學者沉潛玩索，而有得焉，則凡著其目而未録其辭，與它名家有當録而未既者，可概推也。二君俾椅志所從受，謹拜手書于左方。後學梁椅。

國朝東都之盛，諸儒述作，實經緯之。此西山先生輯之成書，以續《文章正宗》也。比宏齋梁公得於先生家庭之親授，圭分教栝山，偕聯事倪君得於梁公，而快所未覩，將以鋟諸梓，以壽其傳。嗚呼！性命、文章，豈二途哉？夫文自七篇之後以鳴者，莫善於韓子《原道》等作，性命具焉，其由文之道乎？先生心周、程、張、朱之學，觀《正宗》筆削，可以概見。故其所次，論理爲先，敘事繼之，論事又繼之。夫敘事、論事而不先於理，則舍本根而事枝葉，非我朝諸儒之所謂文也，非先生名書之本旨也。惜未脱藁，天弗憖遺，然大綱則備矣。昔嘉定閒，圭大父定庵公謁先生于著庭，先生見其亟稱之，自是知遇最深。古心先生志大父墓所謂『彊艾之季以文字締交』者也。今是書之傳，既樂與朋友共，又私竊自幸，有以慰大父之志于九原云。後學天台鄭圭百拜敬書。

妙絶古今四卷明刊本

宋湯漢編

自序曰：文章之精絶者，一代不數人，而一人不數篇。余自《春秋傳》，訖歐、蘇氏，拔其尤得七十有九首，蓋千載之英華萃矣。時同子弟朋友吟諷之。善哉！今而後有過予陋巷而聞軒縣者，必是編也夫。淳祐壬寅春，東澗書。

伯紀負奇材，游諸公閒，祕監柴公敬其行，西山真公取其學，南塘趙公奇其文。昔余爲江東憲，公餘屈致館舍，論辯終日，因得是編。皆諸老之緒言也，銖兩之必較，毫髮之不差，軼梁統之《選》而過之，精矣！　雖然，言之精者，道之寄；六經，其元氣也。學者又當亹亹，毋但求言語句讀之工而已。寶祐丁巳三月，紫霞老人題。

赤城集十八卷舊抄本　安樂堂舊藏

宋林表民編

天台山至晉孫興公始傳，晉以前不知幾千年矣。何傳之晚也？自晉以來，歷宋、齊、梁、陳、隋、唐，天台人物見簡册，落落纔十數人。本朝始漸盛，南渡迄今，始益盛。而距晉亦且千年矣，又何盛之晚哉？得非發露之驟者盤鬱淺，韜晦之久者培養深，氣脈俟時數而轉旋，文獻由風化而薰灼，儻會至而機動，自有不容掩遏者邪？由今視之，履行者、勳業者、風節者、文學者，或旁睨其藩，或深入其奥，往往而不乏矣。而又官守者、寓游者，於此多瑰傑焉；紀興建者、寫光景者，於此多膏馥焉。今而往，不更洋洋乎哉？夫有所待而發者，時也，風化之所召也。有所萃而存者，書也，亦風化之所關也。初，康吉林君詠道類《天台集》，子逢吉續之，而詩之屬天台者無遺矣。篔窗陳公壽老修《赤城志》，逢吉又續之，而事之屬天台者無遺矣。獨記、序、書、傳、銘、誄、贊、頌之文，《天台集》不暇載，《赤城志》載不盡者，逢吉復分門會稡，并詩爲一，號《赤城集》，凡若干卷。而前後太守丁侯𡼏、沈侯壂爲鋟之梓，於是前所謂履行者、勳業者、風節者、文學者、官守者、寓游者、紀興建而寫光景者，一啟卷咸彰彰焉。蓋自有宇宙至晉，不知幾千年，自晉迄今，亦且千年，而天台人物之盛，纔得萃於此書。君子推本之，以爲是本朝風化之所召。台之大夫士讀是書，而知其故，必將慨然奮厲，期無負君師，以自昭於不朽，孰謂於風化無關乎？逢吉名表民。淳祐八年八月既望，朝散大夫新除直敷文閣江南西路轉運判官兼權隆興府吴子良序。

中興羣公吟藁戊集七卷舊抄本　黄蕘圃舊藏

宋陳起編

案，《中興羣公吟藁》凡四十八卷，百三十五家，見趙希弁《郡齋讀書附志》，今僅存戊集殘帙七卷。嘉慶中，石門顧氏彙刻《南宋小集》，見知不足齋藏宋槧本，謂其版式與《羣賢小集》無異，定爲陳起所刊，取附集後，今所列三十册、三十一册是也。顧槧以目録經書賈翦割，未以付梓。此從鮑本傳録，目之末葉有『中興江湖吟藁』字。按，《四庫提要》云：『考《永樂大典》所載有《江湖集》前集、後集、續集、《中興江湖集》諸名，則此爲《江湖》、《中興集》之一無疑。』《讀書志》雖未著編輯者之名，而顧氏定爲陳起似可信也。

西漢文鑑二十一卷東漢文鑑二十卷明刊本

宋石壁野人陳鑑編

或有問於余曰：『子之馳騁古今，貫穿史傳，而謂史可節乎？它史猶可，而謂漢、唐三史可節乎？今子之纂節三史固矣，又何爲摘出三史之文，而别爲一編，試爲我言其故。』余應之曰：『漢、唐正史，萬代取信，奚庸一字加損？特以科舉之習，不容不纂取其要。余白首場屋，深知其然。漢、唐三史，連編累牘，寸晷之閒，何能遍覽？書肆節本，十不一二，無可搜閱。余是以冒然爲之，蓋有得夫先正採取史集要言之義。至若名公鉅卿，忠言嘉謨，見之史傳，不可概舉，何敢一字妄加節略？惟其不容節略，是以别爲一編，故不摘出，無以表一時言論之切；不繫諸朝，無以知當時聽從之美。覩一代之奏言，則知一代興衰之故；觀一篇之首末，則知一篇奏述之由。史有不足，則旁搜他書，如平子之賦二京，張説之頌封禪，韓子之《原道》，柳氏之《鐃歌》，要亦吾儒之不可闕者。或取之《選》，或取之《粹》，或取之集中，皆此類也。《漢唐史節》積十餘年而功始竟；三史之文，編纂告成，姑以述其大概云爾。妄將末學破裂舊史，知我者其以是乎？罪我者其以是乎？』端平甲午，石壁野人建安陳鑑拜手稽首謹書。

《揅經室外集》曰：《漢文鑑》二十一卷，宋陳鑑編。按，鑑，建安人，自稱石壁野人，乃南宋遺民。此書不載《宋史・藝文志》，惟見明人《百川書志》及《千頃堂書目》。其文皆採自史傳，不無删節之病，然就西京文纂録其要，可以爲讀史之助，與前次所録《東漢文鑑》同爲宋時巾箱本，合之成全璧云。

箋註唐賢三體詩法二十卷元刊本

宋汶陽周弼伯弜選，高安釋圓至天隱註

子曰：『詩三百，一言以蔽之，曰思無邪。』此詩之體也。又曰：『小子何莫學夫詩？可以興，可以觀，可以羣，可以怨。邇之事父，遠之事君，多識於鳥獸草木之名。』此詩之用也。聖人之論詩如此，後世之論詩不容易矣。後世之學詩者，捨此而他求，可乎？近世永嘉葉正則水心倡爲晚唐體之説，於是四靈詩江湖宗之，而宋亦晚矣。聖人之論詩，不暇講矣。而漢、魏、晉以來，河梁、柏梁、曹、劉、陶、謝俱廢矣。又有所謂汶陽周伯弜三體法者，專爲四韻五七言小律詩設，而古之所謂詩，益付之鴻荒草昧之外矣。其説以爲有一詩之法，有一句之法，有一字之法。止於此三法，而江湖無詩人矣。唐詩前以杜、李，後以韓、柳爲最，姚合而下君子不取焉。宋詩則歐、梅、黄、陳爲第一，渡江以後，放翁、石湖諸賢詩皆當深玩熟觀，體認變化。雖然，以吾朱文公之學而較之，則又有向上工夫，而文公詩未易可窺測者也。近高安沙門至天隱，乃大魁姚公勉之猶子。聰達博贍，禪熟，文熟，詩熟，又從而註伯弜所集之詩。一山魁上人，回之方外交也。將磧砂南峰袁公之命，俾回爲序，以弁其端云。大德九年乙巳九月初六日，紫陽山虚叟方回序。

箋註唐賢三體詩法二十卷明刊本

宋汶陽周弼伯弜選，高安釋圓至天隱註

吳春序嘉靖二十八年

批點分格類意句解論學繩尺十卷明刊本

宋京學諭筆峰林子長箋，解鄉貢進士梅墅魏天應選編

文章軌範七卷明刊本

宋廣信叠山先生謝枋得君直批點

龍膺序萬曆己酉

榮王序萬曆己酉

龍膺序萬曆丙戌

榮王序萬曆乙卯

王佐跋

王佐又跋

吴都文粹十卷舊抄本

宋蘇臺鄭虎臣集

名公書判清明集殘本二百三十二頁宋刊本

不著編輯者姓氏

□科玉條中流出久而□□棄，以公天下，蓋欲見□□□□□□也。方今文士□□以所□□□□見於□□書判者特易事耳，而余欲重之，毋乃以雕琢教玉人耶。然人之有師，官之有□□□又烏可曰姑舍是？景定歲酉日長至，幔亭□孫引。

案，此宋刊宋印本，每頁十八行，每行十六字。各家書目皆未著録，惟竹汀日記曾及之。

文房四友除授集一卷宋刊本

宋鄭清之撰

淳祐丙午，安晚先生以少師領奉國節鉞，留侍經帷，寓第湧金門外養魚莊，日有湖山之適。僕時備數校讎府官，閑無他職，頗得奉公從容。一日，謂僕曰：『某嘗爲《文房四友除授制誥》，因官湖外而歸，舊稿蠹蝕不復存，今僅能追憶一二語。』僕因請聞其略。公曰：『容某思之。』又數日，公連以數則示教，曰：『余因子之請，遂得追補成之。』僕讀而喜曰：『此前人文集所未有也。然既有除授，而無謝可乎？』遂各爲牽課表啟一首以呈。公大加稱賞，且曰：『屢嘗以詞翰薦兄，信不辱所舉矣。』僅語之葺芷，而他人未之見也。踰年，公再入相，僕謹閟不敢出。今既得請補外，無復争名求進之嫌，因取而刊之郡齋，庶異日知希逸所以辱知於公，無他謬巧。又知公於友朋游聚，不過以文字爲樂，而位窮公相，嚴德具宻，健筆雄詞，不少減退，巧而不斵，雅而能華，亦非晚輩所可企望其萬一也。淳祐戊申臘月，朝奉郎直祕閣權發遣興化軍兼管内勸農事林希逸序。

淳祐庚戌，客京師。一日於市肆目《文房四友除授集》。制、詔各一，誥二，乃青山鄭公代王命也。表三、啟一，乃竹溪林公代四友謝也。倣其體而異其詞者各一，乃後村劉公鳩集隱微，以彰其博也。昔薛稷加四友以九錫，至玄香太守猶吐異氣，結樓臺以旌其善，况今文章宗工，游戲炳蔚，四友有知，□小澡澤焜耀乎？然旁搜博採，事證不遺，繼之者幾不能贊一辭。予中表李幾復，且作一奏、三狀代辭免。吁！至是又窮矣。小子狂簡，輒爲彈文一、駁奏三以附編末，非曰仇四友而招其過也，進退之正，或者尚有取焉，則猶得與修竹彈甘蕉伍。言辭蹇拙，引援濶疎，極知僭踰，斯文之先覺鍼砭之。紫陽後學胡謙厚謹序。

善誘文一卷宋刊本

宋丹穴陳録編

丹穴老人，吾家之長兄也，僻好編集戒殺之文傳於世。因戒而得善報者則編之，因不戒而得惡報者則不敢編也。雖然，猶慮人不喜觀，復以前賢警世格言渾殽乎其閒，聊欲誘人之一覩也。或問之曰：『丹穴老人何苦如是？』吾兄乃屈指笑而言曰：『予不願如楊寶得玉環，予不願如宋郊奪魁選，予不願如竇禹鈞有五枝芳，予不願如黄兼濟登仙籍，但願予在世蔬食菜羹，不敢不飽，飯蔬飲水，樂在其中，如斯而已，盡乎天年。既没之後，願如壽師，不見閻王，徑歸浄土，得幸西方聖人講論佛道，且無輪廻之苦，死喪之戚，豈不樂哉？』吾兄喜得此理，欲與世人共之，俾弟鍊趣刊板，而印施之，目曰《善誘文》。噫！觀吾兄之所編，則善誘之意可知矣。嘉定十四年辛巳歲重陽日，弟鍊再拜謹序

丹穴老人授余《善誘文》一卷，喜不自勝，翫味無已。嘗恠乎童稚見果餌則喜，見書卷則惡；又恠乎羝羊見草則悦，見豹則戰。今之不樂爲善者，有如童稚之惡書卷也；一旦見閻王，又如羊之畏豹也。可不懼哉？吾儕在今日，更當窒嗜慾之好，節規利之私，則善在其中矣。東坡嘗以爲善悟空之語告魯直，其言曰：『雞鳴起爲善，蝶化夢歸空。』孟子言爲善，必與爲利並稱以垂誡。東坡言爲善，乃與『歸空』聯句以自警未必。孳孳爲善，東坡猶以爲空耳，况敢爲利爲惡乎？願假軻、軾之言警乎世，少助丹穴編施之萬一也。木石居士虞舜徒跋。

獻醜集一卷宋刊本

宋許棐撰

閨女舞妝，自謂天下色也，出見施、嬙，始知獻醜。予以詩文□□者也，自重□之餘，户外事一不以綴意，獨嗜筆硯如奇聲美味。每有題著，必拊几嗟賞，謂意語天出，不知前有古人，今有作者。及示人，人傳以爲笑，始悔不藏之也。然則醜可藏乎？曰不可。安知不有窺而笑者哉？抑可禁乎？曰不可□禁笑則愈笑也。與其藏醜而人窺笑，禁笑而人愈笑，孰若獻醜之笑之爲快也？故名其集曰《獻醜》。嘉熙丁酉中秋日，梅屋許棐自序。

騷略三卷宋刊本

宋高似孫續古撰

《離騷》不可學，可學者章句也，不可學者志也。楚山川奇，草木奇，原更奇。原人高，志高，文又高，一發乎詞，與詩三百五文同、志同。後之人沿規襲武，摹倣制作，言卑氣熡，志鬱弗舒，无復古人萬一。武帝詔漢文章士修《楚辭》，大山、小山，竟不一企，況《騷》乎？嗚呼！《詩》亡矣，《春秋》不作矣，《騷》亦不可再矣。獨不能忘情於《騷》者，非以原可悲也，獨恨夫《騷》不及一遇夫子耳。使《騷》在删詩時，聖人能遺之乎？嗚呼！余固不能窺原作，猶或知原志者，輒抱微款，妄意抒辭，題曰《騷略》。越山川曾失舜、禹，作《蒼梧帝》，作《思禹》；又經句踐君臣，作《越王臺》，作《鴟夷子皮》；吳爲越所滅，失於棄胥也，作《浙水府》；始皇東遊，以功被石，作《秦游》；王、謝諸人殊鍾情於越，迄爲蒼生一起，作《東山》；其以德著于腏祠者，侑之歌，作《江夫人》，作《崿山雨》。命之曰《九懷》。嗚呼！後之視今，今之視昔也。知我者，《騷》乎？

皕宋樓藏書志卷一百十五

集部

總集類四

選編省監新奇萬寶詩山三十八卷宋書林葉氏廣勤堂刊本

宋葉景達編

天下之寶多矣！夫有天下者，以道德爲寶；有國家者，以政事爲寶。文學之士所寶經書，豪富之家所寶珠玉。仁親以爲寶，惟善以爲寶，不貪以爲寶，此仁人賢士之寶也。若夫唫咏風月，繪畫烟雲，摘章摘句，以詩賦爲寶，此亦皆本夫性情之正而達於政事之體也。蓋詩自虞廷賡歌，以至周、召雅頌之什，皆古聖賢制作，以淑人心，而垂教法。雖閭巷俚俗之謡，聖人亦有取焉。三百篇以降，作者非一。宋以詞賦科取士，故有省監之詩，而文人才子業於是者，未免淘金揀玉，以用其心，詞語之華，篇章之粹，真希世之寶也。書林三峰葉景達氏掇拾類聚，繡梓以傳于世，目之曰《萬寶詩山》，俾後學者有所矜式，其用心亦弘矣。梓成攜以示余，因屬余敘。余惟夫子有言曰：『小子何莫學夫詩？詩可以興，可以觀，至於事父事君，多識鳥獸草木之名。』則士君子誠意正心之要，進德修業之方，與夫薦郊廟，格神人，以鳴國家之盛者，皆由詩而致。務學之士，其可忽諸？余不敏，特以此敘其概云。〔著〕雍作噩歲重九日，莆陽余性初敘。

案，此宋書林葉氏廣勤堂刊本，每頁三十行，每行二十五字。宋時兔園册也，王氏《孝慈堂書目》著録。

三國志文類六十卷舊抄本

不著編輯名氏

文選補遺四十卷明刊本

宋茶陵後學陳仁子輯誦，門人譚紹烈纂類

子在陳曰：『歸與！歸與！吾黨之小子狂簡，斐然成章，不知所以裁之。』所謂成章者，庸知其非著書立言之謂？蓋歸而删《詩》，定《書》，贊《易》，作《春秋》，正禮、樂，以垂世立教，所以裁之者在此矣。聖師既没，諸子百家騖於立言，或著書，或爲文。使有聖喆出而裁之，取其合者，去其離者，以清天下之耳目，而能言者亦得以自見，豈非後學之深幸？惟無人以任斯責，而言語文字爛熳四出於天下，涉戰國、秦、漢、晉、魏、六朝，其傳不傳，何可勝道？蕭統索古今文士之作，築臺而選三十卷，雖其去取不免失當，然收拾於散亡，微統之力，不及此。作者之得傳，後人之得有所見，詎可謂統盡無功哉？有志斯文者，補之正可也。而承襲蘇氏之説，便相詆訾，亦不恕哉！吾友陳同備少講學家庭，閲《文選》，即以網漏舟爲恨。以爲存《封禪書》，何如存《天人三策》？存《劇秦美新》，何如存更生封事？存《魏公九錫文》，何如存蕃、固諸賢論？列《出師表》不當删去《後表》，《九歌》不當止存《少司命》、《山鬼》，《九章》不當止存《涉江》。漢詔令載武帝，不載高、文；史論贊取班、范，不取司馬遷。淵明，詩家冠冕，十不存一二。又以爲詔令，人主播告之典章，奏疏，人臣經濟之方略，不當以詩賦先奏疏，矧詔令。是君臣失位，質文先後失宜。遂作《文選補》，亦起先秦迄梁間，以先儒之説及其所以去取之意，附于下方，凡四十卷。此書傳非特蕭統忠臣，而三代以後君臣出治之典章，輔治之方略，皆可考見，其爲世教民彝之助不細，文云乎哉？而同備猶未欲出其書，疑所藏未備，選未盡也。余曰：『舉爾所知而已矣，何必博之求哉？』於是同備慨然出是書，刻之不靳。同備好學有志之士，既成是書，又將取蕭統以後迄于今，作《文選續》，以廣《文粹》、《文鑑》之未備。書成，尚當以余文托君不朽。廬陵趙文撰。

蘇門六君子文粹七十卷明刊本

不著編輯者姓氏　淮海文粹十四卷，後山四卷，濟南五卷，濟北二十一卷，宛丘二十二卷，豫章四卷

錢某序崇禎六年

陳繼儒序

詩家鼎臠二卷舊抄本　朱竹垞舊藏

不著編輯者姓氏

勞氏手跋曰：此曝書亭抄本，頃以文瀾閣本相勘，首葉所缺正同，其作者姓氏每多漏脱。有倦叟題識，其即倦圃與否不可知。既据此校彼一過，亦略注一二異字於行間焉。咸豐丁巳七月十九日，勞權書。

又曰：偶閲《類編花果卉木全芳備祖》，於前集第十九卷桐花類見引《鼎臠集》詩。旋檢是編，則方士繇《崇安分水道中》後二句也，始信此書出宋人所選，不必以未見著録致疑矣。第不知選手姓名，意當有序引，而今脱佚，尚冀異日攷得之。八月二十有一日鐙下，又記於丹鉛精舍，是日蟫隱初度。

詩家鼎臠二卷文瀾閣傳抄本

不著編輯者姓氏

柴氏四隱集二卷舊抄本

宋國史秋堂柴望、瞻岵居士柴隨、亨澤臞居士柴元彪、柴元亨撰

《道州台衣詩集自敘》曰：道州台衣云者，短而不佳之謂也。台衣可著，道州者不可著。台衣可賣，道州者不可賣。不可著，不可賣，謂之短而不佳也亦宜。侏儒著戲衫，俳優曳練裙，觀者適以捧腹。余詩類是，故曰《台衣》。嗟乎！學詩四十年，吟咏數千首，求其優柔和平，哀樂中節，可以詔來而有關乎世教者，蓋百不一二也。但其間所以有可存者，則以感時對物，撫景傷情，於嫠不恤緯之心，彼黍離離之懷，非此無以自託，有不可已者在焉，是則猶有取也。詩凡三變，丙午歸田爲一變，壬子渡江爲一變，庚午泛舟赤壁又一變。二十七年間凡三變，數千首中删餘僅二百。暇日取删藁，更閲之，猶未盡愜初意，況望追風雅之萬一乎？然則詩難矣哉，安得不以道州台衣名？宋逋臣柴望識。

《涼州鼓吹詩餘自敘》曰：涼州鼓吹山翁詩餘藁也。詩餘以『鼓吹』名，取諧歌曲之律云耳。夫詩可歌功德，被金石，而垂無窮，其來尚矣。自蕢桴土鼓，泄而《韶》、《濩》，桑閒濮上，轉而鄭、衞，《玉樹》、《後庭》，變而《霓羽》，于是亡國之音肆，正雅之道熄。悲夫！詞起于唐

而盛于宋，宋作尤莫盛于宣、靖閒。美成、伯可各自堂奥，俱號稱作者。近世姜白石一洗而更之《暗香》、《疏影》等作，當别家數也。大抵詞以雋永委婉爲尚，組織塗澤次之，呼嗥叫嘯抑末也。惟白石詞登高眺遠，慨然感今悼往之趣，悠然託物寄興之思，殆與古《西河》、《桂枝香》同風致，視青樓歌、紅牕曲萬萬矣。故余不敢望靖康家數，白石衣鉢或髣髴焉。故以『鼓吹』名，亦以自云爾，幸同志者諒之。宋逋臣柴望識。

昔有騷客張雲谷見公集，評云：『憂國聲詩，足追大雅；匡時諫草，可續三謨。』識者以爲確論。至其詩餘諸稿，可與美成、伯可比肩，顧自謂髣髴白石衣鉢者，謙語耳。自新嘗記數闋，每對諸名家誦之，靡不傾耳悚聽，惟恐其易盡焉。萬曆丁亥舉祀鄉賢，復於蠹簡中蒐採，僅得十首，然多亥豕，考而正之，録呈宗師蘇臺云。十二世孫自新識。

《襪線稿詩集自序》曰：襪線無寸長，見者短之。余兄歸田翁泛沅渡淮，遊赤壁，登廬阜，客西河三十年，以吐吞山川之奇靡與乾坤清氣，諸老交盟以詩。晚年僅僅得删餘二百篇，曰《道州台衣》，猶未免乎短而疎劣之嫌也。余侍歸田翁吟几閒又三十年，雖家庭（短）〔矩〕矱，粗繩三尺，其如伎倆短之又短何！非詩之難，而工之難也！昔韓昭以文名乎蜀，李台嘏嘲之曰：『韓八座事藝如折襪線，無寸長。』吁！余詩類是，因以『襪線』名吾稾，而後知台衣之言，未若吾襪線之短爲之甚云。宋逋臣柴元彪炳中甫識。

詩苑衆芳一卷影宋鈔本

宋吴郡梅溪劉瑄伯玉編

某氏手跋曰：丙辰春，余姻家樂灊陳氏購得宋槧本，因屬抄胥録此册，忽已帀月，雨窗漫讀一過。竇研記。

《孴經室外集》曰：《詩苑衆芳》一卷，此書影元鈔本。首題『吴郡梅谿劉瑄伯玉編』，所選諸家詩：潘枋、章康、黄簡、趙汝談、方萬里、鄭起潛、文天祥、李迪、鄭傳之、何宗斗、蔣恢、朱詵、魏近思、張榘、張紹文、張元道、吕江、蔣華子、陳鈞、蕭炎、沈規、吕勝之、江朝卿、吴龍起二十四人。一人之詩，多不過十首，少或一二首，計僅八十二首。每人名著其字號、籍貫，所選之詩近體較多，率皆清麗可誦，蓋《江湖小集》之流亞，而決擇精當，似取法于唐人之選唐詩也。

文章善戲不分卷影寫宋刊本　汲古閣舊藏

宋三山鄭持正編

余自幼讀祖父書，未嘗輟卷，雖殘編斷集，亦不敢棄去。一日偶閲得墨刻數紙，有曰：『毛中書、金法曹之類者在焉。』初，莫知爲何文也。去秋，友人起善王君見示一編，簽曰《文房茶具圖贊》，則知吾家所藏本即此是也，遂録而完之。既成，繼又得羅氏十夫八仙者，攷之次第，則取於茶具，悉好事者因玉川先生而出，故亦列職以爲是編。第欠其序引耳，所以失作者之姓名，俟博聞者訂而益之。姑集爲一卷，編籤曰《房闥羣珍》，不亦可乎？刻梓於介然堂，或可助文房誤塵之萬乙，庶亦知文章家之善戲謔者也。元統改元歲日，古雍後學樊士寬雪舟謹託姓名於卷末。

翰苑英華中州集十卷中州樂府一卷元至大刊本

金元好問輯

商右司平叔衡嘗手抄《國朝百家詩略》，云是魏邢州元道道明所集，平叔爲附益之者，然獨其家有之，而世未之知也。歲壬辰，予掾東曹，馮内翰子駿延登、劉鄧州光甫祖謙約予爲此集。時京師方受圍，危急存亡之際，不暇及也。明年，留滯聊城，杜門深居，頗以翰墨爲事。馮、劉之言日往來於心，亦念百餘年以來，詩人爲多苦心之士，積日力之久，故其詩往往可傳。兵火散亡，計所存者才什一耳。不總萃之，則將遂湮滅而無聞，爲可惜也。乃記憶前輩及交游諸人之詩，隨即録之。會平叔之子孟卿攜其先公手抄本來東平，因得合予所録者爲一編，目曰《中州集》。嗣有所得，當以甲乙次第之。十月二十有二日，河東人元好問裕之。

案，此元刊元印本，每葉三十行，每行二十八字。卷末有木記曰『至大庚戌良月平水進德齋刊』。

二妙集八卷舊抄本

金段克己、成己撰　前有世德碑虞集撰

中州遺老值元興金亡之會，或身没而名存，或身隱而名顯。其詩文傳於今者，竊聞一二矣，有如河東二段先生者，則未之見也。心廣而識超，氣盛而才雄，其藴諸中者參衆德之妙，其發諸外者綜羣言之美，夫豈徒從事於枝葉以爲詩爲文者之所能及哉？于時干戈未息，殺氣瀰漫，賢者辟世。苟得一罅隙地，聊可娱生，則怡然自適，以畢餘齡，幾若澹然與世相忘者。然形之於言間，亦不能自禁，若曰『寃血流未盡，白骨如山丘』，若曰『四海疲攻戰，何當洗甲兵』，則陶之達，杜之憂，蓋兼有之。其達也，天固無如人何；其憂也，人亦無如天何。是以達之辭著，而憂之意微，後之善觀者猶可於此而察其衷焉。伯氏諱克己，字復之，人稱遯庵先生。在金以進士貢，金亡餘廿年而卒，終身不仕。仲氏諱成己，字誠之，人稱菊軒先生。在金登進士第，主宜陽簿，年過八衮，至元間乃卒。雖被提舉學校官之命，亦不復仕。遯翁之孫輔由應奉翰林，敭歷臺閣，今以天官侍郎知選舉，邂逅於京師，出其家藏《二妙集》以示。一覽如覩靖節，三復不置。已而歎曰：『斯人也，而丁斯時也；斯時也，而毓斯人也。』昔之耆彦嘗評二翁，謂『復之磊落不凡，誠之謹厚化服』，摹寫蓋得其真。予亦云然。翰林學士資德大夫知制誥同修國史臨川吴澂序。

賈定跋成化辛丑

註唐詩鼓吹十卷元刊元印本

金元好問編，元資善大夫中書左丞郝天挺註

鼓吹者何？軍樂也。選唐詩而以是名之者何？譬之於樂，其猶鼓吹乎？遺山之意則深矣。中書左丞郝公當遺山先生無恙時，嘗學於其門，其親得於指授者，蓋不止於詩而已。公以經濟之才坐廟堂，以韋布之學研文字，出其博洽之餘，探隱發奥，人爲之傳，句爲之釋。或意在言外，或事出異書，公悉取而附見之，使誦其詩者知其人，識其事物者達其義，覽其辭者見其指歸，然後唐人之精神情性始無所隱遯焉。嗟夫！唐人之於詩美矣，非遺山不能盡去取之工；遺山之意深矣，非公不能發比興之蘊。世之學詩者於是而紬之繹之，厭之飫之，則其爲詩將見隱如宫商，鏘如金石，進而爲詩中之《韶》、《濩》矣。此公（畫）〔惠〕後學之心，而亦遺山哀集是編之初意也耶？公命爲序，不敢辭，謹序其大略如此。至大元年九月十二日，吴興趙孟頫序。

鼓吹，軍樂也。大駕前後，設役冠百人，其器惟鉦、鼓、長鳴、中鳴、觱栗，皆金、革、竹，無絲，惟取便於騎。作大朝會，則置案於宫懸間，雜而奏之，最聲之宏壯而震厲者也。或以旌武功，而殺其數。取以名書，則由高宗退居德壽，嘗纂唐、宋遺事爲《幽閑鼓吹》。故遺山本之，選唐近體六百餘篇，亦以是名。豈永歌之其聲，亦可匹是宏壯震厲者乎？嘗從遺山論詩，於西崑有無人作鄭箋之恨，漫不知何説，心切易之。後聞高吏部談遺山誦義山《錦瑟》中四偶句，以爲寓意於適怨清和，始知謂鄭箋者殆是事也。遺山，代人，參政郝公書也。吁！三百五篇經删筆之後，得毛訓鄭箋，而六義始大明於天下。漢、魏而下之詩，選於蕭統，得六臣之註，而候蟲時花皆能感人觀聽。若唐詩則寄興遠而鍛鍊精，持律嚴而引用邃，簡婉而不迫，丰容而有度。左轄公三十年歷登顯要，而函情鉛槧，抉隱發藏，必欲覽者開卷瞭然，吟諷蹈詠之餘，由是進於温柔敦厚之教，是亦風遺俗美之基也。歌喜起於虞庭，頌猗那於周廟，又元臣輔治之極功。至大戊申淛省屬儒司，以是編鋟之梓，僕實董其事，工將訖。庸公適以使事南來，命僕序。僕以諸閣老雄文在前，謝不敢，公命至再，用拜手書于編末。是年六月十又八日，蜀西武乙昌謹序。

唐一代詩人名家者殆數百，體製不一。惟近體拘以音韻，嚴以對偶，起沈、宋而盛於晚唐，迄今幾五百年，未有能精其選者。國初遺山元先生爲中州文物冠冕，慨然當精選之筆，自太白、子美外，柳子厚而下，凡九十六家，取其七言律之依於理而有益於性情者五百八十餘首，名曰《唐詩鼓吹》。如韶章譽於廣庭，百音相宣，而靁鼗管籥，實張其要眇也。然選既精矣，而詩人指趣，非學識深詣者莫能發之。今中書左丞新齋郝公以舊德爲時名臣，蚤嘗講學遺山之門。念此詩不可無註，於是研覃精思，爲之訓釋，詩人出處，皆據史傳，詳著下方。使當時作詩之旨，悉浮游於辭氣之表，而遺山擇詩之意亦從是可見，真天壤閒奇。新齋視爲鄉先生，自童子時，嘗親几杖，得其去取之指歸，恐其遺忘，以易數寒暑之勤，既輯所聞與奇文隱事之雜見它書者，悉附章下，則公可當元門忠臣，其又鄭箋之孔疏歟？ 公，將種也，父兄再世數人，皆長萬夫，於鼓吹之陪，懪稍之（遵）〔導〕繡幰者，似已飫聞。 晚乃同文人詞士，以是選爲後部，寂寂而自隨，無已太希聲乎？ 其亦宏壯而震厲者，有時乎爲用也。《兵志》有之：『不恃敵之不我攻。』走聞江南詩學，壘有元戎，壇有精騎，假有詩敵挑戰而前，公以元戎握機於中，無有精騎，孰與出禦？ 走頗知詩，或少數年，使得備精騎之一曲，横槊於筆陳閒，必能劘壘得雋而還。惜今白首，不得從公一振凱也。 公由陝西憲長以宣撫奉使河、淮之南，欲序，故燧書此。

新齋郝公繼先註《唐詩鼓吹集》成，既命江東肅政内翰姚公端父爲之序，而屬摯跋于篇末。《唐詩鼓吹集》者，遺山先生元公裕之之所集。 公以勳閥英胄，幼受學遺山。 公嘗以是集教之詩律，公慨師承之有自，故爲之註。 日朝廷更化，公繇參綜廉問之重，將指方岳，宣德澤。 予方自湖湘謝病北歸，遇公廣陵，出是集。 予伏而讀之。 公於是乎不唯篤在三之義，其旁搜遠引，雖專門詞學，華皓鉛槧，有所未遑。 迺以宦遊餘暇，採摭奇奥，迄以成書。 至於謝豹、紅翠、錦瑟之類，又有得於古者多識鳥獸草木之名者，此政博物洽聞之士之所願見也。 公方以賢己爲諉，大君子之約於處己而不伐善，若是謙矣哉！ 予幼讀是集，於一代盛作，蓋嘗神會宫商，耳隱鏜鎝矣。 至其趣韻沖適，則甚愛王右丞、韋蘇州；語意超邁，則最喜劉賓客、杜紫微。 此言評詩，非註詩也。 雖然，以公用功是編之久且深也，何當葛巾羽扇，質此言平山欄檻之閒，其必有所折衷。 大德七年倉龍癸卯六月三日，後學涿郡盧摯後序。

案，此元刊元印本，每葉二十行，每行二十字，小字雙行。板心有字數及刻工姓名。卷首有子昂手書序，刻手極粹，頗有神肖。

河汾諸老詩集八卷明刊本

元横汾隱者房祺編

近代詩人，遺山元先生爲之冠。先生，太原人。太原境與平陽接，河山勝概，地土所宜，習俗所尚，古今人物不殊，至如師友淵源，文章正脈，略與之等，故河汾間諸老與天下人材無讓。麻貽溪與元老詩學無慊，古文出其右，公言也；張石泉、房白雲，與元老遊從南者；子颺、子京二陳昆仲，與元老或詩或文，數相贈遺者；遯庵、菊軒有『稷亭二段』之目，與元老相次登第者；曹兑齋與元老同爲省掾，日以文詩講義者。或曰兑齋，雲中應人也，吾子列河汾之間，得無附會歟？不然。兑齋之先誠應人，自客汴梁，北渡居平陽者三十年餘。發明道學，爲文楷式，指授後進，桃李光輝，盈溢其門，或教授鄉里，或宦達四方。有二子叔舉、季行，文筆亦盛傳。而况狀元王公，趙城人，曹之外父也。兑齋生而隱德，光輝汾晉，没而丘隴在也，豈非吾鄉先生歟？夫諸老之詩，有深而沖澹如陶、柳者，有豪放如李翰林、劉賓客者，有輕俗近雅如元、白者，有對屬切當如許渾者，有騷雅奥義、古風大章浸入于杜草堂之域者。往年吾友楊君仲德議成此集，不幸早世。仲德有云：『不觀遺山之詩，無以知河汾之學；不觀河汾之詩，無以知遺山之大；不觀遺山河汾之作，不知唐人諸作者之妙；不觀唐人之作，不知三百篇六義之深意。』予今纂録自貽溪至兑齋，凡八人，得古律詩二百一首，號曰《河汾諸老詩集》。皡皡郝先生序文於前，甚備；不肖繼言于後，才識淺陋，不能盡其藴。雖然，吾鄉學者如林，有能慕河汾之派，觀是集者知所興起云。大德辛丑歲二月望日，横汾隱者房祺序。

《河汾諸老詩集》者，迺大同路儒學教授房先生之所編也。予一日得之，惜乎諸老一代高名，百年清氣，已嘗遍白于天下，是集未嘗流布也。皇慶癸丑夏，特命工鋟木，以廣其傳。然而諸老之學，又豈專乎詩也？出處大略，已具前序。今書是説，以告夫後之學者，不爲無益云。六月吉日，尊賢堂高昂霄具白。

梅花百詠一卷舊抄本

元馮子振倡詠，釋明本和詠

天下同文集四十四卷舊抄本　馬寒中舊藏

元廬陵周南瑞敬輯　目録後有『隨所傳録陸續刊行』八字。闕卷十七、十八，卷三十一、三十四、三十五、四十一，凡六卷

唐劉夢得敘柳子厚之集曰：『文章與時高下。政龐而土裂，三光五嶽之氣分，大音不完，

故必混一而後振。』作者概以爲知言。予獨嘗謂夢得之辭，則高矣美矣，以其時攷之，則未也。唐人盛時在貞觀、開元間，其時稱歐、虞、褚、薛，最後稱『燕許大手筆』，今其文可睹也。及貞元、元和來，以韓、柳著，比至德爲盛，而去混一之初，則有間矣。才未必皆福，福亦自掩其才，因使人思易，所謂吉人辭寡者，其福未易量也。此則所謂時也。吾取以敘周南瑞所刻《天下同文》，實甚宜。嗚呼！文章豈獨可以觀氣運，亦可以論人物。余每讀漢初論議、盛唐詞章及東京諸老文字，三千年間（渾）〔混〕一盛時，僅此耳。彼乍合暫聚者，其萎弱散碎，固不得與于斯也。然此盛時作者，如渾河厚嶽，不假風月爲狀，如偃松曲柏，不與花卉争妍。風氣開而文采盛，文采極而光景消。夢得之言之也，不自知盛者已及於極也。方今文治方張，混一之盛，又開闢所未嘗有，唐蓋不足爲盛。搢紳先生創自爲家，述各爲體，功德編摩，與詩書相表裏，下逮衢謡，亦各有烝民立極之學問。南瑞此編，又得之鉅公大筆，選精刻妙，則觀于此者，豈可以尋行數墨之心胸耳目爲足以領此哉？自《文選》來，唐稱《文粹》，宋稱《文鑑》，皆偉然成書。他日攷一代文章，當於此取焉。大德甲辰第一甲子日，廬陵劉將孫撰。

馬氏手跋曰：近代儲藏家惟葉文莊《菉竹堂書目》有此，亦止一册，可知五十卷之外，未必再有乙、丙諸集也。錢虞山編《列朝詩》以前甲爲冠，意本是選。余於癸未九月從汲古後人借抄，時朱竹垞先生寓吴，蓋三寄書慂之，始得一慰耳。原本缺十數紙，竟無從補完矣。花山馬思贊識。

《姚牧庵全集》已不可見，是集所載大半《中州文表》之漏者，較閲一過，爲喜而再識之。寒中。

古賦辨體八卷外集二卷明刊本　林吉人舊藏

元祝堯編

自序曰：古今之賦甚多，愚於此編非敢有所去取，而妄謂賦之可取者止於此也，不過載常所誦者爾。其意實欲因時代之高下，而論其述作之不同，因體製之沿革，而要其指歸之當一，庶幾可以由今之體以復古之體云。

錢溥序成化二年

宋詩拾遺二十三卷舊抄本

元錢唐陳世隆彦高選輯

案，世隆字彦高，錢唐人。宋末書賈，陳思之從孫。順帝至正中館嘉興陶氏，没于兵。所著詩文皆不傳，惟《宋詩補遺》八卷與《北軒筆記》一卷僅存。見《北軒筆記》所附小傳。今此本三十三卷完善無缺，尚是明人抄本，則小傳所云八卷尚未見全書也。伏讀《四庫提要》，云今《宋詩補遺》亦無傳本，則是書之罕見可知。

皕宋樓藏書志卷一百十六

集部

總集類五

宛陵羣英集十二卷文瀾閣傳抄本

元汪澤民、張師愚編

詩所以詠情性而本乎風教之盛衰，其體固有古、近之殊，求之六義，一也。宛陵爲江左大藩，文風之盛蓋久矣，世遠而辭不傳。宋太平興國中，少卿李公以文學顯，繼而侍讀梅公以詩名。當世搜訪所作，皆僅餘數篇。□□寖深，後之篇詠，益復放失，可不惜哉？里中施璇明叔昆弟敦尚文墨，迺請於余，偕張仲淵編輯李少卿而下詩，逮乎今日，凡得一千三百九十三首，分古今體，繕寫爲二十八卷，題曰《宛陵羣英集》，鋟板而傳之，都官詩則不復載焉。余嘗怪世之昧者往往易視乎詩，不知其關政教非小也。是故風雅之作，孅惡具存，感發懲創，並行不悖。今是編雖不越乎宛陵，然一邦之政教得失，於焉可攷矣。采詩者覽之，亦將有所取云。至正初元歲在辛巳正月丙子，新安汪澤民序。

宛陵山水之勝，聞於東南，人生其間，必有魁奇秀偉之士，發於詠歌，亦必有清麗典雅，播當時而傳後世。由宋以來，有少卿李公、侍讀梅公、公之姪都官先生，洎施景仁、周少隱諸人，彬彬彰甚。余嘗欲萃輯衆作，而因循不暇。一日里人施璇明叔率諸弟來請曰：『吾宣詩人之集不少，年代浸遠，散涣無統，淪亡者衆矣。今不輯，懼久而益泯，使後世無聞焉，非所以尊先達，勵後進。願子輯諸家之長爲一編，吾將刻諸梓以久其傳，豈不偉歟？』余固辭不獲，乃與吾友汪氏叔志上取宋初，逮乎今日，凡宣之士所作諸體詩，摘其警策者，類分而臚列之，凡二十八卷，名曰《宛陵羣英集》。都官詩則有《宛陵先生集》刻本於學宫，兹不復載。若夫採録未盡，及繼今有作，將俟續刊之云。至正元年歲在辛巳春正月丙子，宣城張師愚敘。

國朝文類七十卷目録三卷 元刊元印本　玉蘭堂舊藏

元蘇天爵編

皇帝聖旨裏，江浙等處儒學提舉司，至元二年十二月初六日，承奉江浙等處行中書省掾史崔適承行劄付，准中書省咨，禮部呈奉省判，翰林國史院呈，據待制謝端，修撰王文煜，應奉黄清老，編修吕思誠、王沂、楊俊民等呈：竊惟一代之興，斯有一代之制作。然文字雖出于衆手，而纂述當備於一家。故秦、漢、魏、晉之文，則有《文選》拔其萃；而李唐、趙宋之作，則有《文粹》、《文鑑》掇其英。矧在國朝，文章尤盛，宜有纂述以傳於時，于以敷宣政治之宏休，輔翼史官之放失。其於典册，不爲無補。伏覩奎章閣授經郎蘇天爵自爲國子諸生，歷官翰林僚屬，前後蒐輯，殆二十年，今已成書，爲七十卷。凡歌詩、賦頌、銘贊、序記、奏議、雜舊書說、議論、銘誌、碑傳，其文各以類分號，曰《國朝文類》。雖文字固富於網羅，而去取多關於政治。若於江南學校錢糧内刊板印行，豈惟四方之士廣其見聞，實使一代之文焕然可述矣。具呈照詳。得此，本院看詳授經郎蘇天爵所纂《文類》去取精詳，有裨治道，如准所言，移咨江南行省，於贍學錢糧内鋟梓印行，相應具呈照詳，奉此。本部議得翰林待制謝端等官建言，一代之興斯有一代之制作，參詳上項《國朝文類》七十卷以一人之力，搜訪固甚久，而天下之廣，著述方無窮，雖非大成，可爲張本。若准所言，鋟梓刊行以廣其傳，不唯黼黻太平，有裨於昭代，抑亦鉛槧相繼，可望於後人。如蒙准呈，宜從都省移咨江浙行省，於錢糧衆多學校内委官提調，刊勒流布，相應具呈照詳，得此。都省今將《文類》檢草令收管，賫咨順帶前去。咨請依上施行，准此。省府今將上項《文類》隨此發去，合下仰照驗，依准都省咨文内事理施行，奉此。及申奉江南浙西道肅政廉訪司書吏馮諒承行旨揮，看詳上項。《文類》紀録著述，實關治體，既已委自西湖書院山長計料工物價錢，所需贍學錢遵依省准明文，已行分派各處，除已移牒福建、江東兩道廉訪司，催促疾早支撥起發外，其於刊雕謄寫之時，若有差訛，恐悮文獻之考，憲司合下仰照驗，委自本司副提舉陳登仕不妨本職校勘繕寫施行，奉此。又奉省府劄付，仰委自本司副提舉陳登仕不妨本職，校勘繕寫，監督刊雕，疾早印造完備，更爲催取各各工物價鈔，就便從實銷用，具實用過數目開申，奉此。至元四年八月十八日承奉江浙等處行中書省劄付，准中書省咨禮部及太常禮儀院，書籍損缺，差太祝陳承事賫咨到來，於江南行省所轄學校書院有板籍去處印造，裝褙起解，以備檢尋，無復缺文之意。數内坐到《國朝文類》二部，仰依上施行，奉此。照得近據西湖書院申交劄到《國朝文類》書板於本院安頓，點視得内有補嵌板，而慮恐日後板木乾燥脱落，卒難修理，有妨印造。況中間文字刊寫差訛，如蒙規劃刊修，可以傳久，不悮觀覽，申乞施行。續奉省府劄付，照勘到西湖書院典故，書籍數内，《國朝文類》見行修補，擬合委令師儒之官較勘明白，事爲便益，奉此除已委令本院山長方員同儒士葉森，將刊寫差訛字樣比對較勘明白，修理完備，印造起解外，至正元年十一月二十二日，准本司提舉黄、奉政關，伏見今中書省蘇參議昨任奎章閣授經郎，編集《國朝文類》一部，已蒙中書省移咨江浙等處行中書省劄付本司刊板印行。當職近在大都於蘇參議家獲覩元編集，檢草較正，得所刊板本第四十一卷内缺少下半卷，計一十八板九千三百九十餘字，不曾刊雕，又於目録及各卷内較正，得中間九十三板脱漏差誤，計一百三十餘字，蓋是當時較正之際，失於鹵莽，以致如此。宜從本司刊補改正，庶成完書。今將缺少板數、漏誤字樣，録連在前，關請施行，准此。儒司今將上項《文類》板本刊補改正，一切完備，隨此發去，合下仰照驗，收管施行，須至指揮□□。右下杭州路西湖書院，准此。

至正二年二月日施淵。

庀文統事，太史之職也，史官放失，而文學之士得以備其辭焉。古者自策書簡牘，下及星曆卜祝之事，屬于太史，故《三墳》、《五典》、《八索》、《九丘》在焉，《書》與《易》皆是也，而《春秋》出焉，教于國都州里者，《詩》、《禮》、《樂》而已矣。觀民風者，采詩謡以知俗，觀禮樂以知政，亦集于太史。後之學者攷六藝之辭，發而爲文章，是故文章稱西漢，記事宗左氏、司馬子長，與世興變其間，必有名者出焉。國初，學士大夫祖述金人、江左餘風，車書大同，風氣爲一。至元、大德之間，庠序興，禮樂成，迄于延祐以來極盛矣。大凡《國朝文類》，合金人、江左以攷國初之作，述至元、大德以觀其成，定延祐以來以彰其盛，斯著矣。網羅放失，采拾名家，最以載事爲首，文章次之，華習又次之，表事稱辭者則讀而知之者存焉。伯修於是亦勤矣哉！固忠厚之道也，文章之體備矣。因類物以知好尚，本敷麗以知情性，辭賦第一；備六體兼百代，萃粹其言，樂章、古今詩第二；本誓命，細訓誥，申重其辭，以憲式天下，萬世則之，詔、册、制命第三；人臣告猷，日月獻納，有奏有諫，有慶有謝，奏議、表、牋第四；物有體，體以生義，以寓勸誠褒述，箴、銘、頌、贊第五；聖賢之生，必有功德事業立于天下，後世法象之，古今聖哲碑第六；核諸實，顯諸華，合斯二者，不誕不俚，記、序第七；衷藴之發，油然恢徹，其辨不動者鮮矣，書啟第八；物觸則感，感則思，思則鬱，鬱則不可遏，有裨于道，雜説、題跋第九；有事，有訓，有言，有假，有類，不名一體，雜著第十；朝廷以郡造士，先生以導學者，徵諸古，策問第十一；爾雅其言，煜煜然歸其辭，其事宣焉，諸雜文第十二；累其行事，不憖遺之意，其辭慤，哀辭、諡議第十三；其爲人也，没而不存矣，備述之，始終之，行狀第十四；其爲人也，没而不存矣，志其大者遠者，將相大臣有彝鼎之銘，大夫、士、庶人及婦人女子亦得以没而不朽者，因其可褒而褒焉，以爲戒勸焉，墓志、碑碣、表、傳第十五，總七十卷。出入名家總若干人，是則史官之職也，夫必有取於是也。夫自孔子删定六藝，《書》與《春秋》守在儒者，自史官不世其業，而一代之載，往往散於人間。士之生有幸不幸，其學有傳不傳，日遷月化，簡札湮没，是可歎也。伯修三爲史氏，而官守格限，遂以私力爲之。蘇君天爵，伯修其字也，世爲真定人。先世咸以儒名。威如先生尤邃曆學，著《大明曆算法篇》，以稽其繆失焉。郎中府君以材顯，至伯修而益啟之。伯修博學而文，於書無所不讀，討求國朝故實及近代逸事最詳定，著《名臣事略》若干卷、《遼金紀年》若干卷，并爲是書，書非有補益于世道者，不爲也。自翰林修撰爲南行臺御史，今爲監察御史。元統二年夏四月戊午朔，文林郎江南諸道行御史臺監察御史南鄭王理序。

元氣流行乎宇宙之間，其精華之在人，有不能不著者，發而爲文章焉。然則文章者，固元氣之爲也，徒審前人制作之工拙，而不知其出于天地氣運之盛衰，豈知言者哉？蓋嘗攷之，三代以降，惟漢、唐、宋之文爲特盛。就其世而論之，其特盛者，又何其不能多也？千數百年之久，天地氣運難盛而易衰乃若此，斯人之榮悴概可知矣。先民有言曰：『三光五嶽之氣分，大音不完，必混一而後大振。』美哉乎其言之也。昔者北南斷裂之餘，非無能言之人，馳騁於一時，顧往往囿於是氣之衰，其言荒粗萎冗，無足起發人意。其中有若不爲是氣所囿者，則振古之豪桀，非可以世論也。我國家奄有六合，自古稱混一者，未有如今日之無所不一，則天地氣運之盛，無有盛于今日者矣。建國以來，列聖繼作，以忠厚之澤，涵育萬物，鴻生雋老，出於其間，作爲文章，龐蔚光壯，前世漏靡之風於是乎盡變矣。孰謂斯文之興，不有關於天地國家者乎？翰林待制趙郡蘇天爵伯修慨然有志於此，以爲秦、漢、魏、晉之文則收於《選》，唐、宋之文則載於《文粹》、《文鑑》，國家文章之盛，不采而彙之，將遂散軼沉泯，赫然休光，弗耀於將來，非當務之缺者歟？乃蒐摭國初至今名人所作，若歌詩、賦頌、銘贊、序記、奏議、雜著、書説、議論、銘誌、碑傳，皆類而聚之，積二十年凡得若干首，爲七十卷，名曰《國朝文類》。百年文物之英，盡在是矣。然所取者必其有繫於政治，有補於世教，或取其雅製之足以範俗，或取其論述之足以輔翼史氏，凡非此者，雖好弗取也。夫人莫不有所爲於世，顧其用心何如耳。彼爲身謀者，窮晝夜所爲，將無一事出於其私心之外。至有爲人子孫，於其先世所可傳者，漠然曾不加意，遑及他人之文與天下之事哉？覽是編者，不惟有以見斯文之所以盛，亦足以見伯修平日之用心矣。伯修學博而識正，自爲成均諸生，以至歷官翰苑，凡前言往行與當世之所可述者，無不筆之簡册，有《國朝名臣事畧》與是編並著。廷論以《文類》猶未流布於四方也，移文江浙行省鋟諸梓。伯修使旅書所以纂輯之意于編端，庶幾同志之士尚相與博采而嗣録之。元統二年五月五日，將仕佐郎國子助教陳旅序。

右國朝以來詩文七十卷，右司都事趙郡蘇伯修父所類也。守誠在胄館時，見伯修手抄近世諸名公及當代聞人逸士述作，日無倦容。積以歲年，今始克就編，不以微而遠者遂泯其實，不以顯而崇者輒暴其善，用心之公，溥也如是。夫古者以言名家，則有集傳，其別而敘之於史傳者，非發明乎學術之説，則關繫乎世道之文也。不然，君子無取焉。則是伯修豈無意而爲之者乎？伯修方以政事嚮用，所集《名臣事畧》及是書，皆將刊布天下。天下之士得攬焉者，孰不美國朝文物之盛，嘉伯修會萃之勤矣？伯修名天爵，以國子高等生試貢入官，力學善文，多知遼、金故事，亦有論著他書，無所不闕。予之敬交也，故題《文類》後。元統三年三月三日，太原王守誠書。

案，此元西湖書院刊本之最初印者，每葉二十行，每行十九字，小黑口。目後有『儒士葉森點對』六字。卷中有『玉蘭堂』白文方印、『王履吉』白文方印、『健菴』白文方印、『季振宜藏書』朱文長印、『吾道在滄洲』朱文方印。

元文類七十卷目録三卷明刊本

元蘇天爵編

王理序

王守誠跋

皇元風雅前集六卷後集六卷影寫元刊本

《前集》，盱江梅谷傅習説卿采集；《後集》，儒學學正孫存吾如山編類，奎章學士虞集伯生校選

詩之爲教，存乎性情，苟無得於斯，則其道謂之幾絶可也。皇元近時作者迭起，庶幾風雅之遺，無愧《騷》、《選》。然而朝廷之制作，或不盡傳於民間；山林之高風，必不俯諧於流俗。以詠歌爲樂者，固嘗病其不備見也。清江傅説卿行四方，得時賢詩甚多，卷帙繁浩。廬陵孫存吾略爲詮次，凡數百篇，而求予爲之題辭。予觀其編，以静修劉夢吉先生爲之首。自我朝觀之，若劉公之高識遠志，人品英邁，卓然不可企及，冠冕斯文，固爲得之。前後能賦之賢，未易枚舉，偶有未及，非逸之也。若乃僕區區曹、鄶之陋，則在所不足録云。至元二年歲在丙子八月辛巳，邵菴道人虞集伯生題辭。

詩者，斯人情性之所發，自《擊壤》來有是矣。然體製隨世道升降，音節因風土變遷。以近代言唐詩，不與宋詩同，晚唐難與盛唐匹。我朝混一海宇，方科舉未興時，天下能言之士，一寄其情性於詩，雖曰家藏人誦，而未有能集中州四裔文人才子之句彙爲一編，以傳世行後者。廬陵孫君存吾有意編類雕刻，以爲一代成書，其志亦可尚已。吾嘗以爲中上之詩，沉深渾厚，不爲綺麗語；南人詩尚興趣，求工於景意間。此固關乎風氣之殊，而語其到處，則不可以優劣分也。編書者當以是求，讀者亦以是觀，則得之矣。予其徧歷風騷之國而搜訪焉，庶乎是集可無

遺憾。若夫可否去取，自有當今宗匠在。至元二年丙子三月晦日，盱江南總謝升孫子順父序。

本堂今求名公詩篇，隨得即刊，難以人品、齒爵爲序，四方吟壇多友，幸勿責其錯綜之編。倘有佳章，勿惜附示，庶無滄海遺珠之嘆云。李氏建安書堂謹咨。

唐音十五卷 明刊本

元楊士弘輯

襄城楊伯謙好唐人詩，五言、七言、古詩、律詩、絶句，以盛唐、中唐、晚唐别之，凡幾卷，謂之《唐音》。音也者，聲之成文者也。其用意之精深，豈一日之積哉？蓋其所録，必也有風雅之遺，騷些之變。漢、魏以來，樂府之盛，其合作者，則録之。不合乎此者，雖多弗取。是以若是其嚴也。昔之選唐者非一家，若伯謙之辯識，度越尋常遠哉！噫！先王之德盛而樂作，迹熄而詩亡，係于世道之升降也。風俗頹靡，愈趨愈下，則其聲文之成，不得不隨之而然。必有特起之才，卓然之見，不係于習俗之所同，則君子尚之，然亦鮮矣。嗚呼！唐、虞、三代，其盛矣乎！元首股肱之歌，見于唐書；一遊一豫之嘆，聞之夏諺。其僅存者，亦寥寥（廊）〔廓〕絶矣。若夫十五國風、大小雅，周之盛衰備矣；《周頌》者，多周公之所作也；猗那之存，太師傳焉；駉駜之興，魯人作之。皆吾夫子之手筆也。千載之言詩者，孰不本于此哉？則吾于伯謙《唐音》之録，安得不嘆夫知言之難也。虞集序。

夫詩莫盛於唐，李、杜文章冠絶萬世。後之言詩者，皆知李、杜之爲宗也。至如子美所尊許者則楊、王、盧、駱，所推重者則薛少保、賀知章，所讚詠者則孟浩然、王摩詰，所友善者則高適、岑參，所稱道者則季友。若太白《登黄鶴樓》獨推崔顥爲傑，作《游郎官湖》復歎張謂之逸興，擬古之詩則彷佛乎陳伯玉。古之人不獨自專其美，相與發明斯道者如是，故其言皆足以没世不忘也。余自幼喜讀唐詩，每慨嘆不得諸君子之全詩。及觀諸家選本，載盛唐詩者獨《河岳英靈集》，然詳於五言，略于七言，至於律絶，僅存一二。《極玄》，姚合所選，止五言律百篇，除王維、祖詠，亦皆中唐人詩。至如《中興間氣》、《又玄》、《才調》等集，雖皆唐人所選，然亦多主於晚唐矣。王介甫《百家選唐》除高、岑、王、孟數家之外，亦皆晚唐人。《詩鼓吹》以世次爲編，於名家頗無遺漏，其所録之詩，則又駁雜簡略。他如洪容齋、曾蒼山、趙紫芝、周伯弜、陳德新諸選，非惟所擇不精，大抵多略於盛唐而詳於晚唐也。後客章貢，得劉愛山家諸唐初盛唐詩，手自抄録，日夕涵泳，於是審其音律之正變，而擇其精粹，分爲《始音》、《正音》、《遺響》，總名曰《唐音》，凡十五卷，共詩一千三百四十一首。始於乙亥，成於甲申。嗟夫！詩之爲道，非惟吟咏情性，流通精神而已，其所以奏之郊廟，歌之燕射，求之音律，知其世道，豈偶然也哉？觀是編者，幸恕其僭妄，詳其所用心，則自見矣。至正四年八月朔日，後學襄陽楊士弘謹誌。

顧璘序嘉靖辛丑

古樂府十卷明刊本

元豫章左克明編次

漢武帝立樂府官，采詩以四方之聲，合八音之調，用之甘泉圜丘，此樂府之名所由始也。歷世相承，古樂廢缺，雖修舉不常，而日就泯没，博洽推究，師授莫明。於是凡其諸樂舞之有曲，與夫歌辭可以被之管絃者，通其前後，俱謂之樂府。上追三代，下逮六朝，作者迭興，倣效繼出，雖世降不同，而時變可攷，紛紛沿襲，古意略存。或因意命題，或學古敘事，尚能原閨門衽席之遺，而達於朝廷宗廟之上。方三百篇之詩爲近，而下視後世詞章留連光景者有間矣。克明竊伏山林，有志兹事，見聞淺鮮，終不克成。數年以來，免强就緒，採摭前人之餘意，探求作者之異同，按名分類，删繁舉要。唐人祖述尚多，非敢棄置，蓋世傳者衆，弗賴於斯。是編也謂之《古樂府》，故獨詳於古焉。《記》曰：『凡樂，樂其所自生。』愚之管見，亦欲世之作者泝流窮原，而不失其本旨云耳。其爲卷也凡十，而其爲類也八。冠以古歌謡辭者，貴其發乎自然也；終以雜曲者著，其漸流於新聲也。嗚呼！樂府之流傳也尚矣。風化日移，繁音日滋，愚懼乎此聲之不作也。故不自量度，輒爲敘次，推本三代而上，下止陳、隋，截然獨以爲宗，雖獲罪世之君子，無所逃焉。至正丙戌良月，豫章後學左克明謹書。

洞霄詩集十四卷元刊元印本　馬笏齋舊藏

元本山道士孟宗寶集虛編

山中距舊都會僅□舍□□□□□多於□少於□□□□讀書琴奕齋□□精岩間□觴詠亦甚，我家法然也。一時寓公□客品題蓋□□泉石亡恙流□□□鳴騶例□□劣敝賦待於二境，營繕住持之事繁矣。清虛恬退，寧□□見於□今尋工重□□□章將□寵靈以□□□傳之，覽者庶幾愛屋及烏之意云。大德六年十月日，住山介□沈多福炷香謹。

余聞《畫史》云，拳石勺水無甚奇觀落□□□意，或造其妙，往往意在筆外，足以勝之也。千岩萬壑，三江五湖，雄偉浩汗，駭目動心，其氣已懾，安得模寫盡乎？維詩亦然，天下名山以罕得佳句，最陋之地或以詩傳是已。杭東南山之勝，莫如天目；天目之勝，未如大滌洞天。自唐宋迄今，題詠不少，醇疵相半，□□□病。余獨謂不然。讀大滌洞天詩，當如閱泰山、東海圖障，姑取其命意之難易，勿責備焉可也。孟君集虛聞而是之，因舊集删定，重刻之，牧故爲序。大德六年十月，大滌隱人錢唐□□書。

水以龍而靈，山以仙而名，然地亦有□□□重者。故先民嘗言，物之興廢有時，至天下勝處，終不可掩，必有賢人君子爲之題品。大滌自漢元封爲投龍所，而靈始著；東晉後爲仙真所棲，而名始彰。及唐人作爲歌詠，至宋□□諸公妙語傑出，三四百年間，大篇短章交作，於是五洞九峰，勝概燦陳□□鳴之内，而地視昔益重矣。使不會粹來編，久或散失，則居是山者，將無悳乎？謹裒古今名章，共十四卷，而鋟諸梓。大德六年十月日，住山介石沈多福炷香謹序。

洞霄舊名天柱，觀武肅錢王記所載，三泉合派，雙石開扉，藥圃新池，古壇書閣，古有題品，足爲耿光者，惜今無傳。宋紹定間，住山沖妙龔先生與道士王思明裒類大滌留題，刻板行世。咸淳甲戌，化爲刼灰。今大德壬寅，且三十年。廢弗舉，名勝入山，咸謂缺典，恨之。宗寶以介石祖沈公命，取舊集洎家藏詩，與本山葉君、（枚）〔牧〕心鄧君暇日討論，删定唐、宋賢及今名公題詠，命工重刻，與好事者共之。非獨爲山中清事，亦足繼前人志也。時大德六年十月，山中道士孟宗寶集虚謹書卷後。

《揅經室外集》曰：《洞霄詩集》十四卷，宋道士孟宗寶撰。宗寶，字集虚。嘗築室於苕溪之上，曰集虚書院。爲詩文咸有法度，煉玄養素，居九瑣山中，三年積書至數千卷。與鄧牧相友善，牧爲《洞霄宫圖志》，曾載其人。攷今《道藏》中《大滌洞天記》有至元三年吴全節序云：『道士孟集虚出所編《洞霄圖記》，山川之奇秀，巖洞之深杳，宫宇之沿革，人物之挺特，昔耳目之未及者，今一覽無遺。是編行乎世，集虚於兹山之功亦懋矣！』《大滌洞天記》者即今《洞霄圖志》也。記本鄧牧著，而序以爲孟宗寶者，疑當日兩書本合行耳。是本明有高以謨刊，近亦不可得見。此從舊鈔過録，中有殘缺處。

案，此元刊元印本，每葉十八行，每行二十字。卷中有『馬玉堂印』白文方印、『笏齋』朱文方印、『馬笏齋藏書記』朱文長印、『扶風書隱生』白文方印。

皕宋樓藏書志卷一百十七

集　部

總集類六

玉山名勝集二卷舊抄本　馬笏齋舊藏

元玉峯顧瑛仲瑛編次　前有張翥《寄題玉山詩》一首

中吴多晏游之勝，而顧君仲瑛之玉山，佳處其一也。顧氏自闢彊以來，好治園池，而仲瑛又以能詩好禮樂，與四方賢士大夫游。其涼臺燠館，華軒美榭，卉木秀而雲日幽，皆足以發人之才趣。故其大篇小章，曰文曰詩，間見層出。而凡氣序之推遷，品彙之回薄，陰晴晦明之變幻叵測，悉牢籠摹狀于賡倡迭和之頃。雖復體製不同，風格異致，然皆如文繒貝錦，各出機杼，無不絶麗瑩縟，酷令人愛。仲瑛既會萃成卷，名曰《玉山名勝集》，復屬予爲之序。夫世之有力者，孰不寄情山水間？然好事者於昔人别墅，獨喜稱王氏之輞川、杜氏之樊川，豈非以當時物象見于倡酬者，歷歷在人耳目乎？然輞川賓客，獨稱裴迪，而樊上翁則不過時召密暱往游而已。今仲瑛以世族貴介，雅有器局，不屑仕進，而力之所及，獨喜與賢士大夫盡其驩。而其操觚弄翰，觴詠于此，視樊上翁蓋不多讓，而賓客倡酬之盛，較之輞川，或者過之。嗟乎！後之視今，亦猶今之視昔。使異日玉山之勝，與輞川別墅並存于文字間，則斯集也詎可少哉？是不可以無序，于是乎書。至正十年四月既望，翰林侍讀學士中奉大夫知制誥同修國史同知經筵事金華黄溍序。

崑山之世族居界溪者曰顧氏，顧氏之有才謂者曰仲瑛。即所居之偏，闢地以爲園池。園之中爲堂，爲舍，爲樓，爲齋，爲舫，敞之而爲軒，結之而爲巢，葺之而爲亭。植以佳木善草，被之芙蕖菱芡，鬱焉而陰，焕焉而明，闃焉而深，一日之間，不可以徧賞。而所謂玉山草堂，又其勝處也。良辰美景，士友羣集，四方之來與朝士之能爲文辭者，凡過蘇必之焉。之則歡意濃浹，隨興所至，羅樽俎，陳硯席，列坐而賦，分題布韻，無間賓主。仙翁釋子，亦往往而在，歌行比興，長短雜體，靡所不有。于是裒而第之，彙成一帙，題之曰《草堂名勝》。凡當時之名卿賢士所爲記、序、贊、引等篇，皆以類附焉。間嘗取而讀之，高者跌宕夷曠，上追古人，下者亦不失清麗灑脱，遠去流俗，琅琅炳炳，無不可愛。吁！亦盛矣。予幼時讀晉《蘭亭序》，謂皆一時勝集，意千載而下，無復能繼。及究觀蘭亭作者，率寥寥數語，罕可稱誦，向非王右軍一序，則此會幾泯滅無聞。若桃花園之宴，則又不知當時能賦者幾人，罰金谷酒數者幾人，其泯没尤甚，獨賴李謫仙一序可見耳。豈若草堂之會，會有其人，人有其詩，而詩皆可誦邪？蓋仲瑛以衣冠詩禮之胄，好尚清雅，識度宕達，所交多一時名勝，故其盛如此。吾故謂使是集與《蘭亭》、《桃花園》並傳天壤間，則後之覽者安知其不曰：『彼不我若耶？』至正十一年歲在辛卯二月既望，元統癸酉第一甲進士及第湘東李祁序。

案，卷中有『休陽汪氏裘杼樓藏書印』朱文方印、『馬玉堂印』回文方印、『笏齋』朱文方印。

玉山草堂雅集十六卷宋賓王手抄本

元玉山顧瑛類編

崑山顧仲瑛裒其所嘗與游者，往還唱和，及襍賦之詩，悉鋟諸梓。編帙既成，求予一言以引諸首。予來吴，見吴之大姓家交於人者，往往市道耳，勢要耳，聲色貨利耳。不好聲色而好雜流者寡矣，矧好儒流乎？不好儒流而好書數者寡矣，矧好文墨章句爲不朽之事乎？仲瑛嗜好既異，故其取友亦異。其首内交於予也，築亭曰某亭，以尊予之所學也。設榻曰某榻，以殊予之所止也。予何修而得此哉？蓋仲瑛之慕義好賢，將以示始於予，而海内之士有賢於予者至矣。故其取友日益衆，計文墨所聚日益多，此《草堂雅集》之出於家而布於外也。集自予而次，凡七十餘家，詩凡二千餘首，其工拙淺深，自有定品，觀者有不待予之評裁也。其或護短憑愚，持以多上人者，仲瑛自家權度，又輒能是非而去取之。此集之所次，具其可觀者焉。攬之者無論其人之貴賤稚宿，及老、釋之異門，總其條貫，若金石之相宣也，鹽梅之相濟也，蓋必有得於雅集者矣，得於雅集則亦有得其爲人者焉。仲瑛讀書之室曰玉山草堂，故集以之名。其自著有《玉山璞稿》、《玉山樂府》，行於時云。至正九年五月十有二日，諸暨楊維楨序。

宋氏手跋曰：古昆山爲壯哉縣。宋嘉定間割東南鄉，别立縣官治，名之曰嘉定，記建始之年也。前明弘治間又割昆、常、嘉地建太倉州，然並隸蘇府。譬諸譜誼，猶兄弟行也。雍正歲丙午，陞州爲直隸，分嘉定、崇明來屬。眉山譜族，所謂漸至如涂人，吾州之於玉山是也。兹鄉先賢雅集，雖經汲古鐫板，今皆散佚。且毛氏所刊之書多譌，難以憑準。向晤蓮涇王先生，云此集首柯敬仲九思，余得石門抄本首陳基者，共一十三卷，中闕三、六、九等卷。因其格行委窄，繕寫不恭，置而未補。今年春，桐鄉金元功得洞庭翁氏本，亦首陳基者，借之較對，以補石門之闕，暇則併抄之。夏初入郡謁王蓮涇先生，求假其所藏本觀之。凡一十六卷，其第一有前後卷，實一十七卷，七十九人，詩篇二千四百一十有七，較初補脱柯九思、陳旅、李孝先、東氏昆季、徐達左、繆嵓、湯成、僧自恢九人。時寓桃花塢，較梅宛陵、胡仲子諸集，弗暇。因檢九人詩，寄歸補闕，謂得其全。及歸，翻閲王藏與翁本，乃人同詩異。再閲鐵崖先生所爲序，云兹集自予而次人凡五十餘家，詩凡七百餘首，於人詩不符外，又疑鐵崖詩冠首，豈祇作序耶？遂目録而兩存之，俟真本定焉。余三補兹集，以鄉先賢雅集，恐漸失真傳，亟録以識。丙午立秋後十日，古東倉宋賓王識。

草堂雅集十三卷校元刊本

元昆山顧瑛類編

楊維楨序

玉山遺什一卷玉山倡和一卷明抄本　席玉炤舊藏

不著編輯者名氏

玉山紀遊一卷舊抄本

元袁華編

大雅集八卷舊抄本

元天台賴良善卿編

錢鼒序至正壬寅

賴良序

楊維楨序至正辛丑

王逢序

大雅集八卷舊抄本　曹倦圃舊藏

元天台賴良善卿編，會稽楊維楨廉夫評點

古者天子巡狩，命太史陳詩，以觀民風，蓋將以探民之休戚，以知王政之得失，此周人所以不能已於采詩之官也。故觀民風而必采詩以陳者，民之情因言以宣，猶物因風之動以有聲也。則詩，志之所存，情之所感，而言之所從以出者乎？但上之化下也，有淑慝之分，則下之報上也有美刺之别。然發乎情，止乎禮義，樂而不淫，哀而不傷。雖刺也，主文而譎諫，言之者無罪，聞之者足以戒，此詩人忠厚之至也。然則周人所以采之者，不以其出於情之真乎？由是知古之人以情爲詩，而其言莫不麗以則；後之人則以詩爲情，而言不出於情有矣，況麗而有不則者哉？古之詩多出於民之心，後之詩多出於士之筆，雅、頌之作固能之，而風或不之及。蓋心匪鬱伊而寫其幽思者，非情之真也。惟中心感發者，然後口以吟咏其性情耳。故後世雖有采詩者，實難其人焉。然有慷慨以鼓其氣，磊落以驅其才，若杜少陵輩，則不能無風、雅之作耳。若此者，雖微采詩之官，識者能采之矣。天台賴先生善卿以三十年之勞，不憚駕風濤，犯雨雪，冒炎暑，以采江南北詩人之詩。其采也公矣，情深而不詭則采之風，清而不雜則采之事，信而不誕則采之義，直而不回則采之體，約而不蕪則采之詞，麗而不淫則采之□，而未始有不關於世教者。吁！亦勤矣哉！非其學博而守約，得詩人之真趣者，不能造斯域也。會稽楊鐵厓先生評而序之，名曰《大雅集》。而友人盧仲莊氏手爲之鋟梓。既板行，學者莫不購之以爲軌式焉。他日有采詩之官者出，其必將求善卿之所采以進於上矣。於是乎序。時至正壬寅春，吴興錢鼒在雲間之水南北寫。

《昭明文選》初集至一千餘卷，後去取不能十之一，今所存者三十卷耳。三十卷中尚有可汰者，選之難精也如此。良選詩至二千餘首，鐵厓先生所留者僅存三百。古人以詩名世，或一聯一句不爲少也；而有擅長雄作，則大篇長什，又不厭其多也。故今所刊者，或一人一詩，或一人數十詩，蓋不以多寡較也。天台賴良。

客有賴良氏來謁予七者寮，致其請曰：『昔山谷老人在州歎曰：「安得一奇士有力者，盡刻杜公東西川及夔州詩，使大雅之音復盈三巴之耳。」有楊生素者任之，刻石作堂，因以「大雅」名之。先生《鐵厓詩》雖已徧傳海内，而兵變後，諸作人未識之者有之。識其詩，付有力刻之，亦使大雅之音盈于三吴之耳，不亦可乎？』余曰：『東南詩人隱而未白者，不少也。吾詩不必傳，請傳隱而未白者。』於是去游吴越間，采諸詩於未傳者，得凡若干人，詩凡若干首，將梓以行，來徵集名。吁！良亦奇士哉！偉其志，而爲之出力以鋟者，則淞士夫謝履齋氏。余因以山谷語名之曰《大雅集》，蓋良以待我，而我以待諸公。庶入是集者，皆可以續杜之後，而或有歉焉者不入也。良曰：『然！』書其集爲敘。時至正辛丑立秋日丙午，鐵厓道人楊維楨書。

天台賴善卿客授雲間，課講暇，嘗裒元之詩鳴者，凡若干人，篇什凡若干首，類爲八卷，名曰《大雅集》。會稽鐵厓楊公首敘，且鋟以傳。會兵變止，今年善卿擬畢初志，適有好義之士協成厥美，詣余徵敘後。余謂詩具一經，《詩》亡，《春秋》作。噫！《詩》奚亡？特雅亡耳。楚騷、漢賦迨蘇、李五言，沿至唐近體，皆古詩之變。試觀唐數百名家，譬之宗廟器，大而鐘鼎琴瑟，小而籩豆爵罍，錯而章，秩而有文，要各備材用，而不可一少焉。道學于宋，刑學于金，其間鳴于詩者，務亦出自機杼。近代自虞文靖公近體詩行天下，雷然争效競襲，恐後弊甚，一律千首，較之唐遠矣。夫采珠者極桂海，采玉者窮冰天。善卿不私已而汲汲以詩是采，猶冰天、桂海是窮，則春容鉅作，窈渺短詠，不但得照乘連城而已，將宗廟之器，若錯而章，秩而文也。詩運環復大雅之音，于是乎在。義士，雲間人陸德昭氏、俞伯剛氏。善卿名良，宋名臣諱好古裔，世業儒云。席帽山人王逢敘。

選詩八卷選詩補遺二卷續編四卷明刊本

元上虞劉履補註

王大化序嘉靖四年

胡纘序嘉靖丙戌

中州啟劄四卷元刊本

元吴弘道編　《四庫全書》存目所載，係從《永樂大典》録出者，此則原本也古者奉咫尺書，所以達萬里之心也，故書謂之簡，簡謂之畢，初非耀文貢佞之具。觀先秦答燕、上秦二書，西漢賜南粤一書，明白惻至，洞見肺腑，要是去古未遠，風氣使然。是時豈有作書之法哉？逮及前輩，猶能倣傚古意，上貽書於下，下獻書於上，非言古今理亂之故，治道翕張之機，則相與切切然圖當時之務，不專以頌也。朋友尺牘之酬酢，必□義理修齊是究，以至親戚音問之交往，直述父兄安好、冠昏喪祭等事，無綺語，無泛辭也。流俗日靡，士大夫從事書札，扶疎茂好以爲巧，裁穠翦纖以爲工，高者自謂陳言之務去，卑者直欲盡平生之諂，以希分寸之進。昔止稱啟上者輒再拜，昔止稱再拜者輒百拜，繁文縟節，未易毛舉，於是書不復古矣。噫！昌黎分上宰相三書，猶不免好議論者責備，況其他乎？江西省檢校掾史吳君仁卿裒中州諸老往復書尺，類爲一編，凡若干卷，輟已俸鋟梓，徵余言。余曩綴寮翰苑，於玉堂制草中，獲覩諸老所作，每起而曰：『此穀粟布帛之文也，豈後進所可窺其藩？』若今仁卿所編，則未之見。一旦盡得而讀之，體製簡古，文詞渾成，其上下議論，率於政教彝倫有關，五雲體何足言哉？當諸公作書時，不過抒吾情，達吾意，豈計其文之傳後？而後之觀者如見諫議面於數十載之下，風流篤厚，典刑具存，矯世俗之浮華，追古風於邁遠，然則仁卿此編豈曰小補？仁卿名弘道，金臺蒲陰人也。歲在大德辛丑四月朔，承事郎江西等處儒學副提舉許善勝序。

中州啟劄四卷舊抄本

元吴弘道編

黄氏手跋曰：郡城故家李鑑明，古遺書殘鱗片甲約有百餘種，其可取者三四十册而已。至宋、元舊刻無可爲披沙之揀，唯此《中州啟劄》尚屬元刻。撿錢詹□《元史藝文志》揔集類云『吴弘道《中州啟牘》四卷』，與此正合。雖鈔補而仍缺失，取其希有，故存之，不復分與訒菴矣。乙亥二月十四日，復翁。

荆南倡和集一卷舊抄本　拜經樓舊藏

元周砥與馬治唱和詩

向予客荆溪岳氏家，而梁溪徐元度延予於溪上。梁溪非有高山深林若荆溪之宏邃也，然其人士之美不減荆溪，故兩地數相往來。吴人周履道讀書積學久矣，其館授亦每每與予相近，大篇短章，其所以示予者，顧已駭人，令人畏服。别去六七年，乃復相會於吴。自罹變故以來，心目昏耗，坐語久，猶未識爲履道也。以小帙示予，讀之始，猶未以爲奇絶，玩味朗誦，愈讀愈奇，其優柔含蓄，非自其性情與道脗契，蓋不能若是也。視昔所見，迥絶不相似。近知履道更亂離，與其友馬孝常客荆溪。荆溪之谷崖泉石，深之爲洞窟，聳之爲岩巒，幽之爲深林，敞之爲人烟聚落。二子者，窮幽極邃，一草一木，蓋無不入於其所賦咏者。柳子厚久居夷，不辱世用，於是極山水之勝，發爲文章，其名遂與山水相久遠。今二君身遭百罹，顧能登眺游覽，氣志不少挫抑，長歌短吟，鏦金擊石。二子者，謂非奇絶之士可乎？顧予老矣，不得與二君游，從讀其詩，徒使人傾企瞻望云耳。遂昌鄭元祐序。

前年予歸養親，始寓荆南山中。荆南者，地志云義興俗勁直，有荆楚之風，故水名荆溪。溪之南曰荆南，非江、漢之間所謂荆南者也。常之屬邑四，而義興山獨多，凡山之羣峰族出者，惟荆南爲然。義興故僻左，而荆南延亘且百里。予所寓者，距州郭七十里，四方賓客以事來義興者，多止州郭逕去。以故荆南雖有佳山水，谷巖潭洞之勝，多不知，使知之，亦不暇游也。予雖以邑人久寓於兹，而亦未極搜覽。去年春，履道自吴門來，與予俱主周氏家。周氏好學，有賢行，得客予二人，乃大喜，爲屋澗東西以館之，置茶具酒杯，屬其子弟從之游。蓋今二年之間，亦稍稍事搜覽。天高氣清，間相與登銅棺，窺玉潭，詠頤山晚晴，送具區之洪波，招天目之遠雲，而吴興桐川諸山，若奔走來會可嘉者，始咎向者缺游觀之勝也。閑居讀書，念親舊離别，與夫風泉月林之間，載嘯載歌，商今古，較人事，弔吴封禪遺跡，思孝侯折節從學之勇，不可復見，與夫杜牧之之風流，蘇長公之英靈，則復感歎悲咤，嚁嚁不已。予與履道意思皆然，因合前後所作爲《荆南倡和詩》若干篇。嗟夫！予二人者交舊矣。向年與履道居吴門，或居無錫，其相從之好有之，而聚散恒倏忽然，非有如今日之久也，更倡迭和，非有如今日之多也。惟其流離不偶，亦豈有如今日之甚也哉？蓋前五六年民物尚富康，士往來東西州者衆，故於登覽不能專，宜其於山水之勝反有畧而弗顧者。今予與履道徒以流連至此，遭時屯阨，不能羽翼以飛，殆所謂『匪鱣匪鮪，潛逃于淵；匪鶉匪鳶，翰飛戾天』。噫！士至於此，乃得以一丘一壑盡心焉。由此觀之，則人之有憂患孤苦者，未可以爲不幸也。孟子曰：『人之有德慧術智者，恒存乎疢疾。』詩亦然，又況重於詩者乎？異時年邁志衰，皤然兩翁復相遇於山巔水涯，開卷一笑，則猶藉此以識憂患窮愁之歲月云。前年至正十三年也。十五年秋七月，馬治序。

《荆南倡和詩》録爲兩卷，一留孝常許，一以自藏。砥與孝常非直嗜詩者也，顧有所感於中而形于言爾，非敢有意以示人也。心之所感，情之所發，有不能自已者，故不自知其言之多也。見其言之多，而遂以爲耽於詩者，非也。蓋吾二人之詩，非鶩深勞苦以得之。見山而心樂焉，則欲養其德也；觀水而志達焉，則欲果其行也；登高而見白雲之英英，則思吾親之在遠也；與山僧野老往來以游，則亦未絶於朋從也；居窮約，無怨尤之辭，則知安乎命分之故也。是皆有感於中而形于言爾，謂非爲學之道乎？雖然，荆南山水，豈以吾二人而著耶？天下名山水多矣，其峯巒洞谷，豈盡勝荆南哉？彼或當四方之要衝，遇賢達之遊咏，則名著于無窮矣。荆南既僻左，寡賢達之遇，則其名之不著也固宜。然則居左而名不著，豈特山水也哉？豈特山水也哉？句吴周砥序。

高啟後序

徐賁題洪武丁巳

李應楨跋成化戊子

張弼跋成化己丑

吴氏手跋曰：《荆南唱和集》一卷，元、明之文，極爲鄭明德、高青丘、徐幼文諸公所稱賞。傳本絶少，予從鮑君以文知不足齋借得，猶明初刊本。因亟傳録其副，並采摭紀傳爲附録係卷末。予生平最愛荆南山水之勝，往來數十年，行篋未嘗一日無此書。今老矣，足不能出户，每一展覽，慨想前輩之風流，邈不可追。并念與荆南朋好平昔唱酬文酒之寄，不禁閣筆憮然也。嘉慶壬申季冬，海寧八十老人吴騫跋。

元音十二卷舊抄本

明孫原理撰

曾用藏序

二妙詩集十三卷舊抄本

明王沂、王佑撰　凡《子與詩集》八卷，《子啟詩集》五卷。《子與詩集》，阮文達《外集》著于録；《子啟詩集》，文達所未見也。前有沂行狀梁潛撰、墓誌楊士奇撰、墓表胡廣撰、神道碑黄淮

王沂傳鄒緝撰、王佑傳楊士奇撰

梁潛序永樂四年

蕭鵬舉跋

胡行簡徵士詩集序

烏斯舉徵士詩集序洪武十年

彭鏞徵士詩集序洪武丁已

雅頌正音五卷明洪武刊本　吴枚菴舊藏

明鄱陽劉仔肩輯

宋濂序洪武

黄氏手跋曰：劉仔肩《雅頌正音》五卷，家俞邰《明史藝文志》有其目，然世不多有。此刻信屬明初舊本，楮墨間猶饒元刻氣息。細玩卷末碑牌，知此爲《前集》，而所有《後集》今將編類，則成否未可卜，故志藝文者不聞更有《後集》也。『金陵王舉直』係書坊籍貫、姓氏，今金陵多書坊，且多刻工，但剞劂不精，坊間亦無好事如舉直者，于此可以覩世變矣。是册出吴枚菴家，余以一番錢得之，稍有破損，兼爲字紙襯其腹，因命工重裝，以舊紙補綴之，工料費又加一番錢。愛明刻書如此，余不當自笑其愚邪？甲子二月清明前五日遣悶，蕘翁書。

案，卷末有『王舉直謹白』木記。

元詩體要十四卷舊抄本

明餘姚宋緒編

鄧林序宣德八年

遼藩序正德已卯

滄海遺珠四卷舊抄本

明沐某選

楊士奇序正統元年

皇明文衡九十八卷明刊本　顧起元舊藏

明翰林院學士新安程敏政選編

自序

張鵬跋正德五年

葉氏手跋曰：程篁墩上承伊川之教功，攻掊眉山，竊謂桓公復九世之讎也，愚實非之。大道之傳，無人不被宣聖之緒言，豈必區區有宋一二人哉？此其見之不廣也。《文衡》一書，取材亦專以道學爲宗旨，於有明他選，固自出羣，若較以漢、唐以來諸選家，則瞠乎其後矣。蓋拘於道學，而於經天緯地之義未有以及之也。近來文運聿興，讀書頌詩之士，而有兼之，改易時義，一歸于古今有用之學。幾年之後，風成俗易，道學之牽制于人當必大爲更張之，而使天下曉然知宣聖之教人可以傳也。此書向屬亡友朱又安所藏，亡後，余得售之云。康熙三年正月雨窻，道穀記。

新安文獻志一百卷事略二卷明刊本

明程敏政編

自序

王宗植跋弘治十年

魏文紀十八卷蜀文紀二卷吴文紀四卷明刊本

明江東梅鼎祚纂輯

李右讜序崇禎乙亥

吴都文粹續集五十六卷補遺二卷舊抄本　王蓮涇舊藏

明長洲錢穀叔寶集

明文海四百八十二卷舊抄本　孔氏玉虹樓舊藏

國朝餘姚黃宗羲編輯

文案序上下篇

皕宋樓藏書志卷一百十八

集部

詩文評類

文心雕龍十卷何義門校宋本

梁通事舍人劉勰撰

錢惟善序至正十五年

方元楨序嘉靖庚子

案，此書至正乙未刻于嘉禾，弘治甲子刻于吴門，嘉靖庚子刻于新安，辛卯刻于建安，癸卯又刻于新安，萬曆己酉刻于南昌，至《隱秀》一篇均之缺如也。余從阮華山得宋本抄補，始爲完書。甲寅七月廿四日，書南宫坊之新居，時年七十四歲。功甫記。

義門師云此書萬曆己卯雲間張之象所刻者，分上下篇，而《序志》别爲一篇，似亦有本。然晁公武《讀書志》亦云五十篇，則此固未爲失也。晁引《書》有『論道經邦』之語，匡其《論説》篇中所謂『《論語》以前，經無論字』者爲疎略，則是時《古文尚書》之出未久，多疑其非古籍，恐難以遽議該洽之士爾。《序志》中張氏刻脱誤尤甚，自『嘗夢執丹漆』至『觀瀾而索源』中間失去數百字。張氏書其後遂云『嘗夢索源』，近代寡學，蓋不足道也。又云《序志》中固自分上下篇，其中又自析爲四十九篇耳。子止引『論道經邦』駁之，固未爲失。《議對》篇中即引『議事以制』，同爲古文，何獨此之遺耶？　庚寅五月十九日，岩録。

《隱秀》篇自『始正而末奇』至『朔風動秋草』『朔』字，元至正乙未刻于嘉禾者即缺此一葉，此後諸刻仍之。胡孝轅、朱鬱儀皆不見完書。錢功甫得阮華山宋槧本鈔補，後歸虞山，而傳録于外甚少。康熙庚辰，心友弟從吴興賈人得一舊本，適有鈔補《隱秀》篇全文。除夕坐語古小齋，走筆録之。辛巳正月過隱湖訪毛先生斧季，從汲古閣架上見馮巳蒼先生所傳功甫本，記其缺字以歸，如『疎放豪逸』四字顯然爲不學者以意增加也。上元夜，焯又識。五月廿一日雨夜，並《序志》篇燈下鈔補，岩録。

康熙甲申，余弟心友得錢丈遵王家所藏馮巳蒼手校本。功甫此跋巳蒼手抄于後，乙酉攜至京師，余因補録之。巳蒼又記云謝耳伯嘗借功甫本于牧齋宗伯，宗伯仍祕《隱秀》一篇。巳蒼以天啟丁卯從宗伯借得，因乞友人謝行甫録之。其《隱秀》一篇恐遂多傳于世，聊自録之，則兩公之用心頗近于隘。後之君子不可不以爲戒。若予兄弟者，蓋惟恐此篇傳之不廣，或致湮没也。乙酉除夕呵凍記。

沈氏手跋曰：庚寅夏，吾友子遵得弘治刻本于吴興書賈，并爲余得嘉靖間刊于新安者。弘治本稍善，予本間有硃筆改正一二訛處，但不知爲何人手校。因從義門先生借所藏校本，與子遵勘對，至《隱秀》、《序志》兩篇脱誤，亦都補定，并録吾師跋語五條，附載功甫跋語一條，以識《隱秀》全文，前輩傳録之難，而此本幸爲完書矣。岩記。

黄氏手跋曰：案，《讀書敏求記》謂此書至正己未刻于嘉禾，而此本録功甫跋亦云然。然刻書緣起未之詳也。頃郡中張青芝家書籍散出，中有青芝臨義門先生校本，首載錢序一篇，亦屬抄補。爰録諸卷端，素紙行欵，用墨筆識之。噫！阮華山之宋槧不可見，即元刊亦無從問津，徒賴此校本流傳。言人人殊，即如此本爲沈寶硯所臨，與青芝本又多異同，同出一師而傳録各異，何以徵信乎？聊著於此，以見古刻無傳，臨校全不足信有如此者。甲子十一月六日，蕘翁記。

又曰：戊辰三月得元刻本校正，并記行欵。復翁。

又曰：此嘉靖庚子刻於新安本郡中，朱丈文游家藏書也。文翁故後，書籍散亡，此册爲其甥所取售于五柳書居者。先是，五柳主人來，云是校宋本，需直白金六兩。余重之，故允其請。而書來，其實校語無足重，舊刻差可貴爾。携屬澗賓校録一過，與向收弘治本並儲焉。己未中秋檢書及此，爰題數語，以著顛末。蕘圃黄丕烈。

詩品三卷明仿宋本

梁征遠記室參軍鍾嶸撰

詩式五卷舊抄本　盧抱經舊藏

唐釋皎然清晝撰

盧氏手跋曰：此書世有鐫本，俱不全。今乃得此五卷完備者，從兩漢及唐詩人名篇麗句摘而録之，差以五格，括以十九體，此所以謂之『式』也。若世間本則虚張其目而已，豈知其用意之所在乎？《杼山集》十卷，余向鈔得之，乃陸勅先校定者，極精細。今又得此完本，因亟令人傳録。讀杼山詩者，即以其所謂格與體者求之，不可知其撰造之有自乎？乾隆四十二年八月既望九日，杭東里人盧文弨書。

案，《直齋書録解題》：『《詩式》（一）〔五〕卷、《詩（儀）〔議〕》一卷，釋皎然撰，以十九字括詩之體。』四庫館開時未見此本，進呈者惟後人掇拾之一卷本，故斥而不收。此本首尾完具，知爲罕覯之祕笈矣。

本事詩一卷明刊本

唐孟棨撰

自序光啟二年

六一居士詩話一卷宋刊本

宋歐陽修撰

司馬温公詩話一卷宋刊本

宋司馬光撰

貢父詩話一卷宋刊本

宋劉攽撰

後山居士詩話一卷宋刊本

宋陳師道撰

優古堂詩話一卷舊抄本

宋吴幵正仲撰

增修詩話總龜四十八卷百家詩話總龜後集五十卷明刊本

宋龍舒散翁阮閲宏休編

張嘉秀序嘉靖甲辰

李易序

程琰跋嘉靖乙巳

許彦周詩話一卷宋刊本

宋許顗撰

詩話者，辨句法，備古今，紀盛德，録異事，正訛誤也。若今譏諷著過，惡誚紕繆，皆所不取。僕少孤苦而嗜書，家有魏、晉文章及唐人詩集僅三百家，又數得奉教，聞前輩長者之餘論。今書籍散落，舊學廢忘，其能記憶者，因筆識之，不忍棄也。嗟乎！僕豈足言哉？人之於詩，嗜好去取，未始同也。强人使同己，則不可。以己所見以俟後之人，烏乎而不可哉？建炎戊申六月初吉日，襄邑許顗序。

東萊呂紫微詩話一卷宋刊本

宋呂本中撰

王公四六話二卷宋刊本

宋王銍撰

先君子少居汝陰鄉里，而游學四方，學文於歐陽文忠公，而授經於王荆公、王深父、常夷父。既仕，從滕元發、鄭毅夫論作賦與四六，其學皆極先民之淵藴。銍每侍教誨，常語以爲文爲詩賦之法，且言賦之興遠矣。唐天寶十二載，始詔舉人策問，外試詩賦各一首，自此八韻、律賦始盛。其後作者如陸宣公、裴晉公、吕温、李程，猶未能極工。逮至晚唐，薛逢、宋言及吴融出於場屋，然後曲盡其妙。然但山川草木、雪風花月，或以古之故實爲景題賦，於人物情態爲无餘地。若夫禮樂刑政、典章文物之體，畧未備也。國朝名輩猶雜五代衰陋之氣，似未能革。至二宋兄弟，始以雄才奥學，一變山川草木、人情物態，歸於禮樂刑政、典章文物，發於朝廷氣象，其規模閎遠深達矣。繼以滕、鄭、吴處厚、劉輝，工緻纖悉備具，發露天地之藏，造化殆無餘巧，其隱括聲律，至此可謂詩賦之集大成者。亦繇仁宗之世，太平閑暇，天下安静之久，故文章與時高下。蓋自唐天寶遠迄於天聖，盛於景祐、皇祐，溢於嘉祐、治平之間，師友淵源，講貫磨礲，口傳心授，至是始克大成就者，蓋四百年於斯矣，豈易得哉？豈一人一日之力哉？豈徒此也，凡學道學文，淵源從來皆然也。世所謂箋題表啟號爲四六者，皆詩賦之苗裔也。故詩賦盛，則刀筆盛，而其衰亦然。銍類次先子所謂詩賦法度與前輩話言，附家集之末，又以銍所聞於交游間四六話事實，私自記焉。其《詩話》、《文話》、《賦話》各別見云。老成雖遠，典刑尚存，此學者所當憑心而致力也。且以昔聞於先子者爲之序，欲自知爲文之難，不敢苟且於學問而已，匪欲誇諸人也。宣和四年七月庚申日，汝陰王銍序。

珊瑚鉤詩話三卷宋刊本

宋右承議郎通判常州軍州事主管學事賜緋魚袋張表臣撰

石林詩話三卷宋刊本

宋葉夢得撰

選詩句圖一卷宋刊本

宋高氏似孫集

自序曰：杜公訓兒，熟精《選》理，兒豈能熟，公自熟耳。蚤參公法，全律用六朝句。不特公也，宋製晉，齊沿宋，凡兹諸人，互相憲述，神而明之，人莫知之，惟李善知之，予亦知之，乃爲圖話畧表所以憲述者。法精且祕，悟其杜矣。姑畀兒，兒熟否？雖然，莫欺也，力諸。壬午十一月二十一日。

庚溪詩話二卷宋刊本

宋西郊野叟述

四六談麈一卷宋刊本

宋謝伋撰

三代、兩漢以前，訓誥誓命、詔策書疏，無駢儷點綴，温潤爾雅。先唐以還，四六始盛，大槩取便於宣讀。本朝自歐陽文忠、王舒國敘事之外，自爲文章，製作混成，一洗西崑磔裂煩碎之體。厥後學之者益以衆多。況朝廷以此取士，名爲博學宏詞，而内外兩制用之，四六之藝咸曰大矣。下至往來牋記啟狀，皆有定式，故謂之應用。四方一律，可不習知？予自少時聽長老持論多矣，憂患以後悉皆遺忘。山居歷年，飽食終日，因後生之問可記者，輒録之以資講學之一事，如古今五七字話，題爲《四六談麈》云。他時有得，當附益之。紹興十一年五月十三日，陽夏謝伋序。

竹坡老人詩話三卷宋刊本

宋周紫芝撰

竹坡其誰？乃宣城郡公周少隱自謂。然詩話非具史筆，則未易作，要見其詮次高下，抑揚品題，有眼目耳，非擅能詩聲，則何以有所決擇？州教官戴文舉，姻家也，出其編遺郡丞魏公茂丞，又轉而示守陸子東，併勉鏤板於郡閤爲貽，傳未見之書，當世墨客子卿焉，可嘉也。歲在丁亥六月既望，論兼書。

詩人玉屑二十卷明刊本

宋魏慶之著

詩之有評，猶醫之有方也。評不精，何益於詩？方不靈，何益於醫？然惟善醫者能審其方之靈，善詩者能識其評之精。夫豈易言也哉？詩話之編多矣，《總龜》最爲疎駁，其可取者惟《苕溪叢話》。然貪多務得，不汎則宂，求其有益於詩者，如披砂揀金，悶悶而後得之，故觀者或不能終卷。友人魏菊莊，詩家之良醫師也，乃立新意，别爲是編。自有詩話以來至於近世之評論，博觀約取，科别其條，凡升高自下之方，繇粗入精之要，靡不登載。其格律之明，可準而式；其鑒裁之公，可研而覈；其斧藻之有味，可咀而食也。既又取三百篇、《騷》、《選》而下，及宋朝諸公之詩，名勝之所品題，有補于詩道者，盡擇其精而録之。蓋始焉束以法度之嚴，所以正其趨向；終焉極夫古今之變，所以富其見聞。是猶倉公、華佗按病處方，雖庸醫得之，猶可藉以已疾，而况醫之善者哉？方今海内詩人林立，是書既行，皆得靈方，取寶囊玉屑之飯，瀹之以冰甌雪盌，薦之以菊英蘭露，吾知其换骨而僊也必矣。姜白石云：『不知詩病，何由能詩？不觀詩法，何由知病？』人非李、杜，安能徑詣聖處？吾黨盍相與懋之。君名慶之，字醇甫，有才而不屑科第，惟種菊千叢，日與騷人佚士觴詠於其間。閣學游公受齋先生嘗賦詩嘉之，有『種菊幽探計何早，想應苦吟被花惱』之句。視其所好事，以知其人焉。淳祐甲辰長至日，玉林黄易叔暘序。

誠齋詩話一卷鮑渌飲手抄本

宋廬陵楊萬里廷秀撰

鮑氏手跋曰：乾隆四十年歲次乙未三月二日，借鶴年先生藏本校于桐花舘。是日北風揚沙，塵埃滿室，扃鐍窗户，無少隙漏，如閉車箱中作新婦也。

娱書堂書話一卷舊抄本

宋宗室趙與虤威伯集

荆溪林下偶談一卷舊抄本

宋吴子良明輔著

對牀夜話五卷舊抄本　拜經樓舊藏

宋孤山人范晞文景文著

景定三年十月，予友范君景文授以所著書一編，語甚綺，而文甚高。時夜將半，翦燭疾讀，不能去手，大類葛常之《韻語陽秋》。雞戒晨而畢，株連節解，激發人意，作而曰：『美哉此書也！』杜子美詩，王介甫談經以爲優於經，其爲史學者又視爲史，無它事，覈而理勝也。韓退之謂李長吉譚詩爲《騷》，而進張籍詩於道。楊大年唱西崑體，一洗浮靡而尚事實，至送王欽若行，君命有所不受，其名節有如此者。若論詩而遺理，求工於言辭而不及氣節，予竊惑之，輒序於《對牀夜話》之首，以補其遺，景文然之不？深居之人馮去非可遷甫。

雲莊四六餘話一卷影寫宋刊本

宋楊囦道深仲撰

鮑氏手跋曰：乾隆戊申十二月二十七日校于平望舟次。宋刻元缺第四頁、第十四頁、十六頁、二十三頁。

《揅經室外集》曰：《雲莊四六餘話》一卷，宋楊囦道撰。囦道，字深仲，里居未詳。是編藏書家目録未見。此依宋刊本過録，凡宋人説部中之言四六者，若《玉壺清話》、《容齋隨筆》、《能改齋漫録》、《文章叢説》之類莫不廣搜博採。其論四六，多以翦裁爲工。又云制誥牋表，貴乎謹嚴；啟疏雜著，不妨宏肆。持論精審，固習駢體者之所必資也。

艇齋詩話一卷舊抄本　楊夢羽萬卷樓舊藏

宋南豐曾季貍裘甫撰

張氏月霄曰：曾鞏之弟曰湘潭主簿宰，宰之孫曰大理司直晦之，季貍其子也。見《艇齋雜著》解題。是書《直齋書録解題》、《文淵閣書目》、《讀書敏求記》俱著録，近則罕有傳本。《四庫全書》著録宋人詩話及附載存目者幾五十種，而此獨見遺，則傳本之稀可知。是固與《蓮堂詩話》同爲詩話中之秘册也。

新刊名賢叢話詩林廣記前集十卷後集十卷明刊本　紀文達舊藏

宋後學蒙齋蔡正孫粹然編

甚矣，詩之難言也久矣。蓋自《國風》、《離騷》而下，以迄于今，上下千數百年，其間騷人韵士嘐嘐然曰詩云詩云者，無慮數十百計，然求其爲大家數，則自陶、韋、李、杜、歐、蘇、黄、陳而下，猶蓋未易多屈。信矣！詩之不可以易易言也。正孫自變亂熏灼之後，棄去舉子習，因得以肆意於諸家之詩，暇日採晉、宋以來數大家及其餘膾炙人口者，凡幾百篇，抄之以課兒姪。併集前賢評話，及有所援據摹擬者，冥搜旁引，而麗於各篇之次。凡出於諸老之所品題者，必在此選。正孫固不敢以言詩自任，然亦自知詩之難言，有不可以〔一〕毫私意揣摩而臆度之也。梅邊松下，弄月吟風，時卷舒之，亦足以發其幽趣。尚恨竹深林密，□無藏書之素，又無借書之□，所見不廣，所聞不多耳。增益其所未能，不無望於四方同志云。歲屠維赤奮若月昭陽作噩日閼逢閹茂，蒙齋野逸人蔡正孫粹然序。

張鼐序弘治丁巳

吴禮部别集一卷舊抄本　鮑以文舊藏

元吴師道撰

厲氏跋曰：「元吴禮部正傳集，世多抄本，獨詩話雜説一卷，罕有藏弆者。明金華胡孝廉元瑞家收書最富，嘗跋此册及《敬鄉録》，云：『遍舉郡邑，凡有□者，緝其製作履歷，粲若指掌，下逮畸流逸客，片語隻詞，亦博采旁証，竟其隱伏，耳目所不及，點綴弗遺。其爲力勤而用心苦矣。今去吴公僅二百載，而文辭之詳，邈弗得睹。南渡而上，人才篇什，史乘佚而未收者，尚倚藉諸編，稍獲踪其崖略。余于禮部異世子雲也，因筆于簡末，以俟異世之爲余子雲者驗之。』觀元瑞所云，此書難得而可寶，審矣。邗江馬君半查癖嗜異書，挖剔隱秘，購得元時刻本，方與余同輯《宋詩紀事》，獲覯南宋諸賢佚唱，如王叔簡、吴諒、陳仁玉、萬嘉、吴琳、孫應時、張勱、史蒙卿、林泳、陳柏、王儀、鄧剡、僧靈一輩，歎爲未有。獨《敬鄉録》，無從訪求。向晤東陽王大鶴潭，云有其書，恨未借抄，以成合璧。而爲元瑞（云）〔之〕子雲，余兩人未敢多讓焉。錢唐厲鶚書。

蓮堂詩話二卷舊抄本

元海昌祝誠輯

張氏月霄曰：誠，仕履未詳。卷下有『題賣墳牆壁』條有云『至元丁丑以來』，則誠爲元人可知。《讀書敏求記》列之《優古堂詩話》前，或誤以爲宋人歟？是書所論宋詩居多，而唐與金、元之作亦間及焉。名篇警句多有他書所未載者，如卷上載金海陵王哀宋姚將軍詩云：『獨領孤軍將姓姚，一心忠孝爲南朝。元戎若解徵兵援，未必將軍死尉橋。』伏讀《御定全金詩》録海陵王詩五首，此詩未經採入，故表出之。末有題識云『嘉靖壬子春，連陽精舍録成』。

修辭鑑衡二卷舊抄本

元王構編

文章之作尚矣，自書契始，古者積學而言成文，益降益壞，其法不傳。後之學者不得其術，尚辭者義虚，植意者事逸。義虚竭塞，事逸耗枯，皆不足以達辭輔理，于道則眊矣。文以載物適事，詩以言情道和。事適則行，情感則通，于政有稽焉。文至于華習，詩至于不近情，則幾乎息矣。《修辭鑑衡》之編，所以教爲文與詩之術也。文止于兩漢，而延及乎韓、柳，詩止于漢、魏，而延及乎唐人，所以難也。若話言之成文，俚誦之成詩，夫豈能之哉？琢玉者以磨礪，冶金者以鎔範，若玉不磨，金不範，則射可無習弓，御可無調馬矣。文豈異哉？監察御史東平劉君起宗始以歲貢山東廉訪司，爲其書吏，居濟南。故翰林承旨王文肅公爲濟南總管，固其鄉先生也。君以諸生事之，文肅教之爲文，出書一編，即此書也。劉君愛之不忘，俾刻之。理命李君晉仲、李君伯羽校之，釐正其次敘，論詩爲首，文爲後，四六以附，凡一百九十餘條，俾學者知其難焉。因命儒學正戚君子實、掌板鄭楙刻之于集慶路學。至順四年七月望日，文林郎江南諸道行御史臺監察御史王理敘。

黄氏手跋曰：王文定公《修詞鑑衡》見《絳雲樓書目》文説類，不載卷數。錢竹汀《補元史藝文志》文史類云二卷。頃郡城賜書樓□□□散出，中有是書舊鈔。今審是影元鈔本，擬購之，而苦其索直昂，業置不復問矣。後因論他書直未之定，必得番餅□金，余遂檢此，而□其數，往反再四，交易始諧。蓋他書或名人手校及手録，或影宋精鈔，皆爲世所通行之書。唯此行世希有，《四庫》雖收，讀其提要語，序文缺第一葉，以致始受書于王公之劉某，不知其名，且云缺第五葉。今劉起宗之名固在，而□□□□義都全，此本居然全本矣。二卷之説，細玩□□□原作卷一，而後添爲上下者。卷之結尾卷之下無次第，視紙本有補綴痕，或尚不止此。然案□□□所之無次敘，論詩爲首，文爲後□□□附凡一百九十餘條，今本無一失者，是可無疑其缺失也。書之希有而不敢交臂失者，以此。王謚文肅，錢舊云文定者誤耳。重陽前五日，復翁燒燭書。

蒼崖先生金石例十卷元至正刊本　季滄葦舊藏

元潘昂霄撰，鄱陽楊本編輯校正，廬陵王思明重校正

《金石例》者，蒼崖先生所述也。凡碑碣之制，始作之本，銘志之式，辭義之要，莫不放古以爲準，以其可法於天下後世，故曰『例』。而其所以爲例者，由先秦、二漢暨唐、宋諸大儒，皆因文之類以爲例。至夫節目之詳，率祖韓愈氏大書特書、不一書，彪分臚列，其亦放乎《春秋》之例也與。甚矣！先生有功於斯文也。先生世居中州，以文學鳴。國初，士之爲文者猶襲纖巧，其氣萎薾不振。先生患其入而難變也，乃述是書，以授學者。使其知古之爲文如此，粲然畢舉，如示諸掌。故歷事六朝，出入翰苑，餘二十年，凡經指授者，皆有法度，朝野至今稱之。至正四年春，先生之子敏中來爲饒理官，好賢下士，文雅有父風。其於先生手澤尤加慎重，以本之與於斯文也，俾之次第而讐校之，刻之梓以永其傳。嗟乎！先生不以崇高自居，而加惠於後學。敏中不以勢利相尚，而盡力於遺書。有子如是，先生爲猶生矣。後之人當知是書有功於斯文不細也。先生姓潘氏，諱昂霄，字景梁，學者稱之曰蒼崖先生。官至翰林侍讀學士、通奉大夫，謚文僖，有《蒼崖類藁》若干卷云。至正五年春三月，鄱陽後學楊本敘。

聖人《春秋》褒貶著於筆削者，謂之例；國家政刑賞罰見於制度者，謂之例。是皆以其可爲法於天下後世也。濟南文僖潘公蒼崖先生取古昔碑碣、鐘鼎之文，提綱舉要，條分類聚，定爲十卷，名曰《金石例》。一卷至五卷，則述銘志之始，而於貴賤、品級、塋墓、羊虎、德政、神道、家廟、賜碑之制度必辨焉。六卷至八卷則述唐韓文括例，而於家世、宗族、職名、妻子、死葬、月日之筆削特詳焉。九卷則先正格言，十卷則史院凡例、制度，筆削於此又可以概見焉。使世之孝子慈孫，觀其制度之等，則思得爲而爲，不得而不爲，而於事親之道不至違禮矣。觀其筆削之言，則思孰爲可傳，孰不可傳，而於揚名之道有以自力矣。是豈惟爲文者之助，於世教將重有補焉。公之子敏中來官于饒，出是書以示余。因得以觀夫公之篤意斯文，而又喜斯文之有賢子以傳也，遂爲之引。至正乙酉春三月望，賜進士出身將仕郎前慶元録事鄱陽後學傅貴全序。

文章先體製，而後論其工拙。體製不明，雖操觚弄翰於當時猶不可，況其勒於金石者乎？陸士衡《文賦》論作文體製大畧，可見由先秦以來，迄于近代金石之所篆刻具有體製，好古博雅之士皆不可以不之攷也。然而自上徂下，貴賤有等，名器亦因之而異數，敘事紀實，抑揚予奪，必當有所法，自非類聚而通攷之，何以見之哉？翰林蒼崖先生潘公雄文博學，爲當世所推。嘗歷攷古今文辭，提綱舉要，萃爲一編，名曰《金石例》。凡爲文之榘度，制器之楷式，開卷瞭然，其用心亦勤矣。公之子敏中實其手澤，罔敢失墜，宦游四方，必載與俱。其在番昜復刊是編，以廣其傳，且與吾黨共之。噫！公掌帝制，司文衡，其所以藻飾太平者，已無所不盡其忠。敏中克承家學，益彰其親之美，斯亦繼志述事之孝者乎？忠孝萃於一門，文物昭於盛世，使夫爲人臣、爲人子皆有所矜式，實有功於名教，豈特爲文之助而已哉？余故表而出之，以冠篇端云。至正五年春三月，饒州路儒學教授桐川後學湯植翁。

三代無文人，六經無文法，儒者有是言也。然《春秋》大義數十，以褒貶寓於一字之間。傳者謂其發凡以言例，皆經國之常制，周公之垂法，諸稱書、不書、先書、故書、不言、不稱、書曰之類，皆所以起新舊，發大義，謂之變例。至謂發傳之體有三，而爲例之情有五，然則謂無法可乎？後世之文莫重於金石，蓋所以發潛德，誅奸諛，著當今，示方來者也。如是而不知義例，其不貽嗚呋之誚也幾希。翰林蒼崖潘先生動必稽古，取先代碩儒所爲文類而集之，題曰《金石例》。視傳《春秋》者所言，如合符節。俾夫攷古者知古人用意之所在，而學古者有所矜式而不敢肆，其嘉惠斯文不其至乎？至正丁亥，予忝教番易，公之子敏中爲理官，嘗屬郡士楊本端如緝其次第，既已刻於家，而公諸人。學之賓師景陽吴君旭、子謙吴君以牧謂此書將歸中州，則邦之人焉能一一而見之哉？盍刊之學官，以垂永久，乃復加校正，而壽諸梓。於乎！古人，吾不得而見之矣，得見古人斯文，亦可矣。明年戊子夏六月既望，廬陵王思明謹敘。

先文僖公所著《金石例》十卷，制度文辭，必稽諸古，所以模範後學者也。每見手澤，不忍釋去。與其私於一家，孰若公於天下？傳之子孫，孰若法之人人？使咸知先公之心，去浮靡以還淳古，顧不韙與？謹刻之梓，嘉與士大夫共之。至正五年春三月望，濟南潘詡敬書于卷末。

案，卷末有『諸生趙光邈謹書，學生洪慶重録』二行。

蒼崖先生金石例十卷元刊本

元潘昂霄撰，鄱陽楊本編輯校正，廬陵王思明重校正

楊本序至正五年

傅貴全序至正乙酉

湯植翁序至正五年

王思明序至正戊子

潘詡跋至正五年

案，兩本皆元刻：一本每葉二十行，行二十字；一本每葉二十行，行二十二字。二十字本序皆手書上版，二十二字本序跋皆匠人書也。二十字本當是原刻，二十二字本則覆刊也。

作義要訣一卷舊抄本

元倪士毅撰

自序

皕宋樓藏書志卷一百十九

集部

詞曲類一

珠玉詞一卷陸敕先校宋本

宋晏殊同叔撰

陸氏手跋曰：七月二十四日校，凡二抄本，其一即底本也。章次皆同，而此刻獨異，據卷首，有潛翁手注云『依宋刻本』。

逍遥詞一卷舊抄本

宋潘閬撰

潘閬，謫仙人也，放懷湖山，隨意吟咏，詞翰飄洒，非俗子所可仰望。雖寓錢塘，而篇章靡有存者。《酒泉子》十首乃得之蜀人，其石本今在彭之使廳。予適爲西湖吏，宜鑱諸石，庶共其傳。崇寧五年重午日，武夷黄静記。

子遹竊惟是邦以嚴名州，爲子陵也；以桐廬名郡，爲桐君也。二公之所立，可以爲廉貪立懦，有不容稱贊者。皇朝所以作風俗，亦未嘗不在是。方削平僭僞，平定戎虜，告成岱宗，時則有若潘先生閬、楊先生朴、魏先生野以高節簡知聖心，師表一世，而句法清古，語帶煙霞，近時罕及。妄意以爲可襲二公之風，謹刻梓於郡齋，以與有志斯道者共之。紹定之元冬十一月辛未，山陰陸子遹書。

近體樂府三卷毛斧季手校本

宋歐陽修撰

荆公嘗對客誦永叔小闋云：『五綵新絲纏角粽，金盤送，生綃畫扇雙盤鳳。』曰：『三十年前見其全篇，今才記三句，乃永叔在李太尉端愿席上所作十二月鼓子詞。數問人，求之不可得。』嗚呼！荆公之没二紀，余自永平幕召還，過武陵，始得於州將李君誼，追恨荆公之不獲見也。誼，太尉猶子也。□□□□年中秋日，金陵□□□記

政和丙申冬，余還自京師，過歙州太守濠梁許君頌之席上。見許君舉荆公所記三句，且云此詞才情有餘，它人不能道也。後十二年，建炎戊申，偶得此本於長樂同官方君。後四年，辛亥紹興二月朔，自尤溪避盜，宿龍爬以待二弟，適無事，謾録于此。吏部員外郎朱松喬年。

陸氏手跋曰：辛亥七月廿六日燈下本集校訖。凡分三卷，後刻，郡人羅泌校正其別作字，俱另書附于各卷之末。壬子六月六日讀於松影堂。

東坡詞一卷毛斧季手校本

宋蘇軾撰

小山詞二卷陸勑先、毛斧季手校本

宋晏幾道撰

自序曰：《補亡》一編，補樂府之亡也。叔原往者浮沉酒中，病世之歌詞，不足以析酲解愠，試續南部諸賢緒餘，作五七字語，期以自娱，不獨敘其所懷，兼寫一時盃酒間見，所同游者意中事。嘗思感物之情，古今不易，竊以謂篇中之意，昔人所不遺，第于今無傳爾。故今所製，通以『補亡』名之。始時，沈十二廉叔、陳十君龍家有蓮、鴻、蘋、雲，品清謳娱客，每得一解，即以草授諸兒。吾三人持酒聽之，爲一笑樂。已而君龍疾廢臥家，廉叔下世，昔之狂篇醉句，遂與兩家歌（見）〔兒〕酒使，俱流轉于人間。自爾郵傳滋多，積有竄易。七月己巳，爲高平公綴緝成編。追惟往昔過從飲酒之人，或壠木已長，或病不偶。考其篇中所記悲歡離合之事，如幻如電，如昨夢前塵，但能掩卷憮然，感光陰之易遷，嘆境緣之無實也。

陸氏手跋曰：辛亥七月廿二日校，凡三抄本，其一即底本也。章次皆同，而此刻自《玉樓春》後即顛倒錯亂，不知何故。内一本分二卷，自《歸田樂》以下爲下卷，其本極佳，得脱謬字極多，惜下卷已逸去耳。

毛氏手跋曰：己巳四月廿七日，從孫氏舊録本校。孫氏凡二卷，其次如硃筆所標云。毛扆。

樂章集一卷毛斧季手校本

宋柳三變耆卿撰

毛氏手跋曰：癸亥中秋借含經堂宋本校一過，卷末續添曲子，乃宋本所無。又從周氏、孫氏兩抄本校正，可稱完璧矣。毛扆。

東堂詞一卷毛斧季手校本

宋毛滂澤民撰

陸氏手跋曰：七月廿一日校，凡三抄本，其一即底本也。章次皆同，而與此刻異。内一小字本最佳，所得脱誤字極多。

毛氏手跋曰：鄉謂子鴻深于詞，及閲此，未免尚隔一層。甚矣！學問之難也。己卯五月十六日，從舊録本校一過。毛扆。

東山寓聲樂府三卷補遺一卷舊抄本

宋山陰賀鑄方回撰

文章之於人，有滿心而發，肆口而成，不待思慮而工，不待雕琢而麗者，皆天理之自然，而性情之道也。世之言雄暴虓武者，莫如劉季、項羽，此兩人者豈有兒女子之情哉？至其過故鄉而感慨，别美人而涕泣，情發于言，流爲歌詞，含思淒婉，聞者動心焉。爲此兩人者，豈其費心而得之哉？直寄其意耳。余友賀方回博學業文，而樂府之辭婉絶一世。攜一編示予，大抵倚聲而爲之辭，皆可歌也。或者譏方回好學能文，而惟是爲工，何哉？予應之曰：是所謂滿心而發，肆口而成，雖欲已焉而不能者。若其粉澤之工，則其才之所至，亦不自知也。夫其盛麗如游金、張之堂，而妖冶如攬嬙、施之袪，幽潔如屈、宋，悲壯如蘇、李，覽者自知之，蓋有不可勝言者矣。譙郡張耒序。

《書録解題》曰：《東山寓聲樂府》一卷，賀方回撰。以舊譜填新詞，而别爲名以易之，故曰『寓聲』。

王氏手跋曰：《東山寓聲樂府》，宋山陰賀鑄方回撰。原本三卷，久已失傳，所傳者亦囤侯氏本而已。常熟張氏藏本與侯本同，皆缺中下兩卷，非足本也。近獲知不足齋鮑氏手抄校本兩種，一本與侯氏、張氏同，一本分爲二卷，與侯氏、張氏本相較，同者僅八首。此本雖非原書，亦屬罕見，足可寶貴。不知鮑氏何自得之。頃以三家藏本彙而編之，得二百四十五首，録成三卷，仍其舊名。又於諸家選本中輯得四十首，爲《補遺》一卷，附于後。方回先生詞可以十得六七矣。道光戊申長至後九日，錢塘惠庵王迪識於惠迪吉齋。

溪堂詞一卷陸敕先、毛斧季手校本

宋謝逸無逸撰

謝無逸，臨川人，舉進士，自號溪堂。學古高傑，文辭煅煉，篇篇有古意，而尤工於詩詞。黄山谷嘗讀其詩云：『晁、張流也，恨未識面耳。』其詩曰：『山寒石髮瘦，水落溪毛彫。』又曰：『老鳳垂頭噤不語，枯木槎牙噪春鳥。』其詞曰：『黛淺眉痕沁，紅添酒面潮。』又曰：『魚躍水池飛玉尺，雲横石嶺拂鮫綃。』皆百鍊乃出冶者，晁、張又將避三舍矣。漫叟題。

陸氏手跋曰：庚戌四月十三日抄本校。敕先。

毛氏手跋曰：己巳三月九日，從孫氏舊録本校。毛扆。

片玉詞二卷毛斧季手校本

宋周邦彦撰

文章、政事初非兩途，學之優者發而爲政，必有可觀。政有其暇，則遊藝於詠歌者，必其才有餘刃者也。溧水爲負山之邑，官賦浩穰，民訟紛沓，似不可以絃歌爲政。而待制周公元祐癸酉春中爲邑長于斯，其政敬簡，民到于今稱之者，固有餘愛。而其尤可稱者，於撥煩治劇之中，不妨舒嘯，一觴一詠，句中有眼，膾炙人口者，又有餘聲。聲洋洋乎在耳，則其政有不亡者存。余慕周公之才名有年于兹，不謂於八十餘載之後躡公舊踪，既喜而且媿。故自到□以來，訪其政事，於所治後圃得其遺致，有亭曰姑射，有堂曰蕭閒，皆取神仙中事，揭而名之，可以想像其襟抱之不凡。而又覩新绿之池，隔浦之蓮，依然在目，抑又思公之詞，其撫寫物態，曲盡其妙。方思有以發揚其聲之不可忘者，而未能及乎！暇日從容，式燕嘉賓，歌者在上，果以公之詞爲首唱。夫然後知邑人愛其詞，乃所以不忘其政也。余欲廣邑人愛之之意，故裒公之詞，旁搜遠紹，僅得百八十有二章，釐爲上下卷，迺輟俸餘，鳩工鋟木，以壽其傳。非惟慰邑人之思，亦蘄傳之有所托，俾人聲其歌者，足以知其才之優於爲邑如此。故冠之以序，而述其意云。公諱邦彦，字美成，錢塘人也。淳熙歲在上章困敦孟陬月圉赤奮若，晉陽强焕序。

酒邊集一卷陸敕先、毛斧季手校本

宋薌林向子諲伯恭撰

詞曲者，古樂府之末造也；古樂府者，詩之傍行也。詩出于《離騷》、楚詞，而騷詞者，變風變雅之怨而迫、哀而傷者也。其發乎情則同，而止乎禮義則異，名之曰曲，以其曲盡人情耳。方之曲藝，猶不逮也，其去曲禮則益遠矣。然文章豪放之士，鮮不寄意於此者，隨亦自掃其跡，曰謔浪游戲而已也。唐人爲之最工，柳耆卿後出，掩衆製而盡其妙，好之者以謂不可復加。及眉山蘇氏，一洗綺羅香澤之態，擺脱綢繆宛轉之度，使人登高望遠，舉首高歌，而逸懷浩氣，超然乎塵垢之外。于是《花間》爲皂隸，而柳氏爲輿臺矣。薌林居士，步趨蘇堂而嚌其胾者也。觀其退江北所作於後，而進江南所作於前，以枯木之心，幻出葩華，酌玄酒之尊，而置醇味，非染而不色，安能及此？予得其全集於公之外孫汶上劉荀子卿，反覆猒飫，復以歸之，因題其後。公宏才偉績，精忠大節，在人耳目，國史載之矣。後之人味其平生，而聽其餘韵，亦猶讀《梅花賦》而未知宋廣平歟？武夷胡寅題。

陸氏手跋曰：庚戌四月十三日兩抄本校。敕先。

漱玉詞一卷勞巽卿手校本

宋李易安撰

石林詞一卷毛斧季手校本

宋吴郡葉夢得少蘊撰

右丞葉公以經術文章爲世宗儒，翰墨之餘，作爲歌調，亦妙天下。元符中，予兄聖功爲鎮江掾，公爲丹徒尉，得其小詞爲多。是時，妙齡氣豪，未能忘懷也。味其詞婉麗，綽有温、李之風。晚歲落其華而實之，能於簡淡時出雄傑，合處不減靖節、東坡之妙，豈近世樂府之流哉？陳德昭始得之，喜甚，出以示余，揮汗而書，不知暑氣之去也。詩云：『誰能執熱？逝不以濯。』公詞之能慰人心，蓋如此。紹興十七年七月九日，東廡關注書。

陸氏手跋曰：辛亥六月廿八日，三抄本校，其一即底本也。

毛氏手跋曰：子鴻校後，手校一過，其不中欵處，多抹去。

巢令君阮户部詞一卷汲古閣影宋本

宋松菊道人阮閲撰

案，阮閲，字閎休，又字美成，舒城人。元豐中進士，知巢縣。建炎元年，以中奉大夫知袁州。初至，訟牒繁，閲乃『依本分』三字印榜四城牆壁，郡民化之，乃榜西廳，爲無訟。嘗爲袁民雪插筆之謗。喜吟咏，時號『阮絶句』。能爲長短句。後致仕，居于宜春，妓有趙佛奴，籍中之錚錚者也，嘗爲洞仙歌贈之。著《總龜先生松菊集》五卷、《彬江百詠》一卷、《詩話總龜》一百卷，見《萬姓統譜》、《能改齋漫録》、趙希弁《讀書附志》、《方輿勝覽》，以『閲』爲『閎』，傳寫之訛。贈佛奴詞本集已缺，見《宜春遺事》。其詞《四庫》未收，各家亦罕見著録。

筠溪樂府一卷舊抄本

宋李彌遜似之撰

梅溪詞一卷毛斧季手校本

宋史達祖邦卿撰

《關雎》而下三百篇，當時之謌詞也，聖師删以爲經。後世播詩章於樂府，被之金石管絃，屈、宋、班、馬繇是乎出。而自變體以來，司花傍輦之嘲，沈香亭北之詠，至與人主相友善，則世之文人才士，遊戲筆墨于長短句間，有能瓌奇警邁，清新閒婉，不流于詭蕩汙淫者，未易以小伎言也。余帚軌林扃，草長門逕。一日聞剥啄聲，園丁持謁入，視之汴人史生邦卿也。迎坐竹陰下，郁然而秀整，俄起謂余曰：『某自冠時聞約齋之號，今亦既有年矣。君身益湮晦，某是以來見，無他求。』袖出詞一編。余驚笑而不答，生去，始取讀之。大凡如行帝苑仙瀛，輝華絢麗，欣眄駭接，因掩卷而嘆曰：『有是哉，能事之無遺恨也。』蓋生之作，辭情俱到，織綃泉底，去塵眼中，妥帖輕圓，特其餘事，至於奪苕艷于春景，起悲音於商素，有瓌奇警邁、清新閒婉之長，而無詭蕩汙淫之失，端可以分鑣清真，平睨方回，而紛紛三變行輩，幾不足比數。山谷以行誼文章，宗匠一代，至序小晏詞，激昂婉轉，以伸吐其懷抱，而『楊花謝橋』之句，伊川猶稱可之。生滿襟風月，鸞唫鳳歡，鏘洋乎口吻之際者，皆自潄滌書傳中來。況欲大肆其力於五七言，迴鞭温、韋之塗，掉鞅李、杜之域，躋攀風雅，一歸于正，不於是而止。雖然，余方以耽泥聲律，而顛踣擯棄。今又區區以勉生，非惑耶？若覽斯集者，不牿於玄黄牝牡，哀沈而悼未遇，寔繫時之所尚。余老矣，生鬢髪未白，數路得人，恐不特尋美于漢生，姑待之。生名達祖，邦卿其字云。嘉泰歲辛酉五月八日，張鎡功甫序。

陸氏手跋曰：六月廿九日，二抄本校，其一即底本也。

白石詞一卷毛斧季手校本

宋姜夔撰

姜夔字堯章，自號白石道人，中興詩家名流。其《歲除舟行》十絶膾炙人口，詞極精妙，不減清真樂府，其間高處有美成所不能及。善吹簫，自製曲，初則率意爲長短句，然後協以音律云。居鄱陽，進《樂書》免解，不第而卒。花菴詞客題。

陸氏手跋曰：六月廿九日，二抄本校，章次題注與此全别。按，一本卷面有云『宜依花菴章次』，則此本蓋依花菴付梓云。

白石先生詞一卷舊抄本

宋姜夔堯章撰

澹菴長短句一卷汲古閣影宋本

宋廬陵胡銓邦衡撰

樵歌三卷舊抄本

宋朱敦儒希真撰

《書録解題》曰：《樵歌》一卷，朱敦儒希真撰。案，《至元嘉禾志》曰『敦儒本中原人，以詞章擅名，天資遠曠，有神仙風致。高宗南渡初寓此。嘗爲《樵歌》』云云。

樵隱詞一卷陸敕先、毛斧季校本

宋三衢毛幵平仲撰

《樵隱詩餘》一卷，信安毛平仲所作也。平仲爲人傲世自高，與時多忤，獨與錫山尤遂初厚善。臨終以書別之，囑以志墓。遂初既爲墓誌銘，又序其集。或病其詩文，視樂府頗不逮。其然，豈其然乎？ 乾道柔兆閹茂陽月，永嘉王木叔題。

陸氏手跋曰：庚戌四月十三日抄本校。 勑先。

毛氏手跋曰：辛巳六月二十三日，從錫山孫氏抄本校，次序標上。 毛扆。

又曰：惜夢羽先生藏本已失，無從參考。甲寅午日讀訖。

雙谿詞一卷舊抄本

宋王炎晦叔撰

古詩自風、雅以降，漢、魏間乃有樂府，而曲居其一。今之長短句，蓋樂府曲之苗裔也。古律詩至晚唐衰矣，而長短句尤爲清脆，如么絃孤韻，使人屬耳不厭也。予於詩文本不能工，而長短句不工尤甚。蓋長短句宜歌而不宜誦，非朱脣皓齒，無以發其要妙之聲。予爲舉子時，早夜治程文，以幸中於有司。古律詩且未暇著意，況長短句乎？三十有二始得一第，未及升斗之粟，而慈親下世，以故家貧，清苦終身，家無絲竹，室無姬侍，長短句之腔調，素所不解。終喪，得簿崇陽，逮今又五十年，而長短句所存者不過五十餘闋，其不工可知也。今之爲長短句者，字字言閨閫事，故語懦而意卑。或者欲爲豪壯語以矯之。夫古律詩且不以豪壯語爲貴，長短句命名曰曲，取其曲盡人情，惟婉轉嫵媚爲善，豪壯語何貴焉？不溺於情慾，不蕩而無法，可以言曲矣。此炎所未能也。曹公論鷄跖曰：『食之無益，棄之可惜。』此長短句五十餘闋，亦雞跖之類也。故裒而集之，因發其意於卷首云。嘉定十一年四月朔日，雙溪王炎序。

燕喜詞一卷 汲古影宋本

宋雙溪居士曹冠字宗臣撰

春秋列國之大夫聘會燕饗，必歌詩以見意。詩之可歌尚矣，後世《陽春》、《白雲》之曲，其歌詩之流乎？沿襲至今，作之者非一，造意正平，措詞典雅，格清而不俗，音樂而不淫，斯爲上矣。高人勝士寓意于風花酒月，以寫夷曠之懷，又其次也。若夫蕩于繩檢之外，巧爲淫褻之語，以悦俚耳，君子無取焉。議者曰：『少游詩似曲，東坡曲似詩。』蓋東坡平日耿介直諒，故其爲文似其爲人，歌《赤壁》之詞，使人抵掌激昂，而有擊楫中流之心，歌《哨遍》之詞，使人甘心澹泊，而有種菊東籬之興，俗士則酣寐而不聞。少游情意嫵媚，見於詞則穠艷纖麗，類多脂粉氣味，至今膾炙人口，寧不有愧於東坡耶？同年檢正曹公文雄學奥，節勁氣巖，三十年臺省舊人也。不辭小試，來游宣幕。使君大監狀元詹公既深知之，一見其文集，尤加歎賞，敘而鋟板于郡庠，名之曰《雙溪》，因其居也。又以其所著樂府可歌於閨門之内者，别爲一集，名之曰《燕喜》，摭其實也。方其花朝月夕，少長團欒，尊俎之餘，出而歌之，于以導嘻嘻怡怡之情，佳作樂事，萃于一門，近世之所未有者。淳熙丁未備倅於此，公餘請問，辱以見教，熟讀三復，玩其辭而繹其意，豈非中有所本歟？吁！寥寥百餘年，繼坡仙之作，非公而誰？中秋前二日，長樂陳鬚敘。

宋廣平鐵心石腸，猶爲梅花作賦，議者疑之。殊不知感物興懷，歸於雅正，乃聖門之所取，而亦何疑於廣平乎？《語》曰：『子與人歌而善，必使反之，而後和之。』以見其詳複致意如此，無他焉，善言欲其不忘也。檢正曹公，行兼九德，渾然天成，文章政事，淵源經術，廉介有守，既和且正。太守大監詹公歎賞其文，摭其大畧，而刊諸宣城學官。既有成集矣，復以所著樂府，析爲别集，名曰《燕喜》。竊嘗玩味之，旨趣純深，中含法度，使人一唱而三嘆，蓋其得於六義之遺意，純乎雅正者也。昔王褒爲益州刺史，作《中和樂職宣布詩》，出於一時歆羨，猶且選好事者，依《鹿鳴》之聲，習而歌之，至於轉而上聞漢宣，帝襃美之。矧斯作也，和而不流，可以感發人之善心，將有採詩者播而颺之，以補樂府之闕，其有助於教化豈淺淺哉？淳熙丁未仲夏望日，宣城丞鈞臺詹傚之書。

案，冠字宗臣，東陽人，自號雙溪居士。居秦檜門下，教其子塤，與塤同登甲科。未幾，檜亡，坐爲塤假手事覺，奪官，易前名復赴廷試，得五品，仕至知（彬）〔郴〕州。著有《雙溪集》二十卷、《景物類要詩》十卷，見《書録解題》。其詞《四庫》未收，朱竹垞《詞綜》亦隻字未見，則流傳之罕可知矣。

拙菴詞一卷汲古影宋本

宋東平趙磻老渭師撰

案，磻老，字渭師，東平人。官至工部侍郎。娶歐陽懋女，以懋待制恩補官。從范石湖使金，還，擢知臨安府，坐殿司招兵事，謫饒州。著有《拙菴雜著》三十卷、《外集》四卷，見《直齋書録解題》，《四庫》所未收也。

拙菴詞一卷舊抄本

宋東平趙磻老渭師撰

雙溪詞一卷汲古影宋本

宋雙溪擬巢翁延平馮取洽熙之撰

文簡詞一卷汲古影宋本

宋新安程大昌泰之撰

章華詞一卷汲古影宋本

撰人無攷

篁嵊詞一卷汲古影宋本

宋麻沙劉子寰圻父撰

案，劉子寰字圻父，建陽人，自號篁嵊翁。嘉定十年進士。遊朱子之門，能詩文，與劉清夫齊名。著有《麻沙集》，劉克莊爲之序。其詞《四庫》未收，各家書目亦罕著録。

知稼翁詞一卷汲古影宋本

宋莆田黄公度師憲撰

淳熙戊申，故考功郎莆田黄公公度之子沃通守臨川。明年，臨川人士得考功樂章，其題爲《知稼翁詞》，請鋟諸木。通守重於諾，於余乎質焉。余謂樂始有聲，次有音，最後有調，商《那》、周《清廟》等頌，漢《郊祀》等歌是也。夫頌類選有道德者爲之，發乎情性，歸乎禮義，故商、周之樂感人深。漢之樂感人淺。本朝太平二百年，樂章名家紛如也。文忠蘇公文章妙天下，長短句特緒餘耳，猶有與道德合者。『缺月疎桐』一章，觸興於驚鴻，發乎情性也；收思於泠州，歸乎禮義也。黄太史相多大以爲非口食煙火人語，余恐不食煙火之人口所出，僅塵外語，於禮義遑計歟？考功所立不在文字，余於樂章窺之，文字之中所立寓焉。泉幙之解，非所欲去，而寓意於『鄰雞不管離情』之句。祕館之除，非所欲就，而寓意於『殘春已負歸約』之句。凡感發而輸寫，大抵清而不激，和而不流，要其情性，則適揆之禮義而安，非能爲詞也。道德之美，腴於根而盎於華，不能不爲詞也。天於其年，苟奪之晚，俾更涵養，充而大之，竊意可與文忠相後先。顧余非識者，人未必以爲然，嘗試志卷端，以歸通守。通守於家爲賢子，於時爲才士，夫有志揚其先，而不憚鋟之木，則傳者日益廣，當有大識者出爲考功重其價焉。十二月五日，奉議郎新知静江府義寧縣主管勸農公事賜緋魚袋曾丰序。

公既南歸，適秦益公薨，於是大魁張九成、劉章、王佐、趙逵等以次除召。公在一輩中最久最滯，故首被命，登對便殿，言中時病。上喜，勞問再三，面除尚書考功員外郎。朝論美其親擢，知見獎之渥，繼見朝夕。毋何，公得疾，卒于位，享年四十有八。吁！可痛哉！在時號知稼翁，因以名集，凡十二卷，先已命工鋟木，而此詞近方收拾，未得其半，姑録而藏之，以傳後裔，謹毋逸墜云。淳熙十六年重五日，男朝散郎權通判撫州軍州兼管内勸農營出事賜緋魚袋沃謹澤手識于卷末。

龍川詞一卷 汲古影宋本

宋永康陳亮同甫撰

日湖漁唱一卷舊抄本

宋句章陳允平君衡撰

黄氏手跋曰：癸酉夏日，五柳書居以鈔本宋詞四種示余，余以其皆重本，故未留。越日思之，書不厭複，爲有異處也。遂復問之，索直三番，余因攜歸，出此《日湖漁唱》一種以校，却有一二佳字，誤者亦未免，悉標諸行間。書經繡谷插架。繡谷者，西泠吴氏也。吴君名焯，字尺鳧，蓋藏書家。今其書皆散矣，表之以著雪泥鴻爪云爾。七月初四伏日揮汗識，復翁。

西麓繼周詞一卷汲古影宋本

宋莆鄖澮室後人陳允平衡仲撰

皕宋樓藏書志卷一百二十

集　部

詞曲類二

西樵語業一卷陸敕先、毛斧季手校本

宋廬陵楊炎正濟翁撰

陸氏手跋曰：庚戌四月二十日底本校。勅先。

毛氏手跋曰：己巳二月十六日，從孫氏抄本校。毛扆。

孏窟詞一卷汲古影宋本

宋東武侯寘彦周撰

案，《書録解題》：『《嬾窟詞》一卷，東武侯寘彦周撰。其曰母舅晁留守者，晁謙之也。紹興中以直學士知建康。』

竹屋癡語一卷毛斧季手校本

宋高觀國賓王撰

碎錦詞一卷汲古閣影宋本

宋鄉貢免解進士李好古撰

碎錦詞一卷舊抄本

宋李好古撰

放翁詞二卷毛斧季手校本

宋陸游撰

雅樂既微，斯有鄭、衛之音。音雖變，然琴、瑟、笙、磬猶在也。變而爲燕之筑，秦之缶，胡部之琵琶、箜篌，則又出鄭、衛之下矣。風、雅、頌之後，爲騷，爲賦，爲曲，爲引，爲行，爲謡，爲歌。千餘年後乃有倚聲製辭，起於唐之季世，則其變愈下，可勝嘆哉！予少時汩於世俗，頗有所爲，晚而悔之，然漁歌菱唱，猶不能止。今絶筆已數年，念舊作終不可揜，因書其首以識吾過。淳熙己酉秋熟日，放翁自序。

毛氏手跋曰：辛亥七月廿一日，抄本校，外有《夜游宫》一，《月照梨花》二，《如夢令》一，共四闋，見《花菴詞選》中，宜刻作拾遺。

又曰：六月十三日曉刻，雨窗讀訖。

綺川詞一卷舊抄本

宋苕溪倪偁文舉撰

案，倪偁，字文舉，吴興人，倪思之父。紹興八年進士，官太常寺主簿。著有《綺川集》十五卷，見《直齋書録解題》。此舊抄本爲勞巽卿舊藏，《四庫》所未收也。

克齋詞一卷舊抄本

宋苕溪沈端節撰

稼軒詞四卷陸敕先、毛斧季校宋本

宋辛棄疾撰

毛氏手跋曰：辛亥七月三日，敕先所校元板重校訖。

稼軒長短句十二卷明刊本

宋歷城辛棄疾漫著

澗泉詩餘一卷舊抄本

宋韓淲仲止撰

勞氏手跋曰：咸豐丙辰四月十八日，借丁月河家藏舊本校此本，共百九十五闋。《大典》本《澗泉集》祇九十八闋，据補《攤破浣紗》一闋。權記。

案，淲字仲止，吴興人，元吉之子也。著《澗泉日記》二卷、《澗泉集》二十卷，與趙章泉蕃齊名，稱『二泉』。

袁宣卿詞一卷舊抄本

宋豫章袁去華撰

案，袁去華，字宣卿，江西奉新人。紹興乙丑進士，改官知石首縣而卒。善爲歌詞，嘗賦長沙定王臺，見稱于張安國。著有《適齋類藁》八卷。《書録解題》著録其詞，《四庫》未收。朱竹垞輯《詞綜》，搜羅甚富，而云隻字未見，則流傳之罕可知矣。

龜峯詞一卷舊抄本

宋陳經國撰

案，陳經國，字伯大，小字定父，潮州海陽縣人。寶祐四年進士，見《登科録》。其書《四庫》未收，各家書目罕見著録。

履齋詞一卷舊抄本　葉石君舊藏

宋吴潛撰

文定詞一卷舊抄本

宋河南丘密宗卿撰

案，丘密，字宗卿，江陰軍人。隆興元年進士，授建康府觀察推官，累官至資政殿學士，同知樞密院事，謚文定。著有《文定集》，《四庫》所未收也。

蕭台公餘詞一卷舊抄本

宋錢唐姚述堯撰

樂齋詞一卷舊抄本

宋河内向鎬撰

案,《書録解題》:『《樂齋詞》一卷,向鎬豐之撰。』各家書目罕見著録,《四庫》所未收也。

夢窗甲藁一卷毛斧季手校本

宋四明吴文英君特撰

仙源居士惜香樂府十卷陸敕先校宋本

宋南豐宗室趙長卿詞,鄉貢進士劉澤編,門生迪功郎峽州夷陵尉胡賡校正

陸氏手跋曰:庚戌四月十八日晚,刻、抄本校畢。勑先。

又曰:辛亥六月廿二日漢威重校。

渭川居士詞一卷舊抄本

宋吕勝己季克撰

張氏金吾曰:吕勝己,仕履未詳。是書亦絶無著録者。《滿江紅》注云:『辛丑年假守沅州。』又云:『登長沙定王臺,和南軒張先生韻。』《鷓鴣天》注云:『城南書院餞別張南軒赴闕奏

事。』蓋與南軒先生同時人也，辛丑當孝宗淳熙八年。

蓬萊鼓吹一卷舊抄本

宋雲峯山人斗城夏文鼎宗禹撰

龜峯詞一卷舊抄本

宋陳人傑著

長吉、惇夫俱不盡其才而死，世人工訶醜好，卒然而定。自古勳業之士皆然，重可哀也已。剛父兄悼其舊作已軼，蓋嘗所嚌嚅者，惜不及見之。甲辰夏五，所齋陳容公儲父。

《龜峯詞》，有所齋諸兄爲之跋，安用復著贅語？謾書癸卯冬所作《懷舊》一絶，繫於後。陳合維善。

西晉風流自一家，憶君魂夢到梅花。梅花深處無人蹟，明月一枝霜外斜。

案，陳人傑，仕履無攷。陳容，字公儲，長樂人。端平初進士，官至朝散大夫，知興化軍，耿挺不阿。賈似道常欲招致置幕下，容輒卑侮之。人呼『陳所翁』。

撫掌詞一卷舊抄本

不著撰人名氏，後學南城歐良編

勞氏手跋曰：《撫掌詞》，卷前不署姓名，從《典疋詞》傳出，蓋南渡人詞也。歐良乃編集者之名，此本去『後學』二字，遂以當作者矣。末附《傚李長吉十二月宫樂詞》，此係樂府，故不得入詞，原本所有，仍補入之。良，南城人，官司户，見劉後邨所作詩集序。咸豐癸丑五月廿三日午後，据曝書亭鈔本《典疋詞》校過。飲香詞隱勞㬊卿記于漚喜亭池上。

養拙堂詞一卷毛斧季手抄本

宋管鑑明仲撰

毛氏手跋曰：乙丑六月十一日從周氏舊録本再校一過，時斜風細雨。毛扆。

勞氏手跋曰：《直齋書録解題》載《養拙堂詞集》一卷，但云管鑑明仲撰而不著其籍貫，與此本相同。直齋所据蓋長沙書坊所刻《百家》本也。此本從吴興丁月河借得，爲毛斧季手校，乘暇手寫一帙，以補宋詞之缺。道光己酉七月十二日校畢誌。蟫庵詞隱勞權。

案，管鑑，字明仲，浙江龍泉人。祖師仁，崇寧中進士，仕至同知樞密院事。鑑力學好修，父澤補官，再調江西常平提刑，始家臨川。累官至廣東提刑，權知廣州，兼經畧安撫使。見《萬姓統譜》。

省齋詩餘一卷舊抄本

宋衡陽廖行之天民撰

毛氏手跋曰：壬戌四月十四日從孫氏藏本校正。毛扆。

勞氏手跋曰：己酉八月依毛斧季校本手録。羿卿。

咸豐己未六月二十一日，《大典》本《省齋集》校過，多所改正，惜不及半耳。秋井草堂記。

《書録解題》曰：《省齋詩餘》一卷，衡陽廖行之天民撰。

案，行之，字天民，衡陽人。著有《省齋集》，《四庫》著録其詞，較大典本《省齋集》增多一半。

蕭閒老人明秀集注三卷影寫金刊本

金蔡松年撰，雷溪子魏道明元道注解

《直齋書録解題》曰：『《蕭閒集》六卷，蔡伯堅撰，靖之子陷金者。』

黄氏手題：琉璃厰裏兩詩淫，蕘友蕘翁是素心。我羨小嫏嬛福地，子孫世守到于今。作宧游仙事渺茫，故交零落感滄桑。傳家祖印分明在，添得新詩娩舊藏。卅年前見兩奇書，覿面相逢付子虚。小讀書堆藏弆久，雲煙化去已無餘。宋槧《續顔氏家訓》、金槧《蔡松年詞》皆郡城故家物。先攜示余，時因次兒病危，無心緒及此，後歸顧明經抱沖。及今散出，余未之知，故不及收。琴川好古有專家，秘笈儲藏富五車。一取蔡詞一顔訓，兩人勍敵互相誇。《顔訓》歸張月霄，《蔡詞》歸陳子準。顔訓曾經借我抄，蔡詞相示又誰教。收書不惜黄金盡，珍重相期屬世交。余向收書不惜多金，今芙川亦頗類此。詞山曲海費搜羅，宋刻元雕幾許多。只有金源明秀集，錯教當日眼前過。李中麓家詞山曲海，余藏詞曲甚夥，名其藏弆之所曰『學山海居』。集雖剩半目猶全，宵雅時風次第編。好事詞山數□萬，祇將兩闋世間傳。中州文獻問遺山，樂府諸家見一斑。四庫但登天籟集，蕭閑兀自在人間。金人詞專集登諸《四庫》者止白樸。道光四年歲在甲申九月大盡日，蕘翁爲芙川世講書于百宋一廛，聊以記事而已。

孫氏跋曰：蔡松年字伯堅，本杭人，長於汴都，從父靖知真定府判官，遂籍真定。累官吏部尚書參知政事，進右丞相，卒封吴國公，謚文簡。明秀峰在汴梁，公與梁慎修、許師聖、田唐卿輩觴詠處，集以是名。蕭閑老人，其退居後自號也。原集六卷，魏道明注，今存一至三三卷。金人專集傳世者，自元遺山外惟滹南、滏水數家。兹集久不著録，陳子準得之吴門周氏，月霄、芙川輾轉傳録，出以見示。松年詞與吴彦高齊名，稱『吴蔡體』。朱竹垞《詞綜》僅録《尉遲杯》一闋，萬紅友《詞律》祇存《月華清》一闋。按全集目録，《月華清》在第四卷，《尉遲杯》在第五卷，俱在此三卷之外。後三卷尚有百餘闋，今所存者七十二闋耳，零璣賸璧，彌足珍愛。即雷溪之注，雖失之繁冗，而於當時酬贈諸君，俱一一詳其仕履，亦足以補《中州集》之未備也。道光四年歲在甲申閏七月，昭文孫原湘跋。

張氏月霄曰：原六卷今存一至三三卷，目録全。卷一、二曰《廣雅》，卷三、四曰《宵雅》，卷五、六曰《時風》。松年、道明，俱見《中州集》。明秀者，湖山名，松年雅愛之，故以爲名。金源樂府推松年與吴彦高，當時號『吴蔡體』。《中州集》小傳附載《念奴嬌自序》一篇，元遺山謂是松年樂府中最得意者。此詞今載第一卷中，蒼涼悲壯，誠集中不多見之作也。王滹南、元遺山於松年詞俱極傾倒，而於道明注頗致不滿。見《滹南遺老集》、《中州樂府》。如《憶恒陽家山》云『暮涼白鳥歸喬木』，蓋寫宅前真景，而注以爲潔身而退，如白鳥之歸林。《滿江紅》詞云『一枝梅緑横冰蕚。對淡雲、新月烱疎星，都如昨』，蓋總述所見之景，而注以淡雲爲衣，新月爲眉，疎星爲目。凡此之類皆近穿鑿，故不爲二公所許。然集中所與酬贈諸人，如陳沂、范季霑、梁兢、曹浩、杜伯平、吴傑、田秀實、高鳳庭、李彧、李舜臣、趙松石、陳唐佐、趙伯玉、許採、楊仲亨、趙愿恭、張子華等，《中州集》俱未載，道明詳注其仕履始末，則賴以傳者不少矣。至若金人逸句如《水龍吟》詞序引吴激詩云：『夢想淇園上，春林布穀聲。』又云：『故交半在青雲上，乞取淇園作醉鄉。』《滿江紅》詞注引松年贈康顯之詩云：『樓枕月溪三尺玉，眼横松雪一山春。』零章剩句，彌足珍貴。又如《念奴嬌》詞注引松年《木犀》詩自注云：『木犀，湖湘之間謂之九里香，江東乃號巖桂，惟錢塘人最重之，直呼桂花。』是則不第爲吟咏之資，亦可作多識之助也。是書自《直齋書録解題》外絶無著録者，原本尚是金源舊槧，遇『堯』睿宗諱、『恭』顯宗諱等字，皆缺末筆。陳君子準得自郡城周氏，予從之傳録者。

天籟集二卷文瀾閣傳抄本

金白樸撰

樂府始于漢，著于唐，盛于宋，大概以情致爲主。秦、晁、賀、晏雖得其體，然哇淫靡曼之聲勝，東坡、稼軒矯之以雄辭英氣，天下之趣向始明。近時元遺山每游戲於此，掇古詩之精英，備諸家之體製，而以林下風度，消融其膏粉之氣。白樞判寓齋序云：『裕之法度最備。』誠爲確論，宜其獨步當代，光前人而冠來者也。元、白爲中州世契，兩家子弟每舉長慶故事，以詩文相往來。太素即寓齋仲子，於遺山爲通家姪，甫七歲，遭壬辰之難，寓齋以事遠適。明年春，京城變，遺山遂挈以北渡，自是不茹葷血。人問其故，曰：『俟見吾親則如初。』嘗罹疫，遺山晝夜抱持，凡六日，竟于臂上得汗而愈，蓋視親子弟不啻過之。讀書穎悟，異常兒，日親炙遺山謦欬談笑，悉能默記。數年寓北歸，以詩謝遺山云：『顧我真成喪家狗，賴君曾護落巢兒。』居無何，父子卜築于滹陽。律賦爲專門之學，而太素有能聲，號後進之翹楚者。遺山每過之，必問爲學次第，贈之詩曰：『元白通家舊，諸郎獨汝賢。』未幾，生長見聞，學問博覽。然自幼經喪亂，倉皇失母，便有山川滿目之歎。逮宋亡，恒鬱鬱不樂，以故放浪形骸，期於適意。中統初，開府史公將以所業力薦之于朝，再三遜謝，棲遲衡門，視榮利蔑如也。太素與余三十年之舊，時會于江東，嘗與余言：『作詩不及唐人，未可輕言詩。平生留意於長短句，散失之餘，僅二百篇。願吾子敘之。』讀之數過，辭語遒嚴，情寄高遠，音節協和，輕重穩愜，凡當歌對酒，感事興懷，皆自肺腑流出。余因以『天籟』名之。噫！遺山之後，樂府名家者何人？殘膏賸馥，化爲神奇，於太素集中見之矣。然則繼遺山者，不屬太素而奚屬哉？知音者覽其所作，然後知余言之不爲過。太素名楧，舊字仁甫，蘭谷其號云。至元丁亥春二月上休日，正議大夫行御史臺中丞西溪老人王博文子勉序。

遺山先生新樂府五卷舊抄本

金元好問撰

《塈經室外集》曰：《遺山樂府》五卷，金元好問撰。好問有《續夷堅志》，《四庫全書》已著録。伏讀御定《歷代詩餘》，載《詞人姓氏》，云《遺山樂府》，錢唐淩雲翰編輯。是編從舊鈔本依様過録，無雲翰姓氏，疑轉寫者誤脱耳。案，《錦機集》云：『僧李菩薩灑酒作花，開牡丹二株，遺山爲賦《滿庭芳》，傳誦一時。』是作今載集中。張炎偁其詞深于用事，精于錬句，風流蘊藉不減周、秦。合觀諸作，良非虚美也。

遺山樂府一卷舊抄本

前鄉貢進士錢唐淩雲翰彦椒編選

勞氏手跋曰：《遺山先生新樂府》五卷，此淩柘軒編選一卷本，今秋鈔于王吉甫。復遇趙氏星鳳閣抄本，校補缺一闋。此本雖不如《新樂府》本之全，顧有出于其外者。《抱經堂文集》有題辭行附録之。道光甲辰十二月初九日鐙下，巽卿記。

無弦琴譜二卷舊抄本

元錢唐仇遠山村撰

案，仇遠，字山村，錢唐人，著有《山村遺集》，《四庫》著録。此其所作詞也，《四庫》未收，《千頃堂書目》亦未著録。

蛻巖詞二卷舊抄本

元河東張翥仲舉著

貞居詞一卷舊抄本

元句曲張天雨伯雨撰

案，天雨，字伯雨，句曲人。著有《句曲外史集》，《四庫》著録。此其所作詞也。

蟻術詞選四卷舊抄本

元雲間邵復孺著

《竽經室外集》曰：《蟻術詞選》四卷，元邵亨貞撰。亨貞有《野處集》，見《四庫全書》。伏讀《四庫全書總目》云：『亨貞所著《蟻術詞選》，世已無傳。』又云：『其詞世不多見，惟陶宗儀《輟耕録》載所作《沁園春》二首，雋永清麗，頗有可觀，蓋所長尤在于是。』是編從舊鈔依樣影寫，藏書家未見著録。

扣舷集一卷舊抄本

明高啟撰

勞氏手跋曰：咸豐甲寅六月，逭暑漚喜亭，得閒，無所作，鈔此遺日，且屬沈環卿校之。晦日，飲香詞隱漫記于池上西窻下。

案，高啟有《大全集》十八卷，《四庫全書》已著録。此其詞集也，《四庫》未收，各家書目亦罕著録。

眉菴詞一卷舊抄本

明楊基撰

勞氏手跋曰：咸豐甲寅閏七月漫録，時適移家玉參差館，遷居甫定，心緒恾憛，借此聊遣病懷。金子及爲余校正。中秋前二日，飲香生記于漚喜亭。

花間集十卷明覆宋本

蜀銀青光禄大夫行衛尉少卿趙崇祚集

歐陽炯序蜀廣政三年

右《花間集》十卷，皆唐末才士長短句，情真而調逸，思深而言婉。嗟乎！雖文之靡，無補於世，亦可謂工矣。建康舊有本，比得往年例卷，猶載郡將、監司、僚幕之行，有《六朝寔録》與《花間集》之贐。又他處本皆訛舛，迺是正而復刊，聊以存舊事云。紹興十八年二月二日，濟陽晁謙之題。

孫氏手跋曰：錢曾《讀書敏求記》有此書，稱紹興十八年，濟陽晁謙之刊正題于後，鏤板精好，楮墨絶□，宋槧本之最難得者。此本前應有歐陽炯序，爲書賈佚去，或是明人翻刊宋本。然是晁刻舊觀，亦可寶也。五松居士庚午歲八月記于平津館。

類編草堂詩餘四卷明刊本

宋武陵逸史編次

何良俊序嘉靖庚戌

羣賢梅苑十卷汲古影宋本

宋黄太輿編

自瓊林、琪樹、瑶華、緑萼之異不列於人間，目所常翫，自予東園之梅，可以首衆芳矣。若夫呈妍月夕，奪霜雪之鮮；吐嗅風晨，聚椒蘭之酷。情涯殆絶，鑒賞斯在。莫不抽毫遺滯，劈綵舒衷。召楚雲以興□，命燕玉以按節。然則粧臺之篇，賓筵之章，可得而述焉。己酉之冬，予抱疾山陽。三徑掃迹，所居齋前更植梅一株，晦朔未逾，略已粲然。於是録唐以來詞人才士之作，以爲齋居之翫，目之曰《梅苑》者。詩人之義，託物取興，屈原製《騷》，盛列芳草，今之所録，蓋同一揆。聊書卷目，以貽好事云。岷山耦耕黄太輿載萬序。

樂府雅詞三卷拾遺二卷舊抄本　朱竹垞舊藏

宋曾慥編

予所藏名公長短句，裒合成篇，或後或先，非有詮次，多是一家，難分優劣，涉諧謔則去之，名曰《樂府雅詞》。九重傳出，以冠于篇首，諸公轉踏次之。歐公一代儒宗，風流自命，詞章窈眇，世所矜式，當時小人或作豔曲，繆爲公詞，今悉删除。凡三十有四家，雖女流亦不廢。此外又有百餘闋，平日膾炙人口，咸不知姓名，則類于卷末，以俟詢訪，標目『拾遺』云。紹興丙寅上元日，温陵曾慥引。

朱氏手跋曰：曾端伯《樂府雅詞》，陳氏《書録解題》一十三卷，《拾遺》二卷。此書抄自上元焦氏，止存二卷及《拾遺》，殆非足本，然藏書家著于録者罕矣。康熙乙酉，竹垞老人跋於吴關慧慶僧舍，時年七十有七。

詞源二卷影元抄本　黄蕘圃舊藏

宋西秦玉田張炎叔夏編

乙卯歲，余以公事留杭數月，而玉田張君來寓錢唐縣之學舍。時主席方子仁始余交，道玉田來所自，且憐其才，而不知余與玉田交且舊也，因相從歡甚。玉田爲況落寞似余。其故友張伯雨方爲西湖福真費脩主，聞之，遂挽去。子仁與余買小舟並湖，同爲道客，伯雨爲設茗具饌，盤旋日入而歸。玉田嘗賦《臺城路》詠歸杭一詞，録此卷後。其詞云：『當年不信江湖老，如今歲華驚晚。路改家迷，花空蔭落，誰識重來劉阮。殊鄉頓遠，甚猶帶羇懷，鴈悽蛩怨。夢裏忘歸，亂滿烟浪，片帆轉。　閑門休歎故苑。杖藜遊冶處，蕭艾都遍。雨色雲西，晴光水北，一洗悠然心眼。行行漸嬾，快料理幽尋，酒(觀)〔瓢〕詩卷。賴有湖邊，舊事晴鷺數點。』丁巳正月，江村民錢良祐書。

『詞』與『辭』字通用，《釋文》云：『意内而言外也。』意生言，言生聲，聲生律，律生調，故曲生焉。《花間》以前無襍譜，秦、周以後無雅聲，源遠而派别也。西秦玉田張君著《詞源》上下卷，推五音之數，演云云之譜，按月紀節，賦情詠物，自稱得聲律之學於守齋楊公、南溪徐公。淳祐、景定間，王邸侯館，謌舞升平，居生處樂，不知老之將至。梨園白髮，濞宫娥眉，餘情哀思，聽者泪落。君亦因是棄家，客游無方，三十年矣。昔柳河東銘姜祕書，悯王孫之故態，銘馬淑婦，感謳者之新聲，言外之意，異世誰復知者？覽見詞卷，撫几三歎。墻東叟陸文圭跋。

《孯經室外集》：《詞源》二卷，宋張炎撰。炎有《山中白雲詞》，《四庫全書》已著録。是編依元人舊鈔影寫。上卷詳論五音、十二律、律吕相生，以及宫調管色諸事，釐析精允，間系以圖，與姜白石歌詞、九歌琴曲所記用字紀聲之法，大畧相同。下卷歷論制曲、句法、字面、虚字、清空、意趣，用事、詠物、節序、賦情、離情、令曲、雜論，五要十四篇，並足以考見宋代樂府之制。自明陳仲醇改竄炎書，刊入《續祕笈》中，而又襲用沈伯時《樂府指迷》之名，遂失其真。微此幾無以辨其非。蓋前明著録之家，自陶九成《説郛》廣録僞書，自後多踵其弊也。

朝野新聲太平樂府四卷元刊本

元楊朝瑛撰

案，朝瑛，青城人。《千頃堂書目》著録，《四庫》未收。

皕宋樓藏書續志卷之一

經　部

周易類

周易經傳集解三十二卷舊抄本

宋朝議大夫直寶文閣權發遣潭州軍州主管荆湖南路安撫司公事臣林栗上進

進表

臣栗言：臣昨蒙恩，以臣投進《春秋經傳集解》特降聖旨轉行一官。臣尋具悃愊申省，乞賜敷奏，收回成命，許臣就潭州筆札繕寫《周易爻象序雜指解》一書進納御前。二月三日，准尚書省劄子，奉聖旨，不許辭免，餘依。臣今來修寫成書，依已降指揮投進者。臣聞古聖開先，河洛有圖書之出；明王在御，鳳麟有郊藪之游。矧兹《易》象之昭垂，宜作治朝之瑞應。臣栗誠惶誠恐，頓首頓首。竊以伏羲畫卦，肇陰陽奇耦之形；西伯重爻，演仁義剛柔之旨。辭至周公而大備，法從尼父而益章。言其變化，則範圍高厚而不遺；語其機緘，則槖籥生靈而無間。焕平父子君臣之懿軌，卓乎禮樂刑政之宏摹。秦人以爲卜筮之書，幸逃灰燼；漢世雜於讖緯之學，幾至湮淪。粤從魏、晉以來，迺至隋、唐之際。談象數者，率由穿鑿；論性情者，悉本虛無。其或推明人事之端，奈何刊落聖心之畫。晉宗輔嗣，捨《繫辭》旨，雜以無傳；唐尚希聲，摒《文言》、《彖》、《象》而不取。是皆忘本以齊末，何自尋流而探源？空存隱賾之辭，莫測形容之擬。寧期末學，得與斯文。有太極以生兩儀，灼見混成之理；覆四象而爲八卦，具存一定之規。以此而觀象，則象乃可觀；以此而玩辭，則辭皆可玩。亶由天造，非出人爲。載爲《洪範》九疇之陳，與夫黄石一編之記。儻匪聖神之應運，曷臻窮壤之效祥。恭惟皇帝陛下睿哲生知，成能夙就。□究三才之藴奥，發揮四聖之淵微。酬廣廈之諸儒，言皆破的；接大廷之多士，意以忘筌。惟德業與日以俱新，故道術爲時而競出。臣之固陋，學則顓蒙。初乏師承，探索何殊於聾瞽；忽如神授，鑽研方得於端倪。雖未能造詣於幾深，然頗亦貫通乎倫類。回觀衆説，殆似冥行。老矣負暄，徒自言炙背之美；心乎嚮日，寧復存衛足之思。惟殫夙夜之勤，敢希晝日之遇。臣無任瞻天望聖，俯伏待罪，激切屏營之至。所有《周易經傳□□》，□三十二卷，《繫辭》上下二卷，《文言》、《説卦》、《序》、《雜》本文共爲一卷，《河圖洛書八卦九疇大衍總會圖》、《六十四卦立成圖》、《大衍揲蓍解》共爲一卷，總三十六册，謹隨表上進以聞。臣栗誠惶誠恐，頓首頓首謹言。淳熙十二年三月二十八日，朝議大夫直寶文閣權發遣潭州軍州兼管内勸農營田事主管湖南路安撫司公事馬步軍都總管借紫林栗。

貼黄

對照臣昨陳乞修寫劄子，係以《周易爻象序雜指解》爲名。進來竊自惟念三聖人所垂經訓，先設卦畫，次繫《彖辭》，即『爻』、『象』二字不爲該備。及觀孔子所讚《大傳》，有《彖》、《象》、《繫辭》、《文言》、《説卦》，即『序』、『雜』二字亦未能概舉。今故仍《春秋》之例，以三聖所垂之經，與孔子所讚之傳，總謂之《周易經傳集解》，繕寫進呈，伏乞睿照。

又

照對臣今來繕寫進本係准《春秋經傳集解》已得指揮，其間有犯廟諱及御名者，並依經傳本文，不敢改易。只今書不成字，覆以黄紙。伏乞睿照。

又

照對臣昨辭免所進《春秋經傳集解》，蒙恩轉行一官，尋奉指揮，不許辭免。臣已祇受具表稱謝去訖。今來所進《周易經傳集解》如蒙採録，乞更身而有此獻。伏乞睿照。四月二十六日三省同奉聖旨，書付祕書省，令學士院降敕書奬諭。

敕林栗：省所上表，進《周易經傳集解》等共三十六册事。道載六經，亶爲明備；易更三聖，尤號精微。緊訓導之滋，有簡編之可考。卿才獻雋茂，器識高宏。繇深造之淵源，務旁周於綜彙。昔究《麟經》之藴，兹明犧畫之傳。惟三統本於《春秋》，仍通大衍之用；且九章列於《洪範》，亦參八卦之分。乃能備繹始終，兼該表裏。薈萃篇圖之富，包羅象數之全。給札而詔，尚書已光於侯國；賜璽而勉，太守益重於文儒。爰布温言，以旌篤學。允懷殫洽，良用嘆嘉。故兹獎諭，想宜知悉。夏熱，卿比好否，遺書指不多及。二十八日敕。

自序

臣聞《易》之爲書，肇自伏羲，演於文王，成於周公，讚於孔子，雖經秦火，無所亡失。極四聖之精思，發三才之妙理，其指若遠而甚近，其辭若奥而甚明，其象與數若恢詭而不可知，而皆顯然著見於生民日用之間，殆不可以須臾離者。然其爻象反覆，上下周流，惟變所適，故謂之『易』。蓋取變易爲義也。自漢以來，言《易》之家，千以萬轍。於『易』之一字已三説，曰：變易也，不易也，簡易也。是豈所謂互當歸一，精義无二者乎？昔之制字者，蓋以日月合而成文，亦取晝夜變通之義云爾。《易》之興也，其於中古乎？伏羲尚矣，文王演之，周公成之，故謂之《周易》，猶《書》言《周書》，《禮》云《周禮》而已。孔子讀《易》，至於韋編三絶，猶曰：『加我數年，五十以學，可以無大過矣。』然後覃思研精，爲之訓傳，以示後世，其可以易而讀之哉？賴有吾夫子爲之發明。故後之學者，雖其智不逮昔人，其潛心用力又無昔人千百分之一，而觀象玩辭，因言會意，亦庶幾有得焉者，有本者如是爾。近世諸儒，湛思未至，燭理不明，乃欲舍羲、文之畫，捐周、孔之辭，至於《繫辭》、《説卦》、《序卦》、《雜卦》，一切不取，而自以其意言《易》之義，是猶即鹿而無虞也，其能有得乎哉？古者，編簡重大，故六十四卦析爲二篇，上篇三十，下篇三十四。其多寡不齊者，非取諸卦，取諸畫也。卦出於象，象出於畫。八卦之畫三十有六，六十四卦之象亦三十有六，剖而分之，各十有八。十有八者，蓍之變也，揲之所以成卦也。上篇之象十有八，其爲卦三十；下篇之象亦十有八，其爲卦三十有四。是非私智之所能議矣。錯而陳之，十有八，總而言之，則三六之數也。《易》始於三，成乎六。三者，乾之畫也；六者，坤之畫也。是則爻象之所從起，而變化之所由生也。文王、周公、孔子三聖人者，於此盡心焉。學者不本乎是而言《易》者，妄也。臣故紬繹經傳，述其指解，而爲之序。臣栗謹序。

易變體義十二卷 文瀾閣傳鈔本

宋都絜撰

《大易》如天地，其中無所不有，顧學者取之如何耳。取諸象則爲象學，取諸數則爲數學，取諸辭則爲義理之學，取諸占則爲卜筮之學。雖各名一家，要之原本于古人，而發明以新意，乃可爲善學者。西漢趙賓説『箕子之明夷』曰：『箕子，萬物方荄滋也。』持論巧慧，《易》家皆以爲非古法，用是不見信。近世侍講林瑀作《會元紀》，用天子即位之年，傅會《易》卦以推吉凶。賈魏公疏其不經，罷之。是皆專任私智，不師古始，使其説得行，害道甚矣。都君聖與之《易》，其原本于古人而發明以新意者乎？《易》曰：『爻者，言乎其變者也。』又曰：『動則觀其變而玩其占。』以《春秋左氏傳》考之，當時援引爻辭與夫推測變卦者，皆不言六位，必曰某卦之某卦。夫推測卦變其如是固宜，而援引爻辭亦如是者，蓋言六位則體常，曰某卦之某卦則盡變也。聖與之所原本在此，然文辭之合於變體者，先儒畧焉。聖與始演爲一書，凡三百八十有四義。古人之底蘊，盡取而發明之。嗚呼！可謂善學也已矣。書成，獻之于天子，又鋟板而傳之，且屬余爲之序。余善其原本于古人而無襲蹈之跡，發明以新意而無穿鑿之見也，故序之。紹興二十九年冬至日，贛川曾幾序。

余早遊學校，與《易》家者流談論六十四卦三百八十四爻，與夫《繫辭》至《雜卦》并爲一談，曰此神也，此道也，此體用也，此德業也。鑿空駕遠，紊實隳真。望其貌，雖超然若不可挹，扣其中，乃空然無所有，繫風捕影，卒以自取。小則不足以治心修身，大則不足以用天下國家，其誣《易》也甚矣。後予至京師，見先生長者論《大易》之説，乃一皆歸之人事、仁義、陰陽、剛柔，蓋一體而無閒焉。乃知夫仁義即天地之道也，其於六經之旨歸，乃無杪忽之差。吾僚友都聖與一日示余以所傳《易》，且曰：『嗚呼！余尚忍言之耶？昔絜先君子言行爲一邦師法，服習六藝，而尤邃于《易》。某此訓傳談《易》之義、乾坤之氣、天地之形、六子之用、三才之判、三百八十四爻之變。其于爻變也，某不先于辭而先于理，以爲卦爻大象，適與理相當者，聖人則有辭以繫之象。爻繫之辭未盡，聖人又爲傳六十四卦之後以明之。一章示賢人也，二章示君子也，三章戒衆人也，四章言聖人體用之道也。《説卦》論八卦之理，《序卦》論六十四卦之序，《雜卦》論六十四卦之用。』又曰：『此絜所聞于先君子也，輒拾其遺説而爲之傳。』嗟乎！其深思旁取如此，亦已勤矣，異夫前所謂神、道、體用之説者，故余竊有取焉。且求予爲序。余故摭其所得于《易》者而敘之，因退而考其先。公世爲丹陽人，諱郁，子子文，終惠州教官云。紹興乙亥四月旦，范陽張九成序。

自序

『潛龍』之辭，非姤之正體也。乾初九之變，而屬于姤，是乾之姤而已。『黄裳』之辭，非比之正體也。坤六五所變，而屬于坤，是坤之比而已。自乾、坤而下，莫不如此。不然，則乾九二所變，何以謂之其同人？九五所變，何以謂之其大有？而董因之筮晉文，六四不變，何以言得泰之八？魯史之筮穆姜六二不變，何以言遇艮之八乎？夫自乾之姤，以至未濟之解，宜皆若此。而其義則不可一言盡。若古筮史所言，雖傳之簡册，而或雜以互體，或推諸五行，或源本陰陽之流，或傅會占者之事，或揆度一時之宜，其説豈不或中？而不皆合羲、文、周、孔之本意。憑以顓蒙之資，被過庭之訓，幼習句讀，長聞崖略，而身襲儒服，義學是主，年踰知命，嘗爲説以記所聞。而今老矣，幸若天誘其衷，復有變體之説，凡數萬言，始集成編，以俟君子之深于《易》者而折其當否焉。

登對進書劄子

紹興二十八年四月五日，臣世業箕裘，誦習羲《易》。往年當嘗進《説義》，仰冒天威，上賴聖慈，寬其譴責。又嘗竊謂古人即卦爻之變體而引用爻辭者，見于左丘明《春秋》之傳，如晉史蔡墨即乾之姤與其同人、其大有、其夬，引潛、見、飛、亢之辭，以至鄭游吉等引復之頤，師之臨，豐之離，而各指其爻辭之意。若夫初、上、中爻，九、六所居，則未嘗一言及之。臣乃妄意爻辭所繫，必協變體之義，于是試以某卦之某卦之爻，而推其所繫之辭，見其辭旨與變體協，因演其義，爻爲一篇，凡三百八十有四。蓋謂《易》宜有是一家之學，寔蔡墨等啓之也。雖臣三隅之說，寸長尺短，而墨等一隅之舉，似不可棄。是用繕寫，釐爲八册，因輪面對，不避斧鉞之誅，齎詣東上閤門，聽候聖旨投進。伏望陛下體《易》之廣大，而與人爲善；恕臣之狂簡，而謂言志之何傷；略晚學之謬言，而廣古人之至論。斷自聖裁而去取之，豈勝幸甚？取進止。四月日，左朝奉大夫尚書吏部郎中臣都絜劄子。

讀周易八卷舊抄本

宋淙山方寔孫端仲撰

自序

九三爻同乎兑體，由兑卦而論，則九五、九四、六三同乎巽體，九四、六三、九二爻同乎離體。兄弟同體之義，可見於此矣。其餘諸爻，互有同異。鼎卦初六爻云：『得妾以其子，无咎。』是《易》亦有庶兄弟之象也。乾、坤變化，既生六子，演而爲三百八十四爻矣。或問：卦位何如？曰：由先天卦象而論，乾南乾北，天尊地卑，即父母之象也。坎、離者，人道之爻也。離東坎西，猶日生於東，月生於西也。兑爲少女，位於東南。巽爲長女，位於西南。而乾位於兑、巽之間，譬如男女少則夾父母而同居，長則彼此異位，各隨遷就而得所合，男有室而女有家也。由後天卦象而論，則長女東南，中女正南，少女正西，母西南，長幼相次，夾母而處親之也。父西北，中男正北，少男東北，長男正東，長子代父，二子隨行而立尊之也。先儒已言之矣。

又曰：《易》者，道也，象數也，言道則象數在其中矣。道果有耶？《繫辭》曰：『《易》无體。』道果无耶？《繫辭》曰：『《易》有太極。』是道自无而有也。有太極則有陰陽，陽奇屬乾，陰耦屬坤，《易》則有奇耦（盡）〔畫〕矣。有陰陽則有天地，天位於上，地位於下，《易》則有上下（盡）〔畫〕矣。有天地則有人，人位（乎）〔於中〕，曰三才，《易》則有三畫矣。有人則有男女，有三畫則有三索。《説卦》曰：『乾，天也，故稱乎父；坤，地也，故稱乎母。震一索而得男，故謂長男。巽一索而得女，故謂長女。』坎再索而得男，故謂中男。離再索而得女，故謂中女。艮三索而得男，故謂少男。兑三索而得女，故謂少女。譬如天地有六子，如雷、風、日、月、山、澤之類，《易》則有八卦矣。伏羲之《易》止於如是，豈其王天下也，始畫八卦以示教，自父子兄弟□□之外，亦未暇盡傳耶？《繫辭》曰：『八卦成列，象在其中。因而重之，爻在其中。』又曰：『兼三才而兩之，故六。』是《易》有三畫則有六畫，有八卦則有六十四卦也。使道果不離於象數，又何待文王而後得其傳哉？因於羑里而演《易》，果何心也？《周易》六十四卦，先乾後坤，《易》則有定序矣。初、（六）〔二〕、三爻是下卦也，唯二爲中爻。二，臣位也，屬於陰耦，故賤，敢以賤爲嫌乎？四、五、上爻是上卦也，唯五爲中爻。五，君位也，屬於陽奇，故貴，孰敢以貴爲嫌乎？《易》則有貴賤矣。《繫辭》曰：『天尊地卑，乾坤定矣。卑高於陳，貴賤位矣。』是孔子知文王之心也。然考之於《易》，隨上六爻云：『王用亨于西山。』升六四爻云：『王用亨于岐山。』明夷象曰：『內文明而外柔順，以蒙大難，文王以之。』不知文王演《易》之後，亦自稱王乎，否乎？革象云：『天地革而四時成，湯武革命，順乎天而應乎人。』又不知文王演《易》之後，能預知有武王之事乎，否乎？《序卦》曰：『有父子然後有君臣，有君臣然後有上下，有上下然後禮儀有所錯。』嗚呼！君臣、父子之間，人所難言，作《易》者，其有憂患乎？若謂《彖》、《象》等辭，非□□作於文王既追稱王之後，則不可也。或問：乾用九，坤用六，何也？曰：由天地數而論，天一、地二、天三、地四、天五，是天地之生數也。一、三、五爲九，二、四爲六，是三天兩地而倚數也。陽有餘，陰不足也。地六、天七、地八、天九、地十，是天地之成數也。陽數極於九，陰數極於十，陰不可極而踰乎〔陽〕，故反而用六也。一、三、五、七、九，是天數也，而五爲中。二、四、六、八、十，是地數也，而六爲中。五、六者，天地之中合也。乾不用五而用九，是《易》有四象，不用五也。不用五者，尊之也。坤不用十而用六，是陰不可終踰乎陽，唯用六則得中也。又由卦畫而論，乾畫三連，與坤之六爲九，是乾得有坤也。坤畫六斷，但得用六，是坤不得有乾也。又由爻位而論，二、三、四、五是卦之中位也，九二、九三、九四、九五爻用九，以居於位之上，是尚剛也。初九、上九爻則變而用九，以居於爻位之下，是陽爻終始，亦不欲專尚剛也。六二、六三、六四、六五爻，則用六以居於爻位之上，是尚柔也。初六、上六爻則變而用六，以居於爻位之下，是陰爻終始，亦不欲專尚柔也。《易》三百八十四爻，或九或六，迭相爲用，是剛柔各隨時所尚也。又由蓍法而論，九爲老陽，是乾數用九，以進爲老也。六爲老陰，是坤數用六，以退爲老也。七爲少陽，是震、坎、艮數也。爻則例言九，而不言七，是少陽可進而言九也。八爲少陰，是巽、離、兑數也。爻則例言六，而不言八，是少陰可退而言六也。崇陽抑陰，是進退之道，蓍法遇老陽、老陰，所以又變也。變者以不變爲體，不變者以變者爲用，剛中有柔，柔中有剛，陽中有陰，陰中有陽，是道亦無定位也。吾願從有道者而取正焉。寶祐戊午年三月朔日序。

厚齋易學五十卷附録二卷文瀾閣傳抄本

宋馮椅撰

自序

《周易》一經，文王囚於羑里，即包犧氏所畫之卦，立大衍之法，推七、八、六、九之數，以生爻而繫之辭者也。占有官占，即畫觀象，以事揆理，而遂知休咎。至夏、商各爲一書，曰《連山》、《歸藏》，意每卦爲之辭矣，蓋間或畧見之於傳説也。然包犧氏畫八卦，因而重之，爲六十有四，以盡其變，故《連山》、《歸藏》之辭，至六十有四而止。文王則以所重之卦，復衍其爻，爲三百八十又四，乃別爲辭以繫卦，于以體其常，創爲辭以繫爻，于以盡其變，故定名曰《易》。文王既没，周之子孫乃著其代以别夏、商，而曰《周易》。然猶與《連山》、《歸藏》並列於卜筮之官，而謂之『三易』者，蓋因周之《易》云爾，其實夏商以前不謂之《易》也。自孔子定六經，止贊《周易》，門人又述其緒言以爲之傳，而《連山》、《歸藏》始廢，《易》道始尊。先漢以來，儒家者流宗主孔子，遂以孔贊與《周易》並行，以孔贊等篇爲傳，而改上下篇爲上下經，此其始變也。後以孔贊參入經文，自費直、鄭康成倡之，王輔嗣和之，而世不復知有文王之《易》矣。何也？取信於孔子之贊，而不復推究文王之本指，一也。孔子推明人事，而象數之本言焉而不發，至使後世屏棄之間，知學此則又多穿鑿傅會以爲之説，二也。甚至繫卦之辭爲彖，孔子題彖以推明之，而今繫以『彖曰』，而彖反爲孔子之傳矣。繫爻之辭爲象，孔子題象以推明之，而今繫以『象曰』，而象亦爲孔子之傳矣。孔門《説卦》三篇將以推明《繫辭》之指，今題以『繫辭上下』，而《繫辭》又爲孔子之傳矣。《易》之稱周，或以爲周匝；包犧之卦，例以爲《易》；八卦之重，以爲文王；六爻之辭，以爲周公；凡一經之名義錯亂，無一存者，况文王之本指乎？天開我宋，聖道日明，康節邵氏首定經傳之序，吕氏微仲、晁氏以道從而訂之。近日，吴斗南復是正之，沙隨程可久、晦菴朱文公先生皆以註解傳，雖名義微有未盡當，而文王之全經天高日白矣。椅自束髮受《易》於先人，蓋伯祖父以此經鳴於三舍。予數十年來，博親師友，搜攬衆説，遂以文王之本文，如王氏所傳乾卦之文爲正，而爲之輯註，訂其音切，釋其文義，辨其異同，使讀者燦然識其大指，不惑於支離。然後輯孔子贊傳、左氏占辭及諸儒之説，撮其不悖於大義者，釐爲《輯傳》，義有未備者，傳以己意。又於孔子之傳，裒輯衆説，别爲一書，庶不相亂，俾萬世復見文王之全經。孔子曰：『文王既没，文不在兹乎？』信哉！伯祖父蓋黜其名。宋嘉定十年丁丑歲夏五月辛卯既望，草塘馮椅序。

孔子之贊《易》，止於象爻，蓋其成書也。孔安國曰：『先君孔子贊《易》道，以黜《八索》。』此書是已。蓋述周文王之《易》，而贊述其義，聲韻相叶，實贊體也。孔子及門人追述其平日講説問答之辭，與夫所傳於古而記之有補於《易》者，爲之傳，則《文言》、《説卦》是已。何以知之？以其書有『子曰』，有古語，有占法而知之也。至於《序卦》、《雜卦》，孔子之遺書與？不然，何《雜卦》之聲韻與贊相似也？史謂孔子晚而好《易》，讀之韋編三絶，而門人記其言有曰：『加我數年，卒以學《易》，可以無大過矣。』夫孔子之於羣經，初不若是其綢繆也，而獨於《易》焉見之，何哉？蓋昔者文王之作經也，即包犧所重之卦，演而生爻，以陰陽奇耦之數，位畫襍居之象，仰探造化，旁稽物理，近察人情，自爲類例，字字有據。然不明其故，而使人觀象玩占，以見諸行事。至孔子時，與《連山》、《歸藏》並列於卜筮，占者不勝異説，而《易》道晦矣。孔子憂之，於是即卦之象、爻之象，以知之所及者爲之贊，又間以新意推廣文王所未言者，此非沈酣紬繹，不能以臻此也。至於文王《説》、《序》、《雜卦》諸篇，又其平日之與門人講説，與夫記録古語之舊者。天下後世，以信孔子而信《周易》，故異説屏除，而《連山》、《歸藏》與《八索》俱廢，文王之經如離明當天而衆星蔑矣。中更秦火，而此書獨以卜筮獲存，亦可知天意之未喪斯文也。奈之何儒生坑戮解散間，得諸所傳者私自名家，大義紛錯。《文言》止於乾、坤，故費直參入於經。《説卦》三篇，漢初出於河内女子，今止存其一。而又有《繫辭》上下二篇，夫《繫辭》云者，文王之經而非傳也。意者後人以其問，推明繫辭之指而名之與？要即所謂上、中篇也，今所《説卦》者乃其下篇爾。是説也，近世吴斗南知之。若夫所謂『十翼』云者，以其羽翼《周易》，蓋十篇也。十篇之次，猶多異説，然其概可知也。彖、象之贊各釐爲上下篇，爲四，《説卦》合今之《繫辭》上下篇，爲三，《文言》、《序卦》、《雜卦》各一，是其目也。今釐贊於經，以合於傳，復孔門全書之舊，裒粹諸儒之説，爲之輯注，庶有補於世教云爾，斯亦孔子贊《易》之心也。是日，椅又敘。

讀易考原一卷文瀾閣傳抄本

元蕭漢中撰

易精藴大義十二卷文瀾閣傳抄本

元解蒙撰

書　類

五誥解四卷文瀾閣傳抄本

宋楊簡撰

禹貢山川地理圖論影寫宋刊足本

宋程大昌撰

自序

臣既不揆淺聞，著論以發明《禹貢》，而自古及今郡縣山川，無不關括。頗浩渺難見，遂事爲之圖，各以地理列置。固有出於古來舊説而質之《禹貢》不合者，又有雖並經文而地理位置改易其真者，説既各不相同，若雜爲一圖，則恐交錯難曉。舊説既竟，乃出臣愚見，别爲圖以綴其後。臣今稽求先儒舊説，各以其語先爲之圖，從而辨證其誤。又慮臣先所著論文字稍多，且不與圖本附麗，其於尋求不便，遂摭事實，隨其方所，畧標要旨，貴於一見可以即解也。歷代山水名稱改易既衆，又郡縣分合更改世世不同，今且專以唐世地書爲正。一則取其州縣四境，悉有方隅底止，可以貫穿遠近，少所差失。一則多用唐制名稱，亦貴會歸于一，異時苟有詳加稽求者，則據唐人所名山川郡縣，即其世數先後，稽之典籍，可考而知也。圖以色别，青爲水，黄爲河，紅爲古今州道郡縣疆界。其用雌黄爲識者，則舊説之未安而表出之者也。臣愚短，亦知前世博者，不肯犯衆儒之所不言，以招譏議。然臣以爲儒當攷古，苟言之未當，而啓他人意見以歸於是，或可少補朝家稽據，亦其志之樂爲者也。臣是用不敢以淺學爲解。淳熙四年六月日，朝請大夫權尚書刑部郎兼侍講臣程大昌序。

詩類

慈湖詩傳二十卷文瀾閣傳抄本

宋楊簡撰

自序

孔子曰：『小子何莫學夫詩？詩可以興，可以觀，可以羣，可以怨，邇之事父，遠之事君，多識於鳥獸草木之名。』又曰：『興於詩，立於禮，成於樂。』又曰：『詩三百，一言以蔽之，曰思無邪。』又謂伯魚曰：『汝爲《周南》、《召南》矣乎？人而不爲《周南》、《召南》，其猶正牆面而立也歟？』又曰：『誦詩三百，授之以政，不達，使於四方，不能專對，雖多，亦奚以爲？』《易》、《詩》、《書》、《禮》、《樂》、《春秋》，其文則六，其道則一，故曰：『吾道一以貫之。』又曰：『志之所至，詩亦至焉；詩之所至，禮亦至焉；禮之所至，樂亦至焉；樂之所至，樂亦至焉；樂之所至哀亦至焉。』嗚呼至哉！道在心，奚必遠求？人心自善，自正，自無邪，自廣大，自神明，自無所不通。孔子曰『心之精神，是謂聖』，孟子曰『仁，人心也』，變化云爲？興觀羣怨，孰非是心，孰非是正？人心本正，起而爲意而後昏。不起不昏，直而達之，則《關雎》求淑女以事君，君子本心也；《鵲巢》昏禮，天地之大義，本心也；《柏舟》憂鬱，而不失其本心也；《鄘·柏舟》之矢死靡他，本心也。由是心而品節焉，《禮》也；其和樂，《樂》也；得失兇吉，《易》也；是非，《春秋》也；達之於政事，《書》也。逮夫動乎意而昏，昏而困，困而學，學者取三百篇中之詩而歌之詠之，其本有之，善心亦未始不興起也。善心雖興，而不自知、不自信者多矣。舍平常而求深遠，舍我所自而求諸彼學者，苟自信其本有而學禮焉，則經禮三百、曲禮三百，皆我所自有而不可亂也，是謂立。至於緝熙純一，粹然和樂，不勉而中，無爲而成，雖學有三者之序，而心無三者之異。知吾心所自有之，六經則無所不一，無所不通。有所感興而曲折萬變，可也；有所觀於萬物不可勝窮之形色，可也；相與羣居，相親相愛，相臨相治，可也；爲哀，爲樂，爲喜，爲怒，爲怨，可也；邇事父，可也；遠事君，可也；授之以政，可也；使於四方，可也。無所不通，無所不一，是謂不面牆；而有所不通，有所不一，阻則隔。道無二道，正無二正，獨曰《周南》、《召南》，自其首篇言之，亦其不雜者。毛公之學自謂本諸子夏，而孔子曰『女爲君子儒，無爲小人儒』，蓋謂子夏。又曾子數子夏曰：『吾與女事夫子於洙泗之間，退而老於西河之上。使西河之人疑女於夫子，爾罪一也；喪爾親，使民未有聞焉，爾罪二也；喪爾子，喪爾明，爾罪三也。』夫子夏之胸中若是，其學可以弗問而知。而況于子夏初未嘗有章句，徒傳其說，轉而至于毛乎？《齊》、《魯詩》今亡，《韓》有其説。《韓》與《毛》亦有善者，今間取焉。按，此篇從朱彝尊《經義考》補録。

毛詩講義十二卷文瀾閣傳抄本

宋林岊撰

詩故十卷抄本

明南昌朱謀㙔鬱儀撰，新安吴敬符遠甫校閲

武林黄汝亨序

自序萬曆己酉

皕宋樓藏書續志卷之二

春秋類

春秋講義四卷文瀾閣傳抄本

宋戴溪撰

春秋通義一卷文瀾閣傳抄本

不著撰人名氏

春秋集義五十卷綱領三卷文瀾閣傳抄本

宋李明復撰

昔吕給事元鈞爲吾鄉銅梁令，實事濂溪先生。曾謂其志清才醇，行敏學博，讀《易》、《春秋》，探其源。而濂溪序彭應求《崇聖院》詩，自言往在袁州，進士多來講學於公齋。竊意先生道德之高，聲聞之遠，所至學士大夫多從之。然學士大夫之所以從之者，或師其文學，或師其政事，或師其德行。至於相與講磨孔、孟之絶學，而獨得夫聖賢不傳之秘者，明道、伊川而已。蓋自金陵王氏得志，而頒其所謂『新經』者於天下，自後其徒且相祖述推尊之，以爲聖人復生。庠序專以設教，科舉專以取士。其或不由此者，一切棄絶，甚者屏逐之。學士大夫知有新經，而不知有其他。當是時，獨吾鄉之老師宿□從事《易》、《春秋》、《論語》，其議論講説今其存於世者，又復專主伊川之説，深探力取，持之不變。蓋其當時親聞於濂溪者，父兄相與謹而傳之，風流餘韻至是而未泯耳。正少蒙義方之訓，早知講習伊洛之書。其始聞之者，皆怫然不悦，而同志於孔、孟之學則已，如欲黜異端，祖述孔、孟，當出是而入焉。竊嘗以爲後之學者不欲爲此者不過數人。其後，學之既久，則亦有聞風興起，相與慕此而爲之者。不幸未幾而僞學之論起，於是向之興起慕用者，往往消沮退縮，至有背而馳者矣。北巖李明復伯勇以文獻故家，自其少時，已能汲汲於學，服膺諸老之書，信之甚篤，求之甚至。惟其趨向之既正，是以見於言詞者，亦卓然不惑於世俗好惡，是非之私。故雖屢困場屋，而未嘗悔，則其志豈在於釣聲名、干禄利而已哉？伯勇於經無所不學，而尤盡力於《春秋》，故凡濂溪、明道、伊川、横渠而來，或著書以明《春秋》，或講他經以及《春秋》，或其説之有合於《春秋》者，皆廣收博訪，無所遺逸。而乃定其後先，審其精粗，各附於本章之末，名之曰《春秋集義》。凡諸老先生平日之所講明以遺乎後之人者，皆燦然在目，而聖賢傳心之旨，可坐而至，真求道之軌轍，而入德之門户也。間携以示余，且請爲之序，以冠其篇首。余讀之，撫卷太息曰：『是固余平生之志，而力有所未暇。子能成之，子之志偉矣。昔石子重會諸老先生之言爲《中庸集解》，朱文公爲發明其書，且删其重複，去其訛誤，以爲《輯略》。恨子生晚，不及見文公。正雖幸及見之，而心力衰耗，顧不足以任兹事。姑爲序其本末，以待後之學者知師友淵源之所自云爾。嘉定十三年冬十有一月辛亥，山陽度正序。

天地之運盪摩屈信爲五行四時，感遇聚結爲風雨霜露，所以接人耳目，切人體膚，告曉於人者，亦不翅口訓面命矣。人蓋有由之而弗察者。孔子之政布在《春秋》，正邪善惡，有目皆睹，其爲五行四時、風雲霜露，不已多乎？學士大夫生乎百世之後，有能尚論古人，考求義例，參訂事實，則以爲是通經已耳。於己之所存，反而思之，以求其合，或鮮能焉。孟子曰：『孔子懼，作《春秋》。』又曰：『孔子成《春秋》，而亂臣賊子懼。』《春秋》由懼而作，書成而亂賊懼。亂賊蓋陷溺之深者，而猶知懼焉，則人性固不相遠也。學士大夫習讀是書，而己之所存者則未嘗切近求之。異端所怵，利欲所誘，所以陷溺其良心者，固不減於亂賊矣，而未之知懼焉。余爲之懼，又以自懼參觀諸儒之傳，至本朝大老，始謂此書爲經世之大法，爲傳心之要典。又曰非禮明義精，殆未可學。然則是使人切己近思，以求爲遷善遠罪之歸，以考義例、定事實爲足也。余聞其説而懼益深，乃哀稡以附於經，將以及諸身，而益求其所可懼者，尚慮觀書未廣，析理不精，又慮開卷瞭然，衹以資口耳之見，故未敢輕出也。合陽李君明復乃亦先我心之所懼而爲是書，且諗余爲序。嗚呼！余安能知《春秋》？亦庶幾知懼焉者。乃書以復之。嘉定十四年十二月辛亥朔，白鶴山人魏了翁書。

進表

臣聞聖人達而賞罰行，聖人窮而褒貶作。褒貶者，萬世賞罰也。昔孔子作《春秋》，人見其所褒貶者，既往之人也，不知聖人固爲來者設也。論者乃謂天下有道，聖人推而行之，天下無道，聖人述而藏之，豈知《春秋》蓋亦推之行之乎？漢董仲舒記孔子之言曰：『我欲載之空言，不如見之於行事之深切著明也。』知孔子者，亦謂《春秋》即行事矣，夫豈必待居位用權，而後爲行事乎哉？雖然，有孔子之聖則可，無孔子之聖則僭矣。達而賞罰行，聖人處常也；窮而褒貶作，聖人處變也。《春秋》樂道堯、舜，蓋堯、舜處其常，而孔子處其變。試觀《春秋》初年，何往而非變？惠公、隱、桓之傳國，父子之變也；祭伯非命而私交，君臣之變也；仲子妾母而上僭，夫婦之變也。君臣、父子、夫婦，人之三綱盡變於一年之間。《春秋》雖欲不作，可乎哉？《春秋》因其變書之，將以復其常也哉。或曰：『是知其不可復而復之者乎？』曰：『非然也。書其變於一時，復其常於萬世。』故孟軻氏曰：『孔子成《春秋》而亂臣賊子懼。』後世思其說而不得，至本朝周敦頤明之曰：『誅死者於前，所以懼生者於後也。』先之曰：『孔子爲後世王者而修也。』嗚呼！知孔子者惟軻，知軻惟敦頤乎？敦頤《春秋》之學，程顥、程頤得其傳，頤(常)〔嘗〕作傳，而顥則聞及之。若張載，則與顥、頤講明而得之；若劉絢、謝湜，則見而發明之；若范祖禹諸人，則見而知之；若胡安國，則聞而發明之；若李侗諸人，則聞而知之。其派分，其源同，説雖不無稍異，而尊王賤霸，厭争奪，絶憑陵，即事明綱常，以著人君之用，則一而已。臣幼習《春秋》，靡惑他歧，常取敦頤以下十有七家，或著書以明《春秋》，或講他經而及《春秋》，或其説之有合於《春秋》，皆廣搜博訪，始乃定其後先，審其精粗。凡總論《春秋》大旨者，歸之綱領；若專指一事而言，則各附本章。夫《春秋》即天理也。天理在人，不容已也，近取諸身，《春秋》在焉，驗諸履踐，何莫非天理之流行。雖然，此一身之《春秋》也。而畎畝微臣之心，將冀是經自聖主昭明之，則措諸事業，何莫非天理之著見。此天下之《春秋》也。臣願聖主昭明孔子之《春秋》，以復堯、舜之帝；昭明孔子之褒貶，以行堯、舜之賞罰。斯與三聖異世而同符矣。則是書也，臣安敢爲一家之私藏哉？安敢爲一家之私藏哉？大學士臣李俞謹上。

諸家姓名事略

春秋比事二十卷影寫元刊本

宋沈文伯撰

至元戊寅冬十有一月朔，中奉大夫山南江北道肅政廉訪使圖魯公等禮成廟學，乃登崇文閣，遍閲典籍，得《春秋比事》一部，敘沈文伯先生之所作也。觀其引事連類，天理人欲，剖析明甚，可謂得聖人誅心之法。惜乎寫本，不能廣及，於是命校官計學廪之餘，鋟梓以壽其傳。然微憲官府僚志同道合，深識遠慮，焉能俾聖人大賢大法流布於天下耶？是不可不書也。顯仁承乏郡教，不揆愚鄙，輒爲短引，以識其題名歲月云。己卯春正月望日，中興路儒學教授王顯仁謹書。

頃得劉氏家本，特表而出之，且讎正三十六字，乙者十有三，減者六，注者十有七云。嘉定辛未嘍日，廬陵譚卿月浚明謹書。

陳亮序曰：《春秋》繼四代而作者也。聖人經世之志，寓於屬辭比事之間，而讀書者每患其難通。其善讀則曰以傳考經之事蹟，以經考傳之真僞，如此則經果不可以無傳矣。游、夏之徒，胡爲而不措一辭也？余嘗欲即經以類次其事之始末，攷其事以論其時，庶幾抱遺經以見聖人之志。客有遺余以《春秋總論》者，曰：『是習《春秋》者之秘書也。』余讀之，灑然有當於余心。雖其論未能一一中的，而即經類事，以見其始末，使聖人之志可以捨傳而獨攷，此其爲志亦大矣。惜其爲此書之勤，而卒不見其名也。或曰是沈文伯之所爲也。文伯名棐，湖州人。(常)〔嘗〕爲婺之校官，以文字稱，而不聞以經稱也。使其非文伯也，此書可不傳乎？使其果文伯也，人固不可以淺料也。因爲易其名曰《春秋比事》，鋟諸木以與同志者共之。

春秋通訓六卷 文瀾閣傳鈔本

宋張大亨傳

自序

晉之《乘》，楚之《檮杌》，魯之《春秋》，其文皆史也。其所載皆齊桓、晉文之事也。聖人作經，獨有取于《春秋》之義，而不及《乘》與《檮杌》，何也？《乘》以賞善爲主，乘也者，君子之器故也。《檮杌》以罰惡爲主，檮杌也者，四凶之一故也。是皆人之所爲也。命有德，討有罪，天之威也。煖然爲春者，其温厚之氣也；凄然爲秋者，其肅殺之氣也。聖人行賞，所以類天之温厚；明罰，所以類天之肅殺。蓋文王之造周，與周公之授魯，如斯而已者也。堯、舜、三代之君，居天之位，可以致天下之威，故施于政事，被于君臣者，率與天合而不違也。周衰，王者之跡熄，天子微，諸侯僭，大夫(疆)〔彊〕，陪臣肆，善惡不本于至公，而賞罰悉自其私意。善人懼焉，淫人怙焉。仲尼無位以致天威，而恐堯、舜、三代之道將墜于地，後有王者起，無以取法焉，爲天下患也，是故因魯史之名，以寓賞罰之實，一本諸天，不參人僞，然後足以矯枉而歸正，蓋亦文王、周公之志也。然《春秋》之爲書也，文雖直而義深，事若簡而義盡，自聖人未殁，門人高弟已不能措辭于其間，況後之儒者欲執其所見，以窺測于數千百載之下耶？視諸儒之見，謂公、穀傳經，密于左氏，左氏凡例不通衆説，而啖助、趙、陸之書皆以例爲主。至其不合，則依仿遷就以通之，或一事析爲數科，如宣公十五年秋、冬之類是。或衆科束爲一例，如書卒葬之類是。致經之大旨蕪没不彰，聖所垂詢，乖離失當。而其書動盈編帙，俾後學病其多，老師畏其難，此道幾于熄矣。殊不知去例以求經、畧微文而視大體之爲要且易也。予少聞《春秋》于趙郡和仲先生，其初蓋嘗作《五體例宗》十許卷，論例之大要矣。先生曰：『此書自有妙用，學者罕能領會，多求之繩約中，乃近法家者流，苛細繳繞，竟亦何用！惟丘明識其用，然不肯盡談，微見端兆，欲使學者自得之，未可輕論也。』他日予復于先生曰：『丘明凡例與公、穀無殊，用以考經，率多不合，而獨謂之識此經之用，亦信矣乎？』先生曰：『丘明因事發凡，不專爲經，是以或合或否，凡雨自三日爲霖、諸侯薨于會加一等之類。其書蓋依經以比事，即事以顯義，不專爲例，是以或言或不言。夫惟如此，故能備先王之志，爲經世之法，以訓天下後世，又曷嘗拘于繩約中哉？且丘明之書，與六經、孔、孟合者十常八九，如元、凱輔虞，有窮亂夏，桓、文譎正之事，臧孫要君之迹，九合之會，葵丘之盟，若符契之相爲表裏，何爲而不可信乎？』予從事斯語十有餘年，始得見其彷彿。以義視事，以事求經，曲而通之，觸類而長之，然後聖人之意坦然矣。是故《通訓》之作，事與經同，則引事以釋經；例與義合，則假例以明義。經雖不同而事同，則相從；例雖不合而義合，則相比。庶幾經非空言，例非執一，所謂去例以求經，畧微文而視大體者。後之君子其尚有取于斯焉。崇寧九年二月三日序。

春秋經解十二卷文瀾閣傳抄本

宋崔子方撰

朱震劄子二道

故東川布衣崔子方，當熙寧間宰相王安石用事，不喜《春秋》之學，正經三傳不立學官。是時潁陰處士常秩號知《春秋》，盡諱其學，追時好，況不知者乎？逮于元豐，習已成俗，莫敢議其非者。而予方獨抱遺經，閉門研究，著《春秋經解》、《本例》、《例要》三書，相爲表裏，自成一家之言，以遺子孫。人雖云亡，其書尚存，欲望朝廷下平江府於崔若家繕寫投進。

翰林學士知制誥兼侍讀兼資善堂翊善朱震先奉指揮，准中使降出崔子方《春秋經解》一十六册，令震校正者。震契勘熙寧、元豐間，王安石獨任私意，誣衊聖經，《春秋》大典不得列於學官，一時學者以治《春秋》爲諱。而子方獨抱遺經，閉門講習，專意著述，究見本旨，而有成一家，非特立獨行之士不能如此。今子方雖没，其後尚存。欲望敷奏，特賜旌褒，以勸來者。奉旨，與一子恩澤。

自序

余始讀《左氏》，愛其文辭，知有《左氏》而不知有《春秋》也。其後益讀《公羊》、《穀梁》，愛其論說，又知有二書而不知有《春秋》也。《左氏》之事，證於前二家之例，明於後，以爲當世之事，與聖人之意，舉在乎是矣。然考其事，則於情有不合；稽其意，則於理有不通。意者傳之妄而求之過歟？乃取《春秋》之經治之。伏讀三年，然後知所書之事，與所以書之之意。是非成敗，褒貶勸戒之説，其在夫萬有八千言之間，雖無傳者一言之辯，而《春秋》了可知也。或曰：『舍三傳，則《春秋》之事不見，不見其事，而自爲之說，是誣也。』雖然，彼惡知三家之善誣也哉？或先經以始其事，或後經以終其說。曰某日爲某事，某人爲某辭，其詳至於數百千言。又臆聖人之意，此某事也諱之，而後云某也，此某爲之也，欲有所見而後云某也，觀之經則簡畧而難知，尋之傳則明白而易見。然後知學者甘心於見誣，而有志之士雖有疑於其說，欲質之而莫得其術。於是是非蜂起，各習其師，務立朋黨，以相詆訾，甚於操戈戟而相伐也，豈不悲哉？彼惡知古今雖異時，然情之歸則一也；聖賢雖異用，然理之致則一也。合情與理，舉而錯諸天下之事，無難矣。且嘗謂聖人之辭至約也，然而不懼後之人惑者，何也？恃情與理，以自託其言，而傳之於後。世之賢者，亦恃情與理，而能知聖人於千百世之上，而不疑六經之傳，由此道也。且聖人之有作，欲以繩當時之是非，著來世之懲勸，使人皆知善之可就，而罪之可避也，故明著之經。今日考之經而無見，必待傳者之説而後明，是聖人之經徒爲虛文已。且聖人豈必後世有三家者爲之傳乎？其無爲傳，則《春秋》遂無用於世矣。假如聖人知後世必有爲之傳者，豈不曰：『吾經之不明，則傳者得爲異説，以紛綸吾辭，吾辭將不信於後世。』安得不爲此慮也耶？是故其辭必完具於一經之間，其事必完具於一辭之中。雖然，聖人豈敢以一辭之約而使後世之人曉然知吾之所喻哉？故辭之難明者，則著例以見之，例不可盡也，則又有日月之例焉，又有變例以爲言者，然後褒貶是非之意見矣。夫事之多變，則辭之不同，例之不一，與日月之參差不齊，蓋不可勝視。及其悽思而精考，則若網在綱，舉而振焉，順乎其有條理也。聖人以辭與例成其書，以情與理而自託其言，則所以慮後世者亦至矣。辭與例其文也，情與理其質也。文質不備，君子不爲完人；文質不備，《春秋》不爲完經。世之學者舍情理而專求乎辭例之間，是以多惑而至於失也。《左氏》之失也淺，《公羊》之失也險，《穀梁》之失也迂。《左氏》求聖人之意而不得，一皆以事言之，而畧其褒貶，故常取於近而失之淺。《公羊》謂聖人欲以成後世法，必有驚動人之耳目而難言者，故常志於難而失之險。《穀梁》謂聖人苟致意焉，不當淺近易知，必有委曲而深者，故常求於遠而失之迂。雖然，是三家之失，其又有説。《左氏》自以爲所傳當時之事，足以取信於後世，雖失之淺而不嫌。《公羊》、《穀梁》自以爲傳當時之事畧矣，不得不爲險迂之論自見。嗚呼！挈聖人之道，而方且以自見爲心，宜其不合而多失也。今余非固薄三家之論，以爲三家之論不去，則學者之疑不決，而聖人之經終不可復見。故度當時之事以情，考聖人之言以理，情理之不違，然後辭可明而例可通也。於經之下，各析而解之，名曰《春秋經解》。噫！後之君子其有意於情理之説乎，吾言其有取焉爾；其無意於情理之説乎，吾言其有罪焉。

後序

或問曰：《春秋》以日月爲例，信乎？何其擾擾紛亂而不合也？應之曰：子考之《春秋》而疑之耶？抑將用傳者之説而後疑之也？苟用傳者之説，是宜擾擾紛亂而不可合矣。《左氏》不著日月之例，獨於公子益師卒，則著之曰：『公不與小斂，故不書日。』彼蓋不知經於他事皆以日月爲例，惟與崩薨卒葬與諸侯之弒者則不著例焉。蓋以爲人之善惡，必見於其行事，則亦無事於死而後爲之褒貶也。彼弑君父，天下之大惡矣。於《春秋》之文無所貶，以其惡不貶而自見，又奚區區以日月例爲哉？故自天子崩，公薨，大夫卒，内夫人、内女卒，列國臣子之弑君，與凡書葬者，必從而日焉。其尊卑、外内、輕重大□□□□之，凡以見其不爲例焉爾。若夫赴告之不備，史氏之闕遺，然後吾從而闕之不嫌也。由是言之，《左氏》考聖人之例，亦太疎畧矣。彼二傳知日月之例，然亦不知崩葬卒薨與弑君之無例也，則又强爲之説，是以其辭至於乖亂而不可信矣。或者又曰：然則《春秋》於他事闕日月者少，而於卒葬之事闕日月者獨多，何耶？應之曰：凡卒葬之事見於經者，幾且三百，最多而繁也。且又一國之事，其來赴之辭，一有不備，則日月之失，史氏遂不可得而書矣。若夫其他會、盟、戰、敗、入、滅之類見於經者，大抵不過數十，而又非一國之事。其來赴者、諸國所與有事焉者皆至焉，然後可參證而得日月之詳也。且嘗謂《春秋》獨於此不以日月爲例者，豈以其多闕而後不可爲例乎？以事言之則如此，以理考之又如彼，二者其將有得於聖人之意也。且夫史氏之記事有常體矣，其書必曰某時某月某日某事矣，其失日月者則闕之，亦必曰是闕日月者也。惟聖人修經，然後立例焉。蓋曰天下有内外，國家有大小，位有尊卑，事有輕重，不可得兩齊也，是故詳中夏而畧荒裔，詳大國而畧小國，詳内而畧外，詳君而畧臣，詳所重而畧所輕。此《春秋》之意，而日月之例所從生也。著日以爲詳，著時以爲畧，又有詳畧之中則著月焉，此其常也，其有當畧而詳，與當詳而畧者。聖人豈徒爲是之紛紛哉？蓋有寓於其間，而後云爾也。故有當日而不日者，如公敗齊師於長勺，公敗宋師於乘丘，禘于太廟，用致夫人，公子慭出奔，齊公及邾儀父盟于蔑，公及齊大夫盟于蔇之類是也。有不當日而日者，如衛侯衎復歸于衛，衛侯出奔齊，吴入郢，公子遂及齊侯盟于郪丘，仲孫速會莒人盟于向，宋、衛、陳、鄭灾，取郜，取防之類是也。有當月而不月者，如臧孫許及晉侯盟于赤棘，仲孫何忌及邾子盟于拔，案，原本作『句繹』。誤。蓋句繹之盟，不但書月且如日也，今改正。許凡三遷，楚人滅江，楚人滅黄，吴滅巢、滅項，公如齊（帥）〔納〕幣，觀社逆女，公如晉至河乃復之類是也。又有不當月而月者，如宋人執滕子嬰齊，宋司馬華孫來盟，郕伯來奔，宋人及楚人平，（成）〔城〕楚丘，取鄟，取鄆之類是也。至於事有同日，而後事屬先事，則于先事加日焉，如甲午宋灾，宋伯姬卒之類是也。又有兩事皆當日，先事故不日，則後事亦不復日，如夫人姜氏孫于邾，公子慶父出奔莒之類是也。其事有同月，先事不當月而後事當月，則於先事月之，如王二月莒人伐杞取牟婁，戊申衛州吁弑其君完，秋九月楚子圍宋，葬曹文公之類是也。又有兩事先事當月，固自書月，後事故不月，雖繼月不嫌也，如自正月不雨至於秋七月，及蘇子盟于女栗，正月諸侯盟于祝柯，公至自伐齊之類是也。又如兩事先事故不月，後事雖當月亦不復月，不嫌也，如春公至自齊，祭叔來聘，秋公子結媵陳人之婦於鄄，遂及齊侯、宋公盟，夫人姜氏如莒之類是也。其有事實異日，而嫌于同日，則各著日以別之，如壬午公子遂會晉趙盾盟于衛雍，乙酉公子遂會雒戎盟于暴，癸酉大雨震電，庚寅大雨雪之類是也。有事實同日，而嫌於異日，則先著日以見之，如甲寅齊人伐衛，衛人及齊人戰，庚申莒潰，楚人入鄆之類是也。

有事不當日，以書晦朔則不得不日，如己卯晦震夷伯之廟，戊申朔隕石于宋五之類是也。有一事而再見者，其於事日月先略而後詳，如冬公如晉，十二月己丑公及晉侯盟，冬會諸侯伐鄭，十二月己亥同盟于戲之類是也。有以後事之例證先事者，如夏四月甲寅臧孫許卒，繼之以公如晉，則疑於公如例月者也，然於下書秋公至自晉，則知公如晉是不月者矣。有以先事之例證後事者，如夏五月甲午遂滅偪陽，繼之以公至自會，則疑於公至例月者也，然先書春公會晉侯、宋公、衛侯、曹伯、莒子、邾子、滕子、薛伯、杞伯、小邾子、齊世子光會吴於柤，則知公至是不月者矣。考日月之例至於此，見聖人之用心其謹且嚴而可畏也。彼曰無例云者，是未嘗深考乎《春秋》之例者也。使其深考乎《春秋》之例，則亦不遽云爾矣。雖然，《春秋》之闕日月者固有之，如桓之四年、七年無秋、冬，定十四年無冬，桓十四年書夏五而闕其月，莊二十二年書夏五月而闕其事，僖二十八年書壬申而不繫之月，桓十七年書五月而不繫之夏，昭十年書十二月而不繫之冬，郭公、仲孫忌與凡日食而不繫朔與日者皆闕也。彼傳者又以爲從史之闕文，則近於無功，故不得不爲異説以附之，使聖人之旨汩亂而不可考者，諸儒好異之罪也。嗟夫！不信史之闕文，以求聖人之意，是猶航斷塹之水而欲至于海，亦不可得矣。盍亦避礙而通諸理乎？《左氏》之略也，《公羊》、《穀梁》之鑿也，持是三者以考《春秋》，適足以多惑而已矣，故余撮其大概而論之，附于卷末，使學者得從事焉。

春秋胡氏傳纂疏三十卷影寫元刊本

元新安汪克寬學

仲尼假魯史寓王法，《春秋》之義立矣。然聖人之志有非賢者所能盡知，是以三家之傳有時而戾。夫二百四十二年，行事亦多矣，非聖人從而筆削之，則綱常之道或幾乎熄。託之空言，可乎？游、夏深知夫子之志，而未嘗措一辭；孟氏發明宗旨，辭簡而要；左氏考事精，闇於大義；公、穀疎於考事，義則甚精。胡氏摭三家之長，而斷之以理。漢、唐諸儒奥論蓋深有取，閒若有未底於盡善者，豈猶俟於後之人歟？吾宗德輔，年妙而志强，學優而識敏，潛心經傳，嘗名薦書，於是徧取諸說之可以發明胡氏者，疏以成編。觀其取捨之嚴，根究之極，亦精於治經者歟？予嘗病世之學者，剿塵腐，矜新奇，竊附作者之列，奚可哉？德輔學有原委，而纂集之志思欲羽翼乎經傳，可尚也。時至元再元之四年歲在戊寅春三月一日，新安汪澤民序。

昔之傳《春秋》者有五家，而（鄭）鄒、夾先亡。學《春秋》者，據左氏以記事，以觀聖筆之所斷，而或議其浮華，與經意遠者多矣。是以公、穀據經以立義，專門之學尚焉。唐啖、趙氏師友之間，始知求聖人之意于聖人手筆之書。宋之大儒以爲可與三傳兼治者，明其能專求於經也。然傳亡存者，惟《纂例》等書，意其傳之所發明，無出於所存之書者。清江劉氏權衡三傳，得之爲多，而其所爲傳用意奥深，非博洽於典禮舊文者，不足以盡明之，是以知者鮮矣。蓋嘗竊求於先儒之言，以爲直書其事而義自見。斯言也，學《春秋》者始有以求聖人之意，而無附會糾纏之失矣。程叔子所謂時措之宜爲難知者，可以求其端焉。胡文定之學實本于程氏。然其生也，當宋人南渡之時，奸佞用事，大義不立，苟存偏安，忠義憤怨，内修之未備，外攘之無策，君臣父子之間，君子思有以正其本焉。胡氏作傳之意大抵本法於此。蓋其學問之有原，是以義理貫穿，而辭旨無不通，類例無不合，想其發憤忘食，知天下之事必可以有爲，聖人之道必可以有立，上以感發人君天職之所當行，下以啟天下人心之所久蔽。區區之志，庶幾夫子處定、哀之閒者乎？東南之人賴有此書，雖不能盡如其志，誦其言，而懍然猶百十年。至其國亡，志士仁人之可書，未必不出於此也。然其爲學博極羣書，文義之所引不察者多矣。國家設進士科以取人，治《春秋》者，三傳之外，獨以胡氏爲説，豈非以三綱九法赫然具見於其書者乎？而治舉子業者，掇拾緒餘，以應有司之格，既無以得據事直書之旨，又無以得命德討罪之嚴，無以啚聖朝取士明經之意。新安汪德輔以是經舉於渤省，其歸養也，能取胡氏之説，考其援引之所自出，原類例之始發，而盡究其終，謂之《春秋纂疏》。其同郡同氏前進士叔志父詳序之。夫讀一家之書，則必盡一家之意，所以爲善學也。推傳以達乎經，因賢者之言以盡聖人之志，則吾於德輔尤有取也。至正元年辛巳七月十有八日，雍虞集序。

國英曩從環谷先生受讀《春秋》於郡齋。先生手編《胡氏傳纂疏》，雖壹以胡氏爲主，而凡三傳註疏之要語，暨諸儒傳註之精義，悉附著之。且《胡傳》博極羣經子史，非博洽者不能知其援據之所自，與音讀之所當，先生詳究精考，一一附註，於是讀是經者不惟足以知胡氏作傳之意，而且溯流尋源，亦可識聖人作經之大旨矣。書甫成編，國英宦遊四方，越十五年，始睹同志鈔謄善本。而建安劉君叔簡將鋟諸梓，以廣其傳，則不惟諸生獲《春秋》經學之階梯，而學者開卷之餘，不待旁通遠證，事義咸在。是則先生纂疏之述有功於遺經，而有助於後學，豈曰小補之哉？至正八年歲在戊子正月八日，門人紫陽吴國英再拜書。

先儒格言

凡例

姓氏

論名諱劄子

進表

綱領

周禮類

周官總義三十卷文瀾閣傳抄本

宋易祓撰

周官集傳十六卷文瀾閣傳抄本

元毛應龍撰

皕宋樓藏書續志卷之三

四書類

孟子傳二十九卷舊抄本

宋張九成撰

蒙齋中庸講義四卷文瀾閣傳抄本

宋袁甫撰

新編待問集四書疑節十二卷影寫元刊本

元袁俊翁撰

經史疑多，漢儒曰疑者，丘蓋不言。此繇内不能辨，託是説而逃焉者也。吁！漢已然，況後漢千余禩，文籍日生，承訛襲謬，雖欲無辨，得乎？結屋蒙嶺，山静日長，每於陰陽造化之機、性命道德之藴、經史義理之會有未合，共同志商之。投卷所得，縷析脉分，如老吏斷案，輒手之不釋。而袁之袁氏爲多，一則雋翁，二則雋翁，餘亦弟昆子姪。其文温膩，其語詳縝，其引類曲而暢，其立論超而詣，余甚愛之。雋翁曾不是足，録前後所得爲若干帙，袖以見過，若將猶有所是正者。余曰：『子亦疑吾言乎？凡吾所以籍子文重吾榜者，爲其道之合也，義之明也。非其義也，非其道也，求一幸吾選，不可得也。凡吾所以嘉子文者，千言非多，一言非寡。』爲書帙端以歸吾易柬矣。時大德庚子中秋，渝黎立武。

讀書未到康成，安敢高談？夫漢儒且未易議，況經史乎？經史固多疑，然聖賢千言萬語，至理而止。竊患不明理，理一明，隨事剖析，如庖丁解牛，恢乎餘刃。里之表兄俊翁家學淵源，讀書多而知理明，闡微糾誤，辨是非如數黑白，非胸中洞洞屬屬，見地而理□□者不能也。其亦識時之俊杰歟？蓋時之所尚在是，故於山學郡邑庠序間，凡有問，未嘗倦於對，而有司每每表而出之，以爲斯文重。燁燁魁文，如大羹玄酒，孰不知爲美味？王公大人蓋有手之不釋，而藉以重吾榜，豈特價增三倍而已。同宗秋澗欲廣其傳，相與義率勉之繡于梓。一日緘示所作。予固讀其文，愛其才，重爲鄉邦有人賀，而亦感乎時之未遇也。嗟夫！士有皓首窮經，抱膝山林，不求利達于當世者，志也。兹諸公勉俊翁，以所長見於世徼名也，實欲後學得所傳也。於是乎書。時大德庚子臘月上浣，沔水李應星。

天人至理，經史奥義，自漢唐諸儒、先宋諸老探索剔決，宜無復疑。然有疑者疑以增，無疑者疑以生。嗟夫！近取諸身，目之所以視，耳之所以聽，自不能知，況太極前、六合外乎？精體詳説，至朱子極，然紀録傳訛，老、莊見異，況六籍百家乎？傳疑闕疑可也。惟科舉廢，學校存，疑義有問，斯文之鈞□系焉。書眼如月，罅隙所到，的然有見，質前聖，證後學，豈無所望？奈何泛然問，率爾對，非穿鑿則首鼠摸□，不浮沈則牛神蛇鬼，□皮而羽，附塗於土，否則尋□道作逃計，珠落吾事。一日，族人埜舟視以敏齋袁兄儁翁刊藁一編，兄蓋埜舟之李漢也。慨慕已久，盥露莊誦，正論森嚴，實見超卓，如老醫治衆，治不治之疾，人皆服其有識，如老吏斷屢斷不斷之獄，人自以爲不冤，質前聖、證後學於是乎在，豈但爲寄翁重山學之榜而已？時埜舟方哭子，余拱曰：『不知車之爲金根，何必昌黎之有子？知文爲貫道之器，深羡昌黎之有壻。』敬書卷末以志斯文之未喪。至大辛亥閏中元日，友生虛寮彭元龍謹書。

朱子曰：『看文字不是於那疑處看，正須於那無疑處看。』又曰：『無疑者須教有疑，有疑者卻要無疑。』今之從事經疑者，必如此用力。能如此者，目中惟敏齋袁兄俊翁。其於四書直欲從一聖三賢腹中過，盡見一聖三賢肺肝，故見一題便如庖丁見牛之無全牛，奏刀鏗然，動中宫商。觀其文者，當觀其學，文學如此，言、行、政事，四科一以貫之矣，豈但稱雄科場而已？延祐乙卯夏五，老友生虛寮彭元龍拜手。

强學待問，儒者分内事也。頃科場未興，文臺以經史疑爲課習。愚生平癖嗜究研之學，庠序書考，有問必對。科目行，首以四書設疑，（葉）〔次〕以經史發策。公試私課，時與門生兒子相講肄。積而之久，藁帙滋繁。暇日因取新舊藁，合而爲一。四書經史，門分而類析之，問舉其綱，答提其要，往往首尾有未完，脈絡有未貫，姑存大畧耳。編成總題，曰《待問集》。時至治改元中和日，（鈴）〔鈐〕北晚學袁俊翁書。

禮記類

月令解十二卷舊抄本

宋張虙撰

三禮圖二卷影寫明刊本

明江夏劉績用熙著

小學類

方言十三卷影寫宋抄本

漢揚雄撰

郭璞序曰：蓋聞《方言》之作，出乎輶軒之使，所以巡遊萬國，采覽異言，車軌之所交，人跡之所蹈，靡不畢載，以爲奏籍。周、秦之季，其業隳，莫有存者。暨乎揚生，沈淡其志，歷載構綴，乃就斯文。是以三五之篇著，而獨鑒之功顯，故可不出户庭而坐照四□，不勞疇咨而物來能名。考九服之逸言，標六代之絶語，類離詞之指韻，明乖途而同致，辨章風謡而區分，曲通萬殊而不雜，真洽見之奇書，不刊之碩記也。余少玩雅訓，旁味方言，復爲之解，觸事廣之，演其未及，摘其謬漏，庶以燕石之瑜，琬琰之瑕，俾後之瞻涉者可以廣寤多聞爾。

西漢氏古書之全者，如《鹽鐵論》、揚子雲《方言》，其存蓋無幾。《鹽鐵論》，前輩每恨其文章不稱漢氏，唯《方言》之書最奇古。孟傳頃聞之，曾文清公嘗以三詩答吕治先，有云：『傷心昨夜杯中物，不對王郎對影斟。』《紫微宫次韻》云：『書來肯附銅魚使，記我今年病不斟。』自注云：『出子雲《方言》。今所在鏤板輒誤作「病不禁」。此書世所有而無與是正，知好之者少也。』山谷詩云『追隨富貴勞牽尾』，乃用《太玄經》語。紹興初，胡少汲、洪玉父、李文若諸人校黄詩刊本，乃誤作『榮牽尾』，自此他本遂承誤。『鬱蒼蒼』三字，文人多愛之，亦或鮮記其出於《太玄》。大抵子雲精于小學，且多見先秦古書，故《方言》多識奇字，《太玄》多有奇語，然其用之亦各有宜。子雲諸賦多古字，至《法言》、《劇秦》所用則無幾。古人文章蓋莫不然。西漢一書唯相如、子雲等諸賦，韓退之文唯《曹成王碑》，柳子厚自騷詞、《晉問》等，他皆不用古字。本朝歐文忠、王荆公、蘇長公、曾南豐諸宗工文章，照映今古，亦不多用古字。得非以謂古文奇字聲形之學，雖在所當講，而文律之妙則不專在是，若有意用之，或(返)〔反〕累正氣也耶？學者要知所以用之，當其可則盡善耳。今《方言》自閩本外不多見，每惜其未廣。予來官尋陽，有以大字本見示者，因刊置郡齋，而附以所聞一二，蓋惜前輩之言久或不傳也。慶元庚申仲春甲子，會稽李孟傳書。

漢儒訓詁之學惟謹，而揚子雲尤爲洽聞。蓋一物不知，君子所耻，博學詳説，將以反約。凡其辨名物，析度數，研精覃思，毫釐必計，下而五方之音、殊俗之語，莫不推尋其故，而旁通其義，非徒猥瑣拘泥而爲，是弗憚煩也。世之學者忽近而慕遠，捨實而狥名，高談性命，過自聖賢，視訓詁諸書往往束之高閣。盍亦思夫《周官》太平之典，其道甚大，百物不廢，雖醫卜方技，纖悉畢載。聖門學《詩》，不獨取其可興、可觀、可羣、可怨，而鳥獸草木之名亦貴多識。本末精粗，並行而不相悖，故漢儒尊經重古，純慤有守之風，類非後人所能企及。子雲博極羣書，於小學奇字無不通，且遠採諸國，以爲《方言》，誠足備《爾雅》之遺闕。平時所以用力於此深矣。世知好之者蓋鮮。前太守尚書郎李公一日語（餘）〔余〕，苦無善本。質偶得諸相識，字畫落落可觀，因以告而鋟之木，輒併附管見云。慶元庚申重午，東陽朱質書。

雄自序

無名氏跋曰：余舊藏子雲《方言》，正是此本，而楮墨尤精好，紙背是南宋樞府諸公交承啟劄，翰墨燦然。於今思之，更有東京夢華之感。辛丑五月三日書。

續古千字文舊抄本

宋右朝散大夫知池州軍州事賜紫金魚袋侍其良器撰

葛勝仲序曰：「昔梁武帝得王逸少所書《千字文》，雜亂不可讀，命陳郡周興嗣次爲韻語，以便臨翫，後世謂之《千文》。歐陽率更、張長史、道人智永輩各有藁書本行於世。舅氏侍其公亦好草聖書，《千文》尤工，好事者時得之，輒以鑱石。又嘗以巧意遷避興嗣所用字，別製千言，貫穿經傳，詞義粲然。豫章黃魯直見而抵之以書曰：『引辭連類，使不相觝觸，甚有功。當與《凡將》、《急就》並行也。』《千文》爲天下官府若市井簿領會數之用久矣。今增以《續文》，合二千言，凡取一字爲母，配以次字爲一號，展轉相乘，可計二百萬之數，於世用豈小補哉？公博學善屬文，此特一時弄筆爲戲耳，乃爲簡牘無窮之用。竊嘗謂棫樸微物也，而薪之槱之，可以享上帝，養聖賢。不龜手之藥，賤藝也，而習以水戰，大敗越人，取封邑。事小而用大者，在古多有之，豈特是書而已哉？公皇祐元年進士，屢刺名郡，所蒞有政績，官至朝散大夫贈金紫光禄，諱瑋，字良器。

重續千字舊抄本

水雲清隱丹楊葛剛正撰，并篆注

自序

古篆之書，始於蒼頡，著於史籀，同於李斯，備於楊雄、班固之《訓纂》，而分部於許氏之《説文》，其源遠矣。自散隸之興，趨省便俗，古文幾絶。至唐李陽冰篆獨冠古今，世號『筆虎』，學者師慕。□□膺運，太宗皇帝新文明之治，爰詔儒臣鉉、翰林書學葛湍等校正《説文》，又從而附益之，敕遣雕造，垂范作程，具以六義，焕然于今可考。余曩侍先君宦遊通川時，四明潘侯伯恭以其先大夫昌年所書梁韻《千字文》手澤真跡出示，精神態度，勢若飛動。余嘗作摹本，潘侯謂逼真特甚，孺子可教，乃盡誨之以用筆之法。臨池積習閲二十餘載，自謂可以遠紹前修，因思以廣其傳。近得朝散侍其公瑋《續千字文》，旨意微奥，文義該洽，卓乎弗可及矣。余不自揣，因綴緝謏聞而三之，悉書以古篆，仍加之詁註，義有未通則闕疑，以俟博識焉。文章翰墨，小伎自嬉，固不敢與昔人比，或可發童之蒙，與《兔園册》並行耳。淳祐戊申冬至日，水雲清隱丹楊葛剛正德卿序。

史　部

正史類

後漢書一百二十卷宋嘉定中蔡琪一經堂刊本

宋宣城太守范曄撰，唐章懷太子李賢註

存紀第一下至第十下，志第四至第九，第二十三至第三十，傳第一至第四十八。

編年類

資治通鑑二百九十四卷明仿宋刻本

宋司馬光奉勑編集

進表

嘉靖甲辰孔天胤題記

陸狀元集百家注資治通鑑詳節一百二十卷宋刊本

宋會稽陸唐老集注，集注姓氏後有『蔡氏家塾校正』六字。案，《百宋一廛賦注》云：『《孫尚書内簡尺牘》十六卷，目後有『蔡氏家塾校正』六字。予向有趙靈均校元本，首有鈔補序一通，云「慶元三祀閏餘之月，梅山蔡建侯行父謹序」云云，知是本爲寧宗時蔡建侯刊本也。缺卷九、卷十，抄補，又卷二十三至三十，卷八十五至九十三，俱以别本刓改卷數補入，撤出附後。』

神宗御製資治通鑑序

獎諭詔書

温公進表

温公親節資治通鑑序

劉秘丞外紀序

温公外紀序

通鑑釋文序

某氏手跋曰：前年謁外舅陳宋齋先生，坐次譚及海内藏書家。先生言其故人馬寒中購書不遺餘力，嘗過能山查氏，見案頭有宋槧《陸狀元通鑑詳節》一書，即海昌陳太常廣野先生所藏。并顔魯公《祭姪文》，百計購之不可得，怏怏不樂。後查氏謀葬其親，所卜吉壤則馬氏田也。寒中覘知之，大喜曰：『書可得矣！』即詣查氏陳説，願效祊田之易。田凡十畝，書券盡付焉，查氏始許諾。寒中抱書帖疾歸，若惟恐其中悔也。蓋其篤好如此。余時心識之。後數年，寒中後人浼其友倪君東銘携書數十種來售於余。覽其目，則《通鑑詳節》及《祭姪文》在焉。急取視之，覺古香古色，自來妮人，愛不能舍，乃勉爲購之。回憶外舅所述，備書於卷尾，以見此書之流轉，而入余手爲可慶也。書中卷帙閒有缺處，用别板本填補之，鈔補者百三十九葉。檢目録細勘，并取汲古閣刊本較對，確爲完書。第當時此書，凡有數本，其分卷小有不同，故所補數卷，每於首帙標題有鏟削填寫處，要不足爲此書病耳。倪君所携書，余購十餘種，尚有宋刊李肇《翰林志》、李誡《營造法式》及薛尚功手書《鐘鼎欵識》樣本真蹟，皆驚心動魄之書也。緣索價太昂，余力不能多及，姑還之。今《翰林志》二書歸涉園張氏，薛書《鐘鼎》本則爲桐溪汪公晉賢所得。過眼雲煙，令人戀戀，并附記于後。時乾隆十年仲秋，重裝，建元書。

地理類

蠻書十卷文瀾閣傳抄本

唐樊綽撰

政書類

通典二百卷宋刊本

唐京兆杜佑字君卿纂

儒家者流，博而寡要，勞而少功，何哉？其患在於習之不精，知之不明，入而不得其門，行而不由其道何以徵之？夫五經羣史之書，大不過本天地設君臣，明十倫五教之義，陳政刑賞罰之柄，述禮樂制度之統，究治亂興亡之由，立邦之道盡於此矣。非此典者，謂之無益世教，則聖人不書，學者不覽，懼冗煩而無所從也。先師宣尼祖述堯、舜，憲章文、武，七十子之徒宣明大義，三代之道，百世可師。而諸子云云，猥復制作，由其門則其教已備，反其道則其人可誅。而學者以多閱爲廣見，以異端爲博聞，是非紛然，澒洞茫昧，而□茫昧□無條貫，或舉其中不知其本，原其始而不要其終。高談有餘，待問則泥，雖驅馳百家，日誦萬字，學彌廣而志彌惑，聞愈多而識愈疑，此所以勤苦而難成，殆非君子進德修業之意也。今《通典》之作，昭昭乎其警學者之羣迷歟？以爲君子致用，在乎經邦，經邦在乎立事，立事在乎師古，師古在乎隨時。必參今古之宜，窮始終之要，始可以度其古，終可以行於今，問而辨之，端如貫珠，舉而行之，審如中鵠。夫然故施於文學，可爲通儒；施於政事，可建皇極。故採五經羣史，上自皇帝，至于我唐天寶之末，每事以類相從，舉其始終，歷代沿革廢置及當時羣士論議得失，靡不條載，附之於事，如人支脈散綴於體。凡有八門，勒成二百卷，號曰《通典》。非聖之書，乖聖人微旨不取焉，惡煩雜也。事非經國禮法程制，亦所不録，棄無益也。若使學者得而觀之，不出户知天下，未從政，達人情，罕更事，知時變，爲功易而速，爲學精而要。其道甚直而不徑，其文甚詳而不煩，推而通，放而准，語備而理盡，例明而事中。舉而措之，如指諸掌，不假從師聚學而區以別矣。非聰明獨見之士，孰能修之？淮南元戎之佐曰尚書主客，即京兆杜公君卿，雅有遠度，志於邦典，篤學好古，生而知之，以大曆之始，實纂斯典，累年而成。杜公亦自爲序引，各冠篇首，或前史有闕，申高見發明，以示勸戒，用存景行。近代學士多有撰集，其最著者《御覽》、《藝文》、《玉燭》之類，網羅古今，博則博矣，然率多文章之事，記問之學。至於刊列百度，緝熙王猷，至精至純，其道不雜，比於《通典》，非其倫也。於戲！今之人賤近而貴遠，昧微而睹著，得之者甚鮮，知之者甚稀，可爲長歎息也。翰嘗有斯志，約乎舊史圖之不早，竟爲善著者所先，故頗詳旨趣而爲之序，庶將來君子知吾道之不誣。左補闕李翰撰。

一百卷後李仁伯跋曰：《通典》一書，禮樂刑政備焉，學士大夫所宜家置一通，以便考索。

而板廢已久，諸路欲刊弗克。總管錦山楊公牧臨川，兼董學事，既新美庠序，百廢熠興，迺命諸學院協力刊成。第舊本訛甚，且多漫滅，殊不可讀。湖堂所刊自二十六至百，共七十五卷，區區點勘再四，凡正一千七百六十八字，删三百二十三字，增三百八十八字，皆考據所引經史、傳記、儀禮諸書，以本文參訂改定，其疑未能明者姑缺之，非敢臆決如金根也。尚恨膚學謏聞，研覆不精，掃塵復生，亦未敢保其盡善以否。後有邢子才，正自不免一笑云。丁未歲杪後，湘中李仁伯中恕甫謹識。

末有『直學吴國珍監刊』一行。

二十六卷後有『撫州路臨汝書院新刊山長湘東李仁伯校正』兩行，二十七卷至六十卷，六十四卷至七十五卷，七十七卷至七十八卷後有『撫州臨汝書院刊山長李仁伯校正』兩行，七十九卷後有『撫州臨汝書院刊山長李仁伯校正』兩行，又『吴國珍監刊』一行，八十卷及八十七至九十八卷後，有『撫州臨汝書院刊山長李仁伯校正』兩行，一百七卷後有『臨川學教諭晏仲容直學連元壽點對訖』兩行。

營造法式三十四卷影宋抄本

宋通直郎管修蓋皇弟外第專一提舉修蓋班直諸軍營房等臣李誡奉聖旨編修

編修《營造法式》所准崇寧二年正月十九日敕，通直郎試將作少監提舉修置外學等李誡劄子奏，契勘熙寧中勑令將作監編修《營造法式》，至元祐六年方成書。准紹聖四年十一月二日勑，以元祐《營造法式》祇是料狀，別無變造，用材制度，其間工料太寬，關防無術，三省同奉聖旨差臣重別編修。臣考究經史羣書，并勒人匠逐一講説，編修海行《營造法式》，元符三年内成書，送所屬看詳，別無未盡，便遂具進呈。奉聖旨：依續準都省指揮，只録送在京官司。竊録上件法式係營造制度工限等，關防、功料，最爲要切，内外皆合通行。臣今欲乞用小字鏤版依海行勑令頒降。取進止。正月十八日三省同奉聖旨，依奏。

進新修營造法式序

臣聞止棟下字，《易》爲大壯之時；正位辨方，禮實太平之典。共工命於舜曰，大匠始于漢朝。各有司存，按爲功緒。況神畿之千里，加禁闕之九重。内財宫寢之宜，外定廟朝之次。蟬聯庶府，棊列百司。欂櫨枅柱之相枝，規矩準繩之先治。五材並用，百堵皆興。惟時鳩僝之工，遂考翬飛之室。而斲輪之手，巧或失真；董役之官，才非兼技。不知以材而定分，乃或倍斗而取長。弊積因循，法疎檢察。非有治三宫之精識，豈能新一代之成規？温詔下頒，成書入奏。空靡歲月，無補涓塵。恭惟皇帝陛下仁儉生知，睿明天縱。淵静而百姓定，綱舉而衆目張。官得其人，事爲之制。丹楹刻桷，淫巧既除；菲食卑宫，淳風斯復。乃詔百工之事，更資千慮之愚。臣攷閲舊章，稽參衆智。功分三等，第爲精粗之(箸)〔差〕；役辨四時，用度長短之晷。以至木議剛柔，而理無不順；土評遠邇，而力易以供。類例相從，條章具在。研精覃思，

顧述者之非工；按牒披圖，或將來之有補。通直郎管修蓋皇弟外第專一提舉修蓋班直諸軍營房等編修臣李誡謹昧死上

平江府今得紹聖《營造法式》舊本并《目録》、《看詳》，共一十四册。紹興十五年五月十一日校勘重刊，左文林郎平江府觀察推官陳綱校勘，寶文閣直學士右通奉大夫知平江軍府事提舉勸農使開國子食邑五百户王喚重刊。

《營造法式》三十四卷，《目録》、《看詳》二卷，牧翁得之天水長公。圖樣界畫最爲難事。己丑春，予以四十千從牧翁購歸。牧翁又藏梁谿故家鏤本。庚寅冬，不戒於火，縹囊緗帙盡爲六丁取去，獨此本流傳人間，真希世之寶也。誡字明仲，所箸書有《續山海經》十卷、《古篆説文》十卷、《續同姓名録》二卷、《琵琶録》三卷、《馬經》三卷、《六博經》二卷，今俱失傳。附識此，以示藏書家互蒐討之。籛後人錢曾記。

《營造法式》自宋槧既佚，世間傳本絶稀。相傳吾邑錢氏述古堂有影宋鈔本，先祖觀察公求之二十年，卒未得見。庚辰歲，家月霄先生得影寫述古本于郡城陶氏五柳居，重價購歸，出以見示。以先祖想慕未見之書，一旦獲此眼福，欣喜過望，假歸，手自影寫圖像，界畫則畢仲愷高弟王君某任其事焉。自來政書考工之屬，能羅括衆識，博洽詳明，深悉夫飭材辨器之義者，無喻此書。陳振孫《直齊書録解題》以爲超越乎喻皓《木經》者也。謹案《四庫全書》本係浙江范懋柱天一閣所進，内缺三十一卷《木作制度圖樣》，賴有《永樂大典》所載以補其缺，則是書

之罕覯益可徵也。至《看詳》内稱書凡三十六卷，而此本僅三十四卷，余所藏宋本《續談助》亦載是書卷數，與是本同，蓋自宋時已合併矣。吾邑藏書家自明五川楊氏以來，遞有繼起，至汲古、述古爲極盛，百餘年來其風寖微。今得月霄之愛素好古，搜訪秘笈不遺餘力，儲蓄之富幾與錢、毛兩家抗衡。以蓉有同好，每得奇籍，必以相示，或假傳鈔，略無吝色，其嘉惠同志之雅，尤世俗所難。録竣，因書數語，以識欣感，而又以傷先祖之終不獲見也。道光元年辛巳夏六月，琴川張蓉鏡識於小瑯環福地，時年二十歲。

右琴川張君芙川所藏影宋槧李明仲《營造法式》三十四卷，《目録》、《看詳》二卷，繕寫工正，界畫細密，蓋倩名手從月霄先生借鈔者。道光戊子季冬，長洲褚逢椿題。

詔令奏議類

西漢詔令十二卷影寫宋刊本

宋林虙編

迂齋先生樓公，四明儒碩也。其文祖韓、柳，其學尊濂、伊，其論議辯博，步趨於老泉、坡、潁間。平□游意藝苑，採擷會稡，動有程式，朝華夕秀，部居條流，如匠石觀於鄧林，凡宗桷杙楹，方圓修短，默計而潛蓄之，斧斤一入，了無遺材。其用力於古史，若東漢詔令，網羅散軼，輯成一書，特其刃餘耳，然足以彰炎圖之盛治，備昭代之華典。久未鏤傳。日者東粤帥卿程公以無垢先生《語》、《孟解》摹本寖泐，易而新之，且亟見遺。因還書基以前説，録其副往。公□敬前修，思惠後學，必能出帑餘刊善本，布之同文之世，俾觀者知文章爾雅不獨專美於西都云。紹定癸巳中秋日，門人通奉大夫參知政事兼同知樞密院事鄭清之謹識。

右《西漢詔令》四百一章，舊傳《西漢文類》所載尚多闕畧，吴郡林德祖虙實始采括傳志，參之本紀，斷章析簡，掇之無遺，方薈蕞在紙，未遑詮録，間以示余。余因取其具藁，以世次先後，自高祖至平帝，人别爲篇，又差攷歲月，纂而成書，且敘其末曰：古之盛，王與道爲一，故其酬酢之間，理言遺事，皆足以爲萬世法，是以事爲《春秋》，言爲《尚書》。而書之所傳，自唐、虞、夏、商、周，上下千數百載間，而存則今之五十八篇而已。由秦、漢以來，置學官，弟子誦説研究，至有白首没身，莫能詣其極者。大哉王言！蓋聖人之防表也。自五十八篇而後，起衰周至五代之末，又千數百載間，其爲詔令，温醇簡盡，而猶時有三代之遺法者，唯西漢爲然。其進退美惡，不以溢言没其實；其申飭訓戒，皆至誠明白，節緩而思深。至叢脞大壞之餘，其施置雖已不合古道，當人心，然猶陳義懇到，雍容而不迫。此其一代之文，流風未泯，顧猶不可及，又況文實兼盛哉！昔者文中生以聖人之重自任，迺始斷自七制之主，列爲四範，以續典、謨、訓、誥、誓、命之文。然其書世不傳，莫得而述，故備載如□。德祖以學行名縉紳，方□□文詞爲時用，方今昭回之章，絲綸之美，固以轢絶中古，陋漢、唐而莫稱。是書也，雖未能比唐、虞、夏、商、周之隆，庶其或者亦足爲王言之斧藻、《尚書》之鼓吹云。大觀三年歲次己丑子月壬申朔，信安程俱敘。

聖人者，羣言之所折衷也。唐、虞以來，凡經聖人所刊𠜂，則後世尊之曰經。炳如日星，人皆仰之，莫得而損益也。左氏、太史公，才雖名世，號爲廣記備言，多愛實録而已。此皆自度去取不可望聖人，故不敢以爲己任也。西漢接三代末流，訓詞深厚，文章爾雅，猶有渾渾、灝灝、噩噩之餘風，下視晉、魏、周、齊、陳、隋號令文采，卑陋甚矣。三代而上，超軼絶塵，不可方駕。學者勉追古人，庶乎接武漢世，不猶愈乎？余讀班固書，罔羅詔令之文，一言必録，亦莫敢去取焉。吾友程子致道類次成袠，遂爲完書。二百年間，興衰情僞，不待區别，白黑較然。今聖人在上，衆言折衷之時也。儻取而賜觀，掇其若《費》、《秦誓》者，列諸經以詔萬世，則安知其湮晦湛汩，不繇吾二人以光明乎？程子精敏，工於爲古文，其才堪討論潤色之職者也，故于此書欣然比次，不日成之。越三日，甲戌吴郡林虙書。

文之用於世尚矣，繇三代而下，温厚壯麗，號爲近古，宜莫如西漢。然而訓告命令之文，雜出於紀、表、志、傳之間，離散曼漶，卒然求之而不可得，是故學者病之。吴郡林德祖始蒐裒會粹，離而出之，章收句采，無所遺逸，四百一章。信安程致道又從而差敘比輯，類爲完書。起高祖，迄孝平，以世統年，以年統月，以月統事，其先後有倫，其始卒有序，條貫備具，上下洽通，於是二百十四年之間漢之所以理亂崇替、興衰得失之原，灼然可考，如指諸掌，信乎有功於斯文也。先人有言，學者知讀西漢書，其爲辭章必有可觀。余以是言陰察天下之文士，百不失一二焉。德祖、致道，皆有俊才，究極羣書，溢于文辭，既已追古作者爲徒矣，又以其餘力繹味漢史，紬其詔令，成一家言，非深知而篤好之疇克爾？惟漢去三代未遠，其號令文章，未必皆不合古顧不更聖人，靡所折衷耳。昔楊子雲以爲經莫大於《易》，故作《太玄》；傳莫大於《論語》，故作《法言》。今二君亦取西漢詔令，纂次成書，以續虞、夏、商、周五十八篇之後，是亦子雲之志也。若乃經史奥義與所以述作之由，則二君論之詳矣，此不復云。大觀三年十二月十六日，宜興蔣瑎書。

虙與致道成此書久矣，族弟釋慶然曰：『主上天縱睿聖，欽明文思，所下詔令，典雅精嚴，千載以來，莫能及也。將備演綸，尤當竭才，少望清光。學者之於文章，必師唐、虞、三代。然如西漢訓辭，宜在所采，以爲潤色之助。願請是書鏤板，以廣其傳，庶得此者，便於考閲。』虙嘉其志，而不得辭，遂以授之。

東漢詔令十一卷 影寫宋刊本

宋樓昉編

光曩侍迂齋樓先生誨席。一日讀《五代史》，先生笑謂光曰：『歐公作之，命徐無黨註之。』徐，六一門人也。嗚呼！先生之志遠矣。先生生死文字間，茂製滿家，少須薈蕞，次第流傳惟《東漢詔令》成書已久，手所勘訂，當在他書先。亟求鋟梓，俾與《西漢詔令》駢行，以續成一代典章。嗚呼！先生又豈以此書爲身後名哉？紹定戊子中秋日，堉范光識。

河汾王仲淹續書以存古，欲取兩漢制詔，接虞、夏、商、周之緒，君子議其僭。雖然，世有華質，道有窳隆，則一代之號令文章，亦與之爲升降。若周之委曲繁重，固已不如商之明白峻絜，而所謂灝噩云者，視渾渾之風，則已漓矣。然謂《書》之後不復有書，是誣天下後世也。走幼嗜西漢書，每得一詔，輒諷味不忘釋。噫！一何其沈浸醲郁，雍容雅裕，入人之深也。暇日常欲掇其散在志傳者，附之本紀，攷其歲月，以類相從，稡爲一編，因循未果。而吴郡林君德祖之書傳焉，走可以無述也。然東都二百年間，王言帝制，雖乏西京渾厚之氣，若光武與隗囂、公孫述、竇融等書，則有以見心事之磊落焉。敕鄧禹、馮異、岑彭等書，則有以見機神之英(晤)〔悟〕焉。頭鬚爲白之言、平定安輯之訓，與夫責劉尚以斬將弔人之義，有以見不得已之心焉。驚河西，感市掾，不待識者而占其中興矣。明、章二帝，雖不逮前烈，然永平即位之詔有曰：『萬乘至重而壯者慮輕。』元和擇吏之詔有曰：『安静之吏，日計不足，月計有餘。』其小心畏忌，忠厚惻怛，藹然見於言外。而所與東平王酬答者，讀之使人流涕也。和、安以降，政出房闈，權歸宦孺，陋矣。而勞來勤恤之意，猶時有前人之遺風焉。是未可概以爲華不副實，而併棄之也。或者又曰：『帝王之言，出於其心，而發於其口，故言概其心。兩漢以來，率付詞臣之手，亦何足録邪？』嗚呼！此又未深攷者爾。武帝以淮南王善文辭，每爲報書，輒召司馬相如視草。天水多文學掾，光武有所辭答，特加意焉，未必無儒生學士相與彌縫於其間也。至觀文帝與尉佗書，自謂高皇帝側室之子，光武以司徒比堯，必非代言者之所敢道矣。由此觀之，漢之制詔，非若後世一委之詞臣也。竊不自揆，倣林君前書之體，纂次成之，目曰《東漢詔令》。非敢傳之他人，亦聊以備遺忘，與我同志者幸訂正而刊削之，毋以河汾譏我。嘉定十有五年歲次壬午二月朔，甬東樓昉自序。

史評類

經幄管見四卷文瀾閣傳抄本

宋曹彦約撰

十七史纂古今通要十七卷影寫元刊本

元新安前貢士胡一桂庭芳纂

司馬温公作《資治通鑑》數百卷成，復作《稽古録》一編，朱文公稱其言如桑麻穀粟，又曰：『可備經筵官僚進讀。小兒讀六經了，好令接續讀去。』録要之書不可少如此。今庭芳胡先生用工《周易》，行世且十餘年，又成《詩傳纂疏》，以其餘力復爲《史纂通要》。始自三皇，迄于五季，上下數千百年間治亂興亡，如指諸掌，其於關涉世教之要，未嘗不諄諄然致其意焉，詎不可與《稽古録》互相發明乎？故良臣於先生是書，亦欲竊比朱夫子之言。矧《易註》之成，時蒙指授，而《詩註》、《史纂》，則又訓兒輩時所輯也，容可無一語以識編述之末云？大德壬寅正月望日，承務郎江南行臺監察御史汪良臣謹序。

宇宙間治亂興亡，不知幾變矣，獨二帝三王之治，亘千古鮮麗者，何哉？蓋嘗讀典謨之書，堯、舜、禹授受，不過人心、道心、精一、執中數語，而後知古今治亂興亡之決，在人主心學中矣。道心，義理之心也，易微而難著；人心，人欲之心也，易危而難安。精則理欲之界限明，一則天理之宰制定。見於動静云爲，危者安，微者著，無過不及之差，此堯、舜、禹之興，所以上承伏羲、炎、黄之統，下開成湯、文、武之緒也。一或反是，桀、紂、幽、厲所以亡矣。秦尚詐力，無庸復論。漢、唐道雜，董公遮説，魏徵勸行，僅仁義之緒餘，尚三四百年天下。三國鼎峙，典午瓜分，孤隋、五季短祚，得理義分數多者固鮮，有一貪利嗜欲之心，敗德害政，毒流生民，未或不亡。此人心、道心消長之機，凜乎治亂興亡之決，至可畏也。余授業童習，欲及史學，遷、固以來，其書汗漫，遂爲《纂要》一編。自入温公《通鑑》，一祖文公《綱目》，及先儒史論斷之間，亦僭附己意，彝世教，必反覆論辨。始乎三皇，訖于五季，紀事則提其要，注事則該其詳，關涉民與二三同志之論，以便初學，庶發其大義，正其歸趣，駸駸以及於全書。異日得時行志，亦可備格心萬一，使爲人上者，法興鑒亡，謹嚴心學，躋世唐、虞，豈惟國家洪無疆之休，百萬億蒼生亦有無疆之福。大德壬寅日長至，新安後學前貢士胡一桂庭芳甫自序并書于梅田雙湖玩易齋。

子部

儒家類

子思子一卷 舊抄本

宋汪晫撰

性理羣書句解二十三卷 文瀾閣傳抄本

宋熊節撰，熊剛大註

醫家類

黄帝内經明堂類成十三卷 抄本

隋通直郎守太子文學臣楊上善奉敕撰注

存第一卷

序曰：臣聞星漢□□□分其瀾奥□啞□畐水□莒□□□□□□化通乾坤之氣象。人之秀異，得□□□。雖四體百節，必有攸繫，而五藏六府，咸存厥司。在於十二年永□□之綱領，是猶虫繩分晷，而□□□□金□□□□而晦明是□至於□□□□□□□□乃細而運之者，廣言命則步而攝之者大，血氣爲其宗本，經胳導其源流，呼吸運其陰陽，營衛迫其表□□□相襲上下分□□□□□□□相傾，躁静交□而晝夜不息，循環無窮，聖人參天地之功，測形神之理，貫□□奥，弘長事業，秋豪不遺，一言罕謬，教興絶□仁被群□□制此經分□□□訨□□□□窺察難明，支體□經，復興八脈，□如絚漳訦豐□波□□漢豐滈□湎分態于河宗，是以□二經脈各爲一卷，奇經八脈復爲一卷，合爲□三□□欲□九野過分望□□而□□□□□□變混吹而歸□旦也□□□累氣殊流合躋無能勝範□□皇明以宣後學有巢在□而大壯成□棟宇綱罟，猶秘以明離照其佃漁□□成之聖曰□□不遠然□車□□□□□□陳□宗旨明堂表其□見是猶天一地二，亦漸通其妙物焉。

黄帝内經太素三十卷抄本

隋通直郎守太子文學臣楊上善奉敕撰注

卷一缺，卷二缺尾，卷三缺首，卷四全缺，卷五缺首，卷六缺尾，卷七全缺，卷八缺首，卷九全，卷十缺首，卷十一全，卷十二缺首，卷十三全，卷十四缺首，卷十五全，卷十六缺，卷十七存尾，卷十八缺，卷十九全，卷二十、廿一俱缺，卷廿二首尾皆缺，卷廿三、廿四、廿五、廿六、廿七、廿八俱全，卷廿九缺首，卷三十缺首。

素問六氣玄珠密語十七首舊抄本

唐啟玄子述

自序

余少精吾道，苦志文儒。三冬不倦於寒窗，九夏豈辭於炎暑？後因則天理位，而迺退志休儒，繼日優游，棲心至道。每思大數，憂短景以無依；欲究真筌，慮流年而不久。故乃專心問道，執志求賢，得遇玄珠子，迺師事之爾。即數年間，未敢詢其大玄至妙之門，以漸窮淵源，方言妙旨，授余曰：『百年間可授一人也，不得其志求者，勿妄泄矣。』余既遇玄珠子與我啟萌，故自號啟玄子也，謂啟問於玄珠子也。今則直書五本，每本一十六卷也。頭尾篇類義同，其目曰《玄珠密語》，乃玄珠子密而口授之言也。余於百年間不逢志求之士，亦不敢隱没聖人之言，遂書五本藏於五嶽深洞中，先饗山神，後乃藏之，恐後人志求者可以遇之。如得遇者，可以珍重之，寶愛之，勿妄傳之，不得奇人不可輕授爾。(比)〔此〕玄珠子授余之深誡也。此十卷書可見天之令，運之化，地産之物，將來之災害，可以預見之。《素問》中隱奥之言，可以直而申之，可以修養五内，資益羣生，有罰强補弱之門，有祛邪全正之法。故聖人云：『天生天殺，道之理也。』能究其玄珠之義，見之天生，可以延生；見之天殺，可以逃殺。《陰符經》云：『觀天之道，執天之行。』盡矣。此言人能順天之五行六氣者，可盡天年一百二十歲矣。其有夭亡，蓋五行六氣，遞相罰夭，故祖師言六氣之道，本天之機，其來可見，其往可追，可以注之玉版，藏之金匱，傳之非人，殃墮九祖爾。

增注類證活人書二十一卷明刊本

宋朱肱撰

傷寒諸家方論不一，獨伊尹、仲景之書，猶六經也。其餘諸子百家，時有一得，要之不可爲法，又況邪説妄意？世業名家，規利雖厚，因果歷然，特以伊尹湯液、仲景經絡，常人難曉，士大夫又以藝成而下，恥而不讀，往往倉卒之際，束手待盡，卒歸之於命而已。世人知讀此書者亦鮮，縱欲讀之，又不曉其義。況又有好用涼藥，如附子、流黄，則笑而不喜用，雖隆冬使人飲冷服三黄圓之類；有好用熱藥者，如大黄、芒硝，畏而不敢使，雖盛暑勸人灸煅服金液丹之類。非不知罪福，偏見曲説所趣者然也。陽根於陰，陰本於陽，無陰則陽無以生，無陽則陰無以化。是故春時氣温，當將理以涼，夏月盛熱，當食以寒，君子扶陰氣以養陽之時也。世人以爲陰氣在内，反抑以熱藥而成瘧痢脱血者多矣。秋時氣涼，當將息以温，冬時嚴寒，當食以熱，君子扶陽氣以養陰之時也。世人以陽氣在内，乃抑以涼藥而成吐痢腹痛者多矣。伐本逆根，豈知天地之剛柔，陰陽之逆順，求其不夭横也難矣。偶有病家，曾留意方書，稍別陰陽，知其熱證，則召某人，以某人善醫陽病，知其冷證，則召某人，以某人善醫陰病，往往隨手全活。若病家素不曉者，道聽泛請，委而聽之。近世士人如高若訥、林億、孫奇、龐安常皆惓惓於此，未必章句之徒不誚且駭也。僕因閒居，作爲此書，雖未能盡窺伊尹之萬一，庶使天下之大，人無夭伐，老不哭幼，士大夫易曉而喜讀，漸浸積習，人人尊生，豈曰小補之哉？仲尼曰：『吾少也賤，故多能鄙事。』學者不以爲鄙，然後知余用意在此而不在彼。大觀元年正月日，前進士朱肱序。

武夷張蕆序曰：頃余在三茅，見無求子《傷寒百問》，披而讀之。不知無求子何人，愛其書，想其人，非居幽而志廣，形愁而思遠者不能作也。惠民憂國，不見施設，遊戲藝文，以閱歲月者之所作乎？遯世匿跡，抗心絶慮，灌園荒丘，賣藥都市者之所作乎？顛倒五行，推移八卦，積功累行以就丹竈者之所作乎？不然，則窮理博物，觸類多能，東方朔者耶？浩歌散髮，採掇方技，皇甫謐者耶？周流人間，衛生求物，封君達者耶？前非古人，後無作者，則所謂無求子者，余不得而知也。三茅三年，挾册抵掌，未嘗停手，所藉以全活者，不知其幾人也。惜其論證多而説脉少，治男子詳而婦人畧，銖兩訛舛，升菊不明，標目混淆，語言不通俗，往往閭閻有不能曉者。此余之所以夙夕歎然者也。今秋遊武林，邂逅致政朱奉議，泛家入境，相遇于西湖之叢林，因論方士。奉議公乃稱賈誼云：『古之人不在朝廷之上，必居醫卜之中。』故嚴君平隱於卜，韓伯休隱於醫。然卜占吉凶，醫有因果，不精於醫，寧隱于卜。班固所謂有病不治得中醫，蓋慎之也。古人治傷寒有法，治雜病有方，葛稚川作《肘後》，孫真人作《千金》，陶隱居作《集驗》，玄晏先生作《甲乙》，率著方書，其論傷寒活法者，長沙太守一人而已。華陀指張長沙《傷寒論》爲『活人書』，昔人又以《金匱玉函》名之，其重於世如此。然其言雅奥，非精於經絡不可曉會。頃因投閒，設爲對問，補苴綴緝，僅成卷軸，因出以相示，然後知昔之所見《百問》乃奉議公所作也。因乞其繕本，校其詳略，而《傷寒百問》十得五六，前日之所謂歉然者悉完且備。書作於己巳，成於戊子，增爲二十卷，釐爲七册，計九萬一千三百六十八字。得此書者，雖在崎嶇僻陋之邦，道塗倉卒之際，據病可以識證，因證可以得方，如執左契，易如反掌。遂使天下傷寒無横夭之人，其爲饒益不可思議。昔樞密使高若訥作《傷寒纂類》，翰林學士沈括作《別次傷寒》，直祕閣胡勉作《傷寒類例》，殿中丞孫兆作《傷寒脉訣》，蘄水道人龐安常作《傷寒卒病論》，雖互相發明，難於檢閲，比之此書，天地遼落。張長沙，南陽人也，其言雖詳，其法難知。奉議公祖述其説，神而明之，以遺惠天下後世。余因揭其名爲『南陽活人書』云。大觀五年正月日敘。

青詞

竊以神農嘗藥，伊尹論方。證順陰陽，雖克求於民瘼；時無疫癘，蓋有賴於神休。瞻彼旻穹，哀此黎庶。伏念臣浪遊東土，空閲流光，蔑聞經國之謀，端議濟人之術。冥冥長夜，憐横死之無辜；斷斷窮年，矧餘生之多病。自朝及夕，考古驗今，首尾幾二十餘年，前後僅九萬餘字。焦心皓首，編筆青編，原其微功，實自潛祐。屬成書之將上，爰奏牘於先天。恭即蘭場，肆陳醮席，冀九清之降監，祈萬宇於康寧。仰獲證明，庶傳永久。臣無任懇禱之至。

三因極一病源論粹十八卷舊抄本

宋青田鶴溪陳言無擇編

自序

余於紹興辛巳爲葉表弟楠伯材集方六卷，前敘陰陽病脈證，次及所因之説，《集註》、《脉經》，類分八十一門，方若干道，題曰《依源指治》。伯材在行朝得書，欲托貴人刊行，未幾下世，遂已。淳熙甲午，復與友人湯致德、慶遠、德夫論及醫事之要，無出三因，辨因之初，無踰脉息。遂舉《脉經》曰：『關前一分，人命之主，左爲人迎，右爲氣口。』蓋以人迎候外因，氣口候内因。其不應人迎、氣口者，皆不内外因。倘識三因，病無餘蘊，故曰：『醫事之要，無出此也。』因編集應用諸方，類分一百八十門，得方一千五十餘道，題曰《三因極一病源論粹》。或曰：『現行醫方山積，便可指示，何用此爲？』殊不知晉、漢所集，不識時宜，或詮次混淆，或附會雜糅，古文簡脱，章旨不明。俗書無經，性理乖誤，庸輩妄用，無驗有傷，不削繁蕪，罔知樞要，乃辨論前人所不了義，庶幾開古賢之蹊徑，爲進學之岍幪，使夫見月忘指可也。於是乎書。青田鶴溪陳言無擇序。

皕宋樓藏書續志卷之四

醫家類

風科集驗名方二十八卷元大德刻本

金北京太醫趙大中編修，覃懷儒醫趙子中傳習，大元國特賜皇極道院虛白處士趙素才卿補闕

按《素問》：『上古聖人之教下也，皆謂之虛邪賊風，避之有時。』風者，百病之長也，其傷人也有淺深、内外、寒熱之分，至其變化，以爲它病。病有萬殊，醫之用藥，烏可執一而不達其變？此《集驗名方》所由著也。國初，虛白處士趙公獲是書於荆湖間，今湖廣官醫提舉劉君卿得之，用以起廢多矣。慮其歲久，謄寫失真，命廬陵左辰叟校讎增定，鏤板以行，需予敘諸編首。予聞公輸之巧，不以規矩不能成方圓，師曠之聰，不以律吕不能正五音，況醫者人命所係，可無師傳輕用之哉？若夫述《内經》之旨要，究病證之根源，列聖賢之治法，具古今之方論，廣記而備言，有條而不紊，所謂藥疾之司南，醫學之鈐鍵歟？予非知醫者也，獨美君卿刻意兹術，務廣先哲仁民濟物之心，於是乎書。大德壬寅陽月初吉，翰林學士承旨正奉大夫知制誥兼

修國史閻復序。

大德十年幾次丙午孟夏上旬有十日，前湖廣官醫提舉頤齋劉世榮寓杭鋟梓。

予世居恒山，幼適欠州，太祖親差馳馹燕然，覆實天下財穀，每於致知格物，恨未究底蘊。幸遇吾師明陽先生，朝經暮典，温故知新，迺至醫卜、道釋、儒農、工商、技藝，罔不傳習，目若權衡，手如刀尺，未有不知其要略者。歲庚子間，又會心庵，乃明陽嗣法之子。至丙午歲，蒙恩特賜皇極道院，賜號虚白處士，來鎮陽也。予一日中酒風，吐血數椀，諸醫不救。處士用一物解之，不三日保康。翼日親謁，詰其所處之方，遂出示一書，題曰《風科經驗名方》，通乎《聖惠》。迺北京太醫趙大中奉勅編修，值金亂，遁於吴山，有覃懷趙子中傳習，湮没其本。虚白處士涉於荆湖間，獲元本，失其序引。歲丙申，挾策歸明大元，復居恒山，仕宦名家，凡有中風者，治之不踰月而痊愈，奚可數焉？予憐其編緝諸風未備者，補綴完美，不揆荒蕪而序。其筆汙之勞，使疾人不置拐杖，而復登車上馬，天下萬世有賴，不爲細事矣。大元諸路覆實官安慶光華序。

夫方者，乃九州風物之宜，治病之方也。上古大聖人帝羲、帝農、帝軒憂患後世生靈之疾苦，所以作也。曰方，曰法，曰術，迺雷公、巫彭之所授也。上自周、秦，下及唐、宋，皆以風論爲首，諸科爲亞，其次方書偏曲闊略，未可以爲後世法則也。予雲游三十載，髣髴半天下，歷江湖，省蠻蜀之藥，適幽、雲，曉羌戎之劑。齊、楚不同，夏、麗各異，居方隅，未可言有所得也。諺云：『不願爲相者，可以爲醫；』非諳於病者，難以知藥。』噫！醫非細事可知。五行萬物之數、之氣、之味、之性，用方劑始可爲據也。故將耳聞目見得効作驗者，書爲十集，目之曰《風科經驗名方》。實非利禄之學，以備國家無疆之地，資醫藥夭横之急爾。時歲在昭陽赤奮若仲夏著雍敦牂朔旦，大元國特賜虚白處士河中心庵趙素才卿敬題。

湖廣官醫提舉劉君卿少事河中趙才卿學，才卿既被召賜還，以皇極道院老焉。遺山元先生實銘之。晚出二書以授君卿，一曰《風科集驗方》，一曰《心庵爲政九要》。君卿既以醫道游公卿間，屢爲當路推挽，則所謂《集驗方》者，無不試矣。暨來錢唐，首以方鋟梓，將以廣師意也。抑聞爲政之道與爲醫同，雖所遇之疾，五方不同，而治之之術要皆古人已試之方，故予信《九要》之驗，必有甚于《集方》之驗者，遂并出之以求傳遠，來求余敘其首。余觀《九要》之作，鑿鑿然皆有政者之規。才卿雖不試於用，而即聖經賢傳之所已陳，以及夫官府田里之所甚著，如意病命方，表裏虚實必舉，中有不待切脉察色而望而知之者，實上上之爲也，何必身試之而後爲驗哉？君卿，醫者也，故吾終以醫事喻云。當塗南谷杜道堅書于錢唐宗陽之玄真館。

先正有言：『達則願爲良相，不達願爲良醫。』醫固非良相比也，然任大責重，其有關於人之休戚則一也。醫豈易言哉？醫之良，非醫之良也，方良也。元貞丙申夏，官醫提舉劉公君卿訪予沙羨寓舍，出示虚白趙處士所著《風科》一編，曰：『此濟世奇書也。然傳愈久，訛愈多，蓋不特以一亥爲三亥而已。知君平日愛人以德，有志活人，敢以校讎爲請。』予不敏，載念自幼多疾，視人之疾猶己之疾。今既不得如王珪、陸宣公達以行其志，獨不能推二公當時輯《秘要》、裒集驗方之心以淑諸人乎？遂不復辭讓，迺研精披究，於是取《素問》、《靈樞》、《難經》、《中藏》、《巢源》、《千金》、《外臺》、《聖惠》、《醫説》等書，及南北經驗名方，并《説文》字書逐一參訂，譌者正之，脱者補之，複者削之，舛者竄之，畧者增之，疑者缺之。又取經子史集、古今聖賢名醫治風藥品、治理製度、動風食忌列于前，庶成全書。門類七十有七，今增廣一百六十有五，通計二百四十二類；元方六百三十二，今續添一千三百四十七，通計一千九百七十九方。釐爲二十八卷，每類則取聖賢議論病證源流，或脉法、鍼法、灸法，備載篇首，使覽者即了然於心目之間。其願爲良醫者，皆有所依據。察脉以驗病，遵方而用藥，可以已疾而免醫誤之誚，乃予之深願，亦劉公相屬之盛心。是書也，予朝斯夕斯，疲精竭神，閲歷兩朞，始克就緒，不惟始終條理秩秩，較之元本不爲無補。昔吕文靖公集中書條例成，謂人曰：『自予有此例，雖使一庸夫執之，亦可以爲相。』今風科既成，予亦曰『使常人得此，亦可作明醫』云。大德戊戌端陽日，後學廬陵左斗元辰叟自敘。

皇極道院銘

虚白處士趙君已入全真，而能以服膺儒教爲業，發源《語》、《孟》，漸於伊洛之學，方且探三聖書而問津焉。計其真積之力，雖占候醫卜，精詣絶出，猶爲餘刃耳。道風既扇，旌車特徵，曳裾王門，大蒙寵遇。三年，以母老得請歸，在鎮陽行臺，奉被恩旨，發泉公帑，築館迎祥觀之故基，是爲皇極道院。年月日，實敘而銘之。處士名素，字才卿，河中人，虚白其賜號云。聖學心傳，惟精惟一。作新斯民，下土是式。相爾秉彝，有物有則。厥惟背馳，固有而失。有淫有朋，有比其德。匪伊司南，伥其適埴。于帝其訓，王道正直。福自爾求，如斂而錫。咨爾虛白，慮然後得。言以道敷，中由權執。賢王好善，而康而色。相叶厥居，方穀之實。善頌善禱，香火朝夕。恭惟君師，永建皇極。遺山先生元好問裕之。

醫家集驗方多矣。未有專一門以該衆疾者。此獨舉風科爲管轄，其於神聖工巧何居？昔者伏羲氏始畫八卦，神農氏繼之，憫民生之不易，疾病之相尋，其象爲蠱，於是採百草木嘗而藥之。蠱之爲卦，艮上巽下。巽，風也；艮者，萬物之終始也。巽宫八卦，爲蟲爲血，惟屬之艮上者終始之義大矣哉！《繫辭》曰：『撓萬物者，莫疾乎風。』人之身稟有厚薄，養有疏密，外邪客氣得以乘，而入之有淺深，皆風之爲。風淫雖列於六症，要其屬則合，别以五感之多寡。風徵雖列於庶徵，要其會則極，起於一字之聖蒙。治病、治國，無間然也。神而妙，聖而化，風之德也。則而象之，還以治其不節不時，醫之術廣矣，工巧抑餘事焉。是編蓋學醫之入徑歟？亦所不可闕。大德六年臘月辰日，息翁鄭滁豫永陽清叟書于集賢邸舍，以爲後序。

醫之理奧意博，源深流析，自軒、岐《内經》和陳六氣，越人《難經》後，英傑間出，論議祖述，騰輝發藴，條分類别，昭如列宿。至若探聖經之旨趣，撮秘方之樞要，式彰一家之科目，用爲當代之龜鏡，視蘇民瘼，目牛無全，惟良醫乎？虛白趙公儒而醫，醫而良者也。裒集風科名方，簡而出之，號專門學，惜乎人亡道息。提舉劉公君卿識高才博，研精《難》、《素》，家傳心法，獲是方，知其妙契玄通，默潛真訣，乃方藝之淵源，誠醫經之機括。重爲演微素隱，收遺補漏，芟晻昧，除混淆，增修讎校，理明義備，亦猶荆岩珍璞遇和氏價倍者乎？僕偕君卿遊相府下有年，見其挾是方臨諸風證，變化迅速。命寄須臾，傍觀失措，公神閑意定，明標本，審虛實，判於胷中，決於指下，即以寒熱妙劑，或補之，或瀉之，效捷影響。解同儕之猶豫，釋患家之驚惶，其所明決，雖慶忌之辨，賁、育之力，不能惑而挽也。拯廢回生者非一，衆所見聞，奚待饒舌枚舉？蓋是方非公得於心，則處士之功幾乎泯矣。然公非是方，無以表仁人濟物之心，是方亦有功於公也。公恥獨祕之，遂鋟梓廣其傳。俾天下業於醫者志處士之所志，學處士之所學，通乎變而不膠于用，開壽域於覆載間，是公之功尤有大於處士之功焉。公剛方正直士也，綽有激濁揚清之志。霜臺屢薦，其能將膺殊擢，珥貂蟬，冠獬豸，掃民膏肓，良相事業可期，而方又公餘事耳。瀛洲文章鉅公輩序詩佳什，珠玉璀燦，詠德紀實，詳之矣。僕荒蕪淺識，故不能措一辭綴卷末，特姑序其梗槩之。大德甲辰季冬中旬，廣平狄思聖。

河中處士趙公名素，字才卿，心庵其號也，虛白其賜號也。家世業儒，而通於岐黄之學，洞究病證之本源，裒集古今之治法，以風爲百病之長，編爲《風科經驗名方》，凡中風者百試百效。又有《爲政九要》，述經世之法，惜其不及見用，悉以授之頤齋劉君卿。乃鋟諸梓，以廣其師經濟之志，可尚也已。使彎羿弓去韓門者見之，寧不媿死！今承旨子静閻先生亦既爲之序矣，而復不鄙，求文於予。予謂天下之病非一端，天下之藥非一品，天下之方非一法。上聖教人醫藥，何獨以風科爲先？蓋鼓舞萬物者，莫疾乎風。順則爲生長，邪則爲傷害。所謂邪者，即天地間不正之氣，是謂邪風。人之飲食起居，謹于護攝，榮衛調，腠理密，元氣實，則外邪客氣何自而入？一有不和，則外邪客氣始乘虚而入矣。輕則爲風寒、風温、風濕、濕温所傷，重則爲風所中，皆邪風之害也。故有風中於肝者、有中於心者、有中於脾、於肺、於腎、於胃者，名狀不一，治療亦難。誠能探脉别證，依方用藥，則回生起廢，功可十全矣。抑又論之，藥方當以風科爲重，治風以小續命湯爲第一藥，其説然矣。然不先通其氣而獨用此藥，則亦未見其效。況中氣證候，即與中風相似。血隨氣行，血虚生風，凡癱瘓、疼痛、縱掣、攣痺等證，皆因血虚氣滯而得。故治風者必先通氣，氣一流行，則痰氣不蒸，風氣自散。此醫書集方必以人參順氣、烏藥順氣等藥，繼以小續命湯之次，其深知此道矣。然則心庵是編，使偏州下邑，殊方異域，家傳而人誦之，一啟（秩）〔帙〕間，對病施治，雖無醫可招之處，亦可獲愈。此正心庵、頤齋醫國治人之志也。故喜書而樂道焉。大德丙午中秋日，奉政大夫浙東海右道肅政廉訪副使臧夢解謹書。

孫氏雲翼手跋曰：先大夫曲水翁篤嗜古書，所藏甚富。是書雖刻於勝國時，以繕鏤精緻，又爲醫家言，特珍惜之。嘉靖中遭島夷兵燹，避亂金壇，百物皆棄，獨攜此書。會先慈抱痾，延京口老醫錢霽山者灼艾，無以娱之，因出此書相示，遂不告攜去。耿耿往來於懷。後從叔德輿出先祖石雲翁所藏遺書，亦有是編，亟購得之，時外弟王宇泰方留心醫學，復被豪奪。意此書已矣，終不可見矣。後游陽羨市中，復購得是編於周孝侯廟。辛丑上公車，又爲不肖子賣去。訪而贖還，迄今又十五年矣。後之子孫其永保之。無住居士識。

鍼〔灸〕〔灸〕資生經七卷影寫元刻本

元大監王公執中編

銅人明堂，黄帝、岐伯、鬼臾區留以活天下後世。自□□透膚之妙無傳，乃謂是能絶筋絡，傷血肉，遂望而畏之。爲疒則〔爲〕〔甘〕心於庸醫，百藥之俱試，不知病在巔者必〔灸〕〔灸〕風池、風府，非桂枝輩所能攻；病在膺者，必〔灸〕〔灸〕刺期門，雖枳實輩不能去。遂至於束手無策，豈不哀哉？近世朱肱、龐安常俱爲鍼法，許知可亦謂病當以刺愈之，□鄒□□以治法爲□□，類括往古聖賢活人之言，賴以復傳。今東嘉王叔權又取三百六十穴，背面巔末，行分類別，以穴對病，凡百氏之説切於理，及己之見得於心者，悉〔沭〕〔疏〕於□。針〔灸〕〔灸〕之書至是始畧備，古聖賢活人之言至是始無遺憾。傳謂爲人子者不可不學醫。予親年八十，精力强健，非賴此書耶？因□醫〔術〕〔衛〕世傑訂〔濫〕〔證〕〔可〕〔不〕傳見者，廣爲八條，鋟木庾司，以補當代之闕。時嘉定庚辰孟夏朔，奉議郎提舉淮南東路常平茶鹽公事徐正卿序。

進表

昔神農嘗百草之味，以救萬民之疾，《周官》設疾醫之政，以掌萬民之病，著在簡編，爲萬世法。我宋勃興，神聖相授，咸以至仁厚德，涵養生類。且謂札瘥薦臻，四時代有，救恤之術，莫先方書。故自開寶以來，釜敕近臣讎校《本草》，厥後纂次《神醫普救》，刊行《太平聖惠》，重定《針艾俞穴》，校正《千金》、《外臺》，又作《慶曆善救》、《簡要濟衆》等方以惠天下。或範金揭石，或鏤板聯編，是雖神農之用心，成周之致治，無以過也。天錫神考，睿聖承統，其好生之德，不特見於方論而已。又設太醫局熟〔藥〕所於京師，其恤民瘼可謂勤矣。主上天縱深仁，孝述前列，爰自崇寧增置柒局，揭以和劑、惠民之名，俾夫修製給賣，各有攸司。又設收買藥材所，以革僞濫之弊。比詔會府咸置藥局，所以推廣祖考之德澤，可謂曲盡。然自創局以來，所有之方或取於鬻藥之家，或得於陳獻之士，未經參訂，不無舛訛。雖嘗鏤板頒行，未免傳疑承誤。故有藥味脱漏，銖兩過差，製作多不依經，祖襲間有僞妄，至於貼牓，謬戾尤多，殆不可以一二舉也。頃因條具上達朝廷，繼而被命遴選通醫，俾之刊正。於是請書監之秘文，采名賢之别録，公私衆本，搜獵靡遺，事闕所從，無不研核。或端本以正末，或泝流以尋源，訂其訛謬，析其淆亂，遺佚者補之，重複者削之。未閲歲而書成，繕寫甫畢，謹獻於朝。終見合和者得十全之效，飲餌者無纖芥之疑，頒此成書，惠及區宇。遂使熙、豐惠民之美意，崇、觀述事之洪規，本末巨細，無不畢陳，納斯民於壽康，召和氣於穹壤，億萬斯年，傳之無極，豈不韙哉？將仕郎措置藥局檢閲方書陳承、奉議郎守太醫令兼措置藥局檢閲方書裴宗元、朝奉郎守尚書庫部郎中提轄措置藥局陳師文謹上。

古語云：『有方不傳，謂之不孝。』《西銘》云：『民吾同胞，痒疴疾痛，舉切諸身。』服膺斯言，欲廣是心，卒莫能遂。昨家藏宋南渡後新刊鍼（炙）〔灸〕四書及《鍼（炙）〔灸〕資生經》，實上古聖賢活人之指南也。凡（軫）〔診〕視脈息，鍼（炙）〔灸〕俞穴，具在此中。然當世缺本，是用梓行，以每其傳民胞之仁。

三峯廣勤葉景達重刊

譜録類

續考古圖五卷釋文一卷影寫宋刊本

宋趙九成撰

趙九成釋文序

内府藏本《考古圖》十卷，《續考古圖》五卷，《釋文》一卷，宋吕大臨撰。大臨字與叔，藍田人。元祐中，官秘書省正字。錢曾《讀書敏求記》云『北宋鏤板，得於無錫顧宸家，後歸泰興季振宜，又歸崑山徐乾學。曾復從乾學借鈔其圖，亦令良工繪畫，不失毫髮，紙墨更精于槧本』云云。此本勘驗印記，即曾所手録，以校世所行本，卷一多孔文父飲鼎圖一圖，銘十四字，説五十一字；卷三郝敦圖多一蓋圖；卷四開封劉氏小方壺圖乃秘閣方文方壺圖，秘閣方文方壺圖乃開封劉氏小方壺圖，今本互相顛倒；卷六目録多標題『盤匜盂弩戈削』一行；卷八多玉鹿盧劍具圖三説一百一十五字，又多白玉雲鉤、玉環、玉玦圖各一；卷九多京兆田氏鹿盧鐙圖一説四十七字，又犀鐙第二圖與今本迥别，又内藏環耳鼎多一蓋圖；卷十新平張氏連環鼎壺無『右所從得及度量銘説，皆闕失無可考，惟樣存於此』二十字，又多盧江李氏鐎斗圖一，又獸鑪第二圖後有説三十五字，又卷末多邛州天寧寺僧捧勑佩圖一説四十六字。卷首大臨自序大題曰『後記』，附載卷末。其餘字句行欵之異同，不可縷舉，而參驗文義，皆以此本爲長。《續圖》卷一，二十器；卷二，二十二器；卷三，二十六器；卷四，二十器；卷五，十二器。先後不以類從，蓋隨見隨録，故第五卷所載獨少。其收藏名姓皆載圖説之首，云右某人所得，與《前圖》注名姓於標目下者，例亦小殊。《釋文》一卷，前有大臨題詞，以《廣韻》四聲編其字云。吾衍《學古編》稱此圖有黑，白兩樣，（黑、白皆謂所刊欵識。）黑字者後有《韻圖》，欠璘玉璣，白字者博山爐上雞畫作人手。此本銘文作白字，然博山爐圖無所謂人手，亦無所謂雞。其《釋文》一卷，依韻排次，當即衍所謂『韻圖』。然八卷實有盧江李氏璘玉璣，知衍所見本，亦不及此本之完善。是書作於元祐壬申，在《宣和博古圖》之前，而體例謹嚴，有疑則闕，不若《博古圖》之附會。古人動成舛謬，其郙敦一條，胡安國注《春秋》『成周宣榭火』，乃引以詁經信其説之可據矣。然《前圖》十卷，器之有銘者，繪其圖必摹其銘，摹其銘必釋其文。今此《續圖》五卷，則有有銘而不摹其文，摹文而不釋其讀者，不特收藏姓氏標目之例與前十卷殊也。又如第二卷引吕與叔云云，《考古》云云，而第三卷有紹興壬午所得之器。壬午是紹興三十二年，則此《續圖》五卷成于南宋，非吕大臨所撰無疑。錢氏槩目以北宋板，亦未之詳考也。至其後《釋文》一卷，則所舉諸器皆是《前圖》所載者。其釋『榭』字、『栟』字亦與前卷相合，惟『弡中医』『弡』字，《前圖》釋作『張』，而此從闕疑。然『張仲』之文，薛尚功《鐘鼎欵識》但引歐説而不及吕，則《前圖》之釋『張』，恐非吕氏原本。且今刻本《考古圖》，有引薛釋某者。薛尚功，南宋人，定是後人附益者爾。則此《釋文》一卷，當是大臨原本也。文淵閣校理翰林院編修《四庫全書》纂修官翁方綱謹記。

此書僅得見館寫副本，或謄録手寫多誤，抑或錢氏影寫原本有誤，皆未可知也。其確可定者，方綱校勘之次，亦即改寫，而其未改者尚極多。然此猶以楷文言之，若篆則古文，本無定本，實不敢以臆斷，故多有仍其樣書之者。至於同一引《説文》，而忽楷忽篆，或與今《説文》本合，又或不盡合，凡若此類，亦皆依其舊書之，將以待考云爾。方綱又記。

又按，此書内標題，如寶敦、三卷。公□鍾、吉金敦、寶鼎並四卷。之類，此皆與文義未協，虔敦、旅車敦，並四卷。分爲二卷，亦未善也。《釋文》云『簋』字不同，然『彡』象馨香之氣，特葢與器左右向背，非寫法不同也。又以『徒』下从『止』，是未知『止』乃『辵』之下半，而非『止』也。凡此皆與六書乖者，附記於此。三月十日。

昔人云：『書有誤，寧改污，勿挖補。』方綱書雖不工，然抄寫是書，竊存此意。

宋翟耆年《籀史》下卷有『趙九成著《吕氏考古圖説》』，據此則《釋文》一卷是趙九成撰，其卷前題詞蓋九成所爲也。壬寅夏六月六日，方綱識。

愚案，李邴《嘯堂集古録序》有云：『鼎器欵識極少，字畫復多漫滅。及得吕大臨、趙九成兩家《考古圖》，雖有典型，辨識不容無舛。』據此則《續攷古圖》亦九成所輯，不僅《釋文》而已。

雜家類

東園叢説三卷 文瀾閣傳抄本

宋李如篪撰

僕頃年僻居語兒之東鄉，既無進取之望，又不能營治資産，日與樵漁農圃者處，羹藜飯糗，安分循理，亦足以自樂。時時披閲文籍，省記舊聞，隨手筆之，遂成卷帙。其間經史子集天文、地理、曆數之説，無不有之，目之曰《東園叢説》。好古博雅君子覽之者，殆將有取焉。紹興壬子三月下澣，桐鄉丞括蒼李如篪序。

東園先生李君少游上庠，博學多聞，與紹興諸倫魁皆友善。平時上下論議，出入經傳，前言往行，靡不識録。庭筠來吏桐鄉，密邇南廧。暇日授以一編，得償未見之願，謹輟俸以琹諸梓，其於學者亦有助云。紹熙甲寅正吉，建安周庭筠敬書。

琴堂諭俗編二卷文瀾閣傳抄本

宋鄭至道撰，彭仲剛續，元應俊補

昔鄭、彭二君于知鄉邑時作也，大意在於先教化，後刑罰，使風俗知勸，人皆爲士君子之歸。然世之作邑者，往往困於文書之期會，窘於財賦之煎熬，齊民之道惟知有刑罰而已，奚暇以教化爲先務哉？如二令君之待斯民，亦可謂仁也已。余學製宜豐，每念無以及人。而人之相欺相陵，相鬬相奪，相戕賊，相訟訐，以唆教作生涯，以脅持立門户，風俗之弊，視鄭君所謂違理逆德之事，彭君所謂乖争之端情態萬狀者，殆有甚焉。因歎曰：『天生烝民，有物有則。人之秉彝，好是懿德。斯民之生，未嘗無良心也。其所以陷溺其良心，不好德而好訟者，蓋亦刀筆之習相師成風，而不自覺爾。』余公退之暇，遂取舊編附益之，以前言往行，以廣二令君未盡之意，凡以訟求者隨其事示之，間有感悟。然猶慮不能家至户曉，乃捐俸刻梓以傳，使爾民之於家庭，於族里，於親戚朋友，遞相訓告，率而行之，勿狃故習，勿犯非法。不特可以遷善而遠罪，即可以昌門户而益子孫。所爲不昧，天亦不違，此可謂自愛其身者矣。爾民幸聽毋忽。宋辛酉秋，端芝亭長天台應俊書。

余曩棲翰林，歷見累朝元老，唯齋劉公、雪(倭)〔樓〕程公、艸廬吴公，每以忠厚之言告曰：『子他日爲政，當以道德齊禮，移風易俗爲先，不可習苛刻爲俗吏態。』僕拳拳服膺。未幾，出宰廣州香山，嘗以是爲心，愧莫有以副其望。偶得《諭俗編》一書，閱之皆齊民之道，復又感於予衷，欲刊行而未果。繼而改官司潮幕。初聞是郡乃昌黎過化之地，天水所居之鄉，號稱鄒魯，喜甚。至則民俗不然，大以爲憂，嘗語諸在泮之士，有復於予曰：『民情莫不好善惡惡，在治而教之者何如耳。吾潮僻處海濱，韓、趙去遠，治人者但知有刑，治於人者不知有教。公欲拯弊扶傾，必先有以教之者。郡學舊有三令《諭俗編》，其義本於經書，其言明白簡易，感人易入，真化民成俗之要者。歲久無存。今是本得諸照磨東湖劉君英發，劉君得之瑞州新君，若重鋟梓，以勸邦人，誠大惠也。』余喜，從其請，長官僚友詢謀僉同。昃究編目，鄭令作之於前，彭令修之於後，應令又從而增益之，以廣未盡之意。凡四十篇，始於《五服圖》，終於《積陰德》，中言教友忠信、務本節用之類，不一而足。嗟乎！使人人能讀而知之，又能行之，則皆有士君子之行，何患乎俗之不厚哉？若廣其傳，則可爲天下勸，夫豈獨爲是邦勸？但惜其闕『交朋友』一條。昔朱子與編《小學書》，嘗以《實善行》篇偶脱『朋友』一節爲恨。蓋朋友者，人之大倫，以之責善也，其可闕乎？愚故不揆固陋，竊取朱子之意以足之，庶幾有補於民彝之萬一云。天曆二年歲次己巳孟夏月，承直郎潮州路總管府經歷左祥謹敘。

同姓名録十二卷補録一卷舊抄本

明古堇余寅僧杲著，同邑王佐翼卿校

劉一爆序

閔洪學序

術數類

青烏經一卷明抄本　錢求赤藏書

不著撰人名氏

錢氏手跋曰：按《抱朴子》曰：『黄帝相地理，則書青烏之説。』據此則青烏，黄帝時人也。然此書文字其清奇高古，亦似秦、漢時人，恐不盡上古之書矣。又按《世説》、《初學記》所引此書有『三重相連，名連傘山，葬二千石』及『葬龍耳，貴出五侯，後當滅門』等語，而此書皆不見。則此本已非完書，又可見也。又二千石、五侯，至漢人始有此名，則此書出漢人，或潤色古本，又未可知也。往歲庚寅，予以家禍，頗有事於此，因爲覯得完顔人古注一本，及萬曆中金陵人注一本，皆荒謬不通。雖嘗稍加删酌，然學識短淺，不啻溷魚目于夜光，深有疚恧。今盡削之，祇存本文，仍書其源流，以爲堪輿一家言之所自，自而臆説紛紛，曾無取焉。歲在辛丑閏月十日，雞鳴里人匪庵再識。

葬經内篇明抄本　錢求赤藏書

晉郭璞撰

錢氏手跋曰：《葬經》，世所傳三卷及分類本，皆章次顛倒，紊然淆亂。獨是刻井井有條，斐然可觀，真郭氏古本。余雖不敏，嗜之實篤，後有識者，尚其珤之。蒙叟云《葬經》唯程篁墩家所刻最善，蓋本古宋刻也，予未及見。今此刻則穆氏校本也。匪庵。

楊氏青囊經明抄本　錢求赤藏書

唐楊筠松撰

錢氏手跋曰：讀楊公是書，乃知天地間自有一種一定不易道理，而時世之指東擊西，茫若青盲者，誠不足發吾狂笑矣。爲發三歎。匪庵。

靈城精義二卷文瀾閣傳抄本

唐何溥撰，明劉基註

賴氏催官篇解二卷明抄本　錢求赤藏書

宋賴文俊撰

錢氏手跋曰：地理之説，予未之悉也。大約巒頭爲體，理氣爲用，龍穴爲主，砂石爲輔。苟無龍，何有穴？龍穴既已不真，則雖有佳砂佳水，果合理氣，此不過僞局耳。皮之不存，毛將安附？此繪事必後素，而龍穴必先于砂水也。但世之時師所以欺人者，惟此外局。而人家復有房分之説，遂致一青龍，一白虎，紛争數十年不息，致有棄遺骸于弁髦者，良可悲也。催官之書，主于立向，而所重實在遷穴，古人原未嘗誤後人也。又所謂陽龍者，今人多忽之，亦云本之催官。不知催官之所忌于陽龍者，乃龍穴不真，形凶孤露，則忌之。果龍正穴的，水秀砂明，全局合法，則催官亦未嘗有後言也。且此書僅爲科第、田園而設，主于安享太平，優游富貴，故有陽不如陰之論。實則古帝王墳墓及猛將名臣、元勳功宗，多有發自陽龍者。張子微《玉髓全書》可驗也。至于陰龍所出，其人重名義，惜身家，瞻前顧後，無難無災，坐致聲華，富厚無窮。此則陰龍之優，而陽所未能也。余嘗妄謂天下無事，則陰龍用而陽黜，以上承天意；天下有事，則陽龍有能禁亂開治者，決不宜置，而鬼神亦或不秘惜，以終于禍亂也。附識于此，商之高明。匪庵記。

劉氏玉尺經三卷明抄本　錢求赤藏書

元劉秉忠撰

錢氏手跋曰：《玉尺》一書，精于理氣，而巒頭之理，亦不外是。即使郭景純、李淳風、楊筠嵩復出，亦不易其言矣。但内《審穴》一篇，仍是審龍而穴情之妙，實有秘不盡言者，蓋明于穴情，實可奪天功，改神命。其理至深至微，其功蟠天際地。故劉先生秘于無言，蓋脊之也。神而明之，存乎其人，余于後之君子有望焉。匪庵記。

星命總括三卷文瀾閣傳抄本

遼耶律純撰

大遼統和二年，翰林學士耶律純以議地界事，奉國書使於高麗遼東。至其國，頗聞國師精於星躔之學，具重幣，設威儀求見，屢請不從。一日，自請於高麗國王，曰：『臣奉國書來此，稔聞國師富於道德星命之學，願借玉音，得遂一見，以請所學，何異昌黎之遇大顛也？』國王遂命一見。既見之後，往復數四，前請曰：『微生跧伏北方，聞國師深於星命之度。今日天幸，得瞻豪相，願北面從師，畧聞一二，以聳北方之學者，亦是三生夙昔之幸，不知可乎？』國師曰：『何不可之有？但學士平生論學，有何所得？吾與學士從長商榷而已，何以師爲？』曰：『膚學得於生尅制化之外，亦有十條。以前六條看根本，後四條看流年。其一曰太歲尊神，加臨管攝；其二曰無中有曜，弱處高强；其三曰得經失次，細辨盈虛；其四曰身傍母吉，傍鬼者凶；其五曰同宫千里，異宫尺寸；其六曰黨母福多，藏鬼禍大；其七曰元守雖詳，流年尤急；其八曰當生變曜，流年變星；其九曰限併諸煞，貴禄不臨；其十曰流年諸星，無忽柔曜。此十條者，各有詳注，未審如何？』國師曰：『此十條之説亦末矣，本之則無。今學士談星，根本以宫主爲重耶？度主爲重耶？』曰：『得於平昔之講明，以宫度兼論，不可用一而廢一也。』國師笑曰：

『宮度兼論，吾恐子於星度，胸中不能自斷，何以斷人之禍福耶？且如命躔丑宮之牛度，宮土度金，限行遇火，一生一尅，何以爲斷？又如命坐寅宮尾火虎度木宮，限行遇水，一生一尅，何以爲斷？於禍福何憑？』遂再進曰：『願棄所學而從師求教。』師曰：『吾嘗以近世談星者，言宮不知度，言度不知宮，二者胥失矣。吾於海上異人授我以偏正之垣，於二十八宿之中分之，曰一太陽、五太陰、六木、六土、六水、二火、二金之説，學士曾聞之乎？』曰：『未也。』國師曰：『人生於地，日月五行見於天，其生值此七曜之吉，則一生享福安榮；遇七曜之凶，則一生忙迫，百不如意。日月五星，其爲物也，於天地間最大。於天下萬物，日主晝，月主夜，乃天之眼目也。在天有五星，在地有五行，人生在世，五者一日不可缺。觀星談命，苟不知此本根，則爲徒然。學宮度兼論之術，何以決人之禍福？故十二宮有偏正之垣，子宮以虛日鼠爲正垣，鼠乃子垣之宮神，非正垣而何也？丑宮牛金牛，寅宮尾火虎，卯宮房日兔，辰宮亢金龍，巳宮翼火蛇，午宮星日馬，未宮鬼金羊，申宮觜火猴，酉宮昴日雞，戌宮婁金狗，亥宮室火豬，皆本宮之正垣。此乃千古不易之論，此談星之大根本，（不可）〔可不〕盡知要妙哉！所謂一太陽者，太陽君象也，天無二日，民無二王，惟星日馬乃太陽之正垣。太陰者，后妃之象，后妃嬪衆多，宜太陰之有五也，故以鬼金羊爲太陰之正垣。其餘張、心、危、畢，月皆偏垣之月也。六木者，寅宮尾火虎、亥宮室火豬爲木正垣，其餘斗、奎、井、角，皆偏垣之木也。六土者，子宮虛日、丑宮牛金爲土正垣，其餘女、氐、胃、柳皆偏垣也。六水者，巳宮翼火、申宮觜火爲水之正垣也，其餘箕、壁、參、軫水皆偏垣也。二火者，卯宮房日、戌宮婁金爲火之正垣。二金者，辰宮亢金、酉宮昴日爲金之正垣。天地之間，水、木、土隨遇而有，隨所居而可得，木滿山林，土滿寰宇，水滿江河，隨處皆有，至於金、火，則不可多得焉。只有二火、二金使金、火，如、木、水、土之多，則天下嘗有持刃縱火之患耳，豈不爲世道憂？吾有《偏正垣七政論》，并《日月並明説》，計八篇。又有二百字真經、二十五題，詳於學士十條者。學士所舉十條，人常聞常知也。吾之諸論其金、火者，人所未聞未知也。今以授子，子欲行之，當誓於天地鬼神，不可輕泄。此天機玄妙，吾得海上異人所傳，而未嘗泄。今子得吾之傳，若不寶而重之，必招譴於天，不可逃也。』乃對師焚香，設誓三日。後國師遂以諸論八篇與夫二百字真經、二十五題授之，百拜而寶之。大遼統和二年八月十三日，耶律純自識。

演禽通纂二卷文淵閣傳抄本

不著撰人名氏

集部

别集類

胡曾詠史詩一卷抄本

唐胡曾撰

海陵周公文集二十三卷外集一卷影寫宋刊本

宋周麟之撰

本朝沿唐舊，西掖掌外制，北門掌内制，謂之兩制，而非侍從近臣之通稱也。太宗時，四方砥平，人才輩出，專以是處文學器識之士，禮遇非他官比。二府有闕，率於此取之。惟參知政事蜀人蘇易簡尤被眷獎，其自兩制入中書，猶未强仕。淳化二年，御飛白書『玉堂』等四字以賜，至今號爲北門盛事。炎祚中興，時則有吾宗樞密公茂振以雋明之才，辯麗之文，受知上皇，人皆以蘇公遇太宗爲比。年踰三十，由館閣兼書命，其後直拜掖垣，入翰林，三遷爲學士。每一制詞出，學士者争相傳誦。天子嘗褒云：『卿久掌内外制，中外士大夫咸稱得代言之體。』紹興三十年，復大書『玉堂』二字賜之，其視淳化若合符節。公先世亦蜀人也，後徙海陵，登科者踵相躡，所居號叢桂坊，世有顯人，至公遂大用，可謂盛矣。公薨，嗣子準裒遺藁，得二十三卷，而内外制殆居其半。蓋久官于朝，故其他詩文因事而作者少。然温潤精切，鼎臠可知。向使天假公年，主盟斯文，則述作之富，雖至于百卷可。準刻意家學，數以序爲請。予與公同宗同朝，不得而辭。公諱麟之，茂振，字也。淳熙癸卯正月十日，通奉大夫知樞密院事滎陽郡公周必大撰。

黄四如先生六經四書講稿六卷影抄明刊本

宋進士朝奉郎國子監簿黄仲元撰，門人武夷山人詹清子編，門人承務郎翰林修撰涂應鍾校

黄佐序嘉靖丁未

江汝璧序嘉靖戊申

九代孫文炳書嘉靖丙午

葦杭漫遊稿四卷舊抄本

宋胡仲弓撰

定菴類稿四卷文瀾閣傳抄本

宋衛博撰

屏巖小稿一卷文瀾閣傳抄本

元張觀光撰

滎陽外史文集舊抄本

明鄉貢進士鄭真千之父著

存卷七至十三，卷二十一至三十，卷三十三至六十七，卷八十二至一百

方誌序

春草齋集十卷文瀾閣傳抄本

明烏斯道撰

宋濂序洪武八年

梁園寓藁詩集九卷舊抄本

明夏臺王翰時舉著，曾孫繼善編輯

呂經序正德戊寅

省愆集二卷影寫明正統刊本

明黃宗豫撰

楊榮序宣德八年

金幼孜序

楊溥序宣德八年

黃淮序

楊士奇題後宣德癸丑

王豫後序正統八年

竹巖先生文集十二卷影寫明刊本

明柯潛撰，四世從孫維騏編

鄱陽劉彦昺詩集九卷影寫明刊本

明鄱陽劉彦昺撰，太史會稽楊廉夫評

玄虚羽人序洪武

危素序

宋濂序

楊維楨序泰定丁卯

樣翁詩集八卷影寫明刊本

明泰和劉嵩子高著

宋濂序洪武五年

劉永之序

烏斯道序洪武十二年

殷强齋先生文集十卷影寫洪武刻本

明殷奎撰，門人余熂編

陳振祖敘洪武壬戌

余熂書後洪武壬戌
龔詡序正統十三年

頤菴文選二卷抄本
明豫章胡儼若思撰
臞仙序宣德壬子
胡廣序永樂丙申
鄒緝序永樂丙申
楊士奇序永樂十七年

唐愚士詩四卷附會稽懷古詩一卷影寫明刊本
明唐之淳撰
紫霞子序
戴冠序弘治庚申
王俊華序
張傅士後識天順辛巳

密菴集八卷抄本

明謝肅撰

戴良序

總集類

天台前集三卷別編一卷拾遺一卷續集三卷拾遺一卷別編六卷影寫宋刊本

《前集》，宋林師蒧編；《別編》、《續集》，宋林表民編。《前集》末有『州學學諭林師蒧校勘，文林郎台州州學教授姚宜中校勘』兩行；《別編》末有『文林郎充台州州學教授姜一客點檢』一行

州爲一集，在昔有之，近歲東南郡皆有集。凡域内文什，彙次悉備，非特夸好事，資博聞也。於其山川土宇、民風士習互可攷見，然則州集，其地志之遺乎？天台以山名州，自孫興公賦行江左，迨今千禩，大篇春容，短章寂寥，未聞省録之者。予來經年，思會稡爲一編書，顧無其暇。方延諸儒，議修圖諜，謂兹尤所先急。一日，州士李棨昆仲出其先公御史所裒文集四帙以爲貺，已而州學諭林師蒧又示唐、宋詩三百餘篇，於是摭取前代之作，删重補佚，而增其未備，爲賦三，詩歌行合二百，梓而刻之。自餘續集傳焉。嗚呼！亦可以爲當矣。不出户庭而盡睹海山之勝，不費探討而坐獲巾笥之藏，天下之事成於有志，其理固然，未有若是之捷且速

也。圖諜雖未亟就，觀此集斯過半矣。嘉定改元重五後一日，宣城李兼序。

《天台集》，林君師點編也。先是，李侯刊之郡齋。今其子表民又會稡得百篇，搜奥抉奇，殆無遺恨，可謂能廣父志者。會齊侯好古如李，乃續刊焉，今而後遂成完書矣。陳耆卿題。

《天台集》舊所刊本頗多舛謬，或者妄有增入。予苦病之，因再輯晉、唐以來詩爲《别編》。郡守齊公喜而鋟諸木，遂復釐正舊集闕誤四十有五處，及削去沈約《沈道士館》、玉盤《（檦）〔樟〕林》、皮日休《天竺桂子》三詩，以李巨仁《登台山》、李端《贈衡岳禪師》、皮日休《夏日即事》三詩補入。刊既訖，又得二詩，姑載于此。嘉定癸未小至日，林表民記。

《續集》二卷，昔者寓公李公子長所編。今因其成，無一敢增削，粗加次第而已。後一卷，州士林師蒧、林登洎穉子次篸草所匯次，大氐皆國初至政、宣間諸公人士之詩什，雖緇徒不廢，然而近世作者不預焉。蓋遵前人已立凡例，亦會解秩匆匆，力僅及此。後之博雅君子續之又續之，正自佳耳。戊辰重九前一日，假守臨海郡李兼題。

表民曩爲《天台前集》、《别編》，而唐賢題賦始粗備，棘卿青社齊侯刊之矣。皇朝群公所作，雖已見諸《續集》，然渡江以來及前朝散佚未纂輯者反過之。歷年于兹，僅克就緒，府丞餘不沈侯樂善成孅，亟爲鳩工，幸遂訖事。荆谿公併於《赤城集序》詳著矣。或以爲見聞甚淺，蒐集尚闕，實不敢自恕。若見在詩人之詩，則力所未逮悉有，望好事該洽之士（佀）〔以〕成之。淳祐戊申中秋，玉嵊林表民書。

郡帑既刊《續集》、《别編》五卷矣，踰年復得若干首，儲爲第六焉。凡前修題賦天台見於策牘，得之傳聞者，悉收采靡遺。因告諸太守宗丞吏部嘉禾張侯，忻然命工，《赤城集》末後三卷接續刊刻，於是二書皆得行世，實侯力也。庚戌夏五，林表民書。

詩文評類

文説一卷 抄本

元陳繹曾撰

圖書在版編目(CIP)數據

皕宋樓藏書志 / (清) 陸心源編;許靜波點校.
—杭州:浙江古籍出版社, 2016.6(2022.6 重印)
(浙江文叢)
ISBN 978-7-5540-0860-7

Ⅰ.①皕… Ⅱ.①陸… ②許… Ⅲ.①私人藏書—圖書目録—中國—清代 Ⅳ.①Z842.49

中國版本圖書館 CIP 數據核字(2016)第 156814 號

皕宋樓藏書志

(全七册)

(清)陸心源 編

許靜波 點校

出版發行 浙江古籍出版社
(杭州市體育場路 347 號 郵編:310006)
網　　址 https://zjgj.zjcbcm.com
責任編輯 路 偉 潘丕秀
封面設計 劉 欣
責任校對 余 宏
責任印務 樓浩凱
照　　排 浙江時代出版服務有限公司
印　　刷 浙江新華數碼印務有限公司
開　　本 710mm×1000mm 1/16
印　　張 141.75
字　　數 1460 千
版　　次 2016 年 9 月第 1 版
印　　次 2022 年 6 月第 3 次印刷
書　　號 ISBN 978-7-5540-0860-7
定　　價 800.00 圓(精裝)

ISBN 978-7-5540-0860-7
9 787554 008607